CB031319

Protocolos
em anestesia

Protocolos
em anestesia

14ª edição

Departamento de Anestesia
e Reanimação de Bicêtre

Revisão científica

Dra. Fabiola Prior Caltabeloti

Formada em Medicina pela Faculdade de Medicina de Marília (FANEMA).
Residência Médica em Anestesiologia pelo Hospital das Clínicas da
Faculdade de Medicina da Universidade de São Paulo (HCFMUSP).
Título em Medicina Intensiva pela AMIB. Doutorado em Ciências pelo
Programa de Pós-Graduação em Anestesiologia da Faculdade de
Medicina da Universidade de São Paulo (FMUSP) com período sanduíche
no Hôpital Pitié Salpêtrière, Paris (França). Médica Assistente da UTI
de Emergências Clínicas do HCFMUSP. Médica plantonista da
UTI Geral do Hospital Sírio-Libanês.

Manole

Título original em francês: *Protocoles d'Anesthésie-Réanimation 2016 – 14th édition*
Copyright © Editions MAPAR 2016 – ISBN 13 978-2-905356-45-1.
Publicado mediante acordo com a MAPAR Editions, França.

Tradução: Maria Idalina Ferreira Lopes
Revisão científica: Dra. Fabiola Prior Caltabeloti
Ilustrações médicas: Philippe Payet

Editora gestora: Sônia Midori Fujiyoshi
Editoração eletrônica: Luargraf Serviços Gráficos, HiDesign Estúdio
Capa: Thereza Almeida
Imagens de capa: istockphoto.com

Dados Internacionais de Catalogação na Publicação (CIP)
(Câmara Brasileira do Livro, SP, Brasil)

Protocolos em anestesia / Departamento de Anestesia
e Reanimação de Bicêtre ; [tradução Maria Idalina Ferreira
Lopes. -- 14. ed. -- Barueri, SP : Manole, 2018.

Vários autores.
Título original: Protocoles D'Anesthésie-Réanimation
ISBN 978-85-204-5302-5

1. Anestesia 2. Anestesiologia 3. Reanimação
I. Departamento de Anestesia e Reanimação de Bicêtre.
II. Lopes, Maria Idalina Ferreira.

18-13949   CDD-617.96
      NLM-WO 200

Índices para catálogo sistemático:
1. Anestesia e reanimação : Medicina   617.96

Edição brasileira – 2018

Direitos em língua portuguesa adquiridos pela:
Editora Manole Ltda.
Av. Ceci, 672 – Tamboré
06460-120 – Barueri – SP – Brasil
Fone: (11) 4196-6000
Fax: (11) 4196-6021
www.manole.com.br
info@manole.com.br

Impresso no Brasil
Printed in Brazil

Condutas
para urgências

Anestesia

Anestesia
locorregional

Obstetrícia

Reanimação

Dor

Pediatria

O conteúdo é apresentado no início de cada capítulo.

Autores

Abdelaziz Askri, Yécine Bahri, Catherine Baujard, Mehdi Ben Ayed, Dan Benhamou, Benjamin Bergis, Catherine Bernard, Valérie Billard, Antonia Blanié, Marie-Pierre Bonnet, Nicolas Boquillon, Mathieu Boutonnet, Marie Bruyère, Gaëlle Cheisson, Jacques De Montblanc, Anne Decaux, Guillaume Dubreuil, Jacques Duranteau, Nicolas Engrand, Christine Fessenmeyer, Samy Figueiredo, Catherine Fischer, Jean-Pierre Gueneron, Sophie Hamada, Emmanuelle Hammad, Anatole Harrois, Viridiana Jouffroy, Toni Kfoury, Thierry Lambert, Christian Laplace, Agnès Le Gouez, Pierre-Etienne Leblanc, Morgan Leguen, Jean-Xavier Mazoit, Baya Mebtouche, Malcie Mesnil, Fabrice Michaut Paterno, Xavier Monnet, Antoine Pons, Louisa Popescu, Emilien Purenne, Catherine Ract, Chakib Rahmoune, Aurore Rodrigues, Audrey Roland Tantot, Anne Rosa, Philippe Roulleau, Laura Ruscio, Philippe Sitbon, Giuseppe Staiti, Sébastien Tanaka, Claudia Tanase, Fabien Trabold, Laurent Varin, Charlotte Vermersch, Bernard Vigué, Marie Werner, Paul Zetlaoui, Jawahr Zouari.

Comissão de leitura

Dan Benhamou, Catherine Baujard, Antonia Blanié, Christine Fessemeyer, Jacques De Montblanc, Philippe Roulleau, Gaëlle Cheisson, Pierre-Etienne Leblanc, Isabelle Nègre, Toni Kfoury, Marie Bruyère, Paul Zetlaoui, Laura Ruscio.

Coordenação

Gaëlle Cheisson, Pierre-Etienne Leblanc, Dan Benhamou

Edição

Béatrice Chamouland, Guylaine Rosine, Nicolas Sandri

Caro(a) colega

Em sua 14ª edição, o Guia de Protocolos do MAPAR foi concebido pelos médicos do Departamento de Anestesia e Reanimação de Bicêtre. Sua revisão regular, a cada três anos, faz dele um documento confiável e completamente atualizado, o que garante uma prática segura de acordo com os regulamentos vigentes. Tendo-o à mão, ele será seu companheiro de todos os dias (e de todas as noites de plantão).

Para facilitar o atendimento dos casos urgentes, novas orientações foram adicionadas e posicionadas bem no início do Guia para facilitar a pesquisa. Além do auxílio na gestão imediata nos momentos estressantes, elas irão acompanhá-lo para que você não se esqueça de nada e realize seus diagnósticos e práticas terapêuticas de forma adequada.

Seu conteúdo cobre o conjunto da especialidade e descreve de maneira simples e legível as melhores práticas de anestesia e reanimação. Todos os capítulos foram revisados a fim de se adaptar à evolução rápida dos conhecimentos e das práticas. A apresentação também foi aperfeiçoada, acrescida de esquemas e de fotos. Os quadros e os algoritmos foram revisados para facilitar sua leitura, assim como o índice para facilitar suas pesquisas no interior do Guia.

Esperamos que nele você encontre tanta informação quanto nas edições anteriores e que ele acompanhe os profissionais jovens e também os mais experientes em sua vida cotidiana, tanto na rotina como no plantão.

A utilização que você fará dele será o indicador mais concreto de sua satisfação e "reembolsará" mil vezes a energia que toda a equipe do Departamento de Anestesia e Reanimação de Bicêtre depositou nesta nova versão. Leia, sublinhe as páginas, use-o! Isso nos proporciona muita satisfação. Seus comentários irão nos ajudar a melhorá-lo ainda mais.

Atenciosamente,

Prof. Dan Benhamou

Condutas para urgências

SUMÁRIO

Parada cardíaca no adulto

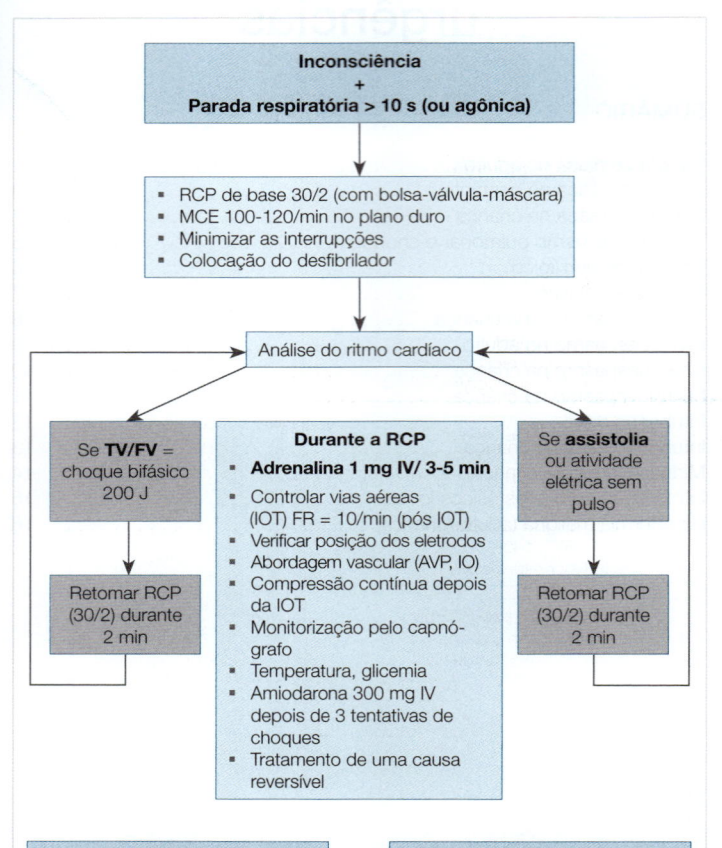

Inconsciência
+
Parada respiratória > 10 s (ou agônica)

- RCP de base 30/2 (com bolsa-válvula-máscara)
- MCE 100-120/min no plano duro
- Minimizar as interrupções
- Colocação do desfibrilador

Análise do ritmo cardíaco

Se TV/FV = choque bifásico 200 J

Retomar RCP (30/2) durante 2 min

Durante a RCP
- **Adrenalina 1 mg IV/ 3-5 min**
- Controlar vias aéreas (IOT) FR = 10/min (pós IOT)
- Verificar posição dos eletrodos
- Abordagem vascular (AVP, IO)
- Compressão contínua depois da IOT
- Monitorização pelo capnógrafo
- Temperatura, glicemia
- Amiodarona 300 mg IV depois de 3 tentativas de choques
- Tratamento de uma causa reversível

Se assistolia ou atividade elétrica sem pulso

Retomar RCP (30/2) durante 2 min

Causas reversíveis
- Hipóxia
- Hipovolemia
- Hipo-hipercalemia
- Hipotermia
- Trombose (pulmonar-coronária)
- Pneumotórax
- Tamponamento
- Tóxica

Considerar
- Ecografia diagnóstica
- Prancha de massagem mecânica
- Coronariografia
- CEC

Parada cardíaca na gestante

**Inconsciência
+
Parada respiratória em gestante**

Cuidado materno

- Anotar a hora
- Pedir ajuda de ≥ 3 pessoas
- Deslocamento manual do útero permanente
- RCP de base
  - 30/2
  - MCE 100-120/min
  - Colocação do desfibrilador
- Puncionar AVP supradiafragmática

- RCP habitual do adulto em função do ritmo cardíaco (adrenalina, CEE, amiodarona)

Controlar as vias aéreas:
FiO_2 100%
IOT por especialista

Se $MgSO_4$ IV pré-PCR:
Interromper $MgSO_4$ e uma injeção de $CaCl_2$ ou gluconato de Ca

Investigar etiologias
Anestesia (raquianestesia total, intoxicação com anestésicos locais)
B*leeding* (hemorragias)
Cardiovascular
Drogas (intoxicação $MgSO_4$, erro medicamentoso)
Embolia (amniótica, pulmonar)
Febre
Geral (metabólica)
Hipertensão (pré-eclâmpsia)

Cuidado obstétrico

- Chamar a equipe de reanimação neonatal
- Preparar para a cesariana no local

- **Se não houver ritmo cardíaco eficaz depois de 4 min e o útero ≈ 24 SA ou ≥ umbigo → cesariana de urgência no local**

Caixa para cesariana de emergência
1 bisturi
2 pacotes de campo cirúrgico
1 afastador
2 pinças de Kelly
1 porta agulha
Fios e tesouras

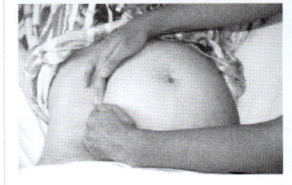

Deslocamento manual do útero

Avaliação de parada cardíaca (não exaustiva, o mais cedo possível e repetir)
Gasometria
Hemograma completo, coagulograma
Ionograma, creatinina, ureia, TGO, TGP, FA, GGT, albumina, bilirrubinas totais e frações
Troponina, BNP
Hemocultura
Triptase (1 tubo vermelho) repetir a H2
IGFBP1 (1 vermelho + 1 violeta) repetir/hora
Histamina (1 violeta) < 30 min
LBA ou aspiração brônquica
(Envio ver *Embolia amniótica/alergia*)
Ecografia cardíaca

Parada cardíaca na criança

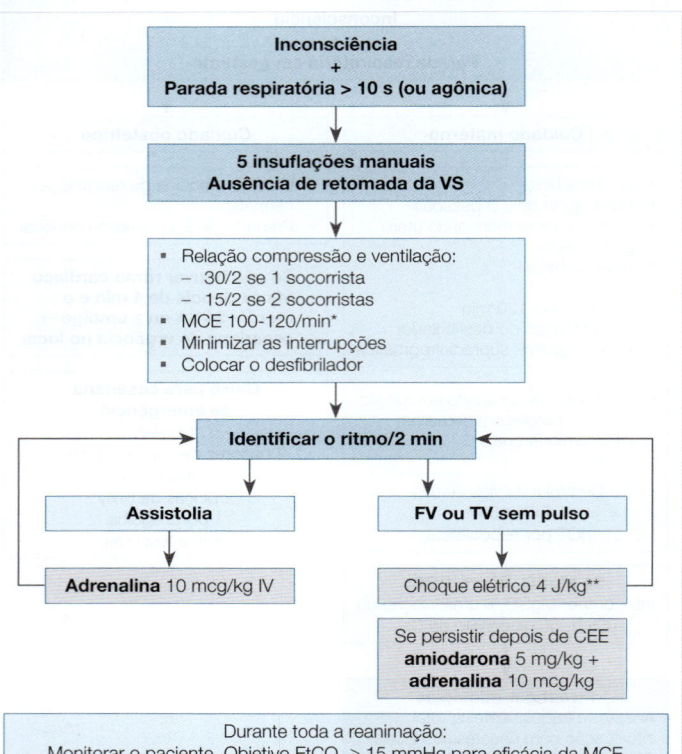

Inconsciência
+
Parada respiratória > 10 s (ou agônica)

↓

**5 insuflações manuais
Ausência de retomada da VS**

↓

- Relação compressão e ventilação:
  - 30/2 se 1 socorrista
  - 15/2 se 2 socorristas
- MCE 100-120/min*
- Minimizar as interrupções
- Colocar o desfibrilador

↓

Identificar o ritmo/2 min

Assistolia	**FV ou TV sem pulso**
Adrenalina 10 mcg/kg IV	Choque elétrico 4 J/kg**

Se persistir depois de CEE
amiodarona 5 mg/kg +
adrenalina 10 mcg/kg

Durante toda a reanimação:
Monitorar o paciente. Objetivo $EtCO_2 \geq 15$ mmHg para eficácia da MCE
Continuar a massagem cardíaca a 100/min sem interrupção para as insuflações
Ventilar em O_2 puro 10-12/min
Administrar **adrenalina** a cada 3-5 min sendo o ritmo chocável ou não
Buscar causa reversível

Causas reversíveis
Hipóxia
Hipovolemia
Hipo-hipercalemia
Hipotermia
Pneumotórax
Tamponamento
Tóxico

Considerar
Ecografia diagnóstica
CEC

* MCE
Lactente: 2 dedos abaixo da linha que une os 2 mamilos
Depressão = 4 cm
Criança < 8 anos: Compressão 1 a 2 mãos sobre a parte inferior do esterno
Depressão = 5 cm
** Choque elétrico: colocar o atenuador antes de 8 anos

Tromboembolismo pulmonar e choque

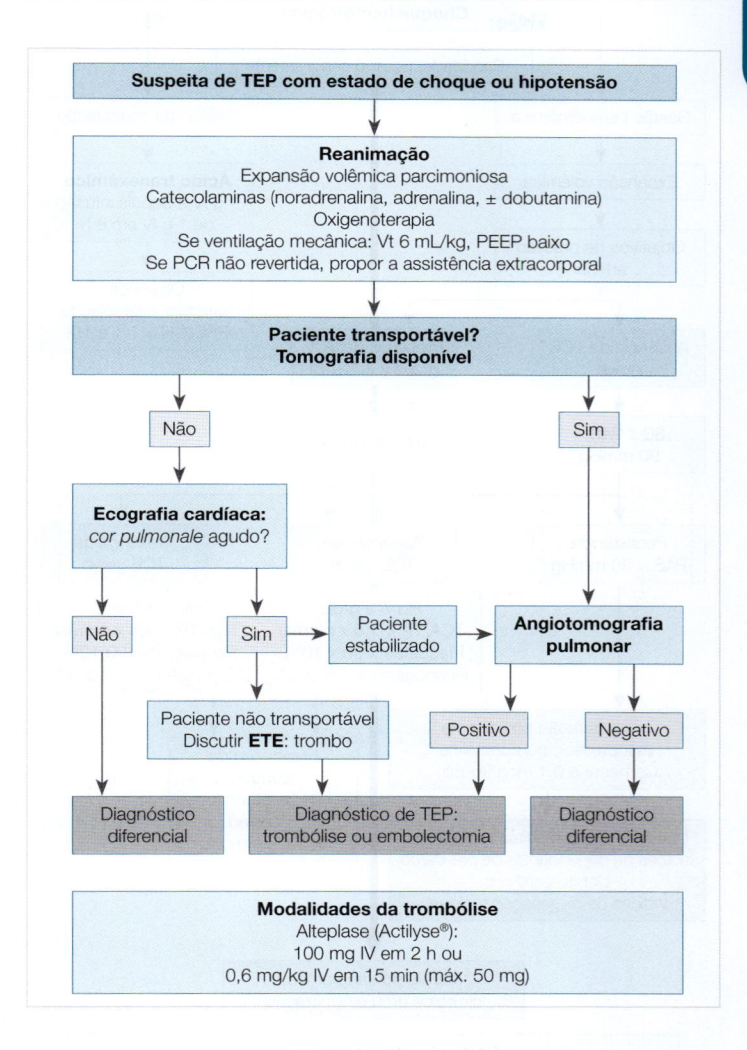

Suspeita de TEP com estado de choque ou hipotensão

Reanimação
Expansão volêmica parcimoniosa
Catecolaminas (noradrenalina, adrenalina, ± dobutamina)
Oxigenoterapia
Se ventilação mecânica: Vt 6 mL/kg, PEEP baixo
Se PCR não revertida, propor a assistência extracorporal

Paciente transportável?
Tomografia disponível

Não → **Ecografia cardíaca:** *cor pulmonale* agudo?

Sim → **Angiotomografia pulmonar**

Ecografia cardíaca:
- Não → Diagnóstico diferencial
- Sim → Paciente estabilizado → **Angiotomografia pulmonar**
- Sim → Paciente não transportável — Discutir **ETE**: trombo → Diagnóstico de TEP: trombólise ou embolectomia

Angiotomografia pulmonar:
- Positivo → Diagnóstico de TEP: trombólise ou embolectomia
- Negativo → Diagnóstico diferencial

Modalidades da trombólise
Alteplase (Actilyse®):
100 mg IV em 2 h ou
0,6 mg/kg IV em 15 min (máx. 50 mg)

Choque hemorrágico

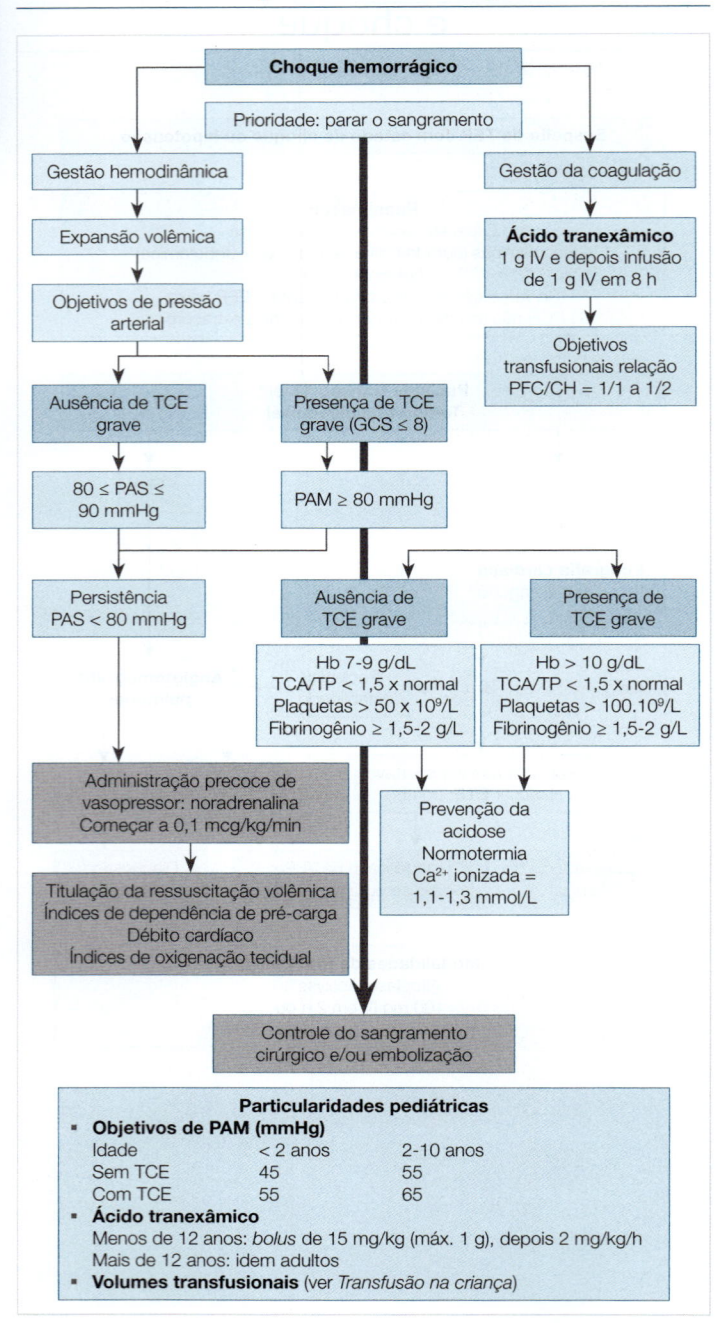

Particularidades pediátricas

- **Objetivos de PAM (mmHg)**

Idade	< 2 anos	2-10 anos
Sem TCE	45	55
Com TCE	55	65

- **Ácido tranexâmico**
  Menos de 12 anos: *bolus* de 15 mg/kg (máx. 1 g), depois 2 mg/kg/h
  Mais de 12 anos: idem adultos
- **Volumes transfusionais** (ver *Transfusão na criança*)

Choque anafilático

Quatro graus de gravidade crescente:
I. Sinais cutaneomucosos generalizados
II. Comprometimento multivisceral moderado com sinais cutaneomucosos, hipotensão, taquicardia, hiper-reatividade brônquica
III. Comprometimento multivisceral grave com prognóstico vital em jogo
IV. Parada circulatória e/ou respiratória
Choque anafilático: colapso + sinais dos graus I a III ou até mesmo início de PCR

- Interrupção imediata de qualquer medicamento em uso, inclusive coloides e os derivados sanguíneos
- Alto fluxo de O_2 puro
- Pedir ajuda
- Expansão com cristaloides e elevação dos membros inferiores
- Informar a equipe cirúrgica (abreviar ou interromper a cirurgia)

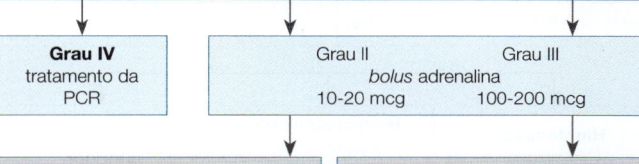

Preparar uma seringa de adrenalina (1 mg em 10 mL, ou seja, 100 mcg/mL)
Titulação de adrenalina IV: *bolus* iterativos, até PAM > 60 mmHg

Grau IV tratamento da PCR	**Grau II** — **Grau III** *bolus* adrenalina 10-20 mcg — 100-200 mcg

Broncoespasmo **Se o broncoespasmo não melhorar com a adrenalina** Salbutamol inalatório (5-10 aplicações) Salbutamol IV em *bolus* de 100-200 mcg, e depois 0,3-1,5 mg/h IV em bomba de infusão contínua	**Hipotensão** Infusão de adrenalina IV em bomba de infusão (depois de 2 *bolus*): 0,3-1,2 mg/h Se não houver eficácia circulatória com essas doses, utilizar fenilefrina e depois noradrenalina ou terlipressina (*bolus* único de 2 mg)

- Controle rápido das vias aéreas com intubação (urgente antes de edema das VAS)
- Ventilação em modo manual se houver broncoespasmo
- Traqueotomia se IOT difícil em razão de edema das VAS

Gestante
Utilizar adrenalina iniciando com *bolus* de 10 mcg
Descompressão da veia cava: reanimação em decúbito lateral esquerdo

Paciente tratado com betabloqueador
São necessárias doses de adrenalina mais elevadas
Glucagon 1 mg IV que deve ser repetido a cada 5-10 min, e depois 0,3-1 mg/h
(cuidado com a hipocalemia e a hiperglicemia)

Fora do centro cirúrgico
Via IM (adrenalina: 0,3-0,5 mg/5 a 10 min)
Via intratraqueal (dose IV x 3 em 10 mL de NaCl 0,9%)

Choque anafilático na criança

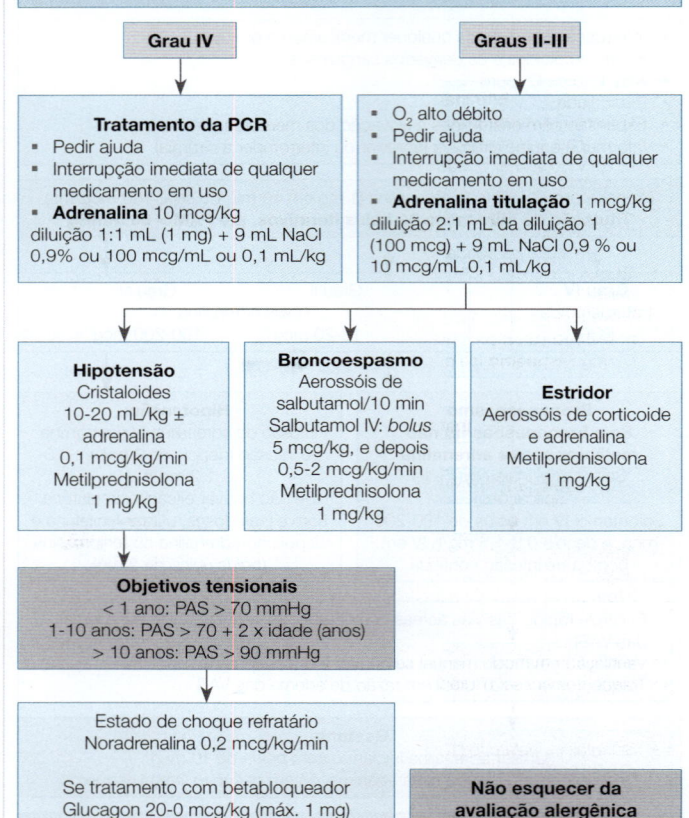

Quatro graus de gravidade crescente:
I. Sinais cutaneomucosos generalizados
II. Sinais cutaneomucosos, náuseas, hipotensão (PAS ≥ 30%), taquicardia, hiper-reatividade brônquica
III. Comprometimento multivisceral grave com broncoespasmos, taquicardia/bradicardia, arritmia, hipotensão (PAS ≥ 50%), vômitos ± diarreias
IV. Parada circulatória e/ou respiratória

Grau IV

Graus II-III

Tratamento da PCR
- Pedir ajuda
- Interrupção imediata de qualquer medicamento em uso
- **Adrenalina** 10 mcg/kg diluição 1:1 mL (1 mg) + 9 mL NaCl 0,9% ou 100 mcg/mL ou 0,1 mL/kg

- O_2 alto débito
- Pedir ajuda
- Interrupção imediata de qualquer medicamento em uso
- **Adrenalina titulação** 1 mcg/kg diluição 2:1 mL da diluição 1 (100 mcg) + 9 mL NaCl 0,9 % ou 10 mcg/mL 0,1 mL/kg

Hipotensão
Cristaloides
10-20 mL/kg ±
adrenalina
0,1 mcg/kg/min
Metilprednisolona
1 mg/kg

Broncoespasmo
Aerossóis de
salbutamol/10 min
Salbutamol IV: *bolus*
5 mcg/kg, e depois
0,5-2 mcg/kg/min
Metilprednisolona
1 mg/kg

Estridor
Aerossóis de corticoide
e adrenalina
Metilprednisolona
1 mg/kg

Objetivos tensionais
< 1 ano: PAS > 70 mmHg
1-10 anos: PAS > 70 + 2 x idade (anos)
> 10 anos: PAS > 90 mmHg

Estado de choque refratário
Noradrenalina 0,2 mcg/kg/min

Se tratamento com betabloqueador
Glucagon 20-0 mcg/kg (máx. 1 mg)

Não esquecer da avaliação alergênica

Broncoespasmo no adulto

Sinais
- Pressão insuflação > 40-45 cmH$_2$O
- EtCO$_2$ reduzido
- Desaparecimento do platô no capnógrafo
- **Sinal de gravidade:** SpO$_2$ < 90%, taquicardia, hipotensão arterial, colapso

- Pedir ajuda
- Colocar em FiO$_2$: 100%

Eliminar os diagnósticos diferenciais
- **Obstrução mecânica:**
  - Verificar permeabilidade do circuito
  - Se VE: eliminar queda de língua
  - Se IOT, verificar:
    - Permeabilidade
    - Pressão
    - Posição da sonda de intubação
- **Queda da complacência pulmonar** (estimulação cirúrgica, hipertermia maligna...)
- **Tromboembolismo pulmonar, insuficiência cardíaca esquerda, pneumotórax hipertensivo, intubação esofágica**
- **Laringoespasmo** (se paciente em VE)

Não ── **Instabilidade hemodinâmica** ── Sim

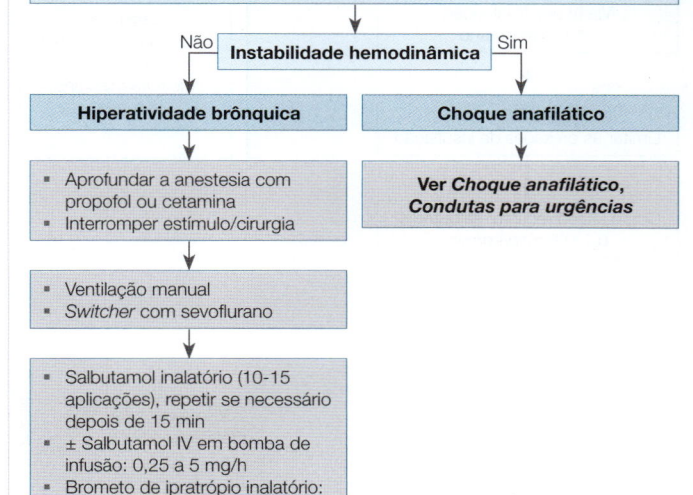

Hiperatividade brônquica	**Choque anafilático**
- Aprofundar a anestesia com propofol ou cetamina - Interromper estímulo/cirurgia	**Ver *Choque anafilático*, Condutas para urgências**

- Ventilação manual
- *Switcher* com sevoflurano

- Salbutamol inalatório (10-15 aplicações), repetir se necessário depois de 15 min
- ± Salbutamol IV em bomba de infusão: 0,25 a 5 mg/h
- Brometo de ipratrópio inalatório: 0,5 mg
- Metilprednisolona IV: 1 a 2 mg/kg

± Sulfato de magnésio: 2 g em 20 min

Se o broncoespasmo persistir:
- Adrenalina IV titulada: 10-100 mcg
- Discutir a interrupção da cirurgia e uma transferência para a reanimação

Broncoespasmo na criança

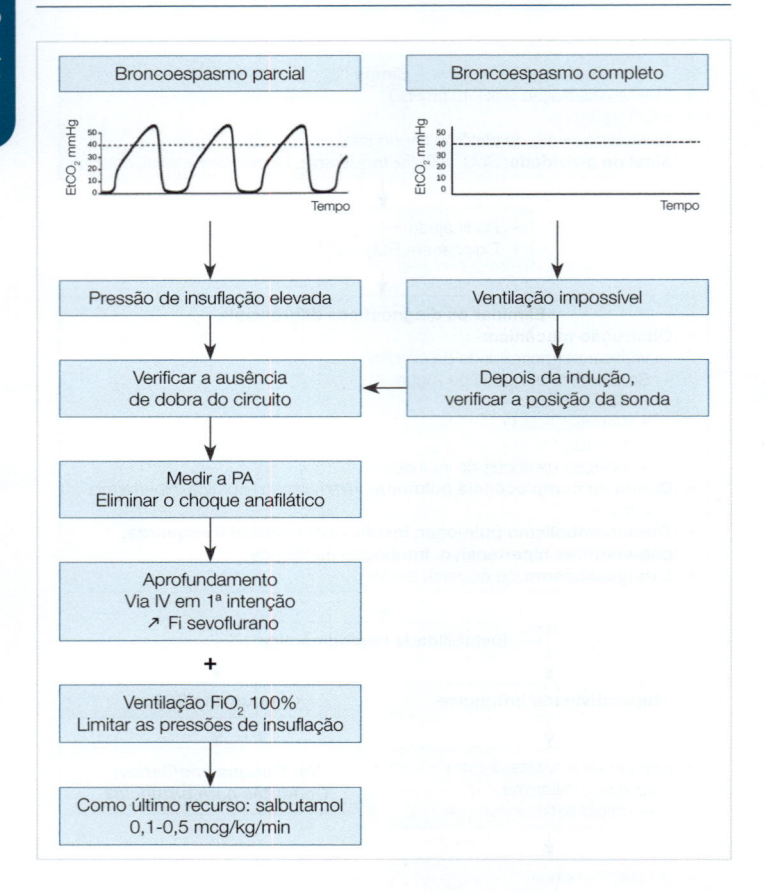

Laringoespasmo na criança

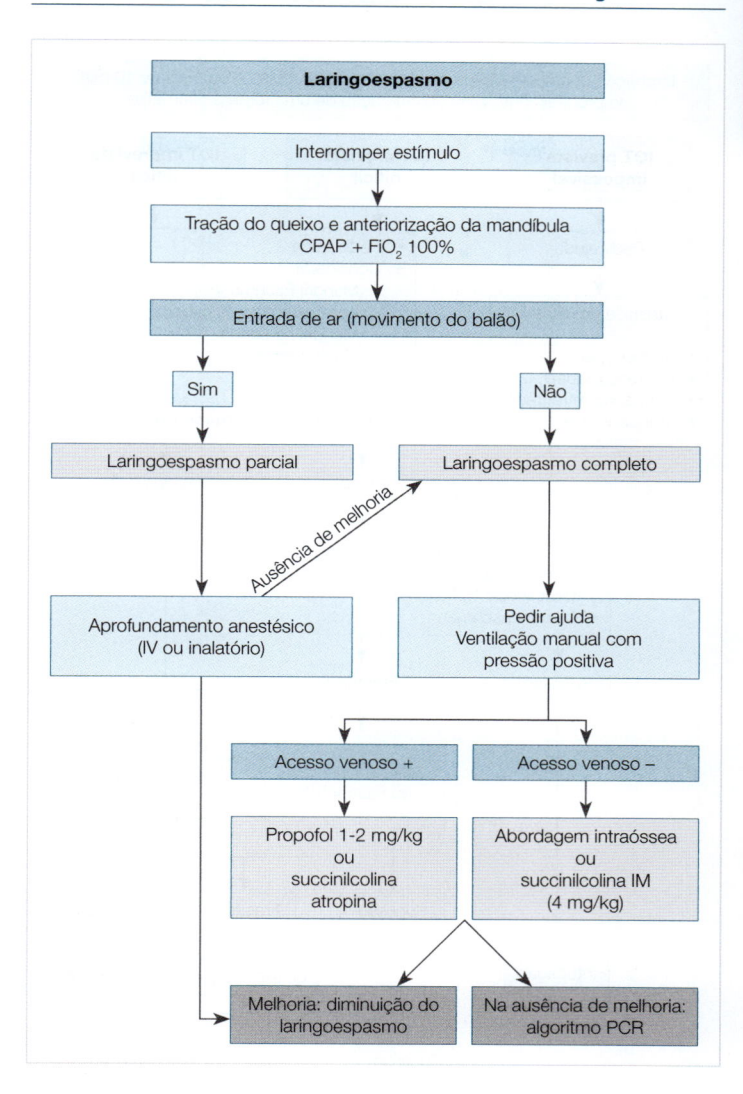

Intubação difícil

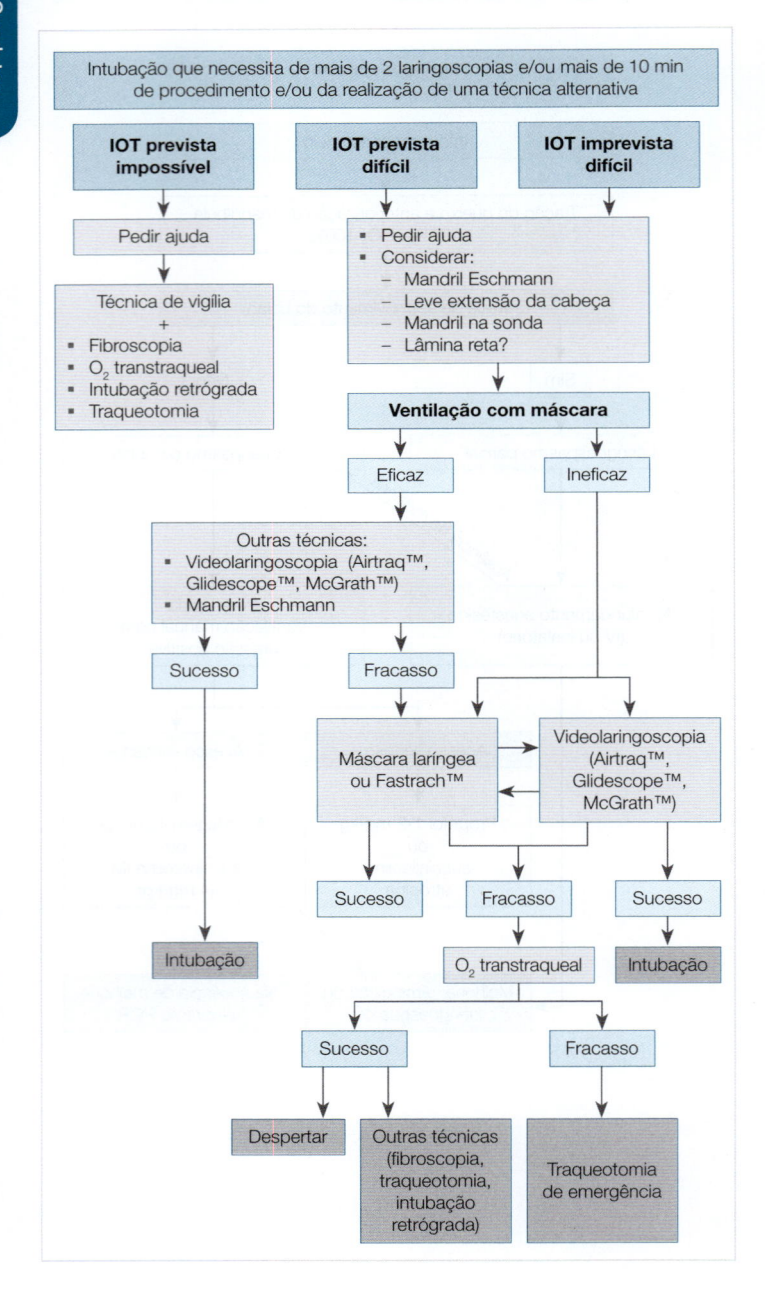

Intubação que necessita de mais de 2 laringoscopias e/ou mais de 10 min de procedimento e/ou da realização de uma técnica alternativa

IOT prevista impossível

IOT prevista difícil

IOT imprevista difícil

Pedir ajuda

- Pedir ajuda
- Considerar:
  - Mandril Eschmann
  - Leve extensão da cabeça
  - Mandril na sonda
  - Lâmina reta?

Técnica de vigília
+
- Fibroscopia
- O_2 transtraqueal
- Intubação retrógrada
- Traqueotomia

Ventilação com máscara

Eficaz

Ineficaz

Outras técnicas:
- Videolaringoscopia (Airtraq™, Glidescope™, McGrath™)
- Mandril Eschmann

Sucesso

Fracasso

Máscara laríngea ou Fastrach™

Videolaringoscopia (Airtraq™, Glidescope™, McGrath™)

Sucesso

Fracasso

Sucesso

Intubação

O_2 transtraqueal

Intubação

Sucesso

Fracasso

Despertar

Outras técnicas (fibroscopia, traqueotomia, intubação retrógrada)

Traqueotomia de emergência

Intubação difícil na criança

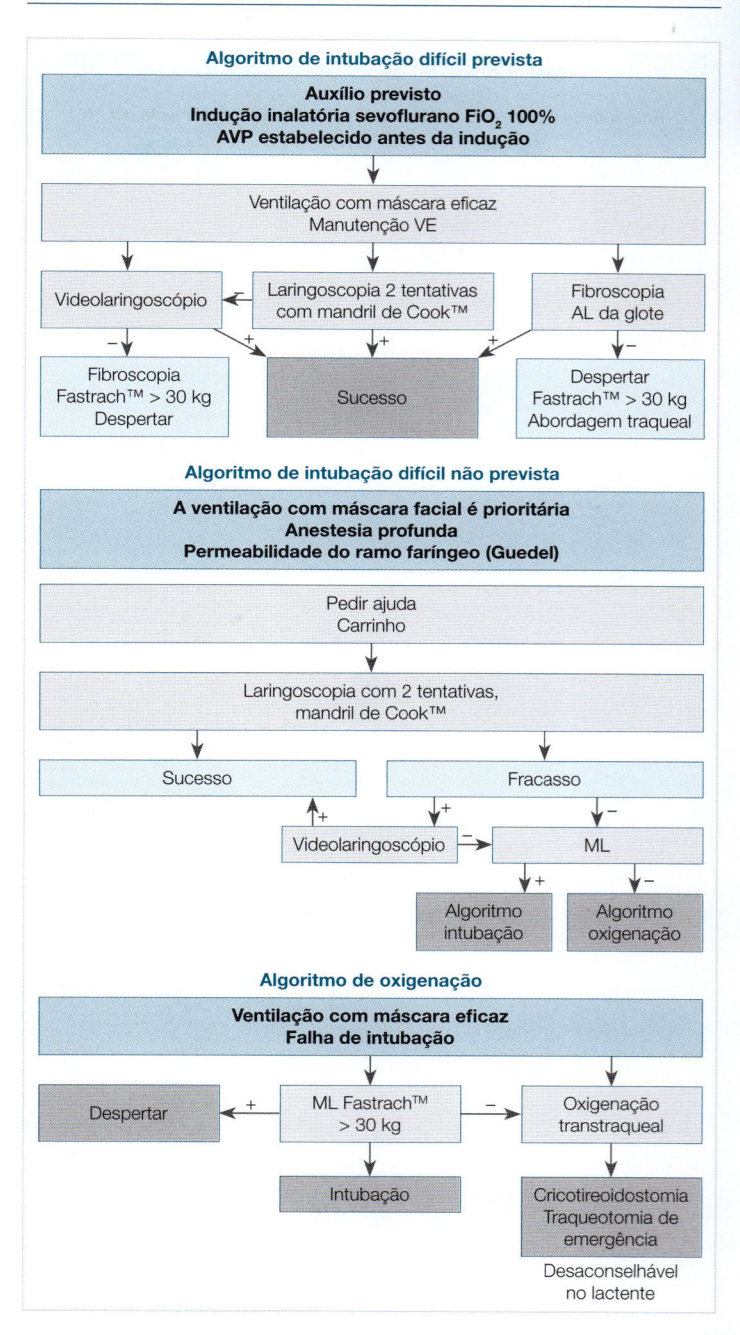

Algoritmo de intubação difícil prevista

Auxílio previsto
Indução inalatória sevoflurano FiO$_2$ 100%
AVP estabelecido antes da indução

Ventilação com máscara eficaz
Manutenção VE

Videolaringoscópio	Laringoscopia 2 tentativas com mandril de Cook™	Fibroscopia AL da glote

Fibroscopia Fastrach™ > 30 kg Despertar

Sucesso

Despertar Fastrach™ > 30 kg Abordagem traqueal

Algoritmo de intubação difícil não prevista

A ventilação com máscara facial é prioritária
Anestesia profunda
Permeabilidade do ramo faríngeo (Guedel)

Pedir ajuda
Carrinho

Laringoscopia com 2 tentativas,
mandril de Cook™

Sucesso

Fracasso

Videolaringoscópio — ML

Algoritmo intubação

Algoritmo oxigenação

Algoritmo de oxigenação

Ventilação com máscara eficaz
Falha de intubação

Despertar

ML Fastrach™ > 30 kg

Oxigenação transtraqueal

Intubação

Cricotireoidostomia Traqueotomia de emergência

Desaconselhável no lactente

Midríase (adulto e criança)

Manitol 20%: 0,5-1 g/kg IV lenta 0,25-0,5 mL/kg

Antecipar-se à diurese osmótica: NaCl 0,9% 10-20mL/kg IV lenta por 1h

Intoxicação com anestésicos locais

SINAIS

- **Sinais premonitórios:** disestesias peribucais, zumbidos, problemas visuais
- **Convulsões**
- **Arritmia e/ou distúrbios da condução cardíaca**
- **Parada cardíaca**

TRATAMENTO

- Pedir ajuda
- Interromper os anestésicos locais
- Oxigenar e controlar a ventilação e as vias aéreas

Infusão IV de **Intralipid® 20%: 1,5 mL/kg** (por 1-2 min)
Se for ineficaz, repetir a injeção de Intralipid® (máx. 500-600 mL)

Parada cardíaca (ver *Parada cardíaca, Condutas para urgências*)

- A reanimação é mais importante do que a injeção de Intralipid®
- Reanimação às vezes prolongada
- Se assistolia: **adrenalina em baixas doses** em *bolus* sucessivos de **0,05-0,1 mg**, cujas doses só devem ser aumentadas prudentemente
- Se FV: desfibrilação
- Depois da recuperação de um ritmo sinusal: ± infusão contínua de Intralipid® ou reinjeção, se houver sinais clínicos

Convulsão

- Midazolam ou rivotril em baixas doses

Bradicardia

- Atropina

- Evitar: vasopressina, bloqueadores do canal de cálcio, betabloqueadores e amiodarona
- Vigiar em UTI

Particularidades pediátricas

- Intralipid® 20% 1,5 mL/kg em *bolus*, ± 0,5-1 mL/kg/min em função da resposta clínica, sem ultrapassar 10 mL/kg

NB: Médialipide® 20%: 6-9 mL/Kg, sem ultrapassar 10 mL (margem terapêutica tênue)

- Se assistolia: titulação da adrenalina em baixas doses em *bolus* de 1-5 mcg/kg

Hipertermia maligna
(adulto-criança)

FATORES DESENCADEADORES
Agentes halogenados – succinilcolina
SINAIS

- ↗ **CO_2 expirado**
- **Rigidez muscular** ou simples espasmo dos masseteres
- **Hipertermia**
- **Rabdomiólise**

TRATAMENTO
- **Interrupção imediata dos agentes halogenados e succinilcolina**
- Substituir por hipnótico IV
- **Hiperventilação** com O_2 puro em circuito aberto (2-3 vezes a ventilação--minuto). Retirada de qualquer evaporador de halogenados.
- Nenhuma mudança completa do circuito (filtro, absorvedor de CO_2...)
- Pedir ajuda
- Abreviar ou interromper a cirurgia
- Monitorar continuamente a temperatura central e o $EtCO_2$

- **Dantrolene:**
  - Administração inicial IV em via única de **2,5 mg/kg** ± 1 mg/kg a cada 10 min até 10 mg/kg
  - Cada flaconete de 20 mg de dantrolene deve ser diluído em 60 mL de água destilada (sendo melhor no CVC)
  - Eficácia nos minutos seguintes
  - Manter em ventilação controlada

- **Expansão volêmica** com NaCl 0,9%
- **Resfriar** o paciente, sem retardar a administração do dantrolene
  - NaCl 0,9% resfriado IV: 15 mL/kg em 15 min x 3
  - Irrigar estômago, bexiga, reto, cavidade operatória, exceto tórax
  - Manta térmica regulada em 30°C
  - Interromper o resfriamento assim que temperatura central < 38°C
- Passar CVC, CA e sonda vesical. Coletar gasometria arterial, CPK, mioglobinemia, calemia, TQ, TCA
- Assegurar **diurese > a 1 mL/kg/h**

Em caso de hipercalemia	Em caso de acidose (mista)	Em caso de arritmia

• Se hipercalemia grave:
 – Gluconato de Ca:
  • 10 mL em 10 min no adulto
  • 0,3 mL/kg (máx. 10 mL) na criança
 – Glicoinsulinoterapia
 • Correção da acidose
	• Hiperventilação
	 • Bicarbonato de sódio 1 mEq/kg e depois conforme gasometria arterial
		• Tratamento da acidose e da hipercalemia
		 • Antiarrítmicos evitando os bloqueadores de canal de cálcio

- Transporte para a reanimação
- Continuar o dantrolene IV (ver *Hipertermia maligna*)

Anestesia

SUMÁRIO

Avaliação pré-operatória

Áreas específicas

Anestesia

Anestesia

Anestesia

Consulta de anestesia

- O prontuário médico de anestesia é um documento médico-legal. É parte integrante do prontuário médico.
- O uso de uma lista preestabelecida impede esquecimentos com consequências por vezes graves. Um autoquestionário não substitui a consulta, mas pode fornecer uma ajuda significativa ao especificar antecedentes importantes.
- A partir do decreto de 5 de dezembro de 1994, essa consulta acontece pelo menos 48 h antes da anestesia para as intervenções programadas, e não dispensa a visita pré-anestésica nas horas que antecedem a intervenção.

PRIMEIRA PARTE: RESPONDER AOS VÁRIOS OBJETIVOS

- Conhecimento da patologia que motiva a **intervenção cirúrgica**.
- Conhecimento dos **antecedentes** médicos, cirúrgicos e obstétricos, dos tratamentos realizados habitualmente (natureza, posologia) e definição das interações medicamentosas significativas que necessitam de adaptação (ver *Adequação dos tratamentos*).
- Avaliação do risco **alérgico** (ver *Risco de alergias na anestesia*).
- Avaliação do risco **cardiovascular**:
  - Avaliação funcional por meio de sete questões importantes: angina, dispneia aos esforços e ao decúbito, desmaios, palpitações, edema dos membros inferiores, arterite).
  - Definição do índice de Lee (ver *Avaliação cardiovascular em cirurgia não cardíaca*).
- Investigar uma neuropatia autônoma cardíaca no paciente diabético (ver *Anestesia e diabete*).
- Avaliar o risco de **intubação difícil** (ver *Intubação difícil*) e de **estômago cheio** (ver *Anestesia e estômago cheio*).
- Avaliar o risco de **náuseas e vômitos pós-operatórios** (NVPO) (p. ex., escore de Apfel) (ver *Náuseas e vômitos pós-operatórios no adulto*).
- Avaliar o risco **hemorrágico e de transfusão** (ver *Estratégia transfusional*).
- Investigar uma síndrome da **apneia do sono** (pontuação STOP-BANG) (ver *Síndrome de apneia obstrutiva do sono em adultos*).
- Após esta primeira parte da consulta, a classe **ASA** está definida:

Classe I: paciente saudável.

Classe II: paciente apresentando comprometimento moderado de uma grande função.

Classe III: paciente apresentando um grave comprometimento de uma grande função que não acarreta incapacidade.

Classe IV: paciente que tem um comprometimento grave de uma grande função que apresenta risco vital permanente.

Classe V: paciente moribundo cuja expectativa de vida sem cirurgia é inferior a 24 h.

Classe VI: paciente declarado em estado de morte cerebral cujos órgãos são retirados para transplante.

U: se a intervenção é realizada com urgência, ele é adicionado à classe considerada.

- Previsão da **estratégia de anestesia** mantida e da monitorização exigida, de uma possível transfusão (ou estratégia de economia transfusional), do tratamento da dor pós-operatória, da prevenção das NVPO, dos exames padrão (se necessário) bem como dos exames e das avaliações especializadas.
- **Pré-medicação** (ver *Pré-medicação no adulto*) e antibioticoprofilaxia são previstas.

SEGUNDA PARTE: ASPECTOS RELACIONAIS

- Discussão dos riscos e consentimento do paciente sobre a estratégia definida.
- Respostas às perguntas.
- Documentos de informações complementares fornecidos.

Esquema de uma consulta "de sucesso" no plano relacional

Construção da relação (o médico ajustou-se para criar uma relação inicial)
O médico conhece o prontuário antes (não o descobre durante a consulta)
O médico (nome, graduação...) apresenta-se no início da consulta
O médico estabeleceu logo de início um contato visual e sorriu
O médico observou atentamente o paciente
O médico procurou uma breve interação não médica no início da consulta
A duração desta fase foi "aceitável" (da ordem de 1 min)
Abertura da discussão e expressão dos objetivos da consulta
O médico criou uma "agenda" para esta consulta ("Se você concordar, veremos juntos primeiramente seus antecedentes, e depois o examinarei e revisaremos juntos a maneira como vamos organizar sua anestesia")
O médico mostrou logo de início que o tempo é "razoavelmente" limitado ("Vamos tentar utilizar da melhor maneira o tempo de que dispomos")
O médico expressou logo de início um reconhecimento enfático das necessidades do paciente ("Vejamos juntos o que se pode fazer para que a intervenção ocorra da melhor maneira possível")
Exploração das perspectivas do paciente (permite favorecer uma responsabilidade "autoadministrada")
O médico mencionou os temores específicos do paciente (NVPO, dor, morte, medo de não acordar...)
No fim da discussão sobre cada item e no fim da consulta
O médico resumiu e compartilhou concretamente a impressão daquilo que foi discutido antes
O médico "alinhou" as finalidades e os objetivos com o paciente ("Você concorda quando dizemos que um dos pontos importantes é evitar a dor pós-operatória?")
O médico pediu a "permissão" ao paciente para prescrever ou modificar um tratamento (responsabilidade, parceria)

(continua)

Conclusão
O médico criou o plano de tratamento em comum e explicitou o papel de cada um (cuidadores, paciente) em cada uma das etapas (se justificado)
O médico procurou saber se o paciente tem outras preocupações/ perguntas ("Você tem outras perguntas ou há outros problemas que não abordamos", em vez de "Penso que já vimos toda a questão, não é?")

Comunicação verbal e não verbal
O médico não utiliza o jargão médico
O médico faz uso apropriado do humor
O médico respondeu aos indícios verbais e não verbais
O médico tolerou o silêncio
O médico utilizou de maneira mista o "eu" e o "nós"
O médico ouviu quando o paciente precisou se expressar (quando não é interrompido, o paciente geralmente se expressa por menos de 2 min)
O médico não dá a impressão de estar apressado
O médico tranquilizou o paciente mostrando o papel positivo do trabalho em equipe
O médico tranquilizou o paciente assinalando a qualidade de seus parceiros

Fatores associados que influenciam a relação médico-paciente
Sala de consulta e sala de espera (instalações, mobília, ruído...)
Atitude empática dos funcionários
Distância considerável do domicílio
Problemas para obter uma consulta
Atrasos
Disponibilidade do médico
Não responder às mensagens deixadas pelo paciente (telefônicas principalmente)

Exames pré-operatórios

Nenhum dado científico ou norma regulamentar impõe a utilização sistemática de exames complementares. Somente aqueles motivados pelos dados fornecidos na anamnese, no exame físico, no ato e na anestesia são indispensáveis. Idealmente, são solicitados pelo cirurgião logo no início e, assim, estarão disponíveis durante a consulta de anestesia.

Cirurgia hemorrágica ou com risco intermediário ou importante

Ortopedia	Cirurgia gastrointestinal	Urologia	Neurocirurgia	ORL-buco--maxilo	Vascular
▪ ATJ ▪ ATQ ▪ ATO ▪ Artródese da coluna ▪ Quadril, sacro	▪ Colectomia ▪ Esofagectomia ▪ Gastrectomia ▪ Duodeno-pancreatectomia cefálica ▪ Hepatectomia	▪ Cistectomia ▪ Prostatectomia radical ▪ Nefrectomia ▪ Transplante renal ▪ RTUB/P	▪ Cirurgia intracraniana ▪ Tumor medular	▪ Cirurgia oncológica ▪ Doenças vasculares (angioma) ▪ Amigdalectomia	▪ Vascular aórtica ▪ Vascular maior ▪ Vascular periférica

Cirurgia menor

Ambulatorial Superficial Catarata, dentária	Mamária Tireoide Procedimentos endoscópicos

Grade de seleção dos exames complementares antes de uma intervenção cirúrgica

	ASA 1	> 65 anos ou ASA ≥ 2	Tomada de anticoagulantes
Cirurgia hemorrágica ou de grande porte	▪ Hemograma completo, TP TCA ▪ Grupo 1 (depois G2, PAI) ▪ Ionograma--creatinina	▪ Hemograma completo, TP TCA ▪ Grupo 1, (depois G2, PAI) ▪ Ionograma--creatinina (e *clearance*) ▪ ECG < 1 ano	
Cirurgia não hemorrágica ou de pequeno porte	0	▪ ± Ionograma-creatinina	▪ ± Ionograma--creatinina (e *clearance*) ▪ Hemograma completo, TP TCA ▪ Grupo 1 (depois G2, PAI)

Questionário padrão para detectar um distúrbio da hemostasia

Vários questionários de diátese hemorrágica foram propostos, mas nenhum foi validado para avaliar o risco hemorrágico perioperatório. Um questionário mais simples foi proposto (RFE SFAR 2012) para a detecção de um distúrbio hemorrágico moderado.

A possibilidade de um distúrbio da hemostasia pode ser considerada diante de dois ou mais dos seguintes sintomas:

1. Tendência aos sangramentos prolongados/incomuns (sangramento no nariz, pequeno corte) que exigem uma consulta médica ou um tratamento.
2. Tendência às equimoses/hematomas significativos (> 2 cm sem choque) ou muito significativos para um pequeno choque.
3. Sangramento prolongado após uma extração dentária.
4. Sangramento significativo após uma cirurgia (especialmente sangramento após circuncisão ou amigdalectomias).
5. Para as mulheres:
   - Menorragias que levam a uma consulta médica ou a um tratamento (contraceptivo oral, antifibrinolítico, ferro etc.).
   - Hemorragia pós-parto.
6. Antecedentes de doença hemorrágica nos familiares próximos (Willebrand, hemofilia, entre outras).

Recomendação das indicações/contraindicações dos exames complementares pré-operatórios

	Indicações	Contraindicações
ECG de repouso	▪ Intervenção de médio ou grande porte +: – Paciente > de 65 anos, ou – Qualquer que seja a idade se sinais clínicos ou FDR ou doença cardiovascular	▪ ECG < 1 ano disponível na ausência de modificações clínicas ▪ Intervenção de pequeno porte qualquer que seja a idade (salvo coronariopatia grave) ▪ < 65 anos + intervenção de médio ou grande porte sem FDR, sem sinal clínico ou doença cardiovascular
Ecocardiograma transtorácico de repouso	▪ Dispneia ou insuficiência cardíaca de causa desconhecida ou recentemente agravada ▪ Sopro sistólico não conhecido ▪ Suspeita de HP	

(continua)

	Indicações	Contraindicações
Teste de isque-mia miocárdica	(Ver *Avaliação coronariana*)	
Radiografia de tórax, gasome-tria arterial, EFR	▪ Doença cardiopulmonar evolutiva ou aguda	Não sistemática no pré-operatório de uma cirurgia não cardiotorácica qualquer que seja a idade
TP, TCA, plaquetas	▪ Criança que não começou a andar ▪ Adulto sem condições de responder ▪ Hepatopatia, desnutrição/má absorção, doença hematológica ou administração de anticoagulantes mesmo na ausência de sintoma ▪ Como referência para o pós-operatório de certas cirurgias ou para a introdução de um tratamento ▪ Se sinais na anamnese ou clínicos	▪ Não sistemática na ausência de suspeição na anamnese e no exame clínico de distúrbio da hemostasia quaisquer que sejam o ASA, o tipo de intervenção e de anestesia (AG, ALR periférica e perimedular), inclusive em obstetrícia
Hemograma	Intervenção de médio ou grande porte	Intervenção de pequeno porte
Grupo sanguí-neo e PAI	▪ Risco de transfusão ou sangramento intermediário a alto ▪ Duração de validade das PAI negativas passa de três a 21 dias na ausência de circunstância imunizante nos 6 meses (gravidez, transfusão, transplante)	Risco de transfusão ou sangramento nulo a baixo
Ionograma--creatinina *clearance* MDRD	▪ Qualquer intervenção de médio ou grande porte	Intervenção de pequeno porte salvo sinal na anamnese ou clínica
ECBU	(Ver *ECBU pré-operatória*)	
Beta-hCG plas-mático	▪ Se possibilidade de gravidez sinalizada durante a anamnese nas mulheres sexualmente ativas	

Fatores preditivos de intubação difícil

As condições de intubação são apreciadas durante a visita pré-anesté-sica. Diferentes elementos anamnésicos, clínicos e radiológicos podem levar à suspeita de uma intubação difícil.

DETECÇÃO PELA ANAMNESE
Anamnese clássica e de esclarecimento:
- Antecedentes de intubação (onde – há quanto tempo ++) noção de dificuldades (orientação, relatório).
- Antecedentes de artrose, doença reumática (poliartrite reumatoide, espondilite anquilosante) radioterapia cervical.
- Queimadura, esclerodermia, comprometimento da articulação tem-poromandibular.
- Cirurgia, tumor, infecção de origem ORL ou da parte cervical da co-luna vertebral.
- Diabete, principalmente do tipo 1 (sinal do rezador: ver *Diabete*), bó-cio, acromegalia, gravidez.
- Traumatismos maxilofaciais, coluna vertebral.
- Disfagia, dispneia, disfonia, síndrome de apneia obstrutiva do sono (SAOS).
- Critérios de ventilação difícil (ver *Ventilação difícil*).
- Antecedentes familiares (malformações).

DETECÇÃO PELO EXAME CLÍNICO
- Investigar macroglossia, pescoço curto, cicatrizes, assimetria, tume-fações faciais, mau estado bucodentário, calcular o IMC.
- Investigar prognatismo e retrognatismo: teste de Lip.
  - Classe 1: o paciente pode morder o lábio superior acima da parte vermelha com seus incisivos inferiores.
  - Classe 2: o paciente pode morder o lábio superior abaixo da parte vermelha.
  - Classe 3: não pode morder a parte vermelha: **Atenção!**
- Circunferência do pescoço no nível da cartilagem tireóidea:
  - → Se > 40-45 cm: **Atenção!**
- Avaliar a mobilidade cervical:
  - Distância tireo-mento (DTM).
    - → Se < 6 cm: **Atenção!**
  - Ângulo da cabeça (ângulo entre cabeça em hiperextensão e flexão).
    - → Se < 90°: **Atenção!**
- Avaliar a abertura da boca: < 35 mm (homem), < 30 mm (mulher): **Atenção!**
- Avaliar a visibilidade das estruturas faríngeas (classificação de Mal-lampati) modificada.

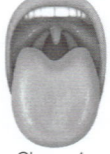 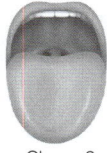  

Classe 1   Classe 2   Classe 3   Classe 4

Classificação de Mallampati
- Classe 1: úvula, véu palatino, pilares do véu visíveis.
- Classe 2: ponta da úvula mascarada pela base da língua. **Prudência**
- Classe 3: apenas o véu palatino é visível. **Perigo +**
- Classe 4: apenas o palato duro é visível. **Perigo ++**

| Classe 1 | Classe 2 | Classe 3 | Classe 4 |

Visualizações laringoscópicas durante uma intubação orotraqueal: classificação de Cormack e Lehane
- Não há paralelismo estrito entre Mallampati e Cormack: um Mallampati I pode ser um Cormack IV.

DETECÇÃO PELA RADIOGRAFIA
- Falta de interesse na prática atual.
- Se, ao final desta avaliação, a previsão é de uma intubação difícil, deve-se prevenir o paciente em relação a este risco e considerar o uso de uma técnica diferente da laringoscopia direta (fibroscópio/videolaringoscópio) para a intubação no centro cirúrgico ou então escolher uma ALR.

Fatores preditivos de ventilação difícil com máscara

- As condições de ventilação com máscara são avaliadas durante a consulta pré-anestésica.
- Os fatores preditivos de ventilação difícil com máscara são:
  - Idade superior a 55 anos.
  - IMC (peso/altura^2) superior a 26 kg/m^2.
  - Presença de barba.
  - Endentação.
  - Limitação da protrusão mandibular.
  - Ronco.
- A presença de dois fatores é preditiva de ventilação difícil com máscara.
- A distância tireomentoniana inferior a 6 cm associada ao ronco são critérios preditivos de ventilação **impossível**.

ECBU pré-operatória

- Colonização urinária = bacteriúria assintomática (qualquer que seja o limite).
- Infecção urinária:
  - Pelo menos um dos sintomas: febre, dor na fossa ilíaca ou suprapúbica, hematúria, sinais clínicos de infecção quando a sonda do paciente é retirada: incontinência de urgência/queimação durante a micção/polaciúria.
  - E ECBU com bacteriúria $\geq 10^3$ UFC/mL ou se sonda vesical $\geq 10^5$ (porém ≤ 2 germes) + leucocitúria $\geq 10^4$.

Indicação de ECBU pré-operatória na cirurgia programada

- A urocultura não é recomendada para o diagnóstico de infecção ou para colonização urinária, exceto para o diagnóstico de cistite aguda simples comunitária em mulheres.
- É altamente recomendável tratar preventivamente as colonizações urinárias antes de uma cirurgia em contato com a urina.
- Fatores de risco (FDR) de infecção ou de colonização urinária: sinais clínicos, idade avançada, diabete, instituição, cateterismo vesical prolongado.

Indicação urocultura e/ou ECBU no pré-operatório	FDR +	FDR –
Cirurgia das vias urinarias com contato da urina: • RTUP, prostatectomia, adenomectomia • RTUB, cistectomia • Mudança de cateter JJ, ureteroscopia, uretrotomia • Nefrectomia parcial, nefroureterectomia • Transplante renal programado: doador vivo aparentado e seu receptor se diurese preservada • TVT, TOT, prótese peniana	ECBU	ECBU
Cirurgia ginecológica do prolapso/incontinência	ECBU	BU (ECBU se +)
Cirurgia de urgência de prótese do quadril	± ECBU	Nada
Qualquer outra cirurgia, como cirurgia ortopédica protética programada	Nada	Nada

Conduta prevista em pré-operatório de cirurgia urológica programada

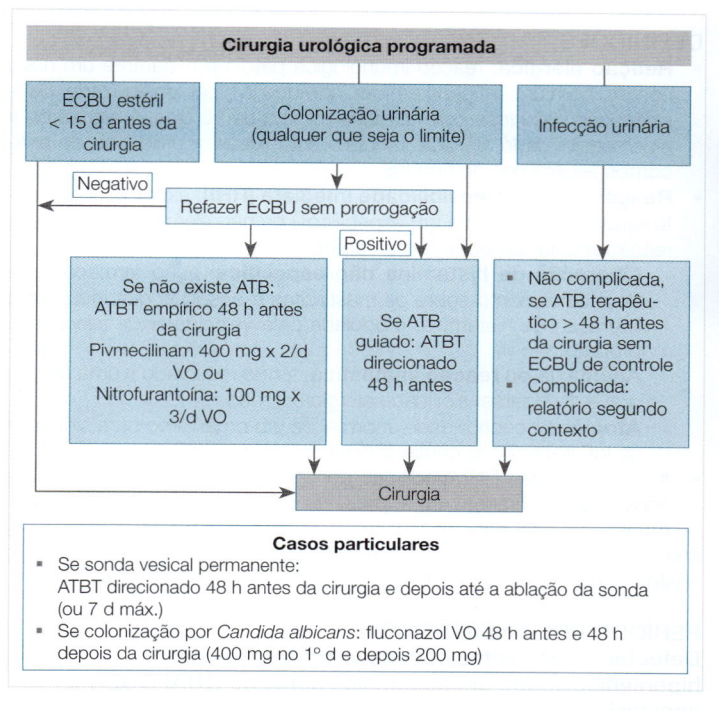

Cirurgia urológica programada

- ECBU estéril < 15 d antes da cirurgia
- Colonização urinária (qualquer que seja o limite)
- Infecção urinária

Negativo → Refazer ECBU sem prorrogação

Positivo

Se não existe ATB: ATBT empírico 48 h antes da cirurgia Pivmecilinam 400 mg x 2/d VO ou Nitrofurantoína: 100 mg x 3/d VO

Se ATB guiado: ATBT direcionado 48 h antes

- Não complicada, se ATB terapêutico > 48 h antes da cirurgia sem ECBU de controle
- Complicada: relatório segundo contexto

Cirurgia

Casos particulares
- Se sonda vesical permanente:
  ATBT direcionado 48 h antes da cirurgia e depois até a ablação da sonda (ou 7 d máx.)
- Se colonização por *Candida albicans*: fluconazol VO 48 h antes e 48 h depois da cirurgia (400 mg no 1° d e depois 200 mg)

Conduta a seguir no pré-operatório de cirurgia urológica urgente

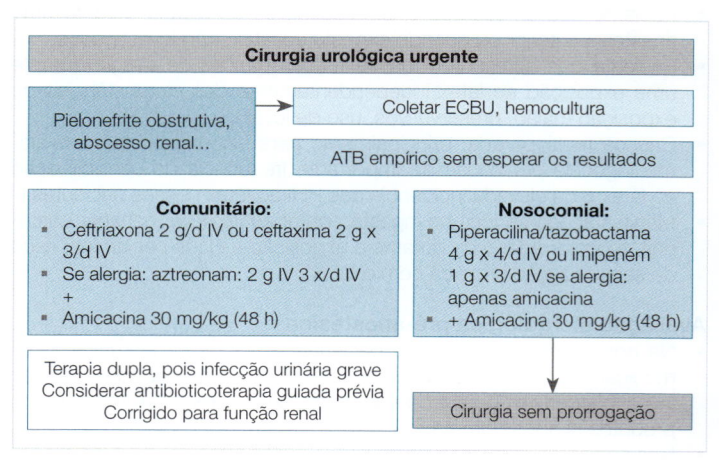

Cirurgia urológica urgente

Pielonefrite obstrutiva, abscesso renal... → Coletar ECBU, hemocultura

ATB empírico sem esperar os resultados

Comunitário:
- Ceftriaxona 2 g/d IV ou ceftaxima 2 g x 3/d IV
- Se alergia: aztreonam: 2 g IV 3 x/d IV +
- Amicacina 30 mg/kg (48 h)

Nosocomial:
- Piperacilina/tazobactama 4 g x 4/d IV ou imipeném 1 g x 3/d IV se alergia: apenas amicacina
- + Amicacina 30 mg/kg (48 h)

Terapia dupla, pois infecção urinária grave
Considerar antibioticoterapia guiada prévia
Corrigido para função renal

Cirurgia sem prorrogação

Risco de alergias na anestesia

DEFINIÇÕES

- **Reação alérgica**: reação imunológica patológica durante um novo contato com um antígeno em um indivíduo já hipersensibilizado. Sensibilização silenciosa com duração mínima de 10 dias. A alergia ou a hipersensibilidade alérgica imediata está ligada à produção de anticorpos específicos do tipo IgE.
- **Reação de hipersensibilidade imediata (RHI)**: alérgica (geralmente ligada à presença de IgE específicos) ou não alérgica (antigamente reação anafilactoide), geralmente por:
  - **Liberação de histamina não específica**: ação farmacológica do medicamento sobre os mastócitos e basófilos que induz uma liberação de histamina, modulada pela velocidade de injeção do produto.
  - **Anafilaxia ou reação anafilática**: termo reservado a uma reação grave de hipersensibilidade alérgica ou não.
  - **Atopia**: susceptibilidade anormal de um organismo para sintetizar os IgE específicos contra antígenos naturais do ambiente.
- A incidência das RHI mediadas por IgE foi avaliada em 100/1M de anestesias (na França, em 2004).

  Atualmente, os agentes anestésicos frequentemente responsáveis são em ordem decrescente: curares (1/6.500) > antibióticos > corantes > látex > hipnóticos > opioides > gelatinas > anestésicos locais.

PERÍODO PRÉ-ANESTÉSICO
Detectar os pacientes com risco de reações de hipersensibilidade perianestésica antes de QUALQUER anestesia

- Paciente alérgico a um produto que pode ser utilizado na anestesia, já estabelecido na consulta de alergologia.
- Paciente que apresentou sinais sugestivos de alergia durante uma anestesia anterior ou quando exposto ao látex, não investigados.
- Paciente que apresentou manifestações clínicas de alergia durante uma exposição ao látex independentemente das circunstâncias de exposição (balão, preservativos, uso de luvas).
- Criança multioperada, principalmente para espinha bífida ou mielomeningocele por causa da importante frequência da sensibilização ao látex e da elevada incidência das RHI ao látex nesses pacientes.
- Manifestações clínicas na ingestão de abacate, kiwi, banana, castanha, trigo sarraceno ou durante a exposição a Ficus benjamina: risco de sensibilização cruzada com o látex.

Avaliação alergológica pré-anestésica
- Na população em geral, nos pacientes atópicos ou alérgicos a um medicamento não utilizado na anestesia, não é a ocasião de realizar investigações em busca de sensibilização aos medicamentos e aos produtos usados durante a anestesia.
- Nos pacientes com risco de anafilaxia perianestésica, deve-se propor uma avaliação alergológica para investigar a sensibilização. Quaisquer que sejam os testes realizados, eles não permitem um diagnóstico

absolutamente seguro. Em caso de antecedentes de alergia aos curares, todos os curares são testados.

Algoritmo de decisão

- Para realizar em um paciente que apresentou reação de hipersensibilidade imediata durante uma anestesia anterior sem ter tido o benefício da avaliação alergológica:

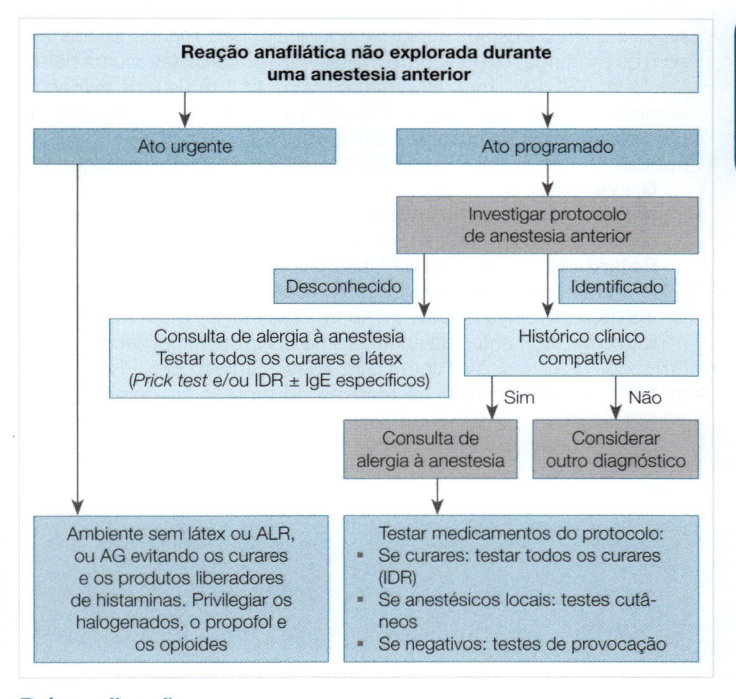

Pré-medicação

- Nenhuma pré-medicação permite evitar uma RHI alérgica.
- Uma pré-medicação com um anti-H1 altera significativamente a reatividade (incidência e intensidade) cutânea e os efeitos sistêmicos da histamina durante as RHI não alérgicas.
- Nenhuma indicação com corticoides em injeção única na pré-medicação. A incidência da hiper-reatividade brônquica durante uma anestesia em asmáticos é diminuída pela hidroxizina na pré-medicação e pelos corticoides, mas de uso prolongado.

Antibioticoprofilaxia

- A administração intravenosa da antibioticoprofilaxia adaptada aos protocolos deve ser iniciada no centro cirúrgico em um paciente acordado e monitorado, 5-10 minutos antes da indução anestésica (reanimação de um choque mais fácil no paciente não anestesiado e imputabilidade mais simples a determinar).

CASO ESPECIAL: ALERGIA AOS PRODUTOS DE CONTRASTE IODADOS (PCI)

- A implicação do iodo nunca foi demonstrada nas reações anafiláticas. Na verdade, trata-se de alergia ao produto de contraste. A sequência alergênica responsável pela sensibilização dos pacientes não é conhecida. As alergias a frutos do mar não são um fator de risco de alergia aos PCI, nem contraindicam o iodo como medicamento ou como lavagem.
- As RHI graves existem e são excepcionais. São menos frequentes com os produtos não iônicos (e muitas vezes retardadas > uma hora). Qualquer RHI deve imperativamente levar à prática de uma avaliação completa (identificação da substância em questão e investigação de uma possível reação cruzada com outros PCI).
- Em caso de emergência, se RHI anterior a um PCI não investigado:
  - **Grave** = usar um sal de gadolínio.
  - **Moderada** (eritema ou urticária localizada) = é possível usar um PCI não iônico e aconselha-se uma pré-medicação com hidroxizina.
  - **Retardada** = a injeção de PCI é possível e é aconselhável enquadrar o exame de uma prescrição de corticoides com supervisão.
- O uso de corticoides na prevenção de uma reação a um PCI em administração única antes da anestesia não provou sua eficácia.
- Em todos os casos: AVP com cristaloides, cardioscópio, PNI e SpO_2, material e medicamentos de reanimação prontos no departamento de radiologia.

Jejum pré-operatório no adulto

CIRURGIA AGENDADA
Sólidos
- A regra da NPO (*nil per os* = nada pela boca) pelo menos 6 h antes da hora marcada da cirurgia se aplica a todos os pacientes agendados.

Líquidos
- A ingestão de líquidos claros (água, chá, café, suco de maçã ou suco de laranja sem polpa) é possível até 2 h antes da hora prevista da cirurgia, se tivermos a certeza de que o paciente compreendeu bem a regra.
- A quantidade de ingestão de líquidos não é limitada.
- Álcool e bebidas lácteas estão proibidos.
- Fumar um cigarro antes da cirurgia não aumenta o risco de ter um estômago cheio e não contraindica a sua realização.
- Uma profilaxia farmacológica não é recomendada.

CIRURGIA URGENTE
Fatores que favorecem a inalação
- Refluxo gastroesofágico.
- Doença esofágica.
- Obstrução intestinal.
- Diabete tipo 1 se gastroparesia ou disautonomia.
- Antecedentes de úlcera péptica e de gastrite.
- Insuficiência renal crônica grave.
- Refeição recente.
- Gravidez a partir de 20-24 semanas de amenorreia.
- Cirurgia bariátrica (anel ou bypass) apresenta maior risco do que a obesidade mórbida (IMC > 30 kg/m^2).
- Dor intensa ou politraumatismo.
- Doença neurológica com diminuição do nível de consciência ou hipertensão intracraniana.

Na prática
- NPO: nem sólido nem líquidos.
- Privilegiar a anestesia locorregional.
- Profilaxia farmacológica: ranitidina 300 mg efervescente 2 comprimidos em 30 mL de água (ver *Anestesia e estômago cheio*).
- Indução de sequência rápida se AG e fatores de risco presentes (ver *Anestesia e estômago cheio*).

Anestesia

Pré-medicação no adulto

- Não são abordadas aqui a prevenção dos NVPO e a administração de antiácidos como parte da indução em sequência rápida, que são tratadas nos capítulos correspondentes.
- A pré-medicação é uma prescrição pré-operatória tradicional que tem o objetivo de reduzir a ansiedade antes de um procedimento invasivo, mas sua ineficácia, há muito reconhecida, foi recentemente confirmada.
- **A qualidade da relação médico-paciente é de uma eficácia ansiolítica muito superior a uma pré-medicação medicamentosa**. O uso de uma pré-medicação ansiolítica **não é muito mais eficaz em pessoas demasiadamente ansiosas. Portanto, a pré-medicação ansiolítica deve apenas ser uma receita rara e racional**.

PACIENTE TRATADO HÁ MUITO TEMPO COM ANSIOLÍTICO

- O tratamento é geralmente continuado.
- A presença de um tratamento ansiolítico (ou antidepressivo) de longo prazo aumenta os riscos de complicações pós-operatórias, sem que ainda se saiba se a causa é o próprio tratamento ou outra subjacente.

PACIENTE "PADRÃO" OU COM A ANSIEDADE HABITUAL OU AUMENTADA E CIRURGIA COM HOSPITALIZAÇÃO OU EM AMBULATÓRIO

- Nenhuma pré-medicação medicamentosa.
- Melhorar a qualidade das relações humanas e atitude tranquilizadora em cada etapa: consulta, visita pré-anestésica, sala de cirurgia. Sempre que o médico ou outro membro da equipe (p. ex., enfermeiro anestesista) for competente em hipnose conversacional, seu uso é recomendado desde o momento da chegada na sala de cirurgia ou mesmo antes.

INTERVENÇÃO ASSOCIADA A UM RISCO ALTO DE HIPERALGESIA PÓS-OPERATÓRIA

Se existe um importante risco de hiperalgesia pós-operatória (cirurgia de grande porte de mama, nefrectomia, prótese do quadril e do joelho, cirurgia abdominal, histerectomia abdominal, toracotomia etc.) com grande risco de dor crônica: gabapentina no pré e no pós-operatório (ver *tabela*).

- A prescrição da gabapentina não é recomendada aqui por seus efeitos ansiolíticos e sedativos.

Paciente adulto	Dose de gabapentina**	Observação 1	Observação 2
Véspera à noite*	600-1.200 mg	Apenas se paciente hospitalizado	Diminuir imediatamente as doses se paciente idoso ou se insuficiência renal Diminuir secundariamente a dose se estado de embriaguez, confusão, sonolência ou qualquer outro efeito indesejável
Pré-operatório imediato	600-1.200 mg	Dose elevada se cirurgia de grande porte	
Pós-operatório até 8-15 dias	600 mg/8 h		

* Penetra lentamente no sistema nervoso central.
** A pré-gabalina é outra molécula da classe dos gabapentinoides que não é recomendada aqui, pois sua eficácia é menos documentada neste contexto.

Caso particular de hérnia inguinal

Ainda que esta intervenção seja um modelo de ato ambulatorial que teoricamente não justifica a pré-medicação, ela representa uma excelente indicação de administração de gabapentina pré e pós-operatória porque esta intervenção está associada a uma taxa muito elevada (> 50%) de dor crônica pós-operatória (ver *tabela*).

Medicamentos	Pré-operatório		Manhã	Precauções
	D-2	D-1	D-0	
Cardiovascular				
Betabloqueadores	Sim	Sim	Sim	Risco de abstinência se interromper. Via IV se VO impossível Alvo de frequência cardíaca entre 60 e 70 bpm, sem hipotensão arterial
Bloqueadores do canal de cálcio	Sim	Sim	Sim	Interromper se hipotensão arterial
Derivados nitratos	Sim	Sim	Sim	
Inibidores da enzima conversora e antagonistas dos receptores da angiotensina II	Sim	Sim	Interromper se HA Continuar se IC	Interromper > 12 h se tratamento HA Manter em caso de tratamento de insuficiência cardíaca (IC) e levar em conta o risco de hipotensão arterial
Diuréticos	Sim	Sim	Não	Atenção com hipovolemia, controlar calemia
Antiarrítmicos Classe I (no tratamento da AC/FA: disopiramida, flecainida)	Sim	Não	Não	Interromper 24 h
Alfa-2-agonistas (clonidina)	Sim	Sim	Sim	
Amiodarona, digitálicos, nicorandil	Sim	Sim	Sim	
Estatinas	Sim	Sim	Sim	Risco de efeito rebote se interromper. Se parar o trânsito intestinal: administração por SNG
Fibratos	Sim	Sim	Sim	
Ácido acetilsalicílico	Continuar na maior parte dos casos Parar D-3 nos raros casos (neurocirurgia) (ver *Antiplaquetários*)			Sem substituição
Clopidogrel (Plavix®)	Parar em D-5 (ver *Antiplaquetários*)			Possibilidade de substituir por ácido acetilsalicílico se houver risco trombótico elevado Nenhum procedimento invasivo com prasugrel ou ticagrelor Risco de pausas cardíacas com o ticagrelor
Prasugrel (Efient®)	Parar em D-7 (ver *Antiplaquetários*)			
Ticagrelor (Brilique®)	Parar em D-5 (ver *Antiplaquetários*)			
Antivitamina K (AVK)	Parar em D-5 (ver *Utilização das AVK*)			Controlar INR
Anticoagulantes orais diretos (AOD)	(ver *Utilização dos AOD*)			

(continua)

Medicamentos	Pré-operatório		Manhã	Precauções
	D-2	D-1	D-0	
Neuropsiquiatria				
Antidepressivos tricíclicos	Sim	Sim	Sim	Evitar drogas taquicardizantes. Risco de síndrome colinérgica
Inibidores da monoamina oxidase seletivos e não seletivos	Sim	Sim	Discutir	Risco de síndrome serotoninérgica e crise hipertensiva. Utilizar com precaução opioides e medicamentos simpatomiméticos
Inibidores da recaptação da serotonina	Sim	Sim	Sim	Risco de síndrome serotoninérgica
Inibidores da recaptação de noradrenalina e serotonina (milnaciprano e venlafaxina)	Sim	Sim	Sim	Risco de hipotensão perioperatória. Risco de síndrome serotoninérgica
Risperdal	Sim	Sim	Discutir	Risco de hipotensão arterial grave Relato de parada cardíaca
Imipramínicos	Sim	Sim	Sim	Interromper em caso de patologia cardiovascular. Risco de síndrome serotoninérgica
Antiparkinsonianos, L-dopa	Sim	Sim	Sim	Estratégia de substituição se via oral impossível ou hipotensão (ver *Anestesia do parkinsoniano*)
Anticolinérgicos	Sim	Sim	Sim	
Lítio	Sim	Sim	Sim	Verificar litemia, calcemia e função renal, função tireoidiana
Neurolépticos, antiepilépticos	Sim	Sim	Sim	
Anticolinesterásicos	Sim	Sim	Sim	Aumento moderado da duração da ação da succinilcolina
Outras patologias				
Glicocorticoides	Sim	Sim	Sim	Tratamento > 5 d: risco de insuficiência adrenal Cirurgia de pequeno porte: HSHC 50 mg Cirurgia de grande porte: HSHC 50 mg/6 h durante 48-72 h
	(ver *Adequação perioperatória da corticoterapia*)			
Hormônios tireoidianos	Sim	Sim	Sim	
Antidiabéticos orais	(ver *Anestesia e diabete*)			

(continua)

Anestesia

Medicamentos	Pré-operatório		Manhã	Precauções
	D-2	D-1	D-0	
Dor crônica, toxicomania				
Opioides nível II e III	Sim	Sim	Sim	Continuar com doses equivalentes ou substituição com doses equivalentes analgésicas por outro opiáceo. Evitar a utilização de naloxona. Continuar o adesivo de fentanil ou fazer uma substituição
AINE e coxibes	Sim	Sim	Sim	Exceto neurocirurgia intracraniana, RTUP, RTUB, amigdalectomia, oftalmologia outra que catarata, ortopedia de grande porte (coluna vertebral): Interromper 24 h
Antiepilépticos, antidepressivos e benzodiazepínicos com alcance antálgico	Sim	Sim	Sim	
Tratamento substitutivo da toxicomania	Sim	Sim	Sim	Favorecer ALR. Contraindicação aos agonistas-antagonistas μ
Heroína	Sim	Sim	Não	Nenhuma retirada precipitada. Substituir heroína por morfina VO
Cannabis	Não	Não	Não	Interromper > 12 h
Cocaína	Não	Não	Não	Abstinência de uma semana em pré-operatório. Contraindicação aos betabloqueadores
Anti-infecciosos, imunossupressores				
Tratamento antituberculoso	Sim	Sim	Sim	+ Vitaminas B1 e B6. Avaliação especializada se VO impossível Contraindicação ao Pentotal. Cuidado com a hepatotoxicidade
Tratamento antirretroviral	Sim	Sim	Sim	Avaliação especializada se VO impossível
Ciclosporina A (Neoral®)	Sim	Sim	Não se AG	Vigiar as taxas plasmáticas (em H2) e a função renal. Via IV se VO impossível > 24-48 h
Tacrolimo (Prograf® Advagraf®)	Sim	Sim	Sim	Vigiar as taxas plasmáticas (taxa residual) e a função renal. Via IV se VO impossível > 24-48 h
Everolimo (Certican®)	Dicutir			Interromper provavelmente 5 d antes. Avaliação especializada para substituição
Talidomida	Sim	Sim	Sim	Risco de neuropatias e de trombose venosa profunda
Metotrexato	Sim	Sim	Sim	Toxicidade hematológica e renal (contraindicação aos AINE e protóxido de azoto)
Azatioprina, ciclofosfamida, micofenolato de mofetila (Cellcept®)	Sim	Sim	Sim	Avaliação especializada se via VO impossível > 48 h
Anticorpos monoclonais anti-TNF: etarnecepte (Enbrel®), infliximabe (Remicade®), adalimumabe (Humira®)	Não	Não	Não	Avaliação especializada necessária. Interromper > uma semana (risco séptico). Exceto cirurgia cólica de um paciente portador de doença de Crohn ou de RCU: continuar o tratamento

Imunossupressores no paciente transplantado

Gestão dos imunossupressores (IS): nunca interromper os IS. No dia da intervenção, administrar os IS a H-4. Se a via VO não está autorizada, substituir por IV (injeção lenta em uma via exclusiva) com observação da taxa residual 1 vez/24 h e contatar o centro referente de transplante assim que possível.

Medicamento	Equivalência VO: IV	Dose terapêutica	Interações medicamentosas	Efeitos indesejáveis em longo prazo
Ciclosporina Neoral®, Sandimmun® TR= transplante renal	3:1 (intravenosa com bomba de infusão/24 h)	**Fase aguda** 250-350 (ng/mL) (TR 150-300) **Fase crônica** 100-200 (ng/mL) (TR 75-150)	**Aumento dos níveis sanguíneos com os inibidores do CYP3A4:** cimetidina, claritromicina, diltiazem, entromicina, fluconazol, itraconazol, cetoconazol, metoclopramida, nicardipina, verapamil	• Nefrotoxicidade, HA, diabete, dislipidemia, neurotoxicidade • Precaução IECA e ARA2 • **Risco de disfunção renal quando associado a** anfotericina, AINE, ICox2, vancomicina, aminoglicosídeos (a adaptar à função renal)
Tacrolimo (Prograf®, Advagraf®)	3:1 (intravenosa com bomba de infusão/24 h nenhum tubo em PVC)	8-12 (ng/mL)	**Redução dos níveis sanguíneos com indutores de CYP3A4:** carbamazepina, octreotide, fenobarbital, fenitoína, rifampicina, ticlopidina	• Retardo na cicatrização • Sem apresentação IV: substituir ciclosporina ou tacrolimo antes de cirurgia de grande porte • Edema dos MMII proteinúria, hipertrigliceridemia, anemia, trombocitopenia • Rejeição aguda
Sirolimo (Rapamune®) Everolimo (Certican®)	Sem apresentação IV Sem apresentação IV	6-10 (ng/mL) 6-10 (ng/mL)		• Melatoxicidade • Aplasia
Azatioprina (Imurel®)	1:1	Contatar centros de referências	Diminuição do efeito dos miorrelaxantes alopurinol: insuficiência medular reversível, mas possivelmente grave	• Leucopenia
Soro Antilinfocitário (Thymoglobuline®)	IV			
Basiliximabe (Simulect®) Rituximabe (Mabthera®)	IV			
Corticoides	1:1		Diminuição da taxa eficaz com os indutores enzimáticos do CYP450: fenobarbital, fenitoína, rifampicina	• Rejeição aguda
Belatacepte (Nulojix®)	IV			
Micofenolato de mofetila (Cellcept®)	1:1		Efeito reduzido pelos antiácidos (antiH2)	• Pancitopenia • Anemia • Diarreia crônica
Ac. micofenólico (Myfortic®)	Sem apresentação IV			

Adequação perioperatória da corticoterapia

A CORTICOTERAPIA É A CAUSA MAIS FREQUENTE DA INSUFICIÊNCIA ADRENAL

- Esta geralmente ocorre após um tratamento em longo prazo, mas permanece possível para uma corticoterapia de curta duração (≤ 5 dias) e com posologias baixas (≤ 5 mg/d de prednisona ou eq.). Estima-se que a secreção de cortisol em repouso é de 5-10 mg/m^2/d, ou seja, o equivalente a 20-30 mg de hidrocortisona ou 5-7 mg de prednisona no adulto. A síntese de cortisol em situação de estresse pode aumentar 5-10 vezes até 100 mg/m^2/d.
- A substituição adrenal pela hidrocortisona depende da corticoterapia prévia e de sua posologia (em dose equivalente de hidrocortisona), bem como do nível de estresse operatório. Em geral, nos adultos, é preciso prever doses equivalentes de hidrocortisona (ou equivalente) de 100-200 mg por dia em caso de estresse intermediário a alto, até retomar as doses de 20-30 mg por dia em 1 semana.

TABELA COMPARATIVA DOS DIFERENTES GLICOCORTICOIDES

	Atividade glicocorticoide				
	Atividade mineralo-corticoide	Atividade anti-infla-matória	Dose equivalente a 20 mg de hidrocortisona	Meia--vida (min)	Duração da ação (h)
Hidrocortisona Hidrocortisona®	2 +	1	20	100	8
Prednisona Cortancyl®	1 +	3,5	5	200	24
Prednisolona Hidrocortancil® Solupred®	1 +	4	5	120-300	24
Metilpredniso-lona Medrol® Solumedrol® Depomedrol®	0,5	5	4	120-180	36
Betametasona Betnesol® Celestene®	0	30	0,75	130-330	72
Dexametasona Decadron® Soludecadron® Dectancyl®	0	30	0,75	150-270	72
Triancinolona Kenacort® Uso sobretudo local	0	5	4		

ADEQUAÇÃO PERIOPERATÓRIA DA CORTICOTERAPIA E PREVENÇÃO DA INSUFICIÊNCIA ADRENAL

A dexametasona como antiemético na dose de 4 mg já corresponde a 100 mg de hidrocortisona!

Estresse cirúrgico baixo (p. ex., cura de hérnia inguinal)

- Prescrever a corticoterapia habitual em H-2 com pré-medicação eventual.
- Pode ser administrada, eventualmente, na indução, 25 mg IV de hidrocortisona (HSHC) ou 5 mg de metilprednisolona (MP) ou 1 mg de dexametasona, sem continuar uma substituição no pós-operatório.

Estresse cirúrgico intermediário (p. ex., colecistectomia)

- **Na cirurgia agendada**: prescrever a corticoterapia habitual em H-2 com a PM, depois 25 mg de HSHC IV/8 h (ou 10-15 mg/d metilprednisona) por até 48 h no máximo, com retomada do tratamento anterior.
- **Na emergência**: injetar 25-50 mg de HSHC IV na indução, depois 25-50 mg de HSHC IV a cada 8 h durante 48 h. Retomar no D + 2 o tratamento anterior VO ou o equivalente em HSHC IV 3 vezes por dia.

Estresse cirúrgico alto (p. ex., hepatectomia, cirurgia cardiotorácica, neurocirurgia)

- **Na cirurgia agendada**: prescrever a corticoterapia habitual em H-2 com a PM, injetar 50 mg de HSHC IV na indução, depois 50 mg de HSHC IV /8 h durante vários dias (dependendo do pós-operatório). Em seguida, retomar o tratamento anterior VO ou o equivalente em HSHC IV 3 vezes por dia, se não houver complicações.
- **Na emergência**: injetar 100 mg de HSHC IV na indução, depois 50 mg de HSHC IV/8 h durante vários dias (dependendo do pós-operatório). Em seguida, retomar o tratamento anterior VO ou equivalente em HSHC IV 3 vezes por dia, se não houver complicações.

CONDUTAS NO PERIOPERATÓRIO DA INSUFICIÊNCIA ADRENAL

O tratamento substitutivo da insuficiência adrenal primária geralmente associa 20-30 mg/d de hidrocortisona (em 2-3 tomadas) e 10-20 mcg/dia de fludrocortisona.

Na véspera da intervenção

- Tratamento habitual.

No dia da intervenção

- Pré-medicação: 9-alfa-fludrocortisona: 1 cp de 50 mcg de desoxicortona: 5 mg IM.
- Perioperatória: HSHC 50 mg IV, e depois 10-20 mg/h.

No pós-operatório, até a retomada do trânsito intestinal

- HSHC IV lenta de 50 mg/8 h + Syncortyl®: 5 mg/d IM.

No pós-operatório, após retomada do trânsito intestinal
- Hidrocortisona (comprimido de 10 mg): 50, e depois 40 e depois 30 mg/d.
- 9-alfa-fludrocortisona: 50 mcg/d.

Precauções
- Dieta normosódica, observação da pressão arterial e avaliações eletrolíticas sanguínea e urinária (diárias no início).
- Sinais de subdosagem:
  - Perda de peso, PA reduzida, desidratação geral, fuga sódica urinária (hipercalemia, hiponatremia).
- Sinais de superdosagem associados aos mineralocorticoides:
  - Edema, HA, ganho de peso, baixa natriurese.

> - Detecção da insuficiência adrenal aguda = cortisolemia de 8 h < 270 nmol/L e/ou cortisolemia depois de teste com Synacthem® (cortrosina) < 350 nmol/L

Anestesia

Adequação perioperatória dos anticoagulantes (procedimentos programados)

CONDUTA A SEGUIR PARA UM PROCEDIMENTO PROGRAMADO EM UM PACIENTE EM ANTICOAGULAÇÃO TERAPÊUTICA

1. De acordo com o risco hemorrágico do procedimento
- Risco hemorrágico baixo: não interromper os anticoagulantes.
  - Exemplo: catarata, cirurgia cutânea, colonoscopia sem biopsia etc.
- Risco hemorrágico intermediário ou alto: interromper os anticoagulantes e tratamento de acordo com o risco trombótico.

2. Dependendo do risco trombótico: 3 situações

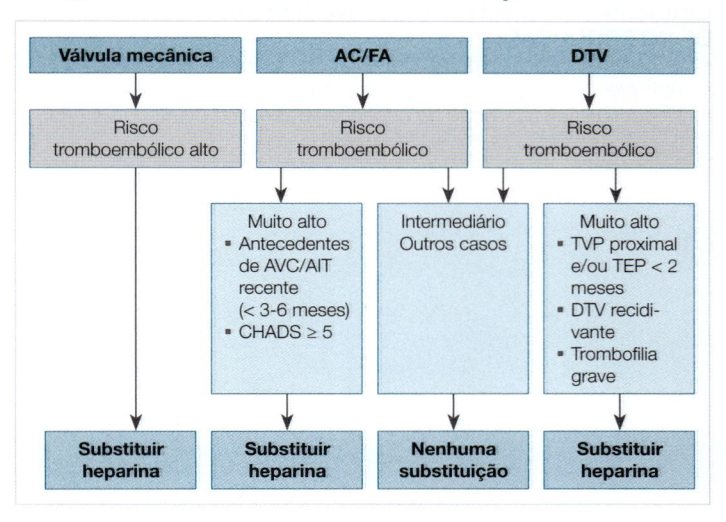

- Na maioria das situações, nenhuma indicação para uma substituição anticoagulante/heparina é feita, pois acarretaria um risco hemorrágico perioperatório superior ao risco trombótico.
- As únicas indicações para uma substituição são o risco trombótico muito alto:
  - Válvula mecânica.
  - AVC ou AIT recente (< 3-6 meses) em um paciente em ACFA.
  - CHADS2 ≥ 5.
  - TVP proximal e/ou TEP < 3 meses ou recidivante.
  - Trombofilia grave.

Escore de CHADS2
Insuficiência cardíaca (1 ponto)
Hipertensão arterial (1 ponto)
Idade > 75 anos (1 ponto)
Diabete (1 ponto)
Antecedente de AVC mesmo transitório (2 pontos)

- Em caso de substituição, interromper heparina no pré-operatório de acordo com o seguinte esquema:
  - HNF intravenosa com bomba de infusão: interromper 4-6 h antes da cirurgia.
  - HNF subcutânea: última dose 12 h antes da cirurgia.
  - HBPM: última dose 24 h antes da intervenção.

CIRURGIA PROGRAMADA QUE NECESSITA DE INTERRUPÇÃO

- AOD (ver *Utilização dos AOD e antagonização*).
- AVK (ver *Utilização dos AVK e antagonização*).
- Heparinas (ver *Utilização da heparina terapêutica e antagonização*).

Características farmacológicas dos betabloqueadores

Não é recomendado interromper um tratamento betabloqueador no período pré-operatório.

EFEITO DOS BETABLOQUEADORES

Sobre os receptores beta-1: redução da frequência cardíaca (efeito cronotrópico negativo), diminuição da excitabilidade cardíaca (efeito batmotrópico negativo), diminuição da contratilidade miocárdica (efeito inotrópico negativo), diminuição da velocidade de condução (efeito dromotrópico negativo), redução da produção de renina. A interação com os receptores beta-1 traduz a cardiosseletividade.

Sobre os receptores beta-2: aumento da contratilidade das fibras musculares lisas do pulmão e do útero.

FARMACOCINÉTICA DOS BETABLOQUEADORES

(Ver *tabela* a seguir.)

DCI	CS	ASI	ASM	Pico plasmático (administração oral)	Meia-vida de eliminação plasmática	Vias de eliminação	Vias metabólicas
Acebutolol	S	S	S	2-4 h	Acebutolol: 4 h diacetolol: 10 h	Acebutolol e diacetolol excretados majoritariamente pelo rim	Acebutolol é metabolizado principalmente pelo fígado em diacetolol (metabólito ativo)
Atenolol	S	N	N	2-4 h	6-9 h	85 a 100% de uma dose são excretadas pelo rim	O metabolismo do atenolol é mínimo
Betaxolol	S	N	N	3 h	15-20 h	10 a 15% de betaxolol são excretados	Metabolizado em produtos inativos
Bisoprolol	S	N	N	1-4 h	10-12 h	Bisoprolol é eliminado por duas vias: 50% são transformados em metabólitos inativos no fígado, e depois excretados pelo rim. Os 50% restantes são excretados sob forma inalterada pelo rim	
Carvedilol	N	N	S	1 h	6-10 h	Uma pequena proporção é eliminada pelo rim sob a forma de metabólitos diversos	Metabolismo muito importante resultando em grande número de metabólitos, eliminados principalmente pela bile
Celiprolol	S	N		2-3 h	4-6 h	Excretado essencialmente sob forma inalterada (90%), 12 a 18% pelo rim, o resto nas fezes	
Esmolol	S	N	N	Não apropriado	9 min	Esmolol é eliminado pelo rim, parcialmente inalterado (menos de 2%), e sob a forma de metabólitos sem ação betabloqueadora importante	Esmolol é metabolizado pelas esterases em um metabólito ácido e em metanol nos eritrócitos ou nos tecidos
Labetalol	N	N	N	2 h	4 h	Labetalol é excretado 60% pelo rim e 40% pelo fígado, essencialmente sob a forma de glicoconjugada (95%)	Labetalol tem um metabolismo hepático

(continua)

DCI	CS	ASI	ASM	Pico plasmático (administração oral)	Meia-vida de eliminação plasmática	Vias de eliminação	Vias metabólicas
Metoprolol	S	N	N	1,5-2 h	3,5 h	5% da dose são excretados de forma inalterada pelo rim	Metoprolol é metabolizado por oxidação (isoenzima CYP2D6) no fígado. Os metabólitos principais não têm efeito betabloqueador significativo
Nadolol	N	N		2-4 h	16-24 h	Nadolol é eliminado em 75% pelo rim, de forma inalterada	Nadolol não é metabolizado pelo fígado
Nebivolol	S	N	N	1 h	Metabolizadores rápidos: 10 h lentos: 30-50 h		Nebivolol é amplamente metabolizado por hidroxilação aromática (isoenzima CYP2D6) e em parte em metabólitos ativos
Oxprenolol	N	S	S	1-2 h	1-3 h	Excretado pelo rim, sob a forma de metabólitos inativos (95%)	Oxprenolol é transformado pelo fígado em um metabólito inativo
Pindolol	N	S	S	1-2 h	2-4 h	Pindolol é eliminado pelo rim: forma inalterada (40%) e metabólitos (40%). Baixa eliminação biliar dos metabólitos	Pindolol é metabolizado metade pelo fígado (metabólitos conjugados inativos)
Propranolol	N	S	S	1-2 h	3 h	Os metabólitos são eliminados pelo rim, sob a forma glicoconjugada (15-20%), e sob a forma inalterada (3-4%)	Propranolol é metabolizado no fígado, principalmente em 4-hidroxipropranolol, metabólito com propriedades betabloqueadoras
Sotalol	N	N	N	2,5-4 h	10-20 h	80 a 90% da dose é eliminada sob a forma inalterada	Sotalol não é metabolizado
Tertatolol	N	N		1 h	3 h	Tertatolol sob a forma inalterada (1%) e os metabólitos são eliminados pelo rim	Tertatolol é metabolizado no fígado. Um dos metabólitos tem uma atividade betabloqueadora comparável à do tertatolol

S: sim; N: não; CS: cardiosseletividade; ASI: atividade simpatomimética intrínseca (poder agonista parcial); ASM: atividade estabilizante de membrana (efeito quinidina-*like*).

Avaliação cardiovascular em cirurgia não cardíaca

- As recomendações consistem em definir um risco clínico, capacidade funcional e risco cirúrgico:

RISCO LIGADO AO PACIENTE
1. Critérios clínicos

De maior importância	Intermediários

- Angina instável ou grave (classe III ou IV)
- IAM recente (< 1 mês)
- Insuficiência cardíaca descompensada
- Arritmia significativa (FA, *flutter*, ESV, TV)
  - BAV II ou III ou bloco trifascicular
  - Sintomática com doença cardíaca subjacente
  - Arritmia supraventricular com ritmo ventricular não controlado
- Doença valvar estenosante grave no ETT ou sintomática
	- Antecedente de coronariopatia
	- Antecedente de insuficiência cardíaca
	- Antecedente de AVC
	- Diabete
	- Insuficiência renal
	- Anemia
	- Baixa capacidade física ou não avaliável
	- Candidato a uma cirurgia aórtica ou vascular

2. Índice de Lee

A avaliação do risco cardíaco ligado ao paciente pode ser realizada de maneira simples e relativamente confiável usando-se o índice de Lee clássico:

Incidência das maiores complicações cardíacas (infarto do miocárdio, edema pulmonar, fibrilação ventricular, bloqueio completo e parada cardíaca) ao longo de uma cirurgia não cardíaca programada nos pacientes com mais de 50 anos: 0 ponto: 0,4%; 1 ponto: 0,9%; 2 pontos: 6,6%; 3 pontos ou mais: 11%.

Índice de risco cardíaco de Lee		
Cálculo do índice de Lee clássico	Fator de risco	Cálculo do índice de Lee clínico
1 ponto	**Cirurgia de alto risco** Definida por uma cirurgia suprainguinal, intratorácica ou intraperitoneal	
1 ponto	**Coronariopatia** Definida por um antecedente de infarto do miocárdio, angina clínica, uso de nitratos, onda Q no ECG ou um teste não invasivo da circulação coronariana positiva	1 ponto

(continua)

Índice de risco cardíaco de Lee		
Cálculo do índice de Lee clássico	Fator de risco	Cálculo do índice de Lee clínico
1 ponto	**Insuficiência cardíaca** Definida por um antecedente de insuficiência cardíaca congestiva, de edema pulmonar, dispneia noturna paroxística, crepitações bilaterais ou galope B3, ou uma redistribuição vascular radiológica	1 ponto
1 ponto	**Antecedente de acidente vascular cerebral** isquêmico ou acidente cerebral isquêmico transitório	1 ponto
1 ponto	Diabete com insulinoterapia	1 ponto
1 ponto	**Insuficiência renal crônica** definida por creatinina > 200 mg/dL (177 mcmol/l)	1 ponto

O índice de Lee clínico é utilizado no algoritmo que leva em conta o risco ligado à cirurgia.

3. Capacidade funcional

Equivalente metabólico (MET)	Atividade
1 MET	Atividade muito limitada
1-4 MET	Faz sua higiene, come sozinho, anda em casa, caminha 100 m em terreno plano
4-10 MET	Sobe dois andares, caminha em uma ladeira bem inclinada, corre uma curta distância, jardina intensamente (cavar), desloca um móvel
10 MET	Atividade física intensa: natação, tênis, esqui

1 MET corresponde a um consumo de oxigênio de 3,5 mL/kg/min para um homem de 40 anos e 70 kg.

RISCO LIGADO À CIRURGIA

Alto	Intermediário	Baixo
• Pâncreas, fígado, vias biliares, esôfago • Aorta e vascular maior • Cistectomia • Pneumectomia • Transplante pulmonar ou hepático	• Carotidiana (paciente sintomático) • Neurocirurgia • Cirurgia intraperitoneal • Cirurgia intratorácica (não de grande porte) • Cirurgia ortopédica, urológica ou ginecológica de grande porte • Transplante renal	• Cirurgia superficial ou de pequeno porte • Oftalmológica • Mamária • Dentária • Carotidiana (paciente assintomático)
Frequência de acontecimentos cardíacos perioperatórios		
> 5%	1-5%	< 1%

- Algoritmo da decisão de estratificação pré-operatória atualmente proposta:

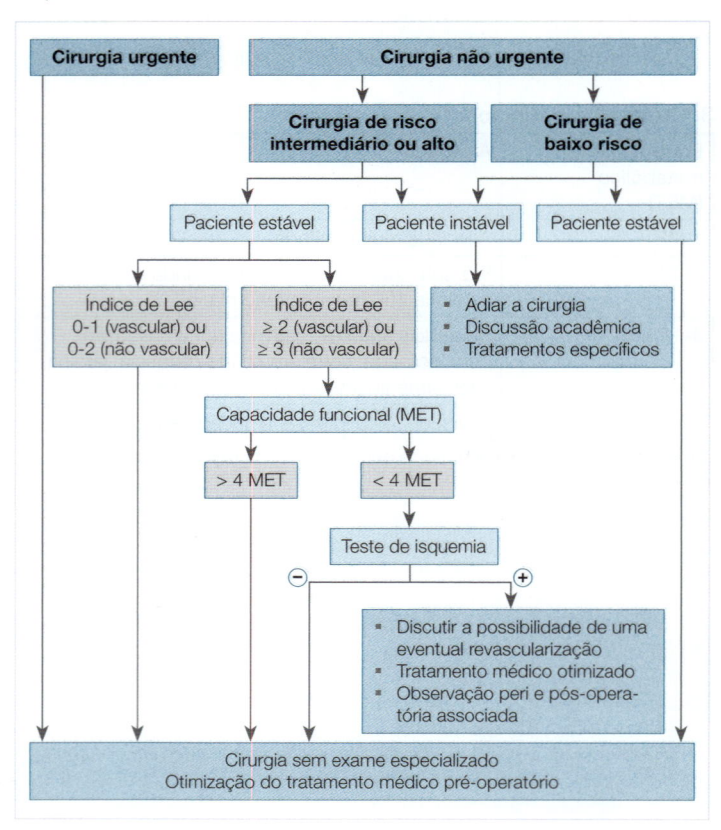

- Se o teste de isquemia for claramente positivo (defeito de perfusão na cintilografia > 20% ou mais que 4 de 17 segmentos estiverem anormais na ecografia de estresse) sugerindo um comprometimento coronariano grave, deve ser feita uma discussão multidisciplinar para a realização de uma coronariografia, cujos objetivos são a confirmação da suspeita do comprometimento grave e a consideração de uma revascularização pré-operatória ao definir as vantagens e desvantagens potenciais. Esta, anterior a uma cirurgia não cardíaca, tem caráter excepcional. Se for considerada necessária, a angioplastia realizada privilegiará a colocação de stent convencional (mínimo de 6 semanas de tratamentos de dupla antiagregação plaquetária).
- Se o teste de isquemia for negativo ou fracamente positivo, a cirurgia pode ser realizada sob tratamento otimizado com controle dos fatores de risco.

EXAMES COMPLEMENTARES
- A dosagem sanguínea pré-operatória de BNP, troponina ou PCR para avaliar o risco perioperatório no paciente com risco de doença coronariana é inútil.
- O ECG de repouso é necessário nos pacientes que devem passar por uma cirurgia vascular, nos pacientes com mais de 50 anos com um índice de Lee clínico > 1 que devem passar por uma cirurgia de risco intermediário ou alto e nos pacientes sintomáticos.
- O ecocardiograma de repouso é justificável caso seu resultado possa modificar a quantificação do risco e/ou a estratégia do procedimento perioperatório nos pacientes de alto risco (índice de Lee > 2). Ele investigará uma alteração da FEVE, uma valvopatia grave e uma HP.
- Teste de isquemia (ecografia de estresse ou cintilografia de esforço): ver *Algoritmo de decisão*.

TRATAMENTO MÉDICO OTIMIZADO
A decisão de iniciar um tratamento no pré-operatório pode ser tomada pelo médico anestesista ou pelo cardiologista.

Quando um tratamento foi iniciado no pré-operatório, o acompanhamento cardiológico do paciente após o período perioperatório imediato reavalia esse tratamento.

BETABLOQUEADORES
- Em caso de sinais de isquemia miocárdica clínica ou em um exame não invasivo, a indicação é formal.
- Os betabloqueadores podem ser propostos para prevenir a ocorrência de uma isquemia miocárdica perioperatória em pacientes com risco intermediário ou alto para cirurgias de alto risco. Em caso de cirurgia de risco intermediário, a decisão no início do tratamento é mais questionável e deve considerar os riscos ligados à hipotensão e à bradicardia (AVC perioperatório).

Modalidades de administração
- Recomenda-se a continuação no período perioperatório de um tratamento betabloqueador quando prescrito para uma insuficiência coronariana, associada ou não a um antecedente de arritmias ou a uma insuficiência cardíaca (hiperatividade simpática na interrupção abrupta).

- Assim que possível: introduzir o betabloqueador no pré-operatório de acordo com a orientação do cardiologista e não interromper o beta-bloqueador no pós-operatório. É provável que um período pré-operatório de uma semana a um mês facilite a obtenção de uma taxa de frequência cardíaca adequada. Quando um tratamento é iniciado no pré-operatório, recomenda-se um agente cardiosseletivo sem atividade simpática intrínseca.
- A posologia deve ser ajustada para se obter uma frequência cardíaca entre 60 e 70 bpm, sem hipotensão arterial.
- O tratamento deve ser administrado quando da eventual pré-medicação, na dose habitual.
- No perioperatório, recomenda-se observar de maneira rigorosa a FC e a PA e tratar uma hipotensão arterial e/ou bradicardia com as medidas adequadas.
- Após a intervenção, o tratamento betabloqueador deve ser reiniciado logo nas primeiras horas por via oral, se estiver disponível, na posologia habitual. Se houver um íleo pós-operatório, a via intravenosa deve ser usada em substituição (atenolol 5-10 mg IV 2 x por dia com um objetivo de FC < 65 bpm). Indica-se uma observação com um ECG diário.
- No perioperatório, dois protocolos de administração podem ser propostos considerando as contraindicações:

Atenolol
- Em vigência de monitoração FC > 60 bpm, PAS > 100 mmHg, na ausência de insuficiência cardíaca e de broncoespasmo (atenção com a eliminação renal).
- Atenolol 1 h antes do centro cirúrgico: 5 mg IV em 5 min, repetido se FC > 60 bpm.
- Imediatamente após o ato cirúrgico: se FC > 60 bpm, atenolol 5 mg IV em 5 min, repetido uma vez se FC > 60 bpm.
- De 1-7 dias do pós-operatório, uma das seguintes opções:
  - Atenolol IV segundo os mesmos critérios se NVPO.
  - Atenolol VO, 100 mg/d, se FC > 70 bpm e PAS > 100 mmHg.
  - Atenolol 50 mg/d se CF entre 60 e 70 bpm e PAS > 100 mmHg.
  - Nada, se FC < 60 bpm ou PAS < 100 mmHg.

Bisoprolol
O tratamento iniciado pelo menos uma semana antes e continuado por 30 dias após a intervenção, de 5-10 mg/d VO para um FC de 60 bpm.
Observação: Quando se teme baixa tolerância, esmolol, de ½ vida curta, pode ser proposto e depois substituído por outro betabloqueador de meia-vida mais longa se a tolerância for boa.

ÁCIDO ACETILSALICÍLICO (VER AGENTES *ANTIPLAQUETÁRIOS*)

ESTATINAS
- Pacientes com uma coronariopatia comprovada devem receber um tratamento com estatina, que deve ser continuado quando se tratar de um tratamento habitual ou iniciado antes da cirurgia vascular arterial nos casos em que não está prescrito (pelo menos duas semanas antes se possível).

- Não há nenhuma indicação nem benefício demonstrado na prescrição de um hipolipemiante que não seja uma estatina.

IECA E ARA2 (VER *PRÉ-MEDICAÇÃO NO ADULTO*)

- Recomenda-se interromper um IECA ou um ARA2 pelo menos 12 h antes de uma intervenção, quando estes constituem um tratamento da hipertensão arterial.
- Recomenda-se manter os IECA e os ARA2 quando são prescritos no quadro de uma insuficiência cardíaca. O risco de hipotensão em casos de cirurgia de grande porte ou de raquianestesia deve ser considerado.
- Quando uma disfunção ventricular esquerda é diagnosticada no pré-operatório em um paciente não tratado, recomenda-se investigar a causa e introduzir um IECA ou ARA2 pelo menos uma semana antes.

Anestesia

Análise do traçado eletrocardiográfico

Velocidade em 25 mm/s: 1 mm = 40 ms.

ONDA P
- Duração: inferior a 110 ms.
- Amplitude: inferior a 2,5 mm em D II e 2 mm em V1, V2.
- Morfologia: monofásica, arredondada.
- Difásica em V1 normal se negatividade < positividade.
- Eixo: entre +10° e +80°.

INTERVALO PR
- Duração: compreendida em 120 e 200 ms.

COMPLEXO QRS
- Duração: inferior a 100 ms (medida na derivação em que é a mais longa).
- Eixo: entre –30°C e +110°.

Amplitude: baixa voltagem ou microvoltagem se a maior deflexão do QRS (positiva ou negativa) em qualquer uma das seis derivações frontais não exceder 5 mm, ou que a soma das deflexões mais amplas positivas ou negativas DI, DII e DIII ≤ 15 mm. Para as precordiais, baixa voltagem = amplitude < 15 mm da maior deflexão positiva ou negativa, em todas as derivações.

ÍNDICES
Para o diagnóstico de HVE: Sokolow-Lyon: SV1 + RV5 ou RV6
- A normal é < 35 mm (ou 40 para adultos < 30 anos).
- Se > 35 (40 mm) = HVE.
- Sensibilidade: ± 20%; Especificidade: ± 90% em pacientes com 70 anos ou mais.

Para o diagnóstico de HVE: Lewis
- HVE se (RDI + SD III) - (SD I + RD III) > 16 mm (se eixo QRS > 0°) ou ≥ 20 mm (se eixo QRS < 0°).
- Não deve ser usado no caso de hemibloqueio anterior esquerdo.
- Sensibilidade: ± 15%; Especificidade: ± 90% em pacientes ≥ 70 anos.

Para o diagnóstico de HVD ou HVE: White-Bock
- (RDI + UDIII) – (UDI + RDIII) UDI = maior amplitude negativa na derivação DI.
  HVD se WB ≥ –14
  HVE se WB ≥ 17

Atraso no aparecimento da deflexão intrinsecoide (Rdi)
Rdi = mede a duração entre o início do QRS com o ponto de amplitude máxima positiva; quando há duas ondas R, considerar a mais tardia qualquer que seja sua amplitude.
- Se Rdi V1 > 0,03 s = BRD e se Rdi V6 > 0,04 s = BRE.

SEGMENTO ST

Um deslocamento é a diferença entre o ponto de J (ligação de ST ao complexo QRS) e a linha isoelétrica > a 1 mm e pelo deslocamento de um ponto situado entre 0,06 e 0,08 segundo após o início do segmento. Esse infradesnivelamento deve ser descendente ou horizontal.

ONDA T

- Duração: depende do sistema nervoso autônomo.
- Morfologia: geralmente assimétrica.
- Eixo: entre - 10° e + 70° (diferença entre o eixo de QRS e eixo T sempre deve ser < 90°).

Na prática

- T é sempre positiva em V5 e V6.
- T é sempre positiva em DI e DII.
- T é sempre negativa em VR.
- T às vezes é negativa em V1 mas raramente em V2.
- Amplitude: não há limites precisos, mas a amplitude de T deve ser inferior a 1/10 do QRS e superior a 5 mm em V5 e V6.

INTERVALO QT

- QT é medido entre o início do complexo QRS e o fim da onda T.
- Sua duração é inversamente proporcional à frequência cardíaca.
- QT é medido em DII e V5.
- Um QT corrigido é patológico para além de 440 ms:

$$QTc = \frac{QT \text{ medido (em segundos)}}{\sqrt{RR \text{ (em segundos)}}}$$

Duração de QT depende de FC, do SNA, dos eletrólitos e dos medicamentos.

VALORES LOCALIZADORES DAS DIVERSAS DERIVAÇÕES

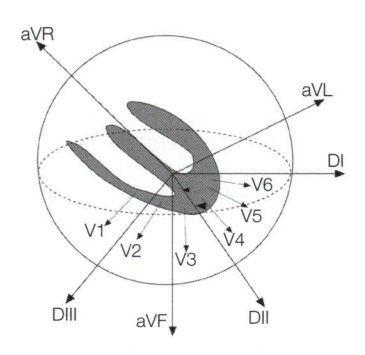

Quando combinamos os dois planos, frontal e horizontal, representados por dois círculos com o coração no centro, vê-se que:

- **DI VL V5 V6**: exploram a parede lateral do VE.
- **DIII aVF DII**: exploram a parede ínfero-diafragmática do VE.
- **V1 V2 V3**: exploram a parede ântero-septal do VE.
- **V4 V3**: exploram a ponta do coração (VE).

OUTRAS DERIVAÇÕES

São feitas em alguns casos para refinar, por exemplo, o diagnóstico topográfico de um infarto do miocárdio.

- V7: mesma horizontal que V4, linha axilar posterior.
- V8: mesma horizontal que V4, sob a ponta do omoplata.

- V9: mesma horizontal que V4, a meio caminho entre V8 e processos espinhosos posteriores.
- V3R: simétrica de V3 em relação à linha mediana.
- V4R: simétrica de V5 em relação à linha mediana.

CRITÉRIOS ELETROCARDIOGRÁFICOS DE IAM NA AUSÊNCIA DE HVE OU DE BRE

- Supradesnivelamento do segmento ST no ponto J em duas derivações contíguas:
  - ≥ 0,1 mV em todas as derivações, exceto V2 e V3 em ambos os sexos.
  - Em V2-V3: ≥ 0,2 mV nos homens ≥ 40 anos e ≥ 0,25 mV nos homens < 40 anos.
  - Para as derivações V2-V3: ≥ 0,15 mV nas mulheres.
- Infradesnivelamento do segmento ST e modificações das ondas T:
  - Subdeslocamento do segmento ST ≥ 0,05 mV nas duas derivações contíguas.
  - Ou inversão de T ≥ 0,1 mV nas duas derivações contíguas com onda grande R ou R/S > 1.

Anestesia e insuficiência coronariana

PRINCÍPIOS
- Mais de 90% dos episódios isquêmicos peri ou pós-operatórios são assintomáticos.
- A estratégia de prevenção baseia-se em dois elementos: a estratificação de risco e os tratamentos preventivos específicos (ver *Avaliação cardiovascular em cirurgia não cardíaca*).
- Os medicamentos indispensáveis são os betabloqueadores, os agentes antiplaquetários (AAP) e as estatinas.
- Os eventos desencadeantes de isquemia são a taquicardia, a hipotensão, a hipertensão e a hipotermia. É a duração e/ou a repetição da anomalia hemodinâmica que induz à isquemia e a recorrência da isquemia que conduz ao IAM pós-operatório.
- A segurança de uma anestesia no paciente coronariano baseia-se no controle da frequência cardíaca (FC), da pressão arterial, da temperatura, da hemoglobina e da dor, independentemente do tipo de anestesia realizada.
- A maioria das isquemias miocárdicas perioperatórias ocorre no período pós-operatório. Os períodos chamados de "transição" são o de maior risco: indução, despertar (tremores, dor), saída de sala de recuperação etc.

MONITORIZAÇÃO PERIOPERATÓRIA

Termômetro, sonda vesical, BIS, HemoCue®

Eletrocardioscópio
- No mínimo, derivação CM5 (nesta derivação, as alterações do segmento ST são significativas).
- Padrão-ouro: escopo com 5 eletrodos que permitem observar ao mesmo tempo V5 (análise do segmento ST) e DII (análise das arritmias), com análise contínua do segmento ST.
- Hemodinâmica.
- PNI ou pressão arterial invasiva se a cirurgia é de risco, longa ou angina instável.
- Doppler transesofágico ou outro meio de monitorização não invasivo do débito cardíaco de acordo com o risco.
- Ecocardiograma transesofágico: nenhum argumento para o uso sistemático, mas pode ser indicado para pacientes e cirurgias de alto risco e de longa duração. Permite uma visualização ou detecção dos distúrbios da contratilidade segmentar do miocárdio (no entanto pouco específica da isquemia miocárdica) e uma avaliação do enchimento das cavidades do coração.

ANESTESIA
Pré-medicação
- Administrar anti-isquêmicos (betabloqueadores) e anti-hipertensivos habituais (exceto IECA ou ARA2), as estatinas em pré-medicação oral menos de 2 h antes da intervenção. Manutenção dos IECA no quadro da insuficiência cardíaca.

- Benzodiazepínicos, hidroxizina via oral ou gabapentina: sedação adaptada com poucos efeitos hemodinâmicos e respiratórios.
- Indução.
- Limitar os efeitos hemodinâmicos da indução e da intubação com, classicamente, opioides em grandes doses (sufentanila ≥ 0,5 mcg/kg), mas impondo assim uma ventilação prolongada cujo benefício/risco deve ser avaliado, indução lenta e anestesia local da glote e da traqueia se não houver curarização.

Halogenados
- Todos os agentes halogenados têm efeitos cardiovasculares (diminui a dependência das doses da PAM/diminuição do barorreflexo e do inotropismo). O efeito estimulador simpático em concentração elevada é contrabalançado pelos opioides. A escolha do agente não influencia a ocorrência de eventos isquêmicos.

Óxido nitroso
- A administração de óxido nitroso associado aos halogenados provoca poucas alterações hemodinâmicas.
- Não é recomendado no caso de angina espástica e/ou IVE (efeito vasoconstritor nas artérias epicárdicas).
- Analgesia raquidiana.
- A fim de diminuir as estimulações simpáticas, o tratamento da dor perioperatória é crucial. A escolha de uma analgesia peridural ou de injeção intratecal de morfina no pré-operatório pode ajudar a garantir uma analgesia contínua e de boa qualidade.

Medicamentos vasoativos
- Em caso de hipotensão, o recurso à efedrina (*bolus* 3-6 mg) e/ou à fenilefrina (*bolus* 50-100 mcg) deve ser sistemático para manter a hemodinâmica.

Despertar
- Extubação em normotermia.
- Taquicardia ao acordar é comum e muitas vezes multifatorial, deve ser corrigida rapidamente: reforço e manutenção da sedação até o reaquecimento completo, analgesia pós-operatória eficaz, correção de uma eventual hipovolemia. Na ausência de fator desencadeante, a administração de betabloqueador é muitas vezes eficaz.
- As crises hipertensivas pós-operatórias são geralmente bem controladas com a administração intravenosa de bloqueador do canal de cálcio.

PÓS-OPERATÓRIO
- Analgesia eficaz.
- Nas primeiras 48 h pós-operatórias (H6, H12, H24, H48) de uma cirurgia não cardíaca com risco intermediário ou alto, recomenda-se realizar repetidamente um ECG, uma dosagem da troponina I e medir a taxa de hemoglobina.
- Retomar o mais rapidamente possível o tratamento anterior (VO, via enteral ou intravenosa).
- Nenhuma interrupção súbita do tratamento com betabloqueadores. Risco de síndrome de abstinência que pode provocar uma isquemia

do miocárdio. Além disso, o período de perioperatório poderá ser a ocasião para se introduzir um tratamento de longa duração. Esta decisão deve ser tomada em colaboração com o cardiologista que será encarregado de acompanhar o tratamento em longo prazo (ver *Avaliação cardiovascular/betabloqueadores*).

ISQUEMIA PERIOPERATÓRIA
Diagnóstico
- No paciente acordado: dor torácica, dispneia, sudorese, náuseas, confusão.
- Considerar diante de: alterações do segmento ST, aparecimento de ondas Q, arritmias e/ou alterações da condução, bradicardia ou taquicardia, hipo ou hipertensão, alterações da contratilidade segmentar no ecocardiograma, elevação de troponina.
- Qualquer elevação de troponina no perioperatório é uma isquemia miocárdica que necessita de cuidados (ácido acetilsalicílico, estatina etc.).

Tratamento
- Corrigir rapidamente uma hipoxemia, hipercapnia, hipotermia, anemia e reforçar a analgesia, se necessário.
- O tratamento deve levar em conta:
  - As alterações hemodinâmicas que favorecem a ocorrência da isquemia.
  - Os agentes anestésicos administrados antes da ocorrência do infradesnivelamento.
  - As alterações hemodinâmicas provocadas pelo episódio isquêmico.
- A taquicardia é o mais importante determinante do aumento da demanda miocárdica de oxigênio e, portanto, deve ser tratada rapidamente. Depois do aprofundamento da anestesia e/ou correção de hipovolemia, se necessário tratamento com esmolol (*bolus* de 0,25-0,5 mg/kg, e depois 50-500 mcg/kg/min IV em bomba de infusão) pode ser iniciado.
- Em caso de hipotensão: correção da hipovolemia e/ou da anemia, manutenção da PA com o uso de efedrina e/ou de neo-sinefrina (fenilefrina).
- Em caso de insuficiência cardíaca, dobutamina IV (2,5-10 mcg/kg/min), e depois adrenalina IV.
- Informar o cirurgião.
- Avaliação do cardiologista.

Anestesia

Marca-passo/desfibrilador implantável e anestesia

PRINCÍPIOS GERAIS DE FUNCIONAMENTO
Marca-passos (MP)

- São estimuladores cardíacos baseados em duas atividades: uma atividade de escuta e uma atividade de estimulação, graças às sondas endocavitárias ou mais raramente epicárdicas (cirurgia cardíaca ou pediatria).
- Eles existem em vários modelos:
  - MP com uma câmara e única sonda localizada mais frequentemente no VD (às vezes no AD).
  - MP com dupla câmara com uma sonda introduzida no AD e uma outra no VD.
  - MP com tripla câmara com uma sonda no AD, uma no VD e uma no seio coronário perto do VE (= MP biventricular para ressincronização).

Cada sonda pode garantir as funções de escuta e de estimulação da cavidade cardíaca onde está colocada.

- Cada modelo pode ser programado de várias maneiras diferentes.
- Existe um código universal para determinar o programa operacional do MP.

Letra I	Letra II	Letra III	Letra IV	Letra V
Cavidade estimulada	Cavidade detectada	Resposta do MP se atividade cardíaca detectada	Frequência de estimulação	Estimulação multissítio
A: átrio V: ventrículo D: dupla (A+V)	A: átrio V: ventrículo D: dupla (A+V) O: nenhuma	I: inibida T: desencadeada D: dupla (I e/ou T) O: ausente	R: dependente (i.e., adaptando-se ao esforço) O: não dependente	A: átrio V: ventrículo D: dupla (A+V) O: nenhuma

Cardioversores/desfibriladores implantáveis (CDI)

São dispositivos com uma, duas ou três câmaras capazes de detectar e de tratar taquicardias ventriculares (TV) ou fibrilação ventricular (FV).

- Seu tamanho é maior do que o do MP e a sua implantação na maioria das vezes é feita em subpeitoral e subátrio esquerdo (às vezes com anestesia local), pois uma FV será induzida para determinar o limiar de desfibrilação do coração.
- A função antiarrítmica dos CDI depende da situação clínica:
  - Em caso de TV monomórfica, hemodinamicamente bem tolerada: uma salva de estimulação em alta frequência será produzida (= função de antitaquicardia).

- Em caso de TV polimórfica ou FV: um choque elétrico interno de baixa energia sincronizado ao ECG (= cardioversão) ou de alta energia não sincronizado (= desfibrilação) é realizado.

Todos os CDI têm uma função MP, mas os MP não fazem a função de CDI.

- Como para os MP, um código universal é utilizado para caracterizar o modo de operação do CDI.

Letra I	Letra II	Letra III	Letra IV
Atividade de desfibrilação	Atividade antitaquicardia	Detecção de taquicardia	Atividade do MP
0: ausente A: átrio V: ventrículo D: dupla (A+V)	0: ausente A: átrio V: ventrículo D: dupla (A+V)	E: ECG H: hemodinâmico	0: ausente A: átrio V: ventrículo D: dupla (A+V)

DISFUNÇÕES POSSÍVEIS
Principais causas de disfunção
- As interferências eletromagnéticas (IEM) (em contexto perioperatório +++):
  - O **bisturi elétrico** (BE) é sua causa principal, com um risco de inibição da estimulação pelo MP (até a assistolia) ou envio de choques elétricos inapropriados para os CDI (indução de arritmia, má tolerância hemodinâmica, consumo de energia). Há também um risco de comprometimento ou de desprogramação do dispositivo. Estes riscos são mais elevados se: BE unipolar (a corrente passa da ponta do BE para a placa terra), potências de secção/coagulação elevadas, pequena distância entre MP e BE/placa.
  - Outras causas de IEM são: RNM (contraindicada nestes pacientes, salvo raras exceções: consultar o fabricante), fasciculações causadas pela succinilcolina (não contraindicando o uso deste curare, se necessário), radioterapia, sismoterapia, choque elétrico externo, neuroestimuladores, radiofrequência, potenciais evocados, litotripsia extracorporal, monitorização da frequência respiratória pelos eletrodos de escopo (não contraindicado).
- Falha técnica: bateria descarregada, sonda alterada ou rompida, má programação, fibrose miocárdica em contato com a sonda.
- Isquemia miocárdica.
- Distúrbios metabólicos (acidose/alcalose, alterações da calemia).
- Medicamentos que alteram os limiares de estimulação/detecção (flecainida, sotalol, verapamil) ou que elevam os limiares de desfibrilação (amiodarona).

Principais manifestações de disfunção
- **Falha na estimulação**, consequência mais comum das IEM: ausência de picos de estimulação, por isso bradicardia ou assistolia.
- **Falha de acionamento**: presença de picos de estimulação sem atividade atrial ou ventricular eletroacionada.
- **Falha de escuta**: presença de complexos acionados prematuramente ou picos de estimulação ocorrendo dentro de complexos QRS espontâneos.

Anestesia

- **Para os CDI**: choques elétricos inapropriados, raramente falha de desfibrilação.
- Mais raramente (dispositivos de dupla câmara ++): inibição em cross-talk, taquicardia induzida por uma taquicardia atrial, taquicardia por reentrada eletrônica, taquicardia induzida por interferência com os sensores de dependência (sensores de vibração, pressão etc.) ou pela IEM.

PROCEDIMENTO PRÉ-OPERATÓRIO (MAIS FREQUENTE EM CIRURGIA AGENDADA)

- Determinar as características do dispositivo (ficha de acompanhamento do paciente ou do centro de implantes): localização anatômica do dispositivo, tipo de MP, indicação e data de colocação, data de revisão, modo de programação, condição da bateria, resposta à aplicação de um ímã (ver a seguir), frequência do modo espera. **Determinar o grau de dependência do paciente em relação ao MP ++**.
- **ECG ++**, discutir radiografia do tórax e ionograma sanguíneo.
- Investigar uma cardiopatia associada e/ou sinais de má tolerância (síncope, dispneia, fadiga, palpitações, confusão, dor torácica) que indicam uma disfunção do dispositivo ou um agravamento da doença cardíaca associada.
- Determinar se existe um risco de IEM (BE unipolar, cirurgia supraumbilical).
- Pedir avaliação especializada (cardiologista ou centro de implantes) se:
  - **Risco de IEM e função de dependência (a desativar), paciente dependente do MP (programar o MP em modo assíncrono), CDI (desativação sistemática da função anti-taquiarritmia para evitar os choques inapropriados).**
  - Tipo de MP ou CDI desconhecido.
  - Último controle > 6 meses (CDI) ou > 12 meses (MP).
  - Disfunção do MP/CDI documentada.

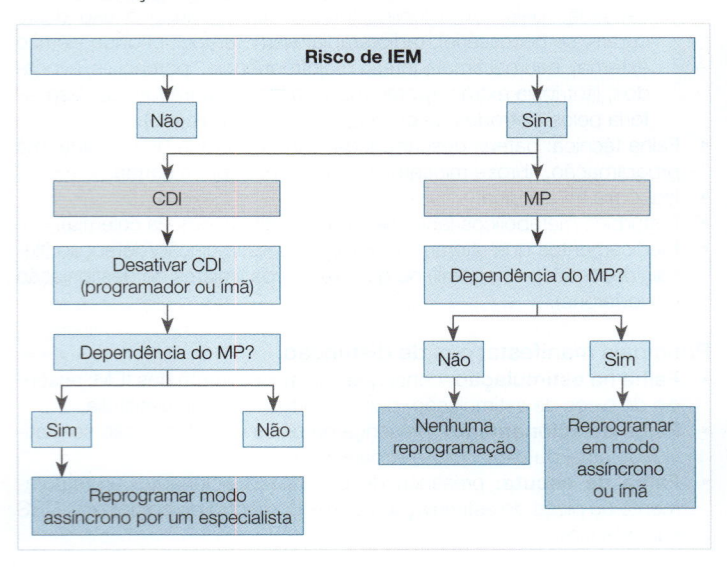

CUIDADOS PERIOPERATÓRIOS

- Ter à disposição: **ímã, eletrodos cutâneos de estimulação transtorácica** e uma sonda de estimulação eletrossistólica (++ se paciente dependente do MP), desfibrilador externo. Se CDI: aplicação sistemática antes da instalação cirúrgica de eletrodos cutâneos ligados ao desfibrilador externo (colocados no apex e em posterior, a pelo menos 10 cm do dispositivo, e usar com a energia mais fraca possível).
- **Posicionamento da placa de BE**: o mais próximo da zona operatória, o mais distante do dispositivo de modo que a corrente entre o BE e a placa não esteja na trajetória do dispositivo (manter a distância dispositivo-fonte da IEM > 15 cm).
- **Monitorização da eficácia da atividade elétrica cardíaca por um sinal pulsátil** (SpO$_2$ ou pressão arterial invasiva). A análise do segmento ST é impossível se o paciente é eletroestimulado. O cateterismo de Swan-Ganz é possível, com um risco de arritmia ou deslocamento (MP colocado há menos de 4 semanas).
- Evitar qualquer causa adicional de arritmias: hipovolemia, isquemia e distúrbios hidroeletrolíticos.
- **Prevenção das IEM**:
  - Desativação da função de dependência.
  - Programação em modo assíncrono nos pacientes dependentes do MP.
  - A eletrocoagulação deve ser o menos intensa possível, a mais curta (< 5 segundos) e a mais espaçada no tempo (> 5 segundos).
  - Preferir um BE **bipolar ou ultrassônico** (limitando o risco de IEM).

Respostas ao ímã

- **Em caso de MP**: o ímã na maioria das vezes faz o MP passar para o modo assíncrono AOO, VOO ou DOO (i.e., apenas o modo de estimulação), mas em todos os MP respondem da mesma forma (especialmente em termos de frequência de estimulação) e o modo VOO pode ser mal suportado (arritmias). A remoção do ímã geralmente leva ao retorno à programação de início, mas às vezes o modo assíncrono persiste.
- **Em caso de CDI**: para a maioria dos CDI, o envio dos choques é desativado enquanto o ímã for aplicado acima do dispositivo. Para algumas marcas (St Jude, Boston Scientific), um som é emitido durante a aplicação do ímã para confirmar a desativação. Na ausência do programador para desativar o CDI, é difícil ter certeza do sucesso do procedimento de encerramento do CDI pelo ímã, e uma segunda passagem do ímã reativaria o CDI se ele estivesse efetivamente interrompido. Na verdade, **não é recomendável aplicar um ímã sobre um CDI sem conhecer seu tipo e sua programação**, exceto em casos de choques inapropriados mal tolerados. Obs: a aplicação de um ímã sobre um CDI não provoca a passagem para o modo assíncrono da função MP do CDI: apenas uma reprogramação do dispositivo pode permiti-lo.

Caso especial na urgência

- Se possível, adiar a intervenção se houver avaliação especializada ou reprogramação (p. ex., desativar a função anti-taquiarritmia) necessárias (ver acima).

- **O ímã que deve ser aplicado se IEM ou risco de IEM: paciente dependente de MP** (para estimular a função assíncrona), **CDI** (evitar os choques inapropriados).
- Precauções perioperatórias: idem para cirurgia agendada.

CUIDADOS PÓS-OPERATÓRIOS

- Avaliação especializada: sistemática se a exposição a uma IEM, utilização do ímã, disfunção perioperatória do dispositivo e/ou se certas funções foram desativadas no pré-operatório (reativá-las).
- A distância nos outros casos.

O que fazer em caso de disfunção do MP/CDI

- Interromper qualquer dispositivo elétrico (BE ++).
- Avaliação da tolerância clínica.
- **Se bradicardia mal tolerada e MP**: aplicação do ímã. Se ineficaz, estimulação eletrossistólica externa ou interna, isoprotenerol ou adrenalina ou reanimação habitual de uma parada cardiorrespiratória. Reprogramação rápida do MP.
- **Se taquicardia mal tolerada e MP de dupla câmara**: aplicação do ímã +/- tratamento antiarrítmico adequado.
- **Se choques inapropriados e CDI**: aplicação do ímã.

Cardiomiopatia hipertrófica (CMH)

- Doença genética em razão de mutação(ões) de gene(s) codificante(s) das proteínas do sarcômero (transmissão autossômica dominante).
- **Principal causa de morte súbita em jovens adultos** (prevalência: 0,2% dos adultos).
- Ela resulta em uma **hipertrofia ventricular esquerda (HVE)**: que geralmente afeta o **septo interventricular (SIV)** de forma **assimétrica**, pode também envolver outras partes do VE (ou VD) e ser simétrica.
- **4 consequências fisiopatológicas** explicam as complicações e os sintomas:
  - Arritmogenicidade → arritmia ventricular (morte súbita).
  - Distúrbios do relaxamento e da complacência → disfunção diastólica e EAP.
  - Aumento do consumo de O_2 pelo miocárdio → angina, infarto do miocárdio.
  - **Obstrução dinâmica da via de saída do VE** (comprometimento da ejeção sistólica): → **Hipotensão arterial ou estado de choque** refratário ou mesmo agravado pelos inotrópicos positivos. → **Movimento sistólico anterior da grande válvula mitral** (SAM: systolic anterior motion) aumentando a obstrução subaórtica (portanto a hipotensão arterial) e responsável por uma insuficiência mitral (EAP, FA).
- **Diagnóstico ecocardiográfico**:
  - **HVE:** geralmente septal ++ (SIV em diástole > 12 mm) e assimétrica.
  - Medida do **gradiente intraVE** para objetivar a obstrução dinâmica do VE (é o que então se chama CMH obstrutiva): em corte apical de 5 cavidades, Doppler contínuo alinhado sobre a via de saída mostrando um aspecto em "lâmina de sabre" com um gradiente de pressão **> 20 mmHg** (às vezes > 100 mmHg). Geralmente o VE é frequentemente hipercinético.
- Princípios do tratamento: antiarrítmicos (betabloqueadores, bloqueadores do canal de cálcio), cardioversor/desfibrilador implantado (CDI), miomectomia septal cirúrgica, alcoolização intracoronariana percutânea do miocárdio septal.

AVALIAÇÃO PRÉ-OPERATÓRIA
- Investigar sintomas e complicações (ver acima), ECG (HVE, distúrbios da repolarização, FA), ecografia cardíaca (ver acima).

ANESTESIA
- **Regra geral**: o paciente deve estar com **pré-carga elevada – contratilidade baixa – pós-carga elevada**.
- **Evitar: hipovolemia – taquicardia** (sinusal ou FA) **inotrópicos positivos – vasodilatação**.
- Pré-medicação: antiarrítmicos continuados (betabloqueadores, bloqueadores do canal de cálcio), ansiolíticos.
- Monitorização: escopo, BIS, pressão arterial invasiva +/– ETO se cirurgia de grande porte. A interpretabilidade dos parâmetros de dependência de pré-carga (DeltaPP, VS do cardioQ®) é incerta.

- ALR: perimedular: apenas peridural titulada, ALR periféricas autorizadas (sem adrenalina).

Anestesia geral
- Indução: etomidato ou propofol em pequenas doses (evitar a vasodilatação excessiva).
- **Antecipar ++ intubação/estímulo-nociceptivo:** analgesia (sufentanila) +/- esmolol.
- Curarização com vecurônio ++, rocurônio ou cisatracúrio. Evitar atracúrio (liberação de histamina).
- Manutenção: ++ sevoflurano (efeitos mínimos sobre FC e resistência sistêmica) + sufentanila.
- **CD se FA**: amiodarona +/- choques elétricos externos, evitar digitálicos.
- **CD se hipotensão arterial:** expansão volêmica, **preferir a fenilefrina** (alfa-agonista puro). **Evitar: atropina, efedrina, adrenalina, dobutamina**. Se a obstrução dinâmica do VE +/– SAM: esmolol ou bloqueadores do canal de cálcio bradicardizantes (verapamil, diltiazem).
- **CD se HA**: aprofundamento da anestesia se necessário, esmolol ou bloqueadores do canal de cálcio bradicardizantes (verapamil, diltiazem).

Estenose aórtica

- **Etiologias**:
  - Indivíduo idoso: degeneração valvar +++.
  - Indivíduo jovem: bicúspide ou DRA.
- Valvopatia mais frequente (2-7% dos + de 65 anos).
- Superfície normal da válvula aórtica: 3-4 cm².
- EAo leve: S = 1,5-2 cm², moderada: S = 1-1,5 cm², EAo grave: S ≤ 1 cm².
- **Fisiopatologia**: a EAo provoca uma HVE por aumento da pós-carga e, portanto, uma disfunção diastólica. Esta provoca uma sensibilidade particular do miocárdio com variações de pré-carga (volemia), e na AC/AF (enchimento ventricular dependente da contração atrial).
- **Evolução tardia**: disfunção sistólica (o espessamento parietal do VE torna-se insuficiente em relação ao obstáculo para a ejeção), mau prognóstico.
- **Aumento do risco de isquemia miocárdica** (aumento da VO_2 do miocárdio, baixa pressão da perfusão coronariana pelo aumento da PTDVE). Além disso, 50% das EAo degenerativas estão associados a lesões coronarianas.
- **Risco de morte súbita** no paciente sintomático.

AVALIAÇÃO PRÉ-OPERATÓRIA

- **Sintomatologia**: síncope, dispneia de esforço, angina. **O caráter sintomático da EAo é um fator de risco importante de complicação perioperatória.**
- **Morbidade associada**: HA, coronariopatia, IAM, antecedentes hemorrágicos (Willebrand adquirida na EAo grave).
- Sopro sistólico característico. O desaparecimento do B2 é um sinal de EAo grave.
- **ECG**: sobrecarga sistólica VE, HAE, AC/FA, distúrbios de condução, sequelas de necrose.
- **Ecocardiograma-Doppler transtorácico**: confirma o diagnóstico de EAo.
  - Medir a superfície aórtica e o gradiente de pressão VE-aorta.
  - Quantificar a HVE e medir a fração de ejeção (FEVE).
  - Investigar um distúrbio da cinética segmentar ou uma valvopatia associada (especialmente IM), investigar uma HP via a IT.
  - **Critérios ecográficos de EAo grave**:
    - » Superfície aórtica < 1 cm² ou < 0,6 cm²/m² de superfície corporal.
    - » Fluxo de ejeção sistólica Vmáx. > 4 m/s.
    - » Gradiente médio VE-Ao > 40 mmHg se FEVE preservada.
    - » Velocidade subaórtica/velocidade do jato aórtico de < 0,25.
  - A existência de um débito baixo na EAo grave não tem bom prognóstico.
- **Ecocardiograma de estresse:** distingue uma EAo apertada de baixo débito de outra cardiomiopatia associada a uma EAo. Avaliar a reserva contrátil do VE (interesse prognóstico).
- **No final desta avaliação**, deve-se discutir o tratamento da valvopatia antes de qualquer ato cirúrgico (ver *tabela*).

- **Uma avaliação cardiológica** recente com menos de 6 meses é necessária antes de qualquer cirurgia não cardíaca contatando-se o cardiologista que acompanha o paciente para determinar a necessidade de uma nova avaliação pré-operatória (de acordo com a gravidade e a evolução da EAo) e discutir os riscos cardiovasculares pré-operatórios caso a caso.
- **As arritmias serão reduzidas** tanto quanto possível antes da intervenção.

ANESTESIA
Pré-medicação
- Continuação dos tratamentos antianginosos.
- Interrupção dos anticoagulantes e substituição por HBPM se necessário.
- Nenhuma antibioticoprofilaxia específica (ver *Profilaxia da endocardite*).

Monitorização
- Observar o segmento ST (ver *Controle eletrocardiográfico perioperatório*).
- **Cateter arterial**: de acordo com a gravidade da EAo e o ato cirúrgico.
- ▲ **A ser colocado antes da indução se EAo é grave.**
- **Doppler esofágico**: validade do débito cardíaco, mas os valores absolutos da aceleração e do tempo de ejeção não são interpretáveis.
- **Swan-Ganz**: a POAP é um bom reflexo do risco de EAP, mas um mau reflexo da pré-carga (+ risco de arritmias na passagem do VD).

Objetivos perioperatórios
- **Pós-carga**: evitar a hipotensão arterial (risco de diminuição da perfusão coronariana). Seu tratamento é uma emergência. Preferir o uso da fenilefrina (alfa-agonista puro). Uma crise hipertensiva pode resultar em edema pulmonar. Não baixar rápido demais a PA porque a hipotensão é bem menos tolerada do que a hipertensão.
- **Pré-carga**: manter uma volemia normal (má tolerância da hipovolemia em um VE hipertrófico).
- **Ritmo**: manutenção do ritmo sinusal.
- **Frequência**: evitar taquicardia (insuficiência de enchimento do VE) e bradicardia (débito baixo).

Anestesia locorregional
- As anestesias medulares eram classicamente contraindicadas. Todavia, a anestesia peridural baixa com injeções fracionadas ou uma raquianestesia contínua titulada com um controle perfeito da hemodinâmica podem ser consideradas.
- Os bloqueios periféricos são uma boa indicação. É preferível não empregar soluções com adrenalina.

Anestesia geral
- A anestesia deve ser conduzida como para um paciente coronariano.
- Observação em cuidados intensivos no pós-operatório.

INDICAÇÃO DE SUBSTITUIÇÃO VALVAR EM CASO DE ESTENOSE AÓRTICA

	Paciente assintomático	Sintomas (angina, síncope, dispneia)
EAo não grave (eco)	Observação clínica e ecográfica	Investigar outra causa dos sintomas

EAo grave (eco)	• Fazer uma prova de esforço (PE)
	• Possível indicação de coronario-grafia e depois cirurgia se:
	  – FEVG < 50%, ou
	  – PE alterada, ou
	  – Episódios de taquicardia ventricular, ou
	  – Piora do pico de velocidade > 0,3 m/s/ano
	• Nos outros casos: observação clínica e ecográfica
		Coronariografia e depois cirurgia valvar

- A valvoplastia aórtica por via percutânea pode ser discutida para os indivíduos com menos de 21 anos (bicúspide congênita) ou em caso de paciente com risco muito alto (medida paliativa ou de espera), mas é menos eficaz e muito mais arriscada do que a valvoplastia mitral.
- Em certos pacientes de alto risco operatório, pode-se propor caso a caso e depois de discussão com a equipe multidisciplinar, a substituição valvar por prótese percutânea (TAVI).

Insuficiência aórtica (IAo)

- A IAo é ao mesmo tempo a valvopatia que na maioria das vezes se complica em endocardite e a principal complicação valvar da endocardite.
- **Etiologias**:
  - Agudas: traumática, dissecção aórtica, endocardite.
  - Crônicas: degenerativa (displasia valvular primitiva), regurgitação aórtica no quadro da doença ectasia anulo aórtica (Marfan, Ehlers-Danlos), reumáticas (DRA), congênitas na biscúspide ou aneurisma do seio de Valsalva ou durante certas doenças sistêmicas (lúpus, espondilite anquilosante).
- **Fisiopatologia**:
  - Sobrecarga sistólica do VE pelo aumento da pós-carga funcional e HVE.
  - Aumento da PA sistólica e diminuição da PA diastólica.
  - Diminuição do débito sanguíneo coronário (perfusão diastólica).
  - Insuficiência cardíaca progressiva.
- **Fatores de gravidade** (em geral em favor de uma regurgitação importante grau 3-4):
  - IVE clínica, EAP.
  - Pressão arterial diastólica < 40 mmHg.
  - AC/FA.
  - Angina (esforço ou repouso) rara.
  - Distúrbios da condução atrioventricular.

AVALIAÇÃO PRÉ-OPERATÓRIA

- Medir a pressão arterial sistólica e diastólica.
- **Sintomas funcionais**: insuficiência cardíaca e angina. A existência deles indica um mau prognóstico na ausência de cirurgia reparadora.
- Radiografia pulmonar: cardiomegalia e HAE.
- **ECG**: sobrecarga diastólica do VE, HAG, AC/FA, distúrbios da repolarização.
- **Ecocardiograma-Doppler cardíaco**:
  - Confirma o diagnóstico, investiga uma eventual etiologia ou uma valvopatia associada.
  - Quantidade da regurgitação: volume regurgitado, superfície do orifício regurgitante, largura do jato em sua origem.
  - **Mede o diâmetro da aorta ascendente e a dilatação do VE (fator prognóstico).**
  - Avalia a contratilidade global e segmentar do VE com estimativa da FEVE.
  - A ETO permite melhor análise da anatomia valvar e da aorta torácica (arco aórtico incompletamente analisado).
- **RM e tomografia** às vezes interessantes. Permitem visualizar toda a aorta torácica e mesmo abdominal.
- **Síndrome de Marfan**: os betabloqueadores reduzem a dilatação aórtica.

ANESTESIA
Nenhum medicamento contraindicado em princípio.

Pré-medicação

Antibioticoprofilaxia para endocardite (ver *Profilaxia da endocardite*).

Monitorização

- Monitorização do segmento ST (ver *Controle eletrocardiográfico perioperatório*).
- Função da cirurgia, da importância do IVE e da angina: cateter radial, cateter de Swan-Ganz.
- Se IAo mínima, a monitorização não invasiva pode ser considerada.
- Se IAo grave, recorrer à monitorização.
- **Swan-Ganz**: a POAP subestima a pré-carga do VE (PDF$_{VE}$).

> ### Objetivos perioperatórios
> - **Pós-carga**: evitar a hipertensão arterial que aumenta a regurgitação aórtica. O uso de um vasodilatador é então indicado sem reduzir a pressão arterial diastólica (perfusão coronariana). Em caso de hipotensão, preferir um vasoconstritor misto (efedrina).
> - **Pré-carga**: manter em normovolemia.
> - **Frequência**: evitar a bradicardia que aumenta a regurgitação aórtica (objetivo de 80 a 100/min).

Anestesia locorregional

- Nenhum contraindicação a princípio.
- Desconfiar se a PA diastólica é baixa no início. Tratamento da hipovolemia pela expansão volêmica, ainda mais prudente porque existe uma IVE (possível EAP na saída do centro cirúrgico) e por vasopressores mistos.

TRATAMENTO VASODILATADOR

- Melhora o VS e reduz a regurgitação.
- Diminui a pós-carga e melhora a função do VE.
- Di-hidropiridina ou IECA.
- Objetivo: redução da PAS. O tratamento vasodilatador não é uma alternativa à cirurgia.

INDICAÇÕES CIRÚRGICAS

> - Dizem respeito apenas às IAo importantes (avaliação ecográfica semiquantitativa) e sintomáticas.
> - IAo aguda significativa (cirurgia de emergência). Enquanto espera: vasodilatador, dobutamina. Balão intra-aórtico contraindicado.
> - NYHA III ou IV, independentemente da FEVE.
> - NYHA II com dilatação progressiva do VE, ou alteração progressiva da FEVE, ou deterioração progressiva da tolerância ao teste de esforço.
> - FEVE ≤ 50% em repouso.
> - Existência de outra indicação da CEC.
> - Dilatação VE grave: VDFVE > 70 mm ou VSFVE > 50 mm.
> - Dilatação da aorta ascendente > 50 mm, independentemente do grau da IAo (principalmente síndrome de Marfan e bicúspide).

Estenose mitral (EM)

- Etiologia: quase exclusivamente doença reumática aguda (DRA).
- Fisiopatologia: superfície mitral (SM) normal: 4-5 cm^2.
  - EM geralmente não sintomática antes de SM ≤ 2,5 cm^2. EM se SM ≤ 1,5 cm^2.
  - A EM aumenta progressivamente as pressões a montante da válvula mitral:
    » Aumento da PAE provoca a dilatação do AE ± AC/FA.
    » Aumento da POAP provoca um edema pulmonar (insuficiência cardíaca esquerda, sem IVE), sinal de EM grave.
    » HP com risco de IVD.
- AC/FA = 30 a 40% das EM sintomáticas. AC/FA favorece o EAP, as descompensações e o risco de AVC (2/3 dos casos no primeiro ano após a FA).

AVALIAÇÃO PRÉ-OPERATÓRIA

- Na maioria das vezes assintomática em repouso enquanto SM ≥ 1,5 cm^2. A piora é muitas vezes precipitada por uma complicação (FA, embolia arterial).
- Verificar a calemia (AC/FA, diuréticos etc.).
- Radiografia do tórax: cardiomegalia, dilatação AE ± sobrecarga pulmonar.
- ECG: HAE, às vezes AC/AF ou HVD. Nenhum HVE se EM isolada.
- **Ecocardiograma-Doppler** +++ (interesse do ETO).
  - Confirma a EM.
  - Mede a superfície mitral e o gradiente AE-VE (grave se > 10 mmHg).
  - Mede o diâmetro do AE (normal < 40 mm) e investiga um trombo intra-atrial (ETO).
  - Quantifica a HP e as repercussões sobre o coração direito, a importância da IT.
  - Avalia a contratilidade global e segmentar do VE (FEVE geralmente conservada em caso de EM isolada).
  - Investiga outra valvopatia associada (IM).
- **Ecografia de estresse** às vezes é útil para desmascarar os sintomas e avaliar a diminuição do esforço sobre o gradiente transmitral e a PAP.
- **Tratamento medicamentoso**:
  - Insuficiência cardíaca: nitratos, diuréticos.
  - Bloqueadores do canal de cálcio bradicardizantes e betabloqueadores permitem prolongar a diástole e portanto melhorar o enchimento do VE.
  - Antiarrítmicos classe IC ou III em caso de FA paroxística com cautela e acompanhamento cardiológico.
- **Na ocasião de uma cirurgia não cardíaca, enquanto SM > 1,5 cm^2, indivíduo assintomático e PAP < 50 mmHg, o risco perioperatório é baixo. Caso contrário, discutir previamente um tratamento da EM.**
- **Indicação do tratamento anticoagulante (AVK) em caso de EM grave (Objetivo INR: 2-3):**

- Fibrilação atrial, paroxística ou crônica.
- Antecedente de evento embólico.
- Trombo no AE.
- Discutir se AE > 50 mm ou EM grave mesmo em ritmo sinusal.

ANESTESIA
Pré-medicação
- Nenhuma antibioticoprofilaxia específica (ver *Profilaxia da endocardite*).
- Substituição das AVK pela heparina ou por uma HBPM.
- Os digitálicos devem ser controlados e acompanhados no pré-operatório.
- Não utilizar atropina.

Monitorização
- Escopo para as arritmias.
- Hemodinâmica invasiva se houver procedimento cirúrgico de grande porte ou em presença de uma HP.
- Swan-Ganz: em caso de EM, a POAP superestima a PDFVE (barragem mitral).

Objetivos perioperatórios
- **Pós-carga**: em caso de hipotensão, tratamento por vasoconstritor urgente em caso de HP (fenilefrina).
- **Pré-carga**: margem tênue para a volemia: hipovolemia = baixa do preenchimento AE, hipervolemia = risco de EAP (monitoramento ++).
- **Frequência**: evitar a taquicardia (diminuição do enchimento do VE pela diminuição da duração da diástole). Após a verificação da profundidade da anestesia, o aparecimento de uma taquicardia ou de uma taquiarritmia mal tolerada em perioperatório pode ser tratado com pequenas doses de digoxina IV. A utilização do esmolol no perioperatório é possível, mas só se concebe na ausência de insuficiência cardíaca direita ou de HP.
- **Ritmo**: manter o ritmo sinusal (perda da sístole atrial mal tolerada). A cardioversão (1 joule/kg) é raramente eficaz quando a AC/FA é antiga.
- Evitar uma piora da HP (hipoxemia, hipercapnia, acidose).

Anestesia locorregional
- **As anestesias medulares** são pouco indicadas pelo risco de degradação adicional do enchimento do VE. Contudo, uma anestesia peridural titulada ou uma raquianestesia contínua são possíveis ao controlar perfeitamente a hemodinâmica.
- **Os bloqueios periféricos** são uma boa indicação.

Anestesia geral
- Os agentes que podem aumentar a frequência cardíaca devem ser empregados com precaução (cetamina, forte concentração de halogenados).
- O N_2O é contraindicado em caso de HP.
- O propofol, etomidato, tiopental, opioides, rocurônio, vecurônio e atracúrio podem ser usados.

INDICAÇÕES CIRÚRGICAS

Comissurotomia percutânea, comissurotomia aberta, substituição valvar se SM $\leq$ 1,5 cm^2 e:

- Paciente sintomático (NYHA III ou IV).
- NYHA I ou II, mas risco hemodinâmico ou tromboembólico elevado.
- HP sistólica > 50-60 mmHg.
- Antecedente de evento tromboembólico em tratamento anticoagulante eficaz.
- FA recente ou paroxística.
- Desejo de engravidar.

Insuficiência mitral (IM)

- **Etiologias**:
  - IM crônica: orgânica (geralmente degenerativa, prolapso mitral, DRA), funcional (dilatação mitral secundária a uma cardiopatia dilatada) ou isquêmica (disfunção dos músculos papilares).
  - IM aguda: ruptura dos músculos papilares (IAM) ou das cordoalhas (degenerativa), endocardite (destruição, perfuração valvar).
- ▲ **Uma insuficiência cardíaca aguda com uma hipercinesia é favorável a uma IM aguda.**
- A IM é a valvopatia mais frequente depois da EAo. Pode estar associada a uma EM (doença mitral), a um prolapso valvar ou a EAo.
- **Fisiopatologia**:
  - A regurgitação no AE aumenta a PAE, com risco de edema pulmonar e de HP + dilatação do AE. A regurgitação induz a uma dilatação do VE (sobrecarga diastólica por aumento da pré-carga ventricular), que por sua vez agrava a dilatação do anel mitral (e a IM) em círculo vicioso.
  - Evolução lenta para uma alteração da função sistólica do VE dilatado.

AVALIAÇÃO PRÉ-OPERATÓRIA

- Investigar e quantificar a insuficiência cardíaca e uma FA.
- Tratamentos: IECA (em caso de insuficiência cardíaca), diuréticos, anticoagulantes em caso de ACFA ± digoxina se FA alta resposta.
- Radiografia do tórax: dilatação do AE ± do VE, sobrecarga pulmonar.
- ECG: HAE, sobrecarga elétrica diastólica do VE, AC/FA.
- **Ecocardiograma-Doppler cardíaco** (interesse do ETO):
  - Confirma e quantifica a regurgitação mitral (volume de regurgitação, superfície do orifício regurgitante).
  - Avalia a dilatação do AE e do VE.
  - Investiga um trombo no AE (ou no apêndice auricular esquerdo pelo ETO).
  - Mede a FEVE: FE indiretamente aumentada pela hipercinesia compensadora do VE (um valor normal já traduz uma repercussão da IM).
  - Investiga uma HP (estimada pelo fluxo do IT).
  - Investiga uma etiologia (aparelho subvalvar) ou uma valvopatia associada (doença de Barlow, EM).
- Os vasodilatadores aumentam o débito cardíaco porque, ao diminuir a pós-carga do VE, diminuem a regurgitação. Estão autorizados com a condição de não provocar uma queda importante da PA.
- IM funcional.
- Frequente em caso de insuficiência cardíaca crônica, sendo um sinal de mau prognóstico se a regurgitação for considerável.
- **Tratamento**: sintomático da insuficiência cardíaca (diuréticos, nitratos), remodelagem do VE (IECA, betabloqueadores). Tratamento da etiologia da cardiopatia se possível. A anuloplastia mitral restritiva (cirúrgica) apresenta resultados bastante ruins. De acordo com o contexto, discussão do transplante cardíaco nas disfunções de VE evoluídas nos pacientes jovens.

IM isquêmica

- A regurgitação varia no tempo, com a PA, o exercício (EAP), a isquemia, uma FA etc.
- Interesse da prova de esforço.
- Prognóstico menos favorável do que aquele da IM orgânica, sobretudo se houver sequela de necrose miocárdica.
- Fator de gravidade independente na coronariopatia.
  A IM pode ser melhorada em certos casos de isquemia miocárdica sem necrose constituída após revascularização coronariana.

ANESTESIA
Pré-medicação

- Nenhuma antibioticoprofilaxia específica (ver *Profilaxia da endocardite*).
- Adequar o tratamento anticoagulante.
- Continuar e adaptar os digitálicos, parar os IECA e os diuréticos.

Monitorização

- É função da gravidade da IM e da intervenção cirúrgica: monitorização invasiva em caso de IM grave (interesse do cateter arterial).
- **Swan-Ganz**: o tamanho da onda v está bastante correlacionado à importância da regurgitação. A POAP superestima a pré-carga do VE (PDFVE), mas reflete bem o risco de edema pulmonar. O débito cardíaco é subestimado, por ignorância da regurgitação.

Objetivos pré-operatórios

- **Pré-carga**: Manter normal ou baixa (risco de EAP). Preferir uma catecolamina mista (efedrina) em caso de hipotensão.
- **Pós-carga**: Evitar a hipertensão que favorece a regurgitação.
- **Frequência**: Manter a FC alta (80-100 min) que favorece o débito anterógrado.
- **Ritmo**: manter o ritmo sinusal.

Anestesia locorregional

- Em princípio, nenhuma contraindicação à peridural ou à raquianestesia. Em caso de IM importante, preferir uma raquianestesia contínua.
- As outras ALR não geram problema.

INDICAÇÕES CIRÚRGICAS DA IM

- IM sintomática aguda.
- NYHA ≥ II, inclusive se a função VE ecográfica for normal.
- Se FEVE ≤ 30%: preferir o tratamento medicamentoso.
- Paciente assintomático em uma das seguintes situações:
  - Função VE alterada (DSFVE > 40 mm ou FEVE ≤ 60%).
  - Fibrilação atrial.
  - HP sistólica > 50 mmHg (60 mmHg com esforço).

Quando possível, a reparação valvar é preferível à substituição valvar.

PARTICULARIDADES DO PROLAPSO VALVAR MITRAL

- Afeta 1-2,5% da população geral.
- **Seu diagnóstico se faz no ETT**, que afirma o bombeamento sistólico de uma ou das duas folhas mitrais para além do plano do anel mitral. A IM nem sempre está presente, mas deve ser investigada sistematicamente.
- **Risco aumentado de evento tromboembólico**, de arritmias, da ocorrência de endocardite e de insuficiência mitral.
- **Doença de Willebrand** às vezes associada, investigar sistematicamente.
- **O risco aumentado de arritmia ventricular** na presença de prolapso mitral deve fazer com que se evite a ativação simpática (emprego limitado da atropina). O tratamento antiarrítmico deve ser continuado no perioperatório.

Anestesia para craniotomia

GENERALIDADES: OBJETIVOS PRIORITÁRIOS
- **Preservar o cérebro saudável durante a intervenção**.
- **Manter uma PA média (PAM)** ≥ **80 mmHg** para PPC suficiente (≥ 60 mmHg) para evitar a isquemia.
- Utilizar agentes anestésicos que diminuem paralelamente: consumo de O_2 cerebral e débito sanguíneo cerebral.
- Garantir um **bom relaxamento cerebral** para diminuir a pressão sob os afastadores (minimizar as lesões cirúrgicas secundárias): osmoterapia possível com manitol antes de remover a tampa óssea.
- **Evitar a hipercapnia**: manutenção de uma capnia normal baixa $PaCO_2 \neq 35$ mmHg.
- Garantir um despertar precoce e permitir um monitoramento clínico neurológico preciso: único meio de detecção rápida de uma complicação (hematoma pós-operatório).

PERÍODO PRÉ-OPERATÓRIO E AVALIAÇÃO ANESTÉSICA
- **Estatuto neurológico preciso pré-operatório**: sinais de HIC (GCS, exame pupilar, sinais de comprometimento na tomografia computadorizada, Doppler transcraniano se possível), sinais neurológicos focais, lateralidade dominante, epilepsia lesional pré-existente e risco de crise epiléptica (antecedentes de convulsões e tratamento em andamento, topografia subtentorial + cortical + frontal – temporal > parietal >> occipital), comprometimento da função laríngea em caso de lesão infratentorial.
- **Profilaxia antiepiléptica**: levetiracetam (via oral e IV possíveis).
  - Cirurgia programada: levetiracetam 500 mg VO x 2/d para começar 48 h antes.
  - Cirurgia relativamente urgente: levetiracetam começando na noite anterior, posologia de 1.000 mg VO (dose de ataque) e continuando de manhã com a posologia de 500 mg VO x 2/d.
  - Cirurgia de emergência: levetiracetam 1.000 mg IV no início da intervenção, e depois 500 mg x 2/d após a intervenção, correção posológica se houver função renal alterada no indivíduo idoso.

  Tratamento contínuo por sete dias no pós-operatório, a menos que haja uma crise pós-operatória (discussão com um neuro especialista em epilepsia).
  - Se paciente epiléptico tratado, continuar o tratamento habitual sendo possível adicionar levetiracetam.
- **Pré-medicação eventual**:
  - Ansiolítico na véspera à noite: hidroxizina: 1-1,5 mg/kg ou benzodiazepínico de ação curta (bromazepam 2-4 mg, alprazolam 0,25 a 0,5 mg).
  - De manhã: gabapentina 600 mg.
- **Interromper qualquer antiplaquetário e anticoagulante** e avaliação do risco de hemorragia e previsão de produtos sanguíneos homólogos.

PERÍODO PERIOPERATÓRIO
Monitorização
- Monitorização sistemática da temperatura central, e manutenção de uma normotermia com sistema de aquecimento com manta térmica (exceto na hipotermia induzida para controle da HIC).
- Monitorização invasiva não sistemática indicada (CA ± CVC ± PIC) se HIC, risco de distúrbios neurovegetativos (cirurgia de fossa posterior profunda), o risco hemorrágico, cirurgia de aneurisma (risco hemorrágico e isquêmico).

Produtos anestésicos
- ALR recomendada no início da intervenção: bloqueios nervosos do escalpo (ropivacaína 5 mg/mL) e infiltração local cirúrgica (xilocaína com vasoconstritor 0,5%), limitando as doses cumulativas pelo risco de toxicidade (ver *Bloqueios nervosos do escalpo*).
- Hipnóticos: propofol (tiopental possível) e possibilidade de halogenados na ausência de HIC: desflurano ou sevoflurano com CAM ≤ 1. Em caso de HIC, não introduzir os halogenados antes da abertura da dura-máter, sendo a anestesia total IV uma alternativa bem adequada.
- **N_2O contraindicado.**
- Opioides: prioridade para remifentanil (em associação com bloqueios nervosos do escalpo), possibilidade de sufentanila no modo AVIAC (anestesia venosa infusão alvo-controlada). Lembrar que a dissecção intracerebral é não dolorosa fora das trações meníngeas.
- Curares: todos utilizáveis, curarização pode ser mantida com monitorização em caso de cirurgia de aneurisma.

Princípios de cuidados
- Prestar atenção na posição da cabeça: nenhuma hiperextensão, jugulares livres, nenhuma rotação lateral da cabeça > 45° e eventualmente proclive da mesa 15-20°.
- Cuidadosa proteção dos pontos de compressão e prevenção do conflito "língua-guedel" na posição lateral e ventral.
- Duas vias venosas periféricas de bom calibre.
- **Infusão de soluções isosmolares não glicosadas**: NaCl 0,9%, 2-3 mL/kg/h, e depois em caso de duração cirúrgica longa > 3 h: 1 RL para 2 NaCl 0,9% para prevenir a acidose hiperclorêmica que aumenta a toxicidade renal da rabdomiólise; compensação de diurese osmótica para manutenção volêmica em caso de manitol.
- **Manter uma PAM ≥ 80 mmHg**. Expansão na indução se o doente é hipovolêmico (monitorização com deltaPP). Requerimento precoce das catecolaminas (noradrenalina) em caso de vasoplegia.
- **Manitol a 20%**: 0,2 g/kg em 10 minutos (ou 1-2 mL/kg) antes da abertura da dura-máter em caso de HIC/tensão cerebral (relaxamento cerebral).
- Observação da tira de leitura urinária (pH, hematúria). Expansão volêmica se pHu < 5, hematúria positiva ou se cirurgia ≥ 6 h (ver *Rabdomiólise*).
- **Verificação da glicemia**, em particular no paciente diabético.
- Ventilação controlada com o **objetivo de $EtCO_2$: 32-34 mmHg**.
- Em caso de cirurgia de aneurisma: é possível a colocação de uma derivação lombar externa pelos cirurgiões depois da indução. Ele servirá para a drenagem do LCR perioperatória e será retirado antes do despertar.

- Antibioticoprofilaxia (ver *Antibioticoprofilaxia em neurocirurgia*).
- Profilaxia da DTV: meias elásticas nos membros inferiores + compressão pneumática intermitente (sistemática).

PERÍODO PÓS-OPERATÓRIO
- Em geral, despertar e extubação em sala.
- Deixar o paciente em proclive de **+ 30°**, com cabeça retificada.
- **Monitorização neurológica muito estrita**: consciência (GCS) e déficits neurológicos focais. Tomografia de crânio de emergência se houver alteração neurológica e de acordo com informações cirúrgicas.
- Infusão de NaCl a 0,9%.
- Monitoramento glicêmico e insulinoterapia por via intravenosa com bomba de infusão se glicemia > 10 mmol/L (ver *Anestesia e diabete*).
- Continuar o tratamento anticonvulsivante pré-operatório (ver *Adequação perioperatória dos antiepilépticos*).
- Continuar com os corticoides com diminuição posológica em 1 semana.
- Investigar rabdomiólise em caso de cirurgia (> 6 h) com manutenção de um pH urinário ≥ 6 (ver *Rabdomiólise*).
- Analgesia simples na maioria das vezes (período pós-operatório pouco doloroso e analgesia residual da ALR): paracetamol ± titulação de morfina e depois PCA.
  Contraindicação dos AINE (risco hemorrágico) e contraindicação relativa do nefopam (queda do limiar epileptógeno discutida).
- Profilaxia da DTV: meias elásticas e compressão pneumática intermitente (CPI até 24 h) e introdução dos HBPM profiláticos em H24, exceto se contraindicação cirúrgica.
- Hospitalização em cuidados continuados por 24 h.

CASOS PARTICULARES
Cirurgia do aneurisma (ver *Hemorragia meníngea por ruptura de aneurisma*)
- A técnica anestésica deve garantir uma excelente estabilidade hemodinâmica e um relaxamento cerebral muito bom. As trações meníngeas podem induzir dores agudas transitórias e pode ser prudente manter uma curarização até a estabilização do aneurisma.
- Dois riscos particulares que devem ser observados no perioperatório:
  - **Ruptura perioperatória do aneurisma**: hemorragia às vezes catastróficas e dificuldades cirúrgicas. É possível o clampeamento temporário do vaso à montante do aneurisma, que deve ser feito sob normotensão ou hipertensão. A hipotensão controlada profunda é abandonada pelo risco isquêmico. Apenas uma hipotensão relativa (PAM ≥ 60 mmHg) é admitida para facilitar a dissecção cirúrgica. Não tolerar crise hipertensiva antes do clampeamento do aneurisma.
  - **Espasmo arterial**: não existe prevenção eficaz, mas é preciso manter uma perfusão cerebral suficiente aumentando a PAM para 90-100 mmHg (até 120 mmHg), se necessário com infusão de noradrenalina.

Cirurgia supratentorial
- A dificuldade de acesso cirúrgico necessita de posições particulares:

- Posição em decúbito ventral ou lateral: instalação muito rigorosa (risco de rabdomiólise) com proteção dos pontos de apoio e liberação do tórax.
- Posição sentada: cada vez menos utilizada (risco de embolia gasosa, de lesões vasculares).

■ Deve-se distinguir a cirurgia dos lobos cerebelares e do *vermis*, que apresentam poucos problemas particulares, da cirurgia das estruturas profundas (assoalho do quarto ventrículo, ângulo ponto-cerebelar) que expõe a distúrbios neurovegetativos perioperatórios, e no pós-operatório a distúrbios de consciência e a lesões de certos pares cranianos (distúrbios da deglutição, pneumopatia por broncoaspiração). Em caso de risco importante de distúrbios de deglutição (cirurgia lesiva, existência de disfunção laríngea pré-operatória), a extubação deverá ser feita com atenção especial, se necessário realizada na reanimação. Uma traqueotomia pode ser necessária em segunda ou mesmo em primeira intenção.

■ **Não há indicação de profilaxia antiepiléptica**.

Cirurgia em paciente acordado

■ **As indicações para craniotomia em paciente acordado** envolvendo a excisão das lesões em áreas funcionais: classicamente descrita para a cirurgia de tumores de baixo grau no hemisfério dominante e para a topografia temporal (a linguagem sendo testada durante a intervenção), suas indicações se estendem atualmente aos graus mais elevados e às topografias frontais, parietais, ou mesmo occipitais, inclusive no hemisfério não dominante. É precedida por uma RM funcional (insuficientemente precisa para orientar uma dissecção microcirúrgica) e é acompanhada no perioperatório por uma estimulação elétrica intermitente cortical e subcortical que permite estabelecer no despertar um mapeamento funcional da área operatória. Com essa técnica, uma ressecção cirúrgica máxima, fator de melhor prognóstico, pode ser praticada, e ainda minimiza o risco de comprometimento funcional.

■ **O procedimento pré-operatório** implica um trabalho em equipe multidisciplinar (neurocirurgia, neuroepileptologia, anestesia, ortofonia, psicologia, neuroreeducação) e o acompanhamento do paciente pelo mesmo médico anestesista-intensivista a fim de informar com precisão as diferentes etapas e reforçar uma relação de confiança (necessária para a prevenção das reações de angústia perioperatórias). No hospital Bicêtre, em Paris, três consultas de anestesia são organizadas, inclusive uma em conjunto com o ortofonista. A profilaxia antiepiléptica é do mesmo tipo que para a craniotomia convencional. Um IBP com objetivo antiácido é prescrito na noite anterior e o paciente não recebe pré-medicação na manhã da intervenção.

■ **O procedimento perioperatório:**
- **Posicionamento cuidadoso do paciente acordado** na posição semilateral, insistindo na obtenção do máximo de conforto guiado pelos sentimentos do paciente e com a ajuda da equipe de neuroreeducação presente no centro cirúrgico.
- A anestesia convencionalmente utilizada é chamada de "***asleep-awake-asleep***", com duas etapas de anestesia geral compreendendo a etapa de vigília, a primeira etapa integrando a realização de uma anestesia locorregional por bloqueios nervosos do escal-

po. A fase de anestesia geral é iniciada com a injeção IV de propofol no modo AVIAC até um alvo ≤ 3 mcg/mL e a injeção IV de remifentanil contínuo até 0,025 mcg/kg/min (pequenos *bolus* de 5-10 mcg possíveis), a dose apropriada para se obter uma sedação ± profunda em ventilação espontânea. A monitorização analgésica pode usar a pupilometria. Esta primeira fase (com duração de cerca de 30-40 min) é destinada à realização dos bloqueios nervosos do escalpo, e depois à instalação do capacete com pontas e, finalmente, à craniotomia (após rastreamento pela RM de neuronavegação) até a abertura da dura-máter. Como o tecido cerebral não é algogênico, os opioides podem ser interrompidos.

– **O despertar perioperatório do paciente**, com o crânio aberto, permite a prática de testes de linguagem, bem como dos testes motores, ou mesmo sensitivos, sob controle do ortofonista. O paciente está muito ativo nesse momento, repete os exercícios durante o tempo da excisão que pode durar até duas horas. Em seguida, o paciente é geralmente readormecido, em um modo de sedação mais leve, em ventilação espontânea, para a fase de fechamento com recolocação da calota óssea até o curativo da cabeça. Essa segunda fase de anestesia dura de 30-50 minutos. No Bicêtre, a hipnosedação é usada para minimizar as doses de produtos anestésicos e preservar as funções cognitivas.

– **Monitorização:** dois AVP, monitorização hemodinâmica não invasiva, capnomáscara, frequência respiratória, sondagem vesical para o conforto e monitorização da temperatura, monitoramento da glicemia com a ingestão de solução glicosada durante o despertar. Os tratamentos perioperatórios associados são a corticoterapia anti-inflamatória como Solumedrol® IV na dose de 2 mg/kg, a profilaxia antináusea sistemática com ondansetrona e antibioticoprofilaxia de acordo com o protocolo local.

– **As principais dificuldades anestésicas são as seguintes**:
  » **A manutenção de uma ventilação espontânea** limitando ao máximo a hipercapnia, uma vez que esta última está relacionada a hipertensão intracraniana. Algumas equipes utilizam uma anestesia mais profunda com máscara laríngea e ventilação controlada às custas de uma dose cumulativa de drogas anestésicas mais elevadas que podem prejudicar as funções cognitivas no despertar, enquanto outras, como no Bicêtre, diminuem a sedação medicamentosa.
  » **A gestão da posição semilateral** prolongada com o desconforto em razão de certos pontos de apoio e, especialmente, de contraturas dolorosas cervicais, aliviadas com massagem e técnicas de relaxamento.
  » **O controle das crises de epilepsia perioperatórias** cujo tratamento é primeiramente a aplicação pelo cirurgião de NaCl 0,9% frio na região cortical e depois o *bolus* IV de propofol (10-20 mg), ou mesmo excepcionalmente AG com ML/i Gel ou IOT.
  » **A gestão das fases de fadiga** e de concentração reduzida do paciente, ou mesmo de crises de ansiedade perioperatórias prevenidas pela fase de preparo pré-operatório.

▪ **Procedimentos pós-operatórios** são os mesmos que para uma craniotomia convencional.

Anestesia para a cirurgia por via transesfenoidal

- A via transesfenoidal nasoseptal (por endoscopia endonasal) é a abordagem mais utilizada no tratamento cirúrgico dos adenomas hipofisários e pode ser utilizada nos craniofaringiomas da criança.
- Macroadenomas (> 75%) com prolactina, ou não secretante. Problema: efeito de massa (hemianopsia bitemporal, hidrocefalia). Às vezes emergência cirúrgica.
- Microadenomas (< 20%) revelados pela secreção hormonal (ACTH ou GH, excepcionalmente TSH).

PRÉ-OPERATÓRIO

- Sinais clínicos: visuais, HIC, disfunção hormonal.
- Avaliação endocrinológica (sempre, mesmo sem emergência) para a investigação de uma deficiência da hipófise anterior ou de uma secreção hormonal excessiva, avaliação cardiovascular.
- **Acromegalia**: cardiopatia, HA, diabete, SAOS. Interesse da redução hormonal medicamentosa no pré-operatório (equilíbrio hormonal, redução tumoral).
- **Cushing**: HA, diabete, cardiopatia, RGE. Cicatrização difícil e infecções. Redução medicamentosa difícil, mas equilibrar diabete, HA, insuficiência coronariana.
- **Adenoma produtor**: redução tumoral medicamentosa pré-operatória (bromocriptina, cabergolina).
- **Panhipopituitarismo raro**, grande adenoma ou craniofaringioma. Emergência cirúrgica. Riscos: hiponatremia, hipotermia, hipoglicemia. Substituição pela hemissuccinato de hidrocortisona (HSHC) e tiroxina até a pré-medicação.

SUBSTITUIÇÃO PERIOPERATÓRIA POR HSHC NA AUSÊNCIA DE DÉFICIT CORTICOTRÓFICO AVALIADO

- A secreção de cortisol pode desabar precocemente no perioperatório (1/2 via cortisol = 60-90 min).
- Substituição de princípio desde o perioperatório.
  - Exemplo de protocolo: HSHC (50 mg x 4 no D0, 25 mg x 4 no D1, 25 mg x1 no D2) se cortisolemia pré-operatória de 8 h < 20 mcg/mL.
  - No pós-operatório: manter hidrocortisona 10-20 mg/d se houver insuficiência corticotrófica.
  - Reavaliação do eixo corticotrófico na 1ª semana pós-operatória.

PERIOPERATÓRIO

- Antibioticoprofilaxia.
- Nenhuma profilaxia antiepiléptica.
- Riscos de ventilação com máscara e de IOT difíceis em caso de acromegalia.
- Duas vias venosas periféricas e monitorização hemodinâmica não invasiva (cateter arterial se HA descontrolada).

- Posicionar a sonda de IOT à esquerda (cirurgião à direita) e um "*packing*" orofaríngeo.
- Instalação: em posição semissentada ou em decúbito dorsal com a radioescopia centrada na região selar e o abdome/face externa da coxa livre (coleta de gordura/músculo aponeurótica para plastia de dura-máter).
- Riscos cirúrgicos perioperatórios: lesão da carótida, embolia gasosa (raros).

PÓS-OPERATÓRIO
Pós-operatório imediato (SRPA)
- Despertar precoce (avaliação neurológica), depois da recuperação da deglutição (por causa do sangramento pós-operatório faríngeo):
  - Tamponeamento nasal, oxigenoterapia bucal.
  - Evitar a ventilação com máscara (pneumoencéfalo, contaminação bacteriana).
  - Profilaxia sistemática das NVPO.
  - SAOS frequente (acromegalia, Cushing).
- Analgesia: padrão.
- Monitoramento da diurese, com densidade urinária e controles natrêmicos (e osmolaridades plasmática e urinária) na investigação de um diabete insípido, frequente e transitório no caso de microadenoma e de doença de Cushing.
- Monitoramento visual e oculomotor.
- Hospitalização em cuidados contínuos ≥ 24 h.

Pós-operatório D1-D5
- Complicações cirúrgicas: infiltração meníngea (4%), meningite (3%), lesão da carótida, hematoma, cegueira (1-2%).
- Complicações cardiovasculares (HA, insuficiência cardíaca, síndrome coronariana aguda etc.).
- Complicações respiratórias (SAOS, obstrução VAS etc.). CPAP contraindicada.
- Complicações hormonais:
  - Insuficiência de cortisol precoce, ou mesmo hipopituitarismo (15-20%).
  - Diabete insípido: geralmente precoce e transitório (D1: 30%, D7: 6%, após D8: definitivo) (ver *Diabete insípido*).
  - SIADH: 9-25% dos casos, em 1 semana no pós-operatório. Secreção de ADH excessiva em relação à ingestão de líquidos (ver *Disnatremia*).

Anestesia do tetra/paraplégico

Não é verdade que um "tetraplégico não precisa de anestesia".

RISCO ESSENCIAL: HIPER-REFLEXIA SIMPÁTICA (HRS)

- Em caso de interrupção medular, os circuitos da nocicepção se reorganizam de maneira anárquica abaixo da lesão, entre os aferentes (fibras C e feixe espinotalâmico) e os eferentes simpáticos medulares (principalmente T5 e L2), sem possibilidade de controle pelos centros integradores supraespinais. Sendo assim, uma estimulação dolorosa ou uma distensão visceral pode provocar uma descarga simpática importante.
- **Sinais de HRS**: HA, bradicardia reflexa e outras arritmias, vermelhidões, suores, palidez, piloereção, cefaleias, ansiedade etc.
- Complicações da HRS: isquemia miocárdica, EAP, parada cardíaca, hemorragia meníngea, convulsões etc.

FATORES DE RISCOS DE HRS: INDICAÇÃO DE UMA ANESTESIA

- Nível da lesão > T6 (risco x 5-10), mas HRS possível para os níveis T10-T12. HRS pouco provável nos comprometimentos lombares.
- Cirurgia urogenital (risco x 2-4).
- Risco máx. = 1-6 meses após o traumatismo, mas pode persistir definitivamente.
- Secção medular completa.
- Antecedente de HRS, mas HRS possível mesmo na ausência de antecedente.
- Dor crônica, ansiedade etc.
- **Tratamento de uma HRS**: retirada da causa, aprofundamento da anestesia, nicardipina, labetalol, derivado de nitrato etc.

ESPASTICIDADE

- Rigidez dos membros e movimentos descontrolados, desencadeados pelos estímulos proprioceptivos. Mecanismo fisiopatológico do mesmo tipo que o da HRS, mas sem relação com o nível da lesão.
- Pode dificultar uma cirurgia do membro inferior.

ANESTESIA GERAL

- Risco de estômago cheio (↓ do esvaziamento gástrico em caso de lesão cervical).
- Risco respiratório pré-operatório (síndrome restritiva, atelectasias favorecidas pela hipotonia da cintura abdominal).
- **Contraindicação da succinilcolina** a partir da 24-48ª hora, até 6-9 meses, ou mesmo definitivamente, pois há risco de parada cardíaca por hipercalemia grave (hiperexpressão dos receptores da acetilcolina na superfície das fibras musculares).
- Hipotensão arterial na indução (sensibilidade aos hipnóticos por ↓ do volume de distribuição e ↓ do tônus simpático). Bradicardias frequentes.

RAQUIANESTESIA

- Menos efeitos hemodinâmicos e respiratórios que sob AG.
- Dificuldade de avaliação do nível de anestesia (reter o dermátomo a partir do qual a espasticidade desaparece).

ANESTESIA PERIDURAL

- Técnica preferida e modalidades habituais em obstetrícia.
- Dois riscos: falha (dificuldade de punção, má difusão no espaço peridural reorganizado), raquianestesia total (atraso do diagnóstico).

PENSAR TAMBÉM

- No risco de depressão respiratória tardia, que depende do nível lesional (síndrome restritiva, alteração da tosse), com obstrução brônquica, atelectasia, superinfecção.
- No tratamento da dor crônica e aguda.
- Na prevenção precoce da doença tromboembólica e das escaras.
- No distúrbio da termorregulação: risco de hipotermia, ausência de tremores.
- Nos distúrbios vesico-esfincterianos: risco de retenção urinária aguda (sondagens vesicais intermitentes precoces). Risco de infecção urinária.
- Evitar as soluções com vasoconstritor porque há sensibilidade aumentada às catecolaminas.

Anestesia e sismoterapia

A sismoterapia ou eletroconvulsoterapia (ECT) consiste em provocar uma crise convulsiva motora generalizada graças à aplicação transcraniana de uma corrente elétrica sob controle de uma monitorização EEG. As sessões são repetidas tipicamente três vezes por semana. Esse tratamento inicial é seguido por um de manutenção com sessões mais espaçadas.

INDICAÇÕES

Depressão maior e resistência aos tratamentos medicamentosos, crise maníaca, esquizofrenia aguda, estado catatônico ou distúrbios do humor graves, demências, doenças de Parkinson e pacientes que tenham apresentado uma síndrome maligna dos neurolépticos.

CONTRAINDICAÇÕES

- Absolutas: HIC.
- Relativas: precisam de uma apreciação, em colaboração com a equipe de psiquiatria, da balança do risco-benefício: malformação vascular com risco hemorrágico, acidente vascular cerebral recente, hipertensão e insuficiência coronariana grave.
- Algumas condições não são contraindicações mas exigem precauções e avaliações especializadas: gravidez em andamento, certas patologias oculares (descolamento da retina e glaucoma), marca-passo, em particular adaptativos, desfibriladores implantáveis exigem uma consulta cardiológica e uma inativação transitória ao longo da ECT.
- Um tratamento anticoagulante pode ser mantido durante as sessões de ECT.

EFEITOS FISIOLÓGICOS DA ECT

- **Efeitos cerebrais**: atividade convulsiva generalizada com convulsões tônica-clônicas, breve vasoconstrição seguida de vasodilatação cerebral com elevação do débito sanguíneo cerebral da pressão intracraniana e do consumo cerebral de oxigênio.
- **Efeitos cardiovasculares bifásicos**: estimulação do sistema nervoso autônomo:
  - Hipertonia parassimpática na fase tônica com bradicardia, hipotensão, assistolia (possível) e hipersialorreia.
  - Hipertonia simpática na fase clônica com taquicardia, hipertensão, arritmia, aumento do débito cardíaco e consumo miocárdico de oxigênio.

RISCOS E EFEITOS INDESEJÁVEIS

- Riscos cardiovasculares: distúrbios condutivos (assistolia) e arritmias, crises hipertensivas com riscos cardiovasculares associados.
- Riscos neurológicos: estado de mal epiléptico, confusão pós-crítica prolongada, cefaleias, distúrbios mnésicos.
- Riscos respiratórios: laringoespasmo, broncoaspiração, apneia prolongada.
- Riscos traumáticos: mordedura da língua, luxação mandibular, fraturas dentárias, fratura-luxação periférica, mialgias.

ANESTESIA PARA A ECT

- Consulta pré-anestésica: anamnese às vezes difícil, informação e consentimento do paciente e/ou responsável, investigação de gravidez e possivelmente consulta obstétrica, sessões de ECT ambulatoriais que podem ser consideradas para o tratamento de manutenção.
- Interações medicamentosas:
  - Os antidepressivos tricíclicos podem aumentar os riscos de hipertensão, dos distúrbios de condução/ritmo, e da confusão pós-crítica.
  - Uma atividade convulsiva prolongada pode ter relação com alguns antidepressivos de tipo SSRI (fluoxetina, paroxetina, sertralina), e os IMAO reversíveis (moclobemida, toloxatona).
  - A venlafaxina em doses elevadas pode aumentar o risco de assistolia.
  - O lítio pode aumentar os riscos de confusão/delírio pós-críticos e prolongar a curarização da succinilcolina. Quando a associação lítio e ECT é necessária, convém manter uma litemia baixa em torno de 0,6 mEq/L. Os ansiolíticos e os estabilizadores do humor de tipo valproato, carbamazepina, lamotrigina, topiramato, gabapentina, pregabalina aumentam o limiar convulsivo.
  - A carbamazepina pode prolongar a ação da succinilcolina.
  - A combinação neurolépticos e ECT é bem tolerada.

TÉCNICA DE ANESTESIA

- **Equipamento anestésico do local de aplicação da ECT** (como recomendado pela SFAR).
- Preparação dos pacientes: jejum pré-operatório de 6 h antes da ECT, depois de o paciente ter urinado, muitas vezes sem pré-medicação.
- **Colocação de dispositivos de proteção buco-dentária** (compressas enroladas e/ou protetores bucais).
- **Pré-oxigenação indispensável**, ventilação assistida geralmente com máscara facial (mais raramente com máscara laríngea ou tubo endotraqueal).
- **Técnica anestésica com ação rápida e breve**, associando narcótico e curare na dose necessária e suficiente para induzir a narcose sem inibir excessivamente a atividade convulsivante da ECT.
- **Seleção do hipnótico**:
  - Tiopental: 2 a 3 mg/kg.
  - Propofol: 1,5 a 2 mg/kg. Pode ajudar a atenuar a estimulação simpática mas parece induzir crises de duração mais curta.
  - Etomidato: 0,15-0,30 mg/kg. O uso repetido expõe ao risco de insuficiência adrenal.
  - Sevoflurano: pode ser uma alternativa para indução (± 7%), mas exige a realização da ECT em uma sala de anestesia semelhante à do centro cirúrgico com analisador de halogenados e evacuação dos gases.
- **Escolha do curare**: curarização indicada para diminuir os riscos traumáticos:
  - Succinilcolina: 0,2 a 0,5 mg/kg (produto de referência), usar com precaução (diminuição das doses) em caso de tratamento com lítio.
  - Mivacúrio 0,1 a 0,2 mg/kg (ou rocurônio) como alternativa: sendo indispensável a monitorização da descurarização (e máscara laríngea ou intubação).

- Possíveis adjuvantes: opioides de tipo remifentanil (0,5 a 1 mcg/kg) para efeito de economia narcótica.
- **Tratamentos dos efeitos secundários**: betabloqueadores de tipo esmolol (0,5 a 1 mg/kg) em caso de HA e/ou taquicardia ou se insuficiência coronariana não betabloqueada, outros anti-hipertensivos: bloqueadores dos canais de cálcio (nicardipina, verapamil) alfa-1-bloqueador (urapidil). Atropina no caso de bradicardia prolongada.
- **Conduta em caso de ausência ou crise fraca**: reduzir os hipnóticos ou alterar a classe, suprimir os medicamentos que podem aumentar o limiar convulsivo. Diminuir o limiar convulsivo com cafeína (250 a 750 mg IVL 10 min antes da ECT) e com hipocapnia por hiperventilação controlada antes do choque elétrico.
- **Conduta em caso de crise prolongada** (crise superior a 90 seg): dose baixa de hipnótico ou benzodiazepínico de ação curta (midazolam).
- **Observação em SRPA obrigatória** e critérios de saída idênticos a outros pacientes.
- Uma reavaliação anestésica dos pacientes frágeis pode ser útil durante o ciclo de tratamento com ECT ou em caso de efeitos colaterais.

Anestesia

Anestesia do parkinsoniano

- Doença comum: 100-150 mil pacientes na França, 1-2% das pessoas com mais de 65 anos.
- Fisiopatologia: degeneração progressiva de neurônios dopaminérgicos da via nigroestriatal, que inibem o estriado. Isto resulta em uma hiperatividade do estriado cujos interneurônios são colinérgicos, o que provoca a acinesia pela redução da atividade talâmica e cortical.

CLÍNICA

- Rigidez plástica, acinesia, tremor de repouso, instabilidade postural, sinais diversamente associados.
- Comprometimento do SNA: hipotensão ortostática (agravada pelos agonistas dopa e pelos IMAO-B), distúrbios da micção, hipersialorreia com estase salivar, câimbras, RGE, gastroparesia.
- Distúrbios da deglutição, obstrução das VAS pela má coordenação dos músculos faringolaríngeos.
- Comprometimento respiratório: rigidez torácica, síndromes obstrutiva e restritiva (cifose, acinesia), tosse ineficaz.
- Distúrbios cognitivos e comportamentais, depressão nas formas evoluídas.
- O escore motor do UPDRS avalia o comprometimento motor (sobre 108). Pontuação $\geq$ 15-20: indicação de L-dopa; pontuação $\geq$ 40: Parkinson grave; pontuação $\geq$ 75: Parkinson muito grave. Ele ajuda na decisão terapêutica, mas não é o reflexo da autonomia do paciente.

TRATAMENTO ANTIPARKINSONIANO (TAP)

- Objetivo: reduzir a hiperatividade colinérgica ao restaurar a transmissão dopaminérgica. Sucessão dos tratamentos ao longo do tempo, com o agravamento motor: IMAO-B agonistas dopa, L-dopa, ICOMT e depois SCP.
- **IMAO-B**: inibidores da monoamina oxidase B (inibem a degradação da dopamina): rasagilina (Azilect®), selegilina (Déprényl®). A monoterapia (início de tratamento) ou em combinação com L-dopa.
- **Agonistas dopaminérgicos não ergolínicos** (1ª escolha, ou em associação com L-dopa, causam muitos transtornos psiquiátricos e digestivos): pramipexol (Sifrol®), ropinirol (Requip®) piribedil (Trivastal®) contra tremores. A apomorfina (Apokinon®) é o único agonista dopaminérgico por via parenteral, tratamentos dos bloqueios *off* e das flutuações graves (fenômenos *on-off*).
- **Agonistas dopaminérgicos derivados do ergot**: bromocriptina (Parlodel®). Atualmente suplantados pelos agonistas não ergolínicos pelo risco de fibrose pulmonar, retroperitoneal e valvopatias.
- **L-dopa associada a um inibidor de dopa descarboxilase**: L-dopa + benserazida (Modopar®), L-dopa + carbidopa (Sinemet®, Duodopa® = gel intestinal). Tratamento de referência, age mais na acinesia e na rigidez do que no tremor.
- **Inibidores da COMT** (inibem a degradação periférica da levodopa e da dopamina): entacapona (Comtan®), tolcapona (Tasmar®). Stalevo®: L-dopa + carbidopa + entacapona. Adjuvante da L-dopa, agem sobre os sintomas motores.

- **Antagonista NMDA** (provoca a liberação pré-sináptica de dopamina): amantadina (Mantadix®) efeito modesto, mas eficaz nas discinesias da dopaterapia.
- **Anticolinérgicos**: antagonistas muscarínicos centrais. Agem principalmente sobre o tremor extrapiramidal, menos sobre a hipertonia, não na acinesia. Efeitos secundários colaterais da atropina, inclusive confusão. Triexifenidil (Artane®, Parkinane®) VO ou IM, tropatepina (Lepticur®) VO ou IM, biperideno (Akineton®).

Tratamentos adjuvantes
- Hipotensão ortostática: alfa-1-agonista: midodrina (Gutron®), fludrocortisona.
- Distúrbios do comportamento, alucinações: clozapina, (Clozapine®), risco de agranulocitose.
- Distúrbios cognitivos e mnésicos: anticolinesterásicos: rivastigmina (Exelon®).

Estimulação cerebral profunda (ECP) (ou *deep brain stimulation* – DBS)
- Instalação de eletrodos de estimulação no nível dos núcleos cinzas centrais (o núcleo subtalâmico principalmente, o pálido interno ou núcleo intermediário ventral do tálamo no caso de forma trêmula). Um programador externo ajusta o dispositivo de estimulação, que é implantado no subcutâneo no nível abdominal ou torácico.
- Indicação: indivíduo jovem (≤ 70 anos), em caso de comprometimento motor grave (flutuações e discinesias), reversível após a L-dopa (melhora da pontuação UPDRS motor).

ANESTESIA
Avaliação pré-operatória
- Avaliar uma disautonomia, distúrbios de deglutição, distúrbios respiratórios (EFR) e distúrbios cognitivos.
- TAP: número de tomadas e dose diária total necessária para equilibrar os distúrbios motores = reflexo da gravidade da doença.
- Avaliação neurológica é às vezes necessária (doença evoluída, mau acompanhamento, adequação ao tratamento etc.). Prevenir o paciente e seus familiares sobre um agravamento possível da sintomatologia no perioperatório.
- ALR possível se o paciente for cooperativo e tiver um relativo controle dos tremores. Controle tensional muito estrito em caso de raquianestesia. Evitar as soluções com vasoconstritor (risco de hipersensibilidade) e a sedação suplementar (risco sobre as VAS).
- **Caso particular dos pacientes que devem passar por uma ECP**: interrupção do TAP por mais de 12 h pré-operatório. A craniotomia é realizada em vigília (ALR do escalpo para a instalação do quadro estereotáxico, sedação) ou sob AG (propofol/remifentanil). Intervenção longa, necessitando de uma instalação cuidadosa. Riscos: convulsões, hematoma intracerebral.
- **Conduta perioperatória de um paciente portador de uma ECP**: a estimulação pode interferir com o registro do ECG. A utilização do bisturi elétrico monopolar pode provocar lesões térmicas cerebrais sobre o trajeto dos eletrodos, mas também desprogramar o disposi-

tivo de estimulação. Controle pós-operatório do dispositivo (antes do despertar do paciente). Discutir a interrupção temporária da estimulação em caso de cirurgia programada.

Pré-medicação
- A L-dopa deve ser continuada, de preferência nos horários habituais do paciente. Última ingestão na dose habitual na manhã da intervenção. Os agonistas dopa devem ser mantidos ou progressivamente interrompidos por uma semana e depois retomados na semana seguinte.
- A abstinência do TAP acarreta um risco de obstrução das VAS no despertar e pode desencadear um quadro semelhante a síndrome maligna dos neurolépticos (rigidez muscular, discinesias, febre, sudorese, HA ou estado de choque, convulsões, rabdomiólise etc.).
- Benzodiazepínico com o tratamento habitual, por via oral ou parenteral.
- Atropina: 10 a 12 mcg/kg em caso de hipersialorreia ou hipertonia vagal.

Período perioperatório
- Cautela em relação ao fentanil (rigidez).
- O propofol é o agente de indução de escolha. A cetamina pode agravar as complicações psíquicas.
- Utilização titulada e cuidadosa dos halogenados pelo risco de vasodilatação.
- Curares não despolarizantes e succinilcolina: nenhuma contraindicação.
- Risco cardiovascular: labilidade tensional (disautonomia, TAP, hipovolemia), arritmia induzida pela associação L-dopa e halogenados. Atenção particular com a volemia.
- Vasoconstritores: levar em conta a associação com os atropínicos. Os IMAO-B não são contraindicados no perioperatório, mas preferir a fenilefrina (simpatomimético não catecolaminérgico) às catecolaminas e à efedrina.
- Dificuldades de intubação (rigidez da nuca). Sequência de indução rápida (gastroparesia).
- Síndrome restritiva induzida pela rigidez torácica e a hipocinesia.
- Em caso de cirurgia longa, a L-dopa (Modopar® dispersível) pode ser administrada por sonda nasogástrica no perioperatório.

Pós-operatório
- Um despertar espontâneo é desejável, sem prostigmina.
- Risco de laringoespasmo ou de depressão respiratória na extubação (hipotonia dos músculos faringolaríngeos), ou mesmo edema pulmonar por pressão negativa (*ex-vacuum*).
- Em caso de distúrbios gastrointestinais e interrupção do tratamento VO por mais de 24 h, deve-se utilizar um anticolinérgico injetável: triexifenidil 5-30 mg/24 h ou IM Lepticur® 5-20 mg/24 h IM ou IVL ou apomorfina 1 mg SC que deve ser aumentada com acréscimos de 1 mg.

- Retomar o tratamento VO o mais rápido possível com a posologia anterior se interrupção < 24 h. Se interrupção > 24 h, retomar 1/3 ou 1/2 da dose anterior aumentando-a progressivamente.
- Em caso de colocação de eletrodos de ECP, o TAP na maioria das vezes é interrompido no pós-operatório, antes mesmo da instalação do dispositivo de estimulação.
- Tratamento das NVPO: dexametasona ou inibidores 5HT3. Os neurolépticos (droperidol, metoclopramida) são contraindicados (exacerbação dos sintomas parkinsonianos, risco de IVM prolongada). A domperidona está autorizada pela ausência de passagem da BHE.
- Tromboprofilaxia precoce ou mesmo compressão pneumática intermitente perioperatória para os procedimentos longos.

Complicações pós-operatórias
- Pneumopatia por broncoaspiração (principal causa de morbimortalidade perioperatória) em razão dos problemas na vigilância, dos engasgos e da hipersialorreia, favorecidos pela interrupção do TAP.
- Apneia do sono.
- Gastroparesia, constipação favorecendo episódios suboclusivos e a desnutrição.
- Confusão, agitação, alucinações (atenção aos anticolinérgicos).
- Complicações renais (diminuição da atividade renina-angiotensina-aldosterona na vigência de L-dopa).

Bloqueio OFF: rigidez torácica ou reaparecimento de sinais motores incapacitantes: apomorfina: 1-10 mg SC na emergência, até 10 injeções/d. Ação rápida (2-10 min) e curta (45-90 min), hipotensor e muito emetizante.

▲ **Dispor no centro cirúrgico e SRPA Modopar dispersible®, Apokinon® SC e Artane® ou Lepticur®.**

Anestesia e miastenia

Anestesia

DEFINIÇÃO
- A miastenia é uma doença autoimune caracterizada pela síntese de anticorpos antirreceptores nicotínicos à acetilcolina.
- A resultante é uma diminuição importante (70-80%) do número de receptores disponíveis para a acetilcolina (ACh), o que explica a fragilidade da transmissão neuromuscular.
- Prevalência: 1/5.000-1/10.000.
  - Antes dos 40 anos: 2 mulheres/1 homem. Hiperplasia do timo entre $1/3$ e $1/2$ dos casos.
  - Após 40 anos: relação entre os sexos 1/1. Timona 15-20% dos casos.

AVALIAÇÃO PRÉ-OPERATÓRIA
Estágios de gravidade

Classificação de Osserman (modificada por Genkins)	
Estágio I	Miastenia ocular (diplopia, ptose, nunca há comprometimento muscular intrínseco)
Estágio II A	Miastenia generalizada sem sinal bulbar
Estágio II B	Miastenia generalizada com sinais bulbares, mas sem risco de engasgos
Estágio III	Miastenia generalizada de progressão rápida com risco de engasgos e comprometimento respiratório
Estágio IV	Miastenia generalizada grave e antiga com distúrbios bulbares, comprometimento respiratório e muitas vezes amiotrofia

Generalidades
- Investigar patologia autoimune associada (miocardite, lúpus eritematoso sistêmico [LES], disfunção da tireoide).
- Em todos os casos é preciso equilibrar H_2O, K+, Ca++.
- Comprometimento dos músculos faringolaríngeos e respiratórios.
  - Qualidade da tosse, da deglutição, força muscular (FM).
  - Síndrome restritiva (comprometimento do diafragma): avaliar a capacidade vital (CV) por meio de provas de função respiratória (PFR). Gravidade se CV $\leq$ 15 mL/kg.
- Escore muscular em 100: membros superiores (15), inferiores (15), cabeça (10), sentado-deitado (10), óculo-motricidade extrínseca (10), oclusão palpebral (10), mastigação (10), deglutição (10), fonação (10).
- Diagnóstico paraclínico: eletromiografia (ENMG), dosagem dos anticorpos anti-RACh (80% positivos) e anti-MuSK (7% positivos).

Tratamentos atuais
- Anticolinesterásicos: piridostigmina (Mestinon®), ambenônio (Mytelase®), neostigmina, que devem ser continuados nas formas graves e interrompidos 6-12 h antes da intervenção nas formas sem comprometimento respiratório.

94

- Corticoides: devem ser continuados no perioperatório. Podem agravar transitoriamente os sintomas.
- Imunossupressores (ciclofosfamida, azatioprina, ciclosporina A), imunoglobulinas.

DEPRESSÃO RESPIRATÓRIA EM UM MIASTÊNICO

- **Crise miastênica** (crise aguda de miastenia):
  - Deve-se dispor de um espirômetro na UTI.
  - Ortopneia (+++), tosse ineficaz, congestão brônquica, engasgos repetidos, polipneia superficial. Incapacidade de contar até 25.
  - Atenção: sinais às vezes insatisfatórios, angústia, insônia, hipofonia.
  - Favorecida por: estresse, dor, fadiga, infecção.
  - Tratamento: prostigmina (0,5-1 mg IV) após atropina (0,25 mg), imunoglobulinas, plasmaférese.
  - Intubação:
    » Se baixa CV < 1 L ou 15 mL/kg (normal $\geq$ 60 mL/kg).
    » Ou pressão inspiratória máxima (PIM) > –20 cmH_2O (normal < –70 cmH_2O).
    » Ou pressão expiratória máxima (PEM) < 40 cmH_2O (normal > 100 cmH_2O).
- ▲ **Não esperar o esgotamento e a hipercapnia (risco de degradação súbita). A hipóxia é rara e sinal de extrema gravidade.**
  - Ventilação não invasiva (VNI):
    » Se ausência de distúrbios de deglutição.
    » Difícil no longo prazo e com sonda nasogástrica (eficácia retardada dos tratamentos específicos).
    » Indicação discutível, às vezes permite adiar a intubação orotraqueal sendo frequentemente útil na pré ou na pós-intubação orotraqueal.
- **Crise colinérgica**:
  - Superdosagem de anticolinesterásicos, bloqueio nicotínico ou bloqueio de despolarização: a excessiva inibição da colinesterase pelos anticolinesterásicos provoca uma ação irreversível da acetilcolina.
  - Superdosagem nicotínica: déficit muscular + fasciculações; superdosagem muscarínica: hipersecreção brônquica, salivar e cutânea, broncoespasmo, bradicardia, diarreia, miose; sinais centrais: agitação, coma.
- **Teste com edrofônio (Enlon®, Tensilon®)** diante de um agravamento do bloqueio neuromuscular, a injeção de 3-4 mg de edrofônio IV deve dar uma resposta rápida:
  - Franca melhora da CV + força muscular = crise miastênica: aumentar as doses de anticolinesterásicos.
  - Ausência de melhoria ou mesmo agravamento = crise colinérgica: diminuir as doses.
- ▲ **O teste com tensilon é teórico e discutido (risco de agravamento dos sinais muscarínicos, pode haver associação dos dois tipos de crises).**
- Em caso de urgência: intubação, ventilação e interrupção dos anticolinesterásicos durante 2-3 dias:
  - Melhoria: crise colinérgica.
  - Ausência de melhoria: crise miastênica.

Anestesia

MEDICAMENTOS CONTRAINDICADOS
- Contraindicações formais:
  - Betabloqueadores (mesmo colírio), quinina, cloroquina.
  - Sulfato de magnésio (a hipermagnesemia impede a liberação da acetilcolina no nível da placa motora).
  - Quinidina, fenitoína, dantroleno, procainamida.
  - Aminoglicosídeos IV, colimicina, ciclinas IV.
  - D-penicilamina (miastenia induzida, reversível com a interrupção do tratamento).
- Contraindicações relativas:
  - Curares não despolarizantes, benzodiazepínicos, fenotiazinas, lítio, carbamazepina.
  - Aminoglicosídeos e ciclinas exceto IV.

ANESTESIA
- Pré-medicação: hidroxizina e gabapentina. Nenhum benzodiazepínico.

Anestesia locorregional
- Se possível, preferível à anestesia geral (diminui as complicações respiratórias). Deve-se evitar os anestésicos locais com função éster (procaína, tetracaína), cuja meia-vida é prolongada pelos anticolinesterásicos. As soluções de adrenalina e clonidina são contraindicadas (aumentam o bloqueio motor).

Anestesia geral
- Agentes de indução: tiopental, cetamina. O propofol é melhor porque facilita a intubação sem curares.
- Manutenção: privilegiar a anestesia intravenosa com infusão alvo controlada (AVIAC) (propofol, remifentanil). Também é possível o uso dos halogenados.
- Curares não despolarizantes: uso possível, mas exige uma monitoração regular e uma titulação com dose inicial dez vezes menor do que a dose habitual. Os mais adaptados são o atracúrio e o rocurônio. O mivacúrio é contraindicado.
- Succinilcolina: pouco eficaz (diminuição dos receptores disponíveis), mas o metabolismo é desacelerado pelos anticolinesterásicos.
- Lembre-se de que a sequência de quatro estímulos (SQE) no orbicular do olho superestima a curarização em casos de comprometimento ocular.
- Antagonização: titular com baixas doses de neostigmina. O uso de sugamadex foi relatado.

PÓS-OPERATÓRIO
Ventilação assistida (estágios III e IV)
- Prevê-la sobretudo se existirem distúrbios de deglutição.
- Sedação, analgesia, cinesioterapia respiratória e aspiração com broncofibroscopia (atelectasias).

Retomada dos anticolinesterásicos
- Muitas vezes as necessidades são menores no pós-operatório. A interrupção do tratamento, protegida pela ventilação assistida e com o auxílio do teste com edrofônio, permite sua reavaliação.

Tratamentos associados
- Nutrição enteral, profilaxia tromboembólica.
- Corticoterapia com doses pré-operatórias.
- Plasmaférese ou imunoglobulinas IV se a extubação não for possível.

Critérios de extubação
- CV ≥ 25 mL/kg e PIM < -30 cmH$_2$O e PEM > 40 cmH$_2$O.
- Tosse e deglutição eficazes.
- PaO$_2$/FiO$_2$ ≥ 200 com PEEP ≤ 5 mmHg.
- Recomeçar com doses eficazes dos anticolinesterásicos.
- Considerar uma traqueotomia se o desmame ventilatório fracassar, particularmente depois do D15.

CASO PARTICULAR: GESTAÇÃO
- Não se pode prever a evolução da miastenia durante a gestação. Existe agravamento em ⅓ dos casos no 1º trimestre, durante o parto ou no pós-parto (até três semanas).
- Otimização dos anticolinesterásicos, corticoterapia. É contraindicado o uso dos imunossupressores.
- Aconselha-se o uso da anestesia peridural. Evitar uma extensão cefálica exagerada (≥ T2). Observar a deglutição e o *peak flow*. Preferir a ropivacaína de fraca concentração (≤ 0,1%) + opioide (menos bloqueio motor).
- Muitas vezes há a necessidade de manobras instrumentais, e às vezes de uma cesariana.
- **Atenção em caso de pré-eclâmpsia**: o uso do MgSO$_4$ é contraindicado.
- O aleitamento está autorizado se a patologia for moderada e controlada pelos anticolinesterásicos.
- Miastenia neonatal: 15-30%, pela passagem dos anticorpos maternos. Nas primeiras 24 h: diminuição do choro, fraqueza da sucção ou mesmo depressão respiratória. Tratar com anticolinesterásicos (8 semanas) ou plasmaférese.

SÍNDROME MIASTÊNICA (SINÔNIMO: EATON-LAMBERT)
- Distingue-se da miastenia verdadeira por um fenômeno de potencialização da contração, observável clinicamente (a força muscular pode melhorar transitoriamente depois de um exercício muscular) e confirmada por estudo eletromiográfico.
- O comprometimento de origem pré-sináptica pouco sensível aos anticolinesterásicos é agravado pelos curares.
- Em 75% dos casos, há a presença de um câncer pulmonar de pequenas células (anticorpos pré-sinápticos).
- **Anestesia**:
  - Os curares não despolarizantes são permitidos com a condição de reduzir a posologia para 1/10 e de monitorizar a curarização.
  - A descurarização não é garantida com a neostigmina.
  - O par curare esteroide-sugamadex é a escolha correta.
  - A AVIAC é uma técnica adaptada.

Anestesia e porfirias

- Doenças hereditárias de transmissão autossômica dominante, cada uma delas ligada ao déficit de uma enzima que intervém na cadeia de biossíntese do heme, que acarreta o acúmulo de porfirinas e de seus precursores.
- Segundo o tecido onde predomina o distúrbio metabólico, distinguem-se duas famílias de porfirias:

Porfirias eritropoiéticas: doença de Günther e protoporfiria. Na criança, não há crise aguda. Principalmente fotossensibilização.

Porfirias hepáticas:
  - Porfiria cutânea: crises cutâneas, pouco graves. Restrições medicamentosas relativas.
  - Porfirias agudas de sintomatologia semelhante que trazem mais problemas:
    » A porfiria aguda intermitente é a mais frequente (1/10.000 na Europa), déficit de porfobilinogênio desaminase.
    » A coproporfiria hereditária, déficit em coproporfirinogênio oxidase.
    » A porfiria variegata, déficit em protoporfirinogênio oxidase.

- Frequência de mutação de um gene: 1/1.000 na França. 90% dos portadores do gene anormal são assintomáticos. 80% dos indivíduos sintomáticos são mulheres, entre 15 e 45 anos. As crises aparecem na puberdade e muitas vezes estão ligadas ao ciclo menstrual ou à gestação.
- Fisiopatologia das crises: a carência hepática em heme (catabolismo acelerado pelos hormônios do ciclo menstrual), e/ou uma maior necessidade em hemoproteína (citocromos P450) por certos medicamentos (barbitúricos, sulfamidas etc.) provocam uma ativação da ALA sintetase (enzima inicial da síntese do heme). Por isso um acúmulo dos precursores das porfirinas a montante do déficit enzimático, responsável pela crise.

CRISES AGUDAS DE PORFIRIA
Clínica: crises agudas neuroviscerais

- Dores abdominais intensas com lombalgias irradiando para as coxas, vômitos, constipação ou mesmo síndrome pseudo-oclusiva. Exames clínico e radiológico normais (ou mesmo laparotomia branca) que podem se associar a um quadro psiquiátrico (distúrbios do humor, ansiedade elevada, e mesmo episódios de confusão onírica, delírios etc.) ou neurológico (neuropatia periférica, mialgias, comprometimento bulbar, convulsões etc.). Às vezes hipertensão, taquicardia, sudorese, febre (comprometimento do sistema nervoso vegetativo).
- A coproporfiria hereditária e a porfiria variegata também são acompanhadas de sinais cutâneos: vesículas ou bolhas na face e nas mãos (fotossensibilização) e hiper ou hipopigmentação.
- O comprometimento neurológico ocorre frequentemente depois de um comprometimento digestivo ± psiquiátrico, e é desencadeado ou agravado por uma terapêutica incorreta. Ele justifica a transferência para UTI (risco de comprometimento bulbar ou de paralisia respiratória). Sua evolução é longa e imprevisível (sequelas possíveis de déficits sensitivo-motores).

- Além do comprometimento neurológico, a evolução é favorável com um tratamento adaptado e o respeito das interdições medicamentosas.
- A coloração vermelho-vinho (ou mesmo preta) da urina em 10-60 min (exposição à luz) é característica, mas inconstante.

Biologia: diagnóstico formal
- Dosar em um laboratório de referência:
  - Em caso de urgência: os precursores urinários de porfirinas: ácido--delta-aminolevulínico (Delta-ALA) e porfobilinogênio (PBG).
  - As porfirinas na urina e nas fezes (uroporfirina, coproporfirina, protoporfirina).
- Estes diferentes compostos ficam mais elevados em caso de crise, mas também podem estar elevados em período de remissão. O perfil e a importância de suas excreções respectivas orientarão para uma ou outra das porfirias agudas.
- Atualmente: dosagem das atividades enzimáticas específicas e investigação da mutação do gene correspondente.
- Hiponatremia em 20% das crises agudas (SIADH, mais frequente se forma psiquiátrica ou convulsão).

Tratamento da crise
- Compensação do déficit celular em heme: hemina = heme-arginato de origem humana (Normosang®) 3-4 mg/kg/d em 30-40 min durante 4 dias. Muito eficaz para os problemas digestivos, previne os distúrbios neuropsiquiátricos mas não os trata se já estiverem estabelecidos.
- ▲ **Atenção com as precauções de uso (coletor próprio, filtro, lavagem da veia etc.) e com o risco infeccioso não excluído (HAV, parvovírus, príons).**
- Glicose 10%: 3.000 mL/d, reduz a indução pela enzima ALA sintetase.
- Analgesia: opioide.
- Ansiolítico: clorpromazina (50-100 mg/d).
- Tratamento sintomático dos distúrbios neuromusculares.

Armadilhas
Três tratamentos inadequados podem agravar uma crise inicial:
- Laparotomia exploradora.
- Analgesia com medicamentos proibidos (paracetamol, noramidopirina etc.).
- Tratamento psiquiátrico.
- ▲ **Não tratar as convulsões com barbitúricos.**

PREVENÇÃO DAS CRISES
- Investigação familiar de um paciente com porfiria.
- Cartão de portador de porfiria usado pelos pacientes.
- Evitar os **fatores desencadeantes da crise** nos pacientes e nos portadores assintomáticos: dieta hipocalórica, jejum, álcool, tabaco, estresse, infecção, fadiga, medicamentos (barbitúricos, sulfamidas, pílula contraceptiva, fenitoína, imipramina etc.).

Anestesia

O Centre Français des Porphyries (CFP) atualiza regularmente a lista completa dos medicamentos autorizados e proibidos.
Aconselhamento 24 horas: Centre Français des Porphyries (CFP)
Hôpital Louis Mourier – 92701 Colombes Cedex
www.porphyrie.net

A tabela relaciona certos medicamentos utilizados em anestesia e terapia intensiva. Toda prescrição de medicamento deve ser previamente verificada.

- Crianças pré-púberes: nenhuma restrição (sem crise aguda).

Medicamentos autorizados e proibidos na França

Agentes autorizados	Agentes proibidos
Anestésicos locais Bupivacaína unicamente em perimedular, ésteres (tetracaína, procaína), EMLA®	Todos os outros anestésicos locais, clonidina
Midazolam, clonazepam, flumazenil, flunitrazepam, bromazepam, zopiclona	Tetrazepam, hidroxizina, diazepam, baclofeno
Propofol fora das crises	Todos os barbitúricos (tiopental, fenobarbital), cetamina, etomidato
Óxido nitroso	Todos os halogenados
Todos os curares atuais Atracúrio, cisatracúrio, vecurônio, rocurônio, succinilcolina	
Morfina, alfentanila, fentanila, sufentanila, remifentanila, buprenorfina, nalbufina, naloxona, codeína	Oxicodona
Lamotrigina, levetiracetam	Gabapentina, topiramato, carbamazepina, hidantoínas, valproato
Cetoprofeno, ácido tiaprofênico, ibuprofeno, indometacina	Paracetamol injetável (paracetamol oral, autorizado, mas ≤ 3 g/d, e ≤ 8 dias)
Nefopam	Tramadol, noramidopirina
A maioria dos antibióticos recomendados na profilaxia: amoxicilina, amoxicilina + ácido clavulânico, cefazolina, cefotaxima, ceftriaxona, cefepima, carbapenêmicos amicacina, gentamicina, netilmicina, fosfomicina, ofloxacino	Todas as sulfamidas, cefaclor, cefuroxima, eritromicina, sulfametoxazol + trimetoprima, lincomicina, cloranfenicol, metronidazol, ornidazol, fluconazol etc.

(continua)

Agentes autorizados	Agentes proibidos
pefloxacina, espiramicina, azitromicina, teicoplanina, vancomicina, aciclovir, anfotericina B, caspofungina etc.	
Adrenalina, noradrenalina, atropina, dobutamina, atenolol, propranolol, labetalol, acebutolol, metoprolol, diltiazem nicardipina, verapamil, nitroglicerina *spray*, digoxina, furosemida, anlodipina, IECA, irbesartana, valsartana	Bisoprolol, sotalol, nifedipina, urapidil, amiodarona, espironolactona, losartana, telmisartana
Heparina, HBPM, fluindiona, ácido acetilsalicílico, ácido tranexâmico	Clopidogrel
Cimetidina, omeprazol	Ranitidina, famotidina
Corticoides, ACTH, salbutamol, terbutalina, ferro, atorvastatina, setronas, insulinas, domperidona, droperidol, haloperidol, floroglucinol, trimebutina	Sinvastatina, fluvastatina, pravastatina, teofilina

Anestesia

Síndrome do QT longo

- A definição associa principalmente um histórico pessoal ou familiar de síncopes/morte súbita, anomalias da onda T, um QTc > 430-440 ms com a fórmula de Bazett:

$$QTc = QT / \sqrt{\text{intervalo R-R em s}}$$

- A etiologia é congênita ou adquirida. O QT longo congênito (QTLc) pode ser isolado (síndrome de Romano-Ward, autossômico dominante) ou associado a surdez (síndrome de Jerwel-Lange-Nielsen, autossômico recessivo). Existem diferentes tipos de QTLc com diferentes fatores desencadeadores (esporte ou, ao contrário, repouso, estresse, barulho).
- A *torsades de pointes* (com fibrilação ventricular ou mesmo morte súbita) é a principal complicação. Anuncia-se com frequência por uma extrassístole ventricular seguida por um longo descanso compensatório. Às vezes o prolongamento do intervalo QT ocorre apenas na taquicardia de esforço.
- O QT longo adquirido revela-se nos bloqueios de alto grau, nas depleções de K^+, Ca^{++}, Mg^{++}, especialmente no paciente cirrótico e com os antiarrítmicos de classe III (amiodarona), os antidepressivos tricíclicos, as fenotiazinas, alguns vasodilatadores, antibióticos (macrolídeos, trimetoprima/sulfametoxazol), antifúngicos (derivados de imidazol). Existem muitos outros medicamentos que alongam o intervalo QT. A rápida administração é um fator de risco da *torsades de pointes*.
- Tratamento a longo prazo: evitar medicamentos ou fatores desencadeantes betabloqueadores, cardioversor/desfibrilador implantado (CDI) (ver *capítulo correspondente*).

ANESTESIA
- O risco é de desencadear uma *torsades de pointes* a partir de uma estimulação simpática excessiva (dor, profundidade de anestesia insuficiente, intubação, extubação, hipertensão, bradicardia, taquicardia ou hipocapnia).

Pré-operatório
- Buscar um histórico de síncopes, tonturas (identificar o fator desencadeante++).
- Importância do ionograma (objetivo: caliemia 4,5-5,5 mmol/L).
- Manter o tratamento antiarrítmico (betabloqueador) e as medidas específicas de CDI (ver *capítulo correspondente*).

Perioperatório
- Monitoração do alongamento do QT. Instalação de eletrodos conectados a um desfibrilador externo.
- A anestesia locorregional (ALR) medular e a ALR periférica não representam um problema e devem ser privilegiadas evitando a adrenalina.
- **Lutar contra**: hipotermia, hipocalemia, hipocalcemia, hipomagnesemia, hipoventilação, ruído, estresse.
- **Evitar**: succinilcolina, neostigmina, droperidol, cetamina, halogenados em geral, o uso da sufentanila deve ser discutido (prolonga o QT),

setronas, amiodarona, efedrina/norepinefrina/dobutamina/atropina (a menos que seja absolutamente necessário), fenilefrina, ocitocina, antibióticos que prolongam o QT.

- **Preferir**: midazolam, vecurônio, atracúrio e cisatracúrio, **AVIAC (propofol + remifentanil)**, morfina, fentanil. Para alguns: perfusão profilática sistemática de sulfato de magnésio no perioperatório, anestesia tópica da glote, dexametasona para náuseas e vômitos no pós-operatório (NVPO).
- **O que fazer na ocorrência de *torsades de pointes***: sulfato de Mg (30 mg/kg em *bolus* seguido por uma perfusão de manutenção), choque elétrico externo, lidocaína IV (1,5 mg/kg e doses repetidas de 0,5 mg/kg).

Pós-operatório

- Verificar o CDI (ver *capítulo correspondente*). Evitar estímulos simpáticos (dor, ruído, estresse etc.).

Anestesia

Síndrome de Brugada

- Doença genética (anomalia do canal de sódio) de transmissão autossômica dominante com penetração variável, responsável por sincopes e/ou mortes súbitas, com nítida predominância masculina. É mais frequente na Ásia.
- O coração é morfologicamente normal.
- O ECG típico é caracterizado em V1-V2 ± V3, por uma elevação "em domo" do ST > 2 mm com uma onda T negativa, mas muitas vezes de maneira intermitente (noite++, quando o tônus parassimpático é dominante). Os antiarrítmicos de classe Ia (ajmalina) e Ic (flecainida) que desmascaram essas anomalias no ECG são utilizados para o diagnóstico.
- A repolarização miocárdica é assíncrona, geradora de arritmias responsáveis por taquicardias ou fibrilações ventriculares.
- A maioria dos portadores da doença não são diagnosticados, o que demonstra a gravidade (anestésica) da doença.
- Nenhum tratamento farmacológico eficaz. Único tratamento: cardioversor/desfibrilador implantável (CDI) (ver *Marca-passo/desfibrilador implantável e anestesia*).

ANESTESIA

- A avaliação eletrolítica deve ser controlada.
- No centro cirúrgico, as precauções relativas ao paciente portador de um CDI se aplicam (ver *Marca-passo/desfibrilador implantável e anestesia*). O ECG (5 eletrodos-2 traços) deve permitir principalmente a detecção das elevações do segmento ST.
- Indicação ampla da monitoração hemodinâmica.
- O propofol e o sevoflurano podem ser utilizados.
- A normotermia é necessária. A hipertermia é particularmente deletéria.
- A taquicardia deve ser evitada.
- **Evitar**: manobras vagais (principalmente a insuflação laparoscópica que deve ser realizada lentamente), agentes parassimpaticomiméticos (neostigmina), betabloqueadores, alfa-2 agonistas (clonidina, dexmedetomidina).
- Os beta-estimulantes (isoprenalina++) são eficazes para controlar as modificações do ST.
- Se necessário, a efedrina e a atropina podem ser utilizadas.
- Para a anestesia locorregional, a lidocaína parece ser o agente preferido, já a bupivacaína deveria ser evitada.

PÓS-OPERATÓRIO

- Verificação e reinício do funcionamento do desfibrilador. Monitoração em semi-intensiva.

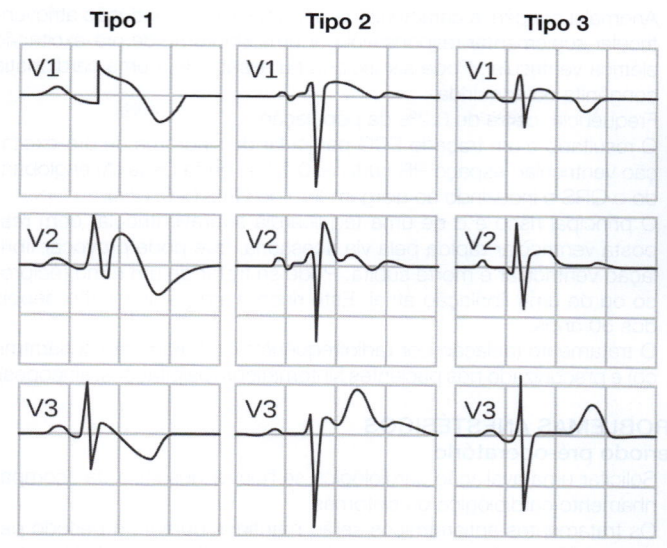

Síndrome de Wolff-Parkinson-White

- Anomalia congênita caracterizada por uma via de condução atrioventricular suplementar responsável por uma síndrome de pré-excitação elétrica ventricular. Pode ser isolada ou associada a uma cardiopatia congênita ou adquirida.
- Frequência: cerca de 0,2% da população.
- O resultado é um traçado ECG particular de síndrome de pré-excitação ventricular: espaço PR curto (< 0,12 s), onda Delta (Δ) englobando o QRS e induzindo ao alargamento do QRS (> 0,12 s).
- O principal risco é o de uma taquicardia supraventricular com resposta ventricular rápida pela via acessória, que pode provocar fibrilação ventricular e morte súbita. Pode se tratar de um ritmo recíproco ou de uma fibrilação atrial. Este risco é em geral mínimo depois dos 50 anos.
- O tratamento (ablação por radiofrequência ou tratamento antiarrítmico) é preconizado nos pacientes sintomáticos (palpitações, síncopes).

PROBLEMAS ANESTÉSICOS
Período pré-operatório
- Solicitar uma avaliação cardiológica se houver ausência de acompanhamento cardiológico ou sintomas.
- Os tratamentos antiarrítmicos serão mantidos durante o período perioperatório, qualquer que seja a classe terapêutica utilizada (na maioria das vezes classe Ic).
- Aconselha-se uma pré-medicação ansiolítica (hidroxizina).

Período operatório
- **Privilegiar a ALR** (evitar as soluções com epinefrina).
- **Adequados**: propofol, tiopental, etomidato, N_2O, halogenados (exceto halotano), opioides, rocurônio, vecurônio, cisatracúrio, droperidol. Vasopressor de escolha: fenilefrina (não provoca taquicardia).
- **Contraindicados**: neostigmina, os digitálicos, os bloqueadores do canal de cálcio, atropina, efedrina, cetamina, atracúrio, succinilcolina, metoclopramida.
- **Não se recomenda**: adenosina.
- **Evitar qualquer estimulação simpática**: hipovolemia, anemia, hipoxemia, dor (a laringoscopia deve ser realizada sob anestesia profunda ou após uma pré-medicação com esmolol).

TRATAMENTO DE UMA TAQUICARDIA PERIOPERATÓRIA
Má tolerância hemodinâmica
- Cardioversão ou desfibrilação elétrica externa.

Boa tolerância hemodinâmica
- Primeira escolha: antiarrítmicos de classe Ic: flecainida, propafenona IV.
- Segunda escolha: antiarrítmicos de classe III: sotalol, amiodarona IV lenta.
- Podem ser associados com betabloqueadores: esmolol IV ou propranolol IV.

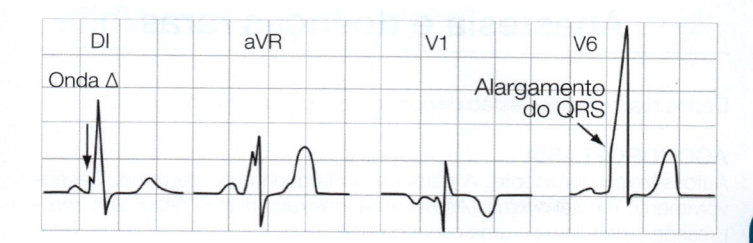

Anestesia e doenças raras

Dados mais precisos estão disponíveis em orphanet.net.

ACONDROPLASIA

Autossômica dominante. A causa mais frequente de nanismo. Desenvolvimento mental normal. As deformações raquidianas provocam compressões medulares e uma cifoescoliose.

Anestesia: radiografias da coluna cervical e prova de função respiratória. Às vezes a intubação sob fibroscopia torna-se necessária. A anestesia medular é contraindicada em razão do risco neurológico. Todos os agentes anestésicos podem ser utilizados.

ACIDOSE TUBULAR DISTAL

Autossômica, dominante. Incapacidade de excretar os íons H+ que são trocados pelos íons K+ e reabsorção do cloro. Diminuição do poder de concentração da urina. Infecções secundárias frequentes. Tratamento com bicarbonato.

Anestesia: ver *Fanconi*.

AGLUTININAS FRIAS

Anticorpos (IgM, IgD) podem surgir espontaneamente ou em consequência de uma doença (mononucleose infecciosa [MI], síndrome linfoproliferativa, micoplasma). Eles se fixam pelo intermédio da fração C3 do complemento sobre a parede das hemácias e provocam hemólise e hemoglobinúria paroxística. Uma vez passada a doença, esses anticorpos podem se perenizar. As hemácias que não sofrem a hemólise são protegidas por um fator C3d originário de C3. A transfusão autóloga carrega as hemácias não protegidas que podem sofrer a hemólise. O uso de corticoides às vezes é eficaz.

Anestesia: evitar a hipotermia e aquecer as infusões. A circulação extracorpórea (CEC) em hipotermia deve ser evitada. Atenção com as transfusões homólogas.

AMINOACIDOPATIA

Os déficits enzimáticos que intervêm no metabolismo dos aminoácidos provocam doenças entre as quais as mais frequentes são a alcaptonúria, a fenilcetonúria, a homocistinúria. Com exceção do risco de convulsões, elas não interferem na anestesia (manter o tratamento). Certas enzimopatias localizadas no nível renal provocam anomalias de reabsorção ou de excreção dos aminoácidos (ver *Tubulopatias, Fanconi*).

ANEMIAS HEMOLÍTICAS POR DÉFICIT ENZIMÁTICO

Crises hemolíticas que têm como base a hemólise crônica. Esplenomegalia. Se houver anemia não regenerativa as transfusões são indicadas e a esplenectomia às vezes torna-se necessária. Os déficits extendidos ao músculo ou ao sistema nervoso se complicam com encefalopatia e com rabdomiólise e apresentam toda sua gravidade na anestesia.

Anestesia: a succinilcolina é contraindicada em caso de miopatia suspeita ou confirmada.

ARTROGRIPOSE

Apresenta-se sob duas formas:

1. Miopatia congênita muito rara autossômica recessiva.
2. Síndrome polimalformativa neurogênica.

Múltiplas contraturas dos braços e das pernas com anquiloses múltiplas e atrofia muscular. A anquilose pode alterar a mobilidade temporomandibular e a mobilidade da coluna cervical.

Anestesia: avaliação de uma intubação difícil (micrognatia e pescoço curto). O acesso venoso é às vezes difícil. Por causa das deformações, a instalação sobre a mesa é complicada. As crianças apresentam grande sensibilidade aos agentes anestésicos. Em caso de possibilidade de miopatia, evitar a succinilcolina, monitorar os miorrelaxantes e a temperatura. Observar a respiração pós-operatória.

BARTTER (SÍNDROME DE)

Autossômica recessiva. Hiperplasia do aparelho justaglomerular com hiperaldosteronismo, hiperreninemia e aumento da PGE2, hipocalemia e poliúria, episódios de paralisia periódica hipocalêmica. Paradoxalmente, a pressão arterial é normal com resistência à angiotensina. Tratamento: suplementação em potássio, espironolactonas, betabloqueadores.

Anestesia: atenção a hipocalemia e a hipotonia muscular. Acompanhar a diurese (sondagem). Compensar a poliúria.

DÉFICIT EM PSEUDOCOLINESTERASES

E pseudocolinesterases anormais.

Déficit congênito (autossômico recessivo) ou adquirido (insuficiência hepática, desnutrição, gestação) de uma colinesterase hepática PChE, (diferente da acetilcolinesterase) que hidrolisa a succinilcolina, o mivacúrio, a procaína, a prilocaína e o ácido acetilsalicílico. Os homozigotos não podem metabolizar a succinilcolina que provocará uma curarização prolongada de várias horas. Os heterozigotos apresentam curarizações prolongadas mas de duração mais curtas.

Clinicamente, nos indivíduos deficitários, a succinilcolina provoca fasciculações e contrações intensas e prolongadas seguidas de um relaxamento total. A monitoração da curarização mostra, quando uma contração muscular torna-se registrável, um bloqueio despolarizante com T4/T1 igual a 1, o tétano é bem suportado. Na maioria dos casos, observa-se um "*dual block*" que tem as características de um bloqueio não despolarizante. Já foram descritas apneias nos recém-nascidos de mãe deficitária que havia recebido a succinilcolina para uma cesariana. A injeção de neostigmina não é recomendada, pois pode melhorar transitoriamente o "*dual block*", mas a recurarização é a regra. Além do mais, a neostigmina teria nessas condições uma ação curarizante. O tratamento é, com o apoio de ventilação assistida, a injeção de colinesterase caso esteja disponível, ou na falta, a injeção de plasma fresco congelado (PFC) (atividade colinesterásica estável).

Em caso de curarização prolongada após o uso da succinilcolina, ou mivacúrio, é importante dosar a atividade colinesterásica estudando a hidrólise da butirilcolina. O paciente que apresentou uma curarização prolongada deve ser informado sobre isso e receber um cartão. Deve-se realizar uma investigação genética familiar da atividade colinesterásica.

DEGENERAÇÃO DO NEURÔNIO PERIFÉRICO

Desnervação muscular progressiva com atrofia (doenças de Charcot-Marie-Tooth, de Dejerine-Sottas). Sua principal consequência é uma insuficiência respiratória restritiva. As indicações cirúrgicas são sobretudo ortopédicas. Algumas variantes comportam distúrbios sensitivos.

Anestesia: os curares devem ser administrados em doses baixas e monitorados.

DEFICIÊNCIA EM G6PD (FAVISMO)

Em caso de deficiência em G6PD, uma **hemólise aguda** pode ocorrer algumas horas depois do contato com os agentes oxidantes. Nas formas graves, a hemólise é seguida de um estado de choque e de uma hemoglobinúria, existe uma anemia aguda com elevação da hemoglobinemia e da bilirrubina livre e encontram-se corpos de Heinz no esfregaço sanguíneo.

Medicamentos que devem ser evitados (www.vigifavisme.com)

- A prilocaína.
- Os antimaláricos.
- Todas as sulfamidas, sulfonas, todos nitrofluranos.
- Vários antibióticos: quinolonas, cloranfenicol, isoniazida, trimetoprima.
- Diversos azul de metileno, ácido ascórbico, vitamina K1 hidrossolúvel.
- Ácido acetilsalicílico e paracetamol permitidos, mas respeitar as doses máximas.

▲ **Esta lista, não finita, inclui o conjunto de todos os produtos considerados como tóxicos por diferentes autores. Existem diferenças (padrão) entre diferentes autores.**

Na prática, não há nenhum problema ligado aos agentes anestésicos. Os problemas podem estar relacionados com antibióticos ou antidiabéticos orais.

DEGENERAÇÕES MEDULARES E CEREBELARES

Doenças hereditárias que causam ataxias cerebelares (Friedreich) e paraplegias de origem medular. A elas às vezes se adicionam comprometimentos corticais ou dos núcleos do tronco (esclerose lateral amiotrófica [ELA]). Podem estar associadas de várias formas: medula espinal + cerebelo + pares cranianos (Pierre-Marie e Foix), medula espinal + cerebelo (Strumpell-Lorrain), medula espinal + cerebelo + nervos periféricos (Roussy Levy, variante de Friedreich). O comprometimento medular pode se localizar no neurônio motor do corno anterior (Werdnig-Hoffman). Por fim, são possíveis comprometimentos viscerais associados: miocardiopatia na doença de Friedreich.

Anestesia: avaliação respiratória pré-operatória. Ecocardiografia sistemática. Estimulação eletrossistólica se houver distúrbio de condução. Evitar a succinilcolina e monitorar os miorrelaxantes. Considerar a possibilidade de ventilação assistida pós-operatória.

DERMATOSES BOLHOSAS

De acordo com o nível de clivagem, distinguem-se: o pênfigo (bolhas intraepidérmicas), o penfigoide bolhoso e a epidermólise bolhosa (bolhas na junção dermoepidérmica). Há o aparecimento de bolhas na pele saudável em razão de fenômenos mecânicos menores (fricção, aquecimento). Comprometimento crônico das mucosas nasal, bucal e laríngea no pênfigo vulgar, as lesões são extensas e podem conduzir à morte. O tratamento é feito com corticoides e azatioprina.

Anestesia: especificar a presença ou não de cicatrizes, de um comprometimento dos dentes ou das mucosas, de uma disfagia. Investigar desnutrição, distúrbios hidroeletrolíticos, sepse, distúrbios neurológicos, cardíacos ou renais e as consequências do tratamento: hipervitaminose A e E, hipercortisolismo. Investigar uma intubação difícil: microstomia, desconforto na abertura bucal, desconforto na protração da língua, anciloglossia. Limitar o período de jejum ao mínimo. Corrigir as carências, antibioticoterapia. Não há qualquer contraindicação aos agentes anestésicos, nem a uma ALR exceto em contato com as áreas patológicas; em contrapartida as infiltrações são rejeitadas porque geram bolhas. Deve-se continuar a corticoterapia. A instalação deve ser cuidadosa para evitar novas lesões: proteção dos pontos de apoio, oclusão dos olhos com tampões aplicados sobre as pálpebras, proibir qualquer material adesivo. A ventilação com máscara pode causar a formação de bolhas no rosto. Não utilizar nenhuma cânula de Guedel. Tentar ventilação espontânea sob cetamina-benzodiazepínico sem máscara. A máscara laríngea poderia agudizar ou causar lesões da faringe.

DIABETE INSÍPIDO FAMILIAR NEFROGÊNICO

Ligado ao sexo, recessivo. Resistência ao ADH com poliúria e polidipsia. Tratamento com restrição de sódio e hidroclorotiazida que favorece a reabsorção proximal da água e do sal e diminui a água livre.

Anestesia: corrigir os distúrbios hidroeletrolíticos.

EHLERS-DANLOS (SÍNDROME DE)

Autossômica dominante. Doença que afeta as fibras elásticas do tecido conjuntivo e se manifesta pela fragilidade e pela hiperelasticidade da pele e por um defeito da coaptação articular. As manifestações são uma excessiva frouxidão ligamentar, uma fragilidade cutânea que provoca sangramentos e perda de substância desproporcionais ao traumatismo. Deformações e luxações nas articulações, pneumotórax espontâneos, hérnia diafragmática, hérnias umbilical ou inguinal. Há riscos de rupturas vasculares ou viscerais particularmente perigosas durante a gestação (mortalidade materna de até 25%). São possíveis os distúrbios da hemostasia, com déficit no fator Willebrand (ver *Prolapso da valva mitral*).

Anestesia: vasos frágeis e hematomas frequentes. Avaliação de hemostasia. Avaliação cardíaca (arritmia) com ecografia (prolapso da válvula mitral e insuficiência aórtica). O principal risco é hemorrágico. Evitar qualquer injeção intramuscular ou subcutânea. A escolha do anestésico é indiferente. Os acessos venosos profundos podem causar hematomas compressivos. A intubação deve ser prudente para evitar os traumatismos da glote ou das cordas vocais. As pressões de insuflação devem permanecer baixas.

ENZIMOPATIAS

Anestesia: avaliação pré-operatória: avaliar os comprometimentos viscerais associados: hepáticos (glicogenoses hepatorrenais, doença de Pompe, síndrome de Reye, esfingolipidoses, gangliosidoses, leucodistrofias), renais (glicogenose hepatorrenal, deficiência em lecitina transferase, esfingolipidoses, gangliosidoses), adrenais (doença de Wolmann e adrenoleucodistrofia), nervosos (esfingolipidoses, gangliosidoses), morfológicos, musculares (glicogenoses), metabólicos, e finalmente hipoglicemia e cetose das glicogenoses, hiperamonemia (Reye). O comprometimento cardíaco é possível (Pompe). Uma ecografia o avaliará, um ECG poderá avaliar um distúrbio de condução. O comprometimento respiratório está relacionado à fraqueza muscular e às deformidades torácicas, aos engasgos que muitas vezes ocorrem por refluxo, às pneumopatias infecciosas e às anormalidades faringolaríngeas (apneias obstrutivas). A consulta de anestesia irá avaliar as vias respiratórias superiores. Será verificado o tempo de protrombina (TP) (alterado nos comprometimentos hepáticos) e a função plaquetária. A anestesia traz muitos problemas: a succinilcolina não deve ser utilizada. Os opioides podem afetar fortemente a ventilação. Os miorrelaxantes e os narcóticos só devem ser administrados se a ventilação com máscara puder ser aplicada. A pré-medicação inclui os anti-H2 (risco de regurgitação). O controle das vias aéreas é difícil: laringe invisível ou inacessível, instabilidade atlanto-axial, o que obriga o uso de diferentes técnicas: às cegas, por meio de uma máscara laríngea, intubações com o paciente desperto ou mesmo retrógradas. A máscara laríngea pode ser utilizada na ausência de refluxo gastroesofágico. A intubação fibroscópica torna-se às vezes necessária. Não se deve usar o lactato de Ringer se houver risco de acidose láctica; se houver risco de cetose, talvez seja necessária a ingestão de glicose (G10%) com insulina. Em certas glicogenoses o metabolismo dos hidroxietilamidos (HES) pode ser retardado. Observação pós-operatória em semi-intensiva.

ERITEMA POLIMORFO
Síndrome cutânea inflamatória que atinge todas as idades, caracterizada por uma infiltração da pele e das membranas mucosas. Expressão variável, mas com alta taxa de mortalidade em sua forma mais grave (Stevens-Johnson). Aparecimento de lesões cutaneomucosas, causadas por erupção de bolhas e lesões erosivas. Existem lesões bucais, oculares, viscerais (pneumotórax, hemorragias, miocardite). Os fatores desencadeantes são os barbitúricos (e outros anticonvulsivantes), os AINE, as hidantoínas, as infecções bacterianas, virais e fúngicas.

Anestesia: ver *Dermatose bolhosa*. Os anticonvulsivantes favoreceriam o surgimento de novas bolhas. Evitar a ventilação com pressão positiva. Os produtos que provocam uma perturbação da hemostasia devem ser usados com precaução, pois podem ser responsáveis pela origem de hematomas extensos.

FANCONI (SÍNDROME DE)
Autossômica recessiva. Tubulopatia proximal e déficits enzimáticos múltiplos com diminuição da reabsorção proximal da água, Na+, Ca++, K+, bicarbonatos, fosfatos, da glicose e dos aminoácidos. Provoca o nanismo e o raquitismo. O tratamento é feito com suplementação de água, Na+, K+, Ca++, bicarbonato e vitamina D. Os tiazídicos que provocam uma contração do compartimento extracelular favorecem secundariamente a reabsorção do Na+ e dos bicarbonatos. Os déficits enzimáticos reunidos na síndrome de Fanconi podem estar isolados ou diversamente associados: uricosúria, cistinose, glicosúria renal, raquitismo resistente à vitamina por deficiência de reabsorção dos fosfatos. Acidose tubular proximal com hipocalemia. A ingestão de bicarbonato agrava a hipocalemia.

Anestesia: a manutenção de um equilíbrio hidroeletrolítico é muito delicada, é preciso portanto monitorar constantemente os eletrólitos sanguíneos e urinários. As suplementações diárias serão administradas IV. Sondagem vesical para monitorar a diurese.

GUILLAIN-BARRÉ (SÍNDROME DE)
Polirradiculoneurite de etiologia indeterminada, tratada por meio de plasmaféreses precoces. Disautonomia na fase aguda.

Anestesia: mesmo depois de vários anos, a succinilcolina está proibida (parada cardíaca hipercalêmica) e os curares não despolarizantes serão administrados em doses baixas e monitorados.

HOMOCISTINÚRIA
Autossômica recessiva. Deficiência de cistationina sintetase que afeta o metabolismo da metionina. Atraso no desenvolvimento, tromboembolias arteriais e venosas com comprometimento coronariano, renal e cerebral. Aumento da agregação plaquetária. Episódios de hipoglicemia. Osteoporose e risco de fratura. Tratamento: piridoxina e vitamina B12.

Anestesia: prevenir a desidratação e a hiperviscosidade sanguínea. Risco de fratura no paciente curarizado. Controlar a glicemia. Anticoagulação preventiva.

HORTON (DOENÇA DE)
Panarterite granulomatosa segmentar e focal das artérias de médio calibre do território carotídeo externo, o que pode levar à cegueira. Raro comprometimento da aorta com comprometimento coronariano ou supra-aórtico. Complicações da corticoterapia a longo prazo.

Anestesia: ver *Doença de Takayasu*.

HIPEREOSINOFÍLICA (SÍNDROME)
Eosinofilia sanguínea superior a 2,5 x 10^9/L durante mais de seis meses sem causa parasitária ou alérgica. A ventilação mecânica pode ser um fator desencadeante da síndrome do desconforto respiratório agudo (SDRA). Uma variante é a doença de Churg-Strauss com formas fulminantes. O eosinófilo tem grânulos contendo enzimas (colagenase, lecitinase) e mediadores citotóxicos. Sua degranulação provoca lesões tissulares, epiteliais, brônquicas (asma), pulmonares (SDRA), vasculares (vasodilatação e aumento da permeabilidade capilar) e endomiocárdicas (fibrose). Tratamento com corticoides.

Anestesia: preferir a anestesia locorregional. Não existe nenhuma prevenção.

HIPEROSTOSE ESQUELÉTICA DIFUSA IDIOPÁTICA
Diátese ossificante com neoformações ósseas, calcificação ligamentar e osteófitos paravertebrais que reduzem o calibre do canal medular.

Anestesia: intubação difícil que justifica a fibroscopia no paciente desperto. O comprometimento do ligamento longitudinal posterior pode tornar impossível a anestesia espinhal.

HIPER-REFLEXIA AUTÔNOMA ADQUIRIDA
Traduz-se por taquicardia, hipertensão arterial (aumento da atividade simpática), aumento das secreções, reflexo óculo-cardíaco exagerado

(aumento da atividade parassimpática) e episódios de bradicardia. A porfiria aguda intermitente é acompanhada por uma hiper-reflexia simpática. A secção de medula espinal se caracteriza em sua fase reflexa por uma importante resposta adrenérgica após estimulação dos territórios paralisados, que se traduz por uma hipertensão arterial com cefaleias, bradicardia e distensão vesical.

Anestesia: anestesia locorregional, incluindo anestesia espinhal, se possível (nenhuma solução com epinefrina), caso contrário fazer uso da AVIAC.

ICTERÍCIAS HEREDITÁRIAS

Déficits enzimáticos (glicuronil transferase) que impedem a conjugação da bilirrubina: doença de Gilbert benigna, mas que pode ser agudizada por ocasião de um estresse cirúrgico, por exemplo: síndrome de Crigler-Najjar com total ausência de enzima que leva à icterícia nuclear e à morte, mas compatível com a vida nas formas menos graves.

Anestesia: vários medicamentos lipofílicos estão ligados à albumina e podem aumentar a fração livre de bilirrubina, favorecendo assim sua passagem cerebral. Por outro lado, medicamentos com menor afinidade pela albumina do que a bilirrubina terão uma fração livre aumentada e, portanto, uma potência aumentada. Os narcóticos e os analgésicos serão titulados. Qualquer comprometimento da integridade da barreira hematoencefálica pode exacerbar os sinais neurológicos. Portanto, é preciso evitar a todo o custo a acidose, a hipercapnia e a hiperosmolaridade. Na Crigler-Najjar e em uma cirurgia de grande porte, preparação com plasmaféreses. Fototerapia perioperatória.

KARTAGENER (SÍNDROME DE)

Anomalia da proteína que garante a motilidade dos cílios vibráteis (dineína). Inclui um *situs inversus* (órgãos torácicos e abdominais) e, em 50% dos casos, infertilidade masculina e infecções respiratórias ou otorrinolaringológicas repetidas que levam a uma dilatação dos brônquios.

Anestesia: desinfecção das vias respiratórias, drenagem postural, detecção de otites antes de qualquer cirurgia. Avaliação cardíaca.

LOBSTEIN (DOENÇA DE)

Sinônimo: osteogênese imperfeita. Autossômica dominante ou recessiva, caracterizada por um comprometimento do colágeno, afetando o tecido ósseo (fragilidade óssea, deformações, fraturas espontâneas, nanismo não harmonioso), a esclera (azulada), o ouvido interno (surdez), os dentes. Também é possível observar um comprometimento da pele (desidrose com risco de hipertermia), uma disfunção plaquetária hemorrágica e lesões cerebrais. Não há nenhum tratamento médico.

Anestesia: é possível uma anestesia espinhal se a coagulação for normal. Os dentes devem ser protegidos durante a intubação. Há risco de fratura espontânea durante as intervenções ou com a succinilcolina. A intubação pode causar fratura da mandíbula. O manguito de pressão autoinflável favorece a fratura do úmero. Cuidado com as manipulações sob curare. Monitorar a temperatura.

LOWE (SÍNDROME ÓCULO-CÉREBRO-RENAL DE)

Ligada ao sexo, recessiva. Variante da síndrome de Fanconi. Tratamento: ácido nicotínico.

Anestesia: ver *Fanconi*.

LYELL (SÍNDROME DE)

Necrólise epidérmica aguda extensa que se assemelha a uma queimadura e que provoca distúrbios hidroeletrolíticos e infecções graves. Os fatores desencadeadores são os mesmos que aqueles encontrados no eritema polimorfo.

Anestesia: ver *Dermatose*.

MARFAN (SÍNDROME DE)

Afecção hereditária das fibras elásticas do tecido conjuntivo que se manifesta por anomalias oculares, esqueléticas (comprimento excessivo dos ossos longos) e cardiovasculares (aneurisma da aorta, insuficiência aórtica ou mesmo prolapso mitral). Existe a possibilidade de pneumotórax espontâneos ou barotraumatismos. Risco de dissecção aórtica em caso de crise hipertensiva. Aumento do risco de síndrome pós-punção após raquianestesia.

Anestesia: ver *Ehlers-Danlos*. Evitar as crises hipertensivas.

MENKES (SÍNDROME DE)

Recessiva ligada ao cromossomo X. Distúrbio da absorção e do metabolismo do cobre. Síndrome neurológica (espasticidade, crises convulsivas) e comprometimento ósseo. Às vezes encontra-se uma anomalia do colágeno semelhante à da síndrome de Ehlers-Danlos, com fragilidade tissular e valvopatia. As infecções otorrinolaringológicas são frequentes.

Anestesia: continuar o tratamento anticonvulsivante. Pré-medicação com um antirrefluxo e um antiácido. Risco de hipercalemia com a succinilcolina. Uma estenose das vias aéreas não é incomum. No pós-operatório, temer uma hipotonia dos músculos faríngeos (acompanhamento pós-operatório na semi-intensiva). Ver *Ehlers-Danlos* para a fragilidade dos tecidos.

MOYA-MOYA (DOENÇA DE)

Estenoses das porções distais das carótidas internas e suprimentos de novos vasos vindos da base do crânio. Estes são muito sensíveis às diminuições de fluxo e aos espasmos, e são a causa de acidentes vasculares transitórios.

Anestesia: manter a pressão e o fluxo sanguíneo. Evitar hipocapnia. Os halogenados vasodilatadores são indicados.

MIOPATIAS (VER *TABELA*)

- A mais frequente é a **distrofia muscular de Duchenne** (déficit de distrofina) que afeta os meninos a partir dos três anos e resulta em morte por volta dos vinte anos de idade. Comprometimento dos músculos esqueléticos e, em menor grau, do miocárdio (atraso de desenvolvimento em 30% dos casos). Insuficiência respiratória secundária ao comprometimento muscular. A doença é caracterizada por fibrose, necrose e regeneração das fibras musculares.

- A **doença de Steinert** é a miopatia menos rara em adultos, e a mais complexa, que pertence ao grupo das miopatias miotônicas caracterizadas pela lentidão do relaxamento. O comprometimento primordial é uma anomalia das membranas de todos os sistemas, músculos, coração, sistema nervoso (distúrbio do comando respiratório e síndrome da apnéia obstrutiva do sono [SAOS]). A gestação agrava a doença, a cardiopatia pode se descompensar, o útero é átono. Os recém-nascidos têm uma vitalidade medíocre com risco de insuficiência respiratória.

- A mais temível é a **miopatia do eixo central (*central core disease* ou CCD)**. A CCD pertence a um grupo de miopatias em que a maturação da célula muscular parece ter sido interrompida em um estágio embrionário.

- Outras miopatias são de origem metabólica dominadas pelas **glicogenoses**. A mais traidora é a miopatia ocular do grupo das citopatias mitocondriais.

Anestesia: diante de qualquer miopatia, é preciso saber qual é a natureza exata da distrofia e na incerteza banir os medicamentos que oferecem risco muscular: succinilcolina e halogenados (hipercalemia, hipertermia maligna). Em outras miopatias, a succinilcolina é muitas vezes perigosa (contratura, hipercalemia, mioglobinúria, rabdomiólise, parada cardíaca), mas o uso dos halogenados seria possível.

A avaliação deixará claro:

1. O grau de fraqueza muscular, os efeitos do esforço, do frio, do jejum, miotonia, câimbras, mioglobinúria (McArdle).
2. O comprometimento cardíaco que requer uma ecografia (distrofia muscular de Duchenne), um Holter (Steinert) ou mesmo o estabelecimento de uma estimulação eletrossistólica.
3. A repercussão respiratória (PFR, gasometria) e as dificuldades previsíveis da intubação, o estado da coluna vertebral e a estabilidade atlanto-axial, o acesso possível ao espaço peridural ou subdural.
4. Os comprometimentos metabólicos: hipoglicemia (glicogenose), acidose láctica (Kearns-Sayre), cetoacidose. A elevação da CPK pode levantar a suspeita de uma rabdomiólise desencadeada pelo frio, tremor, isquemia e acidose.
5. Os medicamentos utilizados, desde que titulados (grande sensibilidade), são o propofol (mas com riscos de mioclonia), o midazolam e a cetamina. Se o curare for necessário, o atracúrio parece apropriado (monitorar). Não se recomenda a neostigmina. Desde que possível, a ALR é a anestesia mais adequada. Fornecer glicose e evitar o Ringer lactato. Controlar a temperatura, a calemia, a calcemia e a mioglobinúria. No pós-operatório é preciso estar atento porque é possível uma parada cardíaca e os distúrbios respiratórios são frequentes, especialmente nas miopatias cervico-faríngeas. Steinert: extubação após um teste de respiração espontânea e observação prolongada (ver *tabela a seguir*).

Denominação	Genética e lesão	Início	Localização	Biologia	Anestesia
Distrofia muscular de Duchenne (DMD)	XR, déficit de distrofina, necrose, fibrose, regeneração	3 anos, progressiva, morte antes dos 40 anos	Músculos da cintura Miocárdio, prolapso valvar mitral	CPK	Hipertermia maligna? Succinilcolina: hiper K* titular e monitorar os curares. ALR
Becker	XR, distrofina anormal e reduzida	15 anos, evolução benigna	Cintura pélvica	CPK	Idem DMD
Emery-Dreyfus	XR	Lentamente progressiva	Miocárdio, rigidez da coluna cervical	CPK	Idem DMD intubação
Landouzy-Déjerine	AD	20 anos, progressiva	Fáscio-escápulo-umeral		
Steinert	AD, degeneração fibrosa. Despolarização e repolarização anormais Anomalias membranosas Miotonia, déficit, atrofia	Adulto, progressiva (raros casos de neonatal, natimorto, mortalidade infantil)	Face, extremidades, músculos respiratórios, coração: BAV, hipoventilação central, distúrbios psíquicos menores		Engasgos, pneumopatias Succinilcolina: hipertonia Propofol: mioclonias. Insuficiência respiratória pós-operatória, SAOS
Paramiotonia congênita	AD, ≈ paralisia periódica, miotonia e déficit. Anomalia membranosa	Lactente, adulto		K*	Succinilcolina: hipertonia
Central core disease (CCD) Minicore, bastonetes (nemalínica) centro nuclear	AD, AR. Deficit lócus CCD ligado a uma hipertermia maligna	Neonatal, lentamente progressivo	Músculos do coração, dismorfia ±	CPK ±	▪ Risco de hipertermia maligna +++ ▪ Não usar succinilcolina ▪ Não usar halogenado

AD: autossômico dominante; ALR: anestesia locorregional; AR: autossômica recessiva; XR: ligada ao sexo, recessiva.

NEUROFIBROMATOSE (NF)

Afecção hereditária autossômica dominante. As NF são distúrbios genéticos do sistema nervoso associado às manifestações cutâneas, nervosas e esqueléticas. A maioria delas afeta o crescimento e o desenvolvimento do tecido nervoso, causando o aparecimento de tumores nervosos. Existem dois tipos de NF:

- **Tipo 1**: doença de Von Recklinghausen (90% dos casos): manifesta-se por manchas café com leite na pele e tumores localizados ao longo das fibras nervosas. Dependendo do tamanho e da localização desses tumores podem surgir complicações. Prevalência: 1 para 3.000-4.000 pessoas.
- **Tipo 2**: afecção hereditária com transmissão autossômica dominante mas que pode ser causada por uma nova mutação (1 para 50.000). Manifesta-se por: schwannomas bilaterais múltiplos dos nervos cranianos, schwannomas subcutâneos e neurofibromas, manifestações oculares.

Anestesia: as NF de tipo 2 podem se beneficiar de um tratamento cirúrgico dos schwannomas e neurofibromas. Antes da anestesia, as de tipo 1 se beneficiam da avaliação dos comprometimentos e localizações (tomografia computadorizada – TC – ou RM), da avaliação do impacto da cifoescoliose na função respiratória, avaliação da HA e da investigação de um feocromocitoma ou de malformações vasculares (aneurisma), da investigação de tumor carcinoide duodenal, da avaliação das vias aéreas e da investigação de tumores faringolaríngeos. Vias aéreas: investigar antecedentes ou critérios para intubação difícil. Gestação: expõe a graves crises de hipertensão arterial, uma evolução rápida das lesões do sistema nervoso central e um aumento da pressão intracraniana. ALR medular: a presença frequente de tumores medulares envolve uma investigação sistemática (TC ou RM). A resposta aos curares não é alterada. Um tratamento anticonvulsivante pode interferir com os agentes anestésicos. A ALR perimedular: a cifoescoliose pode alterar o nível do bloco.

PAGET (DOENÇA DE)

Hiper-reabsorção óssea osteoclástica com osteoformação secundária anárquica. O diagnóstico é de acordo com a extensão da doença, dos ossos afetados e das complicações: aumento do débito sanguíneo no nível do osso com vasodilatação cutânea no nível das extremidades comprometidas, insuficiência cardíaca com débito elevado, fraturas patológicas.

Anestesia: avaliar a estabilidade da coluna cervical para a intubação. A ALR medular pode ser difícil por causa das compressões vertebrais. Risco hemorrágico aumentado.

PARALISIA PERIÓDICA HIPERCALÊMICA

Não dinâmica episódica hereditária e sua variante, paramiotonia congênita. Autossômica dominante. Caracterizam-se por breves ataques (uma hora) de fraqueza muscular que afetam os membros, os músculos axiais, o diafragma, e que na paramiotonia se alternam com fases de contratura. A calemia é moderadamente elevada e, por vezes, até mesmo normal. O exercício muscular, o frio, os tremores e o jejum, que favorecem a saída celular de potássio, são fatores desencadeantes. Pode haver refluxo esofágico. Tratamento: foi proposto o salbutamol.

Anestesia:

1. Depleção de potássio no pré-operatório por meio de diuréticos por vários dias antes da intervenção.
2. Compensação do jejum pré-operatório por perfusão de glicose.
3. Dar um antiácido, evitar qualquer droga capaz de liberar potássio (succinilcolina, cetamina).
4. Normotermia.
5. Controlar o ECG e a onda T. Se necessário, administrar cálcio.
6. A intubação com manobra de Sellick e curare não despolarizante. Para além desta deficiência congênita, a hipercalemia pode ser adquirida e paradoxalmente provocar paralisia antes dos distúrbios cardíacos.

PARALISIA PERIÓDICA HIPOCALÊMICA

Doença de Westfall. Autossômica dominante. Transferência de K+ do espaço extra ao intracelular. Ataques de fraqueza muscular de algumas horas a um dia, desencadeados pelos carboidratos e pelo sódio. Calemia inferior a 3 mmol/L. Tratamento de base com acetazolamida que bloqueia a transferência celular do K+ e favorece a manutenção da calemia por acidose. A ingestão de potássio completa o tratamento. Algumas paralisias são sucessivamente hipo, hiper ou normocalêmicas, e pode haver alternância entre miotonia e hipotonia. O tratamento é difícil.

Anestesia: evitar a glicose e o NaCl. O vetor de perfusão é o manitol, que provoca uma caliurese moderada corrigida pelas ingestões. Evitar as variações do pH, manter a calemia em torno de 4 mmol/L. A succinilcolina deve ser evitada. Monitorar a curarização e reduzir as doses. Controlar o K+ perioperatório.

FACOMATOSES

Doenças hereditárias caracterizadas pela presença de anomalias congênitas mais ou menos difusas do desenvolvimento.

Dentre as facomatoses ectoblásticas, encontram-se a esclerose tuberosa de Bourneville, a neurofibromatose de Von Recklinghausen e a síndrome de Sipple. A doença de Von Hippel-Lindau, a doença de Rendu-Osler, a ataxia telangiectasia e a síndrome de Sturge-Weber estão entre as facomatoses angiomatosas. A síndrome de Albright e a leiomiomatose são facomatoses conjuntivo-mesenquimatosas. As síndromes de Gardner, Peutz-Jeghers e Turcot são facomatoses endoblásticas.

Diagnóstico: dependendo do comprometimento primitivo, encontra-se um comprometimento cerebral (epilepsia, atraso do desenvolvimento), cutâneo (tumores cutâneos, neurofibroma), ósseo (instabilidade atlanto-axial, espinha bífida), torácicos, abdominais (feocromocitoma, rim policístico), ORL, cardíaco (obstrução aórtica ou ventricular por um rabdomioma), ocular (catarata).

Anestesia: avaliação pré-anestésica completa e avaliação da coluna cervical. Relatou-se uma hipersensibilidade aos curares.

PIERRE ROBIN (SÍNDROME DE)

Malformação mandíbulo-facial que associa macrognatia, glossoptose e fenda palatina, causando obstrução das vias aéreas. Hipertensão arterial pulmonar (HP) por hipoventilação alveolar ± hipoxemia.

Anestesia: antes de qualquer intervenção programada, deve-se realizar uma alimentação por gavagem utilizando-se uma sonda nasogástrica. O grande problema anestésico é a certeza de uma intubação difícil ou o risco de intubação impossível. A extubação pode se complicar com asfixia ou mesmo edema pulmonar de origem obstrutiva. Alguns autores têm utilizado uma máscara laríngea para intubar.

POLIMALFORMATIVAS (SÍNDROMES)

Síndromes congênitas diferentes que dizem respeito ao anestesista por causa de sua repercussão pulmonar e dos problemas de intubação (malformações das vias aéreas superiores, anomalias das vértebras cervicais com instabilidade atlanto-axial, refluxo gastroesofágico, apneias obstrutivas). Outras anomalias são malformações craniofaciais ou até mesmo das vísceras (cardiopatia). A participação ectodérmica deve alertar sobre o risco de hipertermia e contraindica a atropina. É necessária uma avaliação completa.

Anestesia: os problemas estão principalmente relacionados à dismorfia (ver *Pierre Robin*) e o acesso às vias aéreas. Avaliar a repercussão visceral e neurológica e, consequentemente, a conduta anestésica.

ESFEROCITOSE (DOENÇA DE MINKOWSKI-CHAUFFARD)

Autossômica dominante. Icterícia hemolítica, esplenomegalia, litíase biliar, asplenia. Diagnóstico pela esferocitose. Cirurgia para a esplenectomia, colecistectomia.

Anestesia: ver *Anemia hemolítica*. Evitar todas as substâncias que provocam hemólise (etomidato, nitroglicerina e todos os produtos diluídos em etilenoglicol), os solutos hipotônicos.

SHY-DRAGER (SÍNDROME DE) OU AMS

A síndrome de Shy-Drager ou atrofia multissistêmica (AMS) é uma doença neurodegenerativa que associa a síndrome parkinsoniana (lentidão, rigidez, tremor), a ataxia cerebelar (desequilíbrio, incoordenação) e a disautonomia que se expressa por problemas de regulação da pressão sanguínea (hipotensão ortostática) ou do sistema urinário e genital (disfunção erétil). A frequência é 1/10.000-1/50.000, aumentando com a idade. Clinicamente: disfunção do esfíncter, impotência, anidrose, tremor parkinsoniano, hipotensão ortostática. Deve-se a uma resposta adrenérgica anormal durante a transição para a posição em pé. O tratamento, muitas vezes ineficaz, baseia-se na manutenção da volemia (dieta rica em sal, fludrocortisona), uso de meias elásticas, elevação da cabeceira da cama.

Anestesia: investigar a hipotensão ortostática (queda de mais de 30 mmHg, sem taquicardia compensatória). Risco de choque na indução, ainda mais se não ocorrer a resposta adrenérgica habitual à anestesia e à cirurgia. Monitoração invasiva para cirurgia de grande porte. Inicia-se com uma reposição vascular. Fenilefrina disponível. Dada a hipersensibilidade aos adrenérgicos, a dose de teste de 50 mcg pode ser suficiente, seguida se necessário de uma perfusão contínua de 5 mcg/kg/min. Monitorar a temperatura (anidrose). O comprometimento dos nervos laríngeos (abdução das cordas vocais) pode ocasionar laringoespasmo, particularmente na extubação. Deve-se reintubar sob efeito da succinilcolina. A traqueotomia pode ser necessária. Engasgos são comuns nas formas avançadas da doença.

ESPONDILITE ANQUILOSANTE
Doença genética frequente com expressão reumatológica e visceral. Cirurgia para corrigir as deformações ósseas e as lesões da corticoterapia.

Anestesia: avaliação dos efeitos secundários do tratamento, de uma intubação difícil (articulação temporomandibular, artrite cricoaritenoide, estreitamento subglótico, dificuldade com a hiperextensão cervical com perigo de deslocamento e de compressão da medula espinal). Prever uma intubação com o uso de fibroscópio. Pode-se encontrar fibrose pulmonar, anemia, hipovolemia, hipoproteinemia, distúrbio da função plaquetária (AINE). A ALR medular pode ser impossível.

TAKAYASU (DOENÇA DE)
Arterite granulomatosa da aorta e de seus ramos que afeta a mulher jovem, predominante na metade superior do corpo e progredindo para a oclusão dos troncos arteriais e o desenvolvimento de uma circulação colateral. Associa cefaleias, insuficiência circulatória dos membros com ausência de pulso, sopros vasculares, HA, insuficiência cardíaca, insuficiência aórtica. Complica-se com acidentes vasculares cerebrais. O tratamento associa corticoterapia, cirurgia de desobstrução e pontes.

Anestesia: avaliar as funções pulmonar e renal. Pressão arterial invasiva e monitoração da volemia para as intervenções maiores. A peridural é útil para diminuir as resistências vasculares e a pós-carga. A estabilidade hemodinâmica é necessária para evitar qualquer queda de débito na artéria doente, o que acarretaria a necrose do tecido vascularizado (necrose do couro cabeludo, da língua, cegueira, infarto do miocárdio).

TALASSEMIA (ANEMIA DO MEDITERRÂNEO)
Só apresenta problemas anestésicos na forma betahomozigota (doença de Cooley). As manifestações variam da simples anemia hipocrômica microcítica à forma grave com icterícia, à esplenomegalia com asplenismo funcional e ao aumento da sensibilidade às infecções, retardo do crescimento, hepatomegalia, deformações ósseas, hemocromatose com consequências viscerais e cardíacas. Tratamento pouco satisfatório: ácido fólico, transfusão com cobertura de quelante de ferro por toda a vida, esplenectomia, ou embolização parcial do baço.

Anestesia: avaliar as funções cardíaca, hepática e endócrina. Manter uma taxa mínima de Hb em 7 g/dL. Podem haver dificuldades na intubação por causa das deformações ósseas faciais. Nenhum problema com os medicamentos anestésicos.

TRISSOMIA 21
Síndrome polimalformativa com fácies característica, uma excessiva frouxidão ligamentar e malformações cardíacas (DSAV, CIV com canal arterial, tetralogia de Fallot). Atraso de desenvolvimento, infantilismo.

Anestesia: risco de subluxação cervical com ameaça de compressão da medula espinal e de estenose subglótica. Respostas exageradas aos medicamentos anestésicos e aos curares e hiporreflexia simpática.

WILSON (DOENÇA DE)

Autossômica recessiva. Anomalia da excreção hepática do cobre, o que resulta em um acúmulo de metais nos diferentes órgãos.

Anestesia: avaliar o comprometimento dos vários órgãos, a avaliação hepática e especialmente a avaliação da hemostasia. Anestesia do hepatopata. Um tratamento prolongado com D-Penicilamina pode ser responsável por uma síndrome miasteniforme e a curarização deve ser monitorada.

Anestesia e estômago cheio

O risco de broncoaspiração perioperatória aumenta 1/3.900-1/900 no contexto da emergência. A mortalidade após a broncoaspiração é de 3-5%.

PERÍODOS COM RISCO DE BRONCOASPIRAÇÃO
- Indução: entre a perda da consciência e a insuflação do balão.
- Perioperatório: regurgitações passivas frequentes nas idades extremas da vida.
- Pós-operatório: pela incompetência da glote e da laringe em caso de extubação demasiado precoce.

ESTADOS PATOLÓGICOS COM RISCO DE INALAÇÃO
- Todas as patologias ou estados associados a um aumento de volume, da pressão ou da acidez gástrica, a uma redução do tônus de esfíncter esofágico inferior ou a um refluxo gastroesofágico.
- Cirurgia de emergência, bem como as classes ASA III e IV.
- Todas as patologias abdominais agudas ou crônicas (em especial a hérnia hiatal).
- Gestação a partir da 20ª semana, bem como no peri e no pós-parto imediato.
- Obesidade e diabete (se gastroparesia).
- Distúrbios da consciência, traumatismos, dor, estresse, fumo, álcool.
- Uso crônico de opioides.
- Intubação difícil com ventilação com máscara prolongada.

ECOGRAFIA GÁSTRICA
- Técnica de fácil aquisição, sonda abdominal (2-5 MHz), posição longitudinal da sonda com o paciente semissentado ou em decúbito lateral direito. Cálculo da superfície antral (SA) (mm^2): D I x D II xπ/4 (risco se SA > 340 mm^2).
- Mais recentemente, estômago é considerado "cheio" se:
  - Conteúdo gástrico sólido.
  - Conteúdo gástrico líquido e o volume gástrico (VG) > 1,5 mL/kg.

VG (mL) = 27 + 14,6 x SA (cm^2) – 1,28 x idade (com SA em decúbito lateral direito)

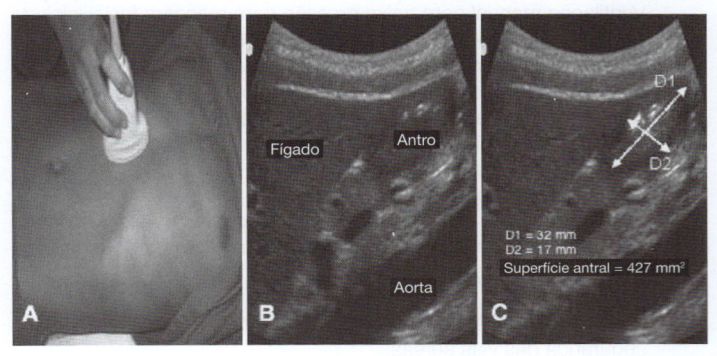

PREVENÇÃO MEDICAMENTOSA
- A aspiração gástrica pré ou perioperatória não garante o vazio gástrico no pós-operatório. A administração pré-operatória de um antissecretor deve cobrir o período pós-operatório.

Antagonista do receptor H2
- Esvaziamento por sonda gástrica antes da administração dos anti-H_2.
- Ranitidina efervescente 300 mg: 2 comprimidos administrados imediatamente antes da indução em 30 mL de água. Tempo de ação imediato e duração da eficácia: 6-8 h.
- NB: entre os genéricos, escolher um daqueles para os quais a dose de citrato em cada comprimido é ≥ 100 mg.

INDUÇÃO EM SEQUÊNCIA RÁPIDA
- Investigar critérios de intubação difícil.
- Instalação na posição neutra sobre uma mesa móvel.
- Aspiração de alta potência verificada e colocada na cabeceira do paciente.
- Não há nenhuma ventilação manual.
- Pré-oxigenação: objetivo FeO_2 > 90%.
  - VE durante 3 min de O_2 puro.
  - 4 capacidades vitais em O_2 puro.
  - Interesse pela ventilação não invasiva (VNI).
- Sonda gástrica:
  - Colocação em caso de indicação pré-operatória ou distensão gástrica evidente.
  - Aspiração gástrica muitas vezes incompleta, mas útil.
  - Não modificar a eficácia da pressão cricoidiana.
  - Deixar ao ar livre antes da indução.
- Pressão cricoidiana (manobra de Sellick):
  - Aumento progressivo da pressão durante a perda de consciência (paciente previamente avisado).
  - Pressão de 30 N (pressão até à marca 33 em uma seringa de ar selada de 50 mL).
  - Mantida enquanto as vias aéreas não estão protegidas.
  - Relaxada em caso de vômito.
  - Diminuída se graduação 3 ou 4 de Cormack e Lehane.
  - Mantida se a intubação falhar.
  - Ventilação manual com baixa pressão com máscara facial iniciada em caso de hipoxemia com manutenção da manobra.
  - Se a ventilação com máscara for impossível, a pressão é reduzida ou interrompida para dar prioridade ao algoritmo de intubação difícil.
  - O relaxamento de uma pressão cricoidiana expõe a um risco de regurgitação (por diminuição do tônus do esfíncter esofágco inferior que persiste por alguns segundos).
  - Contraindicações da manobra de Sellick: traumatismo instável da coluna cervical (a ser discutido), traumatismo laríngeo, vômitos ativos, corpos estranhos nas vias aéreas superiores, traqueostomia e divertículo faríngeo.
- Hipnótico:
  - Procurar o menor tempo possível entre a perda de consciência e a segurança das vias aéreas.

- Tiopental (5 mg/kg) > Propofol (2,5 mg/kg) > Etomidato (0,3 mg/kg).
- Curares com monitoração:
  - Succinilcolina (1 mg/kg), curare de referência (tendo em conta a calemia e os Cl).
  - Rocurônio (1 mg/kg) no paciente que apresenta contraindicação à succinilcolina.
- O lugar dos opioides na sequência rápida permanece controverso. *Bolus* de remifentanil (1 mcg/kg) permite a redução do pico hipertensivo na intubação em caso de pré-eclâmpsia.
- Em caso de intubação difícil prevista, a intubação do paciente acordado com fibroscopia brônquica é uma excelente técnica para o estômago cheio se a urgência da cirurgia permitir.
- Em caso de broncoaspiração, após duas horas de acompanhamento pós-operatório, o paciente poderá ser transferido para a hospitalização normal se:
  - Ausência de sinais clínicos (sem tosse, sem dispneia).
  - SpO_2 > 92% em ar ambiente.
  - Ausência de sinais radiológicos.

Se todos esses critérios não forem cumpridos, o paciente será mantido na SRPA ou transferido para a UTI.

Anestesia e diabete

Prevalência: > 3 milhões de pessoas e aumento com a idade e o peso. 95% são diabéticos tipo 2.

DEFINIÇÕES
- Diabete tipo 1 (DT1): destruição específica das células beta das ilhotas de Langerhans que conduzem gradualmente a uma deficiência de insulina.
- Diabete tipo 2 (DT2): doença caracterizada por alterações nas secreções da insulina e pelas anomalias dos efeitos da insulina nestes tecidos-alvo (resistência à insulina).
- Nos dois tipos, em um prazo mais ou menos longo ocorrem:
  - Complicações microangiopáticas (retinopatia, glomerulopatia, neuropatia) relacionadas à hiperglicemia e agravadas pela HA.
  - Complicações macroangiopáticas (coronariopatia, comprometimento vascular cerebral e arteriopatia periférica) relacionadas à hiperglicemia, mas também à HA, às anomalias lipídicas e ao tabaco.

AVALIAÇÃO PRÉ-OPERATÓRIA
Tratamentos hipoglicemiantes
1. Tratamentos não insulínicos (ver *tabela*).
2. Insulinas.

Especificidades da consulta de anestesia
Investigar comprometimento coronariano
- Sintomático confirmado diante de antecedentes cardiovasculares, sinais eletrocardiográficos de isquemia ou de infarto do miocárdio (IAM) silencioso, de uma sintomatologia típica.
- Assintomático suspeito diante de um comprometimento arterial, proteinúria na tira de urina, injúria renal, escore de cálcio coronariano > 400.
- Na presença de qualquer um destes sinais, o paciente está em risco de isquemia miocárdica silenciosa e deve ser tratado especificamente: devem ser realizados testes isquêmicos se cirurgia de grande porte e se o índice de Lee marcar ≥ 2 e CF < 4.

Investigar neuropatia autonômica cardíaca (NAC)
- Sintomática ou complicada se tiver a presença de qualquer um dos seguintes sinais: taquicardia permanente, QTc > 440 ms no ECG, isquemia ou IAM silencioso, hipotensão ortostática ou pós-prandial, hipoglicemia grave não perceptível, ausência de descenso noturno da pressão arterial (PA) em um Holter.
- Assintomática a ser investigada diante de uma macroangiopatia diabética. A NAC será confirmada por um teste de variabilidade da frequência cardíaca (FC) em respiração profunda ou na ortostática.
  Na presença de uma NAC: risco de distúrbios hemodinâmicos e arritmias graves que justificam monitoração do perioperatório e do pós-operatório na unidade semi-intensiva.

Investigar gastroparesia suspeita diante de dores abdominais, distensão abdominal, vômitos
Diante de um dos sinais, o paciente deve ser considerado a pessoa com "estômago cheio".

Avaliação da intubação
- O risco de intubação difícil aumenta com o tempo de diagnóstico de diabete.
- Sinal preditivo de intubação difícil: a incapacidade de colocar em contato as superfícies palmares das mãos e das articulações interfalangeanas.
- Frequente rigidez da coluna cervical.

Avaliação do controle da glicemia e dosagem da hemoglobina glicada (HbA1c)
- Permite conhecer o controle da glicemia nos últimos 3 meses. Refazer se a última dosagem > 6 meses.
- Permite a definição da estratégia pré-operatória e as modalidades de retomada dos tratamentos no pós-operatório.
  - HbA1c < 5% ou > 9%.
  - HbA1c entre 5-6% ou 8-9%: opinião do médico especialista em diabete.
  - HbA1c entre 6-8%: cirurgia possível.

Tabela de medicamentos não insulínicos

	Nome comercial	DCI	Efeitos secundários	Contra--indicações
Sulfamidas Hipoglicemiantes e aparentados (glinidas)	Amarel®	Glimepirida	Hipoglicemia	Injúria renal Cl creatinina < 30 mL/min
	Diamicron®	Glicazida		
	Daonil®	Glibenclamida		
	Novonorm®	Repaglinida		Insuficiência hepática grave
Biguanidas	Glucophage®	Metformina	Dores abdominais, diarreias	Injúria renal Cl creatinina < 30 mL/min Insuficiência cardíaca FEVE < 30%
	Stagid®			
Inibidores dos alfaglicosídeos	Glucor®	Acarbose	Diarreias Flatulência Dores abdominais	Nenhuma
	Diastabol®	Miglitol		
Inibidores de DPP-4	Januvia® Xelevia®	Sitagliptina		Injúria renal Cl creatinina < 30 mL/min
	Galvus®	Vildagliptina	Controle da avaliação hepática	Insuficiência hepática (TGO, TGP> 3 N)
	Onglyza®	Saxagliptina		Injúria renal Cl creatinina < 30 mL/min
	Vipidia®	Alogliptina		

(continua)

Anestesia

	Nome comercial	DCI	Efeitos secundários	Contra--indicações
Inibidores de DPP-4 + biguanidas	Janumet® Velmetia®	Sitagliptina + metformina	CI e efeitos secundários da metformina e da gliptina associada	
	Eucreas®	Vildagliptina + metformina		
	Komboglyze®	Saxagliptina + metformina		
	Vipdomet®	Alogliptina + metformina		
Análogos ao GLP 1 (considerados como ADO nas condutas práticas)	Byetta®	Exenatida	Náuseas Vômitos Diminuição do esvaziamento gástrico	Interação com cumadina: alongamento do INR
	Victoza®	Liraglutida		
	Lyxumia®	Lixisenatida		
	Bydureon®	Exenatida microesferas		Interação com cumadina: alongamento do INR
	Trulicity®	Dulaglutide		
Inibidores dos SGLT-2	Forxiga®	Dapagliflozina	Infecções urinárias Micoses genitais Hipovolemia no indivíduo adulto	Injúria renal CI creatinina < 60mL/min
Inibidores dos SGLT-2+ biguanidas	Zigduo®	Dapagliflozina + metformina	CI e efeitos secundários da metformina e do inibidor dos SGLT-2 associado	

Tabela das insulinas

Tipo de insulina	Tempo de ação	Duração da ação	Curva de ação
Insulinas lentas			
Glargina (Lantus®, Toujeo®, Abasagdar®)	2 h	20-24 h	
Lévémir® (Détémir)	2 h	16-20 h	
Insulinas intermediárias			
Humulin NPH®	30 min	12 h (pico em 3 h)	
Insulatard®	30 min	12 h (pico em 3 h)	

(continua)

Tipo de insulina	Tempo de ação	Duração da ação	Curva de ação
Análogos ultrarrápidos			
Glulisina (Apidra®)	5 min	3 h	
Lispro (Humalog®)	5 min	3 h	
Asparte (Novorapid®)	5 min	3 h	
Misturas fixas			
Humalog mix25® e Novomix 30®	5 min	12 h	
Humalog mix50® e Novomix 50®	5 min	8-12 h	
Novomix 70®	5 min	6-12 h	

MANEJO PERIOPERATÓRIO
Período pré-operatório
- Pré-medicação e regras de jejum: nenhuma especificidade.
- Administração dos tratamentos: os tratamentos antidiabéticos são dados à noite, não administrar na manhã da intervenção, exceto pela metformina, que não é dada nem na véspera à noite nem de manhã.
- Controle glicêmico ao deitar e de manhã com tratamento ajustado ao protocolo abaixo. Se o paciente apresentar desequilíbrio glicêmico, convém fazer uma medição suplementar durante a noite.

DM T1 com insulina ou bomba de insulina

Glicemia capilar (GC)	0,6 / 3,3	0,9 / 5	1,8 / 10	2,2 / 12	3 / 16,5	gL / mmol/L
Antes da refeição noturna	Açúcar		Insulina: análoga ultrarrápida			
	15 g VO Avisar o médico		2 UI SC se a correção não for feita pelo paciente	3 UI SC se a correção não for feita pelo paciente	Tira urinária Avisar o médico	
Refeição noturna	Refeição normal + insulinas habituais					
Ao deitar 22-0 h	15 g VO GC em 15 min Avisar o médico se não houver correção		2 UI SC	3 UI SC	Se houver cetose – 6 UI SC Se cetose +, Intravenosa em bomba de infusão na UTI Avisar o médico	
Se necessário 3-4 h						
6-7 h	Acesso venoso periférico (AVP) G10% 40 mL/h (+ insulina lenta ou mista habitual se foi administrada na parte da manhã)				AVP NaCl 0,9%	
Pré- -operatório GC/3 h	G10% 60 mL/h Avisar o médico		2 UI SC	3 UI SC	Intravenosa em bomba de infusão Adiar o bloco	

DM T2 com antidiabéticos orais (ADO) (+/- insulina)

Glicemia capilar (GC)	0,6 0,9		1,8	2,2	3	gL
	3,3 5		10	12	16,5	mmol/L
Antes da refeição noturna	Açúcar		Insulina: análoga ultrarrápida			
	15 g VO Avisar o médico		3 UI SC se a correção não for feita pelo paciente	4 UI SC se a correção não for feita pelo paciente	6 UI SC Avisar o médico	
Refeição noturna	Refeição normal + insulinas habituais + ADO exceto metformina					
Ao deitar 22-0 h Se necessário 3-4 h	15 g VO GC em 15 min Avisar o médico se não houver correção		3 UI SC	4 UI SC	6 UI SC ou IV em bomba de infusão na UTI Avisar o médico	
6-7 h	Nenhuma administração de ADO e AVP G10% 40 mL/h				AVP NaCl 0,9%	
Pré- -operatório GC/3 h	G10% 60 mL/h Avisar o médico		3 UI SC	4 UI SC	IV em bomba de infusão Adiar o bloco	

- O AVP é colocado:
  - De manhã, às 6-7 h, se uma injeção de insulina lenta foi administrada na véspera (ou de manhã). Compensação do jejum com ingestão de glicosados. Por ex., G10% 40 mL/h (objetivo 100-150 g de glicose/24 h).
  - No centro cirúrgico nos outros casos. Uma perfusão de glicosado será administrada se houver insulinoterapia intravenosa em bomba de infusão no centro cirúrgico.

Período perioperatório
Insulinoterapia intravenosa em bomba de infusão de glicosado no centro cirúrgico caso se recorra à insulina. Vigiar a glicemia todas as horas.

Período pós-operatório
Imediato
- Perfusão glicosada (100-150 g/d) até a retomada de uma alimentação oral ou enteral.
- Tratamento antidiabético:
  - Se não houver administração de insulina por intravenosa em bomba de infusão no perioperatório ou se posologias < 12 UI, fazer somente *bolus* corretores eventuais de acordo com as glicemias e retomar os ADO com a primeira refeição.
  - Se a insulina for administrada por intravenosa em bomba de infusão no perioperatório, continuar até a obtenção de uma si-

tuação cirúrgica estável, a ausência de queda e glicemia estabilizada < 10 mmol/L.

– Interromper a insulina por intravenosa em bomba de infusão se velocidade < 5UI/h e substituir por insulina SC segundo o esquema basal *bolus* imediatamente na SRPA.

Esquema basal-*bolus*

1. Basal = insulina lenta				
Cálculo da dose em 24 h	Insulina intravenosa em bomba de infusão < 24 h	Insulina intravenosa em bomba de infusão > 24 h		Iniciar a insulina lenta
	Dose habitual	½ dose por intravenosa em bomba de infusão das últimas 24 h		0,3 UI/kg/d
Primeira injeção: dose segundo o horário	Entre 0-6 h	Entre 6-14 h	Entre 14-16 h	Entre 16-0 h
	¾ da dose	½ dose	¼ da dose	Dose total
Horário de dose total seguinte	Às 20 h da mesma noite			Às 20 h do dia seguinte
Adaptação	Se a glicemia pré-prandial da manhã seguinte: 5　　　10　mmol/L -2 UI ┃ idem ┃ + 2 UI			

2. *Bolus* para as refeições

- Análogo ultrarrápido SC **antes de cada refeição oral e qualquer que seja a glicemia:** dose habitual ou 0,1 UI/kg ou ⅙ dose/24 h (administrar a metade da dose prevista se as ingestões calóricas forem insuficientes)
- Não administrar se houver alimentação enteral ou parenteral contínua e passar para a fase 3 (*bolus* corretor)

3. *Bolus* corretor

- Análogo ultrarrápido SC que deve ser adaptado segundo GC às 8 h, 12 h, 16 h, 20 h, 0 h e 4 h
- Se houver refeição (às 8 h, 12 h, 20 h) e GC > 10 mmol/L, o *bolus* corretor deve ser adicionado ao *bolus* previsto para a refeição

0,6	0,9	1,8	2,2	3	g/L
3,3	5	10	12	16,5	mmol/L

3-9 g de glicose IV　┃　0　┃　0　┃　3　┃　4　┃　6　UI em SC
ou 15 g de açúcar VO　　　　　　　　　　　　　　+ investigar cetose

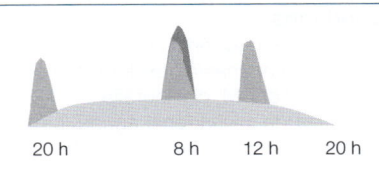

20 h　　　　8 h　12 h　20 h

Manejo posterior

- Interromper as ingestões de glucídios IV desde a retomada de uma alimentação oral suficiente.
- Adaptar as posologias de insulina lenta segundo o esquema basal *bolus*.
- Retomar os tratamentos antidiabéticos em substituição ao esquema basal *bolus* levando em conta a alimentação oral, a função renal e o equilíbrio glicêmico pré-operatório.
- Consultar com um médico especialista em diabete se HbA1c > 9% ou se houver dificuldade de retomada do tratamento anterior.

Caso da cirurgia ambulatorial

- Se a diabete estiver bem equilibrada, a realização de intervenções em ambulatório é possível respeitando-se os imperativos habituais do ambulatório.
- A estratégia pré-operatória é definida segundo o número de refeições saltadas:

Número de refeições saltadas	Horário previsto do centro cirúrgico	Atitude prática
0	Qualquer horário	Continuar com o tratamento na manhã
1	Antes das 10 h	Café da manhã e tratamento da manhã são tomados depois da cirurgia
	Entre 10 h e 12 h	Sem café da manhã e tratamento dado na chegada Perfusão de G10% 40 mL/h até a refeição seguinte se for insulina ou sulfamida
	Após as 12 h	Continuação do tratamento na manhã com ingestão de um café da manhã leve
2	Ver *Fichas DM T1 e DM T2 – Cirurgia de pequeno porte*	

- Observar a glicemia aproximada e controlar antes da saída. Se necessário, fazer um *bolus* corretor.
- Uma hiperglicemia significativa e vômitos contraindicam o retorno ao domicílio.

Prevenção dos acidentes ligados aos produtos contrastados iodados

- Situação com risco de ocorrência de injúria renal aguda iatrogênica.
- Limitar as indicações apenas às explorações onde não há alternativa por imagem (ecografia, RM, cintilografia).
- Verificar a ausência de injúria renal aguda (creatinina e *clearance* de creatinina), de desidratação, de ingestão de AINE.
- Hidratar corretamente, ou mesmo alcalinizar os pacientes antes e depois do exame (cristaloides, água bicarbonatada VO).

- Controle glicêmico regular.
- Risco de acidose lática nos pacientes tratados com metformina que deverá ser interrompida no momento do exame radiológico. Sua reintrodução só será realizada em caso de normalidade da função renal e no 3º dia após a intervenção.
- Controle obrigatório da função renal 24-48 h depois da realização do exame.

Precauções que devem ser tomadas durante uma corticoterapia
- Efeito hiperglicemiante dependente da dose reversível e transitório qualquer que seja a via de administração. Risco de desequilíbrio glicêmico induzido.
- Observação e equilíbrio glicêmico.

Hiperglicemia de estresse
- O ato cirúrgico e as agressões associadas induzem um estado de estresse responsável por uma hiperglicemia perioperatória cuja gravidade é relacionada ao tipo de cirurgia, da agressividade da intervenção e da sua duração.
- O principal mecanismo de hiperglicemia perioperatória é uma resistência à insulina periférica associada a uma estimulação da produção endogênica de glicose, um aumento da reabsorção renal de glicose e uma diminuição do *clearance* da glicose.
- O papel dos hormônios do estresse (glucagon, cortisol e catecolaminas) e mediadores da inflamação (interleucinas 1 e 6) liberados durante o estresse cirúrgico está na gênese da resistência à insulina perioperatória que existe rapidamente depois de algumas horas de cirurgia e pode durar vários dias após o ato cirúrgico.
- Ela é agravada pelas perdas de sangue perioperatórias, pela imobilização prolongada e pelo jejum perioperatório prolongado.
- A hiperglicemia perioperatória é um fator de risco independente de morbimortalidade pós-operatória.
- O tratamento da resistência à insulina perioperatória é um grande desafio terapêutico, uma vez que permite a redução significativa da duração da estadia pós-operatória.
- O controle glicêmico reduz a incidência das pneumopatias, de infecção do local cirúrgico e tem efeito benéfico sobre a mortalidade a longo prazo.
- Interesse do controle glicêmico nos pacientes diabéticos mas também em uma população de pacientes hiperglicêmicos não diabéticos.
- Efeitos benéficos de uma ingestão pré-operatória de carboidratos, por via enteral ou parenteral, na resistência à insulina pós-operatória.
  As fichas práticas sobre a gestão do paciente diabético no perioperatório estão disponíveis em www.sfar.org.

PROTOCOLO DE INSULINOTERAPIA VIA INTRAVENOSA COM BOMBA DE INFUSÃO
Princípios gerais
- Utilizar exclusivamente a insulina ultrarrápida, diluindo-a para ter uma concentração de 1 UI/mL.

- No centro cirúrgico: associar simultaneamente uma perfusão glicosada (100-150g/d), a não ser que hiperglicemia > 16,5 mmol/L (3 g/L). Exemplo: G10%: 40 mL/h.
- **Na UTI**: alimentação enteral assim que possível ou perfusão glicosada (100-150 g/d).
- **Objetivos glicêmicos perioperatórios e na UTI: 5 mmol/L-10 mmol/L (0,9-1,8 g/L).**
- Fazer um *bolus* inicial IV de acordo com a glicemia de início e depois manter com uma perfusão de insulina em débito contínuo (por intravenosa com bomba de infusão).
- Controlar a glicemia a cada 2 h se as glicemias estiverem estáveis, a cada hora depois de cada mudança de débito de insulina e depois de 15-30 min em caso de hipoglicemia.
- Adaptação do débito da perfusão segundo os controles a partir do seguinte esquema:

| Glicemia | | 0,4 | 0,6 | 0,9 | 1,8 | 2,5 | 3 | g/L |
		2,2	3,3	5	10	14	16,5	mmol/L
Iniciar insulina intravenosa com bomba de infusão	*Bolus* IV	0	0	0	0	3 UI	4 UI	6 UI
	Débito por intravenosa com bomba de infusão	0	0	0	1 UI/h para os DM T1 0 UI/h para os DM T2	2 UI/h	3 UI/h	4 UI/h Prevenir o médico
Frequência das glicemias		15 min	30 min	1 h	2 h	1 h	1 h	1 h
Adaptação do débito de insulina intravenosa com bomba de infusão		Interromper Retomar a ½ débito quando glicemia > 5 mmol/L no paciente DM T1 Glicemia > 10 mmol/L no paciente DM T2	Interromper	− 1 UI/h	Idem	+ 1 UI/h	+ 2 UI/h	*Bolus* 6 UI Prevenir o médico
G 30%		2 ampolas (6 g) Avisar o médico	1 ampola (3 G)	0				

- Privilegiar as medições de glicemia no sangue total (arterial ou venoso do lado oposto à perfusão de glicosado) e não no sangue capilar e se possível em uma máquina de análise de gasometria (em vez do leitor de fitas glicêmicas).
- Observação da calemia: objetivo: 4-4,5 mmol/L. Controle/4 h se o objetivo estiver estável e uma hora depois de cada mudança de débito de insulina.

Anestesia do paciente cirrótico

Doença frequente que atinge 1% da população (álcool, vírus B, C, hemocromatose, cirrose biliar I e II, Wilson etc.). Quando evoluída, ela acarreta modificações fisiopatológicas consideráveis:

- **Cardiovasculares**: vasodilatação periférica (esplâncnica), resistências vasculares sistêmicas reduzidas, hipotensão arterial, taquicardia, estado hipercinético, débito cardíaco aumentado. Cardiomiopatia cirrótica (resposta contrátil não adaptada ao estresse, QT longo), hipertensão portopulmonar (HP).
- **Respiratórios**: síndrome restritiva (pleurisia, ascite), síndrome hepatopulmonar responsável por uma hipoxemia.
- **Renais**: retenção de água, hiponatremia, injúria renal funcional ou orgânica (síndrome hepatorrenal).
- **Modificações farmacocinéticas e farmacodinâmicas**: aumento do volume de distribuição (queda da concentração plasmática), queda da fixação nas proteínas (aumento da fração livre do medicamento) → aumento do tempo e/ou da duração da ação.
- **Distúrbios da hemostasia**: diminuição conjunta da síntese dos fatores pró-coagulantes (com exceção dos fatores VIII e do fator Von Willebrand) e dos fatores anticoagulantes. Trombocitopenia por hiperesplenismo.

PRÉ-OPERATÓRIO
Avaliação da gravidade da cirrose

São utilizadas duas pontuações específicas para avaliar a gravidade da doença e o risco operatório a ela associado: Child-Turcotte-Pugh e MELD (*Model for End-Stage Liver Disease*).

Escore Child-Turcotte-Pugh			
Cálculo dos pontos	1	2	3
Bilirrubina mcmol/L	< 35	35-50	> 50
Ascite	Ausente	Controlada com diuréticos	Pouco controlada com diuréticos
Encefalopatia	Ausente	Confusão	Coma hepático
TP %	> 50	40-50	< 40
Albumina g/L	> 35	25-35	< 25

Grau A: 5-6 pontos; grau B: 7-9 pontos; grau C: 10-15 pontos.

Mortalidade depois da cirurgia abdominal de grande porte: 10% em um paciente Child A, 30% para Child B e > 75% em um paciente Child C.

Para uma cirurgia marcada, o risco do paciente classe A é aceitável, B difícil e C necessita de uma discussão individualizada.

O escore MELD (*Model for End-Stage Liver Disease*) é mais objetivo, utilizado atualmente para a atribuição dos transplantes hepáticos e correlacionado ao risco cirúrgico.

MELD: 3,8 x **bilirrubina** (mL/d)L + 11,2 x **INR** + 9,6 x **creatinina** (mg/dL).

Se hemodiálise: creatinina = 4,0 mg/dL

- MELD: 5-10 – mortalidade pós-operatória < 10%.
- MELD: 10-15 – mortalidade de 20%. Tentar melhorar a doença hepática ou propor intervenções cirúrgicas mini-invasivas.
- MELD > 20 – mortalidade > 50%. **Atenção**: risco cirúrgico maior.
  Existem pontuações MELD corrigidas que levam em conta a idade e/ou a natremia.

Preparação antes da cirurgia
- Investigar e tratar as complicações da cirrose (ver *Complicações da cirrose*).
- Secar a ascite (paracentese, tratamento diurético; para os casos refratários – anastomose portocava ou TIPS).
- Se possível, correção da hiponatremia (frequente, de mau prognóstico).
- Investigar e corrigir uma injúria renal funcional (diuréticos, punções iterativas da ascite).
- Avaliação da função cardíaca:
  - Se hemocromatose: fazer ecocardiografia e investigar distúrbios de condução.
  - Se o paciente for alcoólatra: investigar uma cardiomiopatia alcoólica dilatada (ECG, ecocardiografia).
- Suporte nutricional.

ANESTESIA
Pré-medicação
- Evitar benzodiazepínicos. Pré-medicação possível na ausência de encefalopatia (p. ex., hidroxizina ou gabapentina em administração única).

Monitoração
- De acordo com o risco cirúrgico (duração, perdas sanguíneas): PA invasiva ± cateter ± Doppler transesofágico se varizes esofágicas (VE) controladas (sem sangramento recente, grau < III). Monitoração do débito cardíaco com Vigileo™, PiCCO™ possível para as cirroses CHILD A e B. Para CHILD C a % de erro ultrapassa 30%, em comparação com o padrão-ouro.
- Monitoração com BIS™ e curarização.
- Sonda nasogástrica se necessário (as VE não são uma contraindicação absoluta). Recomenda-se a monitoração da diurese.

Riscos infecciosos
- **Antibioticoprofilaxia idêntica à de um indivíduo sem cirrose, mas os aminoglicosídeos não devem ser utilizados.**
- **Respeito escrupuloso das regras de prevenção da transmissão das hepatites virais.**

Anestesia geral
- **Hipnóticos**: todos são utilizáveis, mas atenção ao tempo e à duração de ação prolongada. Monitoração (BIS™ +++). Todos os halogenados são utilizáveis com exceção do halotano (hepatotóxico).
- **Opioides**: prudência se houver insuficiência hepatocelular grave ou injúria renal associada. Evitar as injeções iterativas de alfentanila. A remifentanila é muito apropriada por sua eliminação extra-hepática.

- **Curares**: todos são utilizáveis se houver monitoração da curarização por meio de um medidor, mas o atracúrio e o cisatracúrio são as moléculas mais indicadas por causa de sua eliminação extra-hepática.
- Tempo e duração de ação prolongados dos produtos. Titulação +++, atenção com reinjeções, evitar a perfusão contínua.
- **Anestesia locorregional** autorizada com as precauções habituais se ocorrerem distúrbios da hemostasia.

Risco hemorrágico

- **Os testes convencionais de coagulação não refletem o risco hemorrágico.** A diminuição conjunta dos fatores pró-coagulantes e anticoagulantes explica porque o risco hemorrágico do cirrótico é globalmente pouco diferente daquele do indivíduo normal. É benéfico o uso dos testes globais de coagulação (TEG, ROTEM +++) para as cirurgias com risco hemorrágico.
- O risco hemorrágico do cirrótico está mais ligado à hipertensão portal, sobretudo na cirurgia digestiva. Ajustar a expansão volêmica+++. A transfusão sistemática de plasma fresco congelado (PFC) diante de um TP (TQ) baixo no paciente cirrótico não é indicada e só será realizada em caso de sangramento ativo, de causa não cirúrgica.
- Taxa de plaquetas > 50.000-60.000/mm^2 (mesma taxa para a biópsia hepática/ligadura das varizes esofágicas [VE]). Atenção: a geração da trombina é dependente da taxa plaquetária.
- Taxa plaquetária de 100.000/mm^2 para a neurocirurgia.

Tratamento das hipotensões perioperatórias

Avaliação da volemia

- Delta PP pouco preditivo da dependência da pré-carga no paciente cirrótico CHILD B/C.
- Avaliação do débito cardíaco não confiável com a análise de contorno da onda do pulso nos cirróticos graves.
- Utilizar de preferência monitoração de débito cardíaco com Doppler transesofágico.

Tratamento

- Reposição ± eficaz em razão da considerável vasodilatação.
- Iniciar um tratamento vasopressor por intravenosa com bomba de infusão se houver hipotensão refratária a fim de manter uma boa pressão de perfusão hepática e renal.
- Contraindicação aos HES se houver cirroses grave (CHILD B e C).

Intervenções cirúrgicas específicas

- **TIPS** (*shunt* portossistêmico intra-hepático por via transjugular). Indicações: ascite refratária, hemorragia digestiva por sangramento das varizes esofágicas ou varizes gástricas. Procedimento não hemorrágico por si só. Complicações: insuficiência cardíaca por hiperdébito secundário ao *shunt*; descompensação hepática (encefalopatia) por redução do débito hepático (débito do *shunt* demasiado elevado).
- **Ligadura VE**. Indicações: na profilaxia de hemorragia digestiva por ruptura VE ou como tratamento (sangramento ligado à hipertensão portal). Objeti-

vos de hemostasia = TP > 40%, plaquetas > 50.000/mm^2 (atenção para não aumentar a pressão portal com reposição inadequada).

- **Correção de hérnia umbilical**.
  Indicações: deve ser realizada na cirurgia eletiva em um paciente com uma ascite mínima, controlada. As intervenções de emergência (hérnia estrangulada, ulceração, ruptura) expõem a um risco de infecção, de fuga de líquido de ascite pela cicatriz, defeitos de cicatrização.

PERÍODO PÓS-OPERATÓRIO

- Todas as técnicas de analgesia são possíveis.
  - Morfina: manutenção das doses mas com intervalo entre as doses multiplicado por 2 se houver injúria renal associada ou Child C.
  - Os antálgicos à base de paracetamol expõem ao risco de toxicidade hepática se a avaliação hepática estiver muito alterada e seu emprego deverá ser discutido.
  - Contraindicação aos AINE: risco de sangramento, de agravamento da função renal.
- Tratamento preventivo do desmame alcoólico (vitamina B1, solutos glicosados) se houver cirrose de origem alcoólica não desmamada.
- Profilaxia da trombose venosa profunda (TVP) pós-operatória segundo as regras habituais.

Complicações pós-operatórias específicas

- Insuficiência hepática grave, frequentemente depois das intervenções de emergência, da esfera digestiva se há hemorragia, estado de choque (mortalidade 50%).
- Ascite frequente (> 20%) nos pacientes que sofreram uma intervenção cirúrgica da esfera digestiva.
- Injúria renal (10%), de origem funcional, síndrome hepatorrenal ou necrose tubular aguda.
- Infecções pós-operatórias, septicemia.
- Defeitos de cicatrização.

Anestesia do paciente HIV+

FISIOPATOLOGIA E DIAGNÓSTICO

- O HIV é um vírus com RNA de cadeia simples, lentivírus da família dos retrovírus, infectando preferencialmente os linfócitos T auxiliares ou CD4+.
- As taxas de CD4+ (normal entre 500 e 1.200/mm^3) diminui ao longo da replicação viral, o que determina o risco de ocorrência da aids.
- A carga viral plasmática (marcador preditivo do risco evolutivo e parâmetro de controle da eficácia do tratamento anti-HIV) é expressa no número de cópias de RNA viral/mL de plasma, ou seja, carga viral fraca: < 5.000 cópias/mL e carga forte > 10.000 cópias/mL.
- O diagnóstico biológico utiliza um teste de detecção rápida (Elisa de detecção combinada dos anticorpos anti-HIV-1 e anti-HIV-2 e do Ag P24 do HIV-1) obrigatoriamente associado a um teste de detecção clássico em uma segunda coleta e um teste de confirmação por Western Blot.
- A fase de complicações da aids ocorre quando os CD4+ são < 200/mm^3.

CLASSIFICAÇÃO DA OMS EM 4 ESTÁGIOS DO HIV DO INDIVÍDUO ADULTO (JUNHO DE 2003)

- **Estágio clínico I**: soropositividade assintomática, linfadenopatia generalizada.
- **Estágio clínico II**: perda de peso < 10%, manifestações cutaneomucosas menores, zona, infecções recidivantes das vias aéreas superiores.
- **Estágio clínico III**: perda de peso > 10%, diarreia crônica, febre prolongada, candidíase bucal, leucoplasia pilosa oral, tuberculose pulmonar, infecções bacterianas graves.
- **Estágio clínico IV**: síndrome da caquexia do HIV, pneumopatia com pneumocistose, toxoplasmose cerebral, criptosporidiose intestinal, criptococose extrapulmonar, citomegalovirose, infecção pelo vírus herpes simplex cutaneomucosa > 1 mês ou visceral, leucoencefalopatia multifocal progressiva, qualquer micose endêmica disseminada (histoplasmose, coccidioides etc.), candidíase do esôfago, traqueia, brônquios e pulmão, micobacteriose atípica disseminada, sepse da salmonela não tifoide, tuberculose extrapulmonar, linfoma, sarcoma de Kaposi, encefalopatia do HIV (disfunção cognitiva e/ou motora de progressão lenta, sem outra causa senão o HIV).

MANIFESTAÇÕES CLÍNICAS FREQUENTES SOB TRATAMENTO ANTIRRETROVIRAL

- **Comprometimentos frequentes do sistema nervoso**: comprometimentos neurológicos periféricos multifatoriais (HIV + tóxicos): polineuropatia ± miopatias; comprometimentos centrais múltiplos, infecciosas específicas do HIV e oportunistas (toxoplasmose, criptococose, CMV, histoplasmose, tuberculose, linfoma), de origem vascular (isquêmica ou hemorrágica) e de origem carencial. Atenção com certos cofatores neurotóxicos: álcool, drogas, coinfecção pelo vírus da hepatite C.

- **Comprometimentos cardiovasculares**: miocardite frequente em um estágio avançado (CMD não obstrutiva) com arritmias ± condutivas, coronariopatia (aterosclerose acelerada pela dislipidemia tóxica dos inibidores de protease). O risco de reestenose coronariana é maior nos pacientes HIV. Outros fatores de risco cardiovascular estão frequentemente associados (tabagismo, hipertensão) e as complicações metabólicas das TARV (dislipidemia e desregulação glicêmica) contribuem para as complicações cardiovasculares.
- **Comprometimentos pulmonares**: secundários às infecções oportunistas (Pneumocystis Carinii, tuberculose, nocardiose) ou sarcoma de Kaposi.
- **Comprometimentos hematológicos**: trombocitopenias frequentes na maioria das vezes de tipo PTI ou microangiopatia trombótica, hipercoagulopatias frequentes (anticorpos antifosfolípides, CIVD). O risco de tromboembolismo é maior nos pacientes HIV+.

TRATAMENTOS ANTIRRETROVIRAIS (TARV)

1. Inibidores nucleosídeos da transcriptase reversa (ITRN).
2. Inibidores não nucleosídeos da transcriptase reversa (ITRNN).
3. Inibidores da Protease (IP).
4. Inibidores da integrase.
5. Inibidores de fusão (IF) e de entrada.
6. Antagonistas do coreceptor de CCR5.
- **Objetivo terapêutico**: restaurar CD4 > 500/mm³ ao reduzir a CV < 50 cp/mL através da combinação de três antirretrovirais: geralmente 2 ITRN + 1 IP, 2 ITRN + 1 ITRNN.
- **Efeitos colaterais**:
  - Os ITRN têm efeitos tóxicos celulares múltiplos, chamados "citopatia mitocondrial": lipoatrofia, neurotoxicidade, toxicidade hematológica e hepatotoxicidade com acidose láctica. Os ITRNN são metabolizados pelo fígado (CYP450) e associados às várias interações medicamentosas. A coprescrição da metformina e dos ITRN pode acarretar a ocorrência de acidose láctica.
  - Os inibidores de protease (IP) apresentam uma toxicidade hepática (inibição dos CYP450, sendo o mais poderoso o ritonavir chamado de "*booster*") e efeitos metabólicos múltiplos (diabete, dislipidemia, lipohipertrofia, aterosclerose acelerada). O tratamento das hipercolesterolemias deve usar as estatinas não metabolizadas pelo CYP450/CYP3A (pravastatina, fluvastatina, rosuvastatina).
  - Um risco de toxicidade é relatado com o uso de tenofovir e indinavir.
- **As interações medicamentosas** (ver *sfar.org* e *hiv-druginteractions.org*), múltiplas, resultam principalmente do efeito inibidor dos IP (ritonavir++ lopinavir+) mas também dos ITRNN (efavirenz+) no citocromo P450. O risco é aumentar os efeitos (prolongação e aumento da toxicidade) dos medicamentos substratos do citocromo P450 3A4, como:
  - Hipnóticos: tiopental, cetamina e benzodiazepínicos: midazolam, diazepam, triazolam e antiepilépticos.
  - Opioides: fentanil > sufentanila > alfentanila.
  - Antieméticos, antiarrítmicos (quinidina e amiodarona), macrolídeos e fluconazol (QT longo e *torsades de pointes*).
  - A rifampicina é contraindicada com os IP não associados ao ritonavir.

- **Adaptações posológicas e gestão das interrupções:**
  - Adaptação das doses dos ITRN em caso de injúria renal, exceto para o abacavir.
  - Adaptação de doses de IP e de ITRNN em pacientes com insuficiência hepática.
  - A interrupção de uma TARV é deletéria (discutir com o infectologista referente); o risco depende da duração e do período da doença; é possível a interrupção pontual no período de supressão viral (p. ex., em cirurgia digestiva, ≤ 2 d, deve abarcar todo o conjunto do tratamento pelo risco de surgimento de resistência em monoterapia). A ingestão dos IP requer uma ingestão alimentar (gorduras) concomitantemente (portanto incompatível com jejum). Uma TARV pode ser administrada na sonda enteral com ingestão alimentar mínima (é necessário uma monitoração terapêutica).

ANESTESIA
Avaliação pré-operatória
- Resultados do acompanhamento da infecção por HIV (contagem de CD4 e carga viral de menos de 3 meses, perfil lipídico, controle glicêmico), hemograma completo, TP-TTPA ± testes das funções plaquetárias, ionograma, avaliação hepática, ECG.
- O exame clínico descreve o estatuto neurológico, cardíaco, respiratório e hemorrágico.
- O teste sorológico anti-HIV requer o consentimento do paciente. Na França, é obrigatório para as grávidas e para os detentos, e todos os pacientes com idade entre 15-70 anos devem realizá-lo pelo menos uma vez na vida (HAS 2009).
- Exige-se uma radiografia pulmonar recente nos pacientes HIV+ com risco de infecções oportunistas (CD4 < 200/mm³) e um infiltrado radiológico deve sugerir risco de micobacteriose com risco de contágio.

Jejum e medicação antirretroviral
A interrupção antirretroviral deve ser absolutamente evitada (especialmente o ritonavir *booster*), porque existe o risco de uma nova ascensão viral rápida com o declínio dos CD4 e aumento do risco de surgimento dos mutantes resistentes. Discutir com o infectologista.

Anestesia geral
- Privilegiar as drogas anestésicas não metabolizadas pelo citocromo P450-3A4: propofol, etomidato, alfentanila, remifentanila, desflurano. Titulação prudente do pentotal. Evitar midazolam, fentanil, cetamina.
- Prever um controle prolongado na SRPA caso haja risco de interações medicamentosas com drogas anestésicas.
- Precauções no emprego/administração dos antieméticos (droperidol e ondansetrona) por causa do risco de alongamento do QT e das arritmias: evitar a injeção rápida.

Anestesia locorregional
- As contraindicações para a ALR continuam sendo: infecção, coagulopatias, trombocitopenias ou trombopatias.

- É imperativo descrever o estado neurológico antes da realização da ALR e a gravidade de uma neuropatia relacionada com alguns ITRN, como didanosina ou Videx®, deve ser considerada.
- Um *blood patch* pode ser praticado se necessário, mas deve-se discutir o uso do *patch* com um coloide em caso de elevada carga viral.

Transfusão
- Alotransfusão de acordo com o balanço equilíbrio (patologia cardiovascular)/risco (imunossupressão) e contraindicação à autotransfusão.
- A eritropoietina pode ser utilizada.

Reanimação
- Atenção com o aumento do risco de acidose láctica, de resistência à insulina e do risco cardiovascular.

Tabela: tratamentos antirretrovirais

ITRN		ITRNN	
Atripla®	Tenofovir + efavirenz + emtricitabina	Edurant®	Rilpivirina
		Efavirenz	(genérico do Sustiva®)
Combivir®	Zidovudina + lamivudina	Intelence®	Etravirina
Emtriva®	Emtricitabina/FTC	Nevirapine	(genérico do Viramune®)
Epivir®	Lamivudina/3TC		
Eviprela®	Emtricitabina + rilpivirina + tenofovir	Sustiva®	Efavirenz
		Viramune LP®	Nevirapina
Kivexa®	Abacavir + lamivudina	Viramune®	Nevirapina
Lamivudina	(genérico do Epivir®)		
Lamivudina + Zidovudina	(genérico do Combivir®)		
Striblid®	Tenofovir + emtricitabina + elvitegravir + cobicistat	**Inibidor do coreceptor CCR5**	
Triumeq®	Abacavir + lamivudina + dolutegravir	Celsentri®	Maraviroc
		Inibidores de integrase	
Trizivir®	Zidovudina + lamivudina + abacavir	Isentress®	Raltegravir
Truvada®	Emtricitabina + tenofovir	Tivicay®	Dolutegravir
Viread®	Tenofovir	**Inibidores de infusão**	
Ziagen®	Abacavir	Fuzeon®	Enfuvirtida/T20 (ss-cut)
IP		**Booster**	
Kaletra®	Lopinavir + ritonavir	Norvir®	Ritonavir
Prezista®	Darunavir		
Reyataz®	atazanavir		

Anestesia do paciente obeso

> **Índice de massa corporal ou IMC (*body mass index* ou BMI):**
> Peso/altura^2
> **Fórmula de Lorentz:** Homem: altura (cm) − 100 − [(altura (cm) − 150)/4)]
> Mulher: altura (cm) − 100 − [(altura (cm) − 150)/2,5)]

- Peso ideal: IMC 18,5-24,9.
- Sobrecarga ponderal: IMC 25-30.
- Obesidade: IMC > 30.
- Obesidade mórbida: IMC > 40.
- Superobesidade: IMC > 50.

PATOLOGIAS ASSOCIADAS
- Metabólicas: diabete não insulinodependente (DNID), dislipidemias.
- Cardiovasculares: HA, cardiomiopatia, ateromatose.
- Respiratórias: SAOS, insuficiência respiratória restritiva.
- Osteoarticulares: artrose precoce.
- Numerosos cânceres: sobretudo digestivos.

AVALIAÇÃO PRÉ-OPERATÓRIA
Respiratória
- Consumo de O_2 e produção de CO_2 mais elevados (atividade metabólica do excesso de gordura).
- Síndrome restritiva: queda do volume de reserva inspiratória (VRI), queda da capacidade residual funcional (CRF) e da capacidade vital (CV).
- Síndrome obstrutiva: aumento da resistência das vias aéreas.
- Baixa relação V/Q e queda da complacência toracopulmonar.
- Investigação sistemática: SAOS (ver *Síndrome de apnéia obstrutiva do sono*).

Acesso às vias aéreas
- Ventilação com máscara difícil, se dois dos seguintes fatores estiverem presentes: IMC > 30, SAOS, barba, endentação, limitação da protrusão mandibular, idade > 55 anos.
- Ronco + DTM < 60 mm = ventilação impossível.
- Risco de intubação difícil x 4 para os pacientes que apresentam uma ventilação com máscara difícil.

Cardiovascular
- HA.
- Complicações de aterosclerose com insuficiência coronariana (por dislipidemia e DNID).
- Cardiomiopatia do obeso (elevação inicial do volume sanguíneo total e do débito cardíaco, insuficiências secundárias diastólicas e sistólicas do ventrículo esquerdo, HP).

AVALIAÇÃO PRÉ-OPERATÓRIA
- Avaliar a ingestão de medicamentos: inibidores de captura da serotonina (fenfluramina) na origem da HP, anfetaminas na origem da instabilidade pressórica perioperatória.

- Exames complementares que devem ser adaptados às comorbidades.
- Pré-medicação: hidroxizina ou gabapentina (se paciente muito ansioso) e associação de anti-H_2 e de citrato se obesidade mórbida, evitar as benzodiazepínicos.
- Informação obrigatória do paciente sobre os riscos anestésicos, que deve ser reforçada em caso de cirurgia estética sem objetivo terapêutico.

CONSIDERAÇÕES LOGÍSTICAS E TÉCNICAS
- Material adaptado ao peso que deve ser verificado: mesas de operação com translações garantidas até 130-150 kg, sem translação até 165 kg, recurso eventual a duas mesas juntas.
- Dificuldades de instalação e necessidade de muitas pessoas.
- Proteção dos pontos de apoio (risco aumentado de lesões nervosas e rabdomiólise pós-operatória).
- Ajuste do tamanho do manguito do esfigmomanômetro de pressão arterial não invasivo (PANI).
- Dificuldades dos acessos vasculares: acesso venoso periférico mais difícil e benefício da localização ecográfica venosa central e periférica, mas também troncular nervoso e perimedular.
- Monitoração da curarização mais difícil em ulnar (calibrar a intensidade da estimulação).

EM CASO DE ANESTESIA LOCORREGIONAL
- Dificuldades técnicas: dificuldades de posicionamento (posição sentada é preferível na ALR perimedular), dificuldades de localização anatômica e de avaliação de profundidade (profundidade do espaço peridural em L3-L4 positivamente correlacionada ao IMC).
- As técnicas de localização ecográfica na ALR são de interesse particular.
- A ALR perimedular deve ser privilegiada na anestesia obstétrica.

PERÍODO DE INDUÇÃO
- Risco de hipoxemia com dessaturação mais rápida (tempo de dessaturação inversamente proporcional ao IMC).
- Pré-oxigenação longa (3-5 min) com inspirações profundas em proclive a +45° com pressão positiva contínua nas vias aéreas (CPAP) de +10 cmH_2O na melhor das hipóteses em ventilação não invasiva.
- Ventilação com máscara difícil, a quatro mãos, se necessário.
- Máscara facial e cânula de Guedel adequadas, lâmina de metal e laringoscópio de cabo curto, material para IOT difícil à disposição, é interessante ter videolaringoscópio.
- Indução em sequência rápida com pressão cricoidiana sistemática se houver refluxo gastroesofágico (RGE). Para os pacientes que apresentam fatores de risco de intubação difícil, considerar uma intubação com o paciente desperto com uso de fibroscópio.
- Posição da cabeça sobrelevada e pescoço em hiperextensão, ou posição com superelevação dos ombros com travesseiros ou almofadas (alinhamento glote-traqueia).

MONITORAÇÃO E VENTILAÇÃO
- Monitoração sistemática: temperatura e curarização.
- Monitoração recomendada da profundidade de anestesia (BIS™).

- Monitoração vascular invasiva a ser discutida: cateter arterial, cateter venoso central.
- Monitoração hemodinâmica a ser discutida de acordo com comorbidades e cirurgia.
- Ventilação:
  - Volume corrente com base no peso ideal: 6-8 mL/kg.
  - Pressão expiratória final positiva (PEEP) $\geq$ 10 mmHg e manobras de recrutamento alveolar sistemáticas e repetidas, especialmente após manobras desrecrutantes.
  - Ventilação em proclive 25-40° ou recomenda-se a posição sentada em cadeira de praia.
  - Δ $EtCO_2$-$PaCO_2$ muitas vezes alargado, hipercapnia moderada $PetCO_2$ < 50 mmHg.
  - Evitar auto-PEEP.

PERÍODO PERIOPERATÓRIO, SELEÇÃO DOS MEDICAMENTOS

Modificações complexas de ordem farmacológicas.
- Aumento do volume de distribuição das drogas muito lipossolúveis: risco de superdosagem e de efeito prolongado.
- Privilegiar as drogas de ação curta, menos lipossolúveis.
- Evitar vias IM e SC (absorção imprevisível).
- Posologias dos hipnóticos IV: propofol = dose de indução com base no peso ideal com titulação (risco de subdosagem), dose de manutenção ajustada ao peso real.
- ▲ **Evitar midazolam (acumula-se fortemente no tecido adiposo) e tiopental (altamente lipofílico).**
- Preferir o desflurano (menos lipossolúvel).
- Interesse ++ da monitoração da profundidade de anestesia (BIS™).
- Posologia dos **opioides**:
  - Prudência nas reinjeções dos opioides, o fentanil deve ser evitado.
  - Sufentanila: dose inicial e de manutenção/peso ideal. Risco de acumulação e depressão respiratória pós-operatória prolongada. Interesse em titular a dose mais fraca.
  - Remifentanil: agente opioide ideal para o paciente obeso mórbido, dosar de acordo com o peso ideal.
- Posologias dos **curares**:
  - Posologia da succinilcolina relacionada ao peso real (aumento da atividade das pseudocolinesterases).
  - Posologia dos curares não despolarizantes calculada para a dose de indução e manutenção em função do peso ideal (vecurônio, rocurônio, atracúrio e cisatracúrio) de bloqueio. Monitoração da curarização para todos os curares para dose mínima.
  - Descurarização com posologia relacionada ao peso real. Se o sugamadex for utilizado, dose de 2-4 mg/kg de peso ideal de acordo com a profundidade do bloqueio, monitoração de descurarização.
- Posologia dos **anestésicos locais** em caso de anestesia perimedular:
  - Lidocaína e bupivacaína: 75% da dose normal (redução do volume peridural), risco de extensão do bloqueio e variabilidade do bloqueio segmentar.

- Posologia dos **antibióticos** ajustada de acordo com a fórmula:

> **Peso de referência =**
>
> **[Fator de correção (fc) x (peso real – peso ideal)] + peso ideal**
>
> **fc para aminoglicosídeos = 0,4, quinolonas = 0,45, betalactâmicos = 0,3**

- Antibioticoprofilaxia: recomenda-se para o IMC > 35.
  - Dobrar as doses de betalactâmicos mesmo se não for cirurgia bariátrica.
  - A dose de clindamicina ajustada para 900 mg.
  - A posologia de gentamicina permanece em 5 mg/kg sem ultrapassar 500 mg.
  - Vancomicina 15 mg/kg de peso real, não exceder uma dose máxima de 2 g.

PERÍODO PÓS-OPERATÓRIO

- Não há argumento para retardar o despertar e a extubação no centro cirúrgico.
- Posição semissentada para favorecer ventilação espontânea (VE), VNI ou BIPAP (12/4 cmH$_2$O), VNI ou CPAP sistemática se SAOS, especialmente se for cirurgia torácica ou supraumbilical.
- Analgesia controlada pelo paciente (PCA) com morfina (dose de morfina conforme peso ideal, benefício da analgesia peridural no pós--operatório).
- Controle biológico: glicemia, função renal e CPK no caso de cirurgia de longa duração (detecção da rabdomiólise).
- Risco elevado de complicações tromboembólicas: recomenda-se abordagem multimodal com meias elásticas e/ou compressão pneumática intermitente, anticoagulação profilática com enoxaparina em duas injeções SC/24 h com posologias moduladas ao peso real se a função renal estiver normal:
  - Regra mnemônica: IMC em mg X 2/24 h (máx. x 50 mg/injeção).
  - Interesse ++ de monitorar a atividade anti-Xa mesmo na profilaxia dos superobesos.
- Complicações infecciosas do local da cirurgia: falta de cicatrização.
- Síndrome do compartimento abdominal que pode ser responsável pela injúria renal ou mesmo multivisceral.
- Realimentação pós-operatória: 20-30 kcal/kg/d de acordo com o peso ajustado = peso ideal + [(peso real – peso ideal) x 0,25].
- Insulinoterapia IV preferível em caso de desequilíbrio glicêmico.

> ### Mensagens importantes:
>
> - Investigar uma SAOS e fatores de risco cardiovascular.
> - Monitorar os efeitos dos produtos anestésicos.
> - Pré-oxigenar em proclive com pressão positiva.
> - Adaptar a posologia dos medicamentos.

Anestesia do paciente asmático

DEFINIÇÃO

A asma é uma doença inflamatória crônica das vias aéreas que associa uma obstrução brônquica de intensidade variável a uma inflamação que conduz a uma hiper-reatividade brônquica. Sua prevalência na França é de 5-7% no adulto, constitui um fator de risco de morbimortalidade perioperatória secundária ao broncoespasmo.

AVALIAÇÃO PRÉ-OPERATÓRIA

É primordial durante a consulta de anestesia. O objetivo é avaliar a estabilidade da patologia e de adaptar o tratamento de fundo se necessário.

Questionário

- **Histórico da doença**: frequência das exacerbações, hospitalização recente, intubação e ventilação mecânica. Interesse do escore ACT (teste de controle da asma) para avaliar a estabilidade da asma pelo paciente.
- **Tratamento**: moléculas, doses, frequência, melhora com tratamento de resgate, modificação do tratamento de fundo.
- **Infecção respiratória**: sinusite, tosse, expectorações, febre, pneumopatia.

Escore ACT: 5 itens que avaliam o nível de controle da asma				
1) Ao longo das quatro últimas semanas sua asma o incomodou em suas atividades (no trabalho, na escola ou na universidade ou em casa)?				
O tempo todo	A maior parte do tempo	Algumas vezes	Raramente	Nunca
1	2	3	4	5
2) Ao longo das quatro últimas semanas você ficou sem fôlego?				
Mais de 1 vez por dia	1 vez por dia	3-6 vezes por semana	1-2 vezes por semana	Nunca
1	2	3	4	5
3) Ao longo das quatro últimas semanas, os sintomas da asma (chiado no peito, tosse, falta de ar, opressão ou dor no peito etc.) o acordaram durante a noite ou mais cedo do que de costume pela manhã?				
4 noites ou mais por semana	2-3 noites por semana	1 noite por semana	1-2 vezes no máximo	Nunca
1	2	3	4	5
4) Ao longo das 4 últimas semanas você utilizou seu inalador de emergência ou tomou um tratamento por nebulização (p. ex., Ventoline® ou Bricanyl®)?				
3 vezes por dia ou mais	1-2 vezes por dia	2-3 vezes por semana	1 vez por semana ou mais	Nunca
1	2	3	4	5

(continua)

Escore ACT: 5 itens que avaliam o nível de controle da asma				
5) Como você avalia sua asma ao longo das quatro últimas semanas?				
Sem nenhum controle	Muito pouco controlada	Um pouco controlada	Bem controlada	Totalmente controlada
1	2	3	4	5

Escore:
20-25: asma bem controlada.
15-19: asma parcialmente controlada.
< 15: asma não controlada.

Tratamentos habituais do paciente asmático
- **Beta-agonistas com ação de curta duração:** Ventoline® no tratamento sintomático.
- **Beta-agonistas com ação de longa duração**: Sérévent®, Foradil® no tratamento de longo prazo.
- **Corticosteroides inalatórios**: Becotide®, Pulmicort®, Flixotide® se asma persistente.
- **Corticosteroides sistêmicos**: prednisona, prednisolona se exacerbação.
- **Antileucotrienos**: Montelukast® se asma persistente de leve a moderada.
- **Anti-IgE**: Xolair® se asma alérgica não controlada.

Exame clínico e exames complementares
- Investigar sinais de obstrução, de superinfecção ou de insuficiência cardíaca direita.
- Medir o pico do fluxo expiratório em caso de asma parcialmente controlada. Se < 80% da normal, é necessário reavaliar o tratamento de fundo.
- As provas de função respiratória e gasometria serão consideradas em caso de asma não equilibrada.
- Radiografia pulmonar se não houver causa clínica identificável no exame clínico.

PROCEDIMENTOS PRÉ-OPERATÓRIOS
- **Parar de fumar** pelo menos dois meses antes da cirurgia.
- **Evitar agentes alérgicos conhecidos.**
- Tratamento de uma superinfecção pulmonar, cinesioterapia.
- **Continuação do tratamento de fundo** dado para a asma.
- **Administração de beta-agonistas** 30-60 min antes da indução (salbutamol ou terbutalina inalatório) ± anticolinérgicos (brometo de ipratrópio).
- Metilprednisolona 40 mg/d VO 5 dias antes se houver diagnóstico de asma recente ou má adelerência. Na urgência, uma corticoterapia IV pode ser indicada.
- Pré-medicação com objetivo ansiolítico.

PROCEDIMENTOS PERIOPERATÓRIOS
- O broncoespasmo pode ser provocado pela laringoscopia, pela intubação, por uma inalação brônquica, por gases frios, pela extubação, por qualquer estimulação vagal (endoscopia, tração sobre o peritônio ou as vísceras etc.).

Anestesia

- ALR de preferência, sobretudo se nível superior ≤ T6, mesmo que a ansiedade ou a dor durante a ALR possam desencadear um broncoespasmo.
- AG sem intubação quando isso for possível (o risco de uma AG breve com máscara facial ou laríngea é equivalente ao de uma ALR).
- Profundidade de anestesia suficiente sobretudo em caso de intubação.
- Cetamina e propofol: agentes de indução ideais. Evitar barbitúrico.
- Anestesia local em spray e manutenção adequada durante a anestesia geral. Halogenados ≥ 8 de concentração alveolar mínima (CAM) e no máximo sevoflurano ou isoflurano.
- Se houver intubação: não ultrapassar Pins > 50 cmH$_2$O, prolongamento do tempo expiratório e diminuir a frequência respiratória (ver *Ventilação mecânica*).
- Umidificação e reaquecimento dos gases anestésicos.
- Evitar o atracúrio (é o que libera mais histaminas).
- Monitorar a curarização.
- O emprego dos antagonistas da curarização é possível.
- Antes da extubação: profilaxia antiemética.

RISCO MAIOR: BRONCOESPASMO
Ver *Broncoespasmo, Condutas para urgências*.

PROCEDIMENTOS PÓS-OPERATÓRIOS
Prevenção do broncoespasmo com uma analgesia eficaz, tratamento broncodilatador, espirometria incitativa, cinesioterapia e mobilização precoce.

Síndrome de apneia obstrutiva do sono (SAOS)

GENERALIDADES

- Ocorrência de mais de cinco apneias e/ou hipopneias por hora de sono (índice de apneia-hipopneia: IAH) associado a pelo menos um sinal clínico (sonolência diurna, roncos, sono não reparador, alteração da concentração, distúrbio da memória). SAOS grave se IAH > 30/min.
- Por causa de um colapso da faringe durante a inspiração pela diminuição do tônus dos músculos faríngeos.
- Às vezes associada a uma síndrome de hipoventilação-obesidade nos pacientes obesos.
- A SAOS aumenta consideravelmente o risco de complicações cardiovasculares e acidente vascular cerebral e atualmente deve ser investigada sistematicamente na avaliação de uma hipertensão essencial ou de uma doença coronariana.
- O tratamento é clínico (CPAP nasal) e indispensável em caso de SAOS moderada ou grave. Ele permite a redução da evolução da doença (incidência e gravidade das complicações cardiovasculares).
- O tratamento cirúrgico tem um lugar reduzido (faringoplastia com amigdalectomia, septoplastia, turbinectomia, cirurgia bimaxilar etc.).

RISCOS PERIOPERATÓRIOS

- **Risco mais elevado de intubação difícil**: 10-15% (mesmo a ausência de obesidade associada e intubação difícil não prevista deve levar a investigação da SAOS): risco ainda mais elevado quando a SAOS é grave. O carrinho de intubação difícil dever estar perto e deve haver ajuda disponível.
- **Complicações cardiovasculares**: HA, insuficiência coronariana, morte súbita, arritmias e/ou distúrbios da condução, hipertensão arterial pulmonar.
- **Risco de obstrução das vias aéreas** no perioperatório durante uma anestesia geral sem intubação.
- No pós-operatório, aumento do risco respiratório (apneia obstrutiva com hipoxemia sobretudo se analgesia morfínica), cardiovascular (crise hipertensiva e sangramento) e neurológica (delírio, distúrbios cognitivos pós-operatórios).

DETECÇÃO PRÉ-OPERATÓRIA EM UM PACIENTE CUJA SAOS NÃO É CONHECIDA

- Perigo ligado ao desconhecimento da síndrome. Frequência 5-30% na população dos adultos com idade > 50 anos. Diz respeito a pacientes não necessariamente obesos (5% dos pacientes obesos).
- Investigar sistematicamente durante a consulta de anestesia no adulto de idade madura (autoquestionário).
- **Questionário STOP-BANG**: para detectar uma SAOS no pré-operatório. Cada elemento encontrado confere 1 ponto. A SAOS é suspeita se > 3 pontos e há risco de SAOS grave x 10 se o escore for ≥ 5.

S (*snoring*)	Ronco habitual noturno intenso
T (*tired*)	Fadiga diurna
O (*observed*)	Apneias noturnas observadas pelo cônjuge
P (*pressure*)	HA
B (*BMI*)	IMC > 35 kg/m²
A (*age*)	Idade > 50 anos
N (*neck*)	Circunferência do pescoço > 40 cm (tamanho do colarinho de camisa)
G (*gender*)	Sexo masculino

- Confirmar com polissonografia se compatível com o prazo da cirurgia (em média várias semanas são necessárias porque existem poucos laboratórios do sono na França e é preciso avaliar a eficácia do tratamento com CPAP nasal depois de 3-4 semanas de tratamento).
- Se o prazo for incompatível com a realização de uma polissonografia, considerar o paciente como tendo uma SAOS se o escore STOP--BANG for > 3.

AVALIAÇÃO PRÉ-OPERATÓRIA EM CASO DE SAOS CONHECIDA
- Avaliar sua gravidade: valor do IAH, importância das dessaturações noturnas, da hipersonia e dos distúrbios neuropsíquicos, anomalias permanentes da hematose, HA difícil de controlar, risco de acidentes de percurso.
- Investigar complicações cardiovasculares.
- Se SAOS aparelhado: verificar a observância e a eficácia do tratamento depois de 3-4 semanas. Não foi demonstrado nenhum interesse em aparelhar um indivíduo com SAOS no perioperatório imediato.

PROCEDIMENTOS NO PERIOPERATÓRIO
- **Benzodiazepínicos formalmente contraindicados em pré, peri e pós-operatório.**
- Privilegiar uma pré-medicação com gabapentina (900-1200 mg).
- A ALR é recomendada mas não elimina o risco de hipoxemia pós--operatória.
- Associação de antálgicos não opioides (AINE, nefopam, paracetamol) a fim de reduzir ou de evitar o emprego dos opioides, ou mesmo continuar a administração de gabapentina (600 mg/8 h).
- **Se SAOS conhecida e tratada com CPAP** (que o paciente sabe utilizar e adere bem ao seu tratamento):
  - Pedir que o paciente traga sua máquina para a hospitalização.
  - Rever com ele as modalidades de emprego durante a visita pré--operatória.
  - Fazer com que o paciente vá com sua máquina ao centro cirúrgico.
  - Desde a chegada na SRPA, instalar o paciente em posição semissentada, utilizar CPAP e mantê-lo por pelo menos 1 hora.
  - Não há necessidade de manter o paciente em SRPA no pós-operatório se houver apenas a indicação de SAOS.

– Continuação do tratamento com CPAP nasal em hospitalização tradicional favorecendo o emprego quase permanente (sonolência frequente mesmo durante o dia) durante os 3-4 primeiros dias (e noites) pós-operatórias (modificações da arquitetura do sono durante os 3-4 primeiros dias com um pico de apneias ao longo da 3ª noite).

- **Se SAOS provável mas não avaliada e se cirurgia de grande porte ou analgesia pós-operatória com doses consequentes de opioides**, manter o paciente pelo menos na 1ª noite em SRPA e administrar oxigênio por via nasal durante os três primeiros dias pós-operatórios.

- **Em todos os casos** (SAOS confirmada, tratada ou não, ou suspeita):
  – Pré-oxigenação em ventilação espontânea com auxílio inspiratório (PSV) + PEEP (auxílio inspiratório 4-5/PEEP 5) + proclive com cabeça superelevada (*ramped position*).
  – Manobras de recrutamento perioperatório (depois da intubação, a cada dessaturação, antes da extubação), sobretudo se for cirurgia laparoscópica.
  – Extubação em Tredelenburg invertido.
  – CPAP nasal imediatamente em SRPA ou VNI em BIPAP durante pelo menos 1 h em pós-operatório imediato (idem se dessaturação peri ou pós-operatória).
  – Posição sentada ou em decúbito lateral para dormir nas 3-4 primeiras noites, cinesioterapia respiratória no D1, D2.
  – Analgesia privilegiando os antálgicos não opioides. Se a morfina for necessária: ACP morfina. Nenhum débito contínuo (*bolus* de 0,5-1 mg).

- **A cirurgia ambulatorial é possível** se cirurgia de pequeno porte, nenhum recurso aos opioides pós-operatórios e comorbidades ausentes ou bem controladas e/ou CPAP nasal bem utilizado.

Anestesia para cirurgia pulmonar

AVALIAÇÃO CARDIORRESPIRATÓRIA PRÉ-OPERATÓRIA

- Reserva cardiopulmonar: idade (> 70 anos), escore de risco cardíaco (Revised Cardiac Risk Index: antecedente de infarto do miocárdio, diabete, injúria renal etc.), avaliação morfológica do coração (ETT) ou mesmo funcional (ecocardiografia de estresse e medir VO_2máx.) se volume expiratório máximo no 1° segundo (VEF1) < 80%.
- Mecânica ventilatória: PFR (ver *PFR*) com medida do VEF1 e do VEF1 previsto pós-operatório.
- Parênquima pulmonar: Difusão livre de monóxido de carbono (DLCO) e gasometria ou mesmo cintilografia ventilação/perfusão.

PREPARAÇÃO PARA A INTERVENÇÃO

- Parar de fumar assim que possível e no máximo > 4 semanas.
- Cinesioterapia pré-operatória, principalmente se houver doença pulmonar obstrutiva crônica (DPOC) e ajuste terapêutico.
- Programa de nutrição, exercícios físicos regulares: conceito de "pré-habilitação".

VALORES PREDITOS E OPERABILIDADE

Adiamento da cirurgia se:
- VEF1 < 40% e VEF1 predito < 30%.
- Consumo de oxigênio pelo miocárdio (MVO_2) < 10 mL/min/kg.
- Incapacidade de subir dois andares devido a uma pneumonectomia.

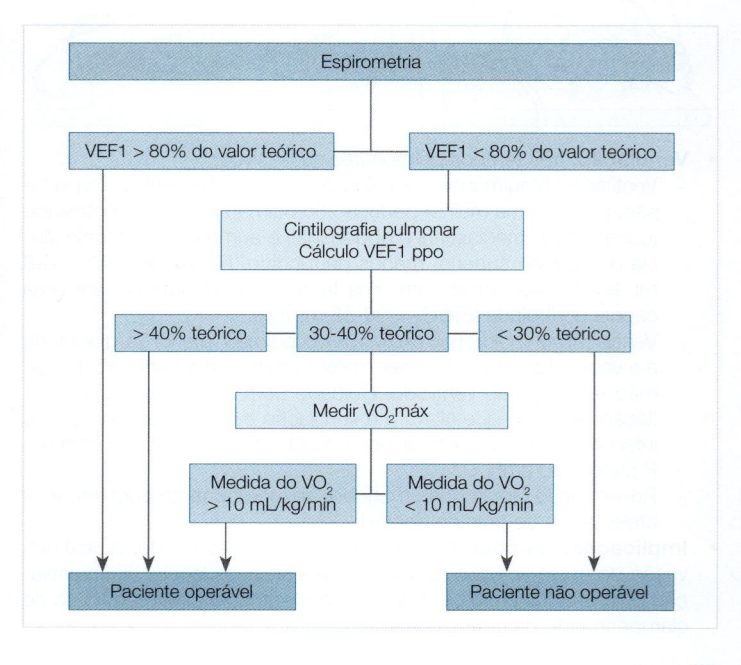

ANESTESIA

- Monitoração não específica.
- Estratégia de analgesia pós-operatória (ver *Analgesia peridural torácica*).
- Agentes anestésicos:
  - Utilização de agentes anestésicos com ação de curta duração para uma extubação no centro cirúrgico.
  - Evitar N_2O sobretudo se bolha de enfisema ou pneumotórax não drenado.
  - Privilegiar o propofol (nenhum efeito sobre a vasoconstrição hipóxica pulmonar e nenhuma fuga).
- Estratégia de intubação (ver *Exclusão pulmonar*).
- Posição operatória:
  - Na maioria das vezes em decúbito lateral sobre apoio torácico com liberação do ombro inferior.
  - Proteção dos pontos de apoio, oclusão dos olhos e almofada sob a cabeça para prevenir o alongamento das raízes cervicais e as compressões oculares.
  - Braço inferior posicionado sobre um apoio com angulação inferior a 90º, braço superior elevado procurando evitar a elongação do plexo braquial ou braço pendente.
  - Apoio anterior e posterior.
  - Perna inferior semiflexionada com uma almofada entre os joelhos.
  - Sempre verificar a posição do tubo no final da instalação.

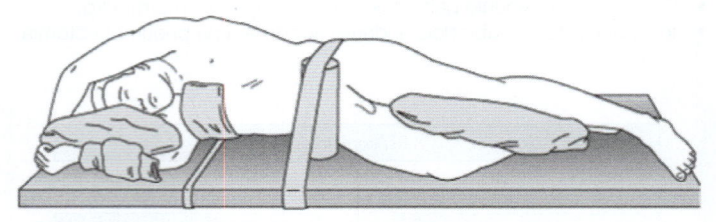

- **Ventilação**: três tempos pulmonares sucessivos:
  - Ventilação bipulmonar: modificação da relação ventilação/perfusão, pois há uma melhor perfusão do pulmão inferior atelectasiado (compressão mediastinal e abdominal) e aumento da complacência do pulmão superior menos perfundido. Regulagens: Vt = 6-8 mL/kg de peso ideal com uma frequência ventilatória para uma capnia controlada ($EtCO_2$ = 30-35 mmHg).
  - Ventilação unipulmonar exclusiva do pulmão inferior: a gravidade e a vasoconstrição pulmonar hipóxica reduzem a perfusão do pulmão superior não ventilado. Cuidado com atelectasias e hiperinflação dinâmica que alteram a ventilação e a perfusão do pulmão inferior. Efeito *shunt*. Regulagens: ajustar o Vt (5-6 mL/kg) para um P platô < 30 cmH_2O.
  - Reventilação bipulmonar: manobra de recrutamento para retirar as atelectasias do pulmão operado.
- **Implicações hemodinâmicas**: risco de hipotensão arterial pela elevação do apoio, injeção peridural de anestésicos locais, hiperventilação pulmonar dinâmica e disfunção do ventrículo direito em caso de clampeamento da artéria pulmonar.

- Ocorrência de uma **hipoxemia** em ventilação unipulmonar: uma hipoxemia surge em razão da criação de um *shunt* verdadeiro no nível do pulmão excluído (pulmão perfundido, não ventilado). Em caso de ocorrência de uma dessaturação, elevação da FiO_2. Se for possível uma reventilação sem incômodo cirúrgico, essa manobra deve ser privilegiada. Se não (caso da cirurgia robótica ou da videotoracoscopia prolongada), administrar um débito contínuo de oxigênio ± CPAP (5 cmH_2O) no pulmão excluído. Por fim, o clampeamento cirúrgico da artéria pulmonar do pulmão excluído permite resolver o *shunt*.
- Um tratamento farmacológico do *shunt* com almitrina intravenosa (*bolus* e manutenção) permite uma melhora da oxigenação arterial em ventilação unipulmonar. A avaliação cardíaca pré-operatória é útil (função do ventrículo direito, HP).

PERÍODO PÓS-OPERATÓRIO

- Posição semissentada com O_2 por cateter nasal.
- Drenos torácicos em aspiração (exceto certas indicações de pulverização de talco).
- Analgesia multimodal: analgesia peridural torácica, ou bloqueio paravertebral e PCA de morfina associados ao paracetamol e aos AINE (na ausência de contraindicação).
- Cinesioterapia respiratória e mobilização precoces (primeiro dia na cadeira e primeira levantada no D1-D2). Profilaxia tromboembólica (protocolo para ablação do cateter de analgesia peridural).

Complicações			
Pulmonares	Pleurais	Cardíacas	Nervosas
Atelectasias	Hemotórax	Arritmias supraventriculares (AC/FA)	Paralisia recorrente
Pneumopatia infecciosa	Escape de ar prolongado	IAM silencioso	Paralisia frênica
ALI ou SDRA	Piotórax	Insuficiência cardíaca	Complicação ALR
Tromboembolismo pulmonar	Quilotórax	Derrame pericárdico	
		Hérnia do coração (pneumonectomia)	

Provas funcionais respiratórias (PFR)

- **Medida dos volumes pulmonares** pela espirometria (curvas débito/volume informando a patologia broncopulmonar).

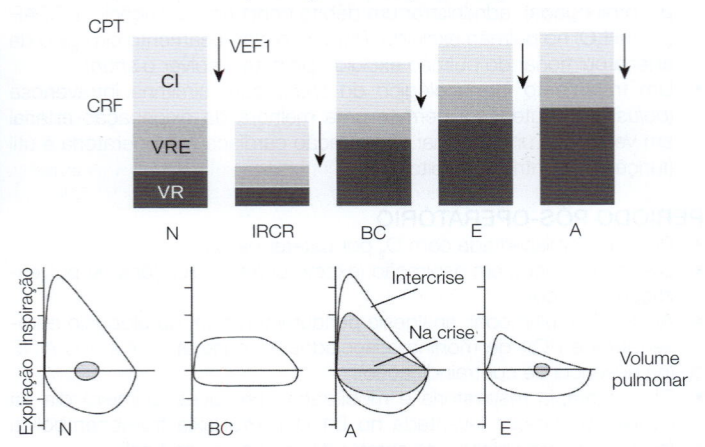

N: Traçado normal; BC: bronquite crônica; IRCR: insuficiência respiratória crônica restritiva; E: enfisema; A: asma (cinza: crise de asma).

- **Medir os débitos expiratórios e resistências testes de broncomotricidade**:
  - Obstrução brônquica grave se *peak flow* < 150 L/min.
  - Se VEF1 < 70%, teste de reversibilidade com beta-agonistas e teste clínico com corticoides (1 mg/kg/d durante duas semanas).
  - Testes de broncoconstrição (metacolina) se VEF1 > 70%.
- **Prova de esforço cardiovascular**:
  - Medir de acordo com a potência (trabalho), a VO_2máx., o limiar anaeróbico, a reserva ventilatória, a relação VO_2/Fc, e as trocas gasosas.
- **Interpretação**:

	Obstrutivo	Restritivo	Fibrose
	VEF1/CV	CPT	DLCO
Normal	≥ 88 % teórico	≥ 80 % teórico	
Leve	> 70%	66-80%	61-80%
Moderado	50-69%	50-65%	40-60%
Grave	< 50%	< 50%	< 40%

- **Indicações das PFR**:
  - Detectar pacientes com limitação respiratória.
  - Cirurgias de alto risco de complicações respiratórias: torácica, aórtica, esofágica e abdominais (sobretudo supra mesocólica).
  - Otimização respiratória pré-operatória (beta-2-agonistas, corticoides, cinesioterapias etc.).

Anestesia

Hipertensão pulmonar pré-capilar e anestesia

GENERALIDADES

- Definição: a hipertensão pulmonar (HP) pré-capilar é caracterizada por:
  - PAPm $\geq$ 25 mmHg medida por cateterismo.
  - POAP $\leq$ 15 mmHg.
- Classificação das HP:
  - 1a. HP idiopática, hereditária, tóxica, ou associada (doenças dos tecidos conectivos, HIV, portopulmonar, cardiopatias congênitas, esquistossomose).
  - 1b. Doença veno-oclusiva e/ou hemangiomatose capilar pulmonar.
  - 2. HP associada às cardiopatias esquerdas (sistólica, diastólica ou valvar).
  - 3. HP associada às patologias pulmonares crônicas e/ou à hipoxemia.
  - 4. HP pós-embolia crônica.
  - 5. HP de mecanismo multifatorial ou vago (hematologia, doença sistêmica, metabólica e outras).
- A HP pré-capilar resulta de um aumento da resistência arterial pulmonares (RAP) em razão ou de uma remodelagem vascular pulmonar (grupos 1 e 3) ou de uma obstrução vascular pulmonar (grupo 4), resultando em uma insuficiência cardíaca direita.
- A HP pós-capilar (grupo 2) é a consequência de uma incompetência cardíaca esquerda que não está submetida aos mesmos riscos nem aos procedimentos detalhados a seguir.

PERÍODO PRÉ-ANESTÉSICO

> Os pacientes acometidos pela HP pré-capilar que devem passar por um ato sob anestesia exigem procedimentos pluridisciplinares em um centro de referência. Como regra geral, evitar se possível a cirurgia de emergência e a anestesia geral.

Avaliação do risco de acordo com

Tipo de cirurgia: com um elevado risco para a cirurgia de emergência, hemorrágica, com uma duração superior a três horas, provocadora de síndrome da resposta inflamatória sistêmica (circulação extracorpórea), de embolia gasosa, gordurosa ou de cimento, a cirurgia de ressecção pulmonar e sob laparoscopia.

Gravidade da hipertensão pulmonar:
- Avaliação do estatuto funcional do paciente:
  - Classificação da New York Heart Association (NYHA)/Organização Mundial da Saúde (OMS):
    1. Atividade física normal: nenhuma fadiga, dispneia, dor torácica, nem lipotimia.
    2. Atividade física pouco limitada: dispneia de fadiga, dor ou lipotimia possível. Conforto no repouso.
    3. Atividade muito limitada: qualquer atividade mínima gera dispneia, dor ou lipotimia. Desconforto no repouso.

4. Nenhuma atividade é possível sem sintoma: sinais de insuficiência cardíaca direita, sintomas no repouso, aumento desde a mínima atividade.
   – Teste de marcha de 6 minutos: uma distância percorrida inferior a 300 m é muito desfavorável.
- Sinais clínicos: lipotimias, síncopes, sinais clínicos de insuficiência cardíaca direita.
- Biologia: BNP elevado.
- Ecocardiograma transtorácico: TAPSE (*tricuspid annular plane systolic excursion*) < 15 mm e derrame pericárdico.
- **Cateterismo arterial pulmonar**: sua realização deve ser discutida no pré-operatório com o centro de referência. Ele vai permitir uma avaliação da gravidade e a elaboração de uma estratégia terapêutica de otimização pré-operatória.
- Se a cirurgia estiver programada, ele pode ser feito várias semanas antes. Não existe nenhum critério hemodinâmico de gravidade comprovado diferentemente do transplante de fígado, onde o risco é maior se PAPm > 50 mmHg, de baixo risco se PAPm < 35 mmHg e IC > 3 L/min/m²).
- **Comorbidades**: injúria renal, insuficiência coronariana, antecedentes tromboembólicos.

Otimização pré-operatória
- Uma otimização da volemia (diurético ou reposição) deve ser realizada em função da clínica, do cateterismo ou do ecocardiograma transtorácico (ETT). A euvolemia é fundamental antes de qualquer procedimento.
- Deve-se manter o tratamento específico da HP. As diferentes classes de tratamento são:
  – Os bloqueadores do canal de cálcio entre os pacientes respondedores (teste quando do cateter direito): nifedipina, diltiazem.
  – As prostaciclinas: epoprostenol por intravenosa em bomba de infusão, iloprost pela via inalatória, treprostinil (Remodulin®) por via subcutânea. Note-se que o epoprostenol é um produto de meia-vida muito curta (3 min), que é administrado de forma intravenosa contínua por um cateter na maioria das vezes tunelizado. Em nenhum caso este produto deve ser interrompido e deve ser infundido sem outro produto (as mesmas precauções para uma catecolamina). Uma troca para um outro cateter pode ser feita mais a frente segundo o lugar do cateter tunelizado no campo operatório.
  – Os antagonistas dos receptores da endotelina (bosentana), ambrisentana VO, macitentan.
  – Inibidores da fosfodiesterase: sildenafila, tadalafila e vardenafila.
  – Os estimulantes da guanilato ciclase (GMPc): riociguat.
- Os tratamentos anticoagulantes terapêuticos podem ser interrompidos sem substituição se a única indicação é a HP, com exceção das HP do grupo 4 para as quais uma substituição por HBPM ou HNF é indispensável.
- HBPM nas doses profiláticas habituais.

PERÍODO PERIOPERATÓRIO
Consequências da anestesia na HP:
- Aumento da pós-carga do VD pela elevação da resistência vascular pulmonar (RVP) (ventilação mecânica, vasopressores, hipoxemia, hipercapnia, reposição volêmica, pneumoperitônio).

- Isquemia ventricular direita (taquicardia e estimulação simpática, hipotensão sistêmica secundária à vasoplegia induzida por sedativos).

Escolha da anestesia
- Privilegiar a ALR sempre que possível (bloqueios nervosos, peridural, anestesia espinhal contínua, anestesia espinhal peridural combinada). Em caso de AG: preservar uma ventilação espontânea se possível; se for ventilação mecânica, ela deve ser de curta duração e com baixo nível de PEEP.
- Indução: privilegiar AVIAC (hipnose progressiva). Evitar a cetamina na dose anestésica especialmente na ventilação espontânea (risco de hipercapnia e de aumento da RAP). Opioides em altas doses.

Generalidades
- Purgação das perfusões, manta térmica, filtro + umidificador, aquecedor.
- *Airway*: pré-oxigenação 100% de O_2 expirado, nenhuma laringoscopia antes da hipnose profunda (monitoração BIS™ indispensável) e morfinização adequada.
- Ventilação mecânica com 100% FiO_2, hiperventilação para $PaCO_2$ < 30-35 mmHg e PEEP a mais baixa possível.
- NO disponível na sala de cirurgia.
- Monitoração hemodinâmica: cateter arterial, cateter central com medição da pressão venosa central (PVC) (antes da indução).
- Mais do que uma cifra da pressão, são as variações de pressão que determinam a terapêutica (ver *algoritmo*).

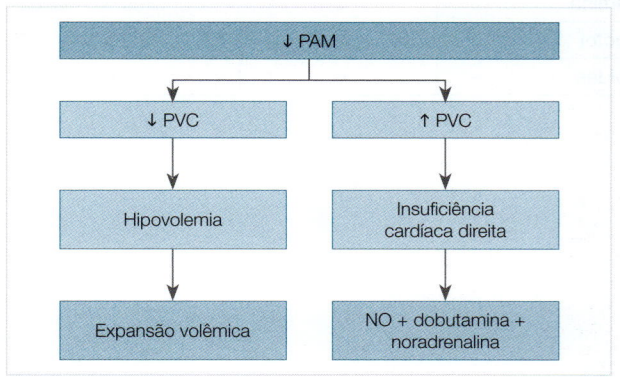

- A expansão volêmica se faz em débito livre até a obtenção de uma subida da PVC.
- O NO é liberado em um débito de 1 L/min.
- A dobutamina é iniciada com uma posologia de 5 mcg/kg/min e limitada pelo efeito taquicardizante deletério.
- A noradrenalina é iniciada com 0,25 mg/h.

PERÍODO PÓS-OPERATÓRIO
- A extubação deve ser realizada o mais rapidamente possível.
- O controle deve ser feito na semi-intensiva ou UTI em um centro de referência onde, se necessário, será reforçado o tratamento da HP e serão observadas as eventuais complicações cirúrgicas.

Anestesia

- As mortes pós-operatórias podem ocorrer de repente, são numerosas nos primeiros dias, consecutivas a uma insuficiência cardíaca direita.
- Tratamento da dor para evitar qualquer estimulação simpática e aumento da RAP: anestesia peridural, bloqueios periféricos, antálgicos não opioides.
- Luta contra os fatores que contribuem para uma insuficiência do ventrículo direito: variações volêmicas, tônus simpático, vasoconstrição pulmonar (acidose, hipóxia, hipotermia), tromboembolismo pulmonar.
- Prevenir infecção, anemia, hipotermia, acidose e trombose.
- Tratamento de uma arritmia com digoxina, amiodarona (nunca betabloqueadores nem bloqueadores do canal de cálcio inotrópicos negativos).

Efeitos dos agentes anestésicos sobre o ventrículo direito e a resistência vascular pulmonar

Agente anestésico	Contratilidade do ventrículo direito	Resistência vascular pulmonar
Isoflurano/desflurano	↓↓	↑
Sevoflurano	↓↓	↔
Protóxido de azoto	↓	↑↑
Tiopental	↓	↔
Etomidato	–	–
Cetamina	↓	↑ adultos, ↔ crianças
Propofol	↓↓	↓
Opioides	↔	↔

Transplante renal (TR)

CONSULTA DE ANESTESIA
Avaliação cardiovascular

- Paciente com risco cardiovascular aumentado: HA (90%), hipertrofia ventricular esquerda (HVE), coronariopatia (25-75%), diabete.
- A otimização cardiovascular pré-operatória reduz as complicações cardiovasculares pós-operatórias e o retardo da retomada de função do órgão transplantado.
- Reavaliação cardiovascular regular por causa da evolução rápida.
- O exame clínico cardiovascular é pouco contributivo: dor anginosa muitas vezes ausente pela disautonomia urêmica e/ou diabética, avaliação da tolerância ao esforço dificilmente apreciável por causa do sedentarismo (astenia frequente e síndrome depressiva presente em 50% dos casos).
- Paciente com outra FdR: eletrocardiograma de repouso (ECG), ecocardiografia transtorácica (ETT) e consulta cardiológica (CC) uma vez por ano.
- Paciente com os FdR (re-TR, diabete, idade > 50 anos, anomalias ECG ou ETT): ECG, ETT, CC uma vez por ano e teste de esforço (TE) a cada dois anos.
- Paciente com antecedente cardiovascular: ECG, ETT, CC e TE uma vez por ano.
- A cintilografia miocárdica e a ecocardiografia de esforço são preferíveis ao ECG de esforço, o ECG de repouso mostrando com frequência alterações dificilmente interpretáveis sob esforço. O TE é muitas vezes completado com uma estimulação farmacológica, uma vez que apenas o esforço físico não permite alcançar a frequência cardíaca máxima teórica (FCM). Em caso de exame positivo ou duvidoso, encaminhar o paciente ao cardiologista para avaliar a necessidade de uma coronariografia.
- Eco-Doppler dos troncos supra-aórticos (TSA) se a idade > 65 anos, diabete complicada ou antecedentes cardiovasculares maiores.

Em caso de antecedentes coronarianos maiores (síndrome coronariana aguda [SCA] ou colocação de *stent*)

1. Colocar o paciente em contraindicação temporária (CIT).
2. Aguardar o prazo de acordo com o acontecimento:
   - 3 meses depois da colocação do *stent* não farmacológico fora do contexto de urgência.
   - 6 meses depois SCA com ou sem colocação do *stent* não farmacológico.
   - 6-12 meses depois da colocação do *stent* farmacológico qualquer que seja o contexto.
3. Reavaliação cardiológica (ETT, TE e CC) para validar a estabilidade cardiovascular e autorizar a passagem para a mono antiagregação plaquetária.

Gestão dos antiplaquetários e dos AVK

- Não interromper o ácido acetilsalicílico.
- Nenhuma intervenção sob clopidogrel ou agentes antiplaquetários (AAP) de última geração: se possível, substituí-lo pelo ácido acetilsalicílico.

- Qualquer interrupção do segundo agente antiplaquetário deve ser validada pelo cardiologista, inclusive a eventual janela terapêutica de 5-7 dias em caso de transplante programado.
- No dia da intervenção antagonizar os AVK (posologia de acordo com o INR) e dar 10 mg de vitamina K VO ou IV.
- Não fazer transfusão das plaquetas inicialmente pelo risco de trombose e de imunização.

Dificuldades anestésicas frequentes nos portadores de injúria renal crônica (IRC)
- Acessos vasculares difíceis: a perfusão fístula arteriovenosa (FAV) é reservada às situações de emergência. A coleta de sangue é possível.
- Intubação difícil: pacientes diabéticos, obesos.
- Disautonomia.
- IMC > 30 kg/m^2 pode representar um critério de exclusão para o TR.

VISITA PRÉ-ANESTÉSICA
- Assegurar-se da ausência de novos acontecimentos médicos (cardio-vasculares+++) desde a última consulta de anestesia.
- Eliminar qualquer estado infeccioso e realizar um ECBU (exceto se o paciente estiver anúrico); se positivo, avaliar em conjunto com a equipe médico-cirúrgica os riscos e benefícios da intervenção e a antibioticoterapia.
- Atualizar o tratamento médico, o peso seco do paciente e a variação de peso habitual entre duas sessões de diálise.
- Anotar a data da última sessão de diálise, o peso na saída e a eventual diurese residual (a diálise antes da intervenção não é sistemática, mas preconizada nos pacientes com uma calemia já no limite superior porque ela pode aumentar ainda mais durante a reperfusão do transplante).
- Verificar a avaliação do dia: ionograma (calemia compreendida entre 3,5-5 mmol/L), hemograma, plaquetas, TP, TTPA, TQ e o ECG.
- Verificar a disponibilidade dos produtos sanguíneos lábeis: fazer transfusão unicamente com produtos deleucocitados, fenotipados e aférese de plaquetas para reduzir o risco de imunização.
- Deixar o paciente em jejum.
- Pré-medicação: gabapentina 600-900 mg VO.
- Indução da imunossupressão: tratamentos iniciados no serviço de nefrologia e transmitidos para a equipe de anestesia em razão dos efeitos de certos imunossupressores com os agentes de anestesia (ver *fim do capítulo*).
- Antibioticoprofilaxia com amoxicilina – ácido clavulânico 2 g (ou levofloxacino em caso de alergia).

PROCEDIMENTOS NO CENTRO CIRÚRGICO
- O receptor é instalado sobre a mesa, com os braços cruzados.
- O braço onde se encontra a fístula arteriovenosa deve ser deixado livre (sem AVP nem manguito de pressão arterial), a permeabilidade desta FAV deve ser verificada regularmente.
- Colocação de uma segunda veia para a expansão volêmica.
- Monitoração do ECG contínuo por cardioscopia, pressão arterial não invasiva (PANI) automática, a pressão arterial invasiva (PAI) deve ser reservada aos pacientes com alto risco de instabilidade hemodinâmica perioperatória (insuficiência cardíaca, HP, EAO etc.).

- Otimização da reposição volêmcia conforme o débito cardíaco (ver *Particularidades da otimização hemodinâmica perioperatória*).
- Antes da indução da anestesia verificar:
  - A concordância entre o número **cristal** e o número **receptor**.
  - A compatibilidade do grupo ABO entre o **doador** e o **receptor**: carta de grupo e teste de Beth-Vincent realizado na sala de operação.
  - As coletas bacteriológicas e parasitológicas do líquido de conservação do órgão a ser transplantado foram efetuadas.
- A indução da anestesia só é iniciada depois da preparação do órgão a ser transplantado e depois da concordância do cirurgião.

Anestesia

- A anestesia perimedular é desaconselhada, pois a heparina residual da diálise e a hiperuricemia aumentam o risco de hematoma.
- O retardo de retomada da função renal permanece frequente, o paciente continua sendo considerado como renal crônico.
- A indução em sequência rápida não é sistemática, mas a disautonomia urêmica e/ou diabética deve ser investigada.
- Considerando-se as modificações do metabolismo, da excreção e do volume de distribuição dos medicamentos, a manutenção da anestesia é baseada na **titulação** e na **monitoração**.
- **Hipnóticos**: todos são possíveis, reduzir as doses de midazolan pela metade.
- **Opioides**: sem modificações farmacodinâmicas ou farmacocinéticas significativas para sufentanila, alfentanila ou remifentanila. As posologias de fentanila e de morfina são reduzidas em 50%.
- **Curares**: a posologia na indução é habitual mas a monitoração é indispensável. A monitoração no nível do adutor do polegar não é modificada do lado da FAV.
- A succinilcolina é responsável por um aumento da calemia entre 0,5-1 mmol/L.
- O mivacúrio e a succinilcolina podem acarretar uma curarização prolongada por causa de uma diminuição das pseudocolinesterases plasmáticas no paciente com injúria renal.
- A ação dos miorrelaxantes esteroides é potencializada pelos corticoides e sua eliminação renal é reduzida. O vecurônio é desaconselhado por causa de sua duração de ação longa. O rocurônio pode ser utilizado quando a succinilcolina não está autorizada.
- O cisatracúrio e o atracúrio são os curares mais indicados porque seu metabolismo não é modificado, mas sua eliminação pode ser reduzida pela acidose metabólica.
- A descurarização é feita segundo os critérios habituais, mas a ação da neostigmina é prolongada nas mesmas proporções que a dos curares não despolarizantes pela injúria renal.
- A descurarização pelo sugamadex é possível, porém mais lenta.
- A manutenção da anestesia pode ser feita com os halogenados ou com o propofol em modo AVIAC. Isoflurano, desflurano e sevoflurano podem ser utilizados indiferentemente.
- A analgesia é iniciada antes da incisão por um bloqueio do plano transverso abdominal (TAP) ecoguiado (ropivacaína 2-3 mg/kg com um volume de 15-20 mL).

- A sondagem urinária é efetuada pelo cirurgião: as dificuldades de sondagem são frequentes.
- Não existem argumentos fortes para preconizar a administração de furosemida, manitol ou dopamina.

Controle perioperatório
- Manter uma volemia adequada e assegurar uma perfusão satisfatória do rim transplantado. A hipovolemia e a hipotensão arterial perioperatórias afetam o prognóstico do rim transplantado e do paciente.
- O nível de pressão arterial deve ser o mais próximo possível daquele que é habitual para o paciente.
- Proceder com provas de reposição sucessivas (250 mL) segundo uma estratégia Goal Directed Fluid Therapy.
- Solutos utilizáveis: NaCl 0,9%, Ringer lactato. Evitar administrar unicamente o NaCl 0,9% pois há risco de acidose hiperclorêmica.
- As gelatinas fluidas modificadas e os HES são contraindicados. Não há indicação para a albumina.
- Controlar os picos hipertensivos com urapidil (*bolus* de 12,5 mg IV que pode ser repetido se necessário).
- Os bloqueadores do canal de cálcio, com exceção da amlodipina, devem ser evitados por causa da interação com os imunossupressores (1 mg IV de nicardipina pode ser responsável por uma superdosagem importante da ciclosporina).
- Correção da acidose metabólica a fim de reduzir o aumento da calemia e melhorar a função do órgão transplantado.
- Manter uma glicemia abaixo de 10 mmol/L: uma hiperglicemia no momento da reperfusão pode ser responsável por um atraso da retomada da função do órgão transplantado.
- O paciente pode ser extubado normalmente no fim da intervenção.

Intervenção cirúrgica
- Dissecção dos vasos ilíacos e da parte lateral da bexiga, anastomoses vasculares e ureterais.
- Tempo de isquemia fria: tempo entre o clampeamento dos vasos do doador até o início da anastomose venosa no receptor. A incidência das disfunções do órgão transplantado a curto e longo prazo correlaciona-se diretamente com esse tempo.
- Tempo de isquemia quente (tempo de anastomose): do início da anastomose venosa até a remoção das pinças arteriais no receptor. A incidência da necrose tubular aguda (NTA) aumenta com sua duração.

PERÍODO PÓS-OPERATÓRIO IMEDIATO (SALA DE RECUPERAÇÃO)
- Ionograma de controle ao chegar na SRPA para eliminar uma hipercalemia e indicar uma diálise de emergência.
- O controle da troponina e do ECG permite antecipar uma complicação cardiovascular perioperatória, muito frequente nos pacientes com injúria renal.
- Um Doppler dos vasos do órgão renal transplantado na SRPA é desejável para eliminar uma anomalia ou plicatura das anastomoses e uma trombose precoce (em particular nos pacientes anúricos) que podem indicar uma reoperação na urgência.

- A retomada precoce da diurese melhora o prognóstico dos pacientes, ela é frequente em caso de transplante com doador vivo: em geral, a diurese horária não ultrapassa 400 mL/h e se estabiliza na proximidade de 100-200 mL/h em 12-18 h.
- O tempo prolongado de isquemia fria, uma qualidade mínima do órgão transplantado e/ou o estado cardiovascular medíocre do receptor podem ser responsáveis por um atraso na retomada da função renal, que pode durar algumas semanas.

Analgesia
- Bloqueio do plano transverso abdominal antes da incisão.
- Paracetamol: 1 g x 4/24 h IV (ajustado ao peso). Na ausência de retomada da diurese, a posologia será reduzida para 1 g x 3/24 h.
- Nefopam: 20 mg x 4/24 h IVL. Na ausência de retomada da diurese, a posologia será reduzida para 20 mg x 2/24 h.
- **Nenhum AINE nem anti-Cox 2**.
- Morfina: eliminação renal reduzida e risco de acúmulo de morfina 3 e 6-glucuronida. A titulação de morfina na SRPA responde às regras habituais. Nenhuma injeção sistemática. Morfina por meio da analgesia controlada pelo paciente (PCA): *bolus* 1 mg, o período refratário é aumentado para 15 min sem débito contínuo. Nenhuma contraindicação ao droperidol.

PRESCRIÇÕES PÓS-OPERATÓRIAS E CONTROLE PÓS-OPERATÓRIO
- Anticoagulação na dose isocoagulante (cirurgia com risco trombótico moderado) com calciparina ou heparinas não fracionadas (HNF).
- Perfusão de base com glicosado isotônico: 500-1.000 mL/24 h.
- Compensação da diurese com NaCl 0,9% (± KCl que deve ser ajustado segundo os ionogramas sanguíneo e urinário) volume por volume se a diurese for superior a 200 mL por hora.
- Controle cardiovascular por ciclos de troponina e ECG: ao chegar à SRPA, H12, H24, H48.
- Ionograma sanguíneo: em SRPA, D1, D2.

Saída da sala de recuperação
- Verificação dos critérios de saída da SRPA e os resultados da avaliação complementar pós-operatória.
- Eliminar uma complicação cirúrgica e realizar um Doppler das artérias renais.
- Transferência para a unidade de transplante renal depois de ter transmitido ao nefrologista as informações relativas ao estado do paciente.

PARTICULARIDADES DO TRANSPLANTE RIM-PÂNCREAS
- Consulta de anestesia: as explorações cardíacas são sistemáticas e realizadas todos os anos em razão de diabete evolutivo desses pacientes.
- Antibioticoprofilaxia: piperacilina-tazobactama 4 g x 3/24 h durante 48 h que deve ser ajustado à função renal.
- Monitoração indispensável: instalação de um cateter arterial para medir a pressão arterial invasiva. Utilização do Doppler esofágico.
- Reposição volêmica: os objetivos são os mesmos do transplante renal, mas a intervenção é mais longa (5-7 h) e mais hemorrágica.

- Recomenda-se a colocação de um cateter central venoso.
- Insulinoterapia intravenosa com bomba de infusão peri e pós-operatória até a normalização das glicemias. Na retomada da alimentação oral substituir por via SC se necessário (ver *Anestesia e diabete*).
- Procedimento pós-operatório na UTI.
- Anticoagulação com heparina não fracionada durante 5 dias (anti-Xa = 0,3-0,4).
- Doppler do transplante renal e pancreático cotidiano.
- Imunossupressão que deve ser conduzida com os nefrologistas.

Transplante hepático

INDICAÇÕES

- Doenças parenquimatosas e crônicas do fígado: cirrose alcoólica (26%), infecciosa (viral B ou C), autoimune.
- Alguns cânceres primários do fígado: carcinoma hepatocelular (28%), colangiocarcinoma.
- Hepatites fulminantes e subfulminantes: tóxicas (paracetamol, amanita faloide, hepatite alcoólica aguda), virais (hepatite A, B), indeterminadas.
- Doenças colestáticas crônicas do fígado: cirrose biliar primária, colangite esclerosante.
- Algumas doenças metabólicas e genéticas: a doença de Wilson, a deficiência de alfa1-antitripsina, hemocromatose, as glicogenoses, a amiloidose.

TÉCNICA DE TRANSPLANTE HEPÁTICO (TH)

- **Com um fígado inteiro cadavérico** (morte encefálica) ou doador vivo ("TH domino").
- **Fígado compartilhado**:
  - Dividido a partir do fígado cadavérico (lobo esquerdo ou lobo direito, *ex situ*).
  - Lobo esquerdo ou direito de doador familiar (hepatectomia no doador, *in situ*).
- **Transplante combinado**: fígado + rim (ou outro órgão: fígado + coração).
- **Transplante hepático auxiliar** (transplante nativo no lugar + transplante do lobo direito/esquerdo).

VISITA PRÉ-ANESTÉSICA

- Todos os pacientes inscritos na lista de espera têm um prontuário de anestesia completo e validado. É importante saber:
  - A patologia.
  - A avaliação cardiovascular recente.
  - Os últimos resultados biológicos.
  - Fazer um pedido provisional de produtos derivados do sangue e enviá-lo ao Banco de Sangue.
  - O tipo de monitoração possível.

INDUÇÃO E MANUTENÇÃO DA ANESTESIA

- Indução clássica ou sequência rápida se estômago cheio ou ascite importante.
- Drogas usadas na indução ou manutenção: sem particularidade. Curarização: atracúrio.
- Antibioticoprofilaxia: piperacilina.
- Ácido tranexâmico (1 g em 20 minutos, seguido de 1 g/8 h) (Contraindicação: antecedentes de trombose venosa, incluindo trombose da veia porta).
- Tratamento imunossupressor: metilprednisolona 5 mg/kg. Gamaglobulinas anti-HBs se houver HVB.
- Acessos venosos: 2 ou 3 AVP de grande calibre para a reposição volêmica. Utilizar um acelerador-aquecedor de perfusão (p. ex., Level One).

Anestesia

- Introdutor (Cordis) simples ou tripla via na veia jugular interna direita (VJI).
- BIS™, manta térmica, sonda nasogástrica, sonda vesical.
- Cell-Saver® (Contraindicações: infecção do líquido ascítico, cirurgia carcinológica). As hepatites virais não são uma contraindicação para o uso de Cell-Saver®.

MONITORAÇÃO HEMODINÂMICA
- Pressão arterial invasiva radial ou femoral (deve ser privilegiada). Se houver cirrose grave CHILD B ou C escore MELD > 20, o Delta PP e o Vigileo™ são pouco contributivos.
- Doppler esofágico ou ETO (controle da reposição volêmica, da função cardíaca).
- Cateter de Swan-Ganz (cateter arterial pulmonar) se houver HP.

FASES OPERATÓRIAS
Fase de hepatectomia e de dissecção do pedículo hepático
- Tempo ± hemorrágico.
- Qualquer que seja a hemostasia do paciente, esta fase será mais hemorrágica se houver:
    - Hipertensão portal (cirrose e/ou trombose portal) – possibilidade de realizar uma anastomose portocava cirúrgica temporária ou de dar início a um *shunt* venovenoso (CEC venovenosa), a fim de reduzir o sangramento ligado à hipertensão portal.
    - Doença de Rendu-Osler.
    - Policistose hepática.
- **CEC venovenosa** = *shunt* veia cava inferior (veia femoral ± tronco porta) em direção ao território da veia cava superior (veia jugular interna ou veia axilar).
    - Objetivos da transfusão: Hb ≥ 8-9 g/dL (concentrado de hemácias, Cell Saver®), de acordo com os antecedentes médicos.
    - Os testes clássicos de coagulação não refletem o risco hemorrágico. É interessante a monitoração da hemostasia com TEG® ou ROTEM®. Na ausência, fixar como objetivos TP > 40%, plaquetas > 50.000, fibrinogênio > 1,5 g/dL, correlacionados com a clínica (ver *Hemostasia – Tromboelastograma*).
    - Controle do Ca++ e do K+.
    - Estabilidade hemodinâmica: realizar provas de volume regularmente (cristaloides, coloides [gelatinas], albumina). Contraindicação ao HES (Voluven).
    - Se a prova for negativa e a hipotensão persistir (PAM < 60): catecolaminas intravenosa em bomba de infusão (noradrenalina).

Fase anepática
Exclusão vascular hepática: clampeamento do pedículo hepático + clampeamento DA veia cava inferior.
- **Com conservação cava:**
    - O clampeamento da veia cava é lateral, incompleto, sem repercussão hemodinâmica.
- **Sem conservação cava:**
    - O clampeamento total da veia cava supra e infra-hepática diminui o retorno venoso em 60%.

- Fazer um teste de pinçamento de 5 min em um paciente com uma volemia ótima: CEC indicada se:
  » IC ↓ ≥ 50%.
  » SvO_2 ↓ ≥ 25%.
  » FC > 120 bpm.
  » PAM ↓↓.
- CEC de imediato se o paciente tem uma função cardíaca muito alterada sem teste de clampeamento.

- **Riscos ligados à CEC**: desconexão das linhas (hemorragia), trombose das linhas, embolia gasosa (ar nas linhas) ou coágulos, hipotermia, fibrinólise.
- Diminuição das drogas de metabolismo hepático.
- Controle Ca^{++} (se administração de citratos) e da glicemia.
- Diminuição da reposição se a veia cava estiver completamente clampeada.
- No momento do desclampeamento, é preciso que o pH seja normal, normotermia, calemia ≤ 4 mmol/L.

Remoção do clampeamento e revascularização do órgão transplantado

- **Sequência de revascularização**: desclampeamento da cava (restituição da pré-carga), desclampeamento da veia porta e depois da artéria hepática.
- **Síndrome de reperfusão** na revascularização do órgão transplantado (40% dos pacientes): queda da PAM > 30% durante > 1 min, nos primeiros 5 min depois do desclampeamento (vasodilatação intensa).
- **Tratamento**: catecolaminas (noradrenalina e/ou adrenalina). Risco de hipercalemia transitória no desclampeamento (caso ocorra arritmia cardíaca, dar $CaCl_2$).
- Atenção com as fugas pelas suturas vascularizadas.
- Anastomoses digestivas (bilio-biliar ou bilio-digestivas com reconstrução em Y de Roux) e verificação da hemostasia cirúrgica.
- Manter a normotermia (distúrbios da coagulação em hipotermia).

PÓS-OPERATÓRIO

- Transferência para a UTI (é possível a extubação *fast track* no fim da intervenção).
- Jejum por 48 h e depois retomada dos líquidos entre D2-3 e sólidos entre D3-6 de acordo com o tipo de anastomose biliar (bilio-biliar ou bilio-digestiva).
- Administração de glicosados: 1.500-2.000 mL/d, eletrólitos de acordo com o ionograma, vitaminas e oligoelementos. Controle glicêmico. Compensação da ascite volume a volume com Ringer lactato ou albumina.
- Analgesia com PCA e nefopam 20 mg/8 h. O paracetamol é contraindicado no pós-transplante hepático imediato.
- Tromboprofilaxia clássica, HNF ou ácido acetilsalicílico se houver exigência cirúrgica particular (p. ex., passagem de PAI difícil).
- Antibioticoprofilaxia durante 24 h. Profilaxia anti-herpética e antifúngica.
- Controle com ecografia Doppler das anastomoses vasculares nos cinco primeiros dias e TC contrastada no sétimo dia.

HEPATITE FULMINANTE

- Monitoração da hipertensão intracraniana (HIC) por meio da pressão intracraniana (invasiva) ou pelo Doppler transcraniano (DTC) no perioperatório (ou diâmetro do nervo óptico).
- Objetivo de PAM de 80 mmHg ou a ser ajustada de acordo com a pressão intracraniana (PIC) para obter uma pressão de perfusão cerebral (PPC) de 60 mmHg e/ou valores do DTC normais.
- SE houver HIC importante (midríase ou alteração dos DTC): manitol 20% ou solução salina hipertônica (SSH).
- Administração de glicosado contínuo para manter uma normoglicemia (hipoglicemias frequentes em consequência da insuficiência hepatocelular).

Tumor carcinoide

- Tumor neuroendócrino que secreta mediadores vasoativos (serotonina, histamina, bradicinina). As localizações mais frequentes são intestino delgado, estômago, ovários e broncopulmonares. Às vezes há metástase hepática.
- Às vezes formas familiares ou neuroendocrinopatias múltiplas (NEM).
- Cirurgia muito específica, não desprovida de risco e que necessita de cuidados em conjunto com cirurgiões, anestesistas e endocrinologistas.

SINAIS CLÍNICOS E DIAGNÓSTICO

- **Síndrome carcinoide** = diarreia e *flush* (30-70% se houver metástase hepática ou nenhuma drenagem venosa pelo sistema porta). Espontânea ou provocada por um fator desencadeante. Associada às placas eritematosas, crises de angústia, cefaleias, broncoespasmo, dor abdominal, hipertermia e hipotensão arterial, ou mesmo choque. Existe a possibilidade de valvopatia cardíaca direita e às vezes esquerda.
- **Diagnóstico**: aumento da serotonina, cromogranina A plasmática e 5-hidroxi-indolacético (5-HIAA) urinário (metabólito da serotonina).

PRÉ-OPERATÓRIO
Preparação

- **Se houver síndrome carcinoide sintomática: análogo da somatostatina**: octreotide (meia-vida curta, SC ou IV), octreotide LP (uma injeção por mês IM), lanreotida (meia-vida longa, SC). Controle glicêmico, hepático. Por exemplo: octreotide: dose inicial de 50 mcg SC de manhã e à noite fora das refeições (máximo de 1.500 mcg/dia).

Consulta de anestesia

- Ionograma sanguíneo (diarreia).
- Localizações: imagem.
- Avaliação cardiológica: ECG e ETT (investigar valvopatia direita, FeVE).
- Pré-medicação: ansiolítico + octreotide 100 mcg SC de manhã.

PERIOPERATÓRIO
Anestesia

- **Escolha das drogas**:
- ▲ **Evitar os medicamentos liberadores de histaminas e catecolaminas.**
  - Privilegiar o etomidato (estabilidade hemodinâmica e ausência de liberação de histaminas) ou o propofol. Evitar o tiopental (liberação de histaminas). É possível a utilização de halogenados.
  - Não há contraindicação para a succinilcolina. Evitar o atracúrio e o mivacúrio (liberação de histaminas).
- **Monitoração**: pressão arterial invasiva, cateter central, volemia e BIS™ de acordo com a cirurgia.
- Controle glicêmico rígido.

Controle cardiovascular

- **Risco de crise carcinoide** sobretudo se houver metástase hepática. Fator desencadeante: liberação de histaminas, estresse, dor, manipulação tumoral, catecolamina. **Octreotide à disposição imediata no centro cirúrgico.**
- **Prevenção**: octreotide 100 mcg SC de manhã ou IV contínua na bomba de infusão na dose 100-250 mcg/h no perioperatório caso haja risco de crise (tumor volumoso, crise frequente).

- **Se houver hipotensão ou *flush* com choque ou broncoespasmo:**
  - Otimizar a volemia, verificar a profundidade da anestesia.
  - Octreotide em *bolus* IV 50-200 mcg repetido e depois de 150-250 mcg/h IV contínua na bomba de infusão.

▲ **As aminas vasopressoras são contraindicadas a princípio.**
Só utilizá-las em caso de hipotensão refratária depois da correção de uma hipovolemia e octreotide IV.

- Se houver crise hipertensiva: aprofundar a anestesia e depois administrar o octreotide.

PÓS-OPERATÓRIO

- Controlar na semi-intensiva, pois há risco de instabilidade hemodinâmica persistente e queda progressiva nas 48 h após octreotide (efeito rebote IV > SC).
- Analgesia multimodal para limitar o consumo de morfina.

Feocromocitomas

- Tumor neuroendócrino desenvolvido a partir da medula suprarrenal (ou de outros gânglios simpáticos = paraganglioma) que secretam catecolaminas (noradrenalina, adrenalina e às vezes dopamina) independentemente da estimulação simpática.
- Formas familiares ou associadas a doença de von Hippel-Lindau, às NEM (neuroendocrinopatias múltiplas) ou neurofibromatose de tipo 1.
- Risco de complicações perioperatórias elevadas que necessitam de procedimentos conjuntos entre cirurgiões, anestesistas-intensivistas e endocrinologistas. A preparação pré-operatória, a gestão do peri e do pós-operatório permitiram melhorar o prognóstico dos pacientes.

SINAIS CLÍNICOS E DIAGNÓSTICO

- **HA paroxística** (frequentemente na manipulação) ou sobre um fundo permanente.
- Sudoreses, palpitações, cefaleias, arritmias, tremores, cardiomiopatia, midríase, hiperglicemia.
- **Diagnóstico**: taxas elevadas de metanefrinas livres plasmáticas ou metanefrinas fracionadas urinárias.
- **Localização e tamanho**: por meio de tomografia às vezes associada a uma cintilografia com MIBG (meta-iodo-benzil-guanetidina).
- Casos raros de descoberta acidental no perioperatório.

PRÉ-OPERATÓRIO
Preparação

- Se secretor, começar **7-15 dias** antes da cirurgia (na endocrinologia, sem retardar a extirpação cirúrgica) para equilibrar a pressão arterial (PA < 130/80 mmHg, sem hipotensão ortostática) e frequência cardíaca (60-80/min).
- Associar **sal VO e reidratação** (para prevenir a hipotensão na introdução do anti-hipertensivo e na extirpação do tumor).E um tratamento anti-hipertensivo bloqueador adrenérgico para controlar a hemodinâmica pré e perioperatória (moléculas de ação curta com posologia crescente):
  - **Bloqueio dos receptores alfa adrenérgico como primeira escolha**: prazosina (alfa1 bloqueadores seletivos pós-sinápticos).
  - **Urapidil**: agente competitivo e seletivo de ação mista sobre os receptores alfa 1 pós-sinápticos e sobre a regulação central da pressão arterial (agonista dos receptores serotoninérgicos).
- **Bloqueadores do canal de cálcio**: nicardipina ou amlodipina.
- **Betabloqueadores**: não como primeira escolha pois potencializam os efeitos periféricos das catecolaminas secretadas (risco de EAP). Como segunda escolha em associação com outro anti-hipertensivo se houve taquicardia ou prevenção das arritmias: atenolol (cardiosseletivo) ou propranolol.

Consulta de anestesia e avaliação pré-operatória

- Avaliação cardiovascular: ETT (função, hipertrofia, distúrbios de relaxamento do VE), ± ECG holter e PA para ajustar os tratamentos pré-operatórios.

- Glicemia, calemia e natremia.
- Localização e volume do tumor (adrenal 85%).
- Substituição dos anti-hipertensivos com ação de longa duração por aqueles com ação de curta duração (urapidil, nicardipina).
- Pré-medicação ansiolítica e tratamento anti-hipertensivo.

PERIOPERATÓRIO

- Cirurgia realizada por laparoscopia > laparotomia, em decúbito lateral, em proclive de 30º.
- Morbidade perioperatória ligada à instabilidade hemodinâmica grave peri e pós-operatória (crise hipertensiva, arritmia, isquemia coronariana, insuficiência ventricular esquerda, hipotensão).
- Um feocromocitoma normotensivo no pré-operatório (sem tratamento) também corre o risco de instabilidade hemodinâmica perioperatória e precisa do mesmo procedimento perioperatório.

Monitoração

- Controle ECG e segmento ST.
- Cateter arterial (antes da indução) para pressão arterial em contínuo e DPP.
- Cateter venoso central.
- Monitoração do débito cardíaco em contínuo (não invasivo ou Picco, Swan-Ganz se a função do VE estiver alterada).
- BIS™ para a profundidade da anestesia e a interpretação das crises hipertensivas.
- Controle glicêmico.

Anestesia

- A anestesia geral é a técnica mais indicada. A profundidade de anestesia deve poder ser ajustada rapidamente às variações hemodinâmicas muitas vezes brutais. É possível a associação de uma peridural para o bloqueio simpático se for laparotomia (mas pode agravar as hipotensões).
- Escolha das drogas:
  - **Evitar os medicamentos liberadores de histaminas e efedrina.**
  - Evitar a cetamina (efeito simpatomimético).
  - Privilegiar os opioides com ação de curta duração e altas doses.
  - Privilegiar o sevoflurano e evitar o desflurano (estimulação simpática).

Controle cardiovascular

- **Momentos críticos**:
  - Liberação brutal de catecolaminas: no estresse, estimulação dolorosa (intubação, incisão), criação do pneumoperitônio (iniciar com a pressão mais fraca 8-10 mmHg) e manipulação do tumor. Provoca crises hipertensivas e às vezes insuficiência do ventrículo esquerdo e arritmias.
  - Diminuição brutal das catecolaminas plasmáticas: na saída da peça ou no clampeamento venoso. Pode induzir uma hipotensão grave e profunda (agravada pela hipovolemia pré-operatória em razão de vasoconstrição crônica).
  - A persistência da HA depois da extirpação deve levar à investigação de outra localização tumoral ou extirpação incompleta.

- **Reposição perioperatória guiada pela monitoração hemodi-nâmica**.

> - **Crises hipertensivas:**
>   - Depois de ter verificado a profundidade da anestesia (BIS™) e da analgesia: interromper a manipulação do tumor se possível.
>   - Tratamento vasodilatador de ação rápida e reversível, como escolha:
>   - Nicardipina (1-2 mg em *bolus*) ± 1-5 mg/h IV em bomba de infusão.
>   - Urapidil (25-50 mg em *bolus*) ± 0,1-1 mg/kg/h.
>
> ▲ **Nenhum betabloqueador como primeira escolha (porque há risco de agravamento da insuficiência cardíaca), mas administrar como segunda escolha em caso de crise hipertensiva e taquicardia.**
>
> - **Taquicardia ou arritmias:**
>   - Betabloqueadores: esmolol 0,5 mg/kg em IVL e depois 50-200 mcg/kg/min.
>   - Agentes antiarrítmicos (lidocaína ou amiodarona) se ocorrer arritmia ventricular.
>
> - **Hipotensão:**
>   - Reposição volêmica (antecipar reposição antes da saída da peça).
>   - Noradrenalina para uma estabilidade hemodinâmica no fim da intervenção.

PÓS-OPERATÓRIO

- Controle glicêmico (risco de hipoglicemia na saída da peça).
- Investigação sistemática de um pneumotórax.
- Observação na terapia intensiva por 24-48 h para o equilíbrio hemodinâmico e terapêutico (volemia, desmame das catecolaminas ou tratamentos anti-hipertensivos).
- Nenhuma hormonioterapia substitutiva (hidrocortisona) sistemática.

Anestesia

Outros tumores adrenais

Anestesia

SÍNDROME DE CONN
Hiperaldosteronismo primário (na maioria das vezes benigno).

Sinais clínicos e biológicos
- Hipertensão arterial (0,5% das causas de HA). ↑ volume extracelular de 10-30%.
- Aldosterona plasmática elevada (ALD) e diminuição da atividade plasmática da renina (APR). Relação ALD/APR muito aumentada e não controlável (aporte de carga de sódio ou de fludrocortisona).
- Alcalose metabólica, natremia normal ou ↑, hipocalemia, redução do potássio intracelular, hipomagnesemia.

Consulta de anestesia e avaliação pré-operatória
- Limitar a ação da aldosterona presente em excesso pela **espironolactona** (antialdosterona).
- Ionograma sanguíneo (K) → potássio VO se necessário.
- Avaliação cardiovascular: investigar uma isquemia miocárdica, uma repercussão da HA: ECG (distúrbios de condução ou de repolarização) +/- avaliação cardiológica.

No perioperatório
- **Poucas variações hemodinâmicas**. Crises hipertensivas possíveis (mas não comparável ao feocromocitoma).
- Monitoração: da volemia, sem pressão arterial invasiva sistemática exceto por indicação ligada ao contexto clínico.

No pós-operatório
Adaptação dos tratamentos anteriores com o endocrinologista.
- Tratamentos anti-hipertensivos (a HA pode persistir por vários meses).
- **Interromper espironolactona.**

SÍNDROME DE CUSHING E TUMOR ADRENAL
- **Hipercortisolismo** (uma das causas é um tumor adrenal muitas vezes benigno e às vezes maligno).

Sinais clínicos e biológicos
HA, diabete, retenção de sódio e água, obesidade fácio-troncular, hipotrofia muscular, fragilidade cutânea, gastrite, osteopenia, sensibilidade aumentada às infecções, hipocalemia e alcalose metabólica.

Consulta de anestesia – avaliação pré-operatória
- Avaliação cardiovascular: investigar uma isquemia miocárdica, uma repercussão da HA: ECG (distúrbios de condução ou de repolarização) ± avaliação cardiológica.
- Exploração SAOS, se houver suspeita.
- Avaliação de diabete. Distúrbios hidroeletrolíticos.
- Se houver tratamento controlador (cetoconazol, mitotano, Op'DDD), substituir pela hidrocortisona (HSHC) na manhã da intervenção.

No perioperatório

- Risco de ventilação com máscara e IOT difícil.
- HSHC 50 mg/6 h IV sistemática, pois sideração do eixo hipotálamo--hipófise-adrenal.

No pós-operatório

- Risco infeccioso mais importante e retardo na cicatrização.
- Adaptação dos tratamentos anteriores com o endocrinologista e tratamento hormonal substitutivo: glicocorticoides (HSHC 100-200 mg/d) e mineralocorticoides (fludrocortisona 50 mcg/d).
  – Se adrenalectomia unilateral: tratamento transitório e progressivamente decrescente por vários meses.
  – Se adrenalectomia bilateral: tratamento definitivo.

Angioedema hereditário

- Doença rara (1/100.000 em sua forma hereditária autossômica dominante) (1/50.000 habitantes), ligado a um déficit quantitativo ou qualitativo no inibidor da fração C1 do complemento (déficit em C1-inh) que provoca um déficit do catabolismo da fração C1.
  - O C1-inh inibe igualmente o fator Hageman (XII), a calicreína e a plasmina.
  - O angioedema hereditário (AEH) é provocado por um polipeptídio vasodilatador derivado de um desses fatores: a bradicinina (mediador chave).
- Doença potencialmente grave (25% dos óbitos em caso de edema laríngeo sem tratamento específico).

DIAGNÓSTICO

- Como consequência de um traumatismo ainda que mínimo ou de um estresse, ocorrência de edemas cutâneos e mucosos que podem afetar os tecidos subcutâneos (rosto, mucosa faringolaríngea), as vísceras abdominais (dores repetidas, quadro pseudo-oclusivo com choque) e as vias respiratórias (edema laríngeo). Esses edemas são transitórios e recorrentes.
- Definição da crise grave: comprometimento da face e das vias aéreas superiores (disfagia, voz inaudível, incômodo respiratório) ou abdominal com uma escala visual analogia (EVA) > 5.

TRATAMENTO

- Os diferentes produtos de tratamento utilizados em caso de crise são (ver *esquema*):
  - Ácido tranexâmico: antifibrinolítico.
  - Berinert® ou Cinryze®: concentrado de C1-1nh, IVL, produto derivado do sangue. Todo flaconete de Berinert® iniciado deve ser utilizado.
  - Firazyr® (Icatibanto): peptídeo de síntese, inibidor dos receptores da bradicinina tipo 2 subcutânea. Não pode ser utilizado profilaticamente.
  - **Crise grave**: quanto mais cedo o tratamento é iniciado, mais é eficaz. Contatar o referente local do AEH em todos os casos.
  - Berinert®, Cinryze® (C1-1nh) = 20 UI/kg IVL, eficaz em 30 minutos renovável sem obrigação.
  - Ou Firazyr® = 30 mg por via subcutânea, eficaz em 30 minutos, pode ser renovado a cada 6 h (máximo três vezes/24 h), com vigilância recomendada nas cardiopatias isquêmicas.
  - Caso se constate a ineficácia do tratamento após uma hora, recomenda-se injetar o outro tratamento em vez de readministrar o mesmo.
  - Intubação se necessário, reposição volêmica hospitalização em terapia intensiva. Em caso de PCR, a intubação não é recomendada (realizar cricotireoidostomia ou traqueotomia).
- **Crise pouco grave**: desaparecimento em 2-5 d. Abstenção terapêutica ou ácido tranexâmico 1-2 g VO a cada 6 h.

- Todo ato cirúrgico, endoscópico ou dentário traumatizante, programado ou não deve ser precedido de uma injeção de concentrado C1-1nh: Berinert® ou Cinryze®, 20 UI/kg IVL uma hora antes da intervenção. Injeção de 10 mL por 5 min e esperar 5 min entre cada dose de 10 mL. Pode ser renovada nas horas que seguem a intervenção. O risco é máximo nas 8 h que seguem o ato. Verificar se a farmácia hospitalar ou o paciente dispõe de Berinert® ou Cinryze® se houver necessidade.

AEH E GRAVIDEZ
- Fator agravante do angioedema em 50% dos casos.
- Parto sob analgesia peridural possível, Berinert® disponível na sala de parto, administrado (20 UI/kg IVL) em caso de cesariana, de crise durante o trabalho de parto ou como profilaxia se a paciente foi muito sintomática durante sua gestação.
- Berinert® ou Cinryze® são utilizáveis durante o aleitamento.

GENERALIDADES/CONCLUSÃO

- Nenhuma cirurgia ambulatorial, observação pós-operatória prolongada em SRPA, mesma preparação para intervenção menor (p. ex., cuidados dentários).
- Contraindicação dos IECA (síntese de bradicininas). Prudência com o plasma pelas mesmas razões. Se houver indicação para a utilização do plasma, prever a administração de Berinert®.

Esquema: mecanismos de ação dos tratamentos utilizados

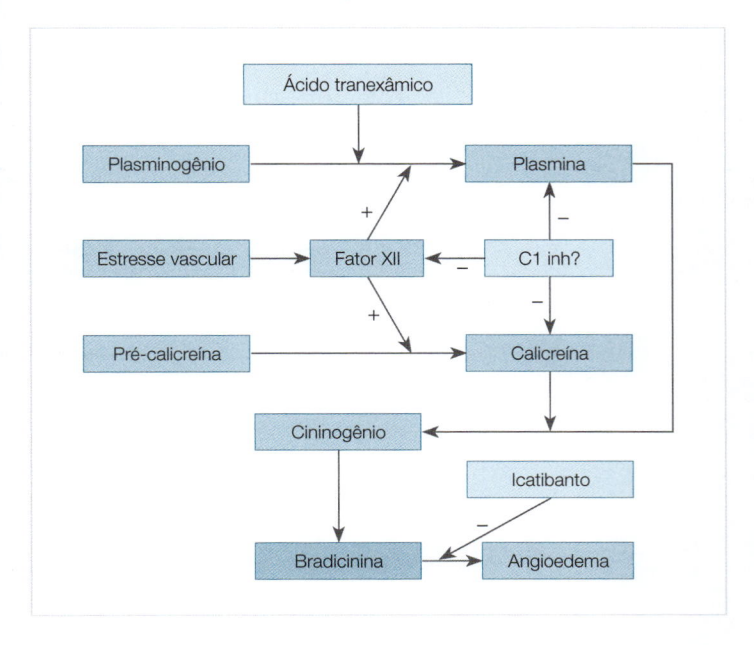

Esquema: estratégia terapêutica da crise

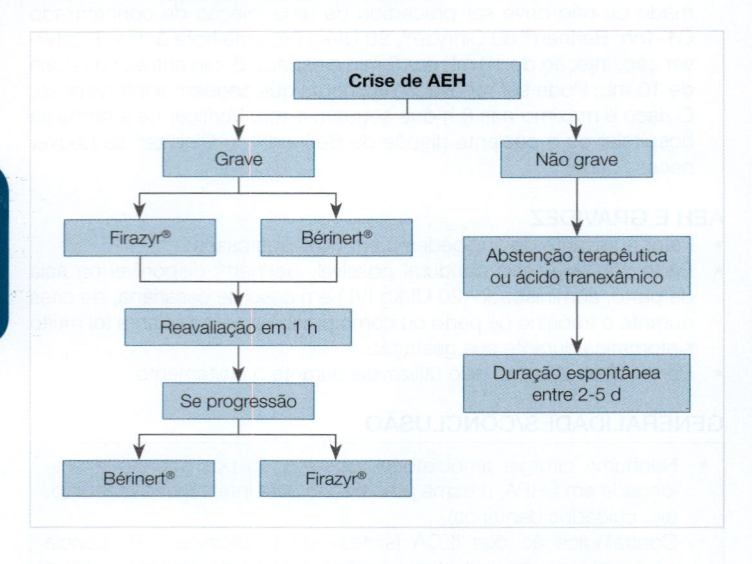

Mastocitoses sistêmicas

CARACTERÍSTICAS DA DOENÇA
- Grupo heterogêneo de doenças raras (1.300 casos na França) que pertencem às síndromes mieloproliferativas.
- Caracterizadas por um acúmulo de mastócitos anormais em certos tecidos ou órgãos (pele+++, baço, fígado, tubo digestivo, ossos etc.).
- Causadas por uma mutação do receptor na tirosina cinase c-kit cuja ativação induz uma degranulação dos mastócitos.
- Nenhuma correlação entre a massa mastocitária e a gravidade.
- Não são patologias alérgicas = não mediadas por IgE. Diagnóstico das formas sistêmicas por biopsia osteomedular.
- A degranulação mastocitária pode ser provocada por estímulos infecciosos, drogas, medicamentos (liberadores de histaminas ou não) e por fatores físicos (estresse, dor, traumatismos, temperaturas extremas).
- Manifestações clínicas: 10-30% dos comprometimentos sistêmicos.
  - Ligados à infiltração tissular:
    - » Cutânea (máculas, maculopapular, urticária pigmentosa, prurido).
    - » Digestiva (diarreias, náuseas, vômitos, dores abdominais, hepatoesplenomegalia, síndrome de má absorção).
    - » Ganglionar e óssea (adenopatias, dores ósseas, fraturas, acunhamentos vertebrais).
  - Ligadas à liberação de mediadores mastocitária = sinais paroxísticos que imitam uma anafilaxia.
    - » Crises vasomotoras (febre, sensação de mal-estar, *flush*, erupções de urticária, taquicardia, broncoespasmo, lipotimia, hipotensão até o colapso e parada cardiovascular).
    - » Distúrbios da coagulação (liberação de heparina mastocitária).
- Prognóstico: as formas cutâneas benignas classicamente com baixo risco de degranulação e com baixo risco neoplásico podem se comportar ao longo da cirurgia como as formas sistêmicas (com risco elevado de reações sistêmicas graves, de evolução maligna frequente).
- Tratamentos que visam diminuir os sintomas:
  - Cutâneos e digestivos: anti-H1, anti-H2, IBP, cromoglicato dissódico (estabiliza a membrana do mastócito).
  - Respiratórios: inibidores dos leucotrienos.
  - Manifestações agudas: corticoterapia.
- Tratamento imunossupressores (com risco de complicações): interferon, 2-clorodeoxiadenosina, inibidores da tirosina cinase mutantes (imatinibe, dasatinibe).

PROCEDIMENTOS PERIOPERATÓRIOS MULTIDISCIPLINARES
Dermatologista, hematologista, internista, anestesista-intensivista.

Consulta de anestesia
- Coletar os sinais clínicos na vida cotidiana, seus fatores desencadeadores e/ou aqueles que ocorreram em uma intervenção anterior, os medicamentos tolerados/contraindicados.

Anestesia

- Investigar uma insuficiência medular, hepática, uma perturbação da avaliação de hemostasia.
- Dosagem da triptase (valor de referência, reflexo da massa mastocitária) se muito superior a 20 mcg/L, há a necessidade de uma consulta especializada.

Pré-medicação
Nenhum medicamento consegue prevenir eficazmente a ocorrência de um choque.
- Pré-medicação com anti-H1 (hidroxizina 1,5-3 mg/kg na véspera e no dia da intervenção).
- A corticoterapia, os anti-H2 (cimetidina, ranitidina) e o cromoglicato dissódico, inibidores dos leucotrienos serão continuados.

Anestesia
- Sala de operação com temperatura temperada, monitoração da temperatura corporal. Solutos de perfusão aquecidos.
- Monitoração habitual para a intervenção (acesso vascular, cardioscopia, PANI, SpO_2, capnografia).
- Estar pronto para tratar choque: seringa de adrenalina diluída preparada (mesma dosagem que para uma anafilaxia verdadeira).
- Preferir uma anestesia locorregional quando esta for possível.
- Privilegiar os medicamentos não liberadores de histaminas e habitualmente bem tolerados. Se uma avaliação alergológica foi realizada, os medicamentos de anestesia testados negativos deverão ser utilizados de maneira prioritária.

Medicamentos contraindicados
- Curares: atracúrio e mivacúrio.
- Nefopam.

Medicamentos classicamente descritos como de risco (implicam uma utilização cuidadosa e prudente)
- Tiopental, pentobarbital, morfina e seus derivados (codeína, nalbufina, tramadol, petidina), AINE.
- Gelatinas (não recomendadas), betalactâmicos e vancomicina.
- Produtos de contraste iodados (isosmolares).
- Medicamentos classicamente autorizados (exceto CI particular).
- Hidroxizina, midazolam, propofol, cetamina, fentanil (exceto por iontoforese), alfentanila, sufentanila e remifentanila, N_2O e halogenados.
- Todos os anestésicos IV serão injetados muito lentamente na forma diluída.
- Se o relaxamento muscular for necessário, preferir anestesia locorregional, mesmo se não existe uma verdadeira contraindicação aos curares além do atracúrio e do mivacúrio. A lidocaína, a bupivacaína e a ropivacaína não oferecem riscos.

Acidentes perioperatórios
- Em caso de acontecimento clínico perioperatório, dosar os IgE, a histamina e a triptase (orientação etiológica).
- Tratamento das manifestações cardiovasculares graves: adrenalina e expansão volêmica.

Pós-operatório

- Nenhuma contraindicação absoluta aos antálgicos inclusive a morfina, discussão caso a caso, exceto para o nefopam que é contraindicado e os AINE que devem ser titulados se sua utilização for imperativa.
- Os corticoides (a título anti-inflamatório e antiemético) não oferecem risco.
- Pensar na ALR.

Gestação

- Mastocitose agravada pela gestação em ⅓ dos casos. Favorecer a analgesia perimedular precoce, pois a dor pode acarretar uma degranulação mastocitária, mas cuidado com o prurido que favorece a coceira e a degranulação. Os anti-histamínicos são interessantes na prevenção e/ou tratamento do prurido. Evitar a morfina intratecal. Nenhum CI com prostaglandinas nem com ocitocina.

Anestesia

Quimioterapia e anestesia

INTRODUÇÃO

Um número crescente de pacientes deve se beneficiar de uma anestesia para um exame invasivo ou cirurgia durante o tratamento quimioterápico. O anestesista-intensivista, portanto, deve avaliar a repercussão orgânica da doença cancerosa, conhecer os efeitos secundários das quimioterapias, considerar as interações medicamentosas com as drogas anestésicas e se integrar em um procedimento pluridisciplinar (oncologista, radioterapia, cirurgião e outros especialistas).

REPERCUSSÃO LOCAL E SISTÊMICA DA DOENÇA CANCEROSA

- Repercussão local do tumor:
  Certos tumores podem ter localizações que complicam a anestesia.
  - Os tumores das regiões ORL e cervicais responsáveis por uma intubação difícil requerem uma avaliação ORL conjunta, sobretudo em caso de radioterapia perioperatória (responsável por edema e por fibrose retrátil).
  - As localizações no mediastino podem comprimir a árvore traqueobrônquica, os eixos vasculares ou as cavidades cardíacas e necessitam de uma exploração cardiorrespiratória e vascular completa (TC tórax com contraste, eco-Doppler cardiovascular).
  - Os derrames pericárdicos neoplásicos são na maioria das vezes de origem metastática e podem precisar de uma evacuação pré-operatória sob anestesia local.
  - A síndrome da cava superior pode resultar de uma compressão extrínseca ou de uma trombose da veia cava superior (complicação de um dispositivo venoso central: cateter ou câmara implantável).
- Efeitos sistêmicos de certos tumores:
  - Alguns tumores neuroendócrinos secretantes podem ter consequências cardiovasculares e metabólicas importantes. O feocromocitoma exige um procedimento específico com controle farmacológico pré-operatório em colaboração com a equipe de endocrinologia. Os tumores carcinoides (secretantes em diversos mediadores vasoativos, em particular a serotonina) podem precisar da administração pré-operatória de somatostatina, bem como de uma avaliação por ecocardiografia da função ventricular direita (risco de hipertensão pulmonar). O neuroblastoma, tumor frequente na criança também pode ser secretante em catecolaminas (ver *capítulos específicos*).
  - A **síndrome paraneoplásica** ocorre em presença de tumores diversos (estômago, ovário, pulmão, rim, tireoide etc.) e pode se manifestar sob diferentes formas: SIADH com hiponatremia, síndrome de Cushing, hiperparatireoidismo (com hipercalcemia), síndrome de Eaton-Lambert responsável por um quadro miastênico.
  - A **hipercalcemia neoplásica** pode ter várias causas: metástases ósseas de tumores sólidos, hipercalcemias paraneoplásicas (sem extensão óssea), hemopatias malignas sob quimioterapia com síndrome de lise tumoral. A hipercalcemia pode provocar distúrbios cardiovasculares (HA, anomalias de repolarização, taquicardias

supraventriculares e ventriculares, estreitamento do QT), neurológicas, digestivas e renais graves, necessitando de uma reanimação hidroeletrolítica pré-operatória.
- A **coagulação intravascular disseminada** é frequente, muitas vezes assintomática em caso de tumores sólidos, mas associada a um risco tromboembólico elevado.

PRINCIPAIS ANTINEOPLÁSICOS
Agentes alquilantes
- Mostardas nitrogenadas: Alkeran®, Chloraminophène®, Endoxan®, Holoxan®, Temodal® etc.
- Nitrosureia: Becenun etc.
- Derivados de platina: Carboplatine®, Cisplatine® etc.

Antimetabólitos
- Antifolatos: Methotrexate® etc.
- Antipurinas: Fludarabine® etc.
- Antipirimídicos: Cytarabine®, Fluorouracil®, Gemcitabine® etc.

Agentes antimitóticos
- Inibidor de polimerização de proteínas do fuso mitótico: Oncovin®, Navelbine® etc.
- Estabilizantes do fuso mitótico ou taxanos: Taxotere®.

Inibidores de topoisomerases
- Antraciclinas: adriamicina (Adriblastine®), daunorrubicina (Cerubidine®), epirubicina (Farmorubicine®), mitoxantrona (Novantrone®).

Efeitos secundários das quimioterapias
- Na maioria das vezes, a toxicidade hematológica é secundária à toxicidade medular da quimioterapia que se manifesta 7-14 dias após a quimioterapia com uma neutropenia precoce e depois com uma trombocitopenia, ou mesmo anemia. Esta mielossupressão pode levar ao uso dos fatores de crescimento hematopoiéticos como a eritropoietina (EPO) e o G-CSF (Neupogen®). A neutropenia (< 500/mm^3) aumenta o risco de infecção e deve contraindicar uma cirurgia programada.
- A toxicidade cardíaca das antraciclinas é bem conhecida. É possível que se manifeste de maneira precoce ou tardia, ocorre em > 2% dos pacientes tratados com doxorrubicina ou daunorrubicina, aumenta com doses cumulativas (doxorrubicina a partir de 550 mg/m^2 e daunorrubicina a partir de 600 mg/m^2), quando combinada com outros agentes (especialmente alquilantes com a ciclofosfamida) ou com a radioterapia, bem como em caso de afecção cardíaca subjacente na mulher e no idoso. A forma aguda é caracterizada por uma extrassistolia atrial, ou mesmo taquicardia supraventricular ou ventricular, distúrbios de repolarização e microvoltagem. A forma tardia se manifesta sob a forma de miocardiopatia dilatada. A consulta pré-anestésica deve investigar minuciosamente os sinais funcionais e físicos de insuficiência cardíaca e estabelecer a indicação de uma ecocardiografia ou de uma cintilografia cardíaca com avaliação da função sistólica ± diastólica.
- A toxicidade pulmonar de certos produtos, como a bleomicina, o bussulfano, o metotrexato e a carmustina (Becenun®) pode se manifestar

sob a forma de uma reação de hipersensibilidade aguda (síndrome intersticial pouco hipoxemiante com hipereosinofilia, reversível com a descontinuação) ou de maneira mais grave sob a forma de uma pneumopatia intersticial difusa que pode evoluir para a fibrose pulmonar com insuficiência respiratória. Os sinais clínicos associam tosse seca e dispneia que se agrava progressivamente. Os sinais radiológicos podem ser discretos ou tardios e a exploração complementar deve recorrer às PFR com gasometria e difusão de monóxido de carbono (este último teste sendo o mais sensível).

- A toxicidade hepática é pronunciada quando se utiliza o metotrexato e ciclofosfamida.
- A toxicidade neurológica é frequente durante a administração dos agentes antimitóticos.
- Efeitos metabólicos e injúria renal.
- A síndrome de lise celular pode complicar a indução quimioterápica das neoplasias com desenvolvimento rápido como linfomas e leucemias agudas e associa hiperuricemia, hipercalemia, e hipocalcemia, hiperfosfatemia, ou mesmo injúria renal aguda.
- A desnutrição é frequente e resulta ao mesmo tempo da patologia neoplásica (com hipercatabolismo) e da toxicidade digestiva da quimioterapia (náuseas/vômitos, mucosite, esofagite, diarreias, síndrome suboclusiva dos opioides). A avaliação clínica pré-operatória da desnutrição observa a perda de peso em relação ao peso de forma e pode se basear no índice de Buzby (IRN = 1,519 x albuminemia g/L + 0,417 x peso atual/peso habitual x 100). Um índice < 83,5 define uma desnutrição e deve levar ao uso de uma nutrição artificial pré-operatória por no mínimo sete dias.

AVALIAÇÃO COMPLEMENTAR PRÉ-OPERATÓRIA EM CASO DE QUIMIOTERAPIA RECENTE

- A avaliação biológica comporta além do grupo sanguíneo, um hemograma (fórmula sanguínea imperativa) e plaquetas com hemostasia, um ionograma sanguíneo com calcemia e uma avaliação hepática. O restante da avaliação complementar comporta pelo menos um ECG e uma radiografia torácica recentes. Explorações funcionais cardíaca e respiratória podem ser necessárias.
- O interesse pré-operatório dos fatores de crescimento hematopoiéticos deve ser discutido com a equipe de oncologia.
- O adiamento de uma intervenção deve ser decidido de maneira colegiada segundo a repercussão hematológica de uma quimioterapia recente (em particular se PMN < 1.000/mm³).
- Uma transfusão de plaquetas é indicada se contagem de plaquetas < 50.000/mm³ ou < 100.000/mm³ em neurocirurgia e cirurgia de risco hemorrágico.

PRINCIPAIS INTERAÇÕES MEDICAMENTOSAS COM AS DROGAS ANESTÉSICAS

- Quimioterapia aplasiante: evitar o uso de N_2O (possível toxicidade medular em caso de utilização repetida e potencialização dos efeitos citotóxicos do metotrexato).
- Quimioterapia com toxicidade cardíaca (antraciclinas): evitar N_2O, potencialização da toxicidade cardíaca pelos anestésicos locais, alongamento possível do QT durante a administração do isoflurano.

- Quimioterapia com toxicidade pulmonar (bleomicina): contraindicar as frações inspiradas elevadas em O_2 e a utilização de N_2O (risco de formação de radicais oxidados e de insuficiência respiratória aguda); potencialização dos efeitos citotóxicos da bleomicina pela lidocaína.
- Quimioterapia com toxicidade hepática (metotrexato, ciclofosfamida): evitar os halogenados (toxicidade hepática, mas também renal e hematológica da ciclofosfamida potencializada pelo halotano).
- Quimioterapia com toxicidade neurológica (vincristina): deve-se discutir o risco/benefício da ALR.
- Outras interações notáveis: a ciclofosfamida tem um efeito anticolinesterásico que pode durar até um mês depois do fim de sua administração e pode potencializar o efeito curarizante da succinilcolina; interações medicamentosas são relatadas entre metotrexato e AINE com potencialização dos efeitos do metotrexato pela redução de sua excreção renal.

NOVOS TRATAMENTOS: TERAPIAS DIRECIONADAS E INIBIDORES DE ANGIOGÊNESE

- Anticorpos monoclonais (direcionados aos antígenos de superfície celular tumoral) têm pouca toxicidade sistêmica (com exceção de febre, cefaleias, náuseas, astenia) e podem ser associados aos agentes de quimioterapia clássica. O rituximabe anti-CD20 é utilizado nos linfomas B.
- Os anticorpos monoclonais anti-VEGF (bevacizumabe) têm toxicidade cardiovascular (HA, hemorragias cutaneomucosas ± graves, risco trombótico arterial coronariano e cerebral e risco tromboembólico venoso) e toxicidade renal (HA, proteinúria, injúria renal, microangiopatia trombótica com trombocitopenia e anemia hemolítica).

Anestesia e dependência de opiáceos

- A dependência de opiáceos afeta três populações diferentes: toxicômanos, indivíduos com dores crônicas e pacientes de reanimação, para os quais a dor é muitas vezes subestimada e subtratada. As recomendações atuais preconizam um suporte opiáceo de base com analgesia aditiva e multimodal.

- Três perfis de dependência podem se misturar: a tolerância caracterizada pela queda dos efeitos da droga utilizada de modo crônico; a dependência física resultante de um estado de adaptação que se manifesta por uma síndrome de abstinência com a interrupção da droga; por fim, a adição (do toxicômano): patologia neuropsiquiátrica, influenciada por fatores genéticos, psicossociais e ambientais e caracterizada pelo uso compulsivo da droga.

- O toxicômano no perioperatório necessita de um acompanhamento pluridisciplinar (com equipe da dor, psiquiatra e equipe de cuidados junto ao indivíduo adicto) de modo a prevenir uma síndrome de abstinência.

- A síndrome de abstinência aos opiáceos associa sintomas (necessidade imperativa de opiáceos, crescente sensibilidade à dor, agitação, irritabilidade, humor disfórico, ansiedade, insônia, náuseas, câimbras) e sinais físicos (taquicardia, hipertensão, sudorese, bocejamentos, dilatação pupilar, febre, vômitos, diarreias).

MEDICAMENTOS DE SUBSTITUIÇÃO

- Metadona:
    - Agonista específico dos receptores μ.
    - Prescrita pelos centros autorizados (médicos especializados em dependência).
    - Biodisponibilidade oral muito boa (85%).
    - Metabolismo por citocromo P450 (citocromo P3A4 e citocromo P2D6) com numerosas interações medicamentosas e uma grande variabilidade de atividade, eliminação muito lenta.
    - Atenção com os medicamentos inibidores do citocromo P450: macrolídeos, antifúngicos (fluconazol), antidepressivos (inibidores da recaptação de serotonina) com risco de superdosagem de metadona.
    - Atenção igualmente com indutores do citocromo P450: anti-HIV, rifampicina, carbamazepina, fenitoína, fenobarbital pois risco++ de superdosagem de metadona com a interrupção dessas drogas.
    - Meia-vida de eliminação muito longa com risco de acúmulo se a titulação for rapidamente progressiva.
    - Risco de *torsades de pointes* sobre QT longo durante as doses elevadas de metadona.

- Buprenorfina: agonista parcial dos receptores μ e antagonista dos receptores k, podendo ser prescrito por qualquer médico.

- ▲ **Buprenorfina = Subutex® e Temgesic®, mas com dosagens diferentes: Subutex® (comprimido de 0,4-2-4-8 mg) e Temgesic® (comprimido de 0,2 mg).**

	Via	Duração da ação (h)	Meia-vida plasmática (h)
Morfina	IM, SC, oral	4-7	2
Heroína	IM, SC, oral	4-5	0,5
Metadona	Oral	> 24	15-40
Buprenorfina	IM, sublingual	24-36	18-20

	Metadona	Buprenorfina (Subutex®)
Prescrição	▪ Instauração sob a responsabilidade de médicos especializados ▪ Entrega cotidiana por centros especializados para duração de 7 d	▪ Instauração por qualquer médico ▪ Prescrição por receituário para 28 d
Posologia	▪ 20-30 mg em uma única ingestão diária (10 h depois da última ingestão de opiáceos) ▪ Aumento de 10 mg/semana ▪ Equilíbrio entre 60-100 mg	▪ 0,8-2 mg/ 1x/d ▪ Equilíbrio em 8 mg/d aproximadamente
Apresentação	▪ Xarope de dose única (5, 10, 20, 40, 60 mg)	▪ Comprimidos sublinguais 0,4, 2, 8 mg
Farma-cocinética	▪ Variações interindividuais importantes	▪ Pouca variação interindividual

AVALIAÇÃO PRÉ-OPERATÓRIA DO PACIENTE TOXICÔMANO

▪ Avaliação do consumo de drogas (doses diárias, última ingestão, poli-toxicomania, investigar se há superdosagem ou abstinência).
▪ Número de injeções, a dose de heroína por injeção é muito variável (20-100 mg/inj).
▪ Repercussão clínica:
  – Estado cardiopulmonar: endocardite, aneurisma micótico, asma, edema lesional.
  – Estado venoso: capital venoso, flebite/tromboflebite.
  – Estado cutâneo: abscessos, estado dentário.
  – Repercussão neurológica: neuropatia periférica, mielite.
  – Muscular: rabdomiólise.
▪ Exames complementares recomendados: hemograma, hemostasia, ionograma, balanço hídrico, CPK, ± proteína C-reativa, ± beta-hCG, ECG (investigação de sinais de impregnação de cocaína: distúrbios de condução, QT longo em caso de superdosagem de metadona), radiografia do tórax.

PRINCÍPIOS DE PROCEDIMENTO PRÉ-OPERATÓRIO

▪ Fornecer a dose cotidiana de opiáceos.
▪ Estabelecer um contrato de cuidados entre o paciente e a equipe cuidadora (por parte do cuidador: informação, prevenção da falta,

tratamento da dor; por parte do paciente: não recorrer a substâncias ilícitas, desconforto possível nas fases de substituição).

- Associação de ansiolítico de tipo benzodiazepínico.
- Se necessário, associar um tratamento analgésico adaptado no pré--operatório e prever +++ a estratégia antálgica pós-operatória.
- Para o heroinômano ativo: prescrever a dose de base cotidiana de morfina (uma dose de heroína x 2) E associar analgesia multimodal.
- Para o heroinômano que fez a substituição:
  - Se estiver usando metadona: prosseguir com a substituição habitual por metadona e adicionar morfina analgésica, atenção às interações medicamentosas com a metadona como indicado acima, é pouco provável que a interrupção do tratamento com metadona por 1-2 dias provoque abstinência por causa de meia-vida longa, a conversão da metadona em morfina é muito variável, em torno de 4/1.
  - Se estiver usando Subutex®: a utilização de opioides com atividade agonista é difícil de equilibrar e contraria a substituição em curso:
    » No procedimento de emergência, a interrupção do Subutex® é muitas vezes desnecessária, pois a duração da ação é de 36 horas.
    » Na cirurgia programada, preferir uma substituição por morfina com uma janela terapêutica de 24 h entre a suspensão do Subutex® e a administração de morfina, e sempre analgesia multimodal.

PROCEDIMENTOS PERIOPERATÓRIOS

- A ALR deve ser escolhida, isolada ou associada à anestesia geral, se o paciente concordar e não houver contraindicação (infecção/coagulopatia).
- Cuidado com a utilização de soluções com epinefrina se houve consumo recente de cocaína.
- Interesse da indução da anestesia com sevoflurano para depois puncionar acesso venoso periférico, é possível o acesso venoso central.
- Preferir os opioides com forte afinidade μ; sufentanila, por exemplo; muitas vezes o aumento das doses é necessário, principalmente se houve ingestão recente de buprenorfina.

PROCEDIMENTOS PÓS-OPERATÓRIOS

- Gestão dos medicamentos substitutivos, em colaboração com a equipe de cuidados junto ao indivíduo adicto e a equipe que "cuida da dor":
  - Se estiver usando metadona, reintrodução precoce da metadona e combinar com o uso de morfina.
  - Se o Subutex®, manter (em cirurgia pouco dolorosa), aumentar as doses e adicionar Temgesic® a cada 6 h.
  - Se o Subutex® foi interrompido, muitas vezes a morfina é necessária em doses elevadas no contexto de uma analgesia multimodal e observação prolongada na sala de recuperação pós-anestésica.
- Analgesia multimodal (paracetamol, nefopam, AINE).

- Morfina em titulação IV na SRPA e depois em doses tituladas SC a cada 4 h.
- PCA: a utilização deve ser discutida porque existem riscos de reforço da adição e de mau uso importante; interesse do modo "*bolus* e dose contínua".
- ALR analgésica tanto quanto possível.
- Tratamento/prevenção da hiperalgesia: adição de clonidina (alfa-2- -agonista); adição dos análogos de GABA: gabapentina e pregaba- lina.
- A cetamina pode ser eficaz mas os riscos de adição também estão presentes.
- Tratamento psicotrópico com ansiolítico/antiepiléptico/antidepressivo deve ser mantido.
- Antináuseas (droperidol e setronas) devem ser administrados IVL (> 10 min), pois há risco de *torsades de pointes* sobre QT longo durante a substituição pela metadona em doses elevadas.

Anestesia e doença psiquiátrica

O médico anestesista-intensivista encontra-se muitas vezes diante de pacientes que apresentam transtornos de humor (depressão e ansiedade) e portanto necessitam de tratamento psicotrópico. No manejo perioperatório é necessário:

- Decidir a interrupção transitória ou não desses medicamentos.
- Investigar sinais de superdosagem porque a margem terapêutica é frequentemente estreita.
- Considerar a eventualidade, com os novos antidepressivos, de uma síndrome serotoninérgica.

CLASSES FARMACOLÓGICAS DOS PSICOTRÓPICOS

Os psicotrópicos geralmente utilizados são:

- Antidepressivos (AD) imipramínicos (tricíclicos): clomipramina, amitriptilina, maprotilina, imipramina etc.
- Antidepressivos não imipramínicos (e não inibidores da MAO).
  - Os inibidores seletivos da recaptação da serotonina (ISRS) mais utilizados são: citalopram, fluoxetina, sertralina, fluvoxamina, paroxetina etc.
  - Os inibidores da recaptação das monoaminas noradrenalina/serotonina: venlafaxina.
- Inibidores das MAO seletivos: moclobemida.
- Lítio, tratamento da psicose maníaco-depressiva.
- Neurolépticos (benzamidas, butirofenonas, diazepinas, fenotiazinas), ansiolíticos e hipnóticos (benzodiazepínicos e outros).

MEDICAMENTOS PSICOTRÓPICOS NO PERIOPERATÓRIO

- **A decisão de interrupção ou não dos medicamentos psicotrópicos** depende dos riscos de abstinência e das interações medicamentosas. A interrupção ainda que transitória do lítio na psicose maníaco-depressiva apresenta um risco elevado de crise maníaca ou depressiva e deve portanto ser evitada. A interrupção transitória dos outros antidepressivos expõe ao risco de síndrome de abstinência cujos sinais na maioria das vezes são menores e reversíveis com a retomada: neuropsíquicos (ansiedade, irritabilidade, insônia, cefaleias), gastrintestinais (náuseas, vômitos), gerais (astenia, mialgias, tremores). No entanto, a interrupção prolongada desses antidepressivos multiplica por cinco o risco de suicídio.
- A maioria dos AD são metabolizados pelo Citocromo P450 e certos inibidores seletivos da recaptação da serotonina são poderosos inibidores do Citocromo P2D6 que metaboliza os tricíclicos mas também certos opiáceos (codeína, tramadol, fentanila, metadona) com risco de superdosagem destes últimos.
- **Certos efeitos secundários são observáveis** ao longo do período operatório: a termorregulação perioperatória é alterada nos pacientes que recebem antidepressivos com elevação da incidência dos tremores pós-operatórios. A rigidez muscular induzida por certos opioides é potencializada pela venfloxamina. Os ISRS diminuem a agregação plaquetária e podem aumentar o sangramento perioperatório quando combinados com os AINE. Os antidepressivos podem ser responsáveis pela SIADH (hiponatremia), em particular os ISRS.

- **A detecção de sinais de superdosagem de antidepressivos é importante e deve conduzir à interrupção ou à adaptação posológica, bem como à contraindicação, se possível, da anestesia**:
  - As superdosagens moderadas em antidepressivos tricíclicos incluem efeitos anticolinérgicos com agitação e hipertensão arterial ao passo que as superdosagens mais graves associam efeitos cardiovasculares (depressão miocárdica, distúrbios da condução e arritmias, hipotensão) e neuropsíquicos (confusão, convulsões).
  - A superdosagem dos ISRS pode ser responsável por distúrbios da consciência e convulsões ou por uma síndrome serotoninérgica. O citalopram pode ser associado a um prolongamento do QT.
  - A intoxicação por lítio não é rara (margem terapêutica estreita: 0,5-1,2 mmol/L, eliminação renal e interações medicamentosas múltiplas: AINE, diuréticos, tetracíclicos, fenitoína, ciclosporina): tremores, fasciculações, hiper-reflexia, convulsões, distúrbios da consciência, depressão do segmento ST, inversão das ondas T, distúrbios da condução atrioventricular, arritmias ventriculares, depressão miocárdica e colapso cardiovascular.

SÍNDROME SEROTONINÉRGICA

- **No perioperatório, a síndrome serotoninérgica é uma eventualidade a ser conhecida**: resultante de superdosagens e/ou de interações medicamentosas entre drogas com ação serotoninérgica (com excesso de estímulos dos receptores da serotonina ou 5-HT = 5 hidroxitriptamina). Os medicamentos implicados são os antidepressivos de tipo inibidores seletivos da recaptação da serotonina (cada vez mais implicados), o lítio, os neurolépticos (haloperidol, risperidona, clozapina etc.), os antiparkinsonianos, os antienxaquecosos (sumatriptana), certos analgésicos (codeína, tramadol, fentanila, meperidina, metadona), certos antináuseas (ondansetrona, granisetrona, metoclopramida), certos anti-infecciosos (linezolida, eritromicina, isoniazida, antirretrovirais), determinadas drogas de toxicomania (ecstasy etc.) e certos suplementos dietéticos do tipo fitoterápico (ginseng, erva-de-são-joão, suplementos ricos em triptofano etc.).
- **A síndrome serotoninérgica é caracterizada por um início brutal** (nas 24 h após as ingestões medicamentosas) e associa: sinais disautonômicos (hipertensão, hipertermia, tremores, dilatação pupilar, náuseas/vômitos, diarreias), uma hiper-reatividade neuromuscular (hiper-reflexia, mioclonias, rigidez muscular, convulsões, rabdomiólise), distúrbios das funções superiores (confusão, agitação, manias, distúrbios do sono, alucinações, cefaleias), o procedimento implica a interrupção das drogas suspeitas, a administração de um antagonista dos receptores 5-HT (ciproeptadina, clorpromazina), um tratamento sintomático, uma observação contínua, ou mesmo vigilância em terapia intensiva.

SÍNDROME NEUROLÉPTICA MALIGNA

- A síndrome neuroléptica maligna (SNM) deve ser diferenciada da síndrome serotoninérgica e complica a utilização dos neurolépticos (com bloqueio dos receptores centrais de dopamina). A SNM é de início insidioso (nas duas semanas após a introdução ou o aumento dos neurolépticos) e associa sinais maiores (febre, rigidez muscular e rabdomiólise) e sinais menores (taquicardia, hipertensão, polipneia, distúrbios da consciência, hiperleucocitose).

- Manejo: interrupção das drogas em causa, administração de agonistas dopaminérgicos (bromocriptina, amantadina), tratamento sintomático.

DISCINESIAS AGUDAS DOS NEUROLÉPTICOS
- Tropatepina 10-20 mg/d.

Anestesia do idoso

- Em 2015, a população francesa comportava 3.844 milhões de pessoas idosas com 80 anos ou mais (65%), das quais 24 mil centenários ou mais (84%).
- O envelhecimento é caracterizado por uma heterogeneidade muito acentuada. A idade biológica de um indivíduo é menos significativa do que sua idade fisiológica.
- A principal característica do sistema cardiovascular do idoso é sua dificuldade para se adaptar às situações de estresse. A insuficiência cardíaca diminui com a idade.
- A idade avançada predispõe à hipotermia perioperatória.
- A mecânica ventilatória é alterada e os reflexos de proteção das vias aéreas são menos vivos.
- A deterioração da função renal secundária a uma redução do fluxo sanguíneo renal e da filtração glomerular é um determinante fundamental do risco de toxicidade medicamentosa: toxicidade direta de certos medicamentos e acúmulo de metabólitos ativos excretados pelos rins. Algumas situações de diminuição da perfusão renal agravam a função renal já precária. A fórmula MDRD tem um desempenho preditivo da taxa de filtração glomerular (TFG) superior à fórmula de Cockcroft, particularmente no indivíduo idoso.
- Os indivíduos idosos são mais vulneráveis às consequências da dor que muitas vezes é subtratada.
- A polimedicação aumenta o risco de interações medicamentosas.

PRINCÍPIO: *START SLOW AND GO SLOW*
- Agentes anestésicos IV: doses e velocidades de administração devem ser reduzidas.
- Benzodiazepínicos: sensibilidade aumentada que justifica uma utilização cautelosa.
- Halogenados: a concentração alveolar mínima (CAM) diminui com a idade. O desflurano é menos lipossolúvel e menos metabolizado. Recomenda-se a monitoração pelo BIS™.
- Curares: monitoração indispensável.
  - Rocurônio, mivacúrio: diminuir as doses. Risco de curarização prolongada.
  - Atracúrio, cisatracúrio: curares mais indicados. Tempo de ação prolongado mas com duração de ação não modificada.
  - Succinilcolina: nenhuma modificação.
- Opioides no perioperatório: as posologias devem ser reduzidas.
- Remifentanil: reduzir o *bolus* pela metade e o débito contínuo em $2/3$.
- Anestésicos locais: a farmacocinética é só um pouco modificada. Existe no entanto uma sensibilidade aumentada com a bupivacaína pela via peridural: tempo de ação mais curto, nível do bloqueio mais alto e duração do bloqueio prolongada. A duração de um bloqueio periférico é prolongada ao passo que o tempo de instalação é comparável ao de indivíduos jovens.
- Morfina:
  - Morfina SC: doses reduzidas de 40-50% e intervalo entre duas doses ajustadas se necessário.

- Antecipar, observar e tratar precocemente os efeitos secundários (trânsito ++).
- Vigilância nas associações de medicamentos sedativos e/ou depressores respiratórios.
- Oxigênio nasal para os pacientes no pós-operatório.
- Exceto por limites de compreensão, nenhuma contraindicação ao modo PCA.
- Dose máxima intratecal 100 mcg e 2 mg em peridural.
- Paracetamol: nenhuma modificação; dose máxima de 3 g/24 h.
- Desaconselha-se a administração do nefopam no indivíduo idoso por causa dos seus efeitos anticolinérgicos.
- Tramadol: aumentar o intervalo entre duas doses (50-100 mg a cada nove horas em dose de ataque).
- Anti-inflamatórios não esteroidais (AINE): a meia-vida de eliminação e o *clearance* são diminuídos. É preciso diminuir as doses de 25-50% e aumentar o intervalo entre duas doses. *Clearance* de creatinina inferior a 50 mL/min é uma contraindicação.

Reabilitação precoce pós-operatória

- Os programas multidisciplinares e multimodais de reabilitação precoce pós-operatória ou "*fast track*", descrevem um cuidado global do paciente no perioperatório com inúmeras vantagens: redução da morbimortalidade pós-operatória, redução dos efeitos iatrogênicos, deambulação precoce, recuperação funcional e autonomia mais rapidamente atingidas. A diminuição da duração da hospitalização é seu parâmetro mais visível com consequências médicas e econômicas que atualmente aumentam sua importância.
- Os programas de reabilitação comportam janelas comuns e aspectos específicos a cada cirurgia. O modelo mais desenvolvido é o da cirurgia colorretal.
- É um modelo de qualidade da abordagem. Cada estabelecimento deve explorar todo o campo cirúrgico de maneira multidisciplinar. Isso implica um papel ativo dos anestesistas-intensivistas, dos cirurgiões, da equipe responsável pela dor, da equipe de paramédicos (cinesioterapeutas, enfermeiros, cuidadores), dos serviços sociais e da administração hospitalar. O programa deve ser escrito. As diferentes fases do estabelecimento devem ser auditadas e entrar em uma avaliação das práticas profissionais.

PRÉ-HABILITAÇÃO

Em certas circunstâncias (especialmente no indivíduo idoso) a melhora do prognóstico pós-operatório se inicia por uma abordagem proativa pré-operatória chamada "pré-habilitação" que comporta:

- Uma abordagem geriátrica integrada com avaliação das grandes funções: atividades da vida cotidiana, número de quedas ao longo dos últimos meses, escore de comorbidades, teste de memória, de função cognitiva (o mini-exame do estado mental [MMSE], por exemplo), avaliação da ansiedade e da depressão, das atividades sociais, do estado nutricional e das terapêuticas em andamento.
- Otimização das funções orgânicas e tratamento medicamentoso.
- Um reforço físico (respiratório, marcha) principalmente pelo cinesioterapeuta.

MODELO CLÁSSICO: PROGRAMA DE REABILITAÇÃO EM CIRURGIA (PRC) COLORRETAL
Período pré-operatório

- Informação oral e escrita na consulta: educação do paciente, ansiólise (obrigação regulamentar).
- Admissão no dia da intervenção.
- Otimizar as disfunções de órgãos e os tratamentos.
- Parar de fumar +++, idealmente 4-8 semanas antes do ato: diminui as complicações respiratórias e infecciosas, permite a melhora da cicatrização, do fluxo vascular, reduz a duração da estadia. Mesmo um intervalo mais curto é benéfico. Período interessante para considerar a cessação do hábito.
- Interrupção do álcool: efeitos próximos ao da interrupção do tabaco.
- Nenhuma preparação cólica exceto se for cirurgia retal (discutida).
- Laparoscopia > laparotomia mini-invasiva > laparotomia.
- Avaliação nutricional: IMC, perda de peso, albuminemia, estratificação do risco em graus e manejo de acordo (ver *Nutrição perioperatória*).

- Imunonutrição sistemática se houver câncer com Oral Impact®: 3 caixinhas/d durante 5-7/d.
- Carga glicêmica (maltodextrina) pré-operatória (Clinutren preload®, Preop®) no paciente não diabético, sem problema de esvaziamento gástrico, ASA ≤ 2.
- Limitar o jejum: 2 h (líquidos claros) e 6 h (sólidos).
- Pré-medicação: gabapentina 900-1.200 mg VO: sedação mínima, ansiólise, efeito anti-hiperalgésico.

Período operatório

- Administração de uma dose única de corticosteroides (8 mg de dexametasona) no pré-operatório imediato diminuindo as complicações pós-operatórias e a duração da estadia.
- Antibioticoprofilaxia segundo protocolos.
- Analgesia multimodal:
  - Em caso de laparotomia ou laparoscopia com risco elevado de conversão ou protectomia: fazer uma peridural torácica no pré-operatório imediato associando anestésico local e opioide (ver *Analgesia e anestesia peridurais em obstetrícia*).
  - Se houver laparoscopia ou ausência de peridural: lidocaína-cetamina IV ± bloqueio de parede, cateter de infiltração cicatricial.
  - Associação de antálgicos de nível I.
  - Anti-hiperalgésico: cetamina perioperatória, gabapentina pós-operatória.
- Protocolo de anestesia: produtos de eliminação rápida, monitoração profunda de anestesia. Extubação no pós-operatório imediato, titulação.
- Prevenção NVPO sistemática: ver *NVPO*.
- Ingestão de líquidos perioperatórios guiados pela monitoração da volemia (de preferência não invasiva tipo Doppler transesofágico) (ver *Otimização hemodinâmica*).
- Normotermia: monitoração térmica, manta térmica, aquecedor de perfusão se a manta térmica for insuficiente, variações volêmicas importantes ou transfusão.

Período pós-operatório imediato

- Não há necessidade de sonda nasogástrica, salvo exceção.
- Não há necessidade de drenos abdominais sistemáticos (dreno aspirativo se houver anastomose infraperitoneal).
- Retirada da sonda urinária: o mais rapidamente possível sem exceder 24 h.
- Analgesia multimodal: ver *Período perioperatório*.
- Luta contra hipóxia: oxigenoterapia "fácil".
- Prevenção tromboembólica: durante 28 dias pós-operatórios se houver câncer, profilaxia anticoagulante "risco elevado".
- Controle glicêmico.
- Mastigação de gomas que diminuem a duração do íleo pós-operatório antes da retomada alimentar.
- Ingestão hídrica e alimentação precoce < 24 h:
  - Realimentação oral: líquidos desde o D0 a H4 e alimentação desde D1.
  - Ingestão IV: glicosado em função da ingestão oral e depois da retirada da perfusão.

- Mobilização precoce < 24 h:
  - D0: levantar ± poltrona.
  - D1: deambulação e cadeira > 6 h.
- Avaliação da saída a partir do D2-D3.

Estratégia transfusional e anemia perioperatória

OBJETIVOS

- Limitar as transfusões homólogas em razão dos riscos intrínsecos: transmissão viral e bacteriana, sobrecarga vascular, injúria pulmonar aguda relacionada à transfusão (TRALI: *transfusion-related acute lung injury*), erro de compatibilidade, alergia etc.
- Melhorar a tolerância funcional e o prognóstico pós-operatório.

RISCO

Transfusão insuficiente ou mesmo ausente ou retardo transfusional.

DEFINIR O LIMIAR TRANSFUSIONAL ADMISSÍVEL

Limiar transfusional admissível: limiar e alvo da concentração de hemoglobinas (Hb) a partir dos quais se decide fazer a transfusão:
- Indivíduo ASA 1-2 (incluindo gestação): 7 g/dL.
- Coronariano, insuficiência cardíaca estável: 8 g/dL.
- Insuficiência cardíaca aguda e síndrome coronariana aguda: 10 g/dL.

ESTRATÉGIA PRÉ-OPERATÓRIA

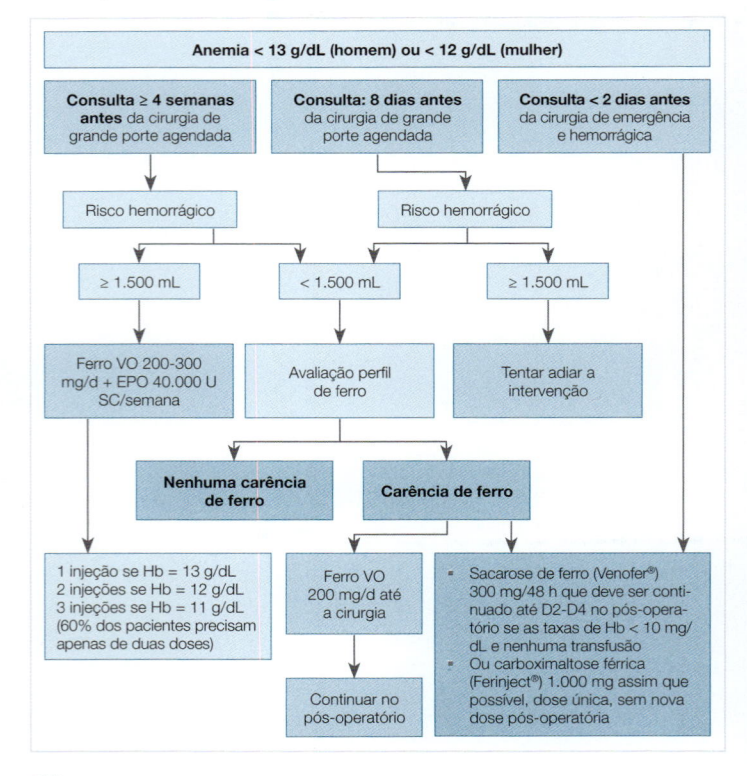

- Na ausência de carência de ferro, a administração pré-operatória de ferro não é recomendada a não ser que o paciente receba eritropoetina (EPO).
- A administração da EPO no pré-operatório é recomendada em caso de anemia moderada antes de uma cirurgia potencialmente hemorrágica e em particular ortopédica. A utilização da EPO no contexto de cirurgia digestiva oncológica permanece controversa.

NO PERI E NO PÓS-OPERATÓRIO
- Ácido tranexâmico (ver *Ácido tranexâmico*).
- Cell Saver™, dreno de transfusão autóloga (se a gestão na SRPA for possível).
- Transfusão homóloga.
- A transfusão autóloga programada (TAP) só é recomendada se o grupo sanguíneo for raro ou o paciente poli-imunizado.
- A administração sistemática do fator VIIa recombinante não é recomendada.
- Nas hemorragias não controladas, é difícil preconizar um limiar transfusional, a transfusão deve levar em conta outras numerosas variáveis fisiológicas (tolerância clínica, débito das perdas sanguíneas etc.). Um procedimento de urgência vital deve ser estabelecido previamente com a estrutura de entrega dos CH do estabelecimento.

Diagnóstico de anemia por carência de ferro

	Anemia ferropriva	Anemia inflamatória	Anemia mista
VCM (volume corpuscular médio)	Muito baixa	Normal ou moderadamente baixa	Baixa
CHCM (concentração de hemoglobina corpuscular média)	Baixa	Normal ou baixa	Normal ou baixa
Reticulócitos	Normais	Normais	Normais
Ferro sérico	Baixa	Baixa	Baixa
Ferritina	Baixa	Normal ou elevada	Baixa ou normal ou elevada
Transferrina	Elevada	Normal ou baixa	Baixa ou normal ou elevada
Capacidade de saturação da transferrina (CST)	Muito baixa	Baixa	Muito baixa

- Não são dados aqui valores cifrados porque são variáveis segundo os laboratórios (ver as normas locais).
- Os resultados para o VCM, a CHCM, o ferro sérico e os reticulócitos são indicativos mas não são discriminantes.
- Uma ferritina baixa assinala o diagnóstico de carência de ferro. Se estiver normal ou elevada, investigar uma diminuição da CST que será um indicador útil de carência de ferro.

NO PÓS-OPERATÓRIO E NA AUSÊNCIA DE PROCEDIMENTO ANTERIOR

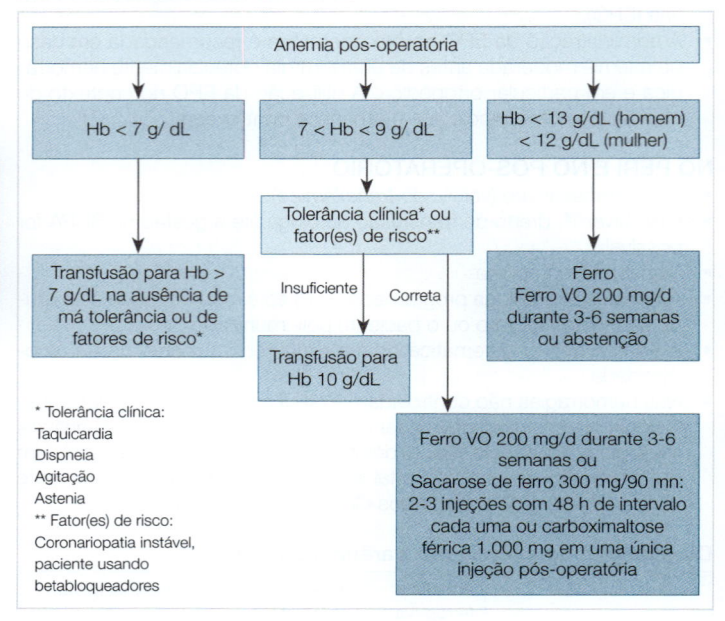

Anestesia

Anemia pós-operatória

Hb < 7 g/ dL | 7 < Hb < 9 g/ dL | Hb < 13 g/dL (homem) < 12 g/dL (mulher)

Tolerância clínica* ou fator(es) de risco**

Transfusão para Hb > 7 g/dL na ausência de má tolerância ou de fatores de risco*

Insuficiente | Correta

Ferro
Ferro VO 200 mg/d durante 3-6 semanas ou abstenção

Transfusão para Hb 10 g/dL

* Tolerância clínica:
Taquicardia
Dispneia
Agitação
Astenia
** Fator(es) de risco:
Coronariopatia instável, paciente usando betabloqueadores

Ferro VO 200 mg/d durante 3-6 semanas ou
Sacarose de ferro 300 mg/90 mn: 2-3 injeções com 48 h de intervalo cada uma ou carboximaltose férrica 1.000 mg em uma única injeção pós-operatória

FERRO E ERITROPOIETINA
Apresentações comerciais
- Ferro oral: fumarato ferroso (1 cp = 66 mg de ferro), sulfato ferroso (1 cp = 80 mg).
- Sacarose de ferro IV (Venofer®): (1 ampola de 5 mL = 100 mg de ferro).
- Carboximaltose férrica IV (Ferinject®): ampola de 500 mg.
- EPO: 1 ampola de 1 mL = 40.000 UI de EPO SC.

Contraindicações para o emprego da EPO
- Eritroblastopenia pós-EPO.
- Hipersensibilidade conhecida.
- Patologias vasculares coronarianas graves, carotídeas, das artérias periféricas ou cerebrais.
- Antecedentes recentes de IAM ou de AVC.
- Profilaxia antitrombótica impossível.
- Carência de ferro.
- HA não controlada.

Posologias
- Ferro oral: 200 mg de ferro ferroso/d.
- Ferro intravenoso:
  - Ou carboximaltose férrica (Ferinject®): 1 g IVL 15 min, não mais do que 1 g/semana. Dose completa de início (500-1.000 mg) em uma única perfusão.

- Ou tratamento fracionado com sacarose de ferro (Venofer®) (100 mg/ampola) 2-3 ampolas (200-300 mg de ferro por injeção): para diluir nos 300 mL de NaCl 0,9% e que deve correr em 90 min.
- EPO sem TAP: 600 UI/kg uma vez por semana (D21, D14, D7, D1). A injeção seguinte só é dada se a taxa de Hb é < 13 g/dL. Na prática, na maioria das vezes bastam duas injeções porque a produção de glóbulos vermelhos continua mesmo depois da interrupção das administrações da EPO. Sempre combinado com uma ingestão de ferro, geralmente administrado por via oral.

Indicações no pré-operatório
- No pré-operatório em um paciente anêmico com carência de ferro descoberta tardiamente e que não permite uma correção com um tratamento VO: a eficácia parece aumentada se o tratamento é iniciado no pré-operatório, salvo em obstetrícia em que apenas a eficácia da administração pós-operatória é reconhecida.
- Em situações não emergenciais e na presença de uma anemia pré-operatória com carência de ferro provável ou certa, duas novas estratégias se desenham:
  - Administração de uma dose de EPO (com ferro intravenoso) 600 UI/kg 24-48 h antes da cirurgia.
  - Transfusão sanguínea se taxa de Hb ≤ limiar transfusional se possível 48 h antes da cirurgia.

Indicações no pós-operatório
- A administração de ferro oral somente para corrigir uma anemia pós-cirúrgica tem um rendimento fraco (que deve ser continuada > 15 dias) mesmo com altas doses.
- Apenas administração de ferro intravenoso para corrigir uma anemia pós-cirúrgica tem um rendimento mal conhecido, provavelmente um pouco mais eficaz do que com o ferro por via oral, mas a correção permanece lenta. A administração pós-parto é a única situação em que o benefício foi demonstrado.

Ácido tranexâmico

- Antifibrinolítico de síntese que tem demonstrado sua eficácia no contexto de economia sanguínea perioperatória.
- Mecanismo: análogo da lisina, inibidor da fibrinólise.
- Economia sanguínea demonstrada na cirurgia cardíaca e vascular, cirurgia ginecológica e obstétrica, ORL, maxilofacial, transplante hepático, hepatectomia, cirurgia urológica maior, cirurgia ortopédica protética do membro inferior, cirurgia da coluna vertebral, cirurgia ortopédica oncológica.
- A redução do volume de sangramento é da ordem de 30% em qualquer cirurgia.
- Medicamento muito barato.
- As reações alérgicas são excepcionais.
- Existem alguns casos descritos de convulsões nos pacientes epilépticos, e é contraindicado nesse contexto.
- Eliminação renal sob forma inalterada, mas não há contraindicação formal nos pacientes com injúria renal considerando-se as doses baixas utilizadas na prática atual.
- ▲ **Os antecedentes de acontecimentos tromboembólicos não são uma contraindicação para a utilização do ácido tranexâmico.**
- Efeitos positivos anti-inflamatórios descritos em certos estudos.
- A meia-vida de eliminação plasmática é breve e a manutenção de concentrações eficazes necessita de uma administração contínua ou iterativa repetida.
- Os esquemas posológicos do ácido tranexâmico ainda são mal definidos.
- **Na prática clínica**:
  - Utilização profilática para qualquer cirurgia hemorrágica +++.
    - » *Bolus* de 15 mg/kg na incisão e depois 1-2 mg/kg/h IV em bomba de infusão até o fechamento cutâneo ou 1 g em 10 min e depois 1 g IV em bomba de infusão ou /8 h.
    - » Algumas equipes recomendam sua utilização até 24 h no pós-operatório.
  - Utilização terapêutica nos traumatismos graves se administrado nas três horas após o evento na dose de 1 g IVL em 10 minutos e depois 1 g IV em bomba de infusão por 8 h.
  - Contraindicação: epilepsia.

Anestesia

Agentes antiplaquetários

- As plaquetas desempenham um papel na formação da trombose arterial. Os agentes inibidores das funções plaquetárias são prescritos para evitar ou reduzir o risco trombótico arterial.
- O período perioperatório favorece a ativação plaquetária (hipercoagulabilidade adquirida).
- A inibição das funções plaquetárias pode alterar o processo de coagulação que é solicitado por ocasião de um gesto vulnerante.
- Em função do prazo e da natureza da cirurgia, é preciso estabelecer de um lado o risco trombótico arterial e, de outro, o risco hemorrágico para qualquer paciente sob a ação dos inibidores das funções plaquetárias.

INIBIDORES DA ATIVAÇÃO DAS PLAQUETAS

Esses agentes tornam mais lentos os mecanismos de ativação das plaquetas.

Ácido acetilsalicílico

- Inibe a formação de tromboxano A2 ao agir de maneira irreversível sob a COX1 plaquetária.
- Seu tempo de ação é breve, 60 minutos aproximadamente e sua atividade antiagregante persiste durante toda a duração de vida da plaqueta, ou seja, cerca de 8-10 dias.
- A redução das posologias cotidianas para menos de 160 mg não modifica a eficácia antitrombótica, mas reduz as complicações hemorrágicas gastrointestinais.
- Existe grande variabilidade inter e intraindividual da atividade do ácido acetilsalicílico sobre a função plaquetária. Um terço dos pacientes seriam "resistentes ao ácido acetilsalicílico".

AINE

- Os AINE reduzem a síntese do tromboxano A2 por inibição competitiva da COX1.
- Todos os AINE não têm efeito antiplaquetário similar. Este é função do grau de inibição da COX1 que deve ser superior a 90%. O flurbiprofeno tem uma atividade antiagregante.
- Os AINE têm uma atividade rápida e reversível sobre as funções plaquetárias.

Inibidores dos receptores da adenosina difosfato (ADP)

- As **tienopiridinas (ticlopidina, clopidogrel e prasugrel)** são pró-drogas que são transformadas em metabólitos ativos pelo citocromo P450.
- A função plaquetária é inibida de maneira irreversível como para o ácido acetilsalicílico. A duração da eliminação da ticlopidina é superior à do ácido acetilsalicílico.
- A ingestão do clopidogrel consiste em uma dose diária de 75 mg VO, o prasugrel em uma dose diária de 10 mg e a ticlopidina em duas doses de 250 mg.
- Vários efeitos secundários foram descritos para a ticlopidina, em particular neutropenias e púrpuras trombóticas trombocitopênicas (risco fraco com o clopidogrel).

- O prasugrel tem uma atividade antiplaquetária mais rápida e mais importante (x 10) com menos variabilidade interindividual do que o clopidogrel.
- O **ticagrelor** é o primeiro antagonista reversível dos receptores P2Y12 à ADP. Ele faz parte da nova classe dos ciclopentil-triazolo-pirimidinas. Sua meia-vida é curta (12 h) e não é uma pró-droga, tem uma eficácia rápida e a necessidade de duas doses de 90 mg por dia VO. Os efeitos secundários descritos: pausas cardíacas, episódios transitórios de dispneia.
- Contraindicações: DPOC, bradicardias, injúria renal, hiperuricemia.

AGENTES ANTIPLAQUETÁRIOS OU ANTI GP IIB/IIIA
- Abciximab, eptifibatide, tirofibana.
- Esses agentes interagem com o receptor responsável pela agregação das plaquetas (receptor GP IIb/IIIa) independentemente do tipo de ativação das plaquetas. Essas moléculas impedem a formação de uma "ponte" entre o fibrinogênio e os receptores GP IIb/IIIa plaquetários. Eles inibem assim a agregação das plaquetas. 80% dos receptores devem estar ocupados para perturbar a agregação das plaquetas.
- Essas moléculas só são utilizadas por períodos curtos para controlar uma situação muito trombogênica (p. ex., angioplastia).
- O problema que colocam para o anestesista é seu potencial hemorrágico e a reversibilidade de sua atividade em caso de cirurgia de emergência.
- A duração da ação da eptifibatide e do tirofibana (antagonistas competitivos) é mais curta (2 h) do que a do abciximab (12 h).

GESTÃO PERIOPERATÓRIA DOS AGENTES ANTIPLAQUETÁRIOS (AAP)
Cirurgia de emergência
- Os tratamentos inibidores das funções plaquetárias não devem constituir um obstáculo a uma operação de emergência.
- Nenhum teste de hemostasia consegue predizer o risco hemorrágico. O tempo de sangramento de nada serve neste contexto.
- **A anestesia locorregional medular** deve ser evitada, exceção feita aos pacientes sob ação somente do ácido acetilsalicílico.**Os bloqueios periféricos com compressão vascular possível** (p. ex., bloqueio axilar) são realizáveis.
- Além de uma transfusão de plaquetas, nenhum tratamento preventivo se justifica nos contextos cirúrgicos particulares em que a hemorragia pode influenciar no prognóstico vital e funcional (neurocirurgia).
- **Em caso de sangramento**:
  - Transfusão de plaquetas: 1 unidade para 10 kg de peso.
- **Em caso de cirurgia de emergência e colocação de um *stent***:
  - Avaliar o risco hemorrágico da cirurgia e o risco de trombose da endoprótese segundo o tempo de colocação.
  - É sempre preferível realizar a cirurgia sob ácido acetilsalicílico (se possível).
  - Prever e pedir plaquetas antes da intervenção com previsão de uma hemorragia perioperatória.
  - É importante pedir a opinião de cardiologistas e de hematologistas (decisão multidisciplinar), prevenir o paciente dos riscos e anotar as conclusões claras no prontuário.

Cirurgia programada

- Nesse contexto, o anestesista deve avaliar o risco trombótico do paciente e o risco hemorrágico (cirurgia hemorrágica, possibilidade de hemostasia, consequências da hemorragia).
- Não existem estudos estabelecendo o risco hemorrágico associado à manutenção do tratamento em função da cirurgia. Na prática, é preciso avaliar o risco/benefício e tentar manter um tratamento com um agente antiplaquetário se possível.
- **Em caso de cirurgia programada e colocação de um *stent*:**
  - *Stent* não farmacológico, é imperativo dar continuidade a uma dupla antiagregação plaquetária durante no mínimo quatro semanas e depois apenas ácido acetilsalicílico. Adiar qualquer cirurgia não urgente por pelo menos um mês.
  - *Stent* farmacológico, é imperativo dar continuidade a uma dupla antiagregação durante por no mínimo 3 meses e depois apenas ácido acetilsalicílico. Adiar qualquer cirurgia não urgente por pelo menos 3 meses.
- Risco aumentado de trombose dos *stents* farmacológicos com a interrupção dos AAP.

Na prática

- A ocorrência de uma síndrome coronariana aguda implica se possível uma dupla terapia antiplaquetária durante um ano. Em caso de risco hemorrágico elevado, a interrupção do clopidogrel ou prasugrel com continuação do ácido acetilsalicílico pode ser indicada.
- Em outras situações, a suspensão transitória e se possível de breve duração pode ser discutida caso a caso. "Regra dos 3-5-7" com interrupção do ácido acetilsalicílico no D3, do clopidogrel e ticagrelor no D5 e do prasugrel no D7.
- Em caso de tratamento com **ácido acetilsalicílico apenas** na prevenção secundária, recomenda-se continuar o tratamento, exceto em caso de contraindicação ligada a um risco hemorrágico cirúrgico grave. Equilíbrio risco/benefício deve ser discutido caso a caso.
- Se o paciente recebe **clopidogrel ou prasugrel como monoterapia**, recomenda-se substituí-lo pelo ácido acetilsalicílico, na ausência de contraindicação.
- Se o paciente está sob dupla terapia, recomenda-se conservar pelo menos um agente antiplaquetário, de preferência o ácido acetilsalicílico, exceto contraindicação ligada a um risco hemorrágico cirúrgico grave.
- **Em caso de interrupção de um AAP**, recomenda-se realizar a cirurgia depois de uma breve interrupção (regra dos 3-5-7), de modo a reduzir o risco hemorrágico sem deixar de limitar o risco trombótico (máximo para além do 8º dia de interrupção).
- A substituição não deu prova de sua eficácia.
- Os HBPM e os AINE não impedem a trombose dos *stents*. Atualmente, discute-se o estabelecimento de um tratamento antiagregante plaquetário por via intravenosa (Tirofibana) para pacientes com *stent* de alto risco de isquemia sob dupla terapia antiagregante e que devem ser submetidos a uma cirurgia de grande porte em um prazo bastante curto.
- Depois da cirurgia e em acordo com o cirurgião, recomenda-se realizar um retomada precoce (nas 48 h) do tratamento antiplaquetário.

Anestesia

Atenção, é preciso levar em conta a possibilidade de aumentar o risco hemorrágico pela administração conjunta de outros anticoagulantes (HBPM).

- Em caso de **stent farmacológico recente** (< 6 meses), convém, depois de discussão com a equipe cirúrgica, retomar rapidamente o clopidogrel com 1 cp/d (75 mg/d), depois de uma dose de ataque de 300 mg em dose única.

Tabela: Gestão perioperatória dos agentes antiplaquetários (RFE SFAR/SFC 2011)

Risco trombótico[c]	Risco hemorrágico: cirurgia sob agentes antiplaquetários[b]		
	Elevado (não pode ser realizado sob AAP)	Intermediário (realizável sob um AAP)	Fraco (ou realizável sob dupla terapia)
Elevado[a] Stent não farmacológico (< 4-6 semanas)	1) Retardar o ato	1) Retardar o ato	1) Retardar o ato
Stent farmacológico (<1 ano)	2) Realizar o ato sob pelo menos um AAP (considerar que o sobrerrisco hemorrágico é aceitável)	2) Realizar o ato sob AAP	2) Realizar o ato sob biterapia
Síndrome coronariana aguda (< 1 ano) Paciente tratado com dupla terapia	3) Interrupção do clopidogrel < 5 d no pré-operatório e interrupção do ácido acetilsalicílico < 3 dias, sem substituição[d]. Em todos os casos, retomar no pós-operatório assim que a hemostasia for julgada satisfatória		
Intermediário Prevenção secundária sob monoterapia	1) Realizar o ato sob o AAP 2) Substituir o clopidogrel por ácido acetilsalicílico na ausência de CI 3) Interromper o ácido acetilsalicílico < 3 d[d]. Em todos os casos, retomar no pós-operatório assim que a hemostasia for julgada satisfatória	Realizar o ato sob clopidogrel ou ácido acetilsalicílico	Realizar o ato sob clopidogrel ou ácido acetilsalicílico

[a] O risco trombótico é particularmente elevado nas 4-6 semanas após a ocorrência de uma síndrome coronariana aguda, mesmo em caso de tratamento por dupla antiagregação bem conduzido.

[b] O risco hemorrágico é elevado, intermediário ou fraco: este risco é definido a priori desde que as sociedades acadêmicas determinaram uma lista de atos realizáveis sob agentes antiplaquetários. Na ausência de tal lista, o risco hemorrágico deve ser julgado aceitável ou inaceitável diante do risco ligado à interrupção dos agentes antiplaquetários.

[c] O risco trombótico é definido como o risco de que um evento trombótico ocorra na interrupção dos agentes antiplaquetários.

[d] As recomendações (1-3) não são opcionais, são hierárquicas: (3) é uma recomendação degradada em relação à (2) e (2) é uma recomendação degradada em relação a (1).

Prevenção do risco trombótico venoso na cirurgia

AVALIAÇÃO PRÉ-OPERATÓRIA DO RISCO

- O risco trombótico venoso se estabelece a partir de um risco cirúrgico e de um risco ligado ao paciente.
- Três níveis de risco são definidos: baixo, moderado e alto. O risco mais alto é preponderante.

Risco ligado ao paciente

Risco moderado	Risco alto
- Obesidade (IMC > 30) - Acamado > 4 dias - Idade > 40 anos - Infecção perioperatória - Insuficiência venosa crônica - Reposição hormonal - Contraceptivo com estrogênio - Tratamentos moduladores dos receptores com estrogênio - Pós-parto (8 semanas) - Descompensação cardiorrespiratória - Doenças inflamatórias do intestino - Síndrome nefrótica	- Câncer evolutivo - Trombofilia adquirida ou congênita - Antecedentes de doença tromboembólica - Paralisia dos membros inferiores

Risco ligado à cirurgia

Cirurgia	Risco baixo	Risco moderado	Risco alto
Ortopedia	- Artroscopia do joelho - Cirurgia do pé - Ablação de material de osteossíntese - Traumatismo no joelho sem fratura	- Fraturas da perna e do tornozelo - Ligamento-plastia do joelho - Gesso	- Artroplastia total do quadril (ATQ) - Artroplastia total do joelho (ATJ) - Fraturas do fêmur (FF) e do platô tibial - Politraumatismo grave
Digestivo e vascular	- Varizes - Proctologia - Cirurgia parietal - Apendicite simples - Vesícula não inflamatória	- Emergências - Tempo de operação > 1 h - Dissecção e/ou hemorragia extensa	- Cirurgia bariátrica - Cirurgia oncológica - Cirurgia abdominal de grande porte - Cirurgia aórtica ou vascular dos membros inferiores

(continua)

Cirurgia	Risco baixo	Risco moderado	Risco alto
Plástica	• *Lifting* • Cirurgia mamária estética	• Cirurgia reconstrutiva da mama • Lipoaspiração • Dermolipectomia	• Abdominoplastia
Ginecologia	• IVG, curetagem, conização, bartolinite • Histeroscopia • Laparoscopia de duração < 1 h • Cirurgia benigna do seio • Hidrolaparoscopia transvaginal, punção de ovócitos • TVT	• Histerectomia por via baixa • Cirurgia de câncer de mama • Histerectomia laparoscópica • Laparoscopia > 1 h • Laparotomia exploratória	• Cirurgia oncológica • Histerectomia por via alta • Cirurgia do prolapso
Urologia	• Cirurgia endoscópica do rim por via percutânea ou endorretal • Testículos, uretra, adrenal • Cirurgia da incontinência por via baixa		• Cirurgia oncológica • Transplante renal • Cirurgia aberta do rim e das vias urinárias
Neurocirurgia	• Hérnia de disco • Laminectomia limitada	• Laminectomia extensa • Osteossíntese da coluna vertebral	• Traumatismo medular com déficit neurológico • Cirurgia intracraniana
Torácica	Mediastinoscopia	• Cirurgia de ressecção pulmonar sob toracoscopia ou toracotomia	

MEIOS DE PREVENÇÃO
Meios farmacológicos segundo o risco trombótico

Anticoagulantes	Risco moderado	Risco alto	Primeira dose
HNF	5.000 UI x 2 SC	5.000 UI x 3 SC	2 h pré-operatório
HBPM Enoxaparina Dalteparina Nadroparina Tinzaparina	2.000 U x 1 SC 2.500 U x 1 SC 2.850 U x 1 SC 2.500 U x 1 SC	4.000 U x 1 SC 5.000 U x 1 SC 38 U/kg, 57 U/kg SC no D3 4.500 U x 1 SC 3.500 U x 1 SC (oncologia)	12 h pré-operatório ou 6-8 pós-operatório

(continua)

Anticoagulantes	Risco moderado	Risco alto	Primeira dose
Fondaparinux		2,5 mg x 1 SC 1,5 mg x 1 SC*	8 h pós-operatório
Rivaroxabana		10 mg x 1 VO	8 h pós-operatório
Apixabana		2,5 mg x 2 VO	12-24 h pós--operatório

Dabigatrana		220 mg x 1 VO
		150 mg x 1 VO*
		• idade > 75a ,
		  TFG < 50 mL/
		  min, peso
		  < 60 kg
			1-4 pós-operatório
			(metade da dose)

* Se TFG < 50 mL/min.
U: unidade anti-Xa.

Meios mecânicos (ausência de risco hemorrágico)

- As meias antitrombose e a compressão pneumática intermitente dos membros inferiores (CPI) são eficazes para diminuir a incidência das flebites pós-operatórias.
- São propostas:
  - Apenas elas como alternativa aos anticoagulantes em caso de risco hemorrágico elevado.
  - Associadas aos anticoagulantes quando o risco trombótico é elevado.
- A eficácia depende da aplicação correta desses procedimentos e de sua duração de utilização efetiva (> 18 h por dia para a CPI). São necessários cuidados de enfermagem e controle.

PROTOCOLOS PRÁTICOS
Regras gerais de prevenção tromboembólica venosa

Risco cirúrgico	Risco ligado ao paciente	Recomendações
Baixo	0	Levantar-se precocemente
	+	HBPM dose risco moderado ou meias antitrombose
Moderado	0	HBPM dose risco moderado ou meias antitrombose
	+	HBPM dose risco elevado ou meias antitrombose e CPI
Alto	0 ou +	HBPM dose risco elevado ± meias antitrombose, CPI Fondaparinux (FF, AQ, AJ, cirurgia geral), anticoagulantes orais anti-IIa ou anti-Xa (AQ, AJ)

AQ: artroplasia do quadril; AJ: artroplasia do joelho; FF: fratura do fêmur.

A prevenção tromboembólica venosa em caso de risco cirúrgico e de paciente debilitado não é indicada. Em outros casos, é necessária uma profilaxia. O tipo de cirurgia, o risco trombótico e risco hemorrágico influenciam na estratégia preventiva a ser adotada. Em caso de risco trombótico elevado, a detecção sistemática das flebites assintomáticas por meio da ecografia Doppler dos membros inferiores não é recomendada.

INÍCIO DA PREVENÇÃO

- As heparinas (HNF e HBPM) podem ser administradas no pré ou no pós-operatório. Ou 12 h antes para as HBPM com dose ligada ao risco elevado (2 h para HNF e HBPM com dose ligada ao risco moderado) ou 6-8 h no pós-operatório. A prescrição pré-operatória permanece interessante para os pacientes com alto risco trombótico cuja intervenção foi adiada em mais de 12 h.
- Para os outros anticoagulantes (fondaparinux, rivaroxabana, apixabana e dabigatrana), a prescrição é pós-operatória. O tempo recomendado em relação à cirurgia (ver *tabela*) deve ser respeitado para limitar o risco hemorrágico. Em caso de sangramento julgado anormalmente importante no pós-operatório imediato, a primeira administração pode ser adiada em 24 h. A prevenção mecânica se aplica desde o perioperatório.

ESCOLHA DA PREVENÇÃO

- A **HNF** mantém uma indicação para os pacientes que têm injúria renal grave com TFG < 30 mL/min.
- As **HBPM** são principalmente administradas em doses elevadas, as posologias mais baixas de HBPM são reservadas ao risco trombótico moderado na cirurgia visceral.
- Na **cirurgia bariátrica** e para os pacientes com obesidade grave, aconselha-se o aumento das doses de HBPM sem ultrapassar 10.000 unidade anti-Xa por dia em uma administração subcutânea duas vezes por dia: enoxaparina: IMC em mg x 2/24 em SC.
- O **fondaparinux** tem a autorização de comercialização do produto na cirurgia visceral e na ortopedia (AQ, AJ, FF).
- Os **anticoagulantes orais diretos** (rivaroxabana, apixabana, dabigatrana) têm a autorização de comercialização do produto para as AQ, AG, FF programadas.
- Em caso de **antecedente de trombocitopenia** imunoinduzida pela heparina confirmada, pode-se prescrever o danaparoide de acordo com o seguinte esquema posológico: 750 U x 2 SC se o peso é < 90 kg ou 1.250 U x 2 SC para os pesos > 90 kg. O fondaparinux ou os anticoagulantes orais são administráveis nessa indicação respeitando-se a autorização de comercialização do produto.
- Em caso de **risco trombótico venoso importante**, recomenda-se a associação dos meios físicos (meias antitrombóticas e/ou CPI) com os anticoagulantes.
- Em caso de **risco hemorrágico importante,** privilegia-se a prevenção mecânica (meias antitrombóticas ou CPI) temporária ou exclusiva com anticoagulantes. Se o risco trombótico é importante as meias antitrombóticas ou CPI devem ser utilizadas conjuntamente.

DURAÇÃO DA PREVENÇÃO

- Uma prevenção de dez dias é comumente admitida. Pode-se considerar um prolongamento se os fatores de risco trombótico venoso persistem.

- Na cirurgia protética do quadril, do joelho e da fratura da cabeça do fêmur, recomenda-se uma prevenção mais longa de 4-6 semanas.
- Na cirurgia oncológica abdominopélvica aconselha-se uma profilaxia de pelo menos um mês.

INJÚRIA RENAL
- Para todos os anticoagulantes, exceto a HNF, recomenda-se avaliar a taxa de filtração glomerular pré-operatória. A queda de filtração glomerular induz um risco de superdosagem e portanto de hemorragia.
- Para uma TFG < 50 mL/min aconselha-se ajustar as posologias de dabigatrana e de fondaparinux.
- Para uma TFG < 30 mL/min, o fondaparinux e o dabigatrana são Cl. O apixabana e o rivaroxabana são Cl se a TFG < 15 mL/min.
- As HBPM em doses profiláticas são desaconselhadas ou devem ser utilizadas com prudência se a TFG < 30 mL/min.
- Qualquer situação pós-operatória suscetível de modificar a função renal impõe uma medida do *clearance* da creatinina.

CONTROLE BIOLÓGICO DA PREVENÇÃO
- Para as heparinas (HNF e HBPM), o controle realizado duas vezes por semana das plaquetas (detecção das trombocitopenias imunes) especialmente nas três primeiras semanas também é recomendado na cirurgia.
- Para as HBPM, pode-se medir a atividade anti-Xa a quatro horas de uma injeção SC, para ajustar a posologia nas seguintes circunstâncias: injúria renal, peso extremo.

Utilização dos AVK e antagonização

Os AVK somente são prescritos depois de a indicação ter sido feita e a relação risco/benefício ter sido avaliada. A educação e a informação dos pacientes, o acompanhamento biológico, uma reavaliação regular da indicação são indispensáveis para melhorar a segurança desses medicamentos. Os AVK estão em primeiro lugar na lista dos responsáveis pelos acidentes iatrogênicos.

MECANISMO DE AÇÃO E BASES FARMACOLÓGICAS

- Os AVK bloqueiam a carboxilação hepatocitária indispensável à atividade biológica de certos fatores da coagulação (II, VII, IX, X) e de inibidores da coagulação (proteínas C e S).
- O tempo de ação dos AVK depende da meia-vida de cada um dos fatores dependentes da vitamina K. Uma fase inicial "de hipercoagulabilidade" aparece (meia-vida curta da proteína C, necroses cutâneas raras, mas possíveis). O equilíbrio terapêutico só é obtido depois de um prazo de cinco dias.
- A intensidade da inibição depende da concentração respectiva em AVK e em vitamina K. Os AVK com meia-vida longa (> 24 h) dão uma hipocoagulabilidade mais estável ao longo das 24 h.
- Os AVK são derivados da indanediona (fluindiona) ou da cumadina (acenocumarol e varfarina).

MODALIDADES DE UTILIZAÇÃO DOS AVK
Principais indicações dos AVK

- **A arritmia completa por fibrilação auricular** (AC/FA), primeira indicação de longo prazo ligada ao envelhecimento da população.
- **Próteses valvares mecânicas** (a longo prazo).
- **Doença tromboembólica venosa**: três meses se houver fator desencadeador transitório; a longo prazo nas outras situações.

Contraindicações

- Paciente incapaz de compreender e/ou de seguir o tratamento e o controle biológico.
- Lesões orgânicas com potencial hemorrágico.
- Insuficiência hepatocelular ou renal.
- Distúrbios congênitos ou adquiridos da coagulação, hipersensibilidade aos AVK.
- HA grave não controlada.
- Gestação (primeiro e terceiro trimestres).
- Associação com certos medicamentos (ácido acetilsalicílico em doses anti-inflamatórias, AINE com pirazolona etc.).

Alvos terapêuticos

- Na maioria das indicações, os valores terapêuticos definidos pelo INR são entre 2 e 3.
- Um alvo terapêutico mais elevado do INR entre 3 e 4,5 é recomendado para as próteses valvares mecânicas de primeira geração e as valvopatias mitrais graves associadas aos fatores de risco.
- Modalidades de ingestão dos AVK:

- Uma caderneta de controle é dada a cada paciente.
- Início do tratamento com uma posologia inicial, sem dose de ataque: acenocumarol 4 mg (em uma ou duas tomadas) VO, fluindiona 20 mg x 1 VO, varfarina 5 mg x 1 VO.
- As posologias de AVK são modificadas por etapas de acordo com o INR de 1 mg para o acenocumarol, 5 mg para a fluindiona e 2 mg para a varfarina.
- Uma ingestão vespertina é recomendada (modificação da posologia do INR da manhã).
- Os AVK com meia-vida longa (fluindiona, varfarina) são preferidos porque apresentam melhor estabilidade do efeito anticoagulante em uma única dose.

- A anticoagulação eficaz com a heparina nem sempre é aconselhada conjuntamente no início do tratamento com os AVK, sendo o risco hemorrágico mais alto para um risco trombótico comparável. Em caso de risco agudo trombótico (tromboembolismo pulmonar, por exemplo) o tratamento eficaz com heparina será interrompido desde a obtenção do INR desejado.
- **Em caso de superdosagem sem hemorragia**, recomendam-se as seguintes atitudes:
  - INR < 4: sem salto de dose, sem vitamina K.
  - 4 ≤ INR < 6: salto de uma dose, 1 mg de vitamina K VO.
  - 6 ≥ INR: interrupção do AVK, vitamina K 2 mg VO.
- Em todos os casos de superdosagem, uma explicação causal e uma intensificação da observação biológica pelo INR é aconselhada.

Controle biológico
- Grande variabilidade intra e interindividual do efeito anticoagulante.
- Controle biológico indispensável pelo TP expresso com o INR.
- Alvo de INR que deve ser alcançado entre 2 e 3 para a maioria das indicações; 3 e 4,5 para certas situações muito trombogênicas.
- Primeiro controle de INR depois da 48ª hora. Se o valor é ≥ 2, é preciso reduzir a posologia do AVK. E depois INR a cada dois dias até atingir a zona terapêutica controlada com 24 h de intervalo. Na zona terapêutica, realizar um controle de INR duas vezes por semana nas três primeiras semanas. Posteriormente, um INR mensal basta se houver estabilidade terapêutica dos resultados. Intensificação do controle a cada modificação do tratamento, em caso de afecção intercorrente, de desequilíbrio dos resultados do INR ou de complicações.

AVK E COMPLICAÇÃO HEMORRÁGICA
Hemorragia não grave
- Definida por um sangramento de localização sem consequência grave, facilmente controlável, sem repercussão hemodinâmica e sem necessidade transfusional.
- Medição urgente do INR.
- O tratamento com AVK deve ser adaptado ao resultado do INR.
- Deve-se investigar uma explicação causal, uma lesão com potencial hemorrágico desconhecido e reeducar o paciente em caso extremo.
- Se o controle hemostático não é atingido, a hemorragia é considerada grave.

Hemorragia grave

- É definida por um sangramento responsável por uma hipovolemia, necessitando de uma transfusão sanguínea (≥ 2 CH), que ameaça o prognóstico vital (cérebro, pulmão, pericárdio, tubo digestivo, músculos profundos) ou funcional por sua localização (olho, articulação), impondo um controle hemostático invasivo.
- Medir urgente o INR.
- Antagonização dos AVK na urgência (ver *Hemorragia grave sob os AVK*).

AVK E TRAUMATISMO

- Medição urgente do INR.
- Hospitalização para avaliação lesional precisa e observação.
- Em caso de traumatismo craniano, a realização de uma tomografia é recomendada no prazo mais breve possível, a presença de um sangramento mesmo mínimo impõe a reversão do tratamento na urgência.

AVK E CIRURGIA

A conduta vai depender do:
- Risco trombótico ligado à interrupção do tratamento anticoagulante.
- Risco hemorrágico do ato e de sua indicação urgente ou programada.

Procedimentos que não pedem a interrupção dos AVK

- Controle de INR antes do procedimento deve estar compreendido entre 2 e 3.
- Evitar as associações medicamentosas que potencializam o risco hemorrágico.
- Esta atitude relaciona-se com os seguintes procedimentos: cirurgia cutânea, cirurgia de catarata, endoscopia digestiva sem polipectomia, colonoscopia sem polipectomia, ecoendoscopia sem punção, CPRE sem esfincterotomia, avulsão dentária simples, implante simples.

Cirurgia programada que necessita de interrupção dos AVK

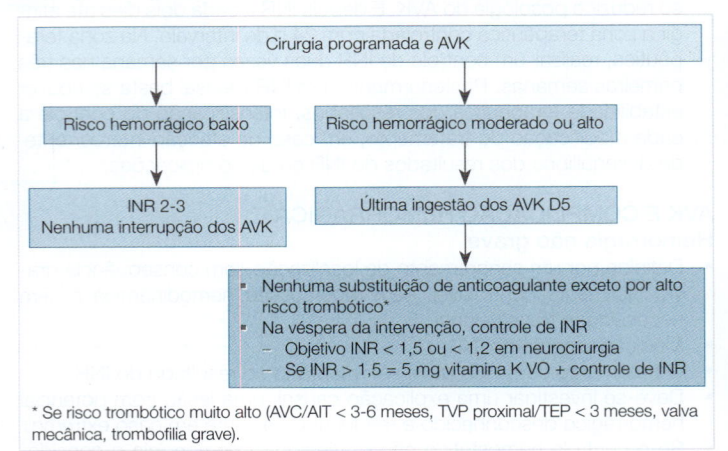

* Se risco trombótico muito alto (AVC/AIT < 3-6 meses, TVP proximal/TEP < 3 meses, valva mecânica, trombofilia grave).

- Substituir por HBPM ou HNF em dose terapêutica.
- Última dose da HBPM 24 h e da HNF 12 h antes da intervenção.

- Se TVP/TEP recente, adiar a cirurgia por três meses ou no máximo por um mês se TVP < um mês, discutir o filtro de veia cava.

Cirurgia de urgência
- Medição urgente do INR.
- **O ato operatório pode esperar algumas horas** (8-24 h), dar vitamina K 5-10 mg VO ou IV, repetir o INR a cada 8 h e dar 5 mg de vitamina K se o INR é > a 1,5 até a obtenção de um INR compatível com o ato invasivo (< 1,5).
- **O ato operatório não pode esperar algumas horas.**

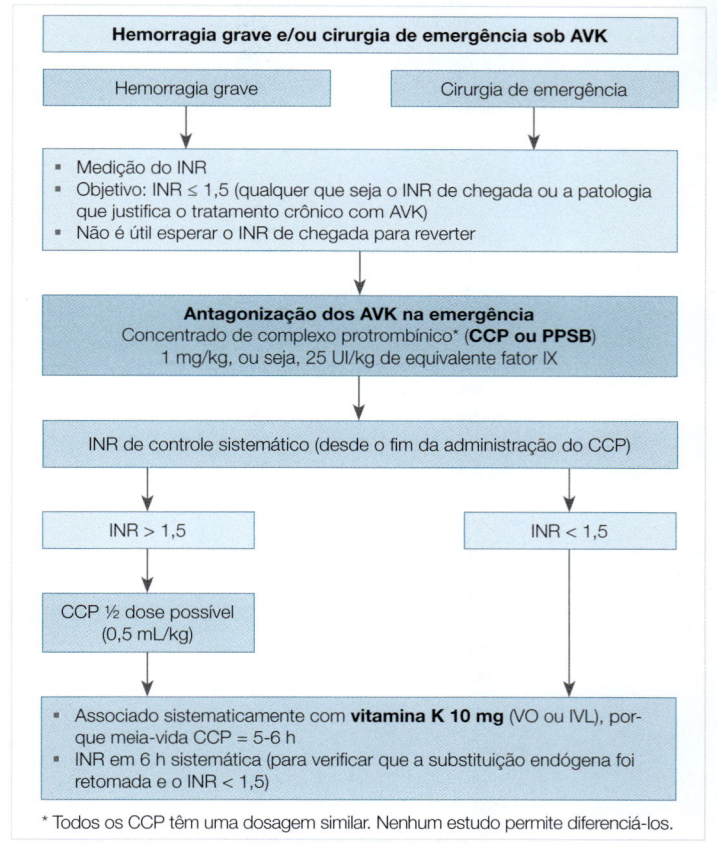

Hemorragia grave e/ou cirurgia de emergência sob AVK

Hemorragia grave | Cirurgia de emergência

- Medição do INR
- Objetivo: INR ≤ 1,5 (qualquer que seja o INR de chegada ou a patologia que justifica o tratamento crônico com AVK)
- Não é útil esperar o INR de chegada para reverter

Antagonização dos AVK na emergência
Concentrado de complexo protrombínico* (**CCP ou PPSB**)
1 mg/kg, ou seja, 25 UI/kg de equivalente fator IX

INR de controle sistemático (desde o fim da administração do CCP)

INR > 1,5 | INR < 1,5

CCP ½ dose possível (0,5 mL/kg)

- Associado sistematicamente com **vitamina K 10 mg** (VO ou IVL), porque meia-vida CCP = 5-6 h
- INR em 6 h sistemática (para verificar que a substituição endógena foi retomada e o INR < 1,5)

* Todos os CCP têm uma dosagem similar. Nenhum estudo permite diferenciá-los.

RETOMADA DA ANTICOAGULAÇÃO TERAPÊUTICA
- A retomada da anticoagulação terapêutica depende do risco hemorrágico comparado ao risco trombótico.
- O risco é avaliado, na maioria das vezes, em torno de 4% por paciente por ano e permite a interrupção da anticoagulação eficaz por vários dias se necessário: de 48 h se o risco hemorrágico é baixo até duas semanas nas situações de risco hemorrágico alto (não esquecer da profilaxia habitual).

- Qualquer que seja a patologia, os antecedentes são elementos importantes do risco trombótico a ser considerado.
- A única indicação de uma retomada rápida da anticoagulação é o tromboembolismo pulmonar de menos de três meses cujo risco trombótico é maior.
- Em caso de impossibilidade, a colocação de um filtro de veia cava deve ser considerada.

Utilização da heparina terapêutica e antagonização

GENERALIDADES

- As heparinas e aparentados são anticoagulantes de ação rápida pela via IV ou SC.
- Elas são indicadas no tratamento inicial dos eventos trombóticos agudos arteriais ou venosos durante breves períodos antes de serem substituídas pelos anticoagulantes orais.
- Elas se fixam pelo intermédio de uma sequência de cinco açúcares (pentassacarídeo) à antitrombina e catalisam sua ação anticoagulante (ação indireta).
- A **heparina dita não fracionada** é uma mistura heterogênea de polissacarídeos sulfatados complexos fortemente aniônicos de origem animal. Essas cadeias interagem intensamente com as glicoproteínas plasmáticas e membranosas, proporcionalmente ao tamanho dos fragmentos. Essa particularidade explica a dependência da dose dos valores farmacocinéticos, farmacodinâmicos e a grande variabilidade do efeito anticoagulante inter e intraindividual. Contrariamente à atividade anti-Xa, a atividade anti IIa é dependente do tamanho das cadeias (> 18 sacarídeos).
- O **fracionamento das cadeias polissacarídeas (HBPM)** melhora a disponibilidade SC, e gera uma atividade anticoagulante previsível, com meia-vida mais longa, preferencialmente anti-XA (razão anti-Xa/anti IIa > 1). A eliminação das HBPM é principalmente renal.
- O **pentassacarídeo de síntese (fondaparinux)** tem uma atividade anti-Xa exclusiva, uma meia-vida longa e eliminação renal.

HEPARINA NÃO FRACIONADA (HNF)

- A HNF é indicada em caso de injúria renal grave e um período perioperatório com risco hemorrágico importante (meia-vida curta, antagonismo rápido e eficaz).
- Sua administração impõe um controle diário da atividade anticoagulante pelo TTPA (1,5-3 x o testemunho) ou da atividade anti-Xa (0,3-0,7 U/mL). As normas são definidas pelo laboratório do estabelecimento.
- A **atividade anticoagulante é medida**:
  - Em IV a partir da 4ª hora da administração ou da mudança de posologia e depois de maneira indiferente.
  - Em SC a meia distância entre duas injeções.
- A medida da atividade anti-Xa é aconselhada se o TTPA está prolongado antes do tratamento com a HNF ou em caso de síndrome inflamatória importante (resistência à heparina no TTPA).
- Um **controle das plaquetas** é obrigatório: perioperatório, duas vezes por semana nos primeiros 21 dias e depois uma vez por semana. A exposição à HNF deve ser limitada. Se possível, aconselha-se uma substituição precoce pelo AVK. A sobreposição dos dois anticoagulantes é no mínimo de 5 dias.
- **Antes de um procedimento invasivo hemorrágico** interrompe-se a administração da HNF terapêutica 6 h antes se IV ou 12 h antes se SC.
- **Em caso de hemorragia grave com HNF**:
  - Interromper sua administração e antagonizar seu efeito com **o sulfato de protamina IVL, 1 mg neutraliza 100 U de HNF**.

- Em IV, a dose é calculada a partir das duas últimas horas e em SC a partir da posologia da última injeção.
- Para a HNF SC, a protamina de meia-vida curta é fracionada em três injeções com 4 h de intervalo. O TTPA ou a atividade anti-Xa são medidos para verificar o nível de anticoagulação. Uma dose suplementar de 0,5 mg para 100 U pode ser administrada se o efeito for julgado insuficiente.

HEPARINAS DE BAIXO PESO MOLECULAR (HBPM)

- Eficazes, mais simples de serem utilizadas e menos imunogênicas do que a HNF, as HBPM são a referência em matéria de tratamento das tromboses.
- Próximas mas não idênticas, deve-se respeitar as recomendações próprias a cada HBPM (posologias, atividade anti-Xa).
- O controle da atividade anticoagulante não é necessário exceto em casos particulares: mulher grávida, pesos extremos (obesidade, caquexia), idade muito avançada e em caso de injúria renal. A atividade anti-Xa é verificada 3-4 h depois da terceira injeção se a administração é feita duas vezes por dia ou 4-6 h depois de uma injeção diária. O valor limiar máximo da atividade anti-Xa é próprio a cada HBPM, em geral de 1-1,2 U/mL se as injeções são duas vezes por dia ou 1,5-1,8 U/mL se a administração for de uma injeção diária. Se acima disso, é possível uma superdosagem.
- **A contagem das plaquetas**, assim como para a HNF, é recomendada no perioperatório, na traumatologia ou nos pacientes que tiveram uma administração prévia de heparinas nos seis meses anteriores. As plaquetas também são verificadas uma vez por mês nas gestantes. Nos outros casos, as plaquetas são solicitadas apenas em caso de suspeita de TIH (ver *Trombocitopenia induzida por heparina*).
- A substituição com os AVK procede da mesma forma que para a HNF. Uma exceção à regra são as tromboses venosas em oncologia que são tratadas com as HBPM unicamente se não há injúria renal grave associada.
- **Antes de um procedimento invasivo com risco hemorrágico ou uma cirurgia**: última dose da HBPM 24 h antes se terapêutica; 12 h se profilática.
- **Em caso de hemorragia**, o sulfato de protamina IVL antagoniza parcialmente as HBPM. Leva-se em conta a quantidade de HBPM administrada no momento da última injeção e prescreve-se 1 mg de protamina para 100 U de HBPM. A dose é repartida em três injeções com 4 h de intervalo. A administração suplementar de 0,5 para 100 U de HBPM é possível.

PENTASSACARÍDEO (FONDAPARINUX)

- Esta molécula de síntese tem a autorização de comercialização do produto para o tratamento da doença tromboembólica venosa se não houver risco de uma fibrinólise. É particularmente interessante nos indivíduos que apresentam um antecedente verificado de TIH.
- A substituição com os AVK segue as mesmas regras das HNF e da HBPM.
- Nenhum controle biológico é preconizado, mas sua meia-vida longa e sua eliminação renal levam a temer uma superdosagem nos indiví-

duos idosos, nos pacientes com injúria renal moderada e naqueles com peso < 50 kg.

- Uma atividade anti-Xa pode ser avaliada 2-3 h depois da injeção SC. O limiar de superdosagem não é determinado e o valor médio é de 1,4 mcg/mL.
- Antes de um procedimento cirúrgico: última dose 48 h antes.
- **Não existe antídoto para esta molécula**. Um fator X recombinante inativo está sendo estudado, ele seria capaz de inibir o efeito anti-Xa do fondaparinux e das HBPM.

	HNF	HBPM	Pentassacarídeo
Posologia, se terapêutica	80 U IV e depois 500 U/kg/24h IV em bomba de infusão; ou SC x 2 ou 3	Enoxaparina: 100 U/kg x 2 SC Dalteparina: 100 U/kg x 2 SC Nadroparina: 85 U/kg x 2 SC 170 U/kg x 1 SC Tinzaparina: 175 U/kg x 1 SC	• P < 50 kg 5 mg x 1 SC • 50 ≤ P ≤ 100 kg 7,5 mg x 1 SC • P > 100 kg 10 mg x 1 SC
Controle	TTPA anti-Xa plaquetas	Plaquetas Casos particulares anti-Xa	Casos particulares anti-Xa
Antagonização	Protamina 1 mg/100U HNF IVL	Protamina (antagonismo parcial) 1 mg/100 U HBPM IVL	Nenhum antídoto
Contraindicação	TIH 2	TFG < 30 mL/min TIH 2	TFG < 30 mL/min
Vantagens	Meia-vida curta Utilizável se houver injúria renal Antagonismo eficaz	Simplicidade de utilização Sem monitoração sistemática Menos imunogênica do que HNF	Simplicidade de utilização Sem monitoração sistemática Sem TIH
Desvantagens	Monitoração diária Imunogênico ++	Eliminação renal Antagonização parcial	Eliminação renal Sem antídoto

P: peso.

Utilização dos anticoagulantes orais diretos e antagonização

ANTICOAGULANTES ORAIS DIRETOS (AOD)

- Agem diretamente por inibição competitiva e reversível seja da trombina (dabigatrana), seja do fator X ativado (rivaroxabana, apixabana, edoxabana). Essas moléculas não compartilham nenhuma estrutura comum com a heparina, não podendo portanto induzir a trombocitopenia trombogênica imunoinduzida.
- Estes antitrombóticos apresentam a vantagem de serem ativos via oral com uma variabilidade reduzida e previsibilidade muito boa do efeito anticoagulante.
- Uma dosagem de anticoagulação não é necessária na prática comum. **Dosagens específicas (tempo de trombina diluído para o dabigatrana e anti-Xa específico para o rivaroxabana, apixabana, edoxabana)** são recomendados para guiar o procedimento em caso de procedimentos invasivos na urgência e/ou hemorragia aguda.

Tabela 1: Características dos anticoagulantes orais diretos

	Dabigatrana	Rivaroxabana	Apixabana	Edoxabana
Atividade anticoagulante	Anti-IIa	Anti-Xa	Anti-Xa	Anti-Xa
Biodisponibilidade	6-7%	90%	66%	62%
Pico de atividade	2 h	2-4 h	3-4 h	1-2 h
Meia-vida de eliminação	14-17 h	9-13 h	12-15 h	5-10 h
Metabolismo e transporte	P-gp	citocromo e P-gp	citocromo e P-gp	P-gp
Eliminação renal	> 80%	33%	30%	30%
Eliminação biliar	20%	66%	70%	70%
Por diálise	Sim	Não	Não	Não

Tabela 2: Posologias recomendadas segundo a indicação

Indicação	Dabigatrana	Rivaroxabana	Apixabana	Edoxabana
Profilaxias de TVP depois de ATQ e ATJ	• 110 mg pós--operatório (H+4), e depois 220 mg x 1/d ou • 75 mg pós--operatório (H+4) e depois 150 mg x 1/d se ClCr 30-50 mL/min, inibidores P-gp, idade ≥ 75 anos ATQ: 28-35 d ATJ: 10 d	• 10 mg x 1/d ATQ: 5 sem ATJ: 2 sem	• 2,5 mg x 2/d ATQ: 32-38 d ATJ: 10-14 d	NA
Tratamento da TVP ou TEP Profilaxia de TVP a longo prazo	• 150 mg x 2/d ou • 110 mg x 2/d se idade ≥ 80 anos ou uso de verapamil	• 15 mg x 2/d (3 sem), e depois 20 mg x 1/d	• 10 mg x 2/d (7 d), e depois 5 mg x 2/d, e então 2,5 mg x 2/d como prevenção das recidivas após 6 meses de tratamento de uma TVP ou TEP	• 60 mg x 1/d ou • 30 mg x 1/d se: ClCr 15-50 mL/min, peso ≤ 60 kg, inibidores P-gp
Profilaxia de AVC e embolias na FA não valvar	• 150 mg x 2/d ou • 110 mg x 2/d se idade ≥ 80 anos ou uso de verapamil	• 20 mg x 1/d ou • 15 mg x 1/d se ClCr 30-49 mL/min	• 5 mg x 2/d ou • 2,5 mg x 2/d se 2 critérios: idade ≥ 80 anos, peso ≤ 60 kg, creatinina ≥ 133 mcmol/L	• 60 mg x 1/d ou • 30 mg x 1/d se: ClCr 15-50 mL/min, peso ≤ 60 kg, inibidores P-gp

TVP: trombose venosa profunda; TEP: tromboembolismo pulmonar; AVC: acidente vascular cerebral; FA: fibrilação arterial; ClCr: *clearance* da creatinina segundo a fórmula de Cockcroft e Gault: P-gp: p glicoproteína.

• Algumas situações associadas ao aumento do risco hemorrágico, em particular às doses terapêuticas, devem ser levadas em conta para decidir a escolha do antitrombótico e de sua posologia.

FATORES QUE MODIFICAM A CONCENTRAÇÃO PLASMÁTICA DOS AOD
Interações medicamentosas
• Inibidor ou indutor:
  – Da P-glicoproteína para todos os AOD.
  – Do citocromo CYP 3A4 para os AOD anti-Xa.

• Por exemplo:
  – Cimetidina; amiodarona; verapamil; nicardipina; indutor das proteases.
  – Doxiciclina; macrolídeos; azoles; rifampicina; antiepiléptico; suco de toranja, erva-de-são-joão.

Função renal (*clearance* segundo Cockcroft e Gault)

- **Dabigatrana**: eliminação majoritariamente renal e sob forma inalterada. A partir de 50 mL/ min, as posologias devem ser reduzidas pela metade e para um *clearance* de creatinina < 30 mL/min, o medicamento é contraindicado.
- **Rivaroxabana e apixabana**: a proporção dos anti-Xa diretos eliminada pelos rins é mais baixa do que a da dabigatrana, no entanto uma redução da filtração glomerular está associada a um aumento das concentrações plasmáticas e aumenta o risco hemorrágico. Um *clearance* da creatinina inferior a 15 mL/min contraindica seu emprego.

AOD CURATIVOS E CIRURGIA PROGRAMADA

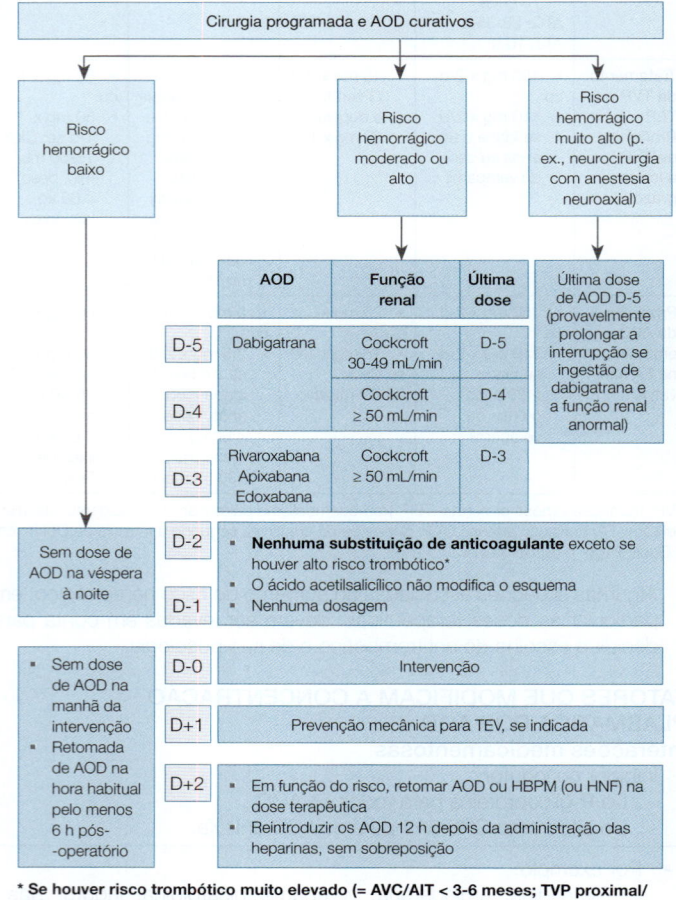

Cirurgia programada e AOD curativos

	AOD	Função renal	Última dose
D-5	Dabigatrana	Cockcroft 30-49 mL/min	D-5
D-4		Cockcroft ≥ 50 mL/min	D-4
D-3	Rivaroxabana Apixabana Edoxabana	Cockcroft ≥ 50 mL/min	D-3

Risco hemorrágico baixo → Sem dose de AOD na véspera à noite

Risco hemorrágico moderado ou alto

Risco hemorrágico muito alto (p. ex., neurocirurgia com anestesia neuroaxial) → Última dose de AOD D-5 (provavelmente prolongar a interrupção se ingestão de dabigatrana e a função renal anormal)

D-2 / D-1
- **Nenhuma substituição de anticoagulante** exceto se houver alto risco trombótico*
- O ácido acetilsalicílico não modifica o esquema
- Nenhuma dosagem

- Sem dose de AOD na manhã da intervenção
- Retomada de AOD na hora habitual pelo menos 6 h pós-operatório

D-0 Intervenção

D+1 Prevenção mecânica para TEV, se indicada

D+2
- Em função do risco, retomar AOD ou HBPM (ou HNF) na dose terapêutica
- Reintroduzir os AOD 12 h depois da administração das heparinas, sem sobreposição

* Se houver risco trombótico muito elevado (= AVC/AIT < 3-6 meses; TVP proximal/ TEP < 3 meses; trombofilia grave).
- Substituir por HBPM ou HNF em dose curativa que deve ser iniciada depois da última ingestão de AOD.
- Últimas ingestões das HBPM 24 h e HNF 12 h antes da intervenção

AOD CURATIVOS E SITUAÇÕES URGENTES

Cirurgias/procedimentos invasivos na urgência e AOD curativos

- Interrupção dos AOD
- Anotar idade, peso, posologia, hora da última dose, indicação
- Evitar a injúria renal funcional
- Coletar: creatinina, grupo sanguíneo, RAI, TP, TT, TTPA
- Alertar o laboratório sobre a hemostasia e discutir as dosagens específicas dos AOD (Concentração plasmática [ ] em ng/mL)

Anestesia

Dosagem específica de AOD disponível

Dosagem específica não disponível: transferir o paciente para um centro especializado se possível

---

[ ] ≤ 30 ng/mL: operar

30 < [ ] ≤ 200 ng/mL:
- Esperar até 12 h e depois nova dosagem ou (se prazo incompatível com a emergência)
- Operar e se houver sangramento anormal: antagonizar*

200 < [ ] ≤ 400 ng/mL:
- Esperar 12-24 h e depois nova dosagem
ou (se prazo incompatível com a emergência)
- Adiar ao máximo a intervenção
- Discutir a diálise se dabigatrana (sobretudo se Cockcroft < 50 mL/min)
- Operar e se houver sangramento anormal: antagonizar*

[ ] > 400 ng/mL:
- Superdosagem: risco hemorrágico maior
- Discutir a diálise antes da cirurgia se dabigatrana
- Adiar ao máximo a intervenção
- Antagonizar se houver sangramento anormal

TTPAA < 1,2 e TP ≥ 80%
Conduta a manter [ ] ≤ 30 ng/mL

1,2 < TTPA < 1,5:
Conduta a manter
30 < [ ] ≤ 200 ng/mL

TTPA > 1,5:
Conduta a manter [ ] > 400 ng/mL

▲ **Apixabana:**
- Esquema não aplicável pois não há modificação do TP e do TTPA
- Dosagem necessária

Observações: o TP e TTPA podem ser perturbados por outras razões
Um tempo de trombina normal permite excluir a presença de dabigatrana
Uma atividade anti-Xa normal sugere [rivaroxabana] ≤ 30 ng/mL

---

* Antagonização do efeito anticoagulante:
- **CCP: 25-50 UI/ kg** ou FEIBA 30-50 UI/kg
- Não corrige completamente as anomalias biológicas da hemostasia
- O rFVIIa não é considerado como primeira escolha
* Antídotos específicos (se disponíveis):
- **Idarucizumab (Praxbind®) = antídoto do dabigatrana**
  - Indicações de acordo com a autorização de comercialização do produto: paciente sob dabigatrana e que exige rápida antagonização em razão de:
    - Cirurgia/procedimento invasivo que não pode ser adiado e com risco de hemorragia
    - Sangramento que ameaça o prognóstico vital ou descontrolado
- **Andexanet alfa = antídoto dos AOD Anti-Xa** (pedido de autorização de comercialização em andamento)

Hemorragia aguda e AOD terapêuticos

↓

- Interrupção dos AOD
- Anotar idade, peso, dose, posologia diária, horário da última dose, indicação
- Evitar a injúria renal funcional
- Coletar: creatinina, grupo sanguíneo, PAI, TP, TT, TTPA
- Alertar o laboratório de coagulograma e discutir as dosagens específicas dos AOD (concentração plasmática [ ] de: [dabigatrana] [rivaroxabana] em ng/mL)

Hemorragia em um órgão crítico (intracerebral, subdural agudo, intraocular)

Hemorragia grave segundo a definição HAS 2008 (exceto órgão crítico)

Dosagem específica dos AOD disponível

Dosagem específica não disponível: transferir o paciente para um centro especializado se possível

Dosagem específica dos AOD disponível

Dosagem específica não disponível: transferir o paciente para um centro especializado se possível

Antagonização de urgência

- Se [ ] ≤ 30 ng/mL: nenhuma antagonização
- Privilegiar um ato hemostático quando realizável
- Se não há ato hemostático imediato e se [ ] > 30 ng/mL

Discutir a antagonização (nem sempre necessária)

- Se relação de TTPA ≤ 1,2 e relação TP ≤ 1,2 (TP ≥ 70-80%): nenhuma anta-gonização
- Privilegiar um ato hemostático quando realizável
- Se não há ato hemostático imediato e se relação TTPA > 1,2 (isolado) ou relação TP > 1,2 (TP ≥ 70-80%)

Discutir a antagonização (nem sempre necessária)

* **Antagonização do efeito anticoagulante:**
  - **CPP: 50 UI/kg** ou FEIBA 30-50 UI/kg
  - Não corrige completamente as anomalias biológicas do coagulograma
  - O rFVIIa não é considerado como primeira escolha
* **Antídotos específicos** (se disponíveis):
* **Idarucizumab (Praxbind®) = antídoto do dabigatrana**
  - Indicações de acordo com a autorização de comercialização do produto: paciente em uso de dabigatrana e que exige rápida antagonização porque:
    * Cirurgia/procedimento invasivo que não pode ser adiado e com risco de hemorragia
    * Sangramento que ameaça o prognóstico vital ou descontrolado
  - Posologia: iniciar com 5g IV em *bolus*
* **Andexanet alfa = antídoto dos AOD Anti-Xa** (pedido de autorização de comercialização em andamento)

Trombocitopenia induzida por heparina (TIH)

- Complicação grave do tratamento com heparinas, secundário a um estado de hipercoagulação adquirida de origem imunológica.
- Anticorpos anti-heparina/fator 4 plaquetário (PF4) ativam as plaquetas, os monócitos e induzem uma produção descontrolada de trombina.
- Os anticorpos anti-heparina-PF4 devem induzir um estado de hiper-coagulabilidade. A presença isolada dos anticorpos não é suficiente para estabelecer o diagnóstico de TIH.
- O diagnóstico é tanto clínico quanto biológico.

ABORDAGEM DIAGNÓSTICA

- **Queda das plaquetas, trombocitopenia, trombose em trata-mento** com heparinas: estabelecer a pontuação 4TS (ver *Tabela 1*).
- **Escore 4TS ≤ 3**: diagnóstico de TIH desconsiderado.
- **Escore 4TS > 3 e/ou 4TS** não aplicável: investigar AC anti-heparina--PF4.
- **AC anti-heparina-PF4**:
  - Ausentes: TIH desconsiderado. Desconfiar dos falsos negativos no caso de 4TS muito elevado > 6.
  - Positivos: possível TIH, realizar teste funcional de ativação das pla-quetas.
  - Muito positivos: diagnóstico de TIH no caso de 4TS > 6.
- **Testes funcionais de ativação das plaquetas**:
  - Negativos: TIH desconsiderado.

Tabela 1: Escore 4T ou (4TS)

Pontuação	2	1	0
Trombocitopenia	• Queda de PI > 50% e PI ≥ 20 G/L	• Queda de PI entre 30-50% ou PI entre 10-19 G/L	• Queda de PI < 30% ou PI ≤ 10 G/L
Tempo (intervalo da aparição da queda dos PI)	• Queda de PI entre D5 e D10 • Ou precoce no D1 no caso de exposição recente às heparinas (≤ 100 d)	• Queda de PI após D10	• Queda precoce de PI ≤ D4 sem exposição recente às heparinas
Tromboses	• Complicação trombótica vascular • Ou reação anafilac-toide após um *bolus* IV de heparina	• Extensão ou recidiva de trombose vascular sob tratamento com heparinas	• Nenhuma complicação trombótica vascular
Outras etiologias possíveis de trombocitopenia	• Nenhuma	• Possível	• Definida

4TS ≤ 3 (baixa probabilidade) VPN elevada; 4TS ≤ 5 (probabilidade intermediária); 4TS ≥ 6 (alta probabilidade).

ABORDAGEM TERAPÊUTICA

- **Se 4TS > 3**:
  - – Interrupção imediata das heparinas.
  - – Coletas biológicas para confirmação de TIH.
  - – Investigação radiológica de tromboses.
  - – Estabelecimento de um tratamento anticoagulante eficaz de ação rápida (ver *Tabela 2*).

  O danaparoide ou o fondaparinux são eficazes para esta indicação, mas existe risco de superdosagem em caso de injúria renal (controle da atividade anti-Xa). Foram observados casos raros de agravamento da TIH, um rígido controle da subida das plaquetas e da resposta ao tratamento é primordial. O argatroban é uma opção interessante em caso de injúria renal ou de resistência da TIH ao danaparoide ou ao fondaparinux. Além de seu custo elevado, esta droga apresenta o problema do controle de sua atividade anticoagulante e da atividade dos AVK (interferência na INR). A bivalirudina IV pode ser empregada no contexto particular da cardiologia intervencionista.

- **Caso os testes biológicos confirmem o diagnóstico de TIH**, manter o tratamento anticoagulante eficaz e considerar a troca pelos AVK remotamente, uma vez confirmada a normalização da taxa das plaquetas. A duração do tratamento é de pelo menos três meses se a TIH estiver associada a uma trombose. Na ausência de trombose, a duração não é definida mas deve ser no mínimo de um mês. Declarar à vigilância farmacêutica e entregar um certificado ao paciente.

- **Se o diagnóstico de TIH não é significativo**, reintroduzir o tratamento com as heparinas.

Tabela 2: Posologia dos anticoagulantes em caso de TIH

	Posologias	Controle biológico
Danaparoide	*Bolus* IV 1.500 UI se P < 60 kg 2.250 UI se 60 ≤ P < 75 kg 3.000 UI se 75 ≤ P ≤ 90 kg 3.750 UI se P > 90 kg e depois em IV contínua 400 UI/h em 4 h, 300 UI/h em 4 h e depois 200 UI/h	Contagem das plaquetas Atividade anti-Xa (alvo entre 0,5-0,8 U/mL)
Fondaparinux	5 mg x 1 SC se P < 50 kg 7,5 mg x 1 SC se 50 ≤ P ≤ 100 kg 10 mg x 1 SC se P > 100 kg	Contagem das plaquetas Atividade anti-Xa
Argatroban	2 mcg/kg/min IV em bomba de infusão 0,5-1,2 mcg/kg/min IV contínua se insuficiência hepatocelular, estado crítico, cirurgia cardíaca	TCA em 2 h (1,5-3 x T) Tempo de coagulação com ecarina

PACIENTE COM ANTECEDENTE DE TIH

- Tratamento ou profilaxia anticoagulante com danaparoide, fondaparinux, rivaroxabana, dabigatrana ou apixabana.
- Caso esteja prevista uma circulação extracorpórea (CEC), existe a possibilidade do uso de uma HNF por um curto período (unicamente se a investigação de anticorpos anti-heparina-PF4 for negativa). Em caso de positividade dos anticorpos, a bivalirudina é uma opção possível.

CONDUTA A SEGUIR EM FUNÇÃO DA PONTUAÇÃO 4T

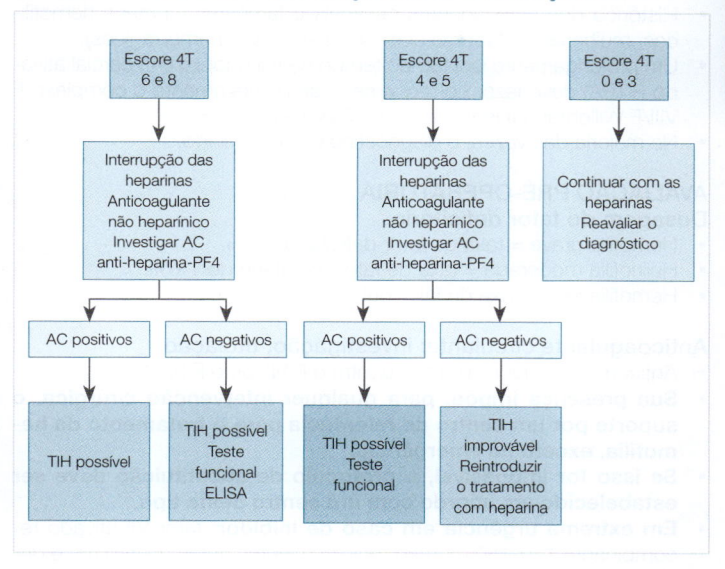

Hemofilia

Doença hemorrágica constitucional genética ligada ao X que pode ser responsável tanto pelos sangramentos imediatos quanto pelas hemorragias tardias. A hemofilia apresenta três problemas:
1. Diagnóstico.
2. Interações hemofilia/abordagem anestésica.
3. Tratamento substitutivo para a intervenção e suas consequências.

DIAGNÓSTICO
- Histórico dos antecedentes pessoais e familiares (homens hemofílicos, mulheres portadoras com possíveis sinais hemorrágicos).
- Um prolongamento isolado do tempo de tromboplastina parcial ativado (TTPA) deve fazer com que se dose primeiramente o complexo F VIII/F Willebrand (Hemofilia A) e o F IX (Hemofilia B).
- Na maioria das vezes, o diagnóstico já é conhecido.

AVALIAÇÃO PRÉ-OPERATÓRIA
Dosagem do fator deficitário
- Hemofilia grave = taxa de fator deficitário < 1%.
- Hemofilia moderada = taxa de fator deficitário de 1-6%.
- Hemofilia leve = taxa de fator deficitário > 6%.

Anticoagulante circulante: investigação, titulação
- Anticorpos (inibidor) dirigidos contra o F VIII ou o F IX.
- **Sua presença impõe, para qualquer intervenção cirúrgica, o suporte por um centro de referência para o tratamento da hemofilia, exceto na emergência.**
- **Se isso for impossível, o protocolo de substituição deve ser estabelecido em acordo com um centro deste tipo.**
- **Em extrema urgência em caso de inibidor**: fator VII ativado recombinante 120-150 mcg/kg, quinze minutos antes da incisão, e depois 90-120 mcg/kg a cada 2 h, em *bolus*. Ou Concentrado de fator de protrombina ativada: 100 U/kg no pré-operatório imediato, repetido a cada 12 h até o estabelecimento da sequência do protocolo de tratamento com o centro de referência.

Avaliação virológica: hepatite B, C e HIV
O risco de transmissão desses vírus pelos medicamentos para hemofílicos desapareceu há mais de 25 anos.

SUBSTITUIÇÃO
▲ **O tratamento deve ser gerenciado e controlado em colaboração com um especialista em hemofilia.**

Produtos
Concentrados específicos purificados viro-inativados de F VIII e de F IX de origem plasmática ou recombinante.
- Concentrados liofilizados contendo 25-60 UI/mL de F VIII e de F IX (1 UI = F VIII ou F IX de 1 mL de plasma normal).
- Em certas formas de hemofilia A atenuada, o déficit em F VIII pode ser corrigido com injeção de desmopressina 0,3-0,4 mcg/kg suficiente

para uma intervenção cirúrgica de pequeno porte (atenção ao risco de retenção hídrica). Esta injeção deve ser repetida a cada 12 h. O efeito se esgota para além de 2-3 d.

Posologia

- **Pré-operatório**: F VIII ou F IX, 50-80 UI/kg 1h-1h30 antes da intervenção. Isso permite elevar a taxa de fator deficitário, na ausência de anticoagulante circulante, a um valor normal (70-150%). TTPA e se possível dosagem do F VIII ou do F IX 30 min depois do fim da injeção pré-operatória. O TTPA pré-operatório deve ser normalizado.
- **Perioperatório**: F VIII ou F IX contínuo, 5 UI/kg/h. Isso permite manter uma taxa suficiente até o fim da intervenção.
- **Pós-operatório**: manter a taxa do fator deficitário > 80% durante a primeira semana: cerca de 30 UI/kg:
  - A cada 8 h na hemofilia A.
  - A cada 12 h na hemofilia B.
- Duração: substituição até a cicatrização completa, mantendo uma taxa de F VIII ou de F IX > 30% durante a segunda semana.
- As taxas-alvo podem ser mais elevadas segundo a natureza da intervenção.

Controles biológicos

- TTPA, dosagem do F VIII ou do F IX.
- D1 e depois a cada 48 h.
- As coletas para os controles precisam ser feitas pouco antes de uma injeção de F VIII ou de F IX, já que as modificações de tratamento devem ser feitas em função da taxa observada em seu valor mais baixo.

Caso particular se houver anticoagulante circulante

(Ver *Anticoagulante circulante: investigação*.)

PRECAUÇÕES GERAIS

- Temperatura axilar ou bucal.
- Compressão manual prolongada durante 10 min dos pontos de coleta ou dos pontos de retirada das vias de acesso venoso. Em seguida, curativo semicompressivo que deve ser mantido por 24 h.
- Toda terapêutica que comporte um risco hemorrágico deve ser avaliada e a mudança realizada.
- ▲ **Medidas de prevenção, para a equipe multidisciplinar, contra uma contaminação viral para os pacientes infectados, ou de estatuto desconhecido e tratados antes de 1987.**

Anestesia

- Nenhuma pré-medicação intramuscular, somente oral.
- **Com exceção da anestesia locorregional IV, apenas a anestesia geral está autorizada.**
- **As anestesias medulares estão formalmente proibidas** mesmo depois de substituição.
- Acessos arteriais proscritos. Se houver necessidade absoluta: substituição e compressão longa e cuidadosa na retirada do acesso.
- Acesso venoso muitas vezes difícil (indivíduos frequentemente submetidos à venóclise). Deve-se respeitar a disponibilidade venosa pe-

riférica e central. Se um cateter central for necessário, escolher um acesso jugular externo ou interno; a via femoral deve ser evitada e a via subclávia está proibida (compressão impossível).

- Nenhuma contraindicação em relação aos agentes anestésicos.
- Laringoscopia prudente (risco de hematoma do assoalho da boca) e intubação não traumática com uma glote perfeitamente aberta.
- Sonda gástrica, térmica ou urinária = risco hemorrágico moderado.
- Antibioticoprofilaxia mais facilmente indicada (pacientes com risco aumentado de infecção da ferida operatória).
- Perdas sanguíneas peri e pós-operatórias: não existe regra particular de compensação. Contudo, as técnicas de hemodiluição devem ser evitadas.
- No caso de patologia viral confirmada, considerar as interações entre medicamentos anestésicos e a patologia viral em causa ou seu tratamento.

Analgesia pós-operatória

- Muitas vezes difícil nos indivíduos frequentemente polimedicados.
- Nenhum derivado de salicilatos (as injeções intramusculares estão proibidas nos pacientes hemofílicos, mesmo substituídos).
- Os AINE podem ser prescritos depois da concordância do hematologista responsável.
- Considerar paracetamol, nefopam e derivados opioides VO.
- Considerar analgesia controlada pelo paciente (PCA) com morfina no pós-operatório.
- No pós-operatório de uma prótese total do joelho, cateteres femorais perineurais são colocados por profissionais experientes para a administração perineural de ropivacaína, o que permite uma reeducação precoce e eficaz.

Doença de Willebrand

- **Déficit quantitativo ou qualitativo em fator Willebrand (vWF).**
- A mais frequente anomalia constitucional do coagulograma (1% da população).
- Transmissão autossômica, na maioria das vezes dominante e afetando os dois sexos.
- Expressão clínica muito variada e muito heterogênea mas que ocorre depois de um traumatismo (forma assintomática, equimose, epistaxe, menometrorragias, sangramento ativo, hemartrose, hemorragias digestivas).

CARACTERÍSTICAS

- O fator Willebrand é uma grande proteína multimérica sintetizada pelas células endoteliais, liberada no plasma e estocada nos corpos de Weibel e nas plaquetas.
- Desempenha vários papéis com seus diferentes campos funcionais:
  - Ligação entre a parede vascular lesada e a glicoproteína Ib plaquetária (coagulograma primário).
  - Ligação entre a glicoproteína plaquetária Gp IIb/IIIa e o fibrinogênio (coagulação).
  - Estabilização do fator VIII contra a proteólise (coagulação).
- Deve circular sob forma multimérica para ser ativo: expressão clínica muito variada e muito heterogênea em função do nível de comprometimento do fator vWF.

CLASSIFICAÇÃO

Existem diferentes formas clínicas dessa patologia que são classificadas como:

Tipo 1

- A forma mais frequente, 70% (em um indivíduo heterozigoto).
- Déficit parcial quantitativo do fator vWF, classificado segundo o nível do déficit (fraco, moderado, grave).

Tipo 2

- Déficit qualitativo do fator vWF representando 30% das formas.
- Classificado em subtipo segundo o campo funcional afetado:
  - **Tipo 2A**: diminuição da interação do vWF com as plaquetas (nenhum multímero).
  - **Tipo 2B**: aumento da afinidade do vWF pela GP Ib-IX (associado a uma trombocitopenia).
  - **Tipo 2M**: diminuição da afinidade do vWF pela GP Ib-IX (multímeros presentes).
  - **Tipo 2N**: diminuição da afinidade do vWF pelo fator VIII (duração de meia-vida mais curta do VIII) e próxima da hemofilia A.

Tipo 3

- Forma excepcional (1 paciente a cada 4 milhões).
- Déficit quantitativo total do fator vWF (indivíduo homozigoto) acompanhado de um déficit grave em F VIII que é sintetizado mas não estabilizado na circulação.

- Observação: existem raros casos da doença de Willebrand adquirida associados às patologias autoimunes ou aos distúrbios linfoproliferativos.

TESTES BIOLÓGICOS
- Testes que devem ser feitos fora da gestação, do exercício físico, do tratamento com estrógenos, longe de um episódio inflamatório e raramente em uma emergência.
- As dosagens de atividade podem ser variáveis de acordo com a idade do paciente e seu grupo ABO (normas estabelecidas segundo o grupo: taxa de F vWF e de F VIII mais baixa nos indivíduos de grupo O).

Tempo de sangramento (TS de Ivy)

Tempo de tromboplastina parcial ativada (TTPA), tempo de Quick normal, contagem plaquetária

Dosagem do fator VIII e da atividade do fator VIII (F VIII)

Dosagem do fator Willebrand
- Dosagem da fração antigênica (vWFAg).
- Dosagem da atividade do cofator da ristocetina (vWF: RCo).

Tempo de sangramento *in vitro*
Tempo de oclusão plaquetária (em PFA-100).

Testes complementares
- Agregação plaquetária na presença de ristocetina (RIPA).
- Estudos das ligações do fator vWF com o fator VIII.
- Estudos da distribuição dos multímeros do vWF.
- Genotipagem.

Tipo	Subtipo	TS	vWFAg	vWF: RCo	Atividade F VIII	Multímeros	RIPA
1		+/- prolongado	+/- diminuído	+/- normal	+/- normal	Normal	+/- prolongado
2	2A	Prolongado	+/- normal	Diminuído	+/- normal	Ausência	Prolongado
	2B	Prolongado	+/- normal	Diminuído	+/- normal	Diminuição	Prolongado
	2M	Prolongado	+/- normal	Diminuído	+/- normal	Normal	Acelerado
	2N	Normal	Normal	Normal	Diminuído	Normal	Normal
3		Muito prolongado	Nenhum	Nenhum	< 5%	Ausência	Muito prolongado

TRATAMENTO
- ▲ **O tratamento deve ser administrado e controlado com a colaboração de um especialista em coagulograma e na doença de Willebrand.**
- Ele visa corrigir o distúrbio do coagulograma primário (F Willebrand) e o possível déficit do fator VIII.
- O conhecimento do tipo e do subtipo é importante para ter o tratamento mais adaptado, mas nem sempre ele é possível.
- Para um ato cirúrgico, convém restaurar:
  - Uma taxa de atividade do fator VIII > 50% (UI/dL).

- Uma taxa de atividade do fator vWF: RCo > 60% (UI/dL).

DDAVP ou desmopressina
- Análogo da vasopressina.
- Libera no sangue o fator vWF estocado nas células endoteliais.
- Ação rápida em 30 min-2 h que pode multiplicar a taxa de vWF por um fator 3 ou 4.
- A eficácia da desmopressina é muito variável de um indivíduo para o outro (fator de multiplicação e duração de eficácia): é necessário ter os resultados de um teste para que este medicamento seja utilizado com segurança.
  - Posologia que deve ser repetida a cada 12 h com um esgotamento possível a partir do D2.
  - Posologia: 0,3 mcg/kg em 20 min.
  - Utilizável unicamente na doença de Willebrand de tipo 1 e com eficácia inconstante na de tipo 2A.
  - Agrava a trombocitopenia no tipo 2B e de eficácia aleatória no tipo 2N (testar antes da intervenção programada). Ineficaz no tipo 3.
- Necessita de restrição hídrica: risco de hiponatremia.

Concentrados do fator Willebrand
- Wilfactin® (500, 100 ou 2.000 UI) e Voncento® (1.200 ou 2.400 UI).
- Liofilizado de fator humano seco para uso IV.
- Posologia 40-60 UI/kg.

Na prática
- **Se a desmopressina puder ser utilizada**:
  - Utilizá-la, mas respeitar a restrição hídrica. Controlar a natremia e o esgotamento terapêutico (taquifilaxia no D2 ou D3).
- **Se a desmopressina não puder ser utilizada**:
  - Um concentrado de F Willebrand. Associar à primeira injeção o início da administração em concentrado de F VIII se a taxa de F VIII do paciente estiver diminuída. Continuar o tratamento com concentrado de F Willebrand a cada 12-24 h de acordo com o risco hemorrágico.

TT prolongado

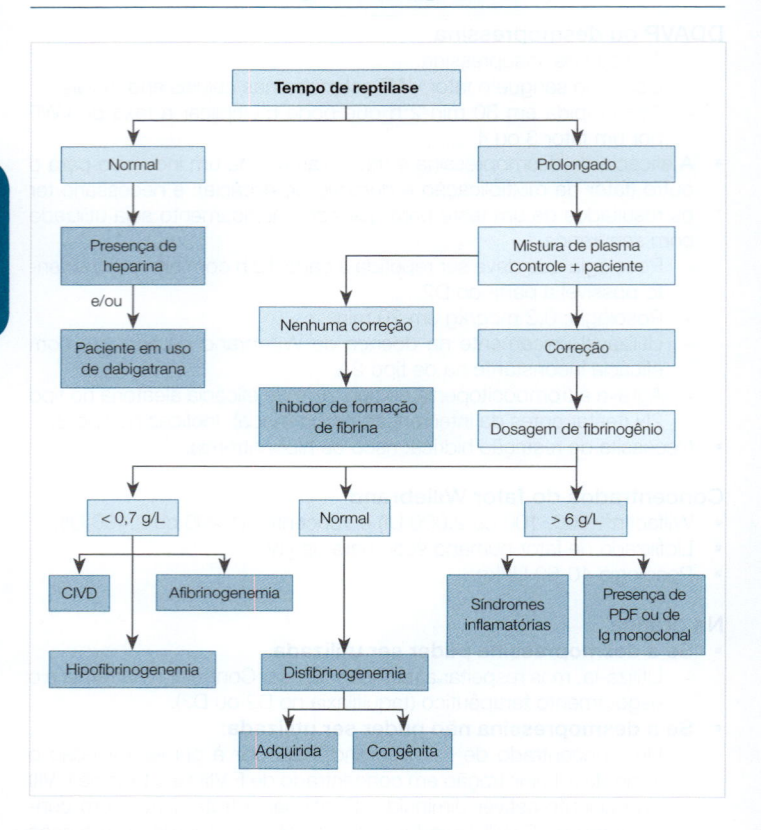

Tempo de reptilase

Normal — Prolongado

Presença de heparina / e/ou / Paciente em uso de dabigatrana

Nenhuma correção → Inibidor de formação de fibrina

Mistura de plasma controle + paciente → Correção → Dosagem de fibrinogênio

< 0,7 g/L → CIVD / Afibrinogenemia → Hipofibrinogenemia

Normal → Disfibrinogenemia → Adquirida / Congênita

> 6 g/L → Síndromes inflamatórias / Presença de PDF ou de Ig monoclonal

Anestesia

Tempo de Quick prolongado

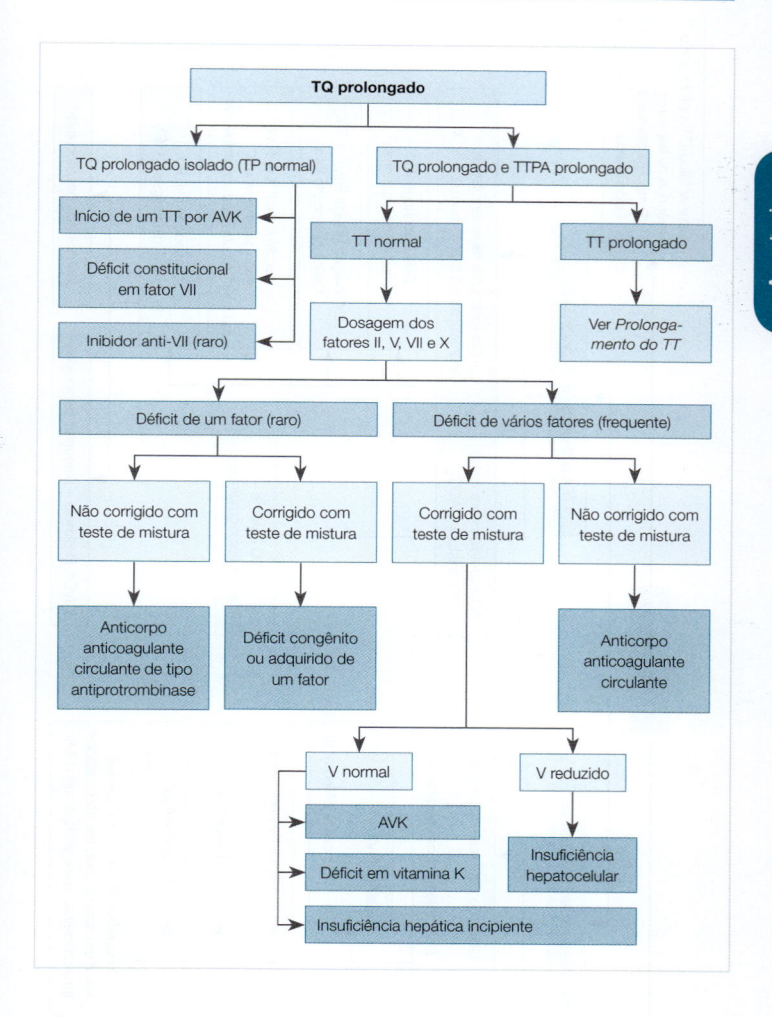

Anestesia

TTPA prolongado

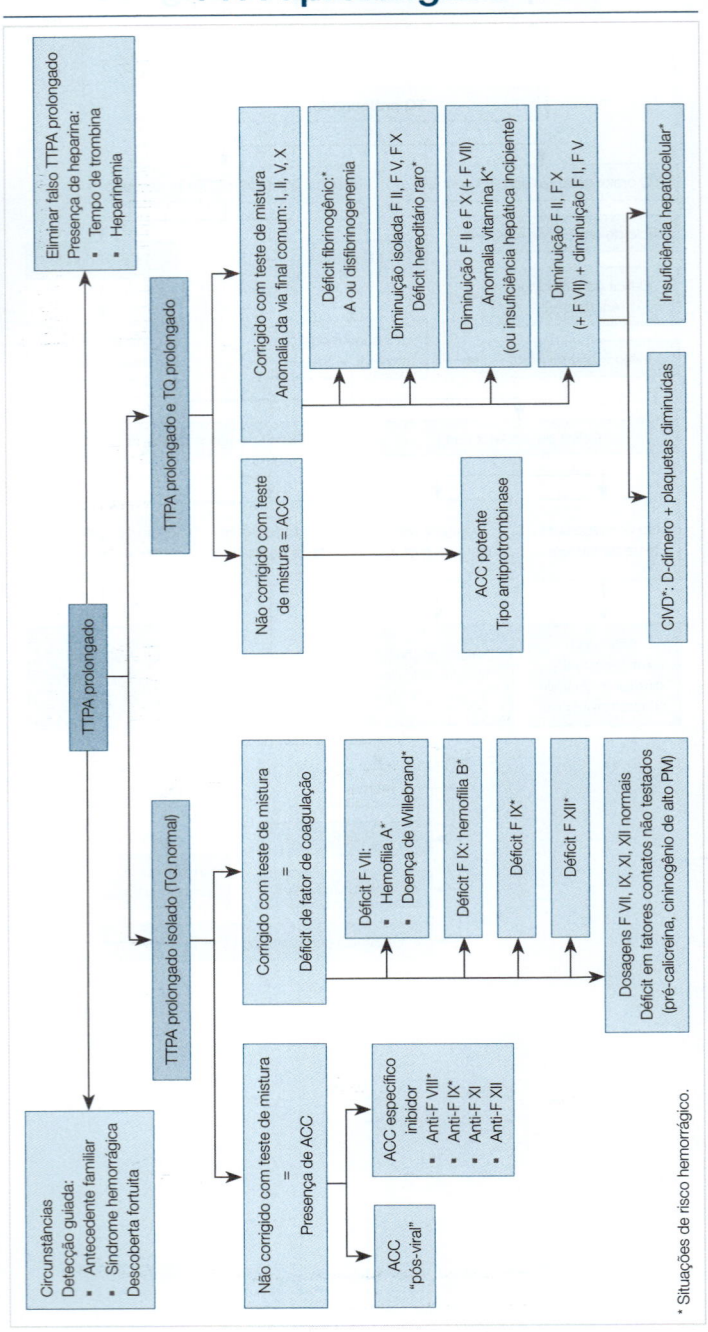

Circunstâncias
Detecção guiada:
- Antecedente familiar
- Síndrome hemorrágica
- Descoberta fortuita

Eliminar falso TTPA prolongado
Presença de heparina:
- Tempo de trombina
- Heparinemia

TTPA prolongado

TTPA prolongado isolado (TQ normal)

TTPA prolongado e TQ prolongado

Não corrigido com teste de mistura = Presença de ACC

Corrigido com teste de mistura = Déficit de fator de coagulação

Não corrigido com teste de mistura = ACC

Corrigido com teste de mistura
Anomalia da via final comum: I, II, V, X

ACC "pós-viral"

ACC específico inibidor
- Anti-F VIII*
- Anti-F IX*
- Anti-F XI
- Anti-F XII

Déficit F VII:
- Hemofilia A*
- Doença de Willebrand*

Déficit F IX: hemofilia B*

Déficit F IX*

Déficit F XII*

Dosagens F VII, IX, XI, XII normais
Déficit em fatores contatos não testados
(pré-calicreína, cininogênio de alto PM)

ACC potente
Tipo antiprotrombinase

Déficit fibrinogênio:*
A ou disfibrinogenemia

Diminuição isolada F II, F V, F X
Déficit hereditário raro*

Diminuição F II e F X (+ F VII)
Anomalia vitamina K*
(ou insuficiência hepática incipiente)

Diminuição F II, F X
(+ F VII) + diminuição F I, F V

CIVD*: D-dímero + plaquetas diminuídas

Insuficiência hepatocelular*

* Situações de risco hemorrágico.

Principais distúrbios biológicos encontrados nas síndromes hemorrágicas mais frequentes

	TS	Plaquetas	Tempo de Quick	TTPA	TT	Tempo de reptilase	Fibrinogênio	Complexos solúveis	PDF	Atividade plaquetária
Heparinoterapia	N	N ou ↓*	N	↑	↑	N	N	↑↑	↑↑	N
AVK	N	N	↑	↑	N	N	N	O	O	N
Trombocitopenia	↑↑	↓↓	N	N	N	N	N	O	O	N
Trombopatia	↑↑	N	N	N	N	N	N	O	O	↓↓
CIVD	↑↑	↓↓	↑↑	↑	↑	↑	↓↓	↑↑	↑↑	↓
Fibrinólise	↑↑	N	↑	↑↑	↑↑↑	↑↑	↓↓	↑↑↑	↑↑↑	N
Hemofilia A ou B	N	N	N	↑↑	N	N	N	O	O	N
Willebrand	↑↑↑	N	N	↑	N	N	N	O	O	↓↓↓
Déficit do complexo pró-trômbico	N	N	↑↑↑	↑↑	N	N	N	O	O	N

↓* No caso de queda das plaquetas: atenção com a imunoalergia à heparina.

Anestesia

Coagulograma global:
TEG® e ROTEM®

PRINCÍPIOS

- Os testes viscoelásticos, de tromboelastografia (TEG®), ou tromboelásticos rotacionais (ROTEM®) são testes de coagulograma que permitem uma análise global e funcional da coagulação no leito do paciente.
- Um pequeno volume de sangue total do paciente é coletado em um tubo com citrato (o mais frequente), recalcificado e posto em contato com um ativador da coagulação em uma cuba no interior da qual tem uma agulha mergulhada. A cuba (TEG) ou a agulha (ROTEM) são ativadas por um movimento de rotação regular que é transmitido a um transdutor de sinal que permite gerar um traçado que reflete as diferentes etapas do processo de coagulação: iniciação, crescimento e força do coágulo, fibrinólise (figura).
- Os testes usuais utilizam o caulim (TEG, INTEM do ROTEM) e o fator tecidual (Rapid TEG, EXTEM do ROTEM). Existem testes mais específicos que permitem avaliar a contribuição do fibrinogênio para a força do coágulo (Functional Fibrinogen do TEG, FIBTEM do ROTEM), a presença de heparina (heparinase do TEG, HEPTEM do ROTEM) ou a função plaquetária (Platelet Mapping do TEG).
- A análise da morfologia do traçado permite detectar os parâmetros de coagulograma anormais e assim determinar os alvos terapêuticos (tabela).

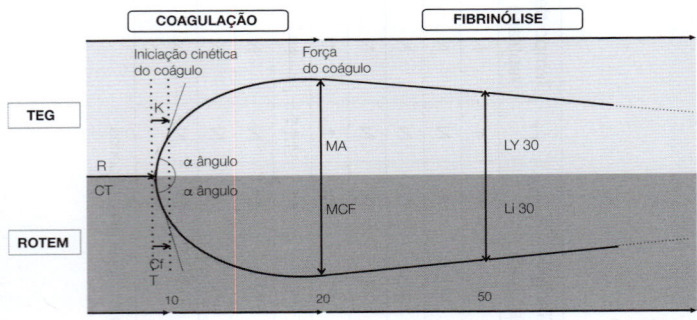

Representação clássica dos traçados TEG e ROTEM

Principais parâmetros TEG e ROTEM, definições e interpretação

Parâmetro TEG	Parâmetro ROTEM	Parâmetro do coagulograma retratado	Possível opção terapêutica
R-time (min)	CT (min)	Fatores enzimáticos pró-coagulantes	PFC ou CCP se R/CT prolongado (protamina se houver heparina presente)
Ângulo α (°)	Ângulo α (°)	Geração de trombina	Fibrinogênio (Fg) se ↓
MA (mm)	MCF (mm)	Fibrinogênio, plaquetas, Fator XIII	Fg e/ou plaquetas se ↓
LY 30 (%)	LI 30 (%)	Fibrinólise	Ácido tranexâmico se ↑
MA-FF (mm)	FIBTEM (mm)	Fibrinogênio	Fg ou crioprecipitado se ↓

VANTAGENS

- As vantagens de TEG e ROTEM em relação aos testes de coagulograma padrão são:
  - Análise do coagulograma global, com as interações entre fatores de coagulação e elementos celulares (plaquetas, glóbulos vermelhos).
  - Período de obtenção dos resultados mais rapidamente (primeiros resultados em 10 min x 60 min para o coagulograma padrão).
- A utilização dos testes viscoelásticos para guiar a administração de fatores pró-coagulantes foi associada a uma diminuição da mortalidade na cirurgia cardíaca. Este efeito ainda deve ser demonstrado em outras situações clínicas (traumatologia, pós-parto etc.).

LIMITES

- O TEG e o ROTEM detectam mal ou nem detectam algumas situações patológicas: doença de Willebrand, antiagregante plaquetário (exceto com o Platelet Mapping), anticoagulantes orais diretos (AOD) e mesmo antivitamina K. Novos testes específicos, principalmente para os AOD, estão em desenvolvimento. O TEG e o ROTEM só detectam níveis importantes de fibrinólise.
- A manutenção e a calibração das máquinas devem ser realizadas regularmente. A realização dos testes exige certa especialização técnica que deve ser adquirida pela equipe de cuidados (os aparelhos de última geração, TEG 6S e ROTEM Sigma, apresentam uma utilização muito mais simples) ou no laboratório de coagulograma com a rápida disponibilização dos resultados para o médico.
- A grande diversidade dos métodos, dos parâmetros medidos e das práticas limita a aplicação homogênea de algoritmos consensuais baseados nos resultados do TEG/ROTEM.

Lista de checagem para a anestesia

A utilização de uma lista de **checagem do material de anestesia** é uma obrigação legal na França (decreto de 3/10/1995).

VERIFICAÇÃO DO MATERIAL

- Conexões: O_2-ar-N_2O (3,5 ± 0,7 bar, pressão O_2 > pressão N_2O), vazio (-0,6 ± 0,1 bar), eletricidade, sistema antipoluição (SEGA), alarme sonoro de desligamento O_2.
- Respirador: realização dos testes, calibração, cal sodada (cor), regulagem da válvula de supressão, filtro antibacteriano, umidificador (em caso de ventilação com débito de gás fresco elevado ou pediatria), coletor de água. Verificação final do funcionamento com balão conectado a uma peça em Y.
- Verificação dos alarmes: desconexão, supressão.
- Analisador de gás: analisador funcional, regulagem dos alarmes (O_2 ++).
- Vaporizador de halogenado ou injetor: cuba cheia.
- Capnógrafo (autoteste feito).
- Verificação da mesa de operação: possibilidade de posicioná-la em declive.
- Bandeja de intubação: laringoscópio (luz), lâminas de diferentes tamanhos, sondas de intubação, seringa de 10 mL (verificar a vedação do balonete), mandril de Eschmann, pinça de Magill, cânula de Guedel, lubrificante, *spray* de anestésico local, esparadrapo, máscaras faciais, estetoscópio.
- Carrinho para intubação difícil verificado e presente no centro cirúrgico.
- Drogas de reanimação.
- Dispositivos de emergência: balão autoinflável com válvula unidirecional disponível na sala de cirurgia, cilindro de oxigênio autônomo com O_2 > 50 bar, dispositivo de aspiração de socorro.
- Desfibrilador funcionante (placas adultas e pediátricas).
- Escopia e pressão arterial automática funcionantes e alarmes.
- Oximetria de pulso.
- Material de punção venosa e de infusão.
- Material específico para a intervenção prevista (cateteres arterial e venoso central, sistema de infusão rápida, aquecedor, ultrassom, monitoramento específico etc.).

VERIFICAÇÕES NA SALA DE INDUÇÃO OU DE CIRURGIA

- Identidade do paciente. Ato cirúrgico + lado a ser operado.
- Ficha de pré-anestesia: data da consulta, antecedentes, avaliação pré-operatória eventual, preparação (ablação das próteses dentárias ou auditivas, joias, piercing, ducha antisséptica), pré-medicação recebida, estratégia transfusional, jejum com exceção da pré-medicação VO.
- Preparação dos agentes de anestesia e das drogas de emergência: de acordo com o paciente e a intervenção; diluição, etiquetagem.
- Bandeja de ALR, se necessário.
- Desde 1/1/2010, preencher a lista de checagem "Segurança do paciente no centro cirúrgico" editada pelo HAS (autoridade sanitária francesa).
- Verificação dos pontos de apoio depois da indução e da instalação.
- Verificação das regulagens do respirador depois da intubação.

- Verificação final dos limites de alarmes.
- Auscultação depois de cada modificação da posição do paciente.

PROCEDIMENTO EM CASO DE ALERGIA AO LÁTEX

- A maioria dos dispositivos médicos descartáveis já é desprovida de látex ("*latex free*" ou sigla específica).
- Apenas alguns materiais ainda contêm látex: certos medidores de pressão manual, balonetes de Swan-Ganz, sondas vesicais de látex, cilindros penianos, determinados garrotes ou máscaras/balões reutilizáveis, faixas de Smarch, Elastoplast, luvas etc. A lista de material anestésico e cirúrgico que contém látex deve ser atualizada regularmente com a farmácia do estabelecimento e difundida.
- Prevenir o centro cirúrgico na véspera da intervenção para aumentar a ventilação da sala de cirurgia e diminuir as partículas de látex em suspensão. Se a intervenção for de emergência, realizá-la em uma sala que foi ventilada por pelo menos uma hora.
- Programar o paciente no primeiro horário da sala. Aviso "alergia ao látex" afixado na porta da sala de cirurgia e na sala de recuperação pós-anestésica.
- Retirar todo material da sala que possa conter látex, dispor do conjunto do material sem látex necessário para uma intervenção.
- Diluir uma ampola de epinefrina.

Identificação do paciente
Etiqueta do paciente ou
Nome, sobrenome, data de nascimento

LISTA DE CHECAGEM
"SEGURANÇA DO PACIENTE NO CENTRO CIRÚRGICO"
Versão 1/2011

HAS
HAUTE AUTORITÉ DE SANTÉ

Identidade visual
do estabelecimento

Bloco:_____ Sala:_____

Data da intervenção:_____Hora (início):_____

Cirurgião responsável:_____

Anestesista responsável:_____

Coordenador (ES) da lista de checagem:_____

ANTES DA INDUÇÃO ANESTÉSICA
Tempo de pausa antes da anestesia

1. A **identidade** do paciente está correta ☐ Sim ☐ *Não**

2. A **intervenção** e **local cirúrgico** estão confirmados:
- Idealmente pelo paciente e, de toda forma, ☐ **Sim** ☐ *Não**
  pelo dossiê ou procedimento específico
- A documentação clínica e exames complementares ☐ **Sim** ☐ *Não**
  necessários estão disponíveis na sala

3. O **posicionamento** é conhecido pela equipe na sala, ☐ **Sim** ☐ *Não**
coerente com o local/intervenção e não perigoso para o paciente

4. A **preparação cutânea** do paciente está documentada ☐ **Sim** ☐ *Não**
na ficha de ligação serviço/centro cirúrgico (ou outro ☐ N/A
procedimento em vigor no estabelecimento)

5. O **equipamento/material** necessário para a intervenção
foi **verificado** e não apresenta **nenhum mau funcionamento:**
- Para a parte **cirúrgica** ☐ **Sim** ☐ *Não**
- Para a parte **anestésica** ☐ **Sim** ☐ *Não**
  Ato sem procedimento anestésico ☐ N/A

6. Verificação cruzada pela equipe de pontos críticos e estabelecimento das
medidas adequadas
O paciente apresenta:
- **Risco alérgico** ☐ **Não** ☐ *Sim**
- **Risco de inalação**, de dificuldade de **intubação** ☐ **Não** ☐ *Sim**
  ou de **ventilação** com máscara ☐ N/A
- **Risco de sangramento** importante ☐ **Não** ☐ *Sim**

ANTES DA INTERVENÇÃO CIRÚRGICA
Tempo de pausa antes da incisão

7. Verificação "final" cruzada entre os membros da equipe, na presença
do(s) cirurgião(ões) – anestesista(s)/enfermeiro(s) do bloco:
- **Identidade** do paciente confirmada ☐ **Sim** ☐ *Não**
- **Intervenção** prevista confirmada ☐ **Sim** ☐ *Não**
- **Local** da cirurgia confirmado ☐ **Sim** ☐ *Não**
- **Posição** correta confirmada ☐ **Sim** ☐ *Não**
- **Documentos necessários** disponíveis ☐ **Sim** ☐ *Não**
  (principalmente de imagem) ☐ N/A

8. Compartilhamento das informações essenciais, oralmente entre os
membros da equipe sobre os elementos de risco/etapas críticas da
intervenção (*time out*):
- **No plano cirúrgico** ☐ **Sim** ☐ *Não**
  (tempo cirúrgico difícil, pontos específicos da intervenção,
  identificação dos materiais necessários, confirmação de sua
  operacionalidade etc.)
- **No plano anestésico** ☐ **Sim** ☐ *Não**
  Ato sem cobertura anestésica ☐ N/A
  (potenciais riscos ligados ao campo anestésico
  ou aos tratamentos eventualmente mantidos etc.)

9. A **antibioprofilaxia** foi efetuada segundo as recomen- ☐ **Sim** ☐ *Não**
dações e os protocolos em vigor no estabelecimento ☐ N/R
A preparação do **campo cirúrgico** é realizada ☐ **Sim** ☐ *Não**
segundo o protocolo vigente no estabelecimento ☐ N/A

N/A: quando o critério é não aplicável para esta intervenção.
N/R: quando o critério é não recomendado para esta intervenção.

APÓS A INTERVENÇÃO
Pausa antes da saída da sala cirúrgica

10. Confirmação oral pelo profissional junto da equipe:
- Da **intervenção registrada** ☐ **Sim** ☐ *Não**
- Da **conta final** correta das compressas, ☐ **Sim** ☐ *Não**
  agulhas, instrumentos etc. ☐ N/A
- Da **etiquetagem** das coletas, peças ☐ **Sim** ☐ *Não**
  cirúrgicas etc. ☐ N/A
- Caso tenham ocorrido **eventos** ☐ **Sim** ☐ *Não**
  adversos ou portadores de risco, ☐ N/A
  eles foram objeto de uma sinalização/declaração?
Se nenhum evento adverso ocorreu durante a intervenção,
marque N/A

11. As **prescrições** para os **acompanhamentos** ☐ **Sim** ☐ *Não**
operatórios imediatos são feitas de
maneira conjunta entre as equipes
cirúrgica e anestesista

DECISÃO ACORDADA EM CASO DE NÃO CONFORMIDADE
OU DE RESPOSTA MARCADA COM UM *

SEGUNDO PROCEDIMENTO EM VIGOR NO ESTABELECIMENTO

Atestado de que a lista de checagem foi comunicada após
compartilhamento das informações entre os membros da equipe

Cirurgião   Anestesista/enfermeiro   Coordenador CL

Controle eletrocardiográfico perioperatório

- Durante a anestesia, é obrigatório o controle contínuo do ritmo cardíaco e do traçado eletrocardioscópico. Para obter um bom sinal eletrocardiográfico (ECG) são precisos bons eletrodos com gel não ressecado. Recomenda-se guardá-los em sua embalagem até serem utilizados.
- As derivações recomendadas para o controle eletrocardioscópico perioperatório são D II para a análise das arritmias e a detecção das isquemias no território inferior e V5 para a detecção da isquemia no território lateral.
- A derivação V5 é a mais sensível para a detecção da isquemia perioperatória (75% dos episódios que têm uma tradução elétrica em pelo menos uma derivação são detectados por esta derivação). A monitoração das derivações D II e V5 permite detectar 90% dos episódios isquêmicos e mais de 96% com uma terceira derivação (V4).
- A monitoração de uma derivação precordial precisa de um cardioscópio com cinco eletrodos (ver *figura*).
- Caso se disponha apenas de um cardioscópio com três eletrodos, é possível controlar alternativamente D II e V5 (ver *figura*): selecionando a derivação D I, obtém-se uma derivação CS5; colocando-se o seletor sobre D II, obtém-se efetivamente a derivação D II.
- Na presença de um marca-passo: o monitor pode mostrar uma FC que é o dobro da FC real caso leve em conta os picos, como os complexos QRS. Uma assistolia pode ser desconhecida pela mesma razão. Alguns monitores possuem um modo marca-passo que diferencia os picos dos complexos QRS.

CONTROLE INFORMATIZADO DO SEGMENTO ST

- Vários monitores eletrocardioscópicos permitem memorizar, depois da digitalização do sinal eletrocardiográfico, a morfologia dos complexos eletrocardiográficos nas três derivações (traçado de referência). Após a comparação com o traçado de referência, qualquer modificação da morfologia dos complexos ECG para além do limiar pré-regulado dispara um alarme.
- Na prática, depois da colocação dos eletrodos (ver *figura*):
  - Para monitorar simultaneamente várias faixas eletrocardiográficas, deve-se utilizar um cabo com cinco saídas.
  - A "aprendizagem" pelo computador do traçado de referência do paciente exige um traçado de boa qualidade e é feito a pedido do utilizador de maneira simultânea sobre as três derivações.
  - A regulagem do ponto de medida da linha isoelétrica (ajustamento do cursor) deve se situar entre a onda P e o complexo QRS e deve ser efetuada nas três derivações.
  - Regulagem dos limiares de alarme dos supra e infradesnivelamentos de ST (2 mm para o supradesnivelamento e 1 mm para o infradesnivelamento). Uma vez essas regulagens realizadas e validadas, o controle do computador inicia imediatamente a cada 20 s, aproximadamente, a comparação do sinal com traçado de referência.

- O controle dos supra e infradesnivelamento do segmento ST é impossível nos pacientes portadores de estimulador cardíaco sequencial ventricular ou atrioventricular, e a interpretação é delicada nos pacientes portadores de um bloqueio de ramo.
- Em caso de mudança de posição do paciente ou de modificação do posicionamento dos eletrodos, deve-se refazer uma "aprendizagem" do traçado de referência pelo computador.
- Causas de elevação do segmento ST fora a isquemia miocárdica: variante da normal (homem jovem), hipertrofia ventricular esquerda (HVE), bloqueio do ramo esquerdo (BRE), repolarização precoce, hipercalemia, aneurisma ventricular, síndrome de Brugada, tromboembolismo pulmonar, hiperventilação, mudança de posição etc.
- As indicações de controle do segmento ST baseiam-se no antecedente (insuficiência coronariana, qualquer que seja a cirurgia), ou então na cirurgia com risco moderado (torácica, abdominal, prótese ortopédica, hepática) ou alto (hemorrágica, pinçamento aórtico, cirurgia carotidiana) associada aos antecedentes (HTA, insuficiência cardíaca, insuficiência respiratória, indivíduo idoso).

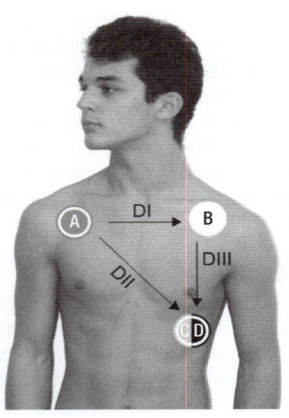

> **ECG três eletrodos padrão**: monitora DI, DII, DIII.
O eletrodo neutro pode ser C ou D.

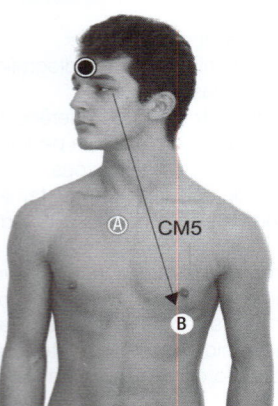

> **Monitoração de CM5** (cefálico manúbrio, V_5):
- Melhor derivação para detectar uma isquemia com um ECG de três eletrodos.
- O eletrodo D pode ser deslocado.
- Alternativas:
  - **CS5**: eletrodo A sobre o ombro direito
  - **CD5** ou **CB5**: eletrodo A sobre a omoplata direita.

5º espaço intercostal linha axilar anterior

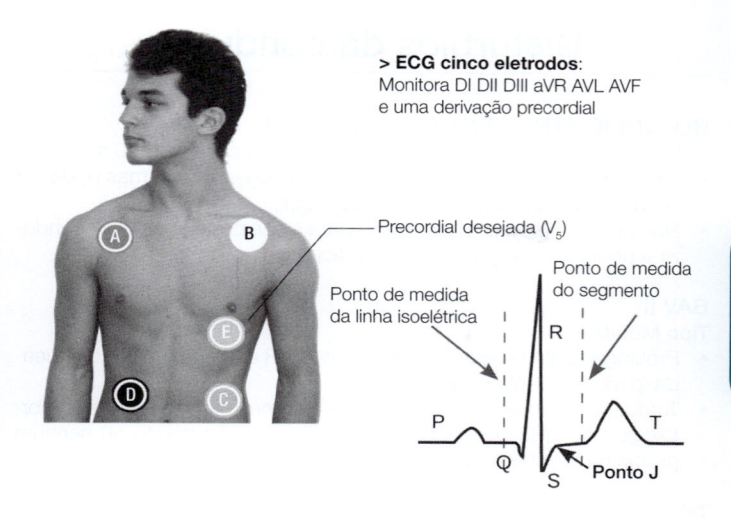

> **ECG cinco eletrodos**:
Monitora DI DII DIII aVR AVL AVF
e uma derivação precordial

Precordial desejada (V_5)

Ponto de medida
da linha isoelétrica

Ponto de medida
do segmento

R

P

Q

S

Ponto J

T

Anestesia

Distúrbios da condução

BLOQUEIO ATRIOVENTRICULAR (BAV) I
- Prolongamento permanente do intervalo PR acima de 0,20 s.
- Assintomático, é geralmente de natureza degenerativa, mas pode ser secundário a um aumento do tônus vagal.
- Não gera um problema específico para a anestesia, mas deve conduzir a uma investigação de uma cardiopatia.

BAV II
Tipo Mobitz I
- Prolongamento progressivo do intervalo PR até uma onda P bloqueada (períodos de Wenckebach).
- Traduz na maioria das vezes um comprometimento nodal se a morfologia dos QRS permanece inalterada. Significa pouco ou nenhum problema anestésico porque é sensível à atropina.

Tipo Mobitz II
- Interrupção súbita da condução atrioventricular, com onda P bloqueada sem prolongamento progressivo de PR prévio.
- Pode traduzir um comprometimento infranodal mais grave do que o tipo I. Pode se complicar ou evoluir para um BAV III. É necessária uma avaliação invasiva para esclarecer a origem do bloqueio.
- Insensível à atropina IV.
- ▲ **Marca-passo pré-operatório no caso de antecedentes de síncopes ou origem infranodal.**

BAV III
- Dissociação atrioventricular completa: ondas P e complexos QRS dissociados, nenhuma captura.
- Pode se complicar com parada cardíaca (morte súbita).
- Insensível à atropina IV.
- Investigar intoxicação ou superdosagem de medicamentos, um infarto do miocárdio.
- ▲ **Se o indivíduo não é portador de marca-passo, impõe-se a estimulação eletrossistólica definitiva pré-operatória.**

BLOQUEIO DE RAMO DIREITO (BRD)
- O BRD isolado é frequentemente (1%) de natureza degenerativa e impõe poucos problemas anestésicos, mas pode traduzir uma cardiopatia isquêmica ou congênita, tromboembolismo pulmonar, HP, *cor pulmonale* crônico.
- O BRD incompleto (duração de QRS entre 0,07-0,11 s) pode estar associado a uma patologia subjacente. Neste caso, é a patologia subjacente que pode ocasionar problema.

BLOQUEIO DO RAMO ESQUERDO (BRE)
- Isolado, não impõe problema anestésico.
- Contudo, pode estar associado a uma patologia isquêmica.
- Como no caso do BRD, muitas vezes é a patologia subjacente que pode ser preocupante para a anestesia.

- A passagem de um cateter de Swan-Ganz é acompanhada, em 3% dos casos, de um BRD, geralmente transitório. A ocorrência desse BRD em um indivíduo portador de um BRE provoca o equivalente de um BAV III. A passagem de um cateter de Swan-Ganz nesses pacientes deve ser ponderada e cercada de cuidados. A utilização da sonda tipo Pace-Port® deve ser considerada.
- A existência de um BRE torna mais difícil o diagnóstico de uma isquemia miocárdica no peri e no pós-operatório.

BLOQUEIOS BIFASCICULARES
- A associação do bloqueio do ramo direito + hemibloqueio anterior esquerdo (HBAE) é mais frequente e menos grave do que a associação bloqueio do ramo direito + hemibloqueio posterior esquerdo (HBPE).
- Para a associação BRD + HBAE não há, na ausência de antecedente de síncope, indicação para uma estimulação eletrossistólica.
- A associação BRD + HBPE impõe uma exploração do feixe de His e a estimulação eletrossistólica se ela for sintomática.

BLOQUEIOS TRIFASCICULARES
- **A associação BRD + HBPE + BAV I deve ser considerada como um BAV III e, portanto, necessita das mesmas medidas preventivas.**
- A associação BRD + HBAE + BAV I raramente é um verdadeiro bloqueio trifascicular.

ESCOLHA DOS AGENTES ANESTÉSICOS
Anestesia geral
- Todos os agentes anestésicos são permitidos. Eles só podem agir sobre a condução aumentando o tônus vagal. A agravação do bloqueio com halogenados, tiopental, succinilcolina ou opioides permanece sensível à atropina.

Anestésicos locais
- Não há contraindicação à utilização dos anestésicos locais.
  (Ver *figura a seguir*.)

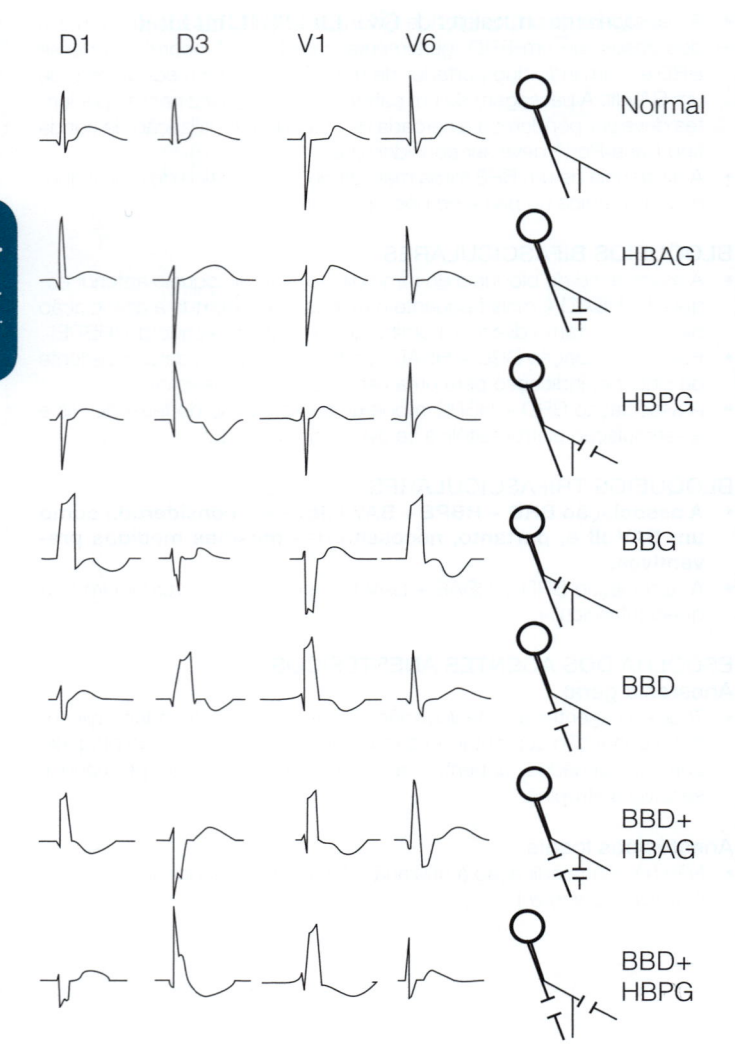

Anestesia

Diagnóstico de bradicardia

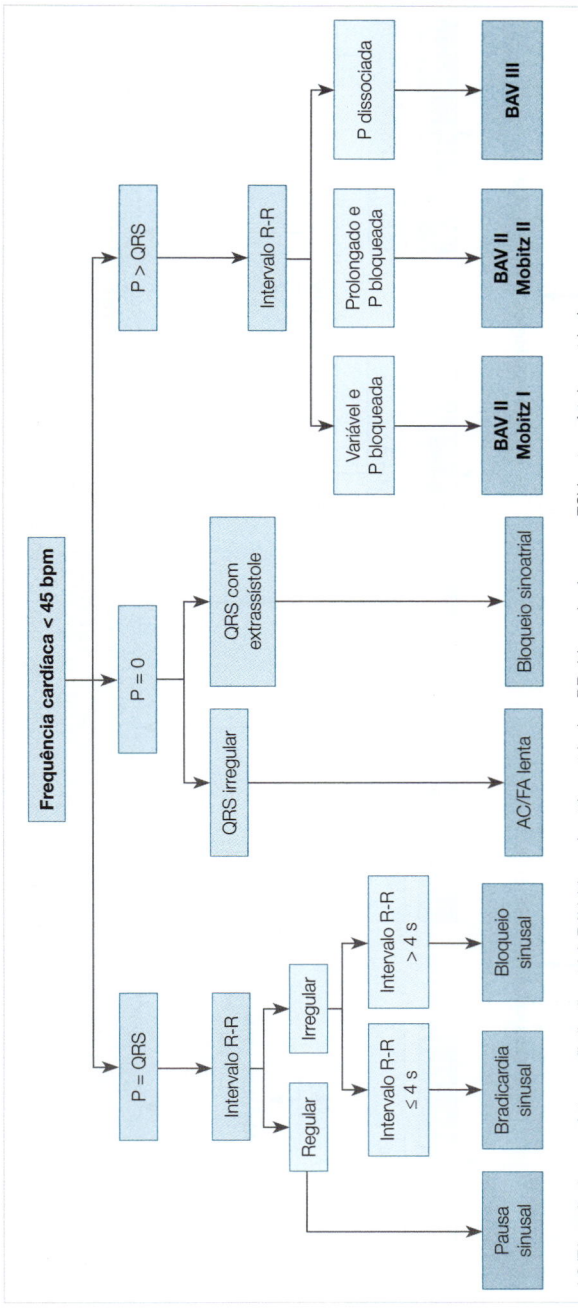

AC/FA: arritmia completa por fibrilação atrial; BAV: bloqueio atrioventricular; BR: bloqueio de ramo; ESV: extrassístole ventricular. P = QRS: frequência da onda P = frequência QRS; P > QRS: frequência da onda P ou onda de flutter > frequência QRS; P = 0: ausência de onda P.

Anestesia

Diagnóstico de taquicardia

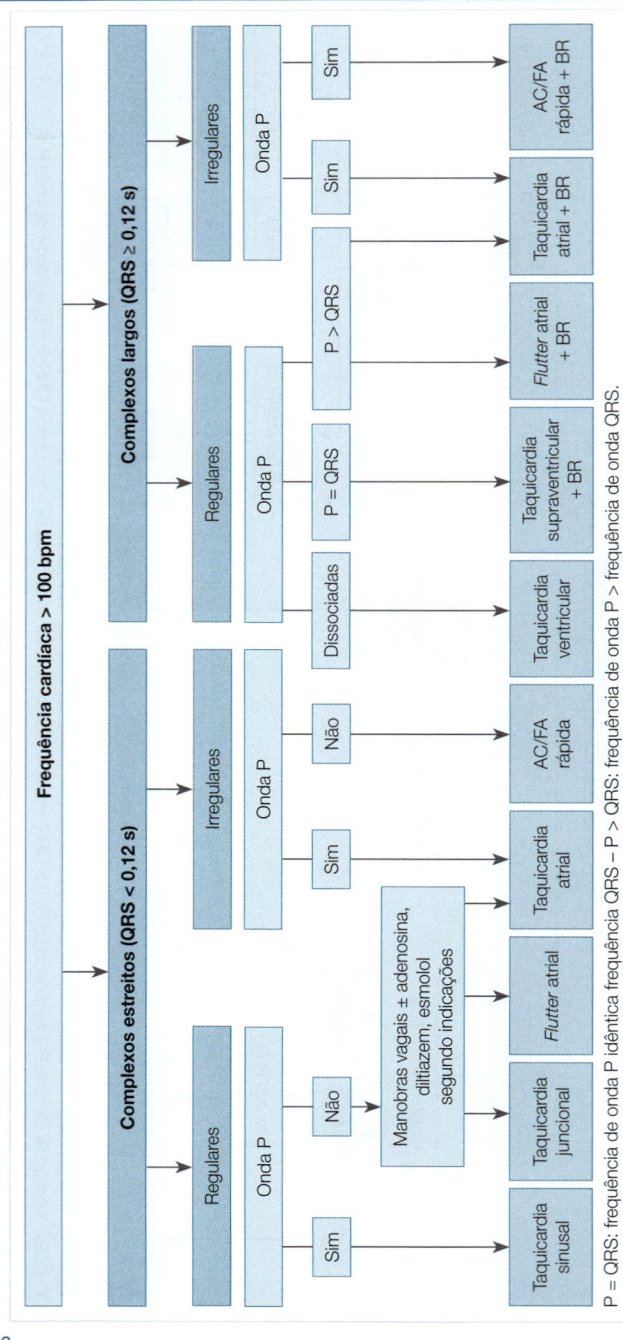

Frequência cardíaca > 100 bpm

Complexos estreitos (QRS < 0,12 s)

Regulares — Onda P
- Sim → Taquicardia sinusal
- Não → Manobras vagais ± adenosina, diltiazem, esmolol segundo indicações → Taquicardia juncional / Flutter atrial

Irregulares — Onda P
- Sim → Taquicardia atrial
- Não → AC/FA rápida

Complexos largos (QRS ≥ 0,12 s)

Regulares — Onda P
- Dissociadas → Taquicardia ventricular
- P = QRS → Taquicardia supraventricular + BR
- P > QRS → Flutter atrial + BR

Irregulares — Onda P
- Sim → Taquicardia atrial + BR
- Sim → AC/FA rápida + BR

P = QRS: frequência de onda P idêntica frequência QRS – P > QRS: frequência de onda P > frequência de onda QRS.

Interpretação do capnograma

- O controle contínuo de EtCO$_2$ é obrigatório quando o paciente se beneficia de uma ventilação mecânica em anestesia: sonda traqueal, dispositivo supraglótico.
- Para uma interpretação correta da capnometria, é preciso dispor de um sistema de medição de CO$_2$ expirado que permite a exposição permanente da curva.
- A pressão pode ser expressa em mmHg [ou em %] de CO$_2$ nos gases expirados.
- Quando a medição de EtCO$_2$ é feita por coleta de uma amostra de gás, o débito de aspiração (50-200 mL/min) de gás necessário para a amostragem deve ser levado em conta na pediatria ou em caso de baixo débito de gás fresco.

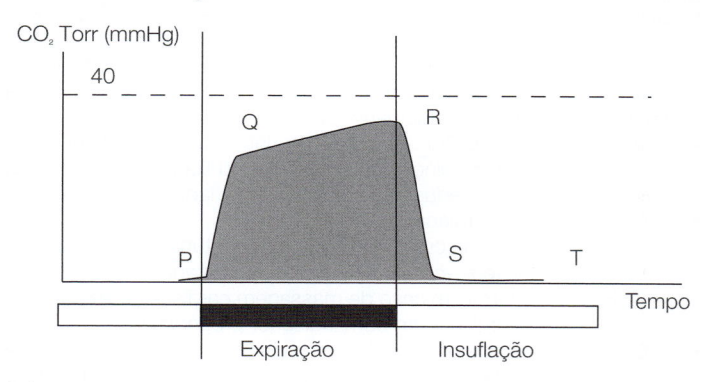

CAPNOGRAMA NORMAL
Um capnograma normal apresenta a seguinte forma:

P = começo da expiração: lavagem do espaço morto.

PQ = lavagem dos grandes brônquios e dos alvéolos mais bem ventilados.

QR = lavagem dos alvéolos menos ventilados.

R = aproximação do gás alveolar (EtCO$_2$ = end tidal CO$_2$). Ele representa a PaCO$_2$ no fim da expiração.

RS = início da inspiração ou da insuflação.

ST = platô inspiratório.

OBSERVAÇÕES SOBRE O CAPNOGRAMA NORMAL
- A linha de base deve retornar a zero (caso contrário, reinalação).
- O platô QR deve ser ligeiramente ascendente.
- O EtCO$_2$ é determinado por três parâmetros: a produção metabólica de CO$_2$, seu transporte para os pulmões (débito cardíaco), e sua eliminação pela ventilação.

GRADIENTE ALVÉOLO-CAPILAR: PACO$_2$-EtCO$_2$
- Ele é de 2-3 mmHg no indivíduo saudável acordado. Quando é superior a 5 mmHg, é preciso calibrar o capnômetro. Porém, pode subir a mais de 10 mmHg no indivíduo com DPOC. O filtro umidificador au-

menta o gradiente $PaCO_2$-$EtCO_2$ em aproximadamente 3 mmHg em ventilação mecânica e cerca de 8,5 mmHg em ventilação espontânea pelo aumento do espaço morto. No paciente anestesiado com pulmões saudáveis, o gradiente alvéolo-capilar de CO_2 é de 5-8 mmHg. Em caso de patologia pulmonar, ele pode subir a 15-20 mmHg.

- O gradiente alvéolo-capilar de CO_2 aumenta em caso:
  - De anomalia da relação V/Q: espaço morto aumentado (tromboembolismo pulmonar), hipovolemia, decúbito lateral.
  - De ausência de esvaziamento alveolar completo (*jet ventilation*).
  - De erro de amostragem do capnômetro (erro de calibragem, vazamento no circuito de aspiração).
- Portanto, o gradiente pode variar ao longo da anestesia, o que impõe o controle da $PaCO_2$ em caso de cirurgia longa.

CAPNOGRAMAS PATOLÓGICOS

- Diminuição progressiva ou rápida de $EtCO_2$: hipoventilação (vazamento do circuito, débito de gás fresco insuficiente), queda da V/Q por tromboembolismo pulmonar ou por queda do débito cardíaco (hipovolemia, pneumotórax hipertensivo, pinçamento da veia cava), queda do metabolismo (aprofundamento da anestesia, hipotermia) etc.
- Aumento brutal de $EtCO_2$: aumento do débito cardíaco, hipertermia maligna, remoção do pinçamento vascular ou liberação do garrote, reabsorção de CO_2 (perfusão de bicarbonatos, laparoscopia) etc.
- Durante a parada cardíaca:
  - A presença de uma curva no $EtCO_2$ indica intubação traqueal.
  - O gradiente alvéolo-capilar está muito aumentado.
  - O $EtCO_2$ aumenta em caso de massagem cardíaca eficaz. Um valor de 10-15 mmHg é um bom indicador prognóstico.
- O $EtCO_2$ permite ajustar a ventilação nas situações em que o controle da capnia é essencial (HIC), desde que se verifique regularmente o gradiente alvéolo-capilar.
- Em caso de embolia gasosa, a queda de $EtCO_2$ é um dos indicadores mais precoces.

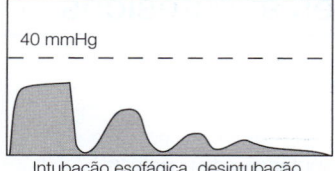

40 mmHg

Intubação esofágica, desintubação

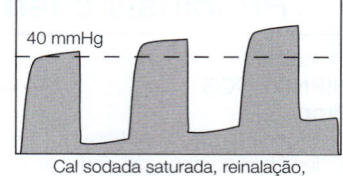

40 mmHg

Cal sodada saturada, reinalação,
válvula expiratória defeituosa

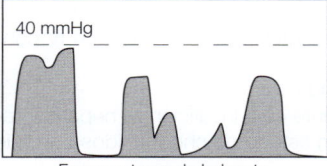

40 mmHg

Fuga em torno do balonete
descurarização parcial

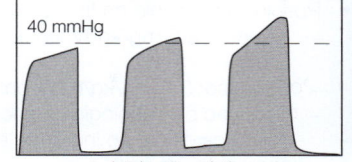

40 mmHg

Intubação seletiva

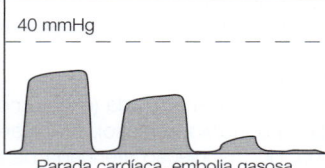

40 mmHg

Parada cardíaca, embolia gasosa

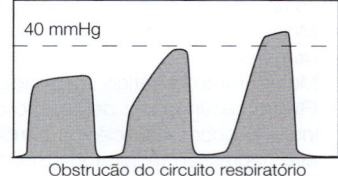

40 mmHg

Obstrução do circuito respiratório

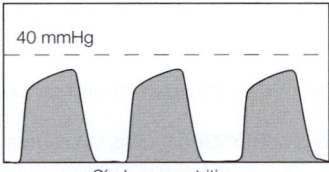

40 mmHg

Síndrome restritiva

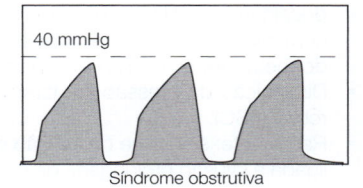

40 mmHg

Síndrome obstrutiva

Principais agentes anestésicos

HIPNÓTICOS
Propofol
- Propriedades: hipnótico.
- Indicações: sedação, indução e manutenção da anestesia.
- Contraindicações: alergia ao propofol ou aos derivados do ovo.
- Posologia (princípio de titulação):
  - Indução: 2,5 mg/kg IV lenta, manutenção: 6-12 mg/kg/h IV contínua.
  - Sedação: 3-4 mg/kg/h IV contínua.
  - Redução da posologia no paciente com insuficiência hepática, renal ou cardíaca, no indivíduo em estado de choque, idoso ou que apresenta um geral ruim.
  - Único hipnótico utilizável em AVIAC (ver *AVIAC*).
- Tempo de ação: 30-50 s. Duração da ação: 5-10 min.
- Meia-vida: T1/2 alfa de 2-4 min, T1/2 beta de 30-40 min aproximadamente.
- Metabolismo hepático. Eliminação urinária.
- Efeitos secundários: depressão cardiovascular moderada (exceto no indivíduo com insuficiência cardíaca e no indivíduo idoso), bradicardia, depressão respiratória moderada, dor na injeção atenuada pela injeção de 0,4 mg/kg de lidocaína com garrote ou uma mistura de lidocaína/propofol (20-40 mg de lidocaína em 200 mg de propofol e/ou com injeção prévia de um opioide), prudência em caso de distúrbios do metabolismo lipídico e de pancreatite.
- Diminuição da pressão intracraniana (PIC) e do fluxo sanguíneo cerebral (FSC).
- Raramente: síndrome de infusão do propofol (SIP) muitas vezes fatal, ligada à infusão prolongada de propofol em paciente acometido (mais frequente nos pacientes tratados com corticoides ou com vasopressores, no caso de insuficiência de aporte de carboidratos, suscetibilidade genética provável). Descrita classicamente para as perfusões de mais de 4 mg/kg/h durante mais de 48 h.
  - Diagnóstico: aparição súbita de bradicardia acentuada, resistente ao tratamento, evoluindo para assistolia (sobretudo na criança) ou para arritmias (no adulto), choque cardiogênico, hiperlipidemia, hepatomegalia, acidose metabólica, rabdomiólise, urina "verde". Tratamento: interrupção do propofol + tratamento sintomático. A oxigenação por membrana extracorpórea (ECMO) pode ser proposta nas insuficiências cardíacas refratárias. A hemofiltração contínua é ainda mais eficaz quando iniciada precocemente.
- Efeito antiemético enquanto a concentração plasmática for ≥ 330 ng/mL.
- Utilização em 6 h após a abertura (30 min em caso de mistura propofol/lidocaína).

Etomidato
- Propriedades: hipnótico que provoca pouca ou nenhuma modificação cardiovascular e uma depressão respiratória moderada.
- Indicações: indução da anestesia.
- Contraindicações:

- Absolutas: epilepsia, insuficiência adrenal não tratada, criança (< 2 anos). Para a forma em emulsão lipídica: alergia a um dos constituintes (ovos, lipídios).
- Relativas: gestação, insuficiência hepática.
- Prudência com o paciente em estado de choque séptico (diminuição da taxa de cortisol sérico que não responde à injeção de ACTH).
- Posologia:
  - Indução: 0,25-0,4 mg/kg IV lenta.
  - Redução das doses no paciente com insuficiência hepática e no indivíduo idoso.
  - Tempo de ação: 30 s. Duração da ação: 4-6 min.
  - Meia-vida de eliminação (T1/2 beta): 4-5 h.
  - Metabolismo hepático. Eliminação urinária.
  - Efeitos secundários: mioclonias ou mesmo rigidez no adormecimento que são prevenidos pelos benzodiazepínicos ou pelos opioides.

▲ **A forma Lipuro (emulsão lipídica branca) pode ser confundida com o propofol.**

Tiopental

- Propriedades: hipnótico, anticonvulsivante.
- Indicações: indução da anestesia, principalmente em sequência rápida.
- Contraindicações:
  - Absolutas: porfirias hepáticas, alergia aos barbitúricos, asma aguda grave.
  - Relativas: insuficiência hepática, renal ou cardíaca, hipovolemia não compensada.
- Posologia: 5-7 mg/kg IV lenta.
- Redução da posologia no paciente com insuficiência hepática ou renal, no indivíduo em estado de choque, no indivíduo idoso ou que apresenta estado geral ruim.
- Tempo de ação: 30-40 s. Duração da ação: 5-10 min.
- Meia-vida: T1/2 alfa: 2-5 min, T1/2 beta: 11 h.
- Metabolismo: hepático. Eliminação urinária.
- Efeitos secundários: depressão cardiovascular e respiratória, broncolaringoespasmo, anafilaxia (erupção cutânea frequente), liberação de histaminas (efeitos limitados pela hidroxizina na pré-medicação), necrose em injeção subcutânea ou arterial, dor na injeção.

Cetamina

- Propriedades:
  - Anestésico geral (anestesia dissociativa), psicodisléptico, analgésico, amnesiante.
  - Inotrópico positivo simpatomimético indireto, broncodilatador, persistência de ventilação espontânea, mas diminui a resposta ventilatória ao CO_2 e à hipóxia, alteração moderada dos reflexos de deglutição.
- Indicações:
  - Agente de indução e de manutenção da anestesia geral. Interesse para a indução no indivíduo em estado de choque, na asma aguda grave, no indivíduo idoso, no paciente em tamponamento cardíaco e no queimado. Sedação com ventilação espontânea.
  - No pós-operatório, utilizado como adjuvante para diminuir o consumo de morfina e melhorar a qualidade da analgesia (efeito anti-NMDA).

- Contraindicações:
  - Absolutas: porfiria, HIC, AVC, neurocirurgia, HA grave, IAM recente, paciente coronariopata não compensado, eclâmpsia.
  - Relativas: tireotoxicose, cirurgia oftálmica, cirurgia brônquica, distúrbios psiquiátricos.
- Posologia:
  - Indução: 1-3 mg/kg IV, 5-10 mg/kg IM. Manutenção: 0,08 mg/kg/min IV em BIC.
  - Sedação: 0,2 mg/kg.
  - Anestesia com ventilação espontânea: associação cetamina-propofol (1 mg/kg de cada um dos agentes), e depois manutenção com 2,5 mg/kg/h de cada um dos agentes (analgesia de qualidade que preserva a ventilação espontânea). Titulação suplementar de cetamina 0,25 mg/kg de acordo com a dor. A atropina é às vezes necessária na profilaxia da hipersialorreia.
  - Analgesia pós-operatória: *bolus* de 0,15-0,25 mg/kg e depois manutenção com a dose de 0,125-0,25 mg/kg/h em caso de dor persistente. Não existem muitos argumentos para continuar com a cetamina no pós-operatório.
- Tempo de ação: 30-60 s IV, 5 min IM. Duração da ação: 5-15 min IV, 15-20 min IM.
- Meia-vida: T1/2 alfa: 10-15 min, T1/2 beta: = 3 h.
- Metabolismo hepático. Eliminação urinária.
- Efeitos secundários:
  - Aumento da PIC e do FSC.
  - Alucinações auditivas e sensoriais na origem de uma agitação no despertar (atenuadas pelos benzodiazepínicos ou clonidina).
  - Hipersecreção salivar, brônquica e lacrimal.
  - Aumento da pressão intraocular, diplopia, nistagmos.

Midazolam
- Propriedades: hipnótico, sedativo ou ansiolítico com amnésia anterógrada, anticonvulsivante, miorrelaxante.
- Indicações: pré-medicação, sedação, coindução em associação com outro hipnótico (a utilização como hipnótico será reservada aos pacientes que necessitam de sedação pós-operatória em razão do acúmulo em infusão contínua), tratamento das convulsões.
- Contraindicações:
  - Absolutas: miastenia, intolerância aos benzodiazepínicos.
  - Relativas: miopatias, insuficiência hepática ou respiratória grave, tratamento com inibidores ou indutor do citocromo P3A4 (antiproteases, antifúngicos azoles, macrolídeos, bloqueadores dos canais de cálcio).
- Posologia:
  - Pré-medicação: 0,05-0,1 mg/kg IV, 0,3 mg/kg intrarretal na criança.
  - Sedação: 0,1-0,2 mg/kg IV (titulação) ou 30-150 mcg/kg/h IV em BIC.
  - Indução: 0,2-0,3 mg/kg IV.
  - Redução das posologias no paciente com insuficiência hepática, injúria renal, insuficiência cardíaca e no indivíduo idoso.
- Tempo de ação: 2-3 min. Duração da ação: 10-20 min (narcose), 1-2 h (sedação).
- Meia-vida de eliminação (T1/2 beta): 2-3 h IV.
- Metabolismo hepático. Eliminação urinária.

- Efeitos secundários: reação paradoxal, depressão respiratória com possíveis apneias, depressão cardiovascular moderada. Importante variabilidade intraindividual de todos os efeitos.

Dexmedetomidina
- Indicação atualmente limitada aos pacientes de reanimação que necessitam de um estado de sedação leve a moderada: utilização IV em BIC em doses de 0,2-1,4 mcg/kg/h sem *bolus* (ver *Sedação e reanimação*).

CURARES
- Contraindicação comum: ausência de material de ventilação ou de administração prévia de agentes anestésicos.
- Potencialização dos curares não despolarizantes com:
  - Anestésicos gerais (halogenados, cetamina).
  - Antibióticos (aminoglicosídeos, polimixina, espectomicina, tetraciclina, lincomicina, clindamicina).
  - Antiarrítmicos (propranolol, bloqueador do canal de cálcio, lidocaína, quinidina).
  - Diuréticos (furosemida, manitol, tiazídicos).
  - Sais de magnésio e lítio.
  - Hipotermia, acidose, hipocalcemia, hipocalemia, desidratação.
  - Outros curares não despolarizantes.
  - As reinjeções e suas frequências devem ser adaptadas aos dados da monitoração da curarização.
- Todos os curares podem induzir reações de hipersensibilidade alérgica imediata.

  Em um indivíduo que tenha apresentado uma reação de anafilaxia, deve-se investigar sistematicamente uma sensibilidade cruzada com os outros curares com a ajuda de testes cutâneos para propor um curare para as intervenções posteriores.

Besilato de atracúrio
- Propriedades: curare não despolarizante.
- Indicações: curarização de pelo menos 20 min.
- Contraindicações:
  - Absoluta: hipersensibilidade ao produto.
  - Relativas: intubação difícil, asma, terreno atópico, miastenia (1/10 da dose, titulação com monitoração).
- Posologia:
  - Indução: 0,3-0,6 mg/kg IV lenta (intubação = 0,5-0,6 mg/kg).
  - Manutenção: 0,1-0,2 mg/kg a cada 20-30 min ou 0,3-0,6 mg/kg/h (monitoração+++).
  - Tempo de ação: 2-3 min. Duração da ação: 15-35 min.
- Meia-vida de eliminação (T1/2 beta): 16-21 min.
- Metabolismo: degradação pela via de Hofmann (⅓) e hidrólise pelas esterases não específicas independentes das colinesterases plasmáticas (⅔). Eliminação biliar.
- Nenhuma modificação de posologia no paciente com injúria renal ou insuficiência hepática.
- Antagonismo: anticolinesterásicos (neostigmina).
- Efeitos secundários: desde a liberação de histaminas (depende da velocidade da injeção) até choque anafilático.

Besilato de cisatracúrio

- Propriedades: curare não despolarizante.
- Indicações: curarização de duração intermediária a longa.
- Contraindicações: hipersensibilidade ao cisatracúrio, atracúrio ou ao benzeno sulfônico, miastenia (1/10 da dose, titulação com monitoração).
- Posologia em anestesia:
  - Indução: 0,1-0,4 mg/kg em IV lenta (intubação = 0,15 mg/kg).
  - Manutenção: 0,03 mg/kg a cada 20 min ou 0,06-0,12 mg/kg/h (monitoração+++).
- Posologia em reanimação:
  - Posologia de 0,03-0,18 mg/kg/k (ou seja 0,5-3 mcg/kg/min).
  - Nenhuma modificação da posologia no paciente com insuficiência hepática, insuficiência cardíaca, injúria renal ou no indivíduo idoso.
- Tempo de ação: 2-4 min. Duração da ação: 45-90 min (segundo a dose).
- Meia-vida de eliminação (T1/2 beta): 22-29 min.
- Metabolismo: via de Hofmann quase exclusivamente.
- Eliminação independente do fígado e do rim.
- Efeitos secundários: liberação de histaminas prevenida com uma injeção lenta. Choque anafilático raro. Bradicardia. Hipotensão.
- Antagonismo: anticolinesterásicos (neostigmina).

Cloreto de mivacúrio

- Propriedades: curare não despolarizante.
- Indicações: curarização de duração mínima de 15-20 min.
- Contraindicações: hipersensibilidade ao mivacúrio, déficit em pseudocolinesterases.
- Posologia:
  - Indução: 0,07-0,15 mg/kg (intubação 0,15 mg/kg).
  - Manutenção: *bolus* de 0,05-0,1 mg/kg ou 0,5-0,6 mg/kg/h IV em BIC.
  - Potencialização com isoflurano (diminuição de 25%), indivíduo idoso (diminuição de 25%), em caso de injúria renal (tempo de curarização multiplicado por 1,5), insuficiência hepatocelular (tempo de curarização multiplicado por 3).
- Tempo de ação: 2,5 min. Duração da ação: 10-20 min (segundo a dose).
- Meia-vida de eliminação (T1/2 beta): 2 min.
- Metabolismo: hidrólise pelas pseudocolinesterases plasmáticas.
- Eliminação: renal e biliar.
- Efeitos secundários: liberação de histaminas (dependente da dose e da velocidade da injeção). Curarização prolongada em caso de déficit congênito em pseudocolinesterases plasmáticas ou adquirido (insuficiência hepatocelular, injúria renal, estado de choque, hipertireoidismo, tétano, hemodiálise, plasmaférese, distrofias musculares, contraceptivos orais, ciclofosfamida, patologias tumorais e gestação).
- Antagonismo: anticolinesterásicos (neostigmina).

Brometo de vecurônio

- Propriedades: curare não despolarizante.
- Indicações: curarização de duração mínima de 20 min.

- Contraindicações:
  - Absoluta: hipersensibilidade ao produto.
  - Relativas: miastenia (baixa dose e monitoração), injúria renal grave, cirrose e icterícia colestática.
- Posologia:
  - Indução: 0,05-0,1 mg/kg IV lenta. Intubação = 0,1 mg/kg.
  - Manutenção: em *bolus* de 0,025 mg/kg IV a cada 20-30 min. Em infusão contínua: 0,06-0,10 mg/kg/h.
  - Diminuição das doses no indivíduo idoso, no paciente com insuficiência hepática ou renal, no paciente obeso.
- Tempo de ação: 3-5 min. Duração da ação: 25-60 min.
- Meia-vida de eliminação (T1/2 beta): 36-117 min.
- Metabolismo hepático. Eliminação biliar.
- Antagonismo: anticolinesterásicos e sugamadex.
- Efeitos secundários: alergia rara.

Brometo de rocurônio

- Propriedades: curare não despolarizante que pode apresentar um prazo de ação próximo da succinilcolina, mas duração da ação muito mais longa. Sua utilização é possível no contexto da intubação em sequência rápida.
- Indicações: curarização de duração mínima de 20 min, intubação no paciente "estômago cheio" em caso de contraindicação à succinilcolina, previsão de intubação difícil.
- Contraindicações:
  - Antecedentes de reações anafiláticas ao rocurônio.
  - Utilização com prudência em caso de afecção neuromuscular, de antecedente de poliomielite, de miastenia, de patologia neuromuscular.
- Posologia:
  - Intubação "sequência rápida": 1 mg/kg = IOT em 60 s, duração da ação de 30- 40 min.
  - Indução: 0,6 mg/kg = IOT em 90-120 s, duração da ação de 20-25 min.
  - Manutenção: 0,15 mg/kg, duração da ação 13 min.
  - Infusão: 0,3-0,4 mg/kg com monitoração da curarização.
  - Diminuição das doses no paciente com insuficiência hepática ou renal, no indivíduo obeso.
- Meia-vida de eliminação (T1/2 beta): 73 min.
- Metabolismo hepático. Eliminação urinária e biliar.
- Antagonismo: anticolinesterásicos e sugamadex (o emprego do sugamadex deveria ser reservado à descurarização de emergência com uma sequência de quatro estímulos (SQE) = 0, a neostigmina sendo utilizável nos outros casos).
- Efeitos secundários: anafilaxia, alergia rara.

Succinilcolina

- Propriedades: curare despolarizante não competitivo.
- Indicações: intubação em caso de estômago cheio, procedimento curto, previsão de intubação difícil.
- Contraindicações:
  - Antecedentes pessoais ou familiares de hipertermia maligna, alergia à succinilcolina, déficit em pseudocolinesterases plasmáticas.

- Risco de hipercalemia maior aguda depois da succinilcolina: hipercalemia de base > 5,5 mmol/L, queimadura extensa > 24-48 h, patologia neuromuscular com síndrome de denervação > 48-72 h, miopatias. Atenção à imobilização prolongada nos pacientes de reanimação (> 16 d).
- Em caso de contraindicação à succinilcolina, a utilização do rocurônio na dose de 1 mg/kg (revertido pelo sugamadex se necessário) é uma alternativa para a indução em "sequência rápida".
- A existência de uma ferida do globo ocular não é contraindicação.

- Posologia: indução 1 mg/kg IV.
- Tempo de ação: 30-60 s. Duração da ação: 5-10 min.
- Meia-vida de eliminação (T1/2 beta): 2-4 min.
- Metabolismo plasmático (pseudocolinesterase, hidrólise, colinesterase plasmática) e hepático. Eliminação urinária.
- Efeitos secundários: fasciculações (20-30 s) por despolarização, aumento da pressão intraocular, aumento da pressão intragástrica, bradicardia, arritmias, hipercalemia. Curarização prolongada por déficit em pseudocolinesterases. Anafilaxia.
- Agente indutor de crise de hipertermia maligna.

MORFINOMIMÉTICOS
Todos os morfinomiméticos são antagonizados pela naxolona.

Sufentanila
- Propriedades: analgésico morfinomimético, sedação.
- Indicações: analgesia perioperatória.
- Contraindicações:
  - Absolutas: intolerância aos opioides.
  - Relativas: miastenia, cirurgia obstétrica antes do pinçamento do cordão, associação com inibidores da monoamina oxidase (IMAO) de tipo B.
- Posologia:
  - Por via intratecal como complemento da AL: 2,5-10 mcg.
  - Por via peridural como complemento da AL: *bolus* inicial de 0,1 mcg/kg e depois na infusão com AL 0,2-1 mcg/mL da solução.
  - Indução em associação: 0,1-0,3 mcg/kg IV.
  - Anestesia analgésica: indução: 0,8-2 mcg/kg IV.
  - Manutenção: 0,25 a 1 mcg/kg/h IV em BIC ou *bolus* de 5-20 mcg (possível utilização em AVIAC).
  - Redução das doses no paciente com injúria renal ou insuficiência hepática, no indivíduo idoso e no indivíduo obeso.
- Tempo de ação: 60-120 s, pico plasmático: 4-9 min.
- Duração da ação: 50-70 min.
- Meia vida de eliminação (T1/2 beta): 150-180 min.
- Metabolismo hepático. Eliminação urinária.
- Efeitos secundários: depressão respiratória dependente da dose, náuseas, vômitos, bradicardia, rigidez muscular dependente da dose e da velocidade de injeção, retenção urinária, prurido etc.

Remifentanila
- Propriedades: analgésico morfinomimético.

- Indicações: analgesia perioperatória rapidamente reversível, necessidade de cesariana com anestesia geral em uma paciente com pré-eclâmpsia grave, sedação.
- Contraindicações: ausência de material de ventilação, administração por via peridural ou intratecal, hipersensibilidade a um dos constituintes da preparação da remifentanila (glicocola).
- Posologia:
  - Indução: 1 mcg/kg em 30 s.
  - Manutenção: 0,05 a 0,20 mcg/kg/min para as cirurgias moderadamente dolorosas e 0,30-0,50 mcg/kg/min para as cirurgias dolorosas (possível utilização em AVIAC).
  - Redução das doses nos pacientes idosos (½ dose), nos pacientes obesos e nos pacientes ASA III/IV. Em todos os casos, respeitar o princípio de titulação (a remifentanila reduz significativamente a dose de hipnótico exigida para a anestesia).
- Tempo de ação: pico de efeito em 90 s (150 s no paciente idoso).
- Duração da ação: cerca de 10 min.
- Meia-vida: (T1/2 alfa) = 0,9 min, T1/2 beta = 35 min.
- T1/2 contextual = 4 min qualquer que seja a duração da infusão.
- Prever uma substituição de analgésico suficientemente cedo antes da interrupção da infusão com remifentanila.
- Metabolismo: esterases plasmáticas não específicas (ausência de acúmulo).
- Efeitos secundários: depressão respiratória, rigidez muscular (prevenida com uma injeção lenta ou uma injeção após o hipnótico) bradicardia, hipotensão.
- Precauções de uso: na medida do possível, injeção em acesso com válvula anti-refluxo reservada à remifentanila, com débito contínuo, conectada diretamente ou o mais próximo do cateter venoso.
- A infusão de concentrados globulares ou de plasma fresco resulta na degradação *in situ* da molécula.

Alfentanila
- Propriedades: analgésico morfinomimético, sedação, diminuição da pressão intraocular.
- Indicações: analgesia perioperatória.
- Contraindicações: ausência de material de ventilação, obstétrica antes do pinçamento do cordão, intolerância aos opioides, insuficiência hepática grave.
- Posologia:
  - Ventilação espontânea: indução 7-12 mcg/kg, reinjeção por *bolus* de 5-10 mcg/kg IV.
  - Ventilação assistida: indução: 20-40 mcg/kg, reinjeção por *bolus* de 15 mcg/kg IV.
  - Redução das doses nos pacientes com injúria renal, insuficiência hepática ou respiratória, no indivíduo idoso, no obeso.
- Tempo de ação: 20 s IV. Duração da ação: 7-15 min.
- Meia-vida de eliminação (T1/2 beta): 90 min.
- Metabolismo hepático. Eliminação urinária.
- Efeitos secundários: depressão respiratória dependente da dose, náuseas, vômitos, bradicardia, rigidez muscular dependente da dose e dependente da velocidade de injeção.

Fentanila

- Propriedades: analgésico morfinomimético.
- Indicações: analgesia perioperatória.
- Contraindicações:
  - Absolutas: intolerância aos opioides.
  - Relativas: miastenia, cirurgia obstétrica antes do pinçamento do cordão.
- Posologia:
  - Por via intratecal como complemento da AL: 10-50 mcg.
  - Por via peridural como complemento da AL: *bolus* inicial de 0,5-1 mcg/kg e depois na infusão com AL 1-4 mcg/mL da solução.
  - Indução em associação: 3 mcg/kg IV.
  - Anestesia analgésica:
    - » Indução: 20-100 mcg/kg IV.
    - » Manutenção: 1-3 mcg/kg IV.
    - » Redução das doses nos pacientes com injúria renal ou insuficiência hepática, no indivíduo idoso e no indivíduo obeso.
    - » Sedação na reanimação: 1-2,5 mcg/h.
- Tempo de ação: 1-3 min, pico plasmático: 3-7 min. Duração da ação: 20-30 min.
- Meia-vida de eliminação (T1/2 beta): 220 min.
- Metabolismo hepático. Eliminação urinária.
- Efeitos secundários: depressão respiratória dependente da dose, náuseas, vômitos, bradicardia, rigidez muscular dependente da dose e dependente da velocidade de injeção, movimentos mioclônicos.

MEDICAMENTOS ÚTEIS
Isoprenalina

- Propriedades: agonista beta-adrenérgico puro não seletivo, vasodilatador periférico, broncodilatador.
- Indicações: bloqueio atrioventricular de alto grau, bradicardia extrema pelo bloqueio sinoatrial sincopal à espera de um equipamento temporário ou definitivo, *torsades de pointes* além do tratamento etiológico, parada cardíaca após recuperação do ritmo cardíaco, intoxicação com betabloqueadores.
- Contraindicações: taquicardia > 120 bpm, extrassístole ventricular (ESV), intoxicação digitálica, hipersensibilidade aos sulfitos, cardiomiopatia hipertrófica, estenose aórtica grave, insuficiência coronariana aguda (IAM) exceto se BAV com bradicardia extrema.
- Posologia: diluir 5 ampolas em 250 mL de solução glicosada.
- Posologia eficaz de 0,2-10 mg/h (para ser adaptada em função da tolerância e da resposta hemodinâmica).
- Tempo de ação: 30 s.
- Metabolismo pela desaminação oxidativa, eliminação renal sob a forma de metabólitos.
- Efeitos secundários: taquicardia, hipotensão arterial, arritmia ventricular, sopro vasomotor, cefaleias, reação anafilática.
- Precauções de uso: proteger a infusão da luz. Monitoração contínua do ECG durante a infusão. Prudência no paciente coronariopata. Desaconselha-se a associação com os anestésicos voláteis halogenados (arritmias ventriculares graves).

Nicardipina

- Propriedades: anti-hipertensivo, inibidor dos canais de cálcio (família das di-hidropiridinas).
- Indicações: hipertensão arterial aguda, encefalopatia hipertensiva, dissecção aórtica (em eventual associação com um betabloqueador), pré-eclâmpsia grave, tratamento da hipertensão pós-operatória.
- Contraindicações: risco de fibrilação ventricular em associação com o dantrolene. Não associar com a ciclosporina.
- Posologia: *bolus* de 0,5-1 mg/min até uma dose cumulativa de 10 mg (princípio de titulação). Troca, se necessário, pela infusão contínua de nicardipina 1-4 mg/h (adaptação com incrementos de 0,5 mg/h).
- Tempo de ação: 30 s. Duração da ação: 45 min após a interrupção da infusão.
- Meia-vida de eliminação: 4 h.
- Metabolismo por oxidação, eliminação urinária e biliar.
- Efeitos secundários: taquicardia reflexa, rubor.
- Precauções de uso: taquicardia reflexa (prudência no paciente cardiopata). Diminuição das doses no indivíduo idoso, no paciente com injúria renal e insuficiência hepática. Aumento do efeito hipotensor em associação com betabloqueadores. Aumento dos níveis de ciclosporina. Administração com controle contínuo da pressão arterial.

Urapidil

- Propriedades: anti-hipertensivo, bloqueador beta-1 periférico e central. Sem taquicardia reflexa.
- Indicações: crise hipertensiva, HAS em ambiente anestésico.
- Contraindicações: alergia ao urapidil.
- Posologia: *bolus* de 25 mg durante 20 s. Manutenção: bomba de infusão intravenosa: 250 mg em uma seringa elétrica de 50 mL (ou seja, 5 mg/mL), que deve ser adaptada de acordo com o nível da pressão arterial (5-30 mg/h).
- Tempo de ação: 30 s. Meia-vida de eliminação: 2,7 h.
- Metabolismo hepático. Eliminação urinária.
- Efeitos secundários: benignos, sem taquicardia reflexa.
- Precauções de uso: redução das doses nos pacientes com insuficiência hepática grave.
- Não diluir em solução alcalina.

Esmolol

- Propriedades: betabloqueador cardiosseletivo e antiarrítmico de ação rápida e curta.
- Indicações:
  - Tratamento de arritmias supraventriculares salvo nas síndromes de pré-excitação.
  - Taquicardia e hipertensão perioperatórias.
  - Isquemia do miocárdio associada à taquicardia ou hipertensão arterial.
- Contraindicações:
  - Bradicardia importante, bloqueio atrioventricular de alto grau, hipotensão arterial, choque cardiogênico, asma e DPOC grave.
- Posologia: sequência de 5 min:

- *Bolus* de 0,5 mg/kg em 1 min e depois infusão de manutenção de 50 mcg/kg em 4 min. Recomeçar a sequência até o objetivo desejado, aumentando a dose de manutenção em 50 mcg/kg/min. Em seguida, continuar a dose de manutenção eficaz na bomba de infusão contínua (50-200 mcg/kg/min). Diminuir ou mesmo interromper em caso de hipotensão, bradicardia, PR > 0,26 s.
- Tempo de ação: 30-60 s.
- Duração da ação: cessação completa da atividade nos 30 min após a interrupção.
- Meia-vida: eliminação 9 min.
- Metabolismo: esterases eritrocitárias sanguíneas e/ou tissulares. Eliminação urinária dos metabólitos.
- Efeitos secundários: náuseas, vômitos, broncoespasmo, sudorese.

Atenolol
- Propriedades: betabloqueador beta-1 cardiosseletivo, antiarrítmico.
- Indicação: infarto do miocárdio na fase aguda, antes da substituição pela forma oral.
- Contraindicações: asma e DPOC grave, choque cardiogênico, bloqueio atrioventricular II e III, bradicardia significativa, doença do seio.
- Posologia: *bolus* de 1 mg a cada 5 min, repetir se FC > 60/min com PAS > 100 mmHg.
- Tempo de ação: 1-3 min. Duração da ação: 24 h.
- Meia-vida: 9 h. Metabolismo renal.
- Efeitos secundários: broncoespasmo, risco de mascarar uma hipoglicemia, distúrbios da condução, do inotropismo (prudência especial em associação com a amiodarona, com os bloqueadores do canal de cálcio).
- Antagonismo: atropina (1 mg), glucagon (10 mg renovável) ± isoprenalina, dobutamina.

Cloridrato de efedrina
- Propriedades: receptores agonistas alfa e beta-adrenérgico. Ação vasopressora principalmente indireta (liberação de noradrenalina).
- Indicação: hipotensão arterial perianestésica.
- Contraindicações: glaucoma de ângulo fechado, cuidado com o paciente coronariano.
- Posologia:
  - *Bolus* de 3-6 mg a cada 5 minutos até uma dose cumulativa de 30 mg (esgotamento do efeito).
  - Em caso de ineficácia: trocar por outra catecolamina (neo-sinefrina, epinefrina, noradrenalina).
- Tempo de ação: 1 min. Duração da ação: 15-20 min.
- Meia-vida plasmática: 4 h.
- Metabolismo hepático. Eliminação urinária.
- Efeitos secundários: taquicardia, arritmia, palpitações, cefaleias, confusão, retenção urinária, glaucoma agudo.

Fenilefrina
- Propriedades: simpatomimético alfa direto.
- Indicação: hipotensão arterial perianestésica.

- Contraindicações: hipertensão arterial grave, taquicardia ventricular. ATENÇÃO: a utilização conjunta com ocitócicos e inibidores da monoamina oxidase pode aumentar os efeitos anti-hipertensivos.
- Posologia:
  - *Bolus* 50-100 mcg em titulação para restaurar a pressão arterial média.
  - Possível manutenção: 25-50 mcg/min intravenosa com bomba de infusão, que deve ser modulada de acordo com a pressão arterial média.
- Tempo de ação: < 1 min.
- Efeitos secundários: bradicardia reflexa, arritmias raras.

Antagonistas e anestesia

NEOSTIGMINA
Indicações
- Descurarização (a curarização residual é perigosa para o paciente porque aumenta a morbidade, especialmente a respiratória).
- A descurarização só deve ser realizada quando o paciente já apresenta sinais de descurarização espontânea (retomada de ventilação espontânea, reaparecimento das quatro respostas ulnares à SQE.
- Além da descurarização, ela é indicada na miastenia, na atonia intestinal e vesical pós-operatórias. Seu uso pela via peridural no tratamento da dor pós-operatória ou obstétrica é objeto de trabalhos de pesquisa.

Contraindicações
- Curarização total.
- Curarização com succinilcolina.
- Bloqueio duplo.
- Hipercapnia e hipoxemia não corrigidas.
- Tratamento com betabloqueadores (contraindicação relativa): verificação prévia de que a frequência cardíaca está realmente acelerada pela atropina.
- Asma mal controlada e doença de Parkinson.

Posologia
- 40 mcg/kg + atropina 20 mcg/kg, ½ dose [20+10] é adequada se a descurarização estiver quase completa.
- Tempo de ação: < 10 min.
- Precauções de uso: esperar 10 min ventilando o paciente e controlando as SQE para determinar seus efeitos.
- A duração da ação da neostigmina é de cerca de uma hora. Ela aumenta nas mesmas proporções que as dos curares não despolarizantes durante a injúria renal e, por conseguinte, pode ser utilizada sem risco de recurarização.
- A neostigmina é menos eficaz quando o bloqueio neuromuscular é potencializado pelos antibióticos (principalmente as polimixinas ou os aminoglicosídeos).

NALOXONA
Indicações
Antagonista dos opioides que atua sobre os receptores μ, sem propriedade agonista, utilizado para:
- Prevenir ou tratar os efeitos secundários (depressão respiratória, prurido, retenção urinária) induzidos pelos opioides utilizados pela via peridural, intratecal ou geral.
- Tratar uma intoxicação por superdosagem de morfina. Auxilia no diagnóstico diferencial de um coma tóxico.

Contraindicações
- Ausência de vigilância após a injeção IV única.
- Coronariopatia ou hipertensão arterial grave.
- Hipersensibilidade.

Posologia: prevenção ou tratamento dos efeitos secundários dos opioides
- Diluir uma ampola (0,4 mg) com 9 mL de solução injetável.
- Injetar 2 mL (0,08 mg) IV lenta/3 min; se a melhora clínica não for suficiente, reinjetar por fração de 2 mL até obter uma FR > 10/min.
- A duração da ação de naloxona por via intravenosa é de 60 min.
- Substituir pela infusão em caso de risco de remorfinização secundária: 0,2 mg/h durante o período em que este risco persistir (1-3 h se o opioide for IV, 6-18 h se a administração for peridural ou intratecal).

FLUMAZENIL
Indicações
- Uso excepcional em anestesia = antagonizar (pelo menos provisoriamente) os efeitos hipnóticos e sedativos dos benzodiazepínicos, ou mesmo os efeitos adversos paradoxais, como a agitação.
- Na reanimação = diagnóstico e/ou tratamento de uma superdosagem de benzodiazepínicos. Na ocorrência de um coma inexplicável, considerar o provável papel de uma intoxicação pelos benzodiazepínicos.

Contraindicações
- Alergia aos benzodiazepínicos.
- Tratamento crônico com benzodiazepínicos (risco de síndrome de abstinência).
- Epilepsia tratada de maneira crônica com benzodiazepínicos.
- Toxicologia: intoxicação em associação com drogas anticonvulsivantes.
- Anestesia com cetamina (risco de pesadelo).
- Observação por pelo menos 3 h após a última injeção de flumazenil e com verificação do seu estado de consciência.

Precauções de uso
- As doses utilizadas devem ser cuidadosamente ajustadas a fim de não suprimir completamente uma sedação (desejável em muitos casos) e de não provocar um estado de agitação ou de síndrome de abstinência.
- ▲ **A duração da ação do flumazenil é mais curta do que a dos benzodiazepínicos. Na anestesia ambulatorial, existe um risco de reaparecimento dos efeitos dos benzodiazepínicos.**

Posologia intravenosa
- Na reanimação = 0,2 mg IV lenta. E depois reinjeções a cada minuto com uma dose de 0,2 mg, sem no entanto exceder a dose total de 2 mg. Em caso de recorrência da sonolência ou da utilização de uma dose alta ou de suspeita de tomada de um benzodiazepínico de ação de longa duração, é possível substituí-la por uma infusão contínua de 0,1-0,4 mg/h.

SUGAMADEX
Indicações
- Antagonização dos curares esteroides (CE): rocurônio e vecurônio.
- Nenhuma eficácia sobre outros curares (atracúrio, cisatracúrio, mivacúrio etc.).
- Descurarização urgente (eficácia em menos de um minuto) de um bloqueio profundo (SQE = 0) em um paciente que não está sendo nem

ventilado nem pode ser intubado após a administração do rocurônio ou do vecurônio.

- Descurarização no fim da intervenção de um bloqueio neuromuscular mais ou menos profundo após a administração do rocurônio ou do vecurônio.

Contraindicações
- Crianças menores de 2 anos: não há autorização para comercialização.
- Injúria renal: risco teórico de recurarização tardia (após a 24ª h) quando o *clearance* da creatinina < 30 mL/min.

Precauções de uso
- Sua duração de ação longa (> 24 h) requer o uso de curares não esteroides (atracúrio) caso uma recurarização seja necessária durante este período.

Posologia intravenosa
- Descurarização com SQE ≥ 2: 2 mg/kg.
- Descurarização com SQE ≤ 2: 4 mg/kg.
- Descurarização com SQE = 0 quando o rocurônio injetado em 3 ED 95 (ou seja 0,9 mg/kg): 16 mg/kg.

Halogenados

Os agentes halogenados são anestésicos administrados por via inalatória. Na França, utilizam-se o isoflurano, o desflurano e o sevoflurano. Eles são líquidos à temperatura e pressão ambientes, pois sua pressão de vapor saturante é mais fraca do que a pressão atmosférica. Cada um deles exige vaporizadores específicos para permitir sua administração sob a forma de gás. O uso de sistema de administração em circuito fechado com baixo débito de gás fresco permite uma economia significativa no consumo desses agentes.

PROPRIEDADES FÍSICO-QUÍMICAS
- Isoflurano e desflurano: família dos metil-etil éter.
- Sevoflurano: família dos isopropil éter.
- Quanto mais o halogenado é solúvel, maior a captação tissular e mais longo o tempo de despertar.
- Lipossolubilidade decrescente: isoflurano > sevoflurano > desflurano.

METABOLISMO E TOXICIDADE
Metabolismo principalmente hepático
- Reação fase I: oxidação ou redução, Citocromo P450.
- Reação fase II: conjugação com a glicina, ácido glicurônico e sulfato.

Toxicidade
- Hepática: hepatite benigna, icterícia, hepatite fulminante após a administração repetida de halotano (mecanismo provavelmente imunológico). Rara com o isoflurano, nenhum caso descrito com o sevoflurano.
- Renal: ligada aos íons de flúor produzidos pelo metabolismo hepático dos éteres. Poucos dados em humanos.
- Interação com cal sodada.
  - Intoxicação com monóxido de carbono: em caso da cal desidratada (oxigênio deixado aberto por várias horas, por exemplo). A produção de CO pode ser significativa com o desflurano.
  - Formação do composto A (ou oleína) após um longo uso do sevoflurano, com uma possível toxicidade renal (estudos em animais).
- Risco de hipertermia maligna (todos os halogenados) nos indivíduos com predisposição (ver *Hipertermia maligna*).

FARMACODINÂMICA
- Efeitos cardiovasculares: diminuição da dose-dependente da pressão arterial média, do barorreflexo e do inotropismo.
- Efeitos respiratórios: depressores respiratórios, broncodilatador (sevoflurano), pequena inibição da vasoconstrição pulmonar hipóxica.
- Efeitos neurológicos: depressão do sistema nervoso central, baixo efeito analgésico.
- Efeitos cerebrais: nenhuma variação clinicamente relevante da pressão intracraniana, alteração da autorregulação do fluxo sanguíneo cerebral com doses elevadas (> 1,5 CAM para o sevoflurano, e > 1 CAM para o isoflurano e o desflurano), diminuição dose-dependente do consumo cerebral de oxigênio ($CMRO_2$). Na ausência de sinal de hipertensão intracraniana (HIC), os halogenados permanecem indicados para manutenção da anestesia com preferência para o sevo-

flurano. Em caso de hipertensão intracraniana ou de risco de HIC perioperatória, é preferível o uso do propofol por causa da preservação da hemodinâmica cerebral e sistêmica e de suas consequências mínimas sobre a PIC.

EFICÁCIA

- Julgada pela concentração alveolar mínima (CAM): concentração alveolar para a qual 50% dos pacientes não têm resposta motora durante uma incisão cirúrgica.
- Indução possível com sevoflurano (oxigênio puro ou com N_2O).
- Rapidez do despertar na interrupção: sevoflurano e desflurano (cerca de 4 min).

CAM (%)	Isoflurano	Desflurano	Sevoflurano
100% O_2			
Adulto	1,1	6,0	1,7
Lactente	1,6	9,1	2,5
Indivíduo idoso	1,0	5,2	1,5
60% N_2O			
Adulto	0,5	2,8	1

EFEITOS SECUNDÁRIOS

- Hipotensão arterial.
- Náuseas e vômitos.
- Hipertermia maligna.
- Efeitos arritmogênicos em doses elevadas.

NOVIDADES NA ADMINISTRAÇÃO DOS HALOGENADOS

- Anestesia inalatória com objetivo de concentração (AINOC) (ver *AINOC*).
- Injeção direta dos halogenados no circuito inspiratório (sem o uso de um vaporizador) para superar os efeitos das variações do débito de gás fresco sobre as concentrações administradas.
- Administração por via inalatória por qualquer aparelho respiratório com o auxílio de um vaporizador miniatura perfundido de halogenados (sevoflurano, sistema AnaConda™). Seu uso é possível em anestesia, na sedação na reanimação e na asma grave. Deve haver uma adaptação do débito de infusão em função da ventilação-minuto. É necessária a monitoração da fração expirada dos halogenados para evitar uma superdosagem.

AVIAC

DEFINIÇÃO
A anestesia intravenosa com infusão alvo-controlada (AVIAC) é uma forma de administração dos agentes anestésicos intravenosos em que o anestesista escolhe diretamente a "concentração-alvo" que ele deseja obter no sangue ou no local da ação (ou seja, o sistema nervoso central) do paciente. As doses necessárias para atingir e manter esta "concentração-alvo" sem ultrapassá-la são calculadas e administradas por um dispositivo médico específico que combina um módulo de cálculo, um modelo farmacocinético publicado do medicamento (que vincula a dose administrada à concentração prevista no sangue) e uma bomba de infusão por seringa.

INDICAÇÕES E BENEFÍCIOS ESPERADOS
- A AVIAC pode ser usada em todos os casos em que a infusão contínua é indicada. Ela não modifica as propriedades farmacocinéticas e farmacodinâmicas dos agentes (propriedades que devem ser conhecidas pelos utilizadores), mas possibilita a otimização das doses administradas por meio da combinação do *bolus*, da infusão contínua e da interrupção da infusão para obter níveis de concentração. Até hoje, essa concentração é prevista pelo cálculo a partir da dose e do modelo farmacocinético do medicamento mas não se baseia nos valores medidos no paciente.
- A AVIAC considera as covariáveis farmacocinéticas clinicamente mais pertinentes (peso, idade, sexo) no cálculo das doses a serem administradas.
- Ela melhora a estabilidade e facilita o controle da profundidade da anestesia e da analgesia.
- Permite uma titulação em níveis de acordo com as necessidades de cada paciente e com os tempos operatórios.
- Permite a manutenção de uma ventilação espontânea, o que é especialmente importante quando o controle das vias aéreas está comprometido (intubação difícil, pneumotórax não drenado, endoscopia etc.).
- Melhora a estabilidade hemodinâmica ainda que limite o número de intervenções humanas.
- Ao limitar a superdosagem durante uma infusão contínua, ela pode reduzir o tempo do despertar.
- Não consegue evitar totalmente o acúmulo no caso de administração de longa duração (do propofol e especialmente a sufentanila). Mas o controle do tempo de decaimento (tempo previsto necessário para alcançar a suposta concentração de despertar na interrupção da infusão) permite alertar o médico sobre o risco de retardar o despertar e lhe sugere a diminuição do alvo e a utilização da sinergia hipnótico-opioide.

MATERIAL E MODALIDADES DE USO
Para ser utilizado na prática clínica, um dispositivo médico de AVIAC deve ter passado por uma análise de riscos fornecida às autoridades europeias pelo fabricante e que dá direito a um selo "CE", que garante que estão em conformidade com as normas europeias.

- Atualmente, vários sistemas com o selo CE estão disponíveis na Europa.
- O Diprifusor™ (Astra-Zeneca) comercializado em 1996 está limitado ao propofol, seu alvo é o plasma e usa apenas seringas pré-preenchidas munidas com uma etiqueta de reconhecimento do produto e de sua diluição. O modelo farmacocinético é o de Marsh (adultos jovens, ajustado ao peso). As concentrações previstas por este modelo são subestimadas nos pacientes idosos, o que impõe a redução da concentração-alvo em comparação a um indivíduo jovem e a titulação da administração de propofol de acordo com os efeitos observados (perda de consciência, EEG, efeitos colaterais) etc.
- A Base Priméa™ (Frésénius Vial) pode pilotar por meio de uma base comum até 8 perfusões incluindo duas perfusões em AVIAC, para propofol (modelo de Marsh ou modelo de Schnider ajustado ao peso e à idade), a sufentanila (modelo de Gepts), o remifentanil (modelo Minto ajustado ao peso e à idade) ou a alfentanila (modelo de Scott). Ela permite ter como alvo o plasma ou o local da ação. Ao pilotar vários módulos, é bem adaptada à anestesia intravenosa total (TIVA) ou à grande cirurgia.
- Asena PK™ (Cardinal Health) e Injectomat TIVA™ (Frésénius Vial) permitem que se faça a AVIAC com os mesmos modelos que a base Priméa™, mas em uma única via de infusão. Menores e mais manejáveis, estão bem adaptados à AVIAC de opioide acoplada a um halogenado, mas também à sedação (endoscopia).
- O Perfusor Space™ (B-Braun) é utilizável na AVIAC com os mesmos modelos que seus concorrentes. Pode funcionar como uma bomba de infusão monovia, ou em uma estação de infusão de vários módulos.
- Outros *softwares* (Stanpump, Rugloop, PAMO, Toolbox etc.) estão disponíveis mas, na ausência do selo CE, são usados sob a exclusiva responsabilidade do médico ou como parte de protocolos de pesquisa. Podem pilotar bombas padrão e também permitem administrar outros agentes anestésicos (curares, benzodiazepínicos).
- A AVIAC exige o conhecimento das concentrações-alvo recomendadas que estão disponíveis nas bulas de comercialização dos medicamentos e estão detalhadas mais abaixo.
- Durante o ajuste da concentrações-alvo, a maioria dos dispositivos de AVIAC exibem as doses correspondentes, o que permite ao utilizador verificar se elas estão de acordo com suas escolhas.
- Ter como alvo o local da ação permite alcançar mais rapidamente o efeito desejado com o custo de uma superdosagem transitória da concentração sanguínea.
- Atualmente, o uso clínico da AVIAC está teoricamente limitado a uma idade > 16 anos e a um peso > 30 kg, mas modelos farmacocinéticos pediátricos estão disponíveis na literatura.
- Os modelos de Schnider (propofol) e de Minto (remifentanil) não devem ser usados sem correção nos pacientes obesos porque usam uma fórmula que estima a massa magra que não é válida para um índice de massa corporal > 42 kg/m^2 para o homem ou > 35 kg/m^2 para a mulher, o que induz um risco de subdosagem do remifentanil e de superdosagem do propofol. Como em outros lugares, essas populações constituem uma excelente indicação para a AVIAC, aconselha-se subestimar o peso desses pacientes para retornar a uma zona de validade dos modelos.
- A AVIAC pode ser utilizada na indução em sequência rápida com a condição de aumentar o alvo para que a dose inicial seja similar às doses

recomendadas no modo manual, sabendo que esta superdosagem acelera a perda de consciência, mas aumenta o risco de hipotensão.
- A formação é indispensável antes da utilização clínica.

CONDUTA DA ANESTESIA: AVIAC DE PROPOFOL
Indução
- Uma concentração-alvo plasmática de 4-8 mcg/mL ou um **alvo no local da ação entre 3-6 mcg/mL** permite que a perda da consciência seja obtida em 1-3 min, com uma concentração no local da ação na perda de consciência entre 1-4 mcg/mL. Para reduzir este período, pode-se escolher uma concentração-alvo inicial mais elevada e depois reajustar assim que a perda de consciência foi obtida.
- A pré-medicação, a administração de opioide, a idade avançada e a instabilidade hemodinâmica diminuem em 20-50% a concentração-alvo necessária para a indução.
- Para minimizar os efeitos hemodinâmicos ou para titular a sensibilidade do paciente, o prazo para obter o alvo pode ser regulado por um período mais longo (10 min, no máximo), reduzindo o nível de concentração-alvo assim que o paciente adormece. A concentração-alvo também pode ser aumentada por níveis a cada 2-3 min.
- A concentração necessária para a perda da consciência é geralmente insuficiente para realizar a laringoscopia, para a qual é preciso aumentar o alvo e/ou adicionar um opioide e/ou um curare.
- Quando a intubação é seguida por um período pouco estimulante de preparação da cirurgia, recomenda-se reduzir a concentração-alvo de propofol (sem descer abaixo da concentração no local da ação no momento da perda de consciência) para evitar um acúmulo desnecessário de propofol ou uma hipotensão.
- Quando se deseja a manutenção da ventilação espontânea, recomenda-se uma indução por titulação com uma concentração-alvo inicial de 2-3 mcg/mL. A concentração-alvo é então aumentada a níveis de 0,5-1 mcg/mL a cada 2-3 minutos até a perda da consciência. A combinação de um opioide será evitada ou titulada com prudência neste caso porque potencializa a depressão respiratória central do propofol.

Manutenção
- A concentração-alvo de propofol durante a manutenção situa-se geralmente entre **2-8 mcg/mL** e varia de acordo com o paciente, o procedimento cirúrgico e a concentração de opioide associada.
- O ajuste do alvo pode ser guiado pela monitoração da profundidade da anestesia para reduzir tanto a superdosagem quanto o risco de despertar perioperatório, especialmente se o paciente estiver curarizado. Esta monitoração pode ser assegurada pelo índice bispectral do EEG (BIS™, Covidien) que deve ser < 60 para uma probabilidade de memorização < 5% ou pela entropia (Datex GE). Outros índices EEG estão sendo validados.
- Em algumas situações clínicas (cirurgia cardíaca, pacientes ASA 3-4 etc.), a concentração-alvo de propofol pode ser inferior a 2 mcg/mL. Nestas situações, a monitoração da profundidade da anestesia é ainda da mais recomendada.
- A superdosagem pode causar uma hipotensão, mais raramente uma bradicardia e, no paciente não intubado, uma apneia obstrutiva, que

na maioria das vezes são rapidamente reversíveis após a diminuição da concentração-alvo. Ela também pode ser assintomática mas se revelar por um retardo do despertar (ver *Despertar*).

- As concentrações-alvo necessárias no final da cirurgia (fechamento) são menores do que as necessárias durante a manutenção. A concentração-alvo deve ser portanto diminuída durante essa fase para reduzir o prazo de despertar.
- Por fim, estão sendo desenvolvidos atualmente sistemas inteligentes de administração da anestesia total intravenosa em circuito fechado, guiado por um monitor de profundidade da anestesia (BIS™, Entropia etc.).

Despertar
- Na interrupção da infusão, a concentração do propofol diminui ainda mais lentamente se a concentração de manutenção tiver sido alta e a administração prolongada. Portanto, um despertar rápido se prepara limitando ao mínimo necessário o alvo ao longo de toda a manutenção e tirando proveito das interações com os outros agentes administrados (opioide, ALR etc.).
- O aumento gradual do tempo de decaimento ao longo da manutenção constitui um sinal de alerta que deve sinalizar uma modificação do equilíbrio entre propofol e opioide para limitar o alvo e o acúmulo de propofol.
- Em geral, a concentração no local da ação de despertar (ajustável e utilizada para calcular o tempo de decaimento) é de 1,5-2,5 mcg/mL e está próxima da concentração prevista na perda de consciência. No entanto, a pré-medicação e a interação com os opioides não são levadas em conta neste cálculo.

AVIAC DE OPIOIDES
- Sufentanila, remifentanil ou alfentanila podem ser administrados em AVIAC em associação com propofol ou com os halogenados. A escolha de um opioide em relação a um outro obedece aos mesmos critérios com e sem AVIAC. Alfentanila e remifentanil são equivalentes em termos de prazo de ação após um *bolus*, enquanto a sufentanila é três vezes mais lenta. Quando se deseja uma reversão rápida (endoscopia, risco de evento hemodinâmico intercorrente, cirurgia longa), o remifentanil é preferível aos outros.

Indução
- A administração de opioide na indução tem como objetivo principal limitar a reação à intubação. O início será portanto sincronizado com a administração de hipnótico e de curare para alcançar o pico de ação no momento da laringoscopia (ou seja, uma antecipação em relação à laringoscopia de 5-6 min para a sufentanila e 1,5-2 min antes com o remifentanil ou a alfentanila). Na base Primea™, a exibição gráfica das concentrações previstas no futuro permite iniciar o propofol e o opioide para sincronizar os picos de ação. O início precoce do remifentanil pode, contudo, permitir a redução do tempo de adormecimento, mas induz uma depressão respiratória central que diminui o efeito benéfico de pré-oxigenação.
- A concentração-alvo necessária para bloquear qualquer resposta à intubação é mais elevada quando esta é realizada sem o curare. Em

contrapartida, o alvo necessário para inserir uma máscara laríngea é um pouco mais baixo.

Manutenção

- As concentrações-alvo normalmente necessárias encontram-se resumidas na tabela a seguir. Os valores devem ser reduzidos e titulados para os pacientes idosos ou debilitados (ASA III-IV) ou para a cirurgia cardíaca durante a circulação extracorpórea.
- A cada tempo operatório, é importante ajustar a concentração-alvo no valor mínimo necessário, mesmo na ausência de efeitos secundários hemodinâmicos, a fim de evitar ao mesmo tempo um acúmulo com retardo de despertar (sufentanila) e a indução eventual de uma tolerância e de uma hiperalgesia.
- Sob este ponto de vista, a concentração de opioide necessária pode também ser reduzida pela aplicação de uma estratégia de analgesia multimodal que associa cetamina, ALR e lidocaína IV aos principais agentes.
- A superdosagem induz em primeiro lugar uma bradicardia, às vezes uma hipotensão bem como uma bradipneia de origem central no paciente não intubado. Estes sinais na maioria das vezes são rapidamente reversíveis após a redução do alvo com o remifentanil, mas podem exigir um tratamento sintomático com sufentanila ou alfentanila.

Despertar

- A AVIAC não modifica as propriedades cinéticas dos opioides. Na interrupção da administração, a concentração de sufentanila e de alfentanila diminui ainda mais lentamente na medida em que a duração da infusão foi longa e deixa uma analgesia residual, o que não ocorre com o remifentanil. Portanto, o início da analgesia pós-operatória depois do remifentanil deve ser antecipado em pelo menos 30-60 min para ser eficaz nos minutos seguintes à interrupção do remifentanil.

	Remifentanil		Sufentanila		Alfentanila	
	Concentração-alvo (ng/mL)	Velocidade (mcg/kg/min)	Concentração-alvo (ng/mL)	Velocidade (mcg/kg/h)	Concentração-alvo (ng/mL)	Velocidade (mcg/min)
Indução/ intubação	3-6	0,5 - 1 mcg/ kg e depois 0,1- 0,3	0,3-0,4	0,2- 0,3 mcg/kg	100-200	10- 20 mcg/kg
Preparação	0-2	0,05-0,1	0-0,1	Interromper após *bolus*	0-30	Interromper após *bolus*
Incisão	2-4	0,07-0,15	0,1-0,2	0,1-0,2	30-50	40 e depois 20
Cirurgia cardíaca	5-20	0,15-0,6	0,4-2	0,4-2	200-400	40-80
Cirurgia abdominal	3-8	0,1-0,3	0,15-0,6	0,15-0,6	120-250	20-40
Cirurgia cervicofacial	2-5	0,05-0,2	0,1-0,3	0,1-0,3	50-100	10-20
Cirurgia periférica	2-4	0,05-0,15	0,05-0,2	0,05-0,2	30-50	10
VS/desintubação	< 1	–	0,1	–	50	–

AINOC

DEFINIÇÃO

A anestesia inalatória com objetivo de concentração (AINOC) é uma técnica de administração dos agentes anestésicos inalatórios (AAI) para a qual o anestesista escolhe frações-alvo: fração expirada em agente halogenado (Fet AAI), fração inspirada de oxigênio (FiO_2). Estes valores são alcançados e mantidos automaticamente pela máquina de anestesia graças a um circuito de distribuição que controla o débito de gás fresco (DGF), as frações distribuídas de agentes anestésicos inalatórios (Fd AAI), de oxigênio (FdO_2) e em óxido nitroso (FdN_2O). A captação dos AAI depende de seu coeficiente de divisão (λ), do débito sanguíneo e dos gradientes pressões parciais.

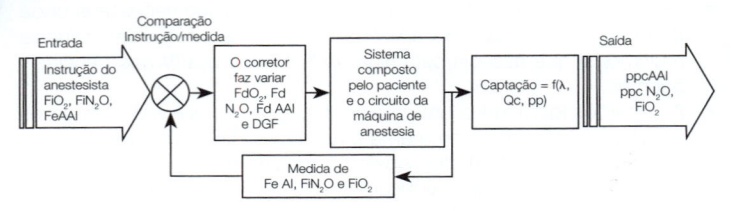

CIRCUITO DE DISTRIBUIÇÃO

FiO_2: fração inspirada de oxigênio; FeO_2: fração expirada de oxigênio; FdO_2: fração distribuída de oxigênio; FeAAI: fração expirada do agente anestésico inalatório; FdAAI: fração distribuída do agente anestésico inalatório; ppcAAI: pressão parcial cerebral do agente anestésico inalatório; DGF: débito de gás fresco; λ: coeficiente de partição; pp: pressão parcial.

BENEFÍCIOS ESPERADOS

Diminuição acumulada do consumo dos AAI nas intervenções com mais de 30 min de anestesia: interesse ambiental e médico-econômico. Diminuição do consumo de gás fresco (O_2, N_2O; ar comprimido). Conforto de utilização para o anestesista: redução do número de ajustes da distribuição dos AAI por hora de anestesia.

LIMITES DO SISTEMA

Aumento do consumo de cal sodada em relação à passagem automática pelo circuito fechado e queda do débito de gás fresco.

Aumento do consumo dos AAI nas intervenções curtas (menos de 30 min).

O sistema não sabe bem como gerenciar as fugas (cirurgia torácica com fuga, ventilação com dispositivo supraglótico a uma pressão acima da pressão de fuga).

NA PRÁTICA

O anestesista determina os alvos (FiO_2; FiN_2O; FeAAI) que devem ser alcançados e mantidos. A FeAAI é escolhida em função das interações medicamentosas (FiO_2, opioides, miorrelaxantes etc.) durante a anestesia, bem como as características do paciente. O sistema pilota automaticamente o débito de gás fresco e a FdAAI para atingir esses objetivos.

Colorantes utilizados em anestesia

PRINCIPAIS INDICAÇÕES QUE DEVEM SER CONHECIDAS

- Carmim de índigo → coloração da urina → cirurgia da pelve → injeção intravenosa (utilizada em anestesia).
- Azul patente → localização das vias linfáticas → cirurgia do seio → injeção no local cirúrgico (utilizado na cirurgia).
- O azul de metileno não tem indicação no centro cirúrgico.
- Organização dos produtos em dois lugares distintos para evitar os erros de injeção.
- O cirurgião deve deixar claro o nome do colorante a ser injetado (não dizer "aquele azul ali").

CARACTERÍSTICAS DOS DIFERENTES COLORANTES

Anestesia

Azul patente	Carmim de índigo	Azul de metileno
Azul patente IV Guerbet® 2,5%, injeção subcutânea ou IV	Solução injetável IV 0,8%-5 mL (40 mg)	Proveblue® 0,5% (5 mg/mL), solução injetável IV
Eliminação renal e biliar Forte ligação proteica (albumina)	Meia-vida plasmática: 4,5 min Eliminação renal, 10% da dose é eliminada na primeira hora	Eliminação renal (75%) Não ligado às proteínas
Indicação terapêutica		
Injeção no local pelo cirurgião: identificação dos vasos linfáticos e dos territórios arteriais (≤ 10 mL), dos gânglios sentinelas (1-2 mL) (p. ex., câncer da mama) (possui autorização de comercialização)	Cirurgia da pelve (injeção intravenosa): verificação da integridade das vias urinárias, identificação das vias urinárias em caso de tumores da bexiga Endoscopia digestiva (pulverização): marcação das margens de um tumor, não coloração das irregularidades mucosas Ginecologia (injeção no local): permeabilidade das trompas Disponível em preparação hospitalar "produto de acordo com a fórmula" (possui autorização de comercialização na França desde 1997)	Tratamento da metemoglobinemia (autorização temporária de utilização)
Toxicidade		
Nenhum caso de superdosagem relatado	Efeito tóxico se a dose for ≥ 200 mg/kg Dose letal: 50-300 mg/kg	Neurotoxicidade em caso de injeção intratecal Superdosagem: pode induzir uma metemoglobinemia (> 7 mg/kg)

(continua)

Azul patente	Carmim de índigo	Azul de metileno
Efeitos secundários e contraindicações (CI)		
Perturbação do sinal de SpO_2 = falso ↓ SpO_2 de 5-10% Coloração da pele: desaparece 36-48 h, mas uma área colorida no local da injeção pode persistir 8-10 d	Pouca perturbação do sinal SpO_2	Perturbação do sinal de SpO_2 = falso ↓ SpO_2 de 5-10% Descoloração da urina Precaução em caso de injúria renal (dose < 1 mg/kg) Vertigens, tremores, confusão, dor torácica, vômitos
Urticária (frequente), angioedema, choque anafilático, reação cruzada se alergia ao azul de metileno CI: desaconselhado durante a gestação	Reações de hipersensibilidade: erupção cutânea, prurido, broncoespasmo £, hipotensão £ £, hipertensão, bradicardia (raro)	Aumento dos RVS e RVP ¥, ou mesmo IC Síndrome serotoninérgica nos pacientes sob antidepressivos CI: hipersensibilidade aos derivados tiazídicos, déficit de G6PD, na metemoglobina redutase

£: Os efeitos de hipersensibilidade imediata poderiam estar ligados aos conservantes contidos no carmim de índigo comercial.
£ £: O carmim de índigo tem uma estrutura química próxima da serotonina.
¥: RVS: resistência vascular sistêmica; RVP: resistência vascular pulmonar; IC: insuficiência cardíaca. Efeito bloqueador do NO. As propriedades vasopessoras do azul de metileno têm sido utilizadas nos choques vasoplégicos.

Índice bispectral

O índice bispectral (BIS™) é um parâmetro derivado do EEG, desenvolvido com base em uma modelagem estatística de três parâmetros: grau de frequências altas (14-30 Hz), número de baixas frequências sincronizadas, períodos do EEG com ondas parcial ou completamente suprimidas (EEG plana). É um número clinicamente validado na medida do efeito da sedação e da anestesia no cérebro. Ele é igual a 100 para um indivíduo acordado com um traçado EEG assíncrono de altas frequências e pequenas amplitudes. O BIS diminui na medida em que a amplitude do EEG se alarga e que sua frequência cai, para atingir 0 quando o EEG está completamente plano.

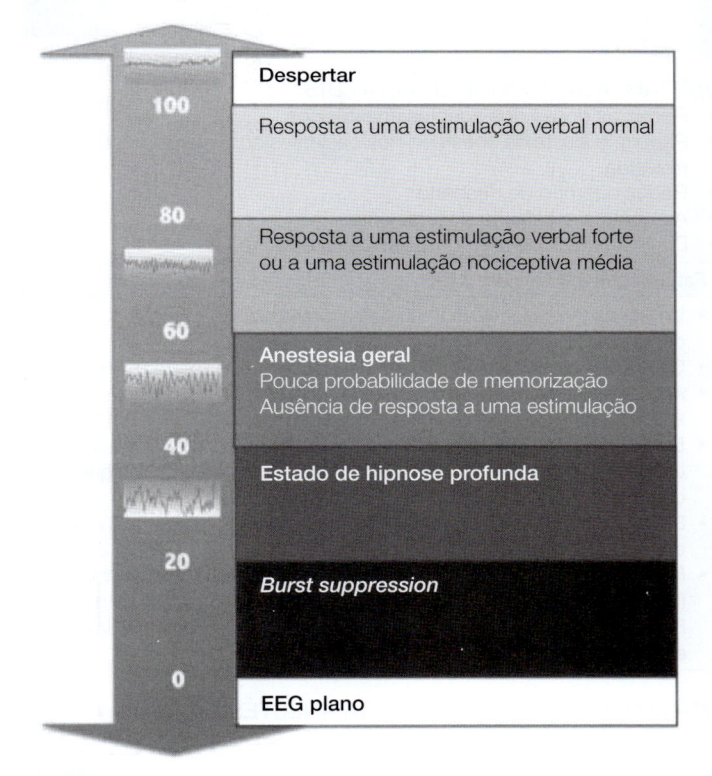

MATERIAL
- O sistema BIS compreende quatro componentes: eletrodo de BIS, cabo de interface com o paciente, conversor digital do sinal e monitor de BIS.

VARIÁVEIS ESTUDADAS
- Traçado EEG.
- Índice de qualidade do sinal (IQS).
- Atividade eletromiográfica (EMG) reflexo do tônus muscular da face.
- Relatórios de supressão (RS): indica a porcentagem de tempo durante 63 s, durante o qual o sinal EEG é isoelétrico (suprimido).

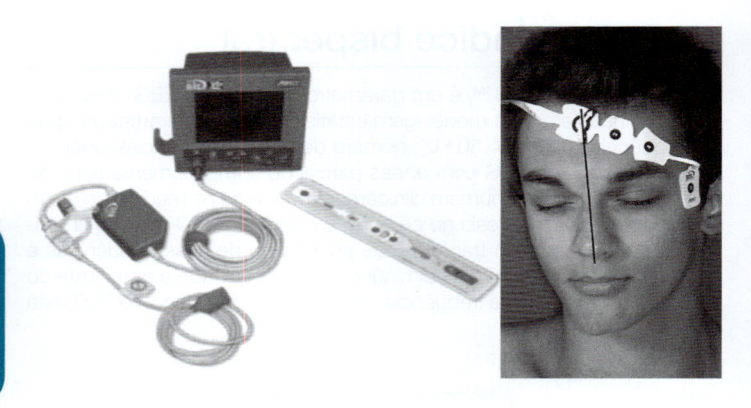

VANTAGENS DA MONITORAÇÃO BIS

- Reduz as doses dos agentes anestésicos.
- Permite o ajuste da anestesia nos pacientes com margem terapêutica reduzida.
- Reduz o tempo de despertar.
- Aumenta a satisfação dos pacientes.
- Diminui o risco de memorização perioperatória.

Fatores que influenciam o BIS
- Um tônus muscular elevado aumenta a atividade EMG e por consequência o BIS™ - Os curares bloqueiam a atividade neuromuscular e abaixam o BIS™ - Artefatos dos dispositivos médicos: marca-passo, bisturis elétricos, sistema de navegação cirúrgica, reaquecedores - Baixa do BIS™ pela diminuição do metabolismo cerebral: parada cardíaca, hipovolemia, hipotensão, hipotermia, hipoglicemia, isquemia cerebral - EEG de base anormal: epilepsia, agressão cerebral, demência, estado de morte encefálica - Fatores farmacológicos: cetamina (ativa o EEG e o BIS™), etomidato (induz as mioclonias e o BIS™), isoflurano (aumento paradoxal do BIS™ mediante um aumento de dose), N_2O (pouca influência), a efedrina aumenta o BIS™, não a fenilefrina

UTILIZAÇÃO DO BIS NA PRÁTICA ANESTÉSICA

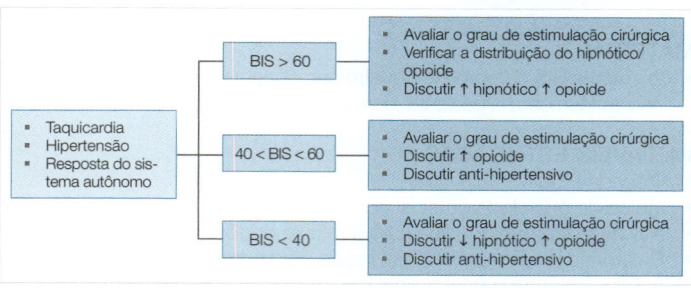

(continua)

Anestesia

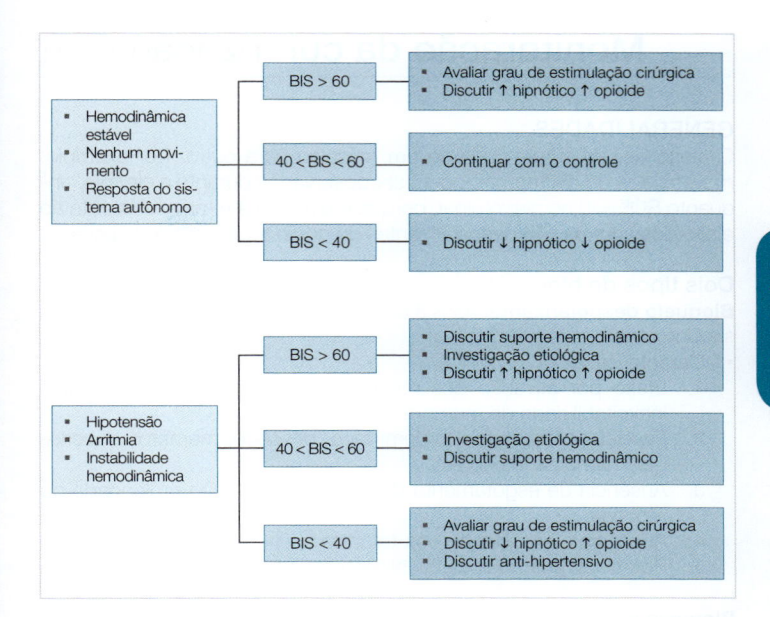

CONDUTA DIANTE DE UMA VARIAÇÃO ABRUPTA DO BIS™

Queda abrupta do BIS™	Aumento abrupto do BIS™
Investigar causa farmacológica: *bolus* de anestésico intravenoso, mudança da dose de halogenados, administração de adjuvantes (beta-bloqueador, alfa-2 mimético etc.) Queda da estimulação cirúrgica Queda da atividade EMG com curarização Hipotensão, hipoglicemia, hipotermia, anoxia	Eliminar um artefato (EMG, bisturis elétricos) Verificar o sistema de administração dos agentes anestésicos inalatórios ou IV Avaliar o grau de estimulação cirúrgica e adaptar as doses de opioides e/ou de hipnóticos

FATORES DE RISCO DE MEMORIZAÇÃO PRÉ-OPERATÓRIA

Antecedente de memorização perioperatória Toxicomania Dores crônicas/utilização de altas doses de opioides Intubação difícil prevista ASA IV ou V Instabilidade hemodinâmica Politraumatizado
Cirurgia de emergência, cirurgia cardíaca, cesariana
Utilização de curares e/ou N_2O na manutenção anestésica Anestesia total intravenosa

Monitoração da curarização

GENERALIDADES

O efeito de um curare varia de um músculo para outro. Por exemplo: movimentos do diafragma podem ser observados durante a cirurgia, enquanto SQE = 0 no nervo ulnar, porque o diafragma é mais resistente ao efeito dos curares não despolarizantes do que o adutor do dedo polegar.

Dois tipos de bloqueio

Bloqueio despolarizante: após a administração de uma dose única de succinilcolina.
- Características:
  1. Efeito por ativação dos receptores colinérgicos e em seguida inexcitabilidade da membrana.
  2. Fasciculações iniciais (ordem: face, pescoço, membros superiores, membros inferiores).
  3. Ausência de esgotamento durante a estimulação prolongada ou repetida.
  4. Ausência de facilitação pós-tetânica.
  5. Potencialização pelos anticolinesterásicos.

Bloqueio não despolarizante
- Características:
  1. Antagonismo competitivo da acetilcolina.
  2. Ausência de fasciculação.
  3. Esgotamento durante uma estimulação prolongada ou repetida.
  4. Facilitação pós-tetânica.
  5. Antagonização pelos inibidores da colinesterase.

Quatro tipos de estimulação utilizáveis na rotina

Qualquer estimulação deve ser supramáxima para estimular todas as fibras do músculo em questão.

Sequência de quatro estímulos (SQE)
- Estimulação repetitiva de quatro contrações em dois segundos.
- Medição do número de respostas (0-4) e da relação da força desenvolvida da 4ª resposta sobre a 1ª (é a relação T4/T1), é uma medida da profundidade da curarização.
- Um intervalo ≥ 10 s deve ser respeitado entre duas estimulações.
- Durante a cirurgia, o objetivo é de 0-2 respostas à SQE.
- Descurarização completa quando T4/T1 $\geq 90\%$.

Estimulação tetânica
- Estimulação a 50 Hz ou 100 Hz durante 5 s.
- Observar o caráter mantido ou não da resposta muscular.
- Não há necessidade de valor de controle, mais doloroso do que a SQE.
- A rotina fora do *post tetanic count* (PTC) não é relevante.

Contagem pós-tetânica (PTC)
- Tétano 5 s, intervalo livre de 3 s, e depois 10 contrações em 1 Hz.
- Utilizado para a exploração dos bloqueios profundos (quando SQE = 0).

Double burst stimulation (DBS)

- Duas curtas estimulações tetânicas durante 0,2 ms separadas por um intervalo de 750 ms.
- Induz duas contrações musculares bem individualizadas. A resposta não é quantitativa.
- Usado para a exploração qualitativa da descurarização. Técnica mais sensível do que a SQE para a avaliação qualitativa da curarização residual (depressão da 2ª resposta).

Avaliação da resposta

- Avaliação visual ou tátil: contagem do número de respostas à SQE.
- T4/T1 é difícil de avaliar, especialmente entre 40-80%.
- Registro do acelerômetro: medição precisa da contração simples e da relação T4/T1.

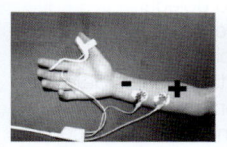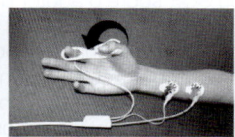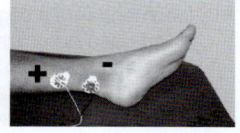

Monitoração da curarização (SQE e sua resposta) ao nervo ulnar e ao nervo tibial posterior.

Nervo ulnar

Ao longo do tendão flexor ulnar do carpo. Provoca a contração do músculo adutor do polegar (AP) que é um dos músculos mais sensíveis aos miorrelaxantes. Sua descurarização mostra a ausência de paralisia residual no nível dos músculos laríngeos e do diafragma.

Nervo facial

No nível da têmpora. Provoca a contração do músculo orbicular do olho (OO). Sensibilidade e prazo de curarização idênticos aos dos músculos laríngeos (resistentes aos curares) e do diafragma. Exploração dos bloqueios profundos (laringoscopia, cirurgia abdominal).

Nervo tibial posterior

Estimulado na parte de trás do maléolo interno, provoca a flexão plantar do primeiro artelho. Útil quando o acesso ao braço é impossível. Informações comparáveis à monitoração do AP.

UTILIZAÇÃO PRÁTICA

- Muito fortemente recomendada em caso de curarização para todos os pacientes.
- Obrigatória em caso de injúria renal ou insuficiência hepática, de patologia neuromuscular, de hipotermia ou de curarização profunda e prolongada.

NA PRÁTICA

- Estimulador instalado se possível antes da indução e calibrado.
- Intensidade de estimulação progressivamente aumentada até a intensidade supramáxima (intensidade a partir da qual a contração muscular não aumenta mais).

- Na indução: intubar quando SQE = 0 (várias medições repetidas) no orbicular do olho.
- Durante a anestesia: quando se deseja a curarização profunda (p. ex., cirurgia abdominal de grande porte): reinjetar desde o reaparecimento no orbicular do olho da 2ª ou da 3ª resposta à SQE.
- É preciso repetir as medições da SQE para avaliar a curarização. Uma medição isolada não é suficiente.

CURARIZAÇÃO RESIDUAL/DESCURARIZAÇÃO
- **A curarização residual é definida por T4/T1 < 0,9 (AP).**
- No fim de intervenção, não existe curarização residual se T4/T1 ≥ 0,9 (AP) ou DBS sem fadiga no adutor do polegar.
- A curarização residual envolve quase um paciente a cada dois no pós-operatório. O único meio confiável de detectá-la é a monitoração da curarização: DBS ou SQE sobre o adutor do polegar.
- Recomenda-se a seguinte conduta (Tabelas 3 e 4):
  - Em caso de utilização de curare não despolarizante, recomenda--se atingir o início da descurarização espontânea antes de dar início a uma descurarização farmacológica com a prostigmina.
  - SQE < 4 (AP): a sedação e a ventilação controlada são recomendadas até que:
  - SQE = 4 (AP): a descurarização farmacológica é recomendada.
  - Não é necessário descurarizar se T4/T1 ≥ 0,9 (AP).
- Inibidor da acetilcolinesterase: prostigmina: 40-50 mcg/kg associada com atropina (15-20 mcg/kg) ou glicopirrolato (10 mcg/kg, não disponível na França), para limitar seus efeitos muscarínicos.
- Pico da ação: 7 min, duração: 55-75 min.
- Contraindicações relativas à prostigmina: insuficiência cardíaca, insuficiência coronariana, arritmia ou distúrbio da condução, tratamento com betabloqueador, asma. A prostigmina não é recomendada para antagonizar o mivacúrio (ver *Principais agentes anestésicos*).
- Um retardo na descurarização espontânea após o uso da succinilcolina ou do mivacúrio deve levantar a suspeita de uma deficiência congênita (raro) ou adquirida (mais frequente) em atividade butirilcolinesterásica plasmática.

Tabela 1: Locais de estimulação e curarização

	Instalação	Curarização		Antagonização	Recuperação
		Profunda	Fraca		
SQE AP	+		+++	+++	
PTC AP		+++			
DBS AP					+++
SQE OO	+++	+++	+		

Tabela 2: Características clínicas e farmacológicas dos curares

Medicamento	ED95 (mg/kg)	Posologia IOT (mg/kg)	Tempo antes da IOT (s)	Recuperação (min) T4/T1 ≥ 25%	Recuperação (min) T4/T1 ≥ 90%
Rocurônio	0,3	0,6	60-90	30-45	60-90
Atracúrio	0,25	0,40-0,50	180	30-40	50-60
Mivacúrio	0,08	0,15-0,20	180	15-20	20-30
Vecurônio	0,04	0,08-0,10	180	30-40	50-60
Cisatracúrio	0,05	0,15	120-180	40-60	60-90
Succinilcolina	0,5-0,6	1	60		

Tabela 3: Modalidades de descurarização farmacológica (curares não despolarizantes benzil-quinoleínas ou esteroides)

SQE < 4	SQE = 4
Alcançar e manter a sedação Reavaliar a profundidade da curarização (SQE) posteriormente	Prostigmina: 40-50 mcg/kg + Atropina: 15-20 mcg/kg (ou glicopirrolato: 10 mcg/kg)

Tabela 4: Modalidades de descurarização farmacológica (apenas rocurônio ou vecurônio)

Situação clínica	Tempo de ação (SQE > 0,9)	Doses de Sugamadex®
Descurarização farmacológica de emergência	3-5 min	8-16 mg/kg
Curarização profunda (PTC = 0)	Alcançar e manter a sedação. Reavaliar a profundidade da curarização (PTC/SQE) posteriormente	
PTC = 1-2 respostas	3-5 min	4 mg/kg
SQE ≥ 2 respostas	3-5 min	2 mg/kg
SQE = 4 respostas		2 mg/kg ou prostigmina (ver Tabela 3)

Resposta à expansão volêmica

Anestesia

PRINCÍPIO

- Em um paciente que apresenta uma insuficiência cardiovascular aguda, a expansão volêmica é administrada com a finalidade de aumentar o débito cardíaco.
- Por causa da relação fisiológica de Frank-Starling, a expansão volêmica só resulta em um aumento significativo do volume de ejeção sistólica (VES) e do débito cardíaco se existir uma dependência da pré-carga. A inclinação da curva depende da função ventricular.
- Vários testes permitem predizer a resposta à expansão volêmica antes de administrá-la.
- ATENÇÃO: o estado de dependência da pré-carga é um estado normal. Um único resultado positivo de um dos testes não deve levar a uma expansão volêmica de forma abusiva. Esta só é considerada se o paciente apresentar sinais de **insuficiência cardiovascular aguda**.
- ATENÇÃO: evidentemente que nenhum limiar tem valor de diagnóstico absoluto. Quanto mais o valor do indício de dependência de pré-carga está abaixo do limiar, menos a dependência da pré-carga é provável. Mais o índice está acima do limiar, mais a dependência da pré-carga é provável.

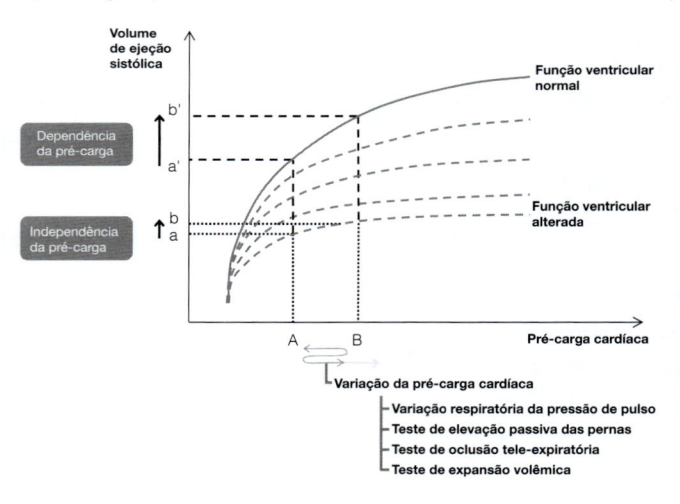

VARIABILIDADE RESPIRATÓRIA DA PRESSÃO ARTERIAL DE PULSO (ΔPP)

- A ventilação em pressão positiva induz variações cíclicas do retorno venoso e portanto da pré-carga cardíaca. Se isso resulta em uma variação significativa do VES, é porque existe um estado de dependência de pré-carga.
- O VES pode ser estimado pela pressão arterial de pulso. O índice de variação respiratória mais simples de se obter é o ΔPP (medição automática por muitos monitores) e que dispõe do mais alto nível de comprovação. O VES também pode ser estimado pela análise do

contorno da onda de pulso, Doppler esofágico, amplitude do sinal de pletismografia (ΔPOP).

- O ΔPP só pode ser utilizado em caso de:
  - Arritmia cardiaca.
  - Atividade respiratória espontânea (mesmo sob ventilação mecânica).
  - Síndrome do desconforto respiratório agudo (SDRA) com baixo volume corrente e/ou complacência pulmonar diminuída.
  - Tórax aberto.
  - Frequência respiratória muito alta.

TESTE DE ELEVAÇÃO PASSIVA DAS PERNAS (EPP)

- A transferência de um paciente desde a posição semissentada a 45° para a posição em que os membros inferiores são sobrelevados a 45° induz a transferência de sangue venoso para o coração. Se este aumento da pré-carga induzir um aumento significativo do débito cardíaco, a dependência da pré-carga é muito provável.
- Método de realização: dispor de uma medição em tempo real do débito cardíaco (não utilizar a simples pressão arterial). Partir da posição semissentada a 45° (não a posição deitada porque isso diminui a sensibilidade do teste) e medir o débito cardíaco. Utilizar a manipulação elétrica da cama para abaixar o tronco para a horizontal, isso eleva automaticamente os membros inferiores a 45° (não elevar manualmente os membros inferiores do paciente). Esperar que o efeito sobre o débito cardíaco seja máximo (ocorre geralmente em menos de um minuto) antes de medir o débito cardíaco. Reposicionar o paciente na posição semissentada. Medir novamente o débito cardíaco para verificar se ele retorna ao seu valor de base.
- O teste de EPP não pode ser utilizado:
  - Na ausência de monitoração contínua e em tempo real do débito cardíaco.
  - Se o paciente não puder ser mobilizado.
  - Em caso de hipertensão intracraniana.
  - Em caso de contenção venosa elástica.

TESTE DE OCLUSÃO TELE-EXPIRATÓRIA (TOE)

- Em ventilação mecânica em pressão positiva, cada insuflação interrompe o retorno venoso sistêmico. Quando se efetua uma oclusão tele-expiratória, impede-se durante esse tempo a interrupção cíclica do retorno venoso sistêmico. A pré-carga cardíaca aumenta (auto-preenchimento). Se o resultado for um aumento do débito cardíaco, a dependência da pré-carga é muito provável.
- Método de realização: dispor de uma medição em tempo real do débito cardíaco (difícil de utilizar com a simples pressão arterial). Iniciar a oclusão tele-expiratória utilizando o comando que permite medir a PEEP intrínseca. O paciente pode ter uma atividade respiratória espontânea, com a condição de que ela não interrompa a oclusão expiratória. Fazer com que a oclusão tele-expiratória dure 15 s (não menos importante, os efeitos máximos aparecem após 10 s). Anotar o valor máximo tomado pelo débito cardíaco no fim da oclusão tele-expiratória.
- O TOE não pode ser utilizado:
  - Em caso de atividade respiratória espontânea que impede a realização de uma oclusão tele-expiratória de 15 s.

- – Em um paciente não intubado.
- ▪ Por outro lado, o TOE é mais difícil de utilizar na ausência de uma monitoração contínua do débito cardíaco.

TESTE DE EXPANSÃO VOLÊMICA (*FLUID CHALLENGE*)
- ▪ O objetivo é investigar a dependência da pré-carga ao administrar um volume "baixo" de expansão volêmica.
- ▪ O maior inconveniente do método é que, se o teste for negativo, o único efeito será o de ter aumentado a sobrecarga de fluidos do paciente.
- ▪ Como esta sobrecarga é um elemento que agrava o prognóstico dos pacientes de reanimação, o teste de expansão volêmica deve provavelmente ser reservado para o centro cirúrgico.
- ▪ Método de realização: injetar 250-300 mL de solução para expansão volêmica. Medir seus efeitos sobre o débito cardíaco. Continuar com a administração de fluido se o teste for positivo.

MEDIÇÃO DA RESPOSTA À EXPANSÃO VOLÊMICA
- ▪ Uma vez realizada a expansão volêmica, é preciso medir seus efeitos com atenção.
  - – ↑ da pré-carga cardíaca (pressão venosa central, volume telediastólico global ou do ventrículo esquerdo etc.).

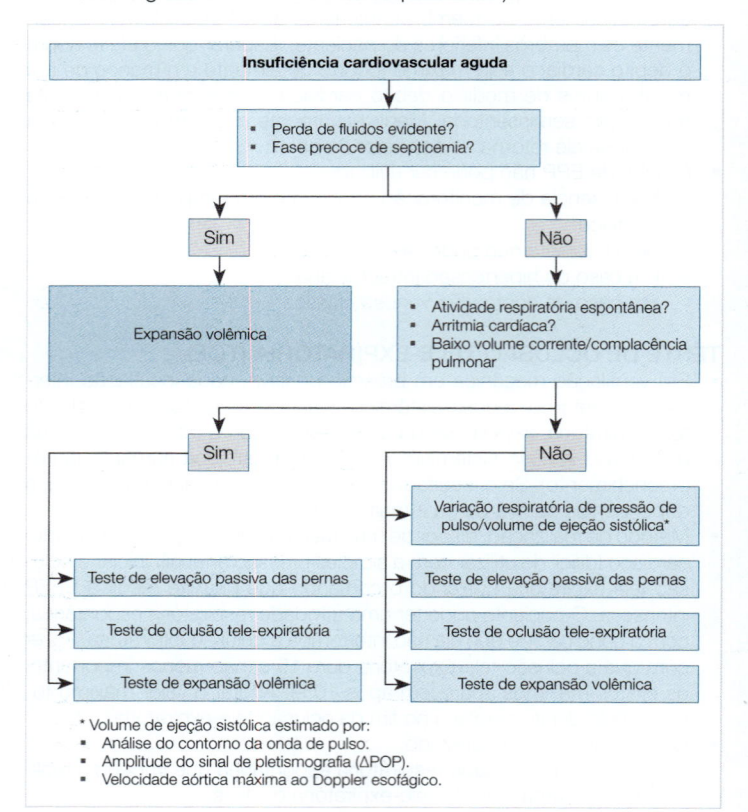

* Volume de ejeção sistólica estimado por:
- ▪ Análise do contorno da onda de pulso.
- ▪ Amplitude do sinal de pletismografia (ΔPOP).
- ▪ Velocidade aórtica máxima ao Doppler esofágico.

- – ↑ do débito cardíaco. O limiar habitualmente considerado para julgar a resposta positiva é de 15%.
- – Se o débito cardíaco não é medido diretamente, medir os efeitos sobre a pressão arterial de pulso (sistólica-diastólica).
- – Não julgar os efeitos da expansão volêmica sobre a pressão arterial média.
- – Melhoria da oxigenação tissular: alteração dos sinais de hipoperfusão periférica (livedo, oligúria/anúria etc.), aumento de SvO_2 ou $ScvO_2$ se elas estavam baixas, diminuição da taxa de lactato nas horas seguintes.

	Limiar de positividade
ΔPP	≥ 13%
Teste de EPP	↑ débito cardíaco ≥ 10%
Teste da OE	↑ débito cardíaco ≥ 5%
Teste de expansão volêmica	↑ débito cardíaco ≥ 15%

Doppler esofágico

Método não invasivo de monitoração hemodinâmica contínua utilizável no centro cirúrgico e na sala de reanimação.

ESTABELECIMENTO

- Sistemas CardioQ (Deltex Medical) e Hemosonic (Arrow) (este sistema ainda está em uso mas não é mais comercializado).
- Inserção da sonda por via nasal ou bucal. Ajuste da posição da sonda para obter o melhor sinal Doppler. No esôfago, a sonda está em contato com a aorta torácica descendente e mede a velocidade do fluxo aórtico.
- O débito cardíaco é estimado a partir do débito aórtico segundo a hipótese de que 70% do débito cardíaco atravessa a aorta torácica descendente.
- Perfis Doppler que podem ser encontrados durante a instalação da sonda:

| Aorta descendente | Veia intratorácica | Cavidades cardíacas |

VARIÁVEIS MEDIDAS

Variável	Normal	Significado
Índice cardíaco (L/min/m²)	3,5 ± 0,5	
Tempo de ejeção corrigido (TEc, ms) para a frequência cardíaca (FC)	300-350	Índice de pré-carga e de pós-carga cardíacas. Diminui se a pré-carga diminui e se a pós-carga aumenta
Aceleração média (Acc, cm/m²)	12-16	Índice de função sistólica ventricular esquerda
Pico de velocidade (Vmáx, cm/s)	70-120	Índice de função sistólica ventricular esquerda
Variabilidade respiratória do pico de velocidade (%)	A determinar	Índice de dependência da pré-carga

PERFIS TÍPICOS DE DOPPLER ESOFÁGICO

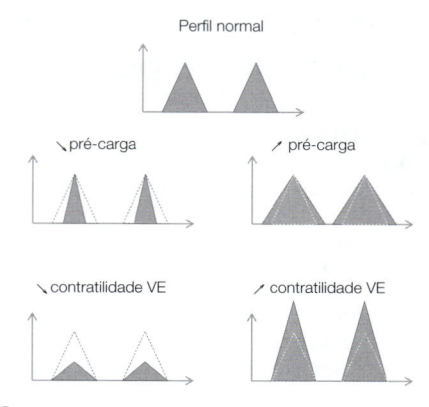

Perfil normal

↘ pré-carga   ↗ pré-carga

↘ contratilidade VE   ↗ contratilidade VE

VANTAGENS
- Pouco invasivo.
- Medida contínua e em tempo real do débito cardíaco (ideal para os testes de elevação passiva das pernas e de oclusão tele-expiratória).

LIMITES
- Mobilidade da sonda no esôfago, o que torna a utilização pouco prática nos pacientes de reanimação não curarizados ou profundamente sedados, exceto para avaliar mudanças que ocorrem em curtos períodos.
- Com o sistema CardioQ: diâmetro aórtico estimado por nomogramas, portanto considerado constante em determinado paciente, ao passo que o diâmetro aórtico varia fisiologicamente com a pressão arterial. O sistema estima de forma medíocre as mudanças de débito cardíaco quando a pressão arterial varia simultaneamente.

Termodiluição transpulmonar e análise do contorno da onda de pulso

TERMODILUIÇÃO TRANSPULMONAR
Estabelecimento
- Sistemas PiCCO (Pulsion Medical Systems) e Volume View (Edwards Life Sciences).
- Cateter venoso padrão para cava superior e cateter arterial específico munido de um termômetro na posição femoral. Injeção de 15 mL de NaCl 0,9% frio via cateter venoso (fazer a média de três medidas) que permite medir o débito cardíaco e diversos volumes intratorácicos.
- Análise do contorno da onda de pulso: análise da forma da curva de pressão arterial que permite a medição automática do débito cardíaco contínuo. Com esses sistemas: estimação calibrada a cada termodiluição transpulmonar. Também permite medir a variabilidade da pressão de pulso e do volume de ejeção sistólica.

Variáveis medidas

Variável	Normal	Significado
Índice cardíaco (L/min/m²)	2,5-3,5	
Variabilidade da pressão de pulso (VPP)	Se < 13%	Índice de independência de pré-carga
Variabilidade do volume de ejeção (VVE)	Se < 13%	Índice de independência de pré-carga
Volume telediastólico indexado (VTDI, mL/m²)	650-800	Volume das quatro cavidades cardíacas em diástole. Índice de pré-carga cardíaca
Água pulmonar extravascular (EPEV, mL/kg)	< 7	Volume do edema pulmonar
Índice de permeabilidade pulmonar (IPVP)	< 3	Indicador da permeabilidade alveolocapilar. Aumento da SDRA
Índice de função cardíaca (IFC, min⁻¹)	4,5-6,5	Índice de função sistólica do VE

Vantagens
- Medida confiável e precisa do débito cardíaco.
- Única técnica que permite estimar a água extravascular pulmonar e a permeabilidade pulmonar.
- Fácil de executar.
- Análise do contorno da onda de pulso: medida em tempo real do débito cardíaco (ideal para os testes de elevação passiva das pernas e de oclusão tele-expiratória).

Limites
- Precisa de um cateter arterial específico.
- A análise do contorno da onda de pulso exige uma recalibração frequente. Recalibrar se a última termodiluição tem mais de uma hora e se as resistências arteriais podem ter mudado (modificação importante da pressão arterial, mudança da dose de vasopressor etc.).

Indicações esquemáticas
- Na reanimação: pacientes em estado de choque com insuficiência cardíaca e/ou pulmonar.
- No centro cirúrgico: se uma monitoração hemodinâmica é decidida e se está prevista uma reanimação pós-operatória.

ANÁLISE DO CONTORNO DA ONDA DE PULSO NÃO CALIBRADA
Estabelecimento
- Sistemas FloTrac/Vigileo (Edwards Life Sciences) e ProAQT/Pulsioflex (Pulsion Medical Systems).
- Conectados a um cateter arterial padrão, radial ou femoral.
- Efetua apenas a análise do contorno da onda de pulso. A estimativa do débito cardíaco assim fornecida não é calibrada por termodiluição. Com o sistema ProAQT/Pulsioflex: possibilidade de calibrar manualmente caso se disponha de outra medida do débito cardíaco (ecografia etc.).

Variáveis medidas

Variável	Normal	Significado
Índice cardíaco (L/min/m²)	2,5-3,5	
Variabilidade da pressão de pulso (VPP)	Se < 13%	Índice da independência da pré-carga
Variabilidade do volume de ejeção (VVE)	Se < 13%	Índice da independência da pré-carga

Vantagens
- Pouco invasivo, utilizável com cateter arterial padrão.
- Medição contínua e em tempo real do débito cardíaco.

Limites
- Fornece apenas poucas informações hemodinâmicas.
- Medição não confiável do débito cardíaco nos pacientes com drogas vasoativas ou em caso de variações importantes do tônus vascular.

Indicações esquemáticas
- No centro cirúrgico, na ausência de administração contínua de drogas vasoativas ou de variações importantes do tônus vascular.

Avaliação hemodinâmica com ecocardiografia

DÉBITO CARDÍACO E FUNÇÃO VENTRICULAR ESQUERDA
(Ver *Ecocardiografia pré-operatória*.)

PRINCIPAIS ÁREAS VISTAS NA ECOGRAFIA TRANSTORÁCICA

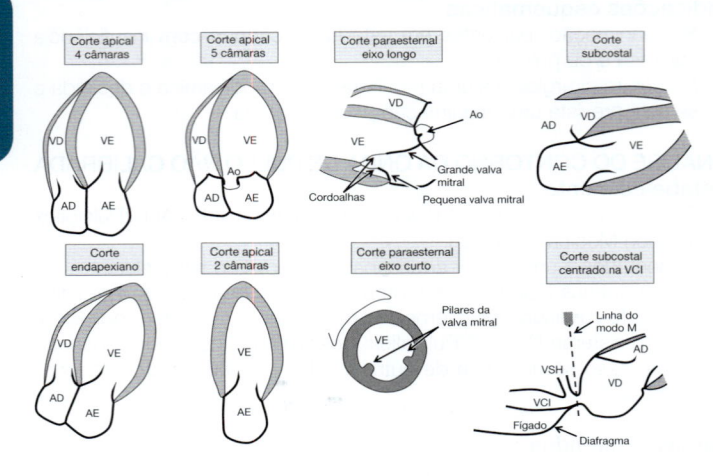

PRINCIPAIS FLUXOS DOPPLER REGISTRADOS NA ECOGRAFIA TRANSTORÁCICA

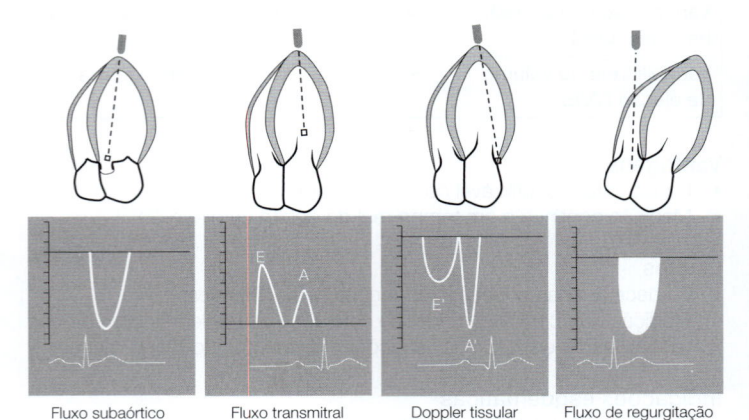

Fluxo subaórtico · Fluxo transmitral · Doppler tissular do anel mitral · Fluxo de regurgitação tricúspide

AVALIAÇÃO DAS PRESSÕES DE PREENCHIMENTO DO VENTRÍCULO ESQUERDO

Pressões de preenchimento do ventrículo esquerdo provavelmente elevadas se:
E/A > 1 e
TD < 120 ms
E/Ea > 15
E/Vp > 2,5

CRITÉRIOS DE DEPENDÊNCIA DA PRÉ-CARGA NA ECOCARDIOGRAFIA

Índice	Limiar de positividade
Variabilidade respiratória do pico de velocidade subaórtica	$\dfrac{\text{Vpic máx} - \text{Vpic mín}}{(\text{Vpic} + \text{Vpic mín})/2} \geq 12\%$
Variabilidade respiratória do diâmetro da veia cava inferior	$\dfrac{\text{Diâmetro máx} - \text{Diâmetro mín}}{(\text{Diâmetro máx} - \text{Diâmetro mín})/2} \geq 12\%$
Colapsabilidade da veia cava superior	$\dfrac{\text{Diâmetro máx} - \text{Diâmetro mín}}{\text{Diâmetro máx}} \geq 36\%$
Teste da elevação passiva das pernas	↑ do VTI subaórtico ≥ 10%

Atenção!

- A variabilidade da integral tempo-velocidade (VTI) subaórtica não pode ser utilizada em caso de:
  - Arritmia cardíaca, atividade respiratória espontânea (mesmo sob ventilação mecânica).
  - SDRA com baixo volume corrente e/ou complacência pulmonar reduzida.
- A variabilidade respiratória das veias cavas não pode ser utilizada em caso de:
  - Atividade respiratória espontânea (mesmo sob ventilação mecânica).
  - SDRA com baixo volume corrente e/ou complacência pulmonar reduzida.
- ATENÇÃO: evidentemente que nenhum limiar tem valor de diagnóstico absoluto. Quanto mais abaixo do limiar estiver o valor do índice de dependência de pré-carga, menor a probabilidade da dependência da pré-carga. Quanto mais acima do limiar estiver o índice, maior a probabilidade da dependência da pré-carga.

Cateterismo arterial pulmonar

PROCEDIMENTO
- Cateter específico introduzido na artéria pulmonar pela veia cava superior.
- Orifícios que permitem a medição das pressões atrial direita e arterial pulmonar e, após a insuflação do balonete distal, da pressão de oclusão da artéria pulmonar (POAP) e a coleta do sangue venoso misto.
- Captor térmico que permite medir o débito cardíaco por termodiluição.
- Captor distal que permite em certos modelos a medição contínua da SvO_2.
- Termistor proximal que permite em certos modelos a medição contínua do débito cardíaco.
- Atenção: o valor medido não reflete o valor instantâneo e sim a média dos minutos anteriores.

Curvas sucessivas obtidas durante a introdução do cateter arterial pulmonar

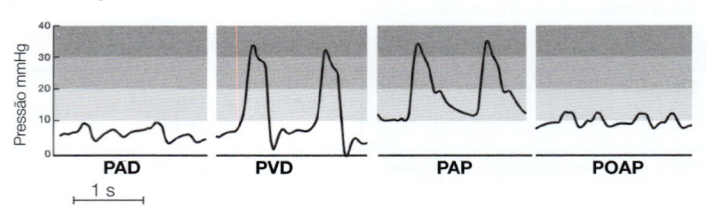

Cálculo das variáveis de oxigenação tissular
- Conteúdo arterial de oxigênio: $CaO_2 = 13,4.Hb.SaO_2 + 0,003.PaO_2$.
- Conteúdo venoso de oxigênio: $CvO_2 = 13,4.Hb.SvO_2 + 0,003.PvO_2$.
- Diferença arteriovenosa de oxigênio: $DAVO_2 = CaO_2 - CvO_2$.
- Transporte arterial de oxigênio: $TaO_2 = CaO_2.IC.10$.
- Consumo de oxigênio: $VO_2 = DAVO_2.IC.10$.
- Extração em oxigênio: $EO_2 = VO_2/TaO_2$.

PERFIL HEMODINÂMICO DOS DIFERENTES ESTADOS DE CHOQUE (ANTES DE QUALQUER REANIMAÇÃO)

	Valores normais	Choque hipovolêmico	Choque séptico	Choque cardiogênico
IC (L/min/m²)	3,5 ± 0,5	↓	↑ ou ↓	↓
PAPm (mmHg)	16 ± 4	↓	↓	↑
POAP (mmHg)	8 ± 4	↓	↓	↑
TaO₂ (mL/min/m²)	600 ± 100	↓	↓	↓
VO2 (mL/min/m²)	150 ± 20	N ou ↓	N ou ↓	N ou ↓
DAVO₂ (mL)	5 ± 1	↑	N ou ↑	↑
EO₂ (%)	25%	↑	N ou ↑	↑
SvO₂ (%)	70-75%	↓	N ou ↓	↓

VANTAGENS

- Única técnica que permite medir as resistências vasculares pulmonares e a POAP.
- Única técnica que permite acessar a oxigenação tissular pelo sangue venoso misto.

LIMITES

- Armadilhas na medida e na interpretação da POAP, principalmente por causa da influência da pressão intratorácica.
- Subestimação do débito cardíaco em caso de insuficiência tricúspide importante.
- A medida "contínua" do índice cardíaco não é instantânea. Ela reflete a média dos minutos anteriores.

Particularidades da otimização hemodinâmica perioperatória

- Além da cirurgia cardíaca, os efeitos benéficos revelam-se na cirurgia colorretal e na de fratura de quadril: benefício de curto e de longo prazo na mortalidade e redução das complicações pós-operatórias (cardiovasculares, renais, digestivas).
- Esta otimização deveria ser aplicada a todas as cirurgias de grande porte no indivíduo de alto risco. Não há benefício clínico para o paciente de baixo risco, na cirurgia laparoscópica ou em caso de reabilitação precoce.
- Identificação dos pacientes de alto risco:
  - Patologia cardíaca, respiratória com limitação funcional grave.
  - Patologia infra-abdominal aguda e grave (pancreatite aguda, perfuração de um órgão oco, sangramento digestivo, aneurisma da aorta abdominal).
  - Paciente idoso > 70 anos e com limitação funcional de um ou de vários órgãos.
  - Cirurgia digestiva oncológica de grande porte com anastomose digestiva.
  - Sepse grave ou choque séptico.
  - Insuficiência respiratória aguda e/ou ventilação mecânica > 48 h.
  - Injúria renal aguda ou crônica moderada ou grave.
  - Perdas sanguíneas estimadas > 2,5 L.
- Esta otimização baseia-se no uso de uma monitoração hemodinâmica que permite guiar a ressuscitação volêmica perioperatória.

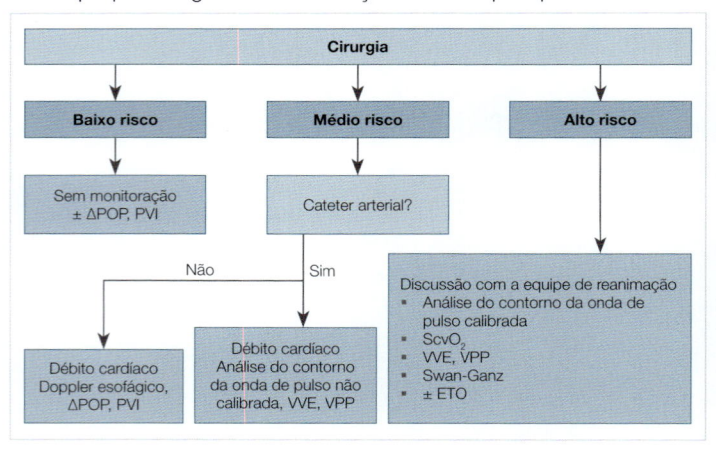

ESTRATÉGIA GERAL

- Aporte de fluidos limitado: 2-3 mL/kg/h com um cristaloide tipo RL (estratégia restritiva).
- Ressuscitação guiada a partir da monitoração: ou "otimizando", ou "maximizando" (titulação progressiva da ressuscitação).

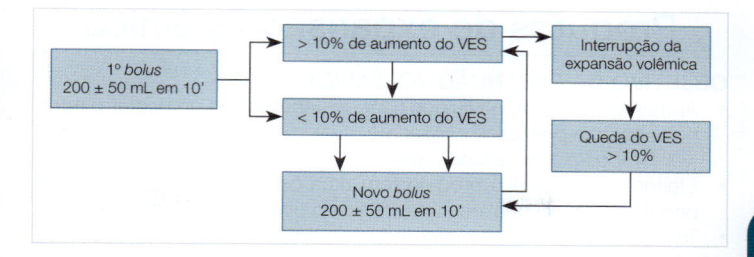

- O melhor parâmetro de controle hemodinâmico parece ser o volume de ejeção sistólica (VES) estimado diretamente ou pelo ΔPP.
- Reavaliar regularmente o VES em resposta a uma prova de expansão volêmica, especialmente em caso de instabilidade hemodinâmica.
- A escolha do melhor soluto é incerta. O uso de um hidroxietilamido 130/0,4 provavelmente deve ser recomendado na ausência de injúria renal subjacente. Se for usado um cristaloide, privilegiar um soluto "balanceado" tipo RL e limitar os aportes de solutos ricos em cloro.
- A manutenção de uma pressão de infusão cerebral e renal suficiente (PAM > 70 mmHg) também deve ser levada em conta.
- A associação precoce de noradrenalina em baixas doses durante a intervenção é útil para ↓ os efeitos simpatolíticos da anestesia geral e reduzir as necessidades de expansão volêmica.
- Monitoração da lactatemia no fim da intervenção ± prosseguimento desta estratégia.

Produtos de expansão volêmica

OBJETIVO DA EXPANSÃO VOLÊMICA

- Aumentar o volume de fluidos na rede venosa para aumentar o retorno venoso, a pré-carga cardíaca e o volume de ejeção sistólica (VES) (ver *Resposta à expansão volêmica*).
- Efeitos variáveis se o produto tem uma osmolaridade ou um poder oncótico inferior, igual ou superior ao do plasma (= 300 mosm/L).
- Toda expansão deve ser realizada sob controle hemodinâmico rígido e interrompida assim que os objetivos forem atingidos.

PROPRIEDADES FARMACOCINÉTICAS E HEMODINÂMICAS
Solutos glicosados

- Não são produtos de expansão volêmica.
- Normo ou hiperosmolares ao plasma mas hipotônicos (uma vez a glicose metabolizada, no setor plasmático restam apenas água pura ou soluções hipotônicas que contêm quantidades baixas de eletrólitos).

Cristaloides

- Soluções que contêm água, sódio e outros eletrólitos.
- Poder de expansão proporcional ao gradiente osmótico que eles criam entre os setores intra e extravasculares. Ele é fraco (20-25% do volume perfundido) e breve, com exceção do soro fisiológico hipertônico.
- Soluto balanceado ou não, em função da concentração em eletrólitos que deve ser a mais próxima do plasma.
- O Ringer lactato é discretamente hipotônico ao plasma. Atenção com o paciente com traumatismo craniano.
- O NaCl 0,9% provoca uma acidose hiperclorêmica na infusão de grandes quantidades. Distúrbio metabólico iatrogênico explicado por uma concentração em cloro (154 mmol/L) mais importante do que no plasma (104 mmol/L) cuja repercussão sobre a morbimortalidade continua sendo discutida (ver *Desequilíbrio acidobásico*).

Coloides

- Naturais (albumina) ou sintéticos (gelatinas, amidos).
- Sua eficácia baseia-se em seu poder oncótico ligado a princípios ativos de grande tamanho de natureza glicídica (amido) ou protídica (gelatinas, albumina).

Gelatinas fluidas modificadas

- Obtidas pela degradação do colágeno do osso de boi que resulta na formação de peptídeos de gelatinas, associados para formar moléculas cuja massa molecular média é de cerca de 35.000 Da.
- Associadas a um cristaloide.
- Cada grama de gelatina retém cerca de 40 mL de água.
- Duração de expansão: 3-4 h.
- Eliminação por via urinária (60% nas 24 h: diurese osmótica) e por via fecal (10%).
- Risco de liberação de histamina não específica.

Hidroxietilamido (HES)

- Polímeros naturais de glicose, derivados da amilopectina de milho.

- Distinguem-se por seus parâmetros físico-químicos: peso molecular, concentração de HES em solução (%), taxa de substituição molar (porcentagem de hidroxietilamido na molécula) e relação C2/C6 (posição do agrupamento hidroxietil em relação ao número total de moléculas de glicose).
- Poder de expansão pelo menos igual ao volume infundido com uma duração de eficácia de 4-6 h.
- Posologia máxima: 33 mL/kg/d (autorização de comercialização).
- Eliminação predominante por via urinária.
- Influência mínima sobre os fatores VIII e de Willebrand com os hidroxietilamidos de última geração.
- A utilização dos hidroxietilamidos de última geração (peso molecular e baixa taxa de substituição) não se acompanha de acumulação nem de degradação da função renal nos pacientes sem fator de risco de injúria renal aguda (IRA), no contexto perioperatório ou na ausência de alteração prévia da função renal.
- Os HES são contraindicados em caso de injúria renal bem como para os pacientes que passaram por transplante renal.
- Os HES são contraindicados para o paciente séptico.
- Provável efeito benéfico na inflamação e na síndrome de extravasamento capilar.

Albumina humana
- Coloide natural, obtida durante o fracionamento do plasma humano.
- Soluções a 20% ou a 5% (com RL).
- Efeito oncótico (60-80% da pressão oncótica do plasma).
- Grandes variações interindividuais dos efeitos sobre o volume plasmático.
- Não existe argumento para sua indicação como produto de expansão volêmica.
- Indicações: perdas maciças e prolongadas de protídeos, defeitos de síntese. O aporte de albumina pode ser tolerado para manter uma pressão coloidal oncótica > 12 mmHg ou uma albuminemia > 20 g/L.
- Considerando-se sua composição, a transmissão dos agentes infecciosos não pode ser totalmente excluída.

RISCO ALÉRGICO
- Os solutos exclusivamente cristaloides são desprovidos de risco alérgico.
- Todos os coloides são suscetíveis a induzir uma reação de hipersensibilidade imediata (não imunológica ou imunológica de classe E ou G).
- Incidência das reações de hipersensibilidade imediata ligadas aos coloides = 3% das quais 80-90% com as gelatinas e 10-20% com os HES.
- Sintomatologia clínica rápida, considerando-se a via de administração que impõe a interrupção imediata da infusão em andamento.

EFEITOS NO COAGULOGRAMA
- As consequências no coagulograma são "não específicas" dependendo da hemodiluição provocada e "específica" induzidas pelos efeitos próprios no coagulograma.
- Todos os solutos induzem uma hipocoagulabilidade por uma hemodiluição > 50% (NaCl 0,9%, RL, Alb < gelatinas < HES) (evitar um limiar de hematócrito < 27%).

- **Todos os coloides de síntese são a princípio contraindicados para os pacientes que têm doença de Willebrand ou hemofilia.**

Efeitos dos solutos de ressuscitação volêmica no coagulograma

Solutos	Efeito da hemodiluição (Hd)	Efeito no fator de Willebrand	Efeito no fibrinogênio	Efeito na agregação plaquetária
Cristaloides				
NaCl 0,9%, RL	30 < Hd < 50%: pouco ou nenhum efeito	0	0	0
SSH	Hd > 10%: hipocoagulabilidade		0	Diminuição
Coloides				
Albumina	Hd < 50%: pouco ou nenhum efeito	0	0	0
Gelatinas	Hd > 30%: hipercoagulabilidade ou nada 30 < Hd < 50%: 0	Diminuição muito moderada	0	Diminuição
HES 200/0,6	Hd > 30%: hipocoagulabilidade	Diminuição Déficit adquirido	Interação	Diminuição
HES 200/0,5 HES 130/0,4 HES 70/0,5	Hd > 30%: hipocoagulabilidade	Diminuição moderada	Interação	Diminuição

Osmolalidade, composição, eficácia volêmica e duração da eficácia dos diferentes solutos de ressuscitação volêmica utilizados na França

	Osmolalidade (mosm/L)	Composição da solução (Na/Cl/K) (mmol/L)	Ânions metabolizáveis	Eficácia volêmica (duração)
Cristaloides				
Balanceados				
Ringer lactato	278	130/112/5	Lactato (29 mmol/L)	0,19 (1-3 h)
Isofundine®	304	140/127/4	Acetato-malato	
Ringer acetato-gluconato (Plasmalyte®)	278	140/98/0	Acetato-gluconato	
Não balanceados				
NaCl 0,9%	308	154/154/0		0,22 (1-3 h)
NaCl 7,5%	2.548	1.275/1.275/0		3-4 (1-4 h)

(continua)

Anestesia

	Osmolalidade (mosm/L)	Composição da solução (Na/Cl/K) (mmol/L)	Ânions metabolizáveis	Eficácia volêmica (duração)
Coloides				
Albumina 4%	250-320	148/148		0,7 (6-8 h)
Albumina 20%	350	148/148		3,5 (6-8 h)
Gelatinas				
Plasmion®	320	150/100/5	Lactato (30 mmol/L)	0,8-1 (4-5 h)
Gélofusine®	308	154/125/0		0,8-1 (4-5 h)
HES				
Balanceados				
Isovol® (130/0, 42/6%)	278	143/118	Acetato, malato	
Não balanceados				
Voluven® (130/0, 4/6%)	308	154/154/0		
Restorvol® (130/0, 42/6%)	308	154/154/0		

Anestesia

Nutrição perioperatória do adulto

A presença de uma desnutrição pré-operatória constitui um fator de risco (FDR) independente de complicações pós-operatórias (retardo de cicatrização, retardo de reabilitação pós-operatória, prolongamento do tempo de internação hospitalar).

AVALIAÇÃO DO ESTADO NUTRICIONAL PERIOPERATÓRIO

- Qualquer paciente que apresenta pelo menos um fator de risco de desnutrição deve, na consulta de anestesia, passar pela avaliação de seu estado nutricional:
    - Medir o peso atual e estimar a perda de peso em relação ao peso de referência.
    - Cálculo do IMC (kg/m^2).
    - Dosagem da albuminemia recomendada nas cirurgias de grande porte.

Fatores de risco de desnutrição perioperatória

Fatores de risco ligados ao paciente (comorbidades)
- Idade > 70 anos
- Câncer
- Hemopatia maligna
- Sepse
- Doenças crônicas do sistema digestório
- Insuficiência de órgão (respiratória, cardíaca, renal, intestinal, pancreática, hepática)
- Doença neuromuscular e polideficiência
- Diabete
- Síndrome inflamatória
- HIV/aids
- Antecedentes de cirurgia digestiva de grande porte (intestino curto, pancreatectomia, gastrectomia, cirurgia bariátrica)
- Síndrome depressiva, distúrbios cognitivos, demência, síndrome confusional
- Síndrome persistente: disfagia, náuseas e vômitos, sensação de saciedade precoce, dor, diarreia, dispneia
Fatores de risco ligados a um tratamento
- Tratamento com objetivo oncológico (quimioterapia, radioterapia)
- Corticoterapia > 1 mês
- Polimedicação > 5

- **Um paciente está desnutrido** quando apresenta pelo menos um dos seguintes critérios:
    - IMC ≤ 18,5 ou < 21 em um paciente > 70 anos.
    - Perda de peso recente ≥ 10%.
    - Albuminemia < 30 g/L (independentemente da PCR).
- Um paciente está gravemente desnutrido quando IMC < 13 ou emagrecimento > 20% em três meses ou aportes orais negligenciáveis durante 15 d.
- Casos particulares:
    - Em cirurgia digestiva não oncológica: limiar de albuminemia ≤ 35 g/L.

- Em cirurgia cardíaca: quando IMC ≤ 24 ou perda de peso ≥ 10% em seis meses ou albuminemia < 37 g/L.

Estratificação do risco nutricional em função do risco ligado à intervenção cirúrgica: grau nutricional (GN)

GN1	Paciente não desnutrido	Nenhum FDR de desnutrição	Cirurgia sem risco elevado de comorbidade
GN2		≥ 1 FDR de desnutrição	Cirurgia com risco elevado de comorbidade
GN3	Paciente desnutrido		Cirurgia sem risco elevado de comorbidade
GN4			Cirurgia com risco elevado de comorbidade

PRESCRIÇÃO NA PRÁTICA

- A consulta de anestesia deve anteceder o procedimento nutricional pré e pós-operatório.
- Modalidades de administração da nutrição pré e pós-operatória:
  - Privilegiar a via enteral: oral, sonda nasogástrica (sonda 10 de silicone ou poliuretano), estomia.
  - Via parenteral: cateter venoso central ou via venosa periférica.
- Reservar o suporte nutricional pré-operatório para os estágios GN 2, 3 e 4.
- A nutrição pós-operatória deve ser iniciada nas primeiras 24 h pós--operatórias.

Produtos disponíveis
Alimentação oral
- Complementos nutricionais orais hipercalóricos ou hiperproteicos (2/d fora das refeições) (p. ex., Fortimel®).
- Alimentação enteral.
- Soluto rico em proteínas de 25-30 kcal/kg/d das quais 1,2-1,5 g/kg de proteína.

Alimentação parenteral
- 25-30 kcal/kg das quais 0,20-0,25 g de azoto/kg/d com adição de eletrólitos (50-100 mmol de NaCl/24 h + 40-80 mmol de KCl/24 h, de vitaminas e oligoelementos.
- Quando a desnutrição for grave:
  - Em caso de cirurgia programada, qualquer paciente GN4 deve receber assistência nutricional pré-operatória (21 d).
  - Nutrição inicial 10 kcal/kg/d aumentando muito progressivamente para atingir as necessidades em uma semana com adição sistemática de micronutrientes, vitaminas, tiamina (200-300 mg/d), potássio (2-4 mmol/kg/d), fósforo (0,3-0,6 mmol/kg), magnésio (0,2 mmol/kg/d IV ou 0,4 mmol/kg/d). Avaliação biológica diária.

Imunonutrição
- Trata-se de arginina, glutamina, micronutrientes, ácidos graxos insaturados ômega 3 e nucleotídeos. O aporte permite a diminuição das complicações infecciosas pós-operatórias, a duração da internação e secundariamente a mortalidade em certos subgrupos de pacientes.

Anestesia

- **Impact®** VO: mistura nutritiva completa, hiperproteica, normoenergética, com suplemento em nutrimento específico: arginina, ácido graxo ômega 3 e nucleotídeos oriundos do ácido ribonucleico (ARN), sem glúten. Prescrição com receita de medicamentos de exceção (uma caixinha de 200 mL = 218 kcal).
- **Indicação da imunonutrição**:
  - Na cirurgia digestiva oncológica programada:
    » No pré-operatório: recomendada para qualquer paciente 5-7 d antes da intervenção: Impact®: 3 caixinhas/d.
    » No pós-operatório: recomendada unicamente para um paciente desnutrido (GN4): continuar com o Impact® (por via oral ou enteral) 1.000 mL/d (além de outros aportes de proteínas energéticas).
  - Na cirurgia ORL oncológica: provavelmente recomendada segundo as mesmas modalidades da cirurgia digestiva oncológica.
  - Em caso de complicações pós-operatórias maiores, recomenda-se a prescrição de forte dose da glutamina IV: 0,3 g/kg/d sob a forma de dipeptídeo, sem ultrapassar 21 d de tratamento.
  - No pós-operatório de uma cirurgia abdominal de grande porte programada: provável recomendação de um suporte nutricional enriquecido com ácidos graxos poli-insaturados ômega 3 de 0,1 g/kg/d.
  - Nenhum fármaco-nutriente com a arginina para o paciente séptico ou instável hemodinamicamente.

RECOMENDAÇÃO DE NUTRIÇÃO PERIOPERATÓRIA
(Ver *tabela a seguir.*)

Cirurgia programada (ou pós-operatório, se emergência)				
	GN1	GN2	GN3	GN4
Pré-operatório	▪ Nenhum suporte nutricional	▪ Avaliação dos aportes orais ▪ Se houver diminuição dos aportes orais: conselhos dietéticos e complementos nutricionais orais hipercalóricos normo ou hiperproteicos (2/d fora das refeições) ▪ Discutir o estabelecimento de uma abordagem para a assistência nutricional pós-operatória	▪ Nenhuma assistência nutricional sistemática ▪ Avaliação dos aportes orais ▪ Se houver diminuição dos aportes orais: aportes dietéticos e complementos nutricionais orais hipercalóricos normo ou hiperproteicos (2/d fora das refeições), nutrição enteral ou parenteral ▪ Planejar o estabelecimento de uma abordagem para assistência nutricional pós-operatória	▪ Assistência nutricional durante 10-14 d (21 d no caso de desnutrição grave) ▪ Planejar o estabelecimento de uma abordagem para a assistência nutricional no pós-operatório
	▪ Se cirurgia digestiva oncológica: Impact® VO: 3 caixinhas/d durante 5-7 (Impact®, via enteral: se VO impossível)			
Pré-operatório imediato	▪ Jejum pré-operatório de no máximo 2 h para líquidos claros e 6 h para refeição leve ▪ Líquido claro açucarado sob a forma de solução de glicose ou maltodextrinas recomendado até 2 h antes da pré-medicação (exceto quando houver risco de regurgitação)			
Pós-operatório	▪ Alimentação oral precoce nas 24 h (salvo CI cirúrgica) ▪ No caso de ausência de alimentação oral: G 5% 1,5-2,5 L/d + 50-100 mmoL NaCl/d + 40-80 mmoL KCl/d ▪ No caso de aportes orais < 60% das necessidades há 7 d: assistência nutricional (provavelmente deve ser iniciada mais precocemente se os aportes orais previsíveis < 60% durante 7 d)		▪ Alimentação oral precoce nas 24 h ▪ Aportes dietéticos e complementos nutricionais hipercalóricos normo ou hiperproteicos	▪ Alimentação oral precoce nas 24 h ▪ Assistência nutricional sistemática ▪ Discutir aporte de ácido graxo ômega-3 ▪ No caso de cirurgia oncológica digestiva: Impact® VO 1.000 mL/d e complemento oral padrão ou nutrição enteral à altura das necessidades estimadas
		▪ Se ingestões orais previsíveis < 60% das necessidades: – Em 48 h: aportes dietéticos e complementos nutricionais hipercalóricos normo ou hiperproteicos – Em 7 d: assistência nutricional	▪ No caso de previsão de aportes orais < 60% das necessidades: assistência nutricional precoce desde as primeiras 24 h	
	▪ No caso de complicações pós-operatórias graves: assistência nutricional ± aporte de glutamina IV. Nenhum micronutriente com dose farmacológica			

Anestesia

Algumas observações			
GN1-4	Obesidade mórbida (IMC ≥ 40)	Diabético	Fratura do quadril nos pacientes ≥ 70 anos
Pré-operatório	<ul><li>Nenhum regime emagrecedor antes da cirurgia</li><li>Necessidades nutricionais calculadas sobre o peso normalizado para IMC teórico em 25-30 (não utilizar peso ideal)</li><li>Necessidade proteica pré-operatória: 1,2-1,5 g/k/d</li><li>Risco de carência de ferro, vitaminas B1 etc.</li></ul>	<ul><li>Otimizar o tratamento diabético</li><li>No caso de suporte nutricional: cobrir as necessidades proteico-calóricas e adaptar o tratamento antidiabético</li><li>Risco de gastroparesia</li></ul>	
Pós-operatório	<ul><li>Nenhuma alimentação hipocalórica</li><li>Necessidade proteica pós-operatória: 1,5 g/kg/d</li><li>Se GN4: idem + complementar sistematicamente com tiamina 200-300 mg/d</li></ul>	<ul><li>No caso de suporte nutricional: cobrir as necessidades proteico-calóricas e adaptar o tratamento antidiabético</li></ul>	<ul><li>Necessidades energéticas e proteicas estimadas em 30-40 kcal/d e 1,2-1,5 proteína/kg/d</li><li>+ vitamina D: 800-1.200 UI/d</li><li>+ se não desnutrido: complementos nutricionais orais até o fim da reeducação</li><li>+ se desnutrido: nutrição enteral</li></ul>

Acessos vasculares guiados por ultrassonografia

INDICAÇÕES
- Elas estão resumidas na diretriz da Sociedade Francesa de Anestesia e de Reanimação (sfar.org).

RECOMENDAÇÕES DE GRAU 1+
Durante o posicionamento de um cateter venoso central, recomenda-se a utilização de uma técnica de punção guiada por ultrassonografia em comparação a uma técnica que utilize a identificação anatômica:
- Por via jugular interna no adulto e na criança.
- Por via femoral no adulto e na criança.
- Por via subclávia no adulto.

RECOMENDAÇÕES DE GRAU 2+
É provável que se recomende a utilização de uma técnica de punção guiada por ultrassonografia em comparação a uma técnica que utilize a identificação anatômica durante o posicionamento:
- De um cateter arterial radial no adulto e na criança.
- De um cateter venoso periférico *a priori* difícil no adulto e na criança.

AUSÊNCIA DE RECOMENDAÇÃO
- Não há proposição de recomendação para o acesso subclávico na criança, nem para o acesso arterial femoral no adulto e na criança.

MATERIAL
- A ultrassonografia deve estar equipada com as funções Doppler colorido.
- A escolha da sonda depende do vaso que deve receber o cateter e do paciente.
- A sonda linear de alta frequência (8-13 MHz) é utilizada para todos os acessos venosos ou arteriais clássicos.
- A sonda de tamanho pequeno e de frequência muito alta (18 MHz) é útil em pediatria; no adulto ela é útil para os acessos venosos periféricos difíceis, para a artéria radial, mas às vezes para a veia subclávia.

EM TODOS OS CASOS
- Antes do posicionamento dos campos, executar uma exploração bilateral para escolher, se possível, o melhor lado e identificar os elementos anatômicos (veia, carótida, adenopatia etc.).
- Otimização da posição do paciente para melhor visualização da veia (proclive, rotação da cabeça etc.).
- Exploração ampla da zona de punção antes da preparação cutânea.
- Verificação da permeabilidade da veia: ausência de trombos intravenosos e persistência do fluxo ao Doppler colorido.
- Capa estéril para a sonda e o cabo. Gel estéril.
- Organização do espaço de trabalho para ter no mesmo eixo de visão o paciente (ponto de punção), suas mãos e a tela do aparelho de ultrassom.
- Uso de um campo bem largo para evitar falhas na assepsia.
- A punção guiada por ultrassonografia em tempo real é recomendada (G1+) na criança e no adulto.

A identificação estática por ultrassonografia sozinha é ineficaz.
Desinfecção cutânea com clorexidina alcoólica em solução colorida pela eosina (risco de confusão com o anestésico local ou o NaCl 0,9%, exigir cubas de cores diferentes para os três líquidos).

VEIA JUGULAR INTERNA

- Na maioria das vezes recomenda-se o acesso no eixo longitudinal. Ele é difícil e nem sempre realizável (pescoço curto, veia não linear, criança). Mas é vantajosamente substituído pelo acesso no eixo oblíquo.
- A sonda é posicionada no pescoço para se obter uma imagem no eixo curto da veia, que está centrada no meio da tela, efetua-se então uma rotação de ± 45° no sentido horário para obter uma imagem oblíqua da veia.
- A punção é realizada fora do plano na maioria dos casos.
- A progressão deve ser cautelosa para seguir o trajeto da agulha.
- O refluxo do sangue na seringa confirma a posição correta da agulha na veia: é importante não perfurar o plano profundo da veia.
- O fio-guia é introduzido e sua passagem pela veia é visualizada.
- A sonda é girada em 45° para confirmar a posição intravascular do fio-guia. Seus trajetos aberrantes (intra ou extravasculares são controlados e corrigidos).
- O cateter deslizado ao longo do fio-guia é identificado na veia.
- O acesso pelo eixo curto ou transversal – fora do plano, preferido por alguns, não é tecnicamente mais difícil.

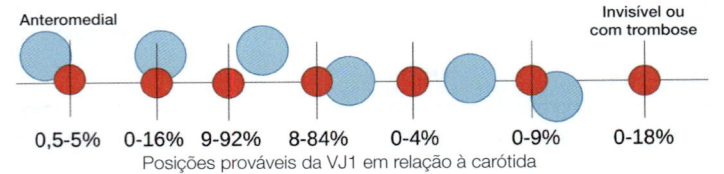

Anteromedial · · · · · · Invisível ou com trombose

0,5-5%   0-16%   9-92%   8-84%   0-4%   0-9%   0-18%

Posições prováveis da VJ1 em relação à carótida

Acesso jugular interno guiado por ultrassonografia: eixo curto ou transversal fora do plano

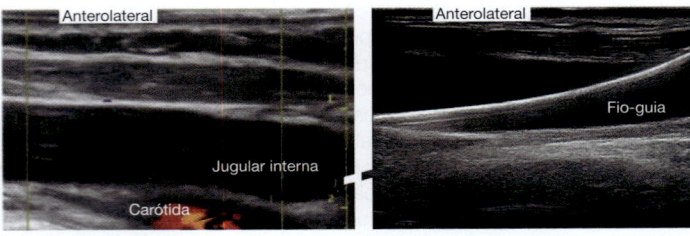

Acesso jugular interno guiado por ultrassonografia: eixo longitudinal dentro do plano

VEIA FEMORAL

- A exploração antes da punção identifica os elementos anatômicos (veia, artéria femoral, adenopatia etc.), e investiga o recobrimento (*over lapping*) da veia femoral pela artéria femoral ou seus ramos.
- Técnica de punção (ver *Veia jugular interna*).

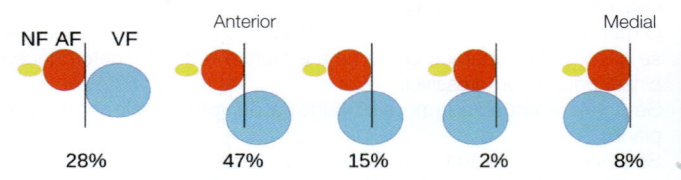

Posições relativas (%) da veia e da artéria femoral.
Da esquerda para a direita, a veia femoral passa sob a artéria femoral para acabar sendo completamente recoberta por ela.

VEIA SUBCLÁVIA

- A identificação da veia subclávia e do ponto de punção pode ser difícil pela ultrassonografia. Uma sonda de tamanho pequeno pode ser necessária em certos pacientes.
- Os pacientes de risco (ventilação assistida, anticoagulação, DPOC etc.) devem sempre se beneficiar de uma punção guiada por ultrassonografia.
- A identificação e a punção podem ser realizadas acima da clavícula, particularmente em pediatria.
  - É necessário identificar a artéria e a pleura antes da punção da veia subclávia.
  - A utilização do Doppler colorido é sistemática.
- A veia pode ser visualizada no eixo curto ou no eixo longo.
- A punção no plano é recomendada, particularmente nos pacientes de risco.

CATETERISMO ARTERIAL

- Provavelmente se indica a punção guiada por ultrassonografia em tempo real da artéria radial, pois ela aumenta a taxa de sucesso.
- Sem recomendações para as outras artérias.

CATETER VENOSO CENTRAL DE INSERÇÃO PERIFÉRICA

- A punção guiada por ultrassonografia em tempo real é provavelmente recomendada, pois permite localizar a veia profunda, assegurar-se de sua permeabilidade e confirmar a posição inicial do cateter.

VEIAS PERIFÉRICAS

- Não se recomenda a punção guiada por ultrassonografia sistemática que, no entanto, é útil para pacientes difíceis de perfurar: obesos, multiperfundidos, toxicômanos. A punção venosa periférica guiada por ultrassonografia necessita de aprendizado e de treinamento que não se improvisam.
- A probabilidade de êxito diminui se a profundidade da veia ultrapassar 1,6 cm e se o diâmetro for inferior a 4 mm.

- Um cateter com mais de 40 mm de comprimento é muitas vezes necessário no adulto, pois o ponto de punção está distante da veia, que é profunda.
- A utilização de uma cânula arterial 4 ou 5 F é preconizada por alguns (agulha longa, guia metálica, técnica de Seldinger e cânula flexível). Neste caso, a veia aparece como uma estrutura redonda, heterogênea, cinza, pouco compressível.
- O garrote é colocado a montante, distante do ponto de punção. Nesse caso, a veia aparece como uma estrutura redonda, heterogênea, cinza, pouco compressível.
- Se a veia é visualizada no eixo curto, a punção é realizada fora do plano.
- Se a veia é visualizada no eixo longo, a punção é realizada no plano.
- A posição intravenosa do cateter é verificada pela ultrassonografia.

Laparoscopia e anestesia

- A cirurgia por laparoscopia desenvolve-se constantemente (prostatectomia, nefrectomia etc.) e os benefícios esperados são importantes em termos de reabilitação.
- As exigências da cirurgia por laparoscopia (insuflação de CO_2, hiperpressão intra-abdominal, posição em declive ou proclive) induzem mudanças hemodinâmicas e ventilatórias que devem ser levadas em conta na anestesia:
  - Consequências hemodinâmicas: diminuição do débito cardíaco por compressão da veia cava inferior (VCI), do aumento da pressão intratorácica e do aumento das resistências vasculares sistêmicas (diminuição da pré-carga e aumento da pós-carga).
  - Consequências respiratórias: hipercapnia por absorção do CO_2 peritoneal, aumento das pressões das vias aéreas, diminuição da complacência, da capacidade vital e da capacidade residual funcional, bem como alteração da relação ventilação/infusão.
  - Vantagens: diminui o sangramento, as complicações perioperatórias, diminuição da intensidade e da duração da dor pós-operatória, retomada mais rápida do trânsito intestinal e da função respiratória, diminuição do tempo de hospitalização e, portanto, do custo, mais estética.

AVALIAÇÃO PRÉ-OPERATÓRIA
- A anamnese e o exame clínico dedicam-se a identificar as doenças que possam agravar os efeitos hemodinâmicos e ventilatórios.

Contraindicações absolutas
- Enfisema pulmonar bolhoso e pneumotórax espontâneo recidivante.
- Comunicação interatrial ou ventricular, derivação ventrículo ou lomboperitoneal, hipertensão intracraniana e *shunt* peritônio-jugular (*shunt* de Leveen).
- Glaucoma agudo.
- Hérnia diafragmática ou parietal irredutível.

Contraindicações relativas
- É sempre bom ter em mente algumas situações de risco como a insuficiência cardíaca não compensada, a insuficiência coronariana instável (aumento das necessidades em O_2 e aumento da resistência vascular sistêmica), as valvopatias estenosantes (queda abrupta do retorno venoso), o DPOC, a obesidade, a gestação e os antecedentes cirúrgicos abdominais.
- Os riscos ligados à insuflação abdominal podem ser evitados pela técnica de suspensão da parede abdominal.

PERIOPERATÓRIO
- A anestesia locorregional pode ser utilizada para a laparoscopia, mas a irritação diafragmática pelo CO_2 e os tremores perioperatórios explicam porque a anestesia geral com intubação e ventilação controlada permanece a técnica habitual. A anestesia peridural (APD) pode ser indicada para cirurgias inframesocólicas, além da anestesia geral (AG).

- Monitoração habitual com atenção particular ao capnógrafo e à pressão das veias aéreas.
- E também, em função da morbidade associada:
  - Pressão e gasometria arteriais (cateter arterial) para avaliar o gradiente artério-alveolar da PCO_2.
  - Débito cardíaco e função do VE (Doppler transesofágico, ecodoppler transesofágico).
- Observação específica na laparoscopia:
  - Passagem de uma sonda gástrica antes da punção abdominal e de uma sonda urinária (limita o risco de perfuração).
  - Pressão de insuflação abdominal < 15 mmHg.
  - Pressão de insuflação retroperitoneal < 10 mmHg.
  - Pressão de insuflação torácica < 10 mmHg.
  - Posição em declive (Trendelenburg) ou em proclive: < 15°.
  - Proteção dos pontos de compressão: ombreiras, posição dos membros superiores.
- Em presença de pneumopatia ou de insuficiência cardíaca, o gradiente artério-alveolar da pressão parcial de CO_2 pode aumentar.
- Modalidade de ventilação:
  - Vt = 6-8 mL/kg para $PetCO_2$ < 38 mmHg.
  - Frequência e relação I/E adequadas para obter uma pressão das vias aéreas inferiores a 25 mmHg.
  - Interesse de uma PEEP (máx. 5 cm de H_2O) apesar da queda do retorno venoso porque aumenta a capacidade residual funcional (CRF).
  - O óxido nitroso deve ser evitado, pois difunde-se rapidamente no pneumoperitônio e existe o risco teórico de explosão do hidrogênio ou do metano em caso de perfuração digestiva. Além do mais, ele é emetizante e se difunde em caso de enfisema.
- Considerando-se a necessidade de manter uma boa curarização até a desinsuflação e da brevidade do tempo de fechamento das incisões, aconselha-se a utilização dos curares de ação curta ou intermediária com monitoração e antagonização.
- Considerar a infiltração cirúrgica de anestésicos locais sobre o local cirúrgico e nos furos do trocarte (p. ex., ropivacaína 2 mg/mL, 10 mL em subcutânea no nível das incisões do trocarte + ropivacaína 95 mg intraperitoneal).
- A desinsuflação deve ser completa e o despertar progressivo. As crises hipertensivas são possíveis pelo aumento do retorno venoso.

COMPLICAÇÕES A SEREM OBSERVADAS
- **Embolia gasosa de CO_2**: ela ocorre sobretudo no início da insuflação peritoneal, mais raramente ao longo da cirurgia, mas também após a desinsuflação. O diagnóstico da forma subaguda baseia-se no aumento mal controlado da $EtCO_2$. A embolia gasosa de CO_2 pode ser aguda já no início. Na ausência de tratamento, a forma subaguda evolui para a forma aguda: taquicardia, hipotensão, colapso, parada cardíaca, diminuição da $PetCO_2$, sinais de insuficiência ventricular direita (IVD), queda do débito cardíaco (desinsuflação, O_2 puro, Trendelenburg e decúbito lateral esquerdo [DLE], hiperventilação e câmara hiperbárica).
- **O colapso cardiovascular**: deve-se a uma lesão de um vaso grande ou à associação da diminuição do retorno venoso e do aumento da resistência vascular sistêmica em uma cardiopatia preexistente.

- **As arritmias cardíacas**: consecutivas à hipercapnia ou à irritação miocárdica mecânica (toracoscopia).
- **Complicações ventilatórias possíveis**:
  - **Pneumotórax** com cianose, queda da SpO_2, enfisema subcutâneo, aumento das pressões de insuflação. Considerar pneumotórax hipertensivo diante da associação de sinais clínicos de pneumotórax e de um colapso (tratamento por desinsuflação com agulha antes da drenagem).
  - **Pneumomediastino**.
  - **Enfisema cirúrgico** pela fuga pré ou retroperitoneal ou insuflação extraperitoneal.
  - **Intubação brônquica seletiva**, secundária, que ocorre após a insuflação abdominal e o posicionamento em declive.
  - Inalação brônquica no refluxo gastroesofágico.
- **Traumatismo cirúrgico** (perfuração vascular, digestiva ou urinária).
- **Reações vagais** por distensão peritoneal e tração das serosas.

PÓS-OPERATÓRIO
- Na presença de um enfisema subcutâneo, deve-se investigar derrame pleural e do mediastino. Existe então o risco de reabsorção secundária do CO_2 com hipercapnia.
- Tratamento antiemetizante sistemático.
- Tratamento analgésico multimodal: infiltração cirúrgica, antálgicos de nível 1 entre os quais os AINE (eficácia nas dores escapulares devidas à irritação peritoneal) e opioides.

Laser CO_2 na ORL

Indicações
- Sobretudo na cirurgia da laringe (papilomatose, estenose, pólipo de corda vocal) ou da traqueia (estenose).
- Essas indicações relativas à laringe necessitam habitualmente de uma laringoscopia de suspensão (LS).

Vantagens
- Grande precisão, esterilidade perfeita, hemóstase, controle dos tecidos saudáveis, redução da dor pós-operatória e do edema, cicatrização mais rápida do que após a microcirurgia.

Riscos para o paciente
- Queimaduras cutâneas, oculares, lesões do esmalte dos dentes.
- Lesões ou mesmo perfurações de órgãos, essencialmente a traqueia.
- Perfuração ou ignição da sonda endotraqueal ou do cateter de jato de ventilação. A frequência do incêndio é de 1%.

Riscos para os profissionais
- Pela reflexão do raio *laser* sobre superfícies refletoras: dano ocular (opacidade da córnea, cegueira).
- Pela inalação de fumaças provenientes da vaporização dos tecidos, e capazes em teoria de veicular agentes patógenos (vírus, células malignas etc.).

ANESTESIA PARA LARINGOSCOPIA EM SUSPENSÃO
Imperativos da cirurgia
- Imobilidade das cordas vocais.
- Abolição dos reflexos faringolaríngeos (deglutição, tosse).
- Diminuição das secreções salivares.
- Laringe visível na totalidade.

Anestesia sem intubação
- Ventilação espontânea: anestesia local da região faringolaríngea + AVIAC (propofol).
- Jato de ventilação transglótica (com cateter específico) ou transtraqueal.

Anestesia com intubação
- Utilizar sempre uma sonda especial *laser* de pouco diâmetro, de preferência com duplo balonete.

REGRAS DE SEGURANÇA
- Proteção do paciente (campos úmidos, curativos oculares úmidos).
- Proteção dos profissionais (máscaras, óculos com proteções laterais adaptadas ao comprimento da onda do *laser* utilizado).
- Ventilação:
    - Utilização de sondas ou cateteres específicos.
    - Proteção do balonete com cotonoides úmidos.
    - Encher o balonete com água.

- Monitorar FiO_2 e só utilizar uma FiO_2 compreendida entre 21-40% (alarme de FiO_2).
- Ventilar com uma mistura ar-oxigênio (hélio-oxigênio para os pacientes hipoxêmicos). Não utilizar o óxido nitroso.
- Monitorar SpO_2, regulando FiO_2 o mais baixo possível para ter $SpO_2 \geq 95\%$.
- Nunca utilizar o *by-pass* (= oxigênio puro).
- Halogenados: inflamáveis e não explosivos nas concentrações habituais. Mas em caso de incêndio, eles alimentam a combustão e liberam fumaças tóxicas para o pulmão (EAP).

- Conselhos para o operador: evitar utilizar o *laser* em modo contínuo, utilizar potências inferiores a 20 watts, separar os pedais de bisturi e de *laser*.

▲ **Conduta a manter em caso de incêndio.**

- Interromper o oxigênio, desconectar a sonda do respirador, retirar a fonte de fogo e irrigar a laringe com solutos salgados.
- Desintubar o paciente e ventilar com O_2 puro com máscara ou reintubar se necessário.

Intubação difícil:
conduta a ser mantida

DEFINIÇÃO

Intubação que necessita de duas laringoscopias e/ou mais de 10 min de procedimento para ser realizada e/ou uso de uma técnica alternativa.

- Frequência 1-4% até 10% no contexto da cirurgia ORL e maxilofacial.
- Intubação impossível: 0,05-3%.

IDEIAS PRINCIPAIS

- Prevenir a hipoxemia.
- Prevenir a inalação brônquica (manobra de Sellick eficaz mesmo em caso de ventilação com máscara facial ou laríngea).
- Diferenciar a intubação difícil prevista e não prevista (atitude diferente).
- Sempre utilizar a técnica de maior domínio.
- Pensar nas soluções simples diante de uma intubação difícil não prevista:
  - Mandril de Eschmann.
  - Pressionar sobre a cartilagem cricoide para trás, para cima e para a direita.
  - Erguer a cabeça 8-10 cm com uma almofada.
  - Utilizar um mandril para obter uma curvatura suficiente da sonda de intubação quando a glote estiver alta ou desviada.
  - Utilizar uma lâmina reta para "pinçar" a epiglote.
- Os videolaringoscópios (Airtraq™, Glidescope™, McGrath™) podem ser utilizados em primeira opção em caso de intubação prevista difícil.
- A ALR nem sempre resolve os problemas de intubação difícil.
- Sempre pedir ajuda em caso de intubação difícil não prevista.
- ▲ **Não multiplicar as laringoscopias (fonte de edema e hemorragia). O posicionamento de uma máscara laríngea permite em um primeiro momento ventilar o paciente, e depois considerar a intubação se esta for indispensável** (ver *Dispositivos supraglóticos*).
- Dar ao paciente um relatório sobre o controle das vias aéreas, esclarecendo as dificuldades e as soluções encontradas.

ALGORITMO

(Ver *Intubação difícil, Condutas para urgências.*)

Videolaringoscópios (VL)

- O videolaringoscópio é um dispositivo médico, reutilizável ou descartável, que permite realizar a intubação da traqueia com ou sem mandril sem deixar de visualizar indiretamente a laringe por meio de um sistema ótico mais ou menos complexo (sistema de vídeo, jogos de espelhos, canal ótico etc.).
- O fibroscópio de intubação não entra nesta categoria.

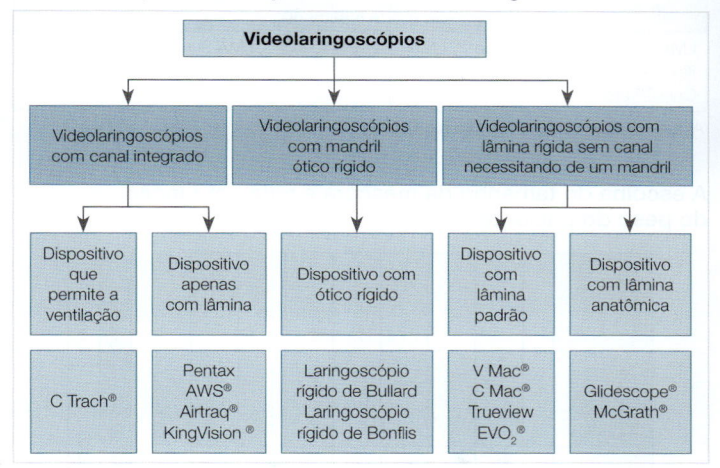

POSICIONAMENTO EM RELAÇÃO ÀS TÉCNICAS CONVENCIONAIS

- Em comparação com a intubação convencional (utilização do laringoscópio com lâmina de Miller ou McIntosh), os videolaringoscópios muitas vezes melhoram a exposição da glote e podem reduzir as reações neurovegetativas e hemodinâmicas durante a intubação. Podem permitir uma intubação com mobilização mínima da parte cervical da coluna vertebral. Podem ser importantes para o controle das vias aéreas de pacientes com obesidade mórbida.
- Estas técnicas são fáceis de aprender, mas a cada dispositivo corresponde uma técnica de utilização particular.
- A relação custo-benefício ainda não permite posicioná-los em primeira intenção na intubação padrão regular.
- Alguns deles são completamente descartáveis e de uso imediato. Outros exigem a associação de uma lâmina reutilizável ou não com um sistema óptico.
- Para alguns autores, o videolaringoscópio pode ser uma alternativa para a utilização do fibroscópio de intubação. Atualmente, esta prática ainda não está validada.

POSICIONAMENTO NO ALGORITMO DE INTUBAÇÃO DIFÍCIL

- Intubação difícil prevista: no caso de anestesia geral decidida já no início, o videolaringoscópio pode ser utilizado em primeira intenção.
- Intubação difícil imprevista: após fracasso de uma laringoscopia clássica e do mandril de Eschmann, o videolaringoscópio poderia ser indicado.
- Ver *Intubação difícil, Condutas para urgências*.

Dispositivos supraglóticos

Também serão abordados os dispositivos extraglóticos.

CLASSIFICAÇÃO

Dispositivos de primeira geração	Dispositivos de segunda geração Dispõem de um canal lateral que permite a aspiração
LMA classic™, LMA unique™, LMA flexible™, LMA Fastrach™, Aura Once™ etc.	LMA Proseal™, LMA Supreme™, I-gel™ etc.

Alguns desses dispositivos são reutilizáveis.

A escolha do tamanho da máscara é feita em função do peso do paciente

Peso (kg)	LMA classic™, LMA unique™	Volume máximo de insuflação do manguito(*)	LMA Proseal™	Volume máximo de insuflação do manguito(*)	LMA Supreme™	Volume máximo de insuflação do manguito(*)	LMA Fastrach™ e LMA Fastrach™ SU (**)	Volume máximo de insuflação do manguito(*)
< 5 kg	Tamanho 1	4 mL	Tamanho 1	4 mL	Tamanho 1	5 mL		
Lactente 5-10 kg	Tamanho 1,5	7 mL	Tamanho 1,5	7 mL	Tamanho 1,5	8 mL		
Criança 10-20 kg	Tamanho 2	10 mL	Tamanho 2	10 mL	Tamanho 2	12 mL		
Criança 20-30 kg	Tamanho 2,5	14 mL	Tamanho 2,5	14 mL	Tamanho 2,5	20 mL		
Criança 30-50 kg	Tamanho 3	20 mL	Tamanho 3	20 mL	Tamanho 3	30 mL	Tamanho 3	20 mL
Adulto 50-70 kg	Tamanho 4	30 mL	Tamanho 4	30 mL	Tamanho 4	45 mL	Tamanho 4	30 mL
Adulto 70-100 kg	Tamanho 5	40 mL	Tamanho 5	40 mL	Tamanho 5	45 mL	Tamanho 5	40 mL
Adulto forte > 100 kg	Tamanho 6	50 mL						

I-gel™	Tamanho 1	Tamanho 1,5	Tamanho 2	Tamanho 2,5	Tamanho 3	Tamanho 4	Tamanho 5
Peso (kg)	2-5	5-12	10-25	25-35	30-60	50-90	90 e +

* Recomenda-se insuflar o balão com pressão de 60 cmH$_2$O, sem ultrapassar o volume preconizado.

** Apenas os tamanhos 6, 6,5 e 7 de sonda endotraqueal LMA Fastrach™ SU são compatíveis com o LMA Fastrach™ e o LMA Fastrach™ SU.

DISPOSITIVOS DE PRIMEIRA GERAÇÃO

Dispositivo destinado a garantir a liberdade das vias aéreas superiores. O posicionamento facial não exige o laringoscópio.

Composição

- Um manguito que, uma vez posicionado e insuflado na faringe, se molda à entrada da laringe.
- Um tubo que prolonga o manguito, cuja extremidade é adaptável à válvula de um balão de ventilação ou a um circuito de ventilação e cuja outra extremidade é barrada por duas faixas verticais que evitam a intrusão da epiglote no tubo.
- A LMA-Flexible™ pode ser utilizada para a cirurgia da face, a cirurgia oftalmológica ou ORL. Comporta um tubo aramado que impede a dobra e a compressão. O posicionamento e a utilização são mais delicados do que os da máscara laríngea (ML) padrão. Ao longo desses procedimentos cirúrgicos, é importante ter em mente que o acesso à cabeça é geralmente muito limitado.

DISPOSITIVOS DE SEGUNDA GERAÇÃO

- São constituídos de dois tubos para separar a via aérea e a via digestiva. Apresenta todas as características e as vantagens da LMA Classic™, e oferece proteção suplementar em razão do tubo de drenagem.
- **Vantagens**:
  - Com o novo formato do manguito, a pressão de fuga é mais elevada.
  - O tubo de drenagem se posiciona face ao esfíncter superior do esôfago para permitir a drenagem das secreções e dar o acesso ao estômago, o que permite passar uma sonda gástrica às cegas e proteger de uma eventual insuflação gástrica.
  - O duplo tubo flexível permanece estável.
- A LMAProseal™ é reutilizável. Pode ser descontaminada e depois passada na autoclave até quarenta vezes antes de substituição.
- Para todos esses dispositivos não descartáveis, os procedimentos de esterilização devem ser rigorosos. O rastreamento deve ser garantido com uma etiquetagem apropriada sobre o prontuário de anestesia do paciente.
- **Indicações**:
  - Substituição da máscara facial para qualquer cirurgia periférica que deixe um acesso possível à cabeça em um paciente em jejum.
  - Dificuldades de ventilação com máscara, previstas ou imprevistas.
- **Contraindicações**: estômago cheio, ventilação assistida com pressões de insuflação > 20 cmH$_2$O, posição ventral, refluxo gastroesofágico, obesidade mórbida, gestação > 14 semanas.

TÉCNICA DA LMA CLASSIC™
Inserção

- Esvaziar o manguito com uma seringa e certificar-se de que continue vazio; lubrificar a face posterior do manguito com um lubrificante tipo KY™.
- A inserção é feita na anestesia profunda, do contrário há risco de rejeição do dispositivo e de laringoespasmo, a curarização não é indispensável.
- Cabeça em hiperextensão, segurar o dispositivo com a mão dominante como se fosse um lápis e introduzi-lo com o dedo indicador,

mantendo a ponta do dedo apoiada no palato e depois sobre a parede posterior da faringe; empurrar todo o dedo sem largar o dispositivo até sentir uma resistência elástica; a marca preta deve estar na frente do lábio superior; largar então o dispositivo sem deixar de manusear o tubo com a outra mão e depois encher o balonete sem tocar no dispositivo, porque este último deve subir ligeiramente (confirmação do posicionamento correto). Verificar com algumas insuflações que o paciente é fácil de ventilar. Auscultar o pescoço para detectar uma fuga (confirmação de posição errada ou de um balonete insuficientemente cheio). Fixar o conjunto em posição mediana (esparadrapo sobre o maxilar).

Controle perianestésico

- Certificar-se de que não há deslocamento pela posição da marca em frente do lábio superior.
- Auscultar o pescoço para detectar uma fuga que evidencie deslocamento da ML ou despertar do paciente.
- Controlar como de hábito o volume expiratório e adaptar um capnômetro sobre o circuito expiratório. A ventilação assistida é possível, se as pressões de insuflação permanecerem < 20 cmH_2O (< 30 cmH_2O com o LMA Pro Seal™); uma fuga discreta é no entanto tolerável).
- Ajustar bem o dispositivo para evitar dilatação gástrica (se necessário, posicionar a sonda gástrica passando por trás da máscara ou no canal lateral em caso de utilização de um dispositivo de segunda geração).

Ablação

- O dispositivo é deixado no lugar até o completo despertar, é retirado semiesvaziado quando o paciente recuperou os reflexos de deglutição e, se solicitado, pode abrir a boca: ele carrega as secreções presentes na faringe (é portanto inútil aspirar a cavidade bucal do paciente que deglute o restante).

Acidentes e complicações

- Dificuldade de posicionamento: não forçar, mas verificar especialmente se a ponta da máscara não se dobrou contra a parede posterior da faringe; se a máscara tem dificuldade para descer, assegurar boa hiperextensão da cabeça e puxar a mandíbula para a frente.
- Retirar a máscara e recolocá-la.
- Despertar abrupto e/ou laringoespasmo, favorecidos pela superficialização da anestesia ou por qualquer mobilização da máscara: ventilar com O_2 100% e aprofundar rapidamente a anestesia.
- Inalação em caso vômitos.

LMA FASTRACH™ = MÁSCARA LARÍNGEA PARA INTUBAÇÃO DIFÍCIL
Indicações

- Intubação difícil prevista ou não prevista.
- Anomalias anatômicas, parte cervical da coluna vertebral instável.
- Dessaturação durante as tentativas de intubação.
- Ventilação difícil ou impossível com máscara facial.
- Desintubação de risco.

Vantagens
- Dupla eficácia: manutenção contínua da ventilação e guia para a intubação.
- Aprendizado rápido (cerca de dez pacientes).
- Descartável.
- Não contém látex.

Técnica de colocação
- Lubrificar a sonda de intubação e o interior do tubo da LMA Fastrach™ com movimentos de vai e vem da sonda no interior do tubo.
- Colocar a ponta do manguito previamente esvaziado e lubrificado bem plano sobre o palato ósseo.
- Deslizar a LMA Fastrach™ para trás, acompanhando a curvatura das vias aéreas e mantendo pressão contra as estruturas posteriores.
- Insuflar o manguito sem segurar o tubo nem o cabo até obter vedação suficiente.
- Conectar a LMA Fastrach™ ao balão de anestesia e verificar a possibilidade de ventilação.
- Proceder à intubação.
- Se não houver resistência, empurrar suavemente a sonda, mantendo imóvel a LMA Fastrach™ pelo cabo até que a intubação esteja realizada, e depois insuflar o balonete da sonda. Verificar a posição correta da sonda pelo capnógrafo e por meio de auscultação. Uma vez a intubação realizada, a LMA Fastrach™ pode ser retirada depois de ter esvaziado o manguito. Durante esta manobra, a sonda é mantida com um "tubo empurrador" de 15 cm de comprimento e de diâmetro próximo ao da sonda para impedir a desintubação. Este tubo empurrador é retirado para permitir a passagem do balonete de controle da sonda. Esta deve ser mantida com dois dedos no nível da arcada dentária durante a retirada completa da LMA Fastrach™. Verificar novamente se a sonda de intubação está corretamente posicionada.

Contraindicações
- Tumor ORL.
- Estômago cheio.
- Não há de fato nenhuma contraindicação absoluta quando se trata de uma situação de emergência com intubação difícil e ventilação com máscara facial difícil.

LMA SUPREME™
- Descartável.
- Canal duplo (ventilação, passagem de uma sonda gástrica).
- Abertura de forma oval achatada, com extremidade mais alongada, inserindo-se na boca esofágica e garantindo melhor vedação.
- Zona reforçada na parte proximal para evitar mordida pelos dentes.
- Linguetas laterais para evitar a obstrução epiglótica.
- Inserção similar à da Fastrach™ para os dispositivos com manguito inflável: esvaziar inicialmente e depois insuflar após posicionamento à pressão < 60 cmH$_2$O (verificada no manômetro).
- Taxa de sucesso de inserção muito elevada (90-98% durante a primeira tentativa).

Anestesia

- Em relação à máscara laríngea clássica, ela apresenta sobretudo a vantagem de uma pressão de fuga mais elevada (24-30 cmH$_2$O contra 20 cmH$_2$O) para a Classic™), permitindo seu uso em situações em que as pressões ventilatórias são mais elevadas (laparoscopia, paciente obeso). As pressões de fuga são próximas, inferiores ou levemente superiores às obtidas com o i-gel™.
- Complicações raras (dor de garganta, compressões nervosas) se as pressões do balonete respeitadas.
- A LMA Supreme™ pode ser utilizada como material de oxigenação de resgate em caso de intubação ou de ventilação difícil, mas as linguetas atrapalham a intubação pela máscara, ao contrário da Fastrach™. Além do mais, em razão do diâmetro limitado dessa máscara laríngea, é difícil deslizar uma sonda de intubação larga. A LMA Supreme™ não é portanto uma solução ideal em caso de intubação difícil imprevista.

I-GEL™

- Dispositivo supraglótico sem balonete, descartável, com um protetor em elastômero flexível termoplástico que se adapta estreitamente à estrutura perilaríngea, adquirindo a forma da epiglote, das pregas ariepiglóticas, das fossas piriformes e das cartilagens e espaços posteriores, peritireoides e pericricoides.
- A extremidade encontra-se no orifício proximal do esôfago, isolando o orifício esofágico da entrada da laringe. O orifício distal do canal gástrico permite a passagem de uma sonda gástrica. Um bloqueador epiglótico e uma nervura de proteção ajudam a impedir a epiglote de se dobrar para baixo ou de obstruir o orifício distal do dispositivo. O bloqueio de mordida integrado evita que o tubo seja mordido.
- Como é utilizado sobretudo durante anestesias de rotina, a pressão de fuga (24-26 cmH$_2$O) é mais elevada do que com uma máscara laríngea clássica. Sua inserção é fácil em *"sniffing position"* e sua curva de aprendizado é curta. As taxas de inserção na primeira tentativa são > 90%. O fabricante recomenda uma lubrificação das duas faces do protetor.
- A taxa de dores de garganta e de complicações locais é baixa (≤ 3%).
- É possível inserir uma sonda de intubação por meio do tubo da I-gel™ (as I-gel™ 3-4-5 aceitam respectivamente uma sonda de intubação 6-7-8), um mandril ou um fibroscópio para guiar a passagem de uma sonda de intubação.
- Assim como os outros dispositivos, não se recomenda em caso de estômago cheio.

Intubação nasal no adulto sob fibroscopia

MATERIAL

- Fibroscópio brônquico fino (diâmetro 5,5 mm permite a inserção de uma sonda de 6 mm de diâmetro interno) com uma fonte própria de luz. Um fibroscópio mais fino é útil em caso de intubação com uma sonda com luz dupla.
- Sondas endotraqueais maleáveis n° 7,5-7-6,5.
- Mechas de algodão nasais + pinça de Polizer.
- Lidocaína a 5% com nafazolina: 1 frasco + 1 cuba para misturar.
- Sonda vesical feminina n° 10.
- Lidocaína a 1%: 10 mL (+ 1 seringa de 10 mL).
- Lidocaína a 2%: 2 mL (+ 1 seringa de 5 mL).
- Sonda de aspiração que deve ser conectada ao fibroscópio.
- Lubrificante tipo KY™.
- *Spray* de silicone.
- Um par de luvas.
- Todo o material e os agentes usuais para uma anestesia geral com ventilação controlada.

INDICAÇÕES: INTUBAÇÃO DIFÍCIL PREVISTA

- Limitação da abertura da boca qualquer que seja a etiologia (anquilose temporomandibular, antecedentes cirúrgicos).
- Espondiloartrite anquilosante, poliartrite reumatoide.
- Traumatismo facial ou da parte cervical da coluna vertebral com ou sem colar cervical.
- Trismo secundário às infecções dentárias.
- Doença tumoral: faringe-laringe.

PACIENTE
No pré-operatório

- Durante a consulta de anestesia, tentar-se-á definir as dificuldades de intubação e a técnica será explicada ao paciente para tranquilizá-lo.
- Paciente em jejum e pré-medicado com ansiolítico (ver *Pré-medicação*).
- Na chegada ao centro cirúrgico, estabelecer:
  - Acesso venoso periférico, oximetria de pulso, pressão arterial não invasiva, cardioscópio.
  - Administração de atropina (prevenção do reflexo vagal e ressecamento das mucosas).
- Evitar a administração de produtos depressores respiratórios antes da intubação.

TÉCNICA
Anestesia local

- Paciente em decúbito dorsal (ou sentado): praticar uma limpeza das fossas nasais com a ajuda de uma pinça de Polizer e das mechas embebidas com lidocaína com nafazolina. Esperar 5 min.
- Retirar as mechas e depois injetar com a seringa de 10 mL, prolongada pela sonda vesical, os 10 mL de lidocaína a 1% na narina mais permeável avançando progressivamente e pedindo ao paciente que gargareje com o anestésico local sem engoli-lo. Aspirar o excedente.

- Esperar mais 5 min.
- Conectar a aspiração ao fibroscópio.
- Passar silicone no fibroscópio protegendo sua extremidade com uma compressa embebida em uma solução antivapor.
- Verificar a mobilidade e a orientação da extremidade do fibroscópio.
- Verificar o bom funcionamento da aspiração e da luz.
- Lubrificar a sonda: no exterior com o lubrificante KY™.

Intubação
- Colocar o paciente em posição sentada com o operador à sua frente ou em posição deitada com o operador atrás dele.
- Posicionar, em primeiro lugar, a sonda endotraqueal (sem a conexão) na fossa nasal mais permeável. E depois que o balonete da sonda ultrapassar o corneto, avançar o fibroscópio através da sonda em direção à glote. Injetar 2 mL de lidocaína a 2% pelo fibroscópio sobre as cordas vocais.
- Avançar o fibroscópio até a carina, e depois a intubação traqueal é praticada deslizando-se a sonda sobre o fibroscópio.
- Identificar com o fibroscópio a distância carina-extremidade da sonda antes de retirá-lo.

Após a intubação traqueal
- Insuflar o balonete e verificar a simetria da ventilação.
- Aspirar eventualmente as secreções endotraqueais.
- Fixar a sonda.
- Em seguida, realizar a anestesia geral (e verificar pela laringoscopia as dificuldades de intubação para uma próxima anestesia).
- Anotar detalhadamente todos esses dados no prontuário de anestesia e planejar o envio ao paciente de um relatório minucioso sobre o controle das vias aéreas, especificando a técnica empregada e as eventuais dificuldades.
- Esta técnica de intubação pode ser praticada com bloqueio laríngeo (ver *Anestesia locorregional para a intubação traqueal*), mas não dispensa uma anestesia das fossas nasais.

BENEFÍCIOS DO MÉTODO
- O paciente permanece acordado, portanto é possível realizá-la com "tranquilidade".
- Quando o paciente está na posição sentada o risco de báscula da epiglote e da língua é menor.
- A nafazolina provoca vasoconstrição importante que limita os riscos de hemorragia no nível dos cornetos e minimiza a reabsorção da lidocaína.

ADVERTÊNCIAS E LIMITES
- No pós-operatório, aguardar o término da anestesia local antes da desintubação.
- Planejar a desintubação tendo à disposição o material necessário para a oxigenação e para uma reintubação eventual. Somente praticar a desintubação desse paciente depois de ter avaliado que possa ser feita com toda segurança.
- Talvez seja útil efetuar um teste de fuga depois de ter esvaziado o balonete. A desintubação com mandril ou com guia permite a reintubação em caso de insuficiência respiratória.

Exclusão pulmonar

VENTILAÇÃO UNIPULMONAR: INDICAÇÕES FORMAIS

Quando um dos dois pulmões é o foco de uma supuração, de um sangramento com risco de contaminação contralateral, em caso de fístula broncopleural, de ferida brônquica sob ventilação.

VENTILAÇÃO UNIPULMONAR: INDICAÇÕES RELATIVAS

- Para qualquer cirurgia de exerese pulmonar, pleural (pneumotórax etc.), de simpatectomia, de cirurgia do aneurisma aórtico torácico, do esôfago, da coluna dorsal por toracoscopia.
- Há a possibilidade de diferentes técnicas:
  - **Intubação com sonda de luz dupla** esquerda ou direita: técnica de referência para a exclusão pulmonar. A escolha da sonda é em função da cirurgia (sítio relacionado a carina, anastomose brônquica etc.) e do paciente (sexo, altura). O controle fibroscópico para garantir a boa posição do tubo é fortemente recomendado no posicionamento e após a instalação do paciente. O pulmão excluído é acessível durante o ato a uma aspiração brônquica ou às manobras de recrutamento. Existe também uma sonda com luz dupla com um porto de acesso traqueal introduzida por um orifício de traqueotomia.
  - **Os bloqueadores brônquicos**: o princípio baseia-se na introdução, com controle fibroscópico de pequeno diâmetro, de um balonete no brônquio a ser excluído. A orientação do bloqueador pode ser facilitada por um laço (Arndt), um guia fixo (Univent, Fuji), um guia mecânico (Cohen) ou por um Y invertido que tem dois balonetes (EZ Bloqueur) que permite a exclusão do lado direito ou esquerdo.
  - **Sonda de intubação orotraqueal "clássica"** posicionada com fibroscopia, seletivamente em um dos dois brônquios fonte. Solução de emergência, mas pouco satisfatória (sem acesso ao pulmão excluído, risco de obstrução do lobo superior direito se a sonda for posicionada no brônquio fonte direito, sem proteção do pulmão excluído contra a inalação).

SONDA DE LUZ DUPLA
Escolha da sonda de luz dupla

- Na maioria dos casos, uma sonda de luz dupla esquerda basta, exceto nas situações com uma lesão brônquica esquerda proximal. Ao contrário, a sonda direita expõe ao risco de distúrbio ventilatório do lobo superior direito por oclusão do brônquio lobar direito.
- Escolha do tamanho da sonda em função do sexo, da altura e da imagem (TC):

Tamanho da sonda	Diâmetro externo (mm)	Características dos pacientes
28	10,0	Criança > 30 kg
35	12,5	Se 37 não adaptável

(continua)

Tamanho da sonda	Diâmetro externo (mm)	Características dos pacientes
37	13,2	Mulher de baixa estatura
39	13,9	Mulher de alta estatura e homem de baixa estatura
41	14,6	Homem de alta estatura

Posicionamento da sonda de luz dupla

- Introdução com laringoscópio direto. A sonda é apresentada à frente da glote com a extremidade brônquica para frente e para cima. Em seguida, a introdução precisa de um movimento duplo: empurrar a sonda e então, após a passagem das cordas vocais, imprimir-lhe um movimento de rotação de 90° anti-horário. A sonda é então empurrada até se bloquear.
- Insuflação do balonete traqueal à fuga e verificação da intubação traqueal (capnografia).
- Realização e controle da exclusão pulmonar: recomenda-se o controle fibroscópico para verificar a posição correta, otimizar a posição e verificar a ausência de herniação do balonete brônquico na traqueia. A prova de bolhas chamada de Benumof é possível na ausência de fibroscopia. Uma sonda de aspiração é inserida em um dos tubos brônquicos cujo ramo ventilatório é pinçado. Durante a ventilação pelo outro tubo, o balonete brônquico é insuflado até o desaparecimento da fuga marcada pelo desaparecimento das bolhas. Proceder da mesma maneira do lado oposto.
- Atenção com as mobilizações secundárias da sonda durante o decúbito lateral. Verificar sistematicamente o posicionamento correto da sonda após qualquer mudança de posição.
- Conservar a ventilação bipulmonar pelo tempo mais longo possível e somente excluir o pulmão pouco antes da pleurotomia. Manobra de recrutamento durante a reventilação bipulmonar.

BLOQUEADOR BRÔNQUICO DE ARNDT

- O bloqueador brônquico de Arndt se posiciona com condução fibroscópica via um laço na extremidade. Ele é introduzido por meio de uma conexão com três entradas específicas que é posicionada sobre a sonda de intubação (uma entrada para o circuito de ventilação, uma para o fibroscópio e uma com o fio para o bloqueador e a imobilização). O bloqueador é então posicionado no lugar desejado (pode permitir uma exclusão suprasseletiva em certos casos). O laço é afrouxado, permitindo alargá-lo com um reposicionamento secundário para evitar qualquer herniação do balonete na traqueia.
- A sonda de intubação deve ter um diâmetro suficiente para permitir a passagem conjunta do fibroscópio e do bloqueador na sonda de intubação.

BLOQUEADOR DO TIPO EZ-BLOCKER™

- O EZ-Blocker™ tem forma em Y que permite o posicionamento sobre a carina. É introduzido em uma sonda endotraqueal clássica por meio de um adaptador específico. O posicionamento é satisfatório com a condição de que a sonda esteja a uma distância suficiente da carina para permitir o desdobramento dos dois ramos. Cada uma das extremidades distais é equipada com um balonete que permite excluir um ou outro lado.

IOT DIFÍCIL + EXCLUSÃO PULMONAR INDISPENSÁVEL

- Intubação com sonda de intubação clássica qualquer que seja o método (*fast-trach*, fibroscopia etc.), e em seguida colocação de um bloqueador brônquico.
- Controle fibroscópico em todos os casos porque a utilização de um guia trocador muitas vezes conduz ao posicionamento do tubo brônquico à direita, qualquer que seja a sonda utilizada.

RECOMENDAÇÕES

- Evitar o N_2O em caso de cirurgia torácica.
- Se for pneumotórax não drenado: exclusão imediata do pulmão atingido, sem N_2O.
- Limitar os aportes hídricos perioperatórios pelo risco de edema pulmonar pós-operatório no pulmão lesionado (pulmão operado, não ventilado).
- Ventilação bipulmonar: Vt = 6-8 mL/kg de peso ideal com frequência ventilatória para $etCO_2$ = 30-35 mmHg.
- Ventilação unipulmonar: Vt = 5-6 mL/kg de peso ideal, Pplatô < 30 cmH_2O.

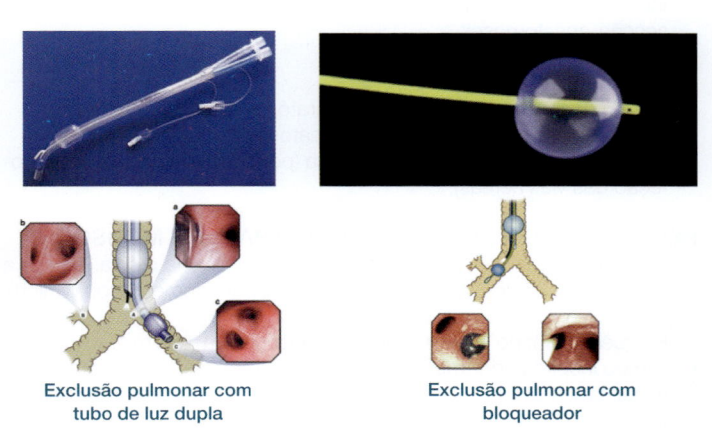

Exclusão pulmonar com
tubo de luz dupla

Exclusão pulmonar com
bloqueador

Ventilação a jato de alta frequência na ORL (VJAF)

Técnica de ventilação que consiste em injetar na traqueia um jato de gás com uma pressão elevada, através de um cateter fino, à velocidade muito grande, e com frequência que varia de 60-300/min.

$$\text{Ventilação alveolar } VA = F \times Vt \text{ com } Vt = (Vd + Ve) - Vr$$

Vd = volume distribuído pelo aparelho em função da pressão de utilização.

Ve = volume levado pelo gás distribuído (efeito Venturi).

Vr = volume de refluxo que aparece quando a pressão nas vias aéreas torna-se maior que a pressão do gás distribuído.

- Ve = 5 x Vd no adulto. Como os fatores fazem variar a estimulação, a VA será consideravelmente modificada.
- Fatores que modificam Vd + Ve: o respirador, o cateter de injeção, complacência e resistência do paciente.

INDICAÇÕES
- Laringoscopia em suspensão (LS) para cirurgia ORL (corda vocal principalmente).
- Indicações particulares: intubação difícil, cirurgia traqueal (p. ex., ressecção-anastomose).

CONTRAINDICAÇÕES
- Absoluta: a ausência de retorno expiratório (obstrução por tumor).
- Trato respiratório precário ou enfisematoso.
- Estômago cheio, cirurgia hemorrágica (por causa da ausência de proteção das vias aéreas).

REGULAGEM DO RESPIRADOR (MISTRAL® OU MONSOON®)
- Pressão de trabalho: para um adulto de corpulência média, regular a pressão em 3 bar. É a regulagem principal para aumentar ou diminuir a VA.
- Frequência (F): no início, regular a frequência em 100/min.
- Tempo inspiratório/tempo total (Ti/Ttot) < 40%. Se Ti aumenta, Te diminui; uma nova insuflação ocorre antes do fim da expiração acarretando um efeito PEEP.
- FiO_2: deve ser < 40% em caso de utilização do *laser*.
- Alarme de supressão (PTE) que interrompe a injeção quando a pressão no alvéolo no fim de expiração atinge um limiar regulável (PTE < 30 mbar).

CATETER DE INJEÇÃO
- Complacência interna e diâmetro interno (máx. 2,5 mm) baixos para conservar a velocidade do fluxo.
- Comprimento = 20 cm. Se > 20 cm: Ve diminui porque o jato está demasiadamente lento.
- Resistente para pressões elevadas. Rígido para evitar as dobras, mas não excessivo para não lesionar a traqueia.

- Não é inflamável quando se trata de cirurgia a *laser*.
- O local de injeção pode ser pré-glótico, transglótico ou transtraqueal após a punção intercricotireoidiana. Nestes dois últimos casos, a extremidade distal do cateter deve estar a cerca de 5 cm sob o plano glótico para um Ve ideal.

ANESTESIA PARA VJAF
Anestesia para laringoscopia em suspensão (LS).

Imperativos da cirurgia (idem *Laser CO₂*)
- Campo operatório imóvel, sem sangue e livre ao máximo.
- Neutralizar os reflexos faríngeos, laríngeos e cardiovasculares.

Anestesia geral indispensável
- Sedação profunda: propofol para indução e manutenção (importância da AVIAC).
- Curarização: no máximo de relaxamento, eventualmente com bomba de infusão.
- Analgesia em função do tipo de cirurgia (fentanila, alfentanila ou remifentanil em infusão contínua).
- Posicionamento do cateter: segundo a indicação cirúrgica, pré-glótica, transglótica ou transtraqueal. O cateter de ventilação a jato pode ser inserido também por meio de uma sonda de intubação.
- Regulagens e acionamento do respirador.
- O despertar pode ser efetuado com o cateter de ventilação a jato, com máscara facial ou com sonda de intubação após retirada do cateter.
- Injeção prévia de corticoides, sobretudo no caso de cirurgia glótica, para limitar o risco de edema.

Observação perioperatória
- Nenhuma medida precisa de Vt, FiO_2 e $etCO_2$.
- Ter ao alcance da mão o material necessário para intubar e ventilar de maneira convencional em caso de problema.

COMPLICAÇÕES PERIOPERATÓRIAS
- Barotraumatismo (pneumotórax).
- Complicações ligadas à punção intercricotireoidiana.
- Complicações hemorrágicas com inalação de sangue.

COMPLICAÇÕES PÓS-OPERATÓRIAS
- Enfisema subcutâneo: ou simplesmente palpável, ligado à punção intercricotireoidiana e à pequena fuga de gás, sem consequência. Ou visível a olho nu, necessitando de uma radiografia do tórax que pode mostrar um pneumotórax e/ou um pneumomediastino (sinalizador de uma ferida traqueal ou esofágica).
- Edema laríngeo prevenido com corticoides injetáveis e/ou em aerossol, mais ligado à cirurgia do que à VJAF (risco reduzido pela utilização do *laser*).

Anestesia por imagem pela ressonância magnética (RM)

INDICAÇÕES: MAIS FREQUENTE NA RM ENCEFÁLICA

- Claustrofobia.
- Pediatria: criança com menos de cinco anos, ainda mais se houver agitação ou encefalopatia.
- Pacientes em coma, sem causa metabólica e com tomografia de crânio não conclusivo, diagnóstico precoce de isquemia cerebral.
- RM "prognóstica" do paciente com lesão cerebral.

ANESTESIA FORA DO CENTRO CIRÚRGICO, PORTANTO COM MAIS RISCO

- Condições de segurança ideais: profissionais em número suficiente e treinados, equipamento e monitoração específicos para RM (*MR-safe* ou *MR-compatible*). Não improvisar em situação de emergência.
- Pouco acesso e pouca visibilidade do paciente durante o exame.
- A técnica de anestesia por si só não está condicionada pela RM (anestesia total intravenosa ou inalatória possível de acordo com o equipamento disponível).
- Boa indicação para a máscara laríngea (não aramada).
- Realização da indução e do despertar fora da peça do aparelho de RM (antessala na proximidade imediata).
- ▲ **Em caso de problema durante o exame, será necessário retirar o paciente da sala de RM e iniciar ações adequadas na antessala de indução.**

CARACTERÍSTICAS DA RM

- Proibição de introdução de objeto ferromagnético na proximidade do imã: risco de magnetização, de disfunção ou de perturbação da imagem. Quanto mais próximo do imã, mais forte é o campo magnético.
- Uma lista de checagem de segurança deve ser efetuada para cada paciente e para a equipe hospitalar presente na proximidade do imã (prótese, implantes, corpos estranhos, clipe ferromagnético, marca-passo, desfibrilador implantável, implante dentário, telefone celular, cartão de crédito, chave etc.).
- "*MR-safe*": material não magnético que pode ser utilizado na RM.
- "*MR-compatible*": utilizável na proximidade do imã sem interferir na aquisição das imagens sob certas condições definidas pelo fabricante.
- "*MR-unsafe*": objeto ferromagnético que não deve ser introduzido na proximidade do imã.
- Para evitar a exposição do material aos campos excessivamente elevados que possam induzir uma disfunção (descarga da bateria, mau débito de infusão), o respirador e as bombas de infusão devem ficar o mais distante possível do imã, na maioria das vezes na entrada da sala de RM, com fixação firme e extensão dos tubos de ventilação e das conexões de perfusão. As bombas de infusão podem ser colocadas em uma caixa de Faraday, mas os controles não poderão então mais ser modificados.
- A escopia ECG sofre numerosas alterações (análise ST, monitoração impossível).

- Os fios (escopia, captador de pressão) podem ser fonte de produção importante de calor (cabos trançados e proteção da pele).
- É possível a monitoração contínua da $EtCO_2$ sem alteração.
- Posicionamento de protetores de ouvido ou de um capacete, mesmo sob anestesia geral (ruído importante no imã).
- O material intracraniano moderno (molas, clipes, derivação ventricular externa [DVE], derivação ventricular peritoneal [DVP]) é compatível com a RM, mas pode acarretar importantes alterações de imagens.
- Em caso de DVP regulável ou de bomba implantável, é importante verificar a regulagem após o exame RM.

Anestesia ambulatorial

Anestesia destinada aos pacientes que se beneficiam de atos diagnósticos ou terapêuticos, médicos ou cirúrgicos, permitindo retornar ao domicílio, ou para uma casa próxima, em menos de 12 h após a admissão em hospital-dia. Uma hospitalização deve ocorrer apenas diante de um acontecimento inesperado.

O procedimento anestésico leva em consideração critérios de segurança, qualidade e conforto idênticos aos oferecidos na hospitalização. Trata-se de um elo importante da organização (antecipação, programação, escolha da anestesia) e da gestão do fluxo de pacientes.

SELEÇÃO DOS PROCEDIMENTOS

- Programados, pouco hemorrágicos, de duração previsível, sem risco de descompensação de uma doença preexistente, cuja analgesia e consequências sejam controláveis no domicílio. Critérios idênticos para as emergências.
- Comunicação com o operador ++, ficha de cadastro, informação em caso de reprogramação.

SELEÇÃO DOS PACIENTES

- ASA 1, 2, 3 estabilizados.
- Critérios de exclusão:
  - Infarto do miocárdio a menos de 6 semanas, estenose aórtica significativa, asma mal controlada. Um risco ou um antecedente de intubação difícil determina a preferência por um procedimento convencional (risco de adiamento, duração do procedimento).
  - Obesidade mórbida, diabete, epilepsia, insuficiência respiratória, renal, hepática, SAOS, estabilizados, não são sistematicamente critérios de exclusão, mas levantam a preocupação do ambulatório em função do binômio ato-paciente e das possibilidades da instituição.
- Critérios de autonomia psicoambientais, apontados desde a consulta de cirurgia.
  - Possibilidade de acesso aos cuidados nas proximidades.
  - Capacidade de compreender e respeitar as instruções ++, adesão do paciente.
  - Retorno ao domicílio com acompanhante (exceção caso a caso, exemplo ALR do membro superior).
  - Presença de um acompanhante durante 24 h em função do ato e do paciente.

CONSULTA
Objetivos

- Confirmar a elegibilidade do procedimento ambulatorial proposto (risco previsível próximo de 0), definir a estratégia pré, peri e pós-operatória, e os fatores que influam na programação (alergia ao látex, diabete, crianças pequenas, duração da observação pós-operatória).
- Antecipar sobre a autonomia no momento da alta e no domicílio.

Meios

- Comunicação com o operador, com o médico responsável e/ou com o médico especialista antes e depois do ato ambulatorial.

- Conduta, avaliação do risco-benefício e conteúdo da consulta idêntica ao de uma consulta para um ato cirúrgico convencional, estratégia discutida com o paciente, conclusão do prontuário antes da programação D 1.
- Informação, fator de redução da ansiedade e de responsabilização do paciente, oral e escrita.
  - Sequência do procedimento no hospital-dia e obrigações: jejum, preparação cutânea, acompanhamento necessário para o retorno e as primeiras 24 h, não dirigir ou ingerir álcool, instruções em caso de complicações.
  - Procedimentos previstos: tratamento pessoal em domicílio, substituição de anticoagulantes, modo de anestesia, antibioticoprofilaxia. Possibilidade de entregar as prescrições pós-operatórias.
  - Sequências operatórias previsíveis (sedação, dores, náuseas etc.).
  - Para o ambulatório, é possível uma consulta em outro local desde que haja negociação e aceitação prévias com o médico anestesista que as conduzirá.
  - Para procedimentos iterativos de mesma natureza, é raramente necessário multiplicar as consultas.

VISITA PRÉ-ANESTÉSICA
- Realizada e anotada no prontuário pelo anestesista responsável pelo paciente, quando chega ao hospital-dia (H-1), confirma a possibilidade de realização em ambulatório e o consentimento do ato.

PRÉ-MEDICAÇÃO
- É raramente necessário o uso de ansiolítico. Papel positivo da informação e do diálogo anteriores.
- Antibioticoprofilaxia (ver *Antibioticoprofilaxia*). Analgesia via oral.
- Anti-H2 se for anestesia geral: ranitidina efervescente 300 mg: 2 comprimidos em caso de obesidade, diabete ± interrupção voluntária de gravidez (IVG) (ver *Anestesia para interrupção voluntária da gravidez*).
- Tratamento pessoal a ser discutido.

PERÍODO OPERATÓRIO
- Anestesia geral:
  - Produtos rapidamente reversíveis: propofol, remifentanila, sufentanila, desflurano, sevoflurano são as drogas mais indicadas.
  - Cetamina possível ≤ 0,15 mg/kg, para potencializar os analgésicos e diminuir efeitos secundários.
  - Prevenção de náuseas e vômitos: levar em consideração intervenções de risco e da pontuação de Apfel: não hesitar em ampliar as indicações. Dexametasona ± droperidol.
- ALR: no caso de organização específica, técnica dominada e antecipação da analgesia na dissipação do bloqueio sensitivo.
  - Medular: raquianestesia com agulhas ponta lápis 25-27G, é possível o uso de bupivacaína 4-8 mg (≤ 10 mg) +/- sufentanila 2,5 mcg ou de cloroprocaína 40-50 mg. Risco pequeno de retenção urinária na ausência de fatores de risco (antecedente, hérnias, cirurgia pélvica). Preferir os vasopressores com expansão volêmica em caso de hipotensão. Informar do risco (1%) de cefaleias e do tratamento possível (*blood patch*).

- Bloqueios periféricos: múltiplas vantagens em relação à anestesia geral, exigindo competência e organização que podem limitar o emprego dos bloqueios proximais (interescalênico, ciático-femoral). Substituição ++ dos antálgicos no domicílio.
- Local intravenoso: lidocaína 0,5% + ibuprofeno 0,5 mg/kg (ver *ALR IV*).
- Peribulbar: mepivacaína 2% ou ropivacaína 7,5%.
- Complementos da anestesia geral:
  - Infiltrações parietais (*TAP block*, bloqueio ilioinguinal) (hérnias): ropivacaína 150 mg.
  - Instilações peritoneais (colecistectomias) ou intra-articulares (artroscopias): ropivacaína 150 mg ± morfina 4 mg.

PERÍODO PÓS-OPERATÓRIO

- Observação na sala de recuperação pós-anestésica:
  - Não há tempo mínimo obrigatório, monitoração (ver *Recomendações*).
  - Observação, detecção e tratamento dos efeitos indesejáveis ou complicações: hipoxemia, dor, náusea e vômitos pós-operatórios, hemorragia.
  - Tratamento das náuseas e/ou vômitos: ondansetrona IV 4 mg.
- Saída da sala de recuperação pós-anestésica para o hospital-dia decidida de acordo com a pontuação escolhida (Aldrete modificada ≥ 9 ou Bicêtre = 0), com EVA ≤ 4, nenhuma ou poucas náuseas, nenhuma complicação cirúrgica. Após a raquianestesia, a posição sentada deve ser tolerada sem diferença de PA, o paciente pode ser observado no hospital-dia com uma sonda vesical, um dreno ou um bloqueio de nervo periférico. A alimentação adaptada às intervenções deve ser possível, mas não forçada (avaliação do risco hipoglicemia-desidratação/vômitos). A ausência de micção, apesar dos fatores de risco médicos, não contraindica o retorno ao domicílio.
- A saída do ambiente ambulatorial é considerada quando a pontuação de Chung é ≥ 9, com acompanhante adulto e autorização formalizada pela assinatura de um dos médicos da instituição. Qualquer que seja o médico signatário, a responsabilidade profissional de cada um dos médicos continua válida. O ambiente social deve ser organizado antecipadamente para os dias seguintes.
- Instruções domiciliares explicadas e fichas escritas: relatório cirúrgico e anestésico, prescrições médicas, risco de complicações e conduta a ser mantida (número de telefone do atendimento 24 h), não conduzir veículos nem ingerir álcool. Se necessário, telefonar no dia seguinte.

Pontuação de Chung

Constantes vitais: T°, FC, PA, FR
2: valor entre –20% e +20% do valor pré-operatório
1: valor entre –40% e –20% ou +20% e +40% do valor pré-operatório
0: valor além de –40% ou +40% do valor pré-operatório

Deambulação
2: assegurada
1: com assistência
0: nenhuma deambulação, vertigens

(continua)

Náuseas e vômitos
2: mínimos
1: moderados
0: graves

Dor
2: mínima
1: moderada
0: grave

Sangramento cirúrgico
2: mínimo
1: moderado
0: grave

ANALGESIA

Tratamento da dor é mais eficaz quanto mais precoce:

- Pré-medicação: analgesia via oral (menor custo): paracetamol, ± AINE, (± gabapentina). Deve ser discutida antecipadamente para os atos curtos.
- Perioperatório: paracetamol ± cetoprofeno ± AINE na ausência de contraindicação. ALR ou infiltrações +++ como complemento ou não de uma anestesia geral.
- Cetamina < 0,15 mg/kg em caso de cirurgia dolorosa.
- Pós-operatório imediato na sala de recuperação pós-anestésica: em função da analgesia já utilizada no pré ou no perioperatório e da intensidade da dor (EVA), morfina titulada.
- Antes da alta, "primeiras" doses orais do tratamento da alta de acordo com o horário.
- Retorno ao domicílio: prescrição sistemática de antálgicos, com intervalos regulares. Tratamento de "emergência" com morfina oral prescrita na cirurgia dolorosa.

RESUMO

- A anestesia ambulatorial baseia-se na gestão de risco médico, social, econômico pré, peri e pós-operatório que se apoia na antecipação, no rigor e na avaliação.
- Organização +++.
- A possibilidade de autonomia do paciente está na sua base.
- O tempo ganho em relação a uma hospitalização se "paga" em todas as etapas do procedimento.

Pontuação de Aldrete modificada

Motricidade espontânea ou quando solicitada	4 membros	2
	2 membros	1
	Imóvel	0
Respiração	Respiração profunda e tosse possíveis	2
	Dispneia, respiração superficial, limitada	1
	Apneia	0
Pressão arterial: diferença com a medida pré-operatória	≤ 20%	2
	20-50%	1
	≥ 50%	0
Consciência	Perfeitamente acordado	2
	Acorda quando solicitado	1
	Não responde a ordens simples	0
Saturação de O_2	$SpO_2 > 92\%$ em ar ambiente	2
	O_2 necessário para $SpO_2 > 90\%$	1
	$SpO_2 < 90\%$ sob oxigênio	0

Critérios para saída da sala de recuperação pós-anestésica utilizados no hospital de Bicêtre

1. SpO_2 após 10 min sem O_2	> 95%	0
	< 95%	1
2. Consciência	Acordado ou facilmente despertável	0
	Adormecido ou dificilmente despertável	1
3. Dor pós-operatória	EVA < 30 mm	0
	EVA > 30 mm	1
4. Temperatura	> 36°C	0
	< 36°C	1
5. Variação da pressão arterial/variação da frequência cardíaca	< 20% em relação ao valor de base	0
	> 20% em relação ao valor de base	1
6. Náuseas-vômitos	Ausentes ou mínimas	0
	Presentes ou que impõem um tratamento	1
7. Globo vesical	Ausente	0
	Presente	1
8. Motricidade dos membros inferiores	Normal	0
	Anormal ou limitada	1
9. Sangramento anormal	Ausente	0
	Suspeita ou evidente	1
10. Exames biológicos, radiológicos, ECG: devem ser devolvidos antes da saída	Não	0
	Sim	1

Náuseas e vômitos pós-operatórios no adulto

A estratégia de prevenção das náuseas e vômitos pós-operatórios (NVPO) deve ser estabelecida desde a consulta de anestesia e imediatamente registrada no prontuário.

DETECÇÃO DO RISCO
- **A pontuação de Apfel** (1 ponto por item, aumenta em 15-20% o risco de NVPO por ponto suplementar) permite de maneira simples identificar os pacientes de risco: antecedente de NVPO durante intervenções precedentes ou mal-estar nos transportes, uso de opiáceos no pós-operatório, sexo feminino, não fumante.
- A profilaxia é indicada se a pontuação de Apfel for ≥ 1.

PREVENÇÃO MEDICAMENTOSA
Associar sistematicamente aos recursos gerais.

Nenhum fator de risco
- Nenhuma prevenção farmacológica específica já que os efeitos colaterais relacionados aos antieméticos poderiam superar os benefícios.
- Utilizar os recursos gerais (ver a seguir) sabiamente.

Um fator de risco
- Monoterapia antiemética: escolher entre um dos seguintes fármacos (eficácia globalmente similar de cada um deles no adulto):
  - Droperidol 0,625 mg IV no fim da intervenção; em analgesia controlada pelo paciente 25-50 mcg por mg de morfina (ou seja, 2,5 mg de droperidol em 50 mg de morfina). Contraindicado quando QT longo.
  - Ondansetrona: 4 mg IV (IV lenta) no fim da intervenção ou granisetrona, dolasetrona, tropisetrona.
  - Dexametasona: 8 mg IV lenta no início da intervenção.
  - Aprepitanto: 40 mg VO no H-3 antes do início da intervenção.

Dois ou mais fatores de risco
- Associar duas ou mesmo três das drogas citadas, segundo estratégia multimodal.
- Quando se usa a dexametasona associada a um outro antiemético, a posologia pode ser reduzida a 4 mg (a menos que se busque um efeito antálgico complementar.)
- Associar os recursos gerais aos fármacos escolhidos (ver a seguir).

RECURSOS GERAIS
- Privilegiar a ALR, principalmente os bloqueios periféricos sem adjunção de opioide.
- Analgesia multimodal que reduz o consumo opioide pós-operatório.
- Propofol AVIAC: a indução por propofol sem manutenção associada não tem eficácia antiemética.
- Evitar o N_2O.
- Hidratação adaptada.

INTERAÇÕES MEDICAMENTOSAS ++

- O tramadol e a ondansetrona (ou as outras setronas) se antagonizam mutuamente.

TRATAMENTO CURATIVO

- Privilegiar um antiemético não utilizado na prevenção.
- A ondansetrona (1-4 mg) é provavelmente o antiemético mais eficaz como terapêutico.
- A metoclopramida é ativa na dose de 10 mg como terapêutico.
- Prever administrações repetidas durante 24 h se necessário, ou mesmo sistemáticas.

HAS perioperatória

DEFINIÇÕES E CLASSIFICAÇÃO DOS NÍVEIS DE PRESSÃO ARTERIAL (PA EM mmHg)

Categoria	PAS		PAD
Ideal	< 120	e	< 80
Normal	120-129	e/ou	80-84
Normal alta	130-139	e/ou	85-89
Para MAPA* 24 h	> 130	e/ou	> 80
Idade ≥ 80 anos	> 150		

* MAPA: monitoramento ambulatorial da pressão arterial.

Categoria	PAS		PAD
HAS grau 1	140-159	e/ou	90-99
HAS grau 2	160-179	e/ou	100-109
HAS grau 3	≥ 180	e/ou	≥ 110
HAS sistólica isolada	≥ 140	e	< 90

ESTRATIFICAÇÃO DO RISCO CARDIOVASCULAR (FATAL OU NÃO) HÁ 10 ANOS

	Pressão arterial (mmHg)				
	Normal	Normal alta	HAS grau 1	HAS grau 2	HAS grau 3
Nenhum FDR além da HAS	Risco médio	Risco médio	Risco baixo	Risco moderado	Risco alto
1 ou 2 FDR além da HAS	Risco baixo	Risco baixo	Risco moderado	Risco moderado	Risco muito alto
3 FDR ou mais, SM, LOA, diabete	Risco moderado	Risco alto	Risco alto	Risco alto	Risco muito alto
DCV/CNA	Risco muito alto	Risco muito alto	Risco muito alto	Risco muito alto	Risco muito alto

FDR: PA; idade (H > 55, M > 65 anos); tabaco; dislipidemia; intolerância à glicose ou diabete; lesão de órgão-alvo (LOA); cardiopatia ou nefropatia constatada (CNA); obesidade; antecedentes cardiovasculares familiares precoces (H < 55 anos, M < 65 anos).
LOA: hipertrofia ventricular esquerda (HVE) (ECG ou ultrassonografia); ateroma (carótidas, femorais); alteração da função renal.
DCV: doença cerebrovascular; coronariopatia; nefropatia; arteriopatia periférica; retinopatia hipertensiva.
Síndrome metabólica (SM) reagrupa diversas combinações: intolerância à glicose, diabete, dislipidemia, HAS.

EMERGÊNCIA HIPERTENSIVA (DOIS CRITÉRIOS)

- PAS ≥ 180 mmHg ou PAD ≥ 110 mmHg. A elevação rápida da pressão arterial, mesmo inferior a esses valores pode constituir uma emergência hipertensiva se existir um sofrimento visceral, em particular em gestantes.
- E uma complicação grave concomitante, recente ou iminente: comprometimento cardíaco, cerebral, renal ou ocular.

HIPERTENSÃO ARTERIAL NA CONSULTA DE ANESTESIA

- Medir a PA segundo as recomendações (deitado ou sentado há vários minutos, automedidas, MAPA etc.).
- Em caso de cirurgia cardíaca de emergência: estratificar o risco pós--operatório e gerenciar os fatores de risco.
- Em caso de paciente de alto risco cardiovascular: avaliar e tratar a HAS de acordo com as recomendações ACC/AHA; avaliar o risco--benefício do eventual adiamento da cirurgia.
- Em caso de paciente de risco intermediário ou baixo: não adiar a cirurgia programada.
- Gestão perioperatória do hipertenso: PA em 70-100% do valor de referência; evitar a taquicardia.

HIPERTENSÃO ARTERIAL AGUDA

- Investigar: retenção urinária aguda, dor aguda ou crônica, uso de tóxicos simpatomiméticos (cocaína, LSD, anfetaminas), tratamento que limita a eficácia do tratamento anti-HAS (AINE, protetores gástricos), estresse cirúrgico, analgesia insuficiente, profundidade da anestesia insuficiente.
- **Caso especial da HAS com garrote**: após 20-30 minutos, o garrote é responsável pelo aumento progressivo, tempo-dependente da PA e da frequência cardíaca não bloqueada pelo aprofundamento da anestesia geral, mas pode ser retardado pela utilização de um opioide ou da cetamina. Ela é menos frequente sob anestesia perimedular, mas podem ocorrer dores, taquicardia e hipertensão arterial no fim da intervenção (fenômeno de plastia espinhal).

OBJETIVOS DO TRATAMENTO

PA $\leq$ 140/90 mmHg (PAS/PAD) e em valores inferiores se for tolerada em todos os pacientes hipertensos.

PA $\leq$ 130/80 mmHg (PAS/PAD) nos diabéticos e nos pacientes de alto risco ou muito alto.

Todos os anti-hipertensivos podem ser utilizados. Utilizar anti-hipertensivos injetáveis, com tempo de ação breve e duração curta, portanto facilmente tituláveis (considerar o risco de hipotensão).

Conduta a seguir em caso de HAS aguda: após o aprofundamento da anestesia em perioperatório:

- Monitoramento invasivo ou não invasivo (a cada 2 min) da PA; da profundidade da anestesia (BIS™); controlar FiO_2.
- Tratar a causa se ela já for conhecida; tratamento sintomático.
- Por exemplo: nicardipina 0,5-1 mg/5 min até a pressão arterial desejada e depois troca para bomba de infusão. Para os pacientes idosos ou em estado cardiovascular precário: *bolus* de 0,25 mg.
- Por exemplo: urapidil 12,5 IV e depois substituição por bomba de infusão 10-30 mg/h.

Conduta a ser mantida e diagnóstico etiológico das reações de hipersensibilidade imediata (HSI)

Após o tratamento imediato de emergência (ver *Condutas para urgências*).

Anestesia

Continuação ou não da intervenção de acordo com:
- A gravidade e a evolução do choque.
- A duração da intervenção.
- A natureza e a necessidade absoluta da intervenção.
- A possibilidade de praticá-la com ALR.

Tratamento secundário
- Os glicocorticoides poderiam se justificar na prevenção da fase tardia do choque: hidrocortisona IV 200 mg (ou 5 mg/kg) e depois 100 mg (ou 2,5 mg/kg) ou metilprednisolona 125 mg a cada 6 h.
- Anti-histamínicos tipo 1 (hidroxizina): efeito benéfico sobre a reação cutânea fora da anestesia (prurido), poderia ser interessante para prevenir os efeitos retardados do choque: difenidramina (Benadryl®).
- Anti-histamínicos de tipo 2: poderiam ter um efeito benéfico em caso de choque refratário (PAM < 60 mmHg com catecolaminas).
- Observação por 24 h após a interrupção do tratamento. Possível instabilidade tensional durante 24 h.

REGISTRO
- Em todos os casos, o anestesista-reanimador que se ocupa do paciente é responsável pelo registro do acidente à farmacovigilância quando um medicamento for suspeito (em caso de suspeita de látex comunicar à vigilância sanitária).

DIAGNÓSTICO
Coletas realizadas na perianestesia
- **Histamina plasmática**: estabelece a liberação de histaminas *in vivo* (basófilos), pico imediato, meia-vida de 15 min. O período ideal de coleta é de 5-15 minutos após a reação de grau I, antes de 30 min para as reações de grau II, e entre 30-120 min para as reações III-IV.
- **Triptase sérica**: a favor de uma alergia (degranulação mastocitária). O período ideal de coleta é de 15-60 min após a reação de grau I-II e de 30-120 min para as reações de grau III-IV.
- **IgE específicos**: justifica o caráter alérgico de uma reação. Investigação de IgE das moléculas utilizadas e para as quais existe uma dosagem (miorrelaxantes, látex, tiopental, propofol, morfina, betalactâmicos e clorexidina).
- Aconselha-se ter em cada centro cirúrgico um *kit* contendo tubos e pedidos de dosagens (data e hora indispensáveis devem ser anotadas em cada tubo).

Consulta em alergologia
- Informação escrita ao paciente sobre o tipo de acidente.

- Encaminhar o paciente para uma consulta de alergia à anestesia com relatório que detalhe a anamnese, a cronologia dos fatos e os resultados biológicos para efetuar testes cutâneos (*gold standard*) e estabelecer um diagnóstico preciso. Ela deve ocorrer depois do choque (> 4-6 sem) evitando a utilização de anti-histamínico 8-15 d antes e o uso de neurolépticos ou sedativos 4 d antes.
- **Testes cutâneos** determinarão se existe uma alergia a uma das moléculas incriminadas e é o conjunto da anamnese, resultados biológicos, resultados dos testes cutâneos (ou mesmo dos testes celulares e de introdução) que permitirá estabelecer um diagnóstico etiológico preciso do acidente.

Conclusão
- Colaboração indispensável entre anestesia e alergologista com retorno claro ao paciente, ao médico responsável e no prontuário de anestesia.

Broncoespasmo em anestesia

DIAGNÓSTICO POSITIVO
Em ventilação espontânea
Dispneia expiratória ± sibilantes, tiragem, distensão torácica.

Em ventilação controlada
Aumento das pressões de insuflação > 40-45 cmH$_2$O, diminuição da EtCO$_2$ com desaparecimento do platô no capnógrafo, assincronia com o ventilador.

Sinais de gravidade: não se deve esperá-los
- Queda da SpO$_2$ < 90%, taquicardia, hipotensão arterial ou mesmo colapso, ± insuficiência ventricular direita, ausência de murmúrio vesicular.
- Saber se trata-se de um sintoma isolado ou se faz parte de um quadro de anafilaxia (choque anafilático).

DIAGNÓSTICO DIFERENCIAL
Deve-se eliminar rapidamente:

Obstrução mecânica
- Verificação da permeabilidade do circuito (válvulas montadas ao contrário).
- Com máscara: queda da língua, hipertrofia amigdaliana, tumor.
- Na sonda de intubação: dobra, herniação do balonete, extremidade na carina, obstrução por secreções espessas, corpo estranho (dente, cal sodada), tumor.
- Verificação da permeabilidade da sonda de intubação com o auxílio de uma sonda de aspiração + verificação da pressão no balonete + verificação da distância da sonda até a boca e em caso de dúvida retirada de 1 cm. Se a solução considerada impuser uma reintubação, realizá-la com guia.

Queda da complacência toracopulmonar
Estimulação cirúrgica na anestesia superficial, rigidez morfínica, hipertermia maligna.

Tromboembolismo pulmonar, insuficiência cardíaca esquerda, pneumotórax compressivo, intubação esofágica
O tromboembolismo pulmonar é ao mesmo tempo um diagnóstico diferencial e uma causa secundária de broncoconstrição, como a inalação.

Laringoespasmo

TRATAMENTO
(Ver *Broncoespasmo, Condutas para urgências.*)
- **Interromper qualquer estímulo cirúrgico. Pedir ajuda.**
- **Auscultar os pulmões** para confirmar o broncoespasmo: a diminuição ou a abolição dos ruídos ventilatórios são sinais de gravidade. O silêncio na auscultação não traduz forçosamente uma intubação esofágica.

- Iniciar um tratamento rapidamente: com efeito, hipercapnia, hipóxia e acidose são fatores que favorecem as arritmias e eficácia menor dos tratamentos broncodilatadores.
- **Aprofundar a anestesia** (propofol, sevoflurano). Cetamina (1 mg/kg/10 min) é útil sobretudo em caso de instabilidade hemodinâmica.
- **Forçar prudentemente a ventilação** (risco de pneumotórax), em ventilação manual com O_2 puro e sevoflurano (ou isoflurano). Em caso de anestesia com desflurano, substituir por sevoflurano.
- **Tratamento por via inalada**:
  - Um beta-agonista em *spray* na sonda de intubação (10-15 aplicações) ou por um vaporizador adaptado ao respirador. Repetir antes da desintubação.
  - Brometo de ipratrópio 0,5 mg.
- **Preparar um beta-agonista (salbutamol) por via intravenosa com bomba de infusão**: 0,25-5 mg/h.
- **Corticoides**: pouco eficazes na fase aguda, úteis em caso de sintomatologia espástica persistente. Permite evitar a recidiva. Períodos de eficácia de 4-6 h. Metilprednisolona IV lenta: 1-2 mg/kg.
- Para alguns, o sulfato de magnésio é benéfico em caso de broncoespasmo grave: 2 g em 20 min.
- **Verificar o estado hemodinâmico do paciente** (choque anafilático associado ou broncoespasmo isolado).
- **Epinefrina**: em caso de ineficácia dos tratamentos anteriores ou de imediato caso exista um colapso associado: titulação de epinefrina com *bolus* de 10-1.000 mcg IV.
- Se o broncoespasmo ocorrer após a desintubação, privilegiar os aerossóis de terbutalina ± brometo de ipratrópio. Repetir até a melhora da sintomatologia.
- Teofilina
  - Nenhuma indicação em emergência no período agudo do broncoespasmo.
  - Pode ser justificada como prevenção para indivíduo asmático já tratado.

TRATAMENTO PREVENTIVO
- Não existe tratamento que evite uma reação alérgica.
- O aumento do risco de broncoespasmo perioperatório é provavelmente baixo em caso de asma bem controlada (ver *Asma e anestesia, pontuação ACT*).

Hipertermia maligna (HM)

A HM é uma complicação grave da anestesia geral (AG), de origem genética (autossômica dominante, com penetração variável) atingindo indivíduos portadores de miopatia subclínica. A incidência é rara (entre 1/10.000-1/50.000 e 1/250.000 para a forma fulminante). Deve ser suspeitada em caso de acidentes graves ocorridos durante uma AG nos indivíduos de uma mesma família. Os estudos genéticos associam, na maioria das vezes, o traço HM às variantes do gene do receptor de rianodina (RYR-1) presente no cromossomo 19.

É UMA EMERGÊNCIA TERAPÊUTICA
Coloca em risco o prognóstico vital se um tratamento muito precoce não for instituído (mortalidade após tratamento < 5%). Caracteriza-se por hipercatabolismo paroxístico dos músculos estriados resultante da liberação explosiva de Ca^{++} pelo retículo sarcoplasmático muscular. É desencadeada por certos agentes anestésicos como os **halogenados** e a **succinilcolina. O dantrolene só é eficaz quando administrado precocemente.** Os curares não têm qualquer efeito porque agem no início do processo patológico.

DIAGNÓSTICO
Sinais indicadores
- **Aumento do CO_2 expirado +++**: é o sinal mais sensível e mais precoce. Acidose respiratória associada rapidamente à acidose metabólica por hiperlactatemia.
- **Rigidez muscular em extensão**: sinal patognomônico mas inconsistente, podendo se limitar à contração dos masseteres que é muito característica em caso de curarização, e que deve ser considerada como uma forma menor de HM até prova do contrário.
- **Rabdomiólise**: elevação precoce da mioglobinemia e da mioglobinúria, elevação mais tardia das CPK, geralmente no máximo em 24 h; a queda das concentrações é um sinal do fim da crise. A rabdomiólise é acompanhada de hipercalemia.
- **Hipertermia**: sinal mais tardio. A progressão pode ser rápida (1°C a cada 5 min), até 43-44°C nas formas fulminantes.

Sinais clínicos pouco específicos
- Taquicardia, arritmia cardíaca ligada às desordens metabólicas, colapso.
- Taquipneia em ventilação espontânea, cianose, livedo, urina vermelha (mioglobinúria).
- Formas particulares: crise que ocorre no despertar, espasmo isolado dos masseteres.
- Existem formas frustras com ↑ progressivo do CO_2 e temperatura.

No caso de criança
- A criança com idade < 10 anos vítima de parada cardíaca súbita em consequência da administração de succinilcolina e na ausência de sinais de hipoxemia, deve ser tratada como para um hipercalemia aguda. Este acidente é presumido e correlaciona-se à distrofia muscular subclínica.

DIAGNÓSTICO POSITIVO E DETECÇÃO DOS INDIVÍDUOS PORTADORES DO TRAÇO HM

- Teste de contratura com cafeína/halotano *in vitro* de um fragmento de biopsia muscular (quadríceps).
- Teste genético de detecção das mutações do gene RYR-1 a partir de amostras de DNA.

ASSOCIAÇÃO ENTRE MIOPATIAS E HM

- Miopatias associadas à suscetibilidade de tipo HM: *central core disease*, paralisia periódica hipocalêmica.
- Os portadores de certas distrofias musculares (Duchenne, Becker) podem desenvolver rabdomiólise com hipercalcemia durante exposições aos agentes anestésicos, que não deve ser aparentada à HM.
- A cirurgia do estrabismo e da ptose congênita é com frequência considerada como de risco de HM, mas provavelmente de forma incorreta (doenças neuromusculares diferentes).
- Não existe vínculo com a hipertermia maligna dos neurolépticos, mas um antecedente de hipertermia de esforço deve incentivar a detecção da HM.

TRATAMENTO DA CRISE (VER *CONDUTAS PARA URGÊNCIAS*)

Dantrolene
- Administração inicial IV (se possível com um cateter central) de 2,5 mg/kg, ± 1 mg/kg a cada 10 min até 10 mg/kg (em 95% dos casos, 5 mg/kg bastam, mas uma dose superior a 10 mg/kg pode ser necessária).
- A eficácia é julgada nos minutos após a injeção.
- Cada frasco contém 20 mg de dantrolene e deve ser diluído em 60 mL de água destilada (o ideal é a 41°C porque acelera a dissolução).
- Cada frasco contém 3 g de manitol.

DURANTE A CRISE

- Observação na reanimação por pelo menos 24 h (recorrência da crise em 30% dos casos). Observação contínua da temperatura central e da etCO$_2$.
- Ventilação mecânica durante o efeito miorrelaxante do dantrolene sobre a ventilação e a deglutição (meia-vida de 8-10 h).
- Continuar com o dantrolene IV: 1 mg/kg a cada 4 h durante 24-48 h (às vezes 72 h). Trocar por via enteral durante 24 h na mesma posologia, continuar caso os sinais musculares persistam.
- Observação: gasometria, CPK, calemia, calcemia, mioglobinúria, mioglobinemia e **coagulograma**. Uma dosagem de CPK que permanece normal em 12-24 h é um argumento importante do diagnóstico negativo da HM.
- Investigação genética em caso de suspeita de evolução desfavorável (10 mL de sangue total em um tubo EDTA e heparina-lítio), +/- biópsia muscular.

- Informação do paciente e da família*:
  - Devolver um relatório escrito sobre o diagnóstico e as precauções anestésicas.
  - Dirigir ao centro de referência (Paris, Lille, Marseille, Grenoble).
- Preencher o formulário de declaração para o registro nacional HM*.

ESTRATÉGIA ANESTÉSICA NOS PACIENTES SUSCETÍVEIS À HM

- A anestesia dos pacientes suscetíveis conhecidos é excepcionalmente acompanhada de reação anormal, apenas pela exclusão dos agentes perigosos. A profilaxia com o dantrolene é inútil.
- São possíveis: agentes anestésicos IV, opioides, curares despolarizantes, anestésicos locais, neostigmina.
- Colocar o paciente no início da programação do dia.
- Dispensar os vaporizadores de halogenados, circuito aberto, sem cal nem borracha (absorve os vapores), purificar o circuito com O_2 puro (10 min a 10 L/min). Em caso de dúvida, na emergência: ventilador de transporte ou de reanimação.
- Monitorar a $EtCO_2$ e a temperatura central.

OBRIGAÇÃO LEGAL NA FRANÇA

> - É obrigatório dispor de uma reserva em dantrolene injetável, no prazo da validade, rapidamente acessível, em todos os estabelecimentos de saúde que praticam anestesia geral ou anestesia locorregional (18 frascos de 20 mg no local anestésico, o que corresponde a uma dose de 5 mg/kg para um paciente de 70 kg), e 18 frascos suplementares, no interior do estabelecimento, acessíveis o tempo todo.
> - **O cartaz com o procedimento de preparação e de administração deve estar afixado no centro cirúrgico.** Cartaz e procedimento disponível no *site* da SFAR.

- Informar o paciente e família.
- Preencher o formulário de declaração para o registro nacional de HM.

---

* Informações relativas a procedimentos na França.

Acidentes de exposição a sangue e outros líquidos contaminantes

ACIDENTES DE EXPOSIÇÃO AO SANGUE (AES), DEFINIÇÃO E FATORES DE RISCO

- Qualquer exposição ao sangue ou aos líquidos biológicos potencialmente contaminantes, suscetíveis de transmitir uma infecção HIV, VHB ou VHC aos profissionais expostos por via percutânea, mucosa ou cutânea sobre pele lesionada.
- Os líquidos potencialmente infectantes são principalmente o sangue e todos os fluidos contaminados de sangue, as secreções genitais, cefalorraquidianas, pleurais, peritoneais e sinoviais apresentam risco menor. As fezes, o suor, as lágrimas e a urina são considerados não infectantes (na ausência de contaminação pelo sangue).
- O risco de transmissão:
    - Aumenta em caso de ferida profunda, de agulha utilizada para um ato intravascular, de grosso calibre e visivelmente suja.
    - Aumenta se a viremia do paciente fonte estiver elevada.
    - Diminui com o uso de luvas.
- A incidência de soroconversão em seis meses para o HIV, após uma picada com uma agulha contaminada, é da ordem de 0,3%.
- Após exposição percutânea ao sangue de uma pessoa não vacinada contra a hepatite B, a taxa de transmissão em presença de um paciente fonte AgHBe negativo é estimada em 6% e aumenta a 20-30% em caso de AgHBe positivo.
- Após exposição percutânea ao sangue, o risco de transmissão do VHC é estimado em 0,5%.

PRECAUÇÕES UNIVERSAIS (CIRCULAR DGS/DH N. 98-249 DE 20 DE ABRIL DE 1998) E VACINAÇÃO CONTRA HEPATITE B DOS PROFISSIONAIS DE SAÚDE

- Lavagem e/ou desinfecção sistemática (soluções hidroalcoólicas) das mãos entre dois pacientes ou duas atividades e imediatamente em caso de contato com líquidos potencialmente contaminantes.
- Usar luvas para qualquer contato com um líquido biológico contaminante, material sujo, mucosas ou uma lesão cutânea do paciente, principalmente por ocasião dos cuidados com risco de picada e durante a manipulação de tubos de coletas biológicas, lençóis e material contaminado. Usar luvas sistematicamente durante os cuidados caso o profissional tenha lesões cutâneas. Proteger qualquer ferida.
- Usar óculos, máscara, avental quando existe um risco de projeção (intubação, aspiração, endoscopia, cirurgia).
- Material sujo pontiagudo ou cortante descartável: não recolocar a tampa em agulhas, não removê-las com a mão, depositar imediatamente após o uso sem manipulação em um coletor próprio, situado o mais próximo do cuidado e cujo nível máximo de preenchimento deve ser observado.
- Material sujo reutilizável: manipular com precaução quando sujo com sangue ou qualquer outro produto de origem humana.
- Superfícies sujas: limpar e depois desinfetar com água sanitária a 9% diluída extemporaneamente em ⅕ de água fria (ou qualquer outro de-

sinfetante apropriado) as superfícies sujas por projeções de sangue, ou outro produto de origem humana.

- Transporte da roupa e dos materiais sujos com sangue ou qualquer outro produto de origem humana: devem ser retirados do serviço em embalagem fechada impermeável, marcada com um sinal distintivo.
- No centro cirúrgico: trocar regularmente de luvas, usar dois pares de luvas, principalmente no caso do cirurgião principal, durante a sutura de planos parietais. Usar máscaras com viseira ou óculos de proteção.
- Os profissionais de saúde devem ser vacinados contra a hepatite B antes de serem potencialmente expostos ao sangue e líquidos biológicos, com 3 doses intramusculares a 0,1 e seis meses (ou D0, D7 e D21 segundo os casos), seguidas de controle imunitário dois meses depois da última dose. O indivíduo é vacinado se: Ac anti--HBs > 100 UI/L ou se Ac anti-Hbs: 10-100 UI/L no indivíduo com vacinação completa e documentada associadas à ausência de Ac anti-HBc. Se anti-HBs < 10 UI/L com Ac anti-HBc negativo ou Ac anti-HBs: 10-100 UI/L com vacinação incompleta: é preciso efetuar nova vacinação (com no máximo o total de 6 injeções).

MEDIDAS GERAIS EM CASO DE ACIDENTE DE EXPOSIÇÃO AO SANGUE (AES)
Tratamento local imediato
- Em caso de ferida ou picada: não sangrar, limpar imediatamente a ferida com água e sabão e depois enxaguar. Desinfetar com derivado de cloro (líquido de Dakin ou água sanitária a 2,6% de cloro ativo diluído em ⅕) ou iodopovidona em solução dérmica ou álcool a 70° durante pelo menos 5 min.
- Em caso de projeção sobre as mucosas e os olhos: lavar abundantemente com água ou com NaCl 0,9% por pelo menos 5 min.

Em seguida
- Sorologias HIV (teste rápido HIV), hepatites B e C.
- Entrar em contato com o médico (médico do trabalho e/ou médico infectologista hospitalar) para avaliar o risco de transmissão HIV, VHB e VHC e a indicação da profilaxia pós-exposição (PEP):
  - O PEP anti-HIV baseia-se, se necessário, no início do tratamento antiviral com triterapia (o mais frequente são dois inibidores da transcriptase inversa e um inibidor de protease). Deve ser iniciado o mais brevemente possível, idealmente nas 4 primeiras horas e até 48 h depois do incidente.
  - O PEP anti-VHB baseia-se na administração de gamaglobulinas específicas nas próximas 48 h, associadas à vacinação caso o indivíduo não esteja imunizado.
  - Não existe PEP anti-VHC. Efetua-se um acompanhamento biológico das transaminases, da sorologia e se necessário do RNA--VHC. Estabelecimento de um tratamento com interferon durante três meses após a descoberta da infecção aguda, se a viremia permanecer detectável.
- Fazer uma declaração de acidente de trabalho nas próximas 24 h.
- Observação sorológica.

Tabela: Acompanhamento biológico das pessoas expostas aos vírus HIV, VHC, VHB

	AES sem PEP	AES com PEP
D0	Sorologias HIV, VHC + TGP Ac anti-HBs se vacinado sem taxa conhecida	Hemograma, TGP, creatinina, teste de gravidez Sorologias HIV, VHC Ac anti-HBs se vacinado sem taxa conhecida
D15	Nenhuma avaliação biológica	Hemograma, TGP +/- creatinina
D30	Nenhuma avaliação biológica	Hemograma, TGP +/- creatinina PCR-VHC se PCR-VHC + indivíduo fonte
S6	Sorologia HIV PCR-VHC + TGP se PCR-VHC + no paciente fonte	Nenhuma avaliação biológica
M2	Nenhuma avaliação biológica	Sorologia HIV
M3	Sorologia HIV Sorologia VHC + TGP em caso de risco VHC Anti-HBc caso não responda ou não seja vacinado	Nenhuma avaliação biológica
M4	Nenhuma avaliação biológica	Sorologia HIV Sorologia VHC + TGP se risco VHC Anti-Hbc se não responder ou não for vacinado

Se o paciente fonte for soronegativo para o HIV, a observação só deve ser efetuada se houver risco de infecção primária no indivíduo fonte.

Conduta em caso de acidente de exposição a sangue

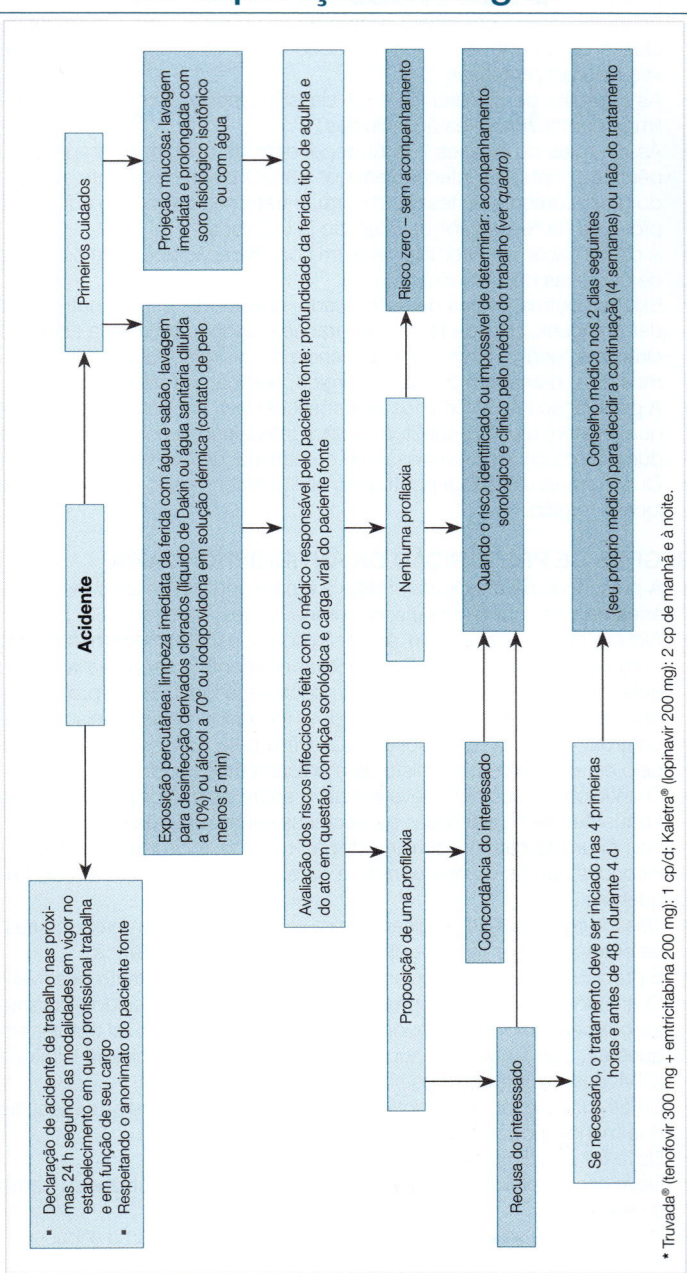

Anestesia

Princípios de antibioticoprofilaxia

- A antibioticoprofilaxia é indicada para a cirurgia com alta frequência de infecção pós-operatória e para aquela cujas complicações infecciosas, ainda que raras, têm consequências vitais ou funcionais graves (cirurgia protética).
- As cirurgias de classes I e II da classificação de Altemeier (limpa e limpa contaminada) estão incluídas.
- As cirurgias de classes III e IV dependem de antibioticoterapia terapêutica adaptada à infecção em questão. Quando o paciente é cuidado precocemente (antes da 6ª hora), o tratamento precoce equivale à profilaxia da "evolução" da infecção já instalada.
- A classificação de Altemeier leva em consideração apenas a presença de bactérias no local cirúrgico.
- Existem outros fatores de risco: idade, obesidade, estado nutricional, deformações, qualidade da preparação pré-operatória e da assepsia cirúrgica, técnica cirúrgica, experiência do cirurgião, qualidade da hemostasia, drenagem do local cirúrgico, duração da intervenção etc.
- A pontuação NNIS (Critérios diagnósticos) leva em contra três fatores que refletem os três aspectos do risco infeccioso: a pontuação ASA, a duração da cirurgia e a classe de contaminação de Altemeier.
- Quanto mais elevada a pontuação NNIS maior o risco de infecção do local cirúrgico.

REGRAS DE PRESCRIÇÃO DA ANTIBIOPROFILAXIA

- A prescrição da antibioticoprofilaxia é parte integrante da consulta de anestesia pré-operatória (risco, horário, doses, duração).
- Alguns protocolos devem ser definidos e escritos localmente pelo conjunto dos envolvidos. Devem levar em conta e ser reavaliados regularmente em função da ecologia bacteriana local. Esses protocolos devem ser consensuais, conhecidos, validados pelas comissões de controle de infecção hospitalar (CCIH) e pelo conselho responsável pelo estabelecimento da lista de medicamentos usados.
- O antibiótico escolhido deve ser ativo sobre os microrganismos mais frequentes sem visar todas as bactérias eventualmente encontradas.
- Nas cirurgias cardiovascular, ortopédica e neurocirurgia, os *Staphylococcus aureus* ou *epidermidis* e os estreptococos são os mais frequentes.
- Nas cirurgias digestiva, ginecológica e urológica, as enterobactérias, os enterococos e os anaeróbicos são os mais encontrados.
- É preciso escolher moléculas com o espectro mais estreito possível.
- O antibiótico deve estar presente no sangue e nos tecidos durante todo o período operatório; deve alcançar, no nível do local tissular em questão, concentrações superiores à concentração mínima inibitória (CIM) dos microrganismos habitualmente responsáveis.
- De atividade igual, o antibiótico deve ser escolhido entre as moléculas que menos induzem resistências bacterianas.
- Deve ter o mínimo possível de efeitos secundários.
- Deve ser escolhido de preferência entre aqueles não utilizados como terapêutico.
- Privilegiam-se as moléculas mais baratas e com a mesma eficácia.
- A via ideal de administração é a intravenosa.

- A primeira dose deve ser administrada no máximo 90 min antes da cirurgia, ou então no mínimo na indução anestésica. O risco de infecção do local cirúrgico aumenta quando a primeira dose é administrada após a incisão.
- A duração deve ser curta: limitada à duração da intervenção, algumas vezes 24 h, nunca além de 48 h, inclusive quando os drenos ou os cateteres são mantidos. Toda antibioticoprofilaxia modifica a flora bacteriana residente e seleciona as bactérias resistentes.
- Para obter concentração elevada e prolongada nos tecidos, a dose deve ser o dobro da unitária padrão.
- No perioperatório, é preciso repetir uma dose padrão a cada meia-vida para ter concentrações tissulares eficazes durante toda a intervenção.
- No pós-operatório: posologia e intervalos entre as doses devem ser clássicos, a antibioticoprofilaxia for mantida por 24-48 h.
- Quanto mais longa a cirurgia, menor a eficácia da antibioticoprofilaxia.

CASOS ESPECIAIS
Paciente potencialmente colonizado por uma flora nosocomial
- Pacientes hospitalizados por mais de 48 h antes da intervenção, hospitalizados em serviços de longa permanência ou de reeducação, submetidos à nova intervenção precoce por uma causa não infecciosa e aqueles que se beneficiam de uma antibioticoterapia recente.
- Esses pacientes são mais propensos a se tornar portadores de bactérias multirresistentes (BMR): enterobactérias multirresistentes, *Staphylococcus aureus* resistentes à meticilina (MRSA).
- Algumas regras devem ser respeitadas:
  - A circulação de BMR deve ser detectada nos serviços de risco (reanimação), e o resultado considerado.
  - As violações dos protocolos habituais devem ser excepcionais. O potencial benefício de uma ampliação da antibioticoprofilaxia para o paciente deve ser avaliado em relação às desvantagens para a coletividade: emergência de cepas multirresistentes e custo adicional.
  - Em caso de suspeita ou comprovação de colonização de MRSA, recomenda-se a utilização de vancomicina, ou a adição de gentamicina ao betalactâmico para as especialidades de ortopedia, neurocirurgia e cirurgia torácica.
  - Não existem argumentos para estender para as outras BMR no âmbito da antibioticoprofilaxia.

Infusão de vancomicina
- Posologia de 15 mg/kg de peso real em 30 min; a administração do medicamento deve acabar no momento da incisão cirúrgica.

Paciente obeso (IMC > 35)
- Dobrar as doses de betalactâmicos mesmo fora da cirurgia bariátrica.
- A dose de clindamicina passa para 900 mg.
- A posologia de gentamicina se mantém em 5 mg/kg sem ultrapassar 500 mg.

Paciente imunodeprimido

- O risco de infecção pós-operatória é aumentado pela radioterapia, quimioterapia, corticoterapia, tratamentos com imunossupressores, em caso de diabete descompensado, nos indivíduos muito idosos (> 85 anos), obesos ou desnutridos.
- Mesmo assim os protocolos habituais devem ser utilizados.
- É correto aplicar as recomendações de classe II para os pacientes inicialmente na classe I.
- Estes fatores de riscos:
  - Levam à escolha de uma antibioticoprofilaxia tipo piperacilina + tazobactama + amicacina em caso de peritonite comunitária (ver *Tratamento das infecções intra-abdominais*).
  - Indicam antibioticoprofilaxia em caso de intervenção intraocular para as situações de imunossupressão e diabete.
- **Valvopatia** (ver *Profilaxia da endocardite*).
- **Transplante, duas situações são possíveis**:
  1. Paciente ambulatorial: a infecção pós-operatória está ligada às bactérias comunitárias. Antibioticoprofilaxia em função do órgão transplantado.
  2. Paciente potencialmente colonizado por uma flora nosocomial: antibioticoprofilaxia direcionada à flora local com antibióticos habitualmente reservados aos tratamentos das infecções evidentes.

Profilaxia da endocardite

- Deve ser limitada a pacientes e procedimentos de risco.
- As medidas de higiene permanecem fundamentais: higiene bucal, cuidados dentários regulares e pré-operatórios, tratar uma infecção em andamento antes do ato cirúrgico, preferir a intubação orotraqueal à intubação nasotraqueal (INT), avaliar a indicação e a duração das monitorações invasivas.

PACIENTES DE RISCO

- Prótese valvar de todo tipo.
- Antecedente de endocardite infecciosa.
- Cardiopatia cianótica não operada, ou operada mas com comunicações anormais ou material protético persistente.
- Cardiopatia cianótica operada há mais de seis meses.
- As outras cardiopatias (antigos grupos B e C) não são mais consideradas como de risco.

PROCEDIMENTOS DE RISCO

- Procedimentos bucodentais invasivos (detalhes ver *Antibioticoprofilaxia para cirurgia estomatológica*).
- Cirurgia das glândulas salivares, cirurgia velopalatina e amigdalectomia.
- Os outros procedimentos ORL, respiratórios, urodigestivos e cutâneos não são mais considerados de risco.

ANTIBIOTICOPROFILAXIA RECOMENDADA

Dose única 30-60 min antes do procedimento			
	Molécula	Adulto	Criança
Nenhuma alergia aos betalactâmicos	Amoxicilina	2 g VO ou IV	50 mg/kg VO ou IV
Alergia aos betalactâmicos	Clindamicina	600 mg VO ou IV	20 mg/kg VO ou IV

Antibioticoprofilaxia para cirurgia ortopédica e traumatologia

Ato cirúrgico	Droga	Posologia	Duração
• Prótese articular • Substituição de prótese articular ou de coluna[1]	Cefamandol + gentamicina em caso de contexto nosocomial[2]	1,5 g pré-operatório (reinjeção no perioperatório 0,75 g/2 h), depois 0,75 g/6 h + 5 mg/kg em uma injeção	24 h
	Alergia: clindamicina + gentamicina em caso de contexto nosocomial[2]	600 mg (reinjeção perioperatória 600 mg/ 6h), depois 600 mg/6 h + 5 mg/kg em uma injeção	
• Cirurgia ortopédica + material, enxerto ósseo, ligamentoplastia • Cirurgia da coluna cervical, dorsal, lombar sem material, ortoplastia • Artrotomia de uma grande articulação (ombro, cotovelo, quadril, joelho)	Cefamandol + gentamicina em caso de contexto nosocomial[2]	1,5 g no pré-operatório (reinjeção no perioperatório 0,75 g/2 h), 5 mg/kg em uma injeção	Dose única
	Alergia: clindamicina + gentamicina em caso de contexto nosocomial[2]	600 mg (reinjeção no perioperatório 600 mg/4 h), + 5 mg/kg em uma injeção	
• Cirurgia tumoral da pelve	Cefoxitina	2 g no pré-operatório (reinjeção no perioperatório 1 g/2 h), depois 1 g/8 h	24 h
	Alergia: clindamicina + gentamicina	600 mg (reinjeção no perioperatório 600 mg/ 4 h), depois 600 mg/6 h + 5 mg/kg em uma injeção	
• Outro tipo de cirurgia ortopédica, artroscopia diagnóstica, ablação material • Colocação de pinos percutâneos em fraturas do punho	Nenhuma antibioprofilaxia		
• Cirurgia da coluna sacral sem material	Cefoxitina	2 g no pré-operatório (reinjeção no perioperatório 1 g/2 h)	Dose única
	Alergia: clindamicina + gentamicina	600 mg (reinjeção no perioperatório 600 mg/4 h), + 5 mg/kg em uma injeção	
• Cirurgia da coluna vertebral com material sistema sextante	Cefamandol + gentamicina em caso de cirurgia do sacro ou contexto nosocomial[2]	1,5 g no pré-operatório (reinjeção no perioperatório 0,75 g/2 h), depois 0,75 g/6 h + 5 mg/kg em uma injeção	24 h
	Alergia: clindamicina + gentamicina se cirurgia do sacro	600 mg (reinjeção no perioperatório 600 mg/4 h), depois 600 mg/6 h + 5 mg/kg em uma injeção	
• Fratura exposta grau I	Cefamandol	1,5 g no pré-operatório (reinjeção no perioperatório 0,75 g/2 h), depois 0,75 g/6 h	24 h
	Alergia: clindamicina	600 mg (reinjeção no perioperatório 600 mg/4 h), depois 600 mg/6 h	
• Fratura exposta graus II e III • Ferida articular fora da mão e do pé • Ferida muito contaminada	Amoxicilina + clavulanato + gentamicina	2 g no pré-operatório (reinjeção no perioperatório 1 g/4 h), depois 1 g/8 h + 5 mg/kg em uma injeção	48 h
	Alergia: clindamicina + gentamicina	600 mg (reinjeção no perioperatório 600 mg/4 h), depois 600 mg/6 h + 5 mg/kg em uma injeção	
• Politraumatismo com choque hemorrágico • Ferida simples • Ferida articular mão/pé	Amoxicilina + clavulanato	2 g no pré-operatório (reinjeção no perioperatório 1 g/4 h)	Dose única
	Alergia: clindamicina + gentamicina	600 mg (reinjeção no perioperatório 600 mg/4 h) + 5 mg/kg em uma injeção	
• Mordida (humana, cão, gato)	Amoxicilina + clavulanato	2 g no pré-operatório (reinjeção no perioperatório 1g/4h), depois 1 g/8 h	48 h
	Alergia: doxiciclina	100 mg no pré-operatório, depois 100 mg/12 h	
• Cirurgia de retalho	Ver cirurgias plástica e reconstrutiva		
• Amputação	Ver cirurgias cardiotorácica e vascular		

[1] Em caso de suspeita de infecção, antibioticoterapia terapêutica (pipe-tazo + vancomicina) que deve ser continuada no pós-operatório e adaptada aos resultados das coletas bacteriológicas no perioperatório.
[2] Contexto nosocomial: paciente hospitalizado há mais de 48 h, institucionalizado (SSR, SLD, EPHAD).

Neurocirurgia			
Ato cirúrgico	Droga	Posologia	Duração
• Derivação externa do LCR	Nenhuma antibioticoprofilaxia		
• Derivação interna do LCR	Cloxacilina	2 g no pré-operatório (reinjeção no perioperatório 1 g/2 h)	Dose única
	Alergia ou colonização conhecida de MRSA: vancomicina	15 mg/kg no pré-operatório	
• Craniotomia • Cirurgia da base do crânio • Cirurgia por via transesfeinodal ou translabiríntica	Cefazolina	2 g no pré-operatório (reinjeção no perioperatório 1 g/4 h)	Dose única
	Alergia ou colonização conhecida de MRSA: vancomicina	15 mg/kg no pré-operatório	
• Cirurgia da coluna vertebral	Ver *quadro Ortopedia*		
• Ferida cranioencefálica, fratura aberta do crânio	Amoxicilina + clavulanato	2 g no pré-operatório (reinjeção no perioperatório 1 g/4 h), depois 1 g/8 h (máx. 6 g/d)	48 h
	Alergia: clindamicina + gentamicina	600 mg (reinjeção no perioperatório 600 mg/ 4 h), depois 600 mg/6 h + 5 mg/kg em uma injeção	
• Fratura do temporal com otorreia • Fratura da base do crânio com rinorreia	Nenhuma antibioticoprofilaxia		

Anestesia

Antibioticoprofilaxia em cirurgia oftalmológica

Cirurgia oftalmológica			
Ato cirúrgico	Droga	Posologia	Duração
▪ Cirurgia da catarata	Cefuroxima	1 injeção intracamerular no fim da intervenção	Dose única
	Alergia: levofloxacino	500 mg VO H-12 + 500 mg VO H-2	
▪ Cirurgia com globo aberto no paciente de risco[1]	Levofloxacino	500 mg VO H-12 + 500 mg VO H-2	Dose única
▪ Traumatismo com globo aberto	Levofloxacino	500 mg IVL, depois 500 mg x 2/d VO	48 h
▪ Lesão das vias lacrimais	Amoxicilina + clavulanato	2 g no pré-operatório	Dose única
	Alergia: clindamicina	600 mg no pré-operatório	
▪ Punção da câmara anterior ▪ Punção de líquido sub-retiniano ▪ Cirúrgico com globo fechado	Nenhuma antibioticoprofilaxia		

[1] Paciente de risco: diabete, implantação de um dispositivo intraocular diferente do da cirurgia da catarata, antecedente de endoftalmia, paciente monoftalma.

Antibioticoprofilaxia para cirurgia cardiotorácica e vascular

Cirurgia cardiotorácica e vascular			
Ato cirúrgico	Droga	Posologia	Duração
• Cirurgia cardíaca • Cirurgia da aorta • Cirurgia vascular dos membros inferiores e dos grandes vasos • Endoprótese arterial • Dilatação vascular com ou sem *stent* com exceção das coronárias • Colocação de um estimulador cardíaco • Procedimento endocavitário • Cirurgia pulmonar, decorticação • Cirurgia do mediastino	Cefazolina	2 g no pré-operatório (reinjeção no perioperatório 1 g/4 h)	Dose única
	Alergia: vancomicina	15 mg/kg no pré-operatório	
• Cirurgia carotídea • Dilatação coronariana com ou sem *stent* • Cirurgia venosa • Mediastinoscopia, videotoracoscopia • Drenagem torácica ou pericárdica	Nenhuma antibioticoprofilaxia		
Amputação de membro	Amoxicilina + clavulanato	2 g no pré-operatório (reinjeção no perioperatório 1 g/4 h), depois 1 g/8 h (máx 6 g/d)	48 h
	Alergia: clindamicina + gentamicina	600 mg (reinjeção no perioperatório 600 mg/4 h), depois 600 mg/6 h + 5 mg/kg/d em uma injeção	
Ferida do tórax operada	Cefazolina	2 g no pré-operatório (reinjeção no perioperatório 1 g/4 h), depois 1 g/6 h	48 h

Anestesia

Antibioticoprofilaxia para cirurgia plástica e reconstrutiva

Cirurgia plástica e reconstrutiva			
Ato cirúrgico	Droga	Posologia	Duração
▪ Cirurgia limpa	Cefazolina	2 g no pré-operatório (reinjeção no perioperatório 1 g/4 h)	Dose única
	Alergia: clindamicina	600 mg (reinjeção no perioperatório 600 mg/4 h)	
▪ Cirurgia limpa contaminada	Amoxicilina + clavulanato	2 g no pré-operatório (reinjeção no perioperatório 1 g/4 h)	Dose única
	Alergia: clindamicina	600 mg (reinjeção no perioperatório 600 mg/4 h)	

Cirurgia bariátrica (IMC > 35)			
Ato cirúrgico	Droga	Posologia	Duração
▪ Anel gástrico	Cefazolina	4 g no pré-operatório em 30 min (reinjeção no perioperatório 2 g/4 h)	Dose única
	Alergia: vancomicina	15 mg/kg no pré-operatório	
▪ *Bypass* gástrico (gastrectomia *sleeve*)	Cefoxitina	4 g no pré-operatório em 30 min (reinjeção no perioperatório 2 g/2 h)	
	Alergia: clindamicina + gentamicina	900 mg no pré-operatório (reinjeção no perioperatório 900 mg/4 h) + 5 mg/kg em uma injeção	
▪ Abdominoplastia	Cefazolina	4 g no pré-operatório em 30 min (reinjeção no perioperatório 2 g/4 h)	
	Alergia: clindamicina + gentamicina	900 mg no pré-operatório (reinjeção no perioperatório 900 mg/4 h) + 5 mg/kg em uma injeção	

Anestesia

Cirurgia ORL, estomatológica e cervicofacial			
Ato cirúrgico	Droga	Posologia	Duração
• Cirurgia cervicofacial ou maxilofacial, com abertura bucofaríngea • Cirurgia nasossinusal com tamponamento • Cirurgia rinológica com a colocação de um enxerto ou reoperação	Amoxicilina + clavulanato	2 g no pré-operatório (reinjeção no perioperatório 1 g/4 h), depois 1 g/8 h (máx. 6 g/d)	24-48 h
	Alergia: clindamicina + gentamicina	600 mg (reinjeção no perioperatório 600 mg/4 h), depois 600 mg/6 h + 5 mg/kg/d em uma injeção	
• Cervicotomia, traqueotomia, tireoidectomia • Linfadenectomia • Cirurgia do estribo • Cirurgia do ouvido médio • Cirurgia das glândulas salivares • Cirurgia velopalatina • Amigdalectomia • Colesteatomia[1] (se abertura meníngea perioperatória, ver protocolo para craniotomia)	Nenhuma antibioticoprofilaxia		
• Cirurgia alveolar • Extração dentária em meio não séptico	Nenhuma antibioticoprofilaxia, exceto se houver necessidade de profilaxia da endocardite		
• Outros procedimentos bucodentários	Nenhuma antibioticoprofilaxia		

[1] O colesteatoma infectado faz parte do quadro da antibioticoterapia terapêutica.

Antibioticoprofilaxia para cirurgia ginecológica e obstétrica

Cirurgia ginecológica e obstétrica

Ato cirúrgico		Droga	Posologia	Duração
• Cirurgia por via abdominal • Cirurgia por via vaginal (histerectomia, fertiloscopia, tratamento de prolapso, TVT etc.) • Cerclagem uterina • Cirurgia por laparoscopia (tratamento de endometriose, colpopexia sacral etc.) • *Plug, laser* fetal • Revisão uterina • Aborto espontâneo hemorrágico		Cefazolina	2 g no pré-operatório (reinjeção perioperatória 1 g/4 h)	Dose única
		Alergia: clindamicina + gentamicina	600 mg (reinjeção no perioperatório 600 mg/4 h) + 5 mg/kg	
• Laparoscopia diagnóstica e exploratória sem incisão vaginal (gravidez extrauterina, anexectomia, tratamento de aderências, cistos ovarianos etc.) • Histeroscopia, cerclagem uterina simples • Conização, fecundação *in vitro* • Aspiração não hemorrágica • Dispositivo intrauterino, biópsia endometrial		Nenhuma antibioticoprofilaxia		
Cesariana (programada ou de emergência)		Cefazolina	2 g no pré-operatório	Dose única
		Alergia: clindamicina	600 mg no pré-operatório	
Interrupção voluntária de gravidez	< 25 anos: PCR clamídia na consulta — Resultado negativo	Nenhuma antibioticoprofilaxia		
	Resultado positivo ou não recuperado	Doxiciclina 100 mg VO 1 h antes e 200 mg VO no pós-operatório		
	> 25 anos	Metronidazol 1 g VO 1 h antes e 500 mg VO no pós-operatório		
• Cirurgia mamária	– Mastectomia ± retirada dos linfonodos axilares – Lumpectomia ± retirada dos linfonodos axilares – Reconstrução mamária – Cirurgia plástica	Cefazolina	2 g no pré-operatório (reinjeção perioperatória 1 g/4 h)	Dose única
		Alergia: clindamicina + gentamicina	600 mg (reinjeção no perioperatório 600 mg/4 h) + 5 mg/kg	
	– Lumpectomia simples – Redução mamária – Plástica aréolo-mamilar – Abscesso do seio	Nenhuma antibioticoprofilaxia		

367

Anestesia

Cirurgia urológica (urina estéril)[1]			
Ato cirúrgico	Droga	Posologia	Duração
• RTU próstata, adenomectomia por via alta • RTU bexiga • Tratamento endoscópico de litíases renais e ureterais • Passagem de duplo J • Uretroplastia, uretrotomia	Cefamandol Alergia: gentamicina	1,5 g no pré-operatório (reinjeção no perioperatório 0,75 g/2 h) 5 mg/kg no pré-operatório	Dose única
• Cistoscopia • Uretroscopia, ureteroscopia • Prostatectomia radical • Litotripsia • Nefrectomia e cirurgia do trato digestivo alto • Nefrostomia percutânea • Cirurgia do pênis e do escroto sem prótese		Nenhuma antibioticoprofilaxia	
• Incontinência urinária (TVT, TOV) • Esfíncter artificial • Cistectomia, Bricker, enterocistoplastia	Cefoxitina Amoxicilina + clavulanato Alergia: ornidazol + gentamicina	2 g no pré-operatório (reinjeção no perioperatório 1 g/2 h) 2 g no pré-operatório (reinjeção no perioperatório 1 g/4 h) 1 g no pré-operatório + 5 mg/kg em uma aplicação	Dose única
• Biópsia transretal da próstata	Levofloxacino	1 cp VO 1 h antes da cirurgia (+ lavagem retal)	Dose única
• Prótese peniana ou testicular	Cefazolina Alergia: clindamicina	2 g no pré-operatório 600 mg (reinjeção no perioperatório 600 mg/4 h)	Dose única
• Transplante renal	Amoxicilina + clavulanato Alergia: levofloxacino	2 g no pré-operatório (reinjeção no perioperatório 1 g/4 h) 1 cp VO 1 h antes	Dose única
• Transplante de rim-pâncreas	Piperacilina + tazobactama Alergia: levofloxacino + ornidazol	4 g no pré-operatório (reinjeção no perioperatório 4 g/4 h), máx. 16 g/d 0,5 g IV 1 h antes e depois x 2/d + 1 g no pré-operatório e depois 1 g/d	24 h
• Coleta de órgãos	Amoxicilina + clavulanato	2 g no pré-operatório (reinjeção no perioperatório 1 g/4 h)	Dose única

[1] Em caso ECBU positivo, ver ECBU *pré-operatório*.

Antibioticoprofilaxia para cirurgia abdominal

Cirurgia abdominal
(em caso de antibioticoterapia, dirigir-se ao capítulo Antibioticoterapia terapêutica das afecções digestivas)

Ato cirúrgico	Droga	Posologia	Duração
• Cirurgia abdominal sem abertura do tubo digestivo[1] • Cirurgia gastroduodenal sem anastomose gastrojejunal, tubulização gástrica, Lewis-Santy • Cirurgia biliar (colecistectomia por laparotomia ou por laparoscopia com fator de risco[2]) • Cirurgia pancreática, sem anastomose digestiva • Cirurgia hepática • Cirurgia esofágica (sem esofagocoloplastia) • Tratamento de eventração	Cefazolina	2 g no pré-operatório (reinjeção no perioperatório 1 g/4 h)	Dose única
	Alergia: clindamicina + gentamicina	600 mg (reinjeção no perioperatório 600 mg/4 h) + 5 mg/kg	Dose única
• Hérnia simples ou sem tela • Colecistectomia por laparoscopia sem fator de risco[2]		Nenhuma antibioticoprofilaxia	
• Cirurgia colorretal • Cirurgia apendicular[3] • Cirurgia do intestino delgado, anastomose biliodigestiva • Cirurgia pancreática com anastomose digestiva sem antecedente de endoscopia biliar • Esofagocoloplastia	Cefoxitina	2 g no pré-operatório (reinjeção no perioperatório 1 g/2 h)	Dose única
	Amoxicilina + clavulanato	2 g no pré-operatório (reinjeção no perioperatório 1 g/4 h) máx. 6 g/d	Dose única
	Alergia: ornidazol + gentamicina	1 g no pré-operatório + 5 mg/kg	Dose única
• Cirurgia pancreática com anastomose digestiva com antecedentes de ato endoscópico biliar	Piperacilina + tazobactama	4 g no pré-operatório (reinjeção no perioperatório 4 g/4 h), máx. 16 g/d	24 h
	Alergia: levofloxacino + ornidazol	0,5 g IV e depois 0,5 g x 2/d + 1 g no pré-operatório	24 h
• Cirurgia proctológica	Ornidazol	1 g no pré-operatório	Dose única
• Feridas abdominais sem perfuração de órgão oco	Ver cirurgia colorretal		Dose única
• Feridas abdominais com perfuração de órgão oco	Ver cirurgia colorretal		24 h

[1] Profilaxia das infecções tardias pós-esplenectomia não entra no contexto destas recomendações.
[2] Fatores de risco: colecistite recente, imunodepressão, exploração das vias biliares pré ou perioperatória.
[3] Apêndice normal ou inflamatório e ausência de abscesso, perfuração, gangrena etc.

Anestesia

Antibioticoprofilaxia para endoscopias digestivas

Endoscopias digestivas			
Ato cirúrgico	**Droga**	**Posologia**	**Duração**
▪ Endoscopia digestiva alta com ou sem biópsia ▪ Colonoscopia com ou sem biópsia ▪ Ecoendoscopia sem punção ▪ Dilatação ou prótese esofágica[1] ▪ Ligadura de varizes esofágicas sem hemorragia[2] ▪ Prótese duodenal ▪ *Laser*	Nenhuma antibioticoprofilaxia		Dose única
▪ CPRE, papilotomia ▪ Prótese biliar ▪ Esclerose de varizes esofágicas sem hemorragia[2] ▪ Ecoendoscopia com biópsia	Cefazolina	2 g no pré-operatório (reinjeção no perioperatório 1 g/4 h)	
	Alergia: levofloxacino	500 mg VO 1 h antes	
▪ Gastrostomia percutânea	Cefuroxima	1,5 no pré-operatório	
	Alergia: levofloxacino	500 mg VO 1 h antes	
▪ Dilatação colônica ▪ Prótese colônica	Cefoxitina	2 g no pré-operatório (+ 1 g se duração > 2 h)	
	Alergia: levofloxacino + ornidazol	500 mg VO 1 h antes 1 g no pré-operatório	

[1] A antibioticoprofilaxia deve ser discutida em caso de imunossupressão grave (hemopatias, neutropenia < 500 PMN/mm³).

[2] A esclerose ou a ligadura das varizes esofágicas em período hemorrágico se insere no contexto da antibioticoterapia terapêutica.

Antibioticoprofilaxia para cirurgia pediátrica

Cirurgia pediátrica (cada escolha deve ser avaliada em função da flora do paciente, jamais ultrapassar as posologias para adultos)

Ato cirúrgico	Droga	Posologia	Duração
Cirurgia neonatal • Oclusão digestiva • Atresia das vias biliares/esofágicas	Amoxicilina + clavulanato	50 mg/kg no pré-operatório	Dose única
• Canal arterial • Válvula da uretra posterior	Cefazolina	25 mg/kg no pré-operatório	Dose única
• Hérnia diafragmática em caso de abertura do tubo digestivo	Cefazolina + ornidazol	25 mg/kg no pré-operatório + 30 mg/kg no pré-operatório	
• Hérnia inguinal/umbilical, cirurgia parietal • Ectopia testicular • Estenose do piloro	Nenhuma antibioticoprofilaxia		
• Laparoscopia, esplenectomia • Cirurgia hepática, renal, adrenal • Cirurgia vascular (anastomose porto-cava) • Gastrostomia endoscópica, esclerose/ligadura das varizes esofágicas • Cirurgia torácica • Craniotomia • Cirurgia urológica (urina estéril)	Cefazolina	25 mg/kg no pré-operatório (reinjeção no perioperatório 12,5 mg/kg/4 h) máx. 50 mg/kg/d	Dose única
	Alergia: clindamicina + gentamicina	20 mg/kg IV lenta 30 min + 5 mg/kg IV lenta 30 min em uma aplicação	
• Cirurgia colônica, cirurgia retal • Abertura ou fechamento do tubo digestivo • Cirurgia hepatobiliar (1ª intervenção) • Drenagem das vias biliares (comunitária)	Amoxicilina + clavulanato	50 mg/kg no pré-operatório (reinjeção no perioperatório 25 mg/kg/4 h) máx. 100 mg/kg/d	Dose única
	Alergia: levofloxacino* + ornidazol	10 mg/kg IV lenta 30 min (máx. 500 mg) + 30 mg/kg IV lenta	
• Cirurgia hepatobiliar (nosocomial) • Drenagem das vias biliares (nosocomial)	Piperacilina + tazobactama	100 mg/kg no pré-operatório (reinjeção no perioperatório 50 mg/kg/4 h) máx. 300 mg/kg/d	
	Alergia: ciprofloxacina* + ornidazol	10 mg/kg IV lenta 30 min (máx. 400 mg) + 30 mg/kg IV lenta	
• Cirurgia ortopédica sem material	Nenhuma antibioticoprofilaxia		
• Cirurgia ortopédica com material	Cefamandol	25 mg/kg no pré-operatório (reinjeção no perioperatório 12,5 mg/kg/2 h), depois 12,5 mg/kg/6 h	24 h
	Alergia: clindamicina + gentamicina	20 mg/kg no pré-operatório e depois 10 mg/kg/8 h IV lenta 30 min + 5 mg/kg/d IV lenta 30 min em uma injeção	

Ver *Antibioticoterapia terapêutica na criança* para o tratamento da cirurgia apendicular e das peritonites.
* Sem autorização para a faixa pediátrica.

Nome comercial®	Princípio ativo	Posologia adulto	Posologia pediátrica (mg/kg/d)	Injúria renal: *clearance* creatinina < 30 mL/min, posologia adulto	D	CVVHD
Penicilina G IV	Benzilpenicilina	6-50 M UI/d contínua em bomba de infusão	50-100.000 UI	2 M UI/4 h-1 M UI/12 h	+	ND
Orbenina	Cloxacilina	2 g x 3-6/d IV	50-100	50-100 mg/kg (12 g)	-	50-100 mg/kg/d
Clamoxyl	Amoxicilina	1-2 g x 3-6/d IV	100-200	0,5-1,5 g/24 h	+	ND
Augmentin	Amoxicilina + clavulanato	1-2 g x 3/d IV	100	0,5 g/8 h-0,25 g/12 h	+	ND
Selexid	Pivmecilinam	0,2-0,4 g x 3-4/d IV	NR	0,2-0,4 g x 1-2/d IV	+	ND
Ticarpen	Ticarcilina	5 g x 3/d	300	5 g/12 h-2 g/24 h	+	ND
Claventin	Ticarcilina + clavulanato	5 g x 3/d	225	3-5 g/8 h-3 g/24 h	+	3 g/6 h
Pipérilline	Piperacilina	4 g x 4/d em infusão de 4 h	200-300	4 g/12 h	+	ND
Tazocilline	Piperacilina + tazobactama	4 g x 4/d em infusão de 4 h	300	12-8 g/24 h	+	12-16 g
Tiénam	Imipeném + cilastatina	1 g x 3-4/d IV direta	60-100	0,5 g/12 h-1 g/24 h	+	0,5 g/6- 8 h
Méronem	Meropeném	2 g x 3/d	60-120	0,5 g/12 h-24 h	+	ND
Invanz	Ertapeném	1 g/d	NR	0,5-1 g/24 h	+	ND
Doribax	Doripeném	0,5 g x 3/d	NR	0,5 g/12 h	+	0,5 g/12 h
Céfacidal	Cefazolina	0,5-2 g x 3-4/d IV	25-50	0,5 g/24 h-0,5 g FS	+	ND
Kefandol	Cefamandol	0,75 g x 4/d IV	50	0,5-4 g/24 h-1 g FS	+	ND
Zinnat	Cefuroxina	0,5 g x 3-4/d IV	30-60	1 g/24-48 h	+	750 mg/12 h
Méfoxin	Cefoxitina	1-2 g x 3/d IV direta	120-150	0,5-2 g/24 h-2 g FS	+	ND
Fortum	Ceftazidima	3-12 g contínua em bomba de infusão	50-200	1 g/24 h-2 g FS	+	2 g/12 h

NR: não recomendado; ND: não determinado; D: molécula dialisável; FS: fim de sessão; CVVHD: hemodiafiltração venovenosa contínua.

Nome comercial®	Princípio ativo	Posologia adulto (dose máxima em 24 h)	Posologia pediátrica (mg/kg/d)	Injúria renal: *clearance* creatinina < 30 mL/min, posologia adulto	D	CVVHD
Axepim	Cefepima	1-2 g x 2-3/d IV	50-100	0,5-1 g/24 h	+	1-2 g/12 h
Cefrom	Cefpiroma	1-2 g x 2/d IV	50-100	0,5-1 g/24 h	+	2 g/8 h
Mabelio	Ceftobiprole	0,5 g x 3/IV em infusão de 2 h	NR	0,25 g/d	+	ND
Claforan	Cefotaxima	1-2 g x 3-6/d IV	100-200	2-4 g/24 h	+	2-4 g/24 h
Rocephine	Ceftriaxona	1-2 g x 1-2/d IV	50-100	1-2 g/24 h-2 g FS	–	2-4 g/24 h
Azactam	Aztreonam	2-3 g (8 g)	NR	250-500 mg/8 h-1 g FS	+	2 g/12 h
Tigacyl	Tigeciclina	100 mg depois 50 mg x 2/d	NR	100 mg depois 50 mg/12 h	–	50 mg/12 h
Colimycine	Colistina	9 MUI IV lenta depois 4,5 MUI x 2/d	NR	15-60.000 UI/kg/24 h-1MUI FS	+	75.000 UI/kg/48 h
Gentalline	Gentamicina	5-8 mg/kg/d em 30 min em bomba de infusão	5-8	Ajustar as doses	+	Dosagem
Nebcine	Tobramicina	5-8 mg/kg/d em 30 min em bomba de infusão	5-8	Ajustar as doses	+	Dosagem
Amiklin	Amicacina	20-30 mg/kg/d em 30 min em bomba de infusão	20-30	Ajustar as doses	+	Dosagem
Vancocine	Vancomicina	2 g em 4 h em bomba de infusão depois 2-4 g/d em bomba de infusão contínua	45-60	Ajustar as doses	+	Dosagem
Targocid	Teicoplanina	12 mg/kg x 2/d durante 4 d depois 12 mg/kg/d	10 mg/kg x 2/d	⅓ posologia a partir de D4	–	ND
Fosfocine	Fosfomicina	4 g x 3/d IV lenta	100-200	4 g por 24-48 h-2 g FS	+	4 g/12 h
Zyvoxid	Linezolida	0,6 g x 2/d	NR	600 mg/12 h	+	600 mg/12 h
Pyostacine	Pristinamicina	1 g x 2-3/d	50	1 g x 2-3/d	ND	1 g x 2-3/d
Cubicin	Daptomicina	8-10 mg/kg/d em 1 injeção IV de 30 min	NR	8 mg/kg/24 h-48 h-4 mg/kg FS	ND	ND
Flagyl	Metronidazol	0,5 g x 3/d	20-30	0,25-0,5 g/8-12 h-0,5 g FS	+	ND
Tiberal	Ornidazol	1 g/d	20-30	1-1,5 g/24 h	+	ND
Thiophenicol	Tianfenicol	0,5-1 g x 3/d	30-100	500 mg/12-48 h	ND	ND
Vibramycine	Doxiciclina	100-200 mg/d	4	200 mg/24 h	–	200 mg/24 h
Pylera	Bismuto, metronidazol, tetraciclina	3 cp x 4/d	NR	NR	ND	ND

NR: não recomendado; ND: não determinado; D: molécula dialisável; FS: fim de sessão; CVVHD: hemodiafiltração venovenosa contínua.

Posologia dos anti-infecciosos

Anestesia

Posologia dos anti-infecciosos

Nome comercial	Princípio ativo	Posologia adulto	Posologia pediátrica (mg/kg/d)	Injúria renal: clearance creatinina < 30 mL/min, posologia adulto	D	CVVHD
Noroxine	Norfloxacino	400 mg x 2/d	NR	200-400 mg/d-400 mg FS	-	ND
Peflacine	Pefloxacina	400-800 mg x 2/d	NR	400 mg/12-24 h-400 mg FS	+	ND
Oflocet	Ofloxacino	200 mg x 2-3/d	NR	200 mg/8 h-24 h-200 mg FS	+	400 mg/8 h
Ciflox	Ciprofloxacina	400 (IV)-750 (VO) mg x 2-3/d	20	400 mg/12-24 h-400 mg FS	-	400 mg/12 h
Tavanic	Levofloxacino	500 mg x 1-2/d	20	125-250 mg/24 h-250 mg FS	+	250 mg/24 h
Erythrocine	Eritromicina	0,5-1 g x 3/d	30-50	1 g/8-24 h	ND	ND
Zeclar	Claritromicina	0,5-2 g/d	15	0,25-1 g/24 h	ND	ND
Ketek	Telitromicina	800 mg/d	NR	400 mg/24 h-800 mg FS	ND	ND
Azithromycine	Azitromicina	500 mg/d	NR	500 mg/d	ND	ND
Dalacine	Clindamicina	600 mg x 2-4/d	15-40	0,6-2,4 g/24 h	-	0,6-2,4 g/24 h
Dificlir	Fidaxomicina	200 mg x 2/d	NR	200 mg x 2/24 h	-	200 mg x 2/24 h
Bactrim	SMZ+TMP	800 mg x 2-3/d	30	0,4-0,8 g/8 h-0,8 g FS	+	ND
Rifadine	Rifampicina	10-15 mg/kg x 2/d	10-30	20-30 mg/kg/24 h	-	20-30 mg/kg/24 h
Myambutol	Etambutol	15-20 mg/kg/d	25-30	15-20 mg/kg/d-2 a 20 mg/kg FS	+	ND
Rimifon	Isoniazida	3-5 mg/kg/d	5-10	5 mg/kg/24 h-5 mg/kg FS	+	ND
Fungizone	Anfotericina B	1-1,5 mg/kg/d em bomba de infusão contínua	0,5-1	0,5-1 mg/kg/24 h	-	0,5-1 mg/kg/24 h
Ambisome	Anfo B lipossomal	3 mg/kg/d	ND	3 mg/kg/24 h	-	3 mg/kg/24 h
Triflucan	Fluconazol	200-800 mg x 1-2/d	NR	200-400 mg/48 h-400 mg FS	+	400 mg/24 h
Vfend	Voriconazol	6 mg/kg x 2 no D1 depois 4 mg/kg x 2/d	NR < 2 anos	NR	-	4 mg/kg/12 h
Cancidas	Caspofungina	70 mg no D1 depois 50 mg/d	70 mg/m2 D1 depois 50 mg/m²	50 mg/24 h	-	50 mg/24 h
Mycamine	Micafungina	100 mg/d	2	100 mg/24 h	-	100 mg/24 h
Ecalta	Anidulafungina	200 mg no D1 depois 100 mg/d	NR	100 mg/24 h	-	100 mg/24 h

NR: não recomendado; ND: não determinado; D: molécula dialisável; FS: fim de sessão; CVVHD: hemodiafiltração venovenosa contínua.

Anestesia locorregional

Segurança na ALR

COAGULOGRAMA
- Uma avaliação do **coagulograma** não é sistemática antes de uma ALR, desde que haja uma anamnese e um exame clínico bem conduzidos.

SEDAÇÃO
- Quando necessária, uma sedação adaptada e titulada realizada antes da ou das punções permite melhor participação e mais conforto para o paciente. No caso de uma ALR insuficiente ou ineficaz, é preferível realizar uma "verdadeira" anestesia geral. Em caso de necessidade, um bloqueio pode ser realizado em um paciente sob anestesia geral, desde que no prontuário se justifique a razão e que ela seja realizada com ultrassonografia como guia.

OXIGÊNIO
- A oxigenoterapia (sonda ou cateter nasal do tipo óculos) é sistemática.
- O controle da SpO_2 é uma obrigação regulamentar.

OBSERVAÇÃO
- A monitoração e a observação são idênticas aos de uma anestesia geral. O contato estreito com o paciente é uma das vantagens dessas técnicas.

TOXICIDADE DOS ANESTÉSICOS LOCAIS
- Todos os anestésicos locais são potencialmente tóxicos.
- A alergia verdadeira aos anestésicos locais é excepcional, mas real.
- Os anestésicos locais levógiros devem substituir a bupivacaína.
- As doses máximas utilizáveis para a primeira injeção durante um bloqueio periférico em um adulto jovem da classe ASA 1 são:

Agente	Membro superior	Membro inferior
Lidocaína	400 mg (6 mg/kg)	500 mg (7 mg/kg)
Lidocaína com epinefrina	500 mg (7 mg/kg)	700 mg (10 mg/kg)
Mepivacaína	400 mg (5-6 mg/kg)	400 mg (5-6 mg/kg)
Ropivacaína	225 mg (3 mg/kg)	300 mg (4 mg/kg)
Levobupivacaína	150 mg	150 mg

- As doses devem ser reduzidas em 30-40% nos indivíduos idosos.
- Mais do que respeitar a dose máxima, a injeção lenta e fracionada do volume total do anestésico local constitui a melhor prevenção dos acidentes tóxicos. Os anestésicos locais devem ser injetados por *bolus* de 5 mL a cada 60 segundos, sendo que cada *bolus* é considerado uma dose-teste.
- Os riscos tóxicos são aumentados no momento das reinjeções, a concentração sérica durante a reinjeção jamais é nula.

Anestesia locorregional

PROCEDIMENTO

- A realização de uma ALR é precedida de um exame clínico em busca de um déficit sensitivo-motor preexistente. Esse exame é registrado no prontuário de anestesia.
- As regras de assepsia devem ser respeitadas.
- O uso da ultrassonografia para guiar o procedimento é a técnica de referência. A neuroestimulação pode completá-la ou por vezes substituí-la.
- Todos os elementos relativos ao bloqueio realizado (técnica, nervos localizados e doses injetadas, eventuais incidentes) são registrados na ficha de anestesia e repassados para o prontuário do paciente.
- O desencadeamento de uma parestesia é acompanhado algumas vezes de lesões nervosas responsáveis por parestesias sequelares, por isso o interesse em uma progressão prudente da agulha, das agulhas com bisel curto, do uso da ultrassonografia para guiar o procedimento e a hidrolocalização. Essas parestesias, frequentemente mais incômodas do que dolorosas, geralmente desaparecem em algumas semanas. Em caso de dúvida sobre uma lesão nervosa, é importante prevenir o paciente sobre a possibilidade e a duração deste incômodo (ver *Efeitos secundários da anestesia peridural*).

POSOLOGIA DOS PRODUTOS USADOS NA ALR

Agente	Infiltração 20-25 mL	ALRIV 0,5 mL/kg	Bloqueio plexo 25-40 mL	Peridural (p. ex., para obter um nível T7) 10 mL com 80 anos, 25 mL com 25 anos	Raquianestesia
Lidocaína	10 mg/mL	5 mg/mL	15-20 mg/mL ± epinefrina	20 mg/mL com epinefrina Instalação: 15-20 min Duração: 1,5-2 h	Proibida
Mepivacaína	–	CI	1,5-20 mg/mL	20 mg/mL, equivalente à lidocaína 20 mg/mL	CI
Bupivacaína	–	Proibida	3,75 mg/mL ± epinefrina# Instalação: 30 min Duração: 3-8 h	Anestesia 5 mg/mL com adrenalina# Analgesia: 1,25 mg/mL 6-10 mL/h + adjuvante	7,5-12,5 mg ± adjuvantes
Ropivacaína	5-7,5 mg/mL dose máx. = 300 mg	NI	7,5 mg/mL Instalação: 15-20 min Duração: 3-8 h	Anestesia 7,5 mg/mL, 20-30 mL Analgesia: 2 ou (1) mg/mL 6-10 mL/h + adjuvante (sufentanila 0,5 mcg/mL)	

(continua)

Agente	Infiltração 20-25 mL	ALRIV 0,5 mL/kg	Bloqueio plexo 25-40 mL	Peridural (p. ex., para obter um nível T7) 10 mL com 80 anos, 25 mL com 25 anos	Raquianestesia
Levobupivacaína	2,5 (a 5) mg/mL dose máx. = 150 mg	NI	2,5-5 mg/mL Instalação: 15-20 min Duração: 3-8 h	Anestesia: 5 mg/mL Analgesia pós--operatória: 2,5-1,25 mg/mL Obstetrícia: 0,625-1,25 mg/mL	7,5-12,5 mg ± adjuvantes
Cloroprocaína	–	–	-	–	30-50 mg
Prilocaína HB	–	–	–	–	50-80 mg
Clonidina	–	0,5 mcg/kg	0,5 mcg/kg	*Bolus*: 1 mcg/kg	0,5 mcg/kg
Morfina	–			*Bolus*: 2-4 mg (30-50 mcg/kg) + infusão contínua: 25--50 mcg/mL, velocidade 6-10 mL/h	100-400 mcg
Sufentanila	–			*Bolus*: 0,2 mcg/kg sem ultrapassar 30 mcg + infusão contínua 0,5 mcg/mL, 6-10 mL/h	2,5-5 mcg
Fentanila				25-100 mcg	25 mcg

* A epinefrina é proibida para os olhos, na raquianestesia, no bloqueio peniano, no bloqueio interdigital, na ALR IV.
NI: Não indicado.
Não recomendado.

Anestesia locorregional

Misturas das moléculas e associação das vias de administração

MISTURA DAS MOLÉCULAS

Para as misturas entre anestésicos locais e adjuvantes (clonidina, epinefrina ou corticoides) (ver *Moléculas adjuvantes*).

As misturas de anestésicos locais são utilizadas com muita frequência. Trata-se, na maioria das vezes, de um comportamento contrafóbico por parte do anestesista. Com exceção dos casos particulares, isso não permite encurtar de maneira sensível o período de ação; por outro lado, a duração de analgesia é encurtada caso se associe um agente de ação curta a um agente de ação longa.

▲ **Atenção! Misturar os anestésicos locais não diminui a toxicidade. Este é um fenômeno de classe que é proporcional à potência de cada molécula. Sendo assim, a ropivacaína é de 3-4 vezes mais tóxica do que a lidocaína. No entanto, isso não permite que se complete com lidocaína caso tenha atingido a dose máxima de ropivacaína, por exemplo: "Quando já se bebeu a dose máxima de uísque, não se completa com vodca!".**

ASSOCIAÇÃO DE VIAS DE ADMINISTRAÇÃO

A realização cada vez mais frequente de bloqueios múltiplos conduz algumas vezes a administrar doses de anestésico local próximas da dose tóxica. É necessário conhecer bem a cinética de absorção das moléculas. O ser humano é bípede, submetido à gravidade e à pressão hidrostática. A densidade da vascularização da pele e dos tecidos de sustentação perinervosos é bem superior no nível do escalpo do que do pé. Não existe exceção a essa regra (figura). A absorção é muito mais rápida no nível do escalpo e do pescoço do que abaixo da clavícula. Ela é particularmente lenta no nível do nervo ciático e no nível do pé. Por isso, a ordem de realização de bloqueios associados deve levar em conta essa realidade, que em geral vai contra o objetivo clínico que prescreve a realização do bloqueio que leva mais tempo para se instalar antes daquele que se instala rapidamente (existe paralelismo entre o prazo de ação e prazo do pico de concentração). No caso de bloqueio femoral e ciático combinados, caso se realize o bloqueio ciático antes do bloqueio femoral, os picos de absorção vão se adicionar, ao passo que uma realização na ordem inversa vai separar os picos.

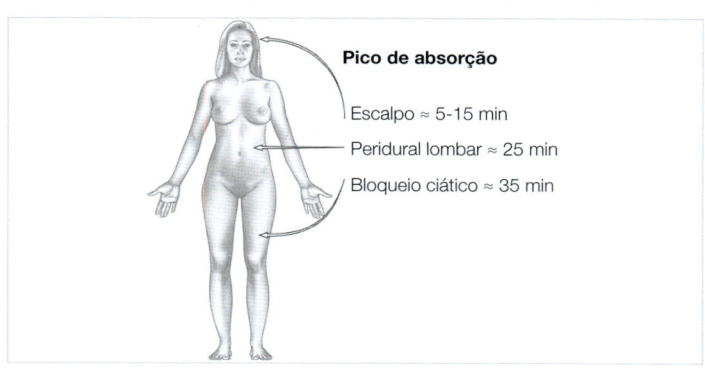

Pico de absorção

Escalpo ≈ 5-15 min

Peridural lombar ≈ 25 min

Bloqueio ciático ≈ 35 min

Moléculas adjuvantes – clonidina, epinefrina, corticoides

Os adjuvantes são utilizados para prolongar a duração da ação dos anestésicos locais ou para diminuir a toxicidade.

EPINEFRINA
A epinefrina permite a diminuição da concentração no pico (sem modificar o prazo de aparição do pico).

- Este efeito é variável segundo as moléculas. A diminuição de concentração no pico é de 30% com a lidocaína, 20% com a bupivacaína racêmica, menos de 10% com a ropivacaína ou a levobupivacaína.
- Estes dois últimos agentes não têm apresentação com epinefrina e é raro que ela seja adicionada por causa do modesto ganho esperado. A concentração de epinefrina não deve ultrapassar 1/200.000 (5 mcg/mL). Para além disso, o ganho é nulo e o risco de necrose no ponto de injeção é aumentado.

A injeção de soluções com epinefrina está proibida nos territórios com vascularização terminal: anestesia ocular, dos espaços interdigitais, bloqueio peniano, raquianestesia.

Na criança com menos de 4-6 anos, a adjunção de epinefrina à bupivacaína racêmica prolonga a duração da analgesia.

CLONIDINA
A clonidina é utilizada para aumentar a duração da analgesia. Não há consenso sobre seu mecanismo de ação. É preciso lembrar que a clonidina pode provocar hipotensão. Associada a um anestésico local na dose de 0,1-0,75 mcg/kg (ampolas de 150 mcg), prolonga a duração da ação de um bloqueio periférico em pelo menos uma hora e meia. A dose ideal seria de 0,5 mcg/kg.

- Pode ser utilizada na raquianestesia (sem permissão de comercialização na França) associada aos anestésicos locais na dose de 15-50 mcg. A duração do bloqueio analgésico, sensitivo e motor é significativamente aumentada, mas existe risco de bradicardia e, sobretudo, de hipotensão.
- Melhora a tolerância do garrote durante uma raquianestesia em ortopedia.
- Melhora a qualidade da ALR nos territórios sépticos.
- Na pediatria, a clonidina na dose de 1-2 mcg/kg prolonga a duração da anestesia caudal (atenção, nunca antes da idade de 3 meses). Uma alternativa é a injeção intravenosa de 1,5 mcg/kg que tem efeito quase idêntico.
- Na obstetrícia, a clonidina é adicionada à solução de peridural na dose de 0,75 mcg/kg associada à sufentanila (ver capítulo *Obstetrícia*).

CORTICOIDES
A adjunção de dexametasona prolonga de maneira importante a duração dos bloqueios dos membros.

- Não se recomenda a utilização desta molécula em mistura com os anestésicos locais por causa do risco de toxicidade potencial.

Anestesia locorregional

- Por outro lado, a administração de 8 mg de dexametasona IV é eficaz.
- No paciente desperto, a injeção IV de dexametasona pode se acompanhar de violenta sensação de queimadura perianal que dura por vários minutos.

Intoxicação com anestésicos locais

INTOXICAÇÃO COM ANESTÉSICOS LOCAIS
Todos os anestésicos locais podem provocar intoxicações graves.
- Os raros acidentes cardíacos se devem à passagem maciça na circulação de doses tóxicas de anestésico local por injeção direta (de ocorrência muito precoce) ou por reabsorção de uma quantidade importante (entre o 5-60 min).
- Ao contrário da lidocaína, que provoca distúrbios neurológicos antes de distúrbios cardíacos, a bupivacaína provoca arritmias e distúrbios da condução simultâneos aos distúrbios neurológicos. Esta, a ropivacaína e a levobupivacaína podem provocar uma parada cardíaca, cuja reanimação é difícil.
- Toxicidade relativa dos anestésicos locais por ordem crescente: lidocaína = mepivacaína < ropivacaína ≈ levobupivacaína << bupivacaína.

PREVENÇÃO
- Não ultrapassar as doses máximas preconizadas (ver *Segurança na ALR*).
- Observar o paciente durante a injeção e nos 60 min seguintes.
- Sempre praticar injeções muito lentas, de doses fracionadas, sobretudo nas reinjeções.
- Evitar hipoxemia, hipercapnia e acidose (O_2 nasal para toda ALR).

TRATAMENTO
(Ver *Intoxicação com anestésicos locais, Condutas para urgências.*)
   Desde os aparecimentos de sinais premonitórios: disestesias peribucais, zumbidos, e ainda mais quando foi injetada um ALR de longa duração de ação:
- Pedir ajuda o mais rapidamente possível e requisitar o Intralipide® a 20%: oxigenar o paciente, Intralipide®: 1,5 mL/kg, o mais rapidamente possível.
- Este tratamento precoce teria permitido, em muitos casos, a prevenção de um acidente mais grave.

EM CASO DE ACIDENTE CONSTATADO
A reanimação vem antes da injeção de Intralipide®.
- Controlar as vias aéreas e oxigenar, se necessário, com intubação traqueal e hiperventilação para compensar a acidose que pode ocorrer após um episódio convulsivo, e agravar os problemas de reanimação. A succinilcolina não é contraindicada.
- Midazolam ou tiopental, se necessário, em pequenas doses para interromper as convulsões.
- O tratamento baseia-se na perfusão rápida (1-2 min) de uma emulsão lipídica. O Intralipide® 20% 100-200 mL IV é duas vezes mais eficaz do que as emulsões lipídicas de cadeias médias (Médialipid® 20% ou outro), que mesmo assim continuam eficazes. Em caso de ineficácia, repetir a injeção de Intralipide® (máx. 500-600 mL).
- Atropina em caso de bradicardia.

Anestesia locorregional

- Massagem cardíaca externa (MCE) em caso de parada ou ineficácia cardíaca. Esta deve ser continuada por mais tempo, existem casos que relatam recuperações após mais de uma hora de MCE.
- Em caso de necessidade, utilizar epinefrina em baixas doses em *bolus* sucessivos de 0,05-0,1 mg, cujas doses devem ser aumentadas prudentemente. As pequenas doses repetidas são mais eficazes do que as doses classicamente recomendadas na parada cardíaca de causa "indeterminada".
- Desfibrilação em caso de fibrilação ventricular (FV).
- Depois da recuperação de um ritmo sinusal, a necessidade de infusão contínua não está claramente demonstrada, principalmente se a dose não foi excessiva. O Intralipide® em doses fortes pode ser tóxico. Se houve uma posologia excessiva de anestésico local, deve-se observar o paciente e não hesitar em reinjetar o Intralipide®.
- Acompanhamento em terapia semi-intensiva durante algumas horas.

▲ **É imperativo dispor no centro cirúrgico e na sala de trabalho de 1.000 mL de Intralipide® 20% (ou o dobro em emulsão de cadeia média).**

ARL e anticoagulação

INTERVALOS ANTICOAGULANTES E ANESTESIA LOCORREGIONAL (PERIMEDULAR E PERIFÉRICA)

Os intervalos propostos neste quadro são puramente indicativos, porque para muitos deles (principalmente aqueles que envolvem os tempos relativos à retirada de um cateter), não existe informação precisa na literatura. Sugere-se a utilização de intervalos similares para os bloqueios nervosos periféricos com ou sem cateter, escolhendo os valores altos dos intervalos para os bloqueios profundos. Para os bloqueios periféricos guiados por ultrassonografia em punção única, o médico pode restringir os intervalos em função do risco e de sua experiência.

Anticoagulante utilizado	Intervalo Última dose pré-operatória: ALR/cirurgia/ obstetrícia	Intervalo Fim de cirurgia: 1ª dose pós--operatória de anticoagulante	Intervalo Na dose de anticoagulante: retirada do cateter	Intervalo Retirada do cateter: dose seguinte de anticoagulante
HNF profilática SC	> 12 h se < 12 h (verificar TTPA normal)	6-8 h	> 12 h	4-6 h
HNF terapêutica IV	4-6 h (verificar TTPA normal)	Acordo entre anestesista e cirurgião segundo a situação clínica	4-6 (verificar TTPA normal)	4-6 h
HBPM profilática	12 h*	6-8 h	12 h*	4-6 h
HBPM terapêutica*	24 h*	Acordo entre anestesista e cirurgião segundo a situação clínica	24 h*	4-6 h
Fondaparinux profilática	36-48 h	8-24 h	36-48 h	6-8 h
Rivaroxabana profilática	24 h	6-8 h	24 h	6-8 h
Apixabana profilática	24 h	12-24 h	24 h	6-8 h
Dabigatrana profilática*	Anestesia peridural (APD), raquianestesia, bloqueio profundo: não indicados	6-8 h	* APD não indicada	4 h
Rivaroxabana, apixaban, dabigatrana terapêutica	Ver utilização dos anticoagulantes orais diretos Última tomada D5 no caso de APD ou raquianestesia	No pós--operatório sem retomada dos AOD HBPM na dose profilática, se necessário	Não indicada	Não indicada

* Período que deve ser prolongado em caso de injúria renal grave.

Assepsia na ALR

GENERALIDADES
Paramentação cirúrgica e uma máscara nova para todas as pessoas presentes na sala. O paciente ou a parturiente também devem usar uma touca.

ASSEPSIA PARA ANESTESIAS PERIMEDULARES
Preparação do campo cirúrgico
- O assistente deve:
  - Pincelar primeiramente a região dorsal com povidona iodada alcoólica ou com clorexidina em solução alcoólica. De todo modo, utilizar um antisséptico colorido para evitar confusão com a solução de anestésico local.
  - Esta pincelagem deve ser larga e ir além da área de punção. Deve ser precedida da lavagem da pele, caso esta se apresente manifestamente suja.
- O anestesista, após a higienização antisséptica das mãos, deve:
  - Colocar luvas estéreis.
  - Vestir um avental estéril para um cateter do plexo ou peridural de longa duração. Esta prática não é exigida para o trabalho obstétrico.
  - Realizar uma segunda pincelagem cutânea idêntica à primeira.
  - Instalar um campo estéril.
  - Respeitar o prazo de ação do antisséptico (1 min) antes da punção.

Realização da anestesia
- Manter as agulhas de Tuohy e/ou de raquianestesia no estojo de proteção até o momento da punção.
- A anestesia peridural e a raquianestesia devem ser praticadas sem tocar o corpo da agulha.
- Para raquianestesia ou para uma combinação de raquianestesia e anestesia peridural, os produtos a serem injetados por via intratecal devem estar preparados extemporaneamente e de maneira estéril (o assistente deve limpar o gargalo de cada ampola com álcool antes de quebrá-lo, o conteúdo da ampola é em seguida aspirado pelo anestesista).
- ▲ **As ampolas de sufentanila, cloroprocaína e prilocaína em *blister* não são estéreis.**
- Para a anestesia peridural com injeção aplicada com a agulha de Tuohy, os produtos utilizados devem estar preparados de forma estéril como para a raquianestesia. Assim que o cateter estiver posicionado, a preparação dos produtos e as manipulações do cateter durante cada injeção devem ser feitas respeitando-se as regras de assepsia clássicas.
- Retirar o excedente de álcool iodado sobre a pele com a ajuda de tampões embebidos em álcool estéril e depois fixar o cateter com a ajuda de um filme transparente semipermeável.

Manutenção da anestesia
- O filtro contido no *kit* peridural serve para filtrar os fragmentos de vidro. É também útil para a prevenção de complicações bacterianas.
- Nunca recolocar uma tampa já utilizada.
- Ablação do cateter: verificar se este está completo e investigar sinais de inflamação e/ou de infecção no ponto de punção.

Ultrassonografia na ALR

VANTAGENS
A ultrassonografia permite visualizar:
- Os plexos, os nervos e suas divisões.
- As estruturas circundantes, particularmente os vasos e a pleura.
- A agulha e a progressão em tempo real.
- A solução do anestésico local e a difusão em torno do nervo.
- A posição do cateter.

SEMIOLOGIA
Os diferentes elementos anatômicos revelados pela ultrassonografia que podem ser encontrados durante uma ALR estão reunidos no seguinte quadro e nas seguintes imagens:

Estrutura	Ultrassonografia	Doppler
Raiz nervosa	Hipoecogênica	Nenhum efeito Doppler
Nervo	Estrutura heterogênea em "ninho de abelha": elementos nervosos hipoecogênicos, e conjuntivo hiperecogênico	
Músculo	Hipoecogênico, heterogêneo	
Tendão	Hiperecogênico, ± homogêneo	
Fáscia	Hiperecogênico, homogêneo	
Gordura	Hipoecogênico, heterogêneo	
Osso	Hiperecogênico, cone de sombra	
Agulha	Hiperecogênica, homogênea, eco de repetição	
Cateter	Alguns cateteres são ecogênicos	
Anestésico local	Anecogênico	Power Doppler
Artéria	Anecogênica, vazio ultrassonográfico não compressível	Doppler colorido
Veia	Anecogênica, "vazio ecográfico", compressível	

SELEÇÃO DAS SONDAS
Várias sondas, de tamanho adequado, são necessárias para a ultrassonografia na ALR. Serão privilegiadas as sondas de multifrequências:
- 1 sonda de 7-13 MHz (ou mais, 18 MHz) para os nervos superficiais ou pouco profundos: visualização ideal à profundidade de 2-4 cm.
- 1 sonda centrada em torno de 5 MHz: estruturas nervosas mais profundas: visualização de estrutura para além de 5 cm, nervo ciático na nádega, por exemplo.
- As sondas de igual frequência ou superior a 18 MHz são úteis para os ramos terminais.
- Em pediatria, utilizar uma sonda menor e de alta frequência (14-18 MHz).

- A função Doppler colorido é indispensável.

ASSEPSIA PARA O BLOQUEIO GUIADO POR ULTRASSONOGRAFIA

- Desinfecção ampla, em três tempos, da área de punção.
- Capa e gel estéreis descartáveis em dose individual. Para um ou vários bloqueios simples, utiliza-se uma capa curta com 30 cm de comprimento. Para o posicionamento de um cateter, utiliza-se uma capa com 1 m de comprimento e o operador deve vestir roupas estéreis.
- A agulha não deve tocar a capa de proteção.
- No fim do procedimento, a capa deve ser retirada com precaução para não sujar a sonda com sangue.
- Se a sonda não estiver suja, deve ser minuciosamente limpa com uma compressa embebida em uma solução antisséptica e deve secar ao ar antes de uma nova utilização.
- Se a sonda estiver suja, deve ser desinfetada.
- Fitas autocolantes não devem ser utilizadas porque podem rasgar a capa quando removidas, criando assim uma possibilidade da sonda ou do cabo se sujarem. Nesse caso, torna-se necessária uma desinfecção de alto nível.

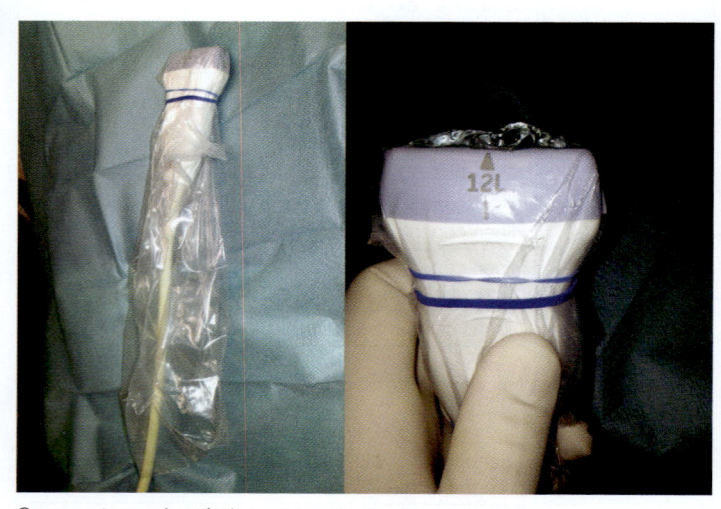

Capa curta e gel estéreis para sonda de ultrassonografia.

TÉCNICAS DE LOCALIZAÇÃO

A orientação da sonda de ultrassonografia, portanto do feixe ultrassonoro, influencia na natureza das imagens.

- Se o feixe estiver perpendicular ao nervo, será visualizado sob a forma de uma estrutura hiperecogênica, mais ou menos circular. Sendo a agulha introduzida sob a sonda, paralela ao feixe ultrassonoro, será diretamente visualizada como uma longa estrutura hiperecogênica; a posição da ponta da agulha poderá ser visualizada.
- Em contrapartida, se a agulha estiver perpendicular ao feixe, será visualizada sob a forma de um ponto hiperecogênico; a identificação

será mais difícil, uma vez que reverberações posteriores vão parasitar a imagem. Não existe informação sobre a posição da ponta da agulha. A hidrolocalização informa sobre a posição do bisel.

PONTOS DE REFERÊNCIA DE PUNÇÃO

A desinfecção cutânea envolve uma área mais larga do que de costume. Sem esquecer dos pontos de referência de punção clássicos, a localização guiada por ultrassonografia modifica a estratégia de localização do nervo. Este é procurado primeiramente na área habitual de punção, depois a exploração vai muito além desta área para tentar visualizar o nervo da melhor forma possível (e suas possíveis variações), os vasos próximos e a pleura, caso necessário. A exploração será realizada com baixa pressão para não comprimir as veias e correr o risco de uma injeção intravascular. O Doppler colorido será utilizado para distinguir as pequenas estruturas vasculares. A punção é realizada onde o nervo é mais bem visualizado e mais facilmente acessível. O ponto de punção pode estar vários centímetros distante em relação ao ponto de punção clássico.

VISUALIZAÇÃO DA AGULHA

Nem todas as agulhas são equivalentes em termos de ecogenicidade. Mas, sem discutir as vantagens ou os inconvenientes relativos dos acessos no plano ou fora do plano, é preciso saber localizar permanentemente o orifício da agulha, pelo qual é injetado o anestésico local, mais do que o corpo da agulha.

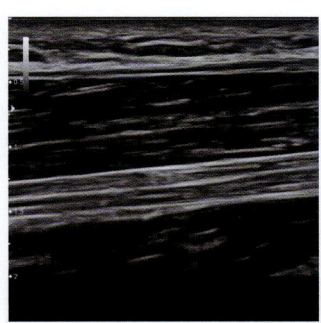 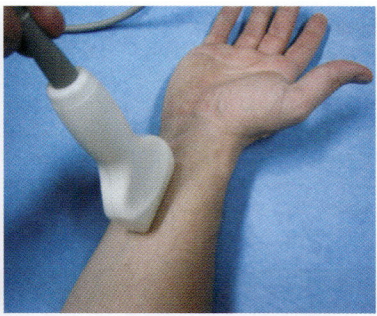

Nervo mediano no antebraço, sonda no eixo maior do nervo.

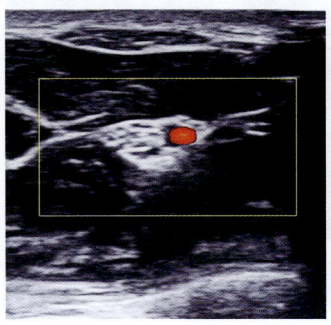 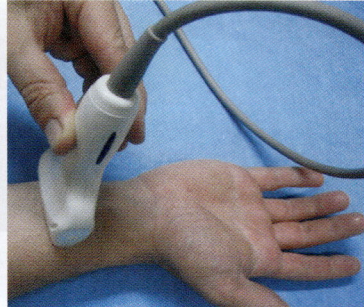

Nervo mediano no antebraço, sonda no eixo menor do nervo.

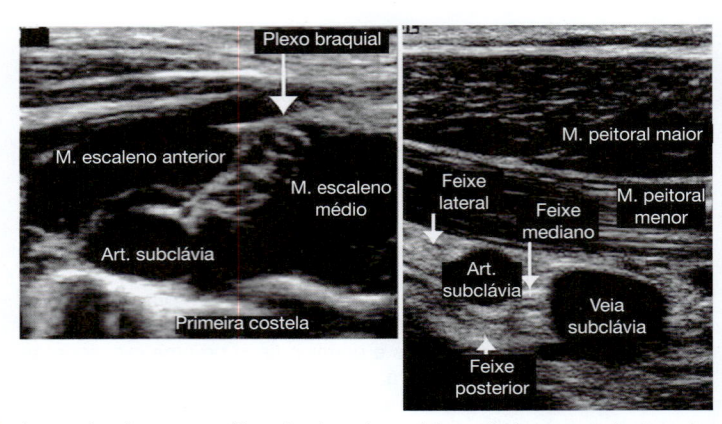

Anatomia ultrassonográfica do plexo braquial no nível supraclavicular e infraclavicular.

Visualização direta

Para ser visualizada, a agulha deve passar no plano da sonda, o que normalmente implica em uma modificação da técnica de punção, sendo a orientação da agulha quase perpendicular à sua direção clássica na localização com neuroestimulação.

Hidrolocalização

Visualiza-se a extremidade da agulha com a injeção, de modo fracionado, de pequenos volumes de anestésico local (ou de NaCl 0,9% ou de SG 5% em caso de neuroestimulação associada) ao longo da progressão. Cada volume injetado deve ser visualizado como uma pequena área hipoecogênica que aparece no momento da injeção. A agulha é então guiada, pouco a pouco, até o nervo a ser bloqueado. Se a injeção não for visível, isso significa que a ponta da agulha não é visualizada.

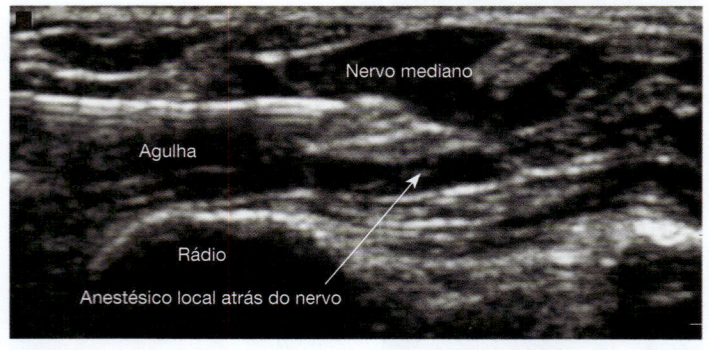

Bloqueio do nervo mediano por acesso lateral: visualização da agulha em contato com o nervo.

NEUROESTIMULAÇÃO *VERSUS* LOCALIZAÇÃO GUIADA POR ULTRASSONOGRAFIA

- Para um operador treinado, a localização guiada por ultrassonografia é suficiente para proporcionar elevada taxa de êxito, sendo a neuroestimulação um elemento complementar de localização.
- A associação da neuroestimulação e da localização guiada por ultrassonografia não parece melhorar a taxa de êxito da técnica, mas talvez constitua um elemento de segurança.
- O neuroestimulador é acionado somente quando a agulha atravessou a pele. A intensidade da estimulação permanece entre 0,5-1 mA, e não se busca a intensidade mínima de eletroestimulação (IME) quando se vê a agulha em contato com o nervo.
- Nos casos difíceis, a neuroestimulação pode auxiliar na identificação ou na localização de um nervo.

ANESTÉSICO LOCAL

O anestésico local é visível sob a imagem de uma zona hipoanecogênica. De preferência, esta zona anecogênica deve cercar o nervo a ser bloqueado, desenhando assim uma imagem de halo ou "rosquinha". Se a difusão da solução anestésica não for homogênea em torno do nervo, existe o risco de falha do bloqueio. Os volumes necessários são muitas vezes mais baixos do que na neuroestimulação clássica.

O Power Doppler permite visualizar a injeção, uma vez que o líquido injetado cria um "ruído ultrassonográfico" visualizado sob a forma de fagulhas coloridas.

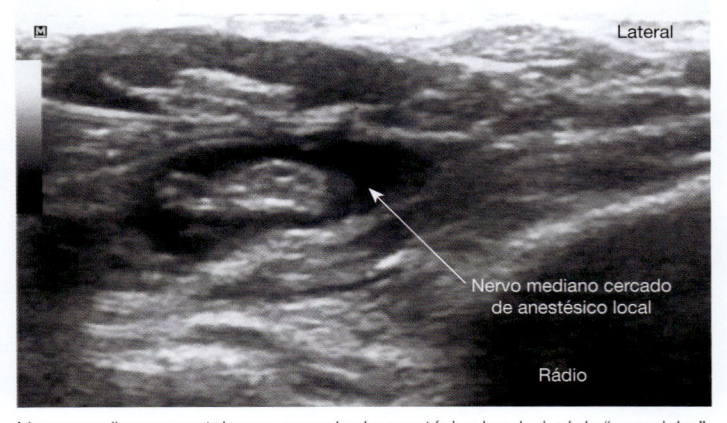

Nervo mediano no antebraço cercado de anestésico local: sinal da "rosquinha".

Localização da coluna vertebral com ultrassonografia

- A localização da coluna vertebral com ultrassonografia permite delimitar em todos os pacientes o nível de punção e visualizar a anatomia do espaço peridural. Quando a anatomia é pouco favorável, a ultrassonografia permite corrigir as insuficiências da localização cutânea. No adulto, utiliza-se uma sonda abdominal que permita uma imagem nítida de até 12-15 cm. Na criança, uma sonda linear pode ser mais adequada.

CORTE PARASSAGITAL MEDIANO

- Este corte permite delimitar o nível de punção. A sonda é colocada sobre o eixo das lâminas vertebrais, no nível do sacro. A linha hiperecogênica superficial e contínua representa as lâminas sacrais fundidas. O primeiro espaço é o L5-S1. Subindo pelos espaços é possível determinar com precisão o nível de punção escolhido.

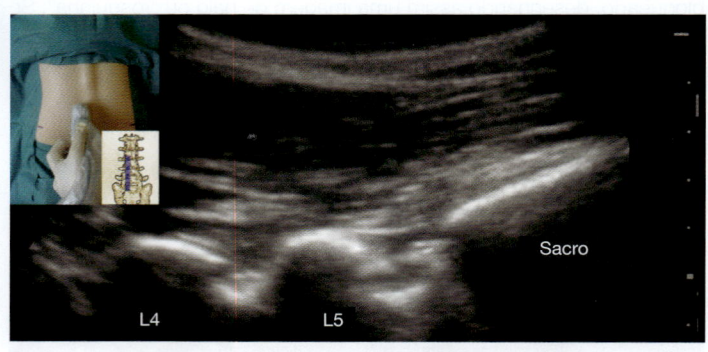

Corte parassagital mediano que passa pelas lâminas vertebrais.

CORTES TRANSVERSAIS

- Dois cortes transversais são descritos, um que passa pelo processo espinhoso, e o outro que passa pelo espaço intraespinhoso supra e infrajacente.
- O primeiro corte permite visualizar o processo espinhoso, as lâminas e o processos transversos.

Após o deslocamento cefálico ou caudal da sonda, aparece o corte que mostra o canal medular. Esse corte delimita o complexo ligamento amarelo da dura-máter cuja distância em relação à pele pode ser medida.

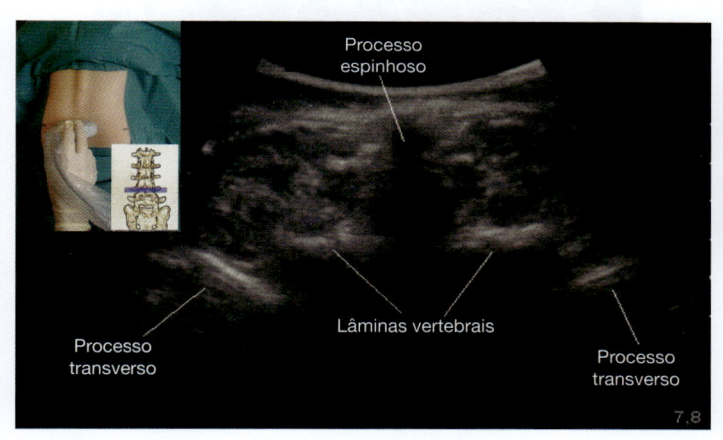

Corte transversal que passa pelo processo espinhoso.

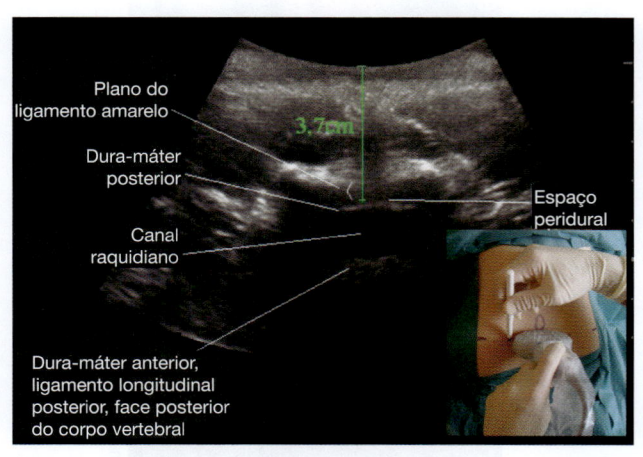

Corte transversal que passa pelo espaço interespinhoso e mostra o complexo ligamento amarelo-dura-máter.

CORTE PARAMEDIANO OBLÍQUO

- A partir da posição sagital mediana, a sonda é transportada de 2-3 cm na lateral, depois o feixe ultrassonoro é dirigido para a linha mediana. Esse corte parassagital mediano revela uma janela óssea que permite visualizar o canal medular no grande eixo.

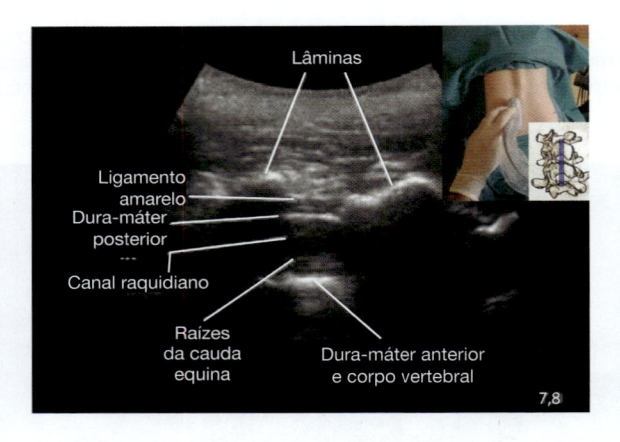

- Por esta via é possível realizar a punção peridural ou intratecal, no plano, controlando a progressão da agulha. A punção é realizada no eixo caudocefálico, lateromedial.

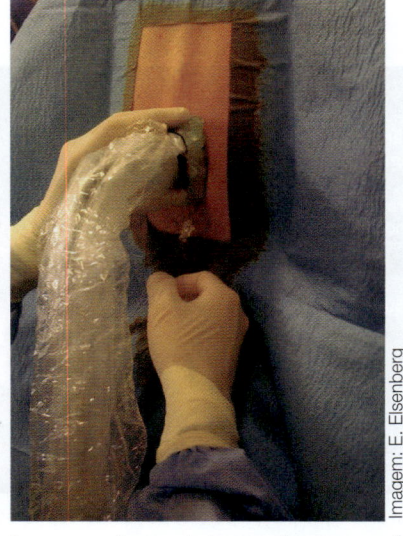

Imagem: E. Eisenberg

Punção paramediana guiada por ultrassonografia.

Territórios sensitivos: distribuição metamérica

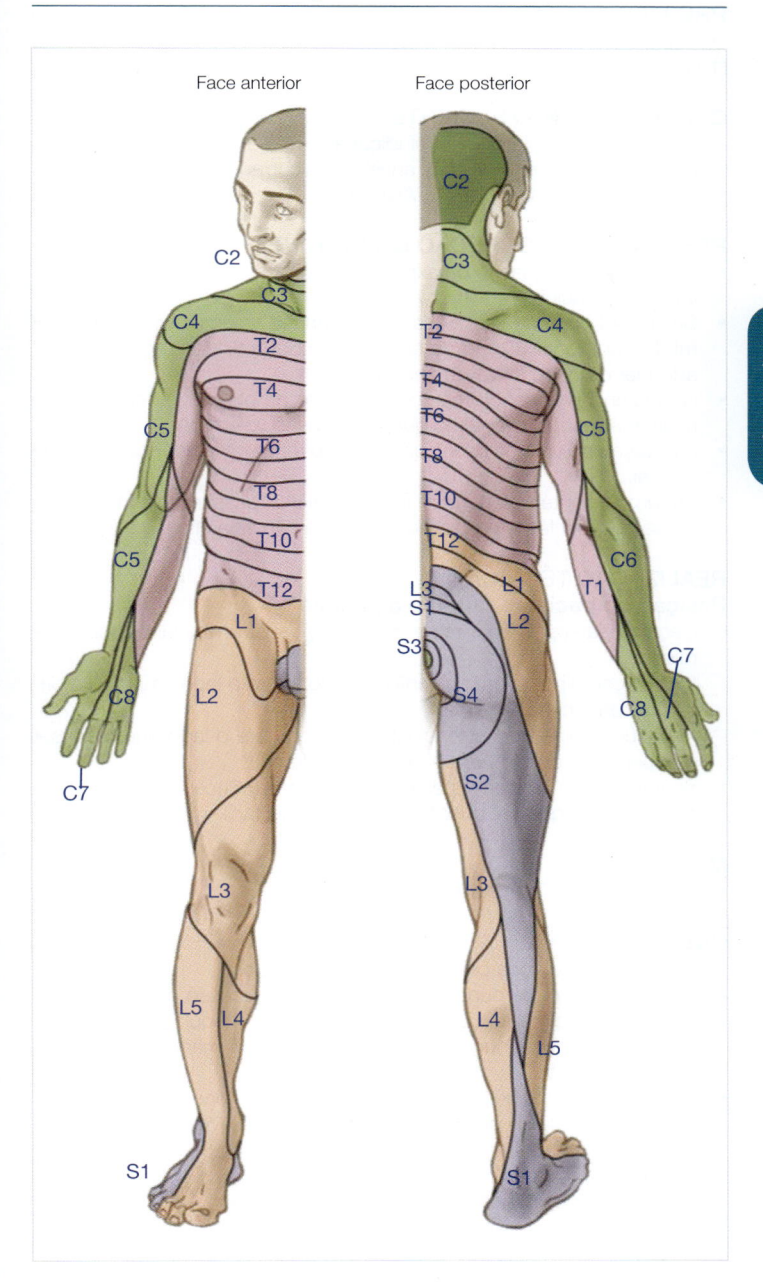

Face anterior

Face posterior

Anestesia locorregional

Raquianestesia

PRÉ-MEDICAÇÃO
Uma pré-medicação habitual é suficiente. Antes da punção, a atropina (10 mcg/kg) pode ser necessária.

CUIDADOS COM O PACIENTE
- Verificar a ausência de contraindicação.
- Regra de segurança de toda anestesia locorregional. O_2 nasal.
- Monitoração: cardioscopia, PANI, SpO_2.

PREVENÇÃO E CORREÇÃO DO BLOQUEIO SIMPÁTICO
- Deve haver adequação da expansão volêmica, em volume e em qualidade, ao paciente e à intervenção.
- Se o nível esperado for > na T8, expansão volêmica limitada a 7-8 mL/kg, adicionar 30 mg de efedrina em 500 mL de Ringer lactato e adequar o débito à pressão arterial.
- Na ausência de sangramento, o controle da pressão arterial recorre mais aos vasopressores do que à expansão volêmica.
- A redução do volume da infusão permite reduzir a incidência do globo vesical.
- Em um paciente tratado com IECA ou ARA2, passar rapidamente (ou começar) pela fenilefrina, caso a efedrina não seja eficaz.

REALIZAÇÃO TÉCNICA
Posição do paciente durante a punção
- Decúbito lateral: menor risco de reação vagal e raquianestesia lateralizada.
  - Solução hipobárica: paciente deitado sobre o lado saudável e orifício para cima.
  - Solução hiperbárica: paciente deitado sobre o lado que deve ser operado e orifício para baixo, injeção lenta.
- Sentado, com as pernas estendidas sobre a maca ou com os pés sobre um banquinho: busca do espaço mais fácil.

Material
- Agulha 25G ou 27G como primeira escolha.

Nível de punção
- Desinfecção cutânea cuidadosa em três tempos.
- Localizar o nível de punção que parece ter o acesso mais fácil entre L4-L5 e L2. Acima de L2, existe risco de lesão medular.
- Somente a ultrassonografia permite delimitar de maneira confiável o nível de punção.
- A linha horizontal que passa pelas cristas ilíacas ("linha de Tuffier") não é uma referência de punção confiável. Ela corresponde:
  - Em 4% dos casos, ao espaço interespinhoso L3-L4.
  - Em 48% dos casos, ao processo espinhoso de L4.
  - Em 30% dos casos, ao espaço interespinhoso L4-L5.
  - Em 13% dos casos, ao processo espinhoso de L5.
  - Em 5% dos casos, ao espaço interespinhoso L5-S1.

Técnica

- Após a anestesia local, se necessário, posicionar o introdutor a 2-3 cm de profundidade e em seguida a agulha até obter uma sensação de perda de resistência que indica a passagem da dura-máter.
- Verificar o refluxo de líquido cefalorraquidiano (LCR) e injetar a solução. No fim da injeção, realizar novo teste de aspiração do LCR para se certificar de que o orifício da agulha continuou no espaço intratecal até o fim da injeção.
- Reposicionar o mandril antes de retirar a agulha.
- Retirar a agulha e deitar o paciente em posição adequada.
- Com uma agulha de Whitacre ou de Sprotte®, deve-se injetar o anestésico com rapidez suficiente para melhorar a distribuição. A orientação do orifício para cima ou para baixo permite modular a extensão metamérica do bloqueio.

ANESTÉSICOS LOCAIS E POSOLOGIA
Bupivacaína hiperbárica: 5 mg/mL

- Dose máxima: 12,5 mg (2,5 mL), pois com doses mais elevadas os acidentes hemodinâmicos (parada cardíaca) são mais frequentes. Para uma anestesia de longa duração, é preferível fazer uma raquianestesia combinada com anestesia peridural.
- Instalação: 10-15 min. Fixação: 20 min em geral, prazo que pode se estender até 60 min. Duração: 2h30-3h.

Levobupivacaína isobárica: 5 mg/mL

- Equivalente à bupivacaína hiperbárica para as posologias, não ultrapassar 12,5 mg. Mas a extensão cefálica e a duração podem ser mais importantes para uma mesma dose. Duração 2h30-3h.

Cloroprocaína isobárica 10 mg/mL

- Ampola de 5 mL contendo 50 mg de cloroprocaína isobárica. Indicação: raquianestesia para uma cirurgia de uma "duração de pelo menos 40 min" (AMM - especificar). Prazo de ação de 10 min para 40 mg, 8 min para 50 mg. Duração do bloqueio de 80-100 min segundo a dose.
- Deambulação possível no H2, alta possível no H3.

Prilocaína hiperbárica 20 mg/mL

- Ampola de 5 mL contendo 100 mg de prilocaína hiperbárica. Indicação: raquianestesia de duração intermediária. Prazo de ação de 5-10 min. Duração da ação: 30 min para 50 mg até 90 min para 80 mg.
- Deambulação possível no H2 após 60 mg.

ADJUVANTES
(Ver *Posologias dos produtos utilizados em ALR*.)

Opioides lipossolúveis
Devem ser utilizados preferencialmente.

- Fentanila, sufentanila: melhoram a qualidade do bloqueio e permitem diminuir a dose dos anestésicos locais.
- Posologia: fentanila 25 mcg, sufentanila 2,5-5 mcg.
- O risco de depressão respiratória persiste por mais de 3 h no indivíduo idoso.

Anestesia locorregional

Morfina
- Muito eficaz para a analgesia pós-operatória (12-24 h). Não há bloqueio motor nem bloqueio simpático.
- Inconvenientes:
  - Risco real de depressão respiratória (exigindo observação na semi-intensiva 18-24 h se a dose for > 200 mcg, indivíduo idoso > 60 anos, e indivíduo obeso).
  - Prurido e globo vesical mais frequente.
- Posologia: 100-400 mcg (máximo = 10 mcg/kg). Apenas a dose de 100 mcg parece não trazer risco de depressão respiratória.

Clonidina
- Prolonga a duração dos bloqueios sensitivo e motor, e aumenta a intensidade (melhora da qualidade do bloqueio).
- Em comparação com a morfina, parece reduzir a incidência do globo vesical após a raquianestesia.
- Melhora a tolerância do garrote.
- Provoca sonolência.
- Desvantagens: risco de bradicardia, aumento do bloqueio motor e prolongamento dos episódios hipotensivos.
- Posologia: 0,5 (a 1) mcg/kg.

FATORES QUE INFLUENCIAM O NÍVEL DO BLOQUEIO
O que faz elevar o nível:
- Quanto maior a quantidade (em mg), maior a extensão.
- Solução hiperbárica + posição de Trendelenburg.
- Obesidade, gestação, injúria renal crônica, idade.
- Direcionamento do orifício para cima, com as agulhas de Sprotte® ou Whitacre.
- Posição do paciente durante e nos minutos após o procedimento.

COMPLEMENTOS
Sedação simples
- Não obrigatória, se o paciente estiver calmo.
- Midazolam ± morfinomiméticos IV, se necessário.
- Propofol em infusão contínua. Débito adequado às necessidades.

INDICAÇÕES
- Alérgico, asmático.
- Enfisematoso, insuficiência respiratória (bloqueio motor se possível < T7).
- Coronariopata (com a condição de que não haja queda do retorno venoso, a prevenção da hipovolemia é, portanto, importante).
- Diabético, estômago cheio, paciente idoso.

CONTRAINDICAÇÕES
- Recusa do paciente.
- Distúrbios da hemostasia.
- Infecção cutânea no nível do ponto de punção e sepse.
- Estado de choque e hipovolemia não corrigida.
- Insuficiência respiratória, se o nível necessário do bloqueio for > T7.

- Cardiomiopatia obstrutiva, estenose aórtica e estenose mitral, insuficiência cardíaca grave descompensada.
- Hipertensão intracraniana confirmada ou suspeita.

INCIDENTES E COMPLICAÇÕES IMEDIATAS
Nos minutos logo após a injeção:
- Bradicardia. Durante uma ALR medular, a bradicardia sempre é indicativa de hipovolemia, o bocejamento é um sinal de alerta. Tratamento com efedrina e expansão volêmica, epinefrina em *bolus* (10-100 mcg) na presença de hipotensão refratária (mais de 30 mg de efedrina).
- Hipotensão arterial: tratamento idêntico, adicionar eventualmente uma ampola de efedrina (30 mg) na infusão. Na presença de hipotensão resistente, fenilefrina em *bolus* de 50 mcg.
- Raquianestesia total: oxigênio, intubação e ventilação assistida. Tratamento sintomático da hipotensão.
- Observar no pós-operatório o aparecimento de um globo vesical.

COMPLICAÇÕES POSTERIORES
Hematoma perimedular
A suspeitar diante da ausência de recuperação neurológica nas horas logo após a intervenção. Diagnóstico por tomografia ou ressonância magnética de emergência seguido de uma laminectomia.

Cefaleia pós-punção
Secundária a um orifício dural. Clinicamente caracterizada por cefaleias que aparecem em ortostatismo e exacerbadas na posição sentada com náuseas e vertigens. Aliviadas pelo decúbito dorsal. Tratamento com *blood patch* (ver *Blood patch*).

Síndrome da cauda equina
Descrita sobretudo com lidocaína no decorrer de raquianestesias contínuas com altas doses (> 100 mg). Caracteriza-se pelo aparecimento de distúrbios esfincterianos no dia seguinte à raquianestesia. Existe a possibilidade de haver sequelas.

Irritação radicular transitória (IRT)
Descrita essencialmente com a lidocaína (em 30% dos casos) e com a mepivacaína que não são mais indicadas para a raquianestesia, mas possível com todos os anestésicos locais. Algumas horas depois de deixar o centro cirúrgico, aparecem dores ou parestesias que irradiam para os membros inferiores. O exame clínico é normal (reflexos osteotendíneos [ROT] normais). As dores desaparecem em 2-3 d. Melhora possível da sintomatologia com os AINE.

Raquianestesia titulada (contínua)

INDICAÇÕES
- Necessidade de induzir uma raquianestesia muito lentamente para evitar as variações hemodinâmicas nos indivíduos muito frágeis, muito idosos.
- Anestesia medular prolongada com bloqueio menor de excelente qualidade.

CONTRAINDICAÇÕES
(Ver *Raquianestesia*.)

REALIZAÇÃO
Materiais
- *Kits* especiais (p. ex., Miniset Epilong Pajunk™ com agulha de Sprotte® 19G e microcateteres de 23G).
- *Kit* clássico para anestesia peridural (agulha 18G e cateter 21G). Diminuição do risco de dobra do cateter.

Procedimento
- Com paramentação cirúrgica e campo estéril.
- A punção não apresenta particularidades. Um ângulo de 30° na direção cefálica e a orientação cefálica do orifício da agulha diminuem a probabilidade de migração caudal do cateter e o risco de distribuição não homogênea.
- Introdução do cateter no espaço subaracnoideo de 3 cm no máximo.

Expansão volêmica
- Limitada antes da injeção.

Indução da raquianestesia
- Deve demorar o tempo de uma instalação da raquianestesia sem variações hemodinâmicas (30-40 min no mínimo).
- Injeção inicial 2,5 (1 mL) de bupivacaína diluída a 2,5 mg/mL + sufentanila 5 mcg.
- Reinjeção de 1 mL de bupivacaína 2,5 mg/mL, ou menos em função das necessidades e da extensão do bloqueio, depois de 10-15 min corrigindo-se as eventuais variações hemodinâmicas (expansão volêmica, efedrina). A lidocaína é contraindicada.
- A utilização de um filtro é aconselhável. Deve-se prestar atenção na resistência à injeção criada pelo filtro e levar em conta o espaço morto do filtro (que é preciso preencher antes com a mesma solução).
- Se a raquianestesia não for obtida com volumes e doses habituais ou se ela estiver muito localizada em um ou dois metâmeros, existe o risco neurológico ligado a uma dose muito alta de anestésico local concentrado (não diluído pelo LCR). Considera-se a possibilidade de que o cateter penetre em um recesso radicular. Neste caso, deve-se imperativamente:
  - Não aumentar as doses nem repetir as injeções.
  - Mudar de técnica de anestesia.

Reinjeção da raquianestesia

- Se necessário, assim que o nível superior do bloqueio começar a regredir. *Bolus* de 1 mL da mesma solução.
- No fim da intervenção, pode-se injetar 50-100 mcg de morfina para a analgesia pós-operatória, com a condição de observação prolongada na SRPA.
- ▲ **Retirar o cateter no fim da intervenção ou na SRPA.**
- ▲ **Existem riscos de síndrome da cauda equina. Contudo, as complicações foram relatadas com a lidocaína, com cateteres muito finos (< 28G) e com doses muito altas de anestésico local.**
- ▲ **A raquianestesia contínua não diminui a incidência das cefaleias pós-punção.**
- ▲ **Atenção com a fixação e com as dobras cutâneas do cateter, que podem impedir a injeção.**

Analgesia peridural em cirurgia

VANTAGENS
A analgesia peridural (APD) pode ser associada à anestesia geral em qualquer cirurgia de grande porte. Ela permite a analgesia peri e pós--operatória de qualidade, diminuição do estresse hormonal perioperatório, diminuição das necessidades de opioides, despertar de boa qualidade, aceleração do retorno do trânsito intestinal e da reabilitação pós-operatória e possível diminuição da superfície de hiperalgesia pericicatricial e da dor crônica.

PRÉ-MEDICAÇÃO
Pré-medicação habitual. A atropina 0,5-1 mg pode ser necessária antes da punção.

PROCEDIMENTOS COM O PACIENTE
* Verificar a ausência de contraindicação.
* Regras de segurança de toda anestesia locorregional: propofol, efedrina, material necessário à administração de oxigênio, material de intubação.
* Monitoração: cardioscopia, PANI, SpO_2. Oxigênio através de cateter nasal tipo óculos.

REALIZAÇÃO TÉCNICA
Posição do paciente
* Decúbito lateral: risco pequeno de reação vagal.
* Sentado: procura do espaço mais fácil.

Níveis e pontos de referências de punção
* Lombar, torácica ou cervical, em função do local de intervenção.
* Acesso cervical: apófise C7: a mais proeminente.
* Acesso torácico: ponta das escápulas: T7. Acesso paramediano mais fácil.
* Acesso lombar: a linha bi-ilíaca não é uma localização confiável (cf.).

Indicações	Analgesia	Punção
Esofagectomia, toracotomia	T3-T12	T5-T7
Cirurgia supraumbilical, laparotomia	T4-T12	T7-T10
Cirurgia infraumbilical, laparotomia	T6-L2	T8-T10
Laparotomia xifopúbica	T4-L2	T7-T10
Cistectomia (Bricker ou reconstrução)	T4-L2	T7-T10
Lombotomia, nefrectomia	T4-T12	T6-T8
Cirurgia infraumbilical, laparoscopia	T6-L2	T8-T12

Uma punção em T4 geralmente provoca distribuição (± T2/T6) homogênea para cima e para baixo.

Uma punção em T8 geralmente provoca distribuição (± T4/T9) mais caudal do que cefálica.

No nível torácico, doses baixas de AL (4-5 mL) provocam extensão de mais de 4-5 dermátomos em comparação com o nível lombar.

Procura do espaço
Após a desinfecção cuidadosa das costas:
- Anestesia local da pele.
- Agulha de Tuohy (17 ou 18G).
- Seringa com NaCl 0,9%, ou
- Gota pendente (APD cervical ou torácica).
- ▲ **O uso da seringa com ar deve ser abandonado, pois é responsável por embolias gasosas sistêmicas e por anomalias de instalação da anestesia.**

Critérios para posição correta da agulha
- Perda da resistência franca ou aspiração da gota pendente.
- Ausência de refluxo de LCR e/ou de sangue.

Acesso paramediano (via lateral)
- Este acesso é geralmente mais fácil abaixo de T8.
- Anestesia local 1 cm lateralmente à ponta do processo espinhoso superior. Dirige-se a agulha de Tuohy com um ângulo de 30° medialmente. Depois de uma progressão cautelosa com a seringa com líquido, o contato ósseo implica um novo posicionamento da agulha com um ângulo mais cefálico. Procede-se desta forma até a perda de resistência.

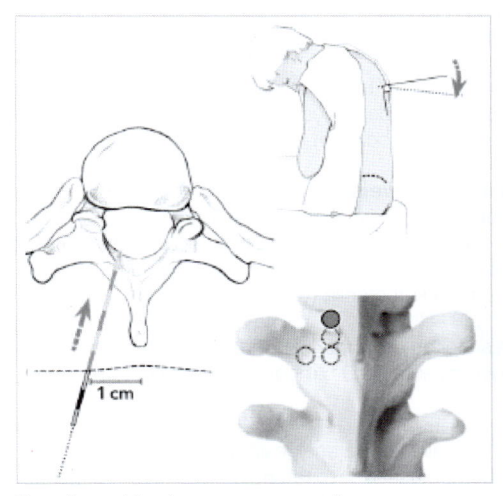

Punção peridural: acesso paramediano.

Dose-teste
(Ver *Dose-teste.*)

Injeção
- Com a agulha, em doses fracionadas do anestésico local.
- O volume total é em função da idade do paciente e do tipo de cirurgia.

Cateter
- Para injeção peri e/ou pós-operatória.
- A subida deve ser fácil, e não se deve cateterizar o espaço peridural em mais de 4-5 cm. Nunca se deve retirar o cateter utilizando a agulha (risco de secção).
- Repetir uma dose-teste pelo cateter antes de utilizá-lo.

Instalação do bloqueio
- Observação da pressão arterial a cada 3 min pela PANI ou PAI.
- Expansão volêmica inicial com 4-5 mL/kg de Ringer lactato ou de acordo com a monitoração da pré-carga.
- A diminuição do volume da infusão reduz a incidência do globo vesical.
- Secundariamente, o controle da pressão arterial exige mais vasopressores do que expansão volêmica (exceto sangramento).
- A posição (declive ou proclive) age sobre o nível do bloqueio obtido, mas de uma forma menos evidente do que na raquianestesia hiperbárica.
- Quando a APD está associada à anestesia geral, é preciso desconfiar dos efeitos vasodilatadores e parassimpatomiméticos acrescentados pelos agentes da anestesia geral: ± efedrina, ± fenilefrina, ± atropina.
- De maneira ideal, a APD é utilizada durante o período cirúrgico. O *bolus* inicial (5-10 mL) e o débito (5-10 mL/h) são adequados à extensão desejada do bloqueio e à tolerância do paciente.

Anestésicos locais (ver *tabela*)
- Com a lidocaína, recomenda-se a utilização de soluções com epinefrina.
- A ropivacaína ou a levobupivacaína são indicadas para a analgesia pós-operatória.
- O volume ideal é de 10-20 mL, que é em função do tipo de cirurgia, do tamanho, do nível de punção e principalmente da idade do paciente.
- Geralmente se associa um opioide lipossolúvel ou clonidina.

Opioides lipossolúveis
- Potencialização dos anestésicos locais.
- Sempre existe o risco de depressão respiratória que pode ser aumentado pela sedação excessiva. Ela é de curta duração (< 4 h) com a fentanila e a sufentanila (ver *Posologias dos produtos utilizados na ALR*).
- Possíveis efeitos secundários: náuseas, vômitos e pruridos.
- Posologia: sufentanila 0,5 mcg/mL-fentanila 2,5 mcg/mL.

Morfina
- Melhora a qualidade da analgesia pós-operatória.
- O risco de depressão respiratória é prolongado, superior a 12 h.
- Efeitos secundários frequentes: náuseas, vômitos e prurido.
- Posologia: 2-4 mg/para o primeiro *bolus*.

Clonidina
- Melhora a qualidade da anestesia, especialmente quando se utiliza um garrote. Em certos pacientes, expõe ao aumento dos efeitos hemodinâmicos e à sedação.
- A posologia é de 0,5-1 mcg/kg.

Reinjeções
- Quando o bloqueio começa a descer de 2 ou 3 metâmeros ou se o nível obtido não for suficiente.
- Sempre precedidas da aspiração no cateter, verificando-se a ausência de sangue ou LCR, e da injeção de uma dose-teste idêntica à primeira.
- Volume: de um terço a metade do volume inicial.

CONTRAINDICAÇÕES
- Distúrbios da hemostasia.
- Infecção local ou sepse.
- Estado de choque e hipovolemia não corrigido.
- Insuficiência respiratória (se o nível do bloqueio necessário for > a T7).
- Estenoses aórtica ou mitral graves, cardiomiopatia obstrutiva.
- Insuficiência cardíaca grave não compensada.

INCIDÊNCIAS E COMPLICAÇÕES IMEDIATAS
Bradicardia isolada e importante
- Efedrina (6-18 mg) + expansão (± atropina IV: 0,5-1 mg).

Hipotensão importante
- Colocar em posição declive.
- Aceleração da expansão volêmica.
- Efedrina (ampolas de 30 mg) em *bolus* de 6 mg. Depois 30 mg de efedrina, fenilefrina em *bolus* de 50-100 mcg.
- ▲ **A associação de bocejos, sonolência, náuseas (± vômitos) traduz hipoperfusão cerebral determinando: O_2 nasal, controle rápido da pressão arterial e da volemia.**
- ▲ **Em caso de hipotensão refratária, noradrenalina IV em bomba de infusão, QSP na pressão arterial desejada e, em caso de falha da epinefrina, IV em bomba de infusão.**

Perfuração da dura-máter
- Fazer raquianestesia (± cateter) se a intervenção permitir.
- Ou recomeçar em nível diferente.
- Um *blood patch* preventivo pode ser realizado imediatamente (ver *Blood patch*).

Peridural contínua
- O estudo radiográfico contrastado pós-operatório do cateter é desejável para eliminar um posicionamento subdural incorreto (cf. a seguir).
- Manutenção da pressão arterial em nível satisfatório, sabendo que a ventilação espontânea eficaz é compatível, no indivíduo sem comprometimento respiratório, com o nível elevado de bloqueio sensitivo.

Raquianestesia total
Perfuração da dura-máter desconhecida. O objetivo do tratamento é corrigir:
- O colapso: ver *Hipotensão*.
- A parada respiratória: intubação e ventilação controladas.

Anestesia subdural

- O cateter (ou a injeção) é posicionado entre a dura-máter e o aracnoide, no espaço subdural virtual.
- A instalação dos bloqueios simpático e sensitivo é rápida e extensiva. O bloqueio motor está retardado ou ausente. Possível sinal de Claude Bernard-Horner.
- A radiografia contrastada do cateter mostra uma clássica imagem em "trilho duplo".

Efeitos tóxicos sistêmicos dos anestésicos locais

- Investigar sinais premonitórios:
  - Gosto metálico na boca, distúrbios visuais (diplopia, nistagmos), distúrbios auditivos (zumbidos).
- Distúrbios da fala, tremores, fasciculações musculares e depois convulsões.
- Em seguida, parada respiratória e depois depressão cardiovascular.
- Tratamento:
  - Preventivo:
    » O_2 nasal desde o início da ALR.
    » Aspiração sistemática antes de cada injeção.
    » Dose-teste com epinefrina.
    » Fracionamento das doses.
    » Injeção lenta.
  - Terapêutico: ver *Intoxicação com anestésicos locais*.

Anestesia peridural pós-operatória

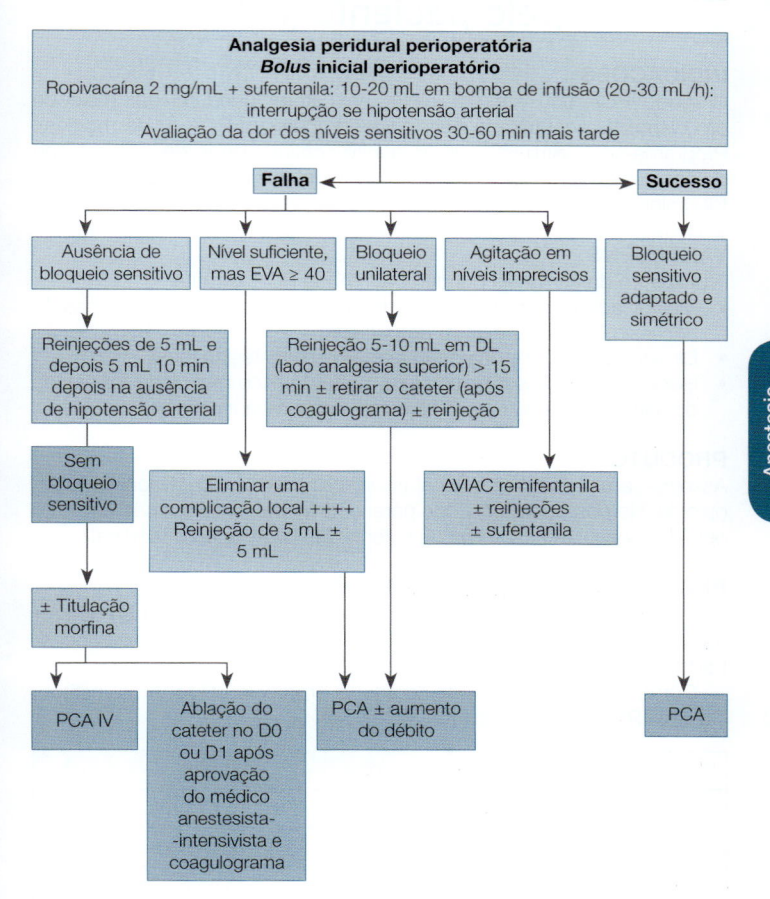

Analgesia peridural perioperatória
***Bolus* inicial perioperatório**
Ropivacaína 2 mg/mL + sufentanila: 10-20 mL em bomba de infusão (20-30 mL/h):
interrupção se hipotensão arterial
Avaliação da dor dos níveis sensitivos 30-60 min mais tarde

Falha ← → **Sucesso**

Ausência de bloqueio sensitivo

Nível suficiente, mas EVA ≥ 40

Bloqueio unilateral

Agitação em níveis imprecisos

Bloqueio sensitivo adaptado e simétrico

Reinjeções de 5 mL e depois 5 mL 10 min depois na ausência de hipotensão arterial

Reinjeção 5-10 mL em DL (lado analgesia superior) > 15 min ± retirar o cateter (após coagulograma) ± reinjeção

Sem bloqueio sensitivo

Eliminar uma complicação local ++++ Reinjeção de 5 mL ± 5 mL

AVIAC remifentanila ± reinjeções ± sufentanila

± Titulação morfina

PCA IV

Ablação do cateter no D0 ou D1 após aprovação do médico anestesista-intensivista e coagulograma

PCA ± aumento do débito

PCA

Anestesia locorregional

Analgesia peridural controlada pelo paciente (PCA)

INDICAÇÕES
O modo PCA consiste em injetar no cateter peridural por meio de um dispositivo controlado pelo paciente (como a PCA IV de morfina). Programa-se a administração de débito contínuo baixo de uma solução de anestésico local associado a um opioide com a possibilidade de autoadministração de *bolus* pelo paciente.

VANTAGENS
A utilização da analgesia peridural em modo PCA permite:
- Melhor adequação das doses de anestésico local administradas às necessidades de analgesia do paciente.
- Diminuição de 30% das quantidades de anestésico local.
- Risco mínimo de superdosagem, portanto risco menor de toxicidade do anestésico local, menos bloqueio motor, menor risco de hipotensão.

PRODUTOS
Associa-se um anestésico local (ropivacaína ou levobupivacaína) a um opioide. No pós-operatório, não parece haver benefício em privilegiar um opioide lipossolúvel (fentanila ou sufentanila) em relação à morfina.

PROTOCOLO DE ADMINISTRAÇÃO
Não existe um protocolo superior a outro, o importante é a dose de produtos em mg/h; assim uma solução de anestésico local menos concentrada precisará de volumes horários mais elevados.

Como exemplo, apresenta-se aqui o protocolo utilizado no Instituto Gustave Roussy:

Droga	Ropivacaína	Morfina
Concentração	2 mg/mL	25 mcg/mL
Débito horário (5 mL/h)	10 mg/h	125 mcg/h
Bolus (3 mL)	6 mg	75 mcg
Período refratário	20 minutos	20 minutos
Dose máxima horária	–	–
Duração	3 d	3 d

Sendo 5 mg de morfina em uma solução de 200 mL de ropivacaína.

Anestesia peridural: níveis teóricos

NÍVEL SENSITIVO EM FUNÇÃO DA REGIÃO CIRÚRGICA

Região cirúrgica	Nível
Extremidades inferiores	T 12
Quadril	T 10
Vagina, útero, bexiga, próstata	T 10
Membro inferior + garrote, testículos, ovários	T 8
Região inframesocólica	T 6
Região supramesocólica, cesariana	T 4
Tórax	T 1

Efeitos secundários da anestesia peridural

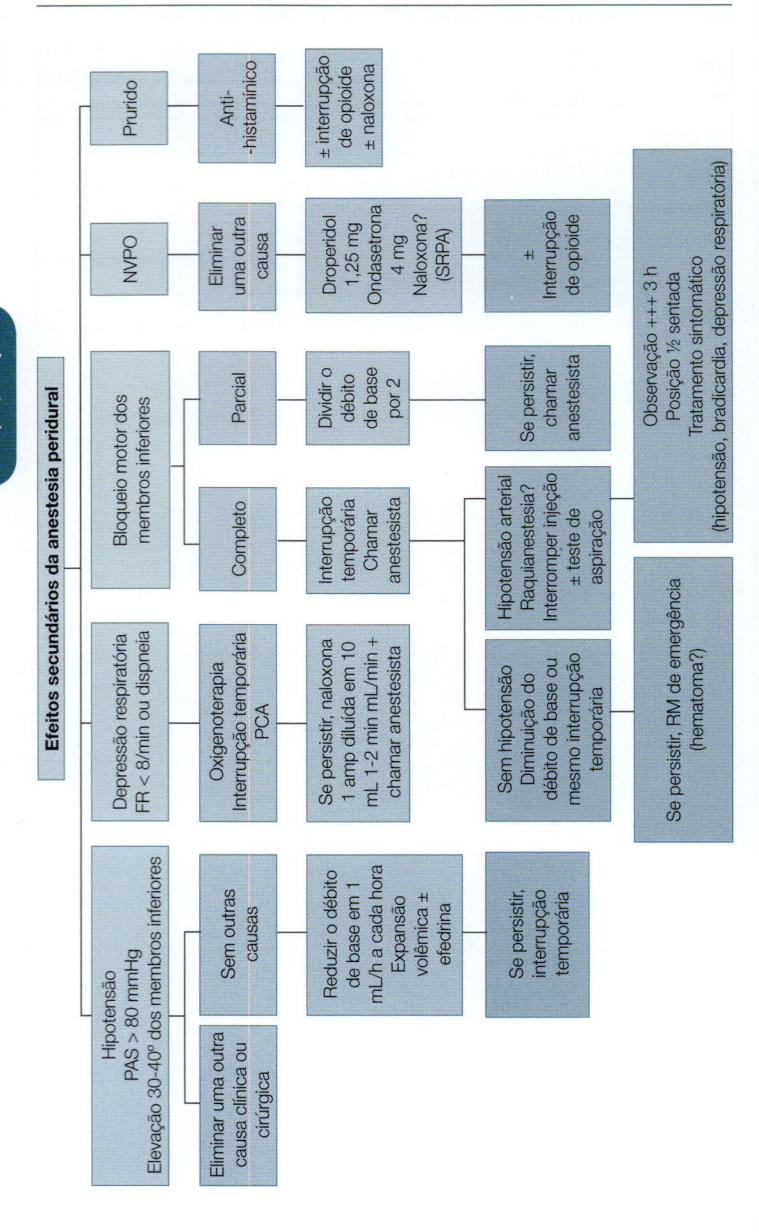

Raquianestesia e peridural combinadas

O objetivo é aproveitar as vantagens de cada técnica e compensar os limites ou inconvenientes de uma com a outra, realizando com uma única punção uma raquianestesia e posicionando um cateter peridural para modular a extensão e/ou a duração da analgesia.

INDICAÇÕES E VANTAGENS
- A anestesia da raquianestesia tem a instalação inicial rápida e confiável (analgesia e bloqueio motor).
- O cateter permite corrigir uma extensão insuficiente do bloqueio em razão de um volume inicial reduzido, de titular a extensão, a instalação do bloqueio simpático e a duração da anestesia, com reinjeções adequadas no peri ou no pós-operatório, nos pacientes submetidos a uma intervenção urológica, ginecológica ou ortopédica.
- O cateter peridural é deixado no lugar para a analgesia pós-operatória.
- Utilização sistemática de agulha de raquianestesia 27G.
- Modulação possível do bloqueio motor em função das necessidades entre ortopedia (bloqueio profundo) ou obstétrica (sem bloqueio motor).
- Cesariana agendada ou de urgência.
- Analgesia do trabalho de parto avançado (dilatação cervical ≥ 6 cm).

CONTRAINDICAÇÕES
- As mesmas dos bloqueios medulares.

INCONVENIENTES
- O risco de raquianestesia total ou de passagem intravascular dos anestésicos locais impõe injeções tituladas pelo cateter.

MATERIAL
- É necessário um material adequado. Dos diferentes *kits* específicos disponíveis, embora a superioridade de nenhum deles tenha sido provada, é possível destacar algumas características que parecem úteis ou necessárias:
  - A agulha de raquianestesia deve ter 13 mm a mais do que a agulha de peridural, para evitar as falhas de punção da dura-máter (fenômeno de *tenting*, a dura-máter é afastada sem ser perfurada).
  - As agulhas de Tuohy de tipo *back eye*, com as quais o cateter e a agulha de raquianestesia passam por dois orifícios diferentes.
  - A possibilidade de fixar e bloquear a agulha de raquianestesia no momento da injeção (*docking system*).

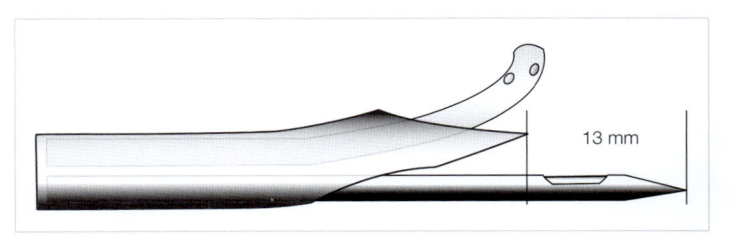

PREVENÇÃO E CORREÇÃO DA HIPOVOLEMIA
Idem raquianestesia.

REALIZAÇÃO
- Paciente em posição sentada ou em decúbito lateral.
- Desinfecção cutânea e instalação de um campo largo, assepsia cirúrgica.
- Localização do espaço peridural com a técnica de perda de resistência, injetando-se o mínimo possível de líquido no espaço peridural.
- Introdução da agulha de raquianestesia na agulha de Tuohy, até a sensação de ultrapassagem da dura-máter: o refluxo de LCR é lento com as agulhas 27G.
- Imobilização da agulha de raquianestesia, injeção intratecal da quantidade desejada e então retirar a agulha.
- Introdução do cateter no espaço peridural de 3-4 cm.
- Desaconselha-se girar a agulha de Tuohy sobre ela mesma em 180°, para afastar o orifício do cateter do ponto de punção dural; isto aumenta o risco de perfuração da dura-máter. É preferível utilizar uma agulha de tipo *back eye*.

INJEÇÃO DO ANESTÉSICO LOCAL
- Uma dose-teste deve ser realizada por cerca de 15 min após o posicionamento do cateter, o que permite assegurar boa posição inicial.
- Caso se deseje uma instalação progressiva do bloqueio em pacientes idosos ou frágeis:
  - Bupivacaína 2,5-5 mg intratecal + sufentanila 2,5-5 mcg.
  - Em seguida, *bolus* peridurais de 5 mL de (levo)bupivacaína 0,5% ± com epinefrina ou de ropivacaína, segundo o nível e a rapidez de instalação desejada.
- Cada injeção no cateter deve ser considerada uma dose-teste (*bolus* de 5 mL a cada 5 min).
- A injeção no cateter peridural aumenta a extensão cefálica do bloqueio. Se a injeção intratecal permitiu alcançar um nível cefálico suficiente, uma injeção peridural demasiado precoce pode provocar extensão cefálica excessiva.
- Particularidades obstétricas: ver capítulo *Obstetrícia*.

Dose-teste

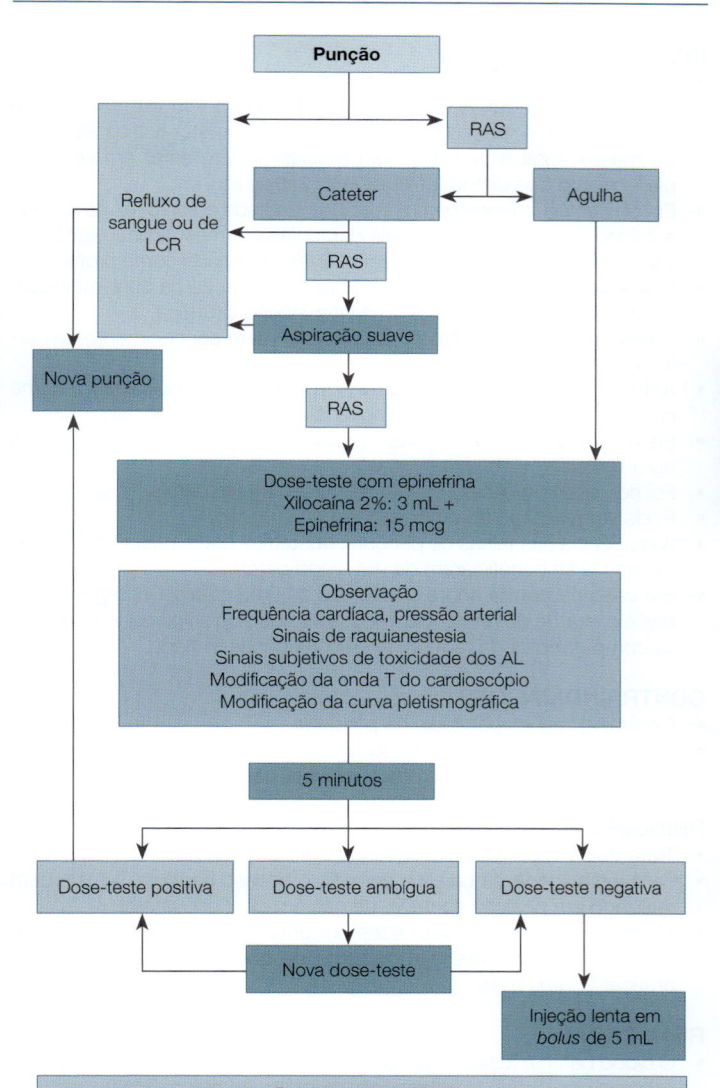

Punção

RAS

Cateter

Agulha

Refluxo de sangue ou de LCR

RAS

Nova punção

Aspiração suave

RAS

Dose-teste com epinefrina
Xilocaína 2%: 3 mL +
Epinefrina: 15 mcg

Observação
Frequência cardíaca, pressão arterial
Sinais de raquianestesia
Sinais subjetivos de toxicidade dos AL
Modificação da onda T do cardioscópio
Modificação da curva pletismográfica

5 minutos

Dose-teste positiva

Dose-teste ambígua

Dose-teste negativa

Nova dose-teste

Injeção lenta em *bolus* de 5 mL

Dose-teste positiva
- Aumento da FC: 30 bpm
- Aumento da PAS: 30 mmHg
- Diminuição da amplitude da curva pletismográfica
- Modificação ou inversão da morfologia da onda T
- Durante pelo menos 30 s
- Em seguida, normalização progressiva

Anestesia locorregional

Blood patch

INDICAÇÕES
- Cefaleias pós-punção dural que não cedem após 24-36 h de trata-mento conservador, que são graves desde o início ou que surgem tardiamente em relação à perfuração da dura-máter (várias semanas ou meses após a punção). As cefaleias podem estar em segundo plano diante dos distúrbios auditivos, visuais etc.
- Em obstetrícia, o *blood patch* profilático realizado com 20 mL de sangue autólogo não reduz a incidência das cefaleias, mas diminui significati-vamente a intensidade e a duração. É recomendado como profilaxia.
- Indica-se realizá-lo precocemente após perfuração da dura-máter em um indivíduo jovem durante uma intervenção cirúrgica.
- Cefaleias crônicas por hipotensão do LCR sem conhecimento de per-furação traumática.
- Antes do *blood patch* é feito um interrogatório e um cuidadoso exame clínico à procura de uma meningite (diagnóstico diferencial).
- Ele continua eficaz mesmo após vários meses após a perfuração da dura-máter.
- Foi considerado eficaz no tratamento de fístulas durais.
- Pode ser realizado no ambulatório.
- A incidência das falhas de peridural obstétrica não é maior nas mulhe-res que já se beneficiaram de um *blood patch*.
- Em caso de dúvida sobre a natureza de uma cefaleia pós-punção, a RM é o exame de referência, mostrando os sinais típicos. A tomogra-fia computadorizada tem um interesse apenas limitado.

CONTRAINDICAÇÕES
- Contraindicações habituais da peridural.
- Os anticoagulantes ou antiplaquetários serão interrompidos em um prazo suficiente (função da droga utilizada) para uma punção sem risco.

PRINCÍPIOS
- Trata-se às vezes de uma peridural difícil de realizar.
- Se a intensidade da cefaleia permitir, o acesso peridural é mais bem realizado em posição sentada, se não em decúbito lateral.
- Mesmo se na maioria das vezes um único *blood patch* é suficiente, sempre se deve prevenir o paciente de que talvez seja necessário praticar 2, 3 ou mais.

REALIZAÇÃO
- O *blood patch* é realizado no centro cirúrgico com assepsia cirúrgica e controle anestésico (cardioscopia, oxímetro de pulso, PANI).
- Acesso venoso que permita uma coleta fácil (18G) na dobra do cotovelo.
- Às vezes é necessária a sedação com midazolam em titulação.
- Uma bradicardia é frequente durante a injeção do sangue no espaço peridural. No entanto, o recurso à atropina permanece excepcional. No homem, particularmente, pode ser utilizada de maneira preventiva.
- O acesso peridural é realizado um espaço mais baixo (se possível) do que a punção inicial, a migração do sangue injetado sendo, no nível lombar, mais cefálica do que caudal.

- Anestesia local de boa qualidade para facilitar o acesso peridural às vezes difícil neste contexto, a passagem do ligamento amarelo e a perda de resistência podem ser menos nítidos do que de hábito, podendo existir um meningocele responsável pelo retorno de algumas gotas do LCR, mas de baixa pressão.
- Quando o espaço peridural é localizado, pede-se ao auxiliar que colete em uma seringa 20-30 mL de sangue, da maneira mais asséptica possível.
- A realização de hemoculturas nesse momento não tem qualquer interesse.
- O sangue é injetado lentamente no espaço peridural, observando-se:
  - A frequência cardíaca.
  - O aparecimento de dor no hipocôndrio ou no flanco direito, ou no ciático que provavelmente traduz a irritação de uma raiz nervosa pelo sangue que sai pelo forame intervertebral. Essas dores podem persistir por alguns dias.
  - O aparecimento de uma lombalgia deve fazer com que a injeção seja interrompida.
  - Na ausência de dor que limite o volume injetado, este deve ser de no máximo 25 mL como primeira escolha.

EVOLUÇÃO
- Nos casos mais expressivos, a dor cede no minuto após o fim da injeção. Em outros, ela cede mais progressivamente.
- O decúbito de 2 h após a injeção contribui para o sucesso.
- É comum o aparecimento de febrícula nas horas seguintes ao *blood patch*, persistente por 24-36 h. Se febre mais suspeita; deve levar à rediscussão da etiologia da cefaleia e à investigação de meningite (PL) ou outra complicação (RM).

COMPLICAÇÕES
- As lombalgias são as complicações mais frequentes. A evolução é simples.
- A irritação de uma raiz nervosa é comum e tem evolução simples. Nunca houve relatos de hematoma compressivo subdural ou subaracnoideo e nem de infecção local. Por fim, foram relatadas excepcionais paresias transitórias dos nervos cranianos.

ALTERNATIVAS AO *BLOOD PATCH*
- A injeção ou a infusão contínua de NaCl 0,9% por um cateter peridural é menos eficaz do que o *blood patch*.
- Os coloides são uma alternativa possível. São utilizáveis em caso de hemopatia ou infecção viral crônica (HIV etc.).

PRECAUÇÕES
A realização de um *blood patch* no nível torácico deve ser especialmente pensada e justificada. Na realidade, por causa do estreitamento do espaço peridural nesse nível, existe o risco de compressão medular.

Anestesia locorregional

INDICAÇÕES PARTICULARES

Em certos casos, zumbidos ou perda de audição, ou mesmo uma vertigem incapacitante estão em primeiro plano. Incômodos e persistentes, eles podem melhorar com um *blood patch* terapêutico.

ENQUANTO SE AGUARDA A REALIZAÇÃO DE UM *BLOOD PATCH*

- Repouso na cama e hiper-hidratação têm pouco interesse; os triptanos são ineficazes.
- A codeína é ineficaz e aumenta o desconforto dos pacientes.
- O tramadol é pouco ou nada eficaz e agrava as náuseas e os vômitos. Pode ser testado na apresentação que não seja de liberação prolongada. Será rapidamente interrompido em caso de ineficácia ou intolerância.
- A pregabalina (100 mg x 3 por 3 d) ou a gabapentina (400 mg x 3 por 3 d) são relatadas como úteis no alívio das cefaleias.
- O bloqueio bilateral do nervo occipital maior é proposto em vários estudos, com resultados favoráveis (melhora ou cura).
- A cafeína é ineficaz.
- A teofilina 240 mg/d é relatada como eficaz para diminuir ou tratar a cefaleia, em caso de falha ou contraindicação ao *blood patch*.

ALGORITMO DE PROCEDIMENTO

- Não são propostas posologias nem duração de tratamento com a cafeína, pois não é possível estabelecê-las a partir das publicações.

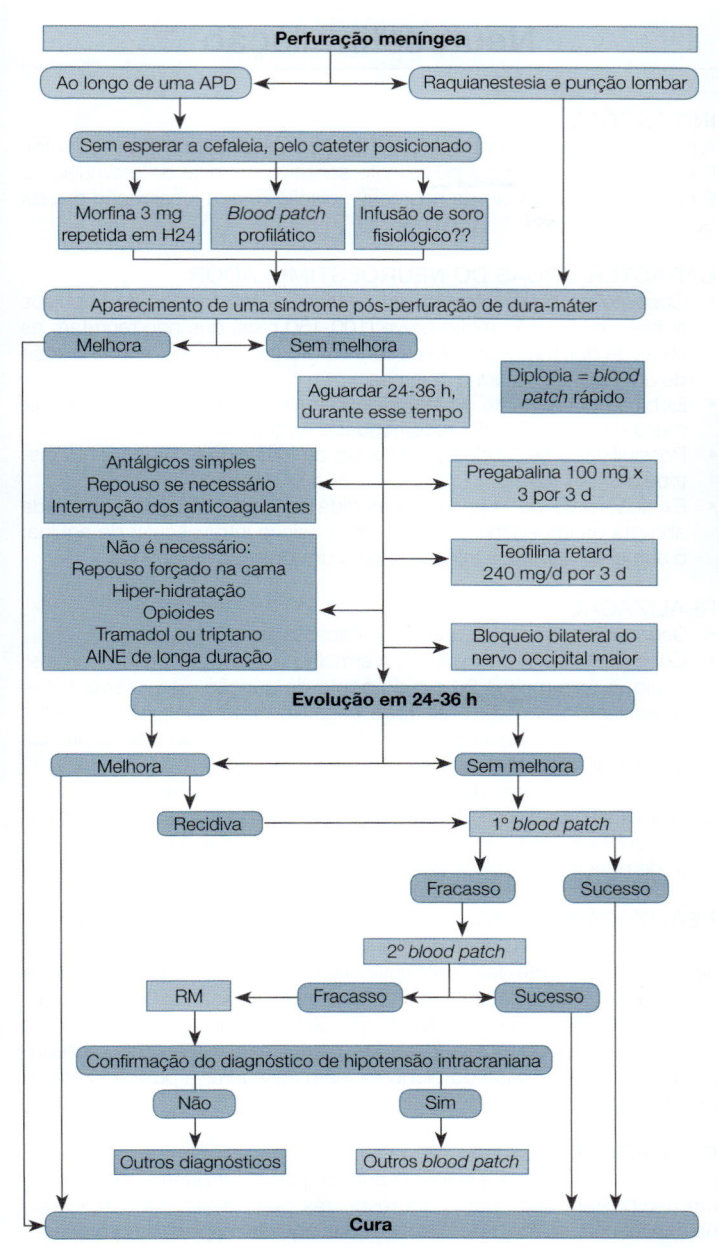

Perfuração meníngea

- Ao longo de uma APD
- Raquianestesia e punção lombar

Sem esperar a cefaleia, pelo cateter posicionado

- Morfina 3 mg repetida em H24
- *Blood patch* profilático
- Infusão de soro fisiológico??

Aparecimento de uma síndrome pós-perfuração de dura-máter

- Melhora
- Sem melhora

Aguardar 24-36 h, durante esse tempo

Diplopia = *blood patch* rápido

- Antálgicos simples
  Repouso se necessário
  Interrupção dos anticoagulantes
- Pregabalina 100 mg x 3 por 3 d

- Não é necessário:
  Repouso forçado na cama
  Hiper-hidratação
  Opioides
  Tramadol ou triptano
  AINE de longa duração
- Teofilina retard 240 mg/d por 3 d
- Bloqueio bilateral do nervo occipital maior

Evolução em 24-36 h

- Melhora
- Sem melhora
- Recidiva
- 1º *blood patch*
  - Fracasso
    - 2º *blood patch*
      - Fracasso
      - Sucesso
  - Sucesso

- RM
- Confirmação do diagnóstico de hipotensão intracraniana
  - Não → Outros diagnósticos
  - Sim → Outros *blood patch*

Cura

A pregabalina pode ser substituída pela gabapentina (400 mg x 3 por 3 d). Os dois gabapentinoides são contraindicados durante o aleitamento.

Neuroestimulação

INDICAÇÕES

A neuroestimulação é indicada para localizar e bloquear um nervo motor. É inútil quando o nervo é puramente sensitivo no local de estimulação. É possível a associação da neuroestimulação com a localização guiada por ultrassonografia.

CARACTERÍSTICAS DO NEUROESTIMULADOR

- Corrente de baixa intensidade, distribuída sob formas de impulsos firmes, de duração muito breve (100-150 mcs) que não recrutam as fibras da dor, mas somente as fibras motoras. Contudo, a mobilização de um local de fratura é dolorosa.
- Exibição permanente da intensidade realmente distribuída. Pode ser muito diferente do valor recomendado exigido.
- Possibilidade de modulação precisa da intensidade da corrente distribuída.
- Exibição clara da impedância medida na ponta da agulha; a queda abrupta da impedância sugere uma posição intravascular da agulha; o aumento durante a injeção sugere uma injeção intraneural.

REALIZAÇÃO

- Sedação titulada e adequada, se necessário.
- Conexão do eletrodo positivo vermelho a um eletrodo de cardioscópio, a pelo menos 20 cm do ponto de punção, se possível sobre o hemicorpo oposto; o eletrodo negativo preto é religado à agulha (preto, agulha, negativo, nervo). A inversão das polaridades precisa multiplicar por quatro as intensidades distribuídas.
- Verificação da carga de bateria e fechamento do circuito.
- Os marca-passos cardíacos não são uma contraindicação. Aconselha-se, contudo, que a linha que passa entre o eletrodo cutâneo e o ponto de punção não passe pelo marca-passo.

REALIZAÇÃO PRÁTICA

O valor limiar de intensidade de estimulação de 0,5 mA não tem qualquer significado. Somente deve ser considerada a IME (intensidade mínima de estimulação), intensidade abaixo da qual a estimulação elétrica não provoca mais resposta motora identificável. A IME pode ser muito diferente de 0,5 mA para 100 mcs, superior ou inferior, sem, no entanto, assegurar a falha ou o sucesso do bloqueio, nem assegurar a posição intra ou extraneural da agulha.

RESPOSTA BUSCADA

É importante conhecer a resposta que se quer obter quando se estimula um nervo. Para cada nervo, as respostas pertinentes estão indicadas no capítulo específico. São mencionadas aqui as respostas equívocas.

Região subclavicular

- O nervo supraescapular pode ser estimulado distante do plexo durante bloqueios interescalênicos. Deve-se exigir uma resposta situada no final do ombro.

- Uma resposta cubital supõe que a agulha esteja muito próxima da cúpula pleural. Ela não deve ser introduzida mais adiante.
- A contração do diafragma indica estimulação do nervo frênico; isso significa que a agulha está demasiado anterior.

Região axilar
- O nervo musculocutâneo pode ser estimulado fora da bainha do plexo braquial. Deve ser localizado e bloqueado especificamente.
- A contração do músculo tríceps braquial pode traduzir a estimulação do ramo tricipital do nervo radial, fora da bainha do plexo braquial.
- Um estímulo do nervo axilar revela uma posição demasiado posterior da agulha, fora da bainha.
- Acesso do ciático na nádega.
- As respostas motoras localizadas na coxa devem ser rejeitadas, podendo traduzir a estimulação de um ramo já separado do tronco nervoso.

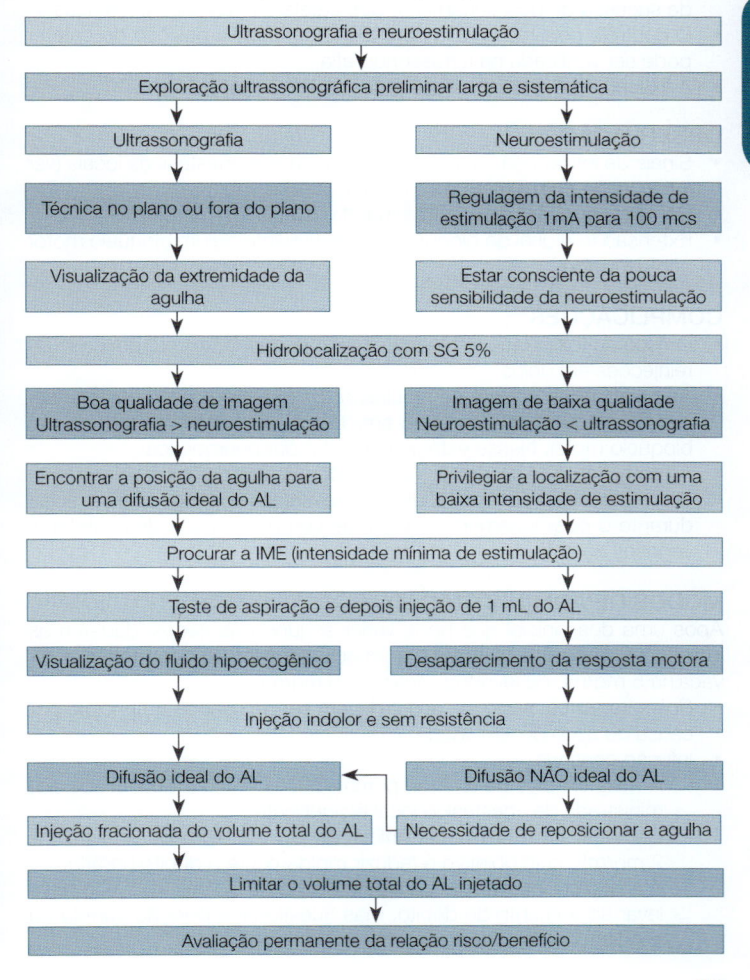

Ultrassonografia e neuroestimulação

Exploração ultrassonográfica preliminar larga e sistemática

Ultrassonografia — Neuroestimulação

Técnica no plano ou fora do plano — Regulagem da intensidade de estimulação 1mA para 100 mcs

Visualização da extremidade da agulha — Estar consciente da pouca sensibilidade da neuroestimulação

Hidrolocalização com SG 5%

Boa qualidade de imagem Ultrassonografia > neuroestimulação — Imagem de baixa qualidade Neuroestimulação < ultrassonografia

Encontrar a posição da agulha para uma difusão ideal do AL — Privilegiar a localização com uma baixa intensidade de estimulação

Procurar a IME (intensidade mínima de estimulação)

Teste de aspiração e depois injeção de 1 mL do AL

Visualização do fluido hipoecogênico — Desaparecimento da resposta motora

Injeção indolor e sem resistência

Difusão ideal do AL — Difusão NÃO ideal do AL

Injeção fracionada do volume total do AL — Necessidade de reposicionar a agulha

Limitar o volume total do AL injetado

Avaliação permanente da relação risco/benefício

Cateter de analgesia na ALR

INDICAÇÕES
- Os cateteres perinervosos são indicados para prolongar um bloqueio anestésico ou mais frequentemente para melhorar a analgesia pós--operatória. Eles permitem não recorrer aos opioides ou reduzir a necessidade deles.
- São indicados no cuidado de dores crônicas.
- São particularmente indicados em caso de mobilização articular (ativa ou passiva) pós-operatória.

POSICIONAMENTO
- Condições de assepsia idênticas às de um cateter venoso central.
- O uso da localização guiada por ultrassonografia melhora as taxas de sucesso do posicionamento dos cateteres nervosos periféricos.
- O controle pela radiografia contrastada é inútil; a posição do cateter pode ser verificada na ultrassonografia.
- A fixação com adesivos específicos facilita a manutenção.

OBSERVAÇÃO
- Sinais de intoxicação subaguda ou aguda aos anestésicos locais (ver *Intoxicação com anestésicos locais*).
- Ponto de punção, drenagem e curativo.
- Extensão territorial do bloqueio e aparecimento de um bloqueio motor não desejado.

COMPLICAÇÕES
- O risco de toxicidade sistêmica é muito pequeno, exceto em caso de reinjeções em *bolus*.
- As neuropatias podem se manifestar pelo aumento das características do bloqueio que se torna anestésico com aparecimento de um bloqueio motor. Nesse estágio nunca há dor neuropática.
- As complicações infecciosas são muito raras ainda que a colonização do cateter seja frequente. Elas são prevenidas com rigorosa assepsia durante o posicionamento e controle comparável aos dos cateteres venosos centrais.

MODOS DE ADMINISTRAÇÃO
Após uma dose inicial que pode variar segundo as necessidades e as indicações: lidocaína 10 mg/mL com epinefrina (efeito dose-teste), ropivacaína 5 mg/mL ou levobupivacaína 2,5 mg/mL.
- *Bolus* iterativos: salvo exceção, devem ser recusados a princípio por causa do risco de toxicidade.
- Infusão contínua:
  - A mais simples de realizar, porém muitas vezes a quantidade administrada de anestésico local é significativa.
  - Começar com um débito inicial de 0,1 mL/kg/h de ropivacaína 2 mg/mL, cujo objetivo é reduzir rapidamente o débito horário.
  - A analgesia insuficiente para este débito de 0,1 mL/kg/h não deve levar ao aumento do débito, mas questionar a posição correta ou a indicação do cateter.

- PCrA (*patient controlled regional analgesia*); débito contínuo com *bolus* intermitentes. Para uma cirurgia de grande porte do ombro em um adulto, por exemplo: débito de base 0,05 mL/kg/h, *bolus* de 4 mL de ropivacaína com 2 mg/mL a cada 4-6 h de acordo com as necessidades.

Analgesia intra-articular

- A analgesia intra-articular pode ser utilizada somente no nível das grandes articulações (joelho, eventualmente quadril). A condrotoxicidade dos anestésicos locais associada à hiperpressão ligada à injeção **proíbe** esta prática nas pequenas articulações, como o ombro.
- Não há risco para esta técnica após uma cirurgia de prótese total, uma vez que não há mais cartilagem.
- Não se deve esperar um grande efeito, mas a analgesia intra-articular entra no arsenal da analgesia multimodal, particularmente ambulatorial. Os procedimentos para artroscopia do joelho representam uma excelente indicação.
- Apenas os anestésicos locais e os opiáceos (na prática, a morfina, por causa da meia-vida longa) deram provas de eficácia. O efeito da clonidina permanece controverso.
- **Na prática**, o cirurgião injeta uma mistura de anestésico local (20 mL de levobupivacaína a 2,5 mg/mL ou de ropivacaína a 2 mg/mL) e morfina (1-3 mg). A clonidina (75 mcg, ou seja, meia ampola) pode ser eventualmente adicionada.

ALR ambulatorial

A ALR na cirurgia ambulatorial apresenta poucas particularidades técnicas. Pode ser utilizada como técnica isolada ou ser associada à anestesia geral para a analgesia pós-operatória.

VANTAGENS
- Anestesia de qualidade e pouca dor pós-operatória.
- Menos efeitos secundários (NVPO, retenção urinária) do que a anestesia geral.
- Otimização da utilização das salas cirúrgicas, se o bloqueio for realizado em uma sala anexa.
- Custo menor do que o de uma anestesia geral.

ESTRATÉGIA
Todas as técnicas de ALR podem ser utilizadas, mas serão privilegiadas aquelas que apresente a menor incidência de complicações imediatas ou posteriores. Os bloqueios supra e infraclaviculares, ainda que perfeitamente eficazes, nem sempre são a melhor opção.

Escolher os bloqueios mais distais possíveis compatíveis com a intervenção. A localização guiada por ultrassonografia é provavelmente mais adequada do que a neuroestimulação.

Privilegiar os agentes de instalação rápida e de duração curta ou intermediária. Evitar como primeira escolha os agentes com duração muito longa de ação (que além do mais, precisam de longos prazos de instalação).

Caso se deseje um bloqueio anestésico pós-operatório, há a possibilidade do posicionamento de um cateter. As bombas elastoméricas de débito fixo são provavelmente a melhor escolha porque são fáceis de utilizar.

A dexametasona (4-8 mg) administrada IV no início do procedimento prolonga a analgesia e sem efeito motor inoportuno.

ESCOLHA DA TÉCNICA
Membro superior
- O bloqueio interescalênico com localização guiada por ultrassonografia é utilizável no ambulatório para a cirurgia do ombro. O posicionamento do cateter é desejável nas cirurgias dolorosas, bem como nas reparações tendíneas.
- Os bloqueios supra e infraclaviculares expõem ao risco de pneumotórax, mesmo entre mãos bem experientes; se for o caso, um controle ultrassonográfico da ausência de pneumotórax é necessário antes da alta do paciente.
- Os bloqueios mais distais podem ser realizados sem particularidade.
- Os bloqueios tronculares distais com AL de longa duração de ação são recomendados para a analgesia pós-operatória.
- O bloqueio da bainha dos flexores garante analgesia pós-operatória de duração muito longa sem efeito secundário incômodo.

Membro inferior
- Todos os bloqueios dos nervos motores podem ser utilizados sem precauções particulares, com a condição de que já tenham terminado no momento da alta, pois caso contrário expõem ao risco de queda

e traumatismo, sendo então necessária a utilização de um anestésico local de curta duração (lidocaína, mepivacaína).

- O bloqueio femoral traz o risco de instabilidade e queda. Na cirurgia do joelho ou distal, é substituído por um bloqueio com localização guiada por ultrassonografia no canal dos adutores. A utilização do AL de longa duração com baixa concentração (ropivacaína, levobupivacaína) garante uma analgesia prolongada sem bloqueio motor.

- O bloqueio poplíteo é adequado à cirurgia do tornozelo ou do pé, mas pode ser substituído por bloqueios mais distais ao tornozelo, que afetam menos a marcha e, portanto, são mais adequados no ambulatório.

Parede abdominal

- Para o *TAP block*, o bloqueio ilioinguinal-ilio-hipogástrico (hérnia inguinal) ou os bloqueios da bainha dos retos abdominais ou paraumbilical (hérnia umbilical), recomenda-se a utilização de AL de longa duração.

Anestesia locorregional

Critérios de alta e observação na ALR ambulatorial

Os critérios clássicos de alta (Aldrete, Chung ou KB) são aplicáveis para a anestesia locorregional; contudo, no contexto da anestesia ambulatorial, outros critérios podem ser levados em consideração.

Caso se deseje que o bloqueio esteja totalmente finalizado antes da alta, é preciso em todos os casos escolher anestésicos locais de duração de ação curta ou intermediária (lidocaína, mepivacaína, cloroprocaína ou prilocaína). Os anestésicos locais de ação de longa duração são utilizados somente para bloqueios muito distais (p. ex., bloqueio mediano do punho).

Há a possibilidade de associar AL de diferentes durações de ação como bloqueio axilar com mepivacaína para a anestesia e bloqueio mediano distal para a analgesia com ropivacaína ou, para o tratamento de uma hérnia inguinal, uma raquianestesia com prilocaína e *TAP block* com ropivacaína.

OBSERVAÇÕES GERAIS

De todo modo, é preciso antecipar o término do bloqueio. A administração dos antálgicos deve ser antecipada.

É possível autorizar a alta com um bloqueio ainda eficaz; é importante garantir a devolução dos documentos escritos e a compreensão das instruções pelo paciente. Para o retorno ao domicílio, os antálgicos prescritos durante a consulta de anestesia devem estar disponíveis antes da alta.

RAQUIANESTESIA

Após uma raquianestesia, é preciso ter certeza de:
- Término do bloqueio motor: flexão-extensão do pé.
- Término do bloqueio simpático: ausência de hipotensão ortostática.
- Término do bloqueio sensitivo: recuperação da sensibilidade no nível das nádegas.
- Término do bloqueio do músculo detrusor (o mais tardio): micção espontânea. Este critério não é exigido pelo conjunto das equipes.
- A utilização da cloroprocaína ou da prilocaína na raquianestesia permite limitar a duração da disfunção vesical.
- A ultrassonografia vesical (volume máximo de 500 mL) permite indicar uma sondagem de alívio antes da alta.

BLOQUEIOS PERIFÉRICOS
Bloqueios periféricos distais

Para os bloqueios periféricos muito distais (p. ex., bloqueios medianos + ulnar para a cirurgia do túnel do carpo) não é necessário aguardar o término completo do bloqueio antes de autorizar a alta do centro.

Bloqueios do plexo ou tronculares superiores

Em relação aos acessos do plexo (interescalênicos) ou tronculares superiores (nervos musculocutâneo ou radial do braço, ciático) que bloqueiam uma articulação importante (cotovelo, joelho, tornozelo), é preciso ter certeza de que antes da alta:
- A recuperação motora é total.

- O membro insensível e parético está protegido por uma tala.
- Em caso de bloqueio do nervo ciático com anestésicos locais de ação de longa duração, é preciso proibir a alta e/ou a marcha até o término do bloqueio.
- Para os bloqueios periclaviculares, é obrigatória uma ultrassonografia que verifique a ausência de pneumotórax antes da saída da SRPA.

Cateter de analgesia prolongada

A alta com um cateter de analgesia é desejável para certas intervenções muito dolorosas, como as artroses de ombro. Antes da alta, é preciso controlar:

- O funcionamento correto do sistema (vedação, fixação, funcionamento da bomba elastomérica ou eletrônica).
- A compreensão do princípio e das instruções de segurança pelo paciente.
- A cobertura pelo prestador de serviços para o acompanhamento no domicílio.

Analgesia do tronco em função da incisão cirúrgica

	APD	BPV	BI	Peit 1	Peit 2	Serr	TAP	QLB	BPU	Bloqueio peniano	Bloqueio pudendo
Cirurgia da mama: próteses, quadrantectomias laterais, tumorectomia com ou sem gânglio sentinela único	++	+++	++	+	++	++					
Cirurgia da mama: mastectomia com ou sem reconstrução, retalhos	++	+++	++		+	+					
Toracotomia	+++	+++	+								
Lombotomia	++	++					+				
Incisão supraumbilical	+++						+				
Incisão paraumbilical							++		+++		
Incisão infraumbilical	+++						++				
Incisão xifopúbica	+++						++				
Incisão subcostal	++	++					++				
Incisão subcostal bilateral	+++						++				
Incisão suprapúbica	++						+++	+++			
Incisão inguinal	+						+++	+++			
Incisão inguinoescrotal	+						++	++			+++
Cirurgia peniana										+++	+++
Proctologia											+++
Episiotomia	++										+++

APD: analgesia peridural; BPV: bloqueio paravertebral; BI: bloqueio intercostal; TAP: *trans abdominal plane block*; BPU: bloqueio paraumbilical; Peit 1: bloqueio entre o peitoral maior e menor; Peit 2: bloqueio sob o músculo peitoral menor; SERR: bloqueio do plano do músculo serrátil.
+++: padrão-ouro; ++: indicado; +: eficácia limitada.

Analgesia na cirurgia da mama

Na cirurgia da mama, a dor pós-operatória depende da extensão da cirurgia. Várias técnicas de ALR são possíveis com indicações diferentes. O bloqueio mais constante é o paravertebral. Os bloqueios interpeitorais (Peit 1 ou 2) ou o bloqueio no plano do músculo serrátil (serrátil anterior) têm indicações mais específicas.

Além disso, nenhum dos bloqueios propostos é eficaz para prevenir a dor crônica secundária em cirurgias da mama de grande porte.

BLOQUEIO PARAVERTEBRAL
- A técnica é clássica (ver *Bloqueio paravertebral*) e comporta uma única injeção centrada em T3 (15 mL) ou duas injeções em T2 e T4 (10 mL x 2), raramente três injeções (+ T5 ou T6). As indicações preferenciais são:
  - Tumorectomias com linfadenectomia axilar.
  - Mastectomias com ou sem linfadenectomia axilar.
  - Mastectomias com reconstrução, retalho. Nesse caso, aconselha-se um cateter para prolongar a analgesia.

BLOQUEIOS INTERPEITORAIS
Injeção do anestésico local no espaço entre os dois músculos peitorais (Peit 1) e sob o músculo peitoral menor (Peit 2) para bloquear os nervos peitorais medial (C5-C7) e lateral (C8-T1) e o nervo torácico longo (C5-C7).

Realização
- É indispensável a localização guiada por ultrassonografia, agulha ecogênica de 80-100 mm.
- Sonda de alta frequência sobre a parede anterior do tórax, levemente lateral.
- Visualização dos músculos peitoral maior e peitoral menor e localização dos vasos.
- Punção de medial para lateral, no plano que visualiza a agulha.
- Primeira injeção (10 mL) entre os dois músculos peitorais.
- Segunda injeção (10 mL) atrás do músculo peitoral menor.

Indicações
- Expansores, próteses.
- Tumorectomias dos quadrantes laterais; menos eficaz nos quadrantes mediais.
- Tumorectomias com gânglio sentinela único.

BLOQUEIO DO PLANO DO MÚSCULO SERRÁTIL
O bloqueio do plano do músculo serrátil ou *serratus block* visa mais particularmente os nervos torácico longo (C5-C7) e toracodorsal (C6-C8). A extensão do bloqueio é mais lateral do que com os Peit 1 e 2.

Realização
- É indispensável a localização guiada por ultrassonografia, agulha ecogênica de 80-100 mm.
- Sonda de alta frequência sobre a parede lateral do tórax, ao longo da linha axilar mediana no nível de T4-T5, oblíquo fora.

- Visualização dos músculos latíssimo do dorso (grande dorsal), peitoral menor e serrátil (serrátil anterior) e localização dos vasos.
- Punção de medial para lateral, no plano que visualiza a agulha.
- Primeira injeção (20 mL) na frente do músculo serrátil.
- Segunda injeção não indispensável (10 mL) atrás do músculo serrátil visualizando o plano pleural que não deve ser alcançado.

Indicações
- Aproximadamente as mesmas que as dos bloqueios dos Peit 1 e 2, com provavelmente melhor extensão lateral.
- Expansores, próteses.
- Tumorectomias dos quadrantes laterais; menos eficaz nos quadrantes mediais.
- Tumorectomias com gânglio sentinela único.

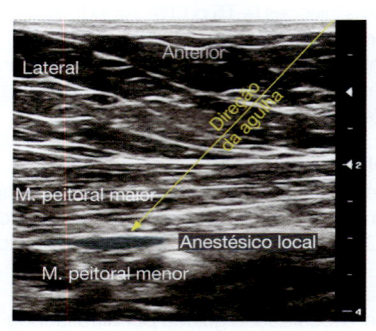

Peitoral 1

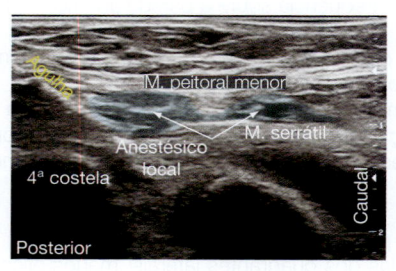

Peitoral 2

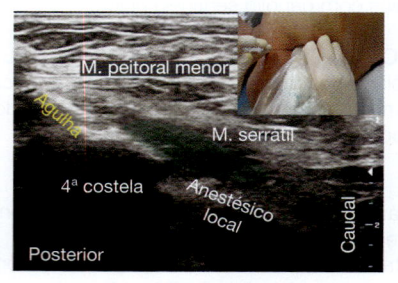

Bloqueio do serrátil

Bloqueio paravertebral torácico

INDICAÇÕES

- O bloqueio paravertebral torácico (BPVT) permite a anestesia dos nervos espinhais torácicos, responsáveis pela inervação do tronco, no nível da saída do neuroeixo, no espaço paravertebral torácico (EPVT).
- É indicado para a anestesia e a analgesia perioperatória das toracotomias e lombotomias, da cirurgia da mama ou do abdome.
- É particularmente indicado durante os acessos unilaterais.
- Como o EPVT se situa em comunicação direta com o espaço intercostal, o espaço peridural, os espaços intercostais e paravertebrais adjacentes, a difusão da solução injetada pode ser feita nas diferentes direções e estruturas. A injeção de um volume grande de anestésico local permite contar com uma extensão nesses diferentes espaços e em vários níveis.

ANATOMIA

- O EPVT pode ser descrito segundo dois eixos: um corte transversal perpendicular à coluna vertebral e que passa pelo processo espinhoso e um corte sagital que passa pelos processos transversos.
- O EPVT situa-se entre os processos transversos das duas vértebras contíguas. É delimitado:
  - Posteriormente pelo ligamento costotransversário superior.
  - Anteriormente pela pleura parietal (o diafragma para T11 e T12).
  - Medialmente pela vértebra, disco intervertebral e o forame intervertebral por meio do qual se comunica diretamente com o espaço peridural.
  - Lateralmente, ele continua no espaço intercostal.
- O EPVT abriga o nervo espinal com seus três ramos (um ramo posterior, um ramo anterior simpático e o ramo principal lateral representado pelo nervo intercostal), a veia e a artéria intercostais. Os EPVT sobrejacentes e subjacentes se comunicam mais ou menos livremente entre eles.

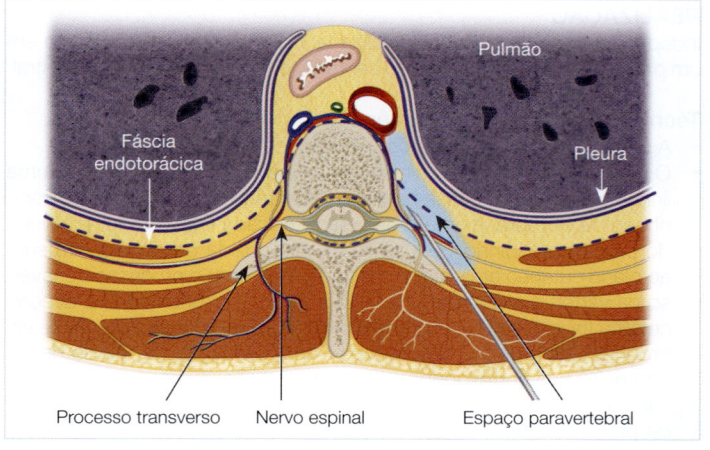

Espaço paravertebral: corte transversal.

VANTAGENS
- Qualidade de analgesia comparável à da analgesia peridural (unilateral).
- Analgesia estendida a vários metâmeros.
- Bloqueio simpático menor em relação à analgesia peridural.

DESVANTAGENS
- Difusão peridural (frequente, mas normalmente sem consequência).
- Risco de punção pleural.
- Toxicidade sistêmica dos anestésicos locais (reabsorção rápida) ou punção vascular acidental (espaço muito vascularizado).
- Síndrome de Claude Bernard-Horner pelo bloqueio simpático cervical (raro).

NÍVEL DE PUNÇÃO
- T2-T6: cirurgia da mama, toracotomia.
- T9-T12: lombotomia.
- T11-L2: cirurgia de hérnia inguinal.

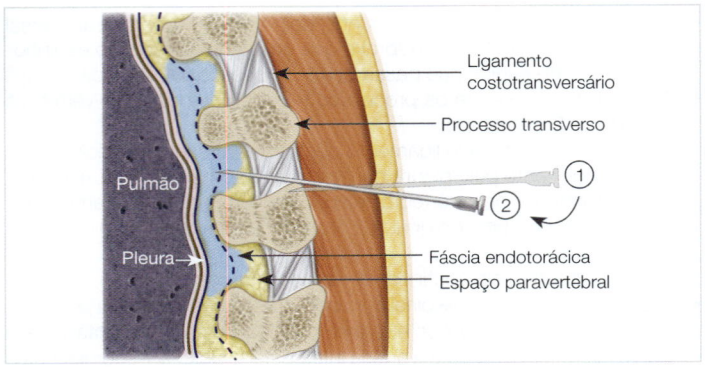

Espaço paravertebral: corte transversal.

REALIZAÇÃO
Independentemente da técnica utilizada, o BPVT pode ser realizado em um paciente instalado na posição sentada, em decúbito lateral ou ventral.

Técnica com perda de resistência
- Agulha de Tuohy e seringa com líquido (com NaCl 0,9%).
- O ponto de punção está situado na intersecção de duas linhas: uma linha horizontal que passa pelo alto da extremidade do processo espinhoso da vértebra, e uma linha vertical traçada a 2-3 cm fora da linha do processo espinhoso. A agulha é introduzida perpendicularmente ao plano cutâneo até obter o contato ósseo com o processo transverso da vértebra (ver *figura*). Depois, a agulha é reorientada na direção cefálica (nível torácico) ou caudal (nível dorsolombar). Em seguida, ela progride cerca de 1,5 cm até obter uma sensação de "perda de resistência" que corresponde à passagem do ligamento costotransversário superior que representa o limite posterior do EPVT. A sensação de perda de resistência é menos nítida do que a da passagem pelo espaço peridural.

- A aspiração antes da injeção permite se assegurar da ausência de punção pleural, pulmonar, vascular ou da dura-máter. A profundidade do espaço é normalmente de 4-5 cm a partir da pele. O espaço paravertebral localiza-se em média 1 cm após o contato ósseo (1,5 no nível torácico, 0,5-1 cm no nível lombar). Se o contato ósseo não for obtido, nunca se deve ultrapassar a profundidade de 4 cm, e retomar o procedimento reorientando a agulha. Como o espaço paravertebral tem a forma triangular, quanto mais a agulha for introduzida lateralmente, mais o espaço será estreito.

Técnicas de localização guiada por ultrassonografia
- Sonda linear (8-12 MHz) ou convexa (3-8 MHz) e agulha de tipo Tuohy ecogênica.
- Segundo a posição da sonda, distingue-se um acesso transversal ou sagital. Em cada abordagem é possível empregar uma técnica de punção no plano ou fora do plano.
- Os principais pontos de referência são: os cones de sombra representados pelas costelas, o processo transverso e o processo articular inferior e a linha densa de reflexão dos ultrassons constituída pela pleura. A punção é realizada com uma agulha ecogênica no plano dos ultrassons, portanto quase perpendicularmente ao eixo da coluna vertebral, com um ângulo de 30-45° em relação ao plano cutâneo para se dirigir ao processo transverso. A posição correta no espaço paravertebral é confirmada pela injeção de NaCl 0,9% que deve trazer a pleura para frente. A injeção lenta e fracionada do volume total é visualizada na tela sob a forma de uma larga zona hipoecogênica.
- A ausência de pneumotórax é verificada no fim do procedimento pela persistência do deslizamento pleural para a zona de punção.

Abordagem transversal
- A sonda é posicionada lateralmente ao processo espinhoso em um espaço intercostal. Visualiza-se um espaço triangular delimitado medialmente pelo (cone de sombra do) processo transverso, posteriormente por uma linha transversal ecogênica que representa o ligamento costotransversário e anteriormente pela linha oblíqua pleural hiperecogênica (sinal do deslizamento).
- O espaço paravertebral está localizado entre essas duas linhas, lateral e anterior ao processo transverso. A punção é realizada no plano, de fora para dentro.

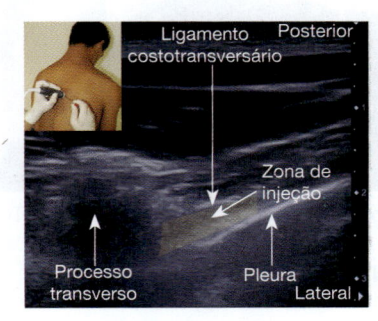

Bloqueio paravertebral: abordagem transversal.

Abordagem sagital

- A sonda é posicionada paralelamente à linha que liga os processos espinhosos. Visualiza-se um espaço trapezoidal delimitado medial e lateralmente pelo (cone de sombra dos) dois processos transversos contíguos, posteriormente por uma linha transversal ecogênica do ligamento costotransversário e anteriormente pela linha pleural hiperecogênica (sinal de deslizamento).

O espaço paravertebral está localizado entre essas duas linhas. A punção é realizada no plano, a agulha sendo introduzida no nível da borda inferior da sonda e dirigida para o processo transverso mais cefálico.

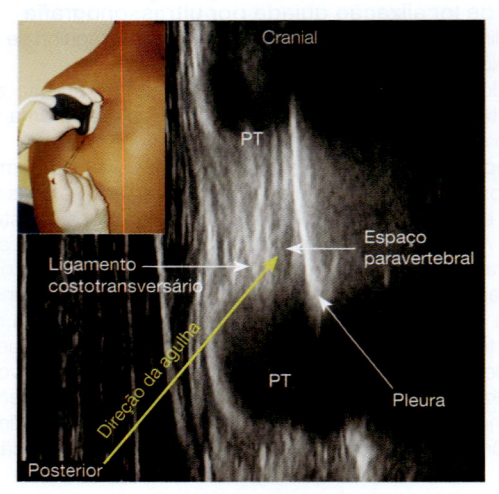

Bloqueio paravertebral: abordagem parassagital.

Cateter

- O cateter é introduzido na direção cefálica por 3-4 cm. Com os cateteres ecogênicos, a posição é controlada com a ultrassonografia. Aconselha-se um controle radiográfico com radiografia contrastada se o procedimento for realizado sem ser guiado por ultrassonografia.

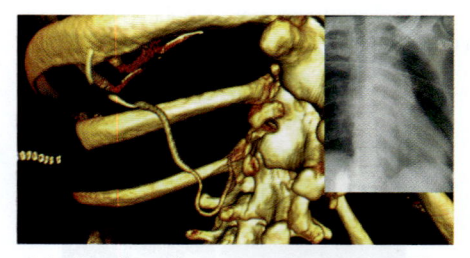

Cateter paravertebral: radiografia contrastada e controle TC.

SOLUÇÕES ANESTÉSICAS E VOLUMES

- Primeira injeção: *bolus* de 15-20 mL de lidocaína ou ropivacaína.
- Manutenção: ropivacaína 2 mg/mL, débito médio de 8-10 mL/h.

Bloqueios da parede abdominal

Bloqueio da bainha dos músculos retos abdominais, *TAP block*, bloqueio do quadrado lombar

A parede do abdome é composta pelo peritônio parietal, pelos músculos pares com suas aponeuroses e tegumentos.

A parede abdominal é constituída por nove músculos pares e simétricos:

- Anteriormente: o músculo reto do abdome e o músculo piramidal.
- Lateralmente (da superfície para o interior): o músculo oblíquo externo, o oblíquo interno separado do músculo transverso pela fáscia profunda.
- Posteriormente (da superfície para o interior): músculo grande dorsal, massa sacrolombar (semiespinhoso, periespinhoso, dorsal longo e iliocostal), músculo quadrado lombar e psoas.

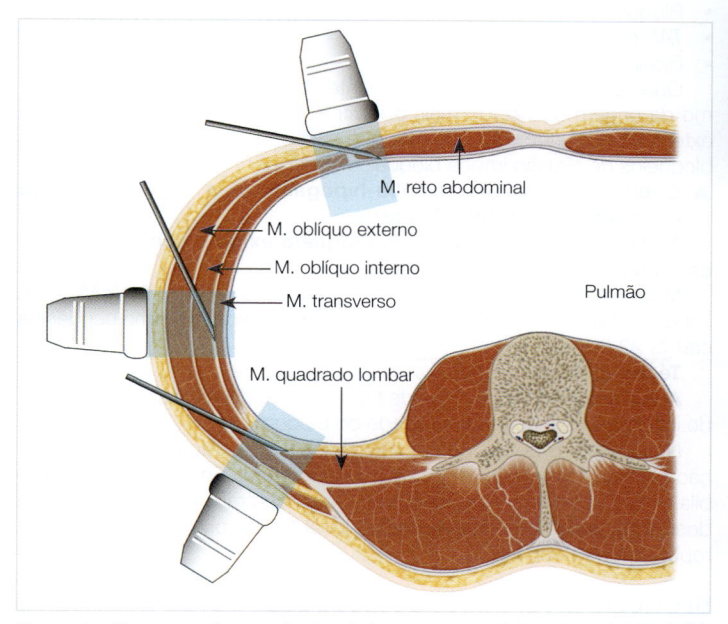

Figura 1　Esquema da parede do abdome com posicionamento da agulha para os diferentes bloqueios.

A inervação da parede abdominal é assegurada pelos nervos espinhais, de T7-L1. Cada nervo espinal origina um ramo anterior simpático, um ramo posterior destinado aos músculos posteriores do abdome e um ramo anterolateral representado pelo nervo intercostal.

O nervo intercostal perfura o músculo transverso para caminhar no espaço situado entre a fáscia profunda e o músculo transverso, no plano do músculo transverso *transverse abdominis plane* (TAP), até alcançar o músculo reto abdominal e terminar no nível da linha alba.

Cada nervo intercostal, ao longo de seu percurso, origina 2-3 ramos cutâneos, posterior, lateral e anterior para assegurar a inervação dos tegumentos. A raiz L1 (o 13° nervo intercostal) envia um ramo cutâneo para a região lateral da nádega, depois se divide rapidamente em dois ramos terminais: os nervos ilio-hipogástrico e o nervo ilioinguinal. Esses dois nervos deixam o espaço do plano do músculo transverso que perfuram para se posicionar entre os músculos oblíquos interno e externo. Caminham em trajetos paralelos com uma distância média de 10-15 mm.

O nervo ílio-hipogástrico caminha ao longo da crista ilíaca e inerva a pele que recobre a base do pênis, a parte anterior e lateral do escroto, os grandes lábios, os músculos piramidal, reto abdominal, oblíquo externo, oblíquo interno e transverso.

O nervo ilioinguinal inerva a parte próximo-medial da pele da coxa, da pele do escroto e dos grandes lábios, bem como dos músculos cremaster, oblíquo interno e transverso do abdome. Termina no nível do anel inguinal superficial.

Em função do nível anatômico da abordagem, distinguem-se:

- Bloqueio da bainha dos retos abdominais.
- *TAP block*.
- Bloqueio do quadrado lombar.

Quanto mais o acesso do nervo intercostal for posterior (mais próximo da origem do nervo), mais o território envolvido pelo bloqueio será extenso e profundo. Por outro lado, a variabilidade da extensão desses bloqueios de difusão impõe bloqueios extensos.

▲ **O bloqueio dos nervos ilio-hipogástrico e ilioinguinal será abordado no capítulo *Pediatria*.**

A eficácia e a segurança do bloqueio exige o uso da localização guiada por ultrassonografia.

Material: sonda ultrassonográfica linear 5-10 MHz ou 6-13 MHz (ou sonda curvilínea 2-5 MHz para os pacientes obesos) e agulha ecogênica calibre 22 80-100 mm.

Técnica: sonda em eixo transversal e agulha *in plane*.

Anestésico local: trata-se de bloqueios de difusão: o volume injetado influi na extensão e na qualidade do bloqueio.

No adulto, 15-20 mL de um anestésico local de ação de longa duração são necessários para um bloqueio unilateral. Em caso de bloqueio bilateral, são necessários 30-40 mL. A concentração será adequada à dose total autorizada de anestésico local (levobupivacaína $\leq$ 2 mg/kg, ropivacaína $\leq$ 3 mg/kg).

BLOQUEIO DA BAINHA DOS MÚSCULOS RETOS ABDOMINAIS

Extensão do bloqueio e indicações: T8-T11. Cirurgia do umbigo e da linha alba. É um bloqueio superficial que assegura a analgesia apenas da parede.

Técnica: paciente em decúbito dorsal. Sonda de ultrassonografia posicionada no nível da linha alba e depois deslocada lateralmente até visualizar a extremidade lateral do músculo reto abdominal (Figura 3). O músculo está envolvido por sua bainha, que aparece como um envelope hiperecogênico em torno do músculo. A agulha é introduzida na borda lateral da sonda. Assim que a bainha do músculo for atravessada, a agulha é dirigida medialmente entre a face posterior do músculo e sua bainha.

Uma injeção única de 10 mL de cada lado basta para uma cirurgia periumbilical.

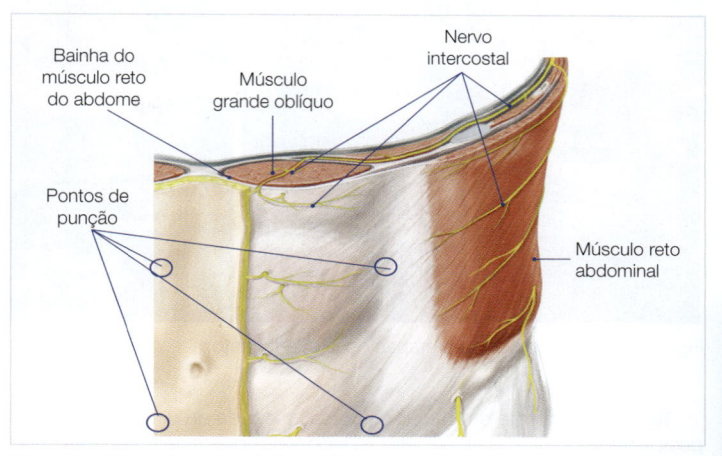

Figura 2 Bloqueio paraumbilical: relações anatômicas e pontos de referência de punção.

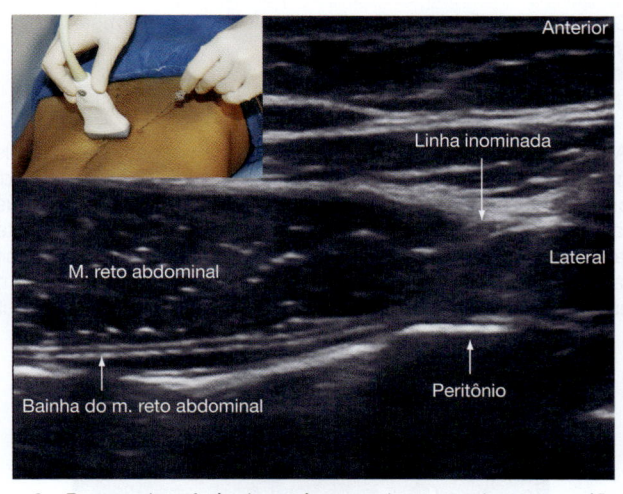

Figura 3 Pontos de referência cutâneos e imagem ultrassonográfica do bloqueio da bainha dos músculos retos abdominais.

TRANSVERSE ABDOMINAL PLANE BLOCK
Extensão do bloqueio e indicações: T6-L1. A extensão é pouco previsível, muitas vezes mais lateral do que mediana.

Cirurgia abdominopélvica (bloqueio bilateral em caso de incisão mediana).

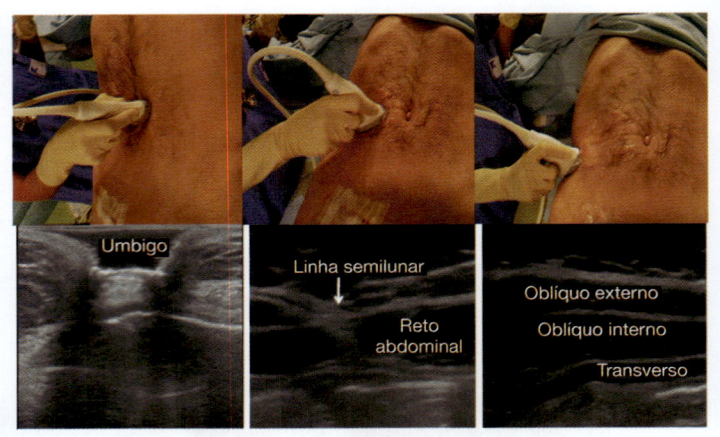

Figura 4   *TAP block*: as três etapas do procedimento.

Técnica: paciente em decúbito dorsal, a sonda da ultrassonografia é posicionada no nível da linha alba e depois deslocada lateralmente.

No nível da borda lateral do músculo reto abdominal, visualizam-se os três músculos que constituem a parede lateral do abdome. Os músculos são separados por suas fáscias, que aparecem hiperecogênicas.

Do plano superficial ao plano mais profundo localizam-se:

1. Músculo oblíquo externo.
2. Músculo oblíquo interno.
3. Músculo transverso.

A agulha introduzida na margem medial da sonda é orientada levemente em direção medial. Acompanha-se a progressão em profundidade pelos diferentes fáscias e músculos. A injeção é realizada entre o músculo transverso e sua aponeurose que o separa do músculo oblíquo interno do abdome, representada por uma linha hiperecogênica que delimita o espaço denominado *TAP*. O volume injetado é responsável por um descolamento de forma oval e hipoecogênica deste espaço neurovascular.

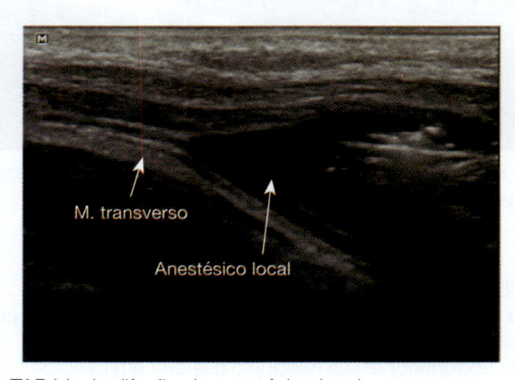

Figura 5   *TAP block*: difusão do anestésico local.

BLOQUEIO DO QUADRADO LOMBAR

Extensão do bloqueio e indicações: T6-L1. Cirurgia abdominopélvica (bloqueio bilateral em caso de incisão mediana), enxerto ósseo ilíaco.

Técnica: o paciente é instalado em decúbito dorsal com um apoio sob a nádega para liberar o flanco, ou de preferência em decúbito lateral. A sonda de ultrassonografia é posicionada transversalmente sobre a linha alba e deslocada em direção posterior. O músculo quadrado lombar está localizado no nível da borda posterior do músculo transverso, no nível da parede posterolateral do abdome (Figura 6). A agulha introduzida na margem medial da sonda é orientada para a junção músculo transverso-músculo quadrado lombar. A injeção é feita no nível da borda ventrolateral do músculo.

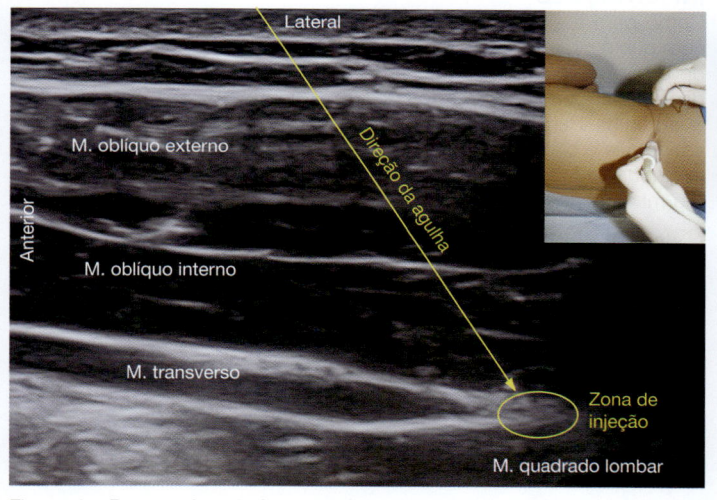

Figura 6   Pontos de referência cutâneos e imagem ultrassonográfica do bloqueio do quadrado lombar.

Analgesia para laparoscopia: infiltrações, pulverização

A laparoscopia permite a prática da cirurgia ambulatorial para a qual é indispensável que a analgesia seja excelente. A dor pós-operatória tem várias origens. A dor nos pontos de punção dos trocateres necessita de uma estratégia de infiltração, a dor no nível do diafragma e da cápsula hepática (dor escapular) necessita de uma pulverização.

É muito importante se lembrar das doses máximas de anestésico local quando se pratica uma pulverização associada ou não às infiltrações. A reabsorção dos anestésicos locais pelo peritônio pode ser muito rápida.

INFILTRAÇÕES
Como para a analgesia com cateter pré-peritoneal, é importante fazer com que o cirurgião compreenda que a infiltração dos planos profundos deve ser privilegiada. E também, que qualidade não rima com quantidade. Uma boa analgesia dos planos profundos deve infiltrar todos os quadrantes. Para o umbigo, um bloqueio pré-umbilical guiado por ultrassonografia é o ideal (ver *Bloqueios da parede abdominal*). Os agentes a serem utilizados são a ropivacaína a 2 mg/mL ou a levobupivacaína a 2,5 mg/mL à razão de 2-5 mL/região.

PULVERIZAÇÕES
As pulverizações são eficazes, mas a duração da ação é limitada a algumas horas. A pulverização deve ser feita pelo cirurgião após a assepsia da região, de preferência com um nebulizador específico. As duas cúpulas e o sítio cirúrgico devem ser pulverizados. As doses são de 20-30 mL de ropivacaína a 2 mg/mL ou de levobupivacaína a 2,5 mg/mL.

A aspiração do CO_2 no fim também é importante.

A dose total de anestésico local deve levar em conta a soma pulverização + infiltrações. Não se deve ultrapassar o total de 40-50 mL.

Cateteres de infiltração pré-peritoneal

Os cateteres de infiltração pré-peritoneal mostraram clara eficácia analgésica. Seu uso deve fazer parte de uma abordagem multimodal, pois esta técnica é menos eficaz do que a peridural, por exemplo. Vários pontos devem ser levados em conta: o material, a posição do cateter.

MATERIAL
Devem ser utilizados cateteres multiperfurados específicos que distribuem a solução de maneira uniforme. Além disso, o comprimento deve estar adequado ao tamanho da cicatriz. Existem cateteres de comprimentos que vão de 7-30 cm.

REALIZAÇÃO PRÁTICA
No fim da intervenção, o cirurgião posiciona o cateter. É uma fase importante porque o cateter deve sempre ser "colocado" sobre o plano profundo (o peritônio, neste caso).

SOLUÇÕES
Devem ser utilizados somente os anestésicos locais de longa duração de ação, ropivacaína a 2 mg/mL ou levobupivacaína a 2,5 mg/mL. Primeiro realiza-se um *bolus* de 5-20 mL, de acordo com o comprimento da cicatriz, depois se prossegue com uma infusão contínua à razão de 5-10 mL/h. A infusão contínua pode ser feita com uma bomba tradicional ou com um difusor portátil. A escolha do cateter e da dose será adequada em função da indicação. A duração de administração é de 48-72 h.

Essa prática foi estendida às outras cirurgias (mama, enxerto ilíaco, ginecologia entre outras). O princípio é sempre que os planos profundos são aqueles que devem ser privilegiados para a posição do cateter.

Bloqueio do nervo pudendo

INDICAÇÕES
Analgesia perineal: tratamento de hemorroidas ou das fissuras anais, reparações esfincterianas, episiotomia (espátulas, fórceps). Biópsias vulvares, ablações de condilomas, inflamação das glândulas de Skene, bartolinite, hemivulvectomia, postectomia, cirurgia do pênis.

ANATOMIA
O nervo pudendo que sai das últimas raízes sacrais (S2-S4) é um nervo misto.

TÉCNICA DE LOCALIZAÇÃO GUIADA POR ULTRASSONOGRAFIA
A localização guiada por ultrassonografia continua sendo uma técnica difícil, mas que aumenta a segurança do bloqueio e permite evitar uma eventual punção vascular (já excepcional com neuroestimulação). A resposta motora não é necessária para obter uma boa eficácia do bloqueio.

Os pontos de referência anatômicos que são a espinha isquiática e a artéria pudenda permitem localizar a fossa isquiorretal, onde se deve posicionar a agulha para a injeção. O paciente está em posição ginecológica, a sonda orientada sobre a linha que liga a espinha isquiática ao ânus. A punção é mais fácil fora do plano. Sonda superficial de 12 MHz.

TÉCNICAS ÀS CEGAS E COM NEUROESTIMULAÇÃO
Paciente em posição ginecológica.

Assepsia realizada com soluções não irritantes para as mucosas.

Técnica às cegas
Infiltração perianal nos quatro quadrantes: 10 mL a cada injeção.

Técnica com neuroestimulação
- Bloqueio troncular na fossa isquiática. O ponto de punção situa-se na borda medial do túber isquiático e a punção é realizada perpendicularmente à pele. A neuroestimulação busca:
  - Contração do músculo constritor da vulva.
  - Contração do músculo bulbocavernoso.
  - Contração do hemiesfíncter homolateral do ânus.
- A injeção é lenta, precedida e entrecortada de testes de aspiração, por causa da proximidade do feixe vascular.

VOLUME E SOLUÇÃO
- 15 mL (de cada lado, se necessário).
- Anestésico local de ação de longa duração sem epinefrina.
- A clonidina seria um adjuvante útil para prolongar o bloqueio.

COMPLICAÇÕES
- Injeção intravascular (com a técnica troncular).
- Lesões nervosas.
- Na dilatação completa: punção da cabeça fetal.
- Perfuração retal, hematoma isquiorretal (artéria isquiática interna).

- Não há risco com a técnica de infiltração, exceto por possíveis problemas de superdosagem-reabsorção acelerada.

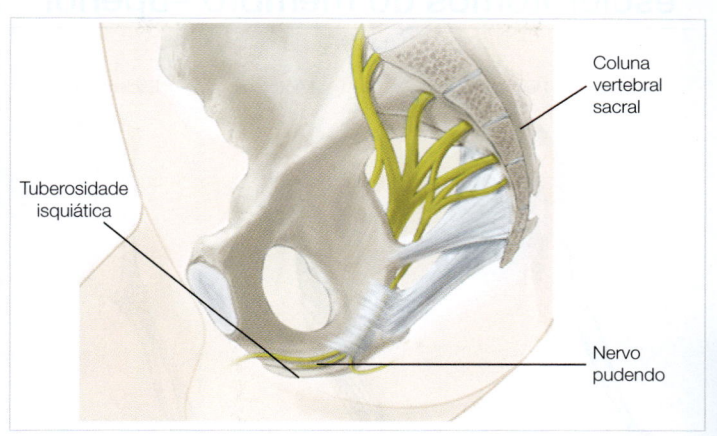

Coluna vertebral sacral

Tuberosidade isquiática

Nervo pudendo

Plexo sacral e nervo pudendo.

Dermátomos, miótomos e esclerótomos do membro superior

Anestesia locorregional

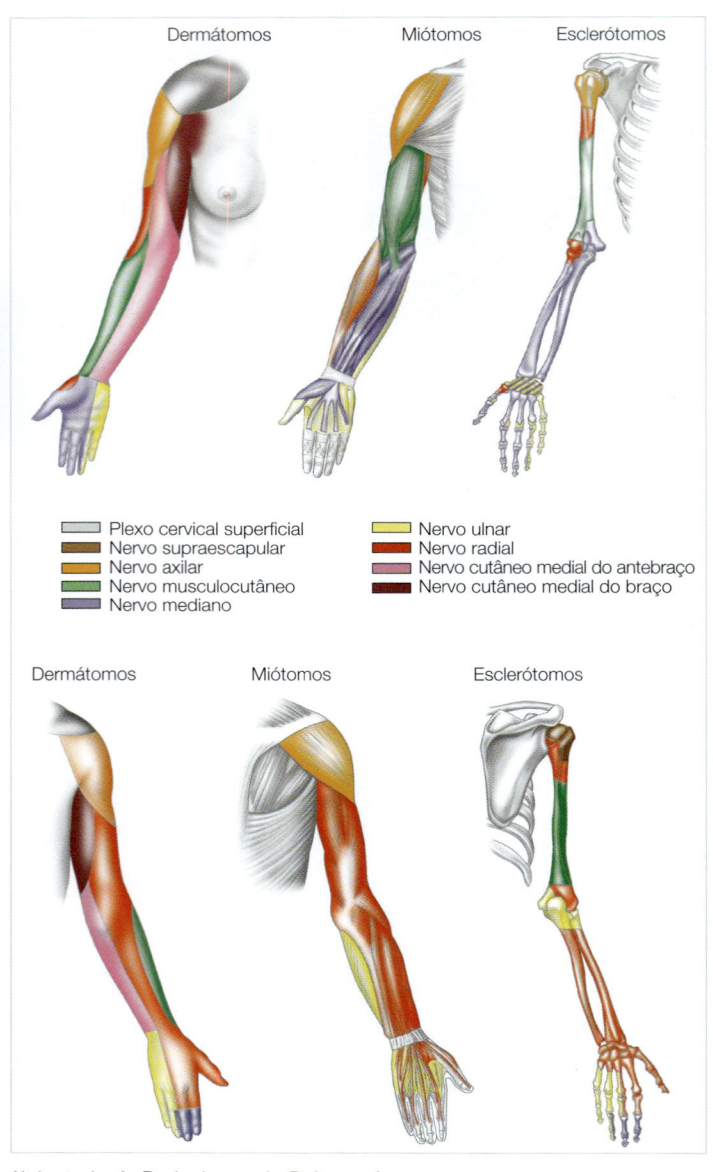

Dermátomos   Miótomos   Esclerótomos

- Plexo cervical superficial
- Nervo supraescapular
- Nervo axilar
- Nervo musculocutâneo
- Nervo mediano
- Nervo ulnar
- Nervo radial
- Nervo cutâneo medial do antebraço
- Nervo cutâneo medial do braço

Dermátomos   Miótomos   Esclerótomos

(Adaptado de D. Jochum e L. Delaunay.)
Reproduzido com autorização. Gentilmente cedido por laboratórios Astra-
-Zeneca France.

Para cada cirurgia uma estratégia: membro superior

Indicações cirúrgicas	Tipo de bloqueio	Cateter
Ombro Prótese de ombro Ruptura da coifa dos rotadores Artrose de ombro	BIS	Necessário
Ombro Acromioplastia aberta ou artroscópica lesão de Bankart, coxim Luxação acromioclavicular, luxação do ombro	BIS	Não indispensável
Cirurgia da clavícula	BIS + plexo cervical superficial	Não indispensável
Úmero Cirurgia da cabeça Diáfise, paleta	BIS ou BSC	Não indispensável
Cotovelo Artrose ou prótese total Fratura ou artroscopia Epicondilite, neurólise	BSC ou BIC BSC ou BIC BSC ou BIC	Necessário Não indispensável Não indispensável
Antebraço, punho Fraturas, traumatismo simples Traumatismo grave do antebraço e da mão	BIC, BAX BIC, BAX	Às vezes necessário
Cirurgia agendada da **mão** Simples Complexa	BAX BAX + bloqueios tronculares seletivos	Às vezes necessário
Fístula arteriovenosa	BIC, BAX	

BIS: bloqueio do plexo braquial por via interescalênica; BSC: bloqueio supraclavicular; BIC: bloqueio infraclavicular; BAX: bloqueio axilar.

Sistematização do plexo braquial

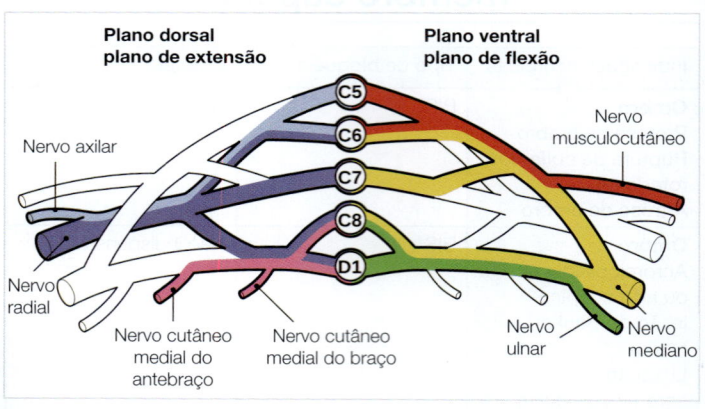

Organização funcional do plexo braquial (P. Zetlaoui).

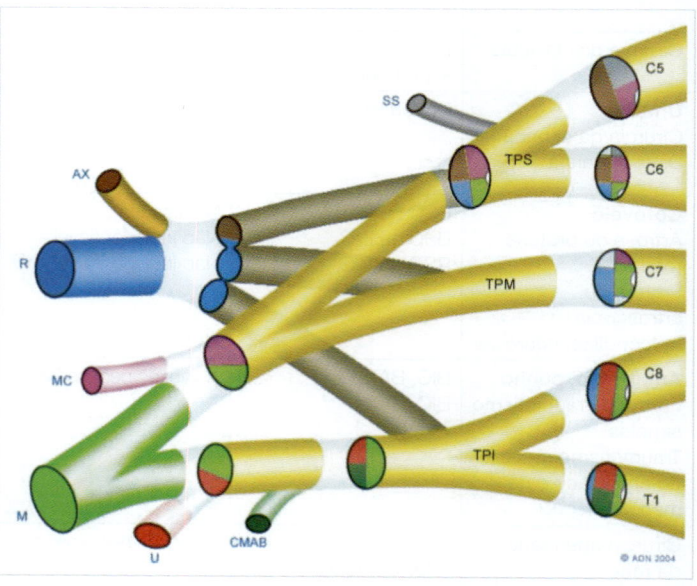

Sistematização do plexo braquial (D. Jochum, adaptado de Adnot e Huten).
SS: N. supraescapular; Ax: N. axilar; R: N. radial; MC: N. musculocutâneo;
U: N. ulnar; CMAB: N. cutâneo medial do antebraço.

Bloqueio do plexo braquial por via interescalênica (BIS)

INDICAÇÕES

Cirurgia do ombro (portanto artroscopias) e do braço. O território ulnar é raramente bloqueado.

RISCOS

- Injeção intratecal ou peridural ou na artéria vertebral.
- Bloqueio do nervo frênico responsável na maioria dos casos por paresia diafragmática, habitualmente subclínica. O bloqueio interescalênico classicamente deve ser evitado no paciente com insuficiência respiratória.

PONTOS DE REFERÊNCIA DE PUNÇÃO

- O desfiladeiro interescalênico.
- A veia jugular externa.
- A horizontal da cartilagem cricoide.

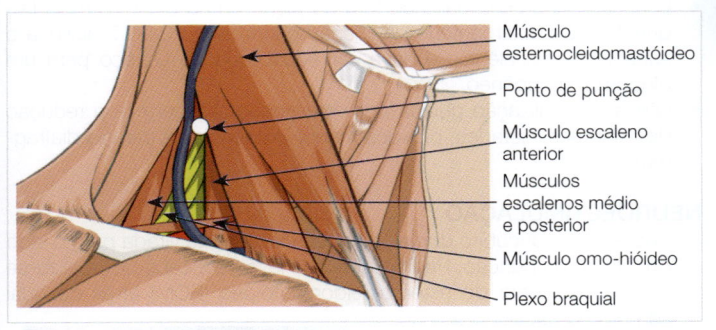

Músculo esternocleidomastóideo

Ponto de punção

Músculo escaleno anterior

Músculos escalenos médio e posterior

Músculo omo-hióideo

Plexo braquial

Bloqueio interescalênico: relações anatômicas e pontos de referência de punção.

LOCALIZAÇÃO GUIADA POR ULTRASSONOGRAFIA

- A sonda é posicionada perpendicularmente ao eixo do pescoço para visualizar o plexo braquial no eixo curto. Dois pontos de referência de altura devem ser conhecidos: em C4, a bifurcação carotídea e, em C7, a primeira vértebra cervical cujo processo transverso não é bífido. O tubérculo anterior (de Chassaignac) do processo transverso de C6 é bífido. O plexo braquial está localizado entre esses dois pontos de referência.
- O plexo é visualizado sob a forma de várias lacunas circuladas de branco entre os músculos escalenos. O Doppler colorido permite identificar as estruturas nervosas próximas.
- A ultrassonografia permite visualizar as inúmeras variantes anatômicas possíveis nesse nível, às vezes uma atenta exploração permite encontrar raízes nos corpos do escaleno anterior ou mesmo na frente deste músculo.

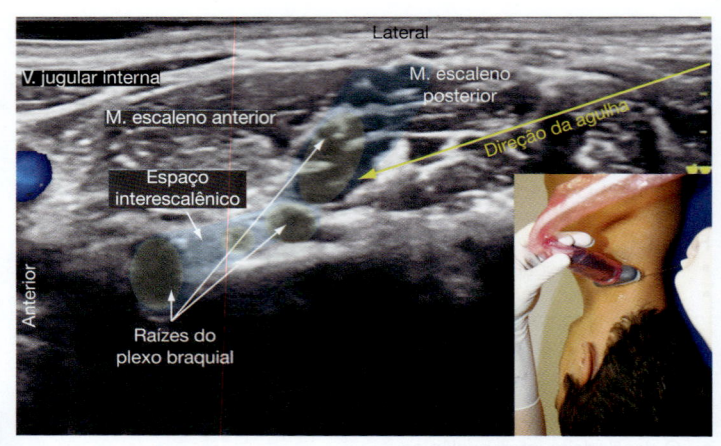

Label texts:
Lateral
V. jugular interna
M. escaleno posterior
M. escaleno anterior
Direção da agulha
Espaço interescalênico
Anterior
Raízes do plexo braquial

Bloqueio interescalênico guiado por ultrassonografia: acesso posteroanterior.

- O acesso pode ser realizado fora do plano ou no plano, o mais frequente é o posteroanterior. A injeção centrada no C6-C7 disseca o espaço interescalênico e deve ser equilibrada no espaço para um bloqueio homogêneo.
- Utilizar a localização guiada por ultrassonografia permite a redução dos volumes injetados, provoca menor incidência da paresia diafragmática.

NEUROESTIMULAÇÃO

- Paciente em decúbito dorsal, a cabeça levemente virada para o lado oposto ao da punção. Pedindo-lhe que levante a cabeça, localiza-se a borda posterior do esternocleidomastóideo (ECM) atrás do qual se palpa o escaleno anterior, e continuando para trás, o desfiladeiro dos escalenos.

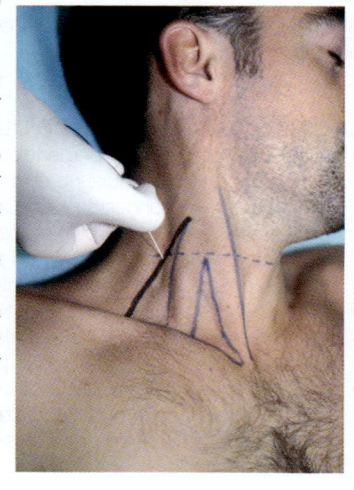

- O ponto de punção está situado pouco antes da veia jugular externa, onde ela cruza o desfiladeiro dos escalenos. Se não estiver visível, é preciso traçar uma linha horizontal a partir da cartilagem cricoide.
- A punção passa sob o ECM no nível do desfiladeiro dos escalenos. A agulha é dirigida para o pé homolateral. Essa direção lateral e caudal permite evitar as complicações (punção vascular, entrada em um forame intervertebral com risco de injeção intratecal).

- A progressão é cautelosa até a obtenção de uma resposta motora. Caso haja um contato ósseo, a agulha é retirada alguns mm e levemente deslocada posteriormente para obter uma resposta motora.
- O teste de aspiração é indispensável.

Resposta em neuroestimulação

- No nível interescalênico, a neuroestimulação pode traduzir uma resposta em uma raiz ou em um tronco primário, nem sempre é possível obter uma resposta precisa em um nervo determinado. Mas deve-se recusar uma resposta que traduza a estimulação de um nervo que já deixou o desfiladeiro dos escalenos no ponto de punção, bem como as respostas dos músculos da parte posterior do ombro (nervo supraescapular), e obter uma resposta que traduza uma estimulação do nervo mediano, do nervo radial ou do nervo musculocutâneo.
- A contração do diafragma indica uma estimulação do nervo frênico, isso significa que a agulha está excessivamente anterior.
- Uma resposta em neuroestimulação no território do nervo ulnar significa que a agulha está na proximidade da cúpula pleural. Ela não deve avançar mais.

VOLUMES

- O volume usual é de 25-30 mL em neuroestimulação. Muitas vezes é mais limitado quando a localização é guiada por ultrassonografia, raramente ultrapassando 15-20 mL.

Bloqueio supraclavicular (BSC)

INDICAÇÕES
Toda cirurgia do membro superior, o bloqueio cirúrgico do ombro é inconstante.

PONTOS DE REFERÊNCIA DE PUNÇÃO
- Borda lateral da cabeça lateral do ECM.
- Clavícula e artéria subclávia.

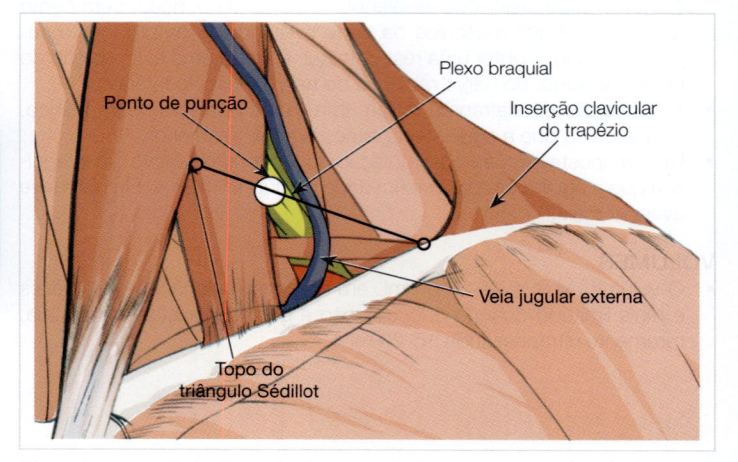

Bloqueio supraclavicular: relações anatômicas e pontos de referência de punção.

VANTAGENS
- Trata-se na prática de um acesso interescalênico externo baixo.
- Risco reduzido, mas sempre presente de pneumotórax.

RISCOS
Existe um risco teórico de punção da artéria subclávia.

COM LOCALIZAÇÃO GUIADA POR ULTRASSONOGRAFIA
- A localização guiada por ultrassonografia facilita o bloqueio, acelera a realização, aumenta a taxa de sucesso e limita as complicações (pneumotórax, hemotórax, punções vasculares, lesões nervosas, síndrome de Claude Bernard-Horner).
- A paresia frênica é muito menos frequente (1%) do que com o bloqueio interescalênico, ainda mais sendo o volume de anestésico local limitado.
- O bloqueio se instala rapidamente e promove uma anestesia do membro superior a abaixo do ombro.

Pontos de referência de punção
- A sonda é posicionada na fossa supraclavicular, paralela à clavícula. A exploração, realizada no sentido anteroposterior, busca:

- – O plexo braquial muitas vezes visualizado sob a forma de um cacho de uva.
- – Às vezes dividido ao meio por uma artéria.
- – A primeira costela e a pleura (deslizamento pleural).
- – E a raiz C8 que muitas vezes aparece quando a sonda é dirigida posteriormente.
- A exploração com Doppler colorido é indispensável para localizar e evitar os numerosos vasos presentes na região.
- Localiza-se o plexo braquial na zona lateral à artéria subclávia (2 ou 3 círculos hipoecogênicos).
- Escolhe-se um plano de punção que compreenda a primeira costela, evitando os vasos.

Direção da agulha
- Ou acesso "no plano" da sonda, na direção do plexo braquial, de lateral para medial, ou acesso "fora do plano", anteroposterior.
- Segundo os procedimentos, a neuroestimulação pode ajudar.
- Injeção de 20 mL de anestésico local em torno das formações nervosas.

COM NEUROESTIMULAÇÃO
A técnica descrita é a de L-J Dupré, que minimiza o risco de pneumotórax. Pelo menos teoricamente, persiste o risco de punção da veia jugular interna, o que traduz uma punção excessivamente anterior.

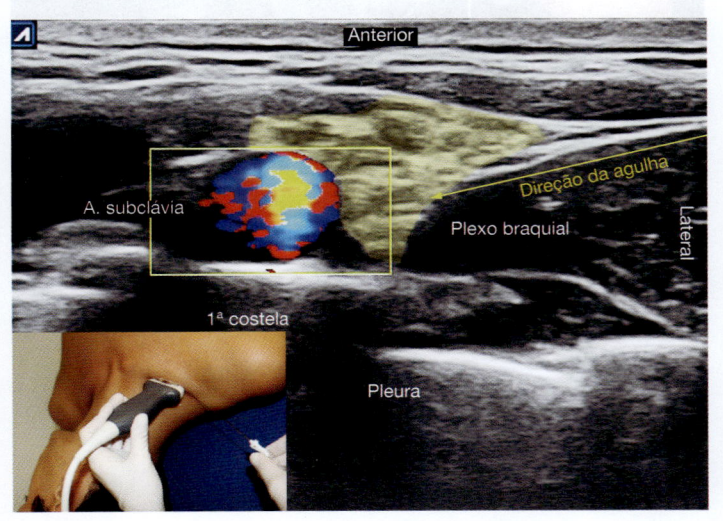

Bloqueio supraclavicular guiado por ultrassonografia: imagem característica e posição da sonda, punção lateromedial.

Realização
- Paciente em decúbito dorsal.
- Cabeça levemente virada para o lado oposto ao da punção.
- Localiza-se o topo do triângulo de Sédillot, depois a inserção clavicular do músculo trapézio que é encontrado seguindo-se uma linha reta.

- Ponto de punção = cruzamento da veia jugular externa com esta linha reta.
- A direção da agulha é dada pela posição da mão do operador que é colocada sobre o pavilhão da orelha do paciente.
- Punção com um ângulo de 20-30° em relação ao plano cutâneo.
- A agulha é introduzida 30 mm no máximo.
- Localização com neuroestimulação.

Resposta em neuroestimulação

Mesmo que todas as respostas situadas no nível do braço ou do antebraço sejam possíveis, é sempre preferível obter uma resposta abaixo do cotovelo. Uma resposta no território ulnar supõe que a agulha esteja muito próxima da cúpula pleural e não possa aprofundar mais.

Volume: 25-35 mL, segundo a corpulência do paciente.

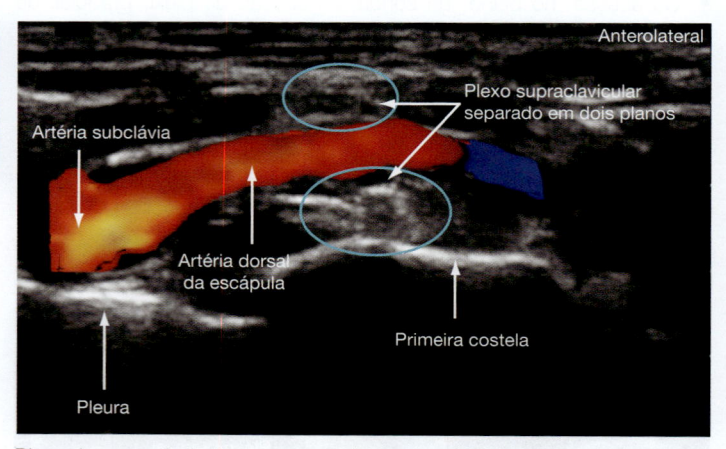

Bloqueio supraclavicular: presença de uma artéria dorsal da escápula que separa o plexo braquial em dois planos.

Bloqueio infraclavicular (BIC)

INDICAÇÕES
Toda cirurgia do membro superior abaixo do terço médio do úmero. Alternativa ao bloqueio axilar.

Técnica não recomendada para a cirurgia do ombro.

ANATOMIA
Na região infraclavicular, as três divisões do plexo braquial (superior, médio e inferior) se encontram e acompanham os vasos subclávios no interior de um espaço vasculonervoso antes de se dividir em diferentes nervos. É possível bloqueá-lo em um espaço relativamente restrito.

VANTAGENS
- Não é necessária a mobilização do membro superior para a realização do bloqueio.
- Possibilidade de completar o bloqueio em distal em caso de falha.
- Vantagem desta via para o posicionamento de um cateter, o plexo braquial sendo quase tangencial ao eixo da punção.

Anestesia locorregional

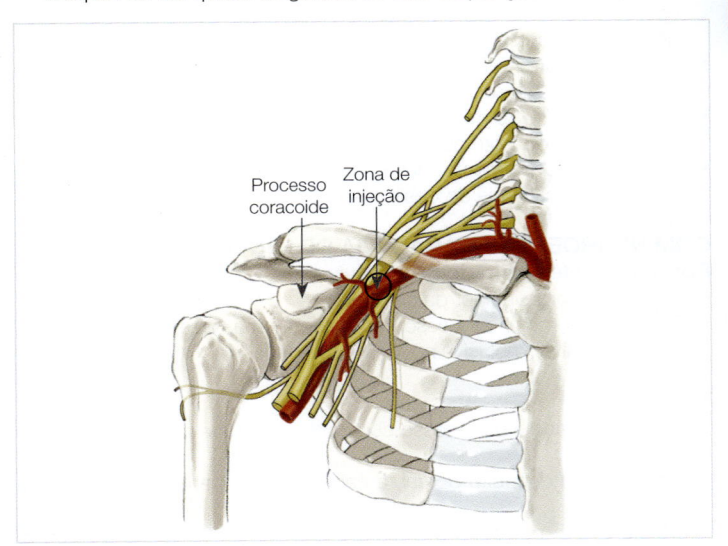

Processo coracoide

Zona de injeção

Bloqueio infraclavicular: relações anatômicas.

RISCOS
- Punção dos vasos subclávios, cuja compressão é impossível.
- Pneumotórax (o risco é quase zero com as abordagens coracoidianas, caso se evite orientar a agulha na direção mediana).

COM LOCALIZAÇÃO GUIADA POR ULTRASSONOGRAFIA
- A sonda posicionada no sulco deltopeitoral à procura dos vasos subclávios, que são o principal ponto de referência.
- Os três feixes estão localizados em torno da artéria subclávia.

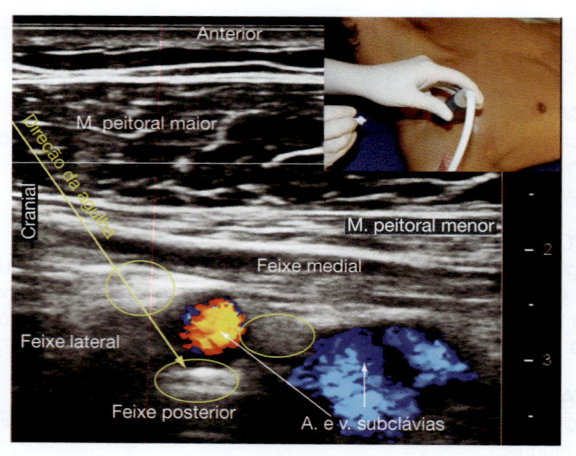

Bloqueio infraclavicular com localização guiada por ultrassonografia.

- A punção é realizada no plano com uma agulha ecogênica cuja posição do bisel tenta acompanhar continuamente por causa dos riscos de punção vascular e pleural.
- O alvo é o feixe posterior, a posição do bisel da agulha é controlada pela hidrolocalização.
- A injeção de 25-30 mL, visualizada continuamente, deve se espalhar de cada lado do feixe posterior para os feixes lateral e medial.
- No fim do procedimento, deve-se verificar a ausência de pneumotórax, pela persistência do deslizamento pleural.

COM NEUROESTIMULAÇÃO (VIA DE MINVILLE)
Pontos de referência de punção
- No alto, a borda inferior da clavícula.
- Do lado externo, o processo coracoide é uma referência óssea facilmente palpável, inclusive no indivíduo obeso.

Técnica
- Descreve-se aqui um acesso coracoide com uma punção e duas injeções.
- Paciente em decúbito dorsal, a cabeça virada para o lado oposto à anestesia.
- Membro "em posição do traumatizado": braço ao longo do corpo, cotovelo flexionado, antebraço descansando sobre o abdome.
- Utiliza-se uma agulha de 80 mm.
- Após a anestesia local, o ponto de punção é localizado 1 cm caudal à clavícula e 1 cm medial ao processo coracoide. A agulha é dirigida para a fossa axilar (ângulo de cerca de 45°).
- A primeira resposta motora buscada é do tipo "musculocutânea" (flexão do cotovelo por contração do bíceps). Uma primeira injeção de 8-10 mL de anestésico local é realizada nesse nervo após um teste de aspiração. De fato, o nervo musculocutâneo deixa com frequência a bainha vasculonervosa na altura do processo coracoide, por isso a necessidade de bloqueá-lo de maneira eletiva.

- Em seguida, a agulha é retirada e reorientada muito levemente para trás e para dentro em busca de uma resposta motora distal de tipo "radial". Injeta-se então 25-30 mL da solução após um teste de aspiração.
- Finaliza-se com uma infiltração subcutânea na raiz do braço para bloquear os nervos intercostobraquial e cutâneo medial do braço e do antebraço (da sensibilidade da face medial do braço e do antebraço).

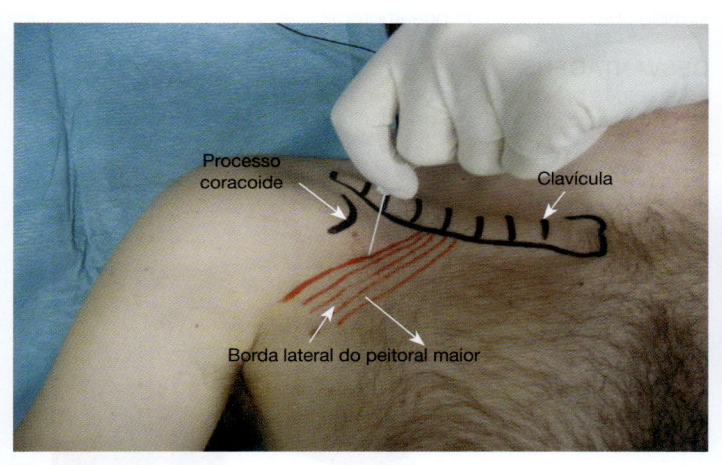

Bloqueio infraclavicular em neuroestimulação.

BLOQUEIO CONTÍNUO
- Para o posicionamento de um cateter de analgesia, o ponto de punção é mais medial (abaixo da clavícula, no centro) e a agulha inclinada a 45° para acessar o plexo mais tangencialmente e cateterizar a bainha vasculonervosa. Em neuroestimulação, o cateter é posicionado a partir de uma resposta motora radial.
- Vantagens: fácil fixação do cateter na pele, pouco risco infeccioso nessa região, pouco risco de deslocamento durante a mobilização do braço.

Bloqueio axilar (BAX)

INDICAÇÕES
Cirurgia da mão, do antebraço e do ⅓ inferior do braço incluindo o cotovelo.

VANTAGENS
- Não apresenta risco de pneumotórax.

DESVANTAGENS
- A porção proximal do ombro não é bloqueada.
- Contraindicado em caso de adenite da axila.

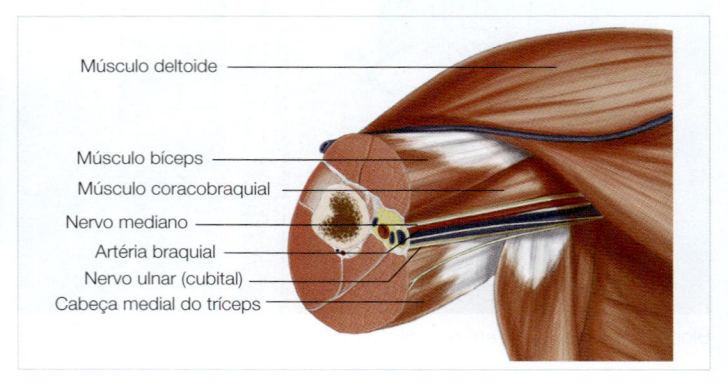

Bloqueio axilar: relações anatômicas e pontos de referência de punção.

INSTALAÇÃO
- Braço em abdução a 60° ou 90°, cotovelo flexionado ou não, mão em supinação.

COM LOCALIZAÇÃO GUIADA POR ULTRASSONOGRAFIA
- Higienização ampla da zona de punção. Gel estéril. Sonda com capa estéril. Agulha ecogênica de 80 mm.
- Exploração da região axilar tendo o cuidado de não esmagar as veias, e buscando particularmente os nervos radial e musculocutâneo, uma vez que os nervos mediano e ulnar são normalmente fáceis de localizar.

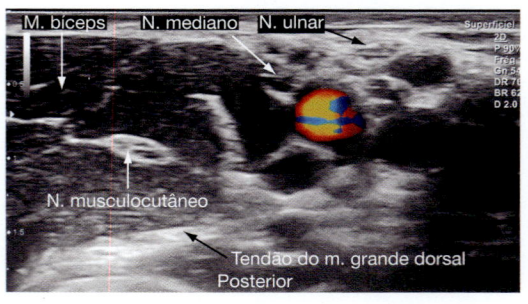

Bloqueio do plexo braquial por via axilar.

- Punção no plano da ultrassonografia (ou fora do plano) começando de preferência pelo nervo radial, o mais profundo, que repousa sobre o tendão do músculo grande dorsal.
- Os outros nervos são bloqueados sem ordem particular.
- O nervo musculocutâneo é explorado de baixo para cima. Caso "volte a subir" na direção do nervo mediano, seu bloqueio seletivo não é necessário, senão ele será bloqueado de maneira seletiva na parte de trás do músculo bíceps braquial.
- Um volume de 4-6 mL por nervo é suficiente.

COM NEUROESTIMULAÇÃO
Punção
- O nervo mediano, principal ponto de referência, é buscado na proximidade da artéria.
- Se o nervo mediano não é palpado, o ponto de punção situa-se ali onde a artéria axilar está mais bem percebida no oco axilar.
- A punção é realizada com uma agulha de 50 mm de bisel curto em um ângulo de 10-20° em relação ao plano cutâneo a uma distância de alguns milímetros, dirigindo-se para o nervo mediano, na maioria das vezes acima da artéria (1).
- Progressão lenta, paralela ao feixe vasculonervoso. A passagem da bainha é geralmente percebida.
- Pela via axilar, a taxa de sucesso do bloqueio aumenta com o número de nervos bloqueados. O nervo musculocutâneo é bloqueado fora da bainha (2).
- O bloqueio é completado com uma infiltração subcutânea para bloquear os nervos cutâneo medial do braço e do antebraço (3).

Resposta em neuroestimulação
- Nervo mediano: estimulação dos músculos palmares e identificação dos movimentos dos dois tendões palmares (flexão dos dedos + flexão do punho).
- Nervo ulnar: estimulação do músculo flexor ulnar do carpo + flexão do 4° e 5° dedo + adução do polegar.
- Nervo radial: estimulação dos músculos do compartimento posterior do antebraço e particularmente do extensor longo do polegar (extensão do punho e dos dedos).
- Nervo musculocutâneo: contração do bíceps braquial.

EM TODOS OS CASOS
- Bloqueio dos nervos cutâneo do braço e do antebraço:
  - Após a injeção na bainha do plexo braquial, a agulha é retirada até o plano subcutâneo, depois redirecionada para a borda inferior da axila. Durante a progressão, injeta-se 3-5 mL de AL subcutâneo.
- O nervo musculocutâneo é sempre bloqueado no mesmo tempo.

SOLUÇÕES ANESTÉSICAS
- Para um bloqueio de curta duração (inferior a 4 h), lidocaína com epinefrina a 15 ou 20 mg/mL, ou mepivacaína a 15 ou 20 mg/mL.
- Para um bloqueio de longa duração, ropivacaína 7,5 ou 5 mg/mL ou levobupivacaína 5 mg/mL.

- A clonidina (0,5 mcg/kg) prolonga a duração da analgesia pós-
-operatória.
- No pós-operatório, ropivacaína 2 mg/mL.

VOLUMES
- 5-10 mL/nervo estimulado + 5 mL/nervo cutâneo medial do braço e
do antebraço.
- 20 mL em média para as reinjeções peri ou pós-operatórias.
- Com uma localização guiada por ultrassonografia, é possível diminuir
os volumes de AL.

Bloqueios nervosos tronculares: generalidades

Os bloqueios nervosos tronculares (mediano, femoral, tibial etc.) podem ser utilizados isoladamente, associados entre eles, ou como complemento a uma outra técnica. São indicados para a analgesia pós-operatória com uma solução pouco concentrada de um anestésico local de longa duração (ropivacaína ou levobupivacaína).

O prazo de instalação varia de 5-30 min dependendo da solução anestésica e do nervo bloqueado, como o bloqueio do nervo ciático sempre leva mais tempo para se instalar, podem ser necessários 30 min.

A localização guiada por ultrassonografia é a técnica de referência.

Em todos os casos praticamente, trata-se de injeção perivascular, o que impõe o respeito de certas precauções:

- Hidrolocalização.
- Necessidade de um teste de aspiração antes da injeção.
- Emprego racional e moderado dos vasoconstritores, que são contraindicados no caso de injeção subcutânea.
- A injeção lenta é não dolorosa. Uma injeção dolorosa impõe a imediata interrupção e o reposicionamento da agulha.

SOLUÇÕES ANESTÉSICAS QUE PODEM SER UTILIZADAS

	Latência	Duração
Lidocaína 20 mg/mL	5 min	60-90 min
Lidocaína 15 mg/mL + epinefrina	5 min	180 min
Mepivacaína 10-20 mg/mL	5 min	90-120 min
Ropivacaína 7,5 ou 5 mg/mL	10-25 min	6-10 h
Levobupivacaína 5 mg/mL	10-20 min	8-12 h

Territórios sensitivos cutâneos da mão

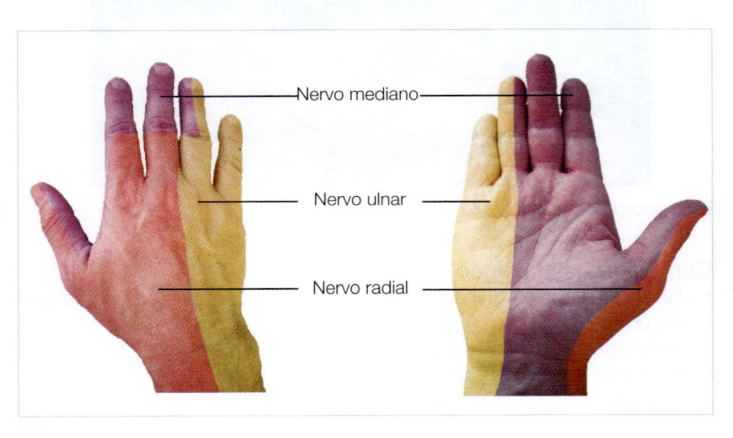

Nervo mediano

Nervo ulnar

Nervo radial

Bloqueio do nervo musculocutâneo

INDICAÇÕES E CONTRAINDICAÇÕES
- Cirurgia ou analgesia no território de inervação, sozinho ou em associação com um outro bloqueio troncular, ou em complemento a um bloqueio do plexo braquial, particularmente por via axilar.
- Não há contraindicação.

ANATOMIA
O nervo musculocutâneo (C5-C7), sujeito a inúmeras variações anatômicas, assegura a flexão do antebraço sobre o braço (bíceps braquial e coracobraquial), bem como a inervação sensitiva da borda lateral do antebraço (nervo cutâneo lateral do antebraço). Seu território sensitivo pode alcançar a mão.

BLOQUEIO DO NERVO MUSCULOCUTÂNEO NO BRAÇO
O nervo deixa a bainha do plexo braquial no nível do processo coracoide. Na fossa axilar, ele já deixou o plexo braquial para atravessar o corpo do músculo coracobraquial, posicionando-se mais além sob o corpo do bíceps braquial.

Localização guiada por ultrassonografia
A exploração é feita de distal para proximal. O nervo musculocutâneo localizado sob o músculo bíceps é acompanhado ao longo do trajeto para a fossa axilar em busca de uma divisão precoce. Para um bloqueio completo, motor e sensitivo, ele é bloqueado antes desta divisão com 3-5 mL de anestésico local.

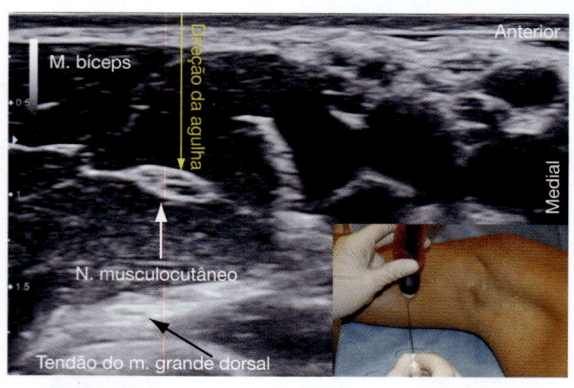

Bloqueio do nervo musculocutâneo.

Com neuroestimulação
- Na fossa axilar, a agulha é dirigida perpendicularmente ao grande eixo do úmero.
- A neuroestimulação busca uma contração do músculo bíceps, com flexão do antebraço sobre o braço.
- 5 mL de anestésico local são suficientes.

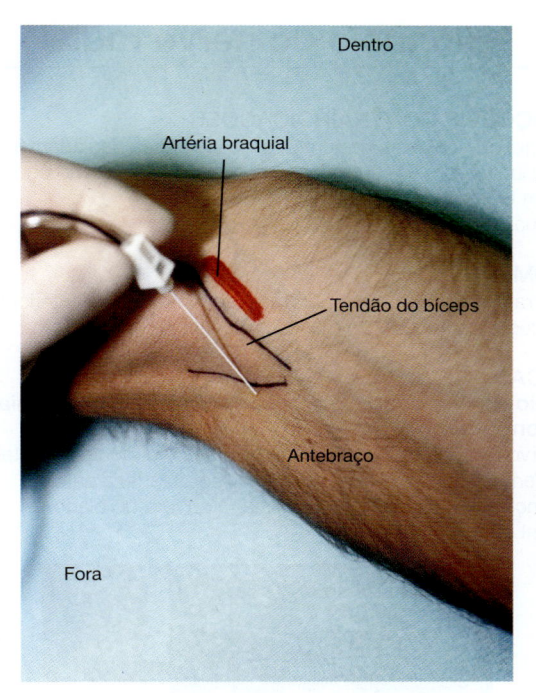

Bloqueio no cotovelo.

BLOQUEIO DO NERVO MUSCULOCUTÂNEO NO COTOVELO

No cotovelo, o nervo, que se tornou o nervo cutâneo lateral do antebraço, é exclusivamente sensitivo e pode ser localizado pela ultrassonografia lateralmente ao tendão do músculo bíceps. A anestesia é obtida com uma injeção de 3-5 mL guiada por ultrassonografia ou às cegas, com uma infiltração subcutânea realizada a 2 cm lateralmente ao tendão do bíceps sobre a dobra de flexão do cotovelo dirigido para a borda lateral do antebraço. São injetados 5 mL de AL durante a progressão da agulha.

Bloqueio do nervo radial

INDICAÇÕES E CONTRAINDICAÇÕES
- Cirurgia ou analgesia no território de inervação, isoladamente ou em associação com um outro bloqueio troncular, ou como complemento de um bloqueio do plexo.
- Não há contraindicação.

ANATOMIA
O nervo radial cruza o úmero por trás e encontra a face anterior do braço com exceção do tendão do músculo bíceps.

TÉCNICAS
Bloqueio do nervo radial no braço com localização guiada por ultrassonografia
- O nervo radial está localizado na borda lateral do terço distal do braço. Verifica-se com o Doppler a posição da artéria satélite.
- A punção pode ser realizada no plano ou fora do plano.
- 4-5 mL são suficientes.

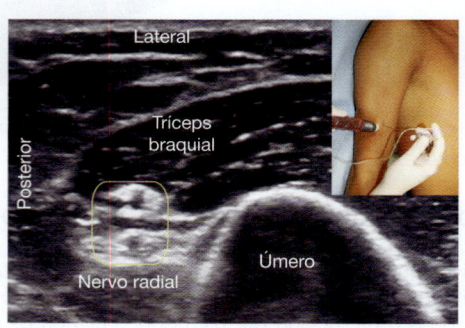

Bloqueio do nervo radial no cotovelo com neuroestimulação.

Pontos de referência de punção
- Membro superior em abdução a 90°, mão em supinação.
- O ponto de referência principal é a borda lateral do tendão do bíceps braquial.
- A dobra de flexão do cotovelo.

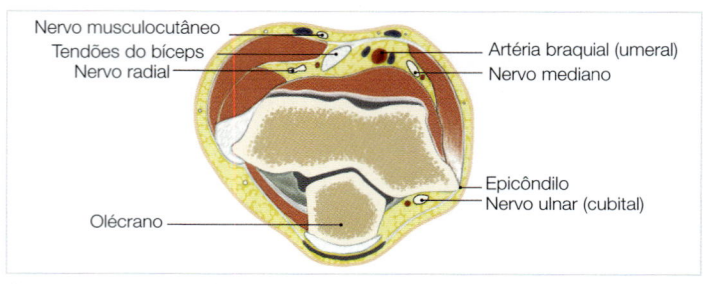

Corte transversal no nível do cotovelo.

Particularidades

Bloqueio sensitivo e motor do nervo radial no antebraço e na mão.

Técnica

- O ponto de punção está situado a 2 cm da borda lateral do tendão bicipital, 2-3 cm acima da dobra de flexão do cotovelo, na cavidade situada entre o tendão do bíceps e o corpo do músculo braquiorradial (supinador longo).
- A agulha é introduzida na direção cefálica. A busca do nervo com neuroestimulação deve encontrar a extensão dos dedos e a extensão radial do carpo. A flexão do antebraço sobre o braço é possível. São suficientes 5-7 mL da solução escolhida de anestésico local.

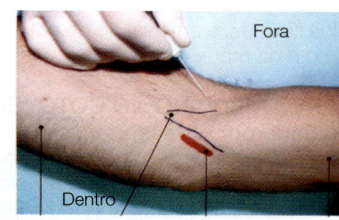

Antebraço   Tendão   Artéria umeral   Braço
do bíceps

Bloqueio do nervo radial no cotovelo.

BLOQUEIO DO NERVO RADIAL NO PUNHO

Posição: cf. supra + mão em posição indiferente.
- A borda externa do antebraço, e a tabaqueira anatômica.
- Bloqueio unicamente sensitivo. É inútil a neuroestimulação.

Com localização guiada por ultrassonografia

- Uma vez a sonda de alta-frequência (18 MHz pelo menos) posicionada no ⅓ distal da borda radial do antebraço, o nervo é localizado na proximidade da veia radial dilatada por um garrote colocado a montante. Bastam 3 mL da solução escolhida de AL.

Infiltração

- O ponto de punção está situado na borda externa do antebraço, cerca de 5 cm acima da tabaqueira anatômica.
- A partir do ponto de punção, realiza-se um meio anel de anestésico local com infiltração subcutânea "que deixa rastro". A agulha (23G, 50 mm) é introduzida na direção da face anterior, depois são injetados 3 mL (x 2) da solução escolhida na direção da face posterior do antebraço.

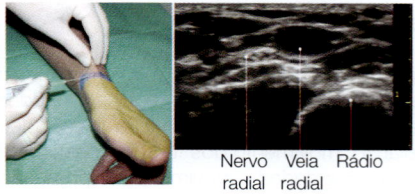

Nervo   Veia   Rádio
radial   radial

Bloqueio do nervo radial no punho.

Bloqueio do nervo mediano

INDICAÇÕES E CONTRAINDICAÇÕES
- Cirurgia ou analgesia no território de inervação, isoladamente ou em associação com um outro bloqueio troncular, ou em complemento a um bloqueio do plexo braquial.
- Não há contraindicação.

ANATOMIA
- O nervo mediano sai da raízes C6-T1. Seu território de inervação cutânea interessa apenas à mão, mas ele inerva um importante contingente de músculos do compartimento medial do antebraço (pronadores e maioria dos flexores, a articulação do cotovelo, bem como os ossos do antebraço e da mão).

BLOQUEIO DO NERVO MEDIANO NO COTOVELO
Com localização guiada por ultrassonografia
- Membro superior em abdução a 90°, mão em supinação. O nervo é localizado no nível da dobra de flexão do cotovelo, na proximidade ou ao contato da artéria cubital sobre a borda medial. Os vasos são bem visualizados.
- O acesso pode ser medial no plano ou anterior fora do plano.
- 4-5 mL são suficientes.

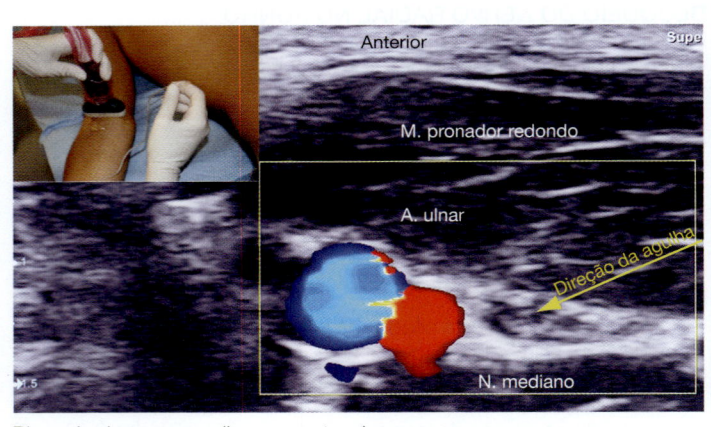

Bloqueio do nervo mediano no cotovelo.

Com neuroestimulação
Técnica
- Membro superior em abdução a 90°, mão em supinação.
- Localizar a artéria no trajeto braquial. A agulha é introduzida tangencialmente ao plano cutâneo no interior da artéria. Injeção de 7-10 mL de AL.
- Neuroestimulação: movimento dos tendões palmar e flexor, visíveis e palpáveis, flexão dos dedos e movimento de pronação.

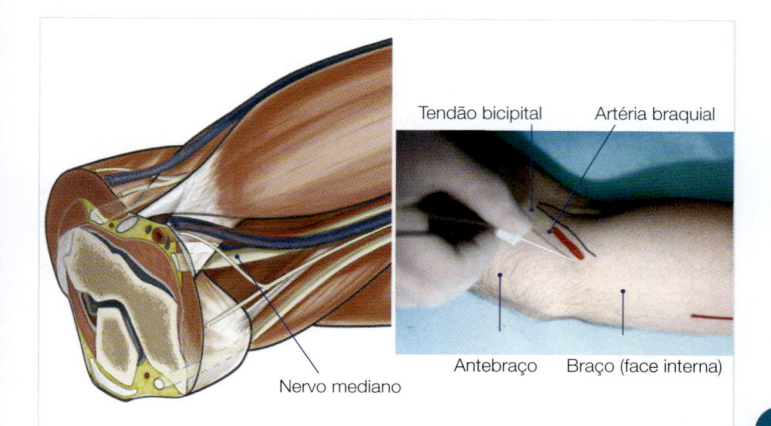

Labels in figure: Tendão bicipital, Artéria braquial, Nervo mediano, Antebraço, Braço (face interna)

Bloqueio do nervo mediano no cotovelo: relações anatômicas e pontos de referência de punção (corte do cotovelo no nível do olécrano).

BLOQUEIO DO NERVO MEDIANO NO PUNHO
Com localização guiada por ultrassonografia

- O nervo mediano é localizado no ¼ distal do antebraço, entre os tendões palmares.
- O Doppler às vezes encontra a artéria mediana no espaço do nervo.
- O acesso pode ser no plano ou fora do plano, 4-5 mL são suficientes.

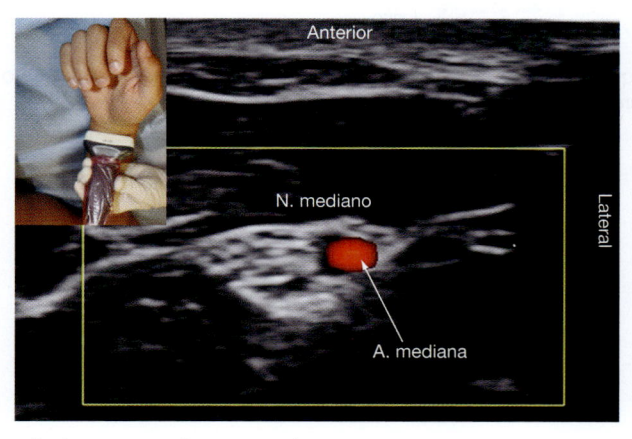

Labels in figure: Anterior, N. mediano, A. mediana, Lateral

Bloqueio do nervo mediano no punho.

Com neuroestimulação
Técnica

- Os pontos de referência são constituídos pelos tendões dos músculos palmar longo e flexor radial do carpo (p. ex., tendões palmares).
- Com a mão em supinação, pedir ao paciente para levantá-la em contrarresistência, o que permite que os dois tendões apareçam sob a pele.

- O ponto de punção encontra-se na depressão entre esses dois tendões, 4-5 cm acima da primeira dobra de flexão do punho, dessa forma o nervo pode ser acessado ali onde não corre o risco de ser esmagado entre o osso e a agulha.
- A punção é mais bem realizada com uma agulha de 25 mm, com neuroestimulação, buscando-se uma flexão das falanges distais.
- ▲ **A agulha guiada em direção cefálica e não distal permite o bloqueio do ramo tenar.**
- Injeção lenta e indolor de 5-6 mL da solução escolhida.
- Se o ramo tenar não estiver bloqueado, uma injeção subcutânea na base da eminência tenar permite recuperá-lo.

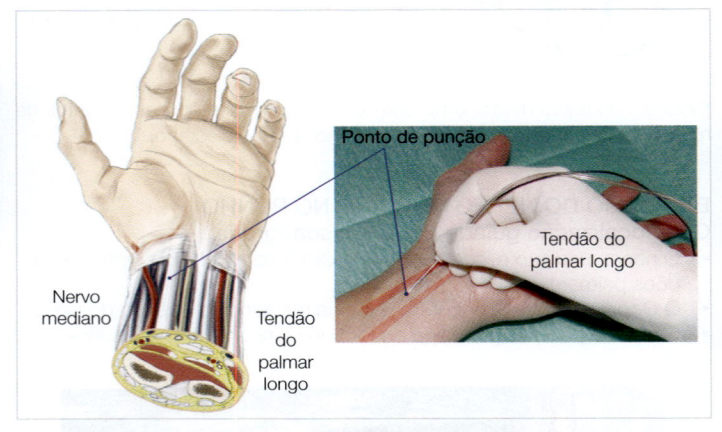

Bloqueio do nervo mediano no punho: relações anatômicas e ponto de referência de punção.

Bloqueio do nervo ulnar (cubital)

INDICAÇÕES E CONTRAINDICAÇÕES
- Cirurgia ou analgesia no território de inervação (cf. esquema), isoladamente, em associação com um outro bloqueio troncular ou em complemento a um bloqueio do plexo braquial, particularmente por via interescalênica.
- Não há contraindicação.

ANATOMIA
O nervo ulnar sai das raízes de C6-T1. Do território sensitivo cutâneo interessam somente a borda medial da mão e a face dorsal dos dedos até o nível da primeira falange. A inervação profunda é mais importante, do cotovelo à extremidade dos 4° e 5° dedos em relação aos músculos adutor e flexor curto do polegar, bem como todos os músculos interósseos da face dorsal da mão.

BLOQUEIO DO NERVO ULNAR NO COTOVELO
Com localização guiada por ultrassonografia
- O acesso mais fácil está situado abaixo do cotovelo, ali onde o nervo ainda é subcutâneo, na face anteromedial do braço.
- A punção é realizada no plano ou fora do plano.
- Para um bloqueio completo, bastam 4-5 mL da solução escolhida de AL.

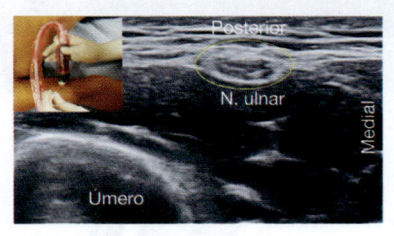

Bloqueio do nervo ulnar no braço.

Com neuroestimulação
- O nervo é acessado 2-3 cm abaixo da cavidade.
- Punção quase tangencialmente ao plano cutâneo, profundidade de 1,5-2 cm.
- Neuroestimulação: inclinação cubital do carpo e/ou uma flexão dos 4° e 5° dedos. A flexão palmar do polegar é uma resposta possível. Injetam-se 5-8 mL de anestésico local.

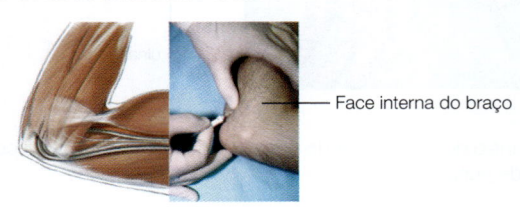

— Face interna do braço

Bloqueio do nervo ulnar no cotovelo: relações anatômicas e pontos de referência de punção.

BLOQUEIO DO NERVO ULNAR NO PUNHO
Com localização guiada por ultrassonografia
- A sonda é posicionada sobre a face anteromedial do punho.
- O nervo é localizado na proximidade da artéria cubital (Doppler colorido), atrás do plano do músculo flexor ulnar do carpo e de seu tendão.
- O bloqueio é realizado no plano com 4-5 mL da solução escolhida.

Com neuroestimulação: via lateral
- Os pontos de referência são o tendão do músculo flexor ulnar do carpo e a terceira dobra de flexão do punho.
- A agulha é introduzida na direção cefálica, bem atrás do tendão do flexor ulnar do carpo, atrás da terceira dobra de flexão do punho.
- Progressão de 1-2 cm. Neuroestímulo: flexão dos 4° e 5° dedos ou do polegar. Teste de aspiração. 4-6 mL da solução escolhida.

Anestesia locorregional

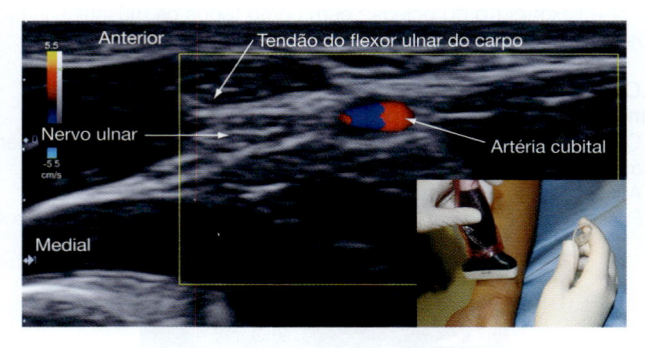

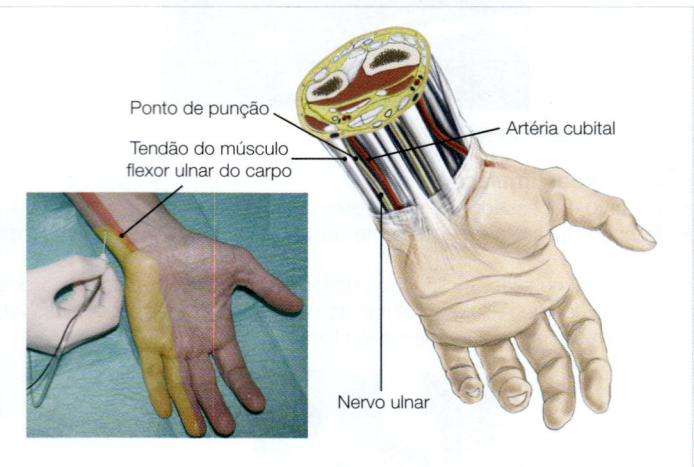

Bloqueio do nervo ulnar do punho: relações anatômicas e ponto de referência de punção.

Anestesia intratecal dos dedos

ANATOMIA

- Os nervos colaterais palmares inervam a face palmar de todos os dedos e a face dorsal das 2ª e 3ª falanges.
- Os nervos colaterais dorsais inervam toda a face dorsal do 1º e do 5º dedos e a face dorsal da primeira falange dos 2º, 3º e 4º dedos.
- As bainhas dos tendões flexores envolvem os tendões dos músculos flexores dos 2º, 3º e 4º dedos. Os nervos colaterais caminham de cada lado dessa bainha. Assim, para a anestesia intratecal na bainha dos flexores interessam sobretudo os 2º, 3º e 4º dedos.
- Existe uma bainha do tendão flexor do polegar, mas ela é difícil de alcançar, exceto com localização guiada por ultrassonografia.
- ▲ **O polegar é bloqueado por um acesso dos nervos radial e mediano.**
- ▲ **O 5º dedo é bloqueado por um acesso do nervo ulnar no punho.**

INDICAÇÕES

- Anestesia e analgesia prolongadas para cirurgia de curta duração dos dedos.
- Anestesia para paroníquia e cirurgia ambulatorial dos dedos.

TÉCNICA

- Assepsia rigorosa.
- Utilização de uma agulha de tipo intradérmico (26,5G, 12 mm de comprimento), não montada na seringa.
- A punção e a injeção são mais ou menos dolorosas, o paciente deve ser prevenido.
- Punção no nível da articulação metacarpofalângica, em busca do tendão flexor, a agulha sendo direcionada para o dedo.
- Quando a agulha está posicionada nos tendões, os movimentos do dedo provocam a mobilização.
- A agulha é então retirada 1 mm, e injetam-se facilmente 3-4 mL de bupivacaína a 5 mg/mL para o adulto (0,5-1 mL para a criança).
- A anestesia obtida se prolonga por 20 h, a bainha serve de reservatório.
- A clonidina (30 mcg) melhora a qualidade do bloqueio para a cirurgia de paroníquia.

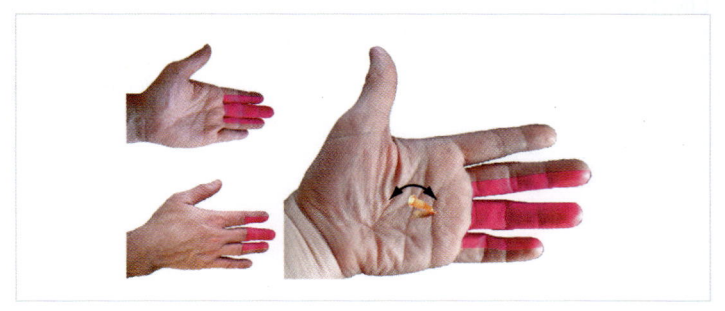

Bloqueio intratecal dos dedos: pontos de referência de punção e extensão do bloqueio.

COM LOCALIZAÇÃO GUIADA POR ULTRASSONOGRAFIA

- Com uma sonda superficial de alta frequência, de preferência de 18 MHz, toda a anatomia é perfeitamente visualizada, os dois tendões, a cabeça do metacarpo, a bainha sob a forma de um halo anecogênico envolvendo os dois tendões, as artérias digitais e às vezes mesmo os dois nervos colaterais.
- A profundidade da bainha é de cerca de 5 mm.
- A punção é realizada "fora do plano". O acesso levemente lateral ao tendão permite não transfixá-lo, o que preserva sua integridade. É necessária uma agulha de 25-30 mm.
- A injeção do líquido (NaCl 0,9% no início ou solução anestésica local) permite saber se a extremidade da agulha está próxima ou na bainha, o que é facilmente visualizado pela dilatação no decorrer da injeção. São injetados 4-5 mL. A posição correta da agulha é confirmada pelo alargamento do halo anecogênico que envolve os dois tendões. Do contrário, reposicionar a agulha.
- A difusão correta na bainha é observada no decorrer da injeção.

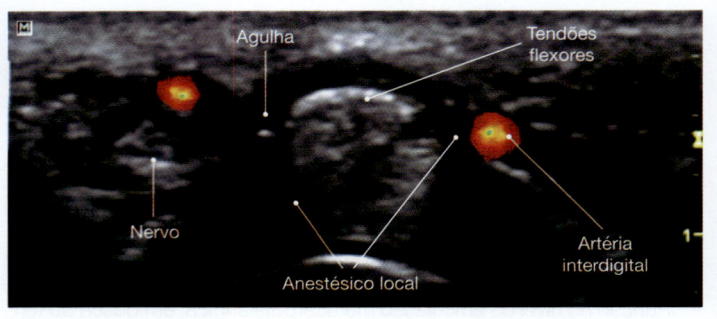

Bloqueio intratecal do dedo.

- Os dois tendões são facilmente localizados.
- A artéria interdigital está lateral aos tendões. O nervo está ao lado da artéria. Acesso fora do plano, a agulha é visível na bainha.
- O anestésico local injetado provoca dilatação da bainha, o que sinaliza a posição correta dentro da bainha.

LIMITES

- Necessidade de um garrote na raiz do dedo por um período curto.
- Caso se considere um acesso da face dorsal da 1ª falange ou da articulação P1-P2, é indispensável um bloqueio complementar com infiltração dorsal na base do dedo.

Anestesia locorregional intravenosa (ALRIV)

MEMBRO SUPERIOR

Indicações
- Cirurgia da mão e do antebraço cuja duração seja inferior a 90 min.
- É interessante no paciente de "estômago cheio", alérgico, asmático, ASA-3-4.
- Cirurgia ambulatorial.

Contraindicações
- Possível oclusão arterial ineficaz: grande obeso, calcificações arteriais.
- Artéria ou isquemia aguda do membro a ser operado.
- Existência de fístula arteriovenosa: em contrapartida, é indicado para o posicionamento de um *shunt* de Scribner.

Contraindicações relativas
- Doenças infecciosas da mão ou do antebraço (eficácia reduzida).
- BAV de 2° ou 3° grau.
- Drepanocitose.

Pré-medicação
- A utilidade é discutida para a cirurgia ambulatorial.
- Pré-medicação adequada na mesa com doses tituladas de midazolam.

Exsanguinação
- Posicionamento de um acesso venoso de segurança no membro oposto sem infusão, e de uma cânula 20 gauge com tampa de válvula, no nível de uma veia distal do membro a ser operado.
- A pressão arterial é medida no membro a ser bloqueado, depois o garrote duplo é posicionado acima do cotovelo.
- O membro superior é elevado e a exsanguinação é assegurada com uma faixa de compressão Biflex® ou Velpeau enrolada na mão com o garrote duplo. A faixa de Esmarch não é mais recomendada atualmente.
- O garrote proximal é insuflado antes do garrote distal. A pressão de insuflação é superior a 100 mmHg à pressão arterial sistólica do paciente.

Injeção do anestésico local
- Depois de ter verificado a confiabilidade do garrote proximal e o desaparecimento do pulso radial, a lidocaína é injetada por no mínimo 2 min (risco de hiperpressão venosa). A injeção é ainda mais lenta quando realizada perto do cotovelo.
- A dose recomendada é de 0,5 mL/kg de lidocaína a 0,5%, ou seja, uma dose de 2,5 mg/kg de lidocaína.
- Todos os outros anestésicos locais são contraindicados.
- A cânula é retirada após a injeção, e o membro é desinfetado enquanto a anestesia se instala. A incisão é possível 10-15 min após a injeção.

Garrote

- Quando o garrote proximal se torna sensível, insufla-se o garrote distal situado na zona anestésica, o garrote proximal é esvaziado depois de a confiabilidade do garrote distal ter sido verificada. De todo modo, nunca se deve esvaziar o garrote antes de 20 min.

▲ **O tempo de garrote é contado a partir da insuflação do 1º garrote.**

- Os riscos de acidentes tóxicos ocorrem no esvaziamento do garrote. O controle do cardioscópio é imperativo nesse momento e durante os minutos seguintes. O O_2 nasal é mantido durante esse período.
- O membro operado deve ser deixado imóvel durante 30 min para limitar a circulação da lidocaína.

OBSERVAÇÕES

- Se o uso da faixa Biflex® ou Velpeau for dolorosa (fratura de Pouteau--Colles), a elevação do membro é mantida por 5 min e a faixa é colocada distante da zona dolorosa.
- A ausência de anestesia residual na retirada do garrote constitui a principal desvantagem dessa técnica. É indispensável iniciar no perioperatório a analgesia pós-operatória.
- A adjunção de clonidina 0,5 mcg/kg é recomendada por alguns. Ela melhora a tolerância do garrote.

Riscos

O principal risco é a soltura do garrote, responsável por um *bolus* intravenoso de anestésico local. A gravidade depende do volume de anestésico local injetado, e vai desde zumbidos passageiros até crise convulsiva generalizada ou mesmo evento cardíaco. O material de reanimação deve estar sistematicamente pronto para utilização imediata.

MEMBRO INFERIOR

Não é uma boa indicação.

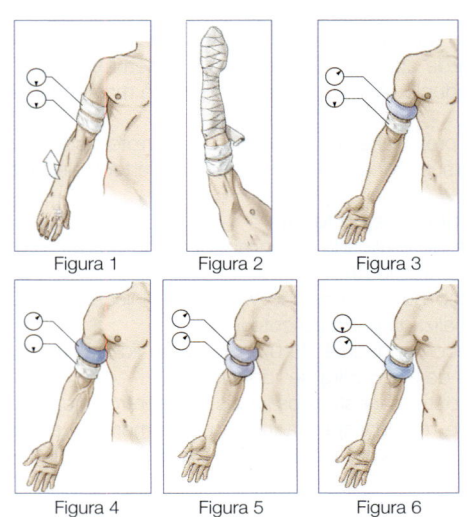

| Figura 1 | Figura 2 | Figura 3 |
| Figura 4 | Figura 5 | Figura 6 |

Anestesia locorregional intravenosa: os seis tempos da técnica.

Dermátomos, miótomos e esclerótomos do membro inferior

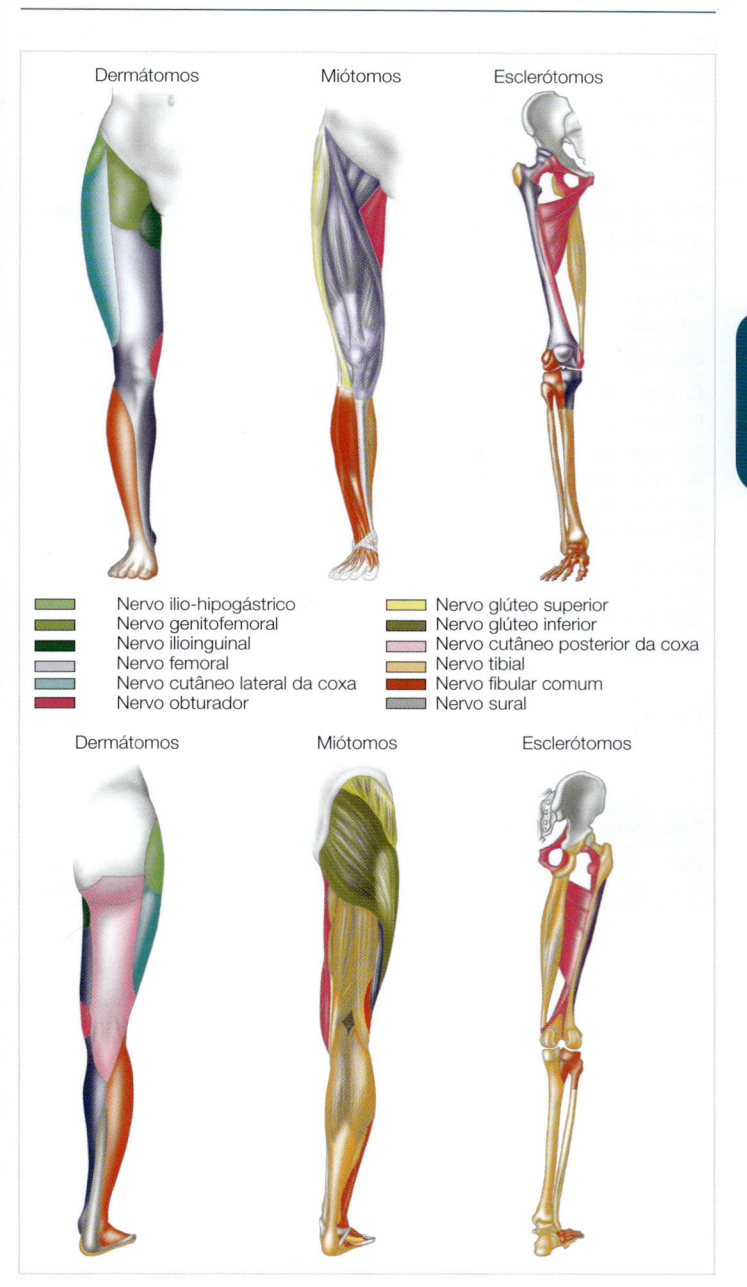

Dermátomos Miótomos Esclerótomos

- Nervo ilio-hipogástrico
- Nervo genitofemoral
- Nervo ilioinguinal
- Nervo femoral
- Nervo cutâneo lateral da coxa
- Nervo obturador
- Nervo glúteo superior
- Nervo glúteo inferior
- Nervo cutâneo posterior da coxa
- Nervo tibial
- Nervo fibular comum
- Nervo sural

Dermátomos Miótomos Esclerótomos

Para cada cirurgia uma estratégia: membro inferior

Indicações cirúrgicas	Tipo de bloqueio	Cateter
Quadril		
PTQ ou PIQ	Bloqueio femoral ou bloqueio iliofascial (BIF)	Não necessário
Prótese maciça, reconstrução	Bloqueio do plexo lombar ± plexo sacral	Às vezes necessário
Fêmur Fratura diáfise, osteotomias	Bloqueio femoral	Às vezes necessário
Joelhos		
Cirurgia de pequeno porte	Analgesia intra-articular	
Transposição da tuberosidade da tíbia anterior (TTTA), rótula	Bloqueio femoral ou canal dos adutores	Não necessário
Cirurgia artroscópica de grande porte	Bloqueio femoral ou canal dos adutores	Às vezes necessário
Prótese	Bloqueio femoral ou canal dos adutores	Necessário
Perna	Atenção com a síndrome dos compartimentos Bloqueio ciático e femoral Sem AL de longa duração	Não
Tornozelo	Bloqueio ciático e safena	Às vezes necessário
Pé	Bloqueio ciático Bloqueio tibial	Às vezes necessário Às vezes necessário

Plexo lombossacral: organização geral

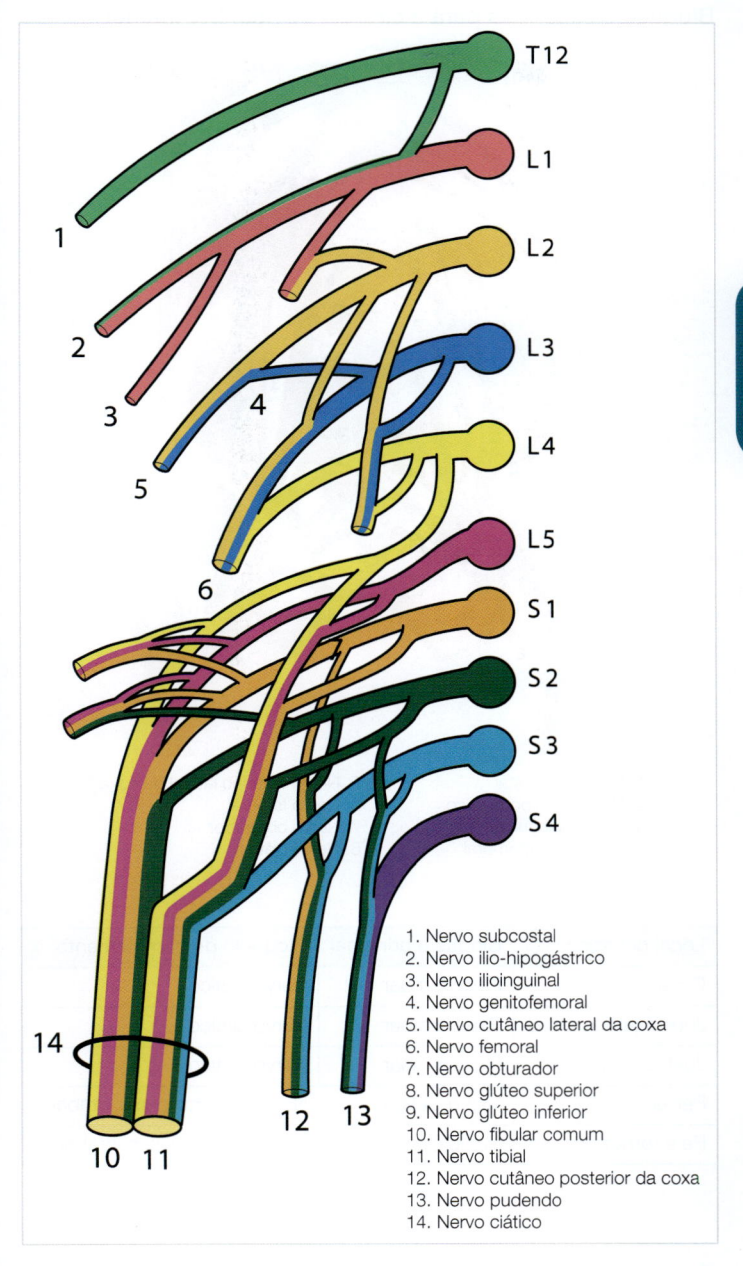

1. Nervo subcostal
2. Nervo ilio-hipogástrico
3. Nervo ilioinguinal
4. Nervo genitofemoral
5. Nervo cutâneo lateral da coxa
6. Nervo femoral
7. Nervo obturador
8. Nervo glúteo superior
9. Nervo glúteo inferior
10. Nervo fibular comum
11. Nervo tibial
12. Nervo cutâneo posterior da coxa
13. Nervo pudendo
14. Nervo ciático

Plexo lombossacral: organização geral

Bloqueios sugeridos para a cirurgia do membro inferior

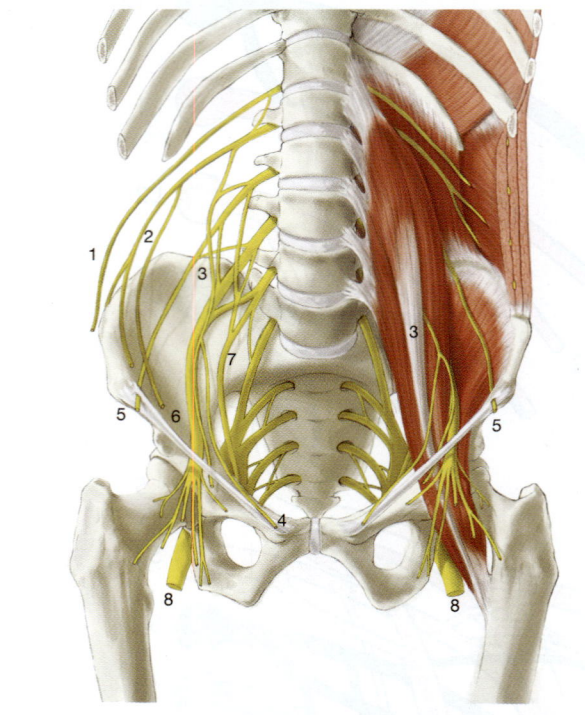

1. Nervo subcostal
2. Nervo ilio-hipogástrico
3. Nervo ilioinguinal
4. Nervo genitofemoral
5. Nervo cutâneo lateral da coxa
6. Nervo femoral
7. Nervo obturador
8. Nervo ciático

Local cirúrgico	Bloqueio principal	Bloqueio de complemento
Coxa	Plexo lombar	Nervo ciático
Joelho (artroscopia)	Plexo lombar	Nervo ciático
Joelho (cirurgia)	Plexo lombar	Nervo ciático
Perna	Nervo ciático	Nervo femoral (plexo lombar)
Pé e tornozelo	Nervo ciático	Nervo safena (plexo lombar)

Bloqueio do plexo lombar

Do exterior para o interior, o plexo lombar apresenta os nervos cutâneo lateral da coxa, femoral e obturatório. Eles inervam a face anterior e lateral da coxa e a borda medial do joelho e da perna.

INDICAÇÕES
- Cirurgia do membro inferior em associação com o bloqueio do nervo ciático.

REALIZAÇÃO
Com localização guiada por ultrassonografia
- O paciente está em decúbito ventral ou lateral. Utiliza-se uma sonda curvilínea 2-5 MHz posicionada a 2-3 cm lateralmente à linha do processo espinhoso (L2-L4) para visualizar os processos transversos. Entre as sombras acústicas desses processos encontra-se o músculo psoas, no corpo do qual às vezes se visualiza uma raiz do plexo lombar, a 6-8 cm de profundidade, sob a forma de uma linha branca hiperecogênica (em corte de unha). Com o Doppler colorido, busca-se um ramo arterial que ajude a localizar a raiz.
- A punção é realizada no plano (em direção cefálica) ou fora do plano. A hidrolocalização é indispensável. A realização é difícil.

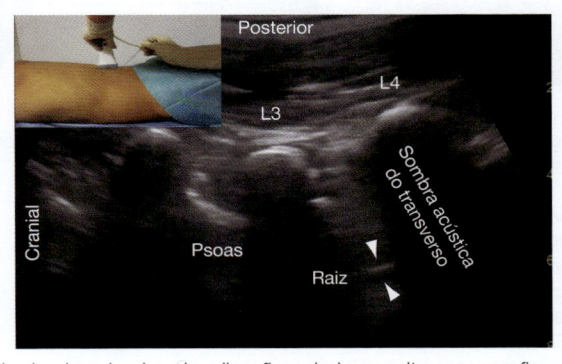

Bloqueio do plexo lombar: localização guiada por ultrassonografia

Com neuroestimulação
- O paciente está em decúbito lateral do lado sadio, a coxa a ser anestesiada deve formar um ângulo de cerca de 140° com o tronco, o joelho é flexionado mantendo um ângulo de 90° com a coxa.
- Agulha de 100 mm com neuroestimulador.

Punção
- O ponto de punção é determinado traçando-se:
    - Uma primeira linha (L1) que reúne as duas cristas ilíacas (linha intercristal).
    - Uma segunda linha (L2) paralela à coluna vertebral passando pela espinha ilíaca posterossuperior (EIPS).
    - Uma terceira linha (L3), que passe pelos processos espinhosos.

- O ponto de punção localiza-se na junção do $1/3$ superior e $2/3$ inferior sobre a linha intercristal limitada do lado de fora pela L2 e do lado de dentro pela L3.
- A agulha é inserida perpendicularmente a todos os planos.
- Após o contato com o processo transverso (4-6 cm), a agulha é reorientada caudalmente para passar sob este processo. A resposta em neuroestimulação é obtida cerca de 2 cm após o processo transverso.
- Estimulação do nervo femoral: contração do quadríceps e extensão da perna sobre a coxa.
- Estimulação do nervo obturatório: movimento de adução da coxa.
- Estimulação dos nervos curtos destinados ao músculo psoas: flexão da coxa sobre a pelve.

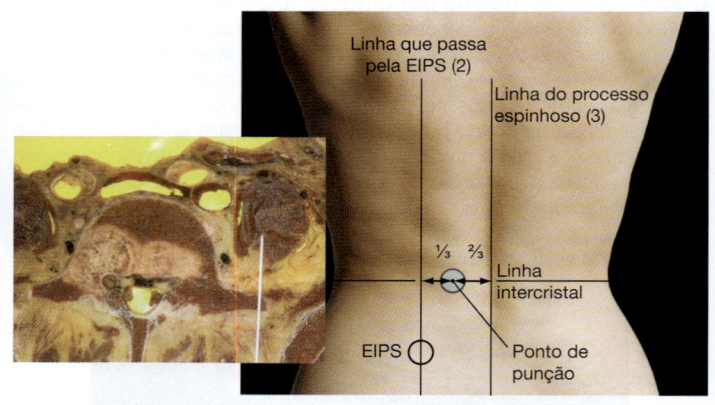

Bloqueio do plexo lombar por via posterior: relações anatômicas e pontos de referência de punção modificados.

DROGAS/VOLUMES
- Lidocaína com epinefrina (1/200.000) 15 ou 20 mg/mL.
- Ropivacaína 5 mg/mL ou levobupivacaína a 5 mg/mL.
- É possível a adição de clonidina (0,5 mcg/kg).
- O volume injetado depende do local cirúrgico:
  - Bloqueio principal: 20-25 mL.
  - Bloqueio acessório: 25 mL (ver *Plexo lombossacral*): em caso de duplo bloqueio, reduzir as concentrações para não ultrapassar as doses máximas autorizadas.

PRAZO DE INSTALAÇÃO
Cerca de 25-30 min.

COMPLICAÇÕES
- O risco de injeção peridural é a principal complicação. A vigilância deve ser tão importante quanto com uma raquianestesia.
- O risco de injeção intravascular existe, particularmente por causa da veia lombar ascendente, que remonta ao longo do plexo lombar.
- Recomenda-se uma dose-teste com epinefrina.
- Risco de punção do rim durante os acessos na L3 à direita.

Observações

- Como para toda anestesia local:
  - A injeção deve ser lenta.
  - Repetir os testes de aspiração durante a injeção para detectar e evitar uma injeção intravascular dos anestésicos locais.
- O risco de punção raquidiana é evitado com o direcionamento correto da agulha e com os testes de aspiração.
- A realização conjunta do bloqueio ciático será efetuada por via posterior sem mobilização suplementar do paciente. Aconselha-se começar pelo bloqueio do ciático, o prazo de instalação da anestesia para este nervo é mais longo.

Bloqueio do nervo ciático
Via parassacral

Trata-se mais de um bloqueio do plexo sacral do que de um bloqueio do nervo ciático, permitindo bloquear com uma única injeção os três ramos do nervo ciático logo a partir do nível da indentação ciática.

ANATOMIA

- O plexo sacral (tronco lombossacral L4-L5 + S1-S3) está situado profundamente na pelve menor. Estreitamente unido ao plexo pudendo, está próximo ao reto. Passa em um espaço limitado pela aponeurose pélvica na parte da frente e no interior, pelo músculo piriforme na parte de trás e pelo músculo obturador interno na parte de fora.
- Os vasos hipogástricos estão próximos, em particular a artéria glútea que passa entre o tronco lombossacral e a 1ª raiz sacral (artérias sacrais laterais superior e inferior, artérias ciática e pudenda interna). Testes de aspiração e injeções fracionadas são importantes.

TERRITÓRIOS BLOQUEADOS

O plexo sacral inerva a região medial da nádega e a face posterior da coxa. Abaixo, o território de inervação corresponde ao do nervo ciático. Extensão possível, mas inconstante do bloqueio no nervo obturatório e no plexo pudendo homolateral.

CONTRAINDICAÇÕES ESPECÍFICAS

Anomalia da hemostasia, risco hemorrágico e paciente tratado com anticoagulantes ou antiplaquetários (bloqueio profundo).

INDICAÇÕES

- Empregado sozinho, ele permite a cirurgia do pé ou a cirurgia envolvendo os territórios dos nervos tibial e fibular comum abaixo do joelho.
- Em associação com um bloqueio do plexo lombar ou de seus ramos para a cirurgia ou analgesia da totalidade do membro inferior. O nervo obturatório é muitas vezes bloqueado por esta via em relação ao acesso anterior do plexo lombar.

MATERIAL

Agulha isolada de 100 ou 150 mm segundo a morfologia do paciente. Existe a possibilidade de introdução de um cateter.

INSTALAÇÃO DO PACIENTE

O paciente é instalado em decúbito lateral do lado oposto ao bloqueio, coxa flexionada a 45°, joelho flexionado a 90° (posição de Sims). Traça-se a linha que une a espinha ilíaca posterossuperior à espinha isquiática. O ponto de punção está situado sobre essa linha na união do ⅓ superior e dos ⅔ inferiores.

COM LOCALIZAÇÃO GUIADA POR ULTRASSONOGRAFIA

A sonda abdominal convexa de 2-5 MHz é posicionada perpendicularmente sobre a linha que liga os dois pontos de referência cutâneos. O nervo é visualizado em pequeno eixo. A localização dos vasos com o Doppler colorido é desejável, mas nem sempre possível. A punção é realizada habitualmente no plano de dentro para fora.

COM NEUROESTIMULAÇÃO

- A agulha é introduzida perpendicularmente à pele; é possível uma direção levemente cefálica. Deve-se evitar a direção caudal. A progressão estritamente sagital busca uma resposta ciática distal. A profundidade do plexo é em média de 60 mm e a agulha não deve penetrar para além de 80 mm. A contração dos músculos glúteos é uma resposta normal ao longo da progressão nas massas musculares. A resposta idiomuscular está localizada em torno da agulha. É preciso continuar avançando.
- O contato ósseo (ossos ilíaco ou sacro) impõe a retirada da agulha e a reorientação em direção caudal sem ultrapassar em mais de 2 cm a profundidade com a qual esse contato ocorreu.

UMA ÚNICA RESPOSTA DISTAL É SUFICIENTE

- Respostas corretas:
  - Estimulação do contingente fibular comum: contração dos músculos do compartimento anteroexterno da perna e flexão dorsal do pé e dos dedos do pé ou eversão do pé.
  - Estimulação do contingente tibial: contração dos músculos do compartimento posterior da perna e flexão plantar dos dedos do pé, inversão do pé.
- Respostas incorretas:
  - Uma resposta na nádega deve ser abandonada na busca de uma das duas respostas distais. Deve-se reorientar a agulha mais lateralmente. Uma contração dos músculos do compartimento da região posterior da coxa não é aceitável.
  - Uma resposta em leve abdução da coxa pode traduzir duas eventualidades:
    » Estimulação do músculo piriforme e informe da proximidade imediata do plexo situado mais profundamente.
    » Estimulação do músculo obturador interno. A punção está demasiado lateral, a agulha é então retirada e reorientada em 5° medialmente.
  - Uma resposta em adução da coxa traduz uma punção demasiado profunda e corresponde à estimulação do nervo obturador.

COMPLICAÇÕES

Potencialmente numerosas, nem todas estão relatadas na literatura: punção do ureter (punção demasiado profunda), punção do reto (demasiado medial e profunda na pelve menor), punção vascular (vasos ilíacos, hipogástricos e glúteos).

VOLUME INJETADO

20 mL em média da solução escolhida.

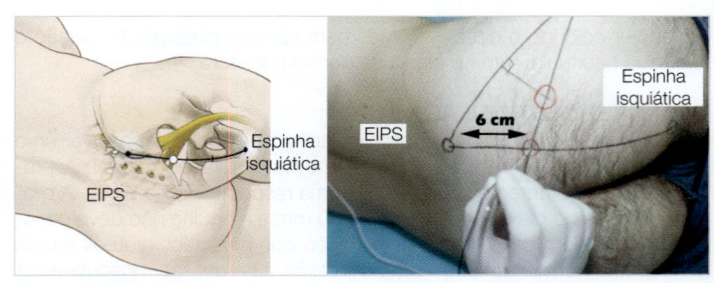

Bloqueio do nervo ciático por via parassacral: relações anatômicas e ponto de referência de punção.

Bloqueio do nervo ciático
Vias glútea e subglútea

ANATOMIA

- O nervo ciático é constituído de fibras vindas de todas as raízes que compõem o plexo sacral. Ele deixa a pelve pela grande indentação isquiática. É acompanhado na nádega pelo nervo femoral cutâneo posterior (sensitivo) e pelo nervo glúteo inferior (motor do glúteo máximo).
- Na nádega, o nervo ciático localiza-se entre a tuberosidade isquiática e o grande trocânter, depois desce em linha reta para a fossa poplítea.
- Mais ou menos elevado ao longo desse trajeto na coxa, divide-se em dois ramos terminais, os nervos tibial e fibular comum.

INDICAÇÕES

- Anestesia e analgesia do membro inferior.
  - Isolado: pé.
  - Em associação com outros bloqueios: todo o membro inferior.

INSTALAÇÃO DO PACIENTE PARA A VIA GLÚTEA

- Paciente em decúbito lateral, lado a ser bloqueado para cima, coxa flexionada a 135-140°, joelho flexionado a 90°. Na posição correta, o eixo do fêmur passa pela espinha ilíaca posterossuperior (EIPS). São localizados sucessivamente e marcados sobre a pele: a borda superior do trocânter maior, a EIPS e o hiato sacrococcígeo.
- Traça-se uma primeira reta ligando a borda superior do trocânter maior e o hiato sacrococcígeo (linha de Winnie, que representa a projeção cutânea da borda inferior do músculo piriforme). Depois, traça-se uma segunda reta que liga a borda superior do trocânter maior e a EIPS. A partir do meio, desce uma perpendicular que vai cortar a primeira reta.
- A intersecção dessas duas retas representa o ponto de punção em neuroestimulação ou o ponto a partir do qual se começa a buscá-la com a localização guiada por ultrassonografia.

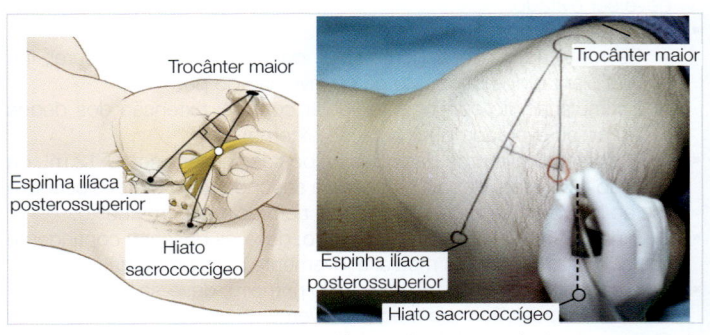

Bloqueio do nervo ciático por via glútea: relações anatômicas e pontos de referências de punção.

COM LOCALIZAÇÃO DA VIA GLÚTEA POR ULTRASSONOGRAFIA

- Busca-se a imagem ovoide característica do nervo ciático, na frente do músculo glúteo máximo.
- Com o Doppler colorido, buscam-se os ramos arteriais e particularmente a artéria glútea superior para evitar puncioná-la.
- Punção no plano ou fora do plano, com uma agulha de 80-100 mm, auxiliada pela hidrolocalização.

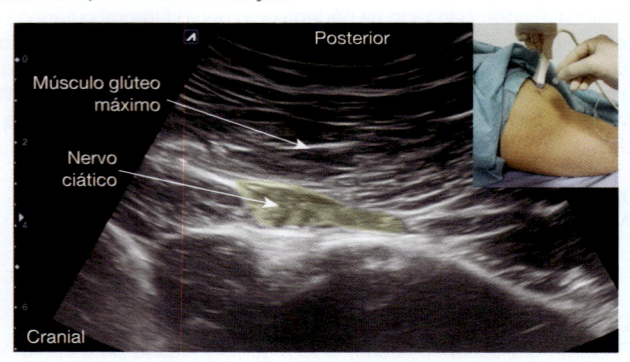

Bloqueio do nervo ciático via glútea: pontos de referência de punção.

COM NEUROESTIMULAÇÃO (VIA DE LABAT-WINNIE)

- A agulha de 100 mm de bisel curto é introduzida perpendicularmente ao plano cutâneo. Após uma progressão de 4-6 cm, a contração dos músculos da nádega traduz a proximidade do nervo glúteo inferior ao contato do nervo femoral cutâneo posterior (puramente sensitivo).
- A resposta é otimizada de maneira habitual e 5-7 mL de anestésico local são injetados. Isso permite a anestesia da parte inferior da nádega e da parte de cima da face posterior da coxa.
- A progressão é retomada depois de a intensidade de neuroestimulação ter sido aumentada entre 1,5-2 mA. O nervo ciático maior encontra-se à profundidade de 1-2 cm, antes do contato ósseo que deve ser evitado.
- São possíveis duas respostas:
  - Estimulação do contingente tibial: contração do tríceps sural, flexão plantar dos dedos do pé ou inversão do pé.
  - Estimulação do contingente fibular comum: extensão dos dedos do pé ou eversão do pé (rotação externa).
- Quando se obteve uma das duas respostas, injetam-se 10-12 mL da solução escolhida, depois se busca a segunda resposta deslocando--se ao longo da linha de Winnie, mas nem acima, nem abaixo.
- Se o nervo tibial foi bloqueado primeiro, deve-se buscar o contingente fibular em posição mais medial e levemente mais profunda.
- Se o contingente fibular foi bloqueado primeiro, deve-se buscar o nervo tibial em posição mais medial e levemente menos profunda.
- O segundo nervo também será bloqueado com 10-12 mL de AL.
- Deve-se rejeitar uma resposta localizada no nível da coxa.
- Esta via de acesso também é interessante para o nervo femoral cutâneo e oferece, portanto, a anestesia da face posterior da coxa e da perna.

BLOQUEIO DO NERVO CIÁTICO VIA INFRAGLÚTEA
Técnica de localização guiada por ultrassonografia com ou sem neuroestimulação

- A localização do nervo ciático no espaço subglúteo é relativamente fácil. Esse espaço é delimitado lateralmente pelo trocânter maior e medialmente pela tuberosidade isquiática. É limitado atrás pelo músculo glúteo máximo e na frente pelo quadrado femoral. O nervo ciático encontra-se no meio do espaço assim delimitado.
- Paciente em decúbito ventral ou lateral (lado a ser bloqueado para cima, coxa flexionada a 135-140º, joelho flexionado a 90º).
- Localização: sonda abdominal 2-5 MHz, posicionada perpendicularmente ao plano cutâneo sobre a linha que une o trocânter maior e a tuberosidade isquiática. O nervo tem uma forma oval com um diâmetro de 1,5-2 cm.
- Punção: agulha de 150-100 mm, no plano para um acesso lateromedial ou fora do plano da sonda para um acesso medial, a meio caminho da linha formada pelo trocânter maior e a tuberosidade isquiática. Injeção circunferencial de AL no espaço subglúteo.
- A ausência de vasos importantes nesse espaço diminui o risco de punção vascular.

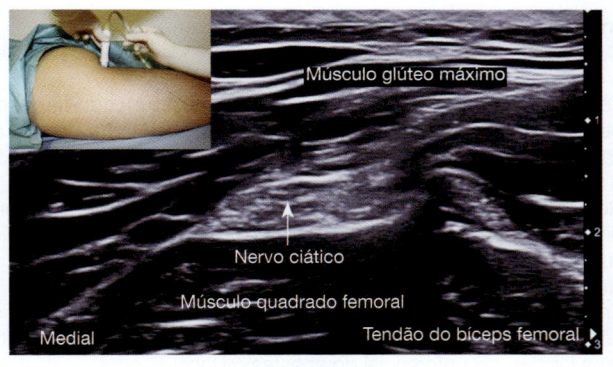

Bloqueio do nervo ciático por via infraglútea.

DROGAS
- A escolha entre as diferentes soluções anestésicas depende da duração do bloqueio desejada.
- Não há necessidade de ultrapassar 20 mL de anestésico local.
- Por causa da pequena absorção local, o bloqueio do nervo ciático é geralmente prolongado.
- A adição de clonidina (0,5 mcg/kg) melhora a qualidade do bloqueio e prolonga a duração.

PRAZO DE INSTALAÇÃO
- Como o nervo ciático é o mais volumoso do organismo, o prazo de instalação pode ser longo, variando de 15-30 min.

Bloqueio do nervo ciático
Via poplítea

INDICAÇÕES
- Bloqueio sensitivo-motor da perna (exceto a face medial) e do todo o pé.
- Anestesia e analgesia da perna, do tornozelo e do pé, em associação com um bloqueio do nervo safeno.
- Analgesia pós-operatória depois da cirurgia do pé e do tornozelo.
- Analgesia para as dores vasculares crônicas do pé.
- Particularidades:
  - Vantagem: possibilidade de posicionar um cateter para analgesia prolongada.
  - O nervo femoral cutâneo posterior não é bloqueado. Caso se utilize um garrote de perna, um bloqueio do nervo safeno é desejável.

ACESSO POSTERIOR
Paciente em decúbito ventral.

Com localização guiada por ultrassonografia
- Com a ultrassonografia o nervo é facilmente localizado e permite ver o nível da divisão nos dois ramos terminais.
- Localizam-se primeiro os vasos poplíteos posicionando-se a sonda perpendicularmente ao plano cutâneo de maneira transversal, a artéria poplítea é pulsátil e a veia é compressível, logo atrás se encontra o nervo tibial.
- Remonta-se ao longo do nervo tibial, fazendo a sonda deslizar em direção cefálica até o nascimento da divisão do nervo ciático e a visualização do nervo fibular comum.
- Neste lugar, o nervo isquiático aparece plano e ovoide.
- Em decúbito ventral: punção fora do plano, agulha a 45-60° em direção cefálica até a passagem da bainha do nervo ciático, permitindo uma injeção circunferencial do anestésico local.

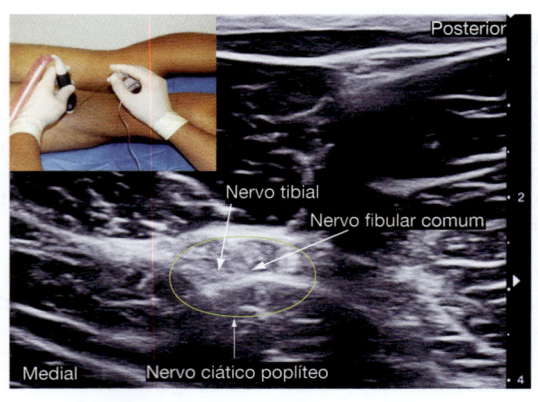

Bloqueio do nervo ciático por via poplítea.

COM NEUROESTIMULAÇÃO

Pede-se para o paciente flexionar a perna, o que permite localizar e desenhar sobre a pele as duas bordas musculares da fossa poplítea, músculo longo bíceps do lado de fora e músculos semitendinosos e semimembranáceos do lado de dentro.

- Faz-se um botão de anestesia local sobre a bissetriz do ângulo desenhado por estes três músculos, 10-12 cm acima da dobra de flexão poplítea. A agulha de 5 cm é introduzida com um ângulo de 45° dirigido para o alto.
- No adulto, a profundidade habitual é de 3-5 cm, superficial no plano vascular. Na maioria das vezes, este acesso situado no alto permite bloquear o nervo antes da bifurcação.

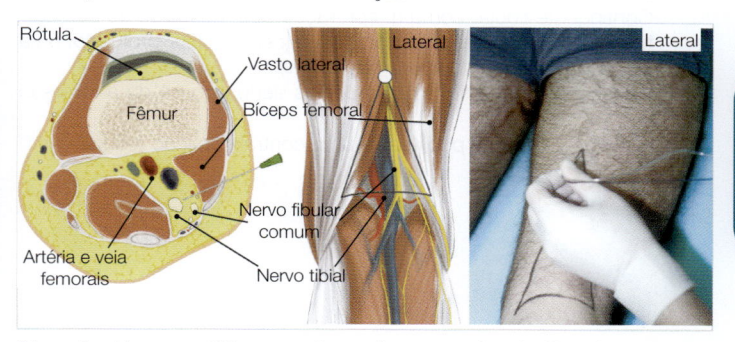

Bloqueio do nervo ciático por via poplítea posterior de Singelyn: relações anatômicas e referências de ponto de punção.

ACESSO LATERAL

Paciente em decúbito dorsal. A punção é no nível da depressão situada entre a borda posterior do vasto lateral e a borda anterior do tendão do bíceps femoral.

Com localização guiada por ultrassonografia

A punção é realizada por um acesso lateral com a agulha no plano até atingir o espaço do nervo ciático. Uma injeção abaixo e paraneural nesse nível envolve completamente o nervo ciático.

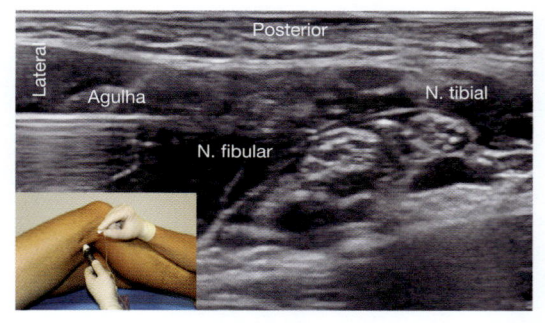

Bloqueio do nervo ciático por via lateropoplítea de Zetlaoui: relações anatômicas e pontos de referência de punção.

Com neuroestimulação

- Paciente em decúbito dorsal, joelho flexionado para localizar melhor o tendão do bíceps femoral e a depressão situada à frente. Depois, a perna é recolocada em extensão. O ponto de punção está situado nessa depressão, 5-7 cm acima da interlinha articular.
- A agulha é dirigida para baixo (em direção ao pé) e para trás, sobretudo não em plano horizontal para evitar os vasos poplíteos.
- Com neuroestimulação, buscam-se especificamente os nervos fibular comum e tibial. Cada nervo é bloqueado individualmente com 8-10 mL de AL.
- A ultrassonografia localiza facilmente o nervo e permite ver o nível da divisão nos dois ramos terminais:
  - Contingente fibular comum: contração dos músculos do compartimento anterolateral com dorsiflexão (nervo fibular profundo) ou a eversão do pé (nervo fibular superficial).
  - Contingente tibial: flexão plantar dos dedos do pé ou a inversão do pé.
- A presença de varizes poplíteas é uma contraindicação teórica.

Bloqueio iliofascial

INDICAÇÕES
- No adulto, bloqueio analgésico do membro inferior utilizado na analgesia pós-operatória da cirurgia do joelho e do quadril.
- Analgesia pré-operatória na fratura da extremidade superior do fêmur.
- Na criança, bloqueio anestésico.

VANTAGENS
- Ausência de elemento anatômico nobre no ponto de punção.
- Sem localização nervosa, pois não há nervo no ponto de punção.
- Extensão frequente no nervo cutâneo lateral da coxa.

PRINCÍPIO
A solução de anestésico local é injetada entre a fáscia ilíaca e o corpo do músculo ilíaco, este espaço de difusão é utilizado para veicular o AL para o plexo lombar.

REALIZAÇÃO DO BLOQUEIO
Com localização guiada por ultrassonografia
- Posiciona-se a sonda transversalmente à coxa no nível da dobra de flexão. Localiza-se a artéria e o nervo femorais que repousam sobre o músculo ilíaco. Estes são recobertos por uma estrutura aponeurótica densa, a fáscia ilíaca. A sonda é deslocada lateralmente, centrada sobre o músculo sartório, depois girada em 90º para passar no sentido longitudinal, mantendo sempre a visão da fáscia ilíaca que se torna então uma linha oblíqua ligeiramente curva.
- A punção é realizada no plano, em direção cefálica. A hidrolocalização permite separar o espaço entre a fáscia ilíaca e o músculo ilíaco.
- O posicionamento de um cateter é facilitado com este acesso.

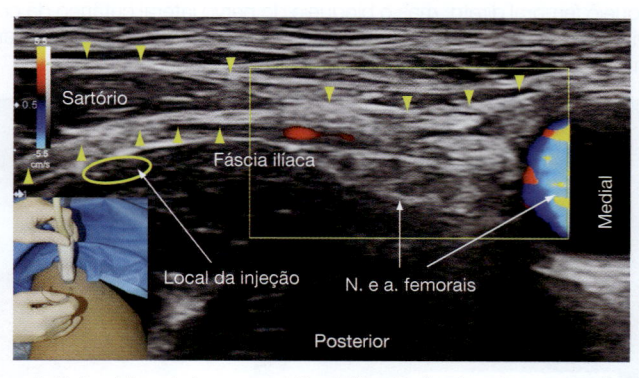

Bloqueio iliofascial: corte transversal (fáscia ilíaca indicada pelas pontas de seta).

SALIÊNCIA DUPLA
O risco de uma injeção mal localizada é de 50%, razão pela qual se deve preferir um bloqueio com localização guiada por ultrassonografia.
- Paciente em decúbito dorsal.

- O principal ponto de referência é a dobra de flexão da coxa.
- O ponto de punção está situado na coxa, 1-2 cm abaixo da junção ⅓ externa-⅔ interna da arcada femoral, na borda interna do músculo sartório (músculo do costureiro).
- A agulha de bisel curto é orientada em direção cefálica, sobretudo quando se quer inserir um cateter (*kit* de peridural).
- Após a passagem da pele, buscam-se as duas resistências que são primeiro a da fáscia lata e depois a da fáscia ilíaca, a mais sensível. No adulto, a distância varia entre 20-40 mm a partir do plano cutâneo.
- A injeção é fácil e é feita aplicando-se pressão logo abaixo do ponto de punção.

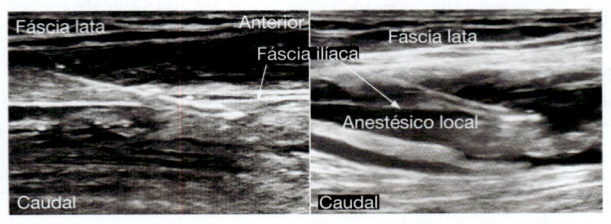

Bloqueio iliofascial: corte sagital, antes e depois da injeção de anestésico local.

VOLUME E SOLUÇÃO
- No adulto, basta um volume de 0,4 mL/kg. Já na criança, deve ser maior, variando de 1 mL/kg (5-10 kg de peso corporal) a 0,5 mL/kg (20-50 kg de peso corporal).
- Trata-se mais especificamente de um bloqueio analgésico, a utilização de mistura de longa duração de ação é preferível.

EXTENSÃO DO BLOQUEIO
A qualidade do bloqueio do nervo femoral é similar àquela obtida com o bloqueio femoral direto, mas o bloqueio do nervo lateral cutâneo da coxa é mais frequente. Na criança, os ramos superiores dos plexos lombares (ramos femoral do genitofemoral) também são bloqueados.

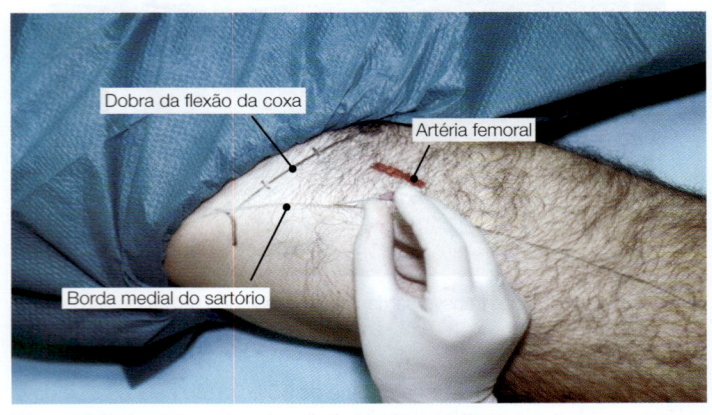

Bloqueio iliofascial: pontos de referência de punção.

Bloqueio do nervo femoral

INDICAÇÕES
- A indicação eletiva é a analgesia e a reabilitação em cirurgia de grande porte do joelho.
- Analgesia da fratura da diáfise femoral, cirurgia da face anterior e interna da coxa.
- Cirurgia do membro inferior quando está associado a bloqueio ciático.

ANATOMIA
- Saído do plexo lombar (L1-L4), inervação sensitiva da face anterior e interna do membro inferior e inervação motora dos músculos extensores da perna e de uma parte dos flexores da coxa.
- O nervo safeno (ramo terminal do nervo femoral), sensitivo puro, inerva a face anteromedial da perna até o maléolo medial e de uma parte dos tegumentos do joelho (ramos patelares). Às vezes, inerva do aspecto medial do pé até o nível do dedão do pé.
- Há a possibilidade de extensão do bloqueio no nervo cutâneo lateral da coxa.

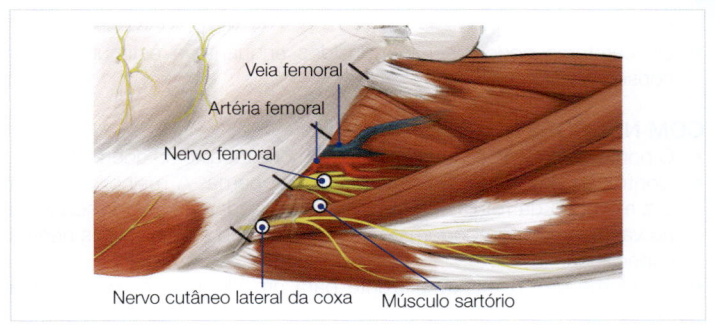

Bloqueio do nervo femoral: relações anatômicas.

COM LOCALIZAÇÃO GUIADA POR ULTRASSONOGRAFIA

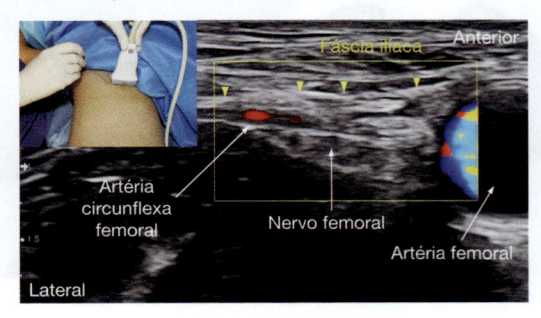

- Paciente em decúbito dorsal. Agulha de 50 mm, ecogênica.

- Sonda transversal no nível da dobra inguinal. Localizam-se a artéria femoral e a veia femoral e depois lateralmente o nervo femoral, de forma triangular. Ele repousa entre o músculo iliopsoas e a fáscia ilíaca. Desliza-se a sonda de cima para baixo a fim de visualizar a divisão do nervo femoral que pode ocorrer acima do ligamento inguinal.
- Punção fora do plano ou no plano com um ângulo de 45° em relação ao plano cutâneo. Hidrolocalização para, de preferência, posicionar o bisel atrás do nervo. O volume de 20 mL é suficiente.
- Testes de aspiração repetidos (vasos femorais e circunflexos).

POSICIONAMENTO DO CATETER COM ULTRASSONOGRAFIA
- Melhor posicionamento do cateter de analgesia em relação à neuroestimulação.
- Paciente em decúbito dorsal, membro inferior em leve rotação externa.
- Localização ultrassonográfica, sonda posicionada transversalmente.
- Não há diferença entre acessos no plano (lateromedial) ou fora do plano (mediano). Hidrodissecção antes de introduzir o cateter de analgesia.
- Agulha de neuroestimulação de 50 ou 80 mm de comprimento com bisel curto. Punção com um ângulo de 45° em relação ao plano cutâneo para um acesso mediano fora do plano ou tangencial para um acesso lateral no plano.
- O cateter é introduzido à distância máxima de 5 cm. Radiografia contrastada é inútil.
- Os cateteres podem ser introduzidos enquanto a estimulação for conservada.

COM NEUROESTIMULAÇÃO
- O ponto de punção é lateral à artéria femoral, abaixo da dobra inguinal.
- Contração do quadríceps e extensão da perna. A melhor resposta é a elevação da rótula. As respostas localizadas no vasto medial ou no vasto lateral comportam o risco de bloqueio exclusivo dos nervos específicos.
- O volume de 15 mL é suficiente para um bloqueio puro do nervo femoral.

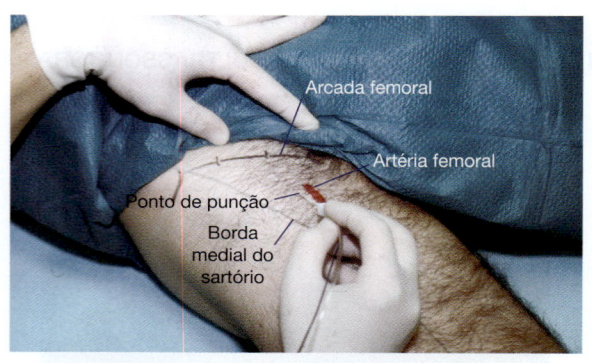

Bloqueio do nervo femoral: pontos de referência de punção.

BLOQUEIO DO NERVO FEMORAL CONTÍNUO

- A analgesia contínua é realizada com a ropivacaína a 2 mg/mL.
- O débito inicial máximo é de 0,1 mL/kg/h, adequado secundariamente.
- Desaconselham-se as injeções repetitivas.
- A técnica de PCA (*patient controlled regional analgesia*) é provavelmente mais adequada, mas depende dos meios materiais disponíveis. O débito de base é de 0,05 mL/h, com *bolus* de 4-5 mL a cada 4-6 h dependendo das necessidades e dos resultados.
- A escolha entre as diferentes modalidades de administração depende das necessidades de analgesia e dos protocolos de reabilitação.

Anestesia locorregional

Bloqueio do canal dos adutores

- O princípio é bloquear o nervo safeno, ramo terminal sensitivo do nervo femoral, que desce ao longo da coxa e acompanha a artéria femoral no canal dos adutores. Neste nível, o nervo torna-se superficial ao perfurar a aponeurose do sartório e se divide em dois ramos, um patelar e o outro tibial.
- É responsável pela inervação sensitiva da região medial da perna até o maléolo medial. É em parte responsável pela inervação da borda medial da tíbia.
- O nervo safeno participa às vezes da inervação da face dorsal do pé. O território de inervação pode descer até a base do 1º dedo do pé.
- O nervo também pode ser bloqueado no trígono femoral (de Scarpa), na coxa ou no tornozelo.

INDICAÇÕES
Anestesia no território de inervação. Analgesia para a cirurgia do joelho.

TÉCNICA
Com localização guiada por ultrassonografia
- A sonda é posicionada transversalmente à face medial da coxa, em busca da artéria femoral com o Doppler colorido.
- O nervo safeno está unido à borda medial da artéria, sob o músculo sartório.
- A punção é feita no plano ou fora do plano.
- Para um bloqueio homogêneo são necessários 5-7 mL.

Com neuroestimulação
- No trígono de Scarpa, o nervo caminha no mesmo espaço de difusão que o nervo do vasto medial, nervo motor estimulável. Os pontos de referência são os mesmos do nervo femoral. Busca-se a contração do músculo vasto medial.
- Assim que localizado, injetam-se 7-10 mL de anestésico local.
- A anestesia obtida envolve a face anteromedial da perna até o nível do maléolo medial.

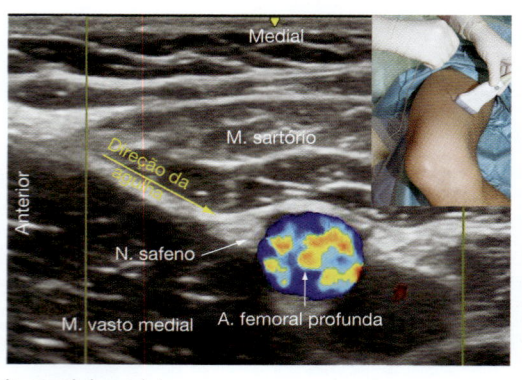

Bloqueio do canal dos adutores.

Bloqueio do nervo cutâneo lateral da coxa

INDICAÇÕES E DESVANTAGENS
- Anestesia no território de inervação, como complemento a outros bloqueios.
- Bloqueio sensitivo puro, não há estimulação possível.

ANATOMIA
Vindo de L2-L3, ele sai da pelve sob a parte lateral do ligamento inguinal, abaixo da espinha ilíaca anterossuperior (EIAS) na bainha aponeurótica do músculo sartório que ele perfura sob a arcada femoral para se tornar subcutâneo. Pode faltar, substituído então por um ramo do nervo femoral.

REALIZAÇÃO
Com localização guiada por ultrassonografia
- O nervo é buscado abaixo e levemente no interior da EIAS, com uma sonda de alta-frequência posicionada transversalmente.
- O nervo está situado no plano entre os músculos iliopsoas e sartório. A punção é realizada no plano ou fora do plano. O bloqueio é realizado com 5-6 mL da solução escolhida.

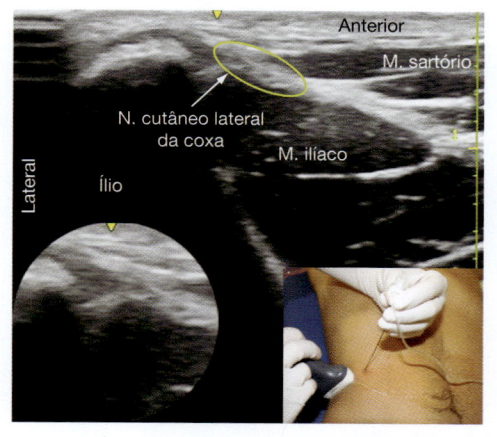

Bloqueio do nervo cutâneo lateral da coxa: pontos de referência ecográficos.

Com infiltração às cegas
- A punção é realizada 2 cm abaixo e 2 cm no interior da EIAS, sob a arcada crural. Agulha de 50 mm introduzida perpendicularmente ao plano cutâneo até sentir a passagem da aponeurose da fáscia lata.
- Injetam-se 2 mL de anestésico local três ou quatro vezes em leque, dirigindo-se para a borda lateral da coxa. Um volume de 10 mL é suficiente.

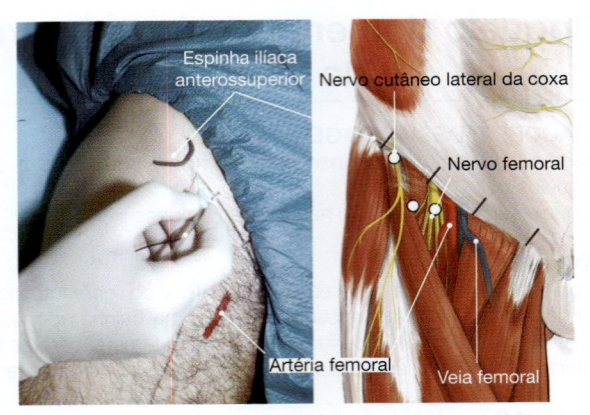

Bloqueio do nervo cutâneo lateral da coxa: relações anatômicas e pontos de referência de punção.

Bloqueio do nervo obturador via inguinal

INDICAÇÕES

- Cirurgia do membro inferior em associação com bloqueio femoral, cutâneo lateral da coxa e o ciático se a intervenção envolver a parte medial da coxa e/ou do joelho.

VANTAGENS

- Bloqueio de complemento em caso de bloqueios femoral e ciático eficazes, ou com a presença de um garrote na coxa.
- Analgesia após artroplastia do joelho em associação com bloqueios femoral e ciático.

ANATOMIA

- Ramo mais posterior vindo do plexo lombar (raízes L2-L4), o nervo obturador emerge da borda posteromedial do músculo psoas maior perfurando a fáscia ilíaca entre L5 e S1 para se juntar ao forame obturador. Divide-se em dois ramos, anterior e posterior, destinados à região medial da coxa.
  - O ramo anterior desce pela frente do músculo adutor curto que ele inerva, bem como os músculos adutor longo, pectíneo (metade lateral) e grácil. Distribui-se em ramos articulares para a articulação coxofemoral, e cutâneos para a região posteromedial do joelho.
  - O ramo posterior, profundo, destina-se aos músculos obturador externo e adutor magno. Distribui-se em ramos sensitivos para a articulação do joelho.
- O território sensitivo inerva a porção medial e/ou posterior da articulação do joelho. A inervação sensitiva cutânea é inconstante (ausente em 50% dos indivíduos) e variável.

COM LOCALIZAÇÃO GUIADA POR ULTRASSONOGRAFIA

- Paciente em decúbito dorsal, membro inferior em ligeira abdução e rotação externa. A sonda linear é posicionada na borda medial da coxa exatamente sob o tendão do músculo adutor longo. A veia femoral localizada lateralmente serve de ponto de referência.
- Medialmente, entre os músculos adutores longo e curto passa o nervo obturador, normalmente acompanhado pela artéria obturatória localizada pelo Doppler. A injeção disseca o plano aponeurótico entre os dois músculos para bloquear o nervo obturador.

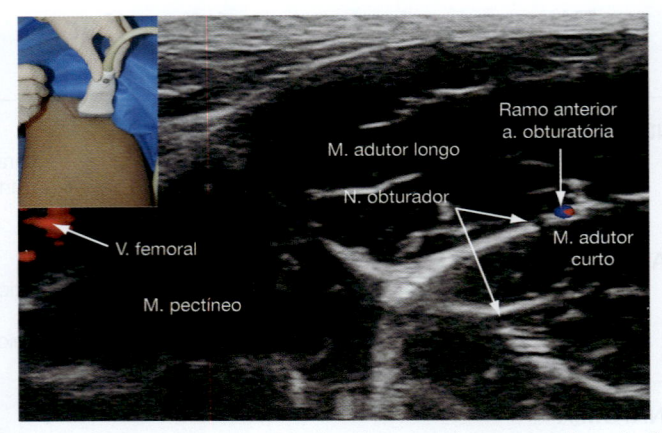

Bloqueio do nervo obturador: localização com ultrassonografia, relações anatômicas e pontos de referência de punção.

COM NEUROESTIMULAÇÃO
- Paciente em decúbito dorsal, coxa em abdução e rotação externa.
- Localiza-se a dobra inguinal, o pulso femoral e depois o ramo superior do púbis onde se insere o músculo adutor longo.
- Agulha com 75 mm de comprimento.

Punção
- Traça-se uma linha horizontal de inserção do músculo adutor longo até o pulso femoral. O ponto de punção encontra-se no meio desta reta.

Com neuroestimulação
- Agulha introduzida a 30° em direção cefálica para atravessar o músculo adutor longo: estimulação do ramo anterior do nervo obturador: contração dos músculos adutor longo e grácil.
- Depois de ter injetado 5 mL de anestésico local, introduz-se cuidadosamente a agulha 1,5 cm mais lateralmente através do músculo adutor curto, estimulação do ramo posterior do nervo obturador, contração do músculo adutor longo, injetar novamente 5 mL de anestésico local.
- Os dois ramos podem estar no mesmo plano.

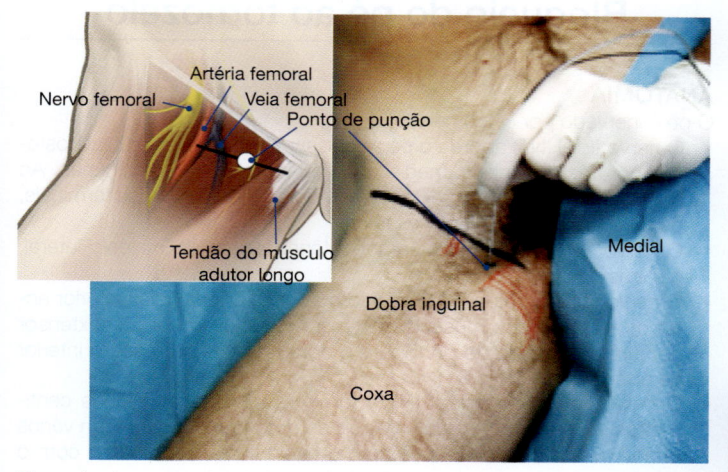

Bloqueio do nervo obturador: relações anatômicas e pontos de referência de punção.

DROGAS E VOLUMES
- A escolha das drogas vai da lidocaína 2 mg/mL para a cirurgia ambulatorial do joelho à ropivacaína 7,5 mg/mL para a analgesia prolongada.
- Cada ramo é bloqueado com 5 mL da solução escolhida.
- Um volume de 0,3 mL/kg é preconizado para a criança.

EXTENSÃO DA ANESTESIA E INDICAÇÕES
- A eficácia do bloqueio motor do nervo obturador é atestada pela diminuição da força da adução da coxa. Um bloqueio completo não consegue abolir toda a adução da coxa porque o nervo ciático participa da inervação motora dos músculos adutores.

COMPLICAÇÕES E CONTRAINDICAÇÕES
- Há a possibilidade de injeção intravascular e hematoma por punção dos vasos obturadores.
- São contraindicações relativas: a nevralgia obturadora ou uma lesão do nervo pela cabeça fetal durante um parto difícil, em caso de fratura do púbis, depois de cirurgia geniturinária e posição de litotomia.

Bloqueio do pé ao tornozelo

ANATOMIA

O pé é inervado por cinco nervos.

- O nervo tibial (NT) aborda o pé ao passar atrás da artéria tibial posterior, por trás do maléolo medial onde abandona o ramo calcâneo. Ao passar sobre a face plantar do pé, divide-se em dois ramos terminais, os nervos plantares medial e lateral.
- O nervo sural (NSu) torna-se subcutâneo acima do maléolo lateral, por trás do qual caminha.
- O nervo fibular profundo (NFP) acompanha a artéria tibial anterior entre os tendões dos músculos extensor próprio do hálux e extensor comum dos dedos do pé. Sobre o dorso do pé, situa-se no interior da artéria dorsal do pé.
- O nervo fibular superficial (NFS) torna-se subcutâneo alguns centímetros acima do tornozelo e depois se divide rapidamente em vários ramos cutâneos. Conecta-se com o nervo fibular profundo e com o sural para assegurar a inervação da face dorsal do pé.
- O nervo safeno (NSa), ramo sensitivo terminal do femoral, torna-se subcutâneo no ⅓ inferior da perna com a veia safena.

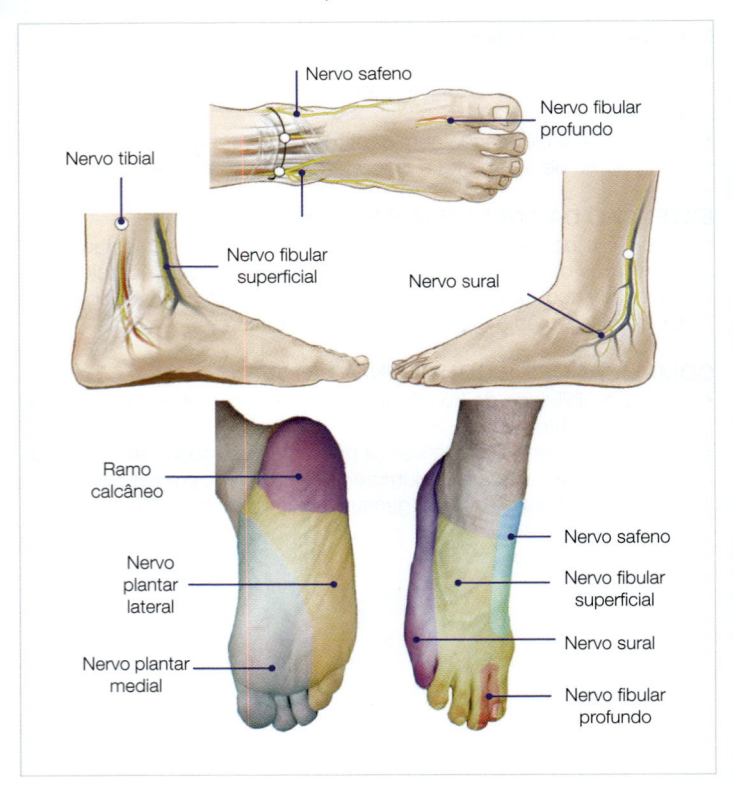

Bloqueio do pé: relações anatômicas e inervação sensitiva.

TÉCNICAS

Paciente em decúbito dorsal, joelho flexionado, a perna a ser bloqueada deve repousar sobre a outra perna para expor o maléolo medial.

- Para o NT: como o ponto de punção encontra-se na borda medial do tendão do calcâneo, a agulha é dirigida para o meio do maléolo medial. Na neuroestimulação, a resposta típica é a flexão plantar dos dedos do pé. Na ultrassonografia, o nervo é localizado no interior e atrás da artéria tibial. Injetam-se 5 e depois 2 mL de AL. No decorrer da retirada da agulha, realiza-se uma infiltração subcutânea até o tendão do calcâneo para o ramo calcâneo.

- O NSa é bloqueado com uma infiltração subcutânea, ligeiramente acima do maléolo medial, com 3-4 mL da mesma solução. Na ultrassonografia, posiciona-se o garrote acima do tornozelo para visualizar melhor a veia safena. A sonda explora de dentro para fora para localizar o nervo, que normalmente está situado na proximidade da veia.

- Depois, a perna é recolocada em extensão para bloquear os outros nervos.

- O NFP é bloqueado no nível da interlinha articular, na cavidade situada entre os tendões dos músculos extensor próprio do 1º dedo do pé e o extensor comum dos dedos do pé. A agulha é dirigida "mais para o joelho do que para o calcanhar". Injetam-se lentamente 5 mL da mesma solução após um teste de aspiração. Na ultrassonografia, o nervo está situado dentro da artéria localizada com o Doppler colorido.

- O NFS é bloqueado a partir do mesmo ponto de punção. Uma vez a agulha dirigida para o maléolo lateral, realiza-se uma infiltração subcutânea com 3-5 mL da solução anestésica.

- O NSu é bloqueado com uma infiltração (4 mL) 5-6 cm abaixo do maléolo lateral em direção ao tendão do calcâneo. O nervo é localizado na ultrassonografia em um desdobramento da aponeurose tibial, na proximidade da veia safena externa (um garrote pode ser útil).

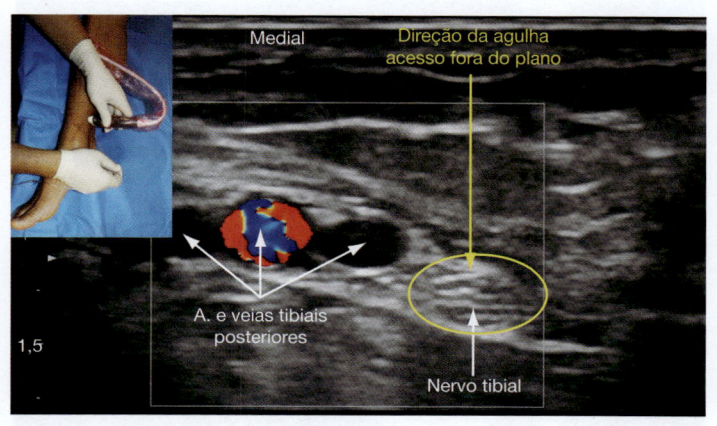

Bloqueio do nervo tibial no tornozelo.

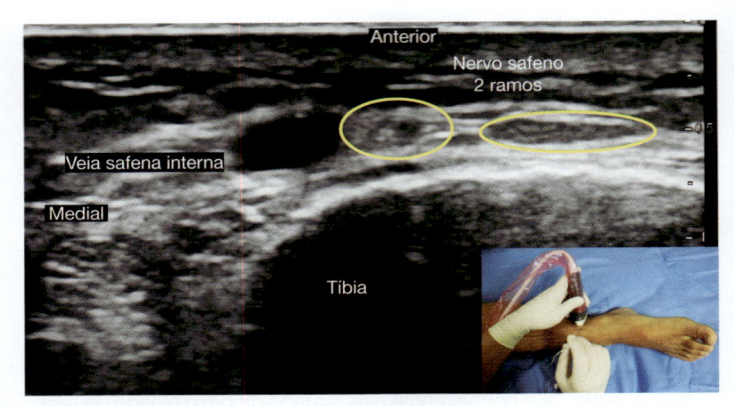

Bloqueio do nervo safeno no tornozelo.

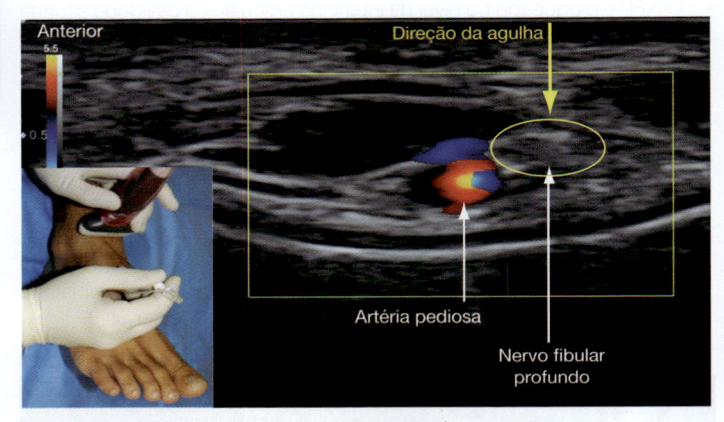

Bloqueio do nervo fibular profundo do tornozelo.

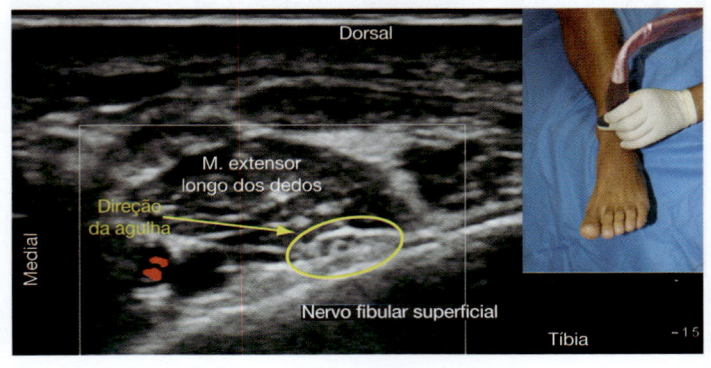

Bloqueio do nervo fibular superficial do tornozelo.

INDICAÇÕES

Toda cirurgia do pé com duração previsível de 2 h no máximo, também é útil para a analgesia pós-operatória (p. ex., hálux valgo).

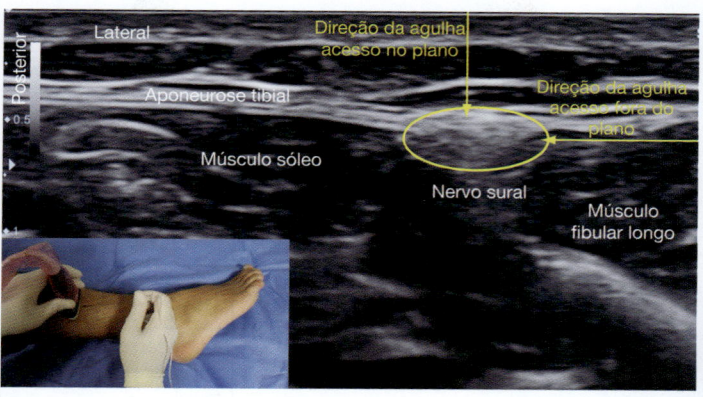

Bloqueio do nervo sural no tornozelo.

Anestesia locorregional

OBSERVAÇÕES

- De todo modo, como se tratam de injeções perivasculares, os testes de aspiração são indispensáveis antes de cada injeção.
- O bloqueio do NSa nem sempre é necessário.

SOLUÇÕES ANESTÉSICAS

- Lidocaína ou mepivacaína 10-15 mg/mL sem epinefrina (ambulatorial).
- Ropivacaína 7,5 mg/mL ou levobupivacaína 5 mg/mL.
- ▲ **As soluções com epinefrina são contraindicadas.**
- ▲ **A clonidina permite prolongar a analgesia pós-operatória por várias horas com a dose de 0,5-3 mcg/kg.**

Para cada cirurgia uma estratégia: cabeça e pescoço

	Bloqueio principal	Complemento
Tireoide, carótida	Plexo cervical superficial	Complemento no nível do ângulo do maxilar do ramo cervicofacial do VII par
Olho Segmento posterior Segmento anterior, conjuntivo	Peribulbar Tópico, subtenoniano	Estrabismo: peribulbar antálgico
Orelha	Nervos auriculotemporal, auricular magno	Infiltração do ramo auricular do nervo facial
Face	Nervo trigêmeo	Segundo as zonas, complementos com infiltrações dos ramos faciais do VII
	Bloqueio do mentoniano	Queixo, lábio inferior, dentes 31, 32, 33, 41, 42, 43
Nariz	Nervo nasociliar	Nervos infraorbital e supraorbital
Craniotomia	Em função da incisão e do fixador de Mayfield	Ver zonas de inervação cutâneas, infiltrações nos pontos de inserção ou bloqueio tronculares
Nevralgia de Arnold	Bloqueio do nervo occipital maior	Com ou sem localização guiada por ultrassonografia
Pálpebras superiores Pálpebras inferiores	Nervo supraorbital ou infraorbital	

Nervo trigêmeo: territórios sensitivos

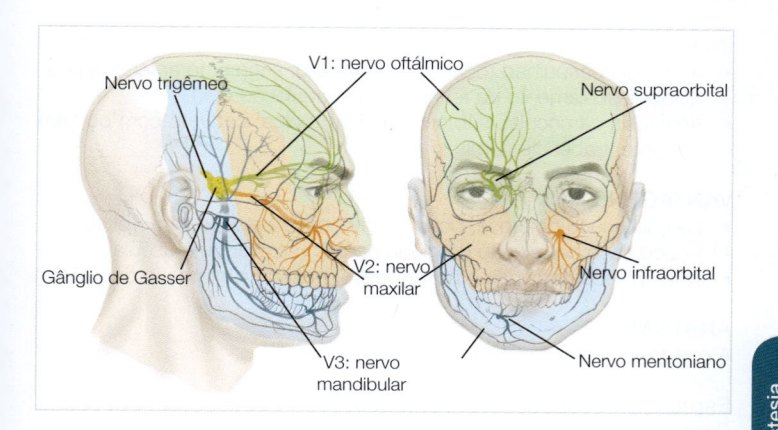

Nervo trigêmeo
V1: nervo oftálmico
Nervo supraorbital
Gânglio de Gasser
V2: nervo maxilar
Nervo infraorbital
V3: nervo mandibular
Nervo mentoniano

Anestesia locorregional

Anestesias peribulbar e caruncular

INDICAÇÕES
- Anestesia peribulbar: toda cirurgia do olho: segmento anterior e posterior (descolamento da retina, eletrocoagulação etc.).
- Anestesia caruncular, subtenoniana ou tópica: catarata com ou sem implante, trabeculectomia, pterígio.

VANTAGENS
- Injeção pouco dolorosa, pouco aumento da pressão intraorbital.
- Pouco risco de punção do globo ocular, vascular ou muscular.
- Não há risco de atingir o nervo óptico, nenhuma alteração da visão.

ANATOMIA
A cavidade orbital é dividida em duas partes.

Espaço retrobulbar ou intracônico
Centrado pelo nervo óptico, é delimitado pelos quatro músculos retos. Contém, além do nervo óptico, a artéria e as veias oftálmicas, os nervos oculomotores e abducente, o nervo nasociliar oriundo do V, o gânglio ciliar que inerva a córnea, a íris e o músculo ciliar.

Espaço peribulbar ou extracônico
- Espaço adiposo cercado pelas expansões aponeuróticas, é delimitado pelas paredes da órbita e pelo espaço intracônico. Contém os músculos oblíquos e levantador da pálpebra.

ANESTESIA PERIBULBAR: TÉCNICA
- Paciente em decúbito dorsal, cabeça reta no eixo, pálpebras fechadas.
- Acesso venoso em geral sem infusão.
- Observação por ECG por causa do risco de reflexo oculocardíaco.
- Atropina disponível durante a realização do bloqueio.
- Oxigênio sob os campos cirúrgicos durante a intervenção.
- Agulha de punção peribulbar de 30 mm de bisel curto, campo fenestrado.
- Desinfecção cutânea periocular com Betadine® oftalmológico.

Punção peribulbar inferior
- Realizada primeiro.
- Punção cutânea na borda inferior da órbita no ⅓ externo. O bisel da agulha permanece distante do globo, o que garante a posição peribulbar. Ela é introduzida a 30 mm no máximo na borda da órbita.
- Após um teste de aspiração, injeção lenta de 6-8 mL de AL. Contudo, a tensão do globo é o melhor critério do volume a ser injetado.

Punção peribulbar superior
- Não é indispensável. Pode ser realizada após verificação da qualidade do bloqueio obtido com uma única punção inferior.
- Punção realizada na borda superior da órbita, no ⅓ interno. A agulha é introduzida 20 mm no máximo perpendicular ao plano cutâneo.

- Teste de aspiração, injeção lenta de 6-8 mL de AL segundo a tensão ocular.

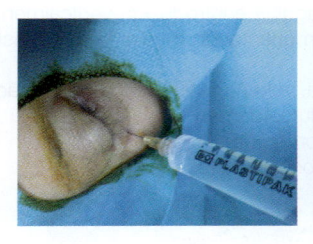 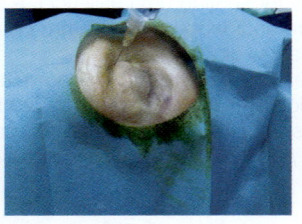

Precauções
- Após cada punção, antes da injeção, pede-se ao paciente para abrir as pálpebras e mobilizar o olho nas duas direções (dentro, fora). Esses movimentos não devem mobilizar a agulha.
- A injeção deve ser pouco sensível. Qualquer dor deve levantar a suspeita de uma punção do globo ocular e interromper a injeção.
- A mepivacaína ou a ropivacaína podem ser utilizadas.

Volume
- O volume total pode ser inferior a 10 mL.
- O volume máximo é determinado pela palpação regular do globo e pela sensação da distensão da órbita.
- O aparecimento de uma quemose não significa que o volume injetado tenha sido suficiente.

Compressão com balonete
- Uma compressa é colocada sobre as pálpebras e o balonete é posicionado sobre o olho. Pressão de 30 mmHg durante 10 min, no máximo.
- No 5º minuto, o balonete é retirado para verificar a qualidade da acinesia. Talvez seja necessário complementar com 5 mL e depois reinsuflar o balonete durante 5 min.

Solução anestésica local
- Injeção de mepivacaína 20 mg/mL se a duração da intervenção for < 60 min.
- A ropivacaína a 7,5 mg/mL oferece bloqueio e analgesia pós-operatória mais prolongada.

Complicações
Elas são excepcionais.
- Hematoma no ponto de punção, que pode se difundir em peribulbar. Prolongar por 5 min a compressão com o balonete.
- Risco pequeno de punção vascular ou muscular.
- Não se deve interromper a aspirina antes de uma anestesia peribulbar (APB).

Contraindicações
- Paciente agitado; tosse incontrolável; miopia significativa com diâmetro do globo > 30 mm ou estafiloma miópico; distúrbios da hemostasia.

ANESTESIA CARUNCULAR: TÉCNICA

- Punção realizada pela conjuntiva no nível do canto medial. Depois de ter sentido uma saliência, a agulha é introduzida verticalmente à profundidade de 15-20 mm com orientação medial para se distanciar do globo.
- Testes de aspiração; injeção lenta, volume 6-10 mL e compressão do globo 5-10 min (30 mmHg), produto: idem APB.
- Esta técnica pode ser utilizada como primeira escolha.
- *A priori*, menos risco de punção ocular + injeção única.

Anestesia locorregional

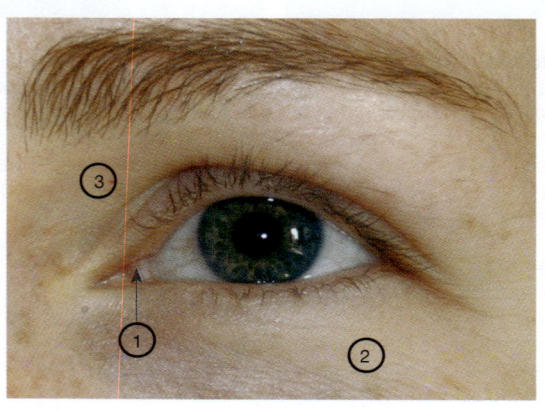

1: Caruncular medial
2: Ponto de punção inferotemporal
3: Ponto de punção superomedial

Bloqueio do nervo mentoniano

INDICAÇÕES
Na hemiface homolateral, para a anestesia obtida interessam:
- Lábio inferior, queixo.
- Mucosas labial e gengival.
- Incisivos, caninos e pré-molares inferiores (preferível pela via endobucal).

ANATOMIA
O nervo mentoniano é o ramo terminal do nervo alveolar, ramo do nervo mandibular (V3). Quando sai no nível do forame mentoniano, ele se divide em dois ramos terminais, os nervos mentoniano e incisivo (dentes).

REALIZAÇÃO
- Vias transcutâneas:
  - O nervo é facilmente localizado na ultrassonografia, abaixo da comissura labial: punção lateromedial, no plano sem penetrar no forame.
  - Às cegas: punção 1 cm acima e 1 cm para fora do forame mentoniano, situado no prumo do 1° pré-molar inferior, direção para baixo e para dentro, sem penetrar no canal.
- Via endobucal: no ápice do 1° pré-molar embaixo com a ponta da agulha na direção do forame.
- O bloqueio pode ser realizado dos dois lados.

VOLUMES E SOLUÇÕES
- Bastam 2 mL de anestésico local para cada lado.
- As soluções com epinefrina serão discutidas por causa da vascularização de tipo terminal.
- Dependendo das indicações, a escolha será a lidocaína ou a mepivacaína, a ropivacaína ou a levobupivacaína.

PARTICULARIDADES E CONTRAINDICAÇÕES
- Um bloqueio bilateral é frequentemente necessário.
- Nenhuma contraindicação específica.
- O bloqueio completo do maxilar inferior é impossível por este acesso.

COMPLICAÇÕES
- Traumatismo direto do nervo pela agulha, que é mais frequente quando do esta penetra o canal e desencadeia parestesia.

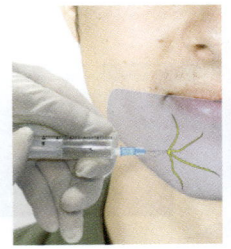 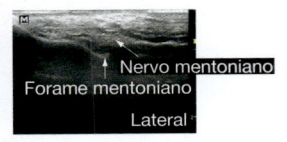

Bloqueio do nervo mentoniano: pontos de referência de punção e território bloqueado.

Bloqueio do nervo infraorbital

ANATOMIA
O nervo infraorbital é um ramo terminal do nervo maxilar (V2), que emerge no nível do forame infraorbital.

PONTOS DE REFERÊNCIA
Busca-se o forame infraorbital pela:
- Via transcutânea:
  - O ponto de punção situa-se na intersecção de duas linhas que se cruzam: uma linha que passa pela pupila centrada e outra que passa sobre a parte mais elevada da asa do nariz, cerca de 2-3 cm abaixo do rebordo orbital inferior e 2 cm do nariz.
  - Na ultrassonografia, o forame é identificado como uma lacuna óssea, cerca de 1 cm abaixo do rebordo orbital.
- Via endobucal no ápice da fossa canina.

INDICAÇÕES
- Bloqueio pela via transcutânea: cirurgia cutânea da região infraorbital. Para a cirurgia do lábio superior, o bloqueio deve ser bilateral.
- Bloqueio por via endobucal: cirurgia dentária e do seio da face.

TÉCNICA
- Via transcutânea: a agulha (25 mm, bisel curto) é direcionada para o ângulo lateral do olho, de modo levemente ascendente.
- Guiada por ultrassonografia: punção lateromedial no plano e na direção do forame.
- Via endobucal: punção ascendente, na fossa canina na direção do forame infraorbital, sem penetrá-lo.

VOLUME E SOLUÇÃO
- Bastam 2 mL de anestésico local, sem epinefrina.
- Lidocaína ou mepivacaína 1%. Ropivacaína ou levobupivacaína para uma analgesia prolongada.

COMPLICAÇÕES
Excepcionais:
- Traumatismo nervoso durante a punção.
- Hematoma por punção dos vasos infraorbitais.

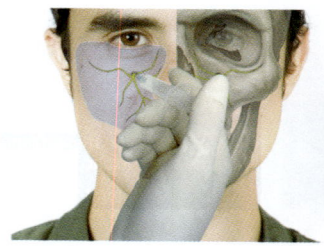
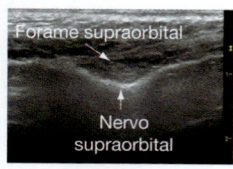

Bloqueio do nervo infraorbital: pontos de referência de punção e território bloqueado.

Bloqueio do nervo frontal

INDICAÇÕES

Anestesia e analgesia cutânea para a cirurgia da fronte, das pálpebras e da raiz do nariz.

Para a cirurgia da parte mediana da fronte e da raiz do nariz, o bloqueio deve ser bilateral.

ANATOMIA

O nervo frontal, ramo terminal do V1, inerva a pálpebra superior e a hemifronte até a sutura coronal.

Divide-se em três ramos:

- Nervo supratroclear: ramo mais interno.
- Nervo supraorbital medial.
- Nervo supraorbital lateral.

É acompanhado pelo nervo nasociliar (ou nervo nasal externo) que participa da inervação da punção medial da pálpebra superior (da carúncula e do saco lacrimal) e dos tegumentos da raiz do nariz.

REALIZAÇÃO

- Na ultrassonografia, o ou os forames do nervo aparecem como uma ou duas lacunas ósseas na borda medial do rebordo orbital. Encontra-se com frequência uma arteríola que acompanha o nervo. A punção é realizada no plano, a agulha não deve penetrar no forame.
- Bloqueio do nervo supratroclear: o nervo situa-se no nível da incisura supraorbital, palpado como um entalhe ósseo sobre a borda superomedial da órbita, na proximidade do nariz.
- Bloqueios dos nervos supraorbitais (medial e lateral): os nervos se situam no nível do rebordo orbital superior, no nível do forame supraorbital, no prumo da pupila centrada. Para bloqueá-los, coloca-se o dedo sobre o forame supraorbital, introduz-se a agulha 0,5 cm sob o rebordo da sobrancelha em direção ao forame sem penetrá-lo.

MATERIAL, VOLUME E SOLUÇÃO

- Agulha de bisel curto 25G de 25 mm para a anestesia peribulbar.
- Os volumes variam de 2-3 mL para cada nervo de cada lado, o que significa 10 mL para um bloqueio bilateral.
- A lidocaína (ou mepivacaína 1%) normalmente oferece bloqueio suficiente.
- A ropivacaína ou a levobupivacaína oferecem analgesia mais prolongada.
- As soluções com epinefrina não são recomendadas.

COMPLICAÇÕES

Ptose transitória por difusão para o músculo orbicular.

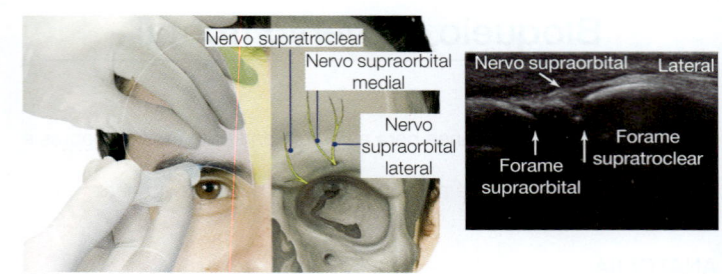

Crédito: Patrick J. Lynch, ilustração médica;
C. Carl Jaffe, MD, cardiologista.

Bloqueio do nervo supraorbital: pontos de referência de punção e territórios bloqueados.

Anestesia
locorregional

Bloqueio do nervo maxilar – V2

ANATOMIA
O nervo maxilar, ramo médio do trigêmeo, V2, inerva a parte média do rosto:
- Nervo pterigopalatino: véu do palato e abóboda palatina.
- Nervos alveolares superiores: maxilar superior e dentes.
- Nervos zigomático temporal e zigomático facial: face anterolateral da fronte e da face.
- Nervo infraorbital: a pálpebra inferior, a parte medial da bochecha, o hemilábio superior e a parte posterior das fossas nasais.

INDICAÇÕES
- Cirurgia maxilar e nasopalatina.
- Dores crônicas.
- Contraindicado em caso de tratamento anticoagulante ou antiplaquetário.

TÉCNICA
- Buscar o forame redondo por via transcutânea, que se encontra no fundo da fossa pterigomaxilar.
- Puncionar perpendicularmente no nível do ângulo formado pela borda externa da órbita e da apófise zigomática.
- Avançar a agulha até o contato ósseo (crista esfenotemporal), em seguida reorientá-la em direção caudal e posterior.
- O fundo da fossa pterigomaxilar encontra-se a 4 cm de profundidade, 5 mm sob o forame redondo.
- A neuroestimulação sensitiva provoca disestesias no território de inervação.
- É possível o posicionamento de um cateter.
- O bloqueio é possível com localização guiada por ultrassonografia (somente localização dos vasos).

VOLUMES E SOLUÇÕES INJETADAS
- Agulha de 50 mm de bisel curto.
- Anestésico local: 5-10 mL. As soluções com epinefrina estão autorizadas.
- Neuroestimulador para provocar disestesias.

COMPLICAÇÕES
- Trismo por traumatismo muscular.
- Risco de penetração acidental na órbita ou no crânio.

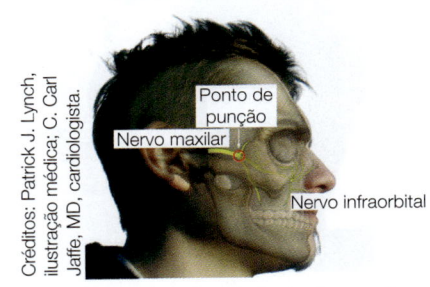

Créditos: Patrick J. Lynch, ilustração médica; C. Carl Jaffe, MD, cardiologista.

Bloqueio do nervo maxilar: pontos de referência de punção

Bloqueio do nervo mandibular – V3

ANATOMIA
O nervo mandibular, ramo inferior do trigêmeo, V3, é um nervo misto, sensitivo motor.
Sai do crânio no nível do forame oval e se divide em quatro ramos:
- Ramo bucal: pele e mucosa da bochecha.
- Nervo auriculotemporal: região temporal, parte anterior do pavilhão da orelha e do conduto auditivo.
- Nervo alveolar inferior: maxilar inferior.
- Nervo lingual (motor): ⅔ anteriores da língua e assoalho da boca.

INDICAÇÕES
- Cirurgia cutânea da parte inferior da bochecha.
- Analgesia na cirurgia mandibular e do assoalho da boca.
- Dor crônica no território V3.

TÉCNICA
- A punção é realizada no nível da depressão entre o processo coronoide e o processo condilar, exatamente sob a arcada zigomática.
- Localização óssea estrita associada à neuroestimulação. A resposta motora é observada sobre a língua. A agulha é introduzida perpendicularmente ao plano cutâneo. À profundidade de 3 cm, esbarra na apófise pterigoide. É então reorientada para cima e para trás e vem sob o forame oval onde é realizada a injeção depois dos testes de aspiração.
- É possível posicionar um cateter para a analgesia pós-operatória.
- A ultrassonografia não é útil para este bloqueio.

MATERIAL, VOLUME E SOLUÇÃO
- Neuroestimulação com agulha de 50 mm de bisel curto.
- São suficientes 5-10 mL de anestésico local.
- Injeções fracionadas mL por mL, com testes de aspiração mL por mL.

COMPLICAÇÕES
- Paresia facial transitória por difusão e punção da artéria maxilar.

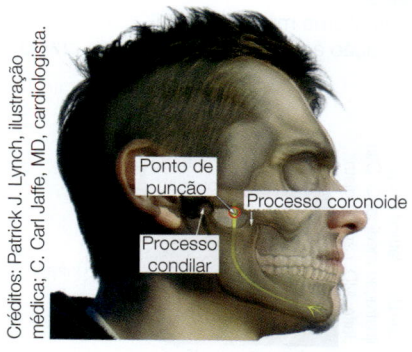

Créditos: Patrick J. Lynch, ilustração médica; C. Carl Jaffe, MD, cardiologista.

Bloqueio do nervo mandibular: pontos de referência de punção.

Bloqueio do plexo cervical superficial

INDICAÇÕES
- Cirurgia da carótida, associando bloqueio cervical intermediário e bloqueio do ramo maxilar do V. A principal vantagem é manter o paciente acordado para a observação neurológica.
- Cirurgia de pequeno porte da região cervical.
- Cirurgia da tireoide ou da paratireoide unida ou bilateral.
- Dores crônicas, anestesia local para acessos vasculares.

ANATOMIA
O plexo cervical é formado pelos ramos anteriores dos quatro primeiros nervos cervicais que são religados entre eles pelas alças, que são ramos anastomóticos que cada raiz envia à raiz subjacente. De C1 a C2, alça do atlas; de C2 a C3, alça do áxis; de C3 a C4, 3ª alça. Divide-se em duas partes: o plexo cervical profundo e o plexo cervical superficial.

Plexo cervical profundo
O plexo cervical profundo é constituído pelos nervos motores dos músculos do pescoço, cujo ramo descendente liga-se ao nervo hipoglosso por meio de anastomose, e o nervo frênico (C4 ± C3 ou C5, nervo misto).

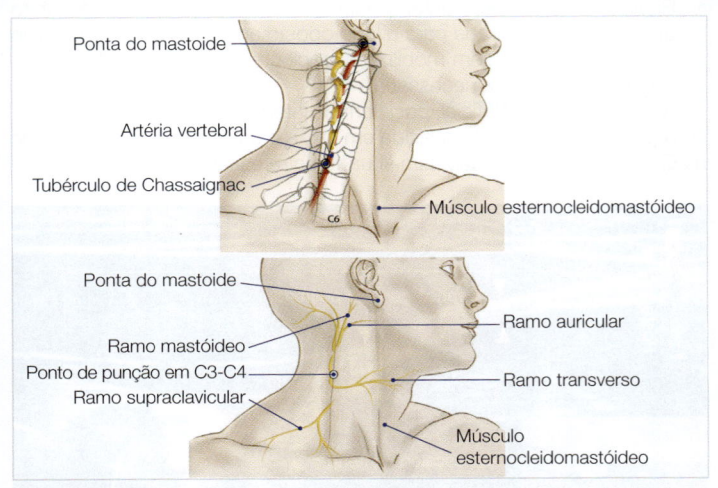

Bloqueio do plexo cervical profundo e superficial: ponto de referência para punção.

Plexo cervical superficial
Constituído por quatro ramos (mastóideo, auricular, transverso, supraclavicular) sensitivos cutâneos cervicoclaviculares. Tornam-se superficiais por trás da borda posterior do ECM.

TÉCNICA
São descritas apenas as técnicas com localização guiada por ultrassonografia.

- Cardioscopia, oxímetro de pulso, acesso venoso. Material de reanimação disponível.
- Paciente em decúbito dorsal, a cabeça esticada virada para o lado oposto ao da punção.

Bloqueio do plexo cervical profundo

- A técnica é a mesma para a do bloqueio interescalênico, dois ou três espaços mais cefálico.
- Localiza-se o nível da vértebra C4, pela bifurcação da carótida, e localiza-se pela ultrassonografia a imagem da raiz C4 ou da raiz subjacente C3 atrás do músculo longo da cabeça (equivalente ao escaleno anterior), medial ao músculo ECM.
- Injeção lenta e fracionada de 10 mL da solução escolhida.

Bloqueio do plexo cervical "intermediário" com localização guiada por ultrassonografia

- O objetivo é injetar o anestésico local no espaço cervical posterior, espaço virtual delimitado pela fáscia cervical, atrás da aponeurose profunda do músculo ECM e na frente das aponeuroses dos músculos do pescoço (escalenos, longo da cabeça, longo do pescoço etc.).
- Na maioria dos casos, o bloqueio é realizado com o paciente em decúbito lateral, para uma punção posteroanterior.
- Realiza-se um acesso anteroposterior, com o paciente em decúbito dorsal, a cabeça virada para o lado oposto ao da punção. O bloqueio bilateral é possível sem mobilizar o paciente. É realizado sob anestesia geral, se esta for necessária.

  A sonda linear superficial, posicionada lateralmente no nível do pescoço busca a bifurcação da carótida em C4, e o tubérculo de Chassaignac na C6. O ponto de punção está situado entre essas duas referências.

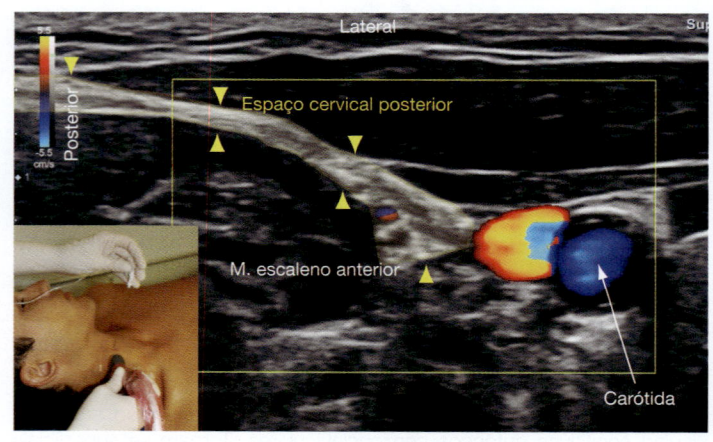

Bloqueio do plexo cervical posterior: espaço cervical posterior.

- A punção é realizada no plano. A agulha ecogênica atravessa o músculo ECM para se posicionar no espaço cervical posterior.
- A técnica de hidrolocalização permite delimitar o local da injeção.

- A injeção de 15 mL disseca o espaço que se abre facilmente.

Caso se deseje centrar o bloqueio nos ramos com destinos posteriores, utiliza-se um acesso posterior em busca especificamente dos ramos mastóideo e auricular, atrás da borda posterior do músculo ECM. Esses ramos podem ser especificamente bloqueados com pequenos volumes, 3-4 mL da solução escolhida.

COMPLICAÇÕES
Injeção intravascular
- Na artéria vertebral ou na carótida, pode ser prevenida pela localização guiada por ultrassonografia e pelos testes de aspiração repetidos.

Injeção subaracnóidea ou peridural
- Prevenidas pela direção caudal da agulha que não deve ser introduzida muito profundamente, pelos repetidos testes de aspiração e pelo fracionamento das doses.

Bloqueio do nervo frênico
- Favorecido pelos volumes excessivos.
- Reduzido pelo emprego de soluções diluídas (efeitos motores limitados).

Bloqueio dos nervos vago e hipoglosso maior
- Mais teóricos do que reais.
- Favorecido pelos volumes demasiado importantes.
- Taquicardia, distúrbios da deglutição e da fonação.

Bloqueios nervosos do escalpo

INDICAÇÕES

Analgesias cutânea, subcutânea e óssea para as cirurgias do escalpo e intracraniana supratentorial.

Se a incisão passa próxima à linha mediana, também é necessário bloquear o nervo contralateral.

- O que é doloroso na cirurgia intracraniana: a pele, o tecido subcutâneo, os músculos faciais, o periósteo, a tábua externa do osso do crânio.
- O que pode ser doloroso: a dura-máter, as trações meníngeas, a região talâmica.
- O que não é doloroso na cirurgia intracraniana: a díploe, a tábua interna, o parênquima cerebral.

A colocação do fixador de Mayfield é muito dolorosa, responsável por picos hipertensivos, às vezes deletérios na cirurgia intracraniana; a ALR bloqueia essa hipertensão reflexa.

ANATOMIA

Quase toda a inervação sensitiva cutânea da face depende do nervo trigêmeo (V) com os três ramos V1, V2 e V3:

- V1 inerva a parte anterior e mediana da fronte até o prumo dos olhos, pelo nervo supratroclear e os nervos supraorbitais, pelos ramos terminais do nervo frontal (ver *Bloqueio do nervo frontal*).
- V2 inerva a face anterior e lateral da fronte pelo ramo zigomaticotemporal do nervo zigomático.
- V3 é responsável pela sensibilidade cutânea da têmpora e a face lateral do crânio pelo ramo auriculotemporal.
- O nervo facial assegura a inervação sensitiva da região periauricular e da concha da orelha.
- As partes superior e posterior do crânio são inervadas pelos ramos dorsais de CII e CIII.
- O topo do crânio até uma linha horizontal que passa pelo alto das hélices é inervado pelo nervo occipital maior (nervo de Arnold), ramo do ramo dorsal de CII.
- A parte debaixo dessa linha até o topo da nuca, descendo lateralmente até abaixo do queixo para a frente, para a parte mediana e posterior a sensibilidade provém do nervo terceiro occipital, e para as faces laterais ela depende do nervo occipital menor.

REALIZAÇÃO

Todos esses nervos podem ser bloqueados por uma série de quatro infiltrações adequadas à cirurgia prevista. Contudo, a ultrassonografia permite melhorar o procedimento; é necessária uma sonda de altíssima frequência (18 MHz).

- Bloqueio do nervo supratroclear e dos nervos supraorbitais (medial e lateral): introdução da agulha 1 cm acima do forame supraorbital, no prumo do canto medial do olho. Infiltração de medial a lateral, acima e ao longo da sobrancelha (zona de infiltração nº 4). Na ultrassonografia, localização do ou dos forames supraorbitais: injeção na proximidade dos nervos.

- Bloqueio do nervo zigomaticotemporal: infiltração profunda, 2 cm para fora e 1 cm acima da fenda palpebral (zona de infiltração nº 3).
- Não há localização guiada por ultrassonografia.
- Bloqueio do nervo auriculotemporal: injetando-se em leque a solução anestésica 1,5 cm para frente e 1 cm acima do trago, a fim de evitar a artéria temporal, a articulação temporomandibular e o nervo facial do nariz (zona de infiltração nº 2).
- Na ultrassonografia, o nervo é localizado atrás da artéria temporal superficial, a menos de 1 cm de profundidade.
- Bloqueio dos ramos auriculares posteriores dos nervos auriculares magnos: 1,5-2 cm atrás da orelha na altura do trago, no nível da apófise mastoide.
- Na ultrassonografia, os nervos são localizados na borda posterior do músculo ECM.
- Bloqueio dos nervos occipital menor, occipital maior (nervo de Arnold) e 3º occipital: a artéria occipital encontra-se a meia distância entre o processo mastoide e a protuberância occipital, no nível da linha nucal superior que une o processo mastoide à protuberância occipital superior. Os nervos se encontram de cada lado da artéria occipital (zona de infiltração nº 1: ao longo da linha nucal superior).

À ultrassonografia, os nervos são localizados de cada lado da artéria occipital.

MATERIAL, VOLUME E SOLUÇÃO
- Agulha de bisel curto 25G de 25 mm para a anestesia peribulbar ou agulha ecogênica se o bloqueio for guiado por ultrassonografia.
- A ropivacaína ou a levobupivacaína permitem a analgesia prolongada.
- Para os bloqueios dos nervos do escalpo associados à infiltração cirúrgica com epinefrina, os produtos e as doses propostas são:
  1. Bloqueio do escalpo: utilizar levobupivacaína 5 mg/mL com dose máx. de 1,5 mg/kg.
  2. Infiltração cirúrgica da zona de incisão: utilizar lidocaína 0,5% com epinefrina + (5 mg/mL) com dose máx. de 3 mg/kg.

COMPLICAÇÕES
- Ptose transitória por difusão para o músculo orbicular no bloqueio do nervo frontal.
- Punções das artérias temporais e occipitais, sem consequências em caso de hemostase por compressão.
- Risco de lesão do nervo facial durante o bloqueio auriculotemporal.

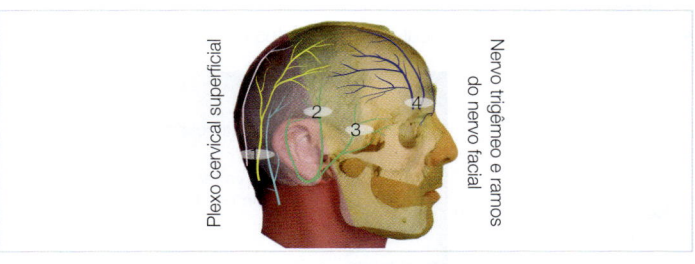

Inervação sensitiva do escalpo e técnica de bloqueio simplificada segundo Costello e Cormack, adaptada por P. Zetlaoui.

Bloqueio do pavilhão da orelha

INDICAÇÕES
Anestesia e analgesia pós-operatória para a cirurgia do pavilhão da orelha.

ANATOMIA
- A inervação sensitiva do pavilhão auricular é complexa, dependente do:
  - Nervo auricular magno oriundo do plexo cervical superficial,
  - Nervo auriculotemporal ramo do V3.
  - Ramo auricular do VII (zona de Ramsay-Hunt).
- Por outro lado, a inervação reflexa pelo X é segura no nível da concha.

Risco
As soluções com epinefrina são contraindicadas.

TÉCNICA
Infiltrações
- Infiltração subcutânea fazendo a volta da orelha ou limitada às áreas em questão.
- O ramo auricular do nervo facial não é *a priori* localizável na ultrassonografia.

Com localização guiada por ultrassonografia
A ultrassonografia permite localizar certos nervos.
- O nervo auriculotemporal é localizado na borda anterior do pavilhão, bem atrás da artéria temporal superficial (Doppler), menos de 10 mm sob a pele.
- O nervo auricular magno (ramo do plexo cervical superficial) é localizável atrás ou na borda posterior do ECM, perto do nível do ângulo do maxilar. É levemente caudal ao nervo occipital menor, que se torna subcutâneo na mesma região. É também responsável pela inervação sensitiva do ângulo do maxilar.
- O nervo occipital menor, cuja participação é inconstante, é localizável na borda posterior do ECM, cefálico ao nervo auricular magno.
- Esses dois nervos podem ser bloqueados abaixo do ECM ou no nível da borda posterior quando emergem.

MATERIAL, VOLUME E SOLUÇÃO
- Agulha de 50 mm de bisel curto, ecogênica para localização com a ultrassonografia.
- 3-5 mL de anestésico local são suficientes para cada nervo.

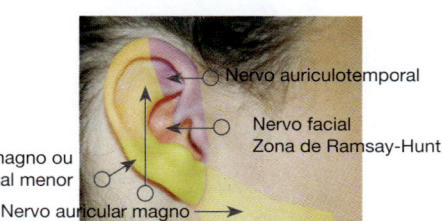

Bloqueio do pavilhão da orelha: pontos de punção (O) e zonas de inervação.

Obstetrícia

SUMÁRIO

Fisiologia da gestação

MODIFICAÇÕES MATERNAS
Modificações cardiovasculares

Parâmetros	Antes da gestação	Durante a gestação	No parto
Débito cardíaco (L/min)	4-5	6 (+ 30-50%)	+ 60%
VES (mL)/volume sanguíneo	65	72 (+ 30-50%)	+ 300 mL (contrações)
Frequência cardíaca	70	85 (+ 17%)	Aumenta em caso de dor
PAS/PAD (mmHg)	110/80	105/70 (−5/−10)	
RVS (dyne.s/cm^{-5})	1.600	1.000	
RVP (dyne.s/cm^{-5})	119	78 (− 21%)	
POAP (mmHg)	6,3	7,5	
PVC (mmHg)	3,7	3,6	
Osmolaridade (mOsm/L)	287	272 (− 5-10 mOsm/L)	
Renina plasmática (pg/mL)	16	41	
Peptídeo α-natriurético (pmol/L)	54	30	
Volume plasmático (mL)	2.500	3.800 (+ 50%)	
Volume globular (mL)	1.500	1.800 (+ 15-20%)	

Exame clínico ao longo da gestação normal
Hiperventilação, fatigabilidade Edemas periféricos, palpitações Pulsos periféricos e veias jugulares pulsáteis Auscultação cardíaca: hiperfonese de B1, B3, sopro mesossistólico de hiperfluxo pulmonar Crepitações nas bases que desaparecem com a inspiração profunda
Eletrocardiograma (ECG)
Taquicardia sinusal Eixo esquerdo, QRS inalterado PR curto, QT curto, onda Q e onda T invertidas em DIII ESA ou ESV ocasionais
Ultrassonografia cardíaca
Regurgitação tricúspide, pulmonar, mitral DTDVE aumentado em 14% HVE relativo Derrame pericárdico

Modificações respiratórias

Edema das VAS	Risco de intubação traqueal difícil x 8
Volume mamário aumentado	Consumo de O_2 aumentado (+ 20%)
Ganho de peso	CRF diminuída (– 20%) Hiperventilação Vt + 40%
Elevação do diafragma	Alcalose respiratória compensada: PCO_2 = 30 mmHg (– 8-10 mmHg) $[HCO_3-]$ plasmático = 19-20 mEq/L (– 4-5 mmol/L)
Diminuição do esvaziamento gástrico	Risco de inalação aumentado
Cardia incontinente, refluxo gastroesofágico (RGE)	

Radiografia pulmonar
Cardiomegalia relativa Elevação diafragmática Horizontalização e desvio da silhueta cardíaca para a esquerda Hipervascularização pulmonar

Consequências: baixas reservas de O_2: pré-oxigenação 8 CV a FiO_2 1

Modificações renais
- Aumento do volume dos rins com ligeira dilatação das vias excretoras.

Uma particularidade: a síndrome de compressão da veia cava
- Em decúbito dorsal, o útero é um obstáculo ao retorno venoso. O débito cardíaco pode cair em 30-40%, com bradicardia, hipotensão arterial ou colapso. Esta síndrome aparece a partir de 20-22 semanas de amenorreia (SA) e aumenta com o tamanho do útero (gestações múltiplas, hidrâmnios). O decúbito lateral esquerdo a 10/15° para retirar a compressão cava é o 1° procedimento em caso de colapso.

Dificuldades técnicas ligadas à gestação
- Risco de inalação: "estômago cheio" > 20 SA e tônus do esfíncter esofágico reduzido.
- Anti-H2; ranitidina 300 mg, 2 comprimidos efervescentes (ou seja, 600 mg).
- Preferir ALR ++.
- Se AG: intubação em sequência rápida com manobra de Sellick.
- Risco de punção peridural difícil.
- Espaço peridural reduzido pela turgescência venosa (aumento do risco de punção vascular).
- Hiperfrouxidão ligamentar e dos tecidos moles (risco de perfuração da dura).

Obstetrícia

Aumento da sensibilidade aos produtos anestésicos

- Hipnóticos intravenosos e opioides (reduzir as doses em 30%).
- Halogenados (CAM reduzida em 30%, manter < 0,6 CAM porque há risco de atonia uterina).
- Anestésicos locais (reduzir as doses em 25%).

Modificações biológicas

Exames biológicos e gestação	
Hemoglobina	Normal = 11 g/dL a partir do 2º trimestre (anemia diluição, nadir por volta de 34 SA)
Leucócitos	Normal = 12.000/mm^3 a partir do 2º trimestre (podendo alcançar 20.000/mm^3 no trabalho de parto)
Plaquetas	Trombocitopenia fisiológica frequente (8%) Moderada ($\approx$ 100.000) sem risco hemorrágico materno ou fetal neonatal
Cofatores VII, VIII, IX, X	Variações = + 20 a + 80%
Fibrinogênios	(+ de 100-200%) Normal = 4 g/L em média no final (mini no fim da gestação = 2,5 g/L)
Proteína S	Diminuição = hipercoagulabilidade
Albuminemia	Variação = −10 g/L por hemodiluição
Ureia sanguínea	Normal = 2-3 mmol/L
Creatininemia	Normal = 50-60 mcgmol/L

REPERCUSSÃO FETAL: SEM AUTORREGULAÇÃO VASCULAR PLACENTÁRIA

- O feto é diretamente sensível à hipotensão materna, à hipoxemia, à hipo e à hipercapnia e à hipoglicemia. Em caso de acidose fetal (hipoxemia), o fenômeno de *trapping* iônico é responsável por um acúmulo sobre a vertente fetal dos produtos básicos (anestésicos locais), com risco de toxicidade aumentado.

EXAMES RADIOLÓGICOS
Precauções

- **Nenhum exame radiológico é contraindicado durante a gestação, depois de a relação risco/benefício ter sido avaliada.** As doses utilizadas devem permanecer < 50 mGy. A cavidade pélvica deve ser protegida por um avental de chumbo. O risco fetal é real para uma irradiação > 100 mGy (para além deste valor, aconselha-se, na França, a interrupção da gestação). Entre os isótopos, o tecnécio 99 passa a barreira fetomaterna, mas não representa problema de irradiação. A tireoide fetal é funcional a partir da 20ª semana. Os produtos de contraste iodados acarretam risco de hipotireoidismo fetal para além de 28 semanas de amenorreia: esta deve ser investigada ao nascimento por uma dosagem sistemática de T3, T4, TSH. Não há risco de hipotireoidismo se a injeção de iodo for inferior a 60 mL.

Irradiação induzida pelos exames radiológicos e isótopos	
Radiografia de tórax	< 0,01 mGy
Cintilografia pulmonar:	
▪ Infusão	0,1-0,2 mGy
▪ Ventilação	0,1 mGy
Tomografia helicoidal:	
▪ 1° trimestre	3-20 mcGy
▪ 2° trimestre	8-80 mcGy
▪ 3° trimestre	50-130 mcGy
Angiotomografia pulmonar por via braquial, por incidência	0,1 mcGy

Pré-medicação e jejum em obstetrícia

PARTO VAGINAL
- Trabalho eutócico e analgesia peridural eficaz: líquidos claros sem resíduos à vontade.
- Em caso de risco de cesariana ou na ausência de cateter peridural (contraindicado ou ainda não sugerido): JEJUM ESTRITO.

CESARIANA
- Pré-medicação: ranitidina efervescente 2 cps de 300 mg em 30 mL de água.
- Cesariana agendada = cirurgia agendada (ver *Jejum pré-operatório*):
  - JEJUM para sólidos = 6 h.
  - JEJUM para líquidos claros = 2 h.
- Cesariana semiurgente = cirurgia de emergência (ver *Jejum pré-operatório*).

IVG: CIRURGIA MARCADA
(Ver *Jejum pré-operatório*.)
- Se término > 12 SA, obesidade ou diabete: pré-medicação com ranitidina efervescente de 300 mg em 30 mL de água.
- **Pensar em Ig anti-D se a mãe for Rh-.**

GRAVIDEZ EXTRAUTERINA: CIRURGIA DE EMERGÊNCIA
(Ver *Jejum pré-operatório*.)
- INDUÇÃO EM SEQUÊNCIA RÁPIDA.
- Pré-medicação: ranitidina efervescente 2 cps de 300 mg em 30 mL de água.

FECUNDAÇÃO *IN VITRO* = CIRURGIA AGENDADA
(Ver *Jejum pré-operatório*.)

LEMBRETE DAS REGRAS DO JEJUM PRÉ-OPERATÓRIO
- **Líquidos claros sem resíduos = água sem gás, suco de fruta sem polpa, energéticos, água + bebida açucarada, chá, infusão, café adoçado ou não (sem leite): H-2.**
- **JEJUM ESTRITO: nenhum sólido, líquidos, balas, chicletes: H-6.**
- A ultrassonografia gástrica (medir a superfície antral) pode ser útil. *A priori*, são os mesmos valores fora da gestação (ver *Anestesia e estômago cheio*).

Exames de sangue ao longo da gestação

- Realizar a consulta pré-anestésica no início do 3º trimestre em caso de gestação normal.
- A contagem plaquetária realizada no 6º mês de gestação e a posição da placenta (risco hemorrágico) devem ser anotadas.
- **Antes da realização de uma ALR perimedular**: nenhuma avaliação sistemática de hemostasia (TQ, TTPA, fibrinogênio, contagem plaquetária) em caso de gestação normal e na ausência de elemento (questionário e exame clínico) a favor de uma anomalia da hemostasia (Recommandation Formalisée d'Experts da Société Française de Anesthésie et Réanimation – RFE SFAR 2011).

	TP (TQ), TTPA Fibrinogênio Hemograma completo	Grupo sanguíneo	Pesquisa de anticorpos irregulares (PAI)
Decreto de 92-143 de 14/02/1992	Hemograma completo no 6º mês (30-32 SA)	10 SA: 2 determinações Rh, Kell	- Se Rh- ou Rh+ com antecedentes de transfusão: PAI no 6º, 8º, 9º mês - Se Rh+ sem antecedentes: PAI no 3º e no 8º ou 9º mês
RFE SFAR 2011	Nenhum exame de sangue	2 determinações disponíveis na sala de parto	PAI < 1 mês PAI < 3d se FDR

- A avaliação da hemostasia justifica-se diante da presença de fatores de risco hemorrágico:
  - Antecedentes de hemorragia pós-parto.
  - Síndrome HELLP.
  - Hematoma retroplacentário.
  - Morte fetal intraútero.
  - Anomalias de inserção placentária.
  - Gestação gemelar.
  - Corioamnionite.
  - Distúrbio de hemostasia conhecido.
  - Cesariana agendada.

Obstetrícia

Anticoagulação e gestação

RISCO DE DOENÇA TROMBOEMBÓLICA VENOSA (DTEV) E TROMBOPROFILAXIA

- Em relação ao risco tromboembólico, o exame clínico (antecedente pessoal de DTEV) prima sobre a biologia (avaliação de trombofilia).

	Fatores de risco	Tromboprofilaxia durante a gestação	Tromboprofilaxia pós-parto
Risco alto	• Tratamento anticoagulante e terapêutica por toda a vida • Antecedente de DTEV múltiplos	• Compressão elástica + continuação do tratamento terapêutico com HBPM (tinzaparina 1 inj/d ou enoxaparina 2 inj/d) como pré-concepcional ou • Troca por AVK-HBPM antes de 8 SA e depois retomada dos AVK de 12-35 SA, em seguida HBPM > 35 SA	Retomada do tratamento anterior à gestação
Risco alto	• Todo antecedente pessoal de DTEV (exceto pós-cirurgia de grande porte) • Síndrome de hiperestimulação ovariana no 1° trimestre	• Compressão elástica + • HBPM em dose profilática: enoxaparina 40 mg/d toda a gestação (para a síndrome de hiperestimulação ovariana) ou a partir da 28 SA	Enoxaparina: 40 mg/d 6-8 semanas
Risco intermediário	• Antecedente de DTEV pós-cirurgia de grande porte • Trombofilia grave* sem antecedente de DTEV • > 1 fator de risco maior* • ≥ 3 fatores de risco menores* • Cirurgia de grande porte no decorrer da gestação (p. ex., apendicectomia)	• Compressão elástica + • Discutir HBPM profilática: enoxaparina 40 mg/d a partir de 28 SA	Compressão elástica + Enoxaparina 40 mg/d 4-6 semanas A duração pode ser reduzida (7-10 d) segundo os fatores de risco ± persistentes
Risco baixo	• Trombofilia menor** sem antecedente de DTEV • < 3 fatores de risco menor	Não	Compressão elástica

Tromboprofilaxia pós-cesariana	
Cesariana agendada + 0 ou 1 fator de risco menores$^{\infty}$	Compressão elástica
Cesariana agendada + 2 ou mais fatores de risco menor$^{\infty}$ Cesariana agendada + 1 ou mais fatores de risco maior$^{\circ}$ Cesariana e cirurgia pélvica de grande porte (p. ex., ligaduras vasculares, fibroma)	Compressão elástica + Enoxaparina 40 mg/d 7-10 d Cesariana de emergência sem FDR Cesariana de emergência + 1 (ou mais) FDR menor
Cesariana e trombofilia ou outros casos: ver tabela *Tromboprofilaxia pós-parto*	

* **Trombofilia maior**: deficiência em antitrombina, síndrome dos antifosfolipídeos, deficiência em proteína C ou proteína S, mutação homozigota isolada do fator V de Leiden ou 20210A do gene *fator II*, anomalias heterozigotas combinadas (sobretudo fator V de Leiden heterozigoto+ mutação 20210A do gene *fator II*).

** **Trombofilia menor**: estatuto heterozigoto isolado: fator V de Leiden heterozigoto, ou mutação heterozigótica 20210A do gene *fator II*.

$^{\circ}$ **Fatores de risco maiores**: câncer, insuficiência cardíaca, lúpus em atividade, poliartrite reumatoide ou doenças inflamatórias crônicas do intestino em atividade, síndrome nefrótica, diabete tipo 1 + nefropatia, drepanocitose sintomática, IMC > 40 no início de gestação, hiperêmese gravídica.

$^{\infty}$ **Fatores de risco menores**: cesariana, idade > 35 anos, obesidade (IMC > 30 no início da gestação), varizes, tabagismo ativo, multiparidade > 3, pré-eclâmpsia, repouso estrito prolongado, hemorragia do pós-parto grave > 1 L, gestação múltipla, trombofilia menor, antecedente familiar 1º grau de DTEV espontânea ou sob anticoncepcional oral combinado.

NB: utilizar uma compressão elástica de classe 2.

Obstetrícia

Situações particulares
Adequação da dose de HBPM profilática no obeso

Peso da paciente	Enoxaparina	Dalteparina	Tinzaparina
< 50 kg	20 mg/d	2.500 UI/d	3.500 UI/d
50-90 kg	40 mg/d	5.000 UI/d	4.500 UI/d
91-130 kg	60 mg/d*	7.500 UI/d	7.000 UI/d*
131-170 kg	80 mg/d*	10.000 UI/d	9.000 UI/d*
> 170 kg	0,6 mg/kg/d*	75 UI/kg/d	75 UI/kg UI/d*

* A dose pode ser dada em duas injeções.

Aleitamento e anticoagulante
- Possível sem problemas com as HBPM (tinzaparina, dalteparina, enoxaparina) e HNF.
- Sob condições com fondaparinux e danaparoide (poucos dados).
- Evitar com os anti-Xa e anti-IIa orais.
- Possível sem problemas com a varfarina e o acenocumarol.

Indicação da avaliação de trombofilia
- Investigar se: contexto familiar (1° grau) ou antecedente pessoal documentado de DTEV (inclusive veias ovarianas, território da cava superior, tromboses venosas superficiais recidivantes).
- No quadro de deficiência familiar de proteína S, a paciente é considerada *a priori* como portadora da anomalia até o parto, quando se torna possível realizar a dosagem (a taxa de proteína S diminui durante a gestação).

	Exames de 1ª escolha	Exames de 2ª escolha	Exames não recomendados
Gestação com trombose evolutiva ou antecedente pessoal de DTEV	Hemograma completo, TQ, TTPA AT, PC, FV Leiden, F II 20210A, ACL	Se TTPA prolongado: investigar ACC Se TTPA normal: investigar ACC métodos sensíveis Anti-b2GP1 se ACL ou AL	PS, homocisteinemia
Gestação com antecedente familiar de DTEV no quadro de uma síndrome do anticorpo antifosfolípide (SAF)	ACL, AL	Se ACL negativo: Anti-b2GP1	AT, PC, FV Leiden, F II 20210A, exceto DTEV familiar
Gestação com antecedente familiar de DTEV sem diagnóstico etiológico	AT, PC, FV Leiden, F II 20210A		PS
Gestação com antecedente familiar de DTEV e anomalias hereditárias conhecidas	AT, PC, FV Leiden, F II 20210A		PS

ACC: anticoagulante circulante; AT: antitrombina; PC: proteína C; ACL: anticorpos anticardiolipina; AL: anticoagulante circulante lúpico; DII: doença inflamatória intestinal; SAF: síndrome antifosfolípide.

ANTICOAGULAÇÃO COM HBPM
As HBPM não passam pela barreira placentária e o risco de TIH e de osteoporose é muito menor que com as HNF.
NB: em caso de utilização de HNF SC: é mais raramente utilizada em duas injeções/d, dosagem no meio do intervalo entre duas doses.

Dose profilática
Observação: contagem plaquetária duas vezes por semana durante três semanas e depois uma vez por mês.

Dose terapêutica

- Enoxaparina (1 mg/kg x 2/d) ou tinzaparina (175 U/kg x 1/d).
- Observação: dosagem da atividade anti-Xa 4 h após a 3ª injeção.
- Adaptar a dose para alcançar o alvo de anti-Xa recomendado segundo a HBPM utilizada (enoxaparina 0,6-1; tinzaparina: 0,8-1).
- Hemograma completo 2x/semana durante três semanas e depois uma vez por mês.

ANTICOAGULAÇÃO NO DECORRER DA GESTAÇÃO: DUAS GRANDES OPÇÕES

- Tratamento durante toda a gestação com HBPM.
  - Não passam pela placenta.
  - A partir do teste de gravidez positivo.
  - Risco de trombose provavelmente aumentado em relação aos AVK, principalmente no fim do 2º trimestre.
  - Adequação das doses para anti-Xa > 0,8-1,2 UI/mL.
  - Com eventual substituição pela heparina cálcica no fim da gestação.
- Utilização preferencial dos AVK durante a gestação.
  - Justificado uma vez que sua eficácia é superior à das HBPM se houver alto risco de trombose de valva (valva de Starr-Edwards, Bjork-Shiley, posição mitral, AC/FA etc.).
  - Atravessam a barreira placentária e expõem a um risco de embriopatia sobretudo durante o 1º trimestre (6-13ª SA).
    - » Risco de embriopatia reduzido se a dose for baixa (< 5 mg).
    - » Risco alto de teratogenicidade (6%): microcefalia, retardo mental, atrofia ótica, hipoplasia nasal, calcificações pontuadas das epífises. Na França, uma interrupção terapêutica de gestação pode ser discutida em caso de tratamento com AVK no 1º trimestre.
  - Se houver manutenção dos AVK:
    - » Se dose < 5 mg/d: manutenção ao longo da gestação ou troca pela HBPM no 1º trimestre.
  - Se dose > 5 mg:
    - » Troca pela HBPM em dose terapêutica a partir do teste de gravidez positivo até o fim do 1º trimestre.
    - » Retomada dos AVK no 2º e no início do 3º trimestre.
    - » Troca pela HBPM ou HNF no fim da gestação.
- ▲ **O uso do fondaparinux é limitado aos raros casos de alergia à heparina (TIH) quando o danaparoide não pode ser utilizado.**
- ▲ **Os novos anticoagulantes (anti-Xa diretos e anti-IIa diretos) são contraindicados no decorrer da gestação.**
- ▲ **O danaparoide pode ser utilizado durante a gestação.**

Obstetrícia

Anestesia para intervenção não obstétrica durante a gestação

PRINCÍPIOS GERAIS
- Adiamento de qualquer cirurgia não urgente para depois da gestação e transferência para um centro perinatal de tipo III em caso de urgência relativa, particularmente se houver viabilidade fetal (término > 24-25 SA e peso > 500-600 g).
- Privilegiar a anestesia locorregional se possível ++.

IMPERATIVOS ANESTÉSICOS
- Modificações fisiológicas maternas induzidas pela gestação.
- Manutenção da perfusão uterina e da oxigenação do feto (risco fetal relacionado essencialmente com hipotensão e hipoxemia maternas).
- Prevenção e tratamento de um parto prematuro.

MEDIDAS COMUNS À ANESTESIA LOCORREGIONAL (ALR) OU GERAL (AG) (= 600 MG)
- Ranitidina efervescente 300 mg: 2 cps se resolução > 20 semanas de amenorreia.
- Decúbito lateral esquerdo 10-15° se resolução > 18-20 SA e medida da pressão arterial/1 min.

SE A AG FOR NECESSÁRIA
- Pré-oxigenação assegurando FeO_2 > 80%.
- Sonda de intubação: tamanho reduzido 6,5 ou 7.
- Bandeja de intubação difícil disponível.
- Nenhum agente anestésico é contraindicado. Há somente duas restrições parciais:
    - Cetamina: dose ≤ 1,5 mg/kg de peso no fim da gestação.
    - N_2O deve ser evitado se < 10 SA.
- Em caso de laparoscopia: manutenção $etCO_2$ 32-35 mmHg e pressão de insuflação < 12 mmHg.
- Analgesia pós-operatória: AINE contraindicados ++ em caso de cirurgia no 3º trimestre (risco de fechamento do canal arterial). Se o término for mais precoce, há um benefício tocolítico dos AINE, sendo necessária a concordância do obstetra.

PREVENÇÃO DO PARTO PREMATURO (TOCÓLISE)
- Registro das contrações com captor externo, perioperatório se possível, mas sobretudo pós-operatório a cada 4 h (interpretável a partir da 20 SA aproximadamente).
- Administração profilática sistemática (discutida) ou terapêutica, após opinião do obstetra.
    - Primeira escolha: nifedipina 10 mg: 1 cápsula a cada 10-20 min até a interrupção das contrações (com um máximo de 4 cápsulas); evitar a via sublingual pelo risco de hipotensão arterial, troca pela nifedipina LP 20 mg/8 h ou nifedipina LP 30 mg 1 cp/12 h.
    - Em caso de falha, falar com o obstetra: nicardipina (1-4 mg/h) IV, ou atosibano (ou indometacina supositório se resolução precoce).

- Salbutamol (1 supositório/8 h), ou salbutamol IV em bomba de infusão como último recurso.
- Observação clínica, pois existe risco de descompensação cardiovascular (EAP), em particular com os beta-2 miméticos em altas doses IV, ou mesmo com todos os tocolíticos.

Analgesia e anestesia peridurais e alternativas à analgesia peridural durante o trabalho de parto

ANALGESIA E ANESTESIA PERIDURAIS EM OBSTETRÍCIA (APD)

Vantagens
- Eficiente em 90-95% dos casos e conserva a consciência.
- Manutenção prolongada da analgesia graças ao cateter.
- Segurança materna reforçada: evitar AG em emergência (extração instrumental, cesariana ou revisão uterina).
- Poucas consequências para o feto.

Desvantagens
- Conduta inadequada: acidentes maternos ou fetais.
- As extrações instrumentais continuam mais frequentes, apesar da redução da concentração dos anestésicos locais (levobupivacaína ou ropivacaína $\leq 0,125\%$).
- Risco de raquianestesia total em caso de perfuração da dura.
- Risco de cefaleia pós-perfuração da dura-máter.
- Risco de toxicidade aos anestésicos locais.

Contraindicações
- Recusa da paciente (mesmo com uma orientação adequada).
- Distúrbios da hemostasia congênitos ou adquiridos (trombocitopenia, anticoagulação efetiva etc.). A tomada de ácido acetilsalicílico sozinha não é uma contraindicação.
- Infecção da zona de punção, sepse não controlada.
- Hipertensão intracraniana.
- Hemodinâmica materna instável (hemorragia grave etc.).

Indicações médicas e obstétricas
- Trabalho de parto dirigido (ocitócicos): desencadeamento, estimulação, apresentação posterior, distocia dinâmica, interrupção médica da gestação.
- Situação de alto risco de cesariana de emergência: apresentação pélvica, útero cicatricial, gestação múltipla, macrossomia, parturiente idosa.
- Extração instrumental, lesões perineais, vaginais, cervicais.
- Cardiopatias (sobretudo não obstrutivas): infarto agudo do miocárdio (IAM), insuficiência aórtica (IAo), comunicação interventricular (CIV), comunicação interauricular (CIA), canal arterial, insuficiência coronariana.
- DPCO, asma, síndrome restritiva (escoliose paralítica), POAP.
- HAS essencial, pré-eclâmpsia sem distúrbios de coagulação.
- Evitar a hiperventilação: convulsões, tetania, espamos, enxaqueca.
- Evitar esforços de expulsão: descolamento de retina, aneurisma cerebral (sem HIC).
- Redução da hiper-reatividade simpática: feocromocitoma, paraplegia, tetraplegia.

- AG de risco: miastenia, miopatia, intubação difícil, alergia, obesidade grave.
- Situações psicológicas particulares: gravidez não desejada, menor de idade, abandono da criança, criança malformada, vaginismo.

Situações que devem ser discutidas caso a caso e de acordo com o risco/benefício
- Morte intrauterina (possibilidade de CIVD).
- Cardiopatias: estenose mitral (EM), estenose aórtica (EAo), cardiomiopatia obstrutiva (CMO), HP, coarctação da aorta, tetralogia de Fallot (concentração de anestésico local ≤ 0,1%).
- Doenças neurológicas: esclerose múltipla (EM), meningite prévia, tumor cerebral, espinha bífida, mielomeningocele, siringomielia. Recomenda-se a opinião de um neurologista.
- Hematoma retroplacentário (HRP) e pré-eclâmpsia: segundo os resultados da coagulação.
- Sofrimento fetal agudo necessitando de anestesia de emergência.
- Cirurgia da coluna vertebral, escoliose grave.

Analgesia peridural para o trabalho de parto
- Não é necessária uma avaliação biológica antes da realização de uma APD na ausência de anamnese hemorrágica e se a gestação estiver normal.
- Taxa de plaquetas ≥ 75.000/mm³ e/ou sem cinética rápida de redução plaquetária, sem tratamento anticoagulante.
- Paciente com acesso venoso periférico (≥ 18 G) + observação da PA durante o posicionamento do cateter peridural.
- Localização guiada por ultrassom da coluna vertebral nas pacientes com risco de punção difícil (obesidade, escoliose, cirurgia da coluna vertebral) ou em caso de reposicionamento após falha na primeira punção.
- Cateter inserido de 4-5 cm no espaço peridural. Teste de aspiração antes de qualquer injeção.
- A dose-teste com lidocaína 2% com epinefrina pode ser substituída por uma injeção lenta e fracionada da mistura.
- Rastreamento por escrito (folha de observação): nível e número de punção, distância pele-espaço, ponto de referência na pele, incidentes de punção que devem ser detalhados.

Produtos utilizados (exemplos)
- Levobupivacaína 0,625 mg/mL + sufentanila 0,45 mcg/mL + clonidina 0,7 mcg/mL: pegar uma bolsa de 100 mL de levobupivacaína 0,0625% e adicionar 1 ampola de 10 de mL de sufentanila (50 mcg) + ½ ampola (75 mcg) de clonidina.
- Ropivacaína 1 mg/mL + sufentanila 0,25 mcg/mL: pegar uma bolsa de 100 mL de NaCl 0,9% e retirar 15 mL. Adicionar 10 mL de ropivacaína 1% + 5 mL de sufentanila 50 mcg/10 mL, ou seja, 25 mcg.

Modalidades de administração
Bolus inicial (15-20 mL) fracionado pelo anestesista e depois:

Obstetrícia

Analgesia peridural controlada pela paciente: PCA

- Regras das 4/6/8: débito contínuo 4 mL/h, *bolus* de 6 mL, período refratário de 8 min.
- Sem dose máxima por 4 h. Conectar a PCA após o *bolus* inicial e depois fornecer as recomendações a seguir.
- Conselhos de utilização da PCA para as pacientes:
  - Se não se sentir aliviada em 15 min após o *bolus* inicial, pode iniciar os *bolus*.
  - Não esperar o retorno da dor, mas tentar antecipá-lo pedindo uma dose assim que as contrações se tornarem "incômodas".
  - Tentar se fixar no "nível de sensação" que deseja para seu parto e "concentrar-se nele".
  - Não hesitar em se servir da PCA e em reinjetar, sobretudo no fim do trabalho de parto.
  - Não hesitar em chamar a obstetriz ou o anestesista se a analgesia não for suficiente e principalmente se for assimétrica.
  - Chamar se as pernas (uma ou as duas) estiverem pesadas ou se estiver "excessivamente" anestesiada.
- Recomendações às obstetrizes:
  - Não injetar no lugar das pacientes.
  - Não proibir às pacientes de reinjetar no fim do trabalho de parto.
  - Chamar o anestesista em caso de analgesia insuficiente (trabalho de parto rápido ou fim do trabalho).

Analgesia peridural em *bolus* intermitentes programados: BPIP

Programação de *bolus* intermitentes em conjunto com os *bolus* solicitados pela paciente. Exemplo: *bolus* intermitente programado: 8 mL/h, *bolus* da paciente: 8 mL, período refratário: 10 min.

Observação de uma analgesia peridural

- Objetivo: nível sensitivo em T10 bilateral.
- PA a cada 5 min durante os primeiros 30 min e depois a cada 15 min.
- Avaliação 15 min após o *bolus* inicial e então a cada hora (anotar em uma folha de registro): PA, RCF, EVA, nível sensitivo superior (quente-frio), bloqueio motor (escore de Bromage), calor na face dorsal dos pés.

Analgesia peridural imperfeita: o que fazer?

- VERIFICAR a posição do cateter e TESTAR o nível a fim de determinar a causa da ausência de analgesia ++.
- Sempre privilegiar a reinjeção da solução padrão inicial a fim de limitar o bloqueio motor.
- Reinjeção da mistura inicial (pouco concentrada) 10-15 mL: ausência de nível ou nível insuficiente < T10, ausência de sacralização, assimetria, ponto doloroso e trabalho de parto rápido.
- Injeção de lidocaína 2% com epinefrina: parto iminente, cesariana.
- Em caso de nível sensitivo assimétrico: verificar a posição do cateter, retirá-lo 1 cm e reinjeção de 5-10 mL da solução com pequena concentração segundo o EVA e o nível sensitivo buscado.
- Reposicionamento do cateter de peridural (após localização ultrassonográfica) se a analgesia for ineficaz depois da reinjeção, qualquer que seja a solução, após 30 min.

Raquianalgesia e peridural combinadas: RPC

Indicações: início do trabalho (< 5 cm) hiperálgico ou fim de trabalho de parto rápido.

Vantagem: prazo de eficácia mais curto.

Desvantagem: impossibilidade de testar seu cateter de peridural por causa da analgesia intratecal.

- **Início do trabalho**: 1,25-2,5 mg de levobupivacaína + sufentanila 2,5-5 mcg.
- **Fim do trabalho**: 2,5 mg de bupivacaína hiperbárica + sufentanila 2,5-5 mcg.
- Depois conectar a PCA imediatamente, sem *bolus* inicial.
- Evitar as raquianestesias isoladas sem posicionar o cateter de peridural (risco de fórceps, de cesariana etc.).

Analgesia ambulatorial para o trabalho de parto

- É possível com APD *low dose* padrão, RPC ou PCA.
- Testar a deambulação 30 min após o *bolus* inicial se a pressão arterial for estável (hipotensão arterial ortostática < 0), bloqueio menor < 0 (sentar, levantar, teste de genuflexão) e RCF normal. Pedir para a paciente se sentar no momento de cada *bolus* suplementar. Investigar regularmente o aparecimento de um bloqueio motor.

Extração manual da placenta (EMP) e revisão uterina (RU)

- Sem APD em andamento: ou raquianestesia com 2,5-5 mg de levobupivacaína + 2,5-5 mcg de sufentanila na ausência de contraindicação à ALR (hemorragia ativa, hipovolemia, distúrbios da hemostasia etc.), ou AG com IOT e indução com sequência rápida.
- APD em andamento: 5-8 mL de lidocaína 2% de epinefrina.

Extração instrumental

- Sem APD em andamento: ou raquianestesia, ou AG com indução em sequência rápida (idem EMP/RU).
- APD em andamento: 5-8 mL de lidocaína 2% de epinefrina.

Gestação gemelar

- Indicação médica à analgesia peridural.
- Desde o nascimento do primeiro gemelar, injeção sistemática de 10-15 mL de lidocaína 1,5% de epinefrina para uma manobra ou uma eventual cesariana do 2º gemelar.

ALTERNATIVAS À ANALGESIA PERIDURAL NO DECORRER DO TRABALHO DE PARTO

Nenhum método analgésico alternativo tem a eficácia da analgesia peridural. Portanto, apoio psicológico e informação clara sobre os limites destas técnicas devem ser fornecidos.

Indicações

- Contraindicação da analgesia peridural.
- Nenhuma contraindicação real (em teoria, insuficiência respiratória materna grave e/ou impossibilidade de suporte em uma depressão respiratória neonatal).

Analgesia parenteral com opioides
- Todos os opioides IV atravessam a barreira placentária e podem modificar o ritmo cardíaco fetal.

Precauções de utilização
- Opioide IV: observação da frequência respiratória da SpO_2, idealmente da PCO_2, oxigenoterapia. Prevenir os pediatras e injeção sistemática de naloxona (0,1 mg/kg IM) no recém-nascido, com exceção do remifentanil.
- O remifentanil permanece o opioide mais adequado, pois apresenta o menor risco fetal.

Proposições de esquemas terapêuticos	
Sufentanil em PCA IV	Dose de ataque de 2,5-5 mcg, depois *bolus* de 2,5 mcg, período refratário de 10 min
Remifentanil em PCA IV	*Bolus* fixo de 25 mcg, período refratário de 2 min, infusão de base a 0,025 mcg/kg/min e aumentar a cada 30 min (máx. 0,1 mcg/kg/min) segundo eficácia e tolerância
Fentanil em PCA IV	Dose de ataque de 50 mcg, depois *bolus* de 10 mcg, período refratário de 10 min

PCA remifentanil: diluição = 25 mcg/mL (2 mg diluídos em 80 mL de NaCl 0,9%).

Débito contínuo (em mL/h)	Peso (kg)					
	60	70	80	90	100	110
0,025 mcg/kg/min	3	4	5	6	7	8
0,05 mcg/kg/min	7	8	10	11	12	13
0,075 mcg/kg/min	10	12	15	17	19	20
0,1 mcg/kg/min	14	16	20	22	24	25

Analgesia inalatória
Protóxido de azoto
- Eficácia modesta, mas garante a satisfação materna.
- Ofertado por uma máscara facial com uma mistura O_2-N_2O sob a forma 50-50%.
- Início da inalação desde o início da contração. Interromper quando a contração começar a ceder. Antes de cada esforço expulsivo, 2-3 inalações.
- Não utilizar a associação N_2O-opioide sem a presença da equipe de anestesia, pois há risco elevado de dessaturação materna.

Halogenados
- Utilização com cautela, mas possível pela equipe de anestesia durante um parto iminente.
- Não ultrapassar as concentrações subanestésicas (para prevenir qualquer risco de síndrome de broncoaspiração).

- Vigilância respiratória.
- Evitar a associação N_2O-halogenados.
- Proposição de esquemas terapêuticos: sevoflurano 1,0%-1,5% em O_2 puro.

Outras técnicas

Outras técnicas podem ter uma certa eficácia: relaxamento, acupuntura, hipnose, bloqueio dos nervos pudendos.

Anestesia para cesariana

PRÉ-MEDICAÇÃO PARA CESARIANA
- Ausência de pré-medicação.
- Avaliação pré-operatória: verificar se foi feito um hemograma completo no 6º mês de gestação, duas determinações do grupo sanguíneo + PAI com menos de três dias.
- Profilaxia antiacidez: ranitidina efervescente 300 mg, 2 cp alguns minutos antes da indução (escolher um produto com mais de 1.000 mg citrato/cp).
- Antibioticoprofilaxia (cefazolina 2 g ou clindamicina 600 mg em caso de alergia) na indução, antes de incisão cutânea.

RAQUIANESTESIA COM INJEÇÃO ÚNICA
- Indicações: cesariana agendada não apresentando complicações, cesariana em semiemergência fora do trabalho de parto ou em andamento de trabalho e na ausência de cateter peridural.
- Punção com agulha 27G ponta de lápis após anestesia local do ponto de punção.
- Injetar 10-11 mg de bupivacaína hiperbárica (5 mg/mL) + sufentanila 3 mcg + morfina 100 mcg em 1 mL.

PROFILAXIA DA HIPOTENSÃO DO BLOQUEIO SIMPÁTICO
- Medida da PA **a cada minuto** até a extração fetal.
- Objetivo: manter a PAS ≥ 90% de seu valor de base.
  - Decúbito lateral esquerdo (5-10º) imediatamente após a injeção.
  - Coexpansão volêmica com 500 mL de Ringer lactato em 5 min iniciado no momento da injeção intratecal.
  - Fenilefrina como 1ª escolha (*bolus* 50-100 mcg) ± efedrina (*bolus* 3-6 mg) (se bradicardia).

RAQUIANESTESIA PERIDURAL COMBINADA (RPC)
- Indicações: situação com risco hemodinâmico, (cardiopatia, HAS etc.), duração previsível da intervenção incomumente longa (p. ex., aderências após cesarianas anteriores, obesidade).
- Raquianestesia: bupivacaína 1,25-2,5 mg (5 mg/mL) (controle hemodinâmico) + sufentanila 3 mcg ou mistura habitual em caso de RPC para duração cirúrgica prolongada.
- *Bolus* no cateter peridural se o nível anestésico for insuficiente (objetivo: não percepção do toque leve < T5-T6 a t + 10 min): lidocaína 2% com epinefrina 1/200.000 5 mL por 5-10 min até a obtenção do nível desejado (T4-T5), dose inferior e concentração diluída em caso de risco hemodinâmico.

EXTENSÃO DE UMA ANALGESIA PERIDURAL EM ANDAMENTO (CESARIANA NO DECORRER DO TRABALHO DE PARTO, CATETER PERIDURAL POSICIONADO)
- Injeção peridural de 15-20 mL de lidocaína 2% com epinefrina (1/200.000) em *bolus* fracionados de 5 mL a partir da decisão pela cesariana. Eficácia cirúrgica em 5-12 min.

- Hipotensão menos frequente, a corrigir pela administração de *bolus* de efedrina ou fenilefrina.
- Não há vantagem em utilizar a levobupivacaína ou a ropivacaína para a extensão.

ANESTESIA GERAL (AG)
- Indução com sequência rápida, cirurgiões vestidos, campos colocados: pré-oxigenação em O_2 puro+++ ($FetO_2 > 80\%$), tiopental 5 mg/kg de peso de fim da gestação, Sellick, succinilcolina 1 mg/kg (monitoração da curarização), IOT com sonda ≤ 7.
- Antes da extração: ventilação em circuito aberto, manutenção com O_2/N_2O (50/50), sevoflurano 1,5% expirado, $\pm$ atracúrio (0,3 mg/kg) somente se necessário (monitoração +++).
- Passagem para O_2 puro na histerotomia sem interromper o gás halogenado.
- Desde o clampeamento do cordão: sufentanila 15-20 mcg, droperidol 0,625 mg.
- Atenção ao risco de atonia uterina com as concentrações de halogenados: manter $\leq 0,5$ MAC.

EM TODOS OS CASOS, PREVENÇÃO DE NÁUSEAS E VÔMITOS
- Dexametasona: 4 mg antes da extração e apenas droperidol 0,625 mg após a extração (indicação a uma biterapia).
- Risco reduzido de NVPO de aproximadamente 50%.

MEDICAMENTOS QUE CONTRAEM O ÚTERO APÓS A EXTRAÇÃO
- Ocitocina 1-5 UI IV direta e lenta (débito 1 unidade por minuto) na extração.
- Carbetocina: igual à ocitocina de longa duração de ação (5 h), 1 mL = 100 mcg IV na extração do recém-nascido.

PRESCRIÇÕES PÓS-OPERATÓRIAS PADRÃO (PACIENTE ASA 1) – REABILITAÇÃO PÓS-OPERATÓRIA
- Obliteração do AVP na saída da SRPA se a carbetocina +++ for utilizada ou infusão se for a ocitocina: durante as duas primeiras horas com Ringer lactato + ocitocina máx. 10 UI/h, depois interromper e obliteração da AVP.
- Retirada do AVP no dia seguinte à cesariana.
- Analgesia pós-operatória multimodal VO ($\downarrow$ recurso aos opioides e, portanto, seus efeitos secundários): cetoprofeno 50 mg/6 h + paracetamol 1 g/6 h + nefopam 40 mg com um pouco de açúcar/6 h a ser dado ao mesmo tempo. Começar 1 h após o fim da intervenção em caso de ALR perimedular ou no perioperatório se for AG, continuar por 72 h no pós-operatório sistematicamente e depois interromper o cetoprofeno.
- Morfina intratecal (100 mcg) ou peridural (2 mg) (exceto se FDR de apneia = obesidade mórbida ++).
- Morfina oral com liberação imediata (10 mg), máx. 6 x por dia em complemento, disponível a todo momento.

- TAP *block* bilateral com ultrassonografia (ver *TAP block*), sobretudo se cesariana com AG ou contraindicação à morfina perimedular.
- Retirada do cateter peridural na saída da SRPA (exceto em caso de distúrbios da hemostasia).
- Retirada da sonda vesical nas 2-12 primeiras horas pós-operatórias, ou mesmo na saída da SRPA, observação da diurese miccional na sala de hospitalização: avaliação com BladderScan®, ultrassonografia ou exame clínico. Sondagem vesical em caso de ausência de diurese espontânea 6-8 h após o fim da cesariana.
- Bebidas liberadas em H1 pós-operatório (na SRPA), alimentação normal leve desde H4 pós-operatória, a 2ª refeição já deve ser completa.
- Levantar desde a 6ª hora.
- Profilaxia tromboembólica somente na presença de fatores de risco, iniciar 6 h após a retirada do cateter peridural.
- Imunoglobulinas anti-D se a mãe for Rh– (medicamento derivado do sangue, rastreabilidade).

Analgesia para interrupção médica de gestação (IMG) e morte fetal intraútero (MFIU)

REGRAS
- Consulta de anestesia no mínimo 48 h antes, com explicações sobre o andamento do procedimento (organização, peridural, sedação).
- Verificar a avaliação da hemostasia (hemograma completo, TP, FG) sobretudo em caso de MFIU (risco de coagulação intravascular disseminada).
- Prever um procedimento distante das outras parturientes na sala de trabalho e quarto individual no serviço.

NA VÉSPERA DA IMG (COLOCAÇÃO DAS LAMINÁRIAS/ DILAPAN-S®)
- Analgesia suficiente, pois procedimento doloroso +++.
- Pré-medicação VO: 1 h antes da colocação do Dilapan-S®: gabapentina 600-900 mg, paracetamol 1 g, cetoprofeno 50 mg, morfina de liberação imediata 20 mg.
- Se for insuficiente, adicionar nefopam 40 mg, 2 ampolas com açúcar.
- Continuar o tratamento antálgico após o procedimento, se necessário.
- Alprazolam 0,25 mg ao deitar, se necessário.

NO DIA DA IMG
- Posicionamento e verificação da eficácia da analgesia peridural antes de qualquer procedimento (retirada dos dilatadores, feticídio, desencadeamento do trabalho).
- Protocolo utilizado no Kremlin Bicêtre:
  - PCA com: levobupivacaína 0,625 mg/mL + sufentanila 0,45 mcg/mL + clonidina 0,7 mcg/mL: pegar uma bolsa de 100 mL de levobupivacaína 0,0625% e adicionar 5 mL de sufentanila 50 mcg/10 mL + ½ ampola (75 mcg) de clonidina.
  - Débito contínuo: 4 mL/h. *Bolus*: 6 mL. Período refratário: 8 min.
  - Objetivo: analgesia eficaz e suficiente (nível metamérico T10) + sedação leve.
- Na expulsão:
  - Reforçar a analgesia se necessário antes da expulsão (lidocaína 1,5% com epinefrina 5-15 mL).
  - Sedação IV na expulsão com objetivo unicamente amnésico se a paciente desejar: midazolam 1-2 mg IV ou propofol em *bolus* de 20-30 mg IV.

Anestesia para interrupção voluntária da gravidez (IVG)

ASPECTOS REGULAMENTARES NA FRANÇA
A lei francesa de 3 de abril de 1990 autoriza a realização das IVG sob certas condições:
- A IVG deve ser praticada antes de 14 semanas de amenorreia (SA). Um prazo de reflexão de seis dias deve ter ocorrido entre a 1ª consulta e o dia da intervenção. Esse prazo pode ser abreviado em caso de gestação entre 12 e 14 SA.
- Não se exige autorização para o procedimento em menores de idade, mas elas devem estar acompanhadas em todas as etapas por uma pessoa maior de idade à sua escolha.

REGRAS
- A escolha do método, medicamentoso (mifepristona) ou cirúrgico (dilatação-aspiração), é discutida de acordo com idade gestacional, riscos e desejos da mulher.
- Quando recomendada, a técnica de preparação cervical baseia-se em: mifepristona 200 mg VO 36-48 h ou misoprostol 400 mg VO ou vaginal 3-4 h antes da aspiração.
- Neste contexto, a anestesia perimdedular é pouco apropriada (exceto por indicação médica ou anestésica).
- A IVG é praticada no ambulatório, exceto por razões médicas.

PERÍODO PRÉ-OPERATÓRIO
Consulta de anestesia
- Verificar o grupo Rh com pesquisa de aglutininas irregulares.
- A avaliação da hemostasia não é sistemática.
- Verificar o término previsto no dia da intervenção ++.
- Pré-medicação padrão: não há profilaxia da broncoaspiração neste término da gestação.
- Pesquisa sistemática de clamídia ou micoplasma na consulta e não há antibioticoterapia, exceto se a coleta vaginal for positiva.

PERÍODO CIRÚRGICO SOB ANESTESIA GERAL
- Monitoração padrão não invasiva.
- Indução com propofol 2,5-3 mg/kg + alfentanila 10-20 mcg/kg ou sufentanila 0,1-0,15 mcg/kg.
- Posição ginecológica após indução.
- Evitar os halogenados (risco de atonia uterina).
- Prevenção de NVPO (escore de Apfel).
- Ventilação com máscara facial, ou mesmo máscara laríngea.
- Se necessário: injeção lenta de ocitocina 5 UI IV em 5 min no fim do procedimento.
- Prevenção de uma isoimunização Rh para as mulheres Rh- (imunoglobulinas anti-D em IV, o prazo pode chegar a 72 h).
- Verificação do esvaziamento da cavidade uterina com ultrassonografia.

PERÍODO PÓS-OPERATÓRIO

- Observação do sangramento.
- Se necessário: ocitocina em infusão lenta (10 UI de 2-4 h).
- Dores moderadas em mais de 50% das mulheres, ligadas principalmente à utilização das prostaglandinas: tratamento antálgico com paracetamol (1 g x 4/d) + cetoprofeno (50 mg x 4/d).

Obstetrícia

Déficit neurológico no pós-parto

DÉFICITS NEUROLÓGICOS PERIFÉRICOS

- A gestação e o parto estão, na maioria das vezes, na origem dos déficits neurológicos (tronco lombossacral +++), mas sempre convém determinar a imputabilidade da analgesia peridural.
- Comprometimento troncular: causa principalmente obstétrica, comprometimento radicular: causa mais perimedular.
- 1/100 partos e 1/10.000 analgesias peridurais (APD).
- Duração: entre três dias (o mais frequente) e seis semanas.
- Fatores de risco de déficits ligados ao próprio parto: nuliparidade, fórceps, ventosa, duração do 2° estágio do trabalho de parto, tempo passado em posição de litotomia/semi-Fowley < ou > 90°, posição fetal alta no empuxo, cesariana de emergência por parada de progressão.
- A idade materna, o IMC, a apresentação fetal, o peso de nascimento e a presença de analgesia peridural não são fatores de risco.

Comprometimentos neurológicos, mecanismos e sintomatologia			
Nervo	Raízes	Mecanismo	Sintomas
Tronco lombossacral: apresentação occipital, pelve achatada	L4-L5-S1	Fórceps, cabeça fetal	Queda do pé, déficit de quadríceps/ adutores
Nervo femoral	L2-L3-L4	Posição Cabeça fetal	Déficit do quadríceps, flexão do quadril, ROT da rótula ausentes Hiperalgesia das coxas e das panturrilhas
Nervo cutâneo lateral	L2-L3	Posição	Hiperalgesia da face anterior da coxa = meralgia
Nervo obturatório	L2-L4	Cabeça fetal	Hiperestesia da face interna das coxas Déficit da adução das coxas
Nervo fibular comum	L4-S2	Perneiras	Queda do pé Hiperestesia da face externa da panturrilha

ROT: reflexos osteotendinosos.

Tipo de lesão e de recuperação			
Lesões	Neuropraxia	Axionotmese	Neurotmese
Mecanismo	Esmagamento (desmielinização focal)	Estiramento Isquemia (degeneração)	Secção
Prognóstico	Bom (recuperação em algumas semanas)	Médio	Ruim

ANALGESIA PERIMEDULAR: MECANISMOS LESIONAIS

- Traumatismo direito do nervo (agulha/cateter): parestesias na punção ou na injeção são encontradas em 2/3 dos casos. Aparecimento dos sintomas por vezes após D2 pós-parto, 67% do déficits são transitórios (48 h-3 meses).
- Injeção intraneural: dor ++ na injeção.
- Traumatismo medular: erro de nível de punção, julgado mais baixo que na realidade (dor na punção, risco de sequelas muito alto, siringomielia na RM).

Lembrete

Linha de Tuffier = vértebra L4 ou espaço L4-L5 (79%) espaço L3-L4 (4%). Sempre fazer a punção no nível mais baixo onde a palpação é nítida.

COMPLICAÇÕES NEUROLÓGICAS GRAVES (ELIMINAR 1º)

- A APD é responsável até prova do contrário (ainda que muito raramente em causa).
- Hematoma perimedular (1/500.000 APD).
  - Fatores de risco: distúrbios de coagulação, punções múltiplas, traumáticas.
  - Ocorrência 24-48 h após retirada do cateter.
  - Sintomas: retenção urinária, hipoestesia em sela, bloqueio motor prolongado ou *de novo*.
  - Sintomatologia às vezes pronunciada: dor +++, paraplegia flácida.
  - Conduta a manter: RM de emergência + não retirar o cateter + descompressão em um prazo < 6 h.
- Abscesso perimedular: após peridural (1/500.000 APD).
  - Aparição tardia (4-30 dias pós-parto): dores dorsais crescentes no ponto de punção, febre, cefaleias, paraplegia flácida progressiva.
  - Germes: *Staphylococcus aureus,* estreptococos.
  - Conduta a manter: RM de emergência + descompressão em um prazo < 6 h + antibioticoterapia.
- Meningite: sobretudo após a raquianestesia (1-3/100.000).
  - Início brutal e ruidoso com frequência < 12-24 h após a raquianestesia.
  - *Staphylococcus aureus,* estreptococos.
  - Se não houve raquianestesia: meningite comunitária.

INJEÇÃO ACIDENTAL DE PRODUTO NEUROTÓXICO

Quadro clínico variável segundo o tipo de produto injetado.
- Aracnoide: prognóstico sombrio.
- Meningite asséptica: prognóstico favorável.
- Síndrome da cauda equina: dor, paraplegia flácida, ROT abolidos, anestesia em sela, distúrbios esfincterianos.
- Síndrome de irritação radicular transitória: dor, disestesia nas nádegas e nos membros inferiores.

OUTROS

- Síndrome da artéria espinhal anterior ou Adamkiewicz (1/500.000).
  - Mecanismo: lesão direta, compressão, hipoperfusão, vasoconstrição reflexa (cateter peridural, epinefrina com concentração > 1/200.000).
  - Paraplegia flácida, distúrbios sensitivos e dor abaixo da lesão.

- Distúrbios dos pares cranianos (< 4/100.000).
  - Mecanismo: saída de LCR, redução da pressão intracraniana.
  - Diplopia (nervos oculomotores III IV VI), nervo ótico II, trigêmeo V, facial VII, cocleovestibular VIII.
- Síndrome de Claude Bernard-Horner: passagem subdural, analgesia perimedular excessivamente estendida.

PROCEDIMENTO PARA DÉFICITS NEUROLÓGICOS PÓS-PARTO

1. Caracterizar a lesão = exame neurológico completo + **esquema**.
2. Eliminar as urgências cirúrgicas ou médicas (hematoma perimedular, abscesso, meningite).
3. Determinar a imputabilidade da analgesia perimedular. Lembrar à obstetriz, ao obstetra, ou mesmo ao neurologista que a peridural raramente é a causa e que é ilógico acusá-la em primeiro lugar.
4. Exames complementares:
   - Avaliação do neurologista: refinar a análise semiológica e o acompanhamento a médio ou longo prazo.
   - Imagens o mais rápido e disponível (tomografia da coluna vertebral lombar ± RM) = valor diagnóstico.
   - EMG, velocidade de condução nervosa, potenciais evocados bilaterais e comparativos: para os comprometimentos tronculares ou radiculares. Regra dos 3 (segundo a evolução): fazer em 3 dias (identifica uma lesão preexistente), em 3 semanas (lesão persistente), em 3 meses (sequelas).
5. Explicações claras, sem jargão médico.
   - Prevenção: técnica, assepsia, indicações de ALR.

Hemorragia do pós-parto

DEFINIÇÃO DAS HEMORRAGIAS DO PÓS-PARTO (HPP)
- Perdas sanguíneas > 500 mL nas 24 h após um parto (via vaginal ou cesariana).
- Etiologia: atonia uterina 50%, lacerações do trato genital 20%.
- Acima de 1.000 mL: hemorragia do pós-parto grave (2%).

FATORES DE RISCO
- São vários os fatores de risco, mas pouco preditivos.
- Primeiro estágio do trabalho prolongado.
- Utilização de ocitócicos durante o trabalho (associação dose-dependente).
- Período expulsivo > 30 min.
- Episiotomia mediolateral.
- Extração instrumental.
- Macrossomia.
- Cesariana (*versus* via vaginal).
- Hipertermia ou corioamnionite.
- Pré-eclâmpsia.
- Antecedentes de HPP.
- Gestação gemelar ou múltipla.
- Anomalias da inserção placentária (placenta prévia ++).

PREVENÇÃO PRIMÁRIA DA HPP APÓS O PARTO POR VIA VAGINAL
- Ocitocina sistemática no momento da apresentação dos ombros ou depois da expulsão: 5 UI IV lenta em 1 min (ou mesmo 5 min se fator de risco capacidade vital).
- Sem dose de manutenção de ocitócico após o parto.
- Dequitação placentária depois de 30 min se não houver HPP.
- Saco de coleta (quantifica as perdas ainda que não tenha efeito preventivo comprovado).

NB: nenhum efeito preventivo sobre a HPP: momento do clampeamento do cordão, massagem uterina, esvaziamento do cordão, tração do cordão, esvaziamento da bexiga, aleitamento precoce.

- Observação clínica e hemodinâmica associada: **qualquer taquicardia crescente é um sinal precursor de hipovolemia e a hipotensão tardia é um mau prognóstico.**
- **Indicação de embolização arterial** (preferir embolização seletiva das artérias uterinas):
  - Atonia uterina resistente aos uterotônicos após parto por via vaginal, hemorragia cervicouterina, trombo vaginal, lesão cervicovaginal não acessível a um procedimento cirúrgico, falso aneurisma da artéria uterina, anomalia de inserção placentária.
  - Uma coagulopatia não é uma contraindicação à embolização.
  - A embolização é possível se houver falha nas ligaduras arteriais ou após histerectomia.
  - A embolização profilática ou a colocação de balões de oclusão arteriais no pré-operatório não são sistematicamente recomendadas em caso de placenta acreta.

Obstetrícia

PREVENÇÃO PRIMÁRIA DA HPP APÓS CESARIANA

- Técnica cirúrgica:
  - – Histerectomia segmentar transversal, alargamento dedos > tesouras, craniocaudal > transversal (parede interna).
  - – Expulsão por tração controlada do cordão.
  - – Ocitocina 5-10 UI IV lenta em 1 min, depois infusão 5-10 UI/h por 2 h e interromper, ou carbetocina 100 mcg IV lenta em 5 min e depois interromper (não é superior à ocitocina).

CONDUTA PARA HPP DURANTE A CESARIANA

- Privilegiar a hemostasia cirúrgica ++.
- O balão de tamponamento intrauterino (Bakri) pode ser utilizado (por via vaginal ou retrógrada).
- Uma embolização pode ser considerada caso apresente um estado hemodinâmico estável + ausência de hemoperitônio:
  - – Se há instabilidade hemodinâmica e necessidade de um procedimento de reanimação: anestesia geral sem halogenados (risco de atonia uterina ++).
  - – Indicação do Cell Saver®: risco hemorrágico previsível ou paciente que não pode receber transfusão: placenta acreta, percreta, grupo sanguíneo raro, anticorpos de baixa frequência, múltiplas imunizações.
- Em caso de hemorragia pós-operatória:
  - – Eliminar hemoperitônio + verificar esvaziamento uterino e vesical (importância da ultrassonografia).
  - – Não hesitar em reabordagem cirúrgica, sobretudo se a paciente estiver instável.

Obstetrícia

HPP (sangramentos > 500 mL) após parto por via vaginal

Chamado das equipes obstétrica e anestésica
Folha de controle específica das HPP + anotar a hora
Saco de coleta

30 min

Obstétrica
- Esvaziamento vesical ± SVD
- Investigar etiologia da HPP:
  - Revisão uterina
  - Massagem uterina se o útero estiver hipotônico
  - Exame do trato genital sob valvas + suturas das lesões

Anestesia-reanimação
- 2 acessos venosos de bom calibre (18G mínimo) + Hémocue® no início
- Monitoração hemodinâmica
- Expansão volêmica com cristaloides
- Se dequitação placentária medicamentosa não efetuada: 5-10 IU Syntocinon® em IV lenta (não exceder um total de 40 UI)
- Reaquecimento externo + oxigenoterapia
- Verificar se a pesquisa de anticorpos irregulares < 3 d e prevenir o banco de sangue
- Antibioprofilaxia: 2 g de cefazolina IV

Em caso de falha do Syntocinon® + conduta inicial
Decisão antes de 30 min (eficácia ++)
Nalador® (sulprostona): 500 mcg (1 ampola) em 1 h IV em bomba de infusão (em 50 mL de NaCl 0,9%) ± substituição se eficaz (2ª ampola; 500 mcg em 5 h)

Persistência dos sangramentos
Falha da sulprostona
(nos 20 min iniciais de infusão da 1ª ampola)
Avaliação da gravidade pela equipe obstétrica e anestésica

Balão de Bakri (sem retardar a PEC) em caso de atonia
Alertar a equipe de radiologia vascular
Avaliação hemodinâmica

- Avaliação biológica e transfusão de produtos sanguíneos hábeis para manutenção:
  - Hb > 8 g/dL
  - Plaquetas > 50.000 elem/mm³
- Fibrinogênio 3 g
- Solicitar inicialmente 3 CGV/3 PFC. Reservar 1 CP (aférese ou padrão), assim estará disponível no segundo pedido de CGV/PFC
- Ácido tranexâmico 1 g/10 min juntamente com a sulprostona
- Manutenção hemodinâmica: coloides ± aminas, se necessário
- Reaquecimento externo + oxigenoterapia
- Anestesia adequada, em caso de instabilidade hemodinâmica: anestesia geral
- Monitoração invasiva (cateter arterial + cateter venoso central), se necessário

| Instável e/ou embolização indisponível | Estável e embolização rapidamente disponível |

| Cirurgia conservadora (ligadura arterial, plicatura uterina) | Embolização |

| Falha | Falha | Se rFVIIa: 60-90 mcg/kg |

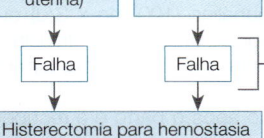

Histerectomia para hemostasia

Obstetrícia

Cefaleias do pós-parto

Atinge 15% das parturientes após o parto com ou sem analgesia peridural (APD).

Essencialmente cefaleias primárias (tensionais ou enxaquecas).

▲ **Perigo: não reconhecimento das raras cefaleias sintomáticas de uma complicação neurológica (meningite, hemorragia meníngea, hematoma subdural, tromboflebite cerebral etc.).**

CEFALEIAS PÓS-PERFURAÇÃO DA DURA-MÁTER (CPPDM)

Incidência de perfuração da dura-máter: 0,5-1% das punções peridurais (fator de risco: inexperiência do anestesista). Os sintomas regridem em alguns dias (50% dos casos) ou em algumas semanas.

Incidência de CPPDM em obstetrícia: 16-80% (fatores de risco: IMC > 22, antecedentes de CPPDM, utilização de mandril gasoso, punções múltiplas). A enxaqueca e a combinação da raquianestesia e peridural não são fatores de risco.

Surgimento nos 6 d pós-perfuração, 90% nas primeiras 48 h. Sintomatologia ligada à hipotensão intracraniana secundária à perda do LCR, associada a uma tração sobre as meninges e sobre os pares cranianos e cervicais.

O diagnóstico é clínico e o tratamento pode ser iniciado sem exame complementar se as seguintes condições estiverem reunidas:

1. **Cefaleias posturais típicas**: aparecem ou aumentam após 15 min em pé, desaparecem após o decúbito dorsal. Cefaleias bilateral, difusa, frontoccipital, ± associadas secundariamente às cervicalgias ou escapulalgias.
2. Associação possível: náuseas, vômitos, rigidez da nuca, distúrbios visuais (fotofobia, diplopia, comprometimento dos pares cranianos III, VI, raízes cervicais), distúrbios da acomodação, distúrbios auditivos (zumbidos, surdez).
3. Ausência de febre.
4. Perfuração dural muito provável nos dias precedentes.
5. Exame neurológico normal (nenhum sinal de localização). Há a possibilidade de uma discreta rigidez da nuca e/ou de bradicardia.
6. As cefaleias desaparecem 48 h após o tratamento da perda de LCR (*blood patch*).

NB: imagens de RM que sugerem uma perfuração da dura-máter: realce difuso das paquimeninges na injeção, alargamento dos sinos venosos (vasodilatação), deslocamento caudal das estruturas encefálicas, preenchimento da fossa posterior, apagamento das cisternas da base do crânio, desaparecimento do 3º ventrículo.

Tratamento

- Tratamentos sintomáticos: antálgicos não específicos (paracetamol). A gabapentina (300 mg x 3/d), a pregabalina (100 mg x 3/d) ou a hidrocortisona (100 mg IV lenta x 3/d por 48 h) têm uma eficácia variável. Não se recomenda mais a permanência no leito e a hiper-hidratação.
- *Blood patch* precoce (deve ser realizado após o parto e a recuperação das sensações).

- *Blood patch* curativo: tratamento de referência (ver *Blood patch*), deve ser feito logo após o estabelecimento do diagnóstico, segundo a tolerância clínica (incômodo nas atividades cotidianas, cuidados com o bebê, confinamento ao leito, EVN/EVA elevados etc.). Puncionar no mesmo espaço ou mais abaixo.
- Administração profilática de ACTH após uma perfuração da dura-máter: 1 mg IM, poderia reduzir a incidência das CPPDM e a necessidade de recorrer ao *blood patch*.
- O posicionamento do cateter intratecal em caso de perfuração confirmada com a agulha de Tuohy pode diminuir a incidência das CPPDM (reação inflamatória em torno do cateter), mas aumenta o risco infeccioso e o cuidado com as doses de AL + opioides injetados (doses na raquianestesia contínua < doses em peridural).

TROMBOFLEBITE CEREBRAL (TFC)

É a complicação mais frequente no pós-parto; discute-se sua relação com o *blood patch*.

Diagnóstico

- Duas primeiras semanas do pós-parto. Fatores de risco: trombofilia, contracepção, câncer, infecção parameníngea (ORL cervicofacial), doença sistêmica. A perfuração da dura-máter aumenta o risco por vasodilatação das veias cerebrais secundárias à hipotensão intracraniana e estase venosa.
- Sintomas não específicos: cefaleias (90%), náuseas, vômitos, sinais localizatórios, convulsões, distúrbios da vigilância, coma.
- Atenção: às vezes é difícil distinguir a TFC de uma CPPDM: são possíveis as cefaleias posturais.
- Toda cefaleia atípica, persistente, variável ou com sinais localizatórios: ângio-RM (mais sensível, faz o diagnóstico em 90% dos casos). Senão angio-TC venosa: trombos disseminados, sinos sagital (62%) ou transverso (86%), infartos cerebrais, espessamento meníngeo.

Tratamento

- Emergência terapêutica: anticoagulação com heparina terapêutica.
- Tratamento da hipertensão intracraniana e antiepiléticos, se necessário.

SÍNDROME DE PRES (*POSTERIOR REVERSIBLE ENCEPHALOPATHY SYNDROME*)

- Pode ser observada na pré-eclâmpsia ou na eclâmpsia. Entidade clinicorradiológica associando:
  - Cefaleia, convulsões, encefalopatia, distúrbios visuais.
  - Imagens na tomografia/RM: edema vasogênico, sobretudo occipital.
- Tratamento sintomático.
- Evolução clínica e radiológica favorável em alguns dias/semanas.

SÍNDROME DE VASOCONSTRIÇÃO CEREBRAL REVERSÍVEL (SVCR)

Fatores de risco: HA espontânea ou induzida ++ (HA, pré-eclâmpsia, descongestionantes nasais, anti-VEGF, citotóxicos etc.).

- Cefaleias em salvas, únicas ou repetidas, epilepsia (10%), déficits (10%).
- RM: normal (70%), hematoma subaracnóideo (20%), hematoma cerebral (10%), acidente isquêmico transitório (AIT) (16%), infarto (4%) (ocorrem mais tarde que as hemorragias), dissecção da carótida.
- Angiografia: estenoses e ectasias fusiformes segmentares multifocais.
- Reversível (exames de imagens normais por volta de 12 semanas).
- Tratamento sintomático.

DISSECÇÃO DA CARÓTIDA
- Fatores de risco: HA, pré-eclâmpsia, doença do tecido conjuntivo.
- Cefaleia ipsilateral, paralisia facial, distúrbio da oculomotricidade, zumbidos, comprometimentos da perfusão cerebral (PC).
- Emergência terapêutica, tratamento anticoagulante.

PNEUMOENCÉFALO
Complicação rara da APD secundária à utilização da técnica da perda de resistência (técnica não recomendada).

Diagnóstico
- Cefaleias de forte intensidade e graves, imediata e incomum.
- Dor inicial no nível do ponto de punção, extensão cervical posterior e depois cefaleias frontais e occipitais, retro-orbitais ou difusas; agravadas pelo ortostatismo.
- Exame neurológico normal.
- Exames de imagens confirmam a presença de ar.

Tratamento
- Desnitrogenação com alta fração inspirada de oxigênio.
- Desaparece espontaneamente após alguns dias.

HEMATOMA SUBDURAL INTRACRANIANO (HSD)
Complicação excepcional das punções na dura-máter.

Diagnóstico
- O prazo de ocorrência é variável: 30 h-5 meses.
- Deve ser logo considerado diante das cefaleias persistentes ou recidivantes apesar de um tratamento bem conduzido, ou depois do desaparecimento inicial.
- Distúrbios sensitivos e motores transitórios associados (90% dos casos).
- Hipertensão intracraniana (sonolência, vômitos, confusão, cefaleia), sonolência, distúrbios visuais, incontinência urinária, confusão e ataxia.
- Exames de imagem de emergência.

Tratamento
- Emergência neurocirúrgica.
- Bom prognóstico e recuperação total em caso de intervenção rápida.

ENXAQUECA
- A cefaleia mais frequente (12% na população geral).

- Influência hormonal, diminuição frequente das crises ao longo da gestação. Recrudescência das crises entre o 3° e o 6° dia pós-parto (queda acentuada dos estrógenos).
- Cefaleias menos graves que as crises habituais, unilaterais ou bifrontais, pulsáteis, prolongadas, com ± fotofobia, náusea, anorexia. Às vezes com sinais de localização transitória.

CEFALEIAS TENSIONAIS
- As mais frequentes no pós-parto (5-10% dos casos após o parto).
- Diagnóstico de exclusão.
- Topografia variável: cefaleias difusas, com sensação de pressão e de peso, ± associadas às disestesias do couro cabeludo, sempre bilaterais. A intensidade nunca é grave.
- Exame neurológico normal, não apresenta náusea, vômito, fotofobia; fonofabia é possível.
- Fatores que favorecem: cansaço, estresse, falta de sono.
- Antálgicos não específicos, auxílio e apoio.

OUTRAS ETIOLOGIAS
- Hipertensão: investigar sistematicamente sinais de pré-eclâmpsia mesmo no pós-parto (ROT vivos, proteinúria etc.).
- Hemorragia meníngea: ruptura de aneurisma (75%), malformação arteriovenosa (25%).
- Meningites: germes da flora orofaríngea, cutâneos ou meningite asséptica (clorexidina).
- Cefaleias de aleitamento (variações das concentrações de ocitocina).
- Dores vasculares da face.
- Cefaleias ligadas à tomada ou à retirada de substâncias (café).
- Cefaleias ditas "dos especialistas": ligadas a uma afecção oftalmológica, ORL ou estomatológica.
- Nevralgias, dores tronculares e dor de desaferenciação.
- Tumores cerebrais.

Indicação de exame de imagem (RM ou tomografia cerebral ± lombar com contraste): toda cefaleia atípica imediata ou secundariamente (perda do caráter postural), sinais localizatórios, febre, modificação da sintomatologia, falha completa de um 1° *blood patch*.

Obstetrícia

Conduta diante das cefaleias do pós-parto

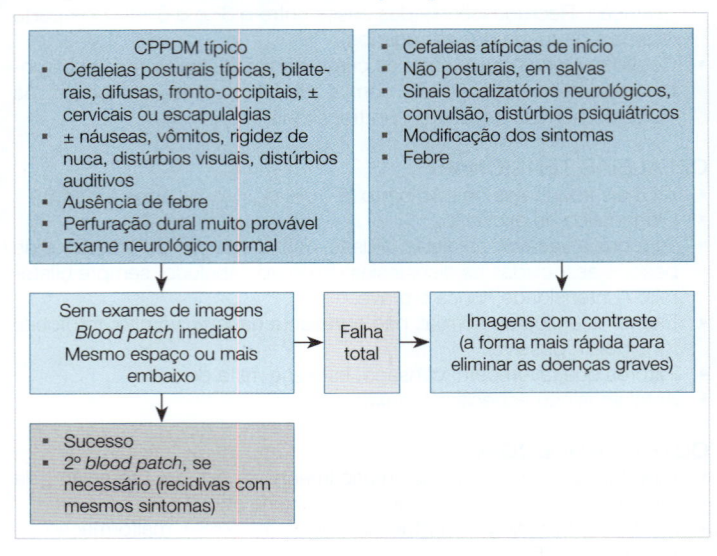

CPPDM típico
- Cefaleias posturais típicas, bilaterais, difusas, fronto-occipitais, ± cervicais ou escapulalgias
- ± náuseas, vômitos, rigidez de nuca, distúrbios visuais, distúrbios auditivos
- Ausência de febre
- Perfuração dural muito provável
- Exame neurológico normal

- Cefaleias atípicas de início
- Não posturais, em salvas
- Sinais localizatórios neurológicos, convulsão, distúrbios psiquiátricos
- Modificação dos sintomas
- Febre

Sem exames de imagens
Blood patch imediato
Mesmo espaço ou mais embaixo

→ Falha total →

Imagens com contraste (a forma mais rápida para eliminar as doenças graves)

- Sucesso
- 2° *blood patch*, se necessário (recidivas com mesmos sintomas)

Obstetrícia

Conduta para uma forma grave de pré-eclâmpsia

DEFINIÇÃO DE UMA FORMA GRAVE DE PRÉ-ECLÂMPSIA
Com pelo menos um dos seguintes critérios:
- HA grave (PAS ≥ 160 mmHg e/ou PAD ≥ 110 mmHg).
- Comprometimento renal (oligúria < 500 mL/24 h, creatinina > 135 mcgmol/L = 1,5mg/dL, proteinúria > 5 g/d).
- EAP, dor epigástrica em faixa persistente ou síndrome de HELLP (hemólise, citólise, trombocitopenia < 100 x 10^9/L).
- Eclâmpsia ou distúrbios neurológicos (cefaleias intensas, distúrbios visuais, ROT policinéticos).
- Hematoma retroplacentário (HRP) ou repercussão fetal.

ELEMENTOS DE CONTROLE DURANTE A HOSPITALIZAÇÃO
Controle clínico ao menos a cada 8 h
- Parâmetros vitais (PA automatizada/30 min), diurese, sinais de gravidade clínica, sangramentos, contrações, perda de LA, avaliação na admissão/alta, peso. RCF x 1/d, ultrassonografia fetal x 2/semanas.

Controle laboratorial
- Em 24 h: bilirrubina, haptoglobina, DHL, CPK, ionograma sanguíneo e urinário, ureia, creatinina, proteinúria.
- Em 12 h ou 8 h nas formas mais graves: TGO, TGP, hemograma completo, pesquisa de esquizócitos, avaliação completa da hemostasia.
- Ultrassonografia hepática materna em caso de síndrome HELLP ou dor abdominal.
- Tomografia ou RM cerebral em caso de distúrbios neurológicos.
- Uma medição da bainha do nervo ótico por ultrassonografia (diâmetro > 6 mm) pode ser realizada para detectar o aparecimento da hipertensão intracraniana.

MODALIDADES TERAPÊUTICAS ANTES DO PARTO
Tratamento anti-hipertensivo
- Objetivo tensional: PAS < 140 e/ou PAD < 100 mmHg. Nicardipina deve ser diluída em soro glicosado. O labetalol atenua a taquicardia reflexa secundária à vasodilatação provocada pela nicardipina: indicação para uma biterapia precoce.
- Outros agentes anti-hipertensivos possíveis:
  - Urapidil (seja em associação com a nicardipina, seja para substituí-la, sobretudo em caso de cefaleias ou distúrbios neurológicos).
  - Clonidina (no caso de contraindicação aos betabloqueadores, ou em associação se PA mal controlada pela biterapia).
- ▲ **Ver algoritmo a seguir.**

Expansão vascular
- Deve ser cautelosa e não sistemática. Pode ser guiada com monitoração não invasiva (ecocardiografia).
- Em caso de oligúria: infusão em 30 min de 500 mL de solução cristaloide.

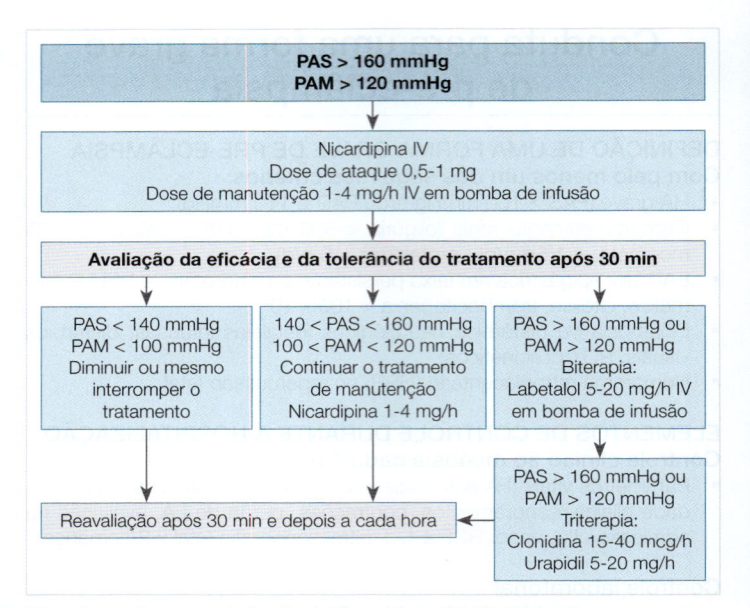

Algoritmo de prescrição do tratamento anti-hipertensivo
Pressão arterial média (PAM) = (PA sistólica + 2 PA diastólica)/3

- Esta infusão pode ser repetida 1-2 vezes em caso de persistência da oligúria, podendo então ser associada à injeção IV de 20-40 mg de furosemida.
- Em caso de jejum prolongado, o aporte hídrico e de glucídios de base é assegurado pela infusão IV de SG5% + eletrólitos: máximo de 1,5 L.

Indicação de sulfato de magnésio
- Prevenção primária da crise de eclâmpsia = pré-eclâmpsia grave com sinais de "iminência": dor epigástrica em faixa, cefaleias persistentes, ROT vivos, distúrbios visuais.
- Tratamento da crise de eclâmpsia e prevenção secundária das recidivas.
- Posologia: 4 g/20 min IV em bomba de infusão e depois 1 g/h durante 24 h.
- Observação em SRPA ou semi-intensiva: consciência, ROT, frequência respiratória (> 12 irpm), diurese (> 30 mL/h). Em caso de manifestações clínicas de superdosagem: interrupção da infusão, injeção 1 g de gluconato de cálcio e medir a magnesemia.

EM CASO DE SÍNDROME HELLP
- A transfusão de plaquetas só é indicada em caso de trombocitopenia grave (< 50.000/mm^3) com sangramento ativo e risco hemorrágico.
- A transfusão de concentrados de glóbulos vermelhos (CGV) é indicada em caso de anemia grave ou mal tolerada.
- Em caso de distúrbio da coagulação (TP < 40%), a deficiência deve ser compensada pelos PFC e/ou fibrinogênio.

- Não se recomenda a administração de corticosteroides para o tratamento da síndrome HELLP, pois ela não melhora o prognóstico materno e/ou neonatal. Contudo, a betametasona no pré-parto (1 injeção IM de 12 mg/d durante 48 h) ou a dexametasona (10 mg/12 h durante 48-72 h) no pós-parto podem fazer regredir a trombocitopenia e a citose hepática. Isso deve ser discutido caso a caso.

EM CASO DE ECLÂMPSIA

- Oxigenoterapia obrigatória.
- Sulfato de magnésio: em caso de recidiva grave, é possível a injeção de uma dose adicional de 1,5-2 g.
- Benzodiazepínico IV para interromper as convulsões (clonazepam ou midazolam) em caso de persistência apesar da administração de sulfato de magnésio.
- Indica-se a intubação orotraqueal em caso de coma (GCS < 9). É realizada com tiopental e succinilcolina.
- Obrigatória a correção de uma coagulopatia em razão do risco hemorrágico encefálico e da iminência do parto na maioria das vezes.
- Controle da HA pela associação de nicardipina + labetalol, particularmente no caso de anomalias na tomografia cerebral. Um tratamento conservador só pode ser considerado em raros casos, quando o término da gestação é muito precoce, o estado da mãe está estabilizado após a crise e na ausência de sofrimento fetal.
- A indicação de exames por imagem cerebral deve ser ampla (persistência de sinais visuais, sinais localizatórios ou atípicos, estado de mal).

CRITÉRIOS PARA INTERRUPÇÃO DA GESTAÇÃO EM CASO DE PRÉ-ECLÂMPSIA GRAVE

- Antes de 24 SA: IMG.
- Depois de 34 SA: resolução da gestação.
- Entre 24 e 34 SA: as indicações para resolução da gestação podem ser maternas: HA não controlada, eclâmpsia, EAP, hematoma retroplacentário, piora da trombocitopenia (< 50.000/mm³), hematoma subcapsular do fígado, piora da injúria renal e/ou insuficiências fetais: anomalias do RCF, RCIU grave).
- Corticoterapia para maturação pulmonar fetal poderá ser proposta se as condições maternas e fetais o permitirem.

ANESTESIA

- Avaliação pré-anestésica a mais precoce possível das dificuldades de intubação, do controle da PA, dos acessos venosos e da avaliação de coagulação (deve ser o mais recente possível < 6 h).
- O ácido acetilsalicílico não contraindica a analgesia perimedular se a avaliação de coagulação e o número de plaquetas forem normais.
- O valor limite de plaquetas recomendado é 75×10^9/L para realizar uma peridural e 50×10^9/L para uma raquianestesia se a trombocitopenia estiver estável, o anestesista treinado, e se a paciente passar por uma observação neurológica pós-parto.
- Em caso de raquianestesia, recomenda-se limitar a expansão e diminuir o tratamento anti-hipertensivo durante a instalação do bloqueio.

- Em caso de AG: prevenção da crise hipertensiva da intubação com *bolus* de nicardipina IV e/ou opioide (sufentanila ou remifentanila: 1-1,5 mcg/kg), informando os pediatras.

CONDUTA PÓS-PARTO
- O risco de complicações persiste durante pelo menos 2 dias.
- Avaliação hídrica negativa: redução dos aportes líquidos e diuréticos (20-40 mg de furosemida em caso de edema ++ após verificação da volemia).
- Controle dos parâmetros vitais em SRPA ou na semi-intensiva.
- Biologia: uma vez por dia ou mais em caso de síndrome HELLP grave até a melhora.
- Tratamento anti-hipertensivo (objetivo: PAS < 160 mmHg e PAD < 90 mmHg) IV durante 24 h e depois VO. Os anti-hipertensivos autorizados durante a gestação e o aleitamento são a nicardipina, o labetalol, o urapidil e a alfametildopa. Em certos casos de hipertensão arterial grave no pós-parto, indica-se a introdução dos IECA ou dos betabloqueadores. A utilização de uma dupla terapia anti-hipertensiva implica a interrupção do aleitamento. O propranolol e o labetalol podem ser utilizados sem problemas, e o captopril, o enalapril, o benazepril ou o quinapril podem ser utilizados na mulher que amamenta, exceto se a criança amamentada for prematura ou apresentar injúria renal.
- A bromocriptina é contraindicada na mulher que apresenta pré--eclâmpsia pelo risco de ocorrência de crise hipertensiva, de convulsões, de acidentes isquêmicos cerebrais ou miocárdicos.
- Prevenção do risco tromboembólico nas formas graves com síndrome HELLP e/ou proteinúria grave administrando-se HBPM em altas doses profiláticas durante 6 semanas (tratamento que deve ser iniciado assim que as plaquetas estiverem estabilizadas > 100 x 10^9/L) e meias elásticas.

Anemia pré e pós-parto

A carência de ferro é muito frequente no decorrer da gestação normal (10-30% nos países desenvolvidos) e representa a principal etiologia da anemia na gestante. A suplementação preventiva em ferro e em ácido fólico reduz em 70% o risco de anemia em longo prazo, mas não é recomendada de maneira sistemática na França. A existência de anemia constitui o principal fator de risco de transfusão durante uma cesariana e agrava o prognóstico em caso de hemorragia.

Definição:
- Hb < 11 g/dL durante a gestação e no pós-parto.

Detecção:
- Hemograma completo obrigatório no 6° mês (HAS 2005), recomendado no início da gestação em caso de fator de risco.

DIAGNÓSTICO E ETIOLOGIAS
- Carência de ferro (90% dos casos): anemia microcítica arregenerativa, avaliada pela ferritinemia (< 15 mcg/mL).
- Hemoglobinopatias: eletroforese do Hb nas populações de risco.
- Inflamatória: microcítica arregenerativa, ferritinemia normal ou reduzida.
- Periférica: normocítica e regenerativa: hemólise, hemorragia.
- Central: medular, injúria renal.

PROCEDIMENTOS PARA A ANEMIA POR CARÊNCIA DE FERRO
- **Suplementação por VO ao longo da gestação**: após controle da carência pela dosagem da ferritinemia (reflexo dos estoques de ferro). VO: 100 mg/d, associar ácido fólico 150-200 mcg/d (Tardyferon B9® = 50 mg ferro + 350 mcg de ácido fólico). Efeitos secundários digestivos responsáveis pela má aderência, tomar fora das refeições, correção lenta da deficiência: duração mínima de 1 mês.
- **Ferro intravenoso:** indicado em caso de anemia carencial grave e/ou risco hemorrágico e/ou próximo do final da gestação e/ou dificuldades transfusionais. Não há autorização de comercialização do produto para a gestante, mas numerosos dados publicados (evitar o 1° trimestre). Dose máx. = peso (kg) x 2,4 (Hb alvo – Hb atual). Garantia de absorção e de aderência, correção mais rápida da deficiência.
  - Hidróxido férrico sacarose-Venofer®: básico e hiperosmolar (irritação venosa), aleitamento autorizado, choques anafiláticos descritos. 1-3 doses de 300 mg em infusão lenta com intervalos de 48 h.
  - Carboximaltose férrico-Ferinject®: osmolaridade e pH fisiológicos, possibilidade de infusão única em 15 min (máx. 1 g).

Eritropoietina recombinante-EPO
- Indicações reservadas: injúria renal crônica, grupos raros e dificuldade transfusional, ± recusa de transfusão.
- Passagem transplacentária 10%, considerar um risco não avaliado na gestante.

- Modalidades: 300 UI/kg x 2/semana IV ou SC. Associar um aporte de ferro/ácido fólico.

ANEMIA DO PÓS-PARTO (HB < 10 G/DL)
- Principal etiologia: anemia pré-parto +/– hemorragia pós-parto.
- A incidência após parto via vaginal é de 14% no caso de suplementação de ferro durante a gestação, senão 24%.
- Tratamento: ferro VO 100-200 mg/d, controle no D15 nas formas moderadas. Nas formas graves, ferro IV, controle no D5.

		Hb < 8 g/dL	8 ≤ Hb < 9 g/dL	9 ≤ Hb < 11 g/dL
Gestação normal	Distante do termo	Ferro VO ou IV	Ferro VO	
	Próximo do termo	Ferro IV ou transfusão	Ferro IV	Ferro VO ou IV
Risco hemorrágico	Distante do termo	Ferro VO ou IV		Ferro VO
	Próximo do termo	Transfusão	Ferro VO ou IV	
Intolerância/não aderência ferro oral		Ferro IV ou transfusão	Ferro IV	
Dificuldades transfusionais		Ferro IV +/- EPO		

Obstetrícia

Trombocitopenia e gestação

DEFINIÇÃO: contagem de plaquetas < 100.000/mm³. Eliminar uma falsa trombocitopenia pela agregação *in vitro* no EDTA (1% da população).

PONTOS ESSENCIAIS

- Diz respeito a 6-15% das gestações.
- Das trombocitopenias descobertas no decorrer de gestação, 75-80% são trombocitopenias isoladas ditas gestacionais.
- Nenhuma avaliação permite fazer a diferença entre púrpura trombocitopênica idiopática (PTI) e trombocitopenia gestacional (TG), pois elas podem apresentar as mesmas características. A normalização da taxa de plaquetas no pós-parto nas TG é o único elemento de diagnóstico. O controle no decorrer dos dois primeiros trimestres é o mesmo de uma gestação normal, pois a queda só aparece no último trimestre (34-36 SA).
- É imperativo eliminar sistematicamente uma doença obstétrica (pré-eclâmpsia, síndrome HELLP, MAT), EHAG (esteatose hepática aguda da gestação). Investigar esquizócitos diante de qualquer trombocitopenia, mesmo moderada e qualquer que seja a idade gestacional.

ETIOLOGIAS

Trombocitopenias não relacionadas com a gestação	Trombocitopenias relacionadas com a gestação		
	Trombocitopenias relacionadas a uma doença obstétrica	Trombocitopenias isoladas da gestação	
• Viral: HIV, HBV, HCV, CMV, parvovírus • Bacteriana parasitária (paludismo) • Imunológicas: lúpus, tireoidite, SAAF • Deficiência de folatos, câncer • Hiperesplenismo • Trombocitopenia familiar • Doença de von Willebrand 2 B • Medicamentos (quinino, rifampicina, trimetoprima-sulfametoxazol) • Trombocitopenia induzida pela heparina • Doença hematológica: May Hegglin, Wiskott-Aldrich, Bernard Soulier, mielodisplasia • Síndrome de ativação macrofágica	• Pré-eclâmpsia, síndrome HELLP • 20% das trombocitopenias do 2º ou 3º trimestre • EHAG ± CIVD (rara) • Microangiopatia trombótica, SHU, PTT (raro: 1/25.000 gestações) • CIVD: hematoma retroplacentário, embolia amniótica, MFIU	**Trombocitopenias gestacional** • 75% das trombocitopenias • Trombocitopenia moderada > 75.000/mm³ (pode se agravar com a aproximação do termo) • 2ª metade do 2º ou do 3º trimestre • Paciente assintomática • Plaquetas normais fora da gestação • Recuperação espontânea no pós-parto (em 2-3 meses) • Sem risco de hemorragia • Sem trombocitopenia neonatal • Recidiva durante gestações posteriores	**PTI** • 5% das trombocitopenias • Raro: 1-5 casos/10.000 gestações • 1º trimestre: 1ª causa da trombocitopenia • Pode ser preexistente à gestação • Muitas vezes grave (< 50.000, ou até < 30.000/mm³) • Risco hemorrágico se plaq < 10.000/mm³ • 10% de trombocitopenia fetal (risco hemorrágico < 1%) • Nenhuma correlação entre a gravidade da trombocitopenia da mãe e a contagem de plaquetas neonatal • Fator de risco fetal: trombocitopenia neonatal nas gestações anteriores. Antecedentes de esplenectomia (mesmo plaq normais)

Obstetrícia

CONDUTA

Conduta a manter diante de uma trombocitopenia descoberta durante a gestação

1° trimestre
Avaliação orientada pela história clínica:
- TP, TTPA, fibrinogênio
- Esfregaço sanguíneo

Fim do 2°-3° trimestre
(ou 28 SA)

Avaliação normal → Tratamento etiológico

Avaliação anormal → PTI

Elimina doença obstétrica
(ver *quadro Etiologia*)

Avaliação anormal → Tratamento etiológico

Avaliação normal → TG

PTI → Avaliação hematologista + ? multidisciplinas Plaquetas ≥ 20.000

Nenhum sinal hemorrágico

Sinais hemorrágicos ± procedimentos invasivos ← Plaq na 28 SA

Nenhum sinal hemorrágico

Plaq na 34-36 SA

Plaq < 75.000 | Plaq > 75.000

Plaq > 75.000 → APD

- Após avaliação hematológica, iniciar tratamento na 36 SA ou 15 d antes da data do parto:
  - Prednisona 10-20 mg/d, que deve ser ajustada à dose mínima eficaz: objetivo plaq ≥ 75.000. Prazo de eficácia 7-10 d
  - Imunoglobulinas 1 g/kg/d durante 1-2 d e repetir se necessário em 48 h
- Em caso de falha, associar os dois tratamentos e discutir corticoterapia em dose alta (1 g/d)
- Discutir esplenectomia no 2° semestre

Objetivo
Anticoagulantes: plaq ≥ 50.000
Raquianestesia: ≥ 50.000
APD: plaq ≥ 75.000

TROMBOCITOPENIA E PRÉ-ECLÂMPSIA

(Ver *capítulo correspondente.*)

TROMBOCITOPENIA E PROCEDIMENTOS INVASIVOS: AVALIAR A CINÉTICA ++ E A RELAÇÃO RISCO/BENEFÍCIO

- Avaliação da hemostasia antes da retirada do cateter peridural.
- Vias de parto segundo indicações obstétricas.
- Possibilidade de cesariana se as plaquetas forem > 50.000/mm^3.
- Pedido de plaquetas em caso de trombocitopenia < 50.000/mm^3.
- Contraindicações: pH no escalpo fetal, manobras instrumentais.
- Sem transfusão de plaquetas para uma analgesia peridural ou para retirada do cateter (ventosas, fórceps).
- Observação do recém-nascido (ver *Pediatria*): risco hemorrágico máximo 24-48 h após o nascimento.

NO PÓS-PARTO

- Plaquetas 2 x/semana.
- Redução progressiva dos corticosteroides.
- Hemograma completo em 3 meses (normalização em caso de TG).
- É possível a prevenção tromboembólica se as plaquetas são > 50.000/mm^3.

Obstetricia

Microangiopatias trombóticas (MAT) e gestação

A púrpura trombocitopênica trombótica (PTT) e a síndrome hemolítica--urêmica (SHU) são duas manifestações clínico-biológicas vizinhas das MAT. É uma desordem multissistêmica grave, caracterizada por lesões trombóticas microvasculares generalizadas. A distribuição diferente das lesões é responsável pelo quadro de SHU (comprometimento renal predominante) ou de PTT (comprometimento neurológico predominante). A distinção ainda pode ser difícil e é mais prático falar de SHU/PTT. Nos dois casos, a extração fetal não melhora a doença.

PTT: PÚRPURA TROMBOCITOPÊNICA TROMBÓTICA = TRATAMENTO URGENTE EM UTI

- Anemia hemolítica mecânica grave: esquizócitos++, haptoglobina baixa, ↑ LDH, ↑ bilirrubina livre.
- Trombocitopenia de consumo: constante, com frequência < 50.000/mm³.
- Distúrbios neurológicos (84-92%): convulsões, coma, distúrbio de consciência, distúrbios visuais.
- Febre (59-98%).
- Injúria renal geralmente moderada (50%), comprometimento glomerular.

O comprometimento pode ser multissistêmico: sinais clínicos associados aos microtrombos vasculares do órgão envolvido: pancreatite, comprometimento suprarrenal, infarto do miocárdio, dor abdominal, vômitos.

Considerar MAT diante de qualquer trombocitopenia + esquizócitos, qualquer que seja a idade gestacional.
A hemostasia é normal, às vezes com aumento moderado dos d-dímeros. Transaminases normais.

Diagnósticos diferenciais: síndrome HELLP (↑ transaminases), paludismo (esplenomegalia), CIVD (distúrbios da hemostasia).

Epidemiologia: 1/25.000 gestações, mais frequentes nos 2º-3º trimestres. É possível recidiva no decorrer das gestações posteriores (50%). Fatores de risco: trombofilia (fator V de Leiden), obesidade, lúpus, diabete, pré-eclâmpsia.

Fisiopatologia: diminuição da atividade da ADAMTS 13, protease responsável pela clivagem dos multímeros de vWF (ADAMTS 13 = *A Desintegrin And Metalloproteinase with ThromboSpondin type 1 motif 13*). Nas condições normais, os multímeros do vWF circulam no estado retraído. A ausência de enzima de clivagem ADAMTS 13 resulta no acúmulo de multímeros não clivados, os megamultímeros com importante poder adesivo, na origem de microtrombos. O mecanismo é autoimune, ligado à secreção de autoanticorpos IgG dirigidos contra a protease ADAMTS 13. Na PTT congênita, encontra-se uma redução da atividade da ADAMTS 13 sem anticorpos.

Diagnóstico: Dosagem da ADAMTS 13 muito baixa (< 5%).

Tratamento

1. Plasmaféreses que devem ser iniciadas com urgência (antes dos resultados de dosagem da ADAMTS 13).
2. Se as plasmaféreses não forem feitas com urgência: transfusão de plasma fresco congelado (60 mL/kg/d), continuar o tratamento até a remissão completa (normalização dos parâmetros clínicos e biológicos durante pelo menos 48 h, contagem de plaquetas > 150.000 mm³). A contagem de plaquetas e DHL são os marcadores mais sensíveis. A evolução é muitas vezes favorável e a ausência de resposta após 5 d de plasmaféreses corresponde a uma forma resistente.
3. Corticoterapia em associação imediata ou em caso de falha das plasmaféreses: metilprednisolona 1 mg/kg/d + folatos.
4. **A transfusão de plaquetas agrava a doença.**

A gestação não modifica a resposta ao tratamento e à extração fetal não modifica a evolução da doença (diferentemente da síndrome HELLP).

Tratamento profilático

Segundo a dosagem da ADAMTS 13 no início de gestação:

- Se < 5%: plasmaterapia desde o início da gestação.
- Se > 100%: controle pelo menos 1 x trimestre.

SHU: SÍNDROME HEMOLÍTICO-URÊMICA

MAT com comprometimento renal glomerular predominante (mas o quadro clínico pode ser enganador).

Epidemiologia

Fim do 3º trimestre e pós-parto (3-4 semanas). Geralmente na 2ª gestação.

Fisiologia

Desregulação da via alternativa do complemento por mutação de diferentes proteínas implicadas nessa regulação (FI, FH, CD46, MCP). A ativação da via alternativa está na origem da queda do complemento C3. O resultado disso é um aumento do fator vW, uma ativação das plaquetas e uma alteração do endotélio vascular na origem dos trombos. Comprometimento predominante das células glomerulares, mas que pode afetar todos os órgãos.

Diagnóstico biológico

- Redução moderada da ADAMTS 13, queda da taxa de complemento C3.
- Frequente evolução para injúria renal terminal.

Tratamento

- Recomendam-se plasmaféreses em caso de sinais neurológicos associados.

OUTRAS MAT
Síndrome HELLP

- A taxa de ADAMTS 13 é mais baixa que nas gestações normais, regressão das anomalias biológicas no pós-parto (máx. 48 h).

- Tratamento: extração fetal.

EHAG: esteatose hepática aguda da gestação
- 1/5.000-1/10.000 gestações. Sobretudo no 3º trimestre e nas primíparas.
- Fisiopatologia: mutação da enzima de oxidação mitocondrial dos ácidos graxos de cadeia longa (LCHAD: *long chain3-hydroxyacylCoA deshydrogenase*).
- Sintomatologia: polidipsia+++, náuseas, vômitos, mal-estar, prurido, distúrbios neurológicos.
- Biologia: citólise hepática importante (ver quadro sobre hepatite aguda grave): aumento das transaminases, hemostasia comprometida (TP), hipoglicemia, injúria renal.
- Tratamento: extração fetal, tratamento sintomático.

RESUMO DIANTE DE UMA TROMBOCITOPENIA NO DECORRER DA GESTAÇÃO

	PTT	SHU	HELLP	EHAG
Início	2-3º trimestre	Pós-parto	3º trimestre	3º trimestre
↑ Pressão arterial	Não	Não	+/−	+/−
Anemia hemolítica	+++	++	++	+
Trombocitopenia	+++	++	++	+/−
Comprometimento neurológico	+++	+/−	+/−	+/−
Comprometimento renal	+/−	+++	+/−	+/−
Comprometimento hepático	+/−	+/−	+++	+++
Diagnóstico	ADAMTS 13 L < 5% grandes multímeros vWF	ADAMTS 13 um pouco > 10% Comprometimento renal	Transaminases ADAMTS 13 um pouco > 10% Ausência de grandes multímeros vWF	Transaminases Distúrbios da coagulação
Tratamento	Plasmaféreses	Sintomático Diálise em 81% dos casos	Extração fetal	Extração fetal

Sepse e antibioticoterapia em obstetrícia

SEPSE
Introdução
- A septicemia representa 5-10% das causas de mortalidade materna nos países desenvolvidos.
- Apesar da frequência das bacteremias, a sepse grave é rara na gestante e sua mortalidade é baixa.
- Os sinais clínicos e biológicos são frustros por causa das modificações fisiológicas ligadas à gestação.
- A PCR não modificada pela gestação é uma boa ferramenta de detecção e de controle da infecção durante a gestação, a PCT não é validada.
- Na maioria das vezes, a origem das infecções graves no decorrer da gestação ou no pós-parto é renal ou pélvica.
- Os germes encontrados com mais frequência são o estreptococo B e a *Escherichia coli*. O estreptococo A está em recrudescência, sendo responsável por 50% das mortes de origem infecciosa.

Fatores de risco
- Nível socioeconômico desfavorável, obesidade, drepanocitose homozigótica ou heterozigótica, anemia, diabete gestacional, infecção por HIV, infecção vaginal, antecedentes de infecção pélvica, infecção com estreptococo B, bacteriúria, vaginose.
- Amniocentese, cerclagem cervical, ruptura prolongada das membranas, trabalho de parto prolongado com exames vaginais múltiplos, lesões vaginais, retenção placentária, cesariana (se de emergência, o risco aumenta em 50%).

PRINCIPAIS INFECÇÕES
Corioamnionite
- Responsável pela prematuridade (0,5-10% das gestações) e pelas infecções fetais e/ou neonatais. Na maioria das vezes é de origem ascendente e polimicrobiana.
- Febre, sensibilidade uterina, líquido amniótico purulento ou com mecônio, taquicardia fetal, contrações prematuras, atonia uterina pós-parto com hemorragia.
- Estreptococo B principalmente; *E. coli*: 30-50% dos casos (60% resistente à amoxicilina).
- Tratamento precoce, mesmo com parto iminente, amplo espectro: ceftriaxona 2 g/d e gentamicina 8 mg/kg.

Infecção urinária
- O risco de desenvolver pielonefrite ou infecção urinária baixa é dez vezes maior no decorrer da gestação, por causa das modificações anatômicas e hormonais.
- Toda bacteriúria deve ser tratada. Detecção com tira reagente urinária uma vez por mês, a partir do 4º mês. Se a tira for positiva, fazer ECBU e tratamento de acordo com antibiograma durante 5-7 dias.
- Em caso de cistite, tratamento imediato antes do antibiograma.

- Pielonefrite: hemoculturas e coleta urinária, hospitalização durante 24 h. Cefalosporina de 3ª geração (C3G) IV, transicionar para VO após 48 h de apirexia, terapêutica guiada após antibiograma.

Endometriose do pós-parto
- A cesariana é um fator de risco elevado, principalmente de emergência.
- Interesse da antibioticoprofilaxia (depois, ou mesmo antes da incisão cirúrgica).
- Antibioticoterapia prolongada 10-15 d com C3G ± metronidazol ou amoxicilina + ácido clavulânico.
- Na ausência de resposta ao tratamento: TC de pelve (abscesso, tromboflebite?).

Infecção pulmonar
- Pneumococo, varicela, *Listeria*.
- Atenção: os sinais pulmonares (desconforto respiratório, hipóxia) estão no topo da lista em caso de sepse grave, qualquer que seja sua causa.
- Tratamento precoce: amoxicilina.

Outras causas
- Abscesso de parede, tromboflebite ovariana, abscessos mamários e mastite.

Hipertermia (> 38ºC) após peridural
- Hipertermia no decorrer do trabalho de parto em 25% dos casos de peridural.
- Mecanismo mal conhecido, mas com ocorrência mais frequente em caso de corioamnionite subjacente.

Febre antes da peridural
- A taxa de glóbulos brancos aumenta no decorrer do trabalho de parto e pode chegar a 20.000/mm^3 sem ser patológico.
- Não há aumento do risco de infecção perimedular se a peridural foi realizada em parturientes com corioamnionite sem antibioticoterapia prévia à punção.
- Recomenda-se a antibioticoterapia prévia (precaução): opinião de especialistas.
- Atenção ao risco hemodinâmico e a uma eventual coagulopatia.

PARTICULARIDADES DO TRATAMENTO DA SEPSE GRAVE LIGADA À GESTAÇÃO
- Reanimação em decúbito lateral esquerdo se término da gestação for > 24 SA.
- Avaliação fetal de acordo com a idade gestacional.
- Prevenção tromboembólica imperativa.

Caso particular do estreptococo A
- Microrganismo comunitário muito comum: 5-30% da população é portadora assintomática (pele, ORL).
- Apresentação clínica: síndrome gripal, erupção cutânea escarlatiniforme predominante na raiz das coxas, muito inconstante, e depois estado

de choque precoce e grave com falência múltipla de órgãos, necroses cutâneas e musculares ou mesmo gangrenas ou miometrite purulenta.
- Mortalidade materna e neonatal elevada.
- Tratamento: germe sensível a uma antibioticoterapia precoce (clindamicina por seu efeito antibacteriostático, penicilina, eritromicina, vancomicina), e acesso cirúrgico do foco infeccioso, ou mesmo histerectomia.
- Prevenção: informação às parturientes sobre a higiene pessoal e a lavagem das mãos, medidas especificas na sala de parto (uso de máscara).

ANTIBIOTICOTERAPIA
Indicações profiláticas
- Ver *Antibioticoprofilaxia em obstetrícia*.
- Não há antibioticoprofilaxia específica em caso de valvopatia (ver *Profilaxia da endocardite*).

Febre no decorrer do trabalho de parto
- Definida por temperatura > 38°3 C por duas vezes com 30 min de intervalo após hidratação e verificação da temperatura ambiente.
  - Amoxicilina IV 2 g e depois 1 g/4 h + gentamicina 8 mg/kg/d até o parto.
  - Se houver alergia à penicilina: cefoxitina 2 g a cada 6 h.
  - Se houver ruptura da bolsa > 48 h: substituir a amoxicilina pela amoxicilina-ácido clavulânico 2 g IV e depois 1 g/4 h.
  - Coletas:
    - » Três hemoculturas (germes aeróbicos e anaeróbicos, pesquisa de *Listeria*).
    - » Hemograma completo, PCR.
    - » Coleta bacteriológica do líquido amniótico e ECBU.
- A duração do tratamento no pós-parto será discutida de acordo com o contexto no momento do parto e os antibióticos serão guiados secundariamente aos germes encontrados.

Prevenção das infecções perinatais ao estreptococo B
- Detecção materna sistemática na 34 SA.
- Risco: 1-2% dos recém-nascidos de mães colonizadas desenvolvem infecção pelo estreptococo B.
- Conduta: antibioticoterapia desde o início do trabalho de parto com amoxicilina IV 2 g e depois 1 g/4 h até o parto, nas parturientes que apresentam:
  - Detecção positiva.
  - Antecedente de nascimento de uma criança infectada com estreptococo B.
  - Infecção urinária com estreptococo B durante a gestação (ajustar em função do antibiograma, pois há possibilidade de resistências).

DST (doenças sexualmente transmissíveis)
Ofloxacino 400 mg x 2/d + metronidazol 500 mg x 2/d durante 14 d FORA DA GESTAÇÃO. Uma injeção IM complementar de ceftriaxona 500 mg deve estar associada secundariamente em caso de descoberta de gonococo, ou já no início, dependendo do contexto.

Doença cardiopulmonar e gestação

GENERALIDADES

- As cardiopatias estão presentes em 0,1-4% das gestações. As etiologias mais frequentes são cardiopatias congênitas geralmente operadas, febre reumática aguda, cardiopatias isquêmicas e arritmogênese.

Doenças cardíacas	Risco de complicações	Mortalidade
- Regurgitação valvar sem disfunção sistólica - Prolapso valvar e mitral isolado - Bicúspide aórtica sem estenose - *Shunt* esquerda-direita mínimo - Cardiopatias congênitas operadas sem disfunção cardíaca residual - Bioprótese valvar	Baixo	< 1%
- Estenose mitral (EM), estenose pulmonar grave, estenose aórtica (EA) não grave - *Shunt* esquerda-direita grande - Cardiopatias cianóticas e coarctação da aorta não operadas - Antecedentes de infarto, insuficiência cardíaca - Antecedentes de cardiomiopatia do periparto sem sequelas - Valvas mecânicas	Médio	5-15%
- Síndrome de Marfan, HP grave - NYHA III ou IV, EA grave - Insuficiência cardíaca sequelar de cardiomiopatia do periparto	Alto	25-50%

CARDIOPATIAS VALVARES

- As estenoses valvares (estenose mitral [EM] e estenose aórtica [EA]) apresentam alto risco de descompensação no 2º trimestre e no periparto: a taquicardia fisiológica diminui o tempo de preenchimento do ventrículo esquerdo (EM) e/ou o tempo de ejeção ventricular (EA), com aumento das pressões atriais (EM) ou ventriculares (EA). Associadas à hipervolemia, aumentam o risco de sobrecarga pulmonar. A via do parto depende da capacidade de adaptação do coração a qualquer variação de volemia, de pressão arterial, de frequência cardíaca e da possibilidade de realizar uma APD.
- As insuficiências valvares são mais bem toleradas, mesmo em caso de insuficiência grave, graças à diminuição da resistência vascular sistêmica. A sobrecarga volêmica na protodiástole acarreta dilatação do átrio esquerdo. O aumento do volume telediastólico do VE na diástole seguinte provoca hipertrofia-dilatação do VE, aumento das pressões de enchimento do coração esquerdo e risco de sobrecarga pulmonar. O parto por via vaginal com APD é possível se a função cardíaca esquerda estiver conservada.

Condutas anestésicas nas valvopatias

Estenose aórtica	Estenose mitral
Pré-carga estável (evitar hipovolemia, vasodilatação, taquicardia, compressão da cava, bloqueio simpático) Favorecer os alfa-agonistas (fenilefrina) APD precoce em caso de parto por via vaginal AG para cesariana se EA grave	Evitar taquicardia ou arritmia Pré-carga estável Favorecer os alfa-agonistas (fenilefrina) APD precoce em caso de parto por via vaginal AG ou APD para cesariana de acordo com a função do VE
Insuficiência aórtica ou mitral	
Sem aumento de pós-carga ou de bradicardia Favorecer a efedrina, evitar os alfa-agonistas Evitar os medicamentos depressores miocárdicos APD precoce se for parto por via vaginal, AG ou APD para cesariana segundo a função do VE	

CARDIOPATIAS ARRITMOGÊNICAS

- Extrassístole ventricular (ESV) e extrassístole atrial (ESA) muito frequentes e benignas, AC/FA geralmente associada a uma anomalia valvar mitral, *flutter*, taquicardia supraventricular paroxística ou doença de Bouveret.
- Investigar cardiopatia subjacente (ecocardiografia), síndrome do QT longo (Holter ECG), distúrbios iônicos ou hipotireoidismo.
- A APD é de indicação médica. O parto deve ocorrer com monitoração eletrocardiográfica e tratamentos antiarrítmicos (prevenir os pediatras).

Possibilidade de utilização com precaução	Contraindicações (efeitos secundários fetais)
- Adenosina - Amilorida - Betabloqueadores - Bloqueadores do canal de cálcio - Digoxina, flecainida, lidocaína - Mexiletina - Procainamida, quinidina	Inibidores da enzima de conversão (IECA) Inibidores da angiotensina II (malformação renal, RCIU, anomalias de ossificação) Amiodarona (hipotireoidismo fetal, lesões cerebrais, RCIU) Fenitoína (malformação cardíaca ou facial, RCIU) Espironolactona (malformação genital)

INSUFICIÊNCIA CARDÍACA

- Correlação entre o escore NYHA antes da gestação e a deterioração cardíaca durante a gestação. Complicações múltiplas: morte súbita, arritmias, isquemia miocárdica, acidentes tromboembólicos.

Cardiopatia do periparto

- Insuficiência cardíaca sem outra causa encontrada no último mês de gestação ou nos 5 meses seguintes ao parto (provável miocardite

Obstetrícia

na biópsia), 1/1.500 a 1/4.000 nascimentos. Fatores de risco: idade materna elevada, multiparidade, raça negra, gestações múltiplas. Fatores de mau prognóstico: FE < 30% em 6 meses, persistência de dilatação ventricular, aparecimento dos sintomas > 2 semanas após o parto.

- Clínico: dispneia paroxística, tosse noturna, dor torácica, sopro sistólico de regurgitação mitral.
- Ecocardiografia: cardiopatia dilatada: fração de ejeção (FE) < 45%, diâmetro telediastólico do VE > 2,7 cm^2/m^2 e FR < 30%.
- A via de parto depende da FE. A APD precoce é indicada em caso de parto por via vaginal, a AG com opioides é preferível em caso de cesariana agendada. Evitar os aumentos de pré-carga (bradicardia, retirada de compressão cava) e de pós-carga.
- Tratamento promissor com a bromocriptina.

Cardiopatia isquêmica

- Incidência em elevação (idade materna). Fatores de risco: diabete tipo 2, dislipidemia, presença de uma cardiopatia. O infarto muitas vezes ocorre no 3º trimestre.
- Etiologias frequentemente encontradas: dissecção coronariana espontânea no pós-parto, aterosclerose coronariana (idade materna elevada, tabaco, diabete), vasoespasmo coronariano (ocitocina, bromocriptina).
- A utilização de trombolíticos (*tissue plasminogen activator*) é possível durante a gestação (passagem placentária baixa), mas contraindicada no pós-parto imediato (risco hemorrágico).
- Os antiagregantes plaquetários e os anticoagulantes condicionam a via de parto e o tipo de anestesia.

Dissecção aórtica (geralmente no 3º trimestre)

- Etiologias: pré-eclâmpsia grave, coarctação da aorta, bicúspide aórtica e síndrome de Marfan.

Indicação de cesariana agendada
- HP estabelecida grave, qualquer que seja a etiologia
- EA ou EM grave
- Cardiopatias cianóticas
- Cardiopatias com obstrução à ejeção VE, CMD
- Síndrome de Marfan com dilatação aórtica > 40 mm
- Qualquer insuficiência cardíaca NYHA III-IV pré-concepcional ou de piora recente
- Tratamento anticoagulante que não pode ser interrompido (APD contraindicada)

Indicação de parto por via baixa
- Estado cardíaco compatível com o esforço do trabalho de parto
- Boa tolerância fetal das contrações
- A APD é possível (interrupção dos anticoagulantes)
- Início do trabalho de parto durante o dia, cardiologista e reanimador disponíveis, reserva de leito em UTI

Anestesia para cardiopatias

- Evitar qualquer variação de pré-carga, pós-carga, frequência ou débito cardíaco.
- Na maternidade tipo 3 em um hospital que dispõe de uma semi-intensiva competente.
- Oxigenação sistemática. Decúbito lateral esquerdo++ prevenção de hipotermia/tremores (colchão ± manta térmica).
- Monitoração complementar se necessária: Vigileo (ou Picco) em caso de ALR, BIS ± Doppler esofágico ± PICCO em caso de AG.

Parto por via vaginal

- APD instalada precocemente (indicação médica) sem repercussão hemodinâmica: mistura de anestésicos locais (AL) em baixa concentração, de opioides lipossolúveis e evitar a dose teste com lidocaína (ver *Analgesia e anestesia peridurais*). A utilização de soluções de AL com epinefrina (5 mcg/mL de epinefrina) deve ser cautelosa.

Cesariana agendada

- A ventilação mecânica com pressão positiva tem efeitos deletérios sobre a insuficiência cardíaca direita (diminuição do retorno venoso), e efeitos benéficos sobre a insuficiência cardíaca esquerda (diminuição da pós-carga, da pré-carga e melhora da ejeção ventricular).
- AG em caso de insuficiência cardíaca esquerda, de obstáculo à ejeção do VE ou em caso de impossibilidade da interrupção dos tratamentos com anticoagulantes (valvas mecânicas, próteses vasculares aórticas). Sem particularidades, com exceção de opioide na indução (remifentanila 1-1,5 mcg/kg).
- APD em caso de insuficiência cardíaca direita ou de HP:
  - Raquianestesia e peridural combinadas *low-dose*: tão bem toleradas quanto a APD no plano hemodinâmico. Por exemplo, na intratecal: bupivacaína ≤ 2,5 mg + sufentanila 5 mcg. Extensão muito lenta por via peridural, por exemplo: 2,5 mL de AL/5 min (lidocaína com epinefrina reduzida 2,5 mcg/mL, levobupivacaína 0,5% ou ropivacaína).
  - Prevenção da hipotensão induzida pelo bloqueio simpático.

Guiar a expansão volêmica de acordo com a monitoração

- Prevenção com vasopressor alfa-adrenérgico (fenilefrina) em caso de estenose valvar, HP, cardiopatia isquêmica, dissecção aórtica, ou de efedrina em caso de insuficiência valvar, cardiopatia do periparto.

Administração

- Evitar *bolus* IV de ocitocina ++ (taquicardia + vasodilatação).
- Infusão de ocitocina depois do clampeamento do cordão umbilical máximo de 1 UI/min. Dose máxima 5 UI.
- Carbetocina: não há dados. Se uso, infundir 100 mcg IV em bomba de infusão em 5 min.

Pós-parto

- Hospitalização em semi-intensiva, se necessário. Prevenção ideal da dor pós-operatória++.
- Retomada da anticoagulação preventiva em H6-H8, e depois terapêutica por volta de H24-H48, se necessário.

Obstetrícia

PARTICULARIDADES DA HIPERTENSÃO PULMONAR (HP)

- Definição: pressão arterial pulmonar média (PAPm) = 25 mmHg, pressão de oclusão da artéria pulmonar (POAP) = 15 mmHg (tele-expiratória), resistência vascular pulmonar (RVP) > 3 unidades Wood no cateterismo cardíaco direito.
  - Deterioração durante a gestação. Mortalidade materna (gestação e pós-parto) classicamente de 30-50%, um pouco reduzida (10-20%) em caso de acompanhamento multidisciplinar precoce e especializado. Gestação contraindicada em caso de HP grave (pré-capilar ou mista).
  - Durante a gestação:
    » Fatores agravantes: hipóxia, hipercapnia, atelectasia, acidose, hipotermia, estresse, dor.
    » Impacto clínico da HP: débito pulmonar fixo, hipoxemia no esforço. Manutenção da reatividade dos pequenos vasos (vasoconstrição pulmonar hipóxica). HVD = débito direito dependente da pré-carga, intolerância à hipovolemia. Risco isquêmico do VD elevado na presença de hipotensão sistêmica. Insuficiência diastólica do VE. *Shunt* D → E em caso de forame oval pérvio.
- Reavaliar a classe da HP: tolerância ao esforço (NYHA, teste de marcha), ecocardiograma e cateterismo direito. Critérios de gravidade: PAPm > 35 mmHg: SatO$_2$ < 90%; Hb > 15 dg/L e disfunção do VD.
- Interrupção médica de gestação (IMG) deve ser proposta e realizada o mais precocemente possível.
- No caso de gestação acompanhada em um centro especializado: otimização do tratamento; o antagonista dos receptores da endotelina (bosentana) é contraindicado porque é teratogênico e deve ser substituído pela prostaglandina, sildenafila.
- Substituição do tratamento por AVK (teratogênico) com HBPM em dose terapêutica (tinzaparina x 1/d).
- Hospitalização em semi-intensiva por 1-2 d antes do parto programado para:
  - Cateterismo arterial pulmonar, e depois substituição pelo cateter central (não se aconselha a manutenção Swan-Ganz no periparto, pois há risco de arritmias).
  - Otimização do tratamento (furosemida, se necessário).
  - Teste de reversibilidade com NO.
  - Em caso de HP de origem tromboembólica e/ou trombofilia biológica importante, continuar com a heparina até 4 h antes do parto.

Periparto

- Monitoração mínima: cardioscopia, SpO$_2$, cateter arterial, cateter venoso central 3 vias (mesmo se via baixa) + monitoração complementar.
- Interesse específico da pressão venosa central (PVC) para avaliar a pré-carga do VD e suas variações (risco de dilatação do VD e de compressão do VE).
- Seringas à disposição: fenilefrina (50 mcg/mL), noradrenalina (200 mcg/mL) e dobutamina + cilindro de NO disponível na maternidade e/ou inalador iloprosta.
- Evitar efedrina ++, pois provoca taquicardia e arritmia.

- Deve-se privilegiar a combinação de raquianestesia e peridural em relação à AG ++ (para evitar repercussão da ventilação com pressão positiva sobre o VD).
- Se a paciente chegar em trabalho de parto eutócico no período de plantão:
  - Privilegiar a via vaginal.
  - Analgesia peridural de indicação médica ++.
  - A APD deve ser considerada, ainda que a tomada de HBPM profilática seja recente.
  - A equipe obstétrica deve ser avisada para antecipar suas decisões de cesariana (nenhuma cesariana em extrema urgência é aceita por causa do feto e do risco vital materno).
- Normalmente, prefere-se o parto com cesariana agendada (por volta de 34 SA).
- Prevenção da hipotensão induzida pelo bloqueio simpático da ALR:
  - Expansão volêmica, evitando-se contudo o risco de sobrecarga graças à monitoração pela PVC.
  - Prevenção com vasopressor alfa-adrenérgico: em *bolus* de fenilefrina por sua ação imediata em caso de queda importante da PA.
  - "Início" da noradrenalina (NA) no cateter central antes do início da raquianestesia e peridural combinadas (RPC).
- Extração fetal = período de risco ++:
  - PA ↓ + DC ↓ + PVC ↑ = aumento da HP + falência do VD pelo aumento do retorno venoso (autotransfusão por descompressão cava + retração uterina). Tratamento com NO ± iloprosta inalatória + ↑ da NA (prevenção de isquemia do VD). Em caso de insuficiência, discutir o uso de furosemida ± dobutamina).
  - PA ↑↓ + DC ↓ (ou estável) + PVC ↓ (ou estável) = queda da pré-carga ± pós-carga, sugestiva de um sangramento ou de um efeito vasodilatador importante da ocitocina.
- Sangramento: expansão volêmica ± transfusão, ↑ da NA ± pequenos *bolus* de fenilefrina. Ligaduras vasculares ou histerectomia hemostática que devem ser realizadas muito rápido se o sangramento não for rapidamente controlado.
- Taquicardia sem sangramento (± DC inicialmente estável): considerar vasodilatação arterial por superdosagem em ocitocina. Interrupção transitória + pequenos *bolus* de fenilefrina; reiniciar ocitocina em débito lento.

Pós-parto
- Hospitalização em semi-intensiva por no mínimo 2-3 d.
- Continuação do tratamento de base para a HP (sem interrupção perioperatória).
- AINE contraindicados (pois efeito antiprostaglandina) e deve-se evitar o nefopam (bem como todos os produtos que provocam taquicardia em geral). É possível a PCA IV de morfina.
- O ideal é a utilização do cateter peridural de RPC para a analgesia pós-operatória.
- Retomada da anticoagulação (ver *Anticoagulação e gestação*).

Medicamentos utilizados em obstetrícia	Efeitos secundários maternos	Contraindicações
Beta-2 miméticos	Taquicardia, hipotensão, edema pulmonar, hipocalemia	Cardiopatias que não toleram nenhuma taquicardia
Sulfato de magnésio	*Flush*, náusea, paralisia respiratória	Miastenia
Bloqueadores do canal de cálcio	Hipotensão, mal-estar, *flush*	Cardiopatias pré-carga-dependentes
Antagonistas receptores de ocitocina (p. ex., atosibano)	Reação cutânea no local da injeção	Nenhuma
Inibidores da ciclo-oxigenase	Gastrite, náusea	Anomalias plaquetárias, úlcera gástrica, injúria renal
Derivados de nitrato	Hipotensão, *flush*	Cardiopatias pré-carga-dependentes
Ocitocina em *bolus*	Vasodilatação, ↓ PAM, ↑ FC, ↑ DC	HP, valvopatias graves

Embolia amniótica

- Complicação secundária à passagem na circulação materna de líquido amniótico, caracterizada pela ocorrência súbita de um quadro clínico de gravidade variável associada a colapso cardiovascular, insuficiência respiratória aguda e/ou deficiência neurologica e/ou coagulopatia.
- Mecanismo fisiopatológico multifatorial ainda obscuro, que explica a variabilidade da apresentação clínica e de sua gravidade. Atualmente existem quatro hipóteses: embólica, anafilactoide e por ativação do complemento e da coagulação.
- Incidência: entre 2/100.000 e 6/100.000 partos.
- Fatores de risco: idade materna $\geq$ 35 anos, indução do trabalho de parto, cesariana, parto instrumental, anomalia de inserção placentária.
- Prognóstico: mortalidade materna quase constante no passado, atualmente é de 10-20%, sendo a 4ª causa de mortalidade materna na França (0,8/100.000 nascimentos vivos), mortalidade neonatal (30%), sequelas neurológicas maternas e neonatais.

DIAGNÓSTICO CLÍNICO
- É clássica a ocorrência súbita durante o trabalho de parto ou na expulsão, no momento da ruptura das membranas ou no pós-parto imediato.
- Quadro clínico de instalação abrupta e de agravamento rápido, rico e polimorfo, mas por vezes também frustro.
- Na ausência de outra causa identificada, associação de um colapso materno e com pelo menos um dos seguintes sinais:
  - Parada cardíaca.
  - Distúrbios do ritmo cardíaco.
  - Convulsões.
  - Dispneia/insuficiência respiratória aguda.
  - Anomalias do ritmo cardíaco fetal.
  - Coagulopatia.
  - Hemorragia materna com coagulopatia precoce e instabilidade hemodinâmica.
- Sinais premonitórios frequentes: agitação, mal-estar, sensação de morte iminente, torpor, inquietude fora do habitual.
- Numerosos diagnósticos diferenciais: tromboembolismo pulmonar, embolia gasosa, hemorragia obstétrica, hematoma retroplacentário, ruptura uterina, eclâmpsia, cardiomiopatia do periparto, síndrome de Takotsubo, edema agudo pulmonar aos tocolíticos, síndrome coronariana aguda, choque séptico ou anafilático, toxicidade dos anestésicos locais, raquianestesia total, síndrome de broncoaspiração etc.

DIAGNÓSTICO PARACLÍNICO
Não específicos para avaliar a gravidade e eliminar um diagnóstico diferencial
- Gasometria, hemograma completo, avaliação completa da hemostasia, ionograma sanguíneo, avaliação hepática, troponina, BNP plasmático, eletrocardiograma.

Obstetrícia

- Ecocardiografia transtorácica ou transesofágica+++. A falência cardíaca direita clássica pode ser precedida ou acompanhada de uma insuficiência ventricular esquerda.

Específicos
- Investigação de elementos amnióticos no sangue materno coletado na via venosa central > periférica, e no lavado broncoalveolar ++, no tecido pulmonar em caso de autópsia +++ = único diagnóstico de certeza.
- Dosagem plasmática IGFBP-1: 1 tubo EDTA, anotar a hora de início dos sintomas, manter a 4ºC, enviar ao laboratório. A coleta deve ser feita o mais rápido possível +++, pois uma expansão volêmica significativa faz a dosagem perder seu valor diagnóstico.
- Kit de coleta preparado com antecedência: deve estar disponível na maternidade (sala de parto, centro cirúrgico), assim como o kit "choque anafilático" (ver *quadro*).
- Portanto, embolia amniótica = diagnóstico clínico, diagnóstico difícil, diagnóstico por exclusão.

ABORDAGEM SINTOMÁTICA, MULTIDISCIPLINAR, PRECOCE E AGRESSIVA
Manejo nas insuficiências orgânicas
- Monitoração por cardioscopia, SpO_2, $etCO_2$, pressão arterial invasiva, monitoração do débito cardíaco.
- Intubação e ventilação mecânica precoces.
- Pelo menos dois acessos venosos periféricos de bom calibre e depois cateter venoso central.

Manejo do choque hipovolêmico e cardiogênico
- Decúbito lateral esquerdo indispensável até a extração fetal.
- Expansão volêmica com cristaloides, noradrenalina em caso de hipotensão arterial refratária, tratamentos com inotrópicos (dobutamina, adrenalina).
- Reanimação da parada cardíaca (ver *Parada cardíaca na gestante*), massagear em decúbito lateral e extração fetal se feto *in utero*.
- Terapêuticas descritas nos casos extremos: circulação extracorpórea (*extracorporeal life support*), monóxido de azoto.

Correção da coagulopatia
- Transfusão de CGV (Hb > 7 g/dL), em caso de coagulopatia clínica: plasma fresco congelado (TP > 60%) e plaquetas (> 50.000/mm^3), aporte de fibrinogênio (> 2 g/L).
- O fator VIIa é controverso neste contexto, devendo ser considerado caso a caso se houver hemorragia materna não controlada e definição imediata do prognóstico materno vital.

Conduta obstétrica
- Extração fetal em extrema urgência (< 4 min em caso de parada cardíaca materna), de utilidade para a criança e para a mãe.
- Controle da hemorragia (ver *Hemorragia do pós-parto*).

Kit embolia amniótica (tubos para coleta de sangue venoso ou de líquido broncoalveolar – LBA)

Dosagem	Tubos	Laboratório
Triptase (válida até 24 h)	1 VERMELHO = tubo seco	Enviar para laboratório especializado
IGFBP-1 (o mais cedo possível). Se possível, antes de transfusão maciça, conservar na geladeira a 4°C	1 VERMELHO = tubo seco 1 VIOLETA = EDTA 1 coleta de LBA	
Células fetais	1 coleta LBA	
Fazer avaliação de choque (gasometria, hemograma completo, hemostasia) + 1 hemocultura + troponina + BNP + dosagem de anestésicos locais		

Exames	Tubos	Documentos anexados
Triptase	VERMELHO	Identificação "dosagem de histamina e triptase"
IGFBP-1	VERMELHO VIOLETA LBA	Identificação "dosagem de IGFBP-1 no sangue + LBA" + 5 etiquetas
Células fetais	LBA	Identificação "Células fetais no sangue e LBA maternos" + 4 etiquetas

Obstetrícia

Síndrome da hiperestimulação ovariana (SHO)

Complicação iatrogênica da estimulação ovariana sob influência de hormônios administrados para as fecundações *in vitro*, provocando a constituição de um 3º setor para a ação de citocinas que vão aumentar anormalmente a permeabilidade capilar. Os eventos tromboembólicos são a primeira causa de mortalidade. O único tratamento eficaz é preventivo. Continuar o tratamento de suporte da fase lútea.

- SHO leve = peso abdominal, vômitos, diarreia, aumento do volume ovariano na ultrassonografia. No ambulatório, controle do peso, do perímetro umbilical, da taxa de beta HCG, antálgicos simples VO.
- SHO moderada = derrame das serosas, alterações da viscosidade sanguínea, diâmetro dos ovários > 12 cm.
  - Hospitalização caso a caso, antálgicos, antieméticos, nutrição rica em proteínas.
  - Repouso relativo, meias de compressão, heparina de baixo peso molecular (HBPM) em dose profilática alta.
  - Balanço hídrico, peso e diurese diários, hematócrito, plaquetas, eletrólitos, creatinina, ultrassonografia pélvica a cada três dias.
- SHO grave, ameaçando o prognóstico vital = um único desses sintomas: ascite sob tensão ± derrame pleural, complicação tromboembólica, SDRA, injúria renal, oligoanúria, hematócrito > 55%, hiperleucocitose > 25.000/mm³, citólise hepática, hiponatremia < 135 mol/L, hipercalemia > 5 mmol/L.
  - Hospitalização na unidade semi-intensiva.
  - Aportes VO limitados para conforto.
  - Infusão de cristaloides para manter diurese > 20 mL/h.
  - Diuréticos (furosemida) em caso de hipercalemia ou dispneia ou derrames pleurais e ascíticos importantes e em caso de hematócrito < 38% e de natriurese > 10 mmol/L, em titulação.
  - Anticoagulação com HBPM com altas doses profiláticas durante 3 meses.
    - » Se IMC > 30 ou hematócrito > 45%: enoxaparina 60 mg/d.
    - » Se *clearance* ≤ 30 mL/min: calciparina 5.000 UI x 2/d.
  - Punção de ascite transabdominal ou transvaginal e/ou pleural, guiada por ultrassonografia.
  - Dependendo da tolerância respiratória e da hemodinâmica, do perímetro abdominal, da diurese e da pressão intravesical (PIV) (síndrome do compartimento abdominal se PIV > 20 mmHg).
  - Compensação se > 1 L volume a volume com albumina 20% ou cristaloides.
  - Em caso de dispneia e dor torácica: radiografia do tórax, ECG, gasometria, ecocardiografia, angiografia (avental de chumbo).
  - Na presença de distúrbios neurológicos: RM cerebral.
- Evolução: favorável em 10-14 d, mais prolongada em caso de gestação (a ocorrência de uma SHO está geralmente associada ao inicio de uma gravidez).

Drepanocitose e gestação

MANEJO MULTIDISCIPLINAR

- Doença autossômica recessiva da hemoglobina (Hb), caracterizada pela presença de HbS. Inclui o comprometimento do homozigoto HbSS, o comprometimento do heterozigoto AS, a dupla heterozigose SC cujo prognóstico é próximo da forma SS, e as combinações com beta-talassemia (HbSB talassemia), Hb D, E ou O-árabe. Estes genótipos estão na origem do mesmo fenótipo (sintomas) de gravidade variável. O tratamento das pacientes é idêntico, independente do comprometimento (frequência das complicações graves idênticas para HbSS e HbSC). O HbAS (traço falciforme) é assintomático, mas aumenta o risco de infecção urinária.
- O HbS se polimeriza na presença de baixa concentração de O_2 (falcização dos glóbulos vermelhos torna-os rígidos e frágeis), responsável por hemólise e pela oclusão vascular dos vasos pequenos, ou seja, uma crise vasoclusiva (CVO). Outras complicações: acidente vascular cerebral (AVC), CVO, síndrome torácica aguda (STA), HP, comprometimento renal ou retiniano, úlcera na perna, colecistite, necrose avascular (cabeça do fêmur), trombose venosa, tromboembolismo pulmonar.

MANEJO PRÉ-CONCEPCIONAL

- Informação sobre a contracepção e os riscos no decorrer da gestação.
- Fatores de risco de CVO: desidratação (náuseas, vômitos), frio, hipóxia, estresse, esforço contínuo.
- A gestação aumenta o risco de anemia, de crise vaso-oclusiva, de síndrome torácica aguda e de infecções urinárias. Aumento do risco de RCIU, de sofrimento fetal agudo, de indução do trabalho de parto e de cesariana. Risco de comprometimento fetal (testar o pai).
- Avaliação das complicações: HA, ecocardiograma (HP), proteinúria, avaliação hepática, fundo do olho, avaliação férrica (sobrecarga de ferro frequente nas pacientes politransfundidos), PAI positivos.
- Verificar o *status* vacinal (*Neisseria meningitidis* C, *Streptococcus pneumoniae*, *Haemophilus influenzae* b, hepatite B, gripe) e antibioticoprofilaxia (penicilina em caso de asplenia).
- Tratamentos: a hidroxicarbamida (Hydrea®) deve ser interrompida na pré-concepção (três meses), pois é teratogênica no animal (nenhum caso humano relatado). Em caso de gestação sob tratamento com Hydrea®, controle ultrassonográfico, sem IMG.

MANEJO DURANTE A GESTAÇÃO

- Ácido fólico 5 mg/d.
- Suplementação com ferro somente se a deficiência em ferro for medida e confirmada.
- Avaliar o uso de ácido acetilsalicílico 75 mg/d.
- Vacinação (salvo vírus atenuado) e antibioticoprofilaxia.
- Controle rígido: todos os meses: TA, urocultura, ECBU, avaliação do crescimento fetal todos os meses > 24 SA (ultrassonografia).
- Nenhuma transfusão de CGV profilático.
- Indicação de transfusão ou exsanguinitransfusão (EXT): prosseguimento do protocolo transfusional iniciado antes da gestação, graves

complicações anteriores, anemia aguda mal tolerada e/ou Hb < 6 g/L e/ou perda de 2 pontos de Hb (hemólise, sequestro esplênico, aplasia transitória da série vermelha), gestação múltipla, STA ou AVC.

- Risco transfusional: aloimunização (18-36%), sobrecarga de ferro, reação transfusional tardia (hemólise), transmissão viral.

MANEJO DA CVO

- Iniciar os antálgicos nos 30 primeiros minutos, deve ser eficaz em 1 h.
- Hospitalização adequada (cuidados intensivos, se necessário).
- Analgesia multimodal VO ou IV, PCA de morfina se necessário.
- Possibilidade do uso de AINE entre 12-28 SA na ausência de febre e de síndrome torácica (é possível após radiografia na ausência de foco).
- Prevenção dos efeitos secundários da morfina: laxantes, anti-H2, antiemético.
- Monitoração hemodinâmica e EVA a cada 30 min até a eficácia analgésica e depois a cada 2 h.
- Aporte hídrico 60 mL/kg/d (VO ou IV, atenção em caso de pré--eclâmpsia), O_2 para SpO_2 > 95%.
- Tromboprofilaxia.
- Avaliação etiológica: hemograma completo, ionograma sanguíneo, creatinina, ureia, ± de acordo com exame clínico: avaliação hepática, hemocultura, ECBU, radiografia pulmonar, tomografia torácica.
- Antibioticoterapia se houver febre ou suspeita de infecção.

Complicações graves = emergências terapêuticas

- Síndrome torácica aguda: 7-20% das gestações.
  - Sintomatologia: taquipneia, dor torácica, tosse, insuficiência respiratória. Radiografia pulmonar: infiltração bilateral. Diagnóstico diferencial: pneumopatia, tromboembolismo pulmonar (TEP), infecção por H1N1.
  - Tratamento: idem CVO + antibioticoterapia, transfusão no caso de queda de Hb ou se Hb < 6,5 g/dL + hipóxia grave. EXT em caso de Hb estável + hipóxia. Iniciar anticoagulação com dose eficaz antes da investigação em caso de forte suspeita de EP. Reanimação + ventilação mecânica se necessário.
- AVC isquêmico ou hemorrágico: imagem cerebral diante de qualquer deficiência neurológica, EXT de emergência.
- Outras causas de anemia: infecção pelo parvovírus B19 (transfusão + isolamento), crise de paludismo, sequestro esplênico, sangramento.

PARTO

- Indução do parto por volta da 38 SA. É possível o uso das prostaglandinas e dos ocitócicos se HbS < 30%.
- Caso contrário, maturação cervical com balonete.
- Sem cesariana sistemática (risco aumentado de complicações: CVO, STA, infecções, risco tromboembólico). Risco de intubação difícil no caso de deformações ósseas.
- Pesquisa de anticorpos irregulares atualizada + reserva de CH compatíveis.
- Atenção com a posição ginecológica na presença de prótese de quadril.

- Hidratação, O_2, analgesia peridural eficaz, manter a parturiente aquecida.
- Antibioticoprofilaxia se houver febre ou sinal infeccioso: amoxicilina 2 g IV e depois 1 g/4 h.
- Não utilizar betamiméticos em caso de ameaça de parto prematuro; preferir os bloqueadores do canal cálcico e o atosibano.
- Não administrar betametasona para maturação pulmonar se HbS > 30%, pois existe o risco de CVO graves.

MANEJO NO PÓS-PARTO (25% DAS CRISES VASO-OCLUSIVAS)
- Hidratação, O_2, analgesia eficaz, tromboprofilaxia sistemática (7 d se for por via vaginal, 6 semanas se for cesariana) + meias de compressão.
- Observação por 24 h em SRPA de preferência.
- Contracepção progestativa.

Exemplo de protocolo transfusional durante a gestação
- Objetivo: HbA > 60% no momento do parto. Uma EXT parcial pode ser proposta por volta da 24 SA, seguida de transfusões mensais de 2 CH até a véspera do parto agendado.

Objetivos	HbA > 60% e/ou HbS < 30-40% com Hb entre 9-11 g/dL
Indicações	> 22 SA; anemia mal tolerada, CVO, antecedente de MFIU, HbA < 40%
Modalidades	CH, fenótipo estendido, compatibilizados, CMV negativo
	Avaliação citológica e eletroforese do Hb antes e depois de cada transfusão

Modalidades de exsanguinitransfusão (prescrição do especialista)
- Uma EST simples pode ser proposta se: pacientes sintomáticas + Hb elevada (espontaneamente ou secundária a um tratamento com hidroxicarbamida ou eritropoietina), pacientes com uma taxa de Hb adequada + sobrecarga de ferro.
- Acesso venoso de bom calibre (18G no mínimo).
- Subtração de 5-10 mL/kg com duração de 30-60 min. Manter a volemia durante a EST (cristaloide) e compensar a hemodiluição com CH, objetivo: taxa de Hb máxima de 10-11 g/dL.
- Avaliação pós-transfusão: eletroforese da hemoglobina.

Hipnose em obstetrícia: algumas propostas

Geralmente o anestesista em obstetrícia depara-se com situações urgentes e estressantes em que a dor e a ansiedade estão no máximo. A hipnose pode ajudar a conter esses extravasamentos e permitir a realização de vários atos com calma e serenidade: posicionamento do cateter peridural, cesariana, manobras endouterinas.

HIPNOSE CONVERSACIONAL: TODOS PARTICIPAM!
Dois pontos importantes: criar um vínculo terapêutico e reconhecer a queixa

- Criar um vínculo terapêutico +++:
  - Estabelecer uma relação de confiança: atitude sorridente, tranquilizadora e de escuta.
  - Colocar a parturiente no centro do procedimento (evitar discussões entre os profissionais).
  - Adotar uma posição baixa.
  - Utilizar o "*mirroring*": agir como a parturiente para estar mais próximo dela. Imitar seus gestos e suas frases. Sincronizar-se com sua respiração e falar com ela durante a expiração.
- Reconhecer sua queixa e reformulá-la +++++
- Utilizar certos princípios de comunicação hipnótica:
  - Voz calma e pausada, discurso pontuado de silêncios.
  - Utilizar os verbos de ação no presente ou no condicional (você explora, você descobre, imagina etc.).
  - Evitar o negativo da negação: "não se preocupe, não tenha medo", e preferir "fique tranquila, fique calma".
- Fazer sugestões de conforto, de tranquilidade e de segurança. Servir-se dos recursos da parturiente, seu canal sensorial, seu imaginário e o seu próprio. Empregar metáforas e humor, e o melhor assunto é o bebê ou o depois do parto (o quinto aniversário etc.).
  - Ratificar tudo o que ela faz com "bom, muito bom etc.".
  - Focalizar na respiração ou em uma parte do corpo.
  - Evitar certas expressões:
    - » Usar "vou cuidar de você" em vez de "atenção, vou picá-la".
    - » Usar "cintura" em vez de "faixa abdominal".
    - » Usar "parto por via alta" em vez de "cesariana".
    - » Usar "desconforto" em vez de "dor".

BALANÇO
- Propor que ela balance para frente e para trás durante o posicionamento do cateter peridural (ou pelo menos durante a anestesia local); pedir para diminuir o ritmo se necessário. Este balanço pode ser feito com o companheiro ou com um auxiliar.

"LIGHT TOUCH"
- Massagear levemente o braço ou a nuca da parturiente. Esta massagem pode ser feita pelo companheiro ou pelo assistente enquanto ela balança, durante a hipnose conversacional, ou no momento em que você sentir que é necessário.

Reanimação

Reanimação

Reanimação neurológica

Reanimação digestiva

Reanimação hidroeletrolítica

Diversos

Reanimação

Manejo hospitalar para politraumatizados

MANEJO HOSPITALAR PARA POLITRAUMATIZADOS

Após o médico regulador do SAMU ter sido contatado, o "líder do trauma" antecipa a chegada do paciente e alerta o banco de sangue, o serviço de radiologia, a equipe de anestesia e os diferentes setores cirúrgicos do hospital.

NA CHEGADA DO FERIDO AO HOSPITAL

A recepção do paciente é realizada em uma sala de emergência, próxima do conjunto de equipamentos técnicos (radiologia, tomografia, arteriografia, centro cirúrgico, reanimação).

O objetivo desta fase é avaliar se há instabilidade das funções vitais, determinar rapidamente a origem, realizar a reanimação adequada e a avaliação exaustiva das lesões para organizar os procedimentos multidisciplinares no tempo mais curto:

- Recepção da equipe do serviço móvel de urgência e reanimação e transferência da monitoração para a sala de emergência.
- Transferência feita em monobloco estrito, com colar de Minerva e prancha para a maca da sala de emergência.
- Verificação imediata de: FC, PANI, SpO_2, $EtCO_2$ (se ventilado), escore de Glasgow, tamanho e motricidade pupilar, motricidade dos membros inferiores, temperatura, glicemia capilar, hemoglobina capilar, Quick test™ (imunização antitetânica).
- Antibioticoprofilaxia: amoxicilina + ácido clavulânico 2 g e depois 1 g x 4/24 h. Adicionar 8 mg/kg/d de gentamicina em caso de fratura exposta Cauchoix II ou III (*Bacillus cereus*). Tratamento por 24 h em caso de osteossíntese.
- Analgesia se o paciente não estiver sedado. Nenhuma sedação sem intubação (estômago cheio).
- Oclusão das feridas após desinfecção rápida e imobilização das fraturas com talas.

Exames iniciais realizados na sala de emergência

- **Radiografia torácica da face** e **radiografia frontal da bacia.**
- **FAST estendido:** responde à questão "Há um derrame intraperitoneal ou intratorácico?" em caso de instabilidade hemodinâmica. Visualiza-se sistematicamente o pericárdio por via subxifóidea em busca de um hemopericardio.
- **Doppler transcraniano** bilateral da artéria cerebral média em busca de argumentos sugestivos de hipertensão intracraniana (índice de pulsatilidade $\geq$ 1,4 e velocidade diastólica < 20 cm/s).
- ▲ **Uma fratura de pelve contraindica a sondagem vesical no homem. Realizar previamente uma uretrografia retrógrada.**

Com base nesses primeiros exames, o médico decide a atitude a ser tomada.

INSUFICIÊNCIA RESPIRATÓRIA

- Intubação urgente se GCS ≤ 8, traumatismo facial grave, insuficiência respiratória, estado de choque, necessidade de uma cirurgia urgente, necessidade de analgesia intensa.
- Intubação potencialmente difícil, estômago cheio. Anestesia em sequência rápida.
- Minerva rígida aberta, parte posterior no lugar.
- Manutenção do eixo cabeça-pescoço-tronco, sem tração. Carrinho de intubação difícil à disposição.
- Exsuflação com agulha de emergência, de um pneumotórax compressivo diante de uma insuficiência respiratória aguda associada a colapso cardiovascular por tamponamento gasoso (ver *Drenagem pleural*).
- Manter SpO_2 > 95% e $EtCO_2$ a 28-30 mmHg.
- Posicionamento de sonda gástrica.

INSUFICIÊNCIA CIRCULATÓRIA

▲ **Uma bradicardia em um choque hemorrágico sinaliza hipovolemia extrema e parada cardíaca iminente. É um prenúncio de parada cardiorrespiratória.**

▲ **O $EtCO_2$ é um bom reflexo do débito cardíaco.**

- Posicionamento de acessos vasculares confiáveis e início da monitoração invasiva da pressão arterial. Acesso femoral rápido e seguro. Um acesso pela cava superior é considerado em caso de traumatismo abdominal grave ou traumatismo dos dois membros inferiores.
- Cateter venoso central com 3 vias e cateter arterial de tamanho 5F em femoral.
- Realização da avaliação sanguínea desde o posicionamento do cateter arterial.
- Sutura rápida (grampos) das feridas hemorrágicas (escalpo+++), tamponamento de epistaxe maciço (sondas com balonetes). Posicionamento de cinta pélvica em caso de sangramento pélvico grave em traumatismo da bacia.
- Transfusão imediata com CH O Rh negativo em caso de anemia extrema (Hb < 5 d/dL).
- Objetivo hemoglobina ≥ 7 g/dL (10 g em caso de antecedentes cardiovasculares ou traumatismo craniano).
- Manter PAS em 80-90 mmHg e/ou PAM 60-65 mmHg até a realização da hemostasia. Expansão volêmica com cristaloides e/ou coloides e introdução da noradrenalina IV em bomba de infusão, se os objetivos de PA não foram obtidos apesar da expansão volêmica.
- Ácido tranexâmico (paciente em choque hemorrágico, administração nas 3 h seguintes ao trauma, 1 g por 10 min e depois 1 g por 8 h).
- Fibrinogênio, PFC (razão 1/1-1/2 com os CH). Objetivo: TP > 60% e fibrinogênio > 1,5 g/L, de preferência feitos por um aparelho de teste junto ao paciente de medida da hemostasia (ver *Tromboelastograma*).
- Transfusão de plaquetas para manter > 50.10⁹/L (100.10⁹/L em caso de traumatismo craniano).
- Se for necessário, controlar e corrigir o cálcio ionizado e reaquecer (paciente, transfusões etc.).
- Decisão por um procedimento de hemostasia que deve ser realizado imediatamente: laparotomia hemostática, toracotomia hemostática ou embolização arterial pélvica. Preparar os dispositivos de recuperação

Reanimação

sanguínea no centro cirúrgico, eventual retransfusão de um hemotórax maciço (ver *Drenagem pleural*).

- A administração de fator VII ativado recombinante só é considerada como "salva-vidas" em um paciente se o choque estiver descontrolado apesar dos procedimentos cirúrgicos hemostáticos e de embolização arterial, com um pH > 7,20, plaquetas > 50,10^9/L, um fibrinogênio > 1 g/L e um hematócrito > 24%. A dose é de 200 mcg/kg, e eventualmente 100 mcg/kg uma hora depois se a primeira injeção não foi eficaz.
- No plano da reanimação, é indispensável medir o mais precocemente possível o débito cardíaco necessário para otimizar a expansão volêmica e adequar os vasopressores.

DISFUNÇÃO NEUROLÓGICA

- Uma midríase assinala o comprometimento cerebral. É necessária uma osmoterapia imediata (ver *Osmoterapia*).
- Na ausência de instabilidade hemodinâmica e sangramento, manter PAM a 90-100 mmHg. Em caso de choque hemorrágico associado, respeitar PAM a 60 mmHg e efetuar o mais rapidamente possível a hemostasia cirúrgica.
- Manutenção da hemostasia adequada (TP > 60%, plaquetas > 100.10^9/L).
- Controlar a hipertermia, a hipoxemia e a hipotensão (fatores prognósticos).
- É indispensável o toque retal (tônus esfincteriano) para revelar uma lesão medular, em particular no paciente sedado.

ORIENTAÇÃO DO PACIENTE APÓS AVALIAÇÃO INICIAL

- **Paciente estável:** é orientado para a radiologia para realização da avaliação lesional.
- **Paciente instável, estabilizado pelos procedimentos de reanimação:** o paciente é rapidamente orientado para a radiologia para uma tomografia após a realização dos procedimentos iniciais de reanimação.
- **Paciente instável apesar dos procedimentos de reanimação:** após a realização dos procedimentos iniciais de reanimação, somente poderá ser deslocado para o local em que será realizado um procedimento hemostático (centro cirúrgico para toracotomia ou laparotomia, arteriografia para embolização pélvica, hepática, lombar, renal etc.).

Exames que permitem a avaliação exaustiva da lesão

- **Tomodensitometria** cerebral sem injeção e depois cervico-toraco-abdominal-pélvica com injeção de contraste INDISPENSÁVEL para identificar as lesões vasculares (dissecção aórtica, obstrução vascular etc.), os sangramentos ativos e estudar precisamente o parênquima dos órgãos cheios (baço, fígado, rins). Reconstruções ósseas da coluna vertebral cervical, dorsal, lombar e sacral. Tomografia interpretada com leitura dupla, de acordo com um protocolo preciso.
- **Uretrografia retrógrada** em caso de fratura da sínfise púbica antes de qualquer tentativa de sondagem. Em caso de lesão das vias urinárias, um cateter suprapúbico será colocado após controle da hemostasia.

- **Realização das imagens ortopédicas** necessárias dependendo da estabilidade do paciente.

Orientação posterior

- O médico responsável estabelece com as equipes cirúrgicas os diferentes procedimentos terapêuticos e respectiva sequência.
- Privilegiar o "controle de danos" em caso de hipoxemia grave, de choque persistente com acidose importante (pH < 7,20), de distúrbio metabólico (hipercalemia, rabdomiólise, anúria) ou hipotermia profunda. São cuidadas apenas as lesões cujo tratamento não pode ser adiado, e com a técnica mais rápida: tamponamento, fixador externo etc.
- Intervenções urgentes:
  - Toracotomia hemostática em caso de hemotórax > 1 L e/ou débito hemorrágico > 150 mL/h.
  - Laparotomia se derrame intraperitoneal associado à instabilidade ou à contratura.
  - Lesão vascular periférica ± amputação quando houver dano importante.
  - Hemostasia radiológica com embolização quando de um traumatismo pélvico.
  - Evacuação de um hematoma intracraniano e/ou craniotomia descompressiva.
- Em caso de coexistência de uma lesão responsável por um choque hemorrágico e por uma lesão neurocirúrgica, convém assegurar primeiro a cirurgia hemostática.

Reanimação

Choque hemorrágico

Este capítulo trata do procedimento em caso de um choque hemorrágico no centro cirúrgico ou depois de um traumatismo grave.

DEFINIÇÃO
Falência circulatória (PAS < 90 mmHg) resultante da diminuição aguda do volume sanguíneo secundário à hemorragia que tenha ocasionado redução do transporte de oxigênio e diminuição da perfusão tissular.

MANEJO
Expansão volêmica e objetivo de pressão arterial
Enquanto o sangramento não estiver controlado é essencial evitar que se agrave diluindo-se os fatores de coagulação e os objetivos de pressão arterial excessivos:

- Deve-se limitar a expansão à estrita manutenção dos objetivos de pressão arterial.
- Ausência de traumatismo craniano grave: objetivo de PAS entre 80-90 mmHg (ou PAM entre 60-65 mmHg).
- Presença de traumatismo craniano grave (escore de coma de Glasgow ≤ 8): objetivo de PAM ≥ 80 mmHg, antes de estabelecer a monitoração cerebral, apesar do risco de agravamento do sangramento.
- Utilizar em primeira escolha as soluções cristaloides. A utilização dos coloides somente deve ser considerada quando a utilização dos cristaloides sozinhos for julgada insuficiente para manter os objetivos de pressão arterial.

Vasopressores
- Depois de iniciada a expansão volêmica, deve-se administrar um vasopressor em caso de persistência de hipotensão arterial (PAS < 80 mmHg).
- Por causa da ação alfa-adrenérgica predominante, recomenda-se a noradrenalina como primeira escolha em acesso venoso central. Contudo, utilizar acesso venoso periférico enquanto se aguarda a colocação de um acesso central.

Tratamento dos distúrbios da hemostasia
- O diagnóstico precoce dos distúrbios da hemostasia permite um tratamento rápido. A avaliação da hemostasia deve compreender no mínimo a medida da taxa de protrombina (TP), do fibrinogênio e a contagem plaquetária. As técnicas viscoelásticas (ROTEM e TEG) poderiam ser utilizadas para identificar precocemente a coagulopatia e para acompanhar a evolução de distúrbios da hemostasia com os prazos reduzidos (ver *Tromboelastograma*).
- Um protocolo local de controle da hemorragia maciça deve ser elaborado com uma abordagem multidisciplinar. Esse protocolo deve definir os critérios para o desencadeamento, os "*packs* hemostáticos", com um número predefinido de concentrados de glóbulos vermelhos (CGV), plasma e plaquetas cuja transfusão deve ser feita simultaneamente à sequência de administração e ao procedimento de distribuição rápida.

- Caso não se disponha de resultados imuno-hematológicos, os CGV O Rh+1 são utilizados até a determinação do grupo sanguíneo do paciente. Já para as mulheres, desde nascimento até o fim do período procriador, recomendam-se os CGV O Rh-1 em primeira escolha e nos limites da disponibilidade.
- A transfusão de plasma fresco congelado deve ser feita em associação com os CGV com a proporção PFC/CGV de 1/2 e 1/1.
- É preciso manter a taxa de hemoglobina entre 7 e 9 g/dL. Um alvo de hemoglobina mais elevado poderia ser preconizado (entre 9 e 10 g/dL) para os pacientes coronarianos, aqueles tratados com betabloqueadores, ou aqueles com traumatismo craniano, apesar da ausência de estudo específico.
- Iniciar transfusão plaquetária precoce, geralmente durante a segunda prescrição transfusional, para manter a contagem das plaquetas acima de 50 g/L. Esse número pode alcançar 100 g/L em caso de traumatismo craniano associado ou de persistência do sangramento.
- Administração de concentrados de fibrinogênio, em caso de fibrinogenemia ≤ 1,5 g/L, ou de parâmetros tromboelastográficos (métricos) de deficiência em fibrinogênio funcional. Sugere-se a dose inicial de 3 g para um adulto de 70 kg.
- O ácido tranexâmico deve ser administrado assim que possível na dose de 1 g em *bolus* IV em 10 min seguido da infusão de 1 g em 8 h. O início da administração não deve ultrapassar a 3ª hora após a ocorrência de um traumatismo com choque hemorrágico.
- A utilização do rFVIIa somente deve ser considerada se o sangramento não puder ser controlado pela cirurgia e/ou a embolização arterial. A posologia inicial é de 80 mcg/kg e de 200 mcg/kg em traumatologia.
- É preciso monitorar a concentração de cálcio ionizado em caso de transfusão maciça a fim de mantê-la nos valores normais (1,1 e 1,3 mmol/L).

Pacientes em choque hemorrágico tratados com agentes antiplaquetários ou antivitamínicos K (AVK) ou anticoagulantes orais diretos (AOD)

- Nos pacientes tratados com ticagrelor ou prasugel, deve-se fazer uma transfusão das plaquetas ainda que a eficácia não tenha sido demonstrada.
- Nos pacientes tratados com AVK, deve-se administrar imediatamente concentrados de complexo protrombínico (CCP) na dose de 25 U/kg ou conforme INR, associados a 10 mg de vitamina K.
- Nos pacientes tratados com AOD (dabigatrana, rivaroxabana, apixabana), deve-se tentar a neutralização imediata com FEIBA 30-50 U/kg ou CCP 50 U/kg, eventualmente repetido com 8 h de intervalo.

Traumatismos vertebromedulares

GENERALIDADES
- Uma lesão da coluna vertebral instável deve ser considerada diante da gravidade de um traumatismo, dor na coluna vertebral, sintoma sensitivo ou motor, ou inconsciência.
- As lesões ósseas e discoligamentares podem provocar sofrimento medular pelo deslocamento. As lesões medulares podem se estender pelo agravamento da isquemia neuronal, secundária a uma "agressão de origem sistêmica".
- O deslocamento de uma fratura da coluna vertebral durante o atendimento dos primeiros socorros e transporte do paciente somente ocorre quando as precauções com a imobilização não são rigidamente respeitadas.

A AVALIAÇÃO CLÍNICA INICIAL DEVE RESPONDER A DUAS QUESTÕES FUNDAMENTAIS
- Quais são os níveis lesionais motor e sensitivo?
- As lesões são completas ou incompletas?

Exame completo e sistemático de todos os metâmeros, da sensibilidade perineal e da motricidade anal (toque retal, a flexão voluntária dos dedos do pé é uma primeira abordagem). Esse exame inicial deve ser realizado sob a forma de escore ASIA de referência.

Probabilidade de uma lesão medular em um paciente inconsciente: 5-10%. Ela deve ser considerada em caso de traumatismo violento, bradicardia, priapismo, ausência de tônus do esfíncter anal.

IMOBILIZAÇÃO
- Colar cervical rígido, manutenção rigorosa do eixo da coluna vertebral, mobilizações em monobloco estrito e plano duro (inclusive em caso de comprometimento medular completo, pois há risco de agravamento e de extensão do nível lesional).

REANIMAÇÃO RESPIRATÓRIA
- Comprometimento cervical > C4: comprometimento frênico = paralisia diafragmática.
- Comprometimento cervical < C4: comprometimento das intercostais e dos abdominais, mas conservação da inervação diafragmática. Equilíbrio toracoabdominal. Déficit inspiratório e expiratório.
- Comprometimento torácico: comprometimento dos músculos abdominais. Dificuldades para tossir, acúmulo de secreções.
- Se a intubação for necessária: indução rápida (succinilcolina possível, se o traumatismo for < 48 h). Manutenção do eixo cabeça-pescoço-tronco, sem tração. Possibilidade de laringoscopia direta. Intubação com ajuda de um videolaringoscópio ou de um fibroscópio é possível se o operador for bem treinado. Não se recomenda a manobra de Sellick. Objetivos de ventilação: evitar a hipoxemia, normocapnia.

REANIMAÇÃO CARDIOVASCULAR

- Todo comprometimento medular > T5: hipotensão por vasoplegia infralesional, e bradicardia por comprometimento do simpático cardíaco. Agravamento eventual por um choque hemorrágico associado, ou pela ventilação com pressão positiva, com risco de parada circulatória (atenção às mudanças de posição, laringoscopia, aspirações traqueais).
- Manter PAM entre 80-90 mmHg durante 7 d. Expansão volêmica em caso de hipovolemia, vasopressor (noradrenalina) precoce para contrabalançar a vasoplegia, inotrópicos em caso de disfunção contrátil transitória do miocárdio.
- Monitoração: cateter arterial, avaliação do débito cardíaco e da volemia são imperativos.

EXAMES DE IMAGEM

- Tomografia helicoidal com reconstrução em 3D do conjunto da coluna vertebral, assim que possível (descrição precisa das lesões ósseas, comprometimento do canal raquidiano, lesões associadas).
- A contenção cervical somente é retirada após a eliminação de lesões ligamentares por meio de imagens dinâmicas em flexão e extensão (se o paciente estiver consciente).
- A única indicação da RM de emergência é a investigação de lesões discoligamentares em um paciente que apresente sintomatologia dolorosa ou neurológica, com uma tomografia normal.
- Diante de um traumatismo isolado da região cervical da coluna vertebral, cinco critérios clínicos permitem eliminar uma lesão cervical significativa e dispensam as imagens radiológicas de emergência: 1. ausência de dor na linha mediana cervical; 2. ausência de déficit neurológico focal; 3. nível de consciência normal; 4. ausência de intoxicação; 5. ausência de lesão ou dor "que possa ser distraída".

TRATAMENTO CIRÚRGICO

- Dois objetivos: fixar as lesões instáveis e, se possível, descomprimir a medula.
- Benefícios da cirurgia nas 24 h pós-traumatismo (quaisquer que sejam o tipo, o nível e o caráter completo ou não da lesão): limitar a extensão das lesões neurológicas, iniciar cinesioterapia precoce, diminuir as complicações pulmonares, diminuir a duração da permanência na UTI.
- Procedimento cirúrgico: esquematicamente:
  - Fixações dorsolombares: laminectomia e osteossíntese com fixação pedicular pela via posterior. Decúbito ventral e laminectomia hemorrágica = monitoração hemodinâmica, sistema de recuperação de sangue perioperatório, ácido tranexâmico.
  - Fixações da coluna cervical: acesso posterior = idem coluna dorsolombar. Acesso anterior (impossibilidade de laminectomia) eventual discectomia ou corpectomia, depois artrodese com placa fixada nos corpos vertebrais supra e subjacentes, com enxerto ósseo ou *cage*. Principais problemas anestésicos: intubação (*crash induction*, videolaringoscópio, fibroscópio), extubação e falta de acesso à cabeça no perioperatório.

TRATAMENTO CLÍNICO ASSOCIADO

- Manter normoglicemia, normóxia, normocapnia e pressão de perfusão medular.
- Profilaxia tromboembólica precoce: meias de compressão, compressão pneumática intermitente desde D0, HBPM desde D1 ou D2 pós-operatório.
- Retirada da sonda vesical no domicílio assim que possível (D2) e realização de sondagens vesicais iterativas para limitar as complicações urinárias (infecções, litíase etc.).
- Nenhum tratamento neuroprotetor até hoje provou eficácia.
- Não mais se recomenda a corticoterapia em altas doses.

PROGNÓSTICO

- A classificação de Frankel (ver *Escore ASIA*) avalia o prognóstico neurológico em função do comprometimento medular inicial:
  - **Grau A**: a recuperação neurológica se limitará geralmente a 1 ou 2 metâmeros.
  - **Grau B ou C**: no D3 do traumatismo: cerca de ⅔ dos pacientes recuperarão a deambulação.
  - **Grau D**: em princípio, a deambulação será recuperada.
- A mortalidade em um ano é de cerca de 5%. A sobrevida média é atualmente de mais de 30 anos.
- O tratamento com equipes e centros especializados melhora o prognóstico funcional, mas não a mortalidade.

Avaliação motora

	D	E	
C2			
C3			
C4			
C5	☐	☐	Flexão do cotovelo
C6	☐	☐	Extensão do punho
C7	☐	☐	Extensão do cotovelo
C8	☐	☐	Flexão do médio (P3)
T1	☐	☐	Abdução do 5º dedo
T2			
T3			
T4			
T5			
T6			
T7			
T8			
T9			
T10			
T11			
T12			
L1			
L2	☐	☐	Flexão do quadril
L3	☐	☐	Extensão do joelho
L4	☐	☐	Dorsiflexão de tornozelo
L5	☐	☐	Extensão do dedão do pé
S1	☐	☐	Flexão plantar de tornozelo
S2			
S3			
S4-5			

0 = paralisia total
1 = contração visível ou palpável
2 = movimento ativo sem eliminação da gravidade
3 = movimento ativo contra gravidade
4 = movimento ativo contra resistência adicional
5 = movimento normal
NT: não testável

Escore "motricidade": /100
Contração anal: sim/não

Escore ASIA

Identidade do paciente

Data do exame
⎵⎵ ⎵⎵ ⎵⎵⎵⎵

Nível neurológico* { Sensitivo direito ☐ esquerdo ☐
                     { Motor direito ☐ esquerdo ☐

* O segmento mais caudal que tem uma função normal

Lesão medular**: completa ou incompleta

** Característica incompleta definida pela motricidade ou pela sensibilidade do território S4-S5

ASIA impairment scale (ou escore de Frankel):

A = completa: sem motricidade ou sensibilidade no território S4-S5

B = incompleta: a sensibilidade, mas não a motricidade, está preservada abaixo do nível lesional particularmente no território S4-S5

C = incompleta: a motricidade está preservada abaixo do nível lesional e mais da metade dos músculos testados acima deste nível tem um escore < 3

D = incompleta: a motricidade está preservada abaixo do nível lesional e pelo menos metade dos músculos testados abaixo do nível tem um escore < 3

E = normal: a sensibilidade e a motricidade estão normais

Preservação parcial*** { Sensitivo direito ☐ esquerdo ☐
                         { Motor direito ☐ esquerdo ☐

*** Extensão caudal dos segmentos parcialmente inervados

Síndrome clínica
☐ Centromedular
☐ Brown-Séquard
☐ Medula anterior
☐ Cone terminal
☐ Cauda equina

Reanimação

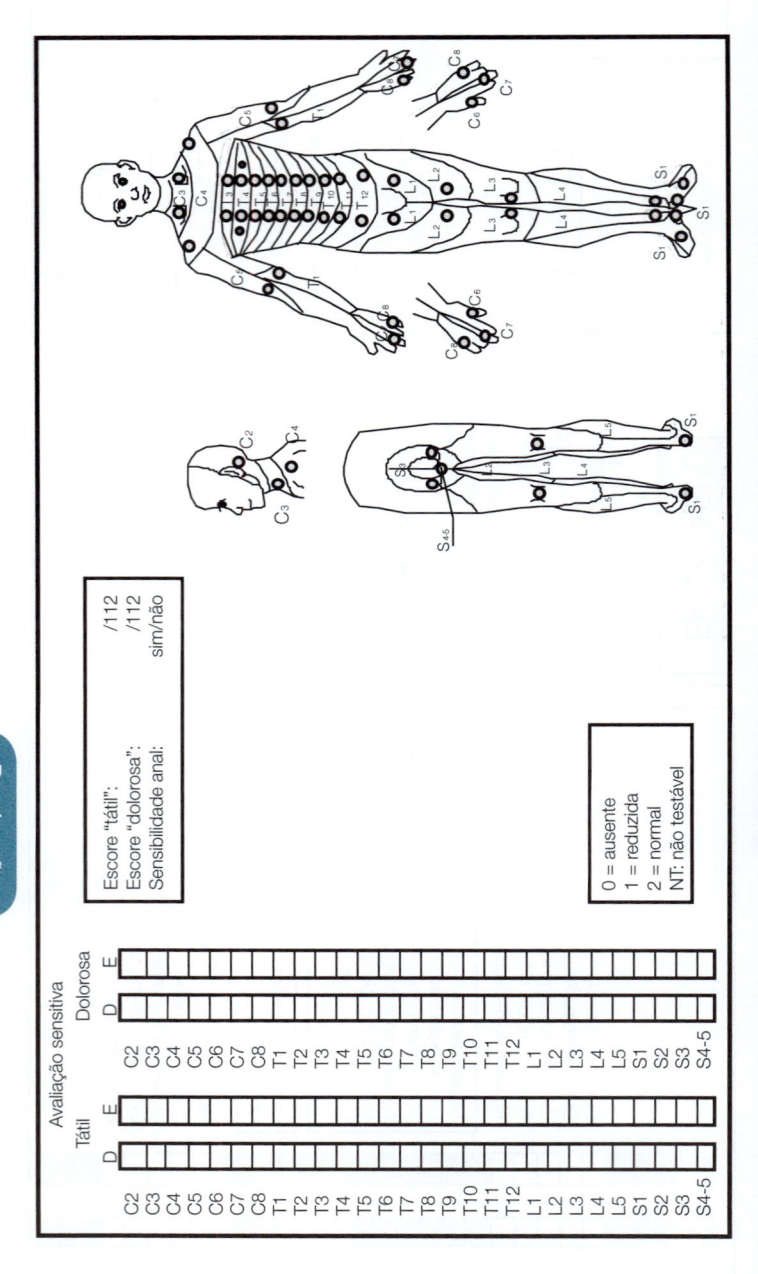

Avaliação sensitiva

Tátil | Dolorosa

Escore "tátil": /112
Escore "dolorosa": /112
Sensibilidade anal: sim/não

0 = ausente
1 = reduzida
2 = normal
NT: não testável

Traumatismo craniano (TC) não grave

Traumatismo frequente (155.000/ano na França).

PROCEDIMENTO

- Anamnese: cinética, existência e duração da perda de consciência inicial, avaliação do sujeito: idade, existência de intoxicação associada, uso de anticoagulantes ou antiagregantes plaquetários.
- Exame clínico: pesquisa de déficit neurológico, lesões associadas, principalmente de cervicalgias ou dores na palpação da coluna cervical (uso de um colar de Minerva rígido se GSC < 15, cervicalgias, rigidez da nuca, parestesias das extremidades ou déficit focal).
- Realização de um escore de Glasgow (GCS):
  - Três parâmetros: abertura dos olhos, resposta verbal, resposta motora.
  - Considera-se apenas a melhor resposta.

GCS ≤ 8 = TC grave; 9 ≤ GCS ≤ 12 = TC moderado; GCS ≥ 13 = TC leve

Y	Abertura dos olhos	Espontânea	4
		Ao chamado	3
		À dor	2
		Ausente	1
V	Resposta verbal	Orientada	5
		Confusa	4
		Palavras inapropriadas	3
		Sons incompreensíveis	2
		Ausente	1
M	Resposta motora dos membros superiores	Obedece comandos	6
		Localiza a dor	5
		Reação inespecífica	4
		Flexão anormal	3
		Extensão anormal	2
		Ausente	1

Resposta verbal no lactente: grito = 5; gemido = 3; nenhuma = 1.

TRAUMATISMO CRANIANO NÃO GRAVE: CONDUTA A MANTER

- A tomografia cerebral é realizada de preferência entre a 4ª e a 6ª hora após o traumatismo. É mais precoce se exame neurológico anormal ou se tratamento anticoagulante ou antiplaquetário.
- Em caso de modificação do exame neurológico, uma nova imagem cerebral deve ser realizada, particularmente se a primeira tomografia foi feita antes das primeiras 4 h seguintes ao traumatismo craniano.

Reanimação

- Em caso de dúvida sobre uma lesão na coluna cervical (ver *Exame clínico*), uma tomografia desta região deverá ser realizada.
- A presença de midríase não reativa (ou de anisocoria) é um importante indicador de gravidade e impõe uma ação terapêutica imediata (ver *Hipertensão intracraniana aguda, Osmoterapia*).
- O Doppler transcraniano pode ser útil para identificar os pacientes com risco de deterioriação neurológica (ver *Doppler transcraniano*).
- Na presença de lesão intracraniana ou óssea na tomodensitometria cerebral, uma avaliação especializada (neurocirurgia, neurointensivista) deve ser considerada.

Princípios de microbiologia e antibioticoterapia

- Corpo humano:
  - 10^{13} células, 10^{12} bactérias sobre a pele, 10^{14} bactérias no tubo digestivo.
  - Microrganismos normalmente encontrados no organismo (flora comensal), de + a +++ = de raro a predominante.

Nome da bactéria	Pele	Conduto auditivo externo	Nariz	Boca Faringe	Jejuno	Cólon
Estafilococo coagulase negativa	+++	+++	+++	++		+
Staphylococcus aureus	+	+	+++	++	+	++
Enterococcus				+	+	+++
Pneumococo			+	++		
Estreptococo			+	++	++	++
Meningococo				+		
Propionibacterium	++	++	+			
Enterobactérias		+		+	++	+++
Pseudomonas		+				+
BGN anaeróbias				++	+	+++
Candida	+			++	+	+

- A administração de um antibiótico, desde a primeira dose, resulta na seleção de bactérias resistentes, principalmente no nível do tubo digestivo (eliminação das enterobactérias sensíveis, destruição das barreiras anaeróbias), o retorno a uma flora normal ocorre em várias semanas.
- O antibiograma permite determinar a sensibilidade *in vitro* de uma bactéria para cada um dos antibióticos testados.
- Os mecanismos de resistência são múltiplos e, na maioria das vezes, a leitura do antibiograma permite compreender sua origem (ver *Ler um antibiograma*).

Regras da prescrição correta
- Febre não é sinônimo de infecção.
- Apenas as infecções bacterianas devem ser tratadas com antibióticos.
- Coleta bacteriológica positiva não prova uma infecção bacteriana.
- Não se deve tratar as hemoculturas por estafilococo coagulase negativa.

Reanimação

- Coletas microbiológicas adequadas devem ser feitas antes do início do tratamento; uma dose de antibioticoprofilaxia não atrapalha as coletas perioperatórias.
- A escolha de um antibiótico depende do microrganismo encontrado, do local da infecção, da gravidade da infecção, da ecologia do paciente e do serviço, dos antecedentes alérgicos do paciente, da presença de injúria renal ou insuficiência hepática.
- Uma antibioticoterapia empírica sempre deve ser reavaliada na 48ª h após os resultados dos exames bacteriológicos. Deve ser interrompida se a origem bacteriana do quadro não for confirmada.
- O princípio é escolher o antibiótico mais antigo, com um espectro mais direcionado sobre o microrganismo em questão. A biterapia inicial apenas em certos casos (gravidade, microrganismo) e com duração limitada (48-72 h), translacionando para VO assim que possível.
- Os antibióticos de amplo espectro devem ser reservados às bactérias multirresistentes e às infecções graves.
- Em certos casos, deve-se aumentar as doses unitárias ou reduzir os intervalos de administração (choque, infecção neuromeníngea etc.).
- Deve-se diminuir a duração da antibioticoterapia: pneumopatias nosocomiais 8 d, pielonefrite 8 d, bacteremia por BGN 8 d, peritonite nosocomial 8 d, fasceíte necrosante 10 d, meningite nosocomial 10-15 d, coleção intra-abdominal pós-operatória 10 d.
- Posologias de aminoglicosídeos: administração com bomba de infusão em 30 min, posologias máximas devem ser utilizadas nas situações de volume de distribuição aumentado.

Aminoglicosídeos	Posologia (mg/kg/d de peso corrigido)	Objetivo pico (mg/L), 30 min após o fim da bomba de infusão	Objetivo da taxa residual (mg/L) 30 min antes da reinjeção
Gentamicina	5-8	30-40	< 0,5
Tobramicina			
Netilmicina			
Amicacina	20-30	60-80	< 2,5

- Para calcular a posologia dos aminoglicosídeos, utilizar o peso corrigido: peso corrigido = peso ideal + 0,43 x (peso total-peso ideal) (ver *Anestesia do paciente obeso* para cálculo do peso ideal).
- Posologia vancomicina em função do peso real.
- É preciso dosar os antibióticos no paciente obeso, em estado de choque, em terapia de substituição renal (TSR), assistência circulatória etc.
- Para cada infecção, ver capítulo correspondente: *Infecção urinária, Pneumopatia adquirida sob ventilação mecânica, Infecção no cateter central, Peritonite, Infecção neuromeníngea, Infecção osteoarticular, Fasceíte*.

Ler um antibiograma para compreender as resistências

	Peni G	Peni M	Peni A	Amoxicilina + clavulanato	Ticar	C3G Cefotaxima	C3G Cefta	Cefepima	Imipeném	Vanco
Estafilococo										
▪ Selvagem	S	S	S	S	S	S			S	S
▪ Penicilinase	R	S	R	S	R	S			S	S
▪ Resistente à meticilina	R	R	R	R	R	R			R	S
Pneumococo										
▪ Selvagem	S		S		S	S			S	S
▪ Sensibilidade diminuída à penicilina G	I		S ou I		S ou I	S ou I			S ou I	S
▪ Resistente à penicilina G	R		S, I ou R		S, I ou R	S, I ou R			S, I ou R	S
Enterococcus faecium										
▪ Selvagem	I		S			R	R	R	S	S
▪ Hiperprodução PLP5	R		I ou R			R	R	R	R	S
▪ Van-A a Van-E	I ou R		R, I ou S			R	R	R	R, I ou S	R
Escherichia coli										
▪ Selvagem			S	S	S	S	S	S	S	
▪ Penicilinase			R	S, I ou R	R	S	S	S	S	
▪ Cefalosporinase			I ou R	I ou R	S ou I	S ou I	S, I ou R	S	S	
▪ ESBL			R	I ou R	R	R	R	R	S	

(continua)

Reanimação

	Peni G	Peni M	Peni A	Amoxicilina + clavulanato	Ticar	C3G		Cefepima	Imipeném	Vanco
						Cefotaxima	Cefta			
Klebsiella										
▪ Selvagem			R	S	R	S	S	S	S	
▪ Penicilinase			R	I ou R	R	S	S ou I	S	S	
▪ ESBL			R	R, ou I	R	R	R	R	S	
▪ Cefalosporinase plasmídica			R	R	R	R, I	R	S	S	
▪ Carbapenemase			R	R	R	R	R	R	R	
Enterobacter, Citrobacter, Morganella, Serratia, Hafnia										
▪ Selvagem			R	R	S	S	S	S	S	
▪ Cefalosporinase hiperproduzida			R	R	I ou R	R	R	S	S	
▪ ESBL			R	R	R	R	R	R	S	
▪ Carbapenemase			R	R	R	R	R	R	R	
Pseudomonas										
▪ Selvagem			R	R	S	I ou R	S	S	S	
▪ Impermeabilidade seletiva OprD			R	R	S	I ou R	S	S	R	
▪ Impermeabilidade/efluxo			R	R	I	R	S	I ou R	S	

Sensibilidade das bactérias aos antibióticos

Reanimação

Antibióticos

Legenda:
- ● normalmente sensível
- ● moderadamente sensível
- ● resistente

Bactérias		Benzil ou fenoximetilpenicilina	Cloxacilina	Amoxicilina	Amoxicilina + ác. clavulânico	Cefazolina – cefalexina	Cefuroxima – cefamandol	Cefoxitina	Cefotaxima – ceftriaxona	Ceftazidima	Cefixima
BGN enterobactérias	E. coli			●	●	●	●	●	●	●	●
	Salmonela – Shigella			●	●	●			●	●	●
	P. mirabilis			●	●	●	●	●	●	●	●
	K. pneumoniae			●	●	●	●	●	●	●	●
	K. oxytoca			●	●	●	●	●	●	●	●
	C. koseri			●	●	●	●	●	●	●	●
	P. vulgaris			●	●	●	●	●	●	●	●
	M. morganii			●	●	●	●	●	●	●	●
	C. freundii – E. cloacae			●	●	●	●	●	●	●	●
BGN não enterobactérias	S. marcescens			●	●	●	●	●	●	●	●
	P. aeruginosa			●	●	●	●	●	●	●	●
	B. (P) cepacia			●	●	●	●	●	●	●	●
	S. (X) maltophilia			●	●	●	●	●	●	●	●
	A. baumannii			●	●	●	●	●	●	●	●
	H. influenzae	●		●	●	●	●	●	●	●	●
	H. pylori			●	●	●	●	●			
	Legionella	●		●	●	●	●	●	●	●	●
CG+	Estafilococos meti-S	●	●	●	●	●	●	●	●		●
	Estafilococos meti-R	●	●	●	●	●	●	●	●		●
	Estreptococos ACGF	●	●	●	●	●	●	●	●		●
	Estreptococos B	●	●	●	●	●	●	●	●		●
	Estreptococos não agrupáveis	●	●	●	●	●	●	●	●		●
	S. pneumoniae peni-S.	●	●	●	●	●	●	●	●		●
	S. pneumoniae peni-I ou R	●	●	●	●	●	●	●	●	●	●
	E. faecalis	●		●	●	●	●	●	●	●	●
	E. faecium	●		●	●	●	●	●	●	●	●
BG+	Listeria	●		●	●	●		●	●	●	●
CG-	N. meningitidis	●		●	●	●			●	●	
Anaeróbias	Clostridium difficile	●		●	●	●	●	●	●	●	●
	Clostridium perfringens	●	●	●	●	●	●	●	●	●	●
	B. fragilis	●		●	●	●	●	●	●	●	●

(continua)

Antibióticos

Legenda:
- 🟢 normalmente sensível
- 🟡 moderadamente sensível
- 🔴 resistente

Bactérias		Ticarcilina	Ticarcilina + ácido clavulânico	Piperacilina	Piperacilina + tazobactama	Aztreonam	Cefepima – cefpiroma	Imipeném	Ertapeném	Doripeném – meropeném	Tigeciclina
BGN enterobactérias	E. coli	🟡	🟡	🟡	🟢	🟢	🟢	🟢	🟢	🟢	🟢
	Salmonela – Shigella	🟡	🟡	🟡	🟢	🟢	🟢	🟢	🟢	🟢	🟢
	P. mirabilis	🟡	🟡	🟡	🟢	🟢	🟢	🟢	🟢	🟢	🟢
	K. pneumoniae	🔴	🟡	🔴	🟡	🟡	🟢	🟢	🟢	🟢	🟢
	K. oxytoca	🔴	🟡	🔴	🟡	🟡	🟢	🟢	🟢	🟢	🟢
	C. koseri	🔴	🔴	🔴	🔴	🟡	🟢	🟢	🟢	🟢	🟢
	P. vulgaris	🟡	🟡	🟡	🟢	🟢	🟢	🟢	🟢	🟢	🟡
	M. morganii	🟡	🟡	🟡	🟢	🟢	🟢	🟢	🟢	🟢	
	C. freundii – E. cloacae	🟡	🟡	🟡	🟡	🟡	🟢	🟢	🟢	🟢	🟢
BGN não enterobactérias	S. marcescens	🟡	🟡	🟡	🟡	🟡	🟢	🟢	🟢	🟢	🟢
	P. aeruginosa	🟡	🟡	🟡	🟡	🟡	🟡	🟢	🔴	🟢	🔴
	B. (P) cepacia	🔴	🔴	🔴	🔴	🔴	🔴	🟢		🟡	🟢
	S. (X) maltophilia	🔴	🔴	🔴	🔴	🔴	🔴	🔴		🔴	🟢
	A. baumannii	🟡	🟡	🟡	🟡	🔴	🟡	🟢	🔴	🟢	🟡
	H. influenzae	🟡	🟢		🟢	🟢	🟢	🟢	🟢		🟢
	H. pylori					🟢	🟢				
	Legionella	🟢	🟢	🟢	🟢	🟢	🟢	🟢	🟢		
CG+	Estafilococos meti-S	🟢	🟢	🟢	🟢	🔴	🟢	🟢	🟢	🟢	🟢
	Estafilococos meti-R	🔴	🔴	🔴	🔴	🔴	🔴	🔴	🔴	🔴	🟢
	Estreptococos ACGF	🟢	🟢	🟢	🟢	🟢	🟢	🟢	🟢	🟢	🟢
	Estreptococos B	🟢	🟢	🟢	🟢	🟢	🟢	🟢	🟢	🟢	🟢
	Estreptococo não agrupáveis	🟢	🟢	🟢	🟢		🟢	🟢	🟢	🟢	🟢
	S. pneumoniae peni-S.	🟢	🟢	🟢	🟢	🔴	🟢	🟢	🟢	🟢	🟢
	S. pneumoniae peni-I ou R	🔴	🔴	🔴	🔴	🔴	🟡	🟡		🟢	🟢
	E. faecalis	🟡	🟡	🟢	🟢	🔴	🟢	🟢	🔴	🟢	🟢
	E. faecium	🔴	🔴	🔴	🔴	🔴	🔴	🔴	🔴	🔴	🟢
BG+	Listeria	🟢	🟢	🟢	🟢	🔴	🟢	🟢		🟢	
CG-	N. meningitidis	🟢	🟢	🟢	🟢	🟢	🟢	🟢			
Anaeróbias	Clostridium difficile	🔴	🔴	🟢	🔴	🔴	🟢	🔴		🟡	
	Clostridium perfringens	🟢	🟢	🟢	🟢	🔴	🟢	🟢	🟢	🟢	🟢
	B. fragilis	🟡	🟢	🔴	🟢	🔴	🔴	🟢	🟢	🟢	🟢

(continua)

Antibióticos

Legenda:
- normalmente sensível
- moderadamente sensível
- resistente

Bactérias		Eritromicina	Clindamicina – lincomicina	Gentamicina – tobramicina-netilmicina	Amicacina	Metronidazol – ornidazol	Trimetoprima-sulfametoxazol	Peflo – oflo – ciprofloxacina	Levofloxacino	Vancomicina – teicoplanina	Linezolida	Daptomicina
BGN enterobactérias	E. coli	•	•	•	•		•	•	•			
	Salmonela – Shigella	•	•	•	•		•	•	•			
	P. mirabilis	•	•	•	•		•	•	•			
	K. pneumoniae	•	•	•	•		•	•	•			
	K. oxytoca	•	•	•	•		•	•	•			
	C. koseri	•	•	•	•		•					
	P. vulgaris	•	•	•	•		•	•	•			
	M. morganii	•	•	•	•		•	•	•			
	C. freundii – E. cloacae	•	•	•	•		•	•	•			
BGN não enterobactérias	S. marcescens	•	•	•	•		•	•	•			
	P. aeruginosa	•	•	•	•		•	•	•			
	B. (P) cepacia	•	•	•	•		•	•	•			
	S. (X) maltophilia	•	•	•	•		•	•	•			
	A. baumannii	•	•	•	•		•	•	•			
	H. influenzae	•	•	•	•		•	•	•			
	H. pylori	•	•				•					
	Legionella	•	•	•	•		•	•	•			
CG+	Estafilococos meti-S	•	•	•	•		•	•	•	•	•	•
	Estafilococos meti-R	•	•	•	•		•	•	•	•	•	•
	Estreptococos ACGF	•	•	•	•		•	•	•	•	•	•
	Estreptococos B	•	•	•	•		•	•	•	•	•	•
	Estreptococo não agrupáveis	•	•	•	•		•	•	•	•	•	•
CG+	S. pneumoniae peni-S.	•	•	•	•		•	•	•	•	•	•
	S. pneumoniae peni-I ou R	•	•	•	•		•	•	•	•	•	•
	E. faecalis	•	•	•	•		•	•	•	•	•	
	E. faecium	•	•	•	•		•	•	•	•	•	
BG+	Listeria		•	•	•		•	•	•	•		
CG-	N. meningitidis		•				•	•	•	•	•	
Anaeróbias	Clostridium difficile	•	•	•	•	•	•	•	•	•		
	Clostridium perfringens	•	•	•	•		•	•	•	•	•	•
	B. fragilis	•	•	•	•	•	•	•	•	•		

Colonização por bactérias multirresistentes (BMR) e bactérias altamente resistentes emergentes (BARe)

- BMR é um microrganismo multirresistente aos antibióticos e com risco de difusão epidêmica:
  - *Staphylococcus aureus* resistentes à meticilina (MRSA).
  - Estafilococo de sensibilidade reduzida aos glicopeptídeos.
  - Enterobactérias produtoras de betalactamases de espectro ampliado (ESBL). Observar que a *E. coli* ESBL tem baixa capacidade de difusão epidêmica e não precisa de isolamento.
- BHRe é um microrganismo que somente é sensível a um ou dois antibióticos:
  - Enterobactérias produtoras de carbapenemases (penicilinase, metalobetalactamase, oxacilinase).
  - Enterococos resistente aos glicopeptídeos.
  - *Acinetobacter baumannii* resistente ao imipeném.
- Controle da difusão epidêmica das BMR e das BHRe: precauções de contato:
  - A higiene das mãos da equipe hospitalar está na base desse controle.
  - Essa higiene se aplica a cada paciente em tratamento (precauções-padrão) e não apenas àquele portador de BMR.
  - Utilizar soluções hidroalcoólicas (SHA).
  - A escolha de uma estratégia de detecção é decidida em comum acordo com a Comissão de Controle de Infecção Hospitalar (CCIH), sendo possível propor:
    » Um paciente hospitalizado em UTI deve passar por uma detecção (swab nasal e retal) na entrada, e depois uma vez por semana.
    » Todo paciente que vem de uma estrutura de risco (outra UTI, internação longa e média, hospital estrangeiro) deve ser posto em isolamento preventivo a partir da admissão, até o resultado da detecção inicial. Caso se trate de países da bacia do Mediterrâneo + Índia e Paquistão, deve-se, se possível, considerar um isolamento exclusivo.
- Em caso de colonização ou de infecção por BMR:
  - Assinalar o isolamento do paciente na porta do quarto, na cama, no prontuário, nas fichas de ligação, dos pedidos de exame, no relatório de hospitalização.
  - Prevenir os serviços receptores: exame, centro cirúrgico, outro serviço.
  - Isolamento geográfico: paciente em quarto individual, reagrupamento dos pacientes colonizados pelo mesmo microrganismo na mesma unidade.
  - Isolamento técnico: luvas não estéreis para contato com os líquidos biológicos, com a pele lesionada ou com as mucosas, avental plástico em caso de contato extenso, material de cuidado individual priorizando o material descartável.

- Máscaras, toucas e protetores de sapato são inúteis.
- Não há indicação para a erradicação da colonização nasal pelo MRSA (com exceção da cirurgia cardíaca agendada) ou digestiva pelo ESBL.
- Em caso de colonização ou infecção pela BHRe:
  - As medidas descritas anteriormente devem ser aplicadas.
  - Deve-se cuidar do paciente com uma equipe exclusiva: 1 enfermeiro e 1 auxiliar de enfermagem para o paciente em UTI e para cada etapa do tratamento.

Colite pela bactéria *Clostridium difficile*

- Bactéria anaeróbica Gram-positiva responsável pela diarreia, pela colite pseudomembranosa e pela colectasia que podem chegar até o estado de choque.
- Favorecida pelo uso de antibiótico, uma aplicação única com a finalidade de antibioticoprofilaxia é suficiente.
- Difusão de tipo epidêmico no interior de um serviço ou de uma instituição.
- Recidiva frequente nos 15 d (20-30% dos pacientes).
- Existe uma cepa mais virulenta (NAP1/O27) hipersecretora de toxinas A e B.
- Diagnóstico pela pesquisa de toxina nas fezes (PCR, ELISA), exame que deve ser repetido caso a diarreia persista após um primeiro exame negativo.
- ▲ **A toxina pode permanecer positiva durante 1 mês após a cura da colite.**
- Tratamento:
    - Interrupção de qualquer antibioticoterapia, reanimação sintomática.
    - Tratamento antibiótico de 10 d:
        - » Forma pouco grave: metronidazol 500 mg x 3/d VO.
        - » Forma recidivante: fidaxomicina 200 mg x 2/d VO.
        - » Forma grave (estado de choque, colite pseudomembranosa): vancomicina 250 mg x 4/d VO + metronidazol 500 mg x 3/d IV, discutir íleo ou colostomia para instilação de vancomicina.
- Isolamento dos pacientes, vigilância +++ sobre o isolamento técnico.
- Lavagem das mãos com sabão suave e depois aplicação de SHA.

Choque séptico

DEFINIÇÃO
A sepse é a associação de uma infecção e uma SIRS (síndrome da resposta inflamatória sistêmica). O choque séptico é caracterizado no contexto de uma sepse pela ocorrência de falência circulatória aguda: hipotensão arterial sistêmica (PAS < 90 mmHg, PAM < 60 mmHg e/ou redução da PAS em mais de 40 mmHg em relação ao valor padrão) apesar da expansão volêmica adequada na ausência de outra causa para a hipotensão.

TRATAMENTO ETIOLÓGICO
É preciso obrigatoriamente de um tratamento etiológico da infecção responsável pelo choque séptico. Ele compreende antibioticoterapia probabilista de espectro adequado ao tipo de infecção (comunitária/nosocomial, ecologia do serviço) iniciada na primeira hora logo após o diagnóstico de choque séptico depois da realização, se possível, das coletas das culturas.

Reavaliar a antibioticoterapia para, se possível, realizar um descalonamento adequada aos resultados bacteriológicos e ao antibiograma do microrganismo ou dos microrganismos encontrados, levando em consideração as características farmacocinéticas e farmacodinâmicas das drogas (difusão nos tecidos envolvidos, metabolismo, via de eliminação, injúria renal ou insuficiência hepática etc.). As infecções cirúrgicas devem ser tratadas imediatamente, após a estabilização do paciente e a reanimação ativa precoce (lavagem peritoneal e derivação digestiva, passagem de sonda vesical, debridamento e excisão de tecidos necrosados etc.).

SUPORTE HEMODINÂMICO
O manejo hemodinâmico eficaz deve ser iniciado imediatamente. A expansão volêmica "ideal" e a manutenção da pressão de perfusão são objetivos que devem ser alcançados o mais rapidamente possível.

Inicialmente, a expansão será de 30 mL/kg de cristaloides. Para além disso, a albumina pode ser considerada, mas os coloides não serão utilizados.

Os pacientes requerem no mínimo uma pressão arterial invasiva e um cateterismo venoso central. Os objetivos iniciais são: PAM $\geq$ 65 mmHg, diurese > 0,5 mL.kg^{-1}.h^{-1}, SVcO$_2$ $\geq$ 70%, redução da lactatemia. A noradrenalina é o vasopressor de escolha na ausência de falência miocárdica.

Uma avaliação do débito cardíaco é necessária. Dependendo das disponibilidades locais: ecocardiografia, Doppler transesofágico, PiCCO™ etc. Em caso de falência miocárdica associada, a adjunção de um inotrópico mostra-se necessária (epinefrina, dobutamina).

A hidrocortisona não deve ser utilizada no paciente adulto se a resposta à expansão volêmica e aos vasopressores permitir o restabelecimento da estabilidade hemodinâmica. Em caso contrário, é possível a utilização da hidrocortisona na dose de 200 mg/d. O tratamento é suspenso com a interrupção das catecolaminas. Em caso de ausência de resposta hemodinâmica, o tratamento será suspenso após 72 h.

CONTROLE GLICÊMICO E NUTRIÇÃO

A nutrição enteral será iniciada de acordo com a tolerância, sem procurar alcançar objetivos máximos inicialmente. Um aporte calórico mínimo será buscado nas primeiras 48-72 h e depois aumentado secundariamente para alcançar nos dias seguintes os objetivos ideais. Deve-se preferir a nutrição enteral à via parenteral. Desde a admissão em UTI, recomenda--se a manutenção da glicemia < 1,8 g/L com a administração de insulina (análoga ultrarrápida), por via intravenosa contínua segundo o protocolo de serviço formalizado e validado. Objetivos glicêmicos mais rigorosos não provaram utilidade e expõem a elevado risco de hipoglicemias dele-térias (ver *Anestesia e diabete*).

Profilaxia do tétano

A conduta a manter depende da natureza da exposição e da vacinação anterior, segundo as recomendações clássicas:

	Risco moderado	Risco grave
Vacinação anterior segura e completa (≥ 3 doses) Última dose:		
▪ < 5 anos	▪ Nenhum	▪ Nenhum
▪ 5-10 anos	▪ Nenhum	▪ Nenhum ou reforço VAT
▪ > 10 anos	▪ Reforço VAT	▪ Reforço VAT + Ig 250 UI (2 mL)
Vacinação anterior segura, mas incompleta	▪ Reforço VAT	▪ Reforço VAT + Ig 250 UI (2 mL)
Vacinação anterior ausente ou duvidosa	▪ Vacinação completa (2 doses) + Ig 250 UI (2 mL)	▪ Vacinação completa (2 doses) + Ig 500 UI (4 mL)

Risco moderado	Risco grave
▪ Ferida mínima ▪ Úlcera ▪ Intervenção cirúrgica (pé, útero, tubo digestivo principalmente)	▪ Feridas extensas ou sujas, com terra, vegetais, corpos estranhos ou não tratadas nas primeiras 24 h ▪ Ferida puntiforme, mas penetrante ▪ Mordidas, queimaduras ▪ Deterioração, necrose tissular, gangrena ▪ Ferida ocular ▪ Aborto séptico

- Vacinação antitetânica do adulto (VAT): duas injeções com intervalo de 1 mês. Reforços 1 ano depois e a cada 10 anos.
- Ig: imunoglobulinas específicas humanas, injeção IM/SC.
- Em caso de associação VAT + Ig: injetar uma e outra em tempos diferentes (um produto por braço).
- Se o esquema de vacinação foi interrompido, deve-se retomá-lo no ponto em que ocorreu a interrupção, pois é inútil recomeçar do zero. Talvez seja inútil fazer um reforço se o último foi há menos de 10 anos.
- A questão mais pertinente poderia ser: "Você recebeu pelo menos 3 injeções de vacina em sua vida?".
- A urgência do reforço de VAT é discutível. Provavelmente, o interesse está apenas no próximo ferimento e a eficácia poderia ser menor quando é concomitante com soroterapia, mesmo se os locais da injeção são distantes.
- Alternativa: utilizar o teste de detecção de anticorpos específicos (Tetanos Quick Stick®, Tetanotop®) que dá em 10 min o estatuto vacinal do paciente com forte valor preditivo positivo. Então a soroterapia e a VAT somente serão realizadas em caso de teste negativo.

Esplenectomia: conduta a manter

Vacinar contra o pneumococo (Prévenar 13® e depois Pneumo 23® em 8 semanas, o *Haemophilus influenzae* de tipo b (HiB®) e o meningococo (antimeningocócicos A e C) 15 d antes da esplenectomia agendada ou 15 d depois da esplenectomia de urgência (ou na saída do hospital). É preciso revacinar com frequência de 1-5 anos (com o Pneumo 23®).

- Comunicar a esplenectomia ao paciente (carta, sinais de alerta, conduta a manter) e ao médico responsável.
- Antibioticoprofilaxia pós-esplenectomia por pelo menos 2 anos no adulto (por toda a vida para alguns) e 5 anos na criança (16 anos ou por toda vida): fenoximetilpenicilina.
  - Adulto: 2 milhões U/d em 1-2 aplicações.
  - Criança: 100.000 U/kg/d até 10 kg, 50.000 U/kg/d para além em 2-3 aplicações.
- Iniciar a partir do período pós-operatório (amoxicilina se VO for impossível).
- Em caso de alergia: eritromicina 500 mg/d no adulto.

Celulite: fasceíte necrosante

GENERALIDADES
- Reagrupadas no quadro das infecções necróticas dos tecidos moles.
- Rara, mas morbidade e mortalidade graves.
- Infecção bacteriana do tecido subcutâneo, ultrapassando a fáscia superficial e podendo atingir os músculos.
- Localização no nível dos membros (gangrena gasosa), perineal (gangrena de Fournier), cervicofacial (síndrome de Lemierre), abdominal (contexto pós-operatório).

CONTEXTO
- Fatores gerais: diabete, arterite, obesidade, etilismo, imunodepressão, idade > 50 anos.
- Fatores locais: infecção dentária, angina, úlcera de perna, mal perfurante plantar, cirurgia, varicela.
- Os AINE são um fator agravante (principalmente para as infecções pelo estreptococo beta-hemolítico e *Staphylococcus aureus*).

QUADRO CLÍNICO
- Febre alta, sinais de sepse, às vezes choque.
- Dor local intensa, vermelhidão, extensão rápida.
- Crepitação cutânea em caso de germes anaeróbicos.
- Utilizar o *Fournier Gangrene Severity Index*.

BACTERIOLOGIA
- Origem polimicrobiana (aeróbias Gram+ e Gram–, anaeróbias).
- Origem monomicrobiana (estreptococo beta-hemolítico, *Staphylococcus aureus*, *Clostridium perfringens*, *Fusobacterium necrophorum* etc.).
- Diagnóstico diferencial: mucormicose (ver *Outras infecções fúngicas*).

DIAGNÓSTICO
- Clínico.
- Exames bacteriológicos (hemoculturas, coletas perioperatórias).
- TC para a extensão.

TRATAMENTO
- Urgência cirúrgica: debridamento, excisão, amputação se necessária, considerar cateter subpúbico e a colostomia em caso de gangrena de Fournier. Tratar o ponto de partida.
- Antibioticoterapia:
  - Comprometimento cervicofacial ou dos membros: penicilina G + clindamicina, ou amoxicilina-ácido clavulânico + gentamicina, ou C3G + metronidazol.
  - Comprometimento perineal ou abdominal: piperacilina + metronidazol + amicacina, ou piperacilina-tazobactama + amicacina.
- Os inibidores das betalactamases difundem-se mal nos tecidos necrosados.
- A clindamicina e a linezolida poderiam ser interessantes pelas propriedades antitoxinas (estreptococos beta-hemolítico, *Staphylococcus aureus* secretador de Panton-Valentine).

- Antibioticoterapia deve ser adequada ao resultado das culturas, escolhendo-se o espectro mais limitado dos germes encontrados.
- Duração do tratamento: 10 d.
- O sistema VAC (*Vaccum Assisted Closure*) tornou-se um complemento importante do tratamento desses pacientes.
- Verificação da imunidade antitetânica.
- Hospitalização em UTI com tratamento sintomático do estado de choque.
- A oxigenoterapia hiperbárica e as imunoglobulinas IV poderiam ser interessantes.

Infecções osteoarticulares pós-operatórias

- A prevenção é fundamental: preparação cutânea, instalação, técnica cirúrgica, antibioticoprofilaxia, recusar a intervenção caso exista um foco infeccioso (urina, dentes etc.).
- Em caso de suspeita de infecção, é essencial identificar o microrganismo responsável:
  - As coletas devem ser feitas antes da instituição da antibioticoterapia.
  - Apenas as coletas profundas (expressões do pus de uma fístula, punção cirúrgica, coletas perioperatórias) são válidas: não há interesse nos *swabs*. Realizar pelo menos cinco coletas; um microrganismo cutâneo precisa de no mínimo três coletas positivas para ser incriminado (uma única coleta para um microrganismo não cutâneo). Mais de 1.700 polimorfos nucleares (PMN) em uma articulação assinalam a infecção.
- Esquema terapêutico:
  - Infecção precoce (< 2-4 semanas) de prótese: manutenção do material, debridamento, lavagem, drenagem, antibioticoterapia.
  - Infecção tardia (> 4 semanas) de prótese: ablação do material e reimplante posterior se as condições forem favoráveis (microrganismo sensível, sem imunodepressão), antibioticoterapia.
- A escolha do antibiótico depende do microrganismo identificado, do antibiograma e da penetração óssea dos antibióticos.
- Antibioticoterapia inicial parenteral (2 semanas) seguida de troca para VO assim que possível segundo a biodisponibilidade dos antibióticos ativos sobre os microrganismos encontrados (duração total: 1,5-3 meses).
- Os antibióticos VO que têm a melhor penetração óssea são: fluoroquinolonas, rifampicina, clindamicina, sulfametoxazol-trimetoprima e linezolida.
- O posicionamento de um *port-a-cath* pode ser rapidamente considerado dependendo do antibiótico escolhido.
- A vancomicina deve ser utilizada em infusão contínua visando à vancocinemia de 30-40 mg/mL, a rifampicina diminui as concentrações de clindamicina e de linezolida.
- **Proposta de antibioticoterapia empírica**: piperacilina-tazobactama 4 g x 4/d + vancomicina 1 g em 1 h e depois 2-3 g/d em bomba de infusão.
- **Proposição de antibioticoterapia documentada**:

	Tratamento inicial IV (duração aminosídeos: 5 d)	Troca para VO
Estafilococo meti-S	Cloxacilina	Rifampicina + clindamicina, SMX-TMP ou ciprofloxacina
Estafilococo meti-R	Vancomicina	Rifampicina + ácido fusídico, SMX-TMP ou clindamicina

(continua)

	Tratamento inicial IV (duração aminosídeos: 5 d)	Troca para VO
Estreptococo	Amoxicilina (+ gentamicina 5 d se enterococos)	Amoxicilina ou clindamicina
Enterobactérias selvagens	Cefotaxima	Ciprofloxacina ou SMX-TMP
Pseudomonas selvagens	Ceftazidima + amicacina (5 d)	Ciprofloxacina
Enterobactérias ou pseudomonas resistente	Imipeném + amicacina (5 d)	Continuação do tratamento IV

- **Escolha de antibióticos alternativos**:
  - Cefalosporina de 1ª geração em caso de estafilococo meti-S.
  - Linezolida, daptomicina ou teicoplanina em caso de estafilococo meti-R.
- A rifampicina a 15-20 mg/kg/d é o antibiótico de referência para as infecções ósseas com Gram+, mas não deve ser utilizada em terapia empírica ou em monoterapia.

Infecções e colonizações urinárias

DEFINIÇÕES
- **Colonização urinária** (= bacteriúria assintomática): sem sintoma e com presença de pelo menos um microrganismo no ECBU, qualquer que seja o limite.
- **Infecção urinária (IU)**:
  - **Pelo menos um dos sintomas**: febre, dor da fossa lombar ou suprapúbica, hematúria, sinais funcionais urinários (interpretáveis se o paciente não estiver com sonda): urgência miccional/disúria/polaciúria.
  - E **ECBU** com $\geq 10^3$ UFC/mL sem sonda ou $\geq 10^5$ com sonda, de pelo menos um microrganismo (porém ≤ 2 microrganismos).

APLICAÇÕES DIAGNÓSTICAS E TERAPÊUTICAS DIFÍCEIS
- A distinção entre colonização e infecção ocorre sobre o caráter sintomático. **Uma antibioticoterapia somente é indicada para as infecções, não para as colonizações, exceto para a gestante e/ou antes de certos procedimentos diagnósticos ou terapêuticos nas vias urinárias** (ver *ECBU pré-operatório*).
- O limiar de positividade do ECBU varia de $\geq 10^3$-$\geq 10^5$ UFC/mL segundo as recomendações (comunitárias/nosocomiais, com ou sem sonda), os microrganismos presentes e o prazo de coleta e cultura. Deve, portanto, ser interpretado em função do contexto clínico.
- O diagnóstico de **IU na UTI** torna-se difícil em razão da alta **prevalência de febre** de origem não infecciosa e/ou infecciosa (foco extraurinário na maioria das vezes) e **da alta prevalência de sondagem vesical** e, portanto, de colonização urinária (incidência de colonização urinária: 5%/d de sondagem).
- A detecção com tira reagente urinária (leucócitos, nitritos) é inútil se presença de sonda vesical de demora (SVD). O aspecto macroscópico da urina não tem nenhum valor.
- A indicação de um exame de imagem das vias urinárias (ultrassonografia, TC), cujo objetivo seja pesquisar uma obstrução ou um comprometimento parenquimatoso (pielonefrite, prostatite) deve ser discutida segundo o contexto clínico.

CONDUTA
- **Exceto na vigência de um choque séptico, a decisão de tratar uma colonização urinária com antibioticoterapia é provavelmente mais grave** do que a de não tratar uma IU hipotética (seleção de microrganismos multirresistentes, colite por *Clostridium difficile*, toxicidade, custo etc.).
- **Tratamento preventivo = o mais eficaz:** SVD somente se a indicação for justificada, assepsia na passagem, higiene, sistema mantido fechado permanentemente, e **discutir todos os dias a retirada da SVD** (se necessário, sondagem intermitente). Nenhum tipo de SVD mostrou superioridade.
- Não há indicação para fazer uma injeção de antibiótico antes da troca de SVD.

Reanimação

- No paciente com sonda e febril, situação mais difícil e mais frequente, o seguinte algoritmo pode ser proposto:

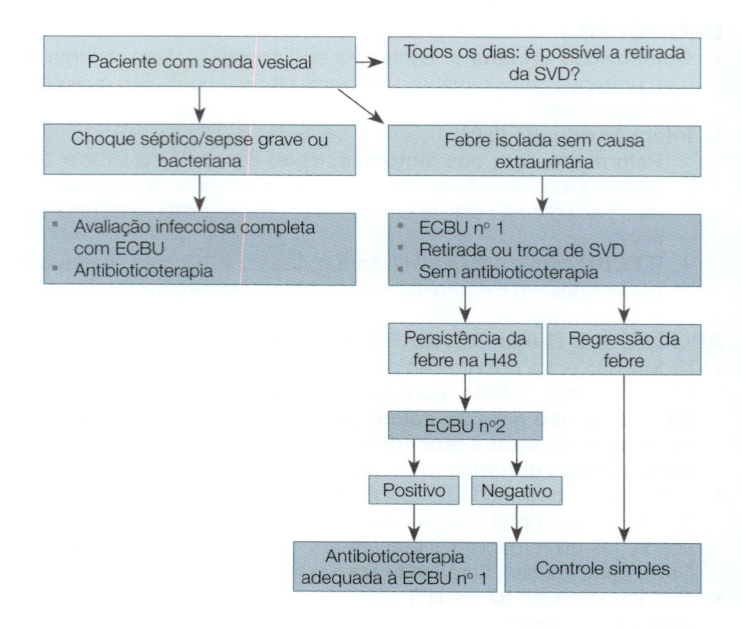

ANTIBIOTICOTERAPIA DAS INFECÇÕES URINÁRIAS GRAVES EM UTI

Comunitárias (sepse grave, choque séptico, obstrução nas vias urinárias necessitando de drenagem)	▪ C3G injetável (cefotaxima 2 g x 3/d ou ceftriaxona 2 g/d) + amicacina 30 mg/kg (2d) ▪ **Alergia:** aztreonam (2 g x 3/d) + amicacina 30 mg/kg (2 d)
Nosocomiais	▪ Piperacilina/tazobactama (4 g x 4/d*) ou imipeném (1 g x 3/d*) + amicacina 30 mg/kg (2 d) ▪ **Alergia:** aztreonam (2 g x 3/d) + amicacina 30 mg/kg (2 d)

* Deve ser ajustado à função renal.

Suspeita de infecção do cateter central

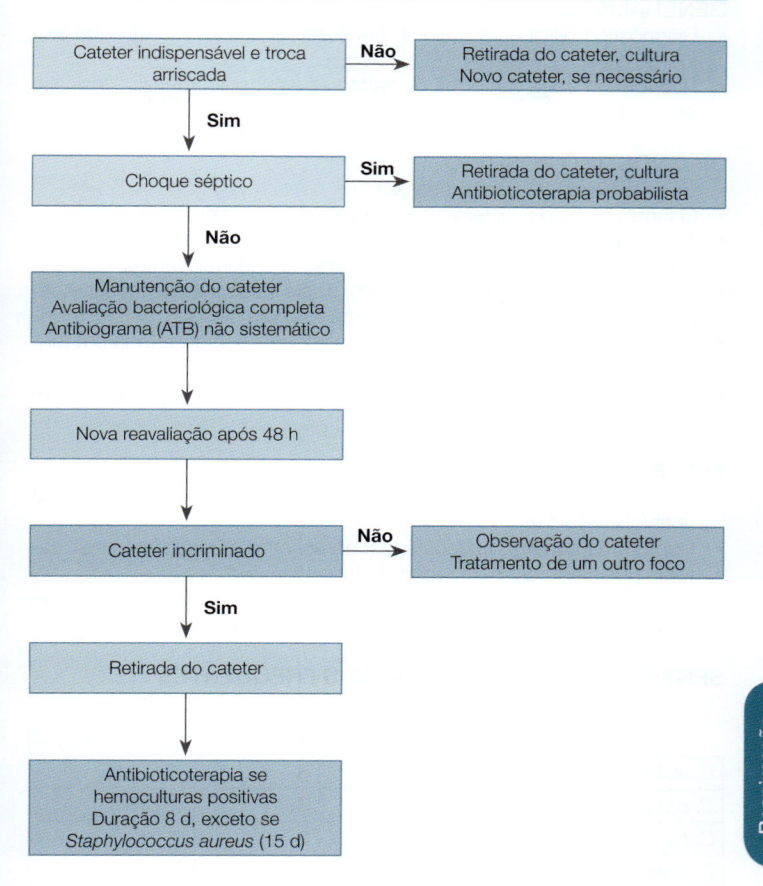

Em caso de persistência das hemoculturas positivas ou do quadro sépti-co, apesar da retirada do cateter e da antibioticoterapia adequada, pes-quisar tromboflebite ou endocardite. Discutir heparinoterapia ± cirurgia em caso de tromboflebite.

Candidíase invasiva

GENERALIDADES
- Diagnóstico difícil e na maioria das vezes atrasado, mortalidade alta (50-60%).
- Retirada ou troca de todos os cateteres (venosos, arteriais, vesicais) se candidemia.

DIAGNÓSTICO POSITIVO
- Uma hemocultura positiva basta.
- O fundo do olho é sistemático em caso de candidemia.
- A dosagem e a cinética do (1-3) beta-D-glucano podem ser úteis.
- O *Candida Score* e o índice de colonização são irrelevantes.
- Pelos exames por imagens (TC, RM), existe a suspeita de focos viscerais que somente podem ser confirmados pela biópsia.
- A presença de leveduras no líquido peritoneal é interpretada em função do contexto (ver *Tratamento das infecções intra-abdominais*).
- A presença de *Candida* nas secreções brônquicas e na urina não tem nenhum valor.

FATORES QUE FAVORECEM
- Aumento da densidade de leveduras no tubo digestivo (secundária à antibioticoterapia).
- Ruptura da barreira mucocutânea: abrasão da mucosa intestinal, cateter, queimaduras, perfuração do tubo digestivo.
- Alteração da imunidade celular: neutropenia, deficiências funcionais dos granulócitos, corticoterapia, imunossupressão.

SENSIBILIDADE DE *CANDIDA* MAIS FREQUENTES

	Anfotericina B	Fluconazol	Voriconazol	Equinocandinas
C. albicans	S	S	S	S
C. parapsilosis	S	S	S	SDD/R
C. tropicalis	S	S	S	S
C. glabrata	S	SDD/R	SDD/R	S
C. krusei	S	R	S	S

S: sensível; SDD: sensível dose-dependente; R: resistente.

TRATAMENTO PREVENTIVO
- Não existe argumento suficiente para a utilização de uma profilaxia antifúngica em UTI.

TRATAMENTO CURATIVO: DROGAS DISPONÍVEIS
- Posologia normal (adulto e criança) e em caso de injúria renal (ver *Posologia dos anti-infecciosos*).

Classe dos polienos: anfotericina B
- Ação por ligação com o ergosterol da parede que provoca a lise fúngica.
- Sem absorção oral e má difusão no LCR.

- Eliminação principal biliar.
- As reações de intolerância e o risco de injúria renal são reduzidos pela administração contínua por 24 h em bomba de infusão.
- As formulações lipídicas podem ser utilizadas mesmo que exista injúria renal.

Classe dos triazóis
- Ação por inibição da síntese do ergosterol da parede fúngica ao bloquear o citocromo P450, inúmeras interações medicamentosas, principalmente com os inibidores de calcineurinas.

Fluconazol
- Muito boa biodisponibilidade, boa difusão tissular e principalmente cerebral, eliminação renal.
- Poucos efeitos secundários.
- O intervalo entre as doses deve ser modificado em caso de alteração da função renal.

Voriconazol
- Ativo sobre todas as espécies de *Candida* (mesmo para aquelas cuja sensibilidade seja diminuída com fluconazol).
- Boa biodisponibilidade, em caso de injúria renal: contraindicado por via IV, mas possível por VO.

Classe das equinocandinas: caspofungina, micafungina, anidulafungina
- Ação por inibição da síntese do beta-(1,3)-D glucano da parede fúngica.
- Somente existem sob a forma IV.
- Ativas sobre todas as espécies de *Candida* (mas CMI elevada para *Candida parapsilosis*).
- Os efeitos secundários são essencialmente hepáticos, exigindo o controle das enzimas hepáticas. A micafungina é contraindicada em caso de comprometimento hepático crônico e deve ser utilizada como segunda escolha.
- Metabolismo por degradação plasmática para a caspofungina e a anidulafungina, hepática para a micafungina.

TRATAMENTO DA CANDIDEMIA
- Realizar uma hemocultura por dia até a negativação.

Tratamento empírico: duas atitudes possíveis
1. Choque ou exposição anterior a um azole: equinocandina, alternativa: anfotericina B com formulação lipídica.
   – Sem choque e sem exposição anterior a um azole: fluconazol 400 mg x 2/d.
2. Equinocandina ou anfotericina B com formulação lipídica qualquer que seja o estado clínico do paciente.

Tratamento após identificação do tipo de *Candida*
- *Candida* sensível ao fluconazol: fluconazol 400 mg/d com troca para VO assim que possível.

- *Candida* com sensibilidade reduzida ou resistente ao fluconazol: equinocandina ou anfotericina B com formulação lipídica, com troca para VO com voriconazol após verificação das sensibilidades pelo antifungigrama.
- Duração do tratamento:
  - Candidemia: 14 d após a última hemocultura positiva.
  - Candidíase peritoneal: 10-14 d.

Outras infecções fúngicas

ASPERGILOSE
- Imunodeprimidos (neutropenia, doença hematológica, transplante), localização nos seios paranasais, cerebral e pulmonar, voriconazol em 1ª escolha. Outras possibilidades: polieno, equinocandinas.

CRIPTOCOCOSE
- HIV, localização meníngea: associação de anfotericina B + flucitosina em 1ª escolha.

MUCORMICOSE
- Imunodeprimido, corticoterapia de longo prazo, doença hematológica, diabete, transplante, traumatismo degenerativo. Localização rinocerebral, pulmonar, cutânea etc.: tratamento cirúrgico invasivo e polienos: anfotericina B lipossomal a 5 mg/kg/d, anfotericina B desoxicolato a 1,5 mg/kg/d, exceto na imunodepressão e na localização cerebral.

Reanimação

Parada cardíaca no adulto

MENSAGENS
- A hipovolemia grave pode se traduzir por bradicardia.
- Reanimação cardiopulmonar (RCP) padrão:
  - Minimizar as interrupções da RCP é um fator de sucesso, principalmente ao diminuir o período pré e pós-choque elétrico externo (CEE).

DESFIBRILADORES E DESFIBRILAÇÃO
- Preferir os desfibriladores de onda bifásica aos de onda monofásica. Na maioria das vezes, a intensidade do choque é determinada pelo próprio desfibrilador (120-200 J).
- Os desfibriladores externos são aparelhos com um desempenho muito bom no reconhecimento de uma FV/TV. Depois de ligado e de os eletrodos terem sido colocados, o aparelho diagnostica automaticamente o ritmo chocável e autoriza o profissional a administrá-lo (desfibrilador semiautomático) ou o administra automaticamente (desfibrilador automático). Basta um único choque e em seguida reinicia-se a RCP (não há interesse em encadear três choques se o primeiro não funcionar).
- Recomenda-se um encadeamento de três CEE se o primeiro choque não funcionar em caso de FV/TV presenciada (paciente conectado ao desfibrilador) ou de FV/TV na sala de coronariografia ou de FV/TV em pós-operatório imediato de cirurgia cardíaca.

ACESSO VASCULAR
- Considerar em segundo momento, após início da RCP e da CEE.
- **Preferir uma via venosa periférica**. A administração de um medicamento é acompanhada por um *bolus* de 20 mL de soluto IV. Levantar o braço durante 10-20 s após um *bolus* de medicamento facilita a distribuição central.
- **A via intraóssea** (IO) é uma excelente alternativa à via IV (após duas tentativas de colocação do acesso venoso periférico (AVP), permitindo a expansão (bolsa de contrapressão) e a injeção do medicamento (*bolus* ou IV em bomba de infusão). Punção na face anteromedial da tíbia, de preferência com a ajuda de um dispositivo adequado. Deve ser privilegiada à via intratraqueal em caso de falha de colocação do AVP.
- **A via intratraqueal** pode ser utilizada caso seja impossível o acesso IV ou IO (reabsorção demonstrada da epinefrina, da atropina, da lidocaína e da vasopressina). Posologia IT = 2-2,5 x posologia IV. Diluição em 5-10 mL de EPPI (epinefrina, lidocaína) ou NaCl 0,9%.

VASOPRESSORES, ANTIARRÍTMICOS E TRATAMENTOS NÃO ESPECÍFICOS
- **Epinefrina**: injetar 1 mg a cada 3-5 min. Doses maiores são indicadas somente nas intoxicações com betabloqueadores e com bloqueadores dos canais de cálcio.
- **Vasopressina**: não há benefício demonstrado no tratamento da parada cardíaca, quer seja isolada ou em associação com a epinefrina.

Alguns a utilizam em dose única de 40 UI em substituição à 1ª ou à 2ª dose de epinefrina.

- A utilização da **atropina** não é mais indicada nas assistolias e nas dissociações eletromecânicas.
- **Amiodarona**: recomendada na FV/TV refratária (após o 3º CEE) na dose de 300 mg IV. Uma dose suplementar de 150 mg é administrada em caso de falha.
- **Lidocaína**: alternativa à amiodarona (se esta última não estiver disponível), utilizada na dose de 1 mg/kg, repetida a cada 5 min sem ultrapassar 3 mg/kg. Não se recomenda a associação de dois antiarrítmicos.
- **Sulfato de magnésio**: utilizado nas *torsades de pointes* na dose de 1-2 g em IV durante 5-10 min.
- **Bicarbonato de sódio**: indicação restrita à intoxicação por triciclicos: 1 mEq/kg.
- **Cloreto de cálcio** ($CaCl_2$ 10%: 100 mg/mL): indicações limitadas a certas situações (hipercalemia grave, intoxicação por bloqueadores dos canais de cálcio, hipocalcemia iônica, transfusões múltiplas). Posologia 8-16 mg/kg, devendo ser adequada de acordo com a calcemia ionizada.

ULTRASSONOGRAFIA CARDIOPULMONAR

Pode ser útil quando a etiologia não se evidencia na investigação de derrame pericárdico, dilatação das cavidades direitas, pneumotórax (paciente ventilado). Não deve interromper a RCP (< 10 s).

SITUAÇÕES ESPECIAIS

- **Traumatologia**: pensar nos tratamentos associados (drenagem dos derrames pleurais, exsuflação de pneumotórax hipertensivo, hemostasia endovascular ou cirúrgica etc.).
- **Parada cardíaca e incêndio**: pensar na intoxicação pelos cianetos (antídoto = vitamina B12 = hidroxicobalamina).
- **Afogamento**: procurar uma lesão da coluna cervical (mergulho), esvaziamento do estômago, atenção às hipotermias graves. Cinco ciclos de RCP convencional antes de dar o alerta.
- **Parada cardíaca e hipotermia**: se a parada cardíaca ocorrer em contexto de hipotermia grave (< 30°C): iniciar a RCP padrão, atualmente recomenda-se administrar choque elétrico externo, epinefrina e amiodarona, ainda que a temperatura corporal seja inferior a 30ºC, reaquecimento interno.

ALGORITMOS DA AMERICAN HEART ASSOCIATION E DO EUROPEAN RESUSCITATION COUNCIL (AHA-ERC 2010)

Reanimação cardiopulmonar (RCP) padrão

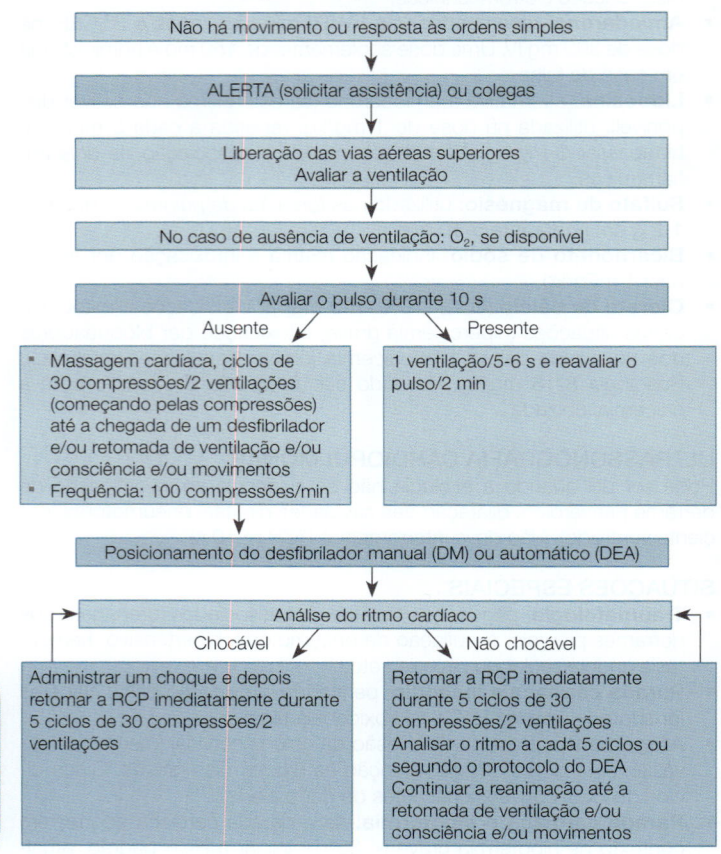

Não há movimento ou resposta às ordens simples

↓

ALERTA (solicitar assistência) ou colegas

↓

Liberação das vias aéreas superiores
Avaliar a ventilação

↓

No caso de ausência de ventilação: O_2, se disponível

↓

Avaliar o pulso durante 10 s

Ausente ↙   ↘ Presente

Ausente	Presente
• Massagem cardíaca, ciclos de 30 compressões/2 ventilações (começando pelas compressões) até a chegada de um desfibrilador e/ou retomada de ventilação e/ou consciência e/ou movimentos • Frequência: 100 compressões/min	1 ventilação/5-6 s e reavaliar o pulso/2 min

↓

Posicionamento do desfibrilador manual (DM) ou automático (DEA)

↓

Análise do ritmo cardíaco

Chocável ↙   ↘ Não chocável

Chocável	Não chocável
Administrar um choque e depois retomar a RCP imediatamente durante 5 ciclos de 30 compressões/2 ventilações	Retomar a RCP imediatamente durante 5 ciclos de 30 compressões/2 ventilações. Analisar o ritmo a cada 5 ciclos ou segundo o protocolo do DEA. Continuar a reanimação até a retomada de ventilação e/ou consciência e/ou movimentos

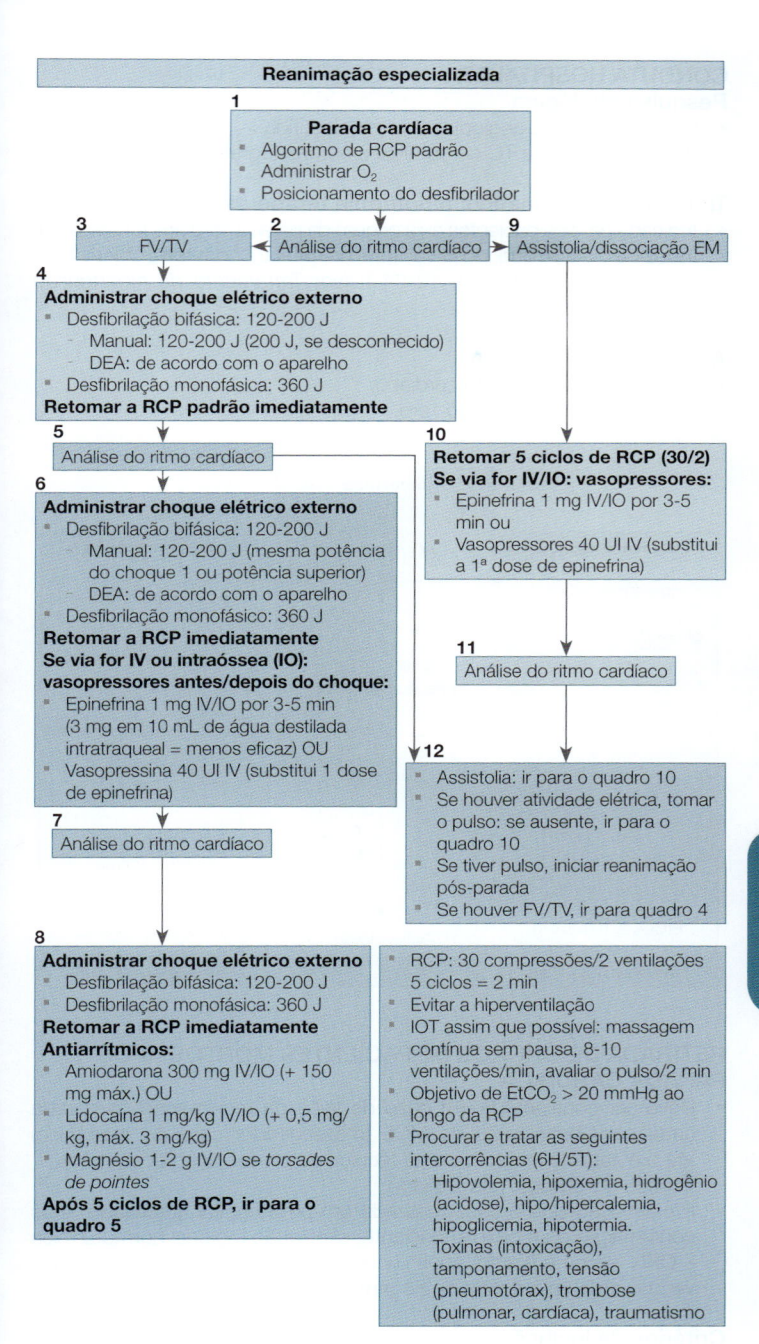

Reanimação especializada

1
Parada cardíaca
- Algoritmo de RCP padrão
- Administrar O_2
- Posicionamento do desfibrilador

3 FV/TV ← **2** Análise do ritmo cardíaco → **9** Assistolia/dissociação EM

4
Administrar choque elétrico externo
- Desfibrilação bifásica: 120-200 J
  - Manual: 120-200 J (200 J, se desconhecido)
  - DEA: de acordo com o aparelho
- Desfibrilação monofásica: 360 J
Retomar a RCP padrão imediatamente

5 Análise do ritmo cardíaco

6
Administrar choque elétrico externo
- Desfibrilação bifásica: 120-200 J
  - Manual: 120-200 J (mesma potência do choque 1 ou potência superior)
  - DEA: de acordo com o aparelho
- Desfibrilação monofásico: 360 J
Retomar a RCP imediatamente
Se via for IV ou intraóssea (IO): vasopressores antes/depois do choque:
- Epinefrina 1 mg IV/IO por 3-5 min (3 mg em 10 mL de água destilada intratraqueal = menos eficaz) OU
- Vasopressina 40 UI IV (substitui 1 dose de epinefrina)

7 Análise do ritmo cardíaco

8
Administrar choque elétrico externo
- Desfibrilação bifásica: 120-200 J
- Desfibrilação monofásica: 360 J
Retomar a RCP imediatamente
Antiarrítmicos:
- Amiodarona 300 mg IV/IO (+ 150 mg máx.) OU
- Lidocaína 1 mg/kg IV/IO (+ 0,5 mg/kg, máx. 3 mg/kg)
- Magnésio 1-2 g IV/IO se *torsades de pointes*
Após 5 ciclos de RCP, ir para o quadro 5

10
Retomar 5 ciclos de RCP (30/2)
Se via for IV/IO: vasopressores:
- Epinefrina 1 mg IV/IO por 3-5 min ou
- Vasopressores 40 UI IV (substitui a 1ª dose de epinefrina)

11 Análise do ritmo cardíaco

12
- Assistolia: ir para o quadro 10
- Se houver atividade elétrica, tomar o pulso: se ausente, ir para o quadro 10
- Se tiver pulso, iniciar reanimação pós-parada
- Se houver FV/TV, ir para quadro 4

- RCP: 30 compressões/2 ventilações 5 ciclos = 2 min
- Evitar a hiperventilação
- IOT assim que possível: massagem contínua sem pausa, 8-10 ventilações/min, avaliar o pulso/2 min
- Objetivo de $EtCO_2 > 20$ mmHg ao longo da RCP
- Procurar e tratar as seguintes intercorrências (6H/5T):
  - Hipovolemia, hipoxemia, hidrogênio (acidose), hipo/hipercalemia, hipoglicemia, hipotermia.
  - Toxinas (intoxicação), tamponamento, tensão (pneumotórax), trombose (pulmonar, cardíaca), traumatismo

Reanimação

- Após a retomada de uma atividade sinusal, o objetivo de SpO_2 é de 94-98% (toxicidade da hiperóxia no pós-parada cardíaca).

CONDUTA HOSPITALAR
Pesquisa etiológica
- Coronariografia ± angioplastia a ser discutida.
- Angiotomografia e TC cerebral se a coronariografia for normal.

Tratamento sintomático: hipotermia terapêutica
- Indicada para os pacientes cuja origem da parada cardíaca for cardíaca.
- Induzida assim que possível (pré-hospitalar) com um objetivo de 36°C e mantida durante 12-24 h (ver *Tratamento da hipertensão intracraniana*).

Assistência circulatória
- *Low-flow* = baixo débito cardíaco.
- *No-flow* = débito cardíaco zero.

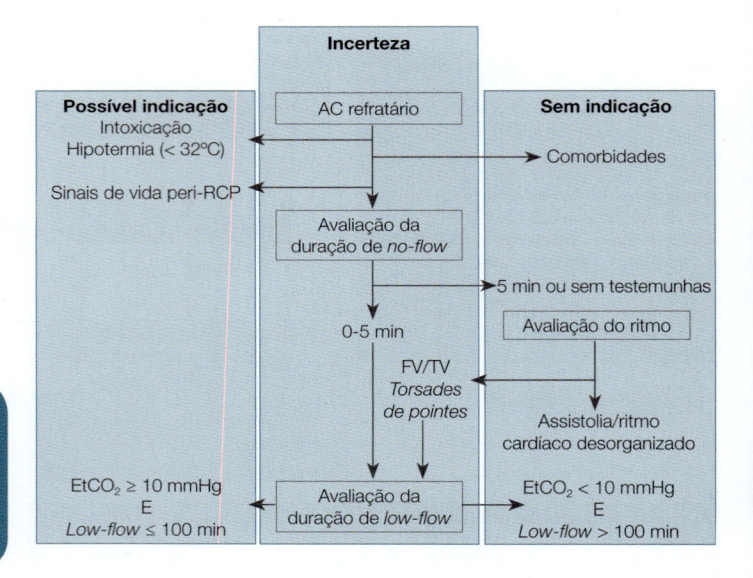

RETIRADA DE ÓRGÃOS DE PACIENTES MORTOS APÓS PARADA CARDÍACA
- Deve ser considerada em caso de falha da reanimação da parada cardíaca. Continuação da MCE (massageador cardíaco mecânico) até o estabelecimento de uma técnica de preservação dos órgãos.
- Órgãos envolvidos: rins e fígado.
- Preservação dos órgãos realizada em um hospital autorizado após confirmação da morte do paciente: circulação regional normotérmica – CRN – (rins e fígado) após o posicionamento de cânulas arterial e venosa e de uma sonda de Fogarty.

Critérios de inclusão
- Idade entre 18-55 anos, parada cardíaca após traumatismo, suicídio, anóxia, AVC etc.

Critérios de exclusão

Relacionados ao doador	Relacionados ao tempo de isquemia
<ul><li>Neoplasia</li><li>Antecedentes de doença renal ou hepática</li><li>HA</li><li>Diabete</li><li>Sepse não controlada</li><li>Doença viral</li></ul>	<ul><li>*No-flow* > 30 min</li><li>Tempo de parada cardíaca – CRN > 120 min ou 150 min em caso de placa de massagem</li><li>Tempo CRN – coleta > 240 min</li><li>Familiares não encontrados nas primeiras 4 h</li></ul>

Síndrome coronariana aguda (SCA)

Conduta para as primeiras 24 h.

DIAGNÓSTICO POSITIVO

- Dor torácica prolongada (> 20 min) resistente ao teste dos derivados de nitrato. Apresentação típica: dor retroesternal com irradiação para o maxilar e para o membro superior esquerdo. Apresentação atípica frequente (dor epigástrica, pleural etc.). Precisar a hora do início da dor+++.
- ECG 18 derivações (D1, AVL, D2, D3, AVF, AVR, V1-V9, V3r, V4r) antes e depois do teste com nitratos.
- Análise do segmento ST: supradesnivelamento (ST +) se ST > 1-2 min no ponto J em duas derivações contíguas.
- Detectar sinais clínicos de gravidade (IVE, choque cardiogênico).
- Eliminar as outras etiologias de dor torácica não coronariana (tromboembolismo pulmonar, dissecção aórtica, pericardite aguda, pneumotórax etc.).

PROCEDIMENTO E TRATAMENTO DAS SCA ST +
Indicação à reperfusão

- Todo paciente que tenha sintomas < 12 h com ST + que persiste ou BRE novo.
- Em caso de sinais persistentes de isquemia ou recidiva da dor e modificações elétricas, ainda que os períodos desde os sintomas iniciais sejam > 12 h, privilegiar a angioplastia primária.

Angioplastia primária

- Privilegiar esta técnica se puder ser realizada nos 120 min após o primeiro ECG qualificador.
- Biterapia antiplaquetária que associa ácido acetilsalicílico (150-300 mg VO) e um bloqueador dos receptores da ADP (clopidogrel 600 mg VO).
- Enoxaparina 50 UI/kg IV.
- Abciximab (anti-GP IIBIIIA) para certas equipes: 0,25 mg/kg em *bolus* IV e depois 0,125 mcg/kg/min IV em bomba de infusão sem ultrapassar 10 mcg/min durante 12 h.

Fibrinólise

- É a melhor técnica se o período entre sintomas e o primeiro ECG qualificador for < 120 min e a estimativa do período entre o ECG qualificador e a realização de uma angioplastia primária for > 90 min, na ausência de contraindicação.
- Recomenda-se o tratamento fibrinolítico nas 12 h seguintes ao aparecimento dos sintomas, se uma angioplastia não puder ser realizada nas 2 h após o procedimento médico inicial.
- Deve ser iniciada em pré-hospitalar.
- Transferência para um centro de cardiologia intervencionista após a fibrinólise.

Contraindicações absolutas à fibrinólise

- Antecedentes mesmo distantes de hemorragia intracraniana.
- AVC isquêmico < 6 meses.

- Neoplasia ou malformação vascular intracraniana.
- Trauma grave/cirurgia de grande porte/traumatismo craniano < 3 semanas.
- Hemorragia gastrointestinal < 1 mês.
- Doença grave da hemostasia.
- Dissecção aórtica.
- Punção não compressível < 24 h (biópsia hepática, PL etc.).

Contraindicações relativas à fibrinólise
- Acidente isquêmico transitório < 6 meses.
- Tratamento com AVK.
- Gestação e pós-parto.
- HA grave não controlada.
- Doença hepática avançada ou úlcera digestiva evolutiva.
- Endocardite infecciosa.
- Massagem cardíaca externa prolongada.

Fibrinólise na prática
- Duas vias venosas de bom calibre.
- Monitoração contínua, oxigenoterapia.
- Desfibrilador pronto para ser usado.
- Agente fibrinolítico (tenecteplase em *bolus* IV 0,5 mg/kg sem ultrapassar 50 mg).
- Ácido acetilsalicílico VO ou IV (150-300 mg).
- Enoxaparina:
    – Se idade for < 75 anos: 30 mg IV com revezamento de 1 mg/kg/12 h SC.
    – Se a idade for > 75 anos: 0,75 mg/kg/12 h SC.

Em caso de injúria renal, não utilizar HBPM mas heparina não fracionada: *bolus* 60 UI/kg sem ultrapassar 4.000 UI e depois 12 UI/kg/h sem ultrapassar 1.000 UI/h. Objetivo: TTPA 1,5-2 vezes o medicamento de referência.
- Clopidogrel: 300 mg (4 cp) se a idade < 75 anos.
- Uma normalização do segmento ST no 90º minuto e o fim da dor estão a favor da eficácia do tratamento fibrinolítico: a angioplastia de resgate é sistemática no caso de falha da fibrinólise.

Tratamentos adjuvantes qualquer que seja a técnica
- Oxigenoterapia.
- Analgesia, titulação de morfina IV, se necessário.
- Terapêuticas antiarrítmicas, se necessário.
- Betabloqueadores em caso de HA e taquicardia, na ausência de contraindicações: atenolol 5 mg IV em 10 min que pode ser repetido até a obtenção da frequência cardíaca de 60 bpm.

Distúrbios do ritmo e da condução associados
TV não sustentada ou bem tolerada
- Amiodarona IV: dose de ataque de 5 mg/kg sem ultrapassar 300 mg em 30 min em bomba de infusão e depois uma dose de manutenção de 600-900 mg/24 h IV em bomba de infusão. Atenção com os efeitos inotrópicos negativos.
- Em caso de falha da amiodarona, choque elétrico externo.

FV e TV mal toleradas

- Choque elétrico externo.
- ± amiodarona de manutenção (600-900 mg/24 h IV em bomba de infusão).

Bradicardia

- Atropina 0,5 mg-1 mg IV que deve ser repetida a cada 5 min sem ultrapassar o total de 2 mg.
- Indicação de marca-passo:
    - Bradicardia mal tolerada resistente à atropina qualquer que seja o sítio do infarto.
    - Aparecimento de distúrbios condutivos sucessivos de agravamento progressivo.
    - BAV 2 Mobitz, BAV 3 mal tolerados.

Choque cardiogênico primário

- Coronariografia urgente para angioplastia primária +++ após passagem de BIA.
- A fibrinólise não é eficaz quando o choque cardiogênico está consolidado.
- Reanimação sintomática com intubação e ventilação controlada + drogas cardiotrópicas.

PROCEDIMENTO E TRATAMENTO DAS SCA ST –
Indicação da coronariografia

(Ver *Estratificação do risco isquêmico e escore de GRACE.*)

Basta apenas um critério por categoria de riscos.

- Escore de GRACE = risco de morte em caso de SCA ST –: cálculo disponível *on-line*, 8 variáveis (classe Killip, PAS, FC, idade, creatinina, ACR na admissão, modificação do ST e aumento da troponina). Escore que deve ser integrado à estratificação do risco isquêmico.

Estratificação do risco isquêmico

Paciente com risco muito elevado • Angina refratária • Descompensação cardíaca grave • Arritmia ventricular maligna • Instabilidade hemodinâmica vesical	Procedimento invasivo urgente (< 2 h)
Risco elevado: critérios primários • Elevação significativa da troponina • Modificação do ST ou da onda T • Escore de GRACE > 140	Procedimento invasivo precoce (< 24 h)
Risco elevado: critérios secundários • Diabete • Injúria renal crônica • FEVE < 40% • Angina precoce pós-infarto do miocárdio (< 30 d) • Intervenção coronariana percutânea < 6 meses • Antecedente de ponte coronariana • Escore de GRACE entre 109 e 140 **Ou recidiva de sintomas**	Procedimento invasivo retardado (< 72 h)
Risco baixo e ausência de recidiva de sintomas	Avaliação não invasiva com investigação de isquemia indutível

Terapêuticas

- Derivados de nitratos: trinitrina sublingual ou IV 0,5-2 mg/h na ausência de contraindicação (hipotensão arterial com PAS < 100 mmHg, hipovolemia, infarto do miocárdio do VD).
- Biterapia antiplaquetária associando ácido acetilsalicílico (150-300 mg VO) e um bloqueador dos receptores da adenosina difosfato (ADP) (prasugrel 60 mg VO ou ticagrelor 180 mg VO ou clopidogrel 300 mg VO).
- Fondaparinux 2,5 mg/d SC ou enoxaparina 1 mg/kg/ 12h SC.
- Betabloqueadores apenas se HA e/ou taquicardia e na ausência de sinais de insuficiência cardíaca e contraindicações: atenolol 5 mg IV em 10 min repetido se necessário até a obtenção de frequência cardíaca a 60/min.
- Sem injeção prévia sistemática de anti-GP IIbIIIa.

Choque cardiogênico

DEFINIÇÃO

- O choque cardiogênico corresponde a uma insuficiência circulatória aguda de origem cardíaca (baixo débito) que se manifesta por hipotensão (PAS < 90 mmHg ou pela necessidade de se recorrer aos vasopressores para manter a PAS > 90 mmHg) associada a sinais de hipoperfusão (extremidades frias, marmoreios, confusão, oligúria, elevação do lactato plasmático).
- O objetivo terapêutico é corrigir o baixo débito (reanimação hemodinâmica e tratamento etiológico) para prevenir a falência de múltiplos órgãos irreversível.

AVALIAÇÃO

- ECG, troponina em busca da origem isquêmica.
- A ultrassonografia cardíaca é um exame fundamental para quantificar a função cardíaca (fração de ejeção) direita e esquerda, para avaliar a causa da insuficiência cardíaca (valvopatia, distúrbios da cinética segmentar no decorrer de infarto do miocárdio, tamponamento, cor pulmonale agudo devido a tromboembolismo pulmonar) e para procurar complicações mecânicas (ruptura do pilar, ruptura ventricular).
- Avaliar a intensidade da hipoperfusão tissular: creatinina, lactato plasmático, transaminase, gasometria.

TRATAMENTO ETIOLÓGICO ESPECÍFICO

O tratamento específico completa o tratamento sintomático de reanimação comum a todos os choques cardiogênicos.

Etiologia	Tratamento
Infarto do miocárdio	A coronariografia seguida de revascularização coronariana por angioplastia ou excepcionalmente por ponte coronariana é indicada qualquer que seja o período após o início da dor
Arritmia cardíaca por fibrilação auricular (ACFA)	Correção indicada caso a ocorrência recente participe do estado de choque (antiarrítmicos, cardioversão)
Insuficiência aórtica Insuficiência mitral	Correção cirúrgica urgente da valvopatia
Estenose aórtica	Valvoplastia (sem TAVI)
Tamponamento	Drenagem pericárdica
Tromboembolismo pulmonar	Fibrinólise ou embolectomia (ver *Tromboembolismo pulmonar*)
Choque tóxico e distúrbio de condução intraventricular	Bicarbonato de sódio 8,4% (dose máx. 750 mL)

(continua)

Etiologia	Tratamento
Cardiopatia do periparto	Considerar a administração de bromocriptina (2,5 mg x 2/d)
Miocardite Cardiopatia de estresse Cardiopatia crônica	Não há tratamento específico

SUPORTE HEMODINÂMICO

- A monitoração da pressão arterial invasiva é indispensável para guiar a administração dos medicamentos inotrópicos e vasopressores. O objetivo de PAM é de 65 mmHg.
- A monitoração do débito cardíaco é indispensável para avaliar a resposta aos medicamentos inotrópicos e à modulação da pós-carga. O PICCO™ apresenta interesse suplementar para a avaliação da água pulmonar, o cateterismo arterial pulmonar mantém o interesse em caso de disfunção ventricular direita (PAP, PAD).
- A monitoração da $ScVO_2$ (SvO_2 em caso de cateterismo arterial pulmonar) permite julgar a adequação do débito.
- A dosagem regular do lactato plasmático permite julgar se há correção ou agravamento do estado de choque.
- Dosagem regular da creatinina e dos marcadores hepáticos (ASAT, ALAT).
- A dobutamina é o inotrópico de primeira escolha. O levosimendan e os inibidores das fosfodiesterases (milrinona) são utilizados em segunda escolha. A adjunção de um vasopressor (norepinefrina) ajuda a corrigir a hipotensão após a administração de inotrópico. A associação dobutamina e noradrenalina deve ser utilizada em primeira escolha. A epinefrina pode ser utilizada em segunda escolha diante de efeitos taquicardizantes e pró-arritmogênicos.

Inotrópico	Dose
Dobutamina	Iniciar com 2 mcg/kg/min até 20 mcg/kg/min
Levosimendan	Iniciar com 0,1 mcg/kg/min até 0,2 mcg/kg/min, não há dose de ataque
Milrinona	Dose de ataque de 50 mcg/kg em 10 min depois 0,375-0,750 mcg/kg/min

- Não utilizar derivados de nitratos no decorrer do choque cardiogênico.
- Não utilizar betabloqueadores no decorrer do choque cardiogênico.
- É possível a utilização dos diuréticos em caso de sinais congestivos (EAP).

INDICAÇÕES DA ASSISTÊNCIA CIRCULATÓRIA

- Em caso de infarto do miocárdio, o balão intra-aórtico (BIA) somente deve ser considerado na ausência de revascularização inicial ou se as terapêuticas de resgate tipo ECMO não estiverem disponíveis.

Reanimação

- O BIA é possível em caso de choque cardiogênico com insuficiência mitral grave.
- Em caso de persistência da instabilidade hemodinâmica (hipotensão refratária) ou do agravamento da hipoperfusão periférica (aumento do lactato plasmático), de doses elevadas de catecolaminas, de injúria renal, de insuficiência hepática apesar do tratamento médico, a assistência circulatória deve ser discutida (assistência ventricular [Impella® ou Tandem Heart®] ou assistência venoarterial [ECMO]).
- Considerar a transferência do paciente para um centro especializado em caso de não resposta ao tratamento médico, se necessário sob ECMO cuja prática se torna possível com uma unidade móvel de assistência circulatória (UMAC).
- Avaliação para a elegibilidade de transplante cardíaco em caso de cardiopatia crônica grave.

Eletroestimulação sistólica

- Eletroestimulação sistólica (EES): substitui uma atividade deficiente.
- Indicações da EES na emergência: qualquer bradicardia sintomática (i.e., alteração cognitiva, dor torácica, insuficiência cardíaca, hipotensão arterial ou sinais de choque) após a administração de atropina falhar (*bolus* de 0,5 mg/3 min IV, até 3 mg no total).
- Na prática, sobretudo BAV de alto grau (BAV II de tipo 2, BAV III++) ou bloqueio sinoatrial mal tolerados.
- Investigar sempre uma etiologia desses distúrbios da condução ++.

ELETROESTIMULAÇÃO SISTÓLICA EXTERNA

- Em primeira escolha, pois é de rápida colocação, não invasiva e fácil de empregar.
- Princípio de colocação de um EES por via transcutânea:
  - Aplicar os eletrodos de estimulação: eletrodo anterior sobre o tórax à esquerda da parte inferior do esterno e eletrodo posterior sob a escápula esquerda.
  - Em caso de parada cardíaca ou má tolerância hemodinâmica, disposição anterolateral (eletrodo anterior sob a clavícula direita, eletrodo lateral sobre a linha axilar média esquerda sob o mamilo).
  - Regulagem do modo de estimulação: o modo sob demanda ou sentinela permite o envio dos impulsos de estimulação quando a FC do paciente é inferior à frequência de estimulação escolhida. O modo fixo ou assíncrono permite o envio dos impulsos à frequência fixa determinada.
  - Sempre que possível, utilizar o modo sentinela.
  - Regulagem da frequência de estimulação: no modo sob demanda, regular a frequência limite sob a qual haverá impulsos de estimulação, no modo fixo, aplicar frequência determinada (entre 60 e 90/min).
  - Iniciar a estimulação: uma seta aparecerá no eletrocardioscópio.
  - Regulagem da intensidade de estimulação (70-120 mA em média):
    - » Máxima já no início em caso de ineficácia circulatória (150-200 mA).
    - » Progressiva no paciente consciente, por incrementos de 10 mA a partir do limiar inicial de 10 mA em busca do limiar de estimulação.
  - Duração da estimulação: 20-50 ms.
- Atenção: a eletroestimulação sistólica transcutânea pode ser mal tolerada por um paciente acordado (dor e/ou desconforto) se a intensidade for > 50 mA. Sedação e/ou analgesia moderada podem ser propostas.
- Se a atropina e a EES falharem: titulação de epinefrina iniciando a 2-10 mcg/kg (ainda mais se a bradicardia for sintomática).

ELETROESTIMULAÇÃO SISTÓLICA ENDOCAVITÁRIA

- Sonda de estimulação em contato com o endocardio do VD, posicionada por acesso venoso central (jugular interna ou subclávia, por via femoral com radioscopia).
- Contraindicação: prótese tricúspide, endocardite tricúspide.

- Princípio de início de uma EES endocavitária:
  - Regulagem do modo e da frequência de estimulação (ver a seguir).
  - Regulagem da intensidade da estimulação: valor inicial 4 mA. O limiar de estimulação corresponde à intensidade mais fraca que permite a eletroestimulação. Valor de estimulação igual ao dobro do limiar permite uma estimulação confiável.
- Traçado da eletroestimulação normal: aparecimento de uma seta (artefato de estimulação) e depois de um complexo amplo com aspecto de retardo esquerdo.
- Complicações: ligadas à colocação do cateter, falha de posição da sonda.
- Observação cotidiana da posição da sonda por radiografia do tórax, verificação do limiar e do ponto de punção.
- Em razão da incidência de complicações, a utilização sempre deve ser por tempo limitado. A colocação de um marca-passo definitivo pode ser considerada secundariamente de acordo com a etiologia.

Tamponamento cardíaco

Derrame pericárdico compressivo que determina um quadro de insuficiência circulatória aguda.

A ecocardiografia é o principal exame complementar que tem como objetivo o diagnóstico de emergência.

FISIOPATOLOGIA
- Estiramento do pericárdio fibroso pelo acúmulo de líquido, de sangue ou coágulos até um ponto crítico para além do qual a complacência do pericárdio diminui.
- Aumento da pressão intrapericárdica que provoca:
  - Diminuição do retorno venoso e da expansão atrial.
  - Diminuição da complacência ventricular que resulta na diminuição do volume de ejeção sistólica (VES).
  - No máximo: equalização das pressões em todas as cavidades, o que impede qualquer expansão.
  - O débito cardíaco depende então da frequência cardíaca uma vez que a VES não pode aumentar.
- Mecanismos compensatórios:
  - Taquicardia reflexa.
  - Elevação do tônus simpático com elevação das resistências periféricas para manter a pressão arterial.
  - Em ventilação espontânea, o ventrículo direito se expande e ejeta na inspiração, e o ventrículo esquerdo se expande e ejeta na expiração.

DIAGNÓSTICO
Etiologias
- Todas as causas de pericardite aguda podem ser agravadas pelo tamponamento: sepse (piogênico, tuberculose++), neoplasia, doenças sistêmicas, pós-síndrome coronariana aguda (SCA).
- Causas mecânicas: hemopericárdio de origem traumática, dissecção aórtica, pós-operatório de cirurgia cardíaca, ruptura do coração complicando uma SCA.

Sinais clínicos não específicos mais frequentes
- Estado de choque com sinais de insuficiência cardíaca direita (turgência jugular, refluxo hepatojugular, hepatomegalia).
- Associação em graus diversos: dispneia, ortopneia, taquicardia, oligúria, pulso paradoxal (redução do pulso na inspiração) que não é constante.
- Os sinais direitos podem falhar se o paciente estiver hipovolêmico.

Paraclínico
- Ecocardiografia +++. Melhor ferramenta diagnóstica.
  - Presença de derrame intrapericárdico geralmente circunferencial. Aspecto de *swinging heart*. O volume do derrame pode ser moderado, às vezes com apenas uma imagem de coágulo comprimindo o AD.
  - Colapso diastólico do AD e do VD dificultando o enchimento.
  - Septo paradoxal: compressão do VE em diástole pelo VD.
- Radiografia pulmonar normal ou mostrando a silhueta cardíaca alargada.

- ECG: taquicardia sinusal, sinais de pericardite, microvoltagem, pode ser normal, distúrbios não específicos da repolarização ou alternância elétrica que corresponde à variação da morfologia e da amplitude dos QRS (sinal patognomônico).

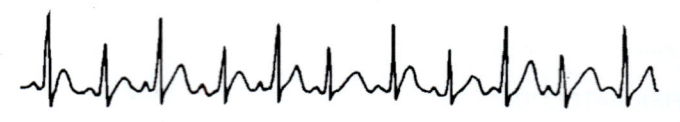

TRATAMENTO
Na prática
- Se o quadro clínico permitir, privilegiar sempre um procedimento cirúrgico no centro cirúrgico. Em caso de colapso grave, a drenagem pericárdica pode ser realizada em emergência no leito do doente sob controle ecocardiográfico (+++):
  - Por punção ou no nível do ângulo xifocostal esquerdo ou no nível do 6º espaço intercostal esquerdo.
  - Por pericardiotomia subxifóidea.
  - No quadro do pós-operatório de cirurgia cardíaca, por abertura da cicatriz de esternotomia.
- A retirada de 100-200 mL de líquido é geralmente suficiente para descomprimir o coração.
- Monitoração do paciente.
- Expansão volêmica +++ para lutar contra o colapso diastólico das cavidades direitas.
- Agentes inotrópicos positivos (epinefrina) que permitem a manutenção hemodinâmica limite até a descompressão cardíaca.
- Evitar:
  - Ventilação em pressão positiva e a posição em decúbito estrito (risco de desativação da bomba cardíaca).
  - Utilização de agente bradicardizante ou vasodilatador.
- Nesta situação, a indução da anestesia geral de alto risco deve ser praticada no último momento, com o paciente em ventilação espontânea e simultaneamente, quando o cirurgião começar o procedimento de descompressão, em posição semissentada se má tolerância hemodinâmica.
- De preferência, será utilizada a cetamina, por suas propriedades simpatomiméticas, ou o etomidato, por ser pouco depressor do sistema cardiovascular.

Técnica de drenagem pericárdica por punção subxifóidea
- Preparação do material: anestesia local, cateter venoso central monolúmen.
- Paciente sob cardioscopia, duas vias de acesso de bom calibre, material de intubação e reanimação à disposição, assepsia rigorosa.
- Localização ecocardiográfica do derrame, principalmente em relação à parede anterolateral do VD.
- Localização da parte inferior do esterno.
- Anestesia local da pele e dos tecidos subcutâneos.

- Punção na ponta do esterno com ângulo de 20-30° em relação à horizontal em direção ao ombro esquerdo.
- Avanço cuidadoso puxando o êmbolo sob controle ecocardiográfico.
- Refluxo nítido de líquido, pulsátil, com ± sensação de perda de resistência na passagem do pericárdio.
- A drenagem dos primeiros mL de sangue geralmente permite rápida melhora hemodinâmica.
- Subida do fio-guia no pericárdio por meio da agulha posicionada. Retirada da agulha.
- Colocação do dreno pericárdico.
- Retirada do fio-guia depois do posicionamento do cateter.
- Verificar com a seringa a posição do dreno ± evacuação de sangue para resolver o tamponamento de acordo com o estado clínico do paciente.
- Verificação da posição do dreno por meio da ecocardiografia.
- Análise do líquido de punção para pesquisa etiológica.

Tratamento das endocardites infecciosas (EI)

ECOLOGIA BACTERIANA

1. EI com hemoculturas positivas (85%): sobretudo estafilococos, estreptococos, enterococos.
2. EI de hemoculturas negativas se antibioticoterapia prévia.
3. EI frequentemente associadas às hemoculturas negativas: microrganismos do grupo HACEK (*Haemophilus* sp., *Actinobacillus* ac., *Cardiobacterium hominis, Eikenella corrodens, Kingela kingae*), *Brucella* sp. e leveduras.
4. EI com hemoculturas constantemente negativas: *Coxiella burnetii, Bartonella* sp., *Chlamydia* sp., *Tropheryma whipplei*. Considerar então outras investigações (sorologia, cultura celular, ARN16S).

ALGORITMO DE CONDUTA TERAPÊUTICA

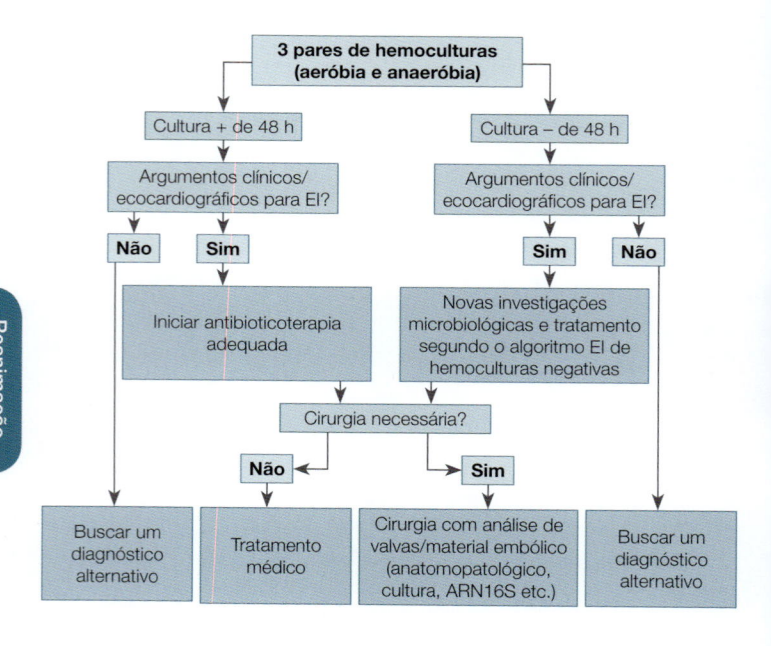

PRINCÍPIOS DO TRATAMENTO

- Administração intravenosa quase exclusiva.
- Em algumas situações particulares, é possível a troca para VO com antibióticos que tenham excelente biodisponibilidade por via oral (amoxicilina, rifampicina).
- O tratamento da porta de entrada é imperativo.
- Na maioria das vezes, a cirurgia é necessária em caso de endocardite em prótese.

MODALIDADES DE ADMINISTRAÇÃO

- Na maioria dos casos, os antibióticos serão administrados em infusão intravenosa curta de 30 min.
- Para a penicilina G, quando forem utilizadas altas doses, é preferível escolher uma administração contínua. Isso evita os picos séricos muito elevados que podem provocar crises convulsivas.
- Para a vancomicina, infusão contínua em 24 h ou em 2 x/d.
- Para os aminoglicosídeos, continua se recomendando a administração em 2 infusões/d.
- Observar as dosagens de pico e residual para a vancomicina e os aminoglicosídeos.

ANTIBIOTICOTERAPIA PROBABILISTA

	Especialidade	Posologia	Comentário
Valva nativa	Amoxicilina	12 g/d em 4-6 doses	Pensar prioritariamente no estreptococo deficiente e nos microrganismos HACEK ou nos que não crescem nos meios habituais
	+ oxacilina	12 g/d em 4-6 doses	
	+ gentamicina	3 mg/kg/d	
	Vancomicina	30 mg/kg/d em 2 doses	Em caso de alergia aos betalactâmicos
	+ gentamicina	3 mg/kg/d	
Valva protética < 1 ano	Vancomicina	30 mg/kg/d em 2 doses	Pensar prioritariamente no SCN, MSSA, MRSA. Se não houver resposta clínica, a cirurgia deve ser considerada e a ampliação do espectro aos BGN
	+ gentamicina	3 mg/kg/d	
	+ rifampicina	600 mg x 2/d VO	
Valva protética > 1 ano	Idem valva nativa		

TRATAMENTO DAS ENDOCARDITES COM HEMOCULTURAS NEGATIVAS

- Na valva nativa ou protética > 1 ano: amoxicilina (4-6 semanas) + gentamicina (2 semanas). Em caso de alergia aos betalactâmicos: vancomicina + gentamicina + ciprofloxacina (4-6 semanas).
- Na valva protética < 1 ano: vancomicina + rifam (6 semanas) + gentamicina (2-4 semanas).
- El por *Brucella* sp.: doxiciclina + sulfametoxazol-trimetoprima + rifampicina. Tratamento > 3 meses.

- EI por *Coxiella burnetii*: doxiciclina + hidroxicloroquina. Tratamento > 18 meses.
- EI por *Bartonella* sp.: doxiciclina (4 semanas) + gentamicina (2 semanas). EI por *Tropheryma whipplei*: doxiciclina + hidroxicloroquina. Tratamento > 18 meses.

Endocardite infecciosa por estafilococos					
Estafilococo meti-S					
Valva nativa			Valva protética		
Antibiótico	Posologia	Duração (semanas)	Antibiótico	Posologia	Duração (semanas)
Oxacilina	12 g/d (4-6 doses)	4-6	Oxacilina	12 g/d (4-6 doses)	6
Tratamento alternativo					
Cotrimoxazol	4.800/960 mg/d	1 IV depois 5 VO	+ Rifampicina	900-1.200 mg IV ou VO (2-3 doses)	6
+ Clindamicina	1.800 mg/d (3 doses)	1	+ Gentamicina	3 mg/kg/d (1-2 doses)	2
Estafilococo meti-R ou alergia à penicilina					
Valva nativa			Valva protética		
Antibiótico	Posologia	Duração (semanas)	Antibiótico	Posologia	Duração (semanas)
Vancomicina*	30-60 mg/kg/d (2-3 doses)	4-6	Vancomicina	30-60 mg/kg/d (2-3 doses)	6
Tratamento alternativo 1:					
Daptomicina	10 mg/kg/d em 1 dose	4-6	+ Rifampicina	900-1.200 mg IV ou VO (2-3 doses)	6
Tratamento alternativo 2:					
Cotrimoxazol	4.800/960 mg/d	1 IV depois 5 VO	+ Gentamicina	3 mg/kg/d (1-2 doses)	2
+ Clindamicina	1.800 mg/d (3 doses)	1			

* A cefalosporina (cefazolina 6 g/d) pode substituir a vancomicina nos pacientes alérgicos à penicilina. Não é recomendada em caso de alergia à penicilina de tipo imediato.

ENDOCARDITE INFECCIOSA POR ESTREPTOCOCO SP. E ENTEROCOCOS

Bactéria	Ausência de alergia à penicilina			Alergia à penicilina		
	Antibiótico	Posologia	Duração (sem)	Antibiótico	Posologia	Duração (sem)
	Penicilina G ou Amoxicilina	12-18 MU/d (4-6 doses) 100-200 mg/kg/d (4-6 doses)	4 (6 se prótese)	Vancomicina	30 mg/kg/d (2 doses)	4 (6 se prótese)
Estreptococo Penicilina G-S CMI < 0,125 mg/L	Tratamento alternativo em 2 semanas*:					
	Penicilina G ou Amoxicilina	12-18 MU/d 100-200 mg/kg/d	2			
	+ Gentamicina	3 mg/kg/d	2			
Estreptococo Penicilina G-1 0,25 < CMI 2 mg/L	Penicilina G ou Amoxicilina	24 MU/d (4-6 doses) 200 mg/kg/d (4-6 doses)	4 (6 se prótese)	Vancomicina	30 mg/kg/d (2 doses)	4 (6 se prótese)
	+ Gentamicina	3 mg/kg/d	2	+ Gentamicina	3 mg/kg/d	2
Enterococos	Amoxicilina	200 mg/kg/d (4-6 doses)	4-6	Vancomicina	30 mg/kg/d (2 doses)	6
	+ Gentamicina	3 mg/kg/d	2-6**	+ Gentamicina	3 mg/kg/d	6

* Este tratamento alternativo somente pode ser aplicado com valva nativa não complicada e com função renal normal.

** Alguns especialistas recomendam um tratamento curto de 2 semanas.

Reanimação

Árvore brônquica: projeções radiológicas e fibroscópicas

Corte fibroscópico: o cirurgião está de frente para o paciente

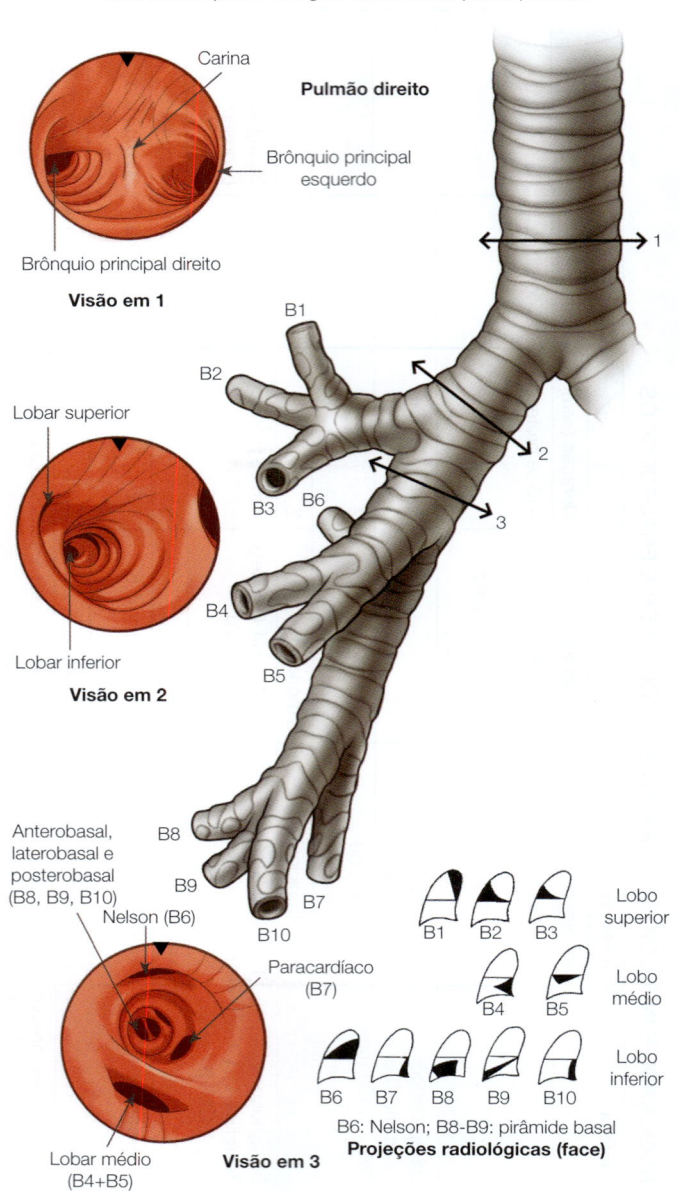

Carina

Pulmão direito

Brônquio principal esquerdo

Brônquio principal direito

Visão em 1

B1
B2
B3
B6
B4
B5

Lobar superior

Lobar inferior

Visão em 2

1
2
3

Anterobasal, laterobasal e posterobasal (B8, B9, B10)

Nelson (B6)

B8
B9
B7
B10

Paracardíaco (B7)

Lobar médio (B4+B5)

Visão em 3

Lobo superior — B1 B2 B3
Lobo médio — B4 B5
Lobo inferior — B6 B7 B8 B9 B10

B6: Nelson; B8-B9: pirâmide basal
Projeções radiológicas (face)

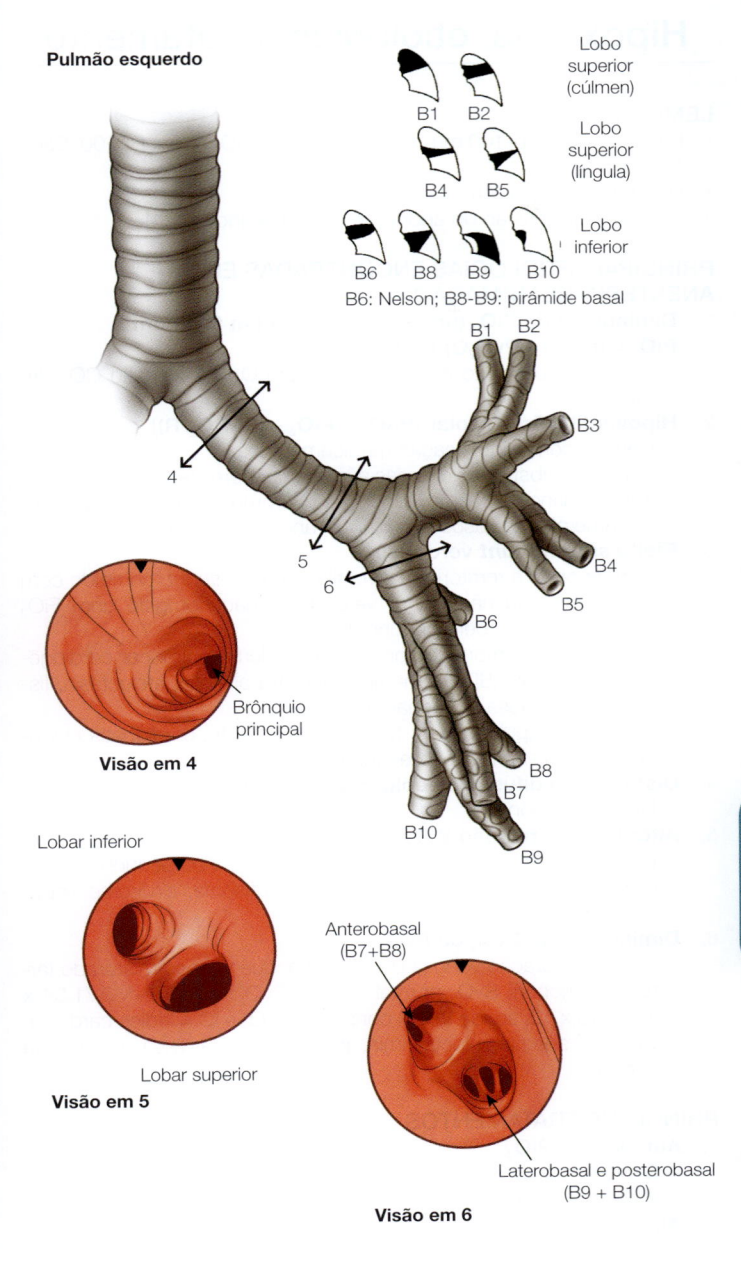

Pulmão esquerdo

Lobo superior (cúlmen)
B1 B2

Lobo superior (língula)
B4 B5

Lobo inferior
B6 B8 B9 B10

B6: Nelson; B8-B9: pirâmide basal

B1 B2
B3
B4
B5
B6
B8
B7
B10
B9

Brônquio principal

Visão em 4

Lobar inferior

Lobar superior
Visão em 5

Anterobasal (B7+B8)

Laterobasal e posterobasal (B9 + B10)

Visão em 6

Reanimação

Hipoxemia: etiologias e tratamento

LEMBRETES
- PaO_2 normal = 90-100 mmHg, relação PaO_2/FiO_2 normal $\geq$ 500, SaO_2 normal > 95%.
- Hipoxemia= diminuição da PaO_2.
- Hipóxia = diminuição do aporte de O_2 aos tecidos.

PRINCIPAIS ETIOLOGIAS ENCONTRADAS EM ANESTESIA-REANIMAÇÃO
1. **Diminuição da PiO_2 (pressão inspirada em O_2), com PiO_2 = (Patm – PvH_2O) x FiO_2.**
   - Desconexão/defeito na alimentação em O_2, intoxicação CO, altitude.
2. **Hipoventilação alveolar [PAO_2 = PiO_2 – ($PACO_2$/R)].**
   - Central; coma, intoxicação medicamentosa.
   - Periférica: obstrução das vias aéreas superiores (edema, corpo estranho, laringoespasmo), doenças neuromusculares, curarização, derrame pleural gasoso ou líquido, anomalia de parede torácica.
3. **Efeito *shunt/shunt* verdadeiro.**
   - Corresponde a território mal ventilado (efeito *shunt*, corrigido com FiO_2 100%) ou não (*shunt* verdadeiro, não corrigido com FiO_2 100%) ventilado, bem perfundido.
   - Causas intrapulmonares: pneumonia, edema pulmonar cardiogênico ou lesional (SDRA), hemorragia intra-alveolar, atelectasia, fístula arteriovenosa pulmonar, asma, DPOC.
   - Causas extrapulmonares: forame oval patente, cardiopatia cianogênica com *shunt* direito-esquerda.
4. **Distúrbio da difusão alvéolo-capilar do O_2.**
   - Fibrose pulmonar.
5. **Alteração da relação V/Q.**
   - Efeito espaço morto: território bem ventilado, não perfundido.
   - Causas: tromboembolismo pulmonar, enfisema, síndrome hepatopulmonar no indivíduo cirrótico.
6. **Diminuição da SvO_2 ou PvO_2.**
   - SvO_2 = saturação venosa de O_2 do sangue venoso misturado (artéria pulmonar), SvO_2 normal = 75%. SvO_2 = SaO_2 – VO_2/1,34 x [Hb] x IC x 10, sendo VO_2 = consumo de O_2 e IC = índice cardíaco.
   - Causas: anemia, hipovolemia, insuficiência cardíaca, estado de choque.

PRINCIPAIS TRATAMENTOS
1. **Aumentar a PiO_2.**
   - Suplementação de O_2: nasal ± débito elevado (Optiflow®), máscara ± alta concentração, VNI, IOT e ventilação mecânica.
2. **Aumentar a SvO_2.**
   - Sedação ± curarização (adaptação ao ventilador, diminuição de VO_2).
   - Transfusão em caso de anemia.
   - Otimização do índice cardíaco: expansão volêmica em caso de hipovolemia e inotrópico positivo em caso de disfunção do VE.

3. **Aumentar o recrutamento alveolar.**
   - Tratamento etiológico (antibioticoterapia se pneumonia, drenagem de derrames pleurais, cinesioterapia ± fibroscópio com aspiração em caso de atelectasia, extração de corpo estranho etc.).
   - Combater a hipervolemia = depleção.
   - Manobras de recrutamento alveolar, otimização da PEEP, decúbito ventral (ver *SDRA*).
4. **Reforçar a vasopressão pulmonar hipóxica.**
   - Evitar: bloqueadores dos canais de cálcio, derivados de nitrato, IECA, alfabloqueadores.
   - Administração de NO broncoaspirado ± almitrina (ver *SDRA*).
5. **Investigar e tratar um *shunt* extrapulmonar (fechamento de FOP).**
6. **ECMO (= oxigenação extracorpórea) (ver ECMO).**

Ventilação mecânica

OBJETIVOS
- Garantir oxigenação suficiente.
- Garantir eliminação do CO_2 suficiente.
- Diminuir o trabalho dos músculos respiratórios (evitar o esgotamento respiratório).

ALGUMAS DEFINIÇÕES
- Pressão expiratória positiva (PEEP): pressão alveolar no fim da expiração.
- Complacência: relação pressão-volume = volume corrente/(Pplatô--PEEP).
- Resistência: relação pressão-débito = (pressão de insuflação-pressão platô) débito inspiratório.

VENTILAÇÃO INVASIVA
Interface: sonda de intubação traqueal.

Como regular a ventilação invasiva?

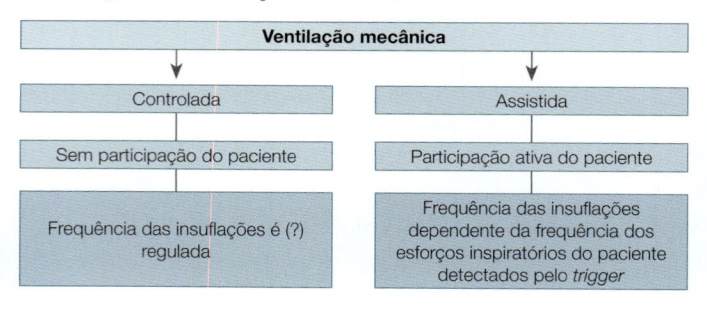

- **Modo assistido-controlado**: frequência de insuflação mínima regulada em caso de abolição ou diminuição da frequência dos esforços inspiratórios do paciente.
- **O *trigger*** detecta os esforços inspiratórios caracterizado por:
  - Sua sensibilidade: quanto mais sensível for o *trigger*, menor será o esforço inspiratório mínimo.
  - Seu tempo de resposta: quanto mais rápido for o *trigger*, mais curto será o tempo entre o esforço do paciente e o início da insuflação.

  Dois tipos de *trigger*:
  - Pressão.
  - Fluxo.

Ventilação controlada a volume (VCV) e assistida-controlada a volume A/C-VCV
Modo de ventilação a fluxo (administra um volume corrente fixo em fluxo determinado).

- Parâmetros que devem ser regulados:
  - Fluxo inspiratório (= 60 L/min), função da relação I:E (habitualmente 1:2).
  - Volume corrente: 6-8 mL/kg de peso ideal.
  - Frequência respiratória: entre 10-35/min. Deve ser regulado em função do nível de ventilação alveolar.
  - PEEP: 3-10 cmH_2O.
  - *Trigger*: no caso de ventilação assistida.
- Parâmetros a serem observados:
  - Pressão de pico (detecção de aumento das resistências inspiratórias).
  - Pressão de platô (detecção de diminuição da complacência).

Ventilação controlada e ventilação assistida-controlada a pressão

Modo de ventilação à pressão: volume corrente proporcional ao gradiente de pressão (pressão inspiratória-PEEP total).
- Parâmetros a serem regulados:
  - Pressão inspiratória: máximo 30 cmH_2O, objetivo: volume corrente em 6-8 mL/kg.
  - Frequência respiratória: entre 10-35/min. Deve ser regulada em função do nível de ventilação alveolar.
  - PEEP: 3-10 cmH_2O.
  - I:E: o aumento eleva o volume corrente administrado.
  - Rampa de subida de pressão.
  - *Trigger:* em caso de ventilação assistida.
- Parâmetros a serem observados:
  - Volume corrente (detecção de aumento de resistência ou queda da complacência).

Ventilação espontânea com pressão de suporte (PSV)

Modo de ventilação à pressão ciclados ao fluxo.
Todos os esforços detectados pelo *trigger* são objeto de assistência à pressão.
- Parâmetros a serem regulados:
  - *Trigger*.
  - Pressão de suporte: 8-20 cmH_2O.
  - PEEP: 3-10 cmH_2O.
  - Ventilação de apneia.
- Parâmetros a serem observados:
  - Frequência respiratória.
  - Volume corrente.

Desmame da ventilação invasiva

A avaliação deve ser cotidiana.

O paciente é candidato à extubação?
- Ausência de catecolaminas.
- Ausência de sedação.
- Resposta às ordens simples.
- $FiO_2 \leq 50\%$.
- PEEP ≤ 5 cmH_2O.
- Tosse eficaz.

- Ausência de distúrbio da deglutição.
- Teste de fuga negativo.
- **NB: teste de fuga**: avaliação do risco de obstrução das vias aéreas por edema glótico.
  - Realização prática: em VAC.
    » Primeira medição do volume corrente inspirado pelo balonete insuflado.
    » Desinsuflar o balonete e medir o volume corrente expirado realizando a média de seis ciclos consecutivos.
  - Positivo se a diferença entre volume expirado e inspirado > 12-15%.
  - Se for negativo, avaliar corticoterapia sistêmica durante 48 h.

Prova de ventilação espontânea
- Deve ser realizada se o paciente for candidato à extubação.
  - Duração: 30 min.
- Existem várias modalidades de realização:
  - Tubo T: desconectar do respirador.
  - Nível mínimo de pressão de suporte ou baixo nível de CPAP.
- Investigar sinais de má tolerância:
  - FR > 35/min.
  - SpO_2 < 90%.
  - Variações > 20% da frequência cardíaca ou da pressão arterial sistólica.
  - Sudorese, agitação, alteração do nível de consciência.
- Se o paciente for candidato à extubação e não apresentar sinais de má tolerância à prova de ventilação espontânea → EXTUBAÇÃO.

VENTILAÇÃO NÃO INVASIVA (VNI)
Interface: máscara nasal, nasobucal ou integral.
Princípio: ventilação com "fugas". Prevenir a intubação traqueal.
Utilização em modo com pressão (na maioria das vezes, pressão de suporte ou pressão controlada) ou em modo com volume (VAC). Compensação das fugas se houver modo específico de VNI.
- Indicações:
  - Descompensações agudas de insuficiência respiratória crônica.
  - Edema agudo pulmonar cardiogênico.
  - Insuficiência respiratória pós-operatória de cirurgias torácica e abdominal.
  - Insuficiência respiratória aguda dos imunodeprimidos.
  - Desmame ventilatório.
  - Traumatismo torácico.
- Contraindicações:
  - Alterações do nível de consciência.
  - Hipoxemia grave refratária, pneumotórax não drenado.
  - Obstrução das vias aéreas superiores.
  - Vômitos incoercíveis.
  - Cirurgia por via transesfenoidal.

Como regular a VNI?
- **Com pressão de suporte:**
  - Iniciar nível baixo de PS (3-5 cmH_2O) para melhor tolerância.

- Aumento progressivo da PS até 10-15 cm H_2O com objetivo de volume corrente entre 6-8 mL/kg e frequência respiratória ≤ 25/min.
- PEEP: aumento progressivo para melhor tolerância. Objetivo: 3-10 cmH_2O.
- *Trigger* inspiratório com débito: 0,5-1 L/min.
- Rampa de pressurização do nível de PS: 100-200 ms.
- Ciclagem inspiração/expiração (*trigger* expiratório): 25% do débito máximo de insuflação deve ser aumentado para 40-50% nos pacientes com DPOC.

OXIGENOTERAPIA UMIDIFICADA E REAQUECIDA COM ALTO FLUXO (OPTIFLOW™)

Interface: cânulas nasais.

Princípio: administração de oxigênio umidificado e reaquecido com alto fluxo via cânulas nasais.

Vantagens
- Gera nível de pressão positiva nas vias aéreas.
- Diminui o espaço morto anatômico (efeito *wash-out*).
- Pode administrar FiO_2 a 100%.
- Conforto do paciente.

Indicações
- Insuficiência respiratória aguda hipoxêmica sem hipercapnia.
- Insuficiência respiratória aguda no pós-operatório de cirurgia cardiotorácica.

Como regular a oxigenoterapia de débito elevado?
- Regulagem inicial do débito a 60 L/min e da FiO_2 a 1.
- Diminuição da FiO_2 até o alvo de SpO_2 desejado.

Síndrome do desconforto respiratório agudo (SDRA)

DEFINIÇÕES
- **Histológica**: dano alveolar difuso.
- **Clínica**:
  - Edema pulmonar lesional generalizado em resposta a uma agressão pulmonar (25%) ou sistêmica (75%).
  - Critérios de Berlim de 2012.

Síndrome do desconforto respiratório agudo	
Prazo de ocorrência	Agudo: uma semana do evento ou aparecimento/agravamento de sinais respiratórios
Imagens do pulmão	Opacidades bilaterais não explicadas por uma pleurite, atelectasia ou por nódulos
Origem do edema	Insuficiência respiratória não totalmente explicada por disfunção cardíaca ou sobrecarga hídrica (avaliação objetiva necessária em caso de ausência de fatores de risco)
Oxigenação	Leve: 200 < PaO_2/FiO_2 ≤ 300 mmHg com PEEP ou CPAP ≥ 5 cmH_2O Moderada: 100 < PaO_2/FiO_2 ≤ 200 mmHg com PEEP ≥ 5 cm H_2O Grave: PaO_2/FiO_2 ≤ 100 mmHg com PEEP ≥ 5 cmH_2O

- Mortalidade segundo a gravidade: leve (27%), moderada (32%), grave (45%).

Fatores de risco

Origem pulmonar	Origem sistêmica
Pneumopatia	Septicemia extrapulmonar
Inalação	Trauma grave
Contusão pulmonar	Pancreatite
Vasculite pulmonar	Queimadura grave
Afogamento	Choque não cardiogênico
	Overdose
	Transfusão maciça (TRALI)

TRATAMENTO
Tratamento etiológico da agressão pulmonar identificada +++
Ventilação mecânica
- Pedra angular do tratamento.
- Objetivo: manutenção de um nível de oxigenação e ventilação necessárias e redução dos riscos de lesões pulmonares induzidas pela ventilação mecânica.

- **Princípios**:
  - Ventilação com volumes correntes baixos (Vt = 6 mL/kg).
  - Pressão de platô (Pplat) < 30 cmH$_2$O (medida fazendo-se uma pausa teleinspiratória). Reflexo da pressão alveolar teleinspiratória.
- **Escolha de ventilador**: ventilador que permita medir o Vt, a Pplat, a PEEP total (PEEPtot = PEEP regulada + PEEP intrínseca [oclusão tele-expiratória]).
- **Como regular o ventilador em caso de SDRA?**

Modo ventilatório	A/C – VCV
Débito inspiratório	> 50 L/min
Volume corrente	6 mL/kg de peso ideal*
Frequência respiratória	≤ 32/min Adequação à capnia O aumento pode elevar a PEEP intrínseca
PEEP	> 5 cmH$_2$O (Individualizada, PEEP *trial*)

* Peso ideal: homem = 50 + 2,3 x (altura [cm]/2,54) – 60; mulher = 45 + 2,3 x (altura [cm]/2,54) – 60.

- Nível da PEEP:
  - Objetivos:
    » Redução do *shunt* por recrutamento alveolar e manutenção da abertura alveolar na expiração; redistribuição da água pulmonar extravascular.
    » Compensação derrecrutamento induzido pela ventilação com baixos Vt.
    » Proteção pulmonar pela limitação dos ciclos abertura/fechamento dos alvéolos.
  - Individualizado.
  - A PEEP é mais eficaz e menos deletéria quando o edema pulmonar é difuso (recrutamento alveolar homogêneo) do que quando é lobar.
  - Esquematicamente.

Imagem pulmonar	Opacidades focais (> 75% dos casos)	Opacidades difusas ("pulmões brancos")
Curva P/V	Desaparecimento do ponto de inflexão inferior	Ponto de inflexão inferior > 5 cmH$_2$O
Complacência	> 50 mL/cmH$_2$O	≤ 50 mL/cmH$_2$O
PEEP *trial*	5-12 cmH$_2$O	10-20 cmH$_2$O

PEEP *trial*: aumento progressivo da PEEP para obter PaO$_2$ ≥ 90 mmHg, com a FiO$_2$ mais baixa, limitando o aumento da insuflação e a diminuição do retorno venoso (monitoração do débito cardíaco +++).

- Diminuição do espaço morto instrumental: utilização de umidificador aquecedor.
- Evitar o derrecrutamento durante aspirações traqueais: sem desconexão do respirador ou utilização de sistema fechado de aspiração.
- **Objetivos**:
    - Hipercapnia permissiva: tolera-se o aumento da $PaCO_2$ com o objetivo de limitar o Vt. Limite respeitado: pH > 7,2. A acidose respiratória não é indicação para a infusão de bicarbonatos.
    - Objetivos de PaO_2: hipoxemia permissiva tolerada, (88% < SaO_2 < 96%, PaO_2 > 60 mmHg). Atenção, em caso de acidose, o deslocamento da curva de dissociação do Hb induz à diminuição da redistribuição do O_2 aos tecidos, por isso o interesse pela elevação da PaO_2 (pela otimização da VM antes do aumento da FiO_2, pois a FiO_2 > 0,9 expõe ao risco aumentado de atelectasias de desnitrogenação).

Métodos de recrutamento alveolar
- **Objetivo**: aumento transitório da pressão transpulmonar para reexpandir as zonas colabadas, porém recrutáveis.
- Benefício sobre a oxigenação e a complacência.
- Não recomendadas na prática clínica, mas podem ser utilizadas em caso de hipoxemia refratária ou durante fases do fim do recrutamento (aspiração traqueal, desconexão acidental).
- **Modalidades de realização**: não há consenso. Passagem para modo PSV e aumento progressivo da PEEP até alcançar 40-50 cmH_2O durante 40 s (monitoração hemodinâmica concomitante).
- **Efeitos indesejáveis**: sobredistensão (risco de pneumotórax), efeito hemodinâmico (parada cardíaca em caso de hipovolemia).
- Outras terapêuticas.

Decúbito ventral
- Princípio: melhora a PaO_2 ao homogeneizar a distribuição do Vt e da PEEP (pela diminuição do gradiente de pressão transpulmonar). Papéis associados da contribuição do peso do coração ao gradiente, da gravidade do pulmão e da drenagem brônquica.
- Benefício potencial para todos os pacientes, mais nítido em caso de comprometimento lobar.
- Melhora da PaO_2 em 30 min em 80% dos casos.
- Modalidades: deve ser instituída precocemente no caso de PaO_2/FiO_2 < 150 mmHg com FiO_2 > 0,6 e PEEP ≥ 5 cmH_2O. Duração: cerca de 16 h, segundo a eficácia e a tolerância. Sessões iterativas se houver resposta do paciente.
- Complicações segundo o treinamento das equipes: IOT seletiva, obstrução de sonda, extubação, lesões de compressão. Não há efeito hemodinâmico notável em caso de ausência de hipovolemia.

Curares
- Objetivos:
    - Diminuição da assincronia paciente/ventilador.
    - Diminuir o biotraumatismo e o barotraumatismo.
- Modalidades:
    - Nas primeiras 48 h.

- – Se PaO_2/FiO_2 < 150 mmHg com PEEP > 5 cmH_2O.
- – Monitoração com a sequência de quatro estímulos (SQE).

NO inalado
- Princípio: vasodilatação pulmonar limitada às zonas ventiladas, de modo a redistribuir o débito sanguíneo pulmonar e a melhorar a relação V/Q. Secundariamente, lutar contra a HP, diminuir o edema alveolar pela redução da resistência venosa, broncodilatação, efeito anti-inflamatório, ajuda no fechamento de um forame oval patente (FOP) (em caso de *shunt* direito-esquerdo).
- Ausência de efeito sistêmico (inativação pelo Hb circulante).
- Eficácia preditiva do NO dependendo da HP preexistente.

Na prática
- Recrutamento alveolar prévio pela PEEP (potencialização recíproca).
  - – Teste em 0,5-5 ppm, máx. 10 ppm. Administração sincrônica com a ventilação.
  - – Conexão ao circuito inspiratório.
- Atenção em caso de insuficiência ventricular esquerda associada à HP: risco de agravamento da falência esquerda pelo aumento súbito da pré-carga.
- 60-100% dos pacientes respondem em termos de oxigenação e PAP (< 50% em caso de sepse), mas com duração inferior a 48 h, e não há prova de eficácia sobre a mortalidade.

Débito NO = VE x concentração desejada/225

Almitrina
- Princípio: reforço da vasoconstrição pulmonar hipóxica (VPH), portanto redução do *shunt* pulmonar e melhora da relação V/Q.
- Elevação da PAP dose-dependente, menor se ≤ 2 mcg/kg/min, corrigida pelo NO se ≤ 4 mcg/kg/min.
- Efeito vasoconstritor ainda mais acentuado quando a VPH for deficiente (choque séptico), mas não existe fator preditivo da eficácia da almitrina.
- A associação com o NO é interessante, mas há efeitos aditivos e sinérgicos.
- Dose: 2-4 mcg/kg/min, não há efeito suplementar para além disso. Utilizar 2 mcg/kg/min se houver associação com um vasoconstrictor sistêmico (noradrenalina).
- Precauções: observação da insuficiência cardíaca direita e da pressão sistólica da artéria pulmonar (PSAP) (ecocardiografia ou cateter arterial pulmonar). Há risco de aumento do *shunt* direito/esquerda em caso de FOP.

Corticoterapia
- Não se recomenda a corticoterapia na fase aguda da SDRA, fora das indicações particulares (pneumocistose, pneumopatia por eosinófilos etc.).
- Ela deve ser evitada se utilização de curares.
- Pode ser útil em caso de fibrose pulmonar, comprovada por meio de biópsia pulmonar.
- Vigilância estreita das infecções nosocomiais e da glicemia.
- Não deve ser iniciada após o 14º dia (aumento da mortalidade).

ESTRATÉGIA HEMODINÂMICA
Otimização do débito cardíaco
- SDRA em fase precoce: instabilidade hemodinâmica. Corrigir hipovolemia, ainda mais se existir PEEP elevada. "Efeito SvO_2": aumento da PaO_2 por aumento da SvO_2 (que depende do DC).
- Guiar a expansão pelo delta-PP, delta-VS (contorno da onda de pulso), se $Vt \geq 7$ mL/kg.
- Evitar estado hipercinético, responsável pelo aumento do edema pulmonar, bem como pela eficácia menor da VPH. Não há prova da eficácia do débito cardíaco e da DO_2 supranormais.

Redução da água pulmonar extravascular
- Após a estabilização hemodinâmica: restituir a água pulmonar, para melhorar a hematose, a complacência pulmonar e diminuir a duração da VM.
- Restrição hídrica, diuréticos ou mesmo hemofiltração (hemofiltração venovenosa contínua – CVVH).
- Portanto: manter a POAP tão baixa quanto possível, assegurando a volemia, DC e DO_2 "adequados".

Cateter de Swan-Ganz
- Interesses: otimização do DC e da SvO_2 (tolerância da depleção líquida, escolha e posologias de catecolaminas), estimativa das pré-cargas direita e esquerda, da resistência arterial sistêmica, da distribuição do O_2 aos tecidos, e sobretudo monitoração da PAP.
- Indicações: SDRA grave, estado de choque.
- A superioridade do Swan-Ganz sobre o cateter central não está comprovada.

Sistema PiCCO™
- O interesse é o de estimar a água pulmonar extravascular (EVLW) (N < 10 mL/kg) e a resposta previsível à expansão volêmica, mas é menos confiável em caso de falência ventricular direita.

Ecocardiografia
- Permite avaliar o cor pulmonale agudo (dilatação do VD, septo paradoxal), HP, bem como o diagnóstico diferencial de SDRA.

ALGORITMO DE MANEJO DA SDRA
1. Ventilação com Vt baixos e Pplatô baixa, restrição hídrica, otimização do DC.
2. Recrutamento alveolar/PEEP (SDRA difusa).
3. Decúbito ventral (SDRA lobar).
4. NO, almitrina.
5. Em caso de falha da associação desses tratamentos: surfactante inalatório, PGE_1, PGI_2, ventilação oscilatória de alta frequência por oscilação (VOAF), ventilação líquida parcial, oxigenação por membrana extracorpórea (ECMO).

Oxigenação por membrana extracorpórea (ECMO)

ECMO é particularmente indicada nas SDRA graves, refratárias a medidas terapêuticas habituais (ventilação protetora otimizada).

As indicações devem ser discutidas caso a caso em colaboração com a equipe de cirurgia cardiotorácica, avaliando o equilíbrio risco/benefício para cada paciente. As principais contraindicações são: coagulopatia não controlada, sangramento intracraniano, idade avançada, dependência prévia, patologia maligna incurável etc.

A relação risco/benefício é considerada desfavorável em caso de lesão hemorrágica intracerebral, coma pós-parada cardíaca, SDRA ventilada há mais de sete dias, imunodepressão grave, falência multivisceral (escore *Sequential Organ Failure Assessment* – SOFA > 15).

PRINCIPAIS INDICAÇÕES NA SDRA
- A técnica preferida é a ECMO venovenosa. Ela pode ser proposta quando:
  - $PaO_2/FiO_2 < 50$ com FiO_2 1 há mais de 3 h apesar da otimização ventilatória com ventilação protetora empregando as técnicas alternativas habituais (NO, recrutamento, decúbito ventral, almitrina, VOAF, depleção se necessário, correção de efeito baixo PvO_2).
  - $PaO_2/FiO_2 < 80$ com FiO_2 1 há mais de 6 h nas mesmas condições descritas.
  - pH < 7,20 há mais de 6 h secundário à queda do Vt necessário para a manutenção dos objetivos de Pplat < 30 cmH_2O.
- Não existe indicação para a ECMO venoarterial na SDRA com falência respiratória isolada.

Mesmo em caso de ocorrência de falência circulatória pelo cor *pulmonale* agudo na evolução da SDRA, o recurso à ECMO venoarterial não é obrigatório.

TÉCNICAS
- **ECMO venoarterial**: o sangue venoso coletado no nível do átrio direito (cânula introduzida pela veia femoral ou pela veia jugular) é oxigenado e depois devolvido para a artéria femoral. Indicada para a assistência circulatória de emergência nos choques refratários.
- **ECMO venovenosa**: o sangue venoso coletado no nível de uma das veias cava é oxigenado e depois devolvido para o átrio direito. O fluxo pulmonar é preservado, assim como o fluxo sistêmico pulsátil. As cânulas de duplo-lúmen expõem a risco maior de perfuração cardíaca. Deve-se privilegiar a configuração da cânula venosa femoral + cânula venosa jugular.

Reanimação

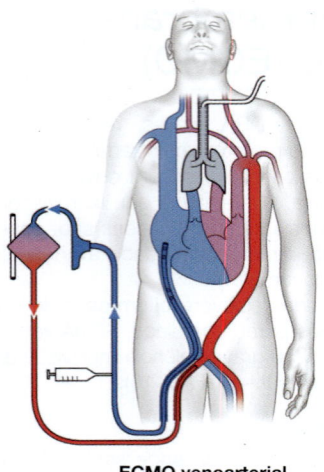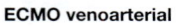

ECMO venoarterial

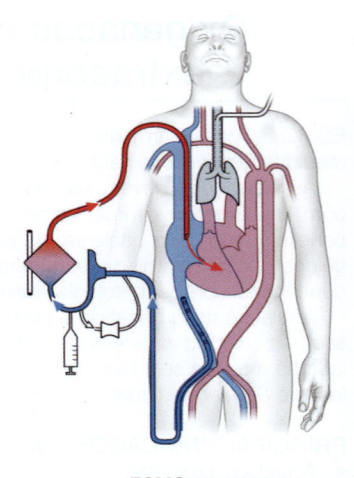

ECMO venovenosa

Pneumonia comunitária aguda grave

- Infecção aguda do parênquima pulmonar adquirida na comunidade que associa sintomas respiratórios, febre e infiltrado radiológico de aparecimento recente.
- Na França, a incidência é de 10 casos para 1.000 habitantes por ano, geralmente no indivíduo > 75 anos. É a 1ª causa de morte no mundo.
- 10% das pneumopatias agudas comunitárias precisam de hospitalização em terapia intensiva.
- Cerca de 30% de mortalidade na UTI.

DIAGNÓSTICO/SINAIS DE GRAVIDADE
- Critérios diagnósticos:
  - É raro que apareçam todos os sinais clínicos: tosse, dispneia, dor laterotorácica, expectorações, febre, taquicardia, polipneia, focos de crepitação, sopro tubário.
  - Na radiografia do tórax, semiologia variável: opacidades alveolares sistemáticas (p. ex., pneumonia lobar aguda), opacidades intersticiais, opacidades arredondadas peribrônquicas ou "broncopneumônicas".
  - Exames biológicos: hiperleucocitose.
- Critério de admissão em terapia intensiva: presença de pelo menos um critério maior ou três critérios menores.

Critérios maiores	Critérios menores
- SDRA necessitando de ventilação mecânica - Choque séptico	- FR > 30/min - PaO_2/FiO_2 < 250 sob VNI - Infiltrados disseminados - Confusão/desorientação - Ureia > 7 mmol/L - Leucócitos < 4.000/mm^3 - Plaquetas < 100.000/mm^3 - Hipotermia - Hipotensão arterial necessitando de expansão volêmica

MICROBIOLOGIA
- **Patógenos principais na pneumopatia comunitária aguda grave:**
  - *Streptococcus pneumoniae* (sp.) +++, *Staphylococcus aureus*, *Legionella* spp., BGN entre os quais *Pseudomonas aeruginosa, Haemophilus influenzae*.
- Fatores de risco de pneumopatia comunitária aguda grave por *Pseudomonas aeruginosa*: DPOC grave com numerosas exacerbações, dilatação dos brônquios, mucoviscidose, corticoterapia de longo prazo, antibioticoterapia frequente recente, colonização anterior conhecida e qualquer paciente hospitalizado nos últimos 90 dias ou em casa comunitária, IRC dialítica ou em quimioterapia.
- Diagnóstico microbiológico:

- Se o paciente não estiver intubado, o exame citobacteriológico de escarro é interessante. Se estiver intubado, coleta respiratória segundo as práticas locais (PDP, LBA etc.).
- Hemoculturas.
- Antigenúrias (Ag) *Legionella pneumophila* (Lp) sorotipo 1, sp.
- O ideal é que sejam realizados antes da administração da antibioticoterapia.

TRATAMENTO

- Antibioticoterapia urgente, dupla, probabilista IV ativa para pneumococo, MSSA, certas enterobactérias comunitárias e os microrganismos atípicos e intracelulares (*Legionella, Mycoplasma pneumoniae, Chlamydia* spp. etc.).
- **C3G** (ceftriaxona 2 g e depois 1 g/d ou cefotaxima 1-2 g x 3/d) associada a um macrolídeo (espiramicina 3 MUI x 3/d) ou fluoroquinolona antipneumocócico (levofloxacino 500 mg x 2/d, que deve ser reservado aos indivíduos idosos ou portadores de comorbidade).
- Evitar as fluoroquinolonas como primeira escolha para todos os pacientes, risco de seleção de cepas resistentes.
- Se houver suspeita de *Pseudomonas aeruginosa:* betalactâmico ativo (piperacilina/tazobactama ou cefepima ou carbapenêmico) associado a aminoglicosídeos e um antibiótico ativo sobre as bactérias intracelulares (na prática, macrolídeos).
- **Descalonamento da terapêutica** a partir dos resultados das coletas pulmonares e antigenúrias:
  - Se for pneumococo (Ag ou coletas pulmonares +): amoxicilina 1 g x 3-6/d durante 5-8 d.
  - Se forem duas antigenúrias para legionela negativas com 48 h de intervalo e se houver ausência de quadro sugestivo manter apenas a C3G.
  - Em caso de antigenúria legionela positiva, espiramicina 3 MUI x 3/d para a legionela sem sinais de gravidade (duração 10 d), e levofloxacino 500 mg x 2/d para a legionela grave ou no imunodeprimido (duração 21 d).
- Na ausência de documentação microbiológica, continuação da biterapia. Investigar sorologia de germes intracelulares e atípicos (*Micoplasma pneumoniae*, *Chlamydia* spp. etc.) e investigar infecção viral respiratória associada.
- Na ausência de resposta clínica em 48-72 h, investigar foco associado (pleurite, abscesso pulmonar etc.). Importância da TC de tórax.
- Na vigência de choque séptico, adicionar tratamentos sintomáticos habituais (ver *Choque séptico*).

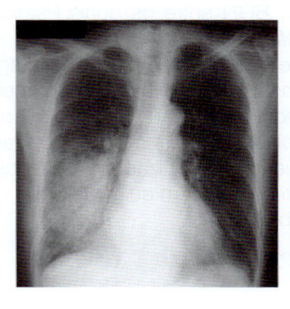

Pneumonia associada à ventilação mecânica

Terceira causa de infecção e primeira causa de mortalidade nosocomial (40-80%).

SUSPEITA CLÍNICA

Os sinais clínicos apresentam sensibilidade e especificidade muito baixas. Os exames bacteriológicos somente são indicados (e validados) em caso de forte suspeita clínica, associando:

- Infiltrado pulmonar de aparecimento recente, persistente.
- Dois dos seguintes sinais:
  - Febre ≥ 38,3°C ou hipotermia.
  - Leucócitos > 12.000/mm^3 ou < 4.000/mm^3.
  - Secreções traqueais purulentas.

MÉTODOS DIAGNÓSTICOS FIBROSCÓPICOS
Escova telescópica protegida

- Orientação fibroscópica da coleta em zona patológica.
- Utilização de um cateter duplo telescópico que contenha uma escova protegida por capa de polietileno-glicol, o que permita evitar a contaminação da coleta com secreções que não sejam originárias do pulmão profundo.

Metodologia

- Realizar limpeza cuidadosa das vias aéreas (cinesioterapia e aspiração traqueal).
- O paciente deve estar intubado, ventilado, sedado, curarizado e ventilado com FiO$_2$ 100%.
- Não injetar lidocaína.
- Avançar o fibroscópio até o orifício brônquico que drena o segmento pulmonar em que apareceu o novo infiltrado radiológico.
- Evitar qualquer aspiração das secreções das vias aéreas superiores sob fibroscopia antes das coletas.
- Avançar a escova telescópica protegida para fora do fibroscópio sob controle visual, depois ejetar a capa de polietileno-glicol e avançar a escova para obter secreções distais. Girar a escova 2-3 vezes.
- Reintroduzir a escova no cateter interno e este no cateter externo e então retirar o conjunto do fibroscópio.
- A porção distal do cateter externo é enxugada com uma compressa estéril e em seguida cortada e descartada.
- A escova é então retirada e cortada de forma estéril em um tubo de coleta bacteriológica que contenha 1 mL de NaCl 0,9%.
- Encaminhar a coleta ao laboratório de bacteriologia em 30 min para cultura quantitativa.
- Contraindicações: distúrbios da hemostasia.
- O risco de pneumotórax deve ser levado em consideração.

Critérios de positividade

- Cultura quantitativa ≥ 10^3 UFC/mL.

Lavado broncoalveolar (LBA)

Este método permite a coleta das secreções e das células que circundam os bronquíolos e os alvéolos no território radiologicamente suspeito. O lavado permite coletar amostras de um território pulmonar importante (cerca de um milhão de alvéolos pulmonares) e associar a realização de culturas semiquantitativas com um exame histológico.

Metodologia

- As recomendações em relação à utilização do fibroscópio são as mesmas que para a escova.
- O lavado é realizado com NaCl 0,9% estéril.
- O volume total utilizado é de 100-150 mL (ou 5 alíquotas de 20 mL, ou seja, 2 ou 3 alíquotas de 50 mL).
- Depois da injeção de cada alíquota, a recuperação de líquido alveolar é feita por aspiração suave com a seringa.
- O líquido do lavado é recuperado após a instilação. A primeira alíquota é eliminada, as outras são misturadas e dirigidas ao laboratório de bacteriologia.
- Realização de uma radiografia pulmonar de controle.

Critérios de positividade

- Exame direto: $\geq 5\%$ de células que contenham bactérias intracelulares. A qualidade do lavado é afirmada pela ausência de células epiteliais brônquicas ($< 1\%$).

Culturas quantitativas $\geq 10^4$ UFC/mL

MÉTODO DIAGNÓSTICO NÃO FIBROSCÓPICO = COLETA TRAQUEAL DISTAL PROTEGIDA (PDP)

A coleta traqueal distal protegida tem confiabilidade inferior à da escova telescópica protegida ou do lavado broncoalveolar.

Metodologia

- Aspiração traqueal cuidadosa.
- O cateter é introduzido por uma sonda de intubação traqueal de pelo menos 30-40 cm e até a percepção de uma resistência, é então retirado em alguns cm.
- O guia é retirado e o cateter interno é avançado pelo interior do cateter externo.
- Efetuam-se 3 aspirações com a ajuda de uma seringa de 10 cc conectada à extremidade proximal do cateter interno.
- Por fim, o cateter interno é reintroduzido no cateter externo antes de se retirar o conjunto.
- A extremidade distal do cateter externo é em seguida enxugada com uma compressa estéril, depois cortada com tesouras estéreis.
- A extremidade distal do cateter interno é retirada alguns cm do cateter externo.
- A coleta compreende estritamente 1 mL do "enxágue" do cateter interno com NaCl 0,9% e 2 cm da extremidade distal do cateter interno cortada com tesouras estéreis.
- A coleta deve chegar ao laboratório de microbiologia em 30 min.

Critérios de positividade = cultura quantitativa $\geq$ 103 CFU/mL

TRATAMENTO ANTIBIÓTICO
Princípios
- Toda antibioticoterapia anterior é um fator de risco independente da pneumonia associada à ventilação mecância por microrganismos multirresistentes e, portanto, de mortalidade.
- O tratamento antibiótico deve ser iniciado após a realização das coletas bacteriológicas, pois trata-se de uma emergência. Uma antibioticoterapia empírica inadequada é um fator de risco de mortalidade.
- A escolha da antibioticoterapia inicial baseia-se em:
  - Resultado do exame direto da coleta microbiológica escolhida.
  - Ecologia do serviço.
  - Microrganismos precedentemente isolados no paciente.
  - Probabilidade de germes multirresistentes que aumenta com a duração da hospitalização, da ventilação e dos tratamentos antibióticos anteriores.
- A antibioticoterapia empírica deve ser adequada ao antibiograma dos microrganismos encontrados em quantidade significativa ou interrompida em caso de negatividade do exame bacteriológico.
- Biterapia quando houver sinais de gravidade da pneumonia associada à ventilação mecânica e alto risco de microrganismos multirresistentes: adição de um aminoglicosídeo (administração dose única diária), durante no máximo 3 d.

DURAÇÃO DO TRATAMENTO = 8 DIAS

Asma aguda grave

Avaliação inicial:
- Antecedentes: asma prévia, instável, indivíduo já hospitalizado, aumento da frequência e da gravidade das crises
- Exames clínico e biológico em busca de sinais de gravidade:
  - Dificuldades para falar, tossir, ortopneia, agitação, sudorese, cianose ($SpO_2 < 92\%$; $PaO_2 < 60$ mmHg) utilização dos músculos acessórios
  - FR > 30/min, FC > 120/min, hipotensão arterial
  - PFE < 33% ou < 150L/min, normo ou hipercapnia

Sinais de gravidade extrema
- Alteração do nível de consciência
- Pausas respiratórias
- Silêncio auscultatório
- Colapso

Terapêutica inicial
- O_2 QSP $SpO_2 > 95\%$
- Beta-2-agonistas + anticolinérgicos inalatórios, que devem ser repetidos a cada 20' na primeira hora na ausência de melhora, e depois a cada 3 h durante 6 h em caso de melhora
- Corticosteroides: sistemáticos VO ou IV 1-2 mg/kg equivalente metilprednisolona

Reavaliação clínica em 1 h e 2 h
Exame clínico, PFE

| Sem sinais de gravidade, PFE ≥ 70% | Presença de sinais de gravidade após 1 h de tratamento ou PFE < 70% depois de 2 h de tratamento |

Terapêutica de 2ª escolha
- Beta-2-agonistas = 2,5 mg/h ou 5 mg/3 h por 6 h
- Sulfato de magnésio: 2 g em 20 min IV em bomba de infusão
- Epinefrina: em caso de choque anafilático ou colapso
- Beta-2-agonistas IV: se a inalação for impossível, 0,25-0,5 mg/h e até no máximo 5 mg/h

Reavaliação clínica após 3-4 h de tratamento
Exame clínico e PFE

| PFE > 70%: boa resposta | 70% > PFE > 50%: resposta intermediária | PFE < 50%: resposta insuficiente |

Hospitalização em unidade adequada e continuação do tratamento: oxigenoterapia QSP $SpO_2 > 95\%$
Nebulizações (beta-2 + anticolinérgicos)
Observação clínica + PFE

Hospitalização em terapia intensiva
Considerar a assistência ventilatória em caso de sinais de gravidade extrema

Evolução favorável: critérios de alta hospitalar
- PFE ≥ 70% da teórica ou dos melhores resultados
- Exame clínico normal
- Etiologia da crise tratada

Tratamento em domicílio
- Beta-2-agonistas
- Considerar corticosteroides VO
- Prevenção dos outros fatores desencadeadores
- Refazer avaliação da doença asmática

PFE: pico de fluxo expiratório (% em relação à teórica ou aos melhores resultados).

FATORES DE RISCO

- Antecedentes de asma aguda grave que exigiu assistência ventilatória.
- Crise de asma que exigiu hospitalização nos meses precedentes.
- Paciente que apresenta crise de asma sob corticosteroides ou que recentemente interrompeu a corticoterapia.
- Paciente obrigado a aumentar a utilização de beta-2-agonistas.
- Paciente com antecedentes de doenças psiquiátricas, principalmente tratado com psicotrópicos.
- Paciente que não segue o tratamento.

TRATAMENTOS

Agentes	Posologia	Comentários
Beta-2-agonistas inalatórios	Salbutamol: 5 mg/15 min Terbutalina: 5 mg/15 min	
Beta-2-agonistas IV	Salbutamol 0,25-5 mg/h	Caso a inalação seja impossível Princípio de titulação progressiva
Anticolinérgicos	Brometo de ipratrópio 0,5 mg	Em associação com beta-2-agonistas
Epinefrina	Epinefrina em *bolus* de 50 mcg, possibilidade de manutenção IV em BIC	Princípio de titulação (há a possibilidade de distúrbios do ritmo) Indicação +++ em caso de falência hemodinâmica associada
Corticosteroides VO/IV	Metilprednisolona 1-2 mg/kg/d	
Sulfato de magnésio	2 g/50 mL em 20 min	Em associação com beta-2-agonistas
Teofilina		Sem indicação na crise aguda
Antibioticoterapia	Betalactâmicos ou macrolídeos	Em caso de infecção broncopulmonar patente
Ventilação mecânica	<ul><li>Em caso de alterações no nível de consciência, choque, asma não controlada</li><li>Indução em sequência rápida (cetamina 1-3 mg/kg)</li><li>Atenção para pneumotórax e antecipar tratamento</li><li>Hipercapnia permissiva</li><li>Vt 5-7 mL/kg, FR 6-8/min, I:E > 1:3-1:4</li><li>Fluxo de insuflação elevado (100 L/min), Pplat < 30 cmH_2O</li><li>FiO_2 qsp SpO_2 > 95%</li><li>Sedação profunda, é possível o uso de halogenados broncodilatadores</li></ul>	

Reanimação

Tromboembolismo pulmonar grave: diagnóstico e tratamento

- O tromboembolismo pulmonar (TEP) é uma emergência diagnóstica e terapêutica. A mortalidade está ligada à precocidade do tratamento e a sinais de gravidade.

DIAGNÓSTICO
Sinais clínicos
- Dispneia, taquipneia, dor torácica, taquicardia, febre, ± hemoptise, tosse, palpitações, hipotensão arterial.
- Contexto clínico sugestivo em 80% dos casos: cirurgia do membro inferior, traumatismo, neoplasia, quimioterapia, cateteres venosos centrais, insuficiência cardíaca ou respiratória crônica, acidente vascular cerebral, gestação/pós-parto, antecedente de trombose venosa/TEP, trombofilia congênita ou adquirida, tratamento de reposição hormonal ou contraceptivo, cirurgia geral, obesidade, imobilidade > 3 d, idade, insuficiência venosa crônica.
- Recomenda-se a utilização de um escore para determinar a probabilidade clínica (Wells, Genebra):

Escore de Genebra simplificado	Pontos
Frequência cardíaca ≥ 95/min	2
Frequência cardíaca 75-95/min	1
Dor na palpação de um trajeto venoso ou edema unilateral de um membro inferior	1
Dor unilateral de um membro inferior	1
Antecedente de trombose/TEP	1
Cirurgia com anestesia geral ou fratura do membro inferior < 1 mês	1
Hemoptise	1
Câncer ativo ou remissão há menos de 1 ano	1
Idade > 65 anos	1

Total	Probabilidade clínica
0-1	Baixa = TEP 10%
2-4	Intermediária = TEP 30%
≥ 5	Alta = TEP 65%

ECG
- Taquicardia sinusal, fibrilação atrial, BRD, S1Q3, ondas T < 0 de V1-V4.

Gasometria
- Hipoxemia + hipocapnia + alcalose respiratória (normais em 40% dos casos).

Radiografia torácica
- Atelectasia, derrame pleural, infarto pulmonar, hiperinsuflação.

Dosagem quantitativa dos D-dímeros
Muito sensível > 95% e pouco específico 40%.
- Dosagem não recomendada em caso de probabilidade clínica alta.
- Se (D-dímeros) < 500 mcg/L (ou idade x 10 mcg/L após 50 anos): probabilidade de TEP muito baixa (VPN > 95%), eliminar TEP se a probabilidade clínica for baixa ou intermediária.

Angiotomografia torácica
- Sensibilidade 83%, especificidade 96% com as tomografias *multi-slice*, até o nível segmentar. Pode ser não contributiva para os TEP subsegmentares. Permite o diagnóstico diferencial.

Angiografia pulmonar
Exame de referência pouco utilizado. Sensibilidade e especificidade (> 95%). Permite a visualização direta do trombo, a quantificação do TEP (índice de Miller). Exame invasivo.

Cintilografia de ventilação e perfusão
- Positividade = 2 defeitos segmentares de perfusão com ventilação normal. Se for normal, exclui o TEP. Nos outros casos, estabelece probabilidade diagnóstica (baixa-intermediária-alta). Essas indicações preferenciais são: probabilidade clínica baixa e radiografia normal. Tomo negativa com alta probabilidade clínica, gestante, alergia aos produtos de contraste, injúria renal grave, mieloma.

Ecocardiografia transtorácica
- Permite excluir o diagnóstico de TEP grave em um paciente instável. Critérios importantes: dilatação do VD, septo paradoxal (cor pulmonale agudo), visualização do trombo, disfunção sistólica do VD. Critérios menores: HP, distúrbio do relaxamento do VE. Dilatação da veia cava inferior (VCI). Permite o diagnóstico diferencial.

Marcadores cardíacos
BNP e NT-pró-BNP (disfunção do VD), troponinas T e I (isquemia miocárdica): a elevação dos marcadores cardíacos é associada a aumento da mortalidade.

Investigação de uma trombose venosa profunda (TVP) dos membros inferiores
- Em primeira escolha: eco Doppler dos membros inferiores. Em emergência, basta um exame simplificado chamado dos "4 pontos": teste de compressão das veias femorais e poplíteas.
- Flebotomografia (associada à angiotomografia torácica): sensibilidade e especificidade comparáveis à da ultrassonografia, mas aumenta a irradiação.
- Flebografia dos membros inferiores: padrão-ouro, mas pouco utilizada.

Recomenda-se a utilização de um escore de estratificação do risco de mortalidade precoce (sPESI)

Pulmonary Embolism Severity Index (simplificado)	Pontos
Idade > 80 anos	1
Câncer	1
Frequência cardíaca ≥ 110/min	1
PAS < 100 mmHg	1
Saturação arterial em oxigênio < 90%	1
Insuficiência cardíaca ou respiratória crônica	1

Total	Mortalidade D30
0 ponto	1%
≥ 1 ponto	10,9%

- TEP de "alto risco" (mortalidade > 15%): TEP com hipotensão arterial.
- TEP não de "alto risco" (mortalidade < 15%):
    - Risco intermediário elevado: sem hipotensão, escore sPESI ≥ 1, marcadores positivos e sinais ecocardiográficos presentes.
    - Risco intermediário baixo: sem hipotensão, escore sPESI ≥ 1, marcadores positivos ou sinais ecocardiográficos presentes.
    - TEP de baixo risco (mortalidade < 1%): sPESI 0, sem hipotensão, marcadores negativos e sinais ecocardiográficos ausentes.

CONDUTA

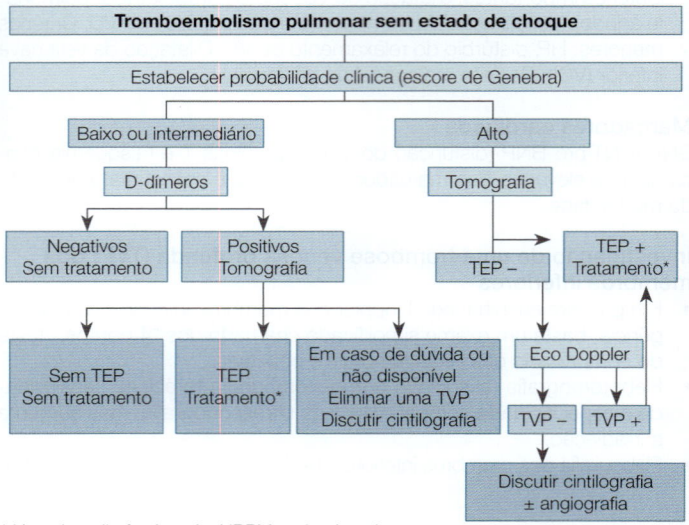

* Heparina não fracionada, HBPM ou fondaparinux.

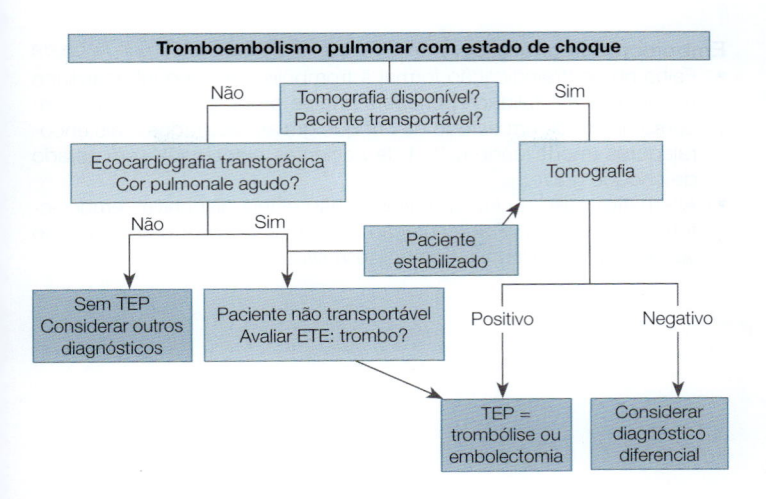

Tratamento do tromboembolismo pulmonar com "alto risco" de mortalidade: TEP com estado de choque (PAS < 90 mmHg ou queda de pelo menos 40 mmHg durante 15 min):

- Oxigenoterapia ± IOT (Vt 6 mL/kg, Pplat > 30 cmH$_2$O, sem expansão volêmica agressiva (monitoração), catecolaminas (sem consenso), NO, levosimendan.
- Heparina não fracionada imediatamente. Duração de 3 meses, se a causa for reversível, de 6-12 meses, se for idiopática.

Trombólise intravenosa

- Indicações: TEP com estado de choque. Não é recomendada em caso de TEP de risco intermediário exceto diante de sinais de descompensação.
- Riscos/benefícios: desde a 2ª hora: melhora do índice cardíaco e diminuição da pressão arterial pulmonar. Falhas < 10%. Sangramentos graves: 14% e até 2% de hemorragias intracerebrais.
- Contraindicações (ver *Trombólise e infarto do miocárdio*): algumas contraindicações consideradas absolutas em caso de infarto do miocárdio podem se tornar relativas em caso de TEP que ameace o prognóstico vital (hemorragia digestiva < 1 mês ou cirurgia < 3 semanas).
- Administração IV (AVP): privilegiar os regimes de administração curtos durante 2 h.
  - Alteplase-rtPA 100 mg em 2 h ou 0,6 mg/kg durante 15 min (máx. 50 mg). Eficácia mais rápida, menos reações alérgicas.
  - Estreptoquinase: 250.000 UI em 30 min e depois 100.000 UI/h durante 12-24 h ou 1,5 milhões de UI em 2 h.
  - Uroquinase: 4.400 UI/kg em 10 min e depois 4.400 UI/kg durante 12-24 h ou 3 milhões de UI em 2 h.
- Troca pela heparina não fracionada com TTPA entre 2 e 3, adiar por 12-24 h se o paciente estiver em uso de HBPM ou fondaparinux.

Embolectomia cirúrgica

- Falha ou contraindicação formal à trombólise, trombo intracardíaco e FOP. Alta mortalidade perioperatória se proposta como último recurso diante de um estado de choque grave, resultados mais encorajadores (mortalidade 6-8%) de pacientes hipotensos sem estado de choque grave.
- Alternativa caso a cirurgia cardíaca não esteja disponível: embolectomia percutânea. Fragmentação ou aspiração do trombo, acesso venoso femoral. Permite trombólise *in situ*.

Ultrassonografia de tórax anterior

A ultrassonografia de tórax anterior permite descobrir um pneumotórax oculto, não visualizável em uma radiografia torácica realizada em um paciente deitado. Não pode ser efetuada em alguns poucos casos, na presença de uma interposição de ar entre a sonda e a cavidade pleural (enfisema subcutâneo).

REALIZAÇÃO E CRITÉRIOS DE ANÁLISE

- A sonda é posicionada sucessivamente sobre as linhas torácicas medioclavicular e depois sobre a axilar anterior. Os diferentes espaços intercostais são analisados um a um.
- O **deslizamento pleural** visualizado em modo 2D corresponde ao deslizamento dos dois folhetos pleurais um sobre o outro e aparece como um brilho da linha pleural síncrona da ventilação. Em modo M, corta-se a imagem 2D segundo um plano e analisa-se a imagem ultrassonográfica desse plano de corte em função do tempo. Na ausência de pneumotórax, a imagem aparece uniformemente acinzentada, ao longo do desenrolamento temporal. A presença de um deslizamento pleural elimina um pneumotórax.
- Os **artefatos em cauda de cometa** são artefatos verticais que nascem da linha pleural e se alongam em profundidade na imagem 2D sem esgotamento. Esses artefatos assinalam espessamento dos septos interlobulares. A existência de artefatos em cauda de cometa sobre a imagem ultrassonográfica elimina a presença de um pneumotórax.
- O **ponto pulmão (ponto P)** é o único sinal patognomônico do pneumotórax. Corresponde à zona de junção entre a zona de descolamento pleural (o pneumotórax) e a zona em que o pulmão permanece unido. Esse ponto pulmonar somente é visível em caso de pneumotórax parcial porque, para encontrá-lo, deve persistir uma zona de junção. Em caso de pneumotórax completo, o pulmão está retraído junto ao hilo e não há mais a zona de junção, portanto o ponto P não é visualizado. Quando está presente, permite localizar precisamente o limite do pneumotórax.

CRITÉRIOS DE DIAGNÓSTICO DE UM PNEUMOTÓRAX

Considera-se a provável presença de um pneumotórax quando é possível associar:

- **A ausência de artefatos em cauda de cometa**. A ausência somente pode estar relacionada à ausência de síndrome intersticial com espessamento dos septos interlobulares.
- **A ausência de deslizamento pleural**. No modo M aparece então um aspecto que se assemelha a um código de barras com perda da imagem uniformemente acinzentada. Porém, o deslizamento pleural pode estar ausente quando existe atelectasia, intubação seletiva, sínfise pleural ou em caso de apneia. A ausência de ventilação na zona explorada acarreta então ausência de deslizamento pleural sem que haja um pneumotórax subjacente.

Esses dois sinais podem, portanto, sugerir o diagnóstico de pneumotórax sem que se possa afirmá-lo formalmente.

- **Quando presente, o ponto P** confirma o diagnóstico com especificidade de 100%. Quando ausente, o pneumotórax não pode ser confirmado pela ultrassonografia; está aparentemente completo, portanto não está oculto e é visível na radiografia do tórax.

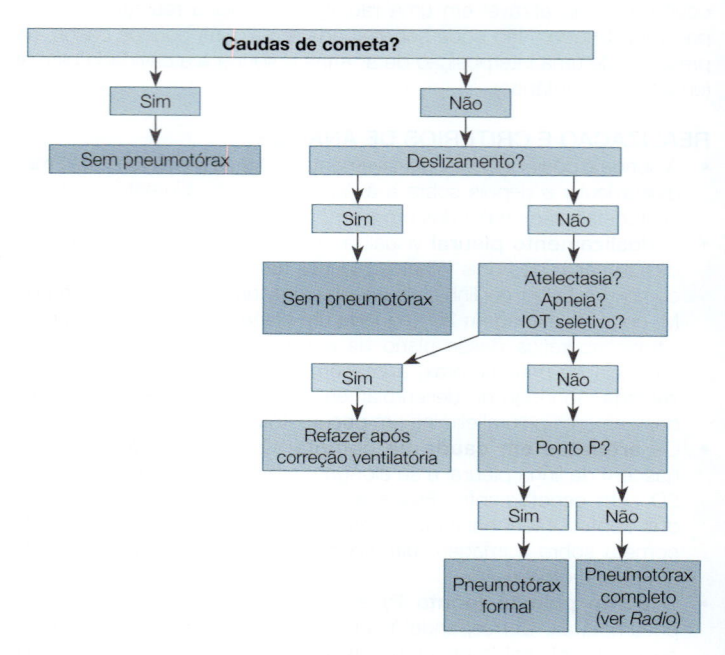

Drenagem pleural

PREPARAÇÃO DA DRENAGEM

- Conjunto do material pronto. Assepsia cirúrgica. Monitoração contínua (PA, cardioscopia, SpO_2).
- No mínimo, uma veia venosa de bom calibre, eficaz e verificada.
- Correção de distúrbio da hemostasia antes da drenagem, se possível.
- Informação do paciente ± pré-medicação (analgesia e ansiolítico).
- Oxigenoterapia no indivíduo em ventilação espontânea.
- Decúbito dorsal, braço homolateral em abdução, a mão sob a cabeça, em caso de acesso axilar ou ao longo do corpo em caso de acesso anterior.
- Exsuflação prévia com agulha em caso de tamponamento gasoso.

PUNÇÃO COM AGULHA DE PNEUMOTÓRAX HIPERTENSIVO

- No 4º espaço intercostal (EIC) na linha axilar média ou no 2º EIC na linha hemiclavicular. Agulha 14G conectada a uma seringa.
- Refluxo nítido de ar quando da penetração do espaço pleural. Evacuação da sobrepressão.
- Medida temporária de emergência, precisando em seguida da realização de drenagem pleural.

INSERÇÃO DO DRENO

- Sempre no quadrante superior lateral do tórax, fora e acima do mamilo.
- Lateral: linha axilar média ou anterior, no 3º ou 4º EIC, sob o relevo do músculo peitoral maior.
- Anterior: linha hemiclavicular: 2º EIC.
- Desinfecção cutânea, assepsia cirúrgica.
- Punção exploratória prévia com anestesia local com agulha fina.
- Incisão cutânea adequada ao tamanho do dreno.
- Dissecção dos diferentes planos com uma pinça de ponta arredondada (tipo Kelly) até o EIC.
- Abertura pleural realizada com a pinça.
- Toque pulmonar com o dedo e verificação da ausência de aderência.
- Inserção do dreno durante uma pausa expiratória no paciente sob ventilação mecânica. Com os drenos de tipo mandril-trocater, o trocarte não deve ser introduzido na cavidade pleural, deve apenas guiar o trajeto parietal do dreno.
- Inserir o dreno de 2-3 cm após o último orifício.
- Fixação na pele (rigorosa), conexão ao sistema de drenagem e curativo.
- O coletor é inútil.
- Radiografia do tórax de controle.

DISPOSITIVO DE DRENAGEM E OBSERVAÇÃO

- Dispositivos comerciais de drenagem (*kits* com pressões negativas de 10-40 cmH_2O).
- O tubo de conexão que conecta o dreno ao sistema de drenagem deve ser reto ou enrolado horizontalmente para não criar uma curva vertical com efeito de sifão.
- Aspiração fraca o suficiente para um pneumotórax na ausência de fuga de ar e em caso de derrame importante, com "cronicidade" do

colapso pulmonar (mais de 24 h), (risco de edema pulmonar de reexpansão). Avaliação dos volumes drenados por 4 h.

- Em caso de fuga de ar revelada por bolhas persistentes no nível do bocal do ferrolho hidráulico na ausência da aspiração:
  - Eliminar fuga de origem extrapleural (no circuito).
  - Em ventilação mecânica, evitar os altos Vt, os altos níveis de PEEP e autonomização ventilatória sem pressão positiva, o mais brevemente possível.
  - Em ventilação espontânea, otimização do nível de pressão para favorecer o fechamento espontâneo da fístula.
- As fugas de ar persistentes devem passar por tratamento médico-cirúrgico específico.

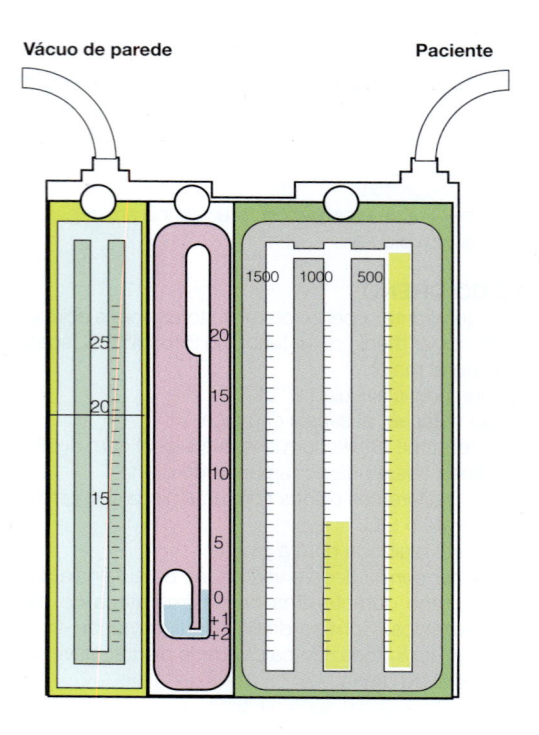

ESCOLHA DO TIPO DE DRENO

- Primeiro episódio de pneumotórax espontâneo, sem sinal de gravidade: a drenagem não demonstrou superioridade em relação à exsuflação simples com seringa.
- Derrames pleurais aéreos isolados ou transudatos: podem ser drenados com drenos de baixo calibre (tipo "Pigtail", técnica de Seldinger).
- Em traumatologia, a presença de um hemotórax justifica o emprego de drenos de grosso calibre (28-36F) para assegurar vacuidade pleural correta e evitar os coágulos residuais. Em caso de pneumotórax isolado, pode ser empregado um dreno de calibre inferior (18-24F).

Nos casos de hemotórax tardio (> 2-3 dias) com fraturas múltiplas das costelas, pode ser considerada drenagem de baixo calibre (de tipo "Pigtail", técnica de Seldinger).

- Na presença de um derrame pleural exsudativo, e particularmente nas pleurisias purulentas, drenos de grosso diâmetro devem ser utilizados. Existem drenos de duplo lúmen que permitem lavagens ou instilações.

ULTRASSONOGRAFIA PLEUROPULMONAR E DRENAGEM

- A ultrassonografia pleuropulmonar:
  – Na região posterior, confirma a presença de um derrame, avalia o volume, localiza precisamente o local de inserção do dreno em caso de derrame localizado, revela aderências ou traves.
  – Na região anterior, confirma a presença de um pneumotórax (visualização de um ponto P, ausência de deslizamento pleural, artefatos em cauda de cometa).

HEMOTÓRAX MACIÇO E RETRANSFUSÃO IMEDIATA

- Em caso de hemotórax maciço com estado de choque hemorrágico com instabilidade hemodinâmica grave.
- Drenagem de grosso calibre, sem aspiração, recuperação imediata do sangue por declividade e retransfusão em seguida: solução de emergência.
- Disponibilidade imediata de eritrócitos no aguardo da toracotomia hemostática.
- Volume da retransfusão ≤ 25% da massa sanguínea (distúrbios da hemostasia).

INDICAÇÕES DE TORACOTOMIA HEMOSTÁTICA

- Quando o volume de hemotórax ≥ 1.000 mL a partir do posicionamento do dreno e/ou se houver persistência de débito hemorrágico ≥ 150 mL/h depois do posicionamento, uma toracotomia exploratória deve ser realizada.

ABLAÇÃO DO DRENO TORÁCICO

- Quando o dreno é excluído (não oscila e/ou não drena) ou quando os seguintes critérios se apresentam durante pelo menos 12 h consecutivas:
  1. Resolução do episódio que motivou o posicionamento do dreno.
  2. Reexpansão pulmonar.
  3. Ausência de bolhas.
  4. Produção de líquidos < 100 mL durante 12 h.
- **Nunca se faz o clampeamento de um dreno torácico, quer o paciente esteja ventilado ou não.**
- Ablação do dreno: retirada rápida na inspiração profunda no decorrer de uma manobra de Valsava de paciente em ventilação espontânea. No decorrer de uma pausa inspiratória no paciente ventilado.
- Sutura da incisão cutânea (pontos de Blair-Donati).
- Radiografia torácica e/ou ultrassonografia pleuropulmonar nas 12-24 h seguintes.

Reanimação

Líquido cefalorraquidiano (LCR), punção lombar

- O LCR é secretado ativamente pelos plexos coroides no interior dos ventrículos laterais. Chega ao 3º ventrículo pelos orifícios de Monro e depois ao 4º ventrículo pelo aqueduto de Sylvius. Passa em seguida pela grande cisterna pelo forame de Magendie e de Luschka, assim como pelo canal do epêndima e pelos espaços subaracnóideos perimedulares. A partir da grande cisterna, o LCR chega ao espaço subaracnóideo periencefálico onde é reabsorvido pelas vilosidades aracnoides.
- A produção de LCR é de 450-500 mL/d no adulto para um volume de cerca de 2 mL/kg. O que significa que o LCR se renova cerca de 3 vezes por dia, e às vezes muito mais na criança.

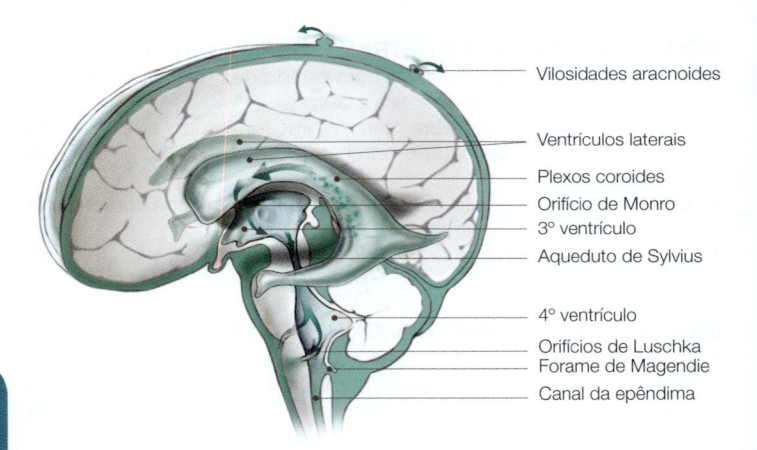

Vilosidades aracnoides
Ventrículos laterais
Plexos coroides
Orifício de Monro
3º ventrículo
Aqueduto de Sylvius
4º ventrículo
Orifícios de Luschka
Forame de Magendie
Canal da epêndima

- O LCR pode ser coletado punção lombar (PL), punção ventricular (DVE) ou suboccipital. A coleta é feita em dois tubos (bioquímica e citobacteriologia). Um 3º tubo é analisado em citologia em caso de investigação específica.
- Para ser completa, uma avaliação bacteriológica necessita de 1 mL (20 gotas).
- Lembrar de realizar ao mesmo tempo que a PL uma dosagem da glicemia (glicorraquia normal = glicemia/2).
- Em caso de suspeita de meningite comunitária, recomenda-se coletar 2 mL na criança e 2-5 mL no adulto, e associar pelo menos uma hemocultura à PL. Um exame PCR meningocócico pode ser realizado com o sangue em caso de forte suspeita de meningococcemia. Dosar o lactato no LCR: o valor < 3,5 mmol/L invalida o diagnóstico de meningite bacteriana.
- A PL deve ser realizada antes da tomografia de crânio, exceto em caso de sinais neurológicos focais, de escore de Glasgow ≤ 11 ou de crises de epilepsia.

TÉCNICA DA PL

- Teoricamente, punção interespinhosa L3-L4. Mas é preciso saber que o cone terminal se situa sob L1-L2 em 20% dos casos e que a linha das cristas ilíacas está acima de L3-L4 em 5% dos casos. O cone terminal desce sob a linha das cristas em ≈ 3% dos casos.
- Como diminuir as cefaleias pós-PL (CPPL) (ver *Blood patch*):
  - Utilizar como 1ª escolha uma agulha de pequeno calibre (25 ou 27G), "ponta de lápis" de tipo raquianestesia, com introdutor. Em caso de forte suspeita de meningite purulenta, que aumenta a viscosidade do LCR: agulha ≥ 20G.
  - Se for agulha com bisel, orientá-lo paralelamente ao eixo da coluna e não perpendicularmente.
  - Se for agulha com ponta de lápis, reintroduzir o mandril na agulha antes de extraí-la.
  - O volume de LCR coletado não é um fator de risco para a CPPL.
  - A hiper-hidratação e o decúbito pós-PL não previne as CPPL.
- Contraindicações para a PL:
  - Absolutas: HIC (realizar uma tomografia de crânio), compressão medular, infecção cutânea considerando o local de punção.
  - Relativas: distúrbios da coagulação, anticoagulação plena (o ácido acetilsalicílico não é uma contraindicação à PL com agulha fina).

PL traumática	Hemorragia meníngea
• Diminuição da coloração e do número de hemácias entre o 1º tubo e o(s) seguinte(s) • Leucocitose proporcional à do sangue • Difusão sobre a compressa: halo claro • Resíduo claro após a centrifugação	• Cor uniforme em todos os tubos • Leucocitose mais elevada do que no sangue • Difusão sobre a compressa: homogênea • Após a centrifugação, resíduo claro em caso de hemorragia recente, senão xantocrômico (pigmentos sanguíneos: oxiemoglobina, bilirrubina)

Se a dúvida persistir, fazer nova punção em um espaço mais acima.

	LCR normal	LCR purulento (ver *Meningites comunitárias*)	LCR linfocitário	LCR inflamatório	Dissociação proteino-citológica
Aspecto	Claro "água de rocha"	Turvo ou purulento	Claro	Claro	Claro
Bioquímica	Glicorraquia: 2,8-3,8 mmol/L Proteinorraquia: 0,25-0,45 g/L	Glicorraquia < 0,3 mmol/L Proteinorraquia > 1 g/L	Proteinorraquia elevada Glicorraquia: <ul><li>baixa: tuberculose ou listeria</li><li>normal: viral ou mesmo fúngica (criptococose) ou carcinomatose</li></ul>	Glicorraquia normal Proteinorraquia elevada em 50% dos casos Gamaglobulinas > 12% em 75-80% dos casos: reação imunitária intratecal, mas medir as gamaglobulinas séricas	Glicorraquia normal Proteinorraquia muito elevada (1-3 g/L)
Citobacteriologia	< 3 elementos mL, monócitos, linfócitos, unicamente	Numerosos elementos (1.000/mL), maioria de polinucleares alterados. Bacteriológico: direto e cultura Pesquisas específicas: teste imunocromatográfico ou PCR pneumococo, PCR meningococo ± enterovírus Imunodepressão: PCR CMV, VZV, EBV, HHV6	Presença de elementos, na maioria linfócitos	Por vezes linfocitose moderada (30-50/mL)	< 10 elementos/mL (linfócitos em maioria)
Diagnósticos		Apenas este aspecto afirma o diagnóstico de meningite bacteriana e impõe o tratamento antibiótico de emergência, sem aguardar o resultado bacteriológico A meningite por *Haemophilus influenzae* praticamente desapareceu depois da vacinação	Meningite herpética: PCR, HSV, EEC, tomografia Tuberculose, listeria, HSV: tratamento de emergência Possibilidade de meningite bacteriana parcialmente tratada ou grave (meningococemia)	Esclerose múltipla Neurossífilis Panencefalite esclerosante aguda Parasitose do sistema nervoso	Polirradiculoneurite (LCR por vezes normal na 1ª semana) Compressão medular Tumor cerebral Polineurite diabética AVC

Pressão intracraniana (PIC)

GENERALIDADES

- A medição da PIC é um procedimento diagnóstico e avalia a eficácia dos diferentes tratamentos realizados em caso de HIC (ver *HIC*).
- Indicação de monitoração com PIC: GCS ≤ 8, sinais na tomografia sugestivos de HIC, existência de lesão cerebral suscetível de descompensar, pacientes com risco de HIC não avaliáveis clinicamente (sedação).

LOCAIS DE MEDIÇÃO

- Cateter intraparenquimatoso: medida de pressão distal e transmissão para um monitor através de fibra eletromagnética (sistema Codman®), ou fibra ótica (sistema Camino®).
- Cateter intraventricular:
  - Permite a subtração do LCR, se necessário.
  - É de difícil colocação se os ventrículos forem finos.
  - Recomenda-se o posicionamento no centro cirúrgico pelo risco infeccioso.

VALOR DA PIC

Antes de interpretar a PIC, deve-se verificar:

- Se existe uma curva de PIC.
- Se a curva aumenta durante a compressão jugular para diminuir assim que é relaxada.

PIC normal = 5-10 mmHg
HIC = PIC > 20 mmHg

- A PIC pode ser negativa (paciente sentado, fuga de LCR).
- O conhecimento da PIC permite medir a pressão de perfusão cerebral (PPC).

PPC = PAM – PIC

- Autorregulação do fluxo sanguíneo cerebral (FSC) em função da PPC.
  - Platô de autorregulação entre 50-150 mmHg pela variação ativa dos diâmetros arteriolares (o FSC permanece estável apesar das variações da PPC); vasodilatação passiva se PPC > 150 mmHg, vasodepressão passiva se PPC < 50 mmHg.
  - Em caso de lesão cerebral, o platô de autorregulação é desviado para a direita e reduzido.

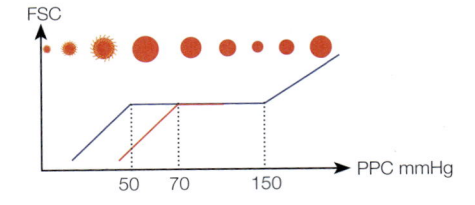

INDICAÇÕES: PATOLOGIA INTRACEREBRAL E GCS ≤ 8
- Traumatismo craniano.
- Patologia infecciosa: meningite, encefalite (herpes), abscesso cerebral.
- Acidente vascular cerebral isquêmico ou hemorrágico.
- Tromboflebite cerebral.
- Tumor cerebral, hemorragia meníngea grave.
- Hepatite fulminante (transplante hepático).

CONTRAINDICAÇÕES
- Distúrbios da hemostasia, pré-requisitos para o posicionamento: plaquetas > 100.000, TP > 60%.

COMPLICAÇÕES
- Hemorrágicas, infecciosas (excepcionais).

Pressão tissular cerebral de oxigênio ($PtiO_2$)

GENERALIDADES
- Reflexo da difusão do oxigênio no tecido cerebral.
- Medição por um eletrodo de Clarke intraparenquimatoso.
- O valor é dependente da temperatura (sonda térmica incorporada ou correção do valor pela temperatura).
- A hipóxia cerebral está associada a prognóstico desfavorável e à mortalidade mais relevante entre os que sofreram traumatismo craniano.

INDICAÇÕES
- Traumatismo craniano grave (escore de Glasgow $\leq$ 8).
- Hemorragia meníngea grave (World Federation of Neurosurgical Surgeons [WFNS] IV e V).
- $\pm$ AVC isquêmico ou hemorrágico.

ZONA DE INSERÇÃO
- Discutida no traumatismo craniano:
  - Em zona saudável: seria um reflexo da oxigenação global.
  - Em zona pericontusional.
- Hemorragia meníngea: em zona de risco de vasoespasmo.

VALOR DA $PTIO_2$
Antes de interpretar o valor da $PtiO_2$:
- Aguardar o tempo de equilíbrio de 3 h após o posicionamento.
- Testar a funcionalidade da sonda (prova de hiperóxia com FiO_2 = 1 durante 20 min: verificar se o valor da $PtiO_2$ dobra com o aumento da FiO_2).
- $\pm$ verificação da posição da sonda com uma tomografia de crânio. Um valor de $PtiO_2$ baixo (< 20 mmHg durante mais de 10 min) pode corresponder a:
  - Fluxo sanguíneo cerebral baixo.
  - Conteúdo arterial em oxigênio baixo.
  - Capacidades de difusão do oxigênio diminuídas.

Reanimação

ALGORITMO DE TRATAMENTO DE UMA HIPÓXIA CEREBRAL

▲ **Atenção: tratar hipóxia cerebral com aumento da FiO$_2$ pode mascarar fluxo sanguíneo cerebral baixo.**

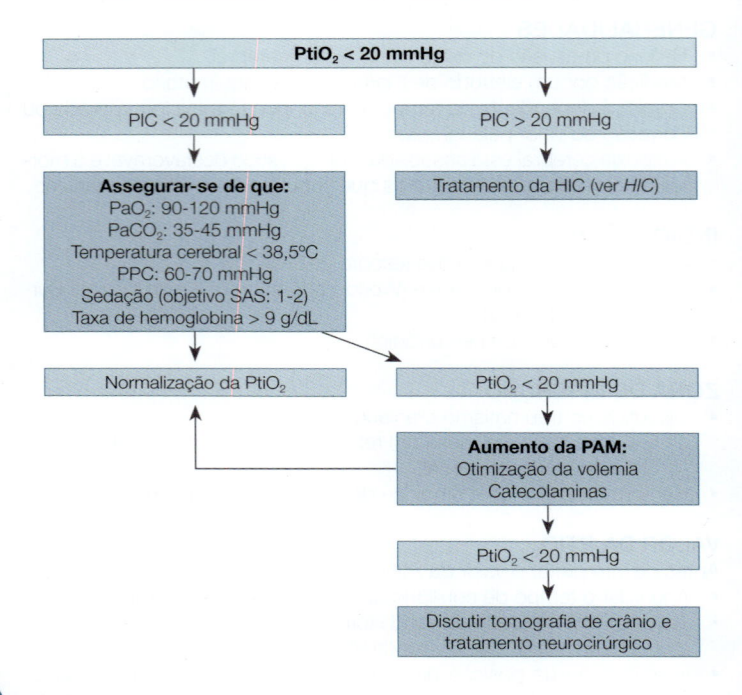

Reanimação

$S_{vj}O_2$

OBJETIVO
- Controle da saturação venosa de oxigênio na veia jugular ($SvjO_2$) e da PvO_2.
- É reflexo do fluxo sanguíneo cerebral (FSC).

POSIÇÃO DO CATETER
- O risco de contaminação pelo sangue venoso extracerebral impõe a canulação retrógrada da veia jugular até o bulbo.
- Escolha do lado: o mais patológico. Se as lesões forem simétricas, deve-se escolher o lado no qual, após a compressão, a PIC aumenta mais, assinalando assim a drenagem venosa predominante. Uma veia jugular drena ⅔ do sangue venoso do hemisfério homolateral e ⅓ do hemisfério contralateral.

TÉCNICA DE POSICIONAMENTO: MONITORAÇÃO DESCONTÍNUA OU CONTÍNUA
- De frente para o paciente deitado, localizar a veia jugular interna por meio da ultrassonografia. Punção da veia jugular interna guiada pela ultrassonografia, introdução de um guia metálico até o bulbo jugular a cerca de 15 cm. Introdução do cateter até sentir resistência e depois retirá-lo alguns milímetros verificando o refluxo.
  - Monitoração descontínua: posicionamento de um cateter simples que permita medições iterativas das gasometrias venosas jugulares.
  - Monitoração contínua: posicionamento de um Cordis® 5F, e depois introduzir uma sonda de monitoração contínua. É interessante dispor de uma bainha de proteção na saída do introdutor para poder mobilizar a sonda.
- Verificar a posição correta da sonda pela radiografia (cervical alta de perfil) após a injeção de 2 mL de produto de contraste. Posição normal: no nível da mastoide no bulbo da jugular.
- Permeabilidade do cateter: infusão contínua de NaCl 0,9% em bomba de infusão (2 mL/h).

PROBLEMAS DA MONITORAÇÃO CONTÍNUA
- O cateter está na contracorrente: pode se deslocar facilmente. Qualquer modificação importante da $SvjO_2$ impõe a verificação da qualidade do sinal no monitor.
- É bastante frequente que a sonda esteja colada à parede venosa, normalmente basta uma lavagem para reposicioná-la e recuperar um sinal de boa qualidade.
- Antes de qualquer intervenção terapêutica, que somente se justifica pela variação da $SvjO_2$, é necessário verificar a realidade da variação por meio da coleta de gasometria venosa. Recomenda-se a calibragem do monitor a cada 12 h.

INTERPRETAÇÃO
- Análise das variações globais (metabolismo e/ou fluxo sanguíneo cerebral). Em traumatologia craniana, o período de alto risco isquêmico

situa-se nas primeiras 24 h: quando a $SvjO_2$ encontra a principal indicação.

- Após verificação da posição do cateter e a 37ºC, a $SvjO_2 < 50\%$ ou $PvO_2 < 25$ mmHg revela extração cerebral aumentada com riscos de isquemia que impõem ajustes terapêuticos.
- Em caso de estado de morte encefálica, a $SvjO_2$ é superior a 95%, revelando contaminação pelo sangue venoso facial.
- Ajuda a detectar as consequências de hipotensão arterial e/ou de elevação da PIC e a ajustar o tratamento (posição da cabeça, hipotermia etc.) da HIC.

▲ **A $SvjO_2$ reflete a perfusão global do cérebro, uma isquemia localizada pode não ser detectada.**

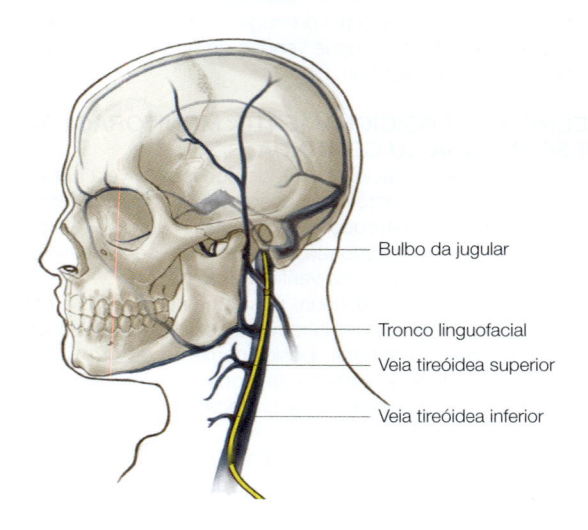

Bulbo da jugular

Tronco linguofacial

Veia tireóidea superior

Veia tireóidea inferior

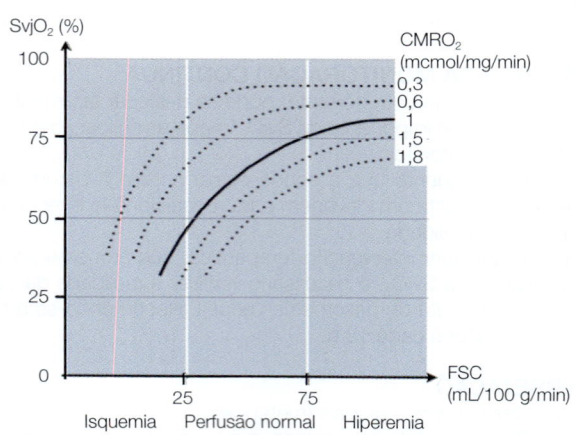

Valor da $SvjO_2$ em função do fluxo sanguíneo cerebral (FSC) para os diferentes valores de consumo cerebral de oxigênio ($CMRO_2$)

Doppler transcraniano (DTC)

TÉCNICA
- A sonda utilizada pelo DTC é a sonda de 2 MHz pulsada. Quase todos os aparelhos de ecocardiografia dispõem de uma sonda deste tipo e podem servir, como os aparelhos específicos, para medir os fluxos sanguíneos nas artérias intracerebrais.
- A sonda é posicionada acima da arcada zigomática sobre uma linha horizontal que passa pelo canto externo na frente da orelha.

PRINCÍPIOS DE MEDIÇÃO
- São medidas as velocidades sistólicas (Vs), diastólicas (Vd) e médias (Vm).
- As velocidades podem variar dependendo do ângulo de insonação, consideram-se apenas os valores mais elevados.
- O índice de pulsatilidade (IP) = [Vs-Vd]/Vm permite descartar velocidades baixas ligadas a um ângulo de insonação demasiado aberto.
- O registro contralateral será feito da mesma maneira.

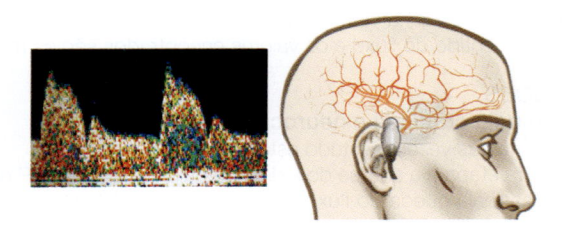

LOCAIS DE MEDIÇÃO
Dependendo da orientação da sonda, é possível registrar as diferentes artérias da base do crânio.

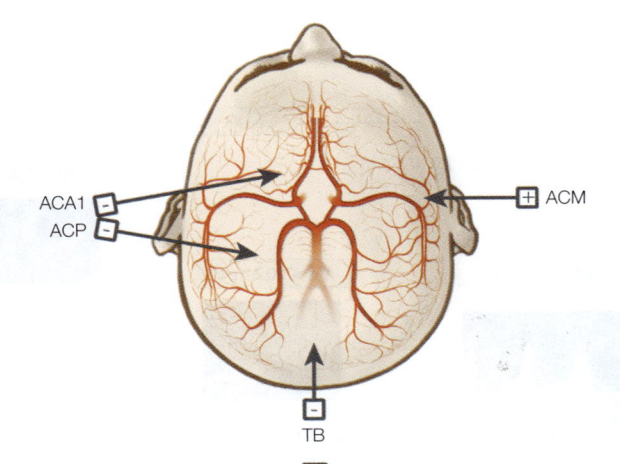

$\boxed{+}$ = fluxo positivo (na direção da sonda) $\boxed{-}$ = fluxo negativo (distancia-se da sonda).

Artéria cerebral média (ACM)

A ACM é a mais fácil de registrar, pois está diretamente no eixo da sonda. Situa-se à profundidade de 30-60 mm. Esta artéria é a única que pode ser acompanhada à distância de 20-30 mm.

- O fluxo é positivo, dirige-se para o captor.
- No indivíduo saudável, a Vm é de cerca de 60 cm/s, IP normal = 1 ± 0,2.

Segmento A1 da artéria cerebral anterior (ACA1)

Situa-se em torno de 50-60 mm de profundidade. O fluxo é negativo, distancia-se da sonda. A Vm normal é de 50 cm/s.

Artéria cerebral posterior (ACP)

Situa-se à profundidade de 60-70 mm, o fluxo é positivo para o segmento P1 e negativo para o segmento P2. A Vm normal é de 40 cm/s.

Tronco basilar (TB)

É registrado colocando-se a sonda entre a borda inferior do occipício e do processo espinhoso de C2, orientando-a para a base do nariz. Situa-se à profundidade de 70-80 mm. O fluxo é negativo. A Vm normal é de 40 cm/s. É possível uma via anterior submaxilar e paratraqueal, a profundidade, o sentido do fluxo e os valores encontrados são os mesmos.

INDICAÇÕES
Traumatologia craniana e neurocirurgia

- Na maioria das vezes o estudo está centrado nas ACM.
- A primeira etapa é a análise do índice de pulsatilidade. Um IP elevado (≥ 1,4) assinala queda do fluxo sanguíneo cerebral (hipocapnia grave ou diminuição da PPC) e é necessário para a análise de velocidades diastólicas baixas (independentemente do ângulo de insonação). A importância da queda do FSC é avaliada pela Vd:
  - Vd < 20 cm/s precisa de tratamento de emergência (baixo FSC).
  - Vd ≥ 20 cm/s impõe a verificação da $PaCO_2$, da volemia e do nível da PAM (queda do FSC).

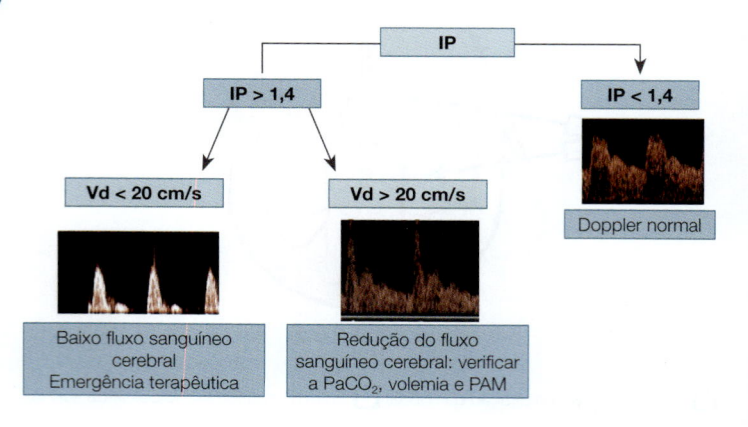

Não esquecer: os portadores de vasculopatia (HA, diabete) podem apresentar IP elevados que não indicam insuficiência de fluxo sanguíneo cerebral (considerando-se o estado clínico e a evolução dos valores).

Vasoespasmo após hemorragia meníngea: observação

- Interpretação das velocidades:
  - Vm ACM < 120 cm/s: sem vasoespasmo.
  - Vm ACM > 200 cm/s: vasoespasmo muito provável.
  - Vm ACM > 120 cm/s e < 200 cm/s: valor não informativo (VPP do vasoespasmo = 50%).
  - A relação entre as Vm da ACM e da artéria carótida interna (índice de Lindegaard) não traz informação suplementar.
- O Doppler é um exame de sensibilidade ruim para o diagnóstico do vasoespasmo arterial, é útil sobretudo para observar sua evolução após o diagnóstico (angiografia) – ver *Hemorragia meníngea.*

Reanimação

Tratamento da hipertensão intracraniana aguda

- Este capítulo é adequado a todas as etiologias de hipertensão intracraniana (HIC): traumatismo craniano, doença infecciosa ou tumoral, AVC isquêmico ou hemorrágico, hemorragia meníngea.

GENERALIDADES

- Fala-se em HIC na presença de PIC > 20 mmHg durante mais de 15 min sem estimulação.
- A ocorrência de uma HIC deve-se ao aumento do volume de um ou vários constituintes do cérebro: parênquima (tumor, abscesso, edema, hematoma etc.), LCR (hidrocefalia) e vasos (vasodilatação).
- A PIC não deve ser interpretada sozinha. É um elemento de equação que permite calcular a PPC. Realizar um Doppler transcraniano (DTC) permite avaliar rapidamente o FSC (ver *Doppler transcraniano*).
- O objetivo do tratamento é manter PPC pelo menos $\geq$ 60 mmHg, reavaliada regularmente em função dos outros dados da monitoração (DTC, $SvjO_2$, $PtiO_2$ etc.), agindo ao mesmo tempo sobre a queda da PIC e/ou sobre a elevação da PAM.
- Risco de HIC: diminuição da PPC e, portanto, do FSC que provocam isquemia cerebral.
- ▲ **Uma PL é perigosa na presença de HIC. O equilíbrio risco/benefício é somente avaliado depois de uma tomografia de crânio.**

PRINCÍPIOS DE TRATAMENTO DA HIC (VER *ALGORITMO*)
Tratamento cirúrgico, se indicação
Tratamento clínico: prevenção e tratamento das lesões isquêmicas secundárias

- $PaCO_2$ = 35-40 mmHg a 37°C e PaO_2 = 90-120 mmHg.
- Não há diminuição da $PaCO_2$ para valores inferiores a 35 mmHg sem controle da oxigenação cerebral ($SvjO_2$, $PtiO_2$).
- Manter inicialmente PPC compreendida entre 60-70 mmHg, portanto PAM elevada mesmo se a PIC estiver elevada, a fim de evitar as cascatas isquêmicas ligadas à diminuição do FSC. Investigar se o aumento da PIC entre 70-80 mmHg, ou mesmo entre 80-90 mmHg, provoca diminuição da PIC (autorregulação preservada). Correção de hipovolemia com expansão iso-osmolar. A noradrenalina é o vasopressor mais indicado.
- Manter normonatremia pela infusão de solutos iso-osmolares: preferir o NaCl 0,9% (308 mosm/L) ao Ringer lactato (260 mosm/L).
- Não há indicação para instituição de uma hipernatremia controlada.
- A hipoglicemia, a hiperglicemia e as variabilidades glicêmicas são deletérias. Manter glicemia entre 7-10 mmol/L pela utilização de protocolo de insulinoterapia IV em bomba de infusão (ver *Anestesia e diabete*). A infusão de solutos glicosados deve ser evitada na fase inicial.
- Hemoglobina compreendida entre 9-11 g/L.
- Sedação: benzodiazepínicos (midazolam) e opioides (sufentanila). Vigiar os estímulos dolorosos que aumentam a PIC: procedimentos técnicos, cinesioterapia respiratória etc.
- Tronco a +30°, cabeça reta em ligeira flexão.

- Proscrever temperatura ≥ 38,5°C: antipiréticos, sedação ou mesmo resfriamento externo após curarização.
- Não há tratamento anticonvulsivante sistemático. Em caso de crises convulsivas, escolher o clonazepam 2-3 mg/24 h em IV contínua ou levetiracetam (500 mg x 3/d IV ou VO).

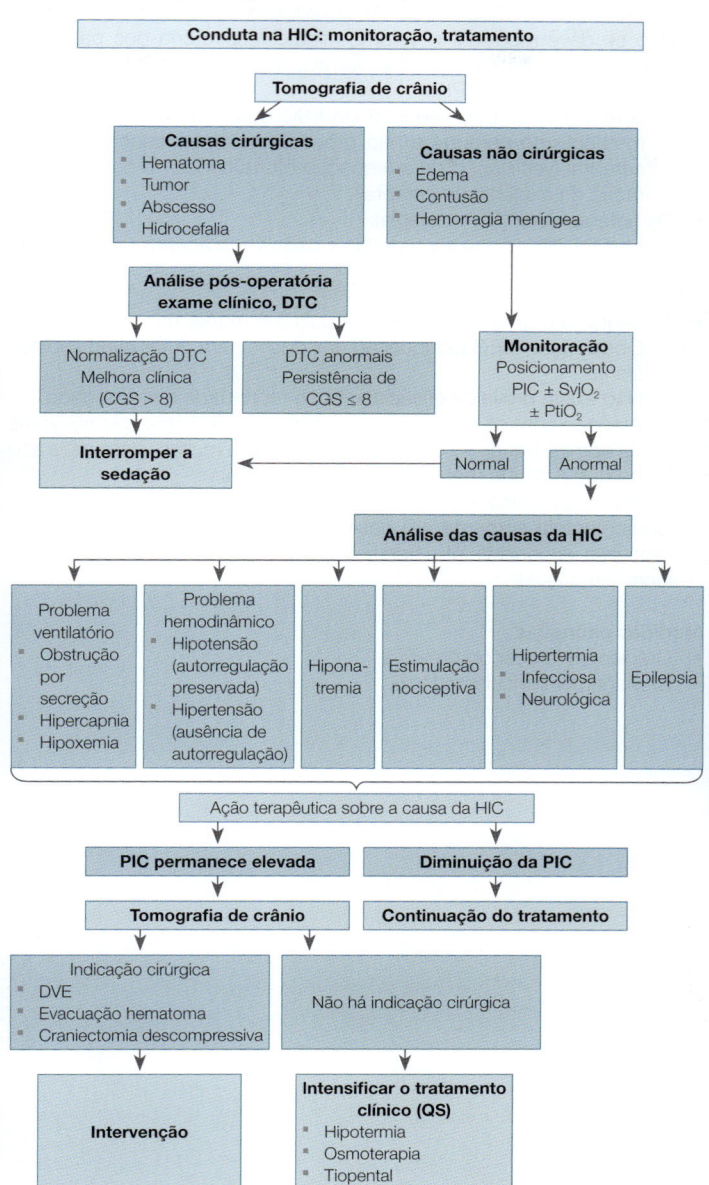

Conduta na HIC: monitoração, tratamento

Tomografia de crânio

Causas cirúrgicas
- Hematoma
- Tumor
- Abscesso
- Hidrocefalia

Causas não cirúrgicas
- Edema
- Contusão
- Hemorragia meníngea

Análise pós-operatória exame clínico, DTC

Normalização DTC Melhora clínica (CGS > 8)

DTC anormais Persistência de CGS ≤ 8

Monitoração Posicionamento PIC ± $SvjO_2$ ± $PtiO_2$

Interromper a sedação

Normal Anormal

Análise das causas da HIC

Problema ventilatório
- Obstrução por secreção
- Hipercapnia
- Hipoxemia

Problema hemodinâmico
- Hipotensão (autorregulação preservada)
- Hipertensão (ausência de autorregulação)

Hiponatremia

Estimulação nociceptiva

Hipertermia
- Infecciosa
- Neurológica

Epilepsia

Ação terapêutica sobre a causa da HIC

PIC permanece elevada

Diminuição da PIC

Tomografia de crânio

Continuação do tratamento

Indicação cirúrgica
- DVE
- Evacuação hematoma
- Craniectomia descompressiva

Não há indicação cirúrgica

Intervenção

Intensificar o tratamento clínico (QS)
- Hipotermia
- Osmoterapia
- Tiopental

Reanimação

Se a PIC permanecer elevada, intensificar o tratamento

Medidas clínicas

- Hipotermia (não inferior a 33°C): é obtida pela curarização e medidas de resfriamento: cubos de gelo, manta térmica, infusão de solutos frios. A diminuição da temperatura gera hipocapnia pela diminuição da produção de CO_2, secundária à redução do metabolismo celular. Não se deve modificar o volume-minuto respiratório dos pacientes durante a passagem para a hipotermia. A hipocapnia:
  - Permite diminuir a PIC.
  - É responsável pela redução do FSC adaptada à diminuição do metabolismo cerebral e não provoca, portanto, risco isquêmico cerebral (verificação da adequação oferta/consumo com monitoração da oxigenação cerebral).
- Osmoterapia (ver *Osmoterapia*):
  - Manitol 20%: pode ser repetido a cada 4-6 h apenas uma ou duas vezes.
  - NaCl 0,9%.
- Tiopental: 5 mg/kg em 10 min e depois 3-5 mg/kg/h.
  - Observação: EEG (adequação das doses para obter *burst supression*).
  - Não existe prova de eficácia sobre a morbidade e mortalidade.
  - Atenção com os efeitos hipotensores, corrigir a hipovolemia antes da administração. O custo hemodinâmico é muitas vezes mais alto do que o ganho metabólico: $SvjO_2$ necessária.
  - A infusão é feita em uma via central.
- Corticoterapia somente em caso de edema cerebral secundário a processo expansivo intracraniano (tumor, abscesso): metilprednisolona: 2 mg/kg/d.

Medidas cirúrgicas

- Craniectomia descompressiva.
- Drenagem ventricular externa.

Osmoterapia

INDICAÇÕES

- Aumento da HIC (utilização em *bolus* e não de forma contínua).
- Comprometimento cerebral qualquer que seja a causa, relaxamento cerebral.
- Hiponatremia com sinais neurológicos.

Medicamentos que podem ser utilizados

	Manitol 20%	NaCl 20%
Osmolaridade (mOsm/L)	1.100	6.845

POSOLOGIAS

- Manitol 20%: 0,5-1 g/kg, ou seja, 250-500 mL para um adulto.
- Solução salina hipertônica (NaCl 20%); 2-4 ampolas de 10 mL conforme a indicação.

PRECAUÇÕES

- Infusão IV lenta e não em *bolus*.
- Diurese osmótica induzida pelo manitol:
  - Permite a eliminação dos osmoles perfundidos, ao contrário da solução salina hipertônica em que os osmoles (representados pelo NaCl) são responsáveis pela sobrecarga de sódio e pela acidose hiperclorêmica (*cf. acidose metabólica*).
  - Deve ser antecipada por infusão simultânea de NaCl 0,9% (cerca de 5 vezes o volume de manitol da infusão).
  - Provoca distúrbios metabólicos (hipernatremia, hipocalemia).

Reanimação

Profilaxia anticonvulsivante em neurointensivismo

1. **Traumatismo craniano**: não se indica mais a profilaxia anticonvulsivante primária sistemática.
- No entanto, pode ser considerada em caso de fator de risco:
    - Contusão cerebral.
    - Hematoma subdural agudo.
    - Afundamento de uma parte do crânio com deslocamento do fragmento do osso fraturado, fratura do crânio.
    - Perda da consciência inicial, amnésia de mais de 24 h.
    - Idade superior a 65 anos.
    - Intervenção neurocirúrgica, particularmente a craniotomia.
- Neste caso, o levetiracetam é mais indicado do que a fenitoína, por ter menos efeitos secundários.
- A ocorrência de crises convulsivas precoces (1ª semana) não significa a possibilidade de ocorrência de crises tardias (a partir da 2ª semana).
- Recomenda-se a realização em UTI do controle com eletroencefalograma (EEG), contínuo ou intermitente, principalmente se presença de fatores de risco.
2. **Outras lesões cerebrais agudas** (hemorragia meníngea, acidente vascular isquêmico, hematoma intraparenquimatoso): não há indicação para a profilaxia anticonvulsivante primária sistemática.
3. **Craniotomia** para cirurgia tumoral (agendada ou de emergência).
- Não há mais necessidade de profilaxia anticonvulsivante primária sistemática.
- Deve ser reservada aos casos que apresentem mais risco de crise convulsiva:
    - Astrocitoma cortical.
    - Meningioma esfenoidal ou parassagital.
    - Histórico de epilepsia.
    - Edema peritumoral ou efeito de massa importante.
- Caso seja feita, as possibilidades de escolha são:
    - Levetiracetam: menores efeitos secundários e de interações medicamentosas.
    - Fenitoína: mais efeitos secundários, mas pouco significativo durante 1 ou 2 semanas de tratamento.
    - Valproato.
    - Carbamazepina.
- Duração: uma semana no pré-operatório (garantir concentração plasmática eficaz no momento da intervenção), até uma semana no pós-operatório, na ausência de crise.
- Em caso de tratamento anticonvulsivante pré-operatório, não interrompê-lo no perioperatório. Não há indicação para a adição de outro medicamento antiepiléptico de maneira sistemática.
- Ter sempre em mente que, na maioria dos casos, a neurocirurgia constitui o tratamento da epilepsia tumoral e não um fator de risco.
4. **Em todas essas situações**, o tratamento de uma eventual crise ou de estado de mal epiléptico não apresenta particularidade em relação às outras causas de epilepsia.

Estado de mal epiléptico (EME) no adulto

DEFINIÇÕES
- EME convulsivo generalizado: a partir de 5 min de atividade epiléptica contínua.
- EME não convulsivo: epilepsia "subclínica" (diagnóstico etiológico de coma, ausência de despertar na UTI), estado de confusão prolongado, evolução natural após 0,5-1 hora de estado não convulsivo (= EME latente).
- EME refratário: que resiste às duas linhas de tratamento bem conduzido: uma com benzodiazepínico e outra com anticonvulsivante.
- EME super-refratário: que resiste à 24 h de anestesia geral.
- Cuidados com os diagnósticos diferenciais:
  - EME pseudoepiléptica: frequente, mulheres jovens, movimentos atípicos, sem fase tônica nem revulsão ocular, resistência à abertura dos olhos que às vezes ocorre em um paciente epiléptico.
  - Encefalopatia pós-anóxica: mioclonias, encefalopatia não epiléptica no eletroencefalograma.

ETIOLOGIAS
- Em um paciente epiléptico conhecido: má adesão do tratamento, interação medicamentosa, falta de sono.
- Crise inaugural: AVC (recente ou sequela), distúrbios metabólicos (hipoglicemia, hipocalcemia, hiponatremia, porfiria), abstinência alcoólica ou medicamentosa, tumor ou abscesso cerebral, meningite, traumatismo craniano, intoxicações (antidepressivos, drogas ilícitas, salicilatos, betalactâmicos, vasoconstritores nasais, etilenoglicol, CO etc.).

INVESTIGAÇÃO CLÍNICA
- Diante de uma primeira crise convulsiva:
  - Ionograma sanguíneo (natremia, calcemia, glicemia).
  - Tomografia de crânio sem ± com contraste.
  - Punção lombar em caso de imunodepressão, febre ou avaliação etiológica negativa.
  - Eletroencefalograma de urgência se o coma persistir (EME subclínico, EME refratário, coma farmacológico?), diagnóstico específico de encefalite viral, metabólica ou medicamentosa.
- Em caso de crises sucessivas em um paciente epiléptico conhecido: dosagem plasmática do tratamento habitual. Atenção se houver modificação das crises ou traumatismo.

CONDUTA
- Considerar a correção de eventual hipoglicemia ou hiponatremia < 120 mEq/L.
- Nos pacientes etilistas: vitamina B6 600 mg.
- Tratamento das insuficiências cardiovascular e respiratória que ocorrem após 30 min de evolução. Intubação e ventilação mecânica em caso de desconforto respiratório ou broncoaspiração.
- A correção da acidose metabólica com bicarbonato é inútil ou mesmo perigosa.

- Princípios atuais do tratamento específico:
  - Benzodiazepínico em 1ª escolha, repetido uma vez. O midazolam é interessante por via oral, nasal ou IV (pelo menos tão eficaz quanto o clonazepam e o diazepam, mas de manejo mais fácil).
  - Droga de 2ª escolha: levetiracetam, (fos)fenitoína ou valproato.
  - EME refratário: anestesia geral.
    » Tiopental = tratamento de referência, mas o midazolam é possível. Evitar o propofol em altas doses (possibilidade de aumento da mortalidade).
    » Iniciar precocemente o tratamento de substituição do benzodiazepínico (clobazam, levetiracetam, valproato, fenitoína, lamotrigina, topiramato etc.) ou adequação do tratamento de base.

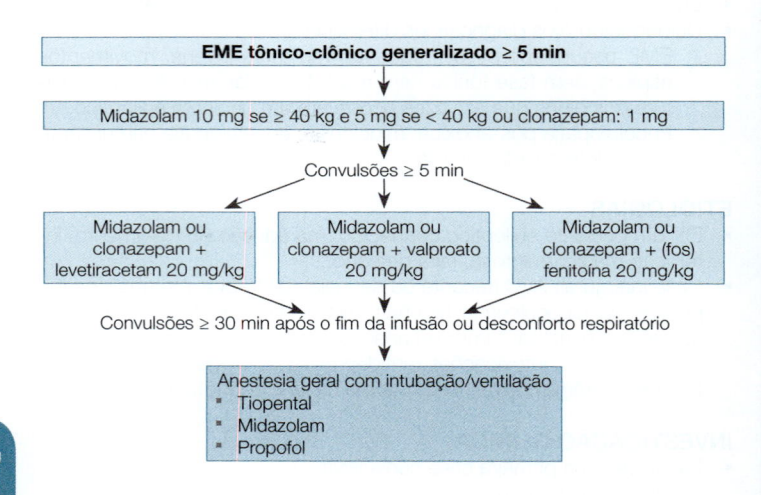

EME tônico-clônico generalizado ≥ 5 min

Midazolam 10 mg se ≥ 40 kg e 5 mg se < 40 kg ou clonazepam: 1 mg

Convulsões ≥ 5 min

| Midazolam ou clonazepam + levetiracetam 20 mg/kg | Midazolam ou clonazepam + valproato 20 mg/kg | Midazolam ou clonazepam + (fos)fenitoína 20 mg/kg |

Convulsões ≥ 30 min após o fim da infusão ou desconforto respiratório

Anestesia geral com intubação/ventilação
- Tiopental
- Midazolam
- Propofol

Tratamento do estado de mal epiléptico

	Dose de ataque	Tempo de ação		Manutenção	Vantagens	Efeitos indesejáveis
Midazolam	0,2 mg/kg IV VO ou nasal: 0,3 mg/kg	1 min	1/4-4 h	0,1-0,3 mg/kg/h	Manejo Tolerância na manutenção Deve substituir o diazepam intrarretal	Depressão central e respiratória Possibilidade de atraso do despertar
Clonazepam	1 mg IV e repetir 1 x em 10 min se falha	1-3 min	6-8 h	2-4 mg/24 h	Rapidez de ação	Sedação acentuada Meia-vida longa (26-42 h)
Diazepam	10 mg IV e repetir 1 x em 10 min se falha	1-3 min	15-30 min	Desaconselhado	Rapidez de ação	Depressão central e respiratória Meia-vida longa (20-40 h) Deve ser evitado, pois pouco manejável
Levetiracetam	250-1.500 mg VO ou IV em 15 min		6-8 h	De 250-1.500 mg 2 x/d, VO ou IV em 15 min Diminuir se injúria renal	Pouco tóxico Sem hepatotoxicidade Sem interação medicamentosa Sem indução enzimática	Sonolência, cefaleias, distúrbios neuropsíquicos Recomendado recentemente no EME
Valproato de sódio	15-25 mg/kg em 5 min	15 min	24 h?	1-1,5 mg/kg/h	Eficácia no EME refratário Baixo efeito depressor central ou respiratório Baixo acúmulo	Hepatotoxicidade Encefalopatia

(continua)

Reanimação

Tratamento do estado de mal epiléptico

	Dose de ataque	Tempo de ação		Manutenção	Vantagens	Efeitos indesejáveis
Fenitoína	15-30 mg/kg IV lenta (< 50 mg/min)	10-30 min	12-24 h	Renovar após 12 h (½ dose) ou fenitoína 100 mg x 3/d por via enteral	Ausência de efeito depressor central ou respiratório	Prolongamento do QT Depressão cardiovascular Toxicidade venosa Indução enzimática
Fosfenitoína hidrossolúvel	15 mg EP/kg* (100-150 mg EP/min)	10-30 min	12-24 h	4-5 mg EP/kg/24 h em 1-2 doses IM ou IV (100 mg EP/min) ou idem fenitoína	Possibilidade de via IM na manutenção Menor toxicidade venosa do que fenitoína (AVP)	Efeitos cardiovasculares iguais aos da fenitoína
Fenobarbital	10 mg/kg IV lenta (< 100 mg/min)	10-15 min	6-24 h	Em caso de recidiva, 5 mg/kg. Intervalos > 20 min Vias IM ou enteral possíveis	Eficácia	Depressão central e respiratória Indução enzimática
Tiopental	3-5 mg/kg e depois 50 mg/5 min	Imediato	Curta	Infusão contínua 0,5-1,5 g/8 h (1-5 mg/kg/h)	Eficácia quase absoluta Antiepiléptico de referência	Depressão cardiovascular Ventilação assistida Hipotermia Atraso do despertar
Propofol	2 mg/kg IV em 1 min	2-3 min	15-20 min	3-5 mg/kg/h	Eficácia	Necessidade de IOT Depressão cardiovascular Evitar as altas doses prolongadas (aumento da mortalidade)

* EP: equivalente fenitoína sódica = 1 mg EP = 1,5 mg de fosfenitoína sódica.

Acidentes vasculares cerebrais (AVC): conduta

- O diagnóstico é dado com o aparecimento de um déficit neurológico focal.
- Estabelecer o horário da ocorrência +++ (na ausência de horário conhecido, a RM cerebral pode permitir a identificação dos infartos cerebrais com menos de 4 h).
- Prevenção das lesões cerebrais secundárias de origem sistêmica (ACSOS) (normoglicemia < 10 mmol/L, normotermia, SpO_2 > 92%, posição em decúbito.
- Nenhum tratamento anti-hipertensivo exceto se a pressão arterial sistólica (PAS) > 220 mmHg e/ou se pressão arterial diastólica (PAD) > 120 mmHg (respeitar um eventual reflexo de Cushing).
- Nunca administrar antiagregante, nem anticoagulante antes da realização de uma tomografia de crânio (inclusive durante os déficits neurológicos transitórios que podem revelar uma hemorragia cerebral ou justificar um tratamento de desobstrução).
- Para todo paciente vítima de um déficit possivelmente inferior a 6 h, considerar a possibilidade de encaminhá-lo diretamente para a unidade neurovascular (UNV) após contato com o médico responsável do SAMU departamental e com o neurologista desta unidade.

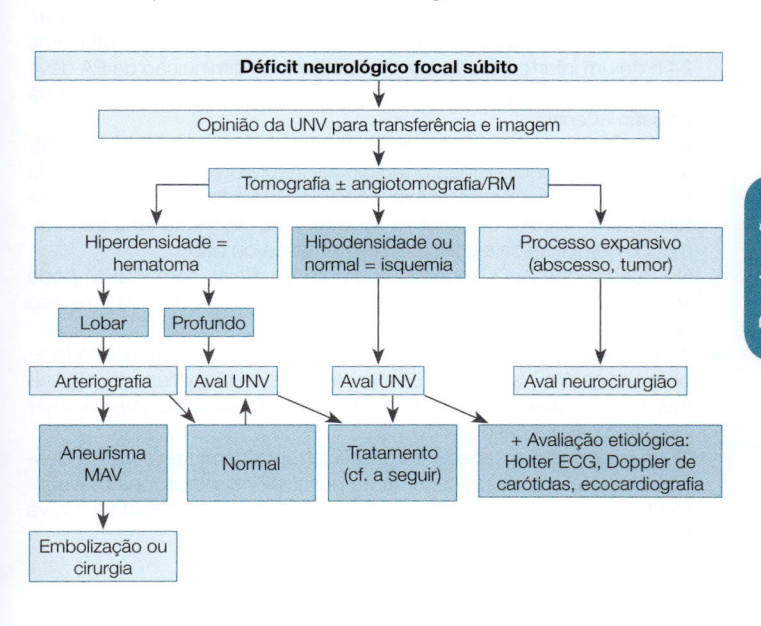

701

TRATAMENTO
Tratamento específico do AVC isquêmico

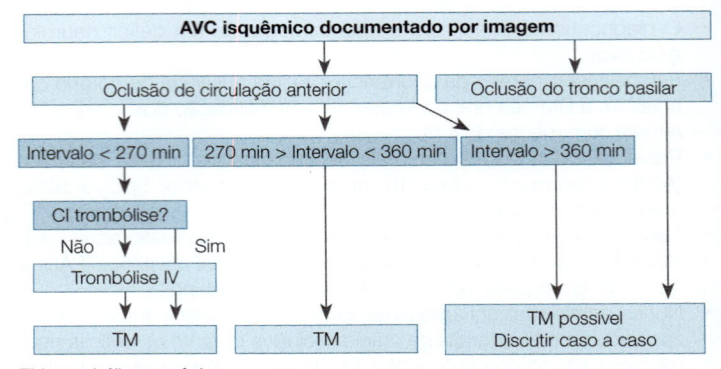

TM: trombólise mecânica.
CI: contraindicação.
Trombólise IV: alteplase 0,9 mg/kg (10% *bolus* IV/90% IV em bomba de infusão em 60 min).

- A pressão arterial deve ser mantida inferior a 220 x 120 mmHg na ausência de trombólise IV e inferior a 185 x 110 mmHg nas primeiras 24 h de um infarto tratado por trombólise IV. A diminuição da PA deve ser progressiva e prudente (< 10% por dia) se houver persistência da oclusão arterial.
- A introdução de um tratamento antiagregante plaquetário deve ser avaliada pela equipe (neurorradiologia, neurologista) após 24 h da trombólise IV +/− trombectomia, condicionado pela realização de uma tomografia cerebral de controle após ter sido eliminada uma transformação hemorrágica significativa (sintomática ou não).
- No quadro dos AVC isquêmicos, tromboprofilaxia com HBPM pode ser instaurada no D0 na ausência de trombólise IV e na H24 em caso de trombólise IV.
- As indicações de um novo tratamento anticoagulante em doses terapêuticas no AVC isquêmico são limitadas às cardiopatias emboligênicas. O prazo de introdução desse tratamento anticoagulante deve ser discutido caso a caso.
- O infarto silviano extenso pode justificar uma hemicraniectomia descompressiva o mais precocemente possível. As indicações preventivas de uma hemicraniectomia para paciente sem comorbidade grave nem enfermidade preexistente são:
  1. Idade < 60 anos.
  2. Escala NIHSS > 15 com item Ia ≥ 1.
  3. Volume da área infartada > 145 cm³.
  Todo atraso na cirurgia agrava o prognóstico neurológico.
- A escolha da técnica de anestesia para a trombectomia mecânica deve ter como objetivo a redução do intervalo para desencadeamento do procedimento e o intervalo de recanalização (facilitação do procedimento, imobilidade do paciente, analgesia). Em primeira

escolha, sedação consciente com remifentanila. Uma anestesia geral pode ser realizada com o objetivo de evitar qualquer hipotensão (*cf. protocolo local*).

- A idade avançada não é contraindicação à trombectomia mecânica (avaliação da autonomia prévia).

Tratamento específico do AVC hemorrágico

- Antagonização assim que possível de eventual tratamento anticoagulante (AVK/heparina/anticoagulantes diretos). Observação: nos portadores de valva mecânica ou de cardiopatia emboligênica de alto risco, o prazo para retomada da anticoagulação, após a ocorrência do hematoma cerebral, deve ser discutido caso a caso (imagem de controle).
- Não é indicada a transfusão plaquetária nos pacientes em uso de antiagregantes plaquetários fora de um procedimento cirúrgico.
- No quadro dos AVC hemorrágicos, a redução precoce (nas seis primeiras horas após o início dos sintomas) da PAS (< 140 mmHg) poderia ser benéfica para o prognóstico neurológico funcional. O nível de pressão arterial ideal poderia ser determinado segundo os indíces do Doppler transcraniano.
- No quadro dos AVC hemorrágicos, indica-se tromboprofilaxia mecânica imediata (meias elásticas e/ou compressão pneumática) secundariamente associada a terapia com heparina preventiva a partir do D2.

Tratamento específico das tromboflebites cerebrais

- O tratamento das tromboses venosas cerebrais é a heparinoterapia plena mesmo na presença de lesões hemorrágicas associadas.

Observações diversas

- Não existe indicação à prescrição de um tratamento anticonvulsivante profilático exceto se antecedente de epilepsia tratada ou de um episódio crítico no decorrer do AVC.
- Qualquer piora neurológica na ausência de causa evidente de agravamento (hemodinâmica, infecciosa, metabólica, epiléptica) justifica uma imagem cerebral (extensão das lesões isquêmicas ou hemorrágicas, transformação hemorrágica, aumento do edema cerebral, recidiva de AVC ou hidrocefalia).

Protocolo de sedação no manejo das trombectomias
Dados atuais

- Melhora do prognóstico neurológico dos pacientes se recanalização dos vasos oclusos nas primeiras 6 h.
- Historicamente, a trombectomia realizada em neurorradiologia intervencional é feita sob anestesia geral. Nos últimos estudos, a anestesia geral surge como um fator de mau prognóstico da recuperação neurológica de pacientes cuja etiologia for pouco clara (modificações hemodinâmicas, aumento do tempo para início de tratamento e/ou da estabilização hemodinâmica, toxicidade dos agentes anestésicos?).

Reanimação

- A consulta de anestesia geralmente é difícil por causa dos frequentes distúrbios físicos e/ou de consciência e da urgência da desobstrução arterial que limitam as possibilidades de explorações complementares.
- Qualquer que seja o protocolo do tratamento, não deve retardar a trombectomia (*"time is brain"*).
- Pode ser proposto um protocolo de sedação que permita a vigilância neurológica com boa tolerância hemodinâmica.

Protocolo de sedação utilizado no Bicêtre
- Anestesia local no ponto de punção femoral pelo neurorradiologista.
- Oxigenação com a ajuda de uma máscara de oxigênio.
- Remifentanila IV em bomba de infusão em um acesso venoso periférico (AVP) com uma válvula antirretorno.
- Diluição: 5 mcg/mL.
- Manutenção: duas modalidades de administração são possíveis.
  - Fluxo: 50-150 mcg/h, ou seja, 10-25 mL/h regulado pela frequência respiratória, escore de sedação, estado de consciência.
  - AVIAC com objetivos muito baixos.
- *Bolus* de 10-20 mcg, 2 min antes dos procedimentos dolorosos, que impõem a comunicação constante com os neurorradiologistas (tromboaspiração, trações durante o posicionamento do *stent*, tração do *stent* na retirada do trombo).
- Prevenção e tratamento das outras causas de agitação: globo vesical, hipotensão arterial, HA, hipoglicemia, epilepsia, HIC.
- O aparecimento de uma complicação ou de uma indicação imediata (IOT, coma, agitação importante, instabilidade hemodinâmica etc.) deve levantar a discussão da anestesia geral cuja particularidade é a manutenção rigorosa do valor de PAM anterior a AG (recurso à fenilefrina ou à noradrenalina). Um cateter venoso pode ser posicionado em femoral pelos neurorradiologistas para a administração mais facilitada das catecolaminas.

Depois do procedimento de revascularização
- Interrupção do protocolo de sedação com remifentanila e retorno à unidade semi-intensiva neurovascular de acordo com o estado do paciente.
- Se houver necessidade de uma anestesia geral:
  - Despertar e extubação possível: observação em SRPA e retorno à unidade semi-intensiva neurovascular.
  - Se o despertar ou a extubação não forem possíveis, transferência para a UTI para tratamento.

Hemorragia meníngea por ruptura de aneurisma

A ruptura de um aneurisma cerebral acarreta hemorragia subaracnóidea (HSA) às vezes associada a hematoma intracerebral ou a hemorragia ventricular.

DIAGNÓSTICO
- Clínico: cefaleia "em salvas" +++.
- Tomografia de crânio: hiperdensidade nos espaços subaracnóideos.
- Punção lombar se quadro clínico sugestivo e tomografia negativa.
- Arteriografia cerebral dos quatro eixos (ou ângio-ressonância): confirma a origem do aneurisma da hemorragia meníngea e orienta a estratégia terapêutica (cirurgia ou embolização segundo a localização e o tamanho do aneurisma).

CLASSIFICAÇÕES
Clínica: escala da WFNS

Grau	Escore de Glasgow	Deficiência motora
I	15	Ausente
II	13-14	Ausente
III	13-14	Presente
IV	7-12	Presente ou ausente
V	3-6	Presente ou ausente

Tomográfica: escore de Fisher ou de Fisher modificado

Grau	Fisher	Fisher modificado
1	Nenhum sangramento	Sangramento pouco denso, sem coágulo ventricular
2	Hemorragia difusa, pouco densa, sem coágulo	Sangramento pouco denso, coágulo intraventricular
3	Hemorragia densa, coágulo cissural ou cisternal	Sangramento denso, sem coágulo intraventricular
4	Coágulo intraventricular ou intracerebral	Sangramento denso, coágulo intraventricular

PRINCÍPIOS DE TRATAMENTO
- Em um centro especializado.
- O aneurisma deve ser estabilizado o mais rapidamente possível.
- O objetivo é controlar em cada etapa os fatores responsáveis pela isquemia cerebral tardia que agrava o prognóstico (morbimortalidade +++).

Etiologias das isquemias cerebrais tardias de D0-D15

		Lesões isquêmicas secundárias					
	HIC						
Microembolia Vasoespasmo	Complicação isquêmica do tratamento do aneurisma	Vasoespasmo macro e microcirculação					
Ressangramento				Cortical spreading depression			
D0	D1	D2	D3	D5	D7	D10	D14

- Novos mecanismos fisiopatológicos: *early brain injury*, microembolias e microtromboses, *cortical spreading depression*.

MANEJO NO PRÉ-OPERATÓRIO
- Avaliação pré-operatória com hemostasia.
- Doppler transcraniano (ver *Doppler transcraniano*) que servirá de referência.
- Controlar as cefaleias com paracetamol ou mesmo morfina se necessário. Deixar, se possível, o paciente em repouso em um ambiente pouco iluminado. Controlar as náuseas/vômitos com antiemético IV.
- Estabilidade hemodinâmica: sem crise hipertensiva, sem hipotensão. A PAS deve estar entre 160-180 mmHg, adequada ao diagnóstico e ao Doppler transcraniano (DTC).
- Em caso de cardiomiopatia adrenérgica (Tako-Tsubo) ± EAP neurogênico: ventilação em PEEP, curarização se necessário, epinefrina.
- Iniciar o nimodipino 2 cp x 6/d VO ou via sonda nasogástrica após o diagnóstico do aneurisma. Duração de 21 dias. Não há indicação para a IV em bomba de infusão.
- Não tolerar temperatura ≥ 38,5°, sem hiperoxia.
- Não interromper um tratamento com estatina.
- Organizar o clampeamento do aneurisma (embolização ou clipe cirúrgico) e a eventual conduta cirúrgica da HIC: derivação ventricular externa (DVE), evacuação de um hematoma.

MANEJO NO PERIOPERATÓRIO
- Medidas gerais:
  - Evitar as variações pressóricas no momento da fase de indução/intubação.
  - Não deve haver hipotensão no periprocedimento.
  - Proscrever a hipocapnia.
- Medidas específicas:
  - Em caso de DVE antes da embolização do aneurisma: manter nível de drenagem a + 20 cmH$_2$O, ou clampear a DVE em caso de drenagem demasiado importante.
  - Clipe cirúrgico: pressão arterial invasiva, 2 AVPs 16G, o cateter venoso central não é indispensável. Se possível, aumentar a PAM caso esteja previsto o clampeamento temporário. Relaxamento cerebral assegurado pela drenagem lombar externa, manitol 20%, não fazer a hipocapnia.

- Embolização do aneurisma: pressão arterial não invasiva, 1 via venosa periférica. Anticoagulação e antiplaquetários segundo os centros e os procedimentos.

MANEJO NO PÓS-OPERATÓRIO
- Extubar os pacientes graus I e II, avaliar o despertar dos pacientes grau III, deixar intubados e ventilados os pacientes grau IV e V no pré-operatório.
- Hospitalização em semi-intensiva ou em UTI se possível até o fim do período de espasmo.
- Exame neurológico regular.
- Se a avaliação neurológica não for possível: monitoração multimodal (PIC, oxigenação cerebral com $PtiO_2$ ou $SvjO_2$, ± EEG contínuo).
- Doppler transcraniano diário e em caso de deterioriação do estado neurológico.
- Aportes diários de 20-30 mL/kg/d de NaCl 0,9%. A terapia profilática triplo H (hipertensão arterial, hemodiluição, hipervolemia) é inútil. Avaliação regular do estado volêmico com manutenção de normovolemia.
- Balanço hídrico, ionogramas sanguíneos e urinários diários.
- Nimodipino VO ou via sonda nasogástrica (três semanas no total, duas semanas para os pacientes grau I sem argumento para um vasoespasmo).

PIORA NEUROLÓGICA PÓS-OPERATÓRIA
- Aparecimento de um sinal neurológico focal ou alteração do estado de consciência (diminuição de pelo menos 2 pontos do escore de Glasgow).
- Intubação e ventilação em caso de escore de Glasgow ≤ 8.
- A tomografia de crânio com injeção é sistemática e procura:
    - Hidrocefalia: DVE.
    - Hematoma intracerebral: evacuação cirúrgica segundo os casos.
    - Edema cerebral com HIC: monitoração invasiva (PIC, $SvjO_2$, $PtiO_2$) + tratamento agressivo (PPC > 60 mmHg, hipotermia, osmoterapia se necessário) (ver *HIC*).
    - Vasoespasmo cerebral.
- EEG na investigação de crises convulsivas subclínicas.
- PL na investigação de meningite pós-operatória (ver *LCR e PL*).
- Ionograma sanguíneo na investigação de hiponatremia de surgimento rápido.

VASOESPASMO
- Diminuição do calibre arterial cerebral secundário às modificações funcionais e estruturais das três túnicas do vaso.
- Papel essencial da hemoglobina liberada pela lise dos glóbulos vermelhos no espaço subaracnoide.
- Aparecimento por volta do 3° dia após o primeiro episódio de hemorragia meníngea, pico por volta do 7° ou do 10° dia, diminuição a partir do 14° dia.
- Presente na arteriografia em 60% dos pacientes = vasoespasmo angiográfico.
- Déficits neurológicos em 30% dos pacientes = vasoespasmo sintomático.

Reanimação

- Sequelas definitivas em 10-15% dos pacientes.
- Com exceção do nimodipino, não existe tratamento preventivo que tenha mostrado melhora do prognóstico (fracasso dos inibidores dos receptores da endotelina, das estatinas e do magnésio).

Diagnóstico
- Degradação neurológica sem outras etiologias (ver acima).
- Doppler transcraniano: aceleração das velocidades médias no nível das artérias cerebrais médias (ver *Doppler transcraniano*).
- Avaliação morfológica: angiotomografia ou ângio-ressonância, arteriografia cerebral. Vasoespasmo angiográfico a partir da diminuição de pelo menos 50% do calibre arterial.
- Avaliação da diminuição da perfusão cerebral: cintilografia, tomografia ou RM de perfusão $PtiO_2$, $SvjO_2$ etc.

Tratamento do espasmo sintomático
- Expansão volêmica.
- Aumentar a PAM até 100 ou 120 mmHg com noradrenalina para aumentar o fluxo sanguíneo cerebral. Se o exame neurológico apresentar melhora, continuar esse tratamento até a resolução do vasoespasmo.
- Tratamento endovascular do vasoespasmo: combinar dilatação mecânica dos troncos proximais e dilatação química com injeção medicamentosa no local:
  - Milrinona: 8 mg em 30 min em bomba de infusão, máximo de 24 mg por sessão, com eventual manutenção de milrinona (0,5-1,5 mcg/kg/min) e necessidade de prevenir a hipotensão.
  - Nimodipino: 1-2 mg em 15 min.

CONDUTA DIANTE DE UMA HIPONATREMIA
Possibilidade de dois diagnósticos
- SIADH: retenção hídrica mais importante do que a retenção de sódio.
- CSWS: *cerebral salt wasting syndrom* (síndrome de perda de sal de origem cerebral). Natriurese elevada, podendo ser inadequada ao estado volêmico do paciente, de origem multifatorial: hipervolemia induzida, HA espontânea ou induzida, secreção de peptídeos natriuréticos.

Hiponatremia perigosa em duas situações
- Agravamento da HIC pela diminuição da osmolaridade plasmática.
- Agravamento do vasoespasmo por hipovolemia ± hipotensão.

Tratamento
- Imediato em caso de piora neurológica: osmoterapia na presença de HIC (ver *Osmoterapia*); expansão volêmica se hipovolemia.
- Diminuir a hipernatriurese inadequada à volemia do paciente: importância da ureia ou dos corticoides (ver *Hiponatremia*).

Conduta diante de síndrome meníngea

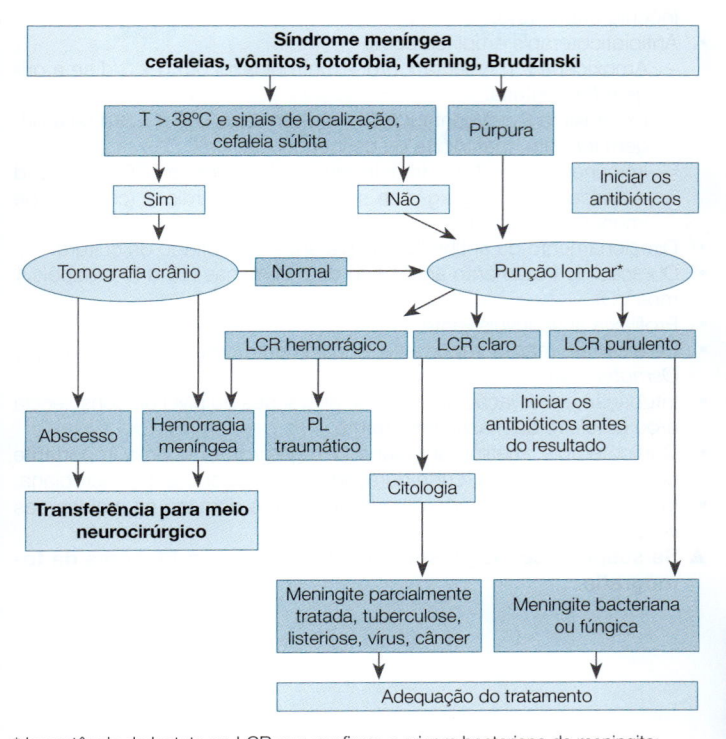

* Importância do lactato no LCR que confirma a origem bacteriana da meningite:

	VPN	VPP
Comunitária: valor limite 3,8 mM	99%	82%
Nosocomial: valor limite 4 mM	100%	60%

Abscesso cerebral

PRINCÍPIOS DO TRATAMENTO

- Punção sistemática do abscesso (direta ou por via estereotáxica) para confirmar o diagnóstico, isolar um microrganismo e diminuir o inóculo bacteriano.
- Antibioticoterapia empírica com:
  - Amoxicilina 2 g IV lenta x 6/d + metronidazol 0,5 g x 3/d se a origem for dentária.
  - Cefotaxima 2 g IV lenta x 6/d + metronidazol 0,5 g x 3/d se a origem for otite, mastoidite ou desconhecida.
  - Imipeném 1 g x 3/d + trimetoprima-sulfametoxazol 800 mg x 2/d + amicacina 30 mg/kg/d se suspeita de nocardiose (contexto de imunodepressão, BG + em direto).
- Direcionamento da antibioticoterapia após o resultado da cultura.
- Duração do tratamento antibiótico de 6 semanas (15 d IV e depois 1 mês VO).
- Profilaxia anticonvulsivante.
- Se efeito de massa importante, engajamento cerebral, HIC, (ver *HIC, Osmoterapia*).
- Intubação e ventilação assistida se alterações do nível de consciência e/ou de efeito de massa importante.
- Corticoterapia: metilprednisolona (1 mg/kg/d) se edema importante com efeito de massa, curta duração e com cobertura antimicrobiana.
- Investigar e tratar a porta de acesso: ORL e dentário na maioria das vezes, pulmonar, digestivo, cardíaco.
- ▲ **Se suspeita de diagnóstico de abscesso: sem PL antes da tomografia.**

Infecção neuromeníngea bacteriana

MENINGITES COMUNITÁRIAS (LCR PURULENTO)

- A urgência está no diagnóstico e no tratamento precoce.
- Situação de risco para paciente esplenectomizado +++ para pneumococo, meningococo e *Haemophilus*.
- Corticoterapia: indicada para alguns em todas as meningites bacterianas. Dexametasona: 10 mg para o adulto ou 0,15 mg/kg para a criança, repetir 4 x/d. Administração IV 10 min antes ou se não realizada com a 1ª dose de antibiótico. Duração de quatro dias.
- Proposição de tratamento antibiótico:

Direto	Microrganismo	Tratamento empírico	Tratamento documentado	Duração (dias)
CG –	Meningococo	Cefotaxima 300 mg/kg/d (6 injeções IV)	Amoxicilina 200 mg/kg/d (6 injeções IV)	7
CG +	Pneumococo sensível à penicilina		Amoxicilina 200 mg/kg/d (6 injeções IV)	10
	Pneumococo intermediário à penicilina		Idem tratamento empírico	7
BG –	*H. influenzae*		Idem tratamento empírico	
BG +	*Listeria monocytogenes*	Amoxicilina 200 mg/kg/d (6 injeções IV) + gentamicina 8 mg/kg/d em 1 injeção de 30' em bomba de infusão	Idem tratamento empírico	21
Negativo		Cefotaxima 300 mg/kg/d (6 injeções IV) + gentamicina 8 mg/kg/d em 1 injeção de 30' em bomba de infusão se criança < 3 meses. + amoxicilina 200 mg/kg/d (6 injeções IV) se suspeita de listeriose	Adequar de acordo com a cultura do LCR, hemoculturas, antígenos solúveis, PCR etc.	

MENINGITES PÓS-OPERATÓRIAS
Diagnóstico
- Raras na ausência de derivação ventricular externa.
- O diagnóstico de certeza é difícil em razão da contaminação sanguínea perioperatória do LCR (aumento dos elementos, hipoglicorraquia e hiperproteinorraquia).

Princípios
- Somente um exame direto positivo e/ou uma cultura positiva confirma o diagnóstico.

- Se o exame direto e a cultura forem negativos, a decisão de tratar baseia-se em critérios clínicos e biológicos:
  - Clínicos: deterioração neurológica sem causa evidente, febre.
  - Biológicos: razão GB/GV no LCR, glicorraquia, proteinorraquia.
- Esses critérios têm baixo valor preditivo no contexto pós-operatório. A dosagem do lactato no LCR permite eliminar uma meningite bacteriana se o valor for inferior a 4 mM.
- A decisão de não tratar impõe uma nova coleta de LCR 24 h mais tarde.
- Uma antibioticoterapia para uma causa extraneurológica deve ser iniciada somente após uma coleta de LCR, e se possível com antibióticos que não ultrapassem a barreira hematoencefálica.

Microrganismos em questão
Estafilococos (geralmente coagulase negativa), enterobactérias.

Conduta
- Antibioticoterapia empírica que deve ser adequada à ecologia do serviço:
  - Somente cefotaxima ou cefotaxima + fosfomicina ou cefotaxima + vancomicina ou meropeném + vancomicina se ecologia positiva para bactérias multirresistentes.
  - Cefotaxima 2 g x 6/d, vancomicina 1 g em bomba de infusão em 1 h e depois 2-3 g/d IV em bomba de infusão contínua, fosfomicina 4 g x 3 IV lenta, meropeném 2 g x 3 IV lenta.
- Se a cultura do LCR for positiva, esta antibioticoterapia deve ser direcionada.
- Se a cultura do LCR for negativa, os antibióticos devem ser interrompidos.
- Duração do tratamento = 10-15 d, troca para VO assim que possível.
- O meropeném é o carbapenêmico mais indicado em caso de bactéria ESBL.
- O uso da corticoterapia não é indicado.

MENINGITES POR DERIVAÇÃO VENTRICULAR EXTERNA (DVE)
- Microrganismo mais frequente = estafilococos coagulase negativa.
- Tratamento empírico: cefotaxima + vancomicina ou cefotaxima + fosfomicina.
- Se o estafilococos for sensível à meticilina, deve-se escolher uma biterapia entre as seguintes drogas (em função do antibiograma): pefloxacina 800 mg x 2/d, rifampicina 30 mg/kg/d em 2 doses, trimetoprima-sulfametoxazol 800 mg x 2/d.
- Se o estafilococo for resistente à meticilina:
  - Vancomicina 1 g em bomba de infusão em 1 h e depois 2 a 3 g/d em bomba de infusão; realizar dosagens plasmáticas para ajustar a posologia (objetivo: vancocinemia entre 30-40 mg/L).
  - A linezolida pode ser uma alternativa interessante (mas sem autorização de comercialização do produto na França).
- Troca da DVE.
- O LCR deve ser reavaliado após 48 h de tratamento.
- Duração do tratamento = 10-15 d, troca para VO assim que possível.

EMPIEMA

- Coleção infectada sub ou extradural, geralmente no pós-operatório ou após meningite.
- Diagnóstico difícil, tomada de contraste da dura-máter em relação ao conjunto na tomografia com contraste.
- Tratamento que precisa de abordagem cirúrgica (lavagem, coletas) e antibioticoterapia prolongada (6-8 semanas).
- Antibioticoterapia empírica idêntica à da meningite pós-operatória (deve ser ajustada).

FRATURA DA BASE DO CRÂNIO: CONDUTA

- Sem antibioticoprofilaxia quer haja ou não fuga do LCR (rinorreia ou otorreia) ou uma pneumoencefalia:
    - PL na urgência diante de qualquer febre e/ou alteração do estado neurológico.
    - Vacinação antipneumocócica no D15 ou então na saída do hospital: Prévenar 13® e depois Pneumo 23®, em 8 semanas e a cada 5 anos.

Morte encefálica, coleta de órgãos e tecidos

ASPECTOS FISIOPATOLÓGICOS

- Interrupção da circulação cerebral intracraniana: eixos carotídeos e tronco basilar acima da base do crânio em consequência de um comprometimento cerebral grave com HIC refratária.
- Na ausência de eficácia dos meios terapêuticos acionados (médicos e/ou cirúrgicos), a PIC aumenta para além da PAM, o fluxo cerebral se interrompe e a evolução caminha para o infarto cerebral total.

ASPECTOS DIAGNÓSTICOS

- O diagnóstico de morte encefálica (ME) somente tem sentido na:
  - Presença de anamnese sugestiva.
  - Ausência de circunstâncias clínicas imprecisas: hipotermia, estado de choque, presença de medicamentos depressores do SNC, curarização, lesões associadas (coluna cervical, tronco cerebral/ *locked-in syndrome*).
- O diagnóstico de ME baseia-se no exame clínico, os exames complementares visam apenas confirmar o diagnóstico.

Diagnóstico clínico

- **Ausência total de consciência e atividade motora espontânea** (GCS = 3).
- **Abolição de todos os reflexos do tronco cerebral** (ver *Reflexos do tronco cerebral*).
- **Ausência de ventilação espontânea**, verificada por uma prova de hipercapnia (teste de apneia) realizada da seguinte maneira:
  - $FiO_2 = 1$ durante 15-30 min.
  - $PaCO_2 = 40$ mmHg verificada pelas gasometrias.
  - Desconexão do ventilador, posicionamento da pressão positiva contínua nas vias aéreas (PEEP = 5-7 cmH_2O) com O_2.
  - Monitoração clínica imperativa: eventuais lacunas, SaO_2, $EtCO_2$.
  - Duração: 15-20 min. Gasometria antes de reconexão no fim da prova.
  - Diagnóstico confirmado se $PaCO_2 > 60$ mmHg na ausência de movimento respiratório.

Diagnóstico complementar

- **2 EEG isoelétricos** (30 min-4 h de intervalo) refletindo a ausência de atividade cortical. **OU**
- **Um exame angiográfico** (com PAM $\geq$ 60 mmHg e estabilizada):
  - **Angiotomografia cerebral** buscando 60 s após a injeção:
    - » A ausência de opacificação bilateral dos ramos corticais (M4) das artérias cerebrais médias (ACM).
    - » A ausência de realce das veias profundas.
  - Ou **arteriografia dos quatro eixos** com destinação encefálica mostrando a ausência de retorno venoso.

- **O Doppler transcraniano**: diagnóstico de probabilidade realizável no leito do paciente, mas que na França não pode confirmar legalmente o diagnóstico clínico.
  - Demonstração da interrupção do fluxo sanguíneo no nível das artérias intracranianas por meio de aspecto característico de *back-flow* ou de picos protossistólicos nas duas ACM e no tronco basilar.

DA MORTE ENCEFÁLICA À COLETA DE ÓRGÃOS E TECIDOS
Uma vez estabelecido o diagnóstico de ME, a conduta concentra-se na manutenção das funções hemodinâmica, respiratória e metabólica para a preservação dos órgãos com o objetivo de coleta de órgãos e/ou de tecidos.

Comissão Intra-Hospitalar de Doação de Órgãos e Tecidos para Transplante
O enfermeiro coordenador, em prontidão 24 h por dia, deve ser advertido o mais rapidamente possível para acompanhar as entrevistas com os familiares e dar início aos complexos procedimentos administrativos ligados à coleta. Seu papel é muito importante.

Anúncio da morte aos familiares
É feita por um médico acompanhado por um membro da equipe paramédica e pelo enfermeiro coordenador. Deve-se explicar o estado de ME, o caráter irreversível, definitivo e a evolução inelutável para a parada cardíaca dentro de algumas horas.

Contraindicações
- Absolutas:
  - Recusa em vivo (inscrita no registro nacional de recusa na França).
  - Ausência de identidade após última pesquisa.
  - Oposição do procurador em caso de morte suspeita.
  - Doenças infecciosas (HIV, raiva, tuberculose ainda em tratamento, encefalopatia espongiforme subaguda).
- Relativas:
  - Tumores malignos, exceto certos tumores cerebrais primitivos e certos cânceres (informar-se na Associação Brasileira de Transplantes de Órgãos).
  - Infecções graves evolutivas não controladas.
  - Toxicomania intravenosa atual.

Obtenção do consentimento
- A presença do enfermeiro coordenador é indispensável.
- Este segundo tempo da entrevista não deve ser encurtado, pois os familiares precisam de tempo para tomar consciência da morte.
- Deve-se procurar saber qual era a vontade da pessoa falecida.

PROTOCOLO DE REANIMAÇÃO EM PACIENTE EM ME
Manejo do doador
Objetivos
  - 65 mmHg < PAM < 85 mmHg.
  - 1 mL/kg/h < diurese < 1,5 mL/kg/h.
  - $PaO_2 > 80$ mmHg.

- – 7 < Hb < 9 g/dL.
- – 35,5°C < temperatura < 38°C.
- Reanimação hemodinâmica: instabilidade hemodinâmica frequente.
  - – Avaliação da função cardíaca (por ETT ± ETO ou Doppler esofágico ou PiCCO™) e da volemia (ver *esquema*).
  - – Expansão volêmica (cristaloides e/ou coloides) se houver hipovolemia e vasopressores em caso de insuficiência cardíaca e/ou vasoplegia.
- O diabete insípido usual pode agravar ou induzir hipovolemia e distúrbios metabólicos (ver *Diabete insípido*). Tratamento: desmopressina e compensação de diurese com solutos hipotônicos.
- Reanimação respiratória:
  - – Ventilação protetora: Vt = 6-8 mL/kg, PEEP = 5-10 cmH$_2$O, prevenir o derrecrutamento (aspirações feitas em circuito fechado, CPAP para teste de apneia).
  - – Manobras de recrutamento após cada desconexão do ventilador.
  - – Cinesioterapia respiratória.
  - – Objetivos: PaO$_2$ > 80 mmHg com FiO$_2$ mínima e 35 < PaCO$_2$ < 40 mmHg.
- Correção dos distúrbios da hemostasia com a transfusão de plasma fresco congelado se TP < 35% (ou TP < 60% e TTPA > 1,5 x controle se houver divisão do fígado *in situ*. Concentrados de plaquetas se as plaquetas forem < 50.000/mm^3.
- Correção da hipotermia, que é frequente e se instala rapidamente. Risco de depressão miocárdica e arritmia.
- Correção da hiperglicemia com insulinoterapia intravenosa.
- Controle clínico de hora em hora e controle biológico a cada 4 h.

Avaliação dos órgãos

- É feita em colaboração com o enfermeiro de coordenação e com o intensivista.
- Avaliação biológica específica a cada órgão.
- Avaliação por imagem: radiografia pulmonar, ultrassonografia abdominal e idealmente por tomografia toracoabdominal, recomendada para os pacientes com mais de 55 anos em razão do risco oncológico mais importante.

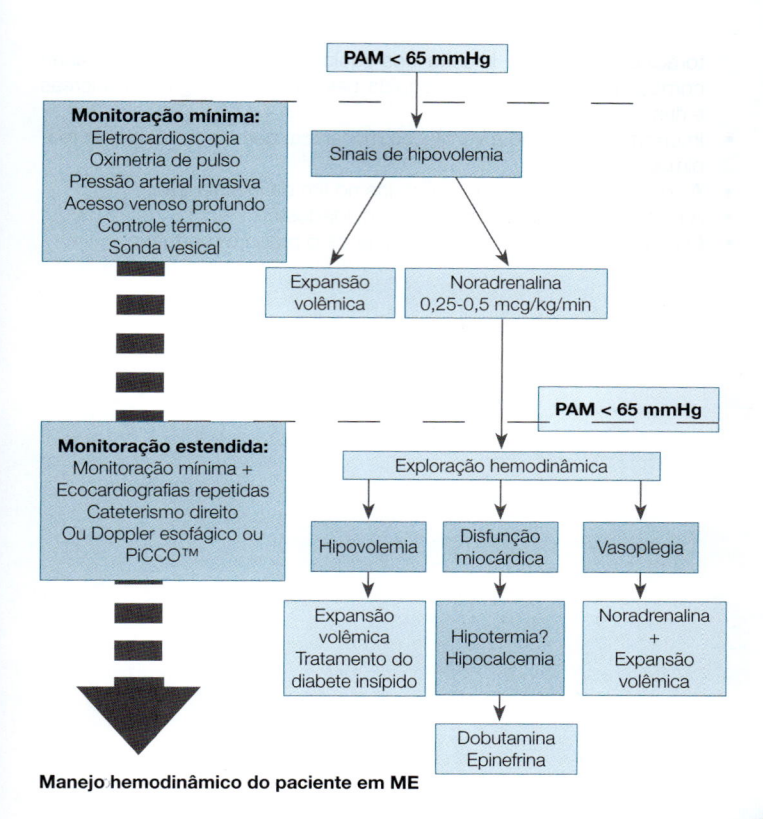

Manejo hemodinâmico do paciente em ME

NO CENTRO CIRÚRGICO

- Caso se considere uma coleta na parte torácica, recomenda-se posicionar um cateter arterial radial esquerdo e um cateter venoso central à direita na cava superior.
- Duração: 2-5 h. Prosseguimento da reanimação até o clampeamento aórtico: manutenção de PAM correta, compensação dos distúrbios hidroeletrolíticos, transfusão etc.
- Utilização de curares e/ou dos opioides (há possibilidade de reflexo medular e reação adrenérgica).
- Antibioticoprofilaxia + ácido clavulânico 2 g.

Na prática

- Incisão xifopúbica alargada em cruz, exploração da cavidade abdominal.
- Esternotomia em caso de coleta de órgãos torácicos.
- Exame e dissecção dos órgãos e dos vasos de acesso para o resfriamento dos órgãos.
- Posicionamento de cânulas na artéria ilíaca e na veia cava. Injeção de 300 UI/kg de heparina segundo os procedimentos cirúrgicos.
- No caso de coleta de múltiplos órgãos, as diferentes equipes cirúrgicas se coordenam para o clampeamento aórtico supracelíaco ou

Reanimação

torácico seguido da infusão dos líquidos de plegia. A explantação começa pelo coração e é seguida pelos pulmões, fígado, pâncreas e rins.

- Interrompe-se então a ventilação mecânica, bem como qualquer reanimação.
- As coletas tissulares são realizadas no fim da intervenção.
- A restituição tegumentar deve ser cuidadosa.
- O corpo é entregue aos familiares após o preparo mortuário.

Reflexos do tronco cerebral

O desaparecimento do reflexo informa sobre a topografia lesional:

- Reflexo fronto-orbicular (contração bilateral dos músculos orbiculares após percussão da glabela) = junção diencéfalo-mensencefálica.
- Reflexo oculocefálico vertical (na ausência de lesão da coluna cervical, desvio conjugado dos olhos para o lado oposto aos movimentos bruscos de flexão/extensão da coluna vertebral) = mesencéfalo.
- Reflexo fotomotor = mesencáfalo.
- Reflexo oculocefálico horizontal (na ausência de lesão da coluna cervical, desvio conjugado horizontal dos olhos para o lado oposto durante rotações bruscas da cabeça para um lado e para o outro) = mesencéfalo e ponte.
- Reflexo oculovestibular = mesencéfalo e ponte.
- Reflexo corneano = ponte.
- Reflexo de tosse = bulbo.
- Reflexo oculocardíaco (redução da frequência cardíaca secundária à pressão dos globos oculares) = bulbo.

Tratamento das infecções intra-abdominais

DEFINIÇÕES
- Peritonite comunitária: peritonite ocorrida sem hospitalização prévia nos últimos sete dias, nem antibioticoterapia durante o mês que a precedeu.
- Peritonite nosocomial:
  - Peritonite pós-operatória.
  - Antibioticoterapia prévia há menos de um mês.
  - Hospitalização de mais de 72 h ou durante os sete dias precedentes.

PRINCIPAIS MICRORGANISMOS IDENTIFICADOS
- Peritonites comunitárias:
  - Andar supramesocólico: maioria dos aeróbios. *E. coli*, estreptococos e estafilococos spp., leveduras (*Candida albicans*), anaeróbios nas peritonites biliares: peptococos e estreptococos.
  - Andar inframesocólico: bacilos Gram-negativos (*E. coli*, *Klebsiella*, *Proteus*, *Enterobacter*), cocci+ (*Enterococcus* spp.), anaeróbios (bacteroides, *Fusobacterium*, *Clostridium*, peptococos e estreptococos).
- Peritonites nosocomiais:
  - Flora muito diversificada com microrganismos de elevada resistência.
  - Pseudomonas, *Acinetobacter*, *Stenotrophomonas*, *Citrobacter*, *Serratia*, enterococos e estafilococos spp. resistentes à meticilina.

TRATAMENTO ANTI-INFECCIOSO
Antibioticoterapia (ver *tabela* a seguir)
- A antibioticoterapia deve ser iniciada antes do resultado das coletas perioperatórias e após a realização de hemoculturas (pelo menos uma).
- Escolha dos antibióticos alternativos:
  - Peritonites comunitárias: ertapeném (principalmente em caso de alergia aos betalactâmicos), cefotaxima ou ceftriaxona associada a um imidazol, piperacilina-tazobactama em caso de comorbidades: diabete, neoplasia, imunodepressão.
  - Peritonites nosocomiais: tigeciclina na ausência alternativa.
- A escolha deve ser ajustada à função:
  - Da ecologia bacteriana local e do perfil de resistência das BMR isoladas.
  - Do resultado dos exames bacteriológicos (coletas perioperatórias e hemoculturas) e dos antibiogramas. Descalonamento sistemático.

Escolha de tratamento antifúngico e de tratamento antibiótico dirigido contra *E. faecium*
- Peritonite comunitária: nem tratamento empírico, nem tratamento documentado, mesmo se a cultura da coleta retornar positiva para a *Candida* e/ou *E. faecium*, e que a evolução seja favorável.
- Peritonite nosocomial: se estado de choque, tratamento antifúngico específico contra *Candida* e antibiótico específico contra o *E. faecium*.

- Tratamento antifúngico: equinocandida empírica, com interrupção se a cultura for negativa e descalonamento caso a *Candida* seja sensível ao fluconazol. Duração do tratamento: 10-14 d.
- Tratamento antibiótico ativo para *E. faecium*: vancomicina. A linezolida pode ser uma alternativa, mas não tem autorização de comercialização do produto na França. Duração: 8 d.

Tratamento anti-infeccioso empírico das afecções digestivas – deve ser sempre ajustado aos resultados das coletas bacteriológicas

	Indução e perioperatório	Pós-operatório	Duração
Peritonite comunitária			
▪ Padrão	Amoxicilina-ácido clavulânico 2 g (reinjeção 1 g/4 h) + gentamicina 8 mg/kg	Amoxicilina-ácido clavulânico 1 g x 4 + gentamicina 8 mg/kg/d	5 d[2] (gentamicina 2 d)
▪ Alergia aos betalactâmicos, injúria renal	Levofloxacino 500 mg + ornidazol 1 g	Levofloxacino 500 mg x 2 + metronidazol 0,5 g x 3	5 d[2]
▪ Choque, comorbidades[1]	Piperacilina-tazobactama a 4 g + amicacina 30 mg/kg	Piperacilina-tazobactama a 4 g x 4 + amicacina 30 mg/kg	8 d (amicacina 2 d)
Peritonite nosocomial			
▪ Pós-operatório	Imipeném 1 g + amicacina 30 mg/kg	Imipeném 1 g x 3 + amicacina 30 mg/kg	8 d (amicacina 2 d)
▪ Alergia aos betalactâmicos	Ciprofloxacino 400 mg + amicacina 30 mg/kg + ornidazol 1 g	Ciprofloxacino 400 mg x 3 + amicacina 30 mg/kg + metronidazol 0,5 g x 3	8 d (amicacina 2 d)
▪ Injúria renal	Imipeném 1 g + amicacina 30 mg/kg (1 x)	Imipeném 1 g x 3 ajustar conforme o *clearance*	8 d
▪ Paciente hospitalizado	Piperacilina-tazobactama a 4 g + amicacina 30 mg/kg	Piperacilina-tazobactama a 4 g x 4 + amicacina 30 mg/kg	8 d (amicacina 2 d)
▪ Choque	Imipeném 1 g + amicacina 30 mg/kg	Imipeném 1 g x 3 + amicacina 30 mg/kg e acrescentar vancomicina 1 g em 1 h e depois 2 g/d em bomba de infusão + caspofungina 70 mg e depois 50 mg/d IV	8 d[2]
Apendicite			
▪ Inflamatória	Amoxicilina-ácido clavulânico 2 g[3]	Amoxicilina-ácido clavulânico 1 g x 4	Dose única
▪ Aguda ou gangrenosa	Amoxicilina-ácido clavulânico 2 g[3]		1 d
▪ Alergia aos betalactâmicos	Levofloxacino 500 mg + ornidazol 1 g	Levofloxacino 500 mg no H12	1 d
▪ Choque, perfuração ou abscesso		*Aplicar protocolo para peritonite*	

(continua)

Tratamento anti-infeccioso empírico das afecções digestivas – deve ser sempre ajustado aos resultados das coletas bacteriológicas			
	Indução e perioperatório	Pós-operatório	Duração
Colecistite - Inflamatória, aguda - Alergia aos betalactâmicos - Choque, gangrena	Ceftriaxona 2 g + ornidazol 1 g Levofloxacino 500 mg + ornidazol 1 g	Levofloxacino 500 mg no H12 *Aplicar protocolo para peritonite*	Dose única 1 d
Angiocolite - Comunitária - Alergia aos betalactâmicos - Nosocomial - Choque	Ceftriaxona 2 g + ornidazol 1 g Levofloxacino 500 mg + ornidazol 1 g Piperacilina-tazobactama a 4 g	Ceftriaxona 2 g/d + metronidazol 0,5 g x 3 Levofloxacino 500 mg x 2 + metronidazol 0,5 g x 3 Piperacilina-tazobactama a 4 g x 4 *Aplicar protocolo para peritonite*	8 d 8 d 8 d
Coleções pós-operatórias - Padrão - Alergia aos betalactâmicos	Piperacilina-tazobactama a 4 g + amicacina 30 mg/kg Ciprofloxacino 400 mg + amicacina 30 mg/kg + ornidazol 1 d	Piperacilina-tazobactama a 4 g x 4 + amicacina 30 mg/kg Cipro 400 mg x 3 + amicacina 30 mg/kg + metronidazol 0,5 g x 3	10 d (amicacina 2 d) 10 d (amicacina 2 d)
Abscesso da margem anal - Padrão - Alergia aos betalactâmicos	Amoxicilina-ácido clavulânico 2 g Levofloxacino 500 mg + ornidazol 1 g		Dose única

[1] Comorbidade = diabete, neoplasia, imunodepressão.

[2] Prolongar a duração para 8 d se for bacteriana.

[3] Interromper respectivamente a vancomicina e a caspofungina se as coletas perioperatórias forem negativas para *E. faecium* e leveduras. Descalonamento assim que possível se os microrganismos forem sensíveis (betalactâmico, fluconazol). Duração dos antibióticos de 8 d se *E. faecium* for positiva, e antifúngico 14 d se levedura positiva.

Reanimação

Pancreatite aguda (PA)

PA é uma afecção grave cuja mortalidade, essencialmente decorrente da infecção da necrose pancreática, ultrapassa 30% nas formas graves. A investigação etiológica é primordial para garantir um tratamento adequado.

DIAGNÓSTICO POSITIVO
- Dois destes três critérios: dor abdominal aguda típica; lipasemia > 3N; imagens por tomografia ou RM.
- Exames na admissão para investigação etiológica:
    - Enzimas hepáticas, trigliceridemia, calcemia.
    - Ultrassonografia em busca de uma litíase.
- Se possível realizar a tomografia entre a 72 e a 96ª hora; deve ser feita em urgência em caso de dúvida diagnóstica ou gravidade/deterioração clínica na busca de um diagnóstico diferencial.

ETIOLOGIAS
- Litíase biliar (40%): idade > 50 anos, sexo feminino, aumento de transaminases sugerindo migração litiásica (primeiras 48 h). A investigação é sistemática: ultrassonografia das vias biliares ± tomografia ± ecoendoscopia ± colângio-ressonância.
- Alcoólica (35-40%).
- Tumoral: não alcoólica não biliar após 50 anos deve levar à investigação de tumor (RM).
- Causas raras: hipertrigliceridemia, hipercalcemia, infecciosas, autoimunes, tóxicas, pós-CPRE (colangiopancreatografia retrógrada endoscópica), genéticas, idiopáticas.

DIAGNÓSTICO DE GRAVIDADE
- Desde 2012, o SIRS é o melhor escore para aplicar na admissão e em 48 h predizer a gravidade.

2 ou mais das seguintes condições
- Temperatura < 36ºC ou > 38ºC
- FC > 90/min
- FR > 20/min ou $PaCO_2$ < 32 mmHg
- Leucocitose > 12.000/mm³, < 4.000/mm³ ou formas imaturas circulantes (< 10%)

DOIS TIPOS
- **PA edematosa e intersticial** (90-95%).
- **PA necrosante** (5-10%): necrose intrapancreática isolada (< 5%), necrose peripancreática isolada (20%), necrose mista (75-80%).

TERMINOLOGIA PADRONIZADA DAS COMPLICAÇÕES
- Acúmulo de líquido agudo peripancreático (homogêneo), pseudocisto, acúmulo de líquido agudo necrótico (heterogêneo), necrose organizada pancreática.
- Índice de gravidade tomográfica: escore de Balthazar: PA grave se > 4.

Inflamação pancreática e peripancreática	Necrose pancreática
Grau A: pâncreas normal (0 pt)	Sem necrose (0 pt)
Grau B: edema focal ou difuso do pâncreas (1 pt)	Necrose < 30% (2 pts)
Grau C: densificação da gordura peripancreática (2 pt)	Necrose 30-50% (4 pts)
Grau D: coleção única (3 pts)	Necrose > 50% (6 pts)
Grau E: pelo menos duas coleções ou uma coleção com bolhas de ar (4 pts)	

GRAVIDADE
- Situação de risco ++: idade, obesidade IMC > 30, insuficiência orgânica preexistente (injúria renal crônica).

PA pouco grave	Sem SIRS nem insuficiência origânica Mortalidade < 1%
PA moderadamente grave	Complicação local ou sistêmica, insuficiência orgânica resolvida < 48 h Baixa mortalidade, elevada morbidade
PA grave	Insuficiência orgânica única ou múltipla persistente > 48 h Mortalidade 35-50%

CONDUTA: AVALIAR A GRAVIDADE PARA ORIENTAÇÃO ADAPTADA +++
- A correção rápida da volemia é indispensável e melhora o prognóstico.
- Sem antibioticoprofilaxia. Sem IBP sistemático. Sem probiótico.

Formas pouco ou moderadamente graves (na presença de situação de risco: hospitalização em semi-intensiva)
- Hospitalização na enfermaria da gastroenterologia. Não há indicação para um controle biológico das enzimas pancreáticas. Controle da SIRS e das insuficiências durante 48 h (caso não resolvam: transferência para semi-intensiva).
- Correção da volemia e dos distúrbios hidroeletrólitos.
- Tratamento da dor: paracetamol e opioides.
- Alimentação oral após 48 h (em função das dores).

Formas graves (hospitalização na UTI em um centro especializado)
- Insuficiência respiratória: SDRA, derrame pleural, pneumonia (primeira causa de infecção durante a primeira semana).
- Insuficiência hemodinâmica (hipovolemia-vasoplegia): a expansão volêmica deve ser precoce (cristaloides, solutos balanceados) e guiada por monitoramento da volemia ± vasopressores (noradrenalina). Investigar complicações infecciosas subjacentes +++.

Reanimação

- Vigilância da pressão intra-abdominal: diagnóstico precoce da síndrome compartimental abdominal (ver *Síndrome compartimental abdominal*). A descompressão abdominal dá resultados variados e será realizada precocemente, se necessário.
- Injúria renal: geralmente de origem funcional. A necessidade de terapia de substituição renal agrava o prognóstico.
- **Nutrição enteral precoce**: (< 48 h) através de sonda nasoenteral ou nasogástrica. Ela diminui a morbidade das formas graves (infecções).
- A alimentação parenteral deve ser reservada para os casos em que a via enteral não seja possível ou se os aportes forem insuficientes desde o D3.

Infecção da necrose (> 40% dos pacientes, após a 1ª semana)
- Clínica e biológica não específicas (PCR, PCT).
- Diagnóstico por punção guiada por tomografia ou por ultrassonografia. Drenagem radiológica percutânea ou endoscópica.
- Dar preferência às técnicas menos invasivas: radiológicas, endoscópicas (necrosectomia endoscópica) e evitar ao máximo uma intervenção cirúrgica (não retardá-la caso seja indicada).
- Tratamento antibiótico (7-10 d deve ser discutido) se a bacteriologia for positiva (boa penetração na necrose: imipeném, fluoroquinolonas que devem ser ajustadas aos resultados microbiológicos).

Pancreatite aguda biliar
- Em caso de angiocolite e/ou icterícia obstrutiva: CRPE + esfincterotomia endoscópica de emergência.
- Forma não grave e evolução favorável: sem esfincterotomia endoscópica. Colecistectomia precoce e avaliação da via biliar.
- Forma grave: colecistectomia posterior, após o desaparecimento das coleções e avaliação da via biliar.

Hemorragias digestivas altas

PROCEDIMENTO TERAPÊUTICO
Manejo inicial

- Acessos venosos de grosso calibre (≥ 16G), oxigenoterapia nasal.
- Os sinais de gravidade devem ser interpretados em função da ingestão (frequente de betabloqueadores).
- O escore de gravidade utilizado é o de **Glasgow-Blatchford**: se for ≥ 8, transferência para semi/UTI.

Ureia plasmática (mmol/L)	≥ 6,5 e < 8	2 pts
	≥ 8 e < 10	3 pts
	≥ 10 e < 25	4 pts
	≥ 25	6 pts
Hb no homem (g/dL)	≥ 12 e < 13	1 pt
	≥ 10 e < 12	3 pts
	< 10	6 pts
Hb na mulher (g/dL)	≥ 10 e < 12	1 pt
	< 10	6 pts
PAS (mmHg)	≥100 e < 109	1 pt
	≥ 90 e < 100	2 pts
	< 90	3 pts
Outros marcadores	FC ≥ 100 bpm	1 pt
	Melena	1 pt
	Síncope	2 pts
	Hepatopatia	2 pts
	Insuficiência cardíaca	2 pts

- Alvos transfusionais da ordem de 7-8 g/dL de hemoglobina e alvo de PAM de 65 mmHg para a maioria dos pacientes (reavaliar em caso de coronariopatia confirmada ou insuficiência cardíaca).
- Não há indicação para a transfusão de PFC para corrigir coagulopatia antes da endoscopia.
- Transfusão de plaquetas no paciente cirrótico se as plaquetas forem < 30.000/mm³.
- Sonda gástrica para confirmar a origem alta do sangramento (sem contraindicação no paciente cirrótico).
- Eritromicina 250 mg IV: 15-30 min antes da endoscopia (facilita o esvaziamento gástrico).
- É interessante iniciar o mais precocemente possível um tratamento antissecretório e vasoativo específico do território esplâncnico (ver a seguir) enquanto aguarda o diagnóstico endoscópico.
- A endoscopia digestiva alta deve ser realizada dentro das 24 h ou mais cedo em caso de sangramento abundante/paciente cirrótico (12 h).

- Diagnóstico etiológico e procedimento terapêutico.
- Em caso de alteração do nível de consciência e/ou instabilidade hemodinâmica: IOT e sedação.
- Em caso de paciente consciente: oxigenoterapia nasal para $SpO_2 \geq 95\%$.

MANEJO EM FUNÇÃO DA SITUAÇÃO
Paciente cirrótico
(Ver *Complicações da cirrose.*)

Ruptura das varizes esofágicas ou cardiotuberositárias: ⅔ dos casos
- Há interrupção espontânea do sangramento em 75% dos casos.
- Administração precoce de um tratamento farmacológico que deve ser continuado por 3-5 d no máximo:
  - Somatostatina: *bolus* IV de 0,25 mg por 2 min e depois 0,25 mg/h. Controle glicêmico.
  - Octreotida: infusão contínua de 25 mcg/h precedida ou não de *bolus* de 25-50 mcg.
  - Terlipressina: 1-2 mg/4 h IV lenta, na ausência de contraindicações (choque séptico, infarto do miocárdio, arritmia, arteriopatia obliterante dos membros inferiores, AVC).
- Endoscopia sistemática (dentro de 12 h): obturação com cola > ligadura elástica > escleroterapia em caso de hemorragia ativa (depois evitar a colocação de uma sonda nasogástrica).
- Antibioticoprofilaxia com C3G ou fluoroquinolona durante 5-7 d.
- Em caso de falha, considerar uma 2ª endoscopia.
- Se a hemorragia e a falha do tratamento endoscópico persistirem:
  - TIPS posicionado em um centro de referência (ou anastomose portocava se Child A e B).
  - Sonda de Blakemore: enquanto aguarda o TIPS, balonete gástrico insuflado com 150 mL de ar, balonete esofágico insuflado com 60 mL de ar, tração a 250 g. O balonete esofágico deve ser desinsuflado a cada 6 h durante 30 min no 1º dia e depois a cada 4 h durante 30 min no 2º dia.
  - Sonda de Linton-Nachlas: balonete insuflado com 600 mL de ar, tração a 600 g. A tração é relaxada nos mesmos intervalos que o balonete para a sonda de Blakemore. Um controle radiológico é praticado imediatamente após a colocação. A sonda é mantida por no máximo 48 h.
- Paralelamente ao controle da hemorragia:
  - Investigar etiologia da descompensação, principalmente infecciosa (ECBU, hemoculturas, punção de ascite, radiografia do tórax), mas também trombose portal, carcinoma hepatocelular.
  - Punção para a evacuação de ascite de grande abundância que vai diminuir a pressão intra-abdominal.
  - Iniciar betabloqueador na interrupção dos tratamentos vasoativos esplâncnicos para a prevenção da recidiva: propranolol 80-160 mg/24 h.
  - Em caso de contraindicação ao tratamento com betabloqueadores, uma ligadura elástica deverá ser considerada.

Hemorragia ligada a úlcera ou a gastrite erosiva

- Endoscopia com esclerose da úlcera (injeção de epinefrina) e/ou colocação de clipes.
- Se houver fatores de gravidade (sangramento ativo ou vaso visível ou coágulo aderente); omeprazol 80 mg IV e depois 8 mg/h IV em bomba de infusão durante 72 h (previne as recidivas).
- Não há necessidade de endoscopia de controle sistemática caso o tratamento seja bem sucedido.
- Considerar o tratamento cirúrgico em caso de falha de hemostasia endoscópica e de hemorragia catastrófica (ou se fatores de risco de hemostasia difícil).
- Embolização a ser discutida em caso de falha de endoscopia ou em caso de identificação de um foco hemorrágico.
- Erradicação de *Helicobacter pylori*: inibidor de bomba de prótons em dose dobrada e antibioticoterapia associando bismuto + metronidazol + tetraciclina (Pyléra®) durante um período total de 7 d (não de urgência).
- Tratamento antiulceroso: omeprazol: 20-40 mg/d IV (inicialmente) continuado VO de 3-5 semanas após o fim do tratamento de erradicação do *Helicobacter pylori*.

Complicações da cirrose

Generalidades sobre a cirrose: ver *Anestesia do paciente cirrótico*.

Ruptura de varizes esofágicas
(Ver *Hemorragias digestivas altas.*)

Ascite
- Tratamento com regime hipossódico (< 5 g/d) + espironolactona (75-400 mg/d) ± furosemida. No perioperatório, a ascite é responsável por uma hipovolemia relativa agravada pelo regime sem sódio e pelos diuréticos.
- Em caso de punção para evacuar a ascite:
  - Evacuação < 2 L: sem necessidade de compensação volêmica sistemática.
  - Evacuação 3-5 L: compensação com cristaloides ou coloides ou albumina.
  - Evacuação > 5 L: albumina 20% (8 g de albumina por litro de ascite evacuado).

Síndrome hepatorrenal
- É uma injúria renal funcional definida por creatininemia > 133 mcmol/L no contexto de cirrose com ascite, que não foi corrigida pelas 48 h de interrupção dos diuréticos e de expansão volêmica com 1 g/kg de albumina. Diagnóstico após a eliminação de estado de choque, de exposição aos tratamentos nefrotóxicos ou de anomalia renal parenquimatosa. Vasoconstrição renal intensa (forma aguda em menos de 15 d, de mau prognóstico e forma subaguda).
- Tratamento: transplante hepático. No aguardo, terlipressina + expansão volêmica com albumina 20% (1 g/kg no D1, 20-40 g/d do D2-D15) ± noradrenalina ± TIPS (*transjugular intrahepatic portosystemic shunt*) e hemodiálise ou hemodiafiltração: eficácia não demonstrada.

Infecção do líquido de ascite
- Diagnóstico: > 250 polimorfonucleares/mm^3 (mesmo sem microrganismos isolado).
- Tratamento antibiótico por 5 d + albumina 20% (1,5 g/kg no D1-D3): cefotaxima 1 g x 3/d (por 5 d) ou amoxicilina/ácido clavulânico (1 g/0,125 g) x 3/d ou ofloxacino 200 mg x 2/d (por 7 d). A eficácia do tratamento é demonstrada pela queda dos polimorfonucleares (PMN) de mais de 50% em 48 h. Tratamento preventivo das recidivas: norfloxacino 400 mg/d de 4-20 meses.
- Infusão de albumina 20% 1,5 g/kg no D1 e 1 g/kg no D3.

Complicações pleuropulmonares
- Derrame pleural:
  - Tratamento com regime sem sódio + espironolactona. A longo prazo, transplante hepático. Deve-se discutir a necessidade de um TIPS.
  - Evitar as punções iterativas ou drenagem (infecção se PMN > 250/mm^3 na punção).

- Síndrome hepatopulmonar:
  - Diagnóstico: hipoxemia ($PaO_2 < 70$ mmHg) ligada ao *shunt* (vasodilatação pulmonar, aumento do gradiente alvéolo-arterial). Diagnóstico na ecocardiografia de contraste (prova das microbolhas positiva) e na cintilografia pulmonar com albumina marcada (de perfusão).
  - Tratamento: transplante hepático.
- Hipertensão portopulmonar:
  - Diagnóstico: cirrose com HP (PAPm > 25 mmHg e POAP < 15 mmHg).
  - Tratamento: interrupção dos betabloqueadores ± prostaciclina ± NO + transplante hepático (se PAPm < 35 mmHg).

Distúrbios da hemostasia e da coagulação

- Diminuição da função de síntese hepática. Queda do TP por diminuição dos fatores II, V, VII e X. Prolongamento do TS. TTPA normal ou prolongado. Ativação crônica da fibrinólise. Risco hemorrágico mais importante (contraindicação da ALR de acordo com os distúrbios).
- Complicações protrombóticas: albuminemia baixa = fator de risco tromboembólico independente (++ prevenção); deficiências adquiridas em fatores anticoagulantes (proteína C, proteína S, AT III).

Encefalopatia hepática

- São quatro estágios: confusão, desorientação temporal e espacial, sonolência, coma.
- Intubação em função da profundidade do comprometimento neurológico.
- Dosagem da amonemia (informativa) e ausência de tratamento específico fora da causa de descompensação.

Síndrome compartimental abdominal

DEFINIÇÕES

PIA: pressão intra-abdominal	Pressão reinante no interior da cavidade abdominal. Valor normal ≈ 0. Variações fisiológicas agudas e crônicas (obesidade, gravidez)
HIA: hipertensão intra-abdominal	Aumento rápido da PIA. HIA se PIA > 15 mmHg
SCA: síndrome compartimental abdominal	SCA = HIA + repercussão sistêmica
PPA: pressão de perfusão abdominal	PPA = PAM − PIA
PIV: pressão intravesical	Método de medição da PIA

FISIOPATOLOGIA E CONSEQUÊNCIAS CLÍNICAS

- HIA -> compressão direta dos órgãos e vísceras intra-abdominais -> disfunções de órgãos.
- SCA: associação da HIA e repercussão sistêmica.

Consequências cardiovasculares

- PIA < 10 mmHg: aumento do débito cardíaco por compressão do sistema venoso esplâncnico (aumento do retorno venoso pelo efeito de descarga do sangue em direção ao átrio direito).
- PIA > 10 mmHg: diminuição do débito cardíaco pela queda do retorno venoso (compressão cava). Diminuição da contratilidade miocárdica.

Consequências ventilatórias

- Assim que a PIA > 20 mmHg: superelevação do diafragma ou mesmo abolição da excursão, alteração da complacência da parede torácica e da mecânica ventilatória com atelectasias, alterações da relação ventilação/perfusão, diminuição da CPT.
- A queda da relação PaO_2/FiO_2 e hipercapnia são dois elementos do diagnóstico de SCA.

Consequências renais

O rim é o órgão mais sensível à HIA.
- PIA > 10-15 mmHg: comprometimento renal com oligúria. Pia > 20-25 mmHg: anúria.
- Fisiopatologia multifatorial: queda do fluxo sanguíneo renal, aumento das resistências vasculares renais, compressão das veias renais, diminuição do débito cardíaco, compressão direta dos ureteres, aumento sanguíneo das concentrações de ADH, aumento da atividade renina plasmática e da aldosterona.

Consequências abdominais
- PIA > 10 mmHg: diminuição da microcirculação mucosa e do fluxo sanguíneo mesentérico.
- PIA > 30 mmHg: diminuição importante dos fluxos arteriais celíaco e mesentérico superior, compressão linfática e venosa, diminuição dos fluxos hepáticos arterial, venoso e porta.
- Surgimento de um círculo vicioso: HIA, queda da perfusão intestinal, acidose metabólica, edema intestinal, íleo, HIA etc.

Consequências na parede abdominal
- HIA favorecida pelo aumento de volume das vísceras e diminuição da complacência da parede abdominal.
- Papel deletério dos distúrbios da permeabilidade capilar e da expansão volêmica (que também é seu tratamento).

Consequências encefálicas
- Aumento da PIC explicada pela diminuição do retorno venoso cerebral secundário à transmissão da HIA à caixa torácica.

ETIOLOGIAS
Traumatologia
- Traumatismo abdominal penetrante ou não, extra-abdominal, hematoma retroplacentário (HRP).
- *Packing* abdominal, calça antichoque, queimaduras parietais extensas.

Contexto cirúrgico
- Pancreatite aguda, edema visceral, oclusão digestiva, dilatação aguda do estômago, hérnia volumosa.
- Laparoscopia, cirurgia aórtica, ruptura de aneurisma da aorta abdominal.
- Fechamento da parede abdominal sob tensão, transplante hepático.

Outros
- Síndrome de Ogilvie (ver *Pseudo-obstrução aguda do cólon*), choque séptico, coagulação intravascular disseminada (CIVD), ascite, obesidade mórbida, gravidez (HIA crônica).

DIAGNÓSTICO
Sinais clínicos e biológicos
- Alteração da função renal, oligúria, anúria.
- Comprometimento ventilatório: P insuflação > 35 cmH_2O, PaO_2/FiO_2 < 150 e acidose.
- Comprometimento digestivo: dor, distensão abdominal ainda que mal correlata ao valor da PIA medido.

Métodos da medição da PIA: medição da PIV
Simples, reprodutível e recomendada em reanimação. Outras técnicas não são validadas.

Técnica: em condições de assepsia rigorosa:
- Conectar um sistema de medição de pressão a uma bolsa de NaCl 0,9% colocada em uma bolsa de contrapressão.
- Inserir um angiocateter de calibre 18G na membrana de coleta situada sobre a linha de coleta da urina (respeito do sistema fechado).

- Retirar a agulha do angiocateter e, no lugar da membrana, deixar o cateter de plástico direcionado para a bexiga.
- Adequar uma seringa graduada de 50 mL que permita encher a bexiga para formar uma coluna líquida.
- Zerar a cabeça de pressão com a pressão atmosférica na altura da sínfise púbica.
- Clampear a linha de coleta da urina na saída do cateter.
- Injetar 25 mL de NaCl 0,9% e medir o valor médio.

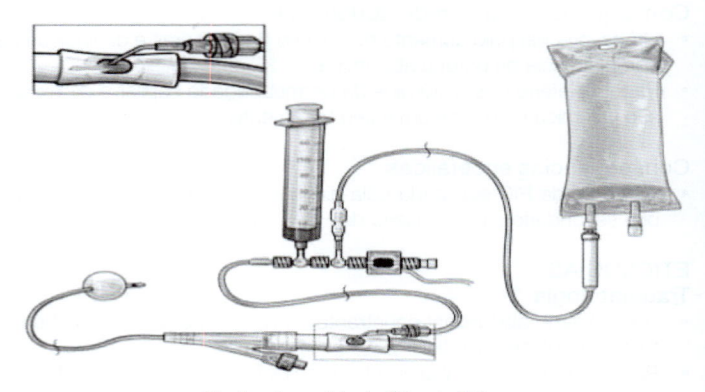

Técnica de medida da PIA pela PIV

SOLUÇÕES TERAPÊUTICAS: NÃO OU POUCO ESTABELECIDAS
Expansão vascular
- As consequências deletérias da HIA são aumentadas pela hipovolemia.
- Contudo, uma expansão excessiva agrava a síndrome coronariana aguda (SCA).

Tratamento médico
- Sedação, curarização, aspiração digestiva, hemofiltração?
- Descompressão cirúrgica do abdome.
- Tratamento de referência: incisões aponeuróticas de descarga.

PROGNÓSTICO: A MORTALIDADE É ELEVADA
- 80-100% na ausência de tratamento.
- 30-65% se uma descompressão for realizada precocemente.

Pseudo-obstrução aguda do cólon (síndrome de Ogilvie)

- Dilatação aguda do cólon sem obstrução mecânica resultante do desequilíbrio do balanço simpatovagal que resulta na atonia cólica.
- Etiologia e fisiopatologia ainda imperfeitamente compreendidas.
- Mortalidade alta (15-40%) agravada uma vez que o cenário clínico subjacente é geralmente ruim.

FATORES QUE FAVORECEM
- Infecção.
- Insuficiência cardíaca, cardiopatia isquêmica aguda.
- Distúrbio metabólico, hidroeletrolítico (hipocalemia).
- Iatrogenia medicamentosa (opioides, neurolépticos, antiparkinsonianos).
- Comprometimento medular, AVC, EM, Parkinson, Alzheimer, insuficiência hepática/renal, traumatismo ou tumor retroperitoneal, cirurgia do quadril, cesariana.

FATORES DE MAU PROGNÓSTICO
Idade, diâmetro cecal máximo > 12 cm, intervalo de descompressão > 6 d.

COMPLICAÇÕES
Isquemia cólica, perfuração (3-15% dos casos) agravadas por mortalidade > 50%.

DIAGNÓSTICO
- Não específico: dor, distensão abdominal, náuseas/vômitos.
- Hipertermia e instabilidade podem traduzir a isquemia e/ou a perfuração.
- Radiografia de abdome sem contraste: dilatação predominante sobre o ceco e o cólon direito.
- Tomografia abdominopélvica com contraste: permite descartar uma obstrução mecânica, medição do diâmetro cecal e investigação de sinais isquêmicos (edema submucoso, espessamento e pneumatose da parede).

DIAGNÓSTICO DIFERENCIAL
- Oclusão mecânica (tomografia abdominal sistemática).
- Megacólon tóxico por infecção com *Clostridium difficile*.

MANEJO
Tratamento conservador
- Interrupção da alimentação enteral, aspiração gástrica contínua e colocação cautelosa de uma sonda retal.
- Se possível, deambulação e analgesia não opioide.
- Hidratação IV e correção dos distúrbios hidroeletrolíticos.
- Suspensão dos anticolinérgicos, dos laxantes e dos bloqueadores dos canais de cálcio.

Reanimação

Tratamento medicamentoso
- Neostigmina (ampolas de 0,5 mg): inibidor reversível da acetilcolinesterase, estimula os receptores parassimpáticos muscarínicos cólicos e pode restaurar a motilidade intestinal.
  - Posologia: 2 mg IV lenta em 5 min, com controle cardioscópico (atropina imediatamente disponível) para um paciente na posição em proclive, por ser repetida uma vez com eficácia quase imediata em 90% dos casos. Também é possível a administração contínua (0,4-0,8 mg/h).
  - Efeitos indesejáveis: broncoespasmo, bradicardia e hipotensão.
  - A associação enteral de polietilenoglicol à neostigmina poderia melhorar os resultados.

Colonoscopia descompressiva
Risco de perfuração de 2%.
- Indicada em caso de dilatação do ceco > 10 cm, evolução há mais de 4 d ou contraindicação/falha da neostigmina.
- A realização é difícil (colón não preparado), contraindicada em caso de complicação e deve ser discutida na presença de isquemia de mucosa visualizada na tomografia.

Tratamento cirúrgico
Mortalidade alta.
- Cecostomia, colectomia segmentar ou total indicada em caso de complicação ou fracasso das medidas precedentes.

Fístulas digestivas

CLÍNICA
Definição
Comunicação entre a pele e uma solução de continuidade no nível do tubo digestivo.

Etiologia
- Cirurgia abdominal (sobretudo cirurgia pancreática), traumatismo, doenças inflamatórias do intestino, neoplasia digestiva, radioterapia, diverticulose sigmoide, isquemia cólica, perfuração de úlcera duodenal.
- Na cirurgia pancreática, os fatores de risco identificados são a idade, o aspecto friável do pâncreas, um canal pancreático de baixa secção (< 3 mm), um sangramento perioperatório > 1.000 mL, a injúria renal e a duração da icterícia pré-operatória.

Diagnóstico
- Dores abdominais, síndrome inflamatória, débito excessivo pelo dreno, saída de líquido pela cicatriz, prova do vermelho carmim. O volume cotidiano da fístula é um importante fator prognóstico e determina as chances de fechamento espontâneo (ver *tabela*).
- Por vezes reveladas pelas complicações (acúmulo de líquidos intra-abdominais, hemorragias, sepse, dor, desnutrição).

Fatores prognósticos de resolução espontânea das fístulas digestivas

Critérios	Prognóstico desfavorável	Bom prognóstico
Volume diário • Fístula pancreática • Fístula intestinal	Importante • > 200 mL/24 h • > 500 mL/24 h	Baixo • < 200 mL/24 h • < 500 mL/24 h
Defeito da parede	Completo	Parcial, continuidade mantida
Orifício fistuloso	Lateral	Terminal
Abscesso parafistuloso	Presente	Ausente
Intestino adjacente	Saudável	Patológico
Obstrução distal	Presente	Ausente
Trajeto fistuloso	< 2 cm, epitelizado	< 2 cm, não epitelizado
Local da fístula	• Gástrico • Íleo	• Orofaríngeo • Esofágico • Biliar • Pancreático • Jejunal

Reanimação

EXAMES COMPLEMENTARES
Tomografia abdominal
- Com contraste intravenoso e instilação digestiva (sonda nasogástrica, estomia) de produto de contraste hidrossolúvel.

Fistulograma
- Indicação rara, mas o exame é minucioso e muito específico, reservado a uma fístula constituída há muitas semanas (evitar o risco de difusão).

Análise bioquímica do líquido fistuloso
- Etiologia pancreática em caso de lipase do líquido fistuloso ≥ 3 x lipasemia.
- Origem digestiva na presença de líquido fistuloso que contenha lipase + bilirrubina.
- Observação: o comprimento do trajeto fistuloso também é um fator prognóstico.

TRATAMENTO
Tratamento conservador
- Drenagem:
    - Aspirativa no trato digestivo superior, de tipo silicone multiperfurado.
    - Procedimento percutâneo com controle por imagem (ultrassonografia, tomografia).
- Proteção cutânea e otimização dos cuidados de estomia.
- Erradicação dos focos infecciosos de parede.
- Reequilíbrio hidroeletrolítico de acordo com o débito da fístula:
    - Débito baixo: metabolismo basal, 1-1,5 g de proteínas/kg/24 h, 30% de lipídeos.
    - Débito alto: 1,5-2 x metabolismo de base, 1,5-2,5 de proteínas/kg/24 h.
- Suplementação vitamínica dupla (x 10 para a vitamina C), aportes parentais de oligoelementos (Zn, Cu).
- Repouso digestivo.
- Modalidades de nutrição adequadas (ver *Nutrição em terapia intensiva*):
    - Nutrição enteral (NE) autorizada em função do local da fístula (esôfago, íleo distal, colon) e se não houver aumento do volume fistuloso.
    - Nutrição parenteral total (NPT) indicada em função do local fistuloso (gastroduodenal, pancreático, jejuno-íleo) e se o volume fistuloso aumentar após início da NE.

O objetivo é duplo: diminuir o débito fistuloso de 30-50% e modificar a composição das secreções gastrointestinais e pancreáticas.
- Inibição das secreções intestinais:
    - Somatostatina: 3-6 mg/24 h. Diminui o volume das secreções gastrointestinais, pancreatites exócrina e endócrina, o débito sanguíneo pancreático, a motilidade gastrointestinal. Meia-vida curta (3 min).
    - Inibidores da bomba de prótons são geralmente utilizados (importância não demonstrada).

- Octreotida: 300 mcg por dia que pode ser substituída no caso da eficácia pelos análogos longos (lanreotida). Perfil farmacodinâmico similar com duração de vida mais longa (2 h).
- A associação NPT + somatostatina acelera o fechamento espontâneo, reduz o período de NPT e a morbidade.
- Indicações utilizadas:
  » Paciente com fístula de alto débito.
  » Estabilização antes do tratamento cirúrgico em caso de fracasso do tratamento médico.
  » Antes de iniciar um tratamento prolongado, um teste terapêutico de 48 h permite avaliar a oportunidade da continuação do tratamento antissecretório (interromper se o débito fistuloso não diminuir).
- Caso particular da cirurgia pancreática: recomenda-se a administração profilática de octreotida apenas em caso de alto risco de fístula nos pacientes submetidos a duodenopancreatectomia cefálica que reúne um ou alguns dos fatores de risco citados.

Tratamento cirúrgico
- Indicações:
  - Obstrução da luz digestiva distal na saída da fístula.
  - Falha do tratamento conservador.
  - Ausência de fechamento espontâneo após um período de 60 d de NPE e na inexistência de sepse.
  - Caso particular da cirurgia pancreática: drenagem cirúrgica de uma coleção, revisão ou modificação da anastomose pancreático-digestiva, totalização da duodenopancreatectomia cefálica.

Reanimação

Composição das secreções digestivas

	Volume em L/24 h	Concentração em mmol/L				
		Na^+	K^+	H^+	Cl^-	HCO_3^-
Saliva	1,5	30	20	0	30	15
Líquido gástrico	2,5	60	10	90	110	0
Bile	0,5	140	5	0	60	90
Suco pancreático	0,7	140	5	0	6	90
Ileostomia	1,5	120	5	0	95	60
Fezes	0,3	40	90	0	15	30

Nutrição em terapia intensiva

GENERALIDADES
- A desnutrição prévia ou ocorrida na UTI está relacionada a uma taxa de complicações infecciosas mais elevada e maior duração de ventilação, de estadas prolongadas em UTI e no hospital.
- A avaliação precisa das necessidades nutricionais é difícil e as equações preditivas habitualmente utilizadas são inadequadas.
- Um procedimento padrão de prescrição e de controle do suporte nutricional permite a redução da distância entre as necessidades teóricas e os aportes efetivos.
- Será necessário associar um aporte de nutrição parenteral à nutrição enteral entre o 3º e o 7º dia na UTI se os objetivos nutricionais não forem atingidos.
- No estado atual dos conhecimentos, parece preferível limitar mais do que corrigir a deficiência energética na fase aguda.

AVALIAÇÃO DO ESTADO NUTRICIONAL E METABÓLICO
- Índice de massa corporal (IMC) = peso/altura^2.
  - < 10: desnutrição grau V.
  - 10-12,9: desnutrição grau IV.
  - 13-14,9: desnutrição grau III.
  - 15-16,9: desnutrição II.
  - 17-18,4: desnutrição grau I.
  - 18,5-24,9: normal.
  - 25-29,9: sobrepeso.
  - 30-34,9: obesidade grau I.
  - 35-39,9: obesidade grau II.
  - > 40: obesidade grau III.
- O paciente está desnutrido quando há perda de peso recente > 10%, IMC < 18,5, IMC < 21 no indivíduo com mais de 70 anos ou com albuminemia na admissão < 30 g/L.
- Fatores de risco de desnutrição: idade > 70 anos, câncer, patologias crônicas de órgãos (diabete, injúria renal, insuficiência respiratória/hepática/cardíaca crônica), antecedentes de cirurgia digestiva de grande porte, doenças neuromusculares e psiquiátricas, HIV, quimioterapia, radioterapia, corticoterapia prolongada, polimedicação.

NECESSIDADES NUTRICIONAIS
Necessidades energéticas
- Nos limites da utilização, a calorimetria indireta é a técnica de referência para avaliar as necessidades nutricionais. Na ausência de calorimetria indireta, os objetivos calóricos são os seguintes:
  - Aportes energéticos = 20-25 kcal/kg/d durante a fase aguda e depois 25-30 kcal/kg/d após a estabilização, que deve ser feita sob a forma de 40-60 de glicídios, 20-40% de lipídios, 15-25% de protídeos.
  - Glicídios: 1 g de glicose = 4 kcal. Aportes recomendados 3-5 g/kg/d.
  - Lipídios: 1 g de lipídio = 9 kcal/d. Aportes recomendados 0,7-0,9 g/kg/d.

- Protídeos: 1 g de protídeo = 4 kcal. Aportes recomendados 1,2-1,5 g/kg/d.
- Balanço de azoto = aportes – perdas.
- Cálculo das perdas (g/L) = (ureia urinária (mmol/L) x diurese (L/d) x 0,028 + 2 (perdas extrarrenais). Com 1 g de N2 = 2 g de ureia = 6,25 g de proteínas.

Necessidades em oligoelementos e vitaminas:
As soluções de nutrição enteral contêm vitaminas e oligoelementos. O aporte de 1.500 kcal/d cobre geralmente as necessidades diárias.
- **Oligoelementos (Decan®)**: Zn, Fe, Cu, Cr, I, F, Mn, Se, Co, Mo.
  - Paciente na fase aguda: 1 ampola x 2/semanas em caso de nutrição enteral > 1.500 kcal/d, 1 ampola x 1/d se nutrição enteral < 1.500 kcal/d ou nutrição parenteral total.
  - Paciente estável, em fase de recuperação: sem suplementação se nutrição enteral > 1.500 kcal/d, 1 amp x 1/d se nutrição enteral < 1.500 kcal/d ou nutrição parenteral total.
  - Suplementação específica em Cu, Zn e Se nos pacientes queimados, sépticos ou que apresentem perdas digestivas importantes.
- **Polivitaminas (Cernevit®)**: A, D, E, K, B1, B2, B5, B6, B8, B9, B12, PP, C.
  - Frequência de administração similar à dos oligoelementos.
  - Suplementação específica em vitaminas B1 250 mg/d e B6 250 mg/d (IV ou VO) no paciente etilista.
  - Em caso de permanência prolongada em UTI, suplementação de ácido fólico (Speciafoldine®): 5 mg/d VO ou folinato de Ca (metabólito ativo do ácido fólico): 50 mg/d IV.

SUPORTE NUTRICIONAL
Nutrição enteral
- Deve ser privilegiada em relação à nutrição parenteral +++.
- Iniciar desde a estabilização hemodinâmica, nas primeiras 24 h.
- O paciente deve ser mantido em posição semissentada (proclive 30-45º).
- Previne a úlcera de estresse e a translocação bacteriana digestiva (diminuição das infecções nosocomiais) a partir dos baixos débitos.
- Via inicial: geralmente sonda nasogástrica ou orogástrica (traumatismo craniofacial). É possível iniciar a nutrição enteral com uma sonda em PVC tipo Salem, mas recomenda-se a utilização de uma sonda de alimentação de pequeno calibre (< 14F) de silicone ou poliuretano. Controle radiológico. Fixação cuidadosa.
- **Contraindicações**:
  - Obstrução digestiva, peritonite, infarto mesentérico.
  - Instabilidade hemodinâmica na fase aguda.
  - Alteração do nível de consciência sem proteção das vias aéreas superiores.
- **Produtos recomendados em primeira escolha**: forma polimérica, baixa osmolaridade (250-400 mOsm/L), suplementada com íons, oligoelementos e vitaminas, sem glúten:
  - Isocalórica (1 kcal/mL) normoprotéica (Nutrison®, Sondalis® etc.).
  - Hipercalórica (1,5 kcal/mL) hiperprotéica (Nutrison Energy® Sondalis Energy®, Megareal® etc.)

- **Efeitos indesejáveis**: pneumopatia por broncoaspiração, diarreias, constipação, irritações faríngeas e esofágicas (sobretudo com sondas de tipo Salem), refluxo gastroesofágico, necrose da asa do nariz.
- **Produtos específicos**:
  - A adjunção de fibras (15-30 g/d) auxilia na regularização do trânsito (luta contra a constipação e a diarreia, e da glicemia (redução da absorção dos açucares): Nutrison Fibres® Sondalis Fibres® etc.
  - Em caso de má absorção (intestino delgado curto, enteropatia exsudativa), é possível a indicação de uma nutrição semielementar (Peptamen®).
- **Modalidades de administração**:
  - Alcançar o objetivo nutricional em 48 h (débito crescente).
  - Não é necessário medir o volume residual gástrico, que não reduz o risco de broncoaspiração, mas gera redução dos aportes enterais.
  - Em caso de distúrbio do esvaziamento gástrico (refluxo, regurgitações), deve-se administrar procinéticos (sem administração profilática):
    - » Metoclopramida 10 mg x 3/d e/ou eritromicina 250 mg x 4/d IV lenta (realização de ECG em busca de QT longo).
- **Interrupção**:
  - É importante que a nutrição seja interrompida o menos possível.
  - Em caso de extubação, interromper somente a nutrição enteral no momento do teste de peça em T.
  - Em caso de intervenção em um paciente intubado e ventilado (exceto traqueostomia), interromper somente a nutrição enteral no momento do encaminhamento ao centro cirúrgico (pois a anestesia será feita sem perda do controle das vias aéreas superiores).
- **Constipação persistente**:
  - Independente da alimentação enteral que não deve ser interrompida.
  - Conduta, na seguinte ordem:
    - » Sorbitol (1-2/d), lactulose (2 saches x 3/d).
    - » Lavagens com Normacol® (1-2/d).
    - » Prostigmina: 2 mg IV lenta em 5 min, que pode ser repetida 1-2 x/d. Sempre eliminar previamente, por meio de tomografia abdominal contrastada, obstáculo orgânico ou isquemia mesentérica.

Nutrição parenteral
- É indicada em casos de impossibilidade de utilização da via enteral ou de má tolerância da nutrição enteral.
- **Via de administração**:
  - Acesso venoso periférico (AVP) se osmolaridade < 800-900 mOsm/L, ausência de contraindicação aos grandes volumes hídricos, AVP único, trocado pelo menos a cada 48 h, nutrição ≤ 10 d, e ≤ 1.500 kcal/d.
  - Cateter venoso central (CVC) se osmolaridade > 800-900 mOsm/L via única.
- **Contraindicações**: alergias às proteínas de ovo ou soja, hiperlipidemia importante, insuficiência hepatocelular grave, injúria renal grave na ausência de terapia renal de substituição, choque na fase aguda, síndrome da ativação macrofágica.

Reanimação

- **Produtos**: misturas ternárias, que devem ser reconstítuidas de maneira imediata.
  - Smofkabiven®: alimentação parenteral que deve ser administrada por CVC. Concebida para os pacientes de terapia intensiva que apresentem insuficiências orgânicas (presença de ômegas 3, 6 e 9, triglicerídeos de cadeias médias).
  - Perikabiven®: alimentação parenteral que deve ser administrada por acesso venoso periférico.
- Considerar a **suplementação em íons** (Na, K, Ca, P, Mg), oligoelementos e vitaminas (ver acima). Nada acrescentar à solução reconstituída. Os íons, os oligoelementos e as vitaminas desestabilizam a emulsão lipídica.
- **Efeitos indesejáveis**: distúrbios hidroeletrolíticos (hipofosfatemia +++), hiperglicemia, hipertrigliceridemia (dosagem semanal dos TG), esteatose e colestase hepática, *sludge* vesicular, infecção no cateter, tromboflebite.
- A nutrição parenteral é indicada como complemento da nutrição enteral se o objetivo calórico de 25-30 kcal/kg/d não for alcançado em 3-7 d.

SUPORTE NUTRICIONAL ESPECÍFICO
- L-alanil-L-glutamina (Dipeptiven®): indicado para o paciente de UTI em caso de nutrição parenteral exclusiva na posologia de 0,5 g/kg/d durante no mínimo 10 d.
- Ácidos graxos essenciais polinsaturados: efeitos anti-inflamatórios possivelmente interessantes em cirurgia digestiva de grande porte, em caso de sepse ou SDRA. Presentes nas preparações de nutrição enteral e no Smofkabiven®.
- A suplementação em arginina é contraindicada para o paciente com sepse.

CONTROLE
- Risco de síndrome de realimentação: controle biológico (Ph, Mg, K), suplementação em oligoelementos, pH e vitaminas B.
- Controle diário do peso e dos aportes calóricos efetivos.
- Dosagem semanal da albuminemia e da pré-albuminemia.
- Importante o cálculo do balanço de azoto desde a fase de recuperação.
- Não há interesse na utilização em terapia intensiva das fórmulas de acompanhamento da eficácia do suporte nutricional.

ÉTICA
- Em caso de limitações ou interrupção terapêutica, deve-se discutir a oportunidade do prosseguimento do suporte nutricional. O suporte nutricional faz parte do tratamento, mas também comporta uma dimensão cultural que deve ser considerada.

Distúrbios acidobásicos

ACIDOSE METABÓLICA
Interpretação de Henderson-Hasselbach
Variáveis = bicarbonatos, $PaCO_2$.

- As variações de pH dependem das modificações dos bicarbonatos e da $PaCO_2$: $pH = 6,1 + \log [HCO_3^-]/0,03 \times PaCO_2$.
- A acidose metabólica é secundária à diminuição dos bicarbonatos responsáveis pela queda do pH que provoca queda compensatória da $PaCO_2$ por hiperventilação:
  - Definição = $pH < 7,38$, $HCO_3^- < 22$ mmol/L et $PaCO_2 < 40$ mmHg.
- A análise do distúrbio depende do cálculo do anion gap plasmático:
  - $AG = (Na^+ + K^+) - (Cl^- + HCO_3^-)$; normal $< 16 \pm 4$ mmol/L.
- Em caso de hipoalbuminemia, deve-se calcular um ânion gap plasmático corrigido:
  - AG corrigida = AG medido $+ 0,25 \times (40 - \text{albuminemia})$.

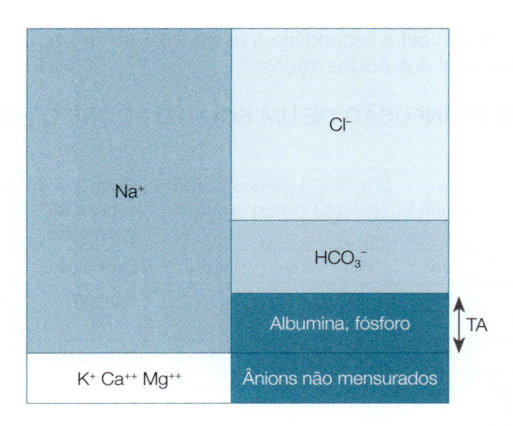

- O ânion gap **urinário (AGU)** ($U_{Na^+} + U_{K^+} - U_{Cl^-}$) permite diferenciar a origem renal de uma origem extrarrenal da acidose metabólica com anion gap normal.
- Essa abordagem pode ser insuficiente para compreender os distúrbios complexos de reanimação.

Interpretação de Stewart
Variáveis = SID, $paCO_2$, massa total dos ácidos fracos.

- As variações de pH dependem do grau de dissociação da água plasmática, o que corresponde à alteração de 3 variáveis independentes:
  - A diferença entre todos os cátions fortes e os anions fortes plasmáticos, chamada **strong ion difference** ou SID.
  - A $PaCO_2$.
  - A massa total dos ácidos fracos ou Atot (albumina + fosfato).

Não se pode calcular o valor exato do SID, a aproximação é feita pelo cálculo do SID efetivo (SIDe) e do SID aparente (SIDa, normal 40 ± 2 mM, cálculo mais simples do que o do SIDe).

A diferença entre SIDa-SIDe é o *strong ion gap* ou SIG, normalmente igual a 0.

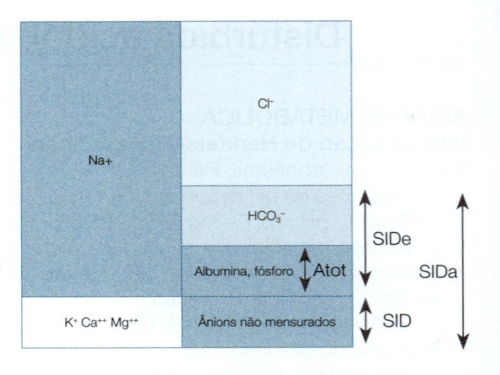

$$\text{SIDe } (meq.L^{-1}) = HCO_3^- + albumina + fosfato = [HCO_3^-] + [albumina \\ (g.L^{-1})] \times (0,123 \times pH - 0,631) + [fósforo (meq.L^{-1})] \times (0,309 \times pH - 0,469) \\ = 40 \pm 2 \text{ meq.L}^{-1}$$

$$\text{SIDa} = [Na^+ + K^+ + Ca^{2+} + Mg^{2+}] - [Cl^- + lactato-]$$

- A queda do pH é secundária à diminuição do SID ou ao aumento da massa total dos ácidos fracos.

EFEITO DA INFUSÃO DE UM SOLUTO SOBRE O pH

Soluto	Na (mEq/L)	Cl (mEq/L)	Lactato (mEq/L)	SID do soluto	Efeito sobre o SID plasmático	Efeito sobre o pH
NaCl 0,9%	154	154	0	0	Diminuição	Acidificante
Ringer lactato	130	109	29	27	Nenhum	Nenhum
HEA	154	154	0	0	Diminuição	Acidificante
Plasmion®	150	100	30	27	Nenhum	Nenhum
Gelofusine®	154	120	0	34	Nenhum	Nenhum

Reanimação

RACIOCÍNIO DIANTE DE UMA ACIDOSE METABÓLICA

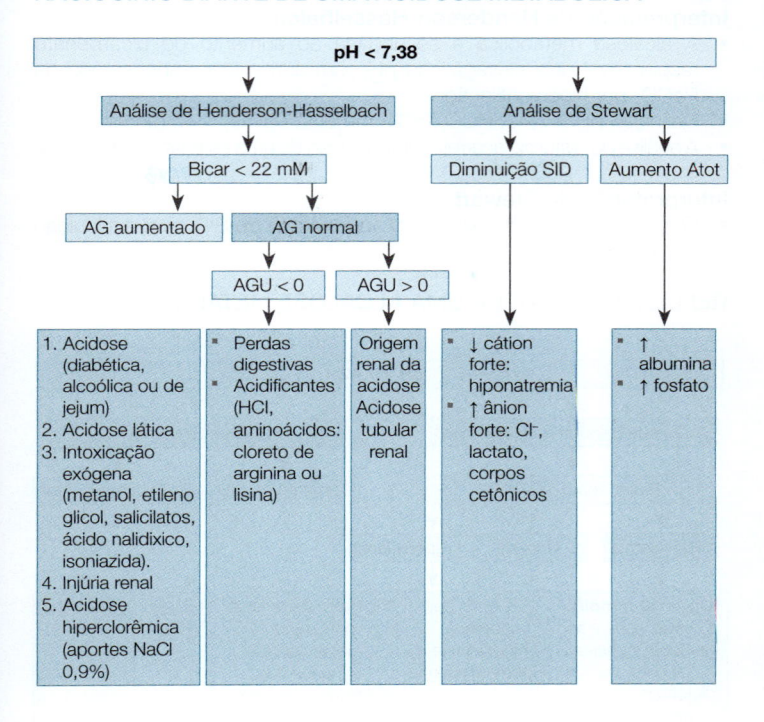

TRATAMENTO

- Tratamento da causa (expansão e catecolaminas em um estado de choque, insulinoterapia em caso de acidose diabética etc.).
- Hiperventilação: respeitar a hiperventilação espontânea que permite a eliminação do CO_2. Recorrer à ventilação artificial em caso de esgotamento respiratório que permite diminuir o custo energético da respiração.
- Terapia de substituição renal:
  - Intoxicação por metformina: acidose lática grave por defeito de utilização do oxigênio no nível mitocondrial e injúria renal geralmente associada. Indicação de terapia de substituição renal para auxiliar a função renal e eliminar a metformina.
  - Outras intoxicações: etilenoglicol, ácido acetilsalicílico, metanol, biguanidas.
  - pH < 7,20 (injúria renal anúrica, estado de choque etc.).
- Indicação de alcalinização com reposição de bicarbonatos:
  - Acidose por perdas digestivas ou renais de bicarbonatos.
  - Não há nenhuma outra indicação à alcalinização a não ser que a etiologia precise da administração de bicarbonatos por outra razão que a acidose (intoxicação por produtos com efeito estabilizante de membrana, diurese alcalina na intoxicação com salicilatos).
  - Não há indicação na parada cardiorrespiratória, exceto a intoxicação com tricíclicos.

Reanimação

ALCALOSE METABÓLICA PURA
Interpretação de Henderson-Hasselbalch
- A alcalose metabólica é secundária ao aumento do bicarbonato responsável pela elevação do pH com aumento compensatório da $PaCO_2$ por hiperventilação.
- Definição pH > 7,42, HCO_3^- > 28 mmol/L, $PaCO_2$ > 40 mmHg.
- A análise do distúrbio acarreta a intervenção de uma estimativa da volemia.

Interpretação de Stewart
- O aumento do pH é secundário ao aumento do SID ou à diminuição dos ácidos fracos.

REFLEXÃO DIANTE DE UMA ALCALOSE METABÓLICA

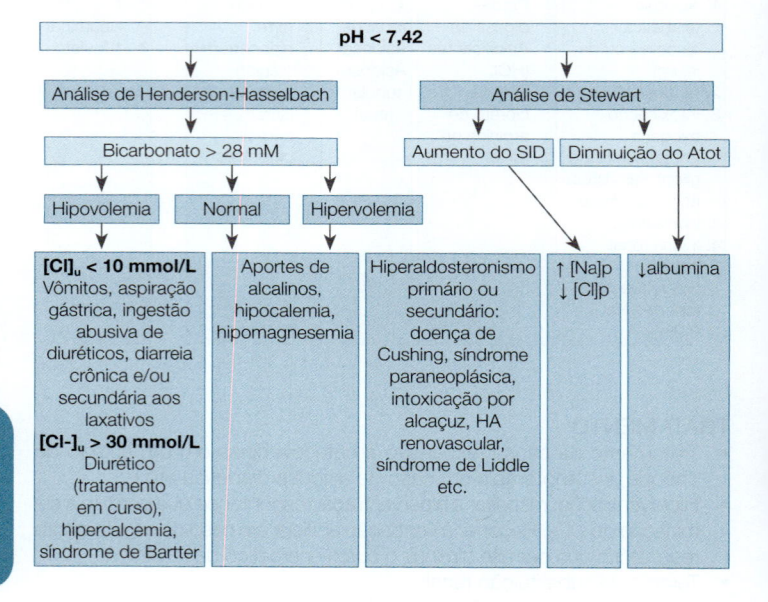

TRATAMENTO
Supressão do mecanismo causal
- Interrupção dos aportes alcalinos sem esquecer das unidades de plasma fresco e dos solutos poli-iônicos.
- Se possível, interrupção das aspirações digestivas ou do tratamento diurético.
- Compensação das perdas digestivas, eventualmente adaptando-se o soluto de compensação a um ionograma efetuado com os líquidos aspirados.
- Ablação de um tumor adrenal (síndrome de Conn).

Correção dos distúrbios hidroeletrolíticos associados
- Corrigir hipocalemia associada que agrava a alcalose, corrigir hipercalcemia.

- Corrigir hipovolemia associada pela administração de cristaloides (NaCl 0,9%) ou coloides para suprimir o hiperaldosteronismo secundário à hipovolemia e reduzir a acidificação da urina.

Outros tratamentos
- Não há praticamente qualquer indicação para o cloreto de amônia e para o cloridrato de arginina por causa dos efeitos secundários (hiperamonemia, hipercalemia, hipoglicemia). O mesmo vale para o ácido clorídrico.
- Para alguns, a acetazolamida ainda é uma indicação na alcalose metabólica pós-hipercapnia na insuficiência respiratória crônica.

Reanimação

Disnatremia: hiponatremia, hipernatremia

MENÇÃO, DEFINIÇÕES E PRINCÍPIOS

- Uma disnatremia é secundária a uma anomalia do balanço hídrico.
- Disnatremia: natremia < 135 mmol/L ou > 145 mmol/L.
- Natremia corrigida segundo a glicemia: [Na]c = [Na] + (glicemia em mmol/L-5)/3.
- A natremia representa a parte mais importante da osmolaridade.
- Não é a natremia que é regulada, é a osmolaridade.
- Não são as disnatremias que são perigosas, são os movimentos de água induzidos pelas variações de osmolaridade.
- Existem três maneiras de abordar a osmolaridade plasmática:
  - Osmolaridade calculada: 2 x [Na] + ureia + glicemia.
  - Osmolaridade medida: medição direta com um osmômetro.
  - Osmolaridade efetiva (ou eficaz) = tonicidade: é a osmolaridade gerada pelos osmoles ativos (ou tonomoles).
- As consequências de uma disnatremia são cerebrais por causa das características da barreira hematoencefálica.
- Uma disnatremia se corrige na mesma velocidade em que se constitui.

HIPONATREMIA = HIPO-OSMOLARIDADE
4 questões
- É uma verdadeira hiponatremia? A osmolaridade plasmática baixa (< 275 mOsm/L confirma a hiponatremia.
- Existe uma agressão cerebral?
- Qual é a tolerância dessa hiponatremia? Má tolerância em caso de edema cerebral: sinais clínicos (cefaleias, convulsões, coma) e/ou complementares (PIC, DTC, $PtiO_2$ etc.).
- O aparecimento da hiponatremia foi rápido ou lento?

5 quadros clínicos
- **Paciente com lesão cerebral**, má tolerância (HIC). Urgência terapêutica: 2 ampolas de NaCl 0,9% a 20% IV lenta.
- **Paciente com lesão cerebral**, boa tolerância. A conduta depende da natriurese:
  - Elevada, inadequada à volemia do paciente: suspeita de síndrome de perda de sal (*cerebral salt wasting syndrom*) (ver *Hemorragia meníngea*). Tratamento sintomático com expansão volêmica ou aporte de sódio se necessário. Tratamento etiológico com a diminuição da natriurese: corticosteroides (aumento da reabsorção de sódio pela atividade mineralocorticoide) ou ureia (provável mecanismo de troca tubular entre Na e a ureia, posologia de 0,5-1 g/kg/d VO ou por sonda nasogástrica em 2-3 doses, ou continuamente na nutrição enteral).
  - Elevada, adequada à volemia do paciente: sem necessidade de ação terapêutica imediata, vigilância constante (ionogramas, exames clínico e complementares, volemia).
  - Normal ou baixa: restrição hídrica.
- **Paciente sem lesão cerebral**, mecanismo de instalação rápido: aportes hipotônicos compensando as importantes perdas de água e

sódio: digestivas, cutâneas (exercício físico, insolação, *ecstasy*), perioperatórias. Urgência terapêutica: 2 ampolas de NaCl 20% IV lenta.

- **Paciente sem lesão cerebral, mecanismo de instalação lento, natremia < 120 mmol/L**: potomania, *tea and toast syndrome*, diurético. O perigo não está na hiponatremia em si, que é bem tolerada (regulação do volume celular cerebral), mas na cinética de correção (risco de mielinólise pontina central, se houver correção excessivamente rápida). Na presença de sinais neurológicos ou hiponatremia graves (< 110 mmol/L): 2 ampolas de NaCl 20% IV lenta. Depois, gestão dos aportes de água e sódio para não aumentar a natremia em mais de 8 mmol/L/d nos três primeiros dias. Se necessário, interromper os aportes de sódio, prescrição eventual de desmopressina.
- **Paciente sem lesão cerebral, mecanismo de instalação lenta, natremia > 120 mmol/L**: quadro frequente, etiologias variadas: aportes hipotônicos, medicamentos+++, neoplasia, insuficiência cardíaca, renal, hepática etc., SIADH. Tratamento etiológico associado à restrição hídrica e/ou de sódio, de diuréticos e ureia.

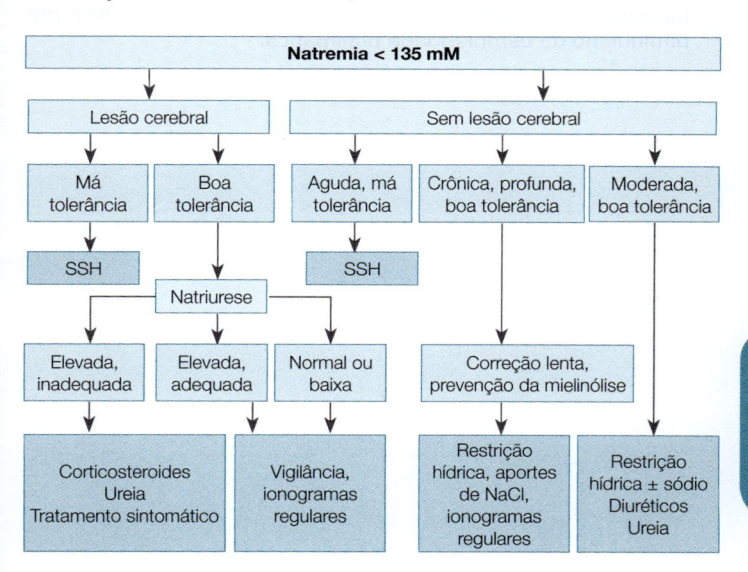

HIPERNATREMIA = HIPEROSMOLARIDADE

1. **Deficiências hídrica e de sódio** = desidratação global.
- Origem extrarrenal: cutâneas (perdas insensíveis, queimaduras), pulmonares (perdas insensíveis), digestivas.
  - Origem renal por diurese osmótica (glicosúria, manitol, furosemida, nefropatia túbulo-intersticial, retirada de obstáculo, transplante de rim): osmolaridade urinária > 300 mOsm/L, densidade urinária (DU) > 1.010. Em caso de lesão cerebral, desconfiar da coexistência de diurese osmótica e diabete insípido (ver *Diabete insípido*).
2. Deficiência hídrica e retenção de sódio:
- Aportes de sódio excessivos por infusão de NaCl 0,9% ou bicarbonato de sódio, ou aportes enterais.

3. Deficiência hídrica pura:
- Diurese hídrica ligada ao diabete insípido (ver *Diabete insípido*): osmolaridade urinária < 150 mOsm/L, DU ≤ 1.005.

Tratamento
- Aporte ou supressão dos aportes em sódio em função da etiologia.
- Cálculo do déficit de água livre (DAL) em litro:

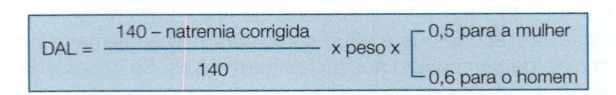

$$DAL = \frac{140 - \text{natremia corrigida}}{140} \times \text{peso} \times \left[\begin{array}{l} 0,5 \text{ para a mulher} \\ 0,6 \text{ para o homem} \end{array} \right.$$

- Sempre privilegiar a via enteral, se não IV (SG 2,5% + 2 g KCl/L) controlando a glicemia.
- Em caso de diabete insípido: ver *Diabete insípido*.
- ▲ **Lembrar sempre de que a correção demasiado rápida de uma hipernatremia pode agravar ou criar um edema cerebral por diminuição da osmolaridade plasmática.**

Diabete insípido central

- Aparece no pós-operatório de intervenções realizadas no eixo hipotálamo-hipofisário, após um traumatismo craniano ou qualquer lesão cerebral que possa danificar de maneira direta ou indireta a haste hipofisária.
- Pode ser transitório ou definitivo.
- É frequente após a passagem para o estado de morte encefálica (⅔ dos pacientes) (ver *Morte encefálica*).

DEFINIÇÃO
Poliúria hídrica hipotônica por insuficiência de secreção de ADH.

DIAGNÓSTICO POSITIVO
- Débito urinário elevado: 2 mL/kg/h (adulto), > 1 mL/kg/h (criança).
- Densidade urinária baixa ≤ 1.005, realizada com um densímetro (referência 1.000 para a água destilada).
- Natremia corrigida ≥ 145 mmol/L.
- ▲ **A natremia pode permanecer normal se o paciente tem livre acesso à água.**
- Osmolaridade urinária medida < 150 mOsm/L.

DIAGNÓSTICO DIFERENCIAL
Diurese osmótica
- (Ver *Disnatremia*).
- Dificulta o diagnóstico de diabete insípido em caso de infusão concomitante de manitol: a densidade urinária é aumentada pela presença de manitol (DU ≥ 1.010, osmolaridade urinária ≥ 300 mOsm/L) apesar da existência de diabete insípido. Diagnóstico diante do contexto, poliúria importante e o aumento rápido da natremia. É preciso tratar o diabete insípido ainda que o critério de hipo-osmolaridade urinária não apareça.

Sobrecarga hídrica
- Débito urinário elevado, densidade urinária baixa, mas a natremia permanece normal.
- Teste curto de restrição hídrica: diminuição da diurese.

TRATAMENTO
Paciente consciente
- Infusão de base com SG 5% ou SG 2,5% + 2 g KCl/L sem NaCl.
- Autorizar livre acesso de água VO.

Paciente sedado
- Se necessário: expansão volêmica isotônica para restabelecer uma volemia normal.
- Compensação da diurese osmótica IV ou VO, adequando-se à evolução da natremia:
  - Água na sonda nasogástrica: compensação das perdas hídricas (metade da diurese anterior) em 8 h.

Reanimação

- SG 5% ou SG 2,5% + 2 g KCl/L sem NaCl com atraso (metade da diurese anterior) para evitar a hiperdiurese por estimulação. Ter cuidado com o possível desequilíbrio glicêmico.
- Deve-se evitar tentar normalizar uma hipernatremia na fase aguda da HIC (risco de aumento da PIC por diminuição da osmolaridade plasmática), mas sim evitar que aumente.

Em todos os casos
- Desmopressina IV: 0,5 a 1 mcg x 2/d (adulto); 0,25 a 1 mcg/d (criança).
- Não há prescrição sistemática, mas de preferência segundo os critérios de persistência do diabete insípido.
- A posologia deve ser ajustada ao débito, à densidade urinária e aos ionogramas realizados.
- Tratamento substitutivo de longo prazo do diabete insípido definitivo com a desmopressina:
  - Por via nasal (não utilizar antes de um período de 15 d após cirurgia por via esfenoidal).
  - Por VO: 0,1 a 0,2 mg x 3/d.

Hipercalemia

Trata-se uma hipercalemia quando a calemia ultrapassa 6,5 mmol/L ou se existem arritmias. As situações clínicas mais frequentes são a injúria renal, a rabdomiólise e imediatamente (3-4 min) após uma injeção de succinilcolina.

COMO ANTAGONIZAR AS ARRITMIAS (IMEDIATO)?

- Gluconato ou cloreto de cálcio: 10 mL em 10 min: efeito dentro de 3 min, pode ser repetido se não houver efeito dentro de 5 min, duração da ação 30-60 min.
- NaCl 0,9%: efeito reconhecido na presença de hiponatremia.

COMO DIMINUIR A CALEMIA?
Rapidamente, com a redistribuição do potássio

- Glicose + insulina: 100 mL de SG 30% em *bolus* e insulina 10 U IV direta: diminuição de 0,6 mEq/L de calemia em 15 min, efeito máximo em 30-60 min. Ainda se discute a ação de uma infusão após o *bolus*.
- Agonistas beta-2 (salbutamol), efeito aditivo com glicoinsulinoterapia. Em infusão contínua: 0,5 mg em 15 min, diminuição da calemia de 1 mEq/L após 1 h. Ação em 60% dos pacientes, o mecanismo de resistência a este tratamento é desconhecido.
- Bicarbonatos: é falso o dogma de que uma infusão de bicarbonatos modifica a calemia na emergência. Não há entrada de potássio nas células e a calemia não se modifica.

Lentamente, aumentando a eliminação (ação lenta)

- Diuréticos da alça (furosemida) ou acetazolamida.
- Resinas trocadoras de íons: Kayexalate® VO (30-60 g) ou lavagem (100-200 g). Tempo de ação: 2 h. Efeito máximo: 6 h. Atenção: há risco de necrose cólica em 1,8% dos casos, baixo efeito agudo.
- Diálise: método mais indicado, diminuição da calemia de 2 mEq/L nas três primeiras horas. Atenção: rebote de calemia com a interrupção da diálise.

ETIOLOGIAS

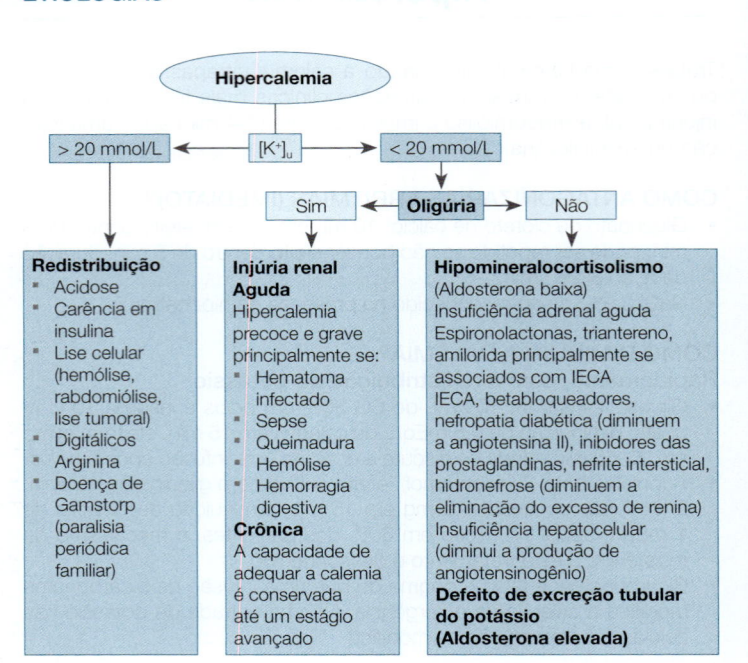

Hipercalemia

> 20 mmol/L ← [K⁺]ᵤ → < 20 mmol/L

Sim ← **Oligúria** → Não

Redistribuição
- Acidose
- Carência em insulina
- Lise celular (hemólise, rabdomiólise, lise tumoral)
- Digitálicos
- Arginina
- Doença de Gamstorp (paralisia periódica familiar)

Injúria renal Aguda
Hipercalemia precoce e grave principalmente se:
- Hematoma infectado
- Sepse
- Queimadura
- Hemólise
- Hemorragia digestiva

Crônica
A capacidade de adequar a calemia é conservada até um estágio avançado

Hipomineralocortisolismo
(Aldosterona baixa)
Insuficiência adrenal aguda
Espironolactonas, triantereno, amilorida principalmente se associados com IECA
IECA, betabloqueadores, nefropatia diabética (diminuem a angiotensina II), inibidores das prostaglandinas, nefrite intersticial, hidronefrose (diminuem a eliminação do excesso de renina)
Insuficiência hepatocelular (diminui a produção de angiotensinogênio)
Defeito de excreção tubular do potássio (Aldosterona elevada)

Reanimação

Hipocalemia

Calemia medida < 3,5 mmol/L.

SINAIS CLÍNICOS
- Comprometimento miocárdico, sinais eletrocardiográficos:
  - Onda U > 1 mm em precordial, relação U/T < 1.
  - ST cupuliforme com concavidade superior, inferior à linha isoelétrica.
  - Onda T deprimida, achatada ou mesmo negativa.
  - QT permanece normal.
  - Arritmias supraventriculares e depois ventriculares.
- Comprometimento do músculo estriado esquelético: raro e tardio.
  - Paralisia flácida com desaparecimento da contração idiomuscular.
  - Rabdomiólise aguda com mioglobinúria.
- Comprometimento do músculo liso, quando há hipocalemia grave.
  - Íleo paralítico, distensão gástrica.
  - Retenção aguda de urina.

SINAIS BIOLÓGICOS
- Alcalose metabólica com acidúria paradoxal persistente.
- Poliúria hipotônica.
- Proteinúria.

TRATAMENTO
Limitar ou suprimir as perdas, corrigir a alcalose metabólica, a hipocalcemia e a hipomagnesemia associadas, suplementar com potássio. Pacientes em uso de digitálicos: a hipocalemia é responsável por intoxicação grave.

Suprimentos em potássio
- Alimentos ricos em potássio: frutas e legumes.
- Gluconato de potássio em xarope (37,5 g/250 mL), 1 colher de sopa de xarope = 2,25 g de gluconato de K+ = 10 mmol de K+.
- IV: 1 g de KCl fornece 13,4 mmol de potássio elementar, 1 g de potássio dipotássico fornece 11,5 mmol de K$^+$.

Quantidade de potássio a ser administrada
- Hipocalemia moderada ≈ 3 mmol/L: 4-6 g de KCl por via enteral.
- Hipocalemia grave ≈ < 2,5 mmol/ e/ou arritmia: utilizar a via parenteral, aportes IV lentos em bomba de infusão de 4 g de KCl com ritmo máximo de 1 g de KCl por hora em cateter venoso central. Vigilância da calemia e monitoração contínua do ECG em semi-intensiva. Controle da calemia no fim da infusão. Se necessário, repetir de acordo com a etiologia, a evolução após a primeira administração e a calemia de controle.
- Na ausência de distúrbios digestivos, a via enteral é a mais segura para corrigir hipocalemia mesmo grave.

ETIOLOGIAS

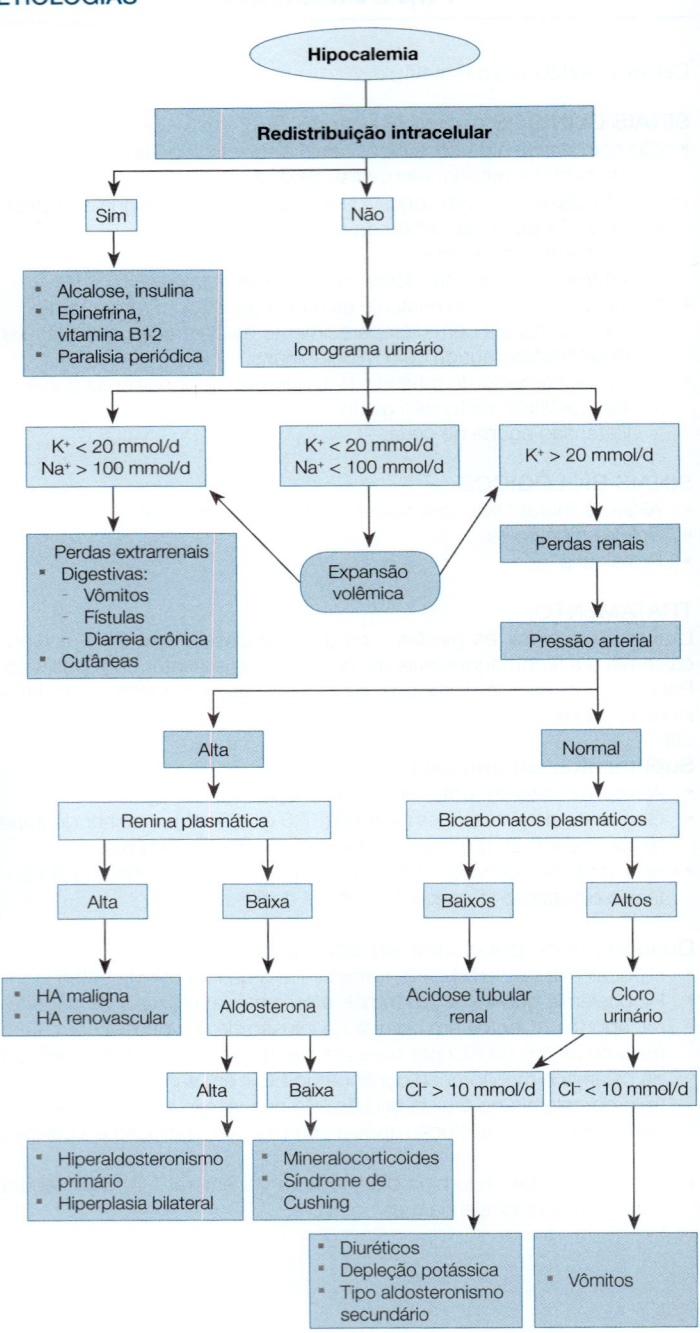

Reanimação

Hipercalcemia

Calcemia total > 2,6 mmol/L, grave se sintomática ou calcemia corrigida > 3,5 mmol/L.

A calcemia sempre deve ser interpretada em função da albuminemia (ou da protidemia) e do pH plasmático.

As fórmulas a seguir podem ser utilizadas:

> Ca^{++} corrigido (mmol/L) = Ca^{++} medido (mmol/L) + 0,02 [40-albuminemia (g/L)]
> ou Ca^{++} corrigido (mmol/L) = Ca^{++} medido (mmol/L)/ [0,55+protidemia (g/L)/ 160]

A acidose aumenta a proporção de cálcio ionizado em relação ao cálcio total e a alcalose diminui. Na presença de mudanças importantes de pH e de protidemia, deve-se obter a calcemia ionizada (calcemia fisiologicamente "ativa"; normal 1,17-1,33 mmol/L).

SINAIS CLÍNICOS
- Geralmente assintomáticos.
- Síndrome hipercalcêmica se $Ca^{++} \geq 3$ mmol/L: astenia, poliúria, polidipsia, nefrolitíase recorrente, distúrbios digestivos, apatia, hipertensão arterial, sinais de ECG (ver a seguir).
- Crise aguda de hipercalcemia geralmente se $Ca^{++} > 3,25$ mmol/L:
  - Delírio, coma, convulsões, pseudoneuromiopatia.
  - Vômitos, abdome pseudocirúrgico.
  - Febre.
  - Injúria renal aguda (IRA): poliúria e desidratação.
  - Risco de parada cardíaca por FV ou assistolia (++ se uso de digitálicos que são contraindicados).

SINAIS ELETROCARDIOGRÁFICOS
- QT curto, onda T: subida reta e descida lenta.
- Se Ca++ muito elevado: prolongamento de PR, bloqueio atrioventricular, alargamento da onda T, FV.

TRATAMENTO
Crise aguda de hipercalcemia = transferência para UTI.

Sistematicamente
- Interrupção dos suprimentos e dos tratamentos hipercalcemiantes (tiazídicos, vitamina D, vitamina A, lítio).
- Reidratação com NaCl 0,9%: 3-4 L/d.

Possíveis tratamentos hipocalcemiantes
- Diurese estimulada: hidratação+++, não há prova de eficácia dos diuréticos da alça.
- Calcitonina, efeito rápido e curta duração de ação: 0,5 mg em 500 mL de NaCl 0,9% IV em 6 h. Pode ser repetido de 3-4 x/d. Taquifilaxia no fim de 48 h.
- Bisfosfonatos: inibidores da reabsorção óssea. Eficácia em 2-3 dias. Ácido zoledrônico: 4 mg em 100 mL de NaCl 0,9% IV em 15 minutos que deve ser adequado à função renal. Outros: ácido pamidrônico, ácido alendrônico, etidronato dissódico.

- Corticoterapia em caso de intoxicação por vitamina D ou granulomatose (queda da absorção intestinal e renal do Ca^{++}).
- Calcimiméticos que freiam a secreção do paratormônio (PTH): na hiperparatireoide caso haja contraindicação da cirurgia: cinacalcete.
- Terapia de substituição renal: se IRA e/ou não resposta ao tratamento clínico. Suprimentos de fósforo (ver *Hipofosfatemia*) na presença de fosfatemia baixa sem IRA.

Tratamento etiológico
- Cirurgia em caso de hiperparatireoidismo primário.
- Quimioterapia de uma patologia neoplásica.

ETIOLOGIAS

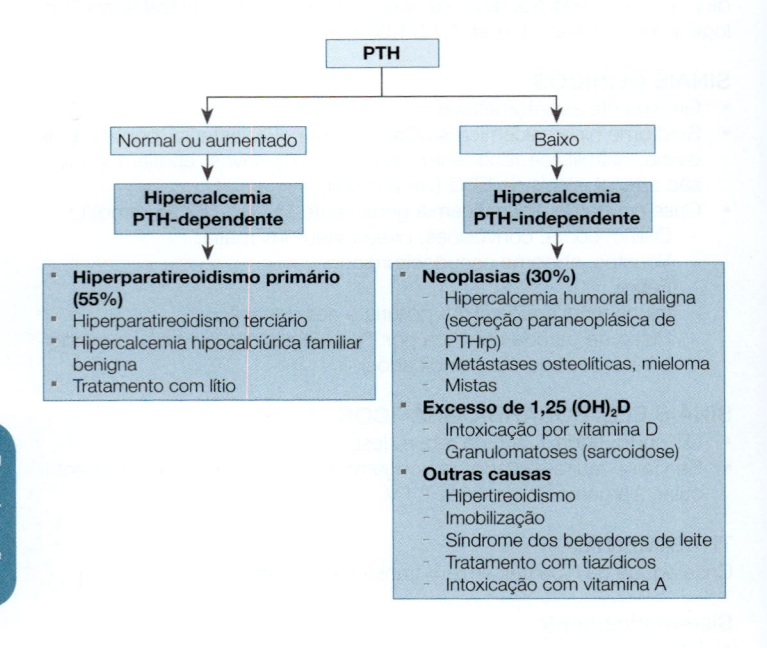

PTH

Normal ou aumentado | Baixo

Hipercalcemia PTH-dependente | **Hipercalcemia PTH-independente**

- **Hiperparatireoidismo primário (55%)**
- Hiperparatireoidismo terciário
- Hipercalcemia hipocalciúrica familiar benigna
- Tratamento com lítio

- **Neoplasias (30%)**
  - Hipercalcemia humoral maligna (secreção paraneoplásica de PTHrp)
  - Metástases osteolíticas, mieloma
  - Mistas
- **Excesso de 1,25 (OH)$_2$D**
  - Intoxicação por vitamina D
  - Granulomatoses (sarcoidose)
- **Outras causas**
  - Hipertireoidismo
  - Imobilização
  - Síndrome dos bebedores de leite
  - Tratamento com tiazídicos
  - Intoxicação com vitamina A

Hipocalcemia

Calcemia < 2,20 mmol/L.
Se a protidemia for normal e houver ausência de injúria renal crônica.

SINAIS CLÍNICOS
- Hiperexcitabilidade neuromuscular e anomalias miocárdicas.
- Crise de tetania: parestesias distais e peribucais com sensação de angústia. Contrações anárquicas e involuntárias das fibras musculares. Flexão dorsal do punho com hiperextensâo dos dedos e adução do polegar (sinal de Trousseau ou "mão de parteira"). Laringoespasmo, broncoespasmo, parada respiratória.
- Crises convulsivas, queda da contratilidade miocárdica com insuficiência cardíaca aguda nas formas graves.

SINAIS ELETROCARDIOGRÁFICOS
- Prolongamento isolado do QT; arritmias.

TRATAMENTO
- **Suprimento de sais de cálcio**:
  - VO: Calcium-Sandoz® comprimido de 500 mg = 500 mg de Ca^{++} elementar.
  - IV: gluconato de cálcio a 10%: 2,23 mmol de Ca^{++}/ampola de 10 mL.
    : cloreto de cálcio a 10%: 4,56 mmol de Ca^{++}/ampola de 10 mL.
  - Contraindicado para o paciente em uso de digitálico: risco de FV.
- **Da crise de tetania**:
  - 2,5-7,5 mmol de Ca^{++} IV lenta em 10 min e depois na ausência de melhora ou em caso de anomalias no ECG: infusão de Ca^{++} 0,06 mmol/kg/h na semi-intensiva com controle da calcemia e do ECG.
- Tratamento etiológico (p. ex., suplementação em vitamina D).
- Corrigir os distúrbios metabólicos associados.

Reanimação

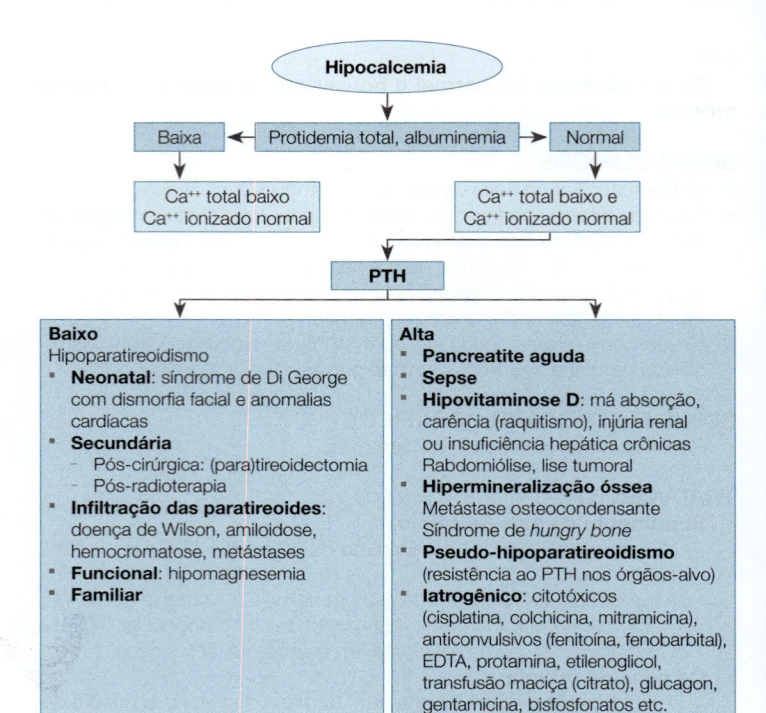

Hipocalcemia

Protidemia total, albuminemia → Baixa / Normal

Baixa → Ca⁺⁺ total baixo, Ca⁺⁺ ionizado normal

Normal → Ca⁺⁺ total baixo e Ca⁺⁺ ionizado normal

PTH

Baixo
Hipoparatireoidismo
- **Neonatal**: síndrome de Di George com dismorfia facial e anomalias cardíacas
- **Secundária**
  - Pós-cirúrgica: (para)tireoidectomia
  - Pós-radioterapia
- **Infiltração das paratireoides**: doença de Wilson, amiloidose, hemocromatose, metástases
- **Funcional**: hipomagnesemia
- **Familiar**

Alta
- **Pancreatite aguda**
- **Sepse**
- **Hipovitaminose D**: má absorção, carência (raquitismo), injúria renal ou insuficiência hepática crônicas Rabdomiólise, lise tumoral
- **Hipermineralização óssea** Metástase osteocondensante Síndrome de *hungry bone*
- **Pseudo-hipoparatireoidismo** (resistência ao PTH nos órgãos-alvo)
- **Iatrogênico**: citotóxicos (cisplatina, colchicina, mitramicina), anticonvulsivos (fenitoína, fenobarbital), EDTA, protamina, etilenoglicol, transfusão maciça (citrato), glucagon, gentamicina, bisfosfonatos etc.

Reanimação

Hiperfosfatemia

Fosfatemia medida > 1,4 mmol/L.
A hiperfosfatemia está associada ao aumento da mortalidade cardio-vascular na injúria renal crônica.

SINAIS CLÍNICOS
- **Geralmente assintomática**.
- Precipitações de fosfato de cálcio (principalmente se a calcemia *vs.* fosfatemia for > 5,6): **calcificações** vasculares (AIT, isquemias agu-das), fibrose intersticial renal.
- **Hiperfosfatemia aguda extrema**:
  - Hipocalcemia grave com crise de tetania.
  - Manifestações neuropsíquicas.
  - Calcificações difusas (pulmonares, cardíacas, tubulares renais).

TRATAMENTO
- Tratamento etiológico.
- Tratamento sintomático:
  - **Interrupção ou limitações dos suprimentos em fósforo.**
  - **Quelante de fósforo:**
    » Sais de alumínio: controlar a taxa sérica de alumínio se a to-mada for prolongada (risco de intoxicação com encefalopatia, anemia, osteopatia).
    » Sais de cálcio: carbonato ou acetato de cálcio: controlar a hi-percalcemia.
    » Quelantes sem cálcio nem alumínio: sevelamer (Renagel®), car-bonato de lantânio (Fosrenol®), derivados férricos (citrato férrico).
  - **Terapia de substituição.**
- Tratamento do hiperparatireoidismo secundário: sais cálcicos, vitami-na D ou calcimiméticas (cinacalcete).

ETIOLOGIAS

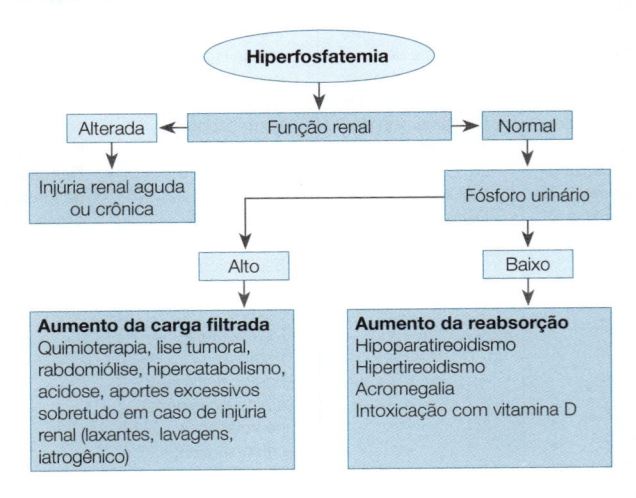

Hipofosfatemia

Fosfatemia < 0,7 mmol/L.
Moderada: 0,3-0,7 mmol/L; grave: < 0,3 mmol/L; 1 mmol = 1,8 mEq = 31 mg.

FISIOLOGIA
- O fósforo no organismo (700 g) está contido no osso (80%), nos músculos (10%) e ligado às proteínas plasmáticas (10%).
- Desempenha múltiplos papéis: transporte da energia (ATP), reações enzimáticas, sistemas tampões e papel estrutural intracelular.
- Absorção intestinal, reabsorção renal, sobretudo no nível do túbulo contornado proximal.

SINAIS CLÍNICOS
- Distúrbios neurológicos: agitação, confusão, alucinação, convulsão, coma, parestesias, ataxia ou mesmo tetraplegia.
- Distúrbios cardiovasculares: insuficiência cardíaca aguda, arritmias supraventriculares e ventriculares, diminuição da sensibilidade às catecolaminas.
- Distúrbios respiratórios: depressão respiratória, diminuição da contratilidade do diafragma, anomalia do transporte do oxigênio.
- Distúrbios musculares: mialgias, rabdomiólise.
- Distúrbios hematológicos: diminuição da duração de vida dos glóbulos vermelhos, hemólise, trombocitopenia, distúrbios da agregação, diminuição da quimiotaxia e da fagocitose dos leucócitos.

ETIOLOGIA

Diminuição da absorção intestinal	Perdas urinárias	Redistribuição ++ em UTI	Diversas doenças
- Nutrição parenteral total (NPT) desnutrição, vômitos, aspirações gástricas, antiácidos - Carência em vitamina D	- Hiperparatireoidismo (calcemia elevada) - Síndrome de Fanconi (calcemia normal ou baixa e perda urinária de aminoácidos, HCO_2 e glicose) - Poliúria osmótica - Diuréticos - Hipomagnesemia	- Alcalose respiratória (hipofosfatemia rápida e grave por ativação da glicólise) ou metabólica (hipofosfatemia progressiva e moderada) - Síndrome de realimentação - Etilismo crônico - Medicamentos: insulina (cetoacidose tratada), corticosteroides, aminoglicosídeos, neurolépticos, catecolaminas	- Queimaduras extensas - Traumatismo craniano - Cirurgia de grande porte - Insolação - Transplante de medula óssea

TRATAMENTO

- Tratamento **preventivo** em caso de nutrição parenteral total ou desnutrição grave: suplementação em fósforo (7,5-15 mmol para um suprimento de 1.000 calorias não proteicas).
- Tratamento **curativo**: suplementação de sais de fosfato:
  - VO: fósforo Alko® 750 mg 1 cp 1-2 x/d (▲ controlar os distúrbios digestivos).
  - IV: fosfato dipotássico 17,42% 10 mL = 10 mmol de fósforo e 20 mmol de potássio (diluir porque é hipertônico). Pode ser administrado na sonda nasogástrica.
  - Glicose-1-fosfato dissódico tetra-hidratado (Phocytan®) ampola de 10 mL = 6,6 mmol de fósforo e 13,2 mmol de sódio.
  - **Contraindicação** de suplementação de sal de fósforo em caso de hipercalcemia associada (risco = precipitação cálcica).
  - **No paciente com calcemia normal**: risco de hipocalcemia e crise de tetania secundária.
- **Velocidade de correção**: em caso de suplementação de fósforo (tanto mais rápida quanto o paciente for sintomático): 10 mmol/12 h-0,4 mmol/kg/h de fósforo.

Reanimação

Hipermagnesemia

Magnésio plasmático > 1,05 mmol/L.

SINTOMATOLOGIA
- Até 1,6 mmol/L: geralmente assintomática.
- 1,6-5 mmol/L: náuseas, vômitos, astenia, distúrbios visuais, diminuição das ROT, hipotensão arterial, bradicardia, QRS alargado, PR prolongado.
- > 5 mmol/L: paralisia respiratória, tetraplegia flácida, às vezes midríase por bloqueio parassimpático, hipotensão refratária, bloqueio atrioventricular ou mesmo parada cardíaca.

TRATAMENTO
- Interrupção das suplementações de magnésio.
- Em caso de hipermagnesemia grave: gluconato de cálcio: 100-200 mg (ou mesmo mais) em IV em 3-10 min (reversão dos efeitos cardiovasculares e neuromusculares).
- Terapia de substituição renal.

ETIOLOGIAS
- Injúria renal aguda ou crônica.
- Iatrogênico: suplementações excessivas de Mg (VO, IV, laxantes, antiácidos).

Reanimação

Hipomagnesemia

Magnésio plasmático < 0,6 mmol/L.
- Magnésio = 2° cátion intracelular após o potássio.
- Apenas 1% do magnésio total está no setor extracelular: o magnésio plasmático (0,6-1mmol/L) do qual cerca de 60% é ionizado e, portanto, ativo.
- Hipomagnesemia frequente em reanimação e associada ao aumento da morbimortalidade.

SINAIS CLÍNICOS
- Semiologia não específica. Perturbações muitas vezes ligadas a outras perturbações eletrolíticas associadas ou provocadas pela hipomagnesemia (hipocalemia, hipocalcemia).
- Sinais cardiovasculares:
  - Distonia neurovegetativa.
  - TV, FA, *torsades de pointes*, morte súbita.
  - HA, espasmo coronariano.
  - ECG: prolongamento de PR e QT.
- Sinais neuromusculares:
  - Sinais de Chvostek e de Trousseau.
  - Cãibras musculares, mioclonias, tetania.
- Sinais cerebrais:
  - Ansiedade, depressão, distúrbios do sono.
  - Confusão, delírio, encefalopatia de Wernick.

TRATAMENTO
- Suplementação de sais de magnésio:
  - VO: por exemplo, Mag-2® ampola 10 mL = 122 mg de Mg^{++} elementar, ou seja, 5 mmol.
  - IV: +++ se sintomático:
    » $MgSO_4$ 15% ampola de 10 mL: 6,08 mmol de Mg^{++}/ampola.
    » $MgCl_2$ 10% ampola de 10 mL: 4,92 mmol de Mg^{++}/ampola.
    » Não administrar conjuntamente com um sal de cálcio (efeito antagonista).
- Velocidade de correção: de 1 g de $MgSO_4$ por hora (se não houver sintoma) até 1 g em 2-3 min com controle constante (em caso de sintomas graves).
- Em caso de injúria renal: diminuir a posologia de suplementação por 2 para evitar a hipermagnesemia.
- Em caso de superdosagem em magnésio ao longo da correção (paralisia muscular, distúrbios da linguagem): 1 g de gluconato de cálcio IV.

Reanimação

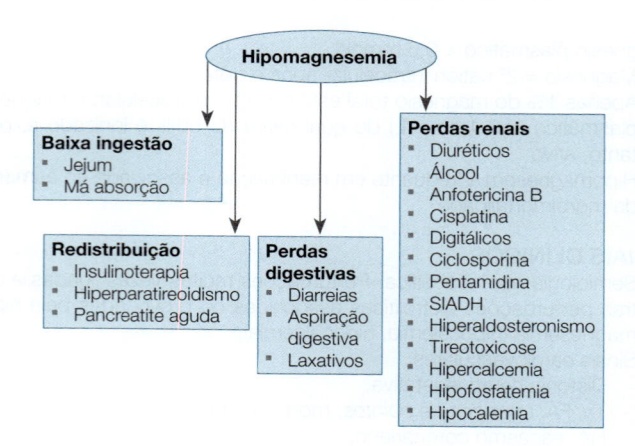

Injúria renal aguda (IRA) e proteção renal

DEFINIÇÕES

- A IRA corresponde à diminuição importante do débito de filtração glomerular.
- A IRA é definida pelo aumento da creatinina > 26,5 mcmol/L (em menos de 48 h) ou uma creatinina multiplicada por 1,5 (em menos de 7 dias) ou a diminuição de 25% da *clearance* de creatinina.
- O débito urinário é um medíocre reflexo de filtração glomerular. Contudo, a oligúria assinala agressão renal aguda e deve alertar o médico.

Clearance de creatinina

> **Fórmula de Cockcroft**:
> No homem: $1,24 \times [(140 - idade) \times peso\ (kg)]/[creat\ P]$ (mcmol/L)
> Na mulher: $1,04 \times [(140 - idade) \times peso\ (kg)]/[creat\ P]$ (mcmol/L)
> **Fórmula MDRD**:
> $186,3 \times [creat\ P(mcmol.L^{-1})/88,4]^{-1,154} \times idade^{-0,203} \times (0,742\ se\ mulher) \times$
> $(1,21\ se\ de\ origem\ africana)$
> ***Clearance* calculado** (preferível se injúria renal aguda)
> $[creat\ U] \times diurese\ das\ 24\ h/[creat\ P]$

- **Classificação de RIFLE**: classificação clínica e biológica que define o grau de disfunção renal ao incluir critérios de taxa de filtração glomerular (TFG) e de débito urinário (DU).
- **Classificação AKIN**: considera as variações mais tênues de creatinina e introduz a noção de períodos de ocorrência dos critérios de TFG e DU.
- **Classificação de KDIGO**: completa o critério de período de ocorrência.

RIFLE	Critérios de TFG (RIFLE)	Critério de DU	Critérios de TFG (AKIN)	AKIN	Critérios de TFG (KDIGO)	KDIGO
R (*Risk*)	Creatinina x 1,5 ou diminuição TFG > 25%	DU < 0,5 mL/kg/h em 6 h	Creatinina x 1,5-2 ou elevação > 26,4 mcmol/L (em < 48 h)	1	Creatinina x 1,5-1,9 (em < 7 d) ou elevação > 26,4 mcmol/L (em < 48 h)	1
I (*Injury*)	Creatinina x 2 ou diminuição TFG > 50%	DU < 0,5 mL/kg/h em 12 h	Creatinina x 2-3	2	Creatinina x 2-2,9	2

(continua)

RIFLE	Critérios de TFG (RIFLE)	Critério de DU	Critérios de TFG (AKIN)	AKIN	Critérios de TFG (KDIGO)	KDIGO
F (*Failure*)	Creatinina x 3 ou creatinina > 350 mcmol/L, quando a elevação > 44 mcmol/L ou diminuição DFR > 75%	DU < 0,3 mL/kg/h em 24 h ou anúria de 12 h	Creatinina x 3 ou creatinina > 350 mcmol/L se a elevação for > 44 mcmol/L ou TRS	3	Creatinina x 3 ou creatinina > 350 mcmol/L ou TSR	3
L (*Loss*)	Persistência da IRA e perda completa da função renal > 4 semanas					
E (**ESKD**)	Injúria renal terminal (> 3 meses)					

DIAGNÓSTICO E CONDUTA (VER *TABELA*)

- Diante de qualquer IRA deve-se:
  - Eliminar um obstáculo nas vias excretórias (radiografia e ultrassonografia).
  - Eliminar uma IRA funcional pela anamnese, pelo exame clínico e pelo ionograma urinário.
  - Investigar as complicações que sejam urgências terapêuticas (hipercalemia, EAP, estado de choque).
  - A investigação em torno dos biomarcadores (NGAL, KIM 1, L-FABP, IL-18) visa estabelecer detecção mais precoce e quantificação mais fina da agressão renal aguda.
- Interesse do Doppler renal: o índice de resistividade renal medido pelo Doppler renal oferece uma avaliação da perfusão renal, e poderia permitir a detecção precoce da ocorrência de uma IRA em terapia intensiva:
  - Índice de resistividade renal: [(pico de velocidade sistólica) – (velocidade telediastólica)]/pico de velocidade sistólica.
  - No paciente saudável, o valor normal é de 0,6 ± 0,1.
  - Em um contexto de IRA, um IR > 0,7 está associado a uma injúria renal prolongada orgânica ao passo que um IR < 0,7 está associado a uma injúria renal funcional rapidamente reversível.
  - Em terapia intensiva, valores de IR > 0,71-0,79 no D1 estão associados à ocorrência de uma injúria renal persistente (> 5 d).

Reanimação

Etiologia		IRA funcional	IRA orgânica				IRA obstrutivo
		Diminuição da perfusão renal verdadeira ou relativa	NTA	NIA	NGA	NVA	Obstáculo ureteral Obstáculo vesical
			Isquêmica: diminuição do débito prolongado Tóxica: CIVD, produto de contraste, medicamentos, rabdomiólise	Infecciosa Imunoalérgica Tumoral: mieloma, linfoma	Infecciosa Imunoalérgica	Microangiopatia trombótica Obliteração vascular (êmbolos, cristais de colesterol)	
Diagnóstico	HA	-	-	-	+	+	-
	Hematúria	-	-	±	+	±	-
	Proteinúria/24 h	< 1 g	< 1 g	< 1 g	> 2-3 g	< 1 g	< 1 g
	[Na]u/[K]u	< 1	> 1	> 1	> 1	> 1	> 1
	Eco Doppler	Normal	Normal	Normal	Normal	Normal ou oclusão	Dilatação das cavidades pielocaliciais
Tratamento							
Etiológico		Restabelecimento da perfusão renal normal: expansão volêmica, catecolaminas	Interrupção da agressão renal Tratamento da causa	Tratamento anti-infeccioso, imunossupressor, interrupção do medicamento Quimioterapia	Em caso de infecção por estreptococo: penicilina Corticosteroides, imunossupressor	Trocas plasmáticas, tratamento do SHU Revascularização em caso de oclusão arterial	Retirada do obstáculo ou derivação da urina: Sonda vesical ou ureteral, nefrostomia ECBU

(continua)

Reanimação

Tratamento				
Sintomático	Diuréticos	CI formal	Manutenção eventual da diurese residual. Nenhum benefício sobre a função renal	CI formal
	Correção dos distúrbios hidroeletrolíticos	Hipercalemia: segundo as taxas plasmáticas e ECG (ver *Hipercalemia*) Acidose metabólica (ver *Distúrbios acidobásicos, Hipocalcemia*) Hipocalcemia: reposição com gluconato de cálcio preferencial ao cloreto de cálcio		
	TSR	Indicações: anúria, hiper-hidratação extracelular, calemia > 6,5 mmol/L, pH < 7,20, ureia > 30 mmol/L		

Preventivo = proteção renal	▪ Agentes que melhoram a hemodinâmica renal:
	  – Expansão: cristaloides (em primeira escolha) ou coloides. No caso de HEA, utilizar produtos de última geração com posologia máxima de 33 mL/kg/d
	  – Vasopressor: restauração da pressão de perfusão renal pelo aumento da PAM
	▪ Drogas implicadas no equilíbrio vasoconstrição/vasodilatação:
	  – IECA: efeitos deletérios sobre a pressão de perfusão renal no perioperatório, mas efeito protetor nos pacientes diabéticos (diminuição da microalbuminúria)
	  – Diuréticos de alça: nenhum efeito benéfico na função renal, deletério se o paciente estiver hipovolêmico. Possível utilização em caso de sinais de sobrecarga volêmica
	▪ Mediadores da isquemia, da inflamação e das lesões de reperfusão:
	  – N-acetilcisteína: efeito protetor próprio difícil de afirmar, mas nenhum efeito indesejável na utilização. Na injeção de produto de contraste no paciente com risco de IRA, evitar a hipovolemia e possível utilização (um sachê x 3/24 h no dia anterior e nos dois dias seguintes)
	  – Insulinoterapia e controle glicêmico: efeito deletério da hiperglicemia			

NTA: necrose tubular aguda; NIA: nefrite intersticial aguda; NGA: nefropatia glomerular aguda; NVA: nefropatia vascular aguda.

Terapia de substituição renal (TSR)

PRINCÍPIOS
Dois mecanismos físicos que permitem o transporte de medicamentos de um lado e do outro de uma membrana semipermeável:

- A difusão (baseada em um gradiente de concentração, permitindo a passagem de um meio mais concentrado para um meio menos concentrado), utilizada na **hemodiálise**.
- A convecção (baseada em um gradiente de pressão e que permite a passagem de um meio em que a pressão seja mais alta para um meio em que a pressão seja mais baixa), utilizada na **hemofiltração**.

Esses dois mecanismos podem estar associados: trata-se então de hemodiafiltração. A TSR pode ser feita segundo duas modalidades: **intermitente** (hemodiálise intermitente; *slow low-efficiency dialysis*: SLED) ou **contínua** (*continuous venovenous hemofiltration/hemodialysis/hemodiafiltration*: CVVH/CVVHD/CVVHDF). As duas modalidades parecem equivalentes em termos de controle metabólico e de sobrevida. No entanto, alguns dados recentes sugerem que, em relação às técnicas intermitentes, a utilização de técnicas contínuas mostra menor evolução para a dependência da diálise, além de melhor tolerância hemodinâmica.

INDICAÇÃO
Não há consenso sobre o tempo ideal para iniciar a TSR. Os critérios habitualmente considerados são:

- Anúria > 6 h ou oligúria < 0,3 mL/kg/h por 12 h.
- Hipercalemia sintomática ou > 6,5 mmol/L.
- EAP refratário aos diuréticos.
- Acidose metabólica grave (pH < 7,20).
- Ureia plasmática > 30 mmol/L ou complicações urêmicas (encefalopatia, pericardite).
- Creatinina plasmática x 3 (TFG diminuída de 75%) ou > 300 mcmol/L.
- Hipertermia > 40ºC.
- Superdosagem em agentes ultrafiltráveis (lítio, salicilatos etc.).

CVVH NA PRÁTICA
- Cateter venoso de dupla via (13 ou 14F).
- Privilegiar a inserção jugular interna (direita melhor que esquerda) mais do que a femoral, evitar a região subclávia (risco de trombose). Em caso de interrupção temporária da TSR: realizar um bloqueio com heparina levemente diluída, se disponível (p. ex., 2,5 mL de heparina sódica a 100 UI/mL por via) ou no NaCl 0,9%.
- A limpeza do circuito é feita com 2 L de solução salina isotônica e, eventualmente, com heparina (p. ex., 50 UI/kg).

Regulagem dos débitos
- O **débito sanguíneo** é gerado pela bomba da linha arterial. A manutenção de um débito elevado (> 200 mL/min) diminui a hemoconcentração e, portanto, o risco de trombose do hemofiltro. É geralmente fixado entre **150-250 mL/min.**

- A "quantidade de depuração", isto é, o débito de substituição (= **débito de ultrafiltração**) será fixada em torno de **30 mL/kg/h**. Ainda que o tema continue muito debatido, o débito elevado (> 50 mL/kg/h) não demonstrou superioridade. A **fração filtrada** (relação débito ultrafiltrado/débito sanguíneo) deve ser **< 20%** para limitar os riscos de trombose do filtro.
- Se CVVHDF (utilizar somente se a CVVH for insuficiente): o débito de dialisato está compreendido entre 500 e 2.000 mL/h (idealmente igual ao débito de ultrafiltração).

Compensação do ultrafiltrado
- Pode ser feita na entrada do hemofiltro (pré-diluição) e/ou na saída (pós-diluição). A utilização de uma pré-diluição permite aumentar a duração de vida do filtro, mas diminui a eficácia da depuração. Geralmente, a substituição é feita com ⅓ **em pré-diluição e** ⅔ **em pós--diluição**. A compensação do ultrafiltrado é automática, apenas a perda de peso do paciente desejada em mL/h será regulada (débito de substituição = pré-diluição + pós-diluição – perda do paciente).
- Líquido de reposição:
  - NaCl 0,9% (Na = 140 mmol/L).
  - **Atenção** com correções demasiado rápidas da osmolaridade plasmática no paciente com **lesão cerebral** que esteja necessitando de TSR: riscos de edema cerebral e HIC. Uma suplementação do líquido de substituição em NaCl pode ser necessária para limitar esses riscos ao corrigir progressivamente a hiperosmolaridade plasmática.
  - Os suplementos de potássio são indispensáveis exceto se hipercalemia inicial (1,5 g de KCl em 5 L de líquido = calemia 3,9 mmol/L; 1 g = 2,6 mmol/L; 2 g = 5,2 mmol/L. Os suplementos em fósforo e magnésio são geralmente necessários. A solução reinjetada contém um tampão, na maioria das vezes de bicarbonato para compensar as perdas ligadas à TSR.
  - Suplementos glicosados apenas em caso de TSR de alto débito (perda de 200-300 g/L).
- Suplementação vitamínica diária.
- Anticoagulação do circuito.
- Heparina não fracionada: *bolus* inicial (segundo o risco hemorrágico do paciente, p. ex., 50 UI/kg), e depois administração contínua para um objetivo de heparinemia entre 0,2-0,3 UI/mL (em torno de 200-300 UI/kg/d).
- HBPM: objetivo anti-Xa: 0,25 a 0,35 UI/mL.
- Lavagens com NaCl 0,9% sem anticoagulação não demonstraram eficácia.

TSR COM ANTICOAGULAÇÃO REGIONAL COM CITRATO
Princípio
- Administração de citrato antes do hemofiltro que permite a quelação do cálcio circulante pela formação de complexos citratos/cálcio (CiCa) e que impedem qualquer coagulação no circuito (objetivo: **calcemia ionizada** (Ca_i) no circuito 0,25-0,35 mmol/L). Cerca de 40% dos CiCa são eliminados no efluente, o restante é metabolizado pelo fígado, pelos rins e pelos músculos em ácido cítrico e HCO_3^-. Reinjeção de

cálcio na linha venosa para restabelecer uma calcemia normal (**Ca$_i$ sistêmica 1,12-1,20 mmol/L**).

- Anticoagulação limitada ao circuito: diminui o risco hemorrágico e aumenta a duração de vida do hemofiltro.

Indicações

- Risco hemorrágico elevado (politraumatismo, neurocirurgia etc.) ou hemorragia ativa.
- Trombocitopenia induzida pela heparina.

Contraindicações

- Insuficiência hepatocelular (TP < 50%): risco de acúmulo de citrato.
- Limites: rabdomiólise aguda, hipercalemia grave, estados de choque graves que precisam de forte capacidade de depuração, preferir então uma TSR convencional tipo CVVH.

Montagem do circuito

- Reconstituição da bolsa de reposição de cálcio: 500 mL de NaCl 0,9% + 14 ampolas de CaCl$_2$ a 10%.
- A solução de citrato trissódico a 4% é fornecida pelo fabricante.

Regulagem dos débitos

- No hospital Bicêtre: TSR com citrato está disponível em modo **CVVHD**, com sistema das bombas de citrato e cálcio no débito de sangue e de dialisato: as concentrações e o débito são regulados segundo os objetivos desejados.
- Solução de dialisato: sem cálcio (para limitar a dose de citrato), sem fósforo (adicionar 10 mL de Phocytan), contendo 2 mmol/L de KCl (portanto, a adição de 1 g para 5 L resultará em uma calemia de 4,6 mmol/L) e de glicose (1 g/L), pobre em HCO$_3^-$ e em sódio para compensar a alcalose metabólica e o aporte de sódio ligado ao citrato.
- Regulagens iniciais (independentemente do peso, adequadas secundariamente em função do estado acidobásico, respeitando-se a relação débito dialisato/sangue de 1/20): **débito de sangue 100 mL/min, débito dialisato 2.000 mL/h, concentração de citrato 4 mmol/L, concentração de cálcio 1,7 mmol/L**.
- O ajuste da dose de citrato (± 0,1-0,3 mmol/L) é feita em função da concentração de Ca$_i$ do circuito (pós-filtro).
- O ajuste da dose de cálcio (± 0,2-0,6 mmol/L) é feita em função da concentração em Ca$_i$ sistêmica (paciente).
- O aumento de 20% do débito de **dialisato** modifica em cerca de 4 mmol/L a concentração de HCO$_3^-$ em algumas horas.

Complicações e conduta

- Hipocalcemia (Ca$_i$ sistêmica < 1,1 mmol/L): aumentar a dose de cálcio.
- Alcalose metabólica (pH > 7,42 e HCO$_3^-$ > 28): aumentar o débito de dialisato ou diminuir o débito de sangue.
- Acidose metabólica (pH < 7,38 e HCO$_3^-$ < 22): diminuir o débito de dialisato ou aumentar o débito de sangue.
- Superdosagem em citrato (acidose metabólica, calcemia total (Ca$_{tot}$) > 2,6 mmol/L, queda do Ca$_i$, relação Ca$_{tot}$/Ca$_i$ > 2,5): interromper a TSR com citrato e passar para uma TSR convencional.

- Hipofosfatemia, hipomagnesemia, hipernatremia.
- A inversão das vias é proscrita.
- Não esquecer da eventual profilaxia antitrombótica do paciente (p. ex., heparina não fracionada em injeções subcutâneas).

CONTROLE
- Duração máxima de utilização de um hemofiltro: 72 h em geral.

Clínico
- Peso e avaliação entradas-saídas todos os dias. A curva térmica não é interpretável.

Biológico
- **TSR convencional**: ionograma sanguíneo com ureia, creatinina, fósforo, magnésio e cálcio, gasometria arterial a cada 8 h. Controle da anticoagulação na H4, e depois a cada 12 h, hemograma completo/24 h.
- **TSR com citrato**: gasometria (Ca_i sistêmica e pós-filtro) 15 min após a conexão (verificação do circuito, Ca_i sistêmico de referência, ajuste da dose de citrato) e depois a cada 6 h. Ionograma sanguíneo com ureia, creatinina, fósforo, magnésio a cada 12 h, Ca_{tot}/24 h.
- Hemoculturas diárias, controle glicêmico por 4 h.

Alarmes do circuito e possíveis disfunções

Pressão arterial (–50 a –150 mmHg)	Pressão venosa (50-150 mmHg)	Pressão transmembrana (30-200 mmHg)
- Cateter: dobrado, má posição, trombose, clampeamento - Linha arterial: dobra, trombose, clampeamento - Paciente: hipovolemia	- Cateter: dobrado, posição, trombose, clampeamento - Linha venosa: dobradura, trombose, clampeamento	- Trombose do filtro ou na saída da linha de retorno - Verificar a anticoagulação e as regulagens (fração filtrada, débitos)

ELIMINAÇÃO DOS MEDICAMENTOS
- De modo esquemático, o *clearance* de uma substância se expressa da seguinte forma:
  Cl = débito de filtração x coeficiente de divisão = UF x (Conc UF/Conc plasma).
- Em um paciente em hemofiltração, pode-se considerar que o *clearance* da creatinina seja de cerca de 25-30 mL/min (ver *Posologia dos anti-infecciosos*).

Medicamentos cuja posologia não é modificada	Medicamentos que devem ser ajustados segundo o *clearance* da creatinina	Medicamento que devem ser dosados
Ceftriaxona, eritromicina, linezolida, quinolonas, clindamicina, metronidazol, fluconazol, anfotericina B, voriconazol (oral), caspofungina Amiodarona, labetalol, metoprolol Catecolaminas, corticosteroides Propofol, fentanil, atracúrio	Penicilinas (cuidado com subdosagem) Imipeném/cilastatina, Ciprofloxacina Aciclovir Benzodiazepínicos	Aminoglicosídeos Vancomicina Penicilinas Anticoagulantes

Plasmaférese em UTI

GENERALIDADES

- A plasmaférese terapêutica ou troca plasmática é um método de circulação extracorporal que permite separar o plasma do sangue total com o objetivo de retirar do organismo moléculas patógenas, principalmente anticorpos. Os elementos celulares do sangue são restituídos ao paciente e as perdas plasmáticas são substituídas.

NA PRÁTICA

- O plasma pode ser completamente retirado e substituído (**plasmaférese não fracionada**) ou então a molécula responsável pela doença pode ser especificamente retirada (**plasmaférese fracionada**), como na hipercolesterolemia familiar (LDL-colesterol) ou na doença de Waldenström (IgM).
- As duas técnicas para a separação do plasma-sangue total são a centrifugação (essencialmente em centro de transfusão sanguínea) e a filtração.
- Em terapia intensiva, utiliza-se a **filtração**, fazendo passar o sangue total por um plasmafiltro, cujos poros têm um tamanho suficiente (0,3 mcM de diâmetro) para deixar passar as moléculas de alto peso molecular, mas retendo os elementos celulares.
- A substituição do volume plasmático filtrado é feita na saída do filtro, volume a volume, na base de uma **troca de 1,5 x** (1 x se trocas repetidas e frequentes) **a massa plasmática (MP)** com **MP (litros = 0,065 x peso (kg) x 1-hematócrito)**.
- A substituição do plasma filtrado depende das indicações e pode ser feita com:
  - 100% de plasmas frescos congelados (PFC), principalmente em caso de microangiopatias trombóticas (MAT) para compensar a deficiência em proteína ADAMTS13 e/ou risco hemorrágico alto.
  - Mistura PFC e albumina a 4-5%.
  - Mais raramente: apenas albumina ou mistura de albumina e NaCl 0,9%.
- Como na terapia de substituição renal (ver), são necessários acesso venoso central com cateter de duplo lúmen e anticoagulação do circuito. A anticoagulação pode ser feita com heparina não fracionada (HNF) em *bolus* IV inicial (50 UI/kg) ± seguido por uma dose de manutenção IV em bomba de infusão (10 UI/kg/h) durante a sessão. Em caso de risco hemorrágico muito importante, podem ser propostas anticoagulação regional com citrato ou a não anticoagulação com otimização dos débitos.
- Regulagem dos débitos: o débito sanguíneo é progressivamente aumentado até no máximo 250 mL/min em função da tolerância do paciente e o débito de substituição do plasma, inicialmente a 0 mL/min, é pouco a pouco aumentado certificando-se de que a fração filtrada permaneça < 15%.

COMPLICAÇÕES MAIS FREQUENTES

- Febre, tremores, reações alérgicas ou mesmo choque anafilático, TRALI (PFC).
- Hipotensão arterial, vasovagal, hemorragia.
- Infecção cateter, sepse (depleção em Ig + tratamento imunossupressor frequente).
- Distúrbios metabólicos principalmente hipocalcemia++ (parestesias, câimbras).
- Tromboses: AVC, infarto do miocárdio, TEP (depleção em antitrombina III).

PRINCIPAIS INDICAÇÕES EM REANIMAÇÃO

- **MAT+++: PTT e SHU**.
- Doenças renais: vasculites com ANCA positivo (*anti-neutrophil cytoplasmatic antibodies*), síndrome de Goodpasture, mieloma.
- Doenças neurológicas: síndrome de Guillain-Barré, miastenia.
- Outras: lúpus grave, SAAF catastrófica, doença de Wilson.
- No transplante de órgão solido (rim, coração): se incompatibilidade ABO.

Tratamento da rabdomiólise

- A rabdomiólise é a consequência de isquemia muscular, com transbordamento do conteúdo muscular na circulação. Fala-se de rabdomiólise assim que os CPK > 1.000, moderada se CPK > 5.000 e grave se CPK > 16.000. A etiologia é muitas vezes multifatorial: esmagamento traumático (*crush syndrome*), isquêmica, ligada ao esforço, posicional pós-coma ou tóxica.

GENERALIDADES

- Os riscos de mortes precoces estão ligados à hipercalemia (arritmias) e à hipovolemia (choque), independentemente de qualquer injúria renal.
- É a importância e a duração do estado de choque na chegada que determinam o risco de injúria renal. A concentração de HCO_3^- (< 16 mmoles) na chegada ao hospital é o melhor fator preditivo desse risco.
- O objetivo do tratamento é obter um pH urinário alcalino (pHu > 6,5), pH pelo qual a mioglobina não precipita, tornando baixo o risco de injúria renal, qualquer que seja a importância da mioglobinemia.
- O valor do pH urinário é controlado pelo pH sanguíneo, mas sobretudo pela volemia: o eixo maior do tratamento é, portanto, o tratamento do choque e a obtenção da normovolemia.
- O controle da mioglobinemia é mais preciso do que o das CPK (cinética mais precoce e mais rápida). A fitas reagentes urinárias sinalizam tanto para a hemoglobina quanto para a mioglobina. É um meio simples de detectar o aparecimento e controlar a evolução da mioglobina urinária.

CONDUTA
Tratamento médico
Reanimação hemodinâmica

- Controle da volemia: expansão volêmica para obter normovolemia. O objetivo terapêutico é a obtenção de um pH urinário alcalino (pHu > 6,5). Drogas vasopressoras se necessário, pois há controle do choque e perfusão muscular mínima.

Manter o equilíbrio hidroeletrolítico

- De acordo com a importância dos aportes de NaCl 0,9% e das perdas urinárias, existe risco de acidose hiperclorêmica, a alternância com o Ringer lactato (ou outras soluções balanceadas) pode ser útil.
- A hemodiafiltração baixa a mioglobina sanguínea, mas não diminui o risco de injúria renal.
- A hipercalemia pode ser grave. O tratamento não apresenta nenhuma particularidade (ver *Hipercalemia*).
- A função ventilatória pode ser agravada pela expansão volêmica (EAP). Fora de uma epidemia (terremoto ou guerra), esta função é prioritária. De fato, a necrose tubular aguda é reversível após 2-3 semanas de hemofiltração. Não há contraindicação aos diuréticos em caso de sobrecarga hidrossódica.

Meios cirúrgicos

- Aponeurotomias de descarga em caso de síndrome de compartimento (pressão intramuscular > 40 mmHg). O Doppler arterial pode ser útil. Os riscos infecciosos são então mais elevados. Não há antibioticoprofilaxia necessária.

Síndrome pós-RTU

SÍNDROME DE RESSECÇÃO TRANSURETRAL DA PRÓSTATA
Conjunto das manifestações clínicas e biológicas que ocorrem após a passagem de líquido de irrigação (glicina na maioria das vezes) na circulação no decorrer da cirurgia endoscópica urológica ou ginecológica.
- Dois modos de absorção:
  - Diretamente por efração dos plexos venoso vesico-prostáticos: entrada maciça intravascular responsável por uma hipervolemia com hemodiluição.
  - Indiretamente por reabsorção de líquido pelo espaço retroperitoneal em consequência da ruptura da cápsula prostática.
- Fatores que favorecem:
  - Natureza do líquido de irrigação: solução de glicina hipotônica (osmolaridade: 188 mOsm/kg).
  - Volume absorvido > 1.000 mL.
  - Duração da ação > 60 min (débito de reabsorção = 20-80 mL/min).
  - Pressão de entrada do líquido (manter as bolsas de irrigação no máximo a 60 cm acima da bexiga).
  - Extensão da ressecção > 50 g de tecido prostático.

FISIOPATOLOGIA
- Reabsorção de líquido hipotônico desprovido de eletrólitos:
  - Hiponatremia multifatorial (diluição, secreção ADH ligada à glicina, perdas de sódio).
  - Hipo-osmolaridade plasmática.
- Responsável pelas manifestações neurológicas e pelo edema cerebral.
- Efeitos tóxicos diretos da glicina sobre a retina e manifestações neurológicas.

SINAIS CLÍNICOS
- Hipovolemia transitória com HA, bradicardia sinusal, hipotensão ou mesmo estado de choque por insuficiência miocárdica.
- Dispneia, cianose, EAP por sobrecarga volêmica.
- Agitação, sonolência, coma, disestesias cutâneas, distúrbios visuais ou mesmo cegueira transitória (sinais de reabsorção).

ATITUDE PRÁTICA
Tratamento preventivo
- Monitoração do balanço hídrico levando-se em conta a diurese e as perdas sanguíneas. Interromper em caso de balanço negativo ≥ 1.000 mL.
- Controle SpO_2, FC, PA ou mesmo monitoração cardiovascular em caso de antecedentes pessoais e má tolerância.
- Controle biológico: natremia e osmolaridade medida e calculada. O aparecimento de um hiato osmótico está ligado à glicina (ver *Disnatremia*).
- A medição da glicinemia não está disponível em toda parte.

Tratamento curativo
- Interrupção da irrigação.

- Tratamento eventual das consequências hemodinâmicas e respiratórias ligadas à sobrecarga volêmica (furosemida, O_2, vasopressor se necessário) de acordo com a tolerância.
- Tratamento da hiponatremia e de hipo-osmolaridade (ver *Disnatremia*).
  - Natremia > 120 mmol/L: restrição hídrica + controle.
  - Natremia < 120 mmol/L ou sinais neurológicos: 2-3 ampolas de NaCl 20% até obter natremia > 120 mmol/L ou o desaparecimento dos sinais neurológicos. TSR em caso de glicinemia elevada.
  - Controles clínico e biológico até normalização do ionograma.

Cetoacidose diabética

FISIOPATOLOGIA

Carência aguda de insulina (mais raramente defeito de utilização da insulina pela hiperprodução dos hormônios hiperglicemiantes: glucagon, catecolaminas, cortisol etc.) que provoca incapacidade das células do organismo para metabolizar a glicose liberada provocando:

- Instauração da lipólise: aumento da atividade da lípase tissular com hidrólise dos triglicerídeos em glicerol e em ácidos graxos livres, precursores hepáticos dos corpos cetônicos sob a ação da acetilcoenzima A mitocondrial.
- Excesso de glucagon e formação dos corpos cetônicos pelo fígado (acetoacetato, hidroxibutirato).
- Aparecimento de diurese osmótica. A glicosúria aparece quando a taxa de glicose excede as capacidades renais de reabsorção. Excreção dos corpos cetônicos que se comportam como ânions não reabsorvíveis no tubo distal: perda maciça de água e eletrólitos.
- Fuga do potássio intracelular: a carência em insulina provoca a transferência do potássio para o setor extracelular agravado pela perda urinária: diminuição importante do *pool* potássico.

SINAIS CLÍNICOS

- Sintomas digestivos em primeiro plano: náuseas, vômitos, dores abdominais.
- Sintomas gerais frequentes: astenia, anorexia, poliúria, polidipsia.
- Taquipneia constante ou respiração de Kussmaul.
- Desidratação global com possibilidade de choque.
- Sinais neurológicos: da sonolência ao coma sem sinais de localização.

SINAIS BIOLÓGICOS

- Hiperglicemia constante > 16 mmol/L (3 g/L).
- Glicosúria maciça.
- Acidose metabólica com pH < 7,20, HCO_3^- < 15 mmol/L.
- Hiato aniônico aumentado: ânions não dosados > 20 mmol/L.
- Presença de corpos cetônicos plasmáticos e na urina.
- Natremia normal ou diminuída (falsamente ou por perdas digestivas e/ou urinárias).
- Injúria renal funcional frequente.

DIAGNÓSTICO

- Evidente no diabético de tipo 1 (DM1) caso se considere investigar os corpos cetônicos na urina. Pensar nos defeitos de funcionamento das bombas de insulina.
- É menos evidente se a cetoacidose for inaugural. Levar em consideração diante de acidose metabólica com um hiato aniônico aumentado.

BUSCA DE UM FATOR DESENCADEANTE

- Revelador do DM1 em 10% dos casos sobretudo no indivíduo jovem.
- Erros de tratamento+++.
- Infecção = 1ª causa de descompensação (vírus, infecção pulmonar ou urinária por microrganismos banais, colecistite, apendicite etc.).

- Necrose miocárdica suficiente para desencadear cetoacidose pela liberação de catecolaminas endógenas.
- Gravidez +++.
- Medicamentos (beta-2-miméticos, corticosteroides etc.).
- Estresse, traumatismos, pancreatite aguda etc.

TRATAMENTO
Correção sistemática da deficiência hidroeletrolítica, da carência em insulina e tratamento do fator desencadeante (ver *tabela*)

Estado hiperglicêmico hiperosmolar (com ou sem coma)

Classicamente observado no indivíduo idoso diabético de tipo 2 (DM2). Mortalidade elevada: 30-50%.

FISIOPATOLOGIA
- Complicação aguda do diabete que ocorre espontânea ou secundariamente a um fator intercorrente.
- Elevação da glicemia que provoca hiperosmolaridade plasmática, glicosúria e perda hidroeletrolítica pela diurese osmótica induzida. O fator etiopatogênico do estado de hiperosmolaridade é a impossibilidade de ter aporte hídrico adequado (sensação de sede perturbada, impossibilidade de acesso a um aporte hídrico), resultando em um círculo vicioso.
- A ausência de cetose não se encontra bem elucidada, mas é em parte explicada pela secreção de insulina não nula que permite a inibição da lipólise e a diminuição dos ácidos graxos livres plasmáticos.

SINAIS CLÍNICOS
- Instalação progressiva ao longo de vários dias nos pacientes que, na maioria das vezes, estão debilitados.
- Sinais anunciadores +++: poliúria, adinamia, modificações da fácies, glicosúria importante.
- Quadro clínico dominado pelos sinais neurológicos: distúrbios de consciência que podem levar ao coma com possíveis sinais de localização (hemiplegia, crises convulsivas). Esses sinais regridem, na maioria das vezes, sob tratamento e a persistência deve levar à investigação de uma afecção neurológica, causa ou complicação do coma hiperosmolar.
- Desidratação importante, global com predominância intracelular, sistematicamente associada à hipovolemia.
- Injúria renal funcional frequente.
- Hipertermia frequente: T > 38,5ºC deve levar à investigação de uma infecção.

SINAIS BIOLÓGICOS
- Hiperglicemia sempre muito elevada > 33 mmol/L.
- Hiperosmolaridade plasmática > 340 mOsmol/L (até 380 mOsmol/L).
- Glicosúria sem cetonúria,
- Pseudo-hiponatremia secundária à hiperglicemia.
- HCO_3^- entre 15-20 mmol/L.

DIAGNÓSTICO
Difícil, pois os sinais clínicos não são específicos e tardios. A elevação da glicemia > 33 mmol/L basta para o diagnóstico.

INVESTIGAÇÃO DE UM FATOR DESENCADEANTE
- Por vezes revelador da doença diabética.
- Infecção = 1ª causa de descompensação (vírus, infecção pulmonar ou urinária por microrganismos banais, colecistite).

- Acidentes cardiovasculares ou cerebrais.
- Medicamentos (beta-2-miméticos, corticosteroides, betabloqueadores, diuréticos etc.).
- Estresse, traumatismos, pancreatite aguda etc.

TRATAMENTO

Correção sistemática da deficiência hidroeletrolítica, da carência em insulina e tratamento do fator desencadeante (ver *tabela*).

	Cetoacidose	Estado hiperglicêmico hiperosmolar
Reidratação 1ª medida terapêutica	Em caso de sinais de hipovolemia: expansão volêmica (500-1.500 mL)	
	Correção da deficiência hídrica	
	Deficiência estimada: 6/8 L	Deficiência estimada: 8/10 L
	Primeiras 8 horas	**Primeiras 12 horas**
	Compensação da metade, ou seja, 3-4 L de NaCl 0,9%	
	16 horas seguintes	**12 horas seguintes**
	Correção da outra metade com: • NaCl 0,9% enquanto a glicemia for > 10 mmol/L • Glicose 5% + NaCl assim que glicemia < 10 mmol/L • Água por sonda nasogástrica, se o paciente estiver inconsciente ou VO	
Insulinoterapia	Iniciar rapidamente para diminuir [glicose] plasmática e a produção de corpos cetônicos	Ela está em segundo plano
	Análoga ultrarrápida IV em bomba de infusão: 0,1 UI/kg/h após um *bolus* inicial de 4 UI **ou** Protocolo de insulinoterapia (ver *Anestesia e diabete*)	
	Ajuste das velocidades de insulina de acordo com as glicemias, acidose metabólica e cetonúria	
	• Não aumentar a insulina quando a cetonúria desaparecer, mas adicionar um aporte de glicose para estabilizar a glicemia entre 7-10 mmol/L • Em caso de glicemia < 5 mmol/L, não interromper a insulina, mas aumentar os aportes de glicose	
	Passar para a insulina SC assim que a alimentação VO for retomada (esquema basal *bolus*)	

(continua)

	Cetoacidose	Estado hiperglicêmico hiperosmolar
Correção da deficiência em potássio	▪ *Pool* potássico diminuído ainda que as taxas plasmáticas estejam normais ▪ Administrar KCl em função da taxa plasmática: manter 4 < calemia < 5 mmol/L ▪ Ionograma sanguíneo/2 h e ECG sistemático durante a recarga potássica	
Correção da acidose	Tratamento = insulinoterapia (interrupção da produção de corpos cetônicos)	
	Nenhuma recomendação para a administração de bicarbonatos, qualquer que seja o valor do pH	
Tratamento do fator desencadeante	É indispensável investigá-lo e tratá-lo se for o caso	
Outros tratamentos	Correção da hipofosfatemia, da hipomagnesemia (frequentes) de acordo com as taxas plasmáticas	
	A anticoagulação sistemática deve ser discutida, indispensável se houver risco elevado	
	Tratamento preventivo: educação e acompanhamento regular do paciente diabético	

Reanimação

Insuficiência adrenal aguda

Trata-se de uma urgência médica.

É o resultado da insuficiência de produção de cortisol pelo córtex adrenal.

CONTEXTO ETIOLÓGICO

- Revelador de insuficiência adrenal crônica ou descompensação de insuficiência adrenal crônica.
- Impõe a investigação do fator desencadeante (distúrbios gastrointestinais, infecção, aumento das necessidades em um período de estresse, ingestões medicamentosas: fluconazol, cetoconazol, indutores de enzimas de citocromo P450, levotiroxina, interrupção de uma corticoterapia).

Primário Comprometimento periférico Perda da função adrenal	- Autoimune - Infecção - Metástase - Hemorragia bilateral das adrenais - Adrenalectomia bilateral
Secundário Comprometimento central Disfunção do eixo hipotálamo-pituitário	- Comprometimento do eixo hipotalâmico-pituitário (tumor, irradiação) - Traumatismo craniano - Apoplexia pituitária/síndrome de Sheehan - Infiltração hipotalâmico-pituitária (sarcoidose, histiocitose)
Secundária à tomada de **glicocorticoides** Supressão da secreção do eixo corticotrópico	- Aumento do risco, se doses elevadas e duração prolongada - Pode ocorrer independentemente do modo de administração, da posologia ou da duração do tratamento

APRESENTAÇÃO CLÍNICA

	Insuficiência adrenal crônica	Insuficiência adrenal aguda
Sinais funcionais	Alteração do estado geral Náuseas, vômitos, diarreia *salt craving**	Fadiga Náuseas, vômitos Dor abdominal
Sinais físicos	Melanodermia Hipotensão ortostática Febre	Febre Hipotensão ou choque Defesa abdominal Alterações da consciência
Sinais biológicos	Hiponatremia Hipercalemia* Hipoglicemia Hipercalcemia	

* Na insuficiência adrenal primária. Na IA secundária, persistência de secreção mineralocorticoide.

TRATAMENTO

Nenhum teste diagnóstico deve retardar o tratamento. Urgência terapêutica.

- Hidrocortisona: 100 mg IV e depois 100-300 mg por dia durante 48-72 h (em contínuo ou a cada 6 h). Redução progressiva e administração por via oral a partir do 4º dia para retorno à posologia normal (entre 15-25 mg/d). A substituição mineralocorticoide não é necessária quando a dose de hidrocortisona for > 50 mg por dia.
- Se possível: dosagem de cortisol e de ACTH antes da administração de hidrocortisona.
  - Cortisol elevado (> 20 mcg/dL ou 550 nmol/L) exclui o diagnóstico.
  - Cortisol baixo (< 5 mcg/dL ou 138 nmol/L) é um argumento forte para o diagnóstico.
  - A taxa de ACTH elevada associada a cortisol baixo é favorável à origem periférica.
- Tratamento sintomático:
  - Correção da hipovolemia: expansão com NaCl 0,9%.
  - Correção da hipoglicemia.
  - Correção da hipercalemia.
  - Atenção com a correção demasiado rápida de uma hiponatremia (mielinólise pontina central).
- Tratamento da causa: em função da etiologia.

PREVENÇÃO

- Educação dos pacientes.
- Nos insuficientes adrenais crônicos: aumento da corticoterapia substitutiva em caso de cirurgia de grande porte, parto, período de estresse com aumento das necessidades de cortisol.

Doses de hidrocortisona em função dos procedimentos

Procedimento	Antes do procedimento	Depois do procedimento
Cirurgia de grande porte	50-100 mg IV antes da anestesia	D1-D2: 200-400 mg/d (em contínuo ou a cada 6 h) D3-D4: dobrar a dose habitual A partir do D5: dose habitual
Parto	50-100 mg IV no início do trabalho de parto	Dobrar a dose habitual durante 24-48 h
Cirurgia de pequeno porte Endoscopia digestiva	50-100 mg IV antes da anestesia	Dobrar a dose habitual durante 24 h

Transporte do paciente de UTI

O risco do transporte deve ser incluído no equilíbrio risco/benefício do procedimento considerado. O transporte deve ser sempre organizado de maneira padronizada.

- **Regra 1**: estabilização hemodinâmica, ventilatória e PIC antes do transporte. Se o paciente permanecer instável, avaliar a oportunidade e a urgência do transporte.
- **Regra 2**: monitoração no transporte igual da UTI, pensar em garantir a rastreabilidade dos parâmetros monitorados.
- **Regra 3**: toda equipe de transporte de um paciente de risco vital deve ser composta de pelo menos um médico e de uma pessoa especializada em transporte.

CILINDRO DE OXIGÊNIO-BALÃO AUTOINFLÁVEL COM VÁLVULA UNIDIRECIONAL (BAV)

- Antes do transporte, verificar a pressão de O_2 no cilindro.

> Consumo de O_2 (L) = VE (L/min) x FiO_2 x duração do transporte (min, prever uma margem de 30 min)
> Quantidade de O_2 disponível a 1 atm (L) = 5 x pressão residual (bar)

- Um BAV com reservatório e uma máscara facial sempre devem ser levados.
- Deve ter bom funcionamento e capacidade para insuflar contra as elevadas resistências verificadas.

VENTILAÇÃO ASSISTIDA

- Se houver risco de o paciente se agitar ou caso ele deva ser ventilado nas horas seguintes (centro cirúrgico), deve-se discutir a intubação antes da saída.
- A ventilação manual com o BAV deve ser evitada e ser utilizada somente em caso de pane do ventilador.
- Para verificar a boa tolerância da ventilação distribuída pelo ventilador de transporte, este deve ser conectado ao paciente 5-10 min antes de deixar o quarto. Se $FiO_2 > 0,7$, é preciso testar a ventilação com o respirador de transporte em 100% durante 5 min; se $SpO_2 < 95\%$, há a necessidade de otimizar a ventilação antes do transporte (aspirações traqueais, PEEP, manobras de recrutamento, curarização). Se a oxigenação permanecer insuficiente, deve-se pré-instalar um respirador no local externo.
- Regular os alarmes de volume e pressão.
- Se a estada fora da UTI for prolongada, um sistema de aspiração deve estar disponível: ou sistema autônomo portátil ou sistema no local.

MONITORAÇÃO

- No mínimo cardioscópio, SpO_2 e medidor de pressão arterial. Interesse do módulo de monitoração portátil, que pode ser desconectado do monitor principal.
- Em caso de HIC: risco de agravamento durante o transporte. Monitoração da PIC, da PA invasiva e do $EtCO_2$. Antes da saída, teste do ventilador de transporte durante 10 min, regulagem da VE para manter o mesmo $EtCO_2$ que em terapia intensiva; eventualmente otimizar

a PIC antes da saída (manitol 20%: 50 mL, curarização); nunca hiper-ventilar o paciente.
- Conectar o cardioscópio, o ventilador e as bombas de infusão no setor, assim que possível.

DROGAS E MATERIAIS
- Sedar um paciente suscetível de se agitar com a bomba de infusão se o transporte for > 20 min. Antecipar, avaliar, tratar a dor induzida pelo transporte.
- Em caso de vasopressor, prever uma seringa cheia, montada na linha de infusão e conectada a uma bomba de infusão, para garantir 1 h de margem. Os cabos de alimentação elétrica devem ser levados.
- Infusões: simplificar ao máximo as linhas, adiar os tratamentos não urgentes. Verificar a permeabilidade dos cateteres. Assegurar as vias de acesso venosas e as linhas de infusão.

Sedação em UTI

OBJETIVOS
- Já está bem demonstrado que a diminuição das doses de sedativo é benéfica para os pacientes de terapia intensiva.
- Os objetivos devem ser:
  - Melhor controle da dor.
  - Comunicação preservada com o paciente.
  - Retirada dos dispositivos invasivos.
  - Mobilização passiva e depois ativa o mais precocemente possível.
  - Auxílio não medicamentoso para um sono de qualidade.
- As indicações de sedação "pesada" estão se tornando raras: hipertensão intracraniana, insuficiência respiratória grave (essencialmente quando uma curarização é necessária), estado de mal epiléptico.

ANALGESIA
- A conduta para com os pacientes deve primeiramente se centrar no controle da dor. Se possível, deve ser medida por meio de escalas de autoavaliação nos pacientes aptos a se comunicar, ou então com a ajuda de escalas comportamentais (*Behavioral Pain Scale* ou *Critical Care Pain Observation Tool*). Essas avaliações devem ser feitas durante a realização dos cuidados, o que permite, se necessário, um tratamento preventivo da dor e não mais simplesmente curativo.

SEDAÇÃO
- A profundidade da sedação deve ser medida com a ajuda de escalas que permitam a cotação tanto da sedação quanto da agitação (*Richmond Agitation-Sedation Scale* ou *Sedation-Agitation Scale*).
- Um objetivo de sedação quantificado deve ser prescrito diariamente pelo médico, pois as enfermeiras ajustam a dose de sedativo segundo um protocolo preestabelecido. Isso permite não apenas reavaliar todos os dias as necessidades de sedação, mas também utilizar as doses mínimas de sedativo para o objetivo desejado.
- Algumas interrupções diárias sistemáticas da sedação também podem ser utilizadas.
- Os protocolos utilizados devem ser estabelecidos de acordo com cada UTI pelos responsáveis em função dos dados locais. De todo modo, quaisquer que sejam os protocolos e técnicas utilizados, a diminuição das doses de sedativo são sempre acompanhadas da melhora do prognóstico.
- Nenhum medicamento sedativo deu provas claras de superioridade. Contudo, os especialistas concordam com a recomendação de limitar a utilização dos benzodiazepínicos suspeitos de aumentar o risco de delírio.

DEXMEDETOMIDINA
- Alfa-2-agonista disponível para sedação em terapia intensiva. Esta droga torna possível a indução de uma sedação reversível pela simples estimulação associada aos efeitos analgésicos e sem qualquer impacto no comando respiratório.

- Os riscos são principalmente a bradicardia e a hipotensão (efeitos simpatolíticos).
- Deve ser usada:
  - Em IV com bomba de infusão, em doses de 0,2-1,4 mcg/kg/h.
  - Sem *bolus* (risco de efeitos hemodinâmicos).
- O prazo de ação é de 15 minutos, o pico plasmático é atingido em 1 h e a meia-vida é de pouco menos de 3 h.

Prevenção e tratamento da abstinência alcoólica

SINAIS DA ABSTINÊNCIA ALCOÓLICA
Dependem da intensidade e da duração da intoxicação alcoólica, e podem aparecer desde a 7ª hora de abstinência. Podem ser classificados em três tipos de sintomas que permitem melhor adequação terapêutica:
- Tipo A ("excitabilidade central"): ansiedade, agitação, intolerância à luz e ao barulho.
- Tipo B (hiperatividade adrenérgica): náuseas, tremores, suores, hipertensão, taquicardia.
- Tipo C (delírio): discurso incoerente, alucinações, desorientação temporal e espacial.

As crises tônico-clônicas generalizadas podem ser secundárias à abstinência, mas também à hemorragia intracraniana mesmo sem traumatismo evidente.

ATENÇÃO COM DIAGNÓSTICOS ASSOCIADOS E/OU DIFERENCIAIS
- Intoxicação por cocaína ou anfetaminas, toxicidade dos anticolinérgicos, sepse, tireotoxicose, calores, hipoglicemia, hemorragia intracraniana etc. (ver *Delírio*).

PROCEDIMENTO TERAPÊUTICO GERAL
- Reequilíbrio hidroeletrolítico (diminuição espontânea dos aportes e aumento importante das perdas: vômitos, hiperventilação, agitação, febre).
- IV com vitamina B1: 0,5 g, vitamina B6: 0,5 g, vitamina PP: 40 mg, ácido fólico: 5 mg/d.
- Atenção com as hipoglicemias que são frequentes e que podem favorecer às convulsões. Aportes glicosados sistemáticos. Controlar o magnésio.

TRATAMENTO MEDICAMENTOSO
- Benzodiazepínicos = tratamento ideal para a prevenção e o tratamento dos sintomas de abstinência.
- É possível associar:
  - Alfa-2-agonistas principalmente em caso de sinais de tipo B importantes e resistentes aos benzodiazepínicos.
  - Neurolépticos em caso de sinais de tipo C.
  - Betabloqueadores em caso de insuficiência coronariana.
- O tratamento deve ser adequado à clínica, pois as necessidades individuais são extremamente variáveis. Recomenda-se ++ a utilização de escores clínicos (ver *CIWA-AR*).

Tratamento preventivo
- Oxazepam: 15-30 mg, 3-4/d ou diazepam: 10 mg, 3-4/d.
- CIWA-AR no mínimo a cada 4 h, manter < 10.

Reanimação

Tratamento curativo

- CIWA-AR horário.
- Princípios = titulação para CIWA-AR < 10 rapidamente, depois manutenção e/ou *bolus* sob demanda assim que CIWA > 10.
- Hospitalização na semi-intensiva se CIWA-AR for > 20.

	Bolus-titulação IV lenta	Manutenção
Diazepam	2,5-10 mg/5-10 min	2,5-10 mg/h IV
Midazolam	1-5 mg	0,05-0,1 mg/kg/h em bomba de infusão
Haloperidol	0,5-5 mg/20-30 min	2-5 mg x 2-4/d IV – PO
Clonidina	150-300 mcg	0,5-3 mcg/kg/h em bomba de infusão

Reanimação

Escore de CIWA-AR

Todos os critérios (exceto o último) devem ser cotados entre 0 e 7 pontos, as descrições são dadas apenas para as cotações 0, 4 e 7.

Náuseas e vômitos	
▪ Sem náuseas nem vômitos	0
▪ Náuseas intermitentes com ânsias	4
▪ Náuseas constantes, ânsias frequentes, vômitos	7
Tremores: braços estendidos, dedos afastados	
▪ Sem tremores	0
▪ Moderados, quando o paciente tem os braços estendidos	4
▪ Graves, mesmo sem os braços estendidos	7
Suores paroxísticos	
▪ Sem suores visíveis	0
▪ Testa com gotas de suor	4
▪ Molhado de suorese	7
Ansiedade: perguntar: "Está se sentindo nervoso?"	
▪ Calmo, relaxado	0
▪ Moderadamente ansioso ou alerta	4
▪ Equivalente a ataque de pânico	7
Agitação	
▪ Atividade normal	0
▪ Moderadamente nervoso e agitado: não para no lugar, impaciente	4
▪ Anda de um lado para o outro durante a entrevista ou se agita violentamente	7
Distúrbios táteis	
Perguntar: "Você tem coceiras, sensações de formigamento, calor, adormecimento ou tem a impressão de que há insetos que correm sobre a pele?"	
▪ Nenhum	0
▪ Alucinações moderadamente graves	4
▪ Alucinações contínuas	7

(continua)

Distúrbios auditivos	
Perguntar: "Você é sensível aos sons que o cercam? São estridentes? Causam medo? Está ouvindo um som que o enerva, irrita? Tem a impressão de perceber (ou ouvir) sons e ruídos que não existem?"	
• Nenhum	0
• Alucinações moderadamente graves	4
• Alucinações contínuas	7
Distúrbios visuais	
Perguntar: "A luz parece muito forte? Causa dor nos olhos? Você está vendo algo que o perturba? Tem a impressão de ver coisas que não existem realmente em seu entorno?"	
• Nenhum	0
• Alucinações moderadamente graves	4
• Alucinações contínuas	7
Cefaleias, cabeça pesada	
Perguntar: "Você tem sensações estranhas na cabeça? Tem a impressão de que a cabeça está em uma prensa ou que vai explodir?". Não avaliar a vertigem ou as sensações de tontura; avaliar antes a gravidade dos outros sintomas:	
• Ausentes	0
• Moderadamente graves	4
• Extremamente graves	7
Orientação e obnubilação	
Perguntar: "Que dia é hoje? Onde você está? Quem sou eu?"	
• Orientado(a) e pode adicionar em séries de números	0
• Erro de data de até 2 dias	2
• Erro de data com mais de 2 dias	3
• Desorientado(a) no espaço e/ou em relação às pessoas	4
Escore máximo possível	**67**

Delírio

O delírio, sob a forma hiperativa, com agitação, ou hipoativa, de diagnóstico geralmente desconhecido, é uma doença extremamente frequente em UTI, e ainda mais frequente no pós-operatório, quando a cirurgia é de grande porte e a situação é propícia.

DIAGNÓSTICO
As características diagnósticas baseiam-se na associação de:
- Alteração do estado de consciência com perda das faculdades de atenção, de concentração.
- Alteração das funções cognitivas com:
  - Desorganização do pensamento: incapacidade de raciocínios lógicos, distinguir os sonhos ou as alucinações da realidade, delírio de perseguição mal sistematizado.
  - Distúrbios da percepção: alucinações geralmente angustiantes que podem provocar comportamentos agressivos ou de fuga.
  - Distúrbios da memória.
  - Desorientação no tempo e no espaço, falsos ou não reconhecimentos.
  - Distúrbios da linguagem: discurso precipitado, incoerência, dificuldade de nomear os objetos e de escrever.
- O aparecimento destes distúrbios é súbito e de evolução flutuante ao longo de um mesmo dia.
- São frequentemente associados à alteração do ciclo vigília-sono, à exacerbação noturna dos sintomas, aos distúrbios do humor.
- Há alguns escores adequados disponíveis (ver *CAM-ICU*).

FATORES DE RISCO/ETIOLOGIAS NÃO MEDICAMENTOSAS
Fatores predisponentes
Estes fatores aumentam a suscetibilidade dos pacientes à ocorrência dos fatores desencadeantes:
- Idade.
- Distúrbios preexistentes das funções cognitivas, demências.
- Distúrbios da visão, da audição.
- Toxicomania (tabaco, álcool, hipnóticos, drogas).
- Desnutrição (hipoalbuminemia).
- Gravidade da doença de admissão, desidratação.

Fatores desencadeantes
- Sepse, hipertermia.
- Estresse, dor, globo vesical.
- Hipoxemia, hipercapnia.
- Anemia.
- Cirurgia: fase de despertar pós-operatório, tipo de cirurgia (p. ex., abdominal, prótese de quadril), duração da cirurgia, perdas sanguíneas e hipoxemia perioperatórias.
- Distúrbios metabólicos: disnatremia, discalemia, hipoglicemia, desequilíbrio acidobásico, hipercalcemia, deficiência vitamínica (tiamina).
- Insuficiência hepática, injúria renal, desidratação.

Reanimação

- Doenças endócrinas: hipotireoidismo, hipertireoidismo, hiperparati-reoidismo, doença de Addison, síndrome de Cushing.
- Doenças intracranianas: infecciosas, vasculares, tumorais, traumáticas.

FATORES DE RISCO/ETIOLOGIAS MEDICAMENTOSAS
- Por intoxicação: álcool, anfetaminas, *cannabis*, cocaína, alucinóge-nos, opioides, solventes voláteis, sedativos, hipnóticos e ansiolíticos.
- Por abstinência: álcool, sedativos, hipnóticos e ansiolíticos.
- Por efeitos secundários: lista extremamente longa, mas é possível ci-tar qualquer medicamento que tenha atividade anticolinérgica (entre os quais anti-histamínicos, certos neurolépticos, meperidina, furose-mida, prednisolona etc.), os antibióticos, os benzodiazepínicos etc.

TRATAMENTO
Investigar e tratar os fatores desencadeantes +++
- Sem deixar de lado os fatores medicamentosos: interromper qual-quer tratamento que não seja estritamente necessário, principalmente aqueles que tenham atividade anticolinérgica e os sedativos.
- Os benzodiazepínicos são suspeitos de poder agravar os sintomas.

Conduta não medicamentosa
Os princípios são a tranquilização, o auxílio para a percepção e a com-preensão do exterior, a mobilização precoce. Estas medidas são impor-tantes e de eficácia demonstrada no preventivo.
- Informações frequentes, explicações sobretudo sobre as causas e o desenrolar da hospitalização.
- Os sintomas e a reversibilidade devem ser explicados ao paciente e à família. Uma vez tranquilizados, os familiares podem ser implicados no procedimento de forma eficaz.
- Evitar a contenção física.
- Tudo o que permite melhor orientação no tempo e no espaço é be-néfico: informações repetidas, luz do dia, relógios, óculos, aparelhos auditivos etc. Alguns objetos pessoais são tranquilizadores.
- Facilitar o sono, limitar as agressões sonoras e visuais.
- Encorajar a mobilização precoce com limitação das sondas e das infusões, cinesioterapia.

Tratamento medicamentoso
- Neurolépticos: a eficácia não está demonstrada. Recomenda-se o haloperidol por causa do baixo efeito sobre a vigília e pela ausência de efeito anticolinérgico. Há riscos de hipotensão arterial e de prolon-gamento do QT (interrupção do tratamento se houver prolongamento do QT de mais de 25%).
  - Haloperidol VO, IV descontínua ou contínua:
    - » Titulação: 0,5-2 mg/20 min.
    - » Dose de manutenção: 0,03-0,15 mg/kg/0,5-6 h.
    - » Em urgência, mais sedativo: loxapina 50 mg IM.
- Benzodiazepínicos:
  - Tratamento ideal dos sintomas de abstinência (benzodiazepínicos ou álcool).
  - No entanto, utilizá-los com cuidado nas outras etiologias.

CAM-ICU
Confusion Assessment Method for Intensive Care Unit

Critério 1: Evolução flutuante	Sim	Não
O estado neurológico do paciente variou nas últimas 24 h (utilizar a escala de coma de Glasgow ou um escore de sedação-agitação)?		
Critério 2: Desatenção Positivo se houver mais de 2 erros	Positivo	Negativo
Pedir ao paciente para apertar sua mão quando você disser a letra A em uma série de 10 letras: **A B R A C A D A B R** ou **B A R T A B A A C H**		
Critério 3: Nível de consciência anormal = qualquer nível de consciência diferente de calmo, cooperante	Sim	Não
Critério 4: Pensamento desorganizado (positivo se ≥ 2 respostas incorretas)	Positivo	Negativo
Questões sim/não: utilizar alternadamente uma ou outra das séries **Série 1** 1. Uma pedra flutua na água? 2. Existem peixes no mar? 3. Um quilo pesa mais do que dois quilos? 4. Utiliza-se um martelo para pregar um prego? **Série 2** 1. Uma folha flutua na água? 2. Existem girafas no mar? 3. Dois quilos pesam mais do que um quilo? 4. Utiliza-se um martelo para cortar madeira? **Ordens:** Dizer ao paciente: "Mostre o mesmo número de dedos que eu" (mostrar dois dedos) Depois: "Faça a mesma coisa com a outra mão" OU "Mostre um dedo a mais"		
Resultado global CAM-ICU (critérios 1 + 2 e 3 ou 4 positivos)	Positivo	Negativo

Intoxicações e antídotos

MENSAGENS

- Os vômitos provocados não são mais indicados.
- A dosagem quantitativa sanguínea é indicada caso modifique a conduta. Este é o caso para o paracetamol, os salicilatos, a carbamazepina, o fenobarbital, a digoxina, a digotoxina, a teofilina, o lítio, o valproato.
- A administração de carvão ativado é indicada para as intoxicações por tóxicos absorvidos pelo carvão diagnosticadas precocemente (1 h) ou quando existir um ciclo entero-hepático ou enteroentérico (carbamazepina, dapsona, fenobarbital, quinino, teofilina). A posologia é de 50 g a cada 2-3 h.
- As indicações de lavagem gástrica são raras: ingestão < 1 h de um tóxico lesivo (colchicina, paraquat) ou de substâncias com forte toxicidade (nivaquina, tricíclicos, teofilina). A ingestão de hidrocarburetos, produtos cáusticos (cândida), ácidos, espumas, bem como a presença de varizes esofágicas contraindicam a lavagem gástrica. Esta é precedida da intubação orotraqueal em caso de distúrbios da consciência.
- A diurese forçada não é mais indicada. Recomenda-se a alcalinização nas intoxicações com herbicidas diclorofenoxiacéticos, nas intoxicações graves com ácido acetilsalicílico e naquelas com bloqueadores dos canais sódicos com arritmias (antiarrítmicos de classe I, antiepilépticos).
- A hemo(dia)filtração é indicada quando o tóxico tem baixo volume de distribuição (< 1 L/kg), pouco ligado às proteínas plasmáticas (< 60%), e quando o *clearance* de eliminação da técnica for superior ao *clearance* corporal total.
- Na prática, a hemo(dia)filtração é indicada para:
  - A intoxicação grave com metanol (pH < 7,25, bicarbonatos < 15 mmol/L, metanolemia > 0,5 g/L) em combinação com um tratamento antídoto (etanol).
  - A intoxicação grave com etilenoglicol (pH < 7,25, bicarbonatos < 15 mmol/L, etilenoglicolemia > 1 g/L).
  - A intoxicação com lítio (em caso de coma, convulsões, insuficiência respiratória, injúria renal, aumento da litemia).
  - A intoxicação com salicilatos com acidose metabólica grave.
- Antídoto da síndrome neuroléptica maligna e da síndrome serotoninérgica (ver *Anestesia e e doença psiquiátrica*).

PRINCIPAIS INTOXICAÇÕES E ANTÍDOTOS

Tipo de síndrome	Clínica	Etiologia
Adrenérgica	Taquicardia, hipotensão (beta), HA (alfa), palpitações, dores torácicas, angina, infarto do miocárdio, arritmia Agitação, tremores, convulsões, AVC Hiperglicemia, acidose láctica, hipo-K+, hipofosfatemia, hiperleucocitose	Beta: xantina, teofilina, salbutamol, efedrina Alfa: anfetaminas, cocaína
Anticolinérgica	Confusão, alucinações, delírios, tremores, agitações, coma superficial, convulsões Taquicardia, midríase, mucosa seca, retenção urinária	Antidepressivos tri/tetracíclico, fenotiazinas, anti-H1, antiparkinsonianos, atropina, datura, beladona
Colinérgica	Muscarínico: miose, broncorreia, broncoespasmo, bradicardia, dores abdominais, vômitos, diarreia, sudorese Nicotínico: fasciculações, paralisia, taquicardia, hipertensão arterial Agitações, cefaleias, tremores, confusão, ataxia, convulsões, coma	Inseticidas anticolinesterásicos (carbamatos, organofosfatos), gás de combate organofosforados
Hipertermia maligna	Hipertermia, sudoreses, distúrbios neurovegetativos Coma, hipertonia, hiper--reflexia, convulsões Oligúria, desidratação, rabdomiólise, injúria renal, acidose láctica	Neurolépticos, halogênios, psicotrópicos serotoninérgicos (anfetaminas, ISRS)
Miorrelaxante	Coma calmo, hipotônico ± hipotensão ± insuficiência respiratória	Benzodiazepínicos, imidazopiridinas (zolpidem, zopiclona), barbitúricos, meprobamato, etanol

Reanimação

(continua)

Tipo de síndrome	Clínica	Etiologia
Opioide	Coma calmo, hipotônico Bradipneia/apneia Miose ± bradicardia, hipotensão arterial	Opioides naturais ou sintéticos
Serotoninérgica	Agitação, tremores, mioclonias, confusão, alucinações, convulsões, síndrome piramidal, espasmos, coma Midríase, sudoreses, taquicardia, taquipneia, hipertermia, calafrios, hipotensão, diarreia Hiperglicemia, hipo-K^+, hipo-Ca^{++}, CIVD, acidose láctica, rabdomiólise	ISRS, venlafaxina, anfetaminas, lítio, antidepressivos tricíclicos
Estabilizante de membrana	ECG: achatamento de T, prolongamento do QT, alargamento do QRS, síndrome de Brugada, arritmia ventricular, bradicardia do QRS largo, assistolia Hipotensão, choque Coma, convulsões, hipo-K^+, acidose láctica, SDRA, hemorragia alveolar	Antidepressivos tri/tetracíclicos, quinina, cloroquina, certos betabloqueadores (propranolol, acebutolol), antiarrítmicos classe I, dextropropoxifeno, carbamazepina, cocaína, fenotiazínicos

Principais tratamentos e antídotos

Tóxicos ou medicamentos	Principais sintomas	Marcadores biológicos úteis	Dosagem tóxica	Tratamentos/antídotos
Ácido valproico	Depressão do sistema nervoso central, convulsões, acidose láctica, hepatotoxicidade, síndrome de Reye	TP, TGO, TGP, amonemia, gasometria	Sim, em urgência: sem toxicidade grave para concentrações inferiores a 850 mg/L	L-carnitinina, bicarbonato de Na molar
Anfetaminas	Midríase, arritmia, agitação, convulsões, hipertermia, desidratação	Natremia	Não, salvo exceção	
Anticoagulantes AVK, raticidas	Hemorragias	TP, INR, fatores II,VII, IX, X	Não	CCP
Antidepressivos não tricíclicos, não ISRS	Encefalopatia anticolinérgica, convulsões, cardiotoxicidade com efeito estabilizador de membrana	Calemia	Não, salvo exceção	
Antidepressivos tricíclicos	Encefalopatia anticolinérgica, convulsões, cardiotoxicidade com efeito estabilizador de membrana, hipotensão arterial, choque	Calemia	Não, salvo exceção	Bicarbonato de Na ou lactato de Na, epinefrina, dobutamina
Antiferrugem, ácido fluorídrico, ácido oxálico	Convulsões, arritmias e distúrbios da condução, distúrbios digestivos	Ca^{++}, Mg^{++}, K^+, gasometria	Não, salvo exceção	Cloreto ou gluconato de Ca
Antipsicóticos convencionais (butirofenonas, fenotiazinas etc.) e atípicos (aripiprazol etc.)	Depressão do sistema nervoso central, convulsões, síndrome antiparkinsoniana ou anticolinérgica, cardiotoxicidade por dose elevada		Não, salvo exceção	
Benzodiazepínicos	Depressão do sistema nervoso central, insuficiência respiratória		Não, salvo exceção	Anexate®

(continua)

Reanimação

Principais tratamentos e antídotos

Tóxicos ou medicamentos	Principais sintomas	Marcadores biológicos úteis	Dosagem tóxica	Tratamentos/antídotos
Betabloqueadores	Bradicardia, depressão do sistema nervoso central, hipotensão, choque		Não, salvo exceção	Dobutamina, epinefrina, isoprenalina (em caso de intoxicação com sotalol), glucagon
Biguanidas (metformina)	Distúrbios de consciência, distúrbios digestivos, hipotensão, choque, injúria renal, falência de múltiplos órgãos	Gasometria, hiato aniônico, lactatos, INR, creatinina	Sim	
Bloqueadores dos canais de cálcio	Hipotensão, choque, arritmia e distúrbios da condução	Glicemia	Sim	Cloreto ou gluconato de Ca, glicoinsulina
Cannabis	Euforia, ansiedade, confusão, hipotensão, hiperemia conjuntival		Não, salvo exceção	
Carbamazepina	Depressão do sistema nervoso central, convulsões, distúrbios de condução, estabilizador de membrana		Sim	Bicarbonato de Na
Chumbo	Dores abdominais, constipação, encefalopatia	Ácido delta-aminolevulínico (u), protoporfirina, Zn	Sim	EDTA/calcitetracemato dissódico
Cloralose	Depressão do sistema nervoso central, mioclonias, convulsões		Não, salvo exceção	
Cloroquina	Hipotensão arterial, arritmias e distúrbios da condução, alargamento do QRS, parada circulatória	K	Sim (valor prognóstico)	Bicarbonato de Na, diazepam

(continua)

Principais tratamentos e antídotos

Tóxicos ou medicamentos	Principais sintomas	Marcadores biológicos úteis	Dosagem tóxica	Tratamentos/antídotos
CO	Cefaleias, alterações da consciência, distúrbios digestivos, hipóxia, infarto do miocárdio	HbCO, gasometria	Sim	Oxigênio (ONB/OHB)
Cocaína	Midríase, arritmia, infarto do miocárdio, agitação, convulsões		Não, salvo exceção	Benzodiazepínicos, verapamil, morfina, discutir betabloqueadores
Cogumelos: síndrome faloidiana	Distúrbios digestivos, síndromes coleriformes, hepatite aguda, encefalopatia	TP, INR, DHL, transaminases, ionograma, gasometria		Silibinina
Colchicina	Distúrbios digestivos, síndrome coleriforme, choque, cardiotoxicidade, insuficiência medular, alopecia	Hemograma, coagulograma, gasometria, TGO, TGP, BNP, troponina	Não, salvo exceção	
Cianetos	Depressão do sistema nervoso central, insuficiência respiratória, hipóxia, hipotensão arterial, choque, parada circulatória	Gasometria, lactato	Não, salvo exceção	Hidroxocobalamina
Digoxina	Distúrbios digestivos, arritmias e distúrbios da condução, confusão	K, creatinina	Sim	Digifab®
Etanol	Embriaguez, depressão do sistema nervoso central, hipotensão	Glicemia	Sim	
Etilenoglicol	Embriaguez, polipneia, depressão do sistema nervoso central, convulsões, injúria renal	Gasometria, Ca, hiato aniônico e osmolar, lactato, creatinina	Sim	4-metipirazol ou etanol, diálise

(continua)

Reanimação

Principais tratamentos e antídotos

Tóxicos ou medicamentos	Principais sintomas	Marcadores biológicos úteis	Dosagem tóxica	Tratamentos/antídotos
Fenitoína	Depressão do sistema nervoso, convulsões, cardiotoxicidade		Não, salvo exceção	Bicarbonato de Na
Fenobarbital	Depressão do sistema nervoso, depressão respiratória, hipotermia		Sim	Bicarbonato de Na (diurese alcalina), carvão ativado
GHB (ácido gama--hidroxibutírico)	Coma, insuficiência respiratória		Não, salvo exceção	
ISRS	Sonolência, convulsões, mioclonias, síndrome serotoninergética, taquicardia, hipotensão, hiponatremia	Na	Não, salvo exceção	
Isopropanol	Embriaguez, depressão do sistema nervoso central	Osmolaridade, cetonúria	Não, salvo exceção	
Lítio	Depressão do sistema nervoso, mioclonias, tremores	Na, creatinina	Sim	Cloreto de Na, diálise
LSD	Delírios		Não, salvo exceção	
Metanol	Embriaguez, polipneia, depressão do sistema nervoso central, distúrbios visuais, convulsões	Gasometria, lactato, hiato aniônico e osmolaridade	Sim	4-metilpirazol ou etanol, diálise
Metemoglobinizantes	Cianose, distúrbios respiratórios, hipóxia	MetHb, haptoglobina, DHL, TGO, bilirrubina	Sim	Azul de metileno
Opioides	Depressão do sistema nervoso, síndrome opioide		Não, salvo exceção	Naloxona

(continua)

Principais tratamentos e antídotos

Tóxicos ou medicamentos	Principais sintomas	Marcadores biológicos úteis	Dosagem tóxica	Tratamentos/antídotos
Organofosforados	Síndrome muscarínica: depressão do sistema nervoso, síndrome nicotínica	Colinesterases séricas e eritrocitárias, fósforo plasmático	Não, salvo exceção	Atropina, Contrathion®
Paracetamol	Distúrbios digestivos, insuficiência hepática	TP, INR, ionograma, TGO, TGP, gasometria, lactato	Sim	N-aceticisteína
Salicilatos	Distúrbios digestivos, polipneia, zumbidos, depressão do sistema nervoso, convulsões, injúria renal	Gasometria, K, glicemia	Sim	Bicarbonato de Na (diurese alcalina)
Sulfamidas hipoglicemiantes, glinidas	Hipoglicemia, depressão do sistema nervoso, distúrbios da consciência, convulsões	Glicemia	Não, salvo exceção	Glicose, octreotida
Teofilina	Síndrome adrenérgica, convulsões, arritmias	K	Sim	Propranolol
Zolpiden, zopiclona	Depressão do sistema nervoso, insuficiência respiratória		Não, salvo exceção	

Reanimação

Queimaduras: conduta inicial

DEFINIÇÃO
- Queimadura: destruição do revestimento cutâneo e/ou das estruturas subjacentes por um agente geralmente térmico, algumas vezes elétrico ou químico, excepcionalmente radioativo.
- Consequências: período inicial de choque hipovolêmico com hemoconcentração de duração de 2 dias, seguido de longo período de desequilíbrio metabólico.
- A segunda fase apresenta resposta inflamatória sistêmica.
- Na fase tardia, há hipercatabolismo.

RESUMO
- A avaliação da queimadura é difícil e a superfície queimada geralmente é superestimada.
- A queimadura é grave quando:
  - A superfície corporal queimada (SCQ) ultrapassa 15-20% no adulto, 10% na criança e no idoso, 5% no lactente.
  - Paciente com idade > 70 anos ou em caso de lactente.
  - Existe uma lesão ou uma fissura associada.
- Se a queimadura for grave:
  - Instalação de um acesso venoso periférico e infusão de Ringer lactato a 20 mL/kg durante a 1ª h.
  - Nos primeiros 15 min, resfriar a queimadura com água fria (mínimo 15°C) durante 5 min ou com a ajuda de um gel hídrico (para as pequenas superfícies) (Water Jel® ou Brulstop®).
  - O paciente deve ser reaquecido, acalmado, analgesiado, oxigenado e conduzido para um serviço de emergência.
  - Não há antibioticoprofilaxia sistemática.

AVALIAR A GRAVIDADE DA QUEIMADURA
Avaliação da profundidade

	Sintomas	Evolução
1° grau Comprometimento somente epidérmico	Eritema doloroso Queimadura de sol	Cura espontânea em 48 h Descamação Não consideradas na avaliação da SCQ
2° grau superficial Respeito da membrana basal	Flictenas, paredes espessas Base rosada úmida Dor ++	Cura espontânea em 15-21 d Distúrbios da pigmentação
2° grau profundo Respeito dos anexos (pelos e glândulas sebáceas)	Dor mínima Fundo branco Anestesia parcial Fâneros aderentes Vitropressão +	Cicatrização espontânea em 3 semanas ou aprofundamento Cicatriz de má qualidade ou normalmente hipertrófica
3° grau profundo Derme destruída	Cor branco nacarado, vermelho ou marrom Textura de couro Fâneros não aderentes	Necessidade de um enxerto dermoepidérmico

Avaliação da superfície corporal queimada (SCQ%)

As queimaduras de 1° grau não devem ser consideradas na SCQ.

Idade (anos)	0	1	5	10	15	Adulto
A (1/2 cabeça)	9,5	8,5	6,5	5,5	4,5	3,5
B (1/2 coxa)	2,75	3,25	4	4,25	4,5	4,75
C (1/2 perna)	2,5	2,5	2,75	3	3,75	3,5

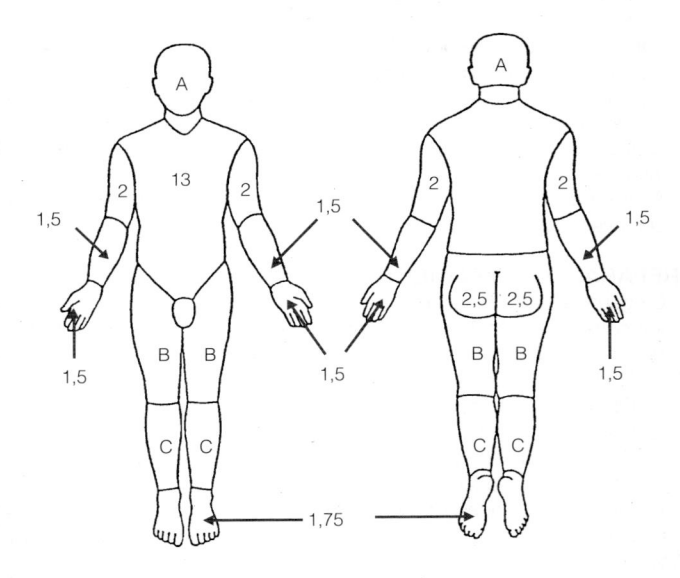

INVESTIGAR DETERMINADAS LOCALIZAÇÕES
Face

- Edema que impede a abertura das pálpebras (síndrome da faixa) que pode afetar a laringe com modificação da voz antes de dispneia laríngea: o paciente com queimaduras na face deve ser instalado em posição semissentada.
- Queimaduras da face ou queimaduras conjuntivais + chamas ou fumaça + noção de espaço fechado = queimaduras respiratórias.
- Clinicamente: geralmente latência e, às vezes, tosse, broncoespasmo, escarro estriado de fuligem, raramente EAP.

Períneo

Risco infeccioso por anaeróbios. Sondagem urinária precoce antes de ser impedida por edema.

Lesões circulares profundas dos membros ou eventualmente do tórax.

- Risco de isquemia distal, de compressão nervosa ou muscular por efeito de garrote.
- Necessidade de incisões de descarga antes de evacuação longa (mais de 6 h).

Mãos – pés – dobras de flexão
Risco funcional.

LESÕES ASSOCIADAS
- Agravamento da hipovolemia: é a emergência que tem prioridade sobre a queimadura. Às vezes o diagnóstico é difícil quando as lesões são internas. Hematócrito normal ou baixo é anormal durante as primeiras horas de uma queimadura grave.
- Podem ser agravadas por expansão vascular mal conduzida: lesões torácicas ou cerebrais.
- As fraturas devem ser corrigidas precocemente para permitir os cuidados de enfermagem. Queimaduras circulares dos membros + hematoma perifratura que rapidamente acarretam efeito de garrote.
- As queimaduras pulmonares são queimaduras químicas. Devem ser detectadas rapidamente com um fibroscópio. Existe uma fase de latência clínica, com descompensação secundária desencadeando insuficiência respiratória aguda.
- A intoxicação pelo monóxido de carbono e pelo ácido cianídrico deve ser investigada.

PREPARAÇÃO DO PACIENTE
- Oxigenação com máscara.
- Intubação (sequência rápida, com curares despolarizantes, autorizados < 24ª h) em caso de:
  - Queimadura extensa (SCQ > 60%).
  - Obstrução previsível das vias aéreas e desobstrução complexa.
  - Insuficiência respiratória.
  - Distúrbios da consciência.
  - Lesões de inalação patentes na fibroscopia.
- Via venosa: 1-2 acessos periféricos fora ou na aérea queimada, se necessário. Acesso venoso central na presença de queimaduras graves (> 30% da superfície corporal) ou de lesões associadas.
- Instalação de pressão arterial invasiva no paciente com queimaduras graves.
- Sonda vesical: como a diurese é um dos melhores critérios de controle, sua indicação deve ser habitual.
- Sonda gástrica: sempre, no contexto de nutrição enteral precoce.
- Reaquecimento do paciente pelo aumento da temperatura ambiente, lâmpadas de infravermelho, mantas.
- Exames complementares iniciais, gasometria arterial + lactato (se lactatemia > 10 mmol/L = forte suspeita de intoxicação com cianuretos). Hemograma completo + plaquetas (hemoconcentração), ionograma do sangue e protidemia, investigar rabdomiólise, dosagem de CO e HbCO, radiografia de tórax.

TRATAMENTO GERAL
Reanimação hidroeletrolítica do choque hipovolêmico inicial:
- O importante é a manutenção de uma volemia correta com o mínimo de efeitos deletérios (risco de síndrome de compartimento abdominal, se o volume da infusão for > 250 mL/kg/d).

- A infusão da albumina é feita a partir da H8 apenas para pacientes que apresentem uma superfície corporal queimada com mais de 30% e cuja albuminemia seja inferior a 20 g/L.

	Expansão		
		Ringer Lactato	Soro de albumina diluída (SAD 4%)
SCQ < 30%	Admissão	20 mL/kg em 1 h	0
	H0-H8	2 mL/kg/% de SCQ	0
	H8-H24	1 mL/kg/% de SCQ	0
	H24-H48	1 mL/kg/% de SCQ	0
SCQ > 30%	Admissão	20 mL/kg em 1 h	0
	H0-H8	2 mL/kg/% de SCQ	0
	H8-H24	0,5 mL/kg/% de SCQ	0,5 mL/kg/% de SCQ
	H24-H48	0,5 mL/kg/% de SCQ	0,5 mL/kg/% de SCQ

- Outro protocolo possível: 2 mL/kg/% SCQ/d com Ringer lactato e coloides (utilizar até 100 mL/kg/d).

CONTROLE
Deve guiar a expansão.
- FC, PA (objetivo > 60-65 mmHg) e também monitoração hemodinâmica contínua de acordo com a % da superfície corporal queimada.
- A diurese deve ser de 0,5-1 mL/kg/h no adulto e de 1-1,5 mL/kg/h na criança. Atenção com as diureses osmóticas induzidas pela glicosúria, por intoxicação etílica ou pelo emprego de substâncias osmoticamente ativas.
- O hematócrito alvo deve permanecer inferior a 50%.
- O *clearance* do lactato é um marcador eficaz.
- Controle da temperatura e do reaquecimento progressivo.

TERAPÊUTICAS ASSOCIADAS
- Analgesia: opioides.
- Não se deve prescrever nenhuma antibioticoterapia às cegas.
- Alimentação enteral precoce (baixo débito inicial e depois 35-50 kCal/kg/d).
- Não esquecer da profilaxia antitetânica.
- Prevenção da doença tromboembólica, assim que o risco hemorrágico tiver passado.

TRATAMENTO LOCAL
- Quando o paciente não é transferido (queimadura superficial, pequena superfície):
  – Limpeza cuidadosa com sabão antisséptico.
  – Examinar as flictenas.
  – Curativo oclusivo com espessa camada de sulfadiazina, compressas.

- O curativo deve ser trocado a cada 24 h.
- Quando o paciente é transferido: evitar a modificação do aspecto da queimadura.
  - Curativo neutro.
  - Campos estéreis.
  - Incisão de descarga antes da evacuação se a duração for > 6 h.

TRATAMENTO DAS LESÕES ASSOCIADAS

- Se as lesões forem de inalações importantes de fumaça: iniciar com intubação e ventilação antes de qualquer sinal de insuficiência respiratória.
- Deve-se suspeitar de intoxicação cianídrica diante de qualquer queimado inconsciente, em choque e com acidose metabólica grave. A simples suspeita deve ser acompanhada da prescrição de 5 g de hidroxocobalamina no adulto, 70 mg/kg na criança, que deve ser repetida uma vez se a acidose persistir.

QUEIMADURAS PARTICULARES
Queimaduras elétricas

Reúnem os perigos de uma queimadura térmica ao longo do trajeto da corrente pelo efeito joule e os da eletrização, cujas consequências são imprevisíveis, podendo ir da parada cardiorrespiratória imediata aos distúrbios oculares ou neurológicos às vezes retardados. Geralmente são politraumatismos (projeção). A gravidade da queimadura depende da voltagem (atenção se for > 1.000 V) e do tempo de exposição.

Controle

- Hemodinâmico e eletrocardioscópico.
- Pulsos periféricos e compartimentos musculares ao longo do trajeto da corrente.
- Da mioglobinemia, das taxas de CPK, da troponina e do eletrocardiograma. Há risco importante de rabdomiólise.

Dor

Dor

Escalas e escores de dor e sedação no adulto

A avaliação da dor é indispensável no pós-operatório: medição da intensidade da dor, avaliação da eficácia dos tratamentos prescritos e dos eventuais efeitos secundários. Para ser completa, deve ser realizada de maneira instantânea e não retrospectiva ao repouso e durante a mobilização (cinesioterapia, tosse, primeira vez que levanta).

ESCALAS DE AUTOAVALIAÇÃO NO ADULTO
Trata-se de escalas unidimensionais que avaliam a intensidade da dor a partir de uma autoavaliação realizada pelo paciente.

Escala visual analógica (EVA) (0-100 mm)
É a ferramenta de referência. Do lado do paciente, ela se apresenta sob a forma de uma escala contínua não graduada, e graduada de 0-100 mm do lado do médico. Com a ajuda de um cursor, o paciente indica a dor sentida; o verso da régua indica a intensidade.
- Vantagens: simplicidade técnica, reprodutibilidade, ausência de memorização.
- Limites: incompreensão por parte de certos pacientes (cerca de 10%), dificuldade de manuseio da régua no pós-operatório imediato (canhotos), ferramenta necessária.

Escala visual analógica (EVA)

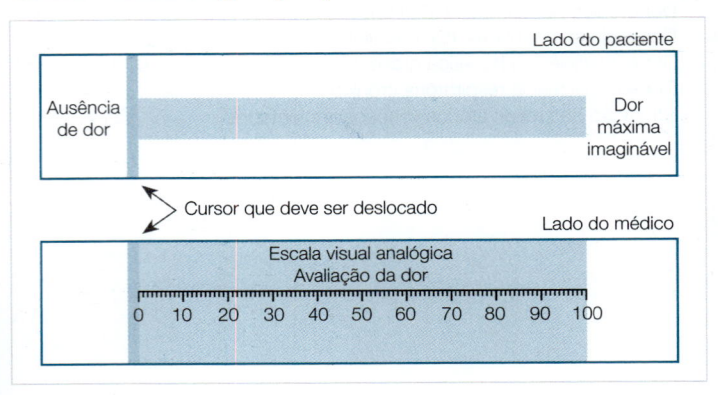

Escala numérica simples (ENS)
O paciente dá uma "nota" que quantifica sua dor entre 0-10: 0 = ausência de dor até 10 = dor máxima imaginável. É tão eficaz quanto a EVA no pós-operatório.

Escala verbal numérica (EVN)
- **Nível 0:** ausência de dor.
- **Nível 1:** dor leve.
- **Nível 2:** dor moderada.
- **Nível 3:** dor intensa.

- **Intervenção terapêutica** quando EVA > 30 ou ENS > 3 ou EVN ≥ 2.

Escalas multidimensionais

Não são utilizáveis no pós-operatório porque são demasiado complexas:

Levam em consideração o caráter multifatorial da dor e são pouco úteis no pós-operatório (importância predominante da intensidade dolorosa em situação aguda).

O questionário da dor de Saint-Antoine (QDSA) é uma adaptação francesa do *McGill Pain Questionnaire* (MPQ).

ESCALAS DE HETEROAVALIAÇÃO NO ADULTO

Baseiam-se na avaliação comportamental do paciente e só são utilizadas quando a autoavaliação não é aplicável (pessoas idosas, distúrbios de consciência ou de compreensão). Existem várias avaliações segundo a situação em questão (terapia intensiva, paciente idoso etc.). A escala DoLoPLUS alcançou um certo grau de validação, mas continua demasiado complexa para uma utilização cotidiana. É possível utilizar a seguinte escala simplificada:

- **Nível 1:** paciente calmo, sem expressão verbal ou comportamental de dor.
- **Nível 2:** o paciente exprime sua dor verbalmente ou pelo seu comportamento.
- **Nível 3:** manifestações extremas de dor: agitação importante não controlada, gritos, choros, ou prostração, imobilidade, posição antálgica.

ESCALA DE SEDAÇÃO

Em caso de tratamento opioide, qualquer que seja a via de administração, o nível de vigilância do paciente deve ser sistematicamente avaliado utilizando-se uma escala de sedação.

- **0:** paciente desperto.
- **1:** paciente sonolento por intermitência, facilmente despertável.
- **2:** paciente sonolento na maior parte do tempo, despertável por estimulação verbal.
- **3:** paciente sonolento na maior parte do tempo, despertável por estimulação tátil.

Dor

Classificação dos antálgicos segundo a OMS

- **Nível I:** Não opiáceos (paracetamol, nefopam, AINE etc.).
- **Nível II:** opiáceos fracos geralmente associados aos antálgicos de nível I.
- **Nível III a:** opiáceos fortes administrados VO (agonistas puros: morfina, oxicodona, hidromorfona; agonistas parciais: buprenorfina; agonistas-antagonistas: nalbufina).
- **Nível III b:** opiáceos por via invasiva.

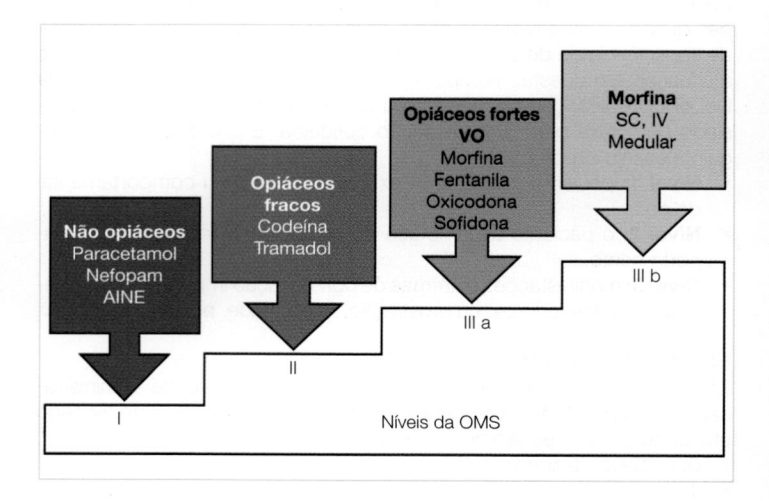

Antálgicos menores
(níveis I e II da OMS)

DCI	Especialidades	Apresentação	Posologia	Meia--vida
Paracetamol	Doliprane®	Sachê, cp 500 mg, sup 1g	Adulto 3-4 g/d	3 h
	Doliprane® (criança e lactente)	Sachê, sup 350-170--80 mg	Criança--lactente 60 mg/kg/d em 3 ou 4 doses	
		Susp 15 mg/grad/kg		
	Codoliprane®	cp 400 mg + codeína 20 mg		
	Codoliprane® criança	cp 400 mg + codeína 20 mg		
	Codoliprane® efervescente	500 mg + codeína 30 mg		
	Dafalgan®	Gel 500 mg; sup 600 mg		
	Dafalgan Codeína®	cp 500 mg + codeína 30 mg		
	Efferalgan®	cp 500 mg, 1.000 mg		
	Efferalgan codeíné®	cp 500 mg + codeína 30 mg	4-6 cp/d	
	Lindilane®	cp 400 mg + codeína 25 mg		
	Perfalgan®	Amp 1 g IV lenta (15 min)	Criança: 60 mg/kg/d em 4 injeções	
Nefopam	Acupan®	Amp 20 mg, IM, IV lenta (20 min) em bomba de infusão ou IV em bomba de infusão por 24 h	6 ampolas máx. IV 8-12 ampolas VO/d	4 h

sup: supositório; susp: suspensão; cp: comprimido; amp: ampola.

Dor

Anti-inflamatórios não esteroidais (AINE)

Os AINE agem ao inibirem de maneira reversível as cicloxigenases (COX): sua principal ação analgésica é reduzir a hiperalgesia provocada por uma reação inflamatória. Seus efeitos secundários estão ligados à inibição da cicloxigenase constitutiva (COX-1), ao passo que os efeitos analgésicos são atribuídos à inibição da COX indutível (COX-2). Os AINE clássicos inibem ao mesmo tempo COX-1 e COX-2. Os AINE anti-COX-2 agem de maneira mais ou menos seletiva sobre a COX-2.

INDICAÇÕES
- Dor pós-operatória em geral.
- Dor inflamatória aguda: pós-traumática, pós-operatória, pós-parto ou queimaduras.
- Dor crônica dos cânceres e dos comprometimentos osteoarticulares ou musculares crônicos.
- Hipersecreção de prostaglandinas: metástases ósseas, comprometimentos gengivais, distensão pielocalicial, determinadas cefaleias.

EFEITOS SECUNDÁRIOS DOS AINE
Na hemostasia
Os AINE não específicos alteram as funções plaquetárias pela inibição reversível do tromboxano A2. Esta inibição é:
- Aumentada pela associação com anticoagulantes.
- Nem sempre traduzida por um prolongamento do TS.

É provável um aumento do risco hemorrágico pelo menos com doses altas, com os AINE de longa duração de ação e em certas cirurgias (principalmente na amigdalectomia).

Os anti-COX-2 têm pouca ação na hemostasia.

Na mucosa gástrica
- Risco de ulceração gastroduodenal aumentado pelos antecedentes de úlcera gastroduodenal que é uma contraindicação, de intoxicação etílica, de tabagismo, ou de tratamento corticosteroide concomitante. Nestes três últimos casos, é possível a associação de um inibidor de bomba de prótons (IBP).
- Baixo risco, ou mesmo risco nulo nos pacientes sem antecedente se o tratamento pós-operatório não for superior a 5 d.

Na função renal
Todos os AINE seletivos e não seletivos provocam:
- Aumento das resistências vasculares renais.
- Hipercalemia.
- Retenção hídrica e de sódio.
- Riscos prevenidos se a hidratação perioperatória for satisfatória.
- ▲ **Prudência em caso de alteração da função renal, de tratamento diurético, de insuficiência cardíaca ou de hipovolemia e no paciente idoso. Se *clearance* < 60 mL/min, existe um risco de**

alteração da função renal pós-operatória que deve ser considerado na avaliação da utilização dos AINE.

Risco cardiovascular

- AINE seletivos e não seletivos específicos: há um aumento da morbidade e da mortalidade cardiovasculares nos pacientes tratados por longos períodos em situações médicas, sobretudo nos pacientes com antecedentes cardiovasculares. Esse risco não é demonstrado durante a utilização dos AINE no perioperatório de curta duração.
- Os AINE seletivos e não seletivos devem ser evitados ou utilizados durante uma duração muito curta nos pacientes que apresentam um risco cardiovascular elevado (HA, AVC, infarto).

Risco alérgico

- Risco de broncoespasmo, sobretudo nos pacientes que apresentam asma, pólipos nasais ou alergia ao ácido acetilsalicílico.
- Reações do tipo anafilático.

Na gestante

- Risco de fetopatia durante o 1º trimestre.
- Contraindicado no 3º trimestre: fechamento do canal arterial.

UTILIZAÇÃO NA DOR PÓS-OPERATÓRIA

- O cetoprofeno é o único AINE disponível por via IV na dose de 200 mg (máximo de 300 mg) em 4 injeções/d (50 mg x 4/d) por um período máximo de 5 d.
- Os AINE diminuem em 30-50% o consumo de morfina no pós-operatório.
- São recomendados após cirurgia com forte reação inflamatória: cirurgia de superfície, dentária, ORL, ortopédica, ginecológica, mas também após a maioria das intervenções cirúrgicas dolorosas.

REGRAS PARA O USO CORRETO DOS AINE POR LONGOS PERÍODOS

- Avaliar o risco digestivo, renal, cardiovascular.
- Tratamento de longo prazo sistemático não justificado (inclusive anti-COX-2) exceto para as manifestações sintomáticas de artrose ou de poliartrite reumatoide.
- Não prescrever dois AINE ao mesmo tempo, inclusive um anti-COX-2 ou ácido acetilsalicílico em doses > 500 mg/d.
- Os AINE não previnem a formação óssea ectópica pós-operatória.

CONTRAINDICAÇÕES

Injúria renal (CI creatinina < 60 mL/L), insuficiência hepática grave, insuficiência cardíaca, coronariopatia, tratamento com diurético ou IECA, doença digestiva com risco hemorrágico, asma (ainda mais se existir um componente alérgico), alergia conhecida ou suspeita por um AINE da mesma família, 3º trimestre da gestação.

OBSERVAÇÕES: ANTI-COX-2 SELETIVOS

- Expõem qualitativamente aos mesmos riscos que os AINE tradicionais. As recomendações para o uso correto são as mesmas.

Dor

- No pós-operatório, são tão eficazes contra a dor quanto os não seletivos, no entanto devem ser utilizados nos pacientes com baixo risco cardiovascular e poderiam ser úteis sobretudo após cirurgia hemorrágica (p. ex., ORL).
- Não inibem a agregação plaquetária e não podem, portanto, ser substituídos pelo ácido acetilsalicílico.
- Não interromper os tratamentos concomitantes com antiplaquetários.

Apresentação
- Oral: celecoxibe 200 mg x 2/d. A 1ª administração pode ser feita na pré-medicação oral antes da cirurgia.
- Intravenosa, intramuscular: parecoxibe: 40 mg x 2/d.
- Pouco onerosos no hospital, são caros fora do ambiente hospitalar.

PRINCIPAIS AINE

DCI	Especialidades	Apresentação	Meia--vida	Posologia 24 h	Doses/d
Naproxeno (1)	Apranax®	cp 275, 550, 750 mg	I	0,5-1,1 g	1-2
	Naprosyne®	cp 250, 500, 1.000 mg sup 500 mg	I	250-500 mg	1
Ác. niflúmico (1)	Nifluril® Nifluril enfant®	gel 250 mg; sup 700 mg sup 400 mg	C C	0,5-1 g; 1 sup x 2 0,4-1,2 g	2-3 1-3
Sulindaco (1)	Arthrocine®	cp 100, 200 mg	I	200-400 mg	1-2
Ác. tiaprofênico (1)	Surgam®	cp 100, 200 mg	C	300-600 mg	1-3
Ác. mefenâmico (1)	Ponstyl®	gel 250 mg	C	0,75-1,5 g	2-3
Celecoxibe (2)	Celebrex®	gel 100, 200 mg	I	400 mg	2
Parecoxibe (2)	Dynastat®	40 mg pó injetável IV ou IM	C	< 80 mg/d ½ dose se insuficiência hepática ou injúria renal ou peso < 50 kg	1-2
Indometacina (1)	Indocid®	gel 25 mg; sup 50; 100 mg	C I	75-200 g 75-150 mg	3-4 1-2

(continua)

Dor

DCI	Especialidades	Apresentação	Meia--vida	Posologia 24 h	Doses/d
Piroxicam (1)	Feldene®	cp 20 mg; gel 10, 20 mg sup 20 mg amp 20 mg/1 mL	P+++ (50 h)	10-40 mg	1
Tenoxicam (1)	Tilcotil®	cp 20 mg	I	20 mg	1
Diclofenaco (1)	Voltaren® Voltaren LP®	cp 25, 50, 100 mg cp 75, 100 mg amp 75 mg IM	C I I	75-150 mg 150 mg 100-200 mg	3 2 1-2
Ibuprofeno (1)	Brufen® Nurofen®	cp 400 mg sup 500 mg cp 200 mg	C	1,2-2,4 g 0,2-1,2 g	3-4 3
Flurbiprofeno (1)	Cébutid® Cébutid LP®	cp 50, 100 mg; sup 100 mg gel 200 mg	C I	100-300 mg	2-3
Cetoprofeno (1)	Profenid® Profenid 100®, sol inj Profenid LP® Bi-Profenid LP®	gel 50 mg; cp 100 mg; sup 100 mg amp 100 mg IV lenta amp 100 mg IM cp e gel 200 mg cp 100 mg	C C C I/P I	150-300 mg 200-300 mg 200-300 mg 200 mg 150-300 mg	3-4 4 1-3 1 2

Duração da ação: C = curta (4-6 h); I = intermediária (10-12 h); P = prolongada (24 h ou mais).
(1) = anti-COX não seletivo; (2) = anti-COX-2 seletivo.

Dor

Nefopam

- Analgesia por inibição da recaptura de monoaminas.
- Interesse adicional na prevenção do calafrio e do soluço pós-operatório.
- Efeitos indesejáveis: sudorese, náuseas, vômitos, taquicardia, sedação, vertigem, secura da boca, retenção aguda de urina.
- Contraindicações:
  - Idade < 15 anos.
  - Distúrbios uretroprostáticos: retenção urinária.
  - Glaucoma de ângulo fechado.
- Posologia via intravenosa (ampola 2 mL = 20 mg).
  - Dose inicial eficaz: 40 mg e depois 20 mg/4 h IV lenta por 15-30 min ou 80-120 mg/d em infusão contínua por 24 h.
  - Não injetar IV em *bolus* (aumento dos efeitos secundários).
  - Em caso de injúria renal moderada: 20 mg IV/8 h, em caso de injúria renal terminal: 20 mg/12 h.
- Posologia VO:
  - As ampolas podem ser administradas VO (biodisponibilidade 40-50%).
  - A dose inicial eficaz VO é ≥ 40 mg. Na prática: 40 mg x 4 ou 6/d VO com um pouco de açúcar ou com uma bebida aromatizada, porque geralmente tem sabor desagradável.

Conversão dos analgésicos VO para morfina oral

DCI	Proporção	Equivalência da dose de morfina oral/d
Codeína	1/6	60 mg de C = 10 mg de morfina
Tramadol	1/5-1/6	50-60 mg de T = 10 mg de morfina
Petidina	1/5	50 mg de P = 10 mg de morfina
Morfina IV	3	1 mg de morfina IV = 3 mg de morfina oral
Morfina SC	2	1 mg de morfina SC = 2 mg de morfina oral
Oxicodona oral	2	5 mg de O = 10 mg de morfina oral
Hidromorfona	7,5	4 mg de hidromorfona = 30 mg de morfina
Buprenorfina	30	0,2 mg de B = 6 mg de morfina oral
Nalbufina SC	2	5 mg de nalbufina SC = 10 mg de morfina oral
Metadona		1 mg metadona = 10 mg morfina (conversão não linear)
Fentanil transdérmico	Variável	25 mcg/h de FTD = 60 mg de morfina

Vários sites na internet propõem um cálculo de equivalência. Por exemplo:

- Opioid calculator: http://opioidcalculator.practicalpainmanagement.com.
- Opioid (Opiate) Equianalgesia Conversion Calculator: http://clincalc. com/Opioids.

Dor

Morfina

TITULAÇÃO DA MORFINA

Único método que garante uma analgesia rápida adequada às necessidades do paciente.

- Na SRPA, sob controle constante.
- Iniciar com um *bolus* de 5 mg IV (fora das CI: sedação importante, depressão respiratória, insuficiência respiratória, insuficiência hepática grave ou injúria renal.
- Continuar com uma injeção de 2-3 mg a cada 5-7 min até obter analgesia satisfatória (EVA < 30 ou ENS < 3).
- Limitar a prescrição inicial de 10-15 mg em um paciente não acostumado com opiáceos. Se a dor não for totalmente aliviada com a dose máxima citada anteriormente, reavaliar e investigar uma causa (globo vesical, complicação cirúrgica). Se a única causa for a dor pós--operatória, administrar cetamina 10-15 mg IV lenta e se não for suficiente após 15 min, continuar a titulação até cerca de 20 mg.
- Substituição por PCA ou administrações subcutâneas ou orais a cada 4 h.
- Reavaliar a analgesia antes da saída da SRPA (EVA < 30 ou ENS < 3).
- ▲ **Regras de segurança que devem ser respeitadas: avaliação contínua da dor, da sedação, da frequência respiratória.**

ANALGESIA AUTOCONTROLADA INTRAVENOSA: PCA

- Não se recomenda um débito contínuo no paciente consciente, pois o expõe ao risco de superdosagem e traz pouco benefício analgésico.
- Controle por pelo menos 4 h: escore de dor, escala de sedação e FR por 15 min na hora seguinte a uma mudança de prescrição.
- Habitualmente:
  - Morfina diluída a 1 mg por 1 mL.
  - Início do tratamento com *bolus* de 1 mg.
  - Período refratário de 7-10 min.
- No paciente com injúria renal, aumentar o período refratário para 10-15 min.
- No paciente com injúria renal grave, não utilizar a PCA, mas a administração feita pelo enfermeiro de acordo com as necessidades.

OPIÁCEOS POR VIA PERIDURAL

- Melhora a qualidade da analgesia e reduz o risco de taquifilaxia observada com um único anestésico local.
- Morfina: 2-4 mg (risco de depressão respiratória 12-18 h).
- Sufentanila: *bolus* de 10 mcg (risco de depressão respiratória 4-6 h); 0,25-0,5 mcg/mL em infusão contínua com um anestésico local.

OPIÁCEOS POR VIA INTRATECAL

- Morfina: 0,1-0,4 mg (dose máx.: 10 mcg/kg), prazo de ação 30-60 min, duração da ação 6-24 h.
- Controle pós-operatório clássico se a dose for ≤ 200 mcg no paciente jovem.

- Risco real de depressão respiratória que precisa de um controle intensivo durante 18-24 h se a dose for > 200 mcg, se paciente > 60 anos ou obeso.
- Risco de disfunção vesical e de prurido.
- Sufentanila: associada a um anestésico local em raquianestesia com a dose de 2,5-5 mcg: prazo de ação de 5 min, duração da ação e risco respiratório durante 2-4 h.

OPIÁCEO POR VO NA DOR PÓS-OPERATÓRIA
- Após uma titulação IV na SRPA ou imediatamente, a substituição para VO pode ser considerada para qualquer cirurgia que não precise de uma PCA de morfina.
- Privilegiar as formas de absorção normal (sem forma LP).
- Utilizar em PCA oral (dose unitária de morfina com liberação imediata de 10-20 mg) além dos outros antálgicos se EVA/ENS for > 3.

EFEITOS SECUNDÁRIOS E ANTAGONIZAÇÃO
- Depressão respiratória: o risco é aumentado em caso de insuficiência respiratória e/ou renal ou se os benzodiazepínicos estiverem associados. A antagonização é feita com naxolona (*bolus* de 100 mcg em titulação/3 min, dose eficaz geralmente em torno de 200 mcg) até a retomada de uma ventilação espontânea e depois substituída pela mesma dose/h por via IV em bomba de infusão, caso o opioide seja um agonista puro; a eficácia da naxolona é parcial se o opioide for um agonista parcial.
- Náuseas, vômitos.
- Retenção urinária que pode ser tratada com naxolona ou nalbufina.
- Constipação.
- Prurido (naxolona 0,25-1 mcg/kg/h IV em bomba de infusão ou nalbufina 5 mg IV, que deve ser repetida 2-3 vezes).
- Sedação ou euforia, dependência em caso de utilização prolongada e não apropriada.

PARA OS OPIÁCEOS, AJUSTAR AS DOSES
- No paciente idoso.
- Aumentar o intervalo e preferir a administração conforme demanda no paciente com injúria renal grave.
- No paciente com insuficiência hepática.

MORFINA POR VO NA DOR CRÔNICA
- Só é considerada se o tratamento de nível II – corretamente prescrito – revelou-se ineficaz ou se logo de início a dor for muito forte.
- A posologia inicial pode se basear em equivalências entre a morfina e os produtos de nível II (ver *tabela*).
1. No adulto, começar com 30 mg de morfina LP de manhã (8 h) e à noite (20 h).
2. Propor "doses de resgate" de 10 mg (1/6 da dose total) de morfina de absorção normal (Sévrédol®, Actiskénan®, morfina solução) que o paciente poderá absorver caso a dor não diminua. Essas doses podem ser tomadas a cada 4 h e devem ser contadas e anotadas.
3. Fazer uma avaliação do tratamento após 2-3 dias.
   - Nenhuma ou poucas ingestões de morfina rápida: o tratamento parece equilibrado.

- Numerosas doses distribuídas ao longo de 24 h: aumentar na mesma quantidade a posologia de morfina de ação lenta.
- Exemplo: em um paciente que toma 30 mg de morfina de ação lenta de manhã e à noite, as doses de morfina normal são sistemáticas a cada 4 h, ou seja, 60 mg no total. A posologia de morfina de ação lenta será aumentada o mesmo tanto e repartida em duas doses, ou seja, 30 mg + 30 mg = 60 mg de manhã e à noite.
- O uso sistemático de morfina de ação rápida pouco antes da dose de morfina de ação lenta indica uma insuficiência de taxas plasmáticas: a posologia deve ser aumentada em 10 mg.

4. De todo modo, mesmo após o equilíbrio, deixar algumas doses de morfina à disposição do paciente para que ele possa utilizar em caso de crise de dor.
5. Informar o paciente sobre os efeitos secundários e como administrá-los assim que aparecerem:
   - Náuseas: cedem depois de alguns dias e podem ser aliviadas com antieméticos clássicos (metoclopramida, ondansetrona. Podem determinar a interrupção do tratamento.
   - Sonolência, reversível, habitual no início do tratamento.
   - Constipação quase constante que deve ser tratada: conselhos dietéticos (eliminação dos alimentos que a favorecem), laxantes lubrificantes (óleo de parafina), osmóticos suaves (macrogol).

Outros opiáceos

Todos os opiáceos globalmente apresentam efeitos indesejáveis de mesma natureza.

CODEÍNA (NÍVEL II)
- Baixo efeito opiáceo agonista.
- Transformação hepática em morfina pelo citocromo CYP2 D6 em uma relação de 1/10-1/5.
- Efeitos secundários: náuseas e vômitos frequentes, constipação, sonolência.
- Geralmente associada ao paracetamol (várias apresentações e dosagens).
- Única sob a forma de di-hidrocodeína (Dicodin® 60 mg, 2 cp/d).
- Pode causar dependência.

TRAMADOL (NÍVEL II)
- Baixo efeito opiáceo agonista associado a uma inibição da recaptura da serotonina e da noradrenalina.
- Efeito analgésico parcialmente antagonizado pela administração de ondansetrona.
- Deve-se evitar a associação do tramadol com a morfina, pois é infra-aditiva.
- Contraindicações: idade < 15 anos, tratamento com IMAO, epilepsia não controlada, gestação, aleitamento, insuficiência hepática grave.
- Reduzir as doses pela metade em caso de insuficiência hepática e/ou renal.
- A prescrição concomitante de um indutor enzimático diminui os efeitos do tramadol; ao contrário, a cimetidina aumenta sua meia-vida.
- Posologia:
  - Forma de liberação normal (LN): 50 mg x 4.
  - Forma de liberação prolongada (LP): 100-200 mg x 2, dose máxima: 600 mg.
  - Forma IV: 50-100 mg/4-6 h.
  - Solução de 1 mg/mL: 1-2 mg/kg/6-8 h.
- Toxicidade > 600 mg = convulsões.
- Existe associado (dosagem de 37,5 mg) ao paracetamol (dosagem 325 mg), sob forma de liberação normal ou prolongada.
- Pode causar dependência.

NALBUFINA (NÍVEL III)
- Analgésico central agonista-antagonista que tem como antídoto a naxolona, utilizada principalmente em pediatria e em obstetrícia.
- Efeito teto.
- Indicação: antagonização de prurido e retenção urinária da morfina (5 mg IV repetidos 2-3 x).
- Apresentação: ampola de 20 mg, ou seja, 2 mL.
- Posologia, somente por via injetável:
  - Adulto: 10-20 mg/6 h subcutânea.
  - Criança: via IV: 0,2 mg/kg/4-6 h; via IV em bomba de infusão: 1,2-1,8 mg/kg/24 h; via intrarraquidiana (IR): 0,3 mg/kg.

BUPRENORFINA (NÍVEL III)
- Analgesia central agonista parcial, pouco antagonizável pela naxolona.
- Efeito teto.
- Apresentação: cp sublinguais de 0,2, 1, 2, 4, 6 e 8 mg.
- Tratamento substitutivo das farmacodependências graves aos opiáceos.
- Posologia:
  - Dose inicial em caso de substituição: 0,8-4 mg/d em uma dose; dose média: 8 mg/d ; dose máxima: 16 mg/d.
  - Dose inicial para dor pós-operatória: 0,2 mg VO x 3/d.

FENTANILA (NÍVEL III)
Sua metabolização é pouco modificada em caso de injúria renal.

Via transcutânea
- Durogésic® ou Matrifen® (12, 25, 50, 75, 100 mcg/h): dispositivo transdérmico que difunde de maneira contínua por 72 h.
  - **NB**: seu prazo de ação é de 12 h. Seu início necessita da copresecrição de um antálgico de ação rápida durante os primeiros dias de tratamento (opioide com liberação normal tipo Actiskenan®, Sévrédol® ou Oxynorm®).
- Equilíbrio mais prolongado: aconselha-se ajustar o tratamento com morfina oral e depois passar para os *patches* de fentanila.
- Equianalgesia: um *patch* de 25 mcg/h = 60-100 mg de morfina oral/d.
- Efeitos secundários: limitados (poucos vômitos e pouca constipação).
- Indicações: dores crônicas estáveis, intensas, resistente aos outros antálgicos e de origem oncológica.
- Contraindicações:
  - Alergia conhecida à fentanila ou aos constituintes siliconados do *patch*.
  - Insuficiência respiratória descompensada.
  - Aleitamento.
  - Como para a morfina, deve-se evitar a associação com um agonista-antagonista ou um agonista parcial.

Fentanila de ação ultrarrápida
Abstral®, Effentora®
- Indicações: crises dolorosas paroxísticas (CDP): dor brutal, de intensidade máxima aos 30 min e de duração de 1-2 h, como complemento de um tratamento opiáceo de fundo de 60-80 mg/d, estabilizado pelo menos há 3 semanas, em pacientes que apresentam dores crônicas de origem oncológica.
- Apresentação: cp orodispersíveis dosados em 100, 200, 300, 400, 600, 800 mcg.
- Farmacocinética: ação rápida (10-15 min) e duração de ação de 2 h.
- Posologia por titulação: dose inicial de 100-200 mcg e depois aumentar a dose progressivamente, passando para a dosagem imediatamente superior até a obtenção de uma analgesia eficaz. Assim que a dose eficaz for determinada, os pacientes devem utilizá-la sem ultrapassar 4 doses/d.

Instanyl®
- *Spray* nasal de fentanila, reservado às crises dolorosas paroxísticas.
- Apresentação: frasco de 10 doses com 50, 100 ou 200 mcg/dose.

- Prazo de ação = 10 min, duração = 1 h.
- Titulação: repetir a dose na outra narina se não for eficaz após 10 min.

OXICODONA (NÍVEL III)

Analgésico de nível III, agonista dos receptores mu e kappa, derivado da tebaína. Farmacocinética comprometida pela injúria renal e pela insuficiência hepática.

- Boa biodisponibilidade (60-80%) em relação à morfina (30%): as doses IV são próximas das doses orais.
- Indicações: idênticas às do nível III. Dores crônicas de origem oncológica, intensas ou rebeldes aos antálgicos de nível mais baixo, no adulto a partir de 18 anos.
- Equianalgesia: 10 mg de morfina = 5 mg de oxicodona.
- Apresentação: Oxycontin® LP: 5, 10, 20, 40, 80, 120 mg; Oxynorm® LN: 5, 10, 20 mg, Oxynorm® IV.
- Posologia:
  - Dose inicial em dor crônica: Oxycontin® LP 10 mg/12 h com interdoses de Oxynorm® LN 5 mg/4 h. A posologia unitária das interdoses deve estar compreendida entre 1/6 e 1/10 da dose diária de Oxycontin® LP.
  - Oxynorm® IV (10 mg/mL) utilizável em PCA. Dividir as doses por 2 em relação às doses habituais de morfina (em particular titulação, PCA).

HIDROMORFONA (NÍVEL III)

Apenas a forma oral LP está disponível (Sophidone LP®).

- Prazo de ação: 2 h.
- Duração de ação: 12 h.
- Equianalgesia: 4 mg de hidromorfona = 30 mg de morfina (cálculo não linear = ver *tabela de cálculos*).
- Indicação: sempre como 2ª escolha, após tratamento com antálgico forte de nível 3. Indicada no tratamento das dores intensas de origem oncológica, em caso de resistência ou intolerância à morfina.

MORFINOMIMÉTICOS (QUADRO RECAPITULATIVO)

DCI Especialidades®	Apresentação Dosagem em mg	Posologia	Duração de ação (h)
Agonistas			
Morfina com liberação normal			
Soluto de morfina	Morfina 10 mg Água 10 mL	10 mL/4 h	4
Morfina Morfina®	amp 10, 20 mg SC ou IV	10 mg/4 h 5-10 mg/4-6 h	4
Sulfato de morfina Sévrédol® Actiskénan®	cp 10, 20 mg gel 5, 10, 20, 30 mg	10 mg/4 h	4

(continua)

Dor

DCI Especialidades®	Apresentação Dosagem em mg	Posologia	Duração de ação (h)
Morfina com liberação prolongada			
Moscontin® Skénan® (LP)	cp 10, 30, 60, 100, 200 mg gel 10, 30, 60, 100, 200 mg	Dose inicial de 60 mg/d	12 12
Hidromorfona			
Sophidone® (LP)	gel 4, 8, 16, 24 mg		12
Fentanila com liberação prolongada			
Durogésic® *patch* (LP)	25, 50, 75, 100 mcg/h	Dose inicial de 25 mcg/h	72
Fentanila com liberação ultrarrápida			
Abstral®, Effentora®	100, 200, 300, 400, 600, 800 mcg	Titulação	2
Instanyl® (nasal)	50, 100, 200 mcg/ dose	Titulação inicial	1
Oxicodona			
Oxycontin® (LP)	cp 10, 20, 40, 80 mg	Dose inicial 20 mg/d	12
Oxynorm® (LN)	gel 5, 10, 20 mg	Dose inicial 5 mg/4 h	4
Agonistas-antagonistas			
Nalbufina Nubain®	amp 20 mg IV, IM e SC	1/2-1 amp x 3 ou 4/d criança: 0,2 mg/kg x 3-4/d	3-6
Buprenorfina Temgésic®	amp 0,3 mg IV, IM e SC cp 0,2 mg sublingual	1 amp x 3 ou 4 1-2 cp/8 h	4-8
Diversos			
Tramadol, (Topalgic® Contramal®)	gel 50 mg cp LP 100, 150, 200 mg amp 100 mg IV	100 mg e depois 50-100 mg/4 ou 6 h Máx. = 400 mg/d LP = 100 mg x2/d	4-8 LP = 12

LN: liberação normal; LP: liberação prolongada; LUR: liberação ultrarrápida.

Anti-hiperalgésicos

CETAMINA
- Utilizar em analgesia por suas propriedades anti-NMDA.
- A dose infra-anestésica (1/10 de dose anestésica) induz uma analgesia, uma anti-hiperalgesia, diminui o consumo de morfina, limita a cronificação das dores pós-operatórias.

Indicações
- Sistemática em perioperatório na presença de dor pré-operatória, consumo de opiáceos pré-operatório, cirurgia longa, cansativa e dolorosa no pós-operatório.
- Na dor crônica: síndrome de tolerância à morfina.

Efeitos secundários
- Psicodislépticos (alucinações) raras, mas não excepcionais.

Contraindicações
- ▲ **Formal em peridural ou raquianestesia (neurotóxica).**
- Cautela em caso de distúrbios psiquiátricos.

Utilização em perioperatório
- Após a indução anestésica: *bolus* de 0,15-0,25 mg/kg e depois substituição pela dose de 0,125-0,25 mg/kg/h se a cirurgia for > 2 h. Interromper 30 min antes do fim da anestesia.
- São poucos os argumentos existentes na literatura para continuar com a cetamina no pós-operatório.

Utilização fora do perioperatório
- Pós-operatório imediato: se o consumo de morfina for alto durante a titulação de morfina e se as dores não forem aliviadas na SRPA, é possível propor um *bolus* de 0,10-0,15 mg/kg.
- Desaconselha-se a associação de morfina com cetamina na PCA.
- Em pós-operatório ou no paciente com dor crônica: se o tratamento antálgico não for eficaz, é possível propor uma administração IV em bomba de infusão (± *bolus*) (1 mg/kg/d).

GABAPENTINA
- Ação anti-hiperalgésica pelo bloqueio dos canais cálcicos.

Indicações
- Antiepilético indicado no tratamento de dores neuropáticas crônicas.
- Administrado em pré-operatório, permite a diminuição da dor pós--operatória (discutido), a redução do consumo de morfina (discutido) e a cronificação da dor pós-operatória. Efeito ansiolítico e sedativo interessante em pré-operatório.

Dor

Efeitos secundários
- Sonolência, ataxia, vertigens, nervosismo, insônia, nistagmo, parestesia, inquietação, astenia, cefaleias, náuseas, vômitos, raros distúrbios hepáticos (há relatos de reações citolíticas ou colestáticas).

Contraindicações
- Alergia, aleitamento, galactosemia congênita, síndrome de má absorção de glicose e de galactose ou de deficiência de lactase.

Utilização em pré-operatório
- Posologia: 10 mg/kg, devendo ser reduzida se o paciente for idoso ou se tiver injúria renal, em uma única dose 1 hora antes da cirurgia, ou mesmo na noite anterior para cirurgia dolorosa; deve ser continuada durante 5-14 dias.

Utilização fora do perioperatório
- 300-3.600 mg/d (média de 1.200 mg/d), no tratamento das dores neuropáticas.

PREGABALINA
- Ligação com a subunidade alfa-2-delta-1 dos canais cálcicos e diminuição da liberação de neurotransmissores.

Indicações
- Autorização de comercialização para as dores neuropáticas periféricas e centrais.

Efeitos secundários
- Sonolência, vertigens, secura da boca, distúrbios da visão.
- A longo prazo: ganho de peso.

Contraindicações
- Alergia, gestação, aleitamento.

Utilização em perioperatório
- Posologia: 150 mg no pré-operatório em dose única ou continuação com a dose de 150 mg x 2/d no pós-operatório durante 5-14 d.
- Diminuir as doses em caso de injúria renal.

LIDOCAÍNA IV PARA ANALGESIA PERIOPERATÓRIA
Indicações
Cirurgia abdominal aberta, urológica, ginecológica e laparoscópica.

Vantagens
- Propriedades analgésicas, anti-inflamatórias e anti-hiperalgésicas.
- Diminuição do consumo de opiáceos peri e pós-operatório.
- Diminuição da incidência das náuseas e dos vômitos pós-operatórios.
- Redução da duração do íleo pós-operatório.
- Diminuição do cansaço pós-operatório.
- Administração fácil.

Utilização perioperatória
Somente lidocaína
- *Bolus* de 1,5-2 mg/kg após a indução da AG (se possível 30 min antes da incisão cirúrgica) e depois infusão contínua de 1,5-2 mg/kg/h durante o período operatório.

Lidocaína e cetamina
- Em associação com a cetamina (ver *Cetamina*):
  – Preparação: lidocaína 20 mg/mL, 40 mL (800 mg) + cetamina 10 mg/mL, 10 mL (100 mg) ou 10 mL de NaCl a 0,9% em uma seringa de 50 mL. Administrar um *bolus* de 0,1 mL/kg após a indução da AG, seguido de uma manutenção de 0,1 mL/kg/h em bomba de infusão.
- ▲ **Interromper a administração da lidocaína ou da mistura de lidocaína-cetamina 1 h antes da administração de qualquer agente anestésico local, independentemente de sua via de administração (bloqueio periférico com uma única injeção, cateter analgésico de infiltração, analgesia peridural etc.).**

Utilização em pós-operatório
- Em caso de ausência de ALR pós-operatório prevista, a continuação da infusão intravenosa só da lidocaína (sem a cetamina) pode ser considerada para as primeiras 24 h do período pós-operatório na posologia de 1 mg/kg/h.
- ▲ **Não se recomenda a continuação da infusão pós-operatória nos serviços de hospitalização padrão e justifica uma vigilância em unidade semi-intensiva.**

Efeitos secundários
- Lidocaína: arritmias cardíacas (raras e sem repercussão hemodinâmica nas doses propostas).
- Cetamina: efeitos psicodislépticos do tipo alucinações.

Contraindicações
- Alergia aos anestésicos locais ou à cetamina (excepcional).
- Insuficiência cardiovascular grave.
- Insuficiência hepática grave.

Dor

MEOPA/KALINOX®

- Mistura de oxigênio (50%) e de protóxido de azoto (N_2O 50%).
- As propriedades analgésicas, amnésicas, sedativas, ansiolíticas do N_2O mostram-se úteis durante procedimentos ou cuidados invasivos de curta duração.

INDICAÇÕES
- Punção arterial, venosa central, curativos de úlceras de MMII, ablação de dreno etc.

CONTRAINDICAÇÕES
- Hipertensão intracraniana, traumatismo craniano não avaliado, pneumotórax, bolha de enfisema, embolia gasosa, acidente de mergulho, distensão gasosa abdominal, fratura de ossos da face.

EFEITOS SECUNDÁRIOS
- Raros e reversíveis em alguns minutos com a interrupção da inalação: náuseas, vômitos, sedação ou euforia.
- Administração: prever um cilindro, um regulador de pressão, uma válvula unidirecional, uma máscara, um balão. A inalação deve durar no mínimo de 3-5 min antes de qualquer estimulação.
- Verificar se o cilindro está cheio antes da administração.
- É essencial manter um contato verbal com o paciente.
- A autorização comercial autoriza a administração de MEOPA pela equipe paramédica sob prescrição médica e após formação específica.
- Estocar os cilindros de MEOPA separadamente dos cilindros de O_2.
- Não utilizar em temperaturas < 5°C.
- Estocar os cilindros na posição vertical.

Creme EMLA® 5%

Creme ou dispositivo transdérmico que associa lidocaína e prilocaína e produz uma analgesia cutânea sobre 5 mm de profundidade após 1 h de aplicação.

- **Apresentações:** EMLA® 5% tubo de 30 mg; EMLA® PATCH 5% bandagem adesivo.
- **Aplicação sobre a pele:** limpar a pele com água e sabão, não desinfetar. Não aplicar sobre as mucosas ou sobre os olhos.
- **Indicações:** antes de uma punção venosa, lombar, peridural ou cirurgia cutânea superficial.
- **Posologia:**
  - 0-3 meses: 0,5 g/10 cm^2 de superfície (máx. 1 g) ou um adesivo por vez. Não repetir antes de 12 h.
  - 3-12 meses: 0,5 g/20 cm^2 (máx. 2 g) ou não mais que dois *patches* por vez.
  - 12 meses-12 anos: 10 g/100 cm^2 de superfície (ou 1-2 g), ou não exceder 10 *patches* por vez.
  - Mais de 12 anos e adultos: de 2-3 g, máx. de 50 g ou não exceder 20 *patches* por vez.

Analgesia pós-operatória

INTENSIDADE DA DOR
Variabilidade individual
Qualquer que seja o tipo de intervenção praticada:
- É necessária uma avaliação regular (4 h) da dor (EVA, ENS, EVN) (ver *Avaliação da dor*).

Importância do local operatório
- A cirurgia torácica e abdominal supraumbilical permanece a mais dolorosa, seguida pela cirurgia abdominal infraumbilical e pela cirurgia periférica ou de superfície.
- Cirurgia ortopédica articular dolorosa +++ e necessidade de mobilização.
- Os fatores de risco de dor pós-operatória (DPO) importantes são: a existência de uma dor perioperatória, o consumo de antálgicos e, a princípio, de opiáceos no pré-operatório, a ansiedade, a pouca idade e o tipo de cirurgia (risco de hiperalgesia).

EVOLUÇÃO DA DOR
- A dor pós-operatória diminui de intensidade progressivamente, mas exige um cuidado durante vários dias mesmo após uma cirurgia de pequeno porte.
- O cuidado correto da DPO diminui o risco de cronificação.

ESTRATÉGIA
- A palavra chave é: **ANTECIPAÇÃO**.
  Importância da prevenção do aparecimento de dores desde o pré-operatório.
  - Pré-medicação: medicamentos anti-hiperalgésicos: gabapentina, AINE.
  - Perioperatório: cetamina perioperatória (ver *Anti-hiperalgésicos*), analgesia IV sistemática (paracetamol ± AINE ± nefopam).
  - Analgesia locorregional ou infiltração se possível.
  - Lidocaína IV (ver *Anti-hiperalgésicos*), se indicada.
- No pós-operatório: a passagem na SRPA deve ser determinante: o paciente deve sair dali aliviado. Privilegiar as associações de técnicas (ALR ++) e/ou de antálgicos sabendo que morfina + AINE é a associação mais sinérgica. A associação paracetamol + morfina não é suficiente em pós-operatório de cirurgia dolorosa.

Analgesia peridural

GENERALIDADES
- Indicação: essencialmente nas dores pós-operatórias graves ou previstas como tais, e sobretudo se a dor interferir nas possibilidades de ventilação e de tosse eficaz ou se for necessária uma mobilização.
- Contraindicações: as mesmas da anestesia peridural.
- Técnica: não específica; a duração média de manutenção pós--operatória é de 48-72 h.
- Dar preferência aos cateteres multiperfurados distais. Em relação à infusão contínua, a técnica de PCEA permite a redução das doses totais diárias sem alterar a qualidade de analgesia.
- A associação AL-morfínico (ou alfa-2-agonista) é sinérgica, melhora a qualidade da analgesia e diminui as doses de cada produto. Não se deve mais utilizar um AL sozinho, e sim sempre associá-lo a um opiáceo (± clonidina) para evitar o risco de taquifilaxia.

REALIZAÇÃO PRÁTICA
- Para limitar o volume de AL administrado, a injeção deve ser a mais próxima possível dos metâmeros implicados na dor pós-operatória.
- A extremidade do cateter deve estar localizada no centro da área de analgesia, principalmente quando se utiliza uma associação AL--morfínico lipossolúvel na posição:
  - Torácica alta (cirurgia torácica e supramesocólica).
  - Lombar ou torácica baixa (inframesocólica, pélvica ou ortopédica do membro inferior).
- Produtos utilizados:
  - Ropivacaína: 1 mg/mL ou 2 mg/mL.
  - Levobupivacaína: concentração de 1,25 mg/mL ou 0,625 mg/mL.
  - Morfina: concentração de 30 a 50 mcg/mL.
  - Sufentanila: 0,25 a 0,5 mcg/mL.
  - *Bolus* inicial da mistura: 8-15 mL na lombar e 4-8 mL na torácica.
  - Infusão contínua: 6-12 mL/h.
  - PCEA: regra dos 4/6/8: débito contínuo de 4 mL/h, *bolus* de 6 mL, período refratário de 8 min.
- A utilização de fichas de prescrição e de controle padronizadas específicas é fortemente aconselhada.

PRECAUÇÕES
Consentimento esclarecido e informação do paciente, formação da equipe responsável, controle.
- Prescrições adequadas.
- Frequência respiratória e sedação/2-4 h.
- Investigar sinais de toxicidade dos anestésicos locais.
- Exame clínico em busca de um globo vesical, de um bloqueio motor.
- Investigar qualquer anomalia no exame neurológico.

ANTICOAGULAÇÃO E CATETER PERIDURAL
(Ver *ALR e anticoagulantes/antiagregantes.*)

Dor

ANALGESIA PERIDURAL

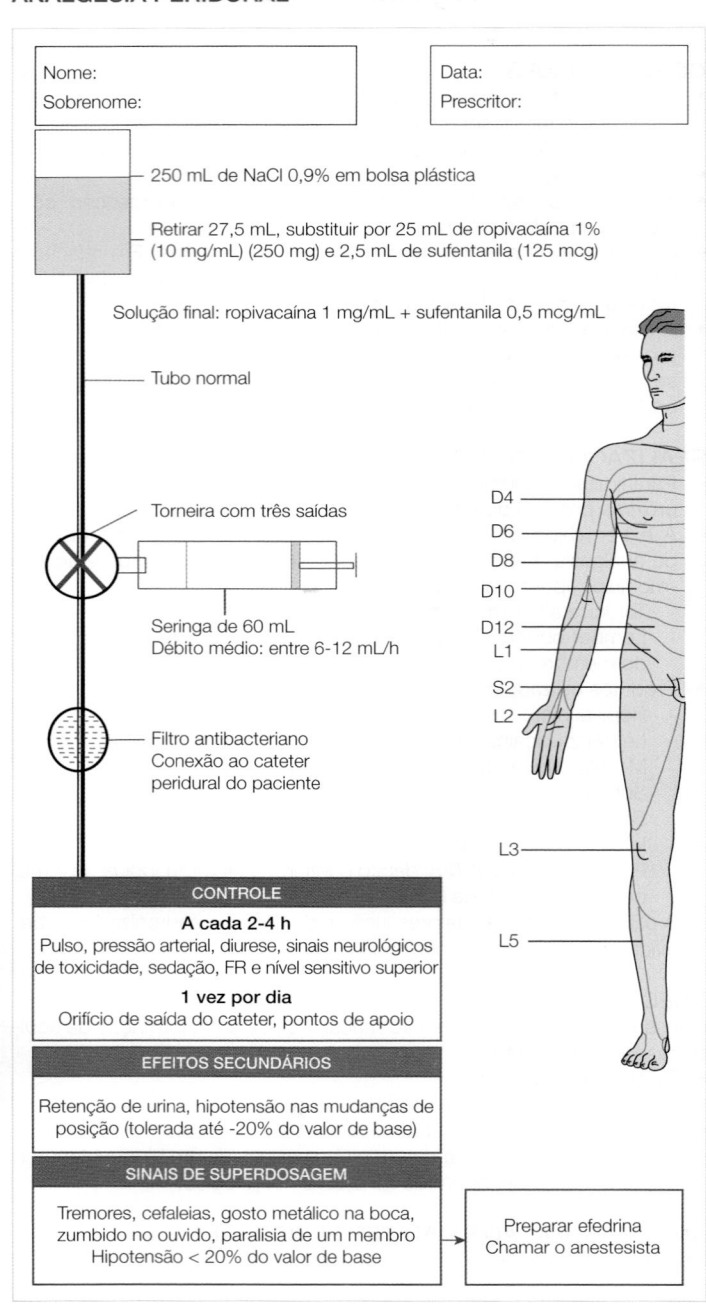

Nome:

Sobrenome:

Data:

Prescritor:

250 mL de NaCl 0,9% em bolsa plástica

Retirar 27,5 mL, substituir por 25 mL de ropivacaína 1% (10 mg/mL) (250 mg) e 2,5 mL de sufentanila (125 mcg)

Solução final: ropivacaína 1 mg/mL + sufentanila 0,5 mcg/mL

Tubo normal

Torneira com três saídas

Seringa de 60 mL
Débito médio: entre 6-12 mL/h

Filtro antibacteriano
Conexão ao cateter
peridural do paciente

D4
D6
D8
D10
D12
L1
S2
L2
L3
L5

CONTROLE

A cada 2-4 h
Pulso, pressão arterial, diurese, sinais neurológicos de toxicidade, sedação, FR e nível sensitivo superior

1 vez por dia
Orifício de saída do cateter, pontos de apoio

EFEITOS SECUNDÁRIOS

Retenção de urina, hipotensão nas mudanças de posição (tolerada até -20% do valor de base)

SINAIS DE SUPERDOSAGEM

Tremores, cefaleias, gosto metálico na boca, zumbido no ouvido, paralisia de um membro
Hipotensão < 20% do valor de base

Preparar efedrina
Chamar o anestesista

Dor

Analgesia dos traumatizados torácicos

- Os traumatismos torácicos compreendem 25% dos pacientes após um acidente em via pública.
- São observadas fraturas de costelas em ⅔ dos casos e contusões pulmonares em ¼ dos casos.
- Após o manejo das lesões vitais, a analgesia deve ser iniciada e realizada por meio de acréscimos sucessivos no tempo e segundo a gravidade da dor.

ESQUEMA TERAPÊUTICO

1
- Paracetamol 1 g/6 h
- Nefopam 20 mg/6 h ou 120 mg/d IV em bomba de infusão
- Cetoprofeno 50 mg/6 h IV, durante 48 h
- Morfina IV, administração autocontrolada após titulação
- Anestésico local intrapleural em caso de drenagem precoce
- EVA ou ENS/4 h, em ventilação calma e profunda

2
- Ventilação não invasiva com PEEP
- Cinesioterapia respiratória intensiva. Broncoaspirações
- Cateter peridural torácico: ropivacaína (1 mg/mL) + morfina ou sufentanila ou cateter paravertebral torácico
- Antálgicos não opiáceos (idem 1)

3
- (1 e 2) + intubação traqueal e VS-AI com PEEP
- Sedação

Dor crônica

O cuidado de uma dor crônica depende da competência de uma equipe multidisciplinar. No entanto, alguns elementos podem servir de guia quando o anestesista é confrontado com esse tipo de dor.

DOR NO PACIENTE COM CÂNCER GERALMENTE MULTIFATORIAL
- A própria doença oncológica.
- Terapêutica anticancerosa.
- Sintomas associados.
- Paciente acamado.
- Depressão psíquica.

Vários tipos de dor podem coexistir
- Avaliação completa clínica e complementar: elementos nociceptivos e neuropáticos geralmente associados.
- Quantificar a dor com as escalas de autoavaliação (podem ser utilizadas escalas mais complexas, que integram a análise das características da dor e sua repercussão [QDSA]).
- Verificar se os medicamentos estão sendo tomados nas horas regulares.
- Reavaliar regularmente o tratamento e adequá-lo.

Conduta psicológica
- Estado depressivo, ansiedade, reclamações que favorecem a persistência da dor.
- Escuta, disponibilidade e cautela nas promessas de alívio são indispensáveis, por vezes auxiliadas com um tratamento ansiolítico.

Tratamentos
- Escala corrigida (OMS) de prescrição hierarquizada dos analgésicos.
- Os coanalgésicos podem ser associados por sua ação sinérgica ou pela ação própria de alguns deles (tricíclicos, antiepiléticos).
- Prever interdoses para os picos dolorosos.

DORES SENSÍVEIS À MORFINA
(Ver *Morfina* e *Outros opiáceos.*)

Princípios
- Se possível, via oral ou a mais simples que houver.
- O produto deve ser tomado nas horas fixas (exceto doses de resgate).
- É imperativa a determinação individual das doses eficazes.
- Pensar nos medicamentos adjuvantes: a constipação é constante e deve ser prevenida sistematicamente.

Produtos (ver *Outros opiáceos*)
- Codeína: 1-2 cp/4 ou 6 h.
- Buprenorfina: 0,2-1,2 mg/6-8 h. Pouco utilizada pelo risco de causar dependência. A depressão respiratória é comparável a todos os opiáceos em dose equianalgésica.
- Morfina de liberação normal:

- Início do tratamento: 1 mg/kg/d.
- Administrada a cada 4 h.
- Após 12 h, aumentar as doses em 50% se houver dor residual.
- Dose eficaz em 2-3 d.
- Morfina LP (liberação prolongada):
  - Pode substituir a morfina assim que a dose eficaz for determinada.
  - A metade da dose diária é administrada a cada 12 h.
  - Jejunostomia possível com cápsulas de Skénan® (enxágue abundante).
- Fentanila transdérmica: *patches* de 25, 50, 100 mcg/h de fentanila. Prazo de ação 12 h, duração de ação de 72 h.

Outras vias de administração
- Regras de conversão de morfina: dose intravenosa = ⅓ da dose oral; dose subcutânea = metade da dose oral (ver *Conversão dos analgésicos VO para morfina oral*).
- Subcutânea: por "*butterfly*" deixada no local: se possível, injeção da metade da dose oral a cada 4 h.
- Via espinhal: atualmente excepcional. Depende dos centros especializados.

Efeitos secundários
- Sonolência (76%): desaparece ao longo do tratamento.
- Constipação (84%): persistente, muito invalidante, deve ser tratada preventivamente:
  - Regime adequado.
  - Lactulose: 2-3 colheres de sopa a cada 8 h.
  - Óleo mineral: 1-4 colheres de sopa a cada 2 h.
  - Piridostigmina: 1 cp de manhã e à noite.
- Náuseas, vômitos (38%):
  - Droperidol IM (1 amp = 5 mg = 2 mL; IV (1 amp = 2,5 mg = 1 mL). IV: ¼-½ amp, no máximo 1 ampola.
  - Depois substituir por haloperidol com 5-10 gotas por 12 h.
- Prurido (30%) geralmente incômodo.
- Em caso de injúria renal (creatinina > 150 mcgmol/L): espaçar as doses.

DORES PARCIALMENTE SENSÍVEIS À MORFINA
Dores ósseas
- AINE: naproxeno, diclofenaco.
- Associadas com morfina.
- Discutir a radioterapia interna ou externa com objetivo antálgico e os bifosfonatos intravenosos.

Compressão nervosa
- Morfina.
- Dexametasona: 4 mg/24 h.
- Prednisolona: 20-80 mg/24 h.

Tratamento não medicamentoso
- Estimulação nervosa transcutânea (TENS).
- Acupuntura.

- Hipnose: sua eficácia ainda deve ser comprovada. Pode ser ativa em todo tipo de dor.

DORES NEUROPÁTICAS
- Periféricas (diabete, HIV, herpes-zóster) ou centrais (lesão medular, AVC).

Características da dor
- Fundo contínuo: queimaduras, parestesias agravadas pela alodinia (dor ao tocar).
- Descargas elétricas brutais.
- Topografia nervosa.

Avaliação pelo questionário DN4 (ver *tabela*)
Princípio do tratamento curativo.
- A eficácia geralmente é parcial.
- Prazo de eficácia de 1-2 semanas.
- Necessidade de uma adequação individual +++.
- Associa tratamentos medicamentosos, técnicas de estimulação elétrica, aparelhagem protética, reinserção e psicoterapia.
- Morfina: papel suplementar eficaz.

Produtos
- Amitriptilina: 10-25 mg à noite (CI: glaucoma, hipertrofia da próstata).
- Clomipramina: 10-125 mg/d (CI: glaucoma, hipertrofia da próstata).
- Clonazepam: 1 mg à noite.
- Gabapentina: 300-3.600 mg/d gradualmente de 6-14 D; dose média = 1.200 mg.
- Pregabalina: 75-600 mg/d gradualmente de 7 D. Dose média = 300 mg.
- Carbamazepina: 100-200 mg a cada 8-12 h, depois aumentar a dosagem se necessário, mas com controle hepático. Reservada, em princípio, para a algia vascular da face.
- Oxcarbazepina: substitui a carbamazepina. Iniciar com 300 mg x 2 e em seguida aumentar gradualmente.

Estratégia terapêutica
- Considerar uma abordagem não farmacológica (cinesioterapia, psicologia).
- Infiltração local com lidocaína.
- Em caso de falha, monoterapia com um tratamento de primeira linha (antidepressivo tricíclico ou gabapentina ou pregabalina ou inibidor da recaptação da serotonina ou carbamazepina).
- Em caso de eficácia apenas parcial, associar um dos tratamentos de primeira linha ainda não utilizados.
- Em caso de falha, interromper o tratamento e substituí-lo por outro de primeira linha.
- Se a eficácia for parcial, considerar a associação de um opiáceo (morfina ou tramadol).
- Dor do coto geralmente é causada por uma lesão local ou por um neuroma.
- Dor fantasma-sensação fantasma: sensações dolorosas localizadas no membro fantasma e imputáveis à secção nervosa. Essas dores

intermitentes com paroxismos podem ser extremamente intensas, assemelhando-se a queimaduras ou a câimbras na parte distal do membro. Afetam mais de 70% dos pacientes no pós-operatório imediato, e se cronificam em 50% deles. Em 10% dos casos, as dores são idênticas às dores pré-amputação, sobretudo na ausência de analgesia pré-operatória. De maneira geral, analgesia perioperatória com clonidina intratecal, gabapentina ou cetamina poderia melhorá-las.

- A analgesia peridural perioperatória (mesmo iniciada em pré-operatório) não parece reduzir o risco de dor fantasma.

Via transcutânea: Versatis®
- Emplastro de lidocaína 5% que deve ser colocado sobre a pele saudável por 12 horas.
- Indicado nas dores neuropáticas particularmente pós-zóster.
- Utilizar no máximo: 3 emplastros simultâneos.

Via transcutânea: Qutenza®
- Emplastro de capsaicina (179 mg). Deve ser aplicado durante 1 h em hospital-dia sobre a área dolorosa (excluindo mucosa e face). Utilizar no máximo: 4 emplastros simultâneos.
- É necessária uma formação porque existem muitas precauções para sua utilização.
- Eficácia de uma utilização: 2-3 meses.

DORES MUSCULARES
Frequentemente associadas a um comprometimento ósseo e no paciente acamado.
- Em combinação com a cinesioterapia.
- Tetrazepam 1/2-1 cp/8 h; tiocolquicósido: 1-3 cp/d; diazepam: 2-5 mg por 12 h; baclofeno: 1-3 cp/d.
- Injeção das áreas de gatilho com um AL (de lidocaína a 1%, de 1-2 mL).

QUESTIONÁRIO DN4
- Sim = 1 ponto e Não = 0 ponto.
- Valor limite para o diagnóstico de dor neuropática: 4/10.
- Especificidade: 81,2%; sensibilidade: 78%.

Questão 1 (interrogatório): a dor apresenta uma ou várias das seguintes características?		
	Sim	Não
1. Queimadura	☐	☐
2. Sensação de frio doloroso	☐	☐
3. Descargas elétricas	☐	☐

(continua)

Dor

Questão 2 (interrogatório): a dor é associada na mesma região a um ou a vários dos seguintes sintomas?		
	Sim	Não
4. Formigamentos	☐	☐
5. Ardência	☐	☐
6. Adormecimento	☐	☐
7. Prurido	☐	☐
Questão 3 (exame): a dor está localizada no território ou é evidenciada pelo exame:		
8. Hipoestesia ao tato	☐	☐
9. Hipoestesia à picada	☐	☐
Questão 4 (exame): a dor é provocada ou aumentada pelo:		
10. Atrito	☐	☐
Escore total do paciente	/10	

Dor crônica pós-cirúrgica (DCPC)

DEFINIÇÃO
Dor persistente durante mais de dois meses após uma cirurgia, sem etiologia identificada e sem continuidade com um problema pré-operatório.

FATORES DE RISCO
Pré-operatório
- Dor pré-operatória e opiáceos em pré-operatório.
- Reoperações.
- Vulnerabilidade psicológica (p. ex., síndrome depressiva).
- Fatores genéticos predisponentes.

Perioperatório
- Tipo de cirurgia: as cirurgias em que mais são relatadas são a da mama, a abdominal e renal, a prótese total do quadril e a prótese total do joelho, as toracotomias e as correções de hérnias inguinais.
- Técnica cirúrgica: a cirurgia minimamente invasiva diminui o risco. Atenção particular deve ser dada às lesões nervosas perioperatórias por traumatismo direto ou por estiramento.

Pós-operatório
- Dor: intensidade da dor pós-operatória tem relação direta com o aparecimento das DCPC. Uma dor pós-operatória tratada inadequadamente é, portanto, um fator que favorece o aparecimento das DCPC.
- A dose dos opiáceos no peri e no pós-operatório tem relação direta com o aparecimento das DCPC.
- A vulnerabilidade psicológica.
- A radioterapia e a quimioterapia pós-operatórias.

RECOMENDAÇÕES
- Identificação dos pacientes de risco no pré-operatório.
- Favorecer a cirurgia minimamente invasiva.
- Utilizar técnicas de economia de morfina no peri e no pós-operatório:
    - Pré-medicação com gabapentina (660-1.200 mg) segundo o tipo de cirurgia e contexto.
    - Utilizar cetamina no perioperatório (0,125-0,25 mg/kg), e depois substituir por IV em bomba de infusão (0,125-0,25 mg/kg/h) se a cirurgia for superior a 2 h, e interromper 30 min antes que ela termine. Não se recomenda a utilização pós-operatória (ver *Anti-hiperalgésicos*).
    - Utilização das técnicas de ALR:
- A analgesia peridural torácica ou lombar reduz as DCPC.
- O bloqueio paravertebral reduz as DCPC na cirurgia mamária.
- A infiltração de AL no local cirúrgico limita o aparecimento das DCPC na cirurgia de enxerto ósseo ilíaco.
- Os bloqueios perinervosos (inclusive o *TAP block*) acarretam economia morfínica e fazem parte de uma boa estratégia de redução das DCPC, apesar da ausência de recomendações formais nesse sentido.

- Utilizar a lidocaína IV (1,5-2 mg/kg) em *bolus* e depois IV em bomba de infusão na cirurgia abdominal no perioperatório (ver *Lidocaína para analgesia perioperatória*) na ausência de outra técnica de ALR.
- Utilizar analgesia multimodal pós-operatória associando: paracetamol, AINE, nefopam, as técnicas de ALR e um opiáceo (respeitando-se as contraindicações de cada um dos fármacos).
- Favorecer uma reabilitação pós-operatória precoce e ativa.
- Investigar a dor neuropática pós-operatória (o questionário DN4 pode ser utilizado como ferramenta de detecção) para uma conduta rápida.

Dor e injúria renal grave (CL creatinina < 30 mL/min)

- Sempre ajustar as posologias ao *clearance* para evitar os efeitos indesejáveis ligados ao acúmulo do medicamento ativo e/ou de seus metabólitos.
- Avaliar a função renal pelo cálculo do *clearance* da creatinina segundo a fórmula de Cockroft.
- Os AINE, anti-COX-2 e ácido acetilsalicílico são sempre contraindicados: podem causar agravamento do risco hemorrágico, diminuição do débito de filtração glomerular e risco de piora da função renal.
- Os medicamentos cujas posologias devem ser adequadas são:

Produto	Mecanismo de ação	Efeitos colaterais	Orientações de uso
Tramadol	Meia-vida do metabólito ativo dobrada (10 h)	Convulsões	Dose máxima em caso de injúria renal terminal: 50 mg x 2/d
Morfina e derivados	Acúmulo dos metabólitos (p. ex., morfina-6--glucuronida) e risco tardio (24-48 h)	Depressão respiratória e sedação	<ul><li>Evitar a utilização da PCA de morfina, utilizar um opioide independente da função renal (PCA de sufentanila em *bolus* de 2,5 mcg – intervalo refratário: 5-10 min)</li><li>Se for utilizar a PCA de morfina de débito contínuo, *bolus* de 1 mg – aumentar o período refratário para 10-15 min</li><li>Outra opção: morfina 5-10 mg SC ou VO conforme demanda (a cada 4-6 horas) de acordo com as dores e a sedação</li></ul>
Gabapentina	*Clearance* reduzido	Vertigens, sonolência, distúrbios da elocução, diarreia	*Clearance* da creatinina: > 80 mL/min: 900-3.600 mg/d 50-79 mL/min: 600-1.800 mg/d 30-49 mL/min: 300-900 mg/d 15-29 mL/min: 150-600 mg/d < 15 mL/min: 150-300 mg/d

(continua)

Produto	Mecanismo de ação	Efeitos colaterais	Orientações de uso
Paracetamol	Alteração do metabolismo unicamente em caso de injúria renal terminal		Se *clearance* < 20 mL/min, 1 g/8 h, máximo de 3 g/d
Nefopam	Redução da eliminação		Se *clearance* < 50 mL/min: 20 mg/8 h IV Se *clearance* < 20 mL/min: 20 mg/12 h IV

- Medicamentos recomendados:
  - Opiáceos fortes cuja eliminação é muito pouco influenciada pela injúria renal: oxicodona, fentanila transdérmica, sufentanila etc.
  - Nalbufina: não parece existir acúmulo da droga-mãe ou de um metabólito no paciente com injúria renal.
  - Preferir as técnicas de analgesia locorregional.

Dor e insuficiência hepática grave (taxa de protrombina < 60%)

No decorrer de uma cirrose, vários fatores alteram o *clearance* hepático:
- Diminuição do número de hepatócitos.
- Diminuição do débito sanguíneo hepático.
- *Shunt* porto-cava que agrava a diminuição do débito.

FATORES ASSOCIADOS
- Um defeito de síntese das proteínas plasmáticas (albumina, alfa-1--glicoproteínas) que transportam os medicamentos, o que acarreta aumento da fração livre farmacologicamente ativa.
- Aumento do volume de distribuição.
- Em caso de cirrose grave, a função renal é igualmente alterada.

MEDICAMENTOS SEMPRE CONTRAINDICADOS
- AINE (agravamento do risco hemorrágico e adição do risco de injúria renal aguda superajuntada), tramadol.

MEDICAMENTOS CUJAS POSOLOGIAS DEVEM SER AJUSTADAS
- Morfina e seus derivados:
  - Ajuste das doses diante do risco de superdosagem e de acúmulo dos metabólitos (meia-vida dobrada, pico plasmático triplicado) e, portanto, depressão respiratória e de sedação.
  - PCA: sem débito contínuo, aumentar o período refratário para 15 min.
  - Por via SC, começar com 5 mg x 4/d.
- Benzodiazepínicos: a posologia deve ser diminuída em razão do retardo na eliminação.
- Paracetamol: contraindicado em caso de insuficiência hepática grave, cautela em caso de insuficiência hepática moderada.
- Preferir as técnicas de analgesia locorregional se a hemostasia permitir.

Dor

Dor e insuficiência respiratória crônica

- Todos os morfinomiméticos exercem uma depressão respiratória de mesma intensidade na dose equianalgésica. Portanto, a dor deve ser tratada ajustando as doses e controlando o aparecimento de uma sedação (primeiro sinal de uma superdosagem em opiáceos). Os pacientes com câncer tratados com opioides em longo prazo são muito pouco suscetíveis à depressão respiratória.
- Associar um ou vários não opiáceos para reduzir a dose de morfina (privilegiando as analgesias locorregionais, sobretudo os bloqueios periféricos sem adjunção de opioide).
- Evitar o bloqueio interescalênico que produz uma paralisia diafragmática.
- Evitar a associação com todos os agentes que induzem sedação.
- Controle ainda mais rigoroso e constante que o habitual: frequência respiratória, SpO_2 e consciência.
- A naloxona deve estar sempre disponível na unidade de cuidados.

MEDICAMENTOS CUJAS POSOLOGIAS DEVEM SER ADAPTADAS

- Tramadol: risco de depressão respiratória; dose máxima: 100 mg x 2/d.
- Morfina e seus derivados:
    - Não utilizar o débito contínuo para a PCA, reduzir o *bolus*, aumentar o intervalo de bloqueio.
    - Por via SC, iniciar com 5 mg x 4/d.
- Benzodiazepínicos: CI indicado ou cautela externa.
- Privilegiar as técnicas de analgesia locorregional assim que possível: a injeção de morfina por via intratecal ou peridural induz ao risco de depressão respiratória, com diminuição dos volumes correntes e bradipneia.
- A relação risco/benefício para o paciente deve ser considerada.

Utilização dos reservatórios venosos implantados

UTILIZAÇÃO

- É indispensável uma rigorosa assepsia: luvas estéreis, solução antisséptica e limpeza prolongada da zona de acesso.
- Se possível, administração do creme Emla® uma hora antes.
- Conectar a agulha de Huber a uma extensão religada a uma torneira com três saídas.
- Purgar o conjunto com NaCl 0,9% (seringa de 5 mL).
- Puncionar, mantendo entre o polegar e o dedo indicador de uma mão o reservatório percebido sob a pele, e na outra mão a agulha, que é introduzida perpendicularmente à pele até obter o contato com o fundo do reservatório.
- Enxaguar com 20 mL de NaCl 0,9%.
- No fim da utilização: enxaguar com soro com heparina (5 mL de uma solução a 100 UI/mL) e depois retirar a agulha mantendo pressão positiva sobre o êmbolo da seringa.

CASOS PARTICULARES
Infusão contínua
- Trocar o ponto de punção a cada cinco dias.
- Com mais frequência se a inspeção da zona o impuser.

Coletas sanguíneas
- Utilizar agulhas 20G.
- Coletar 3 mL e descartá-los, e depois coletar a quantidade desejada.
- Enxaguar com 20 mL de NaCl 0,9% e depois com 5 mL de soro com heparina (100 UI/mL).

Transfusão sanguínea
- De preferência, agulha 19G.
- Enxague (ver *supra*).

Obstrução por coágulo
- Alteplase: preparar uma solução de 1 mg/mL com o solvente previsto.
- Injetar 2 mL sem exercer sobrepressão.
- Esperar 5 min e depois aspirar (nunca injetar).
- Repetir 1 x após 30 min se a permeabilidade não for satisfatória.
- Eficácia em mais de 80% dos casos.
- Não há risco hemorrágico se as doses forem respeitadas.

Dor

Pediatria

SUMÁRIO

Pediatria

Anestesia de acordo com a cirurgia

Conduta no pós-operatório

Pediatria geral

Consulta de anestesia com os pais

A criança deve ser acompanhada pelo pai ou pela mãe. São os únicos, com a criança, que podem receber a informação clara, precisa e apropriada sobre a anestesia e seus riscos.

QUESTIONÁRIO DOS PAIS E LEITURA DA CADERNETA DE SAÚDE

Antecedentes médicos e cirúrgicos da criança, alergia, asma de esforço, investigação de uma síndrome hemorrágica (ver *Avaliação pré-operatória*), infecção ORL recente ou presente, tabagismo passivo (> 5 cigarros/d), antecedentes familiares (atopia, asma, miopatia, coagulopatia).

EXAME DA CRIANÇA (INTERLOCUTORA PRIVILEGIADA)

- Peso, altura.
- Exame padrão.
- Exame ORL: criança resfriada +++ dificuldades de intubação (síndrome dismórfica), identificação dos dentes de leite.
- Localização dos acessos venosos, observar o lado do polegar "chupado".

CONTRAINDICAÇÕES TEMPORÁRIAS À ANESTESIA

(Ver *Anestesia na criança com resfriado.*)

EXAMES DE ACORDO COM A CIRURGIA

(Ver *Avaliação pré-operatória.*)

HOSPITAL-DIA (HD)

- Critérios que autorizam o HD: idade > 3 meses, é necessária a presença de dois adultos (um deve ser o pai ou a mãe) durante o retorno de carro para as crianças < 10 anos. A duração do trajeto hospital-casa não é mais um critério de exclusão, com a condição de que nos arredores da casa haja um acesso fácil aos cuidados (convenção).
- Informação adequada, personalizada e compreensível tanto para os pais quanto para a criança: informações sobre o jejum, a analgesia pós-operatória e a retomada da alimentação.
- Informar por escrito as recomendações feitas.
- O HD é contraindicado para o antigo prematuro: idade corrigida < 60 semanas de amenorreia.

INFORMAÇÃO E CONSENTIMENTO INSCRITOS NO DOSSIÊ

- Técnica de anestesia, principalmente a ALR, monitoração invasiva.
- Transfusão (cirurgia dos tumores, dos grandes vasos ou do fígado).
- Analgesia pós-operatória.
- Adicionar um texto com as informações.
- A autorização para operar e anestesiar deve ser assinada pelos pais, em conformidade com a lei sobre a autoridade parental vigente.

PRESCREVER JEJUM E PRÉ-MEDICAÇÃO
Jejum pré-operatório

Líquidos claros* 10 mL/kg (no máximo 200 mL)	2 h
Leite materno	4 h
Fórmula láctea (criança < 3 meses)	4 h
Fórmula láctea (criança > 3 meses)	6 h
Alimentos sólidos**	6 h

* Água, suco de maçã sem polpa e chá são líquidos claros.
** Leite e suco com polpa são sólidos.

Na situação de emergência, contam-se 6 h de jejum a partir da hora do traumatismo.

Creme EMLA® (*ver Utilização de EMLA®*)

Pré-medicação
- Objetivo: redução da ansiedade de separação e dos distúrbios do comportamento pós-operatório, calma durante a indução.
- Desnecessária antes de 6 meses.
  - Seu uso não é mais sistemático desde o advento das técnicas de distração; discutir caso a caso.
- Os benzodiazepínicos serão evitados em caso de obstrução das vias aéreas superiores ou de miopatia.
- A via intramuscular está proibida.

Midazolam
- Utilizar a forma injetável 1 amp = 5 mL = 5 mg, 30 min antes da indução.
- Via oral: 0,3-0,5 mg/kg em uma colher com água açucarada.
- Este fármaco tem meia-vida curta (< 2 h).
- Propriedades: ansiolítico, sedativo, amnésico, miorrelaxante, anticonvulsivante.
- Não ultrapassar uma dose total de 10 mg.

Clonidina
- Utilizar a forma injetável 1 amp = 1 mL = 150 mcg de 60-90 min antes da indução.
- Via oral: 4 mcg/kg em uma colher de água açucarada.
- Associar com atropina: 20-40 mcg/kg.
- Pode ser injetada por via IV lenta, no perioperatório, na posologia de 2 mcg/kg, para prevenir a agitação pós-operatória.
- Diminui as CAM dos halogenados em 30-40%. Não é depressor respiratório (amídalas obstrutivas++).

Hidroxizina
- Nenhuma eficácia demonstrada.

Distração
- Técnica promissora para diminuir a ansiedade na indução.

- Objetivo: desviar a atenção do procedimento para uma percepção externa mais agradável: focalização.
- Mistura de estímulos sensoriais: visuais, auditivos, cinestésicos.
- Métodos: jogos, tabuletas, bolhas de sabão, marionetes, palhaços etc.

Presença dos pais
- O benefício da presença dos pais na indução para reduzir a ansiedade da criança ainda não foi comprovado. Depende de inúmeros parâmetros, como o perfil psicológico dos pais e da criança; portanto, só há benefício para crianças ansiosas acompanhadas de pais calmos. Se os pais estiverem presentes na indução, sua participação deve ser preparada e definida.

Estômago cheio
- Administrar antes da indução: ranitidina (Raniplex®) efervescente: 2 mg/kg (máximo 300 mg).

Avaliação pré-operatória

É prescrita no fim da consulta de pré-anestesia, após o questionário dos pais e o exame clínico da criança.

AVALIAÇÃO DA HEMOSTASIA
- Antes da idade da marcha ou em caso de cirurgia hemorrágica, a avaliação da hemostasia e a contagem plaquetária são sistemáticas.
- Após a aquisição da marcha, a avaliação da hemostasia só é prescrita em caso de anomalia detectada no interrogatório e/ou no exame clínico.

Questões feitas aos pais sobre a criança e os irmãos

- Sangramento por mais de 24 h ou transfusão sanguínea após um traumatismo ou um procedimento cirúrgico de pequeno porte (circuncisão, sutura de uma ferida etc.)?
- Sangramento por mais de 12 h após a secção do cordão umbilical (caderneta de saúde)?
- Após uma extração dentária: sangramento à noite ou após 24 h ou necessidade de uma sutura cirúrgica?
- Presença de uma ou de várias hematúrias espontâneas?
- Equimoses frequentes sem causa aparente?
- Epistaxe que necessita de tratamento cirúrgico?
- Sangramento por mais de 15 min após uma punção venosa?
- Hematoma no ponto de vacinação?
- Tendência ao sangramento "contínuo"?
- Presença de céfalo-hematoma ou de bossa serossanguínea neonatal?
- Presença de gengivorragia ao escovar ou na perda de um dente de leite?
- Tomada recente de AINE ou de salicilatos?
- Antecedente pessoal ou familiar: hemofilia, doença de von Willebrand, púrpura trombocitopênica autoimune, leucemia?

Sinais investigados no exame clínico da criança relacionados com uma doença que implica risco de sangramento

- Equimoses, hematomas que evocam uma diátese hemorrágica
- Palidez assinalando uma anemia
- Icterícia, hepatomegalia, esplenomegalia
- Petéquias
- Hemartroses

- Uma resposta afirmativa a uma das questões ou a presença de um desses sinais clínicos pedem uma exploração biológica da hemostasia realizada em conjunto com um médico hemobiólogo: TCA, tempo de Quick ± cofatores, contagem plaquetária, fator de von Willebrand, avaliação da função plaquetária.

- Qualquer que seja o tipo de ALR considerado, não é preciso realizar uma avaliação sistemática quando a marcha já foi adquirida e a etapa clínica for totalmente negativa (anamnese e exame clínico).

OUTROS EXAMES

Os outros exames (ionograma sanguíneo, função renal, grupo sanguíneo, ecocardiografia etc.) só são pedidos na presença de uma doença preexistente ou de uma intervenção que justifique.

Antibioticoterapia terapêutica na criança

ANTIBIOTICOTERAPIA NA CRIANÇA: POSOLOGIAS

Antibióticos	Posologias	Número de doses
Fenoximetilpenicilina (VO)	50-100.000 U/kg/d	2-3
Benzilpenicilina (IV)	50-100.000 U/kg/d	3 ou 4
Amoxicilina	100 mg/kg/d	3-6
Amoxicilina + ácido clavulânico	100 mg/kg/d	3-4
Piperacilina + tazobactama	300 mg/kg/d	3
Ticarcilina + ácido clavulânico	225 mg/kg/d	3
Cefotaxima	100 mg/kg/d	3
Ceftriaxona	50 mg/kg/d	1
Cefazolina	25-50 mg/kg/d	3
Imipeném	60-100 mg/kg/d	3-4
Vancomicina	45-60 mg/kg/d	3-4
Ciprofloxacina	20 mg/kg/d	2
Levofloxacino	20 mg/kg/d	1-2
Ornidazol	30 mg/kg/d	1
Metronidazol	30 mg/kg/d	3
Gentamicina	8 mg/kg/d	1-3
Amicacina	20-30 mg/kg/d	1
Linezolida	30 mg/kg/d	3
Clindamicina	15-40 mg/kg/d	3

▲ **Nunca ultrapassar as posologias do adulto.**
As posologias da amoxicilina, da cefotaxima e da ceftriaxona devem ser dobradas em caso de comprometimento meníngeo.

AMINOGLICOSÍDEOS

- Posologia de acordo com a gravidade do quadro clínico, do contexto e do germe.
- Administrar as posologias máximas em caso de sepse grave, choque séptico, edemas ± hipoalbuminemia, interações medicamentosas com indução enzimática para evitar a subdosagem.
- Duração de tratamento habitual 48-72 h. Para mais de 5 d, controle do nível sérico.
- Dosagens plasmáticas (pico e vale) em caso de injúria renal.
- Intervalo de administração dos aminoglicosídeos nos recém-nascido e no prematuro.

Idade pós-concepcional	> 37 SA	34-36 SA	30-33 SA	< 30 SA
Gentamicina	24 h	24-36 h	36 h	48 h
Amicacina	24-36 h	36 h	48 h	60 h

ANTIBIOTICOTERAPIA SEGUNDO A INFECÇÃO

	Produtos	Posologias	Duração
Peritonite comunitária			
Padrão	Amoxicilina + Clavulanato + Gentamicina	50 mg/kg pré-operatório (reinjeção perioperatória 25 mg/kg/4 h), depois 35 mg/kg/8 h máx. 100 mg/kg/d	5 d
		8 mg/kg/d IV lenta 30 min em uma injeção	2 d
Alergia aos betalactâmicos	Levofloxacino* + Ornidazol	10 mg/kg/12 h IV lenta 30 min (máx. 500 mg x2/d)	5 d
		30 mg/kg/d IV lenta 30 min (máx. 1g/d)	5 d
Peritonite nosocomial			
Padrão	Imipeném + Amicacina	25 mg/kg/6h IV lenta 30 min	8 d
		30 mg/kg/d IV lenta 30 min em uma injeção	2 d
Alergia aos betalactâmicos	Ciprofloxacina* + Amicacina + Ornidazol	10 mg/kg/12 h IV lenta 30 min (máx. 1200 mg/d)	8 d
		30 mg/kg/d IV lenta 30 min em uma injeção	2 d
		30 mg/kg/d IV lenta 30 min (máx. 1g/d)	8 d
Apendicite			
Inflamatória ou flegmonosa	Amoxicilina + Clavulanato	50 mg/kg pré-operatório	Dose única
Gangrenosa	Amoxicilina + Clavulanato	50 mg/kg pré-operatório, depois 35 mg/kg/8 h (máx. 100 mg/kg/d)	1 d
Perfuração ou abscesso	Aplicar protocolo de peritonite		
Alergia aos betalactâmicos	Levofloxacino* + Ornidazol	10 mg/kg/12 h IV lenta 30 min (máx. 500 mg x 2/d)	Dose única ou 1 d
		30 mg/kg/d IV lenta 30 min (máx.1g/d)	

(continua)

Pediatria

	Produtos	Posologias	Duração
Plastrão apendicular			
Padrão	Cefotaxima + Ornidazol	35 mg/kg/8 h IV lenta 30 min (máx. 100 mg/kg/d) 30 mg/kg/d IV lenta 30 min (máx. 1g/d)	5 d 5 d
Alergia aos betalactâmicos	Levofloxacino* + Ornidazol	10 mg/kg/12 h IV lenta 30 min (máx. 500 mg x 2/d) 30 mg/kg/d IV lenta 30 min (máx. 1g/d)	5 d 5 d

▲ **Nunca ultrapassar as posologias do adulto.**
* Fora da autorização para comercialização.

Particularidades fisiológicas e anatômicas da criança

FUNÇÃO RESPIRATÓRIA
Fisiologia respiratória
- Complacência pulmonar reduzida associada a uma complacência torácica elevada no recém-nascido e no lactente:
  - Risco de colapso inspiratório das vias aéreas em ventilação espontânea (VE).
  - Volume de fechamento elevado.
  - Auto PEEP 2-3 cmH_2O (freio glótico) no lactente e na criança pequena para manter a CRF.
    - » PEEP a 4-5 cmH_2O, que deve ser introduzida desde o início da indução inalatória.
- Pressões de insuflação elevadas no prematuro, no recém-nascido e no lactente (pequeno diâmetro das vias aéreas).
- Espaço morto ~ ⅓ do Vt (2-3 mL/kg, em qualquer idade) = reduzir+++ espaço morto secundário à máscara, ao filtro e ao circuito de ventilação.
- Ventilação alveolar (VA) elevada no lactente e na criança pequena (aumento das necessidades de oxigênio, importantes necessidades metabólicas) com um aumento da FR inversamente proporcional à idade e estabilidade do Vt em 7-8 mL/kg, em qualquer idade (VA = 120-130 mL/kg/min no recém-nascido e no lactente contra 60 mL/kg/min no adulto).
- CRF reduzida = reservas de O_2 baixas, VA/CRF = 5 no lactente (contra 1,4 no adulto).
- Trabalho respiratório aumentado = fatigabilidade importante. Assistência ventilatória imperativa no recém-nascido e no lactente intubado.
- Respiração nasal preferencial até a idade de 2-3 meses (sonda orogástrica < 3 meses).

Particularidades anatômicas das vias aéreas
- Laringe em posição alta no recém-nascido e no lactente, epiglote longa e flácida: utilização preferencial de uma lâmina reta para a intubação.
- A língua ocupa os ⅔ do volume da boca até os 2 anos de idade: faz parte das dificuldades de exposição.
- Forma cônica da laringe com estreitamento subglótico na criança pequena: risco de estenose traumática, atenção com a escolha do tamanho da sonda (ver *Intubação)* monitoração das pressões do balonete.
- Traqueia curta (4-5 com) no recém-nascido e no jovem lactente: risco de intubação seletiva ou de extubação acidental.

FUNÇÃO CARDIOVASCULAR
- Baixa massa miocárdica ao nascimento.
- Imaturidade das funções sistólicas e diastólicas durante os 3 primeiros meses de vida = sensibilidade às variações de carga.
- Débito cardíaco FC-dependente durante os primeiros meses de vida.
- Repartição preferencial da volemia no território da cava superior na criança pequena: boa tolerância das anestesias raquidianas.

Pediatria

- Hipertrofia do setor extracelular durante o primeiro anos de vida: má tolerância da desidratação.
- Definição da hipotensão:
  - PAS < 70 mmHg + idade em anos x 2.
  - No recém-nascido, PAM < idade gestacional + 1 mmHg/sem pós-natal.

FUNÇÃO RENAL
- Tubulopatia fisiológica até 4-5 meses de idade = redução do poder de concentração da urina, perdas de sódio no prematuro, diminuição do limiar de eliminação dos bicarbonatos.
- Função glomerular madura por volta de 1 ano. *Clearance* de creatinina ~ 20 mL/min/1,73 m^2 no recém-nascido (triplo no fim do 1º mês de vida).
- Diurese normal: 1 mL/kg/h, poliúria > 5 mL/kg/h.

FISIOLOGIA CEREBRAL
- Complacência cerebral reduzida na criança pequena (deslocamento da curva de complacência para a esquerda).
- O nível de autorregulação do débito sanguíneo cerebral é estreito no recém-nascido e no lactente com menos de 6 meses+++.
- Grande sensibilidade da criança à encefalopatia hiponatrêmica (evitar os solutos muito hipotônicos, controlar os débitos das infusões+++).

NORMAS FISIOLÓGICAS

Idade	< 1 mês	< 2 anos	< 10 anos	> 10 anos
FR máx. (ciclos/min)	40	30	20	20
FC máx. (bpm)	160	130	120	110
PAS mini (mmHg)	65	70	80	90
PAM mini (mmHg)	45	50	60	65-70
PAD mini (mmHg)	35	40	50	55
Massa sanguínea (mL/kg)	85-90	80	70-75	70-75
Diurese mini	> 0,5 mL/kg/h			

BIOLOGIA DA CRIANÇA
- Como o recém-nascido apresenta hipoproteinemia (hipoalbumine-mia), para a maioria dos agentes anestésicos isso provoca uma fração livre importante. Sua reserva glicídica é baixa (por isso a necessidade de que a duração do jejum seja curta).
- Existe uma tendência à hipocalcemia nos recém-nascidos, por causa de uma função paratireoidiana imatura e dos baixos estoques de vitamina D.

No plano hematológico
- Todos os fatores dependentes da vitamina K são reduzidos ao nascimento (proteína C, IX, X, VII, II). Isso se deve à imaturidade das sínteses hepáticas e a uma deficiência em vitamina K. As crianças alimentadas no seio têm uma deficiência de vitamina K (o leite materno

não contém essa vitamina). O TCA pode ser considerado normal se a relação doente/controle for inferior a 1,2.

- Existem 2 picos de risco trombótico na criança: um no nascimento (deficiência em AT-III, proteína C e S) e outro na puberdade. Esses riscos aumentam durante as infecções e em caso de cateterismo venoso central.
- Predominância da hemoglobina fetal no nascimento com P50 baixa e desvio à esquerda da curva de dissociação da hemoglobina, compensada por uma poliglobulia fisiológica (Hb 16-21 g/dL), depois hemoglobulina A majoritária a partir dos 3 meses com anemia fisiológica moderada.
- Predomínio linfocitário entre 1 mês e 6 anos.

Prematuro no primeiro ano de vida

- A prematuridade se define como um nascimento com < 37 SA.
- Idade pós-concepcional (IPC) = fim + número de semanas de vida extrauterina.
- Esta população de crianças está exposta a um risco maior de morbidade respiratória.
- A maioria das indicações cirúrgicas envolve correção da hérnia inguinal.

APNEIAS
- Fatores de risco (FDR) para ocorrência de apneias após a anestesia geral:
  - Baixa idade gestacional (risco inversamente proporcional à idade gestacional).
  - Anemia < 10 g/dL.
  - Ocorrências de apneias no período pré-operatório recente.
  - Broncodisplasia pulmonar.
  - Complicações neurológicas centrais secundárias à prematuridade.
- Estratégia anestésica:
  - Privilegiar as técnicas de anestesia locorregional pura (sem pré-medicação e sem anestesia geral de complemento), assim como a raquianestesia para a cirurgia umbilical.
  - Duração de controle prolongado na SRPA após a anestesia geral, dependente da IPC:
    - » IPC < 45 SA ou presença de FDR = > controle por 12 horas.
    - » 45 SA < IPC < 60 SA = > controle por 6 horas.
- Em caso de ocorrência de apneia(s):
  - Administração de 20 mg/kg de citrato de cafeína IV lento por 30 min (1 amp = 2 mL = 50 mg de citrato de cafeína, ou seja, 25 mg de cafeína).
  - Se a apneia persistir após a administração da cafeína, considerar CPAP nasal.
- É possível a administração preventiva se IPC < 45 SA.

NB: na ausência de urgência cirúrgica, é razoável esperar o fim corrigido de 45 SA, bem como o desmame da oxigenoterapia antes de proceder a uma correção cirúrgica de hérnia inguinal, pois nessa população pediátrica, o risco de estrangulamento hernial permanece baixo (anel largo) e o risco respiratório diminui muito após o fim corrigido de 45 SA. Contudo, essa atitude permanece uma decisão acordada com o cirurgião.

DISPLASIA BRONCOPULMONAR
- Definição: dependência de oxigênio persistente na 36ª semana de idade corrigida ou no 28º dia de vida.
- Deve-se privilegiar a ALR (peridural analgésica) com opioides intravenosos para que os lactentes sejam extubados mais precocemente.
- Se não houver urgência, aguardar o desmame do oxigênio.

AMBULATÓRIO
- Não há ambulatório antes do fim corrigido de 60 semanas de IPC.

Anestesia da criança com drepanocitose homozigótica

AVALIAÇÃO PRÉ-ANESTÉSICA

- A drepanocitose se caracteriza por uma anomalia da polimerização da hemoglobina e, sobretudo, por uma vasculite crônica responsável por um comprometimento polivisceral (rim, pulmão, fígado, cérebro) que deve ser avaliada no pré-operatório.
- A conduta transfusional pré-operatória será adequada a cada paciente e dependerá de três parâmetros:
  - **O risco do paciente**: os antecedentes de síndrome torácica aguda (STA), de AVC ou de anomalias ao Doppler transcraniano, a noção de falências viscerais secundárias à drepanocitose (cardíaca, respiratória ou renal).
  - **O risco ligado ao procedimento cirúrgico**: tipo de intervenção, duração da cirurgia, repercussão respiratória ou hemodinâmica.
  - **As possibilidades transfusionais**: antecedentes de aloimunização e de hemólise pós-transfusional.

AVALIAÇÃO PRÉ-OPERATÓRIA

- Hemograma completo, grupo sanguíneo, RAI, ionograma sanguíneo, função renal, DHL, função hepática.
- Eletroforese da hemoglobina com taxas de hemoglobina S.
- Doppler transcraniano anual para investigar vasculopatia.
- Ecocardiografia anual para investigar disfunção cardíaca esquerda ou HP.
- PFP em função da história clínica.
- Investigação sistemática de focos infecciosos antes da instalação do material protético (foco ORL ou dentário, litíase vesicular, ECBU).
- Angiotomografia cerebral em caso de cirurgia que exige um tratamento anticoagulante ou antiagregante.

CONDUTA TRANSFUSIONAL
Discussão caso a caso (ver *tabela*)

- Será feita com o hematologista para as cirurgias de risco médio e alto. Tem como objetivo reduzir a concentração de HbS entre 30-50% a fim de diminuir os riscos de complicações perioperatórias. Em função das taxas de hemoglobina pré-operatória, uma simples transfusão ou uma troca transfusional serão realizadas antes da intervenção.
- Fazer a transfusão dos concentrados globulares fenotipados para diminuir o risco de aloimunização.
- Uma exsanguinitransfusão (EST) é eficaz durante 3-5 semanas e deve ser realizada idealmente nos oito dias que antecedem a cirurgia.

CONDUTA ANESTÉSICA

- A instalação deve ser rigorosa, evitando-se as zonas de compressão, fonte de estase sanguínea.
- Prevenção da hipoxemia: FiO_2 50%.
- Prevenção da hipotermia.

- Prevenção da hipovolemia: iniciar a infusão da criança já no começo do jejum e até a realimentação para prevenir a desidratação que favorece a falcização e a hiperviscosidade.
- Interesse da anestesia locorregional para a analgesia pós-operatória.
- Pós-operatório: hidratação e oxigenação serão continuadas durante 48 h.
- Cirurgia ambulatorial possível em caso de baixo risco cirúrgico.

Antibioticoprofilaxia
- Considerar o paciente com drepanocitose como um asplênico.
- No pré-operatório: continuar a administração de oracilina (prevenção sistemática da infecção por pneumococo na criança).
- No perioperatório: antibioticoprofilaxia segundo o protocolo local (ver *Antibioticoterapia e antibioticoprofilaxia*).
- No pós-operatório: amoxicilina IV 100 mg/kg/d e substituição por oracilina desde a retomada alimentar.

Conduta transfusional segundo os antecedentes e o tipo de intervenção

Sem transfusão nem EST	EST se Hb > 8 g/dL ou transfusão se Hb < 8 g/dL	EST com HbS < 30%
- Cirurgia de pequeno porte: circuncisão, adenectomia, adenoidectomia, timpanotomia, cirurgia cutânea de pequeno porte etc. - Cirurgia da região inguinal, hérnia umbilical - Colecistectomia sem antecedentes de STA com Hb ≥ 8 g/dL - Cirurgia ortopédica sem antecedente de STA no paciente com drepanocitose SC - Punções e reinjeções da cabeça do fêmur (cifoplastia)	- Colecistectomia com antecedentes de síndrome torácica aguda (STA) - Laparotomia - Esplenectomia - Cirurgia ortopédica - Amigdalectomia - Arteriografia cerebral ou coronariografia - Cirurgia de emergência - Interrupção terapêutica de gestação - Insuficiência ventricular esquerda (IVE) se houver mais de uma hospitalização por ano para crise vaso-oclusiva - Cirurgia oftalmológica sob anestesia geral	- Cirurgia torácica - Cirurgia com garrote - Neurocirurgia - Cirurgia sob circulação extracorpórea (CEC) - Transplante - Angioplastia por via endovascular

Cateter venoso central

INDICAÇÕES

Nutrição parenteral, utilização de inotrópicos, antibioticoterapia prolongada, medicamentos venotóxicos, tratamentos substitutivos.

QUE TIPO DE CATETER?

	Recém-nascido	5-10 kg	> 10 kg
Cateter venoso central de dupla via	3-4 F, 6 cm	4 F, 8 cm	5 F, 13 cm; 8 F, 20 cm para peso > 30 kg
Cateter com Dacron	2,7 F	4,2 F	4,2 F entre 10-20 kg; 6,5 F para peso > 20 kg
PICC Line	Cateter epicutâneo-cava	3 F	4 F entre 10-30 kg; 5 F para peso > 30 kg

- **NB:** a escolha do tamanho dos PICC Line depende em primeiro lugar do tamanho do vaso no qual devem ser inseridos.
- Uma duração prolongada de cateterismo venoso central deve levar à instalação de um cateter tunelizado. A indicação de um cateter com Dacron é feita para os cateterismos com duração > 3-4 semanas.
- A ablação de um cateter com Dacron precisa de uma AG.
- O cateter epicutâneo-cava é a opção de primeira escolha no recém--nascido e no prematuro.
- O cateter venoso umbilical é a opção de primeira escolha na sala de parto.

POSICIONAMENTO

- Com anestesia geral.
- A extremidade distal do cateter posicionado na junção AD-VCS (átrio direito-veia cava superior).
- A punção é guiada pelo ultrassom, respeitando-se uma rigorosa assepsia cirúrgica.
- Apoio sob os ombros para os acessos na cava superior.
- ▲ **A radiografia de controle deve ser feita antes da fixação do cateter e após a retirada do apoio.**

Veia jugular interna (geralmente direita)

- Apoio transversal sob os ombros.
- Cabeça levemente virada para a esquerda ou no eixo, em hiperextensão. A rotação da cabeça pode modificar as relações anatômicas entre a veia jugular interna (VJI) e a carótida. A instalação é guiada pela localização ultrassonográfica.
- A posição de Trendelenburg não oferece qualquer benefício para a criança com menos de um ano.
- Na criança pequena, a VJI é próxima: < 2 cm do plano cutâneo, ou mesmo < 1 cm no jovem lactente.

Pediatria

- A sonda de ultrassonografia é posicionada perpendicularmente ao eixo dos vasos do pescoço, de tal forma que a VJI seja visível no meio da tela.
- A agulha de punção é orientada perpendicularmente em relação ao eixo da sonda de ultrassonografia (*out plane*), na direção da VJI com ângulo máximo de 30° em relação ao plano cutâneo, para poder subir o guia.

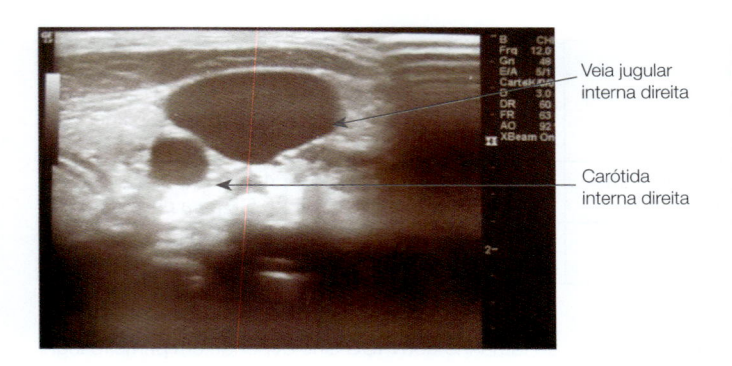

Veia jugular interna direita

Carótida interna direita

Acesso guiado por ultrassom do tronco venoso braquiocefálico por via supraclavicular (geralmente esquerdo)

- Apoio transversal sob os ombros.
- Punção guiada por ultrassom: a sonda é posicionada no nível da cartilagem tireoide com visualização da VJI e depois deslocada até a clavícula, seguindo a VJI até sua junção com a veia subclávia para formar o tronco venoso braquiocefálico. Este último é visualizado basculando a sonda pelo eixo da clavícula em posição caudal. A punção é realizada *in plane*. Em caso de dúvida, o Doppler permite confirmar que se trata de um fluxo venoso.

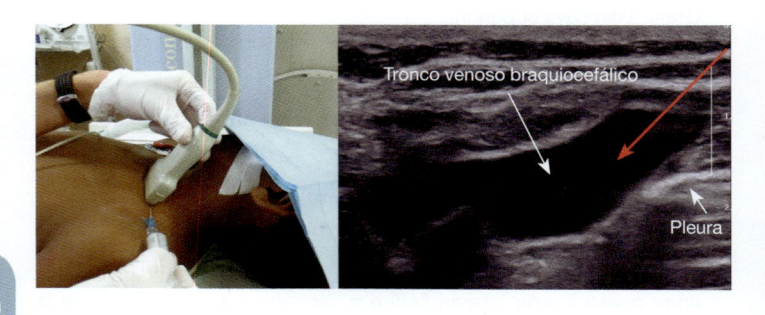

Tronco venoso braquiocefálico

Pleura

Veia femoral

- Apoio sob as nádegas para posicionar o membro inferior em rotação externa e assim liberar a raiz da coxa.

- A sonda do ultrassom é posicionada na raiz da coxa, no eixo da arcada crural, perpendicularmente ao eixo dos vasos femorais. A veia está em posição interna em relação à artéria.
- A agulha de punção é orientada perpendicularmente em relação ao eixo da sonda de ultrassom (*out plane*) na direção da veia femoral com um ângulo de 30° em relação ao plano cutâneo, a fim de poder subir o guia.

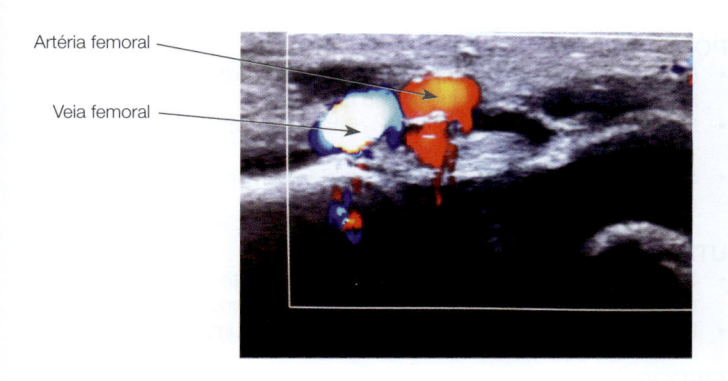

Artéria femoral

Veia femoral

PICC *line = peripherally inserted central catheter*
- Alternativa ao posicionamento de um acesso central convencional.
- Indicações: nutrição parenteral, quimioterapia e qualquer situação em que um acesso venoso seja indispensável em um paciente cujo capital venoso é insuficiente.
- Na criança pequena, exige AG ou sedação profunda. Na criança grande, o posicionamento sob AL pode ser considerado.
- Inserção guiada por ultrassom, no nível de uma veia profunda do braço, geralmente acima da dobra do cotovelo (veia basílica, cefálica ou umeral).
- A extremidade distal deve ser posicionada no nível da terminação da veia cava superior.
- **NB:** migração distal do cateter quando o braço está em abdução.

Cateter venoso umbilical

▲ **Via de acesso de emergência. É possível de D0-D7.**

MATERIAL
- Cateter Argyle® n° 5 purgado com G5%, torneira com três saídas fechada e acoplada em sua extremidade proximal.

POSICIONAMENTO
- Desinfecção ampla do umbigo, secção do cordão a 1 cm de sua base, o cateter é então introduzido na veia.
- Na emergência, deixar o cateter distante 5 cm da pele no recém--nascido.
- Sempre prever um fio na base do umbigo para limitar o sangramento durante o posicionamento.

UTILIZAÇÃO
- Se houver refluxo franco, ele é fixado solidamente com um fio incluindo a pele do umbigo, e só depois a infusão é conectada.
- Na ausência de refluxo, não se deve fazer nenhuma injeção.

RISCOS
- Infecção, embolia gasosa ou com coágulos, anemia aguda se houver desconexão do cateter. Não mantê-lo por mais de 48 h (risco de trombose portal).

CONTROLE
- É indispensável o controle radiológico toracoabdominal para verificar que se trata de um cateterismo da veia umbilical (o cateter se projeta à direita da coluna vertebral e tem um trajeto cefálico, sem anel, ao contrário do que se observa durante o cateterismo da artéria umbilical). Realizar radiografia de controle antes da fixação para verificar a posição central ou infra-hepática do cateter venoso central. Atenção: em caso de posicionamento infra-hepático, risco de trombose da porta (não deixar no lugar por mais de 48 h).

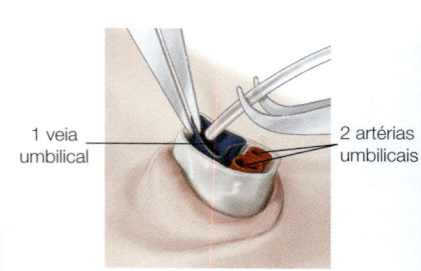
1 veia umbilical — 2 artérias umbilicais

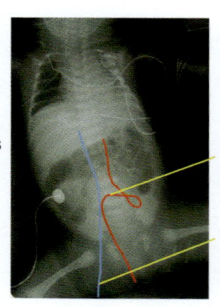
Cateter arterial umbilical
Cateter venoso umbilical

Infusão intraóssea

- Na criança, esta é a primeira escolha de uma via de acesso de emergência.
- Técnica de salvamento que permite um acesso à rede venosa sinusoidal intramedular que se drena pelas veias corticais até a rede sanguínea sistêmica. Sua realização é fácil na criança.

LOCAIS DE PUNÇÃO
- 1 cm abaixo da tuberosidade tibial anterior no nível da crista tibial.
- 1 cm acima do maléolo interno do tornozelo (tíbia).
- Extremidade distal do fêmur.

MATERIAIS DE PUNÇÃO
- *Kit* de punção motorizado (furadeira): agulha rosa do nascimento até 39 kg, agulha azul a partir de 40 kg.
- *Kit* de punção intraóssea manual: 18G < 10 kg, 16G > 10 kg.
- Trocarte de punção esternal ou de biópsia medular.
- Agulha Tuohy 17G.

DESENROLAMENTO DA PUNÇÃO (EXTREMIDADE SUPERIOR DA TÍBIA)
- Um auxiliar mantém o membro inferior na posição joelho flexionado e pé estendido.
- Desinfecção cirúrgica do local de punção ± anestesia local subcutânea (lidocaína 1%: 2 mL).

Técnica de punção
- **Com kit manual**: introdução da agulha por pressão firme até a perda de resistência que traduz a passagem da cortical. A agulha é dirigida ou perpendicularmente, ou levemente oblíqua no sentido oposto à cartilagem de conjugação (para baixo).
- **Com um kit motorizado**: perfurar os tecidos moles com a agulha de tamanho adequado até o maciço ósseo (o último traço preto presente na agulha deve permanecer visível acima do plano cutâneo). O motor da furadeira é acionado continuamente exercendo-se uma leve pressão até a percepção da passagem da cortical (é a velocidade de rotação do motor que faz com que a agulha penetre, não a pressão exercida pelo operador).
- Conter seu gesto no momento da ultrapassagem da cortical a fim de não ser transfixante+++.
- Realizar um teste de aspiração: refluxo franco (exceto colapso importante, parada cardíaca), seguido por uma injeção fácil de 2-5 mL de NaCl 0,9%.

Técnica de fixação
- **Kit manual**: interposição de compressas entre a pele e as borboletas do cateter intraósseo e fixação do plano cutâneo com duas faixas de Elastoplast® (2,5 cm), mantendo um acesso livre à face posterior da panturrilha, para verificar a ausência de difusão.
- **Kit motorizado (furadeira)**: sistema de fixação integrado ao dispositivo.

- A perna permanece imobilizada em flexão graças a um apoio enrolado sob o joelho.
- Uma extensão "polivalente" montada com uma torneira de três saídas é interposta entre a agulha e a linha de infusão.
- Controle regular da ausência de difusão++.
- A via de acesso intraóssea (IO) é retirada assim que uma via periférica ou central estiver disponível (utilização < 24 h).

BENEFÍCIOS
- A técnica tem um procedimento fácil e rápido.
- A cinética de uma injeção IO é equivalente à de uma IV direta.
- Infusão de todos os tipos de solutos e injeções dos agentes de reanimação e anestesia.
- Débito máximo de infusão: 10-25 mL/min, ou seja, 600-1.500 mL/h.

RISCOS
- Nunca realizar duas tentativas no mesmo osso, pois pode haver extravasamento pelo 1º ponto de punção.
- Deslocamento secundário da agulha.
- Osteomielite (se a utilização for > 24 h).
- Lesão da cartilagem de conjugação (localização inadequada).
- Embolia gordurosa (teórica).
- Fraturas.

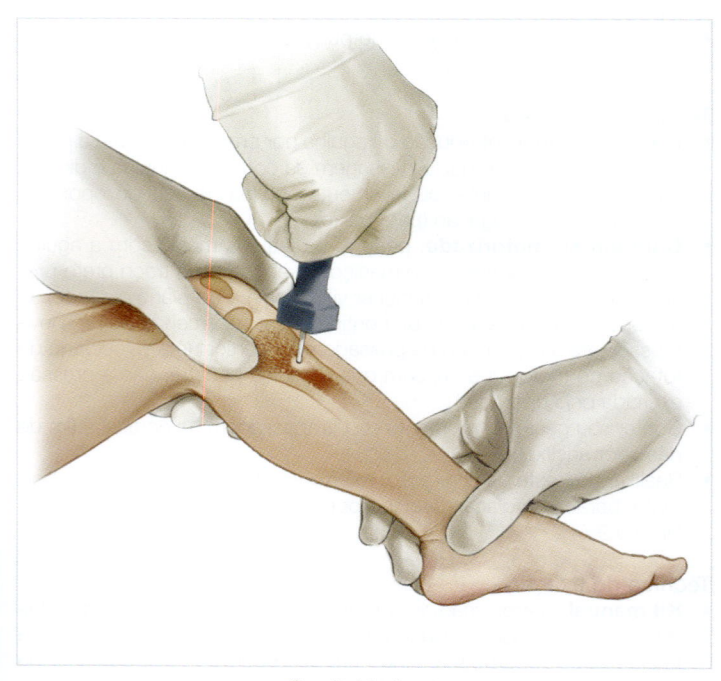

Punção intraóssea

Equipamento anestésico e acolhida do recém-nascido no centro cirúrgico

EQUIPAMENTO
Sempre é necessário adequar o equipamento ao tamanho da criança, portanto ter à disposição uma gama extensa de material.

Prevenção da hipotermia
- Para o recém-nascido e o lactente, a temperatura recomendada da sala é de 25°C e, para a criança, é de 21°C.
- Reaquecimento com manta térmica: o mais eficiente. Para as crianças com menos de 10 kg, colocar a criança diretamente sobre a manta.
- Se possível, cobri-la com filme plástico fornecido com as mantas térmicas.

Material de segurança
Circuito de aspiração
- Tamanho da sonda de aspiração (em French) = 2 x o tamanho de intubação (em mm).
- Sonda gástrica em função da idade.
- É preciso medir o comprimento (distância nariz-umbigo).
- Durante os três primeiros meses de vida, a sonda gástrica no recém--nascido é introduzida pela boca.

Sonda gástrica de corrente dupla	Recém--nascido	Lactente < 10 kg	Criança 10-25 kg	Criança > 25 kg
	8	8	10	12-14

Desfibrilador
- 4 joules/kg.

Equipamento de ventilação
- Redução do espaço morto +++ (máscara e filtros adequados).

Cânulas de Guedel
- Escolha do tamanho: aplicada sobre o perfil da criança, sua extremidade distal não deve ultrapassar o ângulo do maxilar.
- Uma cânula demasiado longa pode estimular a epiglote ou empurrá-la diante do orifício glótico.
- Uma cânula demasiado curta pode empurrar a base da língua para o fundo da faringe.

Platô de intubação
(Ver *Intubação traqueal*.)

Escolha de um circuito de anestesia para indução inalatória
- O circuito da máquina pode ser utilizado prioritariamente para a indução inclusive na criança com menos de 1 ano.
- Os circuitos acessórios com reinalação (Mapleson C e D) precisam dos altos débitos de gás fresco (2-3 vezes o volume por minuto) para

limitar o fenômeno de reinalação. O volume do balão e a válvula de escape devem ser adequados ao peso da criança.

Balão reservatório segundo o peso da criança

Peso	< 10 kg	10-20 kg	20-30 kg	> 30 kg
Volume	0,5 L	1,2 L	2 L	2,7-3 L

Regulagem do respirador em pediatria
- Os respiradores atuais são adaptados ao adulto e à criança e todos propõem diferentes modos ventilatórios: volume controlado, pressão controlada, pressão de suporte.
- Frequência respiratória:

Idade	< 1 mês	< 12 meses	< 4 anos	< 10 anos
FR (ciclos/min)	30-50	25-30	20-25	18

- PEEP: 4-5 cm de H_2O desde a perda de consciência.
- No modo pressão controlada, ajustar o nível de pressão com o objetivo de obter um Vt de 6-8 mL/kg.
- Pressão de suporte:
  - Na indução: desde a perda de consciência, titulação do nível de pressão para alcançar um Vt de 6-8 mL/kg. *Trigger*: 0,3-0,5 L/min.
  - Em manutenção: não esquecer de regular uma frequência de apneia+++.

ACOLHIDA DO RECÉM-NASCIDO NO CENTRO CIRÚRGICO
Informações que devem ser coletadas no prontuário da maternidade
- Anamnese da gestação e do parto (diabete, HA, epilepsia, infecção).
- Ultrassonografia: detecção de malformações fetais (renal, cardíaca etc.).
- Investigação de uma anamnese infecciosa: temperatura materna no início do trabalho de parto $\geq$ 38ºC, duração da ruptura da bolsa d'água > 12 h, líquido amniótico tinto.
- Idade gestacional e peso de nascimento: idade gestacional < 37 semanas = prematuro, idade gestacional > 41 semanas = pós-maturo.
- Qualidade da adaptação à vida extrauterina.
- Sofrimento fetal agudo: risco de hipoglicemia, de hipocalcemia, de distúrbios da coagulação, de perda da capacidade de autorregulação da circulação cerebral.
- Administração de vitamina K1 na sala de parto.
- Risco de hipoglicemia em caso de atraso no crescimento intrauterino, de diabete gestacional, de prematuridade.
- Conclusões do primeiro exame pediátrico.

Na sala de cirurgia
Luta contra a perda de calor (ver acima)
- Colocar a criança sobre um colchão de ar quente.
- Capuz em "Jersey" para diminuir a perda de calor (cabeça = 20% da superfície corporal).
- Monitoração da temperatura com uma sonda térmica ++.

Monitoração padrão

- Instalação de dois captores de SpO_2, captor pré-ductal no membro superior direito, captor pós-ductal em um dos membros inferiores, alarmes de SpO_2 compreendidos entre 90-95%.
- A utilização do NIRS (*near-infrared spectroscopy*) para medir a saturação cerebral em oxigênio parece uma ferramenta promissora para completar a monitoração do recém-nascido.
- Controle da glicemia capilar.
- Pré-regulagens do respirador:
  - FiO_2 em função da SpO_2 (objetivo: SpO_2 90-95%), sem N_2O.
  - PEEP + 3-4 cmH_2O; Pmáx $\leq$ 20 cmH_2O.
  - Frequência da máquina = 40-50 ciclos/min.
  - Modo volumétrico: Vt = 6-8 mL/kg.
  - Modo pressão controle: pressão de insuflação < 15 cmH_2O na ausência de doença pulmonar (objetivo Vt 6-8 mL/kg).

Material de intubação

- Sondas de intubação n. 2,5 e n. 3,0, com e sem balonete.
- Sondas de aspiração CH5 e 6 (para as sondas de intubação) e CH12 (para a boca).
- 1 pinça de Magill neonatal.
- 1 laringoscópio + lâminas retas de Miller n. 0-1.
- 1 sonda gástrica CH8 (passada pela boca).
- Fitas adesivas pré-cortadas para fixação das sondas.

Acessos vasculares

- 2 acessos venosos (24G) + bombas de infusão e bombas volumétricas.
- Aportes de base: 2 mL/kg/h Compensal 15 G10™ ou G10% + eletrólitos (sem KCl antes da primeira diurese).
- Contabilizar todos os volumes injetados: purgações, anestésicos etc.
- Compensação de perdas perioperatórias com Ringer lactato com baixo teor de glicose.
- Agentes anestésicos (ver *Agentes anestésicos e diluição*).

▲ **Atenção com as diluições. Não deve haver indução em um cateter epicutâneo-cava.**

Monitoração perioperatória

MONITORAÇÃO VENTILATÓRIA
Oximetria de pulso (SpO$_2$)
- A qualidade do sinal depende da temperatura e do nível de pressão arterial.
- O local da medição influencia esta monitoração: na presença de uma hipoxemia, o prazo de surgimento de um valor baixo de SpO$_2$ é mais longo quando ela é medida no nível do pé em relação a um local mais proximal (mão).
- Na cirurgia neonatal, é preciso monitorar a SpO$_2$ pré e pós-ductal: 1 captor na mão direita (= pré-ductal) e 1 captor no membro inferior (pós--ductal). Um gradiente com mais de 10% à custa da SpO$_2$ pós-ductal assinala a existência de um *shunt* direita-esquerda no nível do canal arterial. Ele reflete uma HP suprassistêmica.
- A monitoração da SpO$_2$ não permite detectar uma hiperóxia. No prematuro, manter a SpO$_2$ entre 90-95% +++.

Monitoração perioperatória do CO$_2$ e dos halogenados
- Captor aspirativo.
- O gradiente entre PetCO$_2$ e PaCO$_2$ é baixo na criança, mas a medida é ainda mais fiável distal (< 4 mmHg).
- Efeito da frequência respiratória:
  - Se < 30 ciclos/min, pouco importante.
  - Se > 30 ciclos/min, subestimação da PaCO$_2$.

MONITORAÇÃO CARDIOVASCULAR
Cardioscopia + impedância respiratória
(Ver *Particularidades fisiológicas*.)

Pressão arterial não invasiva (PANI)
- A referência atual em anestesia pediátrica para a medição da PANI é assegurada por monitores automáticos que utilizam métodos oscilo-métricos (a medição mais confiável é a PAM).
- Medidor de pressão adaptado na altura (⅔ do braço) e no comprimento (1,5 x a circunferência do braço).
- Complicações: compressão muscular, nervosa e edema, sobretudo se a medição for de longa duração e muito frequente.
- Subestimação dos valores de PA medidos no membro inferior na criança com menos de 4 anos.

Pressão arterial invasiva (PAI)
- Locais que devem ser preferidos na "ordem": artérias radial > femoral.
- ▲ **Risco de espasmo arterial ++ em caso de punção da artéria femoral na criança com menos de 10 kg.**
- Locais que não devem ser utilizados: artérias temporais e umeral.
- Complicações: baixas (< 2,7%) + frequentes se a criança for < 5 anos.
- Se o peso for < 10 kg, preferir bomba de infusão e débito de 1-2 mL/h. Para crianças com mais de 10 kg, é possível utilizar um *intra-flow*.
- Teste de Allen antes da punção.

Cateter arterial em função do peso da criança

	Jelco em Gauge	Em French
Peso < 10 kg	24	2 F, 4 cm
Peso > 10 kg	22	3 F, 4 cm

Evolução das variáveis hemodinâmicas em função da idade

Definição da hipotensão
(Ver *Particularidades fisiológicas*.)
- PAS < 70 mmHg + 2 x idade (anos).
- PAM < idade gestacional (SA) + 1 mmHg/semana de idade pós-natal no recém-nascido.

Definição da hipertensão arterial
(Ver *HA da criança.*)

Monitoração da volemia

Pressão venosa central
- Não permite predizer a eficácia da resposta à expansão volêmica.

Análise das variações respiratórias de pressão pulsada
- Índice de validade na criança. A utilização de um limiar similar ao preconizado no adulto não permite predizer a eficácia da resposta a uma expansão volêmica em caso de hipovolemia presumida.

Análise das variações respiratórias do pico de velocidade aórtica
- Este índice medido pela ecocardiografia transtorácica permite predizer a eficácia de uma expansão volêmica para um limiar determinado em 12% (sensibilidade 81,2%, especificidade 85,7%, VPP 93%, VPN 66,6%).

VS (volume sistólico) indexado
- Um VS indexado < 25 mL/m², medido pelo Doppler transesofágico, é preditivo da eficácia de uma expansão volêmica.
- **CardioQ® (Gamida)**: sonda Doppler transesofágica pediátrica (> 3 kg descartável), com estimativa da superfície aórtica a partir de um nomograma que integra a idade, o peso e a altura. Apreciação das variações a partir de um valor de referência+++.

  NB: a partir de 10 anos são utilizados os mesmos critérios usados para o adulto.

MONITORAÇÃO DO DÉBITO URINÁRIO

- O débito urinário na criança está compreendido entre 1-2 mL/kg/h.
- Poliúria > 5 mL/kg/h, oligúria < 0,5 mL/kg/h.
- O tamanho de uma sonda urinária na criança é determinado de acordo com a idade.

	Recém-nascido	Lactente	Criança	Adolescente
Diâmetro CH	6-8	8-10	10-14	14-16

MONITORAÇÃO DA TEMPERATURA (VER *EQUIPAMENTO EM PEDIATRIA*)

- Locais preferenciais de medição: esôfago (rotina, bom reflexo $T°$ central), retal (rotina, mas o tempo de resposta, assim como a correlação em caso de laparotomia, não é tão bom).

MONITORAÇÃO DO BLOQUEIO NEUROMUSCULAR

- Igual ao do adulto. Calibrar a intensidade da estimulação antes da curarização.

PRESSÃO PARCIAL TRANSCUTÂNEA EM O_2 E CO_2

- Interesse bastante particular em neonatalogia. Menos prático que a SpO_2 no bloco operatório, apesar da melhor correlação com a PaO_2, pois o tempo de equilíbrio é de cerca de 5 min.
- ▲ **Atenção com o risco de queimaduras ligado aos eletrodos (trocar o local a cada três horas).**

Agentes anestésicos

AGENTES DE INDUÇÃO E DE MANUTENÇÃO NA CRIANÇA
Halogenados na criança: CAM em 100% O_2

Idade (meses)	Sevoflurano	Desflurano	Isoflurano
Recém-nascido	3,3%	9,2%	1,6%
0-6	3,1%	9,4%	≈ 1,9%
6-12	2,7%	9,9%	1,8%
36-60	2,5%	8,6%	1,6%
Adulto	1,7-2%	6%	1,15%

Hipnóticos

	Recém-nascido 1 mês (mg/kg)	1 mês a 3 anos (mg/kg)	3 anos até puberdade (mg/kg)
Tiopental	3-5	5-10	5-8
Propofol Indução Manutenção 0-30 min (mg/kg/h) Manutenção após 30 min (mg/kg/h)	Não há autorização para comercialização	5	5 15-20 10-15
Etomidato Indução	Não há autorização para comercialização	Não há autorização para comercialização antes de 2 anos	0,2-0,4
Cetamina IV IM ou IR Não esquecer do midazolam + atropina	2 5	3-4 5-10	3-4 10
Midazolam IV Manutenção IR VO	20-30 mcg/kg/h não recomendado	20-100 mcg/kg/h 0,3 0,5	20-100 mcg/kg/h 0,3 0,5
Atropina	0,02	0,02	0,02

Flumazenil: antagonização dos benzodiazepínicos (*bolus* 10 mcg/kg, e depois mais 10 mcg/kg/h).

Curares não despolarizantes

Existem poucas diferenças entre as doses a serem utilizadas no adulto e na criança; as durações totais de ação são pouco diferentes em todas as faixas etárias após 1 ano. No lactente, deve-se dar preferência ao atracúrio, cujo metabolismo é independente da função renal e hepática. Apenas uma rigorosa monitoração da curarização permite uma utilização segura dos curares não despolarizantes. A sequência de quatro estímulos (SQE) no adutor do polegar é a modalidade de monitoração padrão da curarização e a relação da quarta à primeira resposta (T4/T1) é uma medida da profundidade da curarização.

A descurarização deve ser utilizada na criança se T4/T1 < 0,90 com:

- Neostigmina: 30 mcg/kg após a injeção de atropina 20 mcg/kg quando quatro respostas são visíveis na sequência de quatro estímulos.
- Sugamadex: para um bloqueio neuromuscular induzido pelo rocurônio durante o reaparecimento de duas respostas visíveis na sequência de quatro estímulos na criança e no adolescente (2-17 anos) na dose de 2 mg/kg. As outras situações de descurarização em rotina ou imediata na criança e no adolescente não foram estudadas.

Curares	Ed 95 (mg/kg)	Reinjeção (mg/kg)/ frequência Manutenção	Dose de indução para IOT (≈ 2 ED 95) (mg/kg)	Prazo de ação (s)	Recuperação em 95% do bloqueio após dose IOT (min)
Atracúrio	0,25	0,1-0,2/ 20-40 min infusão: 0,3- -0,6 mg/kg/h	0,5	90-150	60-90
Cisatracúrio	0,05	0,03/20 min infusão: 0,06- -0,12 mg/kg/h	0,15	90-180	30-60
Rocurônio	0,3	0,15/30 min infusão: 0,3- -0,6 mg/kg/h	0,6	45-80	60-90

	Recém-nascido a 1 mês (mg/kg)	1 mês a 3 anos (mg/kg)	3 anos a puberdade (mg/kg)
Succinilcolina IV	2	2	1

OPIOIDES

	Potência	Dose de indução (mcg/kg)	Reinjeção (mcg/kg)	Infusão (mcg/kg/h)	Apresentação ampola
Morfina	1	–	–	–	10 mg/mL 1 mL
Alfentanila	20	20-25	5	10-50	500 mcg/mL 10 mL 2 mL
Sufentanila	1.000	0,2-1 (5-10 em cirurgia cardíaca)	0,1-0,5	0,5-2	5 mcg/mL 10 mL 2 mL
Remifentanila	500	0,5-2 em 30 s	-	0,1-0,3	Frasco 1 mg 2 mg 5 mg

Remifentanila: cautela no recém-nascido e no lactente (bradicardia e hipotensão).
Naxolona: antagonização dos opioides. É preciso titular a ação; as doses habituais são de 2-5 mcg/kg.

Diluições

	Apresentação	≤ 3 kg	< 10 kg	≥ 10 kg
Tiopental	Frasco de 0,5 g ou 1 g	5 mg/mL (0,5%)	10 mg/mL (1%)	25 mg/mL (2,5%)
Propofol (diluição possível no NaCl 0,9%)	Amp. de 20 mL (200 mg) Seringas de 50 mL (500 mg e 1000 mg)	NR	5 mg/mL	10 mg/mL
Etomidato	Amp. de 10 mL (20 mg)	NR	NR	2 mg/mL
Cetamina IV	Amp. de 5 mL (50 mg)	2 mg/mL	5 mg/mL	10 mg/mL
Atracúrio	Amp. de 2,5 mL (25 mg) Amp. de 5 mL (50 mg)	0,5 mg/mL	1 a 2 mg/mL	5 mg/mL
Succinilcolina	Amp. de 2 mL (100 mg)	2 mg/mL	5 mg/mL	10 mg/mL
Sufentanila	Amp. de 10 mL (50 mcg)	0,1 mcg/mL	0,5 mcg/mL	1 mcg/mL
Atropina	Amp. de 1 mL (0,5 mg)	20 mcg/mL	50-100 mcg/mL	100 mcg/mL

Intubação traqueal

INDICAÇÕES
São muito amplas, com a condição de que a criança seja pequena e que a incisão seja supraumbilical.

MATERIAL
- Sonda de **intubação (SI) em PVC com orifício de Murphy.**
- **Balonete a partir do n. 3**. No decorrer da ventilação controlada, a pressão do balonete será verificada e adequada ao desaparecimento da fuga na espirometria inspiratória utilizando-se um manômetro (atenção caso utilize N_2O), pressão inferior a 20 cm de água.
- O tamanho da SI (diâmetro interno) é ajustado ao peso e/ou idade da criança.

$$\frac{\text{Peso (em kg)}}{10} + 3 = \text{tamanho da sonda (mm)}$$

- Cuidadosa fixação da sonda no nível do maxilar superior, se possível pelo clássico "bigode". Localização na comissura labial: tamanho da SI x 3.
- Risco de intubação seletiva ou de extubação acidental durante simples movimentos de flexão ou extensão do pescoço no lactente (traqueia curta: 3 cm no nascimento e 5 cm com 1 ano).
- Via nasotraqueal excepcional: ventilação assistida pós-operatória prevista no recém-nascido e no lactente, instalação em DV no lactente pequeno ou em certas cirurgias endobucais.

PLANEJAMENTO PARA INTUBAÇÃO
- Laringoscopia um cabo + várias lâminas:

Lâminas retas de Miller	n. 0,1	Se peso < 6 kg
Lâminas retas de Robertshaw	n. 0,1	Se peso < 6 kg
Lâminas curvas de Macintosh	n. 1 n. 2 n. 3	Se peso > 6 kg Entre 2-8 anos Mais de 8 anos

- Pinça de Magill 70 mm.
- Prever um tamanho > e um tamanho < mais próximo da SI escolhida.

MANEJO DA INTUBAÇÃO
- Na maior parte do tempo, a intubação é feita sem curares (exceto se a cirurgia exigir ou se houver indução em sequência rápida).
- Aprofundamento com sufentanila 0,2 mcg/kg IV ou propofol 1-2 mg/kg IV.
- Extubação após despertar completo.

MATERIAL DE INTUBAÇÃO DIFÍCIL
- Mandril de Cook® pediátrico (compatível com uma sonda n. 3).
- Videolaringoscópio disponível: Airtraq®, Glidescope®.
- Máscaras laríngeas. A Fastrach® não pode ser utilizada em pesos < 30 kg.
- O fibroscópio neonatal permite intubar com uma sonda n. 3. O fibroscópio pediátrico é utilizado a partir do calibre n. 4,5.

VENTILAÇÃO UNIPULMONAR

- O desenvolvimento da cirurgia toracoscópica em pediatria geralmente precisa de uma exclusão pulmonar.
- Se a sonda de intubação com dupla luz não estiver disponível para crianças com < 30 kg, é possível a utilização de bloqueadores brônquicos.
- O posicionamento do bloqueador é guiado por um fibroscópio e depois a instalação da sonda de intubação é realizada em um segundo momento.

Bloqueadores brônquicos em função da sonda de intubação

Sonda de intubação	< 5,0 (peso < 20 kg)	5,0-6,0 (peso > 20-30 kg)	≥ 6,0-7,0 (peso > 30 kg)
Fibroscópio	Neonatal	Pediátrico	Pediátrico
Bloqueador brônquico Arndt®	Bloqueador 5F fora do tubo	Bloqueador 5F fora do tubo	Bloqueador 7F fora do tubo

Algoritmo de intubação difícil prevista

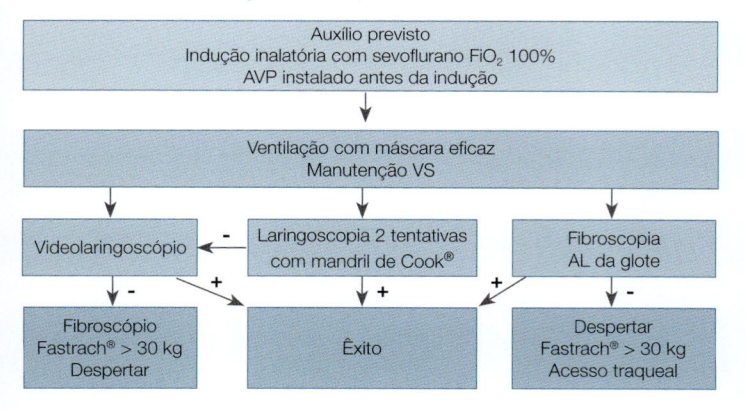

Algoritmo de intubação difícil não prevista

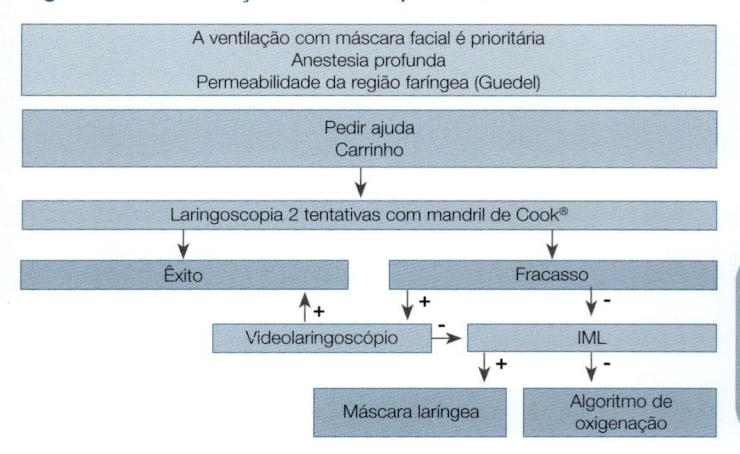

Pediatria

Algoritmo de oxigenação

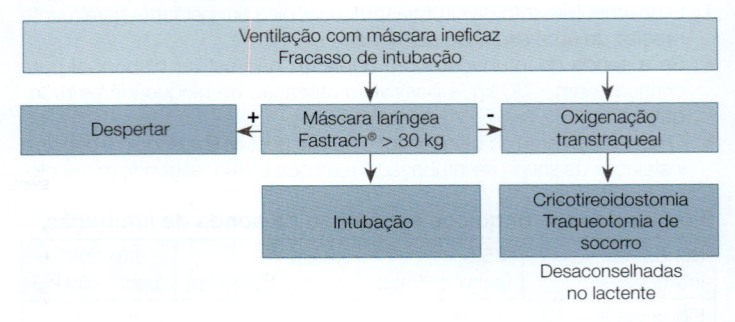

Dispositivos supraglóticos

INDICAÇÕES
- Todas as de manutenção das vias aéreas com ajuda da máscara facial.
- Ventilação controlada na cirurgia infraumbilical ou periférica.

CONTRAINDICAÇÕES
- Criança que não está em jejum.
- Refluxo gastroesofágico.

DESVANTAGENS
- Risco de deslocamento quando houver mudanças de posição.

Máscara laríngea

Tamanho	Peso da criança (kg)
1	< 5
1,5	5-10
2	10-20
2,5	20-30
3	30-50
4	50-70

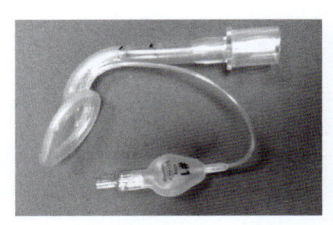

Máscara laríngea AMBU AuraOnce®

- As máscaras laríngeas de segunda geração com formatos curvos tipo AMBU (AuraOnce® ou Aura-i®) substituíram as máscaras laríngeas tradicionais. Algumas permitem que também se deslize uma sonda gástrica: LMA supreme®.
- Introduzir a máscara laríngea como está acondicionada em sua embalagem (não desinflá-la), depois verificar a estanqueidade após o posicionamento.
- Não é preciso inflar sistematicamente o balonete quando não forem constatados vazamentos (pela audição ou pela espirometria). Se houver necessidade de inflar o balonete, deve-se sempre utilizar um manômetro sem ultrapassar uma pressão de 40 cmH$_2$O. Em caso de hiperinflação há riscos de dores faríngeas pós-operatórias+++.
- As complicações respiratórias são menos frequentes quando a máscara laríngea é retirada com o paciente adormecido.

I-GEL®
- O i-gel® é um dispositivo supraglótico de elastômero termoplástico com um canal gástrico (exceto para o tamanho 1).
- Dispõe em sua extremidade de um protetor flexível não inflável diferentemente da máscara laríngea.
- Uma vez posicionado, mantê-lo bem no lugar durante sua fixação +++.
- Pressão de fuga a aproximadamente 20 cmH$_2$O,

Tamanho	Peso da criança (kg)
1	2-5
1,5	5-12
2	10-25
2,5	25-35
3	30-60
4	50-90

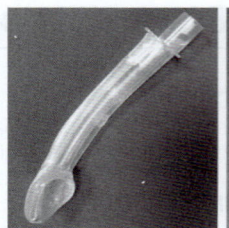

i-gel®

Aportes líquidos perioperatórios

REGRAS DE COMPENSAÇÃO
Jejum pré-operatório para a cirurgia periférica

- Esquema de reidratação mais restritivo, baseando-se no respeito das instruções do jejum, em particular na ingestão de líquidos claros até H-2.
    - Nada na maioria das situações clínico-cirúrgicas simples, de pequeno porte e de duração inferior a 1 h, com exceção do recém--nascido.
    - NaCl levemente glicosado, tipo Ringer lactato G1% ou Ringer lactato de acordo com a idade (ver *Principais solutos utilizados*) 10 mL/kg IV lenta por 1 h caso o jejum dure mais que 4 h.
    - **NB: atenção com a conduta ambulatorial em que são comuns durações de jejum superiores a 10 h.**
- Administrar expansão volêmica com 10 mL/kg de soro fisiológico isotônico por 20-30 min em caso de hipotensão perianestésica.

Sobre as necessidades de base, o jejum pré-operatório e as perdas cirúrgicas para as cirurgias de duração mais longa

- Aportes de base segundo a regra 4/2/1:
    - 4 mL/kg/h até 10 kg.
    - 40 mL + 2 mL/kg/h para cada kg acima de 10 kg, mas < 20 kg.
    - 60 mL + 1 mL/kg/h para cada kg acima de 20 kg.
- Aumentados pela compensação do jejum pré-operatório.
    - Cálculo do volume de compensação = necessidade horária x duração do jejum.
    - Compensação de 50% desse volume na primeira hora.
    - Compensação dos 50% restantes ao longo das próximas 2 h.
- Aumentos da compensação das perdas cirúrgicas.
    - Segundo o tipo de traumatismo cirúrgico:
        » Pequeno: 2 mL/kg/h.
        » Moderado: 4-6 mL/kg/h.
        » Alto: 6-10 mL/kg/h.
- Aumento possível desses aportes de acordo com a situação clínica da criança. Principalmente em caso de 3º setor importante (oclusão, peritonite, viscerólise extensa etc.).
- Soluto tipo Ringer lactato levemente glicosado ou Ringer lactato segundo a idade da criança (ver *Principais solutos utilizados*).
- **NB:** no recém-nascido, os aportes de base são garantidos com um G10% enriquecido em eletrólitos. Em contrapartida, as perdas cirúrgicas são compensadas com o Ringer lactato levemente glicosado. No nascimento, os aportes de base horários são de 2 mL/kg/h (controlar a glicemia capilar).
- Hipertermia + 1 mL/kg por hora e por grau > 37°C.

REGRAS DE GESTÃO DOS APORTES PÓS-OPERATÓRIOS

- Aplicação da regra dos 4/2/1.
- Evitar os solutos hipotônicos, prevenção da encefalopatia hiponatrêmica (ver *Principais solutos utilizados*).

Pediatria

- Controle diário da glicemia capilar e da natremia em caso de jejum pós--operatório prolongado e redução dos aportes IV associada a um enriquecimento em NaCl do soluto em caso de diminuição da natremia.

EXPANSÃO VOLÊMICA
- Cristaloides como primeira escolha:
  - NaCl 0,9% 10-20 mL/kg IV lenta 20-30 min.
- Macromoléculas em caso de colapso.
  - Gelatina: 10-20 mL/kg IV lenta 20-30 min (reações anafiláticas: 1/800-1/1.200).
  - Hidroxietilamidos:
    - » Contraindicação na sepse.
    - » Para o choque hemorrágico no adulto, não há autorização para comercialização.
    - » Não ultrapassar 30 mL/kg/d.
    - » Utilizar com cautela caso existam distúrbios da hemostasia.
    - » Não recomendados no recém-nascido.
  - Titulação de expansão vascular em função da monitoração: medição da variabilidade do pico de velocidade aórtica por meio da ecocardiografia ou do volume sistólico indexado medido pelo Doppler esofágico (ver *Monitoração*).
  - **NB:** os critérios utilizados no adulto são aplicáveis a partir de 10 anos e/ou 30-40 kg.
- ▲ **ATENÇÃO: em pediatria, recomenda-se a utilização de um dispositivo médico de controle do débito de infusão (bomba ou seringa elétrica etc.); na falta destes, os infusores volumétricos de precisão podem ser utilizados. Já os reguladores de débito tipo Dial-a-Flow™ não devem ser utilizados, pois não são confiáveis na criança pequena (prevenção da encefalopatia hiponatrêmica+++).**

Principais solutos utilizados

Solutos (g/L)	Ringer lactato	Dextrose G5%	Compensal 15G10%
Glicose		50	100
NaCl	6	2	2
KCl	0,4	1,5	1,5
CaCl$_2$	0,27		
Gluconato de Ca++		1	1
MgCl$_2$			0,5
Lactato de Na+	3,2		

PARA OS APORTES DE BASE PERIOPERATÓRIOS
- Interromper a produção de Ringer lactato levemente glicosado).

Para crianças com menos de 1 ano ou de 10 kg
- Reconstituir um Ringer lactato levemente glicosado a 1,2%: Ringer lactato 250 mL + G30% 10 mL.
- Dextro no posicionamento do AVP se jejum prolongado.

Para crianças de 1-3 anos
- Ringer lactato ou NaCl 0,9% com controle horário da glicemia capilar e adição de G30% em caso de hipoglicemia.

Para crianças com mais de 3 anos
- Ringer lactato ou NaCl 0,9% com controle da glicemia capilar se a cirurgia ou o estado da criança exigirem.

PARA OS APORTES PÓS-OPERATÓRIOS
- ▲ **Proscrever os solutos hipotônicos como glicose 5% sem eletrólito = risco de encefalopatia hiponatrêmica.**
- ▲ **Sempre prescrever um volume diário, um débito horário.**
- ▲ **Sempre controlar os débitos de infusão via bomba de infusão ou bomba volumétrica.**
- Em caso de cirurgia de longa duração, de analgesia peridural contínua e/ou de prazos de realimentação adiados, administrar idealmente um soluto eletrolítico isotônico e glicosado a 5% aplicando a regra dos 4/2/1 para determinar as necessidades de base e controlando os aportes hídricos e de sódio.
- **NB:** caso não exista comercialização do soluto eletrolítico isotônico e glicosado a 5%, deve-se enriquecer a concentração em NaCl com um soluto tipo dextrose G5%.
- Em caso de cirurgia simples, de curta duração e compatível com uma rápida retomada dos líquidos e da alimentação, não é necessário que no decorrer da cirurgia se realize uma infusão na criança.
- ▲ **Atenção!**
- Certas crianças apresentam um alto risco de hipoglicemia:

- Peso < 3° percentual para a idade, insuficiência hepática, jejum pré-operatório prolongado.
- Diabete insulinodependente, insuficiência adrenal, tratamento com betabloqueadores.
- Diminuição da resposta hormonal ao estresse: analgesia peridural, principalmente se o jejum pós-operatório for prolongado.
- Hiperinsulinismo, principalmente nas crianças com nutrição parenteral pré-operatória.
- Algumas crianças afetadas por doenças metabólicas (principalmente anomalias do ciclo da ureia) precisam de importantes aportes glicosados (G5% ou mesmo G10%) durante o período perioperatório a fim de evitar um catabolismo proteico que poderia induzir uma descompensação aguda.

Transfusão na criança

O volume sanguíneo total (VST) estimado é de:
- 95 mL/kg no prematuro, 90 mL/kg no recém-nascido.
- 80 mL/kg no lactente, 70-75 mL/kg no adolescente.

QUANDO FAZER A TRANSFUSÃO?
Qualquer procedimento transfusional é sempre o resultado de uma reflexão que deve pesar suas vantagens e desvantagens.

Concentrado de eritrócitos (CE)
Um hematócrito de 25% normalmente é considerado com aceitável (de fato, isso varia com a idade, a doença e o caráter ativo do sangramento).
- No recém-nascido, tolera-se um hematócrito de 30% (Ht) e/ou 10 g/dL de hemoglobina (Hb). Esses números devem ser revisados para cima caso exista uma afecção subjacente hipoxemiante.
- No lactente com menos de 3 meses, tolera-se um Ht de 25% e/ou 8 g/dL de Hb.
- Na criança portadora de cardiopatia cianogênica, tolera-se um Ht de 35% e/ou 12 g/dL de Hb.
- É interessante que haja monitoração da taxa de hemoglobina no centro cirúrgico em caso de cirurgia hemorrágica: HémoCue®.

Plaquetas
- Para todo procedimento invasivo ou cirúrgico, o limiar transfusional é 50 x 10^9/L.
- Na neurocirurgia ou na cirurgia oftalmológica de câmara posterior, o limiar transfusional é 100 x 10^9/L.

Plasma fresco congelado (PFC)
- Recomenda-se a transfusão de PFC se o TP for inferior a 40% ou a RNI for > 1,5.

QUE TIPO DE SANGUE DEVE SER TRANSFUNDIDO?
▲ **Todos os produtos sanguíneos são leucodepletados.**
- Um teste de Coombs direto deve acompanhar a determinação do grupo sanguíneo. Como os anticorpos naturais ABO são baixos, o mapa do grupo não é definitivo antes de 6 meses. Se o teste de Coombs for positivo, há risco de ineficácia da transfusão.

Qualificação dos produtos sanguíneos lábeis
- Prematuro ou peso de nascimento < 1.500 g: hemoderivados CMV–.
- Recém-nascido imunodeprimido, exsanguinitransfusão: hemoderivados irradiados.

Recém-nascido: concentrado de hemácias conservados há menos de 5 d
- Isso evita hipercalemia e/ou aumento na hiperbilirrubinemia se:
  - Transfusão maciça ou transfusão antes da 1ª semana de vida.
  - Recém-nascido com icterícia após a 1ª semana de vida ou com depressão respiratória ou com hipercalemia.

Recém-nascido politransfundido

- Doação de adulto fracionada: divisão de uma doação de adulto para um mesmo recém-nascido.
- Buscar eficácia transfusional ideal: adequar a posologia.

Casos particulares das crianças com aplasia

- Transfusão com concentrado de eritrócitos (ou plaquetários) irradiados.
- Se a criança estiver imunodeprimida, fazer a transfusão com concentrado de **hemácias** CMV-.

QUAL VOLUME DEVE SER TRANSFUNDIDO?
Concentrado de hemácias

- Quantidade (mL) de concentrado = 3-4 x (Hb desejado – Hb medido) x peso (kg).
- Ou recém-nascido: 4 mL/kg de concentrado de hemácias elevam a taxa de hemoglobina em 1 g/dL.

Plaquetas

- 1 U de CP (concentrado de plaquetas) para 5 kg de peso.
- 10 mL/kg para pesos inferiores a 5 kg.

PFC

- 10-20 mL/kg.

Fibrinogênio

- 20-30 mg/kg.

CHOQUE HEMORRÁGICO
▲ **Evitar a tríade deletéria: hemodiluição, hipotermia e acidose.**

- Iniciar a transfusão a partir de uma expansão volêmica superior a ½ massa sanguínea (cerca de 40 mL/kg) com uma relação CH/PFC a 1/1 (prevenção da hemodiluição+++).
- Transfusão plaquetária a partir de uma hemorragia superior a 1 massa sanguínea ou mais cedo em caso de trombocitopenia preexistente.
- Objetivos transfusionais: Hb = 8 g/dL, TP > 40-50% ou INR < 2, plaquetas > 50.000/mm^3 (> 100.000/mm^3 se TCE), fibrinogênio > 1,5 g/L.
- Reaquecer os produtos sanguíneos transfundidos+++.
- Quantificar precisamente os volumes transfundidos.
- Em caso de cirurgia com risco hemorrágico, administração preventiva de ácido tranexâmico.
    - Antes de 12 anos: 15 mg/kg IV lenta (máx. 1 g) depois 2 mg/kg/h.
    - Após 12 anos: 1 g IV lenta/8 h.

Parada cardiorrespiratória no lactente e no recém-nascido

(Para o recém-nascido, ver *Reanimação do recém-nascido no nascimento*).

DIAGNÓSTICO DA PARADA CARDIORRESPIRATÓRIA (PCR)

- A constatação de que o paciente está em apneia, com cianose e não reativo é suficiente para dar o diagnóstico.
- Não é necessária a checagem do pulso para confirmar o diagnóstico e esta não deve retardar a reanimação (duração inferior a 10 s).
- Por causa da frequência da etiologia hipoxêmica, realizar **5 insuflações** manuais com máscara de O_2 puro. Se não houver retomada da ventilação espontânea, iniciar massagem cardíaca externa (MCE) e intubar a criança.

MODALIDADES DA MASSAGEM CARDÍACA EXTERNA

- Lactente: compressão com dois dedos colocados transversalmente a um dedo abaixo da linha intermamilar. A pessoa pode envolver o tórax com as palmas da mão e efetuar a MCE com os dois polegares sobre o esterno. Ritmo de 100-120/min.
- Criança < 8 anos: compressão efetuada com uma ou com as duas mãos na parte inferior do esterno. Ritmo de 100-120/min.
- A depressão induzida deve ser ⅓ do diâmetro anteroposterior do tórax, ou seja, 4 cm em um lactente ou 5 cm em uma criança. A descompressão deve ser completa e as interrupções, reduzidas ao mínimo.

SINCRONIZAÇÃO COM A VENTILAÇÃO

No lactente e no recém-nascido realizam-se 15 compressões para 1 insuflação. Após a intubação, a ventilação continua no ritmo de 10/min.

INFUSÃO E EXPANSÃO

- No acesso venoso periférico, o tempo máximo de posicionamento é de 1 min.
- Em caso de fracasso: infusão intraóssea.
- Expansão: nenhum glicosado; utilizar cristaloides isotônicos (*bolus* de 20 mL/kg).

CHOQUE ELÉTRICO EXTERNO

4 J/kg, qualquer que seja a idade. Para as crianças com menos de 8 anos, usar se possível um desfibrilador bifásico munido de um atenuador. Se não houver atenuadores, utilizar o DEA adulto.

ALGORITMO DE REANIMAÇÃO ESPECIALIZADA

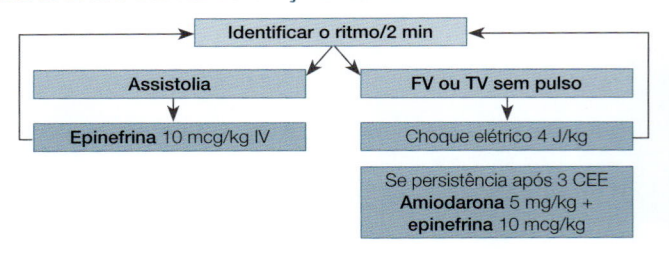

> Durante toda a reanimação:
> - Monitorar o paciente. Objetivo $EtCO_2 \geq 15\_mmHg$ para a eficácia da MCE.
> - Continuar a massagem cardíaca a 100/min sem interrupção para as insuflações.
> - Ventilar com O_2 puro por 10-12/min.
> - Administrar **epinefrina** a cada 3-5 min, quer o ritmo seja chocável, quer não.
> - Investigar uma causa reversível.

TRATAMENTO MEDICAMENTOSO
- Atropina em caso de bradicardia, exceto em caso de falência cardiovascular associada: 20 mcg/kg IV.
- Magnésio em caso de *torsades de pointes* ou hipomagnesemia documentada: 25-50 mg/kg.
- Cálcio em caso de hipercalemia: 0,3 mL/kg de gluconato de cálcio ou 0,2 mL/kg de cloreto de cálcio.

Laringoespasmo/broncoespasmo

LARINGOESPASMO
- Inadequação entre a profundidade da anestesia e a simulação nociceptiva na origem de uma contração reflexa dos músculos intrínsecos da laringe.
- Indução: 45%; perioperatório: 10%; despertar: 45%.
- Gravidade potencial: hipoxemia, parada cardíaca, edema pulmonar por pressão negativa.

Fatores de risco (FDR)
- Infecção das vias aéreas superiores (IVAS) recente < 2 semanas.
- Criança com pouca idade.
- Antecedentes de asma sintomática com três crises ao longo do ano corrente.
- Asma de esforço.
- Tosse seca noturna.
- Tabagismo passivo.
- Antecedentes familiares de eczema, de asma ou de rinite alérgica em dois membros da família.
- Falta de experiência em anestesia pediátrica.

Diagnóstico
Obstrução parcial das vias aéreas associada aos esforços inspiratórios ao lutar contra o obstáculo.

2 situações
- Laringoespasmo incompleto: estridor inspiratório + passagem de ar na ausculta + presença de movimento do balão.
- Laringoespasmo completo: nenhuma passagem de ar + nenhum ruído respiratório + ausência de movimentos do balão.

Tratamento
- O tratamento do laringoespasmo é principalmente preventivo:
  - Evitar todos os estímulos durante a fase de indução e de despertar e adequar a profundidade da anestesia e da analgesia aos diferentes tempos cirúrgicos.
  - Pré-medicação das crianças resfriadas com a administração de um aerossol de salbutamol 30 min antes da indução:
    » 1,25 mg para as crianças < 10 kg.
    » 2, 5 mg para as crianças entre 10-20 kg.
    » 5 mg para as crianças > 20 kg.
- A conduta terapêutica baseia-se na (ver *Protocolo de laringoespasmo em pediatria*):
  - Interrupção imediata de todo estímulo nociceptivo.
  - Manobra de elevação da mandíbula (limita o efeito de válvula das estruturas supraglóticas).
  - Aplicação de CPAP com máscara facial com FiO_2 100%.
  - Aprofundamento da anestesia (via IV > via inalatória): propofol 1-2 mg/kg ou succinilcolina (0,5-2 mg/kg) em associação com atropina (20 mcg/kg).

Pediatria

- Na ausência de acesso venoso periférico, estabelecer acesso intraósseo, utilizado como via venosa periférica ou administrar succinilcolina IM (1,5-4 mg/kg).
- Na presença de laringoespasmo completo, ventilação manual com pressão positiva titulando-se a pressão de insuflação para limitar a distensão gástrica (25-30 cmH$_2$O) para começar).
- Diante da persistência de uma oxigênio-dependência moderada no decorrer de um laringoespasmo, suspeitar da ocorrência de edema pulmonar por pressão negativa.. Na maioria das vezes, a evolução é espontaneamente favorável em algumas horas após a manutenção da oxigenoterapia nasal ± CPAP transitória.

BRONCOESPASMO
- Geralmente secundária a sedação inadequada.
- Associado aos mesmos fatores de risco do laringoespasmo.
- Risco aumentado+++ em caso de quadro de hiper-reatividade brônquica em curso ou recente (bronquiolite, bronquite, pneumopatia etc.) → adiar a cirurgia agendada por 3-4 semanas.

Diagnóstico
- Aumento das pressões inspiratórias associadas a uma diminuição do volume corrente com aspecto característico da curva de EtCO$_2$ e aumento do tempo expiratório.

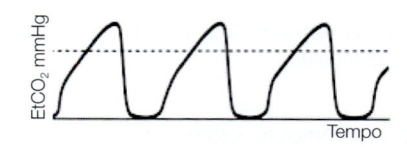

- No máximo, a curva pode desaparecer em caso de broncoespasmo completo+++.

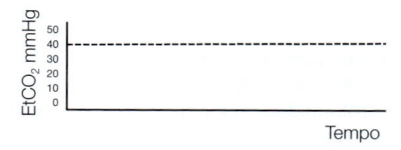

- Na indução, em caso de dúvida sobre a intubação, não hesitar a reavaliar sem extubar a criança, a fim de verificar o bom posicionamento da sonda de intubação.

Tratamento
- Prevenção++:
  - Pré-medicação com aerossol de salbutamol em caso de fatores de risco.
  - Garantir profundidade de anestesia adequada.
  - Não utilizar desflurano na presença de fatores de risco.
- O manejo terapêutico baseia-se em (ver *Broncoespasmo na criança, Condutas para urgências*):
  - FiO$_2$ 100%.

- Verificar a ausência de dobra no nível do circuito de ventilação e da sonda de intubação.
- Aprofundamento por via IV.
- Limitar as pressões de insuflação em caso de ventilação manual pelo risco de barotraumatismo.
- O salbutamol não deve ser administrado pela sonda de intubação, pois mais de 80% dessas vaporizações se depositam e permanecem nas paredes da sonda de intubação. Além disso, desconectar um paciente ventilado leva ao comprometimento de sua CRF (desrecrutamento+++).
- Como último recurso: salbutamol IV em bomba de infusão 0,1-0,5 mcg/kg/min.

NB: caso particular do broncoespasmo no contexto de anafilaxia: medição+++ da pressão arterial. O tratamento baseia-se na administração de epinefrina (ver *Choque anafilático*).

Anestesia na criança com resfriado

- Morbidade aumentada em caso de infecção das vias aéreas superiores (IVAS) em curso ou nas duas semanas anteriores: laringoespasmo, broncoespasmo, dessaturação, obstrução das vias aéreas superiores, dispneia laríngea etc.
- Fatores de risco associados: hiper-reatividade brônquica (tosse noturna, crise de asma > 3/ano, asma de esforço) eczema pessoal ou familiar, doença respiratória crônica (displasia broncopulmonar, mucoviscidose etc.), tabagismo passivo.
- Situação frequente: uma criança pode apresentar 3-8 episódios de rinofaringite por ano.
- A solução não é adiar os procedimentos de todas as crianças resfriadas.

CRITÉRIOS DE ADIAMENTO PARA UMA CRIANÇA RESFRIADA
Critérios formais
- Temperatura > 38°C.
- Laringite.
- Auscultação pulmonar normal.

Outros critérios
- Na presença de rinorreia purulenta e/ou de tosse produtiva, discutir adiamento em caso de fatores de riscos relacionados: idade < 1 ano, comorbidade associada, cirurgia que precisa de intubação, grau de urgência. A informação de adiamentos anteriores pode modular a decisão.
- Em todos os casos, a decisão é tomada em conjunto com a equipe cirúrgica++.

MANEJO ANESTÉSICO
- Pré-medicação com um aerossol de salbutamol administrado 30 min antes da indução: 1,25 mg para as crianças > 10 kg, 2,5 mg para as crianças entre 10-20 kg, 5 mg para as crianças > 20 kg.
- Não usar desflurano.
- Privilegiar a máscara facial > máscara laríngea > intubação.
- Anestesia profunda++, ALR++.
- Retirada do dispositivo:
  - Retirada da máscara laríngea na criança adormecida.
  - Extubação na criança desperta.

QUAL A DURAÇÃO DO ADIAMENTO?
- Em caso de IVAS, normalmente o adiamento é de 2 semanas.
- Em caso de comprometimento das vias aéreas inferiores, o adiamento é de 3-4 semanas.
- "Efeito protetor" de uma IVAS ocorrida entre 2-4 semanas antes do procedimento.

Choque anafilático

A reação de hipersensibilidade imediata alérgica mediada pelos IgE ocorre alguns minutos após a exposição ao alérgeno (máximo de 1 h). A anafilaxia se define como a manifestação clínica mais grave de uma reação de hipersensibilidade imediata.

EPIDEMIOLOGIA E PREVENÇÃO
- Na criança, o látex é um dos principais agentes responsáveis pelos choques anafiláticos perioperatórios (1/10.000), ao passo que os curares, ao contrário do que ocorre com os adultos, são incriminados com menos frequência (1/80.000).
- Fator de risco de sensibilização ao látex: espinha bífida, repetição das intervenções (urogenitais), contexto atópico e exposição ao látex durante o 1° ano de vida.
- Atualmente, as luvas cirúrgicas continuam sendo a principal fonte de látex no centro cirúrgico.
- A prevenção primária mostrou sua eficácia com o látex. Sua aplicação permitiria reduzir consideravelmente o risco alérgico em anestesia pediátrica: conceito "de hospital sem látex".

PACIENTES COM RISCO DE ANAFILAXIA PERIANESTÉSICA QUE PRECISAM DE UMA AVALIAÇÃO ALERGOLÓGICA
- Paciente que apresentou sinais de hipersensibilidade imediata no perioperatório sem diagnóstico etiológico.
- Paciente que apresentou sinais de hipersensibilidade imediata durante exposição ao látex ou uma reação cruzada entre frutas e legumes (abacate, kiwi, banana, abacaxi, papaia, castanha).
- Criança multioperada.

SINAIS CLÍNICOS DE UM CHOQUE ANAFILÁTICO

Grau	Pele e mucosas	Digestivo	Respiratório	Cardiovascular
1	Eritema ou urticária generalizada, edema na face ou nas mucosas	–	–	–
2	Idem	Náuseas	Tosse Dispneias	Taquicardia Hipotensão ($\downarrow$ PAS $\geq$ 30%)
3	Idem	Vômitos ± diarreia	Broncoespasmos Cianose	Taquicardia/ bradicardia Arritmia Hipotensão ($\downarrow$ PAS $\geq$ 50%)
4	Idem	Idem	Parada respiratória	Parada cardiorrespiratória

Os sinais cutâneos podem estar ausentes ou retardados (algumas horas).

TRATAMENTO DO CHOQUE ANAFILÁTICO
▲ **Pedir ajuda urgente.**
- Interromper a injeção do produto suspeito, oxigênio puro.
- Informar a equipe cirúrgica: abstenção, simplificação, aceleração ou interrupção do gesto cirúrgico.
- Epinefrina IV: titulação, a cada 1-2 min e adequada de acordo com o grau (ver acima).
- Grau I: sem epinefrina.
- Graus II e III: epinefrina 1 mcg/kg.
- Grau IV: epinefrina 10 mcg/kg + reanimação de uma parada cardíaca. Uma substituição por epinefrina em infusão contínua pode ser necessária: 0,1 mcg/kg/min.

TRATAMENTOS COMPLEMENTARES
- Expansão vascular: cristaloides isotônicos (10-30 mL/kg), depois macromoléculas (10 mL/kg), evitando-se as gelatinas.
- Em caso de broncoespasmo refratário à epinefrina, salbutamol IV em bomba de infusão: 0,5-5 mcg/kg/min.
- Corticosteroides IV: prazo de ação retardado. Diminuição das recorrências.
- Anti-histamínicos: tratamento de segunda linha. Tratamento da urticária e do prurido.

COLETAS QUE DEVEM SER FEITAS
- Dosagem da triptase e da histamina plasmática para confirmar choque anafilático.
- Investigar IgE específicos para identificar o agente causal.
- É interessante manter um "*kit* choque anafilático" previamente preparado: orientações, tubos etc.
- Coletas sanguíneas que devem ser realizadas assim que a situação clínica estiver controlada, se possível nos primeiros 30 min, especialmente para as dosagens de histamina e de triptase. Os tubos devem ser levados ao laboratório dentro de duas horas. É interessante ter uma dosagem H4 para a triptase em caso de dúvida diagnóstica.
- Em caso de impossibilidade, podem ser conservados na geladeira a + 4°C por 12 h no máximo.
- Os testes cutâneos serão realizados após um período de 6 semanas.

CONDUTA A MANTER APÓS O TRATAMENTO INICIAL
- Controle durante 24 h após o início dos sintomas (recidivas possíveis).
- Informação escrita do paciente sobre o tipo de acidente e a natureza dos medicamentos que podem estar implicados.
- Encaminhar o paciente ao alergologista para efetuar alguns testes.

DECLARAÇÃO
- Centro regional de vigilância farmacêutica em caso de medicamento suspeito.
- Responsável pela vigilância material do estabelecimento em caso de suspeita de alergia ao látex.

Hipertermia maligna

- Doença genética. Mutação que atinge o gene *RYR1+++*.
- Incidência: 1/15.000 na criança contra 1/15.000-1/50.000 no adulto.

FATORES DESENCADEANTES
- Administração de agentes halogenados e/ou succinilcolina nos pacientes de risco.

SITUAÇÕES DE RISCO
- Antecedentes familiares ou pessoais de hipertermia maligna (HM).
- Doenças neuromusculares com risco de HM.
- Miopatias congênitas: *central core disease* e a síndrome de King-Denborough são as duas únicas miopatias cuja associação está provada com o risco de HM.
- Outras doenças neuromusculares:
  - Distrofia muscular progressiva (doença de Duchenne ou de Becker) com risco de rabdomiólise com hipercalemia sem crise hipercatabólica. Contraindicação à succinilcolina. Recomenda-se evitar os halogenados.
  - Miotonias (principalmente distrofia miotônica ou doença de Steinert): crises de hipermetabolismo descritas sem vínculo demonstrado com a HM. Contraindicação à succinilcolina = risco de desencadeamento da miotonia.
  - Miopatias metabólicas: nenhum risco.
- Em caso de dúvida, consultar sites especializados: http://www.orpha.net/consor/cgi-bin/index.php.

PREVENÇÃO NOS PACIENTES DE RISCO CONFIRMADOS
- Contraindicação dos halogenados e da succinilcolina.
- Mudanças imperativas dos tubos, substituição da cal sodada, retirar os vaporizadores, ativar o respirador em O_2 puro durante 30 min com débito de gás fresco de 10 L/min antes de iniciar a indução.

APRESENTAÇÃO CLÍNICA
- Sinais específicos: rigidez muscular, aumento rápido do $etCO_2$, aumento rápido da temperatura (geralmente retardada), sinais biológicos (acidose metabólica, rabdomiólise, hipercalemia).
- Sinais menos específicos: taquicardia inexplicada, ou mesmo arritmias, distúrbios hemodinâmicos (hipotensão arterial ou hipertensão arterial), dessaturação.
- Sinais geralmente retardados com o sevoflurano e o desflurano (período pós-operatório).

TRATAMENTO DA CRISE
- ▲ **Pedir ajuda.**
- Interromper imediatamente a administração de halogenados.
- Trocar os tubos, a cal sodada, retirar o vaporizador.
- Hiperventilar com FiO_2 100% com alto débito de gás fresco (10 L/min).

- Administrar 2,5 mg/kg de dantrolene e depois 1 mg/kg/5 min até o controle dos sinais de HM (desaparecimento da rigidez, da hipercapnia e da hipertermia, máximo 10 mg/kg).
- O dantrolene (20 mg + 3 g de manitol/frasco) se dilui em 60 mL de água destilada estéril. Agitar vigorosamente a mistura, pois é pouco solúvel.
- Resfriar o paciente até uma temperatura central < 38ºC: lavagem gástrica, vesical, ou mesmo do local cirúrgico com NaCl 0,9% gelado, exceto se o acesso for torácico (= risco de PCR), manta térmica a 30ºC.
- Corrigir a acidose com $NaHCO_2$ 4,2%: 1-2 mL/kg.
- Tratamento da hipercalemia: gluconato de cálcio, glicoinsulina.
- Manter a normovolemia e obter uma diurese > 1 mL/kg/h com expansão volêmica (soluto sem lactato nem potássio) e reidratação.
- **NB:** cada frasco de dantrolene contém 3 g de manitol.
- No pós-operatório, transferência para UTI.
  - Continuar com o dantrolene na dose de 1 mg/kg/4 h até a normalização clínica e biológica.
  - Manter o paciente sob ventilação artificial por toda a duração do efeito miorrelaxante do dantrolene (meia-vida ≈ 10 h).
  - Controle em terapia intensiva durante no mínimo 24-48 h, pois pode haver recidiva da crise.
  - Controle, CPK, gasometria, função renal, calemia, calcemia. Controle da taxa de CPK, da calemia + mioglobinemia e mioglobinúria durante 48 h: a normalidade das CPK na H12-H24 é um elemento importante para o diagnóstico diferencial.
- Depois, direcionar o paciente e sua família ao centro de referência.
- Em caso de morte: biópsia muscular para um exame microscópico e coleta de 1 mL de sangue em EDTA e em heparina de lítio para permitir o estudo genético.

Assistência ventilatória durante a indução inalatória

ASSISTÊNCIA VENTILATÓRIA AO LONGO DA INDUÇÃO

- Garante melhores trocas gasosas ao contrabalançar os efeitos depressores respiratórios do sevoflurano.
- Possibilita a redução do trabalho respiratório.
- Possibilita a otimização da profundidade de anestesia.
- Possibilita o controle da capnia e das frações inspiradas e expiradas de sevoflurano.

NB: sempre associar uma PEEP regulada a 4-5 cmH_2O durante a indução inalatória na criança, especialmente no recém-nascido e no lactente, pois a PEEP contribui para melhorar a permeabilidade das vias aéreas superiores e para restaurar a CRF, rapidamente comprometida durante a indução inalatória.

MODALIDADES POSSÍVEIS
Pressão de suporte

- De longe o método mais fisiológico porque respeita a manutenção da VE.
- Pode ser introduzida assim que ocorre a perda de consciência.
- Regulagens:
  - PEEP 4-5 cm H_2O.
  - Sensibilidade a fluxo entre 0,3-0,5 L/min.
  - Titulação do nível de suporte com incrementos de 2 cmH_2O. Quanto maior profundidade da anestesia, mais o nível de ajuda deve ser aumentado.
  - Objetivos: Vt = 6-8 mL/kg e $etCO_2$ entre 30-35 cmH_2O.
  - Não é necessária nenhuma regulagem da frequência respiratória de apneia durante a indução; em contrapartida, a regulagem de FR de apneia é imperativa caso se utilize a pressão de suporte durante a manutenção+++.

Ventilação em pressão controlada

- Introduzida mais tardiamente, assim que o Vt for inferior a 5 mL/kg.
- Expõe ao risco de insuflação gástrica: limitação++ da pressão inspiratória.
- Regulagens:
  - PEEP 4-5 cmH_2O.
  - FR 25/min.
  - Pressão inspiratória máxima:
    - » < 10 kg: 10 cmH_2O.
    - » 10-20 kg: 15 cmH_2O.
    - » 20 kg: 20 cmH_2O.
- Objetivos: Vt = 6-8 mL/kg, evitar a insuflação gástrica.

Anestésicos locais (AL)

Injeção sempre lenta, fracionada com testes de aspirações repetidos.

POSOLOGIAS DOS AL

Via	Agente	Doses máximas
Pulverização bucofaringolaríngea	Lidocaína 50 mg/mL 1 vaporização = 8 mg	1 vaporização para 10 kg de peso
Caudal	Ropivacaína 2 mg/mL Levobupivacaína 2,5 mg/mL	2 mg/kg
Raquianestesia	Levobupivacaína 5 mg/mL	1 mg/kg se < 5 kg 0,4 mg/kg de 5-15 kg 0,3 mg/kg se > 15 kg
Bloqueio periférico	*Bolus* Levobupivacaína 2,5 mg/mL Ropivacaína 2 mg/mL	0,2-0,5 mL/kg
	Manutenção Levobupivacaína 1-1,25 mg/mL Ropivacaína 1 mg/mL	0,1 a 1,15 mL/kg/h

A ropivacaína e a levobupivacaína provocam menos bloqueio motor que a bupivacaína para uma duração de analgesia equivalente.

POSOLOGIAS DOS AL POR VIA PERIDURAL (EXCETO CAUDAL)

	Agente	Dose máxima	Observação
Bolus	Levobupivacaína 2,5 mg/mL Ropivacaína 2 mg/mL	1,5-1,7 mg/kg	Nenhuma reinjeção, mas estabelecimento imediato de uma infusão contínua
Manutenção	Ropivacaína 1 mg/mL (lactente) a 2 mg/mL ou levobupivacaína 1 mg/mL	0,2 mg/kg/h < 1 mês 0,30 mg/kg/h < 6 meses 0,40 mg/kg/h > 6 meses	

Volume/metâmero a ser bloqueado = 1/10 da idade em anos.

TRATAMENTO DOS ACIDENTES TÓXICOS
- Deve-se administrar uma emulsão lipídica em caso de manifestação toxica sistêmica cardíaca ou neurológica.

- Esta terapêutica não deve retardar os procedimentos de reanimação cardiopulmonares habituais ou ser um substituto para eles.
- Deve-se utilizar o Intralipid® a 20% na posologia de 1,5 mL/kg em *bolus*, eventualmente acompanhado de uma infusão rápida de 0,5-1 mL/kg/min em função da resposta clínica, sem ultrapassar 10 mL/kg.

NB: a utilização de Médialipide® 20% precisa da infusão de um volume 4 vezes superior ao do Intralipid® (6-9 mL/kg), apesar de impor o mesmo volume máximo (margem terapêutica baixa).

www.lipidrescue.org: base de dados sobre a utilização de emulsão lipídica como antídoto nas intoxicações medicamentosas, troca de ideias e de experiências.

Anestesia caudal

INDICAÇÕES
- Analgesia perioperatória da cirurgia dos metâmeros compreendidos entre D10 e S5 nas crianças ≤ 20 kg.
- Hipospádias, refluxo vesicorrenal, pieloplastia, cirurgia da região inguinal, cirurgia anorretal.
- Atenção: os bloqueios periféricos, e principalmente os bloqueios por difusão, são eficazes para a cirurgia unilateral da região inguinal, para a cirurgia dos membros inferiores e especialmente a unilateral, para a fixação testicular e para a correção de ectopia testicular.

CONTRAINDICAÇÕES
- Distúrbio da hemostasia congênita ou adquirida.
- Infecção cutânea da região sacral (eritema na nádega não é uma contraindicação) ou infecção geral (sepse).
- Malformações sacrais (associação frequente às inserções baixas do saco dural, ultrassonografia medular necessária), "tufo de pelos", fossa em relação ao hiato sacral.
- Doenças neurológicas progressivas.
- Hipovolemia.
- Recusa da criança ou dos pais.

PRECAUÇÕES
- Uma via venosa é sempre obrigatória.

TÉCNICA
Instalação
- Posicionar a criança em decúbito lateral, quadril e joelhos flexionados a 90°.
- Assepsia cirúrgica (2 desinfecções cutâneas com 5 min de intervalo, campo estéril, luvas estéreis).
- Localizar primeiro as espinhas ilíacas posterossuperiores (EIPS) e depois o hiato sacral (HS) que forma o 3° ângulo de um triângulo equilátero.

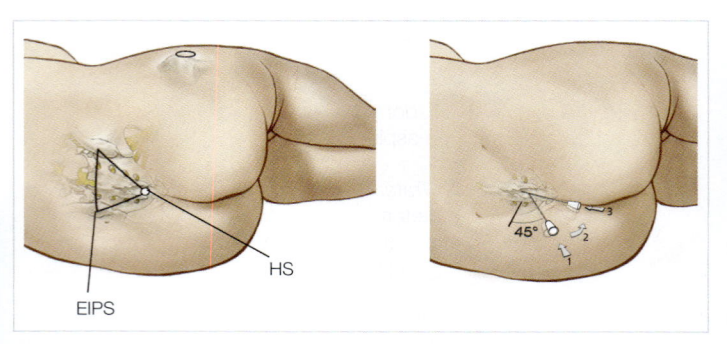

Anestesia caudal: reparos ósseos

Técnica

- Puncionar a pele a 45° com agulha 22 ou 25G, de 5 cm de comprimento, graduada, de bisel curto, com mandril e base transparente.
- Avançar suavemente até o contato ósseo (desnível ao transpor a membrana sacrococcígea).
- Retirar a agulha em 1 mm e cateterizar o canal sacro em < 1 cm (risco de brecha dural, a bolsa dural se projeta em S4 no nascimento, S2 a partir de 1 ano) abaixando a agulha sobre o plano sacral para fazer um ângulo de 15-20°.
- A aspiração suave não deve refluir nem sangue, nem LCR.
- A injeção da solução de anestésico local deve ser lenta, fracionada, com testes de aspiração repetidos. A injeção deve ser fácil, controlando a ausência de difusão subcutânea.
- A injeção de uma dose de teste com epinefrina (epinefrina 0,5 mcg/kg, ou seja, 1 mL para 10 kg de uma solução com epinefrina a 1/200.000) é debatida. Só tem valor se for positiva. A injeção IV será detectada por uma modificação imediata do segmento ST (= ondas T amplas e pontudas), eventualmente associada a taquicardia e a elevação da PA.
- Existe a possibilidade de uma punção guiada por ultrassom, o que permite a exposição de um deslocamento anterior da parede posterior do saco dural = critério preditivo de resultado positivo do saco dural (sensibilidade 96,5%, especificidade 100%, VPP 100%).
- Não posicionar o cateter para analgesia contínua pós-operatória.

ANESTÉSICOS LOCAIS

- Ropivacaína 2 mg/mL ou levobupivacaína 2,5 mg/mL, máximo 2 mg/kg.
- Redução das doses em 20% no recém-nascido (utilizar concentrações mais baixas para privilegiar o volume: levobupivacaína 1,25 mg/mL ou ropivacaína 1 mg/mL.
- É possível a associação de clonidina após seis meses (1-2 mcg/kg). A injeção IV de clonidina (2 mcg/kg) oferece o mesmo benefício.
- Volume injetado: esquema de Armitage:
  - 0,5 mL/kg: para metâmeros sacrais.
  - 1 mL/kg: para metâmeros lombares.
  - 1,25 mL/kg: para metâmeros dorsais inferiores.
- Nunca se deve ultrapassar a dose total de 2 mg/kg. Para volumes superiores a 1 mL/kg, é imperativa a utilização de soluções menos concentradas: levobupivacaína 1,25 mg/mL ou ropivacaína 1 mg/mL.

INCIDENTES-ACIDENTES

- Punção subcutânea (indicador palpador), punção vascular (refluxo de sangue espontâneo ou na aspiração, dose de teste), punção subperióstea (= IV).
- Injeção intravascular (ver *Tratamento dos acidentes tóxicos dos AL*), efração da dura-máter (cateterismo demasiado profundo ou anomalia de inserção do saco dural = raquianestesia total), alergia aos AL.
- Taxa de fracasso de 3-5%, principalmente para as crianças < 10 kg.
- ▲ **Atenção:**
- No perioperatório, não estimular as zonas não analgesiadas.
- Sempre garantir que não haja mais bloqueio motor antes da saída da SRPA.

Analgesia peridural lombar

INDICAÇÕES
- Cirurgia cujo nível superior de analgesia não ultrapassa D6 (analgesia peri e pós-operatória contínua).

CONTRAINDICAÇÕES
- Distúrbio da hemostasia congênita ou adquirida.
- Infecção cutânea na região lombar ou infecção geral (sepse).
- Malformações vertebrais ou doenças neurológicas progressivas, hidrocefalia e hipertensão intracraniana.
- Hipovolemia.
- Recusa da criança ou dos pais.

TÉCNICA
- Um acesso venoso é sempre obrigatório.
- Material: agulha de Tuohy com o cateter apropriado:
  - < 10 kg: agulha 20G com 50 mm de comprimento (cateter 24G).
  - 10-20 kg: agulha 19G com 50 mm de comprimento (cateter 23G).
  - > 20 kg: agulha de 18G com 50-100 mm de comprimento (cateter 20G).
- Criança em decúbito lateral, coxas muito flexionadas sobre o tórax.
- Assepsia cirúrgica.
- Localizar o espaço que deve ser puncionado; no nível lombar: L4-L5, L3-L4, L2-L3 (no recém-nascido a medula se interrompe em L3).
- O bisel da agulha de Tuohy deve estar paralelo ao plano sagital. Antes da idade de marcha, a agulha deve estar perpendicular ao plano cutâneo. Após a aquisição da marcha, deve estar oblíqua de 15-20° em relação ao plano cutâneo.
- Avançar suavemente buscando o espaço peridural com um mandril líquido (no recém-nascido a distância pele-espaço peridural no nível lombar é de 6 mm e de 12-15 aos 2 anos; no nível sacral é de 10 mm no nascimento e de 15 mm aos 2 anos). Não mais de 2 mL de NaCl 0,9% no espaço peridural.
- Distância pele-espaço peridural após 1 ano em mm: idade x 2 + 10.
- O descolamento do espaço peridural com 0,2 mL/kg de NaCl 0,9% pode facilitar o avanço do cateter.
- Fixar o cateter em sua saída com Ster-Strips®, cobri-lo com Opsite® e colocar um filtro antibacteriano.
- A injeção da solução de anestésico local deve ser lenta, fracionada, com testes de aspiração repetidos.
- A injeção de uma dose teste de epinefrina (epinefrina 0,5 mcg/kg, ou seja, 1 mL para 10 kg de uma solução com epinefrina a 1/200.000) é debatida. Só tem valor se for positiva. A injeção IV será detectada por uma modificação imediata do segmento ST (= ondas T amplas e pontudas), eventualmente associada a taquicardia e a elevação da PA.

ANESTÉSICOS LOCAIS (VER *ANESTÉSICOS LOCAIS*)
- *Bolus* inicial: ropivacaína a 1-2 mg/mL ou levobupivacaína 1,25-2,5 mg/mL. Dose máxima: 1,7 mg/kg, se necessário utilizar soluções menos concentradas.

- Volume:
  - < 20 kg: 0,75 mL/kg.
  - 20-40 kg: 0,1 x idade (anos) x número de metâmeros para bloquear.
  - > 40 kg: o mesmo que para o adulto.
- Evitar as reinjeções e preferir a infusão contínua.
- Analgesia peridural contínua: ropivacaína 1 a 2 mg/mL ou levobupivacaína 1 mg/mL.
  - < 1 mês: 0,20 mg/kg/h.
  - < 6 meses: 0,30 mg/kg/h.
  - > 6 meses: 0,40 mg/kg/h.
  - **NB: concentração de 1 mg/mL no lactente +++.**

ADJUVANTES DOS ANESTÉSICOS LOCAIS

- Morfina: cautela antes dos 6 meses, pois pode aumentar o risco de depressão respiratória; conduta pós-operatória em unidade de controle contínuo. A dose utilizada é de 25-30 mcg/kg (solução diluída a 10 mcg/mL). O risco de depressão respiratória após uma administração peridural de morfina é tardio. O controle durante 24 h da SpO_2 e da frequência respiratória após a injeção é obrigatório. Permite estender o nível superior.
- Sufentanila: não recomendada para < 6 meses. A dose máxima utilizada não deve exceder 0,2 mcg/kg/h. Permite a redução das concentrações de AL.
- Clonidina: cautela com o lactente (risco de apneias); controle pós--operatório em unidade de controle contínuo, dose: 1-2 mcg/kg em *bolus* ou 0,08-0,12 mcg/kg/h em débito contínuo.

▲ **Atenção:**
- No perioperatório, não estimular as zonas não analgesiadas.
- Não manter os cateteres por mais de 48 h no latente < 6 meses.
- Não administrar opioides por via sistêmica em caso de administração de opioides por via peridural.
- **Na cirurgia torácica e na cirurgia supramesocólica da criança grande, favorecer o acesso torácico (equilíbrio risco/benefício++). Volume do *bolus*: 0,2-0,3 mL/kg (máximo de 8 mL) débito contínuo: 0,1 a 0,2 mL/kg/h.**

Blood patch

- É difícil avaliar a incidência da síndrome pós-PL na criança: 4-5% com agulhas de PL ≤ 25G, 10-15% com agulhas 22G.
- Sintomatologia: cefaleias posturais desencadeadas pela posição ortostática, aliviadas pelo decúbito dorsal. Dores na coluna vertebral, náuseas, vômitos, diplopia, hipo ou hiperacusia podem estar associadas.
- Eliminar síndrome infecciosa em progressão (recuperar o resultado da PL), investigar sinais de localização (tomografia em caso de dúvida ou quando o caráter postural das cefaleias não está claramente estabelecido).
- Realização:
  - Acesso peridural no nível do espaço subjacente, se possível.
  - Geralmente realizado sob AG ou sedação.
  - Injeção lenta de 0,3 mL/kg de sangue, coletado de forma estéril por um auxiliar, de modo concomitante.
  - Se o *blood patch* for realizado em uma criança acordada, o procedimento é igual ao do adulto.
  - Períodos de realização/início dos sinais:
    » 2-3 d em quadro grave.
    » 6 d em quadro moderado.
  - Informação da criança e dos pais de que a taxa de sucesso do 1º *blood patch* é da ordem de 70-90% e que um 2º pode se mostrar necessário.

Raquianestesia

INDICAÇÃO

Cirurgia infraumbilical no lactente antigo prematuro que apresenta uma idade pós-concepcional < 60 SA (prevenção do risco de apneias secundárias à anestesia geral), em um lactente que apresenta fatores de risco de morbidade respiratória.

CONTRAINDICAÇÕES

- Distúrbios da hemostasia.
- Infecção cutânea da região lombar ou geral (sepse).
- Malformações vertebrais, hipertensão intracraniana.
- Hipovolemia.
- Doenças neurológicas progressivas.

TÉCNICA

- Avaliação da hemostasia: TCA, TP, plaquetas.
- Respeitar as instruções de jejum e compensar os aportes de base por IV desde o início do jejum segundo a regra 4/2/1.
- Creme EMLA® sobre a parte lombar da coluna vertebral 60-90 min antes da punção.
- Nenhuma pré-medicação, nenhuma sedação associada para evitar o risco de apneias pós-operatórias.
- Monitoração: SpO_2, PNI, cardioscopia.
- Injeção IV de atropina 20 mcg/kg.

INSTALAÇÃO PRIMORDIAL

- Posição sentada.
- Instalação do bebê com as costas curvadas segurando seus ombros e seu quadril, deixando a cabeça em posição neutra (risco de apneia obstrutiva em flexão++).
- Assepsia cirúrgica.
- Localizar o espaço que deve ser puncionado: L4-L5 ou L5-S1 (no lactente a medula pode descer até L3).
- A distância pele-espaço subaracnóideo é de 1 cm nessa idade.
- Agulha 25G ponta de lápis, com 25 mm.
- Friccionar os planos cutâneos e musculares após a retirada da agulha para evitar uma fuga de anestésico local e/ou do LCR.
- Complemento: chupeta com água açucarada para acalmar a criança durante a cirurgia (ela tem fome!) e segurar ou amarrar suas mãos.
- ▲ **Não elevar os membros inferiores no decorrer da punção por causa do risco de raquianestesia total (atenção com a instalação da placa).**
- A porcentagem de fracasso é de 5-10%.

ANESTESIA LOCAL

- Utilizar uma seringa de 1 mL.
- Injetar lentamente.
- Levobupivacaína (5 mg/mL) = 1 mg/kg (= 0,2 mL/kg) para crianças com peso < 5 kg, 0,4 mg/kg para além de 5 kg.

ANALGESIA

- Instalação do bloqueio sensitivo-motor em menos de 2 min.
- A duração da eficácia é de 1 h em média. Não fazer a raquianestesia enquanto a equipe cirúrgica não estiver pronta++.
- Não há analgesia residual (ao contrário da caudal). Pedir ao cirurgião para fazer uma infiltração local de levobupivacaína 1,25 mg/mL no momento do fechamento (não ultrapassar a dose de 0,5 mL/kg).
- A criança pode beber desde a interrupção do bloqueio motor.

Raquianestesia com morfina

INDICAÇÕES
- Cirurgia abdominal de grande porte.
- Cirurgia torácica.
- Cirurgia da escoliose.

CONTRAINDICAÇÕES
- São as mesmas para qualquer anestesia raquidiana (ver *Anestesia peridural lombar*).

TÉCNICA
- Geralmente feita sob anestesia geral.
- Material de punção: agulha 25G, ponta de lápis, com 50 mm.
- Acesso lombar padrão (L4-L5 ou L5-S1).
- Morfina 10 mcg/kg (máximo de 0,3 mg).

PARTICULARIDADES PEDIÁTRICAS
- A duração da eficácia depende da dose e da idade (12-24 h): tanto mais curta quanto mais jovem for a criança.
- Poucos dados pediátricos.
- Controle pós-operatório em unidade de controle contínuo (monitcração respiratória++, risco de apneias).
- Substituição por analgesia com opioide IV desde o reaparecimento da dor. Geralmente a titulação é inútil.
- Não substitui uma analgesia peridural torácica.

Bloqueios periféricos: generalidades

- Realização sob AG na maioria dos casos.
- As técnicas são simples e permitem assegurar uma analgesia pós--operatória de qualidade para as inúmeras intervenções de rotina realizadas na criança.
- A difusão dos anestésicos locais é fácil ao longo das bainhas e das aponeuroses.
- Respeito imperativo a algumas regras simples que garantem a segurança:
  - Respeito rigoroso às indicações e às contraindicações.
  - Localização dos nervos ou dos espaços por meio do ultrassom sempre que a técnica permitir+++.
  - Respeito às posologias de anestésicos locais, levando em conta as particularidades fisiológicas e farmacológicas ligadas à idade.
  - Injeção lenta e fracionada dos anestésicos locais com repetidos testes de aspiração.
- Em caso de localização com neuroestimulação: limiar mínimo de estimulação 0,5 mA.
- Utilizar agulhas de bisel curto para a realização dos bloqueios de difusão.
- Anestésicos locais: ropivacaína a 2 mg/mL ou levobupivacaína 2,5 mg/mL.
- Volumes: máximo 0,5 mL/kg/local, respeitando as doses máximas de AL (se necessário, utilizar soluções menos concentradas).
- Cateter perineural de manutenção: ropivacaína 1 mg/mL em lactentes, 2 mg/mL em crianças ou levobupivacaína 1-1,25 mg/mL; caudal 0,1-0,15 mL/kg/h.

NB: não exceder 0,2 mg/kg/h antes de um mês, 0,3 mg/kg/h antes de 6 meses e 0,4 mg/kg/h após 6 meses.

Bloqueios da face

BLOQUEIO DO NERVO SUPRAORBITAL, DO NERVO INFRAORBITAL, DO NERVO MENTONIANO

- Permitem a analgesia do rosto.
- Úteis para as extrações de ferida.
- Técnica: a mesma do adulto.
- **NB:** nunca cateterizar os forames.
- Anestésicos locais: ropivacaína a 2 mg/mL ou levobupivacaína 2,5 mg/mL.
- Volume: 0,5 a 1 mL.
- O bloqueio do nervo infraorbital garante analgesia satisfatória do lábio superior e da parte anterior do palato, mas mostra-se ineficaz para a cirurgia do palato médio posterior, pois suas raízes emergiram a montante.

BLOQUEIO MAXILAR SUPERIOR POR VIA SUPRAZIGOMÁTICA

- O bloqueio maxilar por via suprazigomática permite um bloqueio mais proximal do nervo maxilar na fossa pterigomaxilar, após sua saída do orifício do redondo maior e antes da emergência das raízes que inervam o palato.
- É eficaz na analgesia pós-operatória da cirurgia da fenda labiopalatina: os territórios em questão são o lábio superior e o conjunto do palato.
- Instalação: criança em decúbito dorsal, cabeça virada para o lado oposto ao bloqueio.
- Punção com agulha 25G, de bisel curto.
- O ponto de punção é realizado no ângulo formado pela arcada zigomática e a parede lateral da órbita, no lugar onde o dedo apalpa uma depressão óssea.
- A punção é perpendicular ao plano cutâneo, até o contato ósseo.
- A agulha é em seguida orientada para baixo e para trás, visando à comissura labial homolateral, com um ângulo de 45°.
- Após a percepção de uma perda de resistência correspondente à ultrapassagem do músculo temporal, a agulha avança ainda alguns milímetros. Depois de um teste de aspiração, injetar um volume de 0,15-0,2 mL/kg de AL (ropivacaína a 2 mg/mL ou levobupivacaína 2,5 mg/mL), 5 mL máx.
- A injeção deve ser bilateral.
- Riscos: nenhum risco de punção do globo nem de injeção intracerebral por esta via.

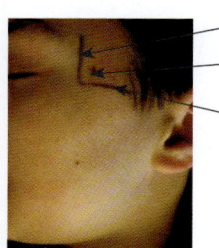

— Parede lateral da órbita

— Ponto de punção

— Arcada zigomática

Bloqueio peniano

Igual ao bloqueio dos nervos dorsais do pênis, ramos terminais dos nervos pudendos.

INDICAÇÃO
- Cirurgia superficial e distal do pênis (plastia do prepúcio, circuncisão).
- **NB:** não é eficaz para a cirurgia, ainda que distal, envolvendo a face ventral do pênis.

CONTRAINDICAÇÕES
- Distúrbios da hemostasia.
- Pênis em ereção.

ANESTÉSICO LOCAL
- Levobupivacaína 2,5 mg/mL.

TÉCNICA (PARA DESTROS)
- Criança em decúbito dorsal. Passagem de um acesso venoso periférico. Assepsia cirúrgica.
- Localizar o meio da sínfise púbica e colocar a extremidade do dedo indicador entre os dois corpos cavernosos, bem sob a sínfise, empurrando o pênis para baixo de modo a tensionar a fáscia de Scarpa.
- Utilizar uma agulha fina de 23G ou 25G de bisel curto, montada sobre uma seringa de 5 mL ou de 10 mL contendo o anestésico local.
- As punções se efetuam de um lado e do outro do dedo indicador (a 5 mm da linha mediana de cada lado) segundo uma direção perpendicular à pele, levemente oblíqua na parte interna até a ultrapassagem da fáscia de Scarpa (ao soltar a agulha, ela não sobe).
- Após um teste de aspiração, injetar lentamente e sem resistência 0,1-0,2 mL/kg de anestésico local à direita e depois o mesmo volume à esquerda (sem ultrapassar 5 mL para cada lado).
- O principal incidente é o fracasso (injeção demasiado superficial). Existe risco de punção vascular (intracavernosa ou artérias dorsais do pênis). A morbidade é muito baixa.

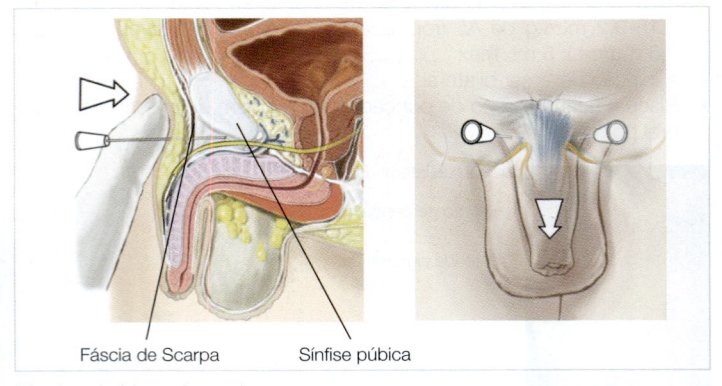

Fáscia de Scarpa   Sínfise púbica

Técnica do bloqueio peniano

Bloqueio paraumbilical

Trata-se de bloquear os ramos terminais superficiais e profundos dos ramos ventrais dos inúmeros nervos intercostais. Trata-se de um bloqueio nervoso em um espaço de difusão.

INDICAÇÕES
- Correção de hérnia umbilical.
- Correção de estenose pilórica por via umbilical.
- Acesso umbilical da cirurgia laparoscópica.

CONTRAINDICAÇÕES
- Distúrbios da hemostasia.
- Recusa dos pais.

MATERIAL E ANESTÉSICO LOCAL
- Material: agulha para punção guiada por ultrassom 24G com 40 mm ou 22G com 50 mm tipo SonoTap.
- Anestésico local:
  - Levobupivacaína 2,5 mg/mL ou ropivacaína 2 mg/mL.
  - Volume: 0,1-0,2 mL/kg/lado.

TÉCNICA
- Criança em decúbito dorsal, sob anestesia geral.
- Assepsia cirúrgica.
- Punção guiada por ultrassom fácil:
  - Localização do músculo reto abdominal e da linha alba.
  - Introdução da agulha no plano da sonda de ultrassom dirigindo sua extremidade para a face posterior da bainha do reto abdominal, na proximidade da linha alba.
  - Visualização durante a injeção de um descolamento da face posterior da bainha, testemunhando o posicionamento correto da agulha.
  - Punção bilateral.

COMPLICAÇÕES
- Morbidade muito baixa.

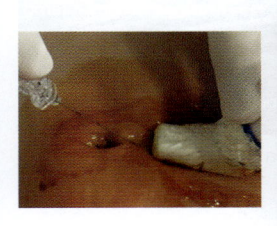
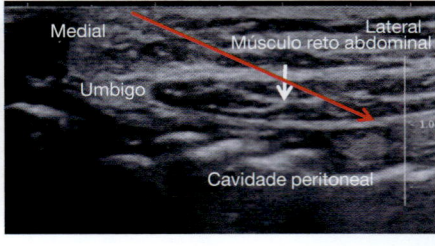

Tap block

É o bloqueio das raízes espinhais de T6-L1. Elas garantem a inervação da parede abdominal. Esses nervos caminham entre o músculo oblíquo interno e o músculo transverso, em um espaço que corresponde ao plano abdominal transverso. É um bloqueio de difusão.

INDICAÇÕES
Analgesia da parede abdominal, apendicectomia, realização ou fechamento de colostomia, cirurgia da região inguinal.

REALIZAÇÃO (VER *TAP BLOCK ADULTO, ANESTESIA LOCORREGIONAL*)
- Material: agulha de punção guiada por ultrassom, 22G, com 40-50 mm, tipo SonoTap.
- Técnica:
  - Localização do plano abdominal transverso situado entre os músculos oblíquo interno e transverso.
  - Punção no plano da sonda de ultrassonografia (*in plane*), seguindo a progressão da agulha.
  - Posicionamento da extremidade da agulha no plano abdominal transverso.
  - Visualização na injeção de um desdobramento da fáscia com descolamento biconvexo entre os dois planos musculares.
- Anestésico local: ropivacaína 2 mg/mL ou levobupivacaína 2,5 mg/mL. Volume: 0,2 a 0,3 mL/kg/lado (máximo de 20 mL de volume total).

OBSERVAÇÕES
- O nível de punção de um *TAP block* depende da cirurgia: uma punção feita na frente do umbigo garante a analgesia de T10-L1. Um acesso subcostal permitirá a analgesia da região supraumbilical.
- Já foram descritas algumas durações de analgesias de 24 h.

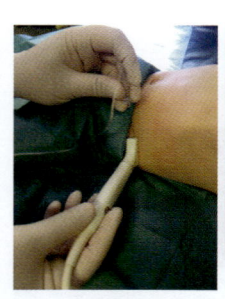
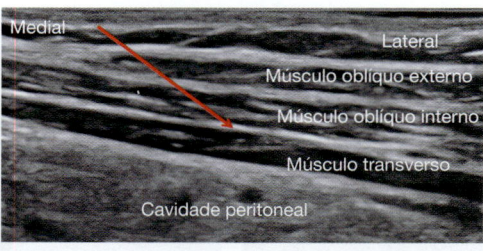

Imagem ultrassonográfica da parede abdominal

Bloqueio ilioinguinal e ilio-hipogástrico

- Os nervos ilioinguinal e ilio-hipogástrico são ramos do plexo lombar. Inervam a parede abdominal infraumbilical, o quarto súpero-anterior medial da coxa, a região súpero-externa da nádega, a região trocantérica, a parte anterior e lateral do escroto e a raiz do pênis ou do grande lábio.
- Caminham juntos no plano abdominal transverso, situado entre os músculos oblíquo interno e transverso, até o nível da espinha ilíaca anterossuperior (EIAS) antes de se separarem.
- No nível da EIAS, o nervo ilio-hipogástrico se divide em dois ramos terminais:
  - Ramo medial, destinado à inervação sensitiva do púbis, que deixa o plano abdominal transverso no interior da EIAS para atravessar o músculo oblíquo interno e acompanhar o plano que o separa do músculo oblíquo externo, antes de, por sua vez, atravessar este último.
  - Ramo lateral destinado à nádega.
- Mais adiante da EIAS, o nervo ilioinguinal se divide antes de, por sua vez, atravessar o músculo oblíquo interno para caminhar sobre sua face ventral, obliquamente abaixo e internamente e reencontrar o orifício superficial do canal inguinal e depois o cordão espermático.
- É um bloqueio de difusão.

INDICAÇÕES
- Cirurgia da região inguinal, cirurgia da ectopia testicular em associação com um bloqueio do pudendo.

CONTRAINDICAÇÕES
- Distúrbios da coagulação.
- Recusa dos pais.

MATERIAL E ANESTÉSICO LOCAL
- Material: agulha para punção guiada por ultrassom 24G com 40 mm ou 22G com 50 mm tipo SonoTap.
- Anestésico local:
  - Levobupivacaína 2,5 mg/mL ou ropivacaína 2 mg/mL. Recomendam-se soluções menos concentradas no recém-nascido (levobupivacaína 1,25 mg/mL ou ropivacaína 1 mg/mL).
  - Volume: 0,2-0,3 mL/kg/lado.

TÉCNICA
- Criança em decúbito dorsal, sob anestesia geral.
- Assepsia cirúrgica.
- A punção deve ser efetuada na frente da EIAS para poder bloquear o nervo ilioinguinal e o ramo medial do nervo ilio-hipogástrico no plano abdominal transverso, antes que eles se separem.
- Posicionar a sonda do ultrassom acima da espinha ilíaca anterossuperior. Identificam-se os três planos musculares: músculo oblíquo externo, oblíquo interno e transverso. Aconselha-se a realização da punção no plano da sonda (*in plane*). A agulha de punção é inserida com controle

Pediatria

ultrassonográfico e sua extremidade é posicionada entre o músculo oblíquo interno e o músculo transverso.

- É possível a localização dos dois nervos em um desdobramento da aponeurose entre os músculos oblíquo interno e transverso. A posição correta da agulha é verificada pela obtenção de um desdobramento da aponeurose durante a injeção do 1º mL. Esta abordagem permite uma redução dos volumes injetados.

COMPLICAÇÕES
- A morbidade desse bloqueio por difusão é muito baixa.
- É possível a difusão do AL até o nervo femoral (bloqueio do quadríceps).

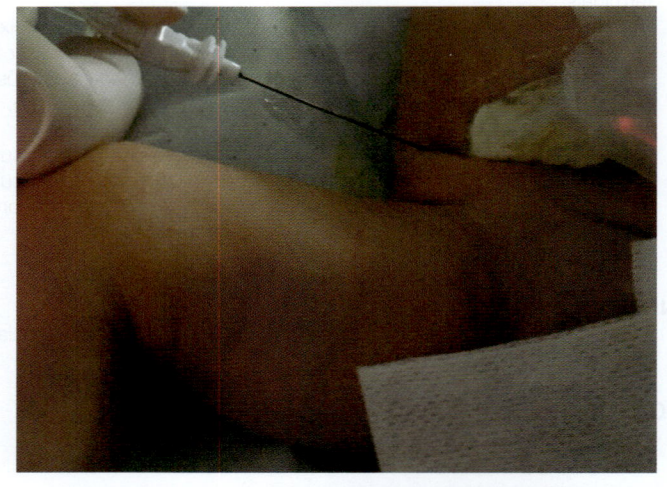

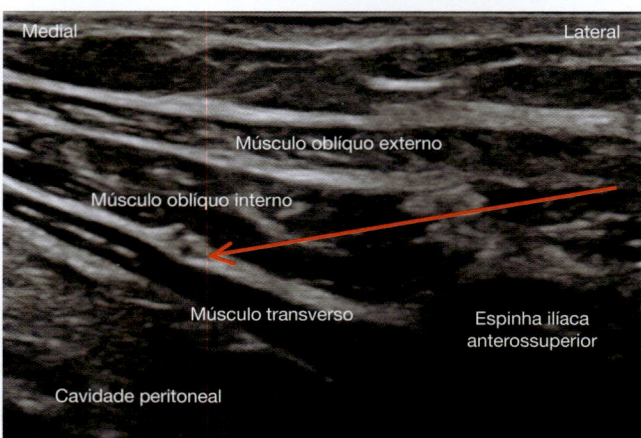

Bloqueio do pudendo

O nervo pudendo é o ramo terminal do plexo sacral. Inerva o escroto e a região perianal, mas também a parte distal do pênis e, nas meninas, os grandes lábios. Trata-se de um nervo misto. Caminha dentro da tuberosidade isquiática em um desdobramento da aponeurose do músculo obturador interno.

INDICAÇÕES
- Ectopia testicular (como complemento do bloqueio dos nervos ilioinguinal e ilio-hipogástrico).
- Fixação testicular.
- Cirurgia perineal.
- Cirurgia do pênis: circuncisão, plastia do prepúcio, hipospádias.

CONTRAINDICAÇÕES
- Anomalia da hemostasia.
- Recusa dos pais.

MATERIAL E ANESTÉSICO LOCAL
- Agulha de neuroestimulação com 25 ou 50 mm (1 Hz, 0,7 mA, 0,1 ms).
- AL: ropivacaína 2 mg/mL ou levobupivacaína 2,5 mg/mL, volume de 0,1-0,2 ml/kg/lado.

TÉCNICA
- Criança sob anestesia geral, instalada em posição ginecológica (um auxiliar garante a manutenção dos membros inferiores nessa posição durante a punção).
- Assepsia cirúrgica.
- Palpação da tuberosidade isquiática.
- A agulha é introduzida perpendicularmente ao plano cutâneo, na margem interna da tuberosidade isquiática.
- As respostas buscadas em neuroestimulação são: contração do esfíncter anal ou contração dos músculos bulbocavernosos no menino ou constritores da vulva na menina.
- **NB:** no âmbito da cirurgia de hipospádias, a resposta ideal é a busca da contração dos músculos bulbocavernosos.
- Após um teste de aspiração, a injeção é lenta e sem resistência.
- **NB:** punção bilateral em caso de cirurgia perineal ou do pênis.

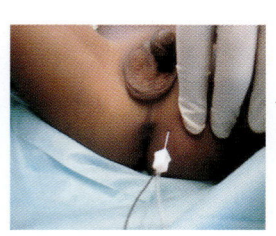 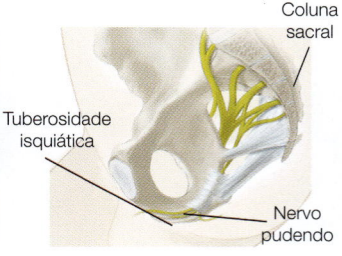

Coluna sacral

Tuberosidade isquiática

Nervo pudendo

Plexo sacral e nervo pudendo

- Punção guiada por ultrassom sem visualização direta do nervo: sonda de ultrassonografia posicionada entre a tuberosidade isquiática e o ânus. É possível a localização da artéria pudenda (80% dos casos). Punção *out plane* e injeção na fossa isquiorretal, no espaço situado entre a tuberosidade isquiática e a artéria (ver *Bloqueio pudendo*, *Anestesia locorregional*).

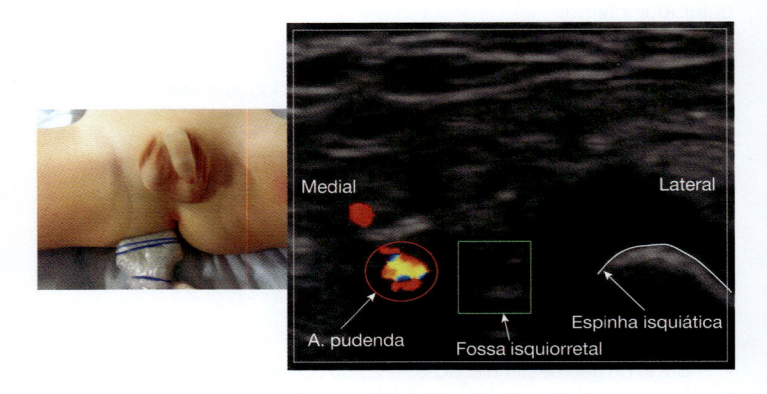

COMPLICAÇÕES
- Este bloqueio tem uma morbidade muito baixa.
- A injeção é possível nos vasos pudendos.

Bloqueios do membro superior e do membro inferior

	Técnica	Observações
Membro superior		
Bloqueio paraescalênico	• Instalação em decúbito dorsal, cabeça voltada para o lado oposto, ombros elevados por um apoio, braços ao longo do corpo. • Punção na junção ⅓ inferior ⅔-superior da linha que une a apófise transversa de C6 (na frente da cartilagem cricóidea, no topo do espaço interescalênico) e o meio da clavícula, na proximidade do ponto de cruzamento da veia jugular externa com a margem anterior da cabeça clavicular do músculo esternocleidomastóideo • Punção perpendicular ao plano horizontal, segundo uma direção anteroposterior rigorosa • Procurar uma resposta muscular distal	• Cirurgia que envolve o ⅓ superior do braço e o ombro • Agulha de 25 mm • Intensidade mínima de estimulação 0,5 mA • Resposta muscular no nível do ombro = punção demasiado lateral → retirada da agulha e reorientação mais medial • Aparecimento de contrações diafragmáticas – punção demasiado medial → retirada da agulha e reorientação mais lateral **Contraindicações:** insuficiência respiratória, paralisia diafragmática contralateral, lesões preexistentes do plexo braquial **Contribuição da punção guiada por ultrassonografia** (ver *Bloqueio do plexo braquial por via interescalênica*)
Bloqueio axilar	• Instalação em decúbito dorsal, braço em abdução 90°, antebraço flexionado a 90° • Punção no ponto de intersecção do músculo coracobraquial externamente e do músculo peitoral maior do lado de dentro • Direção da agulha perpendicular ao grande eixo do braço • Apenas uma resposta é necessária: localização do mediano+++ (a localização do nervo radial mostra uma posição posterior da agulha, há risco de punção de vascular++) • Se necessário, neurolocalização do nervo musculocutâneo, entre os músculos coracobraquial e bíceps, na retirada da agulha (1-2 mL)	• Cirurgia do membro superior que envolve os ⅔ do braço, o cotovelo, o antebraço e a mão • Agulha de 25 mm • Não é necessário bloquear os nervos cutâneo medial do braço e do antebraço por causa da boa tolerância do garrote sob sedação • Baixa morbidade **Contribuição da punção guiada por ultrassonografia** (ver *Bloqueio axilar, ALR*)

(continua)

Pediatria

	Técnica	Observações
Membro superior		
Bloqueio digital	• Punção na frente da projeção cutânea da cabeça do metacarpo • Avançar até o contato ósseo e depois retirar alguns mm e injetar lentamente 1-2 mL	Cirurgia dos dedos 2, 3 e 4 CI das soluções com epinefrina
Membro inferior		
Bloqueio do ciático*	**Via subtrocantérica**	
	• Instalação em decúbito dorsal • Ponto de punção: 0,5-1 cm abaixo da projeção cutânea do trocanter maior • Agulha de neuroestimulação perpendicular ao grande eixo da coxa • Procurar uma flexão plantar ou dorsal do pé • Em caso de contato ósseo, retirar e realizar nova punção 0,5 cm mais abaixo	• Agulha de 50-100 mm • Analgesia da perna e do tornozelo em complemento de um BIF • Analgesia do pé **Contribuição da punção guiada por ultrassonografia** (ver *Bloqueio do nervo ciático, ALR*)
	Via poplítea (idem adulto)	
	Nos mais jovens, as localizações musculares são difíceis	**Contribuição da punção guiada por ultrassonografia** ++ (ver capítulo *ALR*)

▲ * **AL: A ropivacaína 2 mg/mL ou levobupivacaína 2,5 mg/mL.**
***Bolus*: 0,5 mL/kg máx. Cateter perineural: 0,1-0,15 mL/kg/h (ropivacaína 1 mg/mL no lactente, 2 mg/mL na criança ou levobupivacaína 1-1,25 mg/mL).**
Contribuição da punção guiada por ultrassonografia (ver capítulo *ALR adulto*).

Estenose hipertrófica do piloro

A estenose hipertrófica do piloro é uma das anomalias digestivas mais frequentes no período neonatal (3/1.000 nascimentos).

Lactente com 3 semanas a 1 mês de vida, geralmente menino, apresentando regurgitações abundantes e frequentes no fim das amamentações. O resultado é uma queda da curva de peso, um certo grau de desidratação e a clássica alcalose metabólica, hipoclorêmica e hipocalêmica. O diagnóstico é confirmado pela ultrassonografia abdominal.

CONDUTA A MANTER NO PRÉ-OPERATÓRIO
- A estenose do piloro não é uma urgência cirúrgica.
- O tratamento é apenas cirúrgico, mas só é realizado após a correção das desordens hidroeletrolíticas (a alcalose metabólica favorece o risco de apneias pós-operatórias), em geral em 12-24 h.
- Avaliação da hidratação (ver *Desidratação*).
- Instalação em proclive.
- Colocação de uma sonda gástrica com luz dupla n. 8 por via oral, em declive (permeabilidade + resíduos a cada 4 h).
- Reidratação e reequilíbrio eletrolítico.
- Correção de uma hipovitaminose K com 5 mg de vitamina K1 IV lenta por 30 min.
- Objetivos: cloruria > 20 mmol/L, HCO_3^- < 30 mmol/L.

PROTOCOLO ANESTÉSICO
- Esvaziamento gástrico com uma sonda com luz dupla n. 8.
- AG com indução em sequência rápida + bloqueio paraumbilical guiado por ultrassonografia.

O procedimento cirúrgico é rápido (20 min em média)
- Na maioria das vezes consiste em uma pilorotomia extramucosa com uma incisão arciforme paraumbilical, e raramente um incisão horizontal pararretal à direita.

Implicações anestésicas
- Sedação profunda até o final da pilorotomia.
- Os morfínicos são dispensáveis: analgesia com bloqueio paraumbilical (ver *Bloqueio paraumbilical*).
- Os curares não são necessários.
- Aportes hidroeletrolíticos perioperatórios: Ringer lactato levemente glicosado (G1, 2%) 10 mL/kg/h.
- O despertar anestésico e a extubação são feitos na mesa cirúrgica, com calma, depois do curativo. A sonda gástrica é retirada, a menos que haja perfuração intraoperatória.

  NB: o despertar pode ser retardado se a correção dos distúrbios hidroeletrolíticos pré-operatórios foi imperfeita ou se foram utilizados opioides.

PRESCRIÇÕES PÓS-OPERATÓRIAS
- A criança permanece com aporte intravenoso enquanto os aportes VO são inferiores a 50 mL/kg/d.

- Analgesia com paracetamol VO.
- A criança é instalada em proclive.
- A retomada da alimentação é precoce (na ausência de perfuração):
  - A H2: 10 mL de água açucarada.
  - A H6: 20 mL de leite e depois aumentar em 10 mL/4h o volume das mamadas seguintes.
- Em caso de regurgitação, é possível passar para um leite antirrefluxo.
- Em caso de perfuração intraoperatória, a sonda gástrica é deixada no lugar por 48 h.

Invaginação intestinal aguda (IIA)

- Geralmente no menino com 4-18 meses de vida, com boa saúde, no decorrer de uma infecção viral (adenite mesentérica).
- Dores abdominais paroxísticas intermitentes, vômitos, associados ou não às rectorragias.
- A ultrassonografia abdominal mostra a massa de invaginação (imagem em roseta).
- Tratamento de referência: redução com lavagem a ar. Laparotomia exploratória em caso de fracasso ou se for uma criança grande (causa orgânica frequente: diverticulite de Meckel, linfoma etc.).

NB: não é raro que a invaginação se encontre espontaneamente reduzida na incisão.

CONDUTA ANTES DA LAVAGEM
- Colocar uma sonda gástrica e um acesso venoso.
- Fazer a coleta para a avaliação pré-operatória: ionograma sanguíneo, creatininemia, protidemia, hemograma completo com plaquetas, TP + TTPA.
- Infusão para corrigir a deficiência hídrica e sódica sempre presente com um soluto tipo dextrose G5% + NaCl 2 g/L (5-6 mL/kg/h no lactente). Expansão volêmica com NaCl 0,9% 10-20 mL/kg IV lenta por 30-60 min na presença de sinais patentes de desidratação (taquicardia, extremidades frescas ou até extensão do resfriamento cutâneo para a raiz dos membros, hipotonia, hiporreatividade+++ etc.).
- A sala de radiografia deve dispor de todo o material necessário para a conduta anestésica da criança.

MANEJO DURANTE A LAVAGEM
- Não existe um real consenso. Cada centro tem sua própria conduta.
- A taxa de sucesso da lavagem é menor nos centros que têm uma experiência limitada, o que justifica a transferência para um centro especializado.
- A redução pode ser realizada pelo radiologista sem a presença de um médico anestesista. Contudo, geralmente se exige uma "sedação" pela importância do desconforto da criança durante o procedimento (dor+++) etc.
- ▲ **Estômago cheio.**
- Em nosso centro, a redução é feita com anestesia geral com proteção das vias aéreas após uma indução em sequência rápida:
    - Expansão volêmica com 10 mL/kg de NaCl 0,9% IV lenta por 30 min se sinais de desidratação.
    - Propofol 5 mg/kg + succinilcolina 1-2 mg/kg.

PRESCRIÇÕES PARA O PÓS-OPERATÓRIO
Redução a ar
- Infusão durante 24 h.
- Retomada da alimentação a partir do D1.
- O reaparecimento de uma sintomatologia dolorosa deve levantar a suspeita de uma recidiva e conduzir à realização de uma nova ultrassonografia abdominal.

Laparotomia com redução simples
- Infusão durante 48 h.
- Realimentação progressiva desde a retomada do trânsito intestinal.

Laparotomia com ressecção intestinal
- Infusão prolongada até a retomada completa do trânsito intestinal.
- Antibioticoterapia de acordo com as descobertas cirúrgicas:
    - Ressecção simples: amoxicilina/ácido clavulânico (50 mg/kg) em injeção única.
    - Perfuração digestiva: amoxicilina/ácido clavulânico 50 mg/kg no início da cirurgia e depois 35 mg/kg/8 h durante 5 d + gentamicina 8 mg/kg/24 h durante 2 d.

Anestesia para... em pediatria

CIRURGIA DE HIPOSPÁDIAS
- Para as diferentes técnicas cirúrgicas existem diferentes tipos de anestesia locorregional. Uma constante é a anestesia geral com máscara laríngea ou intubação.
- Não há antibioticoprofilaxia.

Hipospádia balânica
Meatotomia de suporte
- Duração prevista: 20 min.
- AG + bloqueio pudendo bilateral ou caudal.

Hipospádia bálano-peniana
MAGPI: meatoplastia com a pele da glande.
- Duração prevista: 45 min.
- AG + caudal ou bloqueio pudendo bilateral.

Mathieu: rotação de retalho balânico protegido pela pele do prepúcio fixada lateralmente.
- Duração prevista: 1h30.
- AG + anestesia caudal ou bloqueio pudendo bilateral.

Leveuf: reconstituição da uretra com a pele do escroto (esta técnica pode ser utilizada após o fracasso de outra).
- 1° tempo: aprofundamento do pênis. Duração: 1h30.
- 2° tempo: separação. Duração: 20 min.
- AG + anestesia caudal.

Hipospádia posterior
Duplay: técnica de avanço do meato.
- Duração prevista: 1 h.
- AG + anestesia caudal ou bloqueio pudendo bilateral.

Hipospádia + curvatura do pênis
Endireitamento do pênis: rotação de retalho.
- Duração prevista: 45 min.
- AG + anestesia caudal ou bloqueio pudendo bilateral.

Ducket Onlay: utilização da face mucosa do prepúcio, túnel na glande + plastia cutânea.
- Durante prevista: 3 h.
- AG + anestesia caudal ou bloqueio pudendo bilateral.

Fístula de hipospádias
- Duração curta: AG + anestesia caudal ou bloqueio pudendo bilateral.

REGRAS PARA INTERVENÇÕES NAS VIAS URINÁRIAS
- A cirurgia deve ser feita com urina estéril: realização de um ECBU estéril nos dias que antecedem o procedimento. Em caso de colonização

(presença de um total de germes entre 10^3 e 10^4 UFC/mL), iniciar uma antibioticoterapia adequada ao germe, 48 h antes da intervenção.

- Qualquer paciente com sonda vesical deve manter uma infusão por 24 h para evitar que a sonda obstrua, mas ele pode se alimentar na noite da cirurgia.
- Em caso de crises vesicais: oxibutinina (ver *Analgesia pós-operatória*).

Pieloplastia
- Lactente, hidronefrose descoberta no pré-natal.
- Decúbito lateral ou ventral.
- Intervenção não hemorrágica.
- Duração prevista: 1-1h30.
- AG: indução inalatória com estabelecimento de dois acessos venosos periféricos (AVP).
- Antibioticoprofilaxia: cefazolina 25 mg/kg.
- Intubação nasotraqueal no caso de decúbito ventral.
- Sonda gástrica que deve ser mantida no pós-operatório em caso de abertura do peritônio ou de intervenção à esquerda (trações sobre o estômago).
- Anestesia caudal.

Reimplante ureterovesical
- Decúbito dorsal.
- Duração prevista: 1-1h30 para um lado, 2h30 para os dois lados.
- Anestesia geral + caudal.
- Antibioticoprofilaxia: cefazolina 25 mg/kg.
- Hidratação ++ perioperatória.
- Pós-operatório:
  - Se não houver diurese no fim da intervenção: NaCl 0,9% 10 mL/kg.
  - Infusão: 10 mL/kg/h durante 2 h, e depois administrar os aportes de base até a ingestão correta de líquidos.
  - Drenos cirúrgicos + sonda vesical.

Ureterocele
Malformação da árvore urinária = duplicidade ureteral. A ureterocele corresponde a um pielo supranumerário, que às vezes pode estar infectado, cujo ureter faz uma herniação na bexiga.

Intervenção simplificada: cistoscopia
- Anestesia geral.
- Redução da ureterocele por punção direta.
- Sonda vesical mantida por vários dias no pós-operatório.
- Antibioticoprofilaxia: cefazolina 25 mg/kg.

Ureteronefrectomia parcial ou total
- Decúbito dorsal.
- Duração prevista: 2h30.
- 1 apoio sob a coluna lombar + 1 sob o ombro + 1 sob as nádegas.
- 2 incisões:
  - Lombar: a nefrectomia parcial pode ser hemorrágica.
  - Paravesical: ureterectomia.
- Anestesia geral + peridural lombar.

- Antibioticoprofilaxia: cefazolina 25 mg/kg.

CORREÇÃO DA ECTOPIA TESTICULAR
- Abaixamento do testículo na bolsa escrotal.
- Decúbito dorsal.
- Anestesia geral + bloqueio ilioinguinal (ou *TAP block*) + bloqueio do pudendo ou caudal.
- Prevenção da náusea e vômito pós-operatórios (NVPO).

FIXAÇÃO DO TESTÍCULO OU ORQUIDOPEXIA
- Para evitar uma torção posterior em testículo único ou antecedente de torção.
- Incisão escrotal.
- Duração prevista: 15 min.
- Anestesia geral + bloqueio do pudendo.

TORÇÃO DO TESTÍCULO
- As duas fases mais frequentes são o recém-nascido (torção no útero, portanto não é mais uma urgência) e a puberdade.
- Extrema urgência: não adiar e não esperar o resultado da avaliação.
- Em caso de estômago cheio: intubação em sequência rápida + bloqueio do pudendo no fim da cirurgia.

CISTO DO CORDÃO
- Duração previsível: 20 min.
- Anestesia geral + bloqueio ilioinguinal (ou *TAP block*).

HÉRNIA INGUINAL/HÉRNIA DO OVÁRIO
Prematuro < 60 semanas pós-concepcionais
(Ver *Antigo prematuro.*)

Lactente-criança jovem
- Duração prevista: < 30 min.
- AG + bloqueio ilioinguinal (ou *TAP block*) ou anestesia caudal se correção bilateral.

Hérnia estrangulada = estômago cheio
- Esvaziamento gástrico antes da indução, se possível com sonda de luz dupla.
- Anestesia geral: sequência rápida.
- Manutenção: halogenados + bloqueio ilioinguinal (ou *TAP block*).
- Manter a sonda gástrica no pós-operatório.

HÉRNIA UMBILICAL
- Anestesia geral + bloqueio paraumbilical.

HIDROCELE
- Idem à hérnia inguinal.

POSTECTOMIA OU PLASTIA DO PREPÚCIO
- AG + bloqueio do pudendo bilateral ou bloqueio peniano.

PRESCRIÇÕES PÓS-OPERATÓRIAS

- Retomada da alimentação assim que a criança pedir (os líquidos são possíveis já na SRPA).
- Analgesia pós-operatória multimodal por via oral para a cirurgia de hipospádias, do prepúcio, da região inguinal e em caso de cistoscopia simples.
- Ocluir o acesso venoso periférico logo após o despertar.

Anestesia para cirurgia oncológica

AVALIAÇÃO PRÉ-OPERATÓRIA
- Tipo de tumor: localização, avaliação da extensão (metástases osteo-medulares), HA (neuroblastoma).
- Quimioterapia: data da última aplicação, administração de antracicli-nas? Aplasia?
- ▲ **Geralmente o nadir da numeração plaquetária está retardado, verificar a ausência de aplasia pré-operatória; uma taxa de monócito elevada assinala o fim da aplasia.**
- Cateter central: tipo, localização, eventuais complicações infecciosas.
- Avaliar um eventual déficit neurológico pré-operatório (neuroblastoma paravertebral, neuroblastoma pélvico, toxicidade secundária à quimioterapia [vincristina] etc.).
- Tratamentos anti-hipertensivos (tumores renais, adrenais).
- Avaliação pré-operatória: hemograma completo, TP, TTPA, ionograma sanguíneo, função renal, carta de grupo completa, radiografia pulmonar, ultrassonografia dos vasos do pescoço caso haja passagem de cateter venoso central.
- Ecocardiografia com avaliação da função sistólica e diastólica se houver administração de antraciclinas.
- Pedir concentrado de eritrócitos irradiados.

MANEJO PERIOPERATÓRIO
- Monitoração perioperatória em função da cirurgia.
- Instalação de um cateter venoso central de duplo lúmen e de um cateter arterial em caso de intervenção potencialmente hemorrágica (hepatectomia, neuroblastoma mediano ou pélvico).
- As intervenções para exérese de um neuroblastoma adrenal, de um neuroblastoma paravertebral, de um nefroblastoma ou de metástases pulmonares geralmente não apresentam risco hemorrágico e não justificam monitoração hemodinâmica invasiva.
- Monitoração hemodinâmica com Doppler esofágico.
- AG padrão (a indução pode ser inalatória ou intravenosa).
- É possível a instalação de anestesia locorregional: anestesia peridural (lactentes, criança pequena, na ausência de contraindicações) ou raquianestesia de morfina (10 mcg/kg). Não administrar anestésicos locais por via peridural no perioperatório se a cirurgia for hemorrágica; preferir injetar 30 mcg/kg de morfina.
- ▲ **Um neuroblastoma paravertebral é uma contraindicação à raquianestesia.**
- Em caso de cirurgia hepática: ter um CH pronto para uso no momento do desclampeamento.
- Antibioticoprofilaxia: cefazolina 25 mg/kg.

MANEJO PÓS-OPERATÓRIO
- A analgesia pós-operatória é assegurada pela analgesia peridural contínua ou por raquianestesia (10 mcg/kg) substituída por um PCA de morfina (> 6-7 anos) ou morfina administrada IV contínua (< 6 anos).
- Injeção de paracetamol 60 mg/kg/d em 4 doses sistemáticas. No caso de uma hepatectomia, não administrar paracetamol durante as

primeiras 48 h: a introdução é feita assim que a citólise diminuir (avaliação hepática diária).

- Manejo pós-operatório na UTI.

▲ **O principal risco após a hepatectomia é a insuficiência hepática** (função do volume e das dificuldades de exérese): risco de sangramento, de hipoglicemia e de encefalopatia hepática. O nadir dos distúrbios da coagulação é frequentemente observado na H48; controlar a avaliação da hemostasia antes da ablação de um eventual cateter peridural e fazer controle diário da função hepática até a diminuição da citólise. Só administrar o paracetamol quando a citólise começar a diminuir.

Amigdalectomia ± adenoidectomia

INDICAÇÕES

- Amidalites obstrutivas responsáveis pelas apneias do sono ou por anginas recorrentes. Na criança com mais de 3 anos, o procedimento pode ser feito em ambulatório na ausência de síndrome de apneia obstrutiva do sono (SAOS).

CONSULTA DE ANESTESIA

- Busca de sinais de SAOS (despertar noturno, pesadelos, enurese, hiperatividade, dificuldades alimentares).
- Busca de uma HP com ± mal-estar, dor torácica, estalido de B2 no foco pulmonar.
- Intervenção adiada em caso de febre > 38ºC, espasticidade brônquica ou laringite.
- Avaliação pré-operatória: hemograma completo, TP, TTPA antes de 3 anos de idade ou em caso de anamnese hemorrágica pessoal ou familiar (ver *Avaliação pré-operatória*).

PRÉ-MEDICAÇÃO

- Jejum hídrico de 2 h antes da cirurgia e jejum sólido de 6 h.
- 1 h antes da cirurgia: pomada EMLA® sobre as duas mãos.

ANESTESIA

- Anestesia geral com intubação.
- Indução IV com propofol ou inalatória (sevoflurano). No caso de amidalites obstrutivas, preferir indução IV.
- Intubação com sonda aramada oral com balonete. Fixação da sonda de intubação sobre a mandíbula em posição mediana.
- Instalação do abridor de boca de Boyle-Davis para ORL (verificação da ausência de dobra ou de deslocamento da sonda por meio da auscultação dos dois campos pulmonares).
- Redução do risco de inalação de sangue perioperatório com:
  - A instalação na posição de Rose (decúbito dorsal, ombros elevados por um apoio, cabeça em hiperextensão, cabeceira abaixada). O cavum serve de receptáculo para o sangue.
  - Utilização de sonda com balonete insuflado com um manômetro.
- Manutenção com halogenados em ventilação controlada associada a:
  - Uma dose de opioides: sufentanila: 0,1-0,2 mcg/kg.
  - **ou**
  - Uma dose de clonidina: 2 mcg/kg IV lenta.
- Extubação após o controle da hemorragia intrabucal, o despertar completo e a recuperação dos reflexos de tosse e de deglutição.
- Colocar a criança em posição lateral de segurança.
- Prevenção dos NVPO: dexametasona (100 mcg/kg IV lenta, dose máxima de 4 mg no início da intervenção), *packing*, esvaziamento gástrico no fim da intervenção. Em caso de ineficácia: ondansetrona (100 mcg/kg IV lenta) sem ultrapassar 4 mg.

Pediatria

PRESCRIÇÕES PÓS-OPERATÓRIAS
- Observação na SRPA durante 1-2 h. Saída da SRPA após verificação da ORL.
- Retomada dos líquidos claros a partir de H2 (após verificação) e da alimentação semilíquida gelada a partir de H6.
- Analgesia sistemática.

No despertar: D0
- Paracetamol IV lento 15 mg/kg/6 h, 1ª injeção no centro cirúrgico.
- ± titulação de morfina (somente na SRPA).

No D0/D3: substituição da analgesia por VO
- Paracetamol em xarope: dose kg x 4/d.
- Ibuprofeno em xarope: dose kg x 3/d.
- Atualmente a codeína é contraindicada para as crianças com menos de 12 anos e para todas as crianças (com menos de 18 anos) operadas das amígdalas ou das vegetações para SAOS. A codeína é transformada em morfina no nível hepático pelo CYP2D6. Alguns pacientes apresentam um perfil de "metabolizadores rápidos", que se traduz por uma transformação mais rápida da codeína em morfina e por um risco de superdosagem.
- O tramadol (1 mg/kg/6 h) poderia ser uma alternativa à codeína. Ele tem uma atividade analgésica dupla: agonista dos receptores opiáceos μ e inibidor da recaptura da serotonina e da noradrenalina. Mas existe, assim como com a codeína, um risco de acidente respiratório nos pacientes "metabolizadores rápidos" e mais particularmente entre aqueles que apresentam SAOS.
- Se a amigdalectomia foi realizada em ambulatório: jejum de pelo menos 6 h. Saída na 7ª h após alimentação leve. Prevenção dos NVPO e analgesia pós-operatória idênticas.

NOVA CIRURGIA POR SANGRAMENTO
- Certificar-se da tipagem sanguínea completa (2 determinações + RAI). Pedido eventual de sangue.
- Acesso venoso assegurado antes da indução.
- Expansão volêmica com macromoléculas: 10 mL/kg em 15 min.
- Instalar uma sonda gástrica para esvaziar o estômago que está cheio de sangue deglutido, sabendo que este esvaziamento nunca é completo.
- Anestesia geral de uma criança que está com o estômago cheio, com intubação difícil em uma região cheia de sangue.
- Utilizar uma sonda com balonete e instalar um *packing* para proteger as vias aéreas. Há risco de vômitos e de broncoaspiração de sangue no momento da extubação, que deve então ser feita quando a criança estiver plenamente desperta.

SE FOR APENAS UMA ADENOIDECTOMIA
- Indicações: otites graves recorrentes, hipertrofia das vegetações (roncos).
- Cirurgia que pode ser realizada em ambulatório.
- Avaliação pré-operatória: idem amigdalectomia.
- Pré-medicação: midazolam 0,4 mg/kg VO 30 min antes do centro cirúrgico.
- Anestesia:

- Cirurgia efetuada sob AG com intubação (ou máscara laríngea modificada se idade > 3 anos ou peso > 20 kg).
- Indução inalatória geralmente com sevoflurano na máscara facial + O_2 puro, AVP, depois intubação apenas com sevoflurano.
- Introdução do abridor de boca de Boyle-Davis e depois uma leve extensão da cabeça para "arranhar" as vegetações.
- Interromper a administração de sevoflurano desde o início do procedimento, que dura apenas cerca de 30 s.
- Extubação após o despertar completo e a recuperação dos reflexos de tosse e deglutição. Realizar repetidas aspirações faríngeas antes de deitar novamente a criança em decúbito lateral ou mesmo em decúbito ventral.
- Prescrições pós-operatórias:
  - Controle na SRPA até que o cirurgião ORL constate a ausência de sangramento.
  - Analgesia com paracetamol (15 mg/kg a cada 6 h).
  - Retomada de bebidas e alimentação leve e gelada 3 h após o despertar.
  - Segundo controle ORL e anestésico no período da tarde, antes da saída da criança.

Atresia das vias biliares

Em princípio, as crianças são operadas antes de 6 semanas de vida. Duração da intervenção: 3-4 h. Cirurgia de baixo risco hemorrágico.
- O sucesso depende da precocidade do tratamento cirúrgico (< 6 semanas de vida).
- Realização de uma hepato-porto-enterostomia, mais raramente de uma hepato-porto-colecistostomia.

PRÉ-OPERATÓRIO
- Avaliação: hemograma completo, avaliação eletrolítica sanguínea, ureia, creatinina, TTPA, TQ, grupo Rh, RAI.
- Preparação: regime hídrico 12 h antes da cirurgia = mamadeira com água açucarada 15 mL/kg/3 h até H-2 + 1 Microlax® bebê na noite anterior.

PERIOPERATÓRIO
Monitoração padrão
Anestesia geral
- Anestesia geral (2 AVP) + peridural lombar.
- É possível a utilização dos halogenados.
- Antibioticoprofilaxia: amoxicilina-ácido clavulânico 50 mg/kg.
- Aportes perioperatórios: Ringer lactato + G 1,2% 10 mL/kg/h.
- É frequente a ocorrência de choque durante a exteriorização do fígado. Antecipar com a infusão de NaCl 0,9%: 10 mL/kg.

PÓS-OPERATÓRIO
- Balanço hídrico/4 h: diurese, sonda gástrica, infusão.
- Medir o perímetro umbilical/24 h.
- Restrição hídrico-sódica no pós-operatório = dextrose G5 3 mL/kg/h.
- Compensar as perdas digestivas com Ringer lactato.
- Em caso de oligúria: soro fisiológico isotônico 10 mL/kg IV lenta em 2 h.
- Em caso de descompensação ascítica com oligúria: albumina 10% 10 mL/kg em 2 h + furosemida na dose de 0,5 mg/kg IV lenta por 30 min.
- Analgesia:
  - Peridural contínua durante 48 h: levobupivacaína 1 mg/mL.
  - Paracetamol: 10-15 mg/kg/6 h.
- O principal risco pós-operatório é infeccioso +++. Se aparecer um sintoma febril, suspeitar de colangite e iniciar antibioticoterapia focada na *E. coli* e nos enterococos (piperacilina/tazobactama + gentamicina) após coletas de exames (hemoculturas, hemograma completo, PCR, avaliação hepática).
- Não há risco infeccioso pós-operatório no caso de uma hepato-porto--colecistotomia; em contrapartida, há risco de fístula biliar (pensar nisso diante de uma criança que ainda sente dor, apresenta leve febre, intolerância alimentar e que secundariamente desenvolva ascite).

Manejo diante de uma hérnia diafragmática

- A incidência desta malformação é de 1/5.000 nascimentos vivos.
- Os órgãos abdominais em posição intratorácica interferem no desenvolvimento do pulmão homolateral. O grau de hipoplasia resultante condiciona o prognóstico dessa malformação.
- Na maioria das vezes o diagnóstico é pré-natal. A avaliação do prognóstico baseia-se nos seguintes critérios:
  - Medida do LHR (razão pulmão/perímetro cefálico e na apreciação da relação LHR observada/LHR esperada:
    » < 25% = forma grave.
    » 25-44,9% = forma intermediária.
    » > 45% = forma favorável.
  - A localização intratorácica do fígado nas formas esquerdas é um elemento desfavorável.
  - A estimativa do volume pulmonar na RM fetal.
- Manejo pré natal:
  - Interrupção médica de gestação proposta para as formas graves ou intermediárias.
  - Otimização do desenvolvimento pulmonar com a instalação de um plugue intratecal a partir de 28-30 SA em fase de avaliação para as formas graves ou intermediárias.
- Diagnóstico raramente estabelecido na sala de parto diante de um desconforto respiratório agudo associado a abdome achatado, tórax distendido, abolição do murmúrio vesicular e deslocamento dos ruídos do coração (forma esquerda).
  - A imagem toracoabdominal de frente confirma o diagnóstico.

PREPARAÇÃO PARA A MATERNIDADE
- O_2 puro em ventilação espontânea (nunca assistir com máscara).
- Intubação nasotraqueal (n. 2,5 ou 3).
- Ventilação convencional como primeira escolha. Ajustamento dos parâmetros ventilatórios para obter uma SaO_2 pré-ductal > 95%: Pmáx 18-22 cmH_2O, FR 44-60/min, PEEP 3-4 cm H_2O.
- Sedação apenas com sufentanila: *bolus* de 0,2 mcg/kg e depois manutenção IV em bomba de infusão com 0,2 mcg/kg/h.
- Sonda gástrica (n. 6 ou 8) por via oral.
- Acesso venoso seguro: G10% + eletrólitos 2 mL/kg/h (NaCl).
- Surfactante exógeno com meias doses em caso de prematuridade.

MANEJO PRÉ-OPERATÓRIO
- Atualmente, a cirurgia só é considerada após a estabilização dos parâmetros ventilatórios e hemodinâmicos.
- Deve haver uma estreita colaboração com a equipe de reanimação.
- Otimização hemodinâmica:
  - Expansão volêmica com *bolus* de 10-20 mL/kg de NaCl 0,9% (máx. de 40 mL/kg).
  - Noradrenalina: 0,2 mcg/kg/min desde a 2ª expansão volêmica.
  - Objetivo PAM > 45-50 mmHg.

- Ventilação em OAF (oscilações de alta frequência) se $PaCO_2$ > 60 mmHg e/ou hipoxemia persistente apesar de Pmáx > 22 cmH_2O ou de imediato, caso a forma seja grave.
  - Limitar os fatores agravantes da HP: sedação adequada, prevenção da hipotermia.
  - Evitar a sobredistensão pulmonar (evitar as pressões médias elevadas).
  - NO ± prostatina se HP suprassistêmica com hipoxemia persistente.
- A ECMO é possível se a idade gestacional for > 34 SA e a PN > 2,5 kg quando $SatO_2$ pré ductal < a 80% com pressões médias > a 22 cm de H_2O sob OAF (após uma melhora inicial da oxigenação), insuficiência cardiovascular persistente, na ausência de hipoplasia pulmonar grave (▲ a hipoplasia pulmonar grave se traduz por hipercapnia persistente sob ventilação ideal).

CRITÉRIOS PARA A CIRURGIA
- Hemodinâmica estabilizada com HP infra ou isossistêmica.
- Se possível antes de H48.
- Na ausência da possibilidade de desmame da OAF e/ou do NO, discutir tratamento cirúrgico em terapia intensiva.

MANEJO NO CENTRO CIRÚRGICO
Via de acesso abdominal
- Reintegração das vísceras no abdome: fechamento do diafragma se necessário com uma placa de Silastic®; duração da cirurgia: 60-90 min.

Anestesia
- Monitoração padrão, SpO_2: alarmes compreendidos entre 90-95%, 2 captores (pré e pós-ductal).
- Antibioticoprofilaxia: cefazolina 25 mg/kg ± ornidazol 30 mg/kg se ressecção digestiva.
- Sufentanila 0,5-1 mcg/kg/h, curare tipo atracúrio e manutenção inalatória.
- Proscrever protóxido de azoto.
- Esvaziar o estômago antes da incisão.
- Nas formas graves com hipoplasia da parede abdominal, monitoração da pressão intravesical durante o fechamento parietal para prevenir a síndrome de compartimento abdominal (objetivo de pressão intravesical < 12 mmHg).

Dessaturação perioperatória
- Erro técnico: sonda dobrada ou obstruída, extubação acidental, desconexão etc.
- Pneumotórax contralateral: exsuflar.
- HP suprassistêmica com *shunt* direita-esquerda (ver *Atresia do esôfago*).

No fim da intervenção
- Radiografia do tórax após o curativo (posição do mediastino? Pneumotórax contralateral?).
- Injetar antes da saída do centro cirúrgico: sufentanila 0,1 mcg/kg ± curare.
- Passagem para a UTI intubado-ventilado.

Atresia do esôfago (AE)

DIAGNÓSTICO
- 1/4.500 nascimentos.
- O diagnóstico pré-natal é possível diante da existência de um hidrâmnio, da ausência de visualização do estômago ou da existência de um estômago de tamanho pequeno ou mesmo da constatação de um deslocamento da parede posterior da traqueia na frente da imperfeição.
- Após o nascimento:
  - A investigação não é mais sistemática na sala de parto. Consiste em passar uma sonda semirrígida com ponta flexível n. 10 no esôfago (obstáculo a 10 cm das arcadas dentárias = AE).
  - A radiografia de tórax mostra a extremidade da sonda no fundo do saco superior e busca a presença de uma aeração gástrica favorável a um tipo 3, mais raramente a um tipo 4.
- Secundariamente, considera-se o diagnóstico diante de uma hipersalivação associada aos engasgos durante a alimentação com aparecimento de uma obstrução pulmonar associada a crises de cianose.

FORMAS ANATÔMICAS
- Em 90% dos casos: AE tipo 3, isto é, com fundo de saco superior obstruído associado a um fundo de saco inferior comportando uma fístula que o liga à traqueia.
- Cirurgia: anastomose esôfago-esofágica em um tempo após fechamento da fístula por via toracoscópica ou toracotomia direita.
- Em 5% dos casos: AE tipo 1, isto é, com dois fundos de saco obstruídos; conduta a manter: constrastação do fundo de saco distal por via abdominal e depois anastomose término-terminal em um tempo se os dois fundos de saco estão próximos (raro) ou gastrostomia de alimentação associada a uma aspiração faríngea contínua, esperando o tratamento cirúrgico completo.

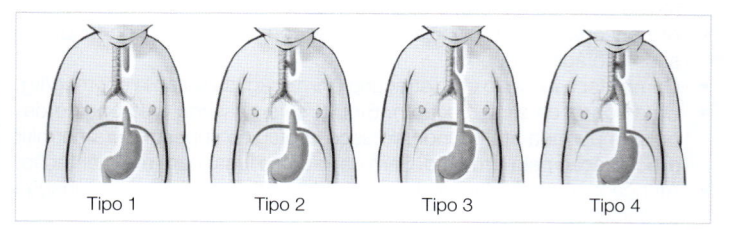

| Tipo 1 | Tipo 2 | Tipo 3 | Tipo 4 |

PREPARAÇÃO
- Interrupção da alimentação.
- Instalação em proclive (45º).
- Instalação por via oral de uma sonda com luz dupla no fundo de saco superior, em aspiração contínua – 20 cmH$_2$O.
- Instalação de um acesso venoso periférico 24G: G10% + eletrólitos com débito de 2 mL/kg/h (com NaCl).
- Se houver obstrução broncopulmonar: intubação nasotraqueal com sonda n. 2,5 ou 3 cuja extremidade distal é posicionada perto da carina, para limitar as fugas via fístula e o risco de distensão gástrica.

- Busca de malformação associada (cardíaca, renal e vertebral).
- Verificação da posição da aorta: em princípio acesso cirúrgico à direita, exceto se a aorta for visualizada à direita.

MANEJO NO CENTRO CIRÚRGICO (AE TIPO 3)
TÉCNICA CIRÚRGICA
- Toracotomia ou toracoscopia direita no 4º espaço (exceto se a aorta é visualizada à direita).
- Acesso extrapleural do mediastino; incisão-fechamento da fístula.
- Anastomose esôfago-esofágica, sem tensão, com uma sonda orogástrica n. 6 ou 8.
- Fechamento com dreno extrapleural.
- Duração prevista: 2-3 h.

Anestesia
- Instalação sobre uma mesa em proclive.
- Início de uma monitoração padrão, com dois captores de SpO_2, para monitorar a SpO_2 pré-ductal (mão direita) e pós-ductal (pé direito ou esquerdo).
- Na indução:
  - Manter a criança em ventilação espontânea até a incisão.
  - Se a criança não estiver intubada, indução inalatória com sevoflurano após aspiração do fundo de saco posterior e intubação em ventilação espontânea sob anestesia profunda (regular a fração inspirada de sevoflurano a 7%) com monitoração precoce da PANI (objetivo de PAM > idade gestacional).
  - Uma endoscopia ORL pode ser realizada antes da intubação para definir o nível da fístula esofagotraqueal (AE tipos III e IV).
- Manutenção com halogenados, em uma mistura gasosa ar/O_2 (sem N_2O).
- Segundo acesso venoso (membro superior esquerdo ou a cabeça).
- Instalação definitiva em decúbito lateral esquerdo com um apoio na região axilar com o braço direito elevado.
- Até o fechamento da fístula, continuar com a aspiração do fundo do saco esofágico superior.
- Completar a indução com atracúrio 0,5 mg/kg, sufentanila 0,2 mcg/kg.
- Uma sonda de alimentação n. 6 ou 8 será passada pela boca e depois empurrada até o fundo do saco esofágico superior para permitir a localização pelo cirurgião. Será deixada no lugar para a alimentação.
- Atenção: a manipulação dessa sonda pode provocar a extubação acidental da criança.

SIGNIFICADO DA CIANOSE PERIOPERATÓRIA
- Erro técnico: sonda dobrada, extubação acidental, desconexão etc.
- Intubação seletiva à direita (no lado do pneumotórax cirúrgico).
- Sonda obstruída por um coágulo (no momento do fechamento da fístula).
- Compressão traqueal cirúrgica.
- Distensão gástrica importante.
- HP suprassistêmica com passagem em circulação fetal que deve ser evocada diante do aparecimento de uma gradiente entre a SpO_2 pré e

pós-ductal, traduzindo um *shunt* direita-esquerda no nível do forame oval e do canal arterial.

- Manejo terapêutico:
  - Aumento da FiO_2.
  - Correção de uma eventual acidose respiratória, normotermia.
  - Expansão volêmica com 10-20 mL/kg de NaCl 0,9%.
  - Noradrenalina na ausência de melhora a fim de aumentar a PAM e inverter o *shunt*. Iniciar com a dose de 0,2 mcg/kg/min.
  - NO em último caso.

Gastrosquise e onfalocele

Estas duas condições são caracterizadas por uma ausência de fechamento da parede abdominal.

GASTROSQUISE
- 1/10.000-1/15.000 nascimentos.
- Diagnóstico pré-natal precoce.
- Ao nascimento:
  - Anomalia da parede abdominal situada lateralmente à base do cordão umbilical.
  - As vísceras (intestino, fígado, baço) estão exteriorizadas de forma mais ou menos completa de acordo com a importância do defeito.
- As malformações associadas são raras.
- É possível a atresia do intestino delgado, consequência da periviscerite.
- São frequentes a prematuridade (60%) e a hipotrofia.

ONFALOCELE
- 1/5.000-1/10.000.
- Diagnóstico pré-natal precoce.
- Ao nascimento:
  - Hérnia das vísceras na base do cordão umbilical.
  - Cobertura das vísceras por uma membrana.
- As malformações associadas são frequentes (30%): cromossômicas (trissomia 13, 15, 18) digestivas (má rotação, atresia), cardíacas (tetralogia de Fallot, CIA e CIV), metabólicas (síndrome de Wiedmann--Beckwith, risco de hipoglicemia++), fendas labiopalatinas etc.).

RISCOS ESPECÍFICOS ASSOCIADOS A ESSAS DUAS CONDIÇÕES
- Hipotermia: largas superfícies de troca.
- Risco infeccioso: gastrosquise, onfalocele rota.
- Torções dos pedículos vasculares.
- Oclusão intestinal alta: torção do estômago.

PREPARAÇÃO
- A criança deve ser manipulada com assepsia.
- Colocar a criança em decúbito lateral direito, secá-la e reaquecê-la (mesa calor radiante).
- Instalação de um saco para o intestino delgado.
- Instalação de um acesso venoso periférico com coleta para avaliação pré-operatória.
- Infusão de base G 10% com 3 g/L de NaCl (sem KCl inicialmente): 4 mL/kg/h, associada à vitamina K1: 2 mg IV.
- Em caso de dor, titulação de morfina.
- Não ventilar com a máscara, intubação não sistemática (exceto em caso de depressão respiratória).
- Sonda orogástrica: esvaziar o estômago e deixá-la no local.
- Transferência para o centro cirúrgico.

MANEJO TERAPÊUTICO
Técnica cirúrgica
- Reintegração das vísceras e fechamento da parede abdominal em urgência em caso de gastrosquise ou onfalocele rota (antes H6 de vida).
- Suspensão da onfalocele nas formas volumosas, o que permite reintegração progressiva e fechamento secundário.
- Risco de síndrome do compartimento abdominal durante o fechamento parietal: medir a pressão vesical perioperatória (objetivo de pressão vesical tele-expiratória < 12-13 cmH_2O em um paciente curarizado).
- Em razão do volume reintegrado e da pressão vesical: fechamento parietal primário ou instalação de uma placa em Silastic® em forma de silo com reintegração progressiva das vísceras com hérnia.

Anestesia
- Início da monitoração padrão e da SpO_2 pré e pós-ductal.
- Indução em sequência rápida após aspiração do conteúdo gástrico: propofol 3 mg/kg e succinilcolina 2 mg/kg.
- Intubação nasotraqueal: geralmente é necessária a ventilação mecânica pós-operatória (exceto em caso de lesões menores).
- Segundo acesso venoso periférico com compensação das perdas perioperatórias com NaCl 0,9% (sem K^+ na ausência de diurese).
- Manutenção inalatória (evitar o N_2O por causa da distensão digestiva), sufentanila e atracúrio.
- Controle da glicemia capilar.

Malformações anorretais

- Interrupção do tubo digestivo acima do plano dos músculos elevadores do ânus (formas altas) ou abaixo do plano dos músculos elevadores do ânus (formas baixas).
- São frequentes as anomalias renais, vertebrais, medulares associadas.
- Quando existir dúvida no exame clínico, uma radiografia simples em decúbito ventral, cabeça para baixo, com um reparo no nível da fossa anal, permite avaliar a distância entre a pele e o fundo de saco retal.
- Uma fistula está geralmente associada: no ureter ou na vagina nas formas altas, no nível do períneo nas formas baixas.

FORMAS BAIXAS
- Anoplastia nos primeiros dias de vida.
- Instalação em posição ginecológica.
- Anestesia geral + anestesia caudal (caso sejam normais a ultrassonografia medular e a radiografia da coluna vertebral).
- Antibioticoprofilaxia com amoxicilina + ácido clavulânico continuada durante 48 h.
- Retomada rápida da alimentação no pós-operatório.

FORMAS ALTAS
- Colostomia imediata.
- Tratamento cirúrgico adiado, próximo dos 3 meses de idade.
- Técnica de Pena (duração de 3 h) +++: instalação em decúbito ventral, um apoio sob o quadril, incisão perineal mediana.
- Anestesia geral + anestesia caudal (caso sejam normais a ultrassonografia medular e a radiografia da coluna vertebral).
- Retomada da alimentação desde o reinício do trânsito intestinal.
- Continuação da antibioticoprofilaxia com amoxicilina + ácido clavulânico durante 48 h.

Oclusões neonatais

- Diagnóstico dado a partir da existência de vômitos verdes.
- A importância do meteorismo depende do local da oclusão.
- Diagnóstico do local: radiografia contrastada, ultrassonografia abdominal (posição dos vasos mesentéricos/diagnóstico de volvo).

Tipo	Conduta
Oclusões duodenais	
Atresia, diafragma	Ressecção-anastomose/remodelagem Prazo de realimentação longo
Anomalia de rotação	Prazo de alimentação dependente do aspecto do intestino delgado
Oclusões do intestino delgado	
Atresia, diafragma	Ressecção-anastomose ± ileostomia Risco = volvo no nível da zona de atresia: URGÊNCIA ++ Prazos de realimentação variáveis
Íleo meconial	Tratamento médico Mucoviscidose
Oclusões cólicas	
Atresia, diafragma	Excepcional
Doença de Hirschprung	*Nursing* (massagens, sondas retais) ± colostomia em caso de fracasso. Tratamento cirúrgico em um segundo tempo. Risco: enterocolite* (ver a seguir)
Obstrução meconial	Lavagem terapêutica/evacuação da obstrução

AVALIAÇÃO PRÉ-OPERATÓRIA (VER *ACOLHIDA DO RECÉM--NASCIDO NO CENTRO CIRÚRGICO*)
- Estado de hidratação, infusão com soluto glicosado 10% + eletrólitos 3 mL/kg (com NaCl) e compensação das perdas gástricas volume a volume com Ringer lactato moderadamente.
- Investigar outras malformações associadas (trissomia 21 e atresia duodenal).

MANEJO PERIOPERATÓRIO
- Em caso de hipovolemia: NaCl 0,9% 10 mL/kg IV em 30 min.
- Estômago cheio: sequência de indução rápida.
- Anestesia geral padrão; não administrar N_2O.
- Oclusões do intestino delgado = cateter venoso central, pois a realimentação será progressiva e prudente ± distúrbios hidroeletrolíticos (ileostomia ++).
- Se for realizada uma colostomia, a realimentação será rápida, de 48-72 h.

Pediatria

- Cirurgia em geral pouco hemorrágica.
- Antibioticoprofilaxia com amoxicilina + ácido clavulânico 50 mg/kg.
- Com exceção das intervenções com durações curtas (colostomia), às vezes é necessário ventilar essas crianças durante 24-48 h, principalmente os prematuros e as crianças com pouco peso.
- Raramente a ALR é considerada em emergência, pois a avaliação da hemostasia muitas vezes é perturbada e a avaliação da malformação é incompleta.
- * Em caso de suspeita de enterocolite em um recém-nascido que sofre de doença de Hirschprung (síndrome infecciosa + distensão abdominal): repouso digestivo estrito e iniciar imediatamente antibioticoterapia que associe cefotaxima 100 mg/kg/d, amicacina 30 mg/kg/d e metronidazol 30 mg/kg/d.
- Caso particular da doença de Hirschprung:
  - O tratamento cirúrgico completo consiste na realização de um abaixamento transanal com realização de biópsias escalonadas e exame extemporâneo para fazer a anastomose em zona saudável.
  - Realizada no 1º mês de vida na maioria das crianças, adiada para 3 meses nas formas que precisam de colostomia.
  - Anestesia: AG + APD.
  - Antibioticoprofilaxia com amoxicilina + ácido clavulânico, continuada por 48 h.

Fechamento cirúrgico do canal arterial

- A indicação de fechamento do canal arterial surge quando existe uma sobrecarga pulmonar ligada ao hiperdébito ou uma repercussão neurológica e/ou digestiva ligada ao volume diastólico.
- Tratamento médico de primeira escolha: AINE + restrição hídrico-sódica + furosemida ± transfusão.
- Em caso de fracasso, deve-se recorrer à cirurgia.

PRÉ-OPERATÓRIO
- Hemograma completo, coagulograma, ionograma sanguíneo (diuréticos), função renal (antecedente de tratamento com AINE), grupo Rh, RAI.
- Prever a reserva de concentrado de hemácias.

PERIOPERATÓRIO
Monitoração e equipamento
- SpO_2 com um captor na mão direita (pré-ductal) e um no membro inferior esquerdo (pós-ductal), capnografia, pressão arterial não invasiva, temperatura, cardioscopia.
- Instalar a criança sobre um colchão de ar quente em decúbito lateral direito com um pequeno apoio sob o tórax.
- Um acesso venoso periférico para a injeção dos agentes anestésicos e para a expansão.
- Não injetar nada pelo cateter central caso seja um cateter epicutâneo-cava. A infusão de base permanece com o mesmo débito que na terapia intensiva.
- A FiO_2 deve ser adequada de acordo com a saturação, tendo como objetivo $SpO_2 > 92\%$.
- Adequar a frequência respiratória e a pressão de insuflação aos diferentes tempos operatórios.

Anestesia
- Antibioticoprofilaxia: cefazolina 25 mg/kg em dose única.
- Indução: dar continuidade à sedação (sufentanila e midazolam), reinjetar 0,1-0,2 mcg/kg de sufentanila ± atracúrio 0,5 mg/kg. Quantificar o volume exato das purgações+++, diluições em seringas de 1 mL.
- Manutenção da anestesia com baixas concentrações de halogenados.
- Em caso de queda da PA, expansão com NaCl 0,9% com *bolus* de 5 mL, que podem ser repetidos se necessário (cerca de 10 mL/kg).
- Interromper a ventilação no momento da incisão da pleura para não correr o risco de ferir o pulmão subjacente.
- Quando o tórax estiver aberto, podem ocorrer problemas de ventilação por causa dos afastadores. Não hesitar em retomar a ventilação manualmente para reexpandir o pulmão a fim de encontrar uma saturação correta.
- O cirurgião localiza a aorta e circunda o canal arterial com um laço, antes da colocação de um clipe:
    - Se houver dessaturação pós-ductal com um gradiente no momento da prova do clampeamento, talvez haja clampeamento aórtico.

- Se houver dessaturação pré e pós-ductal no momento da prova do clampeamento, talvez haja clampeamento da artéria pulmonar.
- Risco hemorrágico por esgarçamento do canal arterial:
  - » Expansão volêmica com 10-20 mL/kg de NaCl 0,9% aguardando os produtos sanguíneos.
  - » Transfusão de 10-20 mL/kg de concentrado de hemácias (Hémocue®) ± plasma fresco congelado em caso de sangramento não controlado.
  - » No caso de ineficácia circulatória, epinefrina IV em bomba de infusão. Diluição da epinefrina (mg): peso (kg)/10 x 3 em um volume total de 50 mL de NaCl 0,9%: iniciar com 2 mL/h, ou seja, 0,2 mcg/kg/min, e titular aumentando em 1 mL/h (ou seja, um aumento de 0,1 mcg/kg/min) até a estabilização da PA.
- Boa insuflação e massagem das áreas com atelectasia antes do fechamento do tórax.
- O fechamento é feito com uma drenagem torácica.

Analgesia pós-operatória

PRINCÍPIOS MAIS IMPORTANTES

- A dor está presente na criança desde o nascimento.
- A avaliação da dor deve ser sistemática, fora de qualquer estimulação ou no decorrer de qualquer procedimento doloroso, utilizando-se as diferentes escalas adequadas à idade da criança.
- A dor deve ser reavaliada sistematicamente após um antálgico para certificar-se de sua eficácia.
- Os antálgicos devem ser administrados na hora determinada.
- A analgesia subcutânea não é praticada na pediatria.
- Os analgésicos devem ser associados: analgesia multimodal.

ANALGESIA NÃO MORFÍNICA

- Paracetamol VO: dose kg/6 h (xarope) ou 15 mg/kg/6 h (sachê ou comprimido). Deve-se preferir a via oral à retal (baixa biodisponibilidade).
- Paracetamol IV:
  - Recém-nascido com idade pós-concepcional (IPC) de 28-44 semanas de amenorreia (SA):
    » 10 mg/kg/12 h entre 28-31 SA.
    » 10 mg/kg/6 h entre 32-44 SA.
  - Lactentes de 44 SA passadas (> 1 mês) e as crianças mais velhas: 15 mg/kg/6 h.
- AINE máximo por 2 d por via IV e 5 d VO.
  - Ibuprofeno xarope: 7,5 mg/kg/6 h ou 10 mg/kg/8 h VO (autorização de comercialização a partir de 3 meses).
  - Cetoprofeno: 1 mg/kg/8 h IV lenta durante 48 h (a partir de 1 ano fora da autorização de comercialização).
  - A utilização dos AINE não é recomendada para as crianças com varicela (risco de fasceítes necrotizantes).

COANALGÉSICOS

São medicamentos que agem especificamente sobre certos componentes da dor. Reforçam a ação dos analgésicos.

Antiespasmódicos (dores viscerais)

Floroglucinol		
1 ampola 4 mL	40 mg	0,5 mg/kg/6 h IV lenta
Comprimido	80 mg	1,5 mg/kg/6 h
Trimebutina		
Suspensão oral	4,8 mg/mL	1 dose kg x 3/d
Comprimido	100 mg	1,5 mg/kg/8 h
Oxibutinina Antiespasmódico de tipo anticolinérgico: não associar com a hidroxizina		
Comprimido	5 mg	0,5 mg/kg/d em 4 doses entre 1-5 anos: ½ cp-¼ cp-½ cp-¼ cp > 5 anos: ½ cp/6 h

TRATAMENTO DAS DORES NEUROPÁTICAS

- Para a dor de fundo:
  - A monoterapia deve ser a regra em primeira escolha.
  - A posologia deve ser aumentada muito progressivamente de acordo com a eficácia e a tolerância.
    - » Gabapentina: 10 a 30 mg/kg/d em três doses.
    - » Amitriptilina: 0,3 a 1 mg/kg/d em uma dose à noite.
- Para as dores agudas (fulgurantes):
  - Clonazepam: solução oral 1 gota = 0,1 mg (0,05 a 0,1 mg/kg/d).

ANALGESIA MORFÍNICA

Codeína		
• Contraindicada antes dos 12 anos e para todas as crianças (com menos de 18 anos) operadas das amídalas ou das vegetações para SAOS • Alguns pacientes apresentam um perfil de "metabolizações rápidas" que se traduzem por uma transformação mais rápida da codeína em morfina e por um risco de sobredosagem		

Tramadol		
• Assim como com a codeína, há risco de acidente respiratório nos pacientes "metabolizadores rápidos" e mais particularmente naqueles que apresentam SAOS		
Contramal® Topalgic®	Xarope 1 gota = 2,5 mg	1-2 mg/kg/6 h máx. 8 mg/kg/d > 3 anos

Nalbufina		
Nubain® (antagonizável com a naloxona)	2 mL = 20 mg	0,2 mg/kg/6 h IV lenta ou 1,2 mg/kg/d IV em bomba de infusão ou 0,4 mg/kg intrarretal Autorização de comercialização para > 18 meses

Morfina		
Cloridrato de morfina		
Solução oral	10 mL = 10 mg 10 mL = 20 mg	VO 1 mg/kg/d em 6 doses
Morfina IV	1 mL = 1 mg 1 mL = 10 mg	10 a 30 mcg/kg/h IV contínua
Antídoto: naxolona IV	1 mL = 0,4 mg	1-2 mcg/kg em titulação 10 mcg/kg para antagonização completa
Sulfato de morfina: VO		
Morfina com liberação imediata		
Actiskenan®	5, 10, 20 mg	Cápsulas que podem ser abertas 1 mg/kg/d em 6 doses > 6 meses
Sevredol®	10 e 20 mg	Comprimidos que podem ser cortados 0,4-1 mg/kg/d em 6 doses > 6 anos
Oramorph®	Solução a 20 mg/mL 1 gota = 1,25 mg	Solução oral 1 mg/kg/d em 6 doses > 6 meses
Morfina com liberação prolongada		
Skenan®	10, 30, 60, 100, 200 mg	Cápsulas que podem ser abertas 1 mg/kg/d em 2 doses > 6 meses
Moscontin®	10, 30, 60, 100 mg	Comprimidos que podem ser cortados 1 mg/kg/d em 2 doses > 6 anos

A ondasetrona inibe os efeitos analgésicos do tramadol.

Avaliação da dor pós-operatória na criança

- Qualquer prescrição de antálgicos deve ser precedida e acompanhada de uma avaliação sistemática da dor por meio de uma escala validada, adequada à idade da criança.

CRIANÇA > 6 ANOS
- Autoavaliação com uma escala visual analógica (EVA), escala verbal simples, escala numérica simples ou escala de faces.

CRIANÇA ENTRE 4 E 6 ANOS
- Autoavaliação com uma escala de faces e uma escala verbal simples.

CRIANÇA < 4 ANOS
- Heteroavaliação com uma escala comportamental FLACC, OPS, CHEOPS, EVENDOL (as escalas estão disponíveis no site: www.pediadol.org).

Escala de faces para a criança a partir de 4 anos

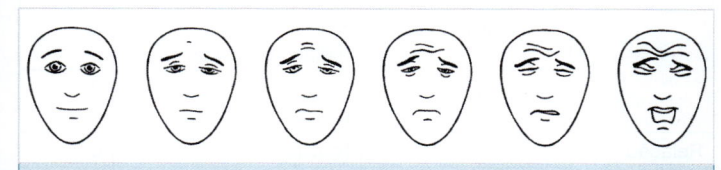

Instrução: "Essas carinhas revelam o quanto a dor pode ser forte. Esta carinha (apontar a da esquerda) mostra alguém que não sente nenhuma dor. Estas carinhas (apontar uma a uma da esquerda para a direita) mostram alguém que sente uma dor cada vez mais forte, até esta aqui (apontar a da direita), que exibe alguém que sente muita dor. Aponte a carinha que mostra como está sua dor neste momento".

Escala Evendol
(Limiar de prescrição de antálgicos > 4/15)

Observação		Critérios	Escore
Expressão verbal ou vocal	Choros	Ausentes	0
	± Grito	Sinal fraco ou passageiro	1
	± Gemido	Sinal médio ou na metade do tempo	2
	± Diz que sente dor	Sinal forte ou quase permanente	3

(continua)

Observação		Critérios	Escore
Mímicas		Ausentes	0
	Testa enrugada	Sinal fraco ou passageiro	1
	± Sobrancelhas enrugadas	Sinal médio ou na metade do tempo	2
	± Boca crispada	Sinal forte ou quase permanente	3
Movimentos		Ausentes	0
	Agitada	Sinal fraco ou passageiro	1
	± Se enrijece	Sinal médio ou na metade do tempo	2
	± Se crispa	Sinal forte ou quase permanente	3
Posições		Ausentes	0
	Atitude inabitual	Sinal fraco ou passageiro	1
	± Atitude antálgica	Sinal médio ou na metade do tempo	2
	± Permanece imóvel	Sinal forte ou quase permanente	3
Relação com o entorno		Normal	0
	Pode ser consolada	Diminuída	1
	± Interessa-se pelas brincadeiras	Muito diminuída	2
	± Comunica-se com o entorno	Ausente	3
		Total	/15

Morfina

PRESCRIÇÃO DE MORFINA
Titulação na SRPA
- Dose de ataque: 0,1 mg/kg IV (máx. de 3 mg).
- Depois *bolus*: 0,025-0,050 mg/kg/5 min (máx. de 3 mg) segundo o escore de dor ou os sinais de sobredosagem.
- Diminuir pela metade as doses nos recém-nascido e no lactente < 3 meses.

Manutenção PCA de morfina IV: > 6 anos
- *Bolus*: 0,020 mg/kg.
- Período refratário: 6-8 min.
- Se necessário, débito contínuo: 0,005-0,02 mg/kg/h.
- Em caso de náuseas ou vômitos: droperidol na PCA (ou seja, 2,5 mg de droperidol para 50 mg de morfina).

Manutenção morfina IV contínua: ≤ 6 anos
- < 1 mês: 5-10 mcg/kg/h IV em bomba de infusão.
- < 3 meses: 10-20 mcg/kg/h IV em bomba de infusão.
- > 3 meses: 20-30 mcg/kg/h IV em bomba de infusão.

CONTROLE DA PRESCRIÇÃO DA MORFINA
Segurança
- A válvula antirretorno é obrigatória na via venosa de infusão da morfina.
- O_2 nasal sistemático se o débito for contínuo.
- Uma ampola de naloxona, uma máscara e um balão (adequados ao tamanho da criança) devem estar disponíveis no lugar de tratamento.

Controle por 4 h
- Eficácia analgésica: escore da dor.
- Efeitos secundários: SpO_2, frequência respiratória, escore de sedação, NVPO, prurido, diurese.
- Frequência respiratória – limite inferior de acordo com a idade:
    - Frequência respiratória < 20 ciclos/min se < 1 ano.
    - Frequência respiratória < 15 ciclos/min entre 1 e 5 anos.
    - Frequência respiratória < 10 ciclos/min se > 5 anos.
- Montagem do sistema e programação da bomba.

Efeitos indesejáveis
- Náuseas, vômitos, pruridos: naloxona 0,25 mcg/kg/h IV em bomba de infusão.
- Retenção urinária: sondagem vesical ou naloxona 0,5 ou 1 mcg/kg/h IV.

Conduta a manter em caso de sobredosagem de morfina
- Paciente com dificuldade para despertar, bradicardia, dessaturação.
- O_2 com máscara.
- Interrupção da morfina.

- Chamar o anestesista.
- Diluir 1 ampola de naxolona em 19 mL de NaCl 0,9% (1 mL = 20 mcg), injetar 1-2 mcg/kg IV a cada 2 min, até restabelecer a frequência respiratória ou escore de sedação < 2, depois, se necessário, 1-4 mcg/kg/h durante 4-6 h.

Analgesia para procedimentos pouco dolorosos

MEIOS FARMACOLÓGICOS
Lidocaína + prilocaína/EMLA®
Apresentação
- EMLA® 5% creme: tubo de 5 g (lidocaína 2,5 g, prilocaína 2,5 g).
- EMLA® *patch* 5%: *patch* de 1 g.

Indicações: dor ligada às agressões cutâneas
- Punção venosa, arterial.
- Punção lombar, raquianestesia, ALR.
- Punção pleural, mielograma.
- Punção de ascite, remontar o prepúcio de uma fimose pouco apertada.

Contraindicações
- Não aplicar na proximidade dos olhos ou sobre uma mucosa (reabsorção importante).
- Não aplicar sobre a pele lesionada (eczema).
- Não há autorização de comercialização para o recém-nascido com idade gestacional < 37 SA.
- Risco de metemoglobinemia no prematuro e no lactente com menos de 3 meses em caso de sobredosagem.
- Como a associação com outros produtos aumenta a metemoglobinemia (metoclopramida), a vigilância deve ser reforçada.

Aplicação
- Sobre qualquer superfície cutânea.
- Duração da aplicação: 1 h no recém-nascido e no mínimo 1h30 no lactente > 3 meses e na criança.
- Analgesia sobre 3-5 mm durante 2 h após a retirada do curativo.
- Retirada do curativo 15 min antes da punção para poder visualizar corretamente a veia (vasoconstrição cutânea).

Idade	Dose recomendada por local	Dose máxima por dia
Recém-nascido < 37 SA: sem autorização de comercialização. A prescrição médica é obrigatória	0,5 g	0,5 g
Recém-nascido < 3 meses	0,5 g	1 g
3-12 meses	0,5 g-1g	2 g
1-6 anos	1-2 g	10 g
6-12 anos	1-2 g	20 g
> 12 anos	2-3 g	50 g

MEOPA/mistura equimolar de oxigênio e de protóxido de azoto

- Provoca sedação consciente (contato verbal conservado).
- Como complemento eventual das técnicas de anestesia local.
- Desaconselha-se a pré-medicação associada.
- Taxa de sucesso mais baixa na criança com menos de 3 anos. Ineficácia no lactente.
- É um medicamento (i.e., prescrição médica obrigatória).
- A grande segurança do produto torna sua utilização possível por uma equipe paramédica na ausência do médico:
  - Há necessidade de autorização a uma pessoa competente formada na utilização da mistura e na verificação do material: máscara de tamanho adequado, filtro antibacteriano, circuito de administração homologado, manômetro do cilindro no mínimo em 50 bars (acidentes descritos com interrupções hipóxicas secundárias às administrações forçadas com cilindros vazios).
  - Verificação das contraindicações eventuais (ver a seguir) e dos medicamentos associados.

Indicações
- Punções venosas periféricas, punções arteriais.
- Sondagem vesical.
- Punção de ascite, punção lombar (em complemento com EMLA®).
- Mielograma (em complemento com EMLA®).
- Troca do curativo.
- Mobilização dos drenos abdominais.
- Suturas.
- Mobilização de uma criança com dor.
- Prudência de utilização: em caso de punção pleural ou de ablação de drenos torácicos.

Contraindicações
- Pneumotórax, bolhas de enfisema.
- Síndrome oclusiva.
- Hipertensão intracraniana.
- Distúrbios de consciência.
- Embolia gasosa.
- Traumatismo craniofacial, traumatismo torácico.

Administração
- Realizar com calma, explicar bem para a criança e encorajar a autoadministração.
- A cooperação da criança é sempre necessária (fracasso constante quando a criança se opõe, risco de fobia da máscara posterior).
- Em caso de recusa, interromper a administração.
- Nunca forçar a administração e não fazer contenção.

TÉCNICAS NÃO MEDICAMENTOSAS +++
Xarope de açúcar
- O açúcar concentrado (sacarose ou glicose) depositado sobre a língua produz no recém-nascido e no jovem lactente um efeito antálgico.

- É um método de utilização simples e eficaz para a realização de pequenos procedimentos no recém-nascido e no lactente com menos de 3 meses.
- O aleitamento materno antes e durante o procedimento oferece a mesma eficácia antálgica.

Indicações
- Coleta em micrométodo, glicemia capilar.
- Coleta venosa ou arterial (em complemento com EMLA®).
- Vacinação, IM, injeção subcutânea.
- Punção lombar.
- Curativo, ablação de adesivo.

Contraindicações
- Enterocolite ulcerativa necrosante.
- Fístula esofagotraqueal.
- Atresia do esôfago não operada.
- Intolerância conhecida à frutose (glicose autorizada).

Administração
- Dar a glicose 30% (G30%) com uma seringa ou chupeta.
- Estimular a sucção com uma chupeta.
- Aguardar 2 min antes do procedimento.
- Duração da ação: 5 min no máximo.

Idade e peso	Quantidade de G30%
Recém-nascido de 1-1,5 kg	0,15 mL
Recém-nascido de 1,5-2 kg	0,30 mL
Recém-nascido de 2-2,5 kg	0,50 mL
Recém-nascido de 2,5-3 kg	1 mL
Lactente < 3 meses	2 mL

A administração pode ser repetida 6-8 x/d no recém-nascido a termo e 4 x/d no prematuro.

Distração/hipnose
A distração e a hipnose mostraram sua eficácia na diminuição da dor durante punções venosas realizadas na criança.

Heparina na criança

DOSES ISOCOAGULANTES (PROFILAXIA)
- Não é necessária monitoração sistemática (atividade anti-Xa não detectável ou < 0,25 UI/mL).
- Contagem plaquetária (x 2/semana).
- Sempre privilegiar a heparina não fracionada (HNF) como primeira escolha (meia-vida de 90 min).
- Dose inicial de HNF em *bolus* de 50 UI/kg e imediatamente depois 130 UI/kg/d (< 6 anos) e 100 UI/kg/d (> 6 anos) IV em bomba de infusão.
- É possível a substituição pela heparina de baixo peso molecular (HBPM) quando o risco hemorrágico ou de retomada cirúrgica é descartado e na ausência de injúria renal (fórmula de Schwartz < 30 mL/min/1,73 m^2):
  - HNF é continuada com ½ dose durante as três horas após a primeira injeção de HBPM, depois é interrompida.
  - Enoxaparina 100 UI/kg x 1/d em SC. Se necessário, diluir a metade com água destilada para a preparação injetável, dose máxima < 4.000 UI/d.
- Em caso de injúria renal moderada, é necessário controlar a atividade anti-Xa 2x/semana.

DOSE DE HIPOCOAGULANTES (TERAPÊUTICA)
- Alvo de atividade anti-Xa com as HNF: 0,3-0,6 UI/mL.
- Contagem plaquetária (x 2/semana).
- HNF *bolus* de 100 UI/kg, depois substituir por IV em bomba de infusão com posologias diárias que podem alcançar 500-800 UI/kg/d, cujo equilíbrio continua sendo difícil (existem grandes variabilidades interindividuais para as doses eficazes) e justifica o recurso precoce à HBPM.
- Na prática, a HFN é continuada com ½ dose durante 3 h após a primeira injeção de HBPM:
  - > 6 anos: enoxaparina 100 UI/kg x 2/d SC.
  - < 6 anos: enoxaparina 130 UI/kg x 2/d SC.
  - Diluição máxima autorizada ao ½ com água destilada.
- Monitoração com medição da atividade anti-Xa (alvo 0,5-1 UI/mL), que deve ser coletada no pico de atividade após a 3ª injeção de HBPM e depois x 1/semana. O pico de atividade varia de acordo com a idade:
  - H2 se < 1 ano.
  - H3 se entre 1-6 anos.
  - H4 se > 6 anos.

REOPERAÇÃO
- Para as HNF: interromper 2 h antes de entrar no centro cirúrgico se aplicação de protocolo com dose isocoagulante e função renal normal, 4 h antes de entrar no centro cirúrgico se aplicação de HNF com dose hipocoagulante ou injúria renal.
- Para as HBPM (enoxaparina): interromper 12 h antes de entrar no centro se aplicação de HBPM em dose isocoagulante e função renal normal, 24 h se aplicação de HBPM em dose hipocoagulante ou se injúria renal.

HEMORRAGIA INDUZIDA PELA HEPARINA

- Se a reversão for necessária, é possível a antagonização com a prota-mina da atividade anticoagulante (anti-IIa unicamente), mas não deve exceder 30% para a enoxaparina, 40% para a dalteparina e 60% para a tinzaparina.

Antagonização em emergência da heparina não fracionada

Tempo a partir do *bolus* de heparina	Dose de protamina
< 30 min	100 UI/100 UI de heparina recebida
30-60 min	50-75 UI/100 UI de heparina recebida
60-120 min	37-50 UI/100 UI de heparina recebida
> 120 min	25-37 UI/100 UI de heparina recebida

Dose máxima: 5.000 UI. Velocidade de injeção máxima: 500 UI/min.

Náuseas e vômitos pós-operatórios (NVPO)

São frequentes na criança.

FATORES DE RISCO
Foram identificados diferentes fatores de risco:
- Idade > 3 anos, 30% na criança grande, < 5% no lactente.
- Antecedentes de NVPO pessoal ou familiar (irmãos, parentes).
- Duração da cirurgia.
- Cinetose.
- Cirurgia:
    - Alto risco (> 50%): cirurgia de estrabismo, amigdalectomia, cirurgia do ouvido médio.
    - Risco moderado (10-50%); correção de ectopia testicular, de hérnia inguinal, otoplastia.
- Não há prevalência de sexo antes da puberdade.

ESCORE VPOP

Fatores de risco		Pontos
Idade	< 3 anos	0
	3-6 anos e > 13 anos	1
	6-13 anos	2
Antecedentes de VPO	Não	0
	Sim	1
Duração da AG	< 45 min	0
	> 45 min	1
Cirurgia de risco	Amigdalectomia	1
	Timpanoplastia	1
	Estrabismo	1
	Outros	0
Opioides	Não	0
	Sim	1
Total		/6

Ele permite calcular um escore compreendido entre 0-6 ligado a um risco crescente de VPO que vai de 5-52%.

NB: o escore de APFEL não é utilizado em pediatria.

PREVENÇÃO
- Evitar o protóxido de azoto nas cirurgias de alto risco. É benéfica a infusão contínua de propofol de curta duração.
- Administração profilática IV de antieméticos:
    - Proscrever metoclopramida.
    - Monoterapia: ondansetrona 100 mcg/kg ou dexametasona 100 mcg/kg.

NB: o droperidol administrado em monoterapia precisa da utilização de posologias que vão de 50-75 mcg/kg, expondo aos efeitos indesejáveis do tipo de sedação ou de secura das mucosas, com uma eficácia inferior à da ondasetrona.

- Biterapia:
- Dexametasona 150 mcg/kg + ondansetrona 50 mcg/kg.
- Droperidol 15 mcg/kg + ondansetrona 100 mcg/kg.

NB: a dexametasona é administrada na indução; a ondansetrona, no fim da intervenção.

Na prática

- Risco elevado (> 50% ou VPOP escore > 4): biterapia.
- Risco moderado (10-50% ou VPOP escore compreendido entre 2-4): monoterapia.
- Risco baixo (< 10% ou VPOP escore < 2): tratamento curativo, sem profilaxia.

TRATAMENTO CURATIVO

- Pouco avaliado.
- As mesmas drogas utilizadas no preventivo.

Nutrição enteral

ALEITAMENTO ARTIFICIAL
- D0: 7 mamadeiras = 20 mL/kg/d.
- D1: 7 mamadeiras = 40 mL/kg/d.
- D2: 7 mamadeiras = 60 mL/kg/d.
- D3: 7 mamadeiras = 80 mL/kg/d.
- D4: 7 mamadeiras = 100 mL/kg/d etc.
- No D7 atinge-se a quantidade de 150-160 mL/kg/d.
- 10 dias-3 meses: (peso da criança em g)/6 ou cerca de 150 mL/kg/d.
- 3-6 meses: (peso da criança em g)/7 sem ultrapassar 1.000 mL/d.
- Número de refeições por dia:
  - De 1 semana-1 mês: 6-7.
  - De 1-3 meses: 5.
  - De 3-6 meses: 4-5.
  - De 6-12 meses: 3-4.
  - Suplementação sistemática de vitamina D até a idade de 5 anos (Uvesterol® dose n. 1 para a criança branca e dose n. 2 para a criança de cor).

DIFERENTES LEITES E SUAS INDICAÇÕES
- **Lactentes com "intestino delgado patológico":** atresia do intestino delgado, adinamia do intestino delgado, enterocolite etc. Duas palavras de ordem: paciência e progressividade.
  - Utilizar os leites semielementares (hidrolisados de proteínas): Alfaré®, Pepti junior® e Pregestimil®.
  - Em caso de intolerância digestiva, resistência aos hidrolisados de proteínas, utilizar um leite à base de aminoácidos alergênicos (sem proteínas do leite de vaca nem fragmentos proteicos) tipo Neocate®. Atenção: este leite é desprovido de triglicérides de cadeias médias (TCM); é preciso enriquecê-lo secundariamente com uma emulsão lipídica tipo Liquigen® em caso de má absorção das gorduras associada.
- **Crianças prematuras ou com hipotrofia:**
  - Leite para prematuro: reservado aos prematuros ou aos recém-nascidos com hipotrofia até cerca de 4 meses de idade corrigida.
- **Em caso de regime pobre em triglicérides de cadeias longas (TCL)** (derrame quiloso, má absorção isolada das gorduras, distúrbios da oxidação dos ácidos graxos de cadeias longas etc.), utilizar um leite rico em TCM, tipo Lipistart®.
- **Outros leites:**
  - Leite materno (banco de leite): prematuro < 32 SA, alimentação enteral das gastrosquises.
  - Fórmula infantil para lactentes: 0-4 meses. Fórmula infantil para transição: 4 meses-1 ano.
  - Leite de vaca (UHT) ou fórmula infantil de crescimento: a partir de 10 meses.

NB: o leite materno aporta 75 kcal/100 mL, as fórmulas infantis para prematuros aportam cerca de 70-72 kcal/100 mL e as outras fórmulas infantis artificiais aportam cerca de 67 kcal/100 mL.

MISTURAS NUTRITIVAS ADEQUADAS ÀS CRIANÇAS > 1 ANO

- Para a criança de 1-6 anos: misturas nutritivas isoenergéticas (1 mL = 1 kcal) ou hiperenergéticas (1 mL = 1,2-1,5 kcal), enriquecidas ou não em fibras. Têm osmolaridade < 300-350 mOsm/L. Exemplos: Nutrini Standard® (1 mL = 1 kcal), Nutrini Energy® (1 mL = 1,5 kcal), Nutrini Multi Fiber® (1 mL = 1 kcal).
- Para a criança com mais de 6 anos: misturas isoenergéticas (1 mL = 1 kcal) adequados à criança como: Nutrison Standard® ou Nutrison Multi Fibre®. As misturas nutritivas como Megareal® são reservadas às crianças com mais de 12 anos, por causa da taxa elevada de protídeos na mistura (1 mL = 1,5 kcal).
- Em casos de regimes pobres em TCL, utilizar misturas ricas em TCM tipo Lipistart® ou Monogen®.
- Em caso de doença digestiva associada a má absorção: utilizar uma mistura semielementar como Peptamen® Junior.

OBJETIVOS CALÓRICOS

0-10 kg	100 kcal/kg
10-20 kg	1.000 kcal + 50 kcal/kg acima de 10 kg
> 20 kg	1.500 kcal + 25 kcal/kg acima de 20 kg
Adolescente	25-35 kcal/kg (< 2.500 kcal/d)

No contexto de uma nutrição enteral de débito contínuo (NEDC), iniciar com 0,5-1 mL/kg/h antes de aumentar por incrementos a cada 3-4 h para apreciar sua tolerância. O controle dos resíduos não é sistemático na criança grande e não deve ultrapassar 25% do volume administrado.

Nutrição parenteral

- A ser considerada a partir do momento em que a via digestiva não consegue cobrir mais de 50% dos aportes calóricos durante pelo menos 5 dias.
- Cateter venoso central obrigatório assim que a osmolaridade da mistura for superior a 800 mOsm/L.
- A nutrição parenteral por via periférica pode ser considerada como complemento da nutrição enteral, para durações < 7 d e com a condição de que a osmolaridade da mistura seja < 800 mOsm/L (G10% máximo + Primene® 10% + Medialipides® 20%).

REGRAS
- Palavra-chave: aumento progressivo dos aportes calóricos com azoto (os valores ideais são alcançados em 7 d).
- As necessidades energéticas são cobertas por dois substratos: os glicídios para 70-80% do aporte calórico (1 g de glicídio = 4 kcal), os lipídios para 20-30% do aporte calórico (1 g de lipídio = 9 kcal). As calorias trazidas pelos aminoácidos não são contabilizadas.
- Relação caloria e azoto ideal (= aporte calórico não proteico/aporte de azoto): 200-250 por grama de azoto.
  NB: 1 g de azoto = 7 g de aminoácidos.
- Os lipídios são administrados em IV lenta 20/24 h, 5 dias em 7 d, máximo 0,25 g/kg/h.
- Não ultrapassar 400 g de glicídios/d, qualquer que seja o peso.
- O débito horário das infusões de glicídios não deve ultrapassar 1,4 g/kg/h no lactente, 1,2 g/kg/h na criança, 0,5 g/kg/h no adolescente.
- A nutrição parenteral deve ser obrigatoriamente administrada via um regulador de débito elétrico (bomba volumétrica). Sempre prescrever débitos horários que correspondam a números inteiros (com exceção do recém-nascido, evitar +++ os valores decimais).
- As perdas digestivas ligadas à diarreia, aos vômitos, à aspiração gástrica, ao dreno biliar ou à estomia devem ser quantificadas ou mesmo analisadas (dosagem de Na^+, K^+) e 100% compensadas com um líquido de infusão adequado à sua composição.
- Diurese normal e relação Na urinário/K urinário > 1 atestam um aporte suficiente de água e de sódio.
- Nunca administrar nutrição parenteral exclusiva sem aportes de vitaminas e de oligoelementos. Algumas complicações graves ligadas às carências de vitaminas ou de oligoelementos podem aparecer rapidamente em caso de nutrição parenteral exclusiva, principalmente quando já existe uma desnutrição.
- No nascimento, os aportes de base são:
  - Prematuro < 1.500 g = 70-90 mL/kg/d.
  - Prematuro > 1.500 g = 60-80 mL/kg/d.
  - Recém-nascido a termo = 60-80 mL/kg/d.
  - Aumentar os aportes hídricos por acréscimos de 10-20 mL/kg/d até o alvo (ver *Tabela 2*).

Na prática: iniciar com um aporte de glicose a 10% e depois aumentá-lo com acréscimos em 2 g/kg/d, introduzindo desde o 2º dia uma mistura binária (glicose + aminoácidos, ver *Tabela 1*), até obter os aportes calóricos recomendados para a idade (ver *Tabela 2*). Os aportes lipídicos são aumentados paralelamente (0,5 g/kg/d) via administração de uma infusão de Medialipide® 20%, até alcançar os aportes máximos recomendados para a idade (ver *Tabela 2*). Olimel N7E® é uma mistura ternária que pode ser utilizada a partir de 2 anos.

COMPOSIÇÃO DOS SOLUTOS

Tabela 1

Composição para 1.000 mL	Olimel N7E®	NP100	NP2	Pédiaven NN2	Pédiaven G15	Pédiaven G20	Pédiaven G25
Calorias totais Calorias não proteicas	1.140 960	680 600	880 800	470 400	660 600	880 800	1.100 1.000
Osmolaridade/L	1.060	1.407	1.472	834	1.173	1.549	1.971
Aminoácidos (g/L)	44,3	20	20	17	15	20	25
Glicose (g/L)	140	150	200	100	150	200	300
Lipídios (g/L)	40						
Na+ (mmol)/L	35	20	25	20	30	30	40
K+ (mmol)/L	30	20	35	17	25	25	40
Cl- (mmol)/L	45	20	25	20	39	39	60
Ca++ (mmol)/L	3,5	9	7,5	7,6	6	6	8
Fósforo (mmol)	15	10,6	11,3	9,1	8	8	10
Magnésio (mmol)/L	4	1,9	3,3	1,6	4	4	6

NB: Medialipide® 20%: solução lipídica, 2 g para 10 mL.
Primene 10%: solução de aminoácidos, 1 g para 10 mL.

NECESSIDADES QUALITATIVAS E QUANTITATIVAS

Tabela 2

Necessidades de proteínas, energia e água (recomendações FAO-OMS)					
Idade	Glicídios (g/kg)	Lipídios (g/kg)	Aminoácidos (g/kg)	Energia (kcal/kg)	Água (mL/kg)
Prematuro	14-16	3-4	3,5-4	100-120	160
Recém-nascido a termo	16-18	2 (> 34 SA)	2,5-3		
Lactente	20-22	2-3	2-3	100-120	100-120
Criança	10-15	2-3	1-2	40-85	55-80
2-6 anos	15	2-3	1-2	85-75	80-70
7-12 anos	10-15	2-3	1	70-50	70-60
> 12 anos	10 (máx. 400g/d)	2	1	40-50	40-50

Na prática: 1.800 mL/m²/d-1.800 kcal/m²/d.

Faixas de idade	Prematuro	Lactente	Criança
Relação caloria e azoto ideal (kcal/g de azoto)	140-210	180-240	200-250

NB: devem-se levar em conta as calorias não proteicas e 1 g de azoto = 7 g de AA.

OLIGOELEMENTOS

Fórmula pediátrica Aguettant	Decan (= 40 mL)
1 mL/kg até 40 kg	> 40 kg, 1 frasco

▲ **A gama Pédiaven® já contém oligoelementos.**

CERNEVIT

Recém-nascido e prematuro	¼ de frasco
Lactente	½ frasco
Criança	1 frasco
Adolescente	1,5 frasco

O Cernevit® contém vitaminas lipossolúveis, com exceção da vitamina K, que deve ser administrada a cada 7 dias (1 mg/kg IV lenta em 1 h).

NECESSIDADES DE ELETRÓLITOS

Aportes/kg/d	Lactentes	Criança	Adolescente
Na (mmol)	3-5	2-3	2-3
K (mmol)	3-5	2-3	2-3
Ca (mmol)	0,5-1	0,3-0,5	0,3-0,5
P (mmol)	0,8-1,2	0,5-0,8	0,5-0,8
Mg (mmol)	0,2-0,4	0,2-0,4	0,2-0,4

Composição das ampolas de eletrólitos
- NaCl 5,85%: 1 mL = 1 mEq (1 g de Na = 17 mEq).
- NaCl 20%: 1 mL = 3,4 mEq.
- KCl 7,46%: 1 mL = 1 mEq (1 g de K = 13 mEq).
- Gluconato de cálcio 10%: 1 mL = 0,22 mmol/L (1 g = 25 mmol = 50 mEq).
- $CaCl_2$ 10%: 1 mL = 0,46 mmol.
- Phocytan: 1 mL = 0,33 mmol (= 0,66 mmol de Na^+) (1 g de fósforo = 33 mmol).
- $MgSO_4$ 15%: 1 mL = 150 mg = 0,6 mmol de Mg^{++}.

Infecção materno-fetal

Levantar esta suspeita diante de sinais clínicos sugestivos no recém-
-nascido: febre > 37,8°C ou < 35°C, presença de depressão respiratória
e/ou distúrbios hemodinâmicos e/ou distúrbios neurológicos, púrpura ou
erupção cutânea.

FATORES DE RISCO
- Contexto de corioamnionite.
- Rompimento prolongado da bolsa amniótica superior ou igual a 12 h
  (> 18 h++).
- Infecção materna conhecida pelo estreptococo B, antecedentes de
  infecção materno-fetal pelo estreptococo B e ausência de antibiotico-
  profilaxia durante o trabalho de parto++.
- Febre materna (≥ 38°C), antes, durante ou no pós-parto.
- Gêmeo atingido por uma infecção materno-fetal.
- Prematuridade inexplicada (< 35 SA++), sofrimento fetal inexplicado.
- Líquido amniótico meconial sem causa obstétrica (circular de cordão
  etc.).

AVALIAÇÃO BIOLÓGICA
- Exame bacteriológico do líquido gástrico, exame direto considerado
  anormal se houver presença de PMN e de um único tipo de germes
  patógenos em quantidade "bastante numerosa", coletado após 15
  min de vida e antes H3, na ausência de qualquer refeição.
- Hemocultura sistemática antes de qualquer antibioticoterapia.
- PL em caso de anomalia clínica.
- Germes em questão > estreptococo B ++, *E. Coli*, listeria (prematuro).
- Hemograma completo, PCR, procalcitonina (PCT).

TRATAMENTO
- **Indicações:**
  - Tratamento sistemático dos recém-nascidos sintomáticos.
  - Tratamento sistemático dos recém-nascidos assintomáticos no con-
    texto de corioamnionite ou do gêmeo com infecção comprovada.
  - Recém-nascidos assintomáticos e PCT no cordão umbilical
    > 0,6 ng/mL.
- Na ausência de orientação: amoxicilina 50 mg/kg/12 h IV lenta + gen-
  tamicina 8 mg/kg/d IV lenta em 30 min durante 48 h (NB: espaçar as
  injeções de aminoglicosídeos em mais de 24 h se AG < 37 SA).
- Se houver presença de BGN no exame direto do líquido gástrico:
  cefotaxima 50 mg/kg/12 h IV lenta + gentamicina 8 mg/kg/d IV lenta
  em 30 min durante 48 h.
- Na presença de sepse grave e/ou distúrbios neurológicos, cefotaxima
  80 mg/kg/12 h + gentamicina.
- A tripla associação só se justifica caso o contexto sugira uma infecção
  por listeria.
- Duração do tratamento: 2-5 dias no caso de infecção provável, 8 d no
  caso de sepse, 2-4 semanas no caso de meningite.

  NB: interromper a antibioticoterapia após 48 h se PCR < 20 mg/L e/
  ou PCT normal e culturas negativas.

Reanimação do recém-nascido no nascimento

ANTES DO NASCIMENTO

- Mesa de reanimação com aquecedor, fonte de vácuo, oxigênio, material de ventilação e de intubação, material de infusão, agentes e solutos de urgência (epinefrina, Narcan®, bicarbonato 8,4%, G5% e 10%, NaCl 0,9%), roupas estéreis.
- Monitoração: cardioscopia, SpO_2 e PANI.

ALGORITMO DE REANIMAÇÃO DO RECÉM-NASCIDO

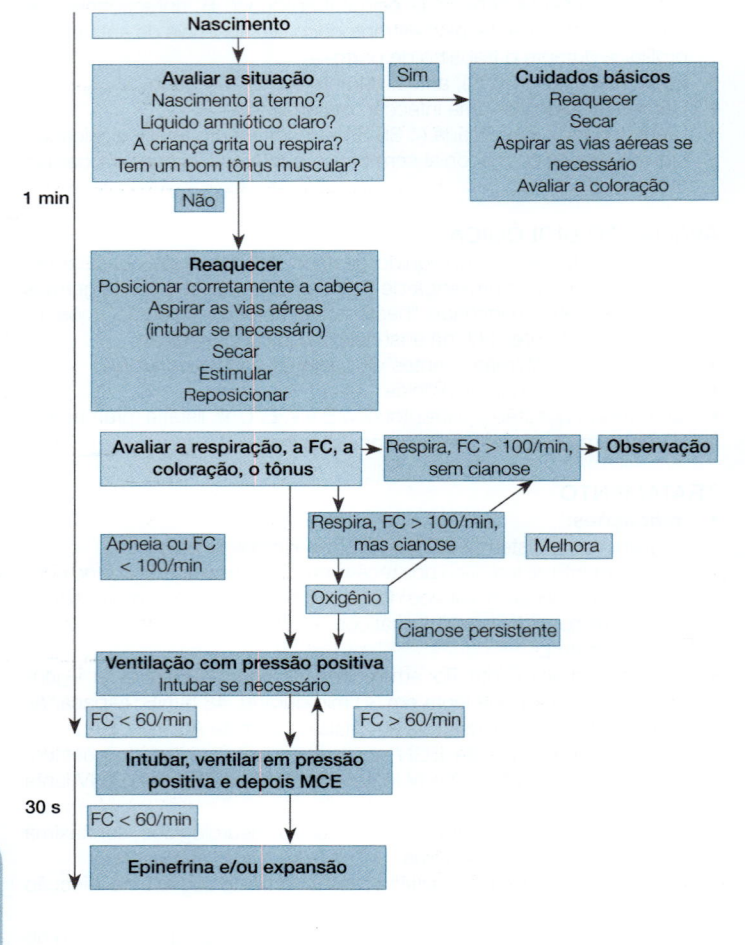

ALGUMAS INFORMAÇÕES

- Prevenção ++ da hipotermia (manutenção da temperatura entre 36,5°C e 37,5°C na ausência de sofrimento fetal agudo).

- Instalação da criança envolvida em uma manta preaquecida sobre uma mesa de calor radiante.
- Se prematuro < 1.500 g, há um risco maior de hipotermia: colocar a criança em um saco plástico resistente ao calor, sobre a mesa de calor radiante munida de um colchão térmico.
- O posicionamento correto da cabeça é importante para evitar obstrução das vias aéreas: cabeça em posição neutra com uma leve extensão (um pequeno apoio sob os ombros).
- A aspiração faríngea pode desencadear um espasmo laríngeo e retardar a retomada de ventilação espontânea. Na ausência de sangue e de mecônio, a introdução de uma sonda de aspiração por via bucal é feita a uma profundidade máxima de 5 cm, durante 5 s, sem ultrapassar uma depressão de 100 mmHg. A aspiração nasal é feita com profundidade máxima de 1 cm.
- É necessária uma estimulação quando os esforços inspiratórios e o grito são fracos ou estão ausentes. A estimulação apropriada inclui os seguintes procedimentos:
  - Secar a criança com uma toalha.
  - Dar alguns tapinhas nos calcanhares.
  - Esfregar suavemente as costas.
- Os outros procedimentos são perigosos.
- A ventilação manual deve ser feita com um Neopuff® que permite uma regulação precisa:
  - Da FiO_2 (regulagem inicial em 21% no recém-nascido a termo, 30% no prematuro).
  - Da pressão máxima (normalmente 30-40 cmH_2O).
  - Do nível de pressão inspiratória (20 cmH_2O no prematuro, 25-30 cmH_2O para o recém-nascido a termo).
- Este sistema garante ventilação manual. É necessário aplicar um tempo inspiratório de pelo menos 2-3 s durante as primeiras insuflações para permitir a constituição da CRF. A frequência respiratória recomendada é de 40-60 ciclos/min.
- A reanimação inicial é feita em ar ambiente para o recém-nascido a termo e com FiO_2 30% no prematuro, por causa da toxicidade potencial do oxigênio. No entanto, a existência de FC < 100/min nos 90 s após o início dos procedimentos de reanimação impõe aumento da FiO_2.
- Privilegiar a aplicação de CPAP nasal antes da intubação em um recém-nascido com depressão respiratória.
- **▲ Em situação fisiológica, um recém-nascido saudável pode levar 10 min até alcançar uma SpO_2 pré-ductal (mão direita) superior a 95%.**
- A epinefrina só é administrada quando a frequência cardíaca permanecer < 60 ciclos/min após 30 s de ventilação alveolar (VA) eficaz sob FiO_2 100% associada a uma massagem cardíaca externa (MCE). As doses recomendadas IV são de 10-30 mcg/kg. A administração de doses IV superiores é deletéria.
- A administração de bicarbonato não é recomendada de rotina.
- **▲ A ventilação com máscara é contraindicada nas três seguintes situações:**
  - Hérnia diafragmática.
  - Pneumotórax.
  - Broncoaspiração meconial.

- Caso particular de broncoaspiração meconial:
  - Aspiração do mecônio na boca da criança quando a cabeça está na vulva é debatida.
  - Não realizar laringoscopia nem intubação sistemática se FC > 100 ciclos/min, bom tônus muscular e esforços respiratórios importantes. Realizar a intubação em primeira escolha somente em caso de suspeita de obstrução traqueal.
  - Abandonar a compressão torácica ou laríngea.

Hipotensão perioperatória

DEFINIÇÃO DE HIPOTENSÃO PERIOPERATÓRIA
A hipotensão arterial definida pela Brain Trauma Foundation é uma PAS inferior a 5% em uma **criança desperta**:
- 0-1 mês PAS < 60 mmHg.
- 1-12 meses PAS < 70 mmHg.
- 1-10 anos PAS < 70 + (2 x idade (anos)) em mmHg.
- > 10 anos PAS < 90 mmHg.

Não existe **uma definição precisa da hipotensão perianestésica em pediatria** de acordo com a idade.

CONSEQUÊNCIAS DA HIPOTENSÃO
Repercussão da hipotensão na perfusão cerebral
- **Em crianças > 6 meses**, o débito sanguíneo cerebral, avaliado por Doppler transcraniano, é conservado até uma diminuição de 40% da PAM em relação aos valores pré-operatórios.
- **Em crianças < 6 meses**, o limite inferior da autorregulação cerebral aparece a partir de uma diminuição de 20% da PAM em relação aos valores de base. Para essas crianças, recomenda-se a manutenção de PAM superior a 38 mmHg no decorrer de uma anestesia com sevoflurano.

TRATAMENTO DA HIPOTENSÃO PERIOPERATÓRIA
- Diante de uma hipotensão perianestésica, recomenda-se expansão com 10 mL/kg de NaCl 0,9% como primeira escolha. Deve ser repetida de acordo com o contexto e a resposta à expansão.
- No caso de hipotensão persistente relacionada a uma vasoplegia induzida pelos agentes anestésicos, é possível utilizar a efedrina como vasoconstritor na dose 0,1-0,2 mg/kg. Em um lactente < 6 meses, talvez seja necessário aumentar as doses de 0,3-0,6 mg/kg.

MONITORAÇÃO
- Em caso de hipotensão persistente, o Doppler transesofágico (> 3 kg) permite otimizar a hemodinâmica do paciente: continuar com a expansão ou utilizar os vasoconstritores.
- Uma maneira de limitar o risco de hipotensão secundária a uma sobredosagem anestésica é monitorar a profundidade da anestesia: o índice bispectral (BIS®) pode ser utilizado a partir dos 3 anos.

HA da criança

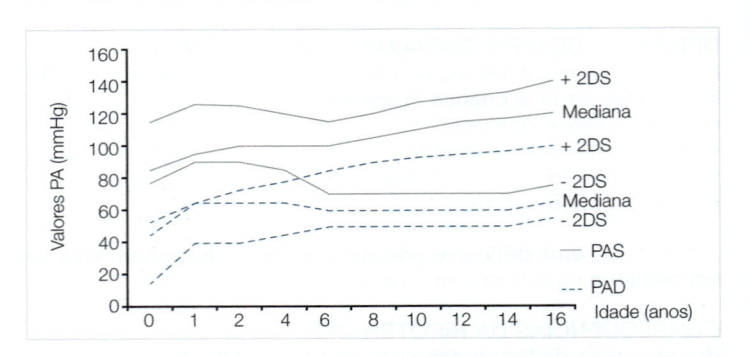

- Na criança, a hipertensão arterial (HA) é definida como valores de PA superiores aos valores + 2 DS ou percentil 95.
  - PA sistólica > percentil 95 (1-17 anos) = 100 + idade (anos) x 2.
  - PA diastólica > percentil 95 (1-10 anos) = 60 + idade (anos) x 2.
  - PA diastólica > percentil 95 (11-17 anos) = 70 + idade (anos).
- A HA é considerada gravemente elevada para os valores de PAS e/ou de PAD superiores em 30 mmHg ao percentil 95 esperado. O objetivo é obter o retorno à zona não ameaçadora em 1 h e à zona normal em 24-48 h.
- A HA limite (> percentil 95 + 10 mmHg) não é tratada, mas justifica a investigação de etiologia + avaliação da repercussão (FO, ecocardiografia, avaliação por especialista).

TRATAMENTO DE EMERGÊNCIA DA CRISE HIPERTENSIVA
- Por via oral: nifedipina 0,15-0,2 mg/kg, dobrar a dose 15-30 min se for necessário, até 1 mg/kg.
- Por via IV: nicardipina dose de ataque 10-20 mcg/kg IV lenta em 10 min e depois 0,5-5 mcg/kg/min ± labetalol dose de ataque 0,2 mg/kg IV lenta em 2 min e depois 1-3 mg/kg/h ± urapidil dose de ataque 2 mg/kg IV lenta e depois 0,8 mg/kg/h. Furosemida 1-2 mg/kg IV lenta em caso de sobrecarga hídrico-sódica.
- ▲ **A via IV deve ser privilegiada em caso de HA gravemente elevada.**

TRATAMENTO DE MANUTENÇÃO
- Nifedipina LP 1-3 mg/kg/d em 2 doses.
- ± acebutolol 5-10 mg/kg/d em 2 doses.
- ± captopril 1-3 mg/kg/d em 3 doses (máx. 100 mg/d) ou enalapril 0,15-0,75 mg/kg/d em 1-2 doses.
  NB:
  - Contraindicação dos betabloqueadores em caso de insuficiência cardiovascular.
  - Duração de ação do labetalol 2-3 h após a interrupção da infusão.
  - A bomba de infusão de nicardipina deve ser trocada/12 h, tempo de ação 5 min-1 h.
  - Atenção com a queda demasiado rápida (> 25% da PAM), principalmente no recém-nascido e no lactente.

Acidose metabólica

PRINCÍPIO DE BASE

Não há qualquer indicação para as infusões de bicarbonato fora das perdas importantes de bases.

- Não fazer nada ou aumentar a ventilação alveolar no paciente ventilado.
- Corrigir BE abaixo de -8 em caso de perdas de bases.
- Tratamento da causa.

NO PACIENTE VENTILADO

- Fazer uma infusão, por 20-30 min, de bicarbonato de sódio (8,4% geralmente no cateter venoso central).
- Quantidade de bicarbonato (em mmol) = peso (kg) x BE x 0,3.
- **NB:** 1 mL de bicarbonato de sódio a 8,4% = 1 mmol de HCO_3^-.
- ▲ **Não extubar na hora seguinte.**

NO PACIENTE NÃO VENTILADO

- Fazer a infusão com a metade ou os ⅔ da quantidade calculada anteriormente em 60 min; após controle da gasometria, talvez seja necessária uma nova infusão de bicarbonato de sódio.

Hipercalemia > 6 mmol/L

URGÊNCIA TERAPÊUTICA

- Gluconato de cálcio 0,5 mL/kg IV lenta.
- Favorecer a transferência de K^+ para as células.
  - Salbutamol 5 mcg/kg IV em 20 min.
  - Insulina (análoga ultrarrápida) 0,1 UI/kg em 10 mL/kg de G10% IV lenta por 15 min. Depois, se necessário, 0,1 UI/kg/h, associado a uma infusão de G10% enriquecida em NaCl (atenção à diluição da insulina).
  - Bicarbonato de Na 8,4%: 0,5-1 mL/kg em caso de acidose associada; o interesse é debatido.
- Favorecer a eliminação do K^+.
  - Kayexalate 1 g/kg em lavagem.
  - Furosemida IV (até 15 mg/kg/24 h).
  - Terapia renal substitutiva se oligoanúria.
- Tratamento da causa; suprimir todo o aporte de potássio.

Hipocalemia < 2,5 mmol/L

- Tratamento da causa.
- Dose de ataque: 1 mEq/kg diluído pela metade em G5% IV lenta em 2-3 h com controle da calemia durante o procedimento.
- **NB:** KCl 7,46%: 1 mL = 1 mEq (1 g de K = 13 mEq).
- Reajuste dos aportes de base.

Hipofosfatemia < 0,8 mmol/L

- Fósforo: 0,4 mmol/kg IV lenta em 3 h.
- **NB:** Phocytan: 1 mL = 0,33 mmol (= 0,66 mmol de Na$^+$) (1 g de fósforo = 33 mmol).
- Ver *Nutrição parenteral*.

Hiperfosfatemia

- Interromper os aportes.
- TRS.

Hipomagnesemia < 0,7 mmol/L

- Sulfate de magnésio: 0,5 mmol/kg IV lenta em caso de urgência, caso contrário 0,5-0,8 mmol/kg/d.
- IV ou VO.
- $MgSO_4$ 15%: 1 mL = 150 mg = 0,6 mmol de Mg++.
- Ver *Nutrição parenteral*.

Hipermagnesemia

- Interromper os aportes.
- Furosemida.
- Gluconato de cálcio 1 mL/kg IV lenta em caso de manifestações cardíacas (distúrbios da condução+++) enquanto aguarda a TRS.

Hipocalcemia < 2 mmol/L ou cálcio ionizado < 1 mmol/L

- Calcemia corrigida = calcemia medida + [0,02 (60-protidemia medida)].
- Gluconato de cálcio 10% 0,5-1 ml/kg IV lenta em 1-2 min na presença de sinais de gravidade (prolongamento do QT, convulsões etc.), sem ultrapassar 30 mL, e depois 0,06 mmol/kg/h (1 mL = 0,23 mmol), com controle da calcemia e da cardioscopia. Controle da infusão+++ (risco de necrose em caso de extravasamento++).
- Depois substituir por VO + vitamina D.

Hipercalcemia

- Hiper-hidratação com NaCl 0,9% 3-4 L/mm^3.
- Furosemida 1 mg/kg após a reidratação.
- Interrupção dos aportes de cálcio e vitamina D.
- Bisfosfonatos (Arédia® 1 mg/kg IV lenta).
- TRS.

Desidratação aguda do lactente

DIAGNÓSTICO DA DESIDRATAÇÃO

Moderada Perda de peso < 10%	Mucosas secas Fontanela deprimida Olheiras Extremidades frias
Grave Perda de peso ≥ 10%	Prega cutânea persistente Face interna das bochechas muito seca Hipotonia dos globos oculares Tempo de enchimento capilar > 3 s Oligúria Pernas frias
Gravidade extrema Perda de peso > 30%	Distúrbios de consciência Choque (a partir de uma redução de 30-40% do volume sanguíneo) Pernas e coxas frias

Desconfiar da criança pletórica ou da combinação com a perda de peso fisiológico do recém-nascido.

CONDUTA A MANTER

Calcular a importância da perda de peso (PP).
- Se o peso recente for conhecido (caderneta de saúde): calcular a diferença com o peso observado.
- Duas situações:
  - PP < 5%: reidratação VO em casa.
  - PP > 5% e/ou distúrbios da consciência e/ou distúrbios hemodinâmicos e/ou idade < 3 meses: reidratação IV.
- ▲ **Puncionar acesso venoso periférico (APP ou infusão intraóssea em caso de fracasso).**

Restabelecer a volemia
- NaCl 0,9% 10 mL/kg em 20 min, que deve ser repetido se necessário, até a diminuição da frequência cardíaca, normalização do tempo de enchimento capilar (talvez sejam necessários volumes de 30-40 mL/kg).
- Em seguida, administrar as necessidades de base (calculadas segundo a regra 4-2-1) + o volume perdido estimado pela perda de peso calculada e/ou a avaliação clínica. Na prática, enquanto aguarda os resultados do exame sanguíneo no lactente: 5 mL/kg/h.
- O soluto de base é o G5% com NaCl 5-6 g/L. O potássio só será adicionado após a retomada da diurese (2 g/L).
- ▲ **1/g de NaCl = 17 mmol de Na^+, 1 g de KCl = 13 mmol de K^+.**
- A reanimação posterior será ajustada a partir dos resultados do exame biológico (ionograma/4-6 h de acordo com a importância da desidratação) e de acordo com a evolução clínica (peso, volume das fezes, sinais de desidratação).

Casos particulares
- Em caso de desidratação hipernatrêmica:

- – Correção lenta da hipernatremia = 0,5 mmol/L/h.
- – Se a natremia for > 175 mmol/L, aumentar a tonicidade do líquido infundido: + 2-3 mmol/kg/d de Na^+.
- Desidratação hiponatrêmica:
  - – Se a hiponatremia for sintomática, administrar 1 mEq/kg de Na^+ em 10-15 min e depois uma infusão de NaCl de 2-4 h para reduzir a natremia a 130 mmol/L segundo a fórmula a seguir.
  - – Se a hiponatremia for assintomática, mas < 130 mmol/L, administrar NaCl para reduzir a natremia em 4-6 h a 130 mmol/L:

> **(natremia desejada – natremia medida) x 0,6 x peso (kg)**

  (1 ampola de NaCl a 20% = 34 mmol de Na^+)

- A ocorrência de uma crise convulsiva ao longo da reidratação sugere uma diminuição demasiado rápida da natremia: administrar 1 mEq/kg de Na^+ IV lenta, ou seja, 0,3 mL/kg de NaCl 20%.

Icterícia do recém-nascido

- Icterícia com bilirrubina livre ligadas a uma imaturidade funcional do sistema enzimático da glicuronil-transferase, associada a uma intensa produção da bilirrubina.
- Afeta 30-40% dos recém-nascidos a termo e quase a totalidade dos prematuros.
- Fatores de risco: hemólise, asfixia perinatal, acidose, sepse, céfalo-hematoma, equimoses, poliglobulia.
- Controle diário desde D1 por um *flash* pelo Billicheck, controle por 12 h na presença de fatores de risco ou se a icterícia for intensa. Dosagem de bilirrubina assim que os valores de Bilicheck ultrapassarem um limiar (ver *tabela*).

Valores de Bilicheck que requerem uma dosagem sanguínea de bilirrubina no recém-nascido a termo

Idade	H12-H24	H24-H36	H36-H48	H48-H72	> H72
Limiar	150	175	200	225	250

EXPLORAÇÃO MÍNIMA
- Grupo sanguíneo (da mãe e da criança), teste de Coombs direto.
- Hemograma completo com contagem de reticulócitos.
- Em caso de icterícia inabitual: considerar coagulograma para a investigação de insuficiência hepatocelular (galactosemia, hepatite).
- Na presença de sinais de hemólise: icterícia + anemia regenerativa.
  - Teste de Coombs positivo em caso de incompatibilidade de Rh ou de incompatibilidade Kell materno-fetal (início pré-natal).
  - Teste de Coombs direto nem sempre positivo em caso de incompatibilidade ABO, dosagem das hemolisinas maternas++.
  - Dosagem das enzimas eritrocitárias: G6PD, piruvato quinase (icterícia muitas vezes retardada, intensa).
  - Eletroforese da hemoglobina: talassemia, drepanocitose.
  - Avaliação de doença de Minkowski-Chauffard: estudo gênico no período neonatal, teste de resistência globular a partir de 3 meses de idade.

CONDUTA A MANTER
- O tratamento baseia-se na fototerapia, geralmente descontínua por períodos de 4 h, com uma periodicidade que deve ser definida pela intensidade da icterícia e sua evolução. A fototerapia contínua é reservada às ictericías intensas, precoces e rapidamente progressivas ou em situações de riscos importantes (hemólise).
- Instalação da criança nua na incubadora, com uma fralda e óculos de proteção.
- Controle diário da bilirrubina ou a cada 12 h, de acordo com a evolução; controle 12-24 h após a interrupção (risco de rebote).
- ▲ **Bilicheck não confiável nas 12 h seguintes a uma sessão de fototerapia.**
- Interromper quando as taxas de bilirrubina forem < 250 mmol/L.

- As indicações de infusões de albumina (1 g/kg, em uma quantidade igual de G5%, IV lenta em 2-3 h) e de exsanguinitransfusão (EST) são excepcionais fora das incompatibilidades Rh.
- Uma dosagem de bilirrubina não ligada é necessária quando a taxa for superior a 320 mmol/L em uma criança nascida a termo ou superior a 250 mmol/L em um prematuro (uma taxa > 0,8 de bilirrubina não ligada deve levantar a discussão de uma exsanguinitransfusão).

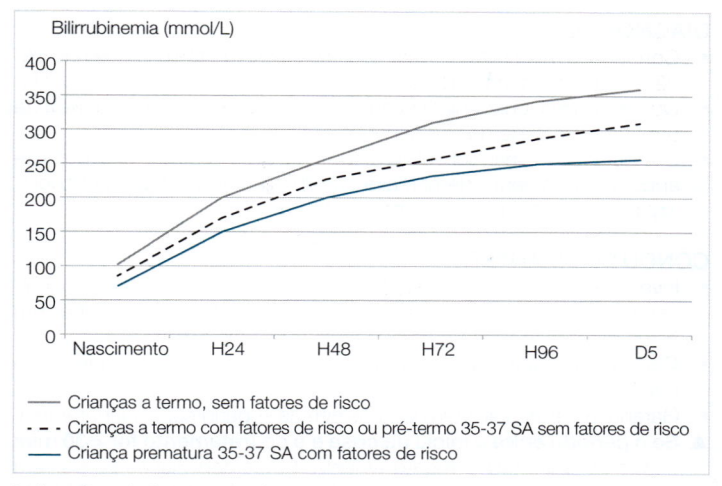

Crianças a termo, sem fatores de risco
- - - Crianças a termo com fatores de risco ou pré-termo 35-37 SA sem fatores de risco
Criança prematura 35-37 SA com fatores de risco

Indicações da fototerapia de acordo com a taxa de bilirrubina, a idade gestacional e a existência de fatores de risco.

Convulsões

PRINCÍPIO
- É uma urgência, pois as convulsões podem revelar uma doença que exige um tratamento imediato e sua persistência pode colocar em risco o prognóstico vital.
- Deve-se sempre hospitalizar uma criança que teve convulsões.

DIAGNÓSTICO
- Contrações musculares involuntárias clônicas ou tônicas que não cedem com a contenção do membro.
- Qualquer crise tônico-clônica que permanece inalterada para além de 5 min é um estado de mal convulsivo.
- Um estado de mal convulsivo refratário é um estado que persiste após um tratamento de primeira escolha que associa um benzodiazepínico e a fenitoína ou o fenobarbital.

CONDUTA A MANTER
- Investigar etiologia (não desconsiderar febre, hipoglicemia, hipocalcemia, hiponatremia etc.), em caso de hipoglicemia: administrar um *bolus* de glicose (0,5-1 g/kg ou G30% 1,5-3 mL/kg) IV.
- Colocar a criança em posição lateral de segurança. Evitar que ela se machuque.
- Garantir a permeabilidade das vias aéreas superiores, oxigenoterapia.
- ▲ **Se o período entre o início da crise e o do tratamento for < 30 min:**
  - Clonazepam 0,015 mg/kg IV lenta. Se as convulsões persistirem após 5 min, repetir e associar a fosfenitoína (20 mg/kg IV lenta 20-30 min, máx. 1 g) ou fenobarbital (primeira escolha no recém-nascido 15 mg/kg IV lenta em 20 min, máx. de 600 mg).
  - Se as convulsões persistirem após a dose de ataque de fosfenitoína ou de fenobarbital, esta última dose deve ser seguida de uma dose de ataque com a droga não empregada em primeira escolha.
- ▲ **Se o prazo entre o início da crise e o início do tratamento for > 30 min:**
  - Injeção da 1ª dose de clonazepam associada imediatamente a uma dose de ataque de fosfenitoína ou de fenobarbital.
  - Se as convulsões persistirem 5 min após a injeção inicial, aplicar uma 2ª injeção de clonazepam de 0,015mg/kg.
  - Em caso de EME refratário, a criança é transferida para UTI para a continuação do manejo (IOT + sedação).

OBSERVAÇÕES
- O início da infusão de fosfenitoína não deve ultrapassar 1 mg/kg/min. Na H4 da dose de ataque de fosfenitoína, coletar uma dosagem sérica (objetivo: 28-60 mmol/L) e iniciar um tratamento de manutenção 5 mg/kg/8 h IV lenta em 5 min.
- Em caso de hipertermia:
  - Paracetamol (15 mg/kg/6 h).
  - Ibuprofeno 30 mg/kg/d em 3 doses a partir da idade de 6 meses e após a eliminação de uma doença infecciosa bacteriana.
  - Não prescrever mais ácido acetilsalicílico.

- Durante o período pós-operatório, a ocorrência de convulsão pode ter relação com uma encefalopatia hiponatrêmica, favorecida pela SIADH perioperatória e pela infusão de solutos muito hipotônicos.
- Em caso de hiponatremia dilucional associada aos distúrbios de consciência ou às convulsões, fazer subir a natremia em 10 mEq administrando NaCl a 20% em *bolus* de 0,3 mL/kg IV, até a correção dos distúrbios e depois administrar o resto da compensação em 2-4 h. Quantidade de NaCl que permite um aumento de 10 mEq da natremia = 10 x 0,6 x peso = quantidade de NaCl em mmol ou mEq (ver *Desidratação aguda do lactente*).

Depressões respiratórias

PRINCÍPIO
A orientação do foco do obstáculo pode ser feita pela análise semiológica da dispneia.

ETIOLOGIAS E CONDUTA A MANTER
Laringite edematosa (etiologia viral)
Diagnóstico
- Dispneia inspiratória progressiva de início noturno, tosse e voz rouca, febre de 38,5°C.
- Sinais de gravidade: bradipneia < 15 ciclos/min, sinais de luta, cianose, alteração da consciência, taquicardia.

Conduta a manter
- Colocar a criança em um ambiente umidificado.
- Aerossol com epinefrina 1 mg, metilprednisolona 10 mg em NaCl 0,9% 3 mL + 6 L O_2 ou Pulmicort® 0,5-1 mg + 4 mL de NaCl 0,9% + 6 L de O_2.
- Metilprednisolona (1 mg/kg), se possível IV.
- 30 min mais tarde:
  - Se não houver melhora, repetir a aplicação do aerossol.
  - Na presença de sinais de gravidade imediata, sem melhora com o tratamento médico: intubação por um profissional treinado.

Epiglotite (*Haemophilus influenzae*)
Diagnóstico: urgência vital, excepcional a partir da vacinação sistemática
- Dispneia inspiratória grave e disfagia, febre 39°C, adenopatias cervicais, hipersialorreia, recusa em se deitar.

Conduta a manter
- Intubação obrigatoriamente em posição sentada (risco de parada respiratória em posição deitada) por um profissional treinado, eventualmente na presença de um cirurgião pronto a realizar uma traqueotomia.
- Cefotaxima 50 mg/kg IV (200 mg/kg/d) ± aminoglicosídeos após a intubação.
- Transferir para UTI.
- Tratamento profilático dos contactantes.

Corpo estranho/traqueobronquite
- Depressão respiratória de aparição súbita em uma criança que era assintomática.
- Investigar síndrome de penetração: acesso de tosse forte de início súbito com cianose e agitação, de duração curta.
- Localização de acordo com a sintomatologia respiratória:
  - Dispneia laríngea: localização laríngea.
  - Dispneia em dois tempos: localização traqueal.
  - Dispneia expiratória: localização brônquica.

- Sinais de gravidade: posição sentada, boca aberta, sudorese, hipóxia, distúrbios de consciência, no máximo bradicardia e depois parada cardiorrespiratória.
- Conduta a manter: endoscopia traqueobrônquica sob anestesia geral em urgência, indução na presença de ORL.

Bronquiolite
Diagnóstico
- Dispneia respiratória febril com tosse e obstrução.

Conduta a manter
- Posição semissentada, oxigenoterapia, gavagem gástrica 2/4 h em caso de má tolerância (gavagem duodenal contínua + sonda gástrica de descarga em caso de má tolerância da gavagem gástrica descontínua). Não há indicação para os aerossóis de beta-2 miméticos em primeira escolha ou antes de 6 meses.
- Na presença de $PaO_2 \leq 60$ mmHg e/ou $PaCO_2 \geq 60$ mmHg, transferir a criança para UTI para ventilação não invasiva (VNI) em primeira escolha (ventilação espontânea PEEP 7 cmH_2O por meio de uma cânula binasal siliconada) ou oxigenoterapia nasal com débito elevado (*Optiflow*: débito = 2 L/kg/min).

Crise de asma
Diagnóstico
- Bradipneia expiratória com sibilos.

Conduta a manter
- Salbutamol inalatório (5 mg para 2,5 mL): 1,25 mg < 10 kg, 2,5 mg entre 10-20 kg, 5 mg > 20 kg com NaCl 0,9% (para um volume total de 5 mL) + 6 L/min de O_2, durante 15 min 4-6 x/d, em alternância com um aerossol de brometo de ipratrópio.
- Metilprednisolona IV ou IM (1 mg/kg/6 h).
- Hidratação: 2,2 L/m^2.

Estado de mal asmático
Diagnóstico
- Trata-se de uma crise de asma que se prolonga ou se agrava (cianose, esgotamento, diminuição do murmúrio vesicular, distúrbios neuropsíquicos $PaO_2 \leq 60$ mmHg, aumento rápido da $PaCO_2$).

Conduta a manter
- Oxigenoterapia com cateter nasal ou máscara de alta concentração na presença de débito > 4L/min.
- Aerossol de salbutamol: 1-2 séries de 3 aerossóis e depois 1 aerossol/2-3 h.
- Na ausência de melhora: salbutamol IV contínuo: dose de ataque 5 mcg/kg em 5 min e depois 0,5- 5 mcg/kg/min (1 A = 5 mL = 0,5 mg). Aumento por acréscimos de 0,2 mcg/kg/10 min (máx.: 5 mg/h).
- Brometo de ipratrópio (0,25 mg/2 mL < 6 anos; 0,5 mg/2 mL > 6 anos): 3 inalações associadas ao beta-2 miméticos durante a 1ª hora.
- Sulfato de Mg++ se o broncoespasmo persistir apesar dos aerossóis e da corticoterapia IV, antes da introdução do salbutamol IV: 40 mg/kg

em 100 mL de NaCl 0,9% IV lenta em 20 min (máx. 2.000 mg/injeção, pois há risco de hipotensão e acessos de calor).

- Metilprednisolona IV 1 mg/kg e depois 0,5 mg/kg/6 h.
- Hiper-hidratação na base de 2,5 $L/m^2/d$.
- Antibioticoterapia de acordo com o contexto.

Estenose subglótica

- Geralmente adquirida.
- Levá-la em consideração diante de qualquer depressão respiratória ocorrida em um paciente que já esteve na UTI nos dias ou nas semanas precedentes. Pode ocorrer estenose subglótica até mesmo no decorrer de uma ventilação de curta duração.
- Depressão respiratória em dois tempos.
- Deixar o paciente em posição sentada, endoscopia ORL em urgência.
- Sem sedação prévia.
- Não tentar a intubação se não houver à disposição o material de endoscopia ORL e o material de traqueotomia.
- Indução em presença do ORL, respeitando-se a ventilação espontânea.

Sepse grave – choque séptico

O reconhecimento dos sinais de sepse é primordial para dar início a uma conduta adequada cuja rapidez de ação condiciona o prognóstico.

SIRS
- Temperatura > 38°3 ou < 36°C.
- FC > 90 ciclos/min ou > 2 DS/idade.
- FR > 20 ciclos/min ou > 2 DS/idade.
- Glicemia > 7,7 mmol/L.
- Leuco > 12.000/mm^3 ou < 4.000/mm^3 ou formas jovens > 10%.
- Alteração da infusão periférica: tempo de enchimento > 3-5 s.
- Distúrbios da consciência.
- Lactato > 2 mmol/L.

SEPSE: SIRS E INFECÇÃO SUSPEITA OU COMPROVADA
Sepse grave: sepse associada a um dos seguintes sinais:
- Lactato > 4 mmol/L.
- Choque.
- SDRA (PaO$_2$/FiO$_2$ < 300 ou PaCO$_2$ > 65 mmHg ou FiO$_2$ > 50% para SpO$_2$ > 92%).
- Disfunção de dois outros órgãos:
  - Deficiência hematológica = trombocitopenia < 80.000/mm^3 ou diminuição de 50% da taxa de plaquetas ou INR > 2.
  - Injúria renal: creatinina > 2N ou o dobro da creatinina de base.
  - Insuficiência hepática = bilirrubina > 70 mmol/L ou TGP > 2N.
  - Deficiência neurológica = ECG < 11 ou alteração aguda do ECG > 3.

Choque séptico: sepse grave
- Associado a uma insuficiência cardiovascular (= hipotensão persistente após uma expansão volêmica de 40 mL/kg em 1 h ou que precisa de um agente vasoativo ou a existência de dois sinais entre: déficit de bases > 5 mmol/L, lactatemia > 2N, oligúria < 0,5 mL/kg/h, tempo de enchimento capilar > 5 s, diferença da temperatura central e periférica de mais de 3°C).

CONDUTA A MANTER
Objetivos visados entre H0-H1
- Normalização da PA, diminuição da FC (ver *quadro Normas fisiológicas, em Fisiologia*).
- Normalização da perfusão periférica.

Tratamento
- Oxigenoterapia para alcançar SpO$_2$ > 97%.
- Expansão volêmica com 20 mL/kg de NaCl 0,9%, que deve ser repetida com *bolus* de 10 mL/kg até 40-60 mL/kg (avaliação hemodinâmica com ecocardiografia obrigatória em caso de expansão volêmica > 40 mL/kg).
- Antibioticoterapia empírica de acordo com o contexto (cefotaxima ou ceftriaxona na presença de meningococcemia, amoxicilina-ácido clavulânico/gentamicina se houver porta de entrada digestiva ou abdo-

minal em contexto comunitário, piperacilina-tazobactama/amicacina se paciente nosocomial ± vancomicina se cateter venoso central etc.).

Se os objetivos não forem alcançados (> 1 h): choque séptico
- Monitoração invasiva da PA, acesso central.
- Noradrenalina em doses crescentes até a normalização da PA (NB: em caso de insuficiência cardiovascular: dobutamina ou epinefrina).
- Continuação da expansão volêmica de acordo com a monitoração hemodinâmica (ecocardiografia ++).
- Hidrocortisona 1 mg/kg/6 h, ou seja, 100 mg/m^2/d.
- Ventilação artificial em caso de insuficiência respiratória associada, choque séptico refratário ou encefalopatia séptica.
- Manutenção da glicemia < 8 mmol/L (protocolo insulina).

Em caso de choque séptico refratário
- Discutir o início de uma hemofiltração venovenosa de débito elevado.

CASO PARTICULAR DA PÚRPURA FULMINANS
- Toda púrpura febril deve ser considerada *a priori* como uma púrpura infecciosa grave que compromete o prognóstico vital.
- Em caso de isquemia das extremidades: alteplase 0,5 mg/kg/h, durante 2-4 h, na ausência de contraindicações, acompanhada de heparinoterapia com doses eficazes ± infusão de prostaciclina (0,5-10 ng/kg/min) segundo a tolerância hemodinâmica ± aponeurotomias de descarga.
- Antibioticoprofilaxia dos indivíduos contactantes na presença de púrpura fulminans = rifampicina durante 48 h: adulto 600 mg x 2/d, criança 10 mg/kg x 2/d, recém-nascido 5 mg/kg x 2/d.

Medicamentos de emergência

Epinefrina	Intrabrônquica: 100 mcg/kg IV: 10 mcg/kg Infusão: 0,05-1 mcg/kg/min
Amiodarona	5 mg/kg IV lenta 20 min
Bicarbonato	IV: 1 mL/kg
Esmolol	*Bolus* IV lento: 0,5 mg/kg Manutenção: 0,1-3 mg/kg/min
Choque elétrico	2-4 Joules/kg
Cloreto de cálcio	IV lenta: 0,2-0,3 mL/kg
Clonazepam	0,015 mg/kg IV lento (máx. 1 mg)
Dantrolene	2,5-10 mg/kg
Diazepam	0,5 mg/kg IR, 0,3 mg/kg IV lenta
Dobutamina	5-15 mcg/kg/min, diluição: (peso x 3) em mg em 50 mL (1 mL/h = 1 mcg/kg/min)
Efedrina	Titulação: 0,1-0,2 mg/kg/*bolus*
Fosfenitoína	20 mg/kg IV lenta em 20-30 min
Furosemida	0,5-1 mg/kg IV lenta 30 min (Burinex® dose = 1/40 Lasilix®)
Gluconato de cálcio	0,3-0,5 mL/kg IV lenta
Glicose	0,5-1 g/kg IV, ou seja, G30% 1,5-3 mL/kg
Glico-insulina (hipercalemia ameaçante)	0,1 UI/kg de insulina em 10 mL/kg de G10% IV lenta 15 min
Fenobarbital	15 mg/kg IV lenta 20 min
Kayexalate® (poliestireno sulfonato de sódio)	VO ou em lavagem: 1 g/kg
Manitol 20%	0,5-1 g/kg IV lenta, ou seja, 0,25-0,5 mL/kg
Nicardipina	Titulação: 10-20 mcg/kg/10 min Manutenção: 0,5-4 mcg/kg/min
Noradrenalina	0,05-1 mcg/kg/min
Adenosina trifosfato Stryadine®, 10 mg/mL Krenosin®, 3 mg/mL	0,5-1 mg/kg IV (máx. 20 mg) 0,1 mg/kg (máx. 6 mg) IV
Salbutamol	**IV em bomba de infusão**: 0,5-2 mcg/kg/min **Bolus**: 5 mcg/kg em 20 min (= tratamento para hipercalemia) **Aerossol**: 1,5-2 gotas/kg + 3 a 4 mL NaCl 0,9% + 6 L O_2 nebulização Na prática 1,25 mg < 10 kg, 2,5 mg entre 10-20 kg, 5 mg > 20 kg
$MgSO_4$ 15% (*torsades de pointes*)	25-50 mg/kg, ou seja, 0,15-0,3 mL/kg IV (máx. 2 g)
Ácido tranexâmico	Antes de 12 anos: 15 mg/kg IV lenta (máx. 1 g) e depois 2 mg/kg/h Após 12 anos: 1 g IV lenta/8 h

Diluição da noradrenalina e da epinefrina para infusão contínua:

- Dose de epinefrina ou de noradrenalina em mg = [peso (kg)/10] x 3.
- Reduzir a um volume total de 50 mL (solvente NaCl 0,9%).
- Iniciar com 2 mL/h, ou seja, 0,2 mcg/kg/min, e aumentar por acréscimos de 1 mL/h de acordo com os objetivos tensionais.

▲ **NB: um aumento de 1 mL/h corresponde a um aumento de 0,1 mcg/kg/min.**

Índice remissivo

periféricos
    distais 424
    em pediatria 918
  simpático 396
  supraclavicular 448, 450
    guiado por ultrassonografia 449
  trifasciculares 249
  tronculares superiores 424
Bomba de insulina 129
Bradicardia 251, 405
Bromazepam 78, 100
Brometo
  de ipratrópio 9, 148, 669, 991
  de rocurônio 261
  de vecurônio 260
Bromocriptina 83, 90, 194, 558
Broncoespasmo 7, 8, 347, 900
  na criança 10
  no adulto 9
Bronquiolite 991
Brucella sp. 644, 645
Bupivacaína 100, 145, 182, 337, 378,
      383, 400, 412
  hiperbárica 397, 535
Buprenorfina 100, 188, 189, 818, 825,
      830, 842
Bussulfano 185
Butirofenonas 192

C

Cabeça 502
Cabergolina 83
Cafeína 416
Calciparina 165
Calcitonina 759
CAM-ICU (*Confusion Assessment
      Method for Intensive Care
      Unit*) 801
Candida 601, 622, 623, 720, 721
Candida Score 622
Candidemia 623, 624
Candidíase
  invasiva 622
  peritoneal 624
Cannabis 38
Capnograma 253
Captopril 978
Carbamazepina 88, 100, 844
Carbapenêmicos 100, 664
Carbetocina 539, 573
Carbidopa 90
Carboximaltose férrica IV 202
Cardiobacterium hominis 644
Cardiomiopatia hipertrófica 65
Cardiopatia(s)
  arritmogênicas 571
  crônica 637
  de estresse 637
  do periparto 571, 637

isquêmica 572
  valvares 570
Cardioversores 60
Carência de ferro 559
Carmustina 185
Carvedilol 46
Caspofungina 101, 374, 623, 777
Catarata 43
Catecolaminas 5, 79, 92, 673, 777
Cateter(es)
  de analgesia 420
    prolongada 425
  de infiltração pré-peritoneal 439
  paravertebral 432
  perinervosos 420
  venoso central 871
    de inserção periférica 313
  venoso umbilical 874
Cateterismo arterial 313
  pulmonar 298
Cavidade orbital 504
Cefaclor 100
Cefaleia(s)
  pós-parto 550
  pós-perfuração da dura-máter 550
  pós-punção 399
  tensionais 553
Cefalexina 605
Cefalosporina 618
Cefamandol 360, 368, 371, 372, 605
Cefazolina 100, 361, 363, 364, 365,
      367, 368, 369, 370, 371,
      372, 605, 862, 934, 944,
      953
Cefepima 100, 373, 603, 606, 664
Cefitriaxona 605
Cefixima 605
Cefotaxima 100, 373, 603, 605, 618,
      620, 664, 710, 711, 712,
      730, 862, 864, 952, 973,
      990
Cefoxitina 360, 365, 368, 369, 370,
      372, 569, 605
Cefpiroma 373, 606
Ceftazidima 372, 605, 618
Ceftobiprole 373
Ceftriaxona 29, 100, 373, 567, 620,
      664, 723, 777, 862
Cefuroxima 100, 362, 370, 372, 605
Celecoxibe 822
Celiprolol 46
Celulite 615
Cesariana 538
  de emergência 3
Cetamina 73, 92, 100, 116, 140, 149,
      160, 174, 182, 191, 257,
      348, 530, 833, 835, 845,
      847, 883, 885
Cetoacidose 787
  diabética 784